Kohlhammer

Lothar Müller-Hagedorn

# Der Handel

Verlag W. Kohlhammer

Die Deutsche Bibliothek – CIP-Einheitsaufnahme

**Müller-Hagedorn, Lothar:**
Der Handel / Lothar Müller-Hagedorn. - Stuttgart ; Berlin ; Köln :
Kohlhammer, 1998
   ISBN 3-17-015338-2

Das Umschlagbild wurde freundlicherweise vom Management des Centro Oberhausen zur Verfügung gestellt.
Anregungen erbittet der Autor über E-MAIL an: Handel&WISO.UNI-KOELN.DE

Verlagsort: Stuttgart
Umschlag: Data Images GmbH
Gesamtherstellung:
W. Kohlhammer Druckerei GmbH + Co. Stuttgart
Printed in Germany

# Vorwort

Der Handel ist in Bewegung. Das gilt nicht nur für die Praxis, wo neue Betriebsformen (z. B. elektronischer Art) entstehen, die Internationalisierung sprunghaft voranschreitet, vertikal organisierte Unternehmungen mit selbständigen Handelsorganisationen konkurrieren und die Innenstadt sich gegen die sog. »Grüne Wiese« zur Wehr setzt. Auch in der Wissenschaft sind neue Konzepte entwickelt und diskutiert worden. So haben sich Zielgruppenkonzepte trotz vieler Bedenken in vielen Bereichen durchgesetzt, im Controlling hat die Messung der Kundenzufriedenheit an Bedeutung gewonnen, traditionelle Jahresplanungen wurden auch im Handel um strategische Konzepte erweitert, das Zusammenspiel von verhaltensorientierter Konsumentenforschung und Marketing wurde erkannt. Selbst die Amtliche Statistik hat ihr Berichtswesen umgestellt. Solches war Anlaß, das vorliegende Buch zur Steuerung des Handelsbetriebes zu konzipieren. Es soll natürlich dazu dienen, die Ausbildung in den Hochschulen zu unterstützen. Daneben wünscht sich der Verfasser, daß seine Inhalte auch in der handelsbetrieblichen Praxis aufgegriffen werden.

Das Buch bezieht sich auf wichtige Bereiche der Handelsbetriebslehre, ausgeklammert bleiben allerdings Fragen der Finanzierung und Bilanzierung. Vollständigkeit kann heute nicht mehr erreicht werden und ist meist auch nicht wünschenswert. Das Buch soll seinen individuellen Charakter auch dadurch gewinnen, daß Untersuchungen, die von dem Verfasser in Vorjahren durchgeführt worden sind, integriert worden sind. Auf Probleme der wirtschaftsstufenübergreifenden Optimierung wird in einer getrennten Schrift, »Die Distribution«, eingegangen. Dort werden Probleme der Ein- und Ausschaltung des Handels, der Kooperation im Distributionskanal (Verbundgruppen, Franchise-Organisationen, Efficient Consumer Response) und der Logistik behandelt werden.

Das Manuskript hätte in der vorliegenden Form nicht entstehen können, wenn ich nicht die Hilfe meiner Mitarbeiter erfahren hätte. Sie haben die einzelnen Kapitel kritisch gelesen und mir zahlreiche Hinweise zukommen lassen, stellenweise mit bedeutendem inhaltlichen Kern. Hervorheben möchte ich die Unterstützung durch Herrn Dipl.-Kfm. Holger Eisenmann (Kapitel 6) und Herrn Dr. Waldemar Toporowski (Kapitel 9). Zahlreiche studentische Hilfskräfte haben Text eingegeben und Abbildungen gestaltet. Stellvertretend sei Frau Sandra Leis und Herrn Kai Wilke gedankt. Das ganze Werk wäre nicht so geworden, wie es jetzt vorliegt, wenn nicht Frau Dipl.-Kff. Christa Feld mit unermüdlichem Einsatz und organisatorischem Geschick die Koordination übernommen hätte. Der Kohlhammer-Verlag hat großes Verständnis für meinen Wunsch aufgebracht, dem Buch auch ein ansehnliches Äußeres zu verschaffen. Allen Helfern sei herzlich gedankt.

Köln, im Dezember 1997                                    L. Müller-Hagedorn

# Inhaltsverzeichnis

## Zweiter Teil: Die Basis: Strategisches Konzept und Analyse des Nachfrageverhaltens

# 1 Der Handel – Überblick über seine Erscheinungsformen

*»Der Handel braucht den Handel nicht, aber ohne den Handel tut sich der Handel schwer.«*

*(aus Hessen)*

Der Handel – dieser Begriff ruft vielfältige Assoziationen hervor, wie z. B. Welthandel, Außenhandel, Geschäfte in der Innenstadt oder auf der »grünen Wiese«, Großhandel, Handelsvertreter, Binnenhandelspolitik, Handel treiben, um Konditionen feilschen usw. Diese Vielfalt der möglichen Inhalte eines einzigen Begriffes läßt deutlich werden, warum es einer guten akademischen Übung entspricht, sich zunächst der Definition des zu untersuchenden Phänomens zuzuwenden. Zu Unrecht werden Definitionen und begriffliche Abgrenzungen als spröde und langweilig eingestuft, geht es doch dabei nicht nur darum, dem Leser deutlich zu machen, wie der zu behandelnde Problemkreis abgegrenzt wird, sondern es wird auch das Auge geschult, unterschiedliche Formen zu erkennen und ein Gespür dafür zu entwickeln, warum dasselbe Objekt nach unterschiedlichen Kriterien systematisiert werden sollte.

Nach einem kurzen Hinweis, daß sich mit dem Handel nicht nur die Betriebswirtschaftslehre, sondern auch die theoretische und auf die Wirtschaftspolitik ausgerichtete Volkswirtschaftslehre beschäftigen, werden zwei grundlegende Begriffe eingeführt, der Handel im funktionellen und im institutionellen Sinn.

## 1.1 Varianten des Begriffs »Handel«

Mit dem Handel beschäftigen sich gleichermaßen die Betriebs- wie die Volkswirtschaftslehre. Während in der Betriebswirtschaftslehre untersucht wird, wie sich ein einzelner Betrieb verhält bzw. wie er sich verhalten sollte, richtet die Volkswirtschaftslehre ihren Blick vorwiegend auf aggregierte Größen. Daneben wird auch danach unterschieden, ob jene Probleme betrachtet werden, die sich aus der Überschreitung nationaler Grenzen, von Währungsgrenzen oder den Grenzen von Wirtschaftsräumen ergeben; entsprechend wird von Binnen- und Außenhandel gesprochen. So können, wie auch in Abbildung 1.1 dargestellt, drei Teilgebiete des Handels unterschieden werden,
- der Außenhandel und die Außenhandelspolitik (in aggregierter Sicht),
- die Binnenhandelspolitik,
- die Geschäftspolitik der Handelsunternehmungen (sowohl im nationalen Binnenhandel als auch international).

Überblick über die Teilgebiete des Handels _____

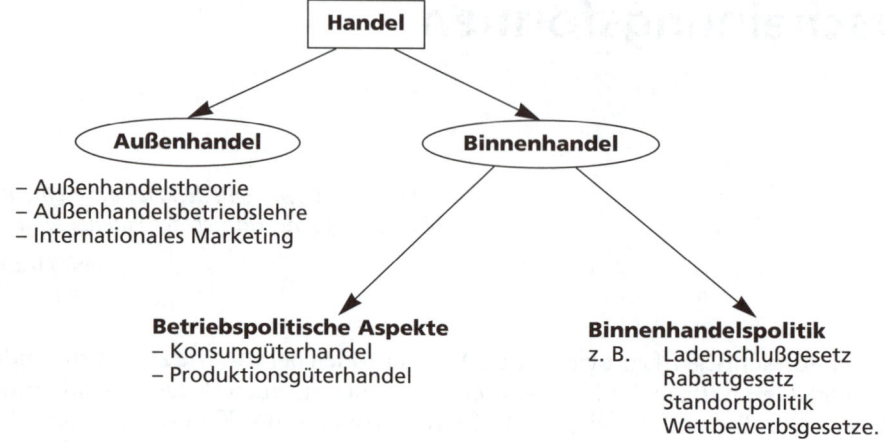

## Teilgebiete der Handelsforschung

Im Rahmen der volkswirtschaftlich orientierten Theorien zum Außenhandel und zur Außenhandelspolitik werden jene wirtschaftlichen Aktivitäten untersucht, die über nationale Grenzen hinweg durchgeführt werden, dabei aber weniger das einzelne Unternehmen im Auge haben als vielmehr die Gesamtheit der in einzelnen Bereichen tätigen Unternehmen. Die folgenden Fragestellungen erhellen beispielhaft das Untersuchungsfeld: In welche Länder wird exportiert, aus welchen Ländern wird importiert, um welche Güter handelt es sich dabei, kommt es zur Gründung von Vertriebsniederlassungen oder werden Produktionsbetriebe errichtet, und welche Faktoren sind hierfür jeweils ursächlich?[1]

Fragen des Außenhandels zählten früher zu den Kerngebieten der Handelsbetriebslehre,[2] heute sind sie eher in den Hintergrund getreten. Dennoch haben einzelne Sachverhalte des Außenhandels auch heute eine hohe betriebswirtschaftliche Relevanz, stellen sie doch wichtige Rahmenbedingungen für unternehmerisches Handeln dar. In hohem Ausmaß werden insbesondere Konsumgüter nach Deutschland eingeführt, und es ist für die auf diesem Gebiet tätigen Unternehmen wichtig, die hier geltenden Vorschriften zu kennen. Es hat sich eine eigene Außenhandelsbetriebslehre entwickelt.[3] Aber auch das »Internationale Marketing« ist zu einem wichtigen Teil-

---

[1] Vgl. z.B. Rose, K./Sauernheimer, K.: Theorie der Außenwirtschaft, 12. Auflage, München 1995.

[2] Vgl. z.B. Hirsch, J.: Der moderne Handel, seine Organisation und Formen und die staatliche Binnenhandelspolitik, Grundriß der Sozialökonomik, V. Abteilung, II. Teil, 2. Auflage, Tübingen 1925.

[3] Vgl. z.B. Wienholt, H.: Außenhandelsbetriebslehre, München 1989; Meissner, H. G.: Außenhandels-Marketing, Stuttgart 1981; Jahrmann, U.: Außenhandel, 7. Auflage, Ludwigshafen 1994.

gebiet einer international ausgerichteten Unternehmenspolitik geworden, wenn dort auch überwiegend die Sichtweise eines Industriebetriebes mit internationalen Ambitionen angelegt wird.[4] Insbesondere für Investitions- und Konsumgüterhersteller wird untersucht, auf welchen Auslandsmärkten sie aktiv werden sollten und wie sie die Auslandsmärkte bearbeiten sollten. Auch die Fragen, ob die ausländischen Märkte mit den gleichen Produkten wie der Inlandsmarkt beliefert werden sollten und ob der werbliche Auftritt in allen Märkten übereinstimmen sollte, spielen eine große Rolle. Zu einem Teil sind diese Problemstellungen auch für Handelsbetriebe von Bedeutung. Handelsbetriebe, insbesondere Großhandelsbetriebe, sind traditionell auf internationalen Beschaffungsmärkten tätig. Seit einigen Jahren setzen Einzelhandelsbetriebe auch international ab, so daß sich für sie ähnliche Fragen stellen wie für die Industrie. Internationale Aspekte werden in Kapitel 5.2 vertieft.

Im Rahmen der Binnenhandelspolitik wird untersucht, wie die öffentliche Hand (auf Bundes-, Landes- und Gemeindeebene) die Rahmenbedingungen für die Handelsbetriebe ausgestalten sollte. Herausragende Bedeutung haben Fragen des Wettbewerbsrechts (zur Fusionskontrolle, zur vertikalen Preisbindung und -empfehlung, zu Vertriebsbindungen), der Verkehrspolitik, des Ladenschlußgesetzes und des Medienrechts, mit dem der Auftritt von Handelsbetrieben in den neuen Medien reguliert wird.[5]

Das vorliegende Buch beschäftigt sich mit der Geschäftspolitik einzelner Handelsunternehmungen, jedoch nur insoweit, wie Besonderheiten der Branche dies nahelegen. Aussagen der Allgemeinen Betriebswirtschaftslehre, wie z. B. zur Bilanz- oder Finanzierungspolitik, bleiben ausgeklammert.

### Handel im funktionellen und institutionellen Sinn

Die vielen Spielarten des Begriffs »Handel« lassen sich auf zwei grundlegende Sichtweisen zurückführen.

1. **Handel im funktionellen Sinn,** was bedeutet, daß Handel neben Produzieren und Konsumieren eine eigene wirtschaftliche Tätigkeit erfaßt. Die Katalogkommission definiert Handel im funktionellen Sinn wie folgt:

> »Handel im funktionellen Sinne liegt vor, wenn Marktteilnehmer Güter, die sie in der Regel nicht selbst be- oder verarbeiten (Handelswaren), von anderen Marktteilnehmern beschaffen und an Dritte absetzen.«[6]

In diesem Sinn treiben viele Unternehmungen Handel, u. a. auch jene Herstellerunternehmen, die von Dritten gefertigte Ware unter ihrem eigenen Namen veräußern.

2. **Handel im institutionellen Sinn.** Hier geht es um die Frage, welche Unternehmungen nicht nur Handel treiben, sondern als Handelsbetriebe bezeichnet werden sollen.

---

[4]  Vgl. Meffert, H./Bolz, J.: Internationales Marketing, 2. Auflage, Stuttgart 1994.
[5]  Vgl. Tietz, B.: Binnenhandelspolitik, 2. Auflage München 1993; Dichtl, E.: Grundzüge der Binnenhandelspolitik, Stuttgart – New York 1979; Dichtl, E./Brinkmann, K./Hardock, P. et al.: Der Deregulierungsbedarf bei für die Wirtschaft relevanten Rechtsnormen, in: Betriebs-Berater, Beilage 12 zu H. 35, Heidelberg 1995, S. 1–31.
[6]  Vgl. Ausschuß für Begriffsdefinitionen aus der Handels- und Absatzwirtschaft (Hrsg.): Katalog E. Begriffsdefinitionen aus der Handels- und Absatzwirtschaft, 4. Ausgabe, Köln 1995, S. 28.

Die Zuordnung einer Unternehmung zum Handel fällt in vielen Fällen leicht, in anderen ist sie schwierig, da die Grenzlinie zu anderen Wirtschaftssektoren an mehreren Stellen gezogen werden kann. So wird wohl niemand zögern, ein Textilkaufhaus zum Handel zu rechnen, ob aber beispielsweise auch Tankstellen, Bäckereien, Niederlassungen der Automobilhersteller oder Großhandelsbetriebe, die oft die gehandelte Ware (z. B. Stahl) auch bearbeiten, zum Handel gezählt werden sollen, ist nicht auf den ersten Blick ersichtlich. Aus diesem Grund wird im folgenden ausführlicher auf Möglichkeiten zur Abgrenzung des Handels eingegangen.

Klarheit über die Grenzen des Handels und seine Struktur können aus drei Bereichen gewonnen werden:
– aus der betriebswirtschaftlichen Literatur,
– aus der Amtlichen Statistik,
– aus gesetzlichen Bestimmungen.

Sie liefern Hinweise zur Definition und Abgrenzung von Handelsbetrieben.

## 1.1.1 Die Abgrenzung des Handels in der betriebswirtschaftlichen Literatur

Die Definition des Handelsbetriebs (Handel im institutionellen Sinn) fußt auf der Sicht des Handels im funktionellen Sinn, weswegen zunächst auf diesen Begriff eingegangen wird.

### Handel im funktionellen Sinn

Mit dem Handel im funktionellen Sinn wird auf eine Tätigkeit abgestellt, zu deren näheren Kennzeichnung auf unterschiedliche Merkmale zurückgegriffen wird:
(a) die Art der beteiligten Wirtschaftssubjekte (private Haushalte, Unternehmen bzw. Betriebe),
(b) die Art der ausgetauschten Güter,
(c) den Grad der Be- oder Verarbeitung der verkauften Güter durch den Verkäufer,
(d) das Vorliegen eines Kaufs oder einer sonstigen vertraglichen Beziehung, durch die eine Leistung und eine Gegenleistung festgelegt werden.

Mit Hilfe dieser Merkmale ergeben sich dann folgende Begriffsvarianten:
(1) In einem weiten funktionellen Sinn kann – noch über die oben zitierte Definition der Katalogkommission hinausgehend – unter Handel jeder Austausch (nicht Schenkung) [in einem weiteren Sinn auch jede Mitwirkung am Austausch] von Wirtschaftsgütern zwischen Wirtschaftssubjekten verstanden werden. Handel treiben danach auch die privaten Haushalte, wenn sie Güter ein- oder verkaufen, die Produzenten, wenn sie die von ihnen benötigten Produktionsfaktoren beschaffen oder ihre Produkte verkaufen. Durch den Hinweis, daß auch eine Mitwirkung an der Herbeiführung eines Austauschaktes eine Handelstätigkeit ausmachen kann, werden als Wirtschaftssubjekte, die nicht selbst an der physischen Erstellung (Produktion) oder am Verbrauch (Konsum) beteiligt sind, neben den eigentlichen Handelsbetrieben auch das sog. Hilfsgewerbe des Handels miteinbezogen, wozu insbesondere die Handelsvertreter, die Kommissionäre, die Makler und die Versteigerer zählen. Je nach den beteiligten Wirtschaftssubjekten kann also vom Handel der Unternehmun-

gen, der privaten Haushalte oder dem Handel aller wirtschaftlichen Institutionen gesprochen werden.

(2) Wenn vom Handel als dem Austausch von Wirtschaftsgütern gesprochen wird, deckt dies ein weites Feld von Gütern ab. Bei den Gütern kann es sich nämlich – einer Einteilung von *Banse* folgend – um Nominalgüter (Geld, Wertpapiere) oder um Realgüter handeln (vgl. Abbildung 1.2).

**Abbildung 1.2:** Güter, die Gegenstand von Austauschbeziehungen sein können _____

| A. **Nominalgüter** (Ansprüche auf Realgüter, insbesondere Geld und Wertpapiere) |
|---|
| B. **Realgüter** |
|   1. Materielle Güter (Sachgüter) |
|     a) Nutzungsgüter (Grundstücke) |
|     b) Gebrauchsgüter (Gebäude, Maschinen, Einrichtung usw.) |
|     c) Umsatzgüter (Rohstoffe, Hilfsstoffe, Materialien, Waren, Fertigfabrikate) |
|   2. Rechte (Patente, Lizenzen, Wasserrechte, Berggerechtsame usw.) |
|   3. Dienste (des Transports, der Spedition, der Lagerung, der Versicherung, der Vermittlung o. ä.) |

Quelle: Banse, K., 1938, Sp. 732

Gegenstand des Austausches können also sehr verschiedenartige Dinge sein, natürlich Waren, aber auch Grundstücke, Devisen, Nachrichten. Obwohl so beispielsweise auch vom Grundstücks- oder Devisenhandel gesprochen wird, ist der Gegenstand der Handelsbetriebslehre derzeit in der Regel enger abgegrenzt. Nur bei Verkäufen bzw. Käufen von Sachgütern (Nutzungsgüter, Gebrauchsgüter und Umsatzgüter) wird von Handel im weiten funktionellen Sinn gesprochen, wobei es naheliegend ist, sich sogar nur auf die beweglichen Sachgüter zu beschränken. Im Gegensatz zu dem früher üblichen Sprachgebrauch wird so der Handel mit Devisen, Wertpapieren oder Rechten nicht mehr als Handel im funktionellen Sinn bezeichnet. Der Handel mit Geld und Wertpapieren wird heute innerhalb der Bankbetriebslehre, der Handel mit Versicherungen innerhalb der Versicherungsbetriebslehre, der Handel mit Transportleistungen innerhalb der Verkehrsbetriebslehre behandelt. So ist es nicht mehr angebracht zu sagen, die heutige Handelsbetriebslehre habe den Austausch wirtschaftlicher Güter zum Gegenstand. Das war nicht immer so. In einer der ersten umfangreichen Monographien zum Handel werden außer dem Sachgüterbereich noch das Maklerwesen und die Effektenbörsen behandelt.[7] Nichtsdestoweniger ist im Auge zu behalten, daß in der Zukunft die Trennung im Handel mit Sachgütern, Rechten, Dienstleistungen und vielleicht sogar mit Nominalgütern wieder aufgehoben werden kann.

Es ist ersichtlich, daß sich die heutige Einteilung der Disziplinen auch an der Art der Güter orientiert, was mit den Unterschieden zu erklären ist, die mit dem Austausch der einzelnen Güter verbunden sind: Unterschiedliche rechtliche Vorschriften, unterschiedliche Verhaltensgewohnheiten der Abnehmer, unterschiedliche Institutionen, die mit dem Vertrieb befaßt sind, unterschiedliche Personen innerhalb einer Unternehmung, die entsprechende Beschaffungsprozesse durchführen. Jene Richtung, die die Besonderheit der Ware für die Analyse der Austauschbeziehungen betont, wird im

---

[7] Vgl. van der Borght, R.: Handel und Handelspolitik, 2. Auflage, Leipzig 1907.

Gegensatz zum Institutional oder Functional Approach auch als »Commodity Approach« bezeichnet.[8]

In Abbildung 1.3 ist als »Handel im funktionellen Sinn« jener Fall bezeichnet, in dem Unternehmungen oder private Haushalte bewegliche Sachgüter erwerben oder veräußern.

**Abbildung 1.3:** Drei Sichtweisen von Handel im funktionellen Sinn

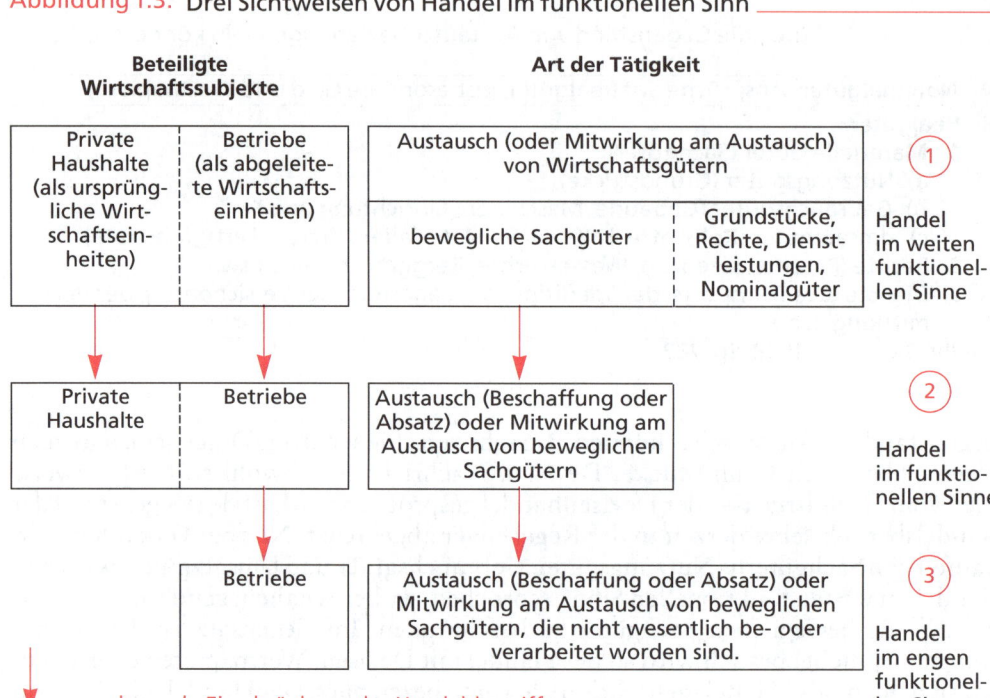

(3) Würde man es dabei belassen, Handel als Austausch von beweglichen Sachgütern zu definieren, so wäre das Aufgabenfeld noch sehr weit. Es zählten dann nicht nur die Absatz- und Beschaffungstätigkeiten der Warenhandelsbetriebe, sondern auch die entsprechenden Tätigkeiten von Betrieben der Land- und Forstwirtschaft, des Baugewerbes, der Industrie und einiger anderer Wirtschaftszweige dazu, die alle bewegliche Sachgüter absetzen. Es hat sich eingebürgert, hierbei von Absatz oder Marketing zu sprechen. Als Gegenstand der Handelsbetriebslehre sollen nur jene Fälle angesehen werden, in denen bewegliche Sachgüter abgesetzt werden, die von dem Verkäufer nicht wesentlich be- oder verarbeitet worden sind; dies soll dann als Handel im engen funktionellen Sinn bezeichnet werden. Dem entspricht die bereits weiter oben ange-

---

[8] Vgl. Knoblich, H.: Betriebswirtschaftliche Warentypologie. Grundlagen und Anwendungen, Köln – Opladen 1969, S. 21 f.

führte Definition von »Handel im funktionellen Sinne« durch die sog. Katalogkommission, wo es heißt:

> »Handel im funktionellen Sinne liegt vor, wenn Marktteilnehmer Güter, die sie in der Regel nicht selbst be- oder verarbeiten (Handelswaren), von anderen Marktteilnehmern beschaffen und an Dritte absetzen. In der Praxis wird der Begriff im allgemeinen auf den Austausch von Sachgütern, noch häufiger auf den Austausch von beweglichen Sachgütern eingeschränkt.«[9]

Handel treiben danach auch die Industriebetriebe, die ihr Sortiment um Produkte ergänzen, die sie selbst nicht herstellen. Bei vielen Herstellern ist dieser Anteil fremdbezogener Waren stark angestiegen, was *Tietz* veranlaßte, von der »Wiedergeburt der Händlergesellschaft« zu sprechen.

Der Begriff Handel im funktionellen Sinn kann also unter Rückgriff auf die folgenden Merkmale unterschiedlich definiert werden:

a) die Art der beteiligten Wirtschaftssubjekte (private Haushalte, Unternehmen bzw. Betriebe),
b) die Art der ausgetauschten Güter,
c) den Grad der Be- oder Verarbeitung der abgesetzten Güter durch den Verkäufer,
d) das Vorliegen eines Kaufs oder einer sonstigen vertraglichen Beziehung, durch die eine Leistung und eine Gegenleistung festgelegt werden.

### Handel im institutionellen Sinn

Auch der Begriff des Handels im institutionellen Sinne läßt sich in mehreren Varianten konkretisieren.

(1) Handelt es sich um Betriebe, die ausschließlich oder überwiegend Waren beschaffen, um sie ohne Be- oder Verarbeitung (von branchenüblichen Manipulationen abgesehen) weiterzuveräußern, so spricht man von Handel im institutionellen Sinne. Die Katalogkommission formuliert so:

> »Handel im institutionellen Sinne – auch als Handelsunternehmung, Handelsbetrieb oder Handlung bezeichnet – umfaßt jene Institutionen, deren wirtschaftliche Tätigkeit ausschließlich oder überwiegend dem Handel im funktionellen Sinne zuzurechnen ist. In der amtlichen Statistik wird eine Unternehmung oder ein Betrieb dann dem Handel zugeordnet, wenn aus der Handelstätigkeit eine größere Wertschöpfung resultiert als aus einer zweiten oder aus mehreren sonstigen Tätigkeiten.«[10]

Industrie- und Handwerksbetriebe, die Waren in relativ geringem Umfang zukaufen und sie wieder veräußern, werden somit nicht zum Handel gezählt. Durch den Ausschluß jener Betriebe, die eine weitergehende Be- oder Verarbeitung vornehmen (also auch Handwerksbetriebe, wie Bäcker, Fleischer usw.), entstehen jedoch Schwierigkeiten, Veränderungen im Handel festzustellen. Bezieht man sich auf den institutionellen Warenhandel, fehlen Anteile des Umsatzes im engen funktionellen Sinne, wie etwa die Umsätze des Handwerks mit Handelswaren; bezieht man dagegen auch die Betriebe, die nicht zum institutionellen Warenhandel gehören, mit ein, so müßten die Umsatzdaten der einzelnen Betriebe aufgespalten werden, indem festgestellt wird, welche der abgesetzten Güter zugekauft und welche selbst hergestellt wurden. Das Problem darf nicht unterschätzt werden, denn von vielen Handwerksbetrieben (z. B.

---

[9]  Ausschuß für Begriffsdefinitionen aus der Handels- und Absatzwirtschaft (Hrsg.), 1995, S. 28.
[10]  Ausschuß für Begriffsdefinitionen aus der Handels- und Absatzwirtschaft (Hrsg.), 1995, S. 28.

den Metzgereien) weiß man, daß ein Großteil der von ihnen verkauften Waren nicht aus eigener Produktion stammt. Noch dramatischer sind die Veränderungen in einigen Industriebetrieben, die oft zwar noch den Namen »Fabrik« in ihrer Firma führen, einen großen Teil ihrer Waren jedoch zukaufen.

Warenhandelsbetriebe wären realitätsfern definiert, wenn ihre Leistung ausschließlich auf den Umsatz von beweglichen Sachgütern beschränkt bliebe. In vielen Fällen ergänzt der Handelsbetrieb diese Funktion um Dienstleistungen (z. B. Zustellung, Reisebüro, Finanzierungshilfen, Reparaturdienst). Hier deutet sich schon an, daß Schwierigkeiten aufkommen, den Handelsbetrieb vom Dienstleistungsbetrieb abzugrenzen.

Zusammenfassend soll von Handelsbetrieben in der ersten begrifflichen Variante als von jenen Betrieben gesprochen werden, die überwiegend bewegliche Sachgüter beschaffen und absetzen, ohne diese im technischen Sinne zu bearbeiten (von üblichen Manipulationen abgesehen) und dies häufig mit dem Angebot von Dienstleistungen verbinden. Die zu veräußernden Sachgüter können dabei durch Kauf beschafft werden (Eigenhandel), sie können aber auch in eigenem Namen und auf fremde Rechnung (Kommissionshandel) oder in fremdem Namen und auf fremde Rechnung (Agenturhandel) vertrieben werden.

*Seÿffert* schreibt einprägsam:

> »*Überall wo dieser Austausch als alleinige Aufgabe vorliegt und nicht an sonstige wirtschaftliche Aufgaben, insbesondere die Produktionsaufgabe, angegliedert ist, ist der Fall der Handlung gegeben. Die Handlungen treiben mithin Handel als ausschließlichen Zweck. Sie sind die nur handeltreibenden Betriebe gegenüber den auch handeltreibenden Betrieben. Handlung ist institutionell, Handel funktionell zu verstehen.*«[11]

Diese erste Sichtweise von Handel im institutionellen Sinne ist auch in Abbildung 1.4 unter der Nummer 1 aufgeführt.

Die dargelegte Definition vom Handelsbetrieb (= Handlung) scheint naheliegend. Ihre Problematik zeigt sich jedoch, wenn sie mit den Ausführungen anderer Autoren konfrontiert wird.

(2) *Gutenberg* engt die vorstehende Definition von Handel im institutionellen Sinne ein, wenn er schreibt (Hervorhebung durch den Verfasser):

> »*Diejenigen Betriebe, die Waren kaufen, um sie wieder zu verkaufen, werden Handelsbetriebe genannt. Gewisse, im Interesse leichterer Verkäuflichkeit der Waren vorgenommene Manipulationen und Veredelungen heben den Charakter dieser Betriebe als Handelsbetriebe nicht auf. Dagegen müssen Handelsbetriebe nach der hier vertretenen Auffassung der Bedingung genügen, daß sie Waren im eigenen Namen und für eigene Rechnung und Gefahr einkaufen, um sie, ohne aus ihnen neue Erzeugnisse herzustellen, wieder für eigene Rechnung und Gefahr zu verkaufen. Handelsbetriebe tragen also das* »*Preisrisiko*«. *Da weder Handelsvertreter noch Kommissionäre, wenn man vom Selbsteintritt absieht, noch Makler Waren auf eigene Rechnung und eigenes Risiko kaufen und verkaufen, so tragen sie auch nicht das Preisrisiko. Sie sind also keine* »*Händler*«, *und ihre Unternehmungen sind keine* »*Handelsbetriebe*«, *sondern betriebsfremde Verkaufsorgane privater oder öffentlicher Unternehmungen.*

_____

[11]  Seÿffert, R.: Wirtschaftslehre des Handels, 5. Auflage, Opladen 1972, S. 4.

> *Bei genauerer Betrachtung zeigt sich nun, daß die Übernahme des Preisrisikos noch nicht ausreicht, um die Trennungslinie zwischen Handelsbetrieben und Nichthandelsbetrieben scharf genug zu ziehen. Man kann zum Beispiel sagen, daß die rechtlich selbständige Verkaufsgesellschaft eines Unternehmens oder einer Gruppe von Unternehmungen das Risiko aus den Preisen trägt. Da aber eine solche Vertriebsgesellschaft in dem einen Falle durch Kapitalbesitz oder Organschaft, in dem anderen Falle durch Syndikatsverträge an andere Unternehmen gebunden ist, gehen die Gewinne oder Verluste aus der Preisgestaltung im Endeffekt zugunsten oder zu Lasten des Stammhauses oder der Syndikatsfirmen. Obwohl also eine solche Gesellschaft de jure das Preisrisiko trägt, bleibt sie doch immer im Grunde das unselbständige Verkaufsorgan eines Unternehmens oder mehrerer Unternehmungen. Da aber nach der hier vertretenen Auffassung für einen Handelsbetrieb gelten muß, daß die sich aus dem Warenumsatz ergebenden Gewinne oder Verluste endgültig auf eigene Rechnung und Gefahr gehen und nicht auf andere Unternehmungen übertragbar sind, so kann eine solche werksverbundene Vertriebsgesellschaft oder ein Verkaufssyndikat nicht als ein Handelsbetrieb im strengen Sinne des Wortes angesehen werden.*
>
> *Aber auch dieses Kriterium der de-facto-Selbständigkeit genügt noch nicht, um den Begriff des Handelsbetriebes rein herauszuarbeiten. Es gibt Unternehmen, deren Gegenstand der Ankauf und der Verkauf von Waren ist und die nicht nur de facto das Preisrisiko, sondern auch alle Risiken tragen, die mit dem Betriebe eines Handelsgeschäftes verbunden zu sein pflegen. Sie sind aber nach der hier vertretenen Auffassung dennoch keine Handelsbetriebe. Gedacht wird dabei an solche Unternehmen, die die Verpflichtung eingegangen sind, ihre Waren nur von einer bestimmten Herstellerfirma zu beziehen und nur die Erzeugnisse dieses Herstellers zu verkaufen; das ist der Fall bei den sogenannten »autorisierten« oder auch »lizenzierten« oder auch »gebundenen« Händlern, wie man sie im Automobilhandel, in der Radioindustrie und in anderen Industriezweigen trifft. Obwohl diese Firmen nicht nur das Preisrisiko, sondern auch das ganze Unternehmensrisiko tragen, obwohl es das eigene Kapital ist, das in ihren Lägern, Reparaturwerkstätten, Ersatzteillägern investiert ist, kann man sie dennoch nicht als reinen Typ des Händlers oder eines Handelsbetriebes ansprechen. Hierzu sind die Abhängigkeiten zu groß, die sich aus der Beschränkung auf den Verkauf der Erzeugnisse eines Herstellerbetriebes ergeben. Es ist also die fehlende Dispositionsfreiheit, die diesen Firmen den Charakter reiner Handelsbetriebe nimmt. Sie stellen Zwischenformen zwischen Handelsbetrieben und Verkaufsorganen von Unternehmen dar. Nur von Fall zu Fall läßt sich entscheiden, ob sich die geschäftliche Struktur einer solchen »Handelsfirma« mehr dem Typ des reinen Handelsbetriebes oder mehr dem Typ des Verkaufsorgans annähert.«*[12]

Von *Gutenberg* wird also gefordert, daß Handelsbetriebe der Bedingung genügen müssen, daß sie die Waren im eigenen Namen und für eigene Rechnung einkaufen, um sie, ohne aus ihnen neue Erzeugnisse herzustellen, wieder für eigene Rechnung und Gefahr zu verkaufen. Handelsbetriebe müßten also das »Preisrisiko« tragen. Da weder Handelsvertreter noch Kommissionäre, wenn man vom Selbsteintritt absieht, noch Makler Waren auf eigene Rechnung und eigenes Risiko kauften und verkauften, so trügen sie auch nicht das Preisrisiko. Sie seien also keine Händler, und ihre Unternehmungen seien keine Handelsbetriebe, sondern betriebsfremde Verkaufsorgane privater oder öffentlicher Unternehmungen.

---

[12] Gutenberg, E.: Grundlagen der Betriebswirtschaftslehre, 2. Band, 17. Auflage, Berlin u. a. 1984, S. 142–143.

Abbildung 1.4: Vier Sichtweisen von Handel im institutionellen Sinne _____

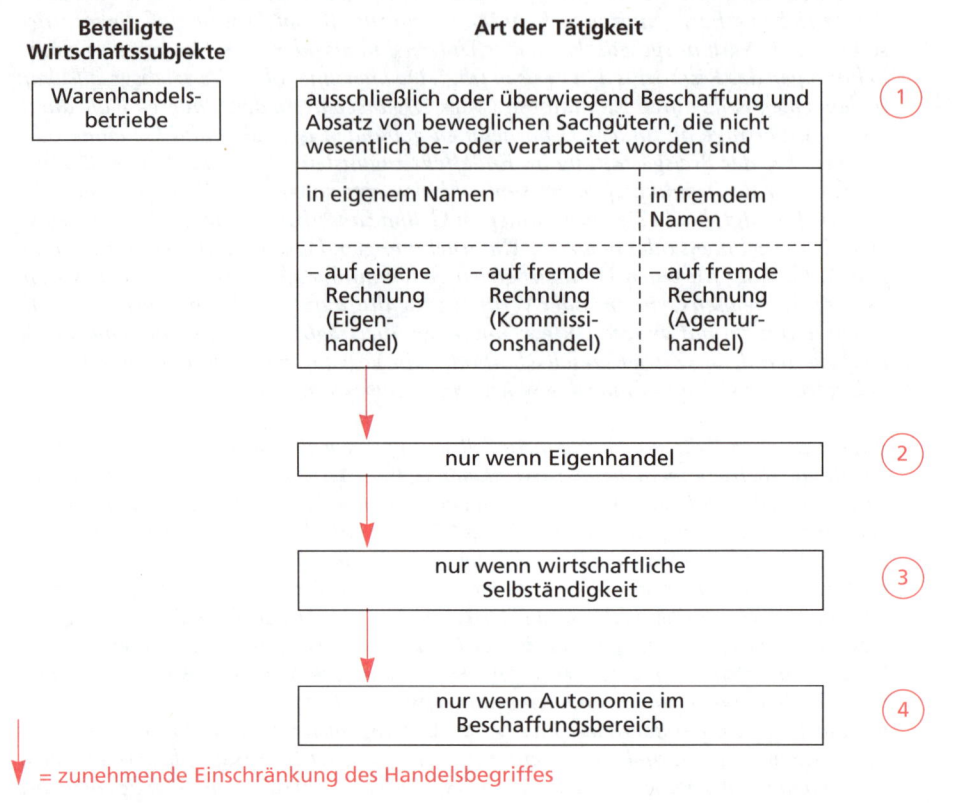

Die von *Gutenberg* formulierte Einengung (Erwerb von Eigentum an den zu veräussernden Waren) könnte man wie folgt in eine Definition von Handel überführen: Handel im institutionellen Sinne treiben Betriebe, deren wirtschaftliche Tätigkeit ausschließlich oder überwiegend aus dem Verkauf von beweglichen Sachgütern besteht, die sie selbst nicht wesentlich be- oder verarbeiten und an denen sie Eigentum erworben haben. Diese Sichtweise von Handel ist in Abbildung 1.4 unter 2 eingetragen.

(3) Eine noch engere Abgrenzung von Handelsbetrieben ergibt sich, wenn ein Händler nicht nur de jure das Preisrisiko tragen muß, sondern wenn er das aus dem Preisrisiko erwachsende Erfolgsrisiko auch nicht auf ein Stammhaus überträgt. Damit soll ausgeschlossen werden, daß die von einem Produktionsbetrieb gegründete, rechtlich selbständige Vertriebsgesellschaft, die ihren eventuell eintretenden Verlust auf die Mutter übertragen kann, als Handelsbetrieb bezeichnet wird. Für einen Handelsbetrieb muß nach dieser Sicht also gelten, daß die sich aus dem Warenumsatz ergebenden Gewinne oder Verluste endgültig auf eigene Rechnung und Gefahr gehen und nicht auf andere Unternehmungen übertragbar sind. So wird eine werks-

gebundene Vertriebsgesellschaft oder ein Verkaufssyndikat nicht als ein Handelsbetrieb im strengen Sinn des Wortes angesehen.

(4) Eine vierte Sichtweise knüpft an der Autonomie eines Handelsbetriebes bei der Wahl seiner Lieferanten an. Immer wenn ein Betrieb auf den Verkauf der Produkte eines einzelnen Herstellerbetriebes beschränkt sei, mangele es ihm an Dispositionsfreiheit. Es handele sich, obwohl der Betrieb de facto das Preisrisiko trüge und seine Gewinne oder Verluste nicht auf andere übertragen würde, nicht um einen Handelsbetrieb, sondern um eine Zwischenform zwischen Handelsbetrieben und den Verkaufsorganen von Unternehmen.[13]

Es zeigt sich also, daß Handelsunternehmungen unterschiedlich weit abgegrenzt werden können. Da Definitionen nicht mit dem Prädikat richtig oder falsch belegt werden können, hat sich die Wahl einer Definition an dem Sachproblem auszurichten, das zu bearbeiten ist. Von daher kann nicht generell festgelegt werden, ob z. B. der Erwerb des Eigentums an den Waren ein den Handel begriffskonstituierendes Merkmal darstellt oder nicht. So ist z. B. zu beobachten, daß Hersteller Handelsbetriebe nur als Agenten in den Verkauf eingeschaltet haben, um u. a. auf diese Weise in einem weit verstreuten Handelsnetz die Preisstrukturen besser kontrollieren zu können. *Telefunken* bezeichnet die Betriebe, die seine Produkte vertreiben, als *Telefunken*-Vertragspartner; sie verkaufen die Produkte im Namen von *Telefunken*. Je nach gewählter Definition können sie deshalb als Handelsbetriebe bezeichnet oder als Handelsagenten aus der Gruppe der Handelsbetriebe ausgesondert werden.

Gegen das von *Gutenberg* eingeführte Kriterium, nach dem Gewinne/Verluste nicht übertragen werden dürfen, spricht, daß es zahlreiche weit diversifizierte Unternehmen gibt, die im Laufe ihrer Geschäftspolitik ihren Schwerpunkt von der Industrie in den Handel verlagert haben, wobei die gegründeten oder gekauften Handelsunternehmen keineswegs immer nur den Verkauf der in den Industriebetrieben hergestellten Produkte erleichtern sollten.

Sehr einengend ist das vierte Kriterium (Bezugszwang), weil in vertikalen Systemen, insbesondere in Franchising-Systemen, häufig langfristige Absprachen oder Verträge vorliegen.

Ob eine weite oder enge Abgrenzung des institutionellen Handels bevorzugt wird, hängt von dem jeweiligen Erkenntnisziel ab. Dabei sind Definitionen so zu wählen, daß sie sich zur Behandlung der ins Auge gefaßten Problemstellungen eignen. In einem Lehrbuch streuen die anzusprechenden Problemstellungen noch breit, mithin kann die Definition von Handelsbetrieb nicht auf bestimmte Fragestellungen ausgerichtet werden. Sollte z. B. überprüft werden, ob der selbständige Handel durch den Direktvertrieb der Industriebetriebe verdrängt wird, so wäre es naheliegend, die *Gutenberg*sche Definition von Handelsbetrieb zu wählen und etwa die werksgebundene Vertriebsgesellschaft, die Verkaufsniederlassung oder das Verkaufssyndikat nicht zu den Handelsbetrieben zu zählen, da hierin schon eine Form der Verdrängung des selbständigen Handels gesehen werden kann. Bestünde andererseits das Problem darin, Werbemaßnahmen für einen Handelsbetrieb zu planen, so kann (!) es gleichgültig sein, ob es sich bei dem Betrieb um eine werksgebundene Gesellschaft oder um einen unabhängigen Handelsbetrieb handelt.

---

[13] Vgl. Gutenberg, E., 1984, S. 143.

In Monographien zur Betriebswirtschaftslehre des Handels wird häufig eine weite Abgrenzung bevorzugt. So begnügt sich *Barth* mit den Kriterien
– fehlende oder untergeordnete Gütererzeugung,
– Vorliegen einer Umsatztätigkeit i. S. von Beschaffung und Absatz und
– Vorliegen eines eigenen Betriebes,

wenn er schreibt:

> *Dem steht der institutionale Handel gegenüber, der nur jenen Teilbereich des Güter-austauschs zwischen den Organisationseinheiten der Wirtschaft (Betriebe, Haushal-tungen) erfaßt, der von den hierauf spezialisierten Betrieben durchgeführt wird. Dazu zählen vor allem die Groß- und Einzelhandelsbetriebe, die sich aufgrund ihrer Abneh-merkreise sowie der Absatzmenge pro Verkaufsakt unterscheiden und deren Haupt-aufgabe nicht in der Gütererzeugung, sondern im Umsatz (Beschaffung und Absatz) von Waren ohne wesentliche Be- oder Verarbeitung besteht. Diese Betriebe des in-stitutionalen Handels bilden das Erkenntnisobjekt der Handelsbetriebslehre [...].«*[14]

*Tietz* zieht die Art der Eigentumsübertragung der Waren heran, um drei Bereiche des Handels herauszustellen:[15]
a) den Eigenhandel: im eigenen Namen und auf eigene Rechnung, z. B. Groß- und Einzelhandelsbetriebe,
b) den Kommissionshandel: im eigenen Namen und auf fremde Rechnung,
c) den Handelsvermittlungs- oder Agenturhandel: in fremdem Namen und auf fremde Rechnung, insbesondere Vertreter- und Agenturbetriebe.

Auch hierin kommt eine weite Sicht des Handels im institutionellen Sinne zum Ausdruck, denn die Eigentumsverhältnisse werden nicht zur Abgrenzung des Handels von anderen Sektoren, sondern zur Differenzierung des Handels herangezogen.

Wenn die Problemstellungen noch offen sind, kann keine endgültige Festlegung auf eine bestimmte Definition erfolgen, sondern es können nur Möglichkeiten aufgezeigt werden, wie Handelsbetriebe differenziert werden können. Dies hat den Vorteil, daß die Grundvorstellung, daß es sich bei Handelsbetrieben um solche Betriebe handelt, die selbständig von ihren Lieferanten Waren einkaufen und dieselben ohne Be- oder Verarbeitung an Letztverbraucher oder gewerbliche Verwender veräußern, um Grenztypen erweitert werden kann. Dies ist auch die Vorgehensweise von *Gümbel,* wenn er schreibt:

> *» Was vorher Abgrenzungsproblem war, wird bei unserem Vorgehen zum Problem einer Differenzierung von Betriebstypen.«*[16]

In der durch *Gutenberg* angeregten Diskussion, ob die Verkaufsfilialen der Fabriken als Handelsbetriebe bezeichnet werden sollten, können nach dem Merkmal »Art des wirtschaftlichen Betriebsträgers« drei mögliche Typen unterschieden werden:
1. vom Händler getragene Handelsbetriebe,
2. vom Produzenten getragene Handelsbetriebe: Verkaufsfilialen der Fabriken,
3. vom Konsumenten getragene Handelsbetriebe: Konsumentengenossenschaften, Werkskonsumanstalten.

---

[14]  Barth, K.: Betriebswirtschaftslehre des Handels, 3. Auflage, Wiesbaden 1996, S. 1.
[15]  Vgl. Tietz, B.: Der Handelsbetrieb, 2. Auflage, München 1993 a, S. 27.
[16]  Gümbel, R.: Die Sortimentspolitik in Betrieben des Wareneinzelhandels, Köln – Opladen 1963, S. 11.

Zahlreiche weitere Merkmale (deren Relevanz im konkreten Fall nachzuweisen ist) lassen sich benennen, so etwa
- der Standort des Warenangebotes (räumliche Verbindung von Ware und Käufer versus Versandgeschäft),
- die Organisationsform der Bedienung (durch Verkäufer, Selbstbedienung, Selbstabfertigung durch Automaten) oder
- die Dispositionsautonomie der Handelsbetriebe.[17]

Nach betriebswirtschaftlichen Überlegungen handelt es sich somit bei Handelsbetrieben um jene Betriebe, die ausschließlich oder überwiegend von Dritten erstellte bewegliche Sachgüter beschaffen und absetzen, ohne sie wesentlich zu be- oder verarbeiten. Eine Differenzierung (bzw. Einengung) kann insbesondere anhand folgender Merkmale erfolgen:
- ob der Handel in eigenem oder fremdem Namen erfolgt,
- ob der Betrieb wirtschaftlich von einer Unternehmung in einem anderen Wirtschaftszweig abhängig ist,
- ob der Betrieb seine geschäftspolitischen Entscheidungen autonom trifft.


## 1.1.2 Der Handel in juristischer Sicht

In zahlreichen Gesetzen und Verordnungen finden sich Bestimmungen, mit denen die Verhältnisse im Handel geregelt werden, so z. B. im Ladenschlußgesetz, im Rabattgesetz, im Tarifrecht und im Baurecht. So erstaunt es nicht zu hören, daß sich in diesen Normen und der auf ihnen aufbauenden Rechtsprechung differenzierte Vorstellungen über den Handel insgesamt und seine einzelnen Zweige herausgebildet haben. Die Adressatenkreise einzelner Bestimmungen können sich unterscheiden und müssen auch nicht mit den Abgrenzungen übereinstimmen, die zur Behandlung betriebswirtschaftlicher Probleme entwickelt worden sind. Mit den folgenden Ausführungen soll nicht auf die Vielfalt der einzelnen Vorstellungen eingegangen werden, es soll aber auf die Relevanz dieses Sektors hingewiesen werden.
Zu den wichtigen Bestimmungen zählen das Handelsgesetzbuch (HGB), das Gesetz gegen unlauteren Wettbewerb (UWG), die Preisangabenverordnung, das Ladenschlußgesetz sowie die Baunutzungsverordnung (BauNVO).
In § 1 Abs. 2 HGB wird als »Handelsgewerbe« jeder Gewerbebetrieb bezeichnet, der eine von insgesamt neun explizit bezeichneten Arten von Geschäften zum Gegenstand hat, und zwar (in Auswahl):
- die Anschaffung und Weiterveräußerung von beweglichen Sachen (Waren) oder Wertpapieren, ohne Unterschied, ob die Waren unverändert oder nach einer Bearbeitung oder Verarbeitung weiter veräußert werden; ...,
- die Übernahme von Versicherungen gegen Prämie; ...,
- die Bankier- und Geldwechslergeschäfte; ...,
- die Geschäfte der Kommissionäre, der Spediteure oder der Lagerhalter,
- die Geschäfte der Handelsvertreter oder der Handelsmakler,
- die Verlagsgeschäfte sowie die sonstigen Geschäfte des Buch- und Kunsthandels.

Ein Gewerbebetrieb ist nach Ziffer 1 nur dann Handelsgewerbe, wenn er die ge-

---

[17] Vgl. Gümbel, R., 1963, S. 12–16.

nannten Waren oder Wertpapiere mit dem Ziel des Eigentumserwerbs anschafft und mit dem Ziel der Eigentumsweitergabe veräußert. Beschaffungshandlungen, die nicht dem Eigentumserwerb dienen, wie Miete oder Leasing, sind kein Handelsgewerbe im Sinne von § 1 Abs. 2 Nr. 1 HGB.[18] Dies macht deutlich, daß einerseits unter dem Begriff »Handelsgewerbe« zahlreiche unternehmerische Tätigkeiten zusammengefaßt werden und andererseits der Eigentumserwerb ein für die im juristischen Bereich stattfindende Typologisierung relevantes Merkmal ist. Es ist ganz offensichtlich, daß mit dem Begriff »Handelsgewerbe« nach § 1 Abs. 2 HGB ganz andere wirtschaftliche Einheiten erfaßt als in der Amtlichen Statistik unter dem Begriff »Handel« ausgewiesen werden.

Nach § 6 a UWG ist es einem Handelsbetrieb untersagt, im Zusammenhang mit dem Verkauf von Waren im geschäftlichen Verkehr mit dem letzten Verbraucher auf seine Eigenschaft als Großhändler hinzuweisen.

Dem Verbraucherschutz dienen auch die Bestimmungen der Preisangabenverordnung, die sich an diejenigen wenden, die Letztverbrauchern gewerbs- oder geschäftsmäßig oder regelmäßig in sonstiger Weise Waren oder Leistungen anbieten oder als Anbieter von Waren oder Leistungen gegenüber Letztverbrauchern in Zeitungen, Zeitschriften, Prospekten, auf Plakaten, im Rundfunk oder Fernsehen oder auf sonstige Weise unter Angabe von Preisen werben.

Das Ladenschlußgesetz enthält differenzierte Bestimmungen zum Ladenschluß für verschiedene Typen von Verkaufsstellen.

Das Baurecht (insbesondere § 11 Abs. 3 BauNVO) unterwirft bestimmte großflächige Handelsbetriebe Restriktionen bei der Wahl ihres Standortes.

Schließlich entspringt aus dem Tarifrecht (Tarifvertragsgesetz) die Notwendigkeit abzuklären, für welche Betriebe die zwischen den Tarifvertragsparteien getroffenen Vereinbarungen gelten, wobei häufig die Frage ansteht, ob ein bestimmter Betrieb zum Großhandel oder zu einem anderen Wirtschaftsbereich zählt.[19]

Die Ausführungen machen deutlich, daß einzelne rechtliche Bestimmungen von bestimmten Adressatenkreisen ausgehen oder sie definieren und damit auch den Handel oder bestimmte seiner Teilgruppen abgrenzen.


## 1.1.3 Der Handel in der Amtlichen Statistik

Aussagen über die Struktur und die Entwicklung des Handels werden oft auf Daten der Amtlichen Statistik gestützt. Es ist daher nützlich zu wissen, wie der Handel dort von anderen Wirtschaftszweigen abgegrenzt und in welche Sektoren er aufgeteilt wird.

Die Amtliche Statistik erfaßt den Sektor »Handel« in einem differenzierten Berichtssystem. Grundlage hierfür ist das Gesetz über die Statistik im Handel und Gastge-

---

[18] Vgl. Baumbach, A./Hopt, K. J. (Hrsg.): HGB, 29. Auflage, München 1995, § 1 Rdn. 25, S. 34.
[19] Vgl. z. B. Bundesarbeitsgericht (BAG) 3. 12. 1985, AP Nr. 5 zu 1 TVG Tarifverträge: Großhandel (Stellung eines Pressegrossisten), Bundesarbeitsgericht (BAG) 16. 8. 1983, AP Nr. 131 zu 1 TVG, OLG Köln, Beschluß vom 3. 9. 1956 in WuW (E OLG 150), OLG Düsseldorf, Urteil vom 18. 3. 1969, Zeitungsgroßhandel – (WuW/E OLG 981), BKartA Beschluß vom 30. 5. 1962 Spezialmedizin GH in WuW (E BKartA 523, 525).

werbe vom 10. November 1978.[20] Ausgangspunkt für die Amtliche Statistik sind »wirtschaftliche Institutionen«, worunter alle Arten von wirtschaftlich wichtigen Einheiten verstanden werden, z. B. rechtlich selbständige Einheiten, für die eine Bilanz und Gewinn- und Verlustrechnung (Unternehmen) oder eine Haushalts- und eine Vermögensrechnung (z. B. Gebietskörperschaften, Kirchen, Organisationen der freien Wohlfahrtspflege) aufgestellt wird, örtliche sowie fachliche Einheiten. Insgesamt werden drei große Gruppen von Institutionen (Sektoren) unterschieden:

1. die Unternehmen,
2. der Staat (die Gebietskörperschaften und die Sozialversicherungen),
3. die privaten Haushalte und die privaten Organisationen ohne Erwerbszweck.[21]

Die hier zu betrachtenden Handelsunternehmungen – die Handelsstatistik bevorzugt den Begriff Handelsunternehmen – gehören zur ersten Gruppe.

Als Unternehmen werden alle diejenigen wirtschaftlichen Institutionen angesehen, deren Zweck vorwiegend darin besteht, Waren und Dienstleistungen zu produzieren und gegen ein Entgelt zu verkaufen, das in der Regel Überschüsse erbringt oder mindestens die Produktionskosten deckt. Die Unternehmen werden vierzehn Abschnitten zugeordnet:[22]

- A: Land- und Forstwirtschaft
- B: Fischerei und Fischzucht
- C: Bergbau und Gewinnung von Steinen und Erden
- D: Verarbeitendes Gewerbe
- E: Energie- und Wasserversorgung
- F: Baugewerbe
- G: Handel; Instandhaltung und Reparatur von Kfz und Gebrauchsgütern
- H: Gastgewerbe
- I: Verkehr und Nachrichtenübermittlung
- J: Kredit- und Versicherungsgewerbe
- K: Grundstücks-, Wohnungswesen, Vermittlung beweglicher Sachen usw.
- M: Erziehung und Unterricht
- N: Gesundheits-, Veterinär- und Sozialwesen
- O: Erbringung sonst. öffentlicher und persönlicher Dienstleistungen.

Zum »Handel« werden alle Institutionen gezählt, deren wirtschaftliche Tätigkeit überwiegend darin besteht,
- bewegliche Sachgüter zu beziehen und
- ohne mehr als die handelsübliche Be- oder Verarbeitung weiterzuveräußern (Handelswaren) und/oder zwischen Verkäufern und Käufern von Waren zu vermitteln.[23]

Dem Hinweis, daß die wirtschaftliche Tätigkeit dem Handel »überwiegend« zuzurechnen ist, kommt eine große Bedeutung zu, denn in der Realität mischen Unternehmungen immer häufiger eine produzierende, händlerische oder eine sonstige Tätigkeit.

---

[20] Vgl. auch Statistikanpassungsverordnung (StatAV) vom 26. 3. 1991 und das Gesetz zur Änderung des Handels- und Lohnstatistikgesetzes vom 2. 3. 1994.

[21] Vgl. Statistisches Bundesamt (Hrsg.): Statistisches Jahrbuch für die Bundesrepublik Deutschland 1996, Stuttgart 1996, S. 636.

[22] Statistisches Bundesamt (Hrsg.): Klassifikation der Wirtschaftszweige mit Erläuterungen. Ausgabe 1993, Stuttgart 1994, S. 125.

[23] Statistisches Bundesamt (Hrsg.): Systematik der Wirtschaftszweige mit Erläuterungen. Ausgabe 1979, Stuttgart – Mainz 1980, S. 83.

So gibt es Produktionsunternehmen, die ihr eigenes Produktionsprogramm um zuge-kaufte Artikel ergänzen. Wie die Ausführungen von *Fritz Goost,* dem Präsidenten des *Bundesverbandes Bekleidungsindustrie* in Deutschland verdeutlichen (vgl. Abbildung 1.5), gibt es Textilunternehmungen, die in Deutschland fertigen, solche, die eine eigene deutsche Auslandsfertigung im Passiven Lohn-Veredelungsverkehr (PLV) praktizieren, und solche, die im Ausland Ware zukaufen und unter ihrem eigenen Namen vertreiben. In der Amtlichen Statistik wird der Schwerpunkt der wirtschaftlichen Tätigkeit dann im Handel gesehen, wenn aus der Handelstätigkeit eine größere Wertschöpfung resultiert als aus einer zweiten oder aus mehreren sonstigen Tätigkeiten.

**Abbildung 1.5:** *Fritz Goost:* Keine Träne für das Welttextilabkommen

---

## Keine Träne für das Welttextilabkommen

*Die deutsche Bekleidungsindustrie fühlt sich wohl in einem*
*fairen internationalen Wettbewerb*

[…]
Unsere Leistungsfähigkeit haben wir im Europäischen Binnenmarkt bewiesen. Deutschland ist in vielen Bereichen (neben und vor Italien) führend. Wer hätte vor zwanzig Jahren erwartet, daß deutsche Bekleidungsunternehmen international äußerst erfolgreiche Marken etablieren und zirka 35 Prozent ihrer Produkte exportieren würden? Eine wesentliche Voraussetzung für diesen Erfolg ist Flexibilität. Management und Mitarbeiter der Betriebe haben sich den Herausforderungen immer wieder erfolgreich gestellt, allerdings mit erheblichen Strukturveränderungen für die Branche: wurden 1966 mit 406 000 Mitarbeitern knapp 13 Milliarden DM Umsatz erwirtschaftet, waren es 1993 mit rund 125 000 Mitarbeitern in Westdeutschland gut 25 Milliarden DM Umsatz.

In den aktuellen Zahlen für 1993 spiegelt sich die Rezession, im Vergleich zu 1966 der enorme Wandel der Branche wider. Weiter: Von den für 1993 erwarteten 25 Milliarden DM Umsatz stammten nur noch etwa 20 Prozent aus der Produktion in Deutschland, der Rest setzt sich zusammen aus rund 30 Prozent Zukäufen von Fertigwaren durch die Industrie im Ausland und rund 50 Prozent eigener deutscher Auslandsfertigung im Passiven Veredelungsverkehr (PLV).

Damit sind wir bei einem wichtigen Charakteristikum unserer Branche, der Produktionsverlagerung ins Ausland. Schon vor vielen Jahren wurde damit begonnen, wohlwollend unterstützt von der Bundesregierung. Inzwischen wickelt die deutsche Bekleidungsindustrie rund 60 Prozent des gesamten PLV-Verkehrs der Europäischen Union mit Ländern außerhalb der Europäischen Union ab. Während früher hauptsächlich in Ostasien gearbeitet wurde, stehen seit dem Wegfall des Eisernen Vorhangs die osteuropäischen Staaten im Vordergrund. Durch die mit diesen Ländern abgeschlossenen Europaabkommen ist es möglich, daß ein deutscher Hersteller Material dorthin liefert, dort wird zugeschnitten und genäht, und das fertige Kleidungsstück wird dann (zollfrei, wenn es sich um EU-Vormaterial handelt) in die EU reimportiert. Warum näht man im Ausland und nicht hier? Die deutschen Arbeitskosten sind viel zu hoch. Produkte im unteren und mittleren Preissegment können in Deutschland nicht so kostengünstig produziert werden, um mit Billigimporten mithalten zu können. Die deutsche Produktion kann nur durch Mischkalkulation marktfähig gemacht werden.
[…]

Standpunkte: Fritz Goost

---

Quelle: Frankfurter Allgemeine Zeitung

Für die Zuordnung zum Handel ist es in der Amtlichen Statistik gleichgültig, ob die Waren in eigenem Namen für eigene Rechnung oder für fremde Rechnung (Kommissionsgeschäft) im engeren Wortsinn »gehandelt« oder ob sie nur vermittelt – d. h. in fremdem Namen für fremde Rechnung – abgesetzt werden. Der Eigentumserwerb stellt also keine Voraussetzung für das Vorliegen einer Handelsunternehmung dar. Dies kommt auch in den Definitionen zu den wichtigsten Sektoren des Handels zum Ausdruck, wenn es heißt:[24]

– Einzelhandel betreibt, wer Handelswaren in eigenem Namen für eigene Rechnung oder für fremde Rechnung (Kommissionshandel) an private Haushalte absetzt.

– Großhandel betreibt, wer Handelsware in eigenem Namen für eigene Rechnung oder für fremde Rechnung (Kommissionshandel) an andere Abnehmer als private Haushalte absetzt.

– Handelsvermittlung betreibt, wer den An- und Verkauf von Handelsware (= bewegliche Sachgüter) in fremdem Namen für fremde Rechnung vermittelt (Fremdgeschäft). Dazu zählen die Handelsvertreter oder -makler, die Versandhandelsvertreter, welche die Handelsware überwiegend an private Haushalte absetzen, sowie die Agenturtankstellen.

Wesentlich ist, daß der Schwerpunkt der wirtschaftlichen Tätigkeit durch den Handel mit Waren gegeben sein muß, die vom Verkäufer nicht verändert – d. h. nicht mehr als handelsüblich be- oder verarbeitet – wurden (Handelswaren). Über die reine Vermittlertätigkeit hinaus werden von den Handelsbetrieben üblicherweise eine Reihe von Hilfstätigkeiten, wie Lagern, Transport, Finanzierung und »handelsübliche Manipulationen« (z. B. Sortieren, Mischen, Verpacken) ausgeübt, durch die der Absatz der Waren unterstützt oder erst ermöglicht wird. Im wesentlichen werden die Waren jedoch fertig bezogen und unverändert weitergeleitet. Im Großhandel, insbesondere im Technischen Handel, sind allerdings Tendenzen erkennbar, die technische Manipulationen als immer bedeutsamer erscheinen lassen.

Statistische Einheit ist das einzelne Unternehmen im Sinne der kleinsten rechtlichen Einheit, die aus handels- und/oder steuerrechtlichen Gründen laufend geordnete Geschäftsaufzeichnungen führt und Jahresabschlüsse erstellt. Bei Mehrbetriebsunternehmen werden auch solche Arbeitsstätten (Betrieb) miteingeschlossen, in denen andere als Handelstätigkeiten ausgeübt werden. Beispielsweise gehören die von einigen Großbetriebsformen des Einzelhandels betriebenen Fleischwaren- und/oder Backwarenfabriken zu dem Erfassungsbereich des Handels auf der Unternehmensebene auch dann, wenn es sich um örtliche Einheiten handelt, die – für sich genommen – Betriebe des warenproduzierenden Gewerbes darstellen.

Der »Handel« ist in der Amtlichen Statisitk in drei Abteilungen untergliedert, die in den Berichtstabellen des Statistischen Bundesamtes mit zweistelligen Zahlen ausgewiesen werden, und zwar[25]

---

[24] Vgl. Landesamt für Datenverarbeitung und Statistik NRW (Hrsg.): Erhebungsvordruck für Unternehmen des Einzelhandels (EU), Handels- und Gaststättenzählung 1993, S. 2; vgl. Statistisches Bundesamt (Hrsg): Handel, Gastgewerbe, Reiseverkehr. Handels- und Gaststättenzählung 1993, Fachserie 6, Zusammenfassende Übersichten, Stuttgart 1995, S. 11 f.

[25] Grundlegend für die Darstellung des Handels in der Amtlichen Statistik ist die Systematik der Wirtschaftszweige. Nach der Wirtschaftszweigsystematik WZ 93, die auf der europäischen NACE (Nomenclature Générale des activités économiques dans les Communautés Européennes) Rev. 1 aufbaut, werden Handelsbetriebe in Abschnitt G dargestellt. WZ 93 und NACE sind bis zur Gliederungsebene der Klasse (4. Stelle) deckungsgleich; die WZ 93 weist

Abteilung 50: Kraftfahrzeughandel, Instandhaltung und Reparatur von Kraftfahrzeugen, Tankstellen,
Abteilung 51: Handelsvermittlung und Großhandel (ohne Handel mit Kraftfahrzeugen),
Abteilung 52: Einzelhandel (ohne Handel mit Kraftfahrzeugen und ohne Tankstellen), Reparatur von Gebrauchsgütern.

## 1.1.4 Zusammenfassung

Die Unternehmen des Handels sind nicht ohne Probleme von den Unternehmen
anderer Wirtschaftszweige, insbesondere von jenen des verarbeitenden Gewerbes
(Industrie) oder des Dienstleistungssektors, abzugrenzen. Zuordnungsschwierig-
keiten können sich ergeben, wenn festgestellt werden soll, ob eine Unternehmung
– zum Handel oder zur Industrie gehört (z. B. in dem Fall, in dem ein Industriebetrieb
zur Ergänzung seines Sortimentes Waren zukauft oder den Vertrieb auslagert und
rechtlich selbständige Verkaufsstellen einrichtet, die aber wirtschaftlich nur begrenzt autonom sind),
– zum Handel oder zum Handwerk gehört (z. B. in dem Fall, in dem ein Handwerksbetrieb nicht nur selbsterstellte Sachleistungen oder Dienstleistungen, sondern auch Handelswaren anbietet, wie z. B. bei einem Uhrmacher oder einem
Metzger, der sein Sortiment selbsterstellter Waren mehr und mehr durch Handelswaren ergänzt),
– zum Handel oder zum Banken- und Versicherungsbereich gehört (z. B. in dem Fall,
in dem ein Einzelhandelsbetrieb auch Bankdienstleistungen und Versicherungen
anbietet).

Die Amtliche Statistik hat das Problem zu bewältigen, daß viele Unternehmen ihre
Leistungen mischen, also produzieren, mit fremderstellten Waren handeln und
Dienstleistungen erbringen (z. B. der Spedition, der Lagerhaltung, der Finanzierung).
Sie versucht dem Rechnung zu tragen, indem zum einen die Betriebe nach ihrem
wirtschaftlichen Schwerpunkt eingeordnet werden, wobei man sich für das Kriterium
der Wertschöpfung entschieden hat, zum anderen Kombinationspositionen eingerichtet werden, die durch den Zusatz »ohne ausgeprägten Schwerpunkt« ge-
kennzeichet sind. Aus pragmatischen Gründen scheint dies unvermeidlich, führt aber
doch dazu, daß es einerseits Betriebe außerhalb des Handels gibt, die ebensolchen
Handel wie die eigentlichen Handelsbetriebe treiben, und daß es andererseits Handelsbetriebe gibt, die als Produzenten oder Dienstleister tätig sind.
Die Diskussion der Handelsbegriffe in der betriebswirtschaftlichen Literatur hat
deutlich gemacht, daß zunächst unterschiedlich weite Sichtweisen von Handel im
funktionellen und institutionellen Sinne entwickelt werden können. Zwar stellt die
Übertragung fremderstellter Leistungen auf Dritte einen Kern der handelsbetrieblichen Tätigkeit dar, aber dieser Kern bedarf der näheren Präzisierung.

_____
    zusätzliche nationale Unterteilungen der Klassen in Unterklassen auf. Die Struktur der NACE-
    Systematik ist niedergelegt in der Verordnung (EWG) Nr. 3037/90 des Rates vom 9. Oktober
    betreffend die statistische Systematik der Wirtschaftszweige in der Europäischen Gemein-
    schaft.

Im Regelfall denkt man bei den Leistungen, die von Handelsbetrieben übertragen werden, an Sachleistungen (Waren), aber mehr und mehr erbringen Handelsbetriebe auch Dienstleistungen (z. B. der Reisevermittlung, der Übernahme der Lagerhaltung und der Nachbestellung von Verbrauchsgütern für gewerbliche Kunden). Insofern kann sich im Zeitablauf herausstellen, daß die Praxis der Handelsbetriebe zu jenem früheren Verständnis von Handel zurückkehrt, nach dem Handelsbetriebe mit Gütern unterschiedlichster Art und nicht nur mit beweglichen Sachgütern Handel treiben.

Von besonderer Bedeutung ist auch der Hinweis, daß Betriebe in einem mehr oder minder starken Abhängigkeitsverhältnis zu einem herstellenden Unternehmen stehen können. In Anbetracht dessen, daß immer mehr Industriebetriebe den direkten Weg zum Verbraucher suchen, ist zu fragen, ob es sich hierbei um die Vertriebsabteilungen der Industrie oder um Handelsbetriebe handelt. Die Diskussion hat gezeigt, daß eine solche Frage am besten in eine Differenzierung der Institutionen einmündet.

Die Hinweise auf die gesetzlichen Bestimmungen haben schließlich deutlich werden lassen, daß auf zahlreichen Gebieten nicht von den Regelungen der Amtlichen Statistik oder dem Sprachgebrauch innerhalb der Betriebswirtschaftslehre ausgegangen werden darf, sondern daß die einschlägigen juristischen Bestimmungen zugrunde gelegt werden müssen.

Zwei Einsichten bleiben:
– Der Handel wird in unterschiedlicher Weise von anderen Wirtschaftssektoren abgegrenzt.
– Die Übernahme einer speziellen Definition hat sich an der zu bearbeitenden Problemstellung auszurichten.

## 1.2 Bedeutende Betriebsformen (-typen) des Handels

Handelsbetriebe treten in vielerlei Gestalt auf. Dies hat zu zahlreichen Typologien geführt, in denen ähnliche Betriebe zu Betriebsformen bzw. -typen zusammengefaßt werden. Stellenweise werden die Begriffe Betriebsform und Betriebstyp allerdings nicht synonym verwendet, sondern mit Betriebsform wird erfaßt, welche Stellung ein Handelsbetrieb in der Distributionskette zwischen Urerzeugung und Konsument einnimmt (z. B. kollektierender Großhandelsbetrieb, Einzelhandelsbetrieb), während erst mit dem Begriff Betriebstyp innerhalb eines Wirtschaftszweiges einzelne Unterarten erfaßt werden.[1] Im weiteren werden die beiden Begriffe in folgendem Sinn verwendet: Bei den Betriebsformen handelt es sich um eine in der Regel mehrdimensionale Kennzeichnung der Unternehmenspolitik (vor allem in bezug auf die Größe der Verkaufsfläche, das Bedienungssystem, die Sortimentszusammenstellung und die Preispolitik), wobei im folgenden Betriebsformen in drei Bereichen des Handels dargestellt werden,
– dem Großhandel,
– dem Einzelhandel,
– der Handelsvermittlung.

---

[1] Vgl. z. B. Barth, K., 1996, S. 83.

Der Begriff Betriebstyp wird herangezogen, um weitere Varianten einer Betriebsform kennzeichnen zu können.

## 1.2.1 Betriebsformen des Großhandels

Obwohl die Amtliche Statistik für Deutschland für das Jahr 1992 den Großhandel mit rund 134 000 Unternehmen und einem Umsatz von 978 Mrd. DM ausweist,[2] also ein bedeutender Wirtschaftsbereich vorliegt, wird seine Situation in der wissenschaftlichen Literatur relativ selten aufgegriffen. Viele Sachverhalte bedürfen der Erörterung:
- Wie läßt sich die Vielfalt der empirisch zu beobachtenden Typen von Großhandelsbetrieben typologisieren und im einzelnen definieren?
- Welchen Stellenwert nehmen einzelne Typen von Großhandelsbetrieben in der Wirtschaft ein? Ist im Zeitablauf zu beobachten, daß sie immer stärker in den Fluß der Güter vom Hersteller zum Verwender eingeschaltet werden, oder ist vielmehr die These von der Ausschaltung des Großhandels berechtigt?
- Welche Kräfte wirken auf die Arbeitsteilung innerhalb der Wertschöpfungskette? Inwieweit bilden sie die Basis für die Existenz des Großhandels, inwieweit höhlen sie diese Basis aus?
- Welche Konsequenzen ergeben sich aus den die Arbeitsteilung bestimmenden Faktoren für die Unternehmenspolitik der einzelnen Großhandlung?

Die Ausführungen in dem vorliegenden Kapitel müssen sich darauf beschränken, die wichtigsten Betriebsformen des Großhandels vorzustellen.

Nach der Katalogkommission umfaßt Großhandel (im institutionellen Sinn)

> *»– auch als Großhandelsunternehmung, Großhandelsbetrieb oder Großhandlung bezeichnet – [. . .] jene Institutionen, deren wirtschaftliche Tätigkeit ausschließlich oder überwiegend dem Großhandel im funktionellen Sinne zuzurechnen ist.«*[3]

Großhandel im funktionellen Sinn

> *»[. . .] liegt vor, wenn Marktteilnehmer Güter, die sie in der Regel nicht selbst be- oder verarbeiten (Handelswaren), vom Hersteller oder anderen Lieferanten beschaffen und an Wiederverkäufer, Weiterverarbeiter, gewerbliche Verwender (z. B. Behörden, Bildungsstätten) oder an sonstige Institutionen (z. B. Kantinen, Vereine), soweit es sich nicht um private Haushalte handelt, absetzen.«*[4]

**Kriterien zur Kennzeichnung des Großhandels**

Bei Definitionen des Großhandels wird im allgemeinen auf folgende Merkmale Bezug genommen:

---

[2] Die Angaben beziehen sich auf den Großhandel ohne KfZ-Handel nach der Klassifikation der Wirtschaftszweige, Ausgabe 1993. Vgl. Statistisches Bundesamt (Hrsg.): Handel, Gastgewerbe, Reiseverkehr. Handels- und Gaststättenzählung 1993. Fachserie 6, Zusammenfassende Übersichten, 1995, S. 19. Zu abweichenden Ergebnissen siehe Statistisches Bundesamt (Hrsg.): Statistisches Jahrbuch 1996 für die Bundesrepublik Deutschland, Stuttgart 1996, S. 259.

[3] Ausschuß für Begriffsdefinitionen aus der Handels- und Absatzwirtschaft (Hrsg.), 1995, S. 35.

[4] Ausschuß für Begriffsdefinitionen aus der Handels- und Absatzwirtschaft (Hrsg.), 1995, S. 35.

(1) Art der Abnehmer: In der Definition der Katalogkommission werden u. a. die Wiederverkäufer, die Weiterverarbeiter und die gewerblichen Verwender enumeriert, die privaten Haushalte jedoch ausgeschlossen. Es hat aber verschiedene Versuche gegeben, Großhandel so zu definieren, daß auch die Belieferung von privaten Haushalten miteingeschlossen ist. Wie *Ahlert* herausgearbeitet hat, handelt es sich bei den Wiederverkäufern (Groß- und Einzelhandel), den Weiterverarbeitern und jenen Verbrauchern, die die Handelsware als Produktionsfaktoren in einem Betrieb einsetzen, um gewerbliche Abnehmer. Er sieht auch die institutionellen Haushalte (z. B. Behörden, Krankenhäuser, Schulen, Verbände) sowie die freiberuflichen Kunden (z. B. Rechtsanwälte, Steuerberater und Architekten) als typische Kunden des Großhandels, weil auch hier ein abgeleiteter Bedarf vorliege, der sich aus dem Ziel dieser Organisationen, einen Fremdbedarf zu decken, ergebe.[5] *Ahlert* schlägt vor, den Kundenkreis des Großhandels mit dem Merkmal »Professionalität« zu kennzeichnen. Damit führt er eine personale, auf die Qualifikation des Kunden abstellende Eigenschaft ein, die er bei allen Personen gegeben sieht, die regelmäßig mit dem Einkauf von Waren aus beruflichen Gründen betraut sind (oder die aus anderen Gründen mit der professionellen Denkweise vertraut sein sollen).[6] Es wurde auch vorgeschlagen, jenen Betrieben Großhandelsfunktion zuzusprechen, die private Haushalte in solchen Mengen beliefern, die die für Familienhaushalte übliche Bedarfsdeckung wesentlich übersteigen, sei es aufgrund eines ungewöhnlichen Hobbys oder zu bestimmten außergewöhnlichen Anlässen.

Diese Definitionen müssen vor dem Hintergrund der in der Praxis anstehenden Probleme gesehen werden, wo einzelne Wirtschaftsgruppen bei Einkäufen nicht nur abgeleiteten Bedarf, sondern auch ihren privaten Bedarf decken und eine Spaltung praktisch kaum durchzuführen ist. Pro forma kaufen zwar Vertreter von Betrieben, diese verwenden jedoch die gekauften Waren nicht nur für geschäftliche Zwecke, sondern auch privat. Dies hat zu langen Rechtsstreitigkeiten geführt, in deren Verlauf erörtert wurde, inwieweit Käufe für private Zwecke die Eigenschaft eines Betriebes als Großhandelsbetrieb in Frage stellen. Der Vorschlag *Ahlerts,* die »Professionalität« als Merkmal des Kundenkreises von Großhandelsbetrieben anzusehen, wirft u. a. die Frage auf, ob bei Vertretern von Betrieben, Behörden oder sonstigen Institutionen grundsätzlich unterstellt werden kann, daß sie über mehr (Einkaufs-)Professionalität verfügen als private Haushalte? Des weiteren müssen die Folgen einer so erweiterten Definition bedacht werden.

(2) Die Art der Lieferanten: Gelegentlich wird die Tätigkeit des Großhandels auch dadurch gekennzeichnet, daß er als Vermittler zwischen Hersteller und Verwender bzw. Verbraucher fungiert. Entsprechend werden seine Lieferanten als »Erzeuger- und Herstellerbereich«, »Produzenten«, »Händler«, »Fachleute« oder »Kaufleute« benannt. Führt man sich vor Augen, daß sich in vielen Bereichen ein mehrstufiger Großhandel (Zentralgroßhandel, regionaler Großhandel) gebildet hat, ist ein Hinweis auf eine Belieferung durch Erzeuger oder Hersteller zu eng.

(3) Die Kennzeichnung der Tätigkeit: Häufig wird auf die Mittlerrolle im Absatzweg hingewiesen, indem sowohl die Funktion des Einkaufens als auch die Funktion des

---

[5] Vgl. Ahlert, D.: Der Großhandelsbegriff, in: Betriebsberater, 42. Jg. (1987), Beilage 15 zu H. 23, S. 8.

[6] Vgl. Ahlert, D., 1987, S. 8.

Weiterveräußerns angesprochen werden (»Beschaffung und Absatz von Waren«[7]). Stellenweise wird auf das Volumen abgestellt, indem vom »Handel im Großen«[8], vom »Masseneinkauf und -verkauf«[9], »Handel in größeren Einheiten«[10] gesprochen wird. Seltener findet sich – aber dies besonders in der juristischen Literatur – der Hinweis, daß es dem Großhandel eigen sei, seine Abnehmer zu beliefern. Soll der Großhandelsbetrieb vom Industriebetrieb abgegrenzt werden, kommt dem Kriterium »Beschaffung von Gütern, die in der Regel nicht selbst be- oder verarbeitet werden« zunächst eine große Trennschärfe zu. Allerdings zeigt sich, daß eine auf diesem Kriterium aufbauende idealtypische Unterscheidung von Betrieben immer weniger die Realität abbildet. Mehr und mehr mischen sich der Industrie-, Handels- und Dienstleistungssektor, so daß es schwieriger wird, das Spezifische des Großhandels auszumachen. Der oft verwendete Zusatz »von branchenüblichen Manipulationen abgesehen« nimmt neue Größenordnungen an.

Andere Merkmale wie Betriebsgröße, Standort, Rechtsform und insbesondere die Ausübung spezifischer Handelsfunktionen (z. B. Vordisposition, Abholung und Zulieferung, umfangreiche Lagerhaltung, Kreditgewährung an die Kunden) können fakultativ hinzutreten, werden aber in ihrer Summe weder als typisch noch als essentiell angesehen.

Definitionen des Großhandels dienen dazu, ihn von anderen Wirtschaftszweigen, insbesondere der Industrie, der Handelsvermittlung, dem Einzelhandel, einzelnen Dienstleistern, wie z. B. den Spediteuren, abzugrenzen. Schwierigkeiten der Abgrenzung ergeben sich immer dann, wenn Tätigkeiten mehrerer idealtypischer Betriebe ausgeübt werden, so z. B.

– wenn ein Herstellerbetrieb auch fremdproduzierte Ware zukauft, um sein Vertriebsprogramm abzurunden,
– wenn ein Großhandelsbetrieb die gekauften Waren auch veredelt,
– wenn ein Großhandelsbetrieb auch Waren für private Zwecke verkauft.

Solche Mischungen der Tätigkeiten werden immer mehr zum Regelfall, so daß es immer schwerer fällt, den Großhandel von Betrieben aus anderen Wirtschaftszweigen abzugrenzen. Im übrigen gelten die bei der Abgrenzung des institutionellen Handels allgemein erörterten Probleme auch hier. So könnte z. B. gefragt werden, ob die Unterschiede zwischen einer Werkhandelsunternehmung (die sich in Kapitalbesitz eines auch Waren liefernden Produktionsunternehmens befindet) und dem selbständigen Großhandel als so bedeutend angesehen werden, daß die beiden Betriebe unterschiedlichen Gruppen zugewiesen werden.

### Einzelne Formen des Großhandels

Die vielgestaltig vorkommenden Großhandelsbetriebe können zu Typen zusammengefaßt werden, wobei zwar mit steigender Anzahl der verwendeten Merkmale und der feiner werdenden Unterteilung dieser Merkmale die Großhandelsbetriebe immer klarer unterschieden werden, die Stabilität der so geschaffenen Betriebstypen im

---

[7] Ahlert, D., 1987, S. 9–12.
[8] Schuster, W.: Groß-, Ein- und Ausfuhrhandel, in: Nicklisch, H. (Hrsg.): HWB, 1. Band, 2. Auflage, Stuttgart 1938, Sp. 2149–2228.
[9] Ruberg, C.: Haushalt und Einzelhandel, Essen 1935.
[10] Le Coutre, W.: Der Großhandel, in: Greifzu, J. (Hrsg.): Handbuch des Kaufmanns, Hamburg 1950, S. 753.

Zeitablauf jedoch immer mehr abnimmt. Der *Ausschuß für Begriffsdefinitionen* definiert die folgenden Varianten:[11]

- Globalhandel,
- Sortimentsgroßhandel,
- Cash-and-Carry-Betrieb,
- Großhandelszentrum,
- Streckengroßhandel,
- Werkhandelsunternehmung,

- Transithandel,
- Spezialgroßhandel,
- Rack Jobber,
- Trade Mart,
- Produktionsverbindungshandel,
- Aufkaufhandlung.

Die Unterschiede liegen vor allem:

a) in der Sortimentspolitik: Hier strebt der Sortimentsgroßhandel eine weitgehend vollständige Warenversorgung seiner Abnehmer an, während der Fach-(Spezial-) Großhandel sich in seiner Sortimentsbreite beschränkt;

b) in der Belieferungspolitik: Der Zustellgroßhandel stellt die Waren entweder vom eigenen Lager zu oder läßt sie direkt vom Hersteller dem Kunden zustellen (Streckengroßhandel), während beim Cash-and-Carry-Betrieb die Waren vom Kunden im Handelsbetrieb abgeholt werden;

c) im Marktgebiet: So wird einerseits in Binnengroßhandel, andererseits in Groß-handelsbetriebe, die im Außenhandel tätig sind, unterschieden. Unter Transit-handel versteht man die Lieferung von Waren aus einem Ursprungsland in ein Bestimmungsland über einen Händler (Transithändler, Transitär) in einem dritten Land (Durchfuhrland). Mit Globalhandel meint man Außenhandelsunternehmen, die mehr als die Hälfte ihres Handelsvolumens aus dem Ausland beziehen und gleichzeitig mehr als die Hälfte ihres Handelsvolumens in das Ausland absetzen.

Zwei Formen des Großhandels, die in der Praxis von Bedeutung sind, aber in der theoretischen Literatur nur selten näher betrachtet werden, sollen näher dargestellt werden, und zwar
- der Produktionsverbindungshandel und
- der Technische Handel.

### Der Produktionsverbindungshandel

Der Begriff des Produktionsverbindungshandels wird unterschiedlich verwendet, so daß auf in der Literatur vorfindbare Sichtweisen eingegangen werden muß.

*Seÿffert* erwähnt die Untergliederung des Großhandels in Aufkaufhandel, Produktionsverbindungshandel und Absatzgroßhandel:
- Zum Aufkaufhandel zählt er die Aufkäufer, Sammler und Sortierer,
- der Produktionsverbindungshandel treibt mit Halbfabrikaten oder auch Fertigfabrikaten zwischen verschiedenen Produktionsbetrieben und Produktionsstufen Handel,
- der Absatzgroßhandel setzt Fertigwaren an Wiederverkäufer und gewerbliche Verbraucher ab.[12]

*Seÿffert* weist diese Einteilung jedoch zurück, weil sie eine klare Einordnung der praktischen Fälle mangels eines einheitlichen Einteilungsgrundes nicht ermögliche, zumal der Begriff Absatzgroßhandel unglücklich gewählt sei, denn auch für die

---

[11] Vgl. Ausschuß für Begriffsdefinitionen aus der Handels- und Absatzwirtschaft (Hrsg.), 1995, S. 35–40.

[12] Vgl. Seÿffert, R., 1972, S. 147.

anderen Formen des Großhandels gelte, daß sie Absatzleistungen erbrächten. Er schlägt deswegen vor, innerhalb des Binnengroßhandels in
– Produktionswarengroßhandlungen und
– Konsumwarengroßhandlungen
zu unterscheiden. Der Begriff Produktionsverbindungshandel wird nicht mehr verwendet, statt dessen wird von Produktionswarengroßhandlungen gesprochen. Die Produktionswarengroßhandlungen versorgen Landwirtschaft, Industrie, Handwerk und andere gewerbliche Verwender mit Rohwaren, Halb- und Teilfabrikaten, Maschinen und sonstigen Fertigwaren für Produktionszwecke, die Konsumwarengroßhandlungen beliefern Einzelhandlungen. In diesen Umschreibungen wird auf
– die Art der Güter,
– ihren Verwendungszweck beim Abnehmer und
– auf die Abnehmergruppen Bezug genommen.

Nun werden bestimmte Waren nicht nur als Konsumwaren an den Einzelhandel geliefert, sondern sie können gleichzeitig auch für Produktionszwecke abgesetzt werden. Bürobedarf und Autoersatzteile sind markante Beispiele hierfür. Selbst bei Nahrungs- und Genußmitteln ist zu beobachten, daß sie einerseits für den Konsum der privaten Haushalte bereitgestellt werden, daß sie aber andererseits an Fleischereibetriebe (z. B. Gewürze) oder an Kantinen ausgeliefert werden. Es ist deshalb nicht angebracht, bestimmte Waren einer ausschließlichen Verwendung für eine Produktion oder für den Konsum zuzuordnen. Der Versuch, aufgrund einer Warentypologie zu einer Typologie der Großhandlungen in Produktionswaren- und Konsumwarengroßhandlungen im oben definierten Sinne zu gelangen, scheitert deswegen.
In verfeinerter Form greift *Lerchenmüller* die Einteilung *Seÿfferts* auf und unterscheidet ebenfalls nach dem Verwendungszweck der gehandelten Güter in
– Investitionsgüterhandlungen,
– Produktionswarenhandlungen,
– Gebrauchsgüterhandlungen (zum Gebrauch durch den Endverbraucher),
– Verbrauchsgüterhandlungen,
wobei bei den letzten beiden Formen sowohl Groß- als auch Einzelhandlungen vorkommen können.[13] Wie bei *Seÿffert* lautet die Frage, ob mit Waren gehandelt wird, die der Produktion oder die dem Konsum dienen. Orientiert man sich bei der Zuordnung der Waren zu den von *Lerchenmüller* gebildeten vier Gruppen an der Wirtschaftszweigsystematik der Amtlichen Statistik nach der *NACE* (Nomenclature générale des actitivités économiques dans les communautés européennes), dann fällt es teilweise leicht zu erkennen, ob es sich beispielsweise um Investitionsgüter oder um Verbrauchsgüter handelt, teilweise gelingt aber eine Zuordnung nicht. Die Güterarten sind auf der 3er-Stelle der Amtlichen Statistik wie folgt eingeteilt:
– Landwirtschaftliche Grundstoffe und lebende Tiere (51.2),
– Nahrungsmittel, Getränke und Tabakwaren (51.3),
– Gebrauchs- und Verbrauchsgüter (51.4),
– Rohstoffe, Halbwaren, Altmaterial und Reststoffe (51.5),
– Maschinen, Ausrüstungen und Zubehör (51.6).

Wie leicht zu erkennen ist, dient ein Teil dieser Güter nur der Produktion in gewerblichen Organisationen, während andere Güter sowohl für Produktion als auch für Konsum und damit sowohl in gewerblichen Organisationen wie auch in privaten

---

[13] Vgl. Lerchenmüller, M.: Handelsbetriebslehre, 2. Auflage, Ludwigshafen 1995, S. 24.

Haushalten genutzt werden. Wiederum wird deutlich, daß von der Art der Güter nur sehr eingeschränkt auf den Verwendungszweck (Produktion bzw. Konsum) bzw. den Abnehmerkreis geschlossen werden kann. Setzte eine Großhandlung Büromaschinen vorwiegend an den Bürofacheinzelhandel ab, handelte es sich um eine Gebrauchs-güterhandlung, würde sie diese Maschinen direkt an die gewerblichen Nutzer absetzen (z. B. an Banken), handelte es sich (bei den gleichen Gütern) um eine Investitionsgüterhandlung.

Wie *Seÿffert* nimmt *Lerchenmüller* den Produktionsverbindungshandel in seine Systematisierung nicht auf. Er sieht ihn im Sinn von Technischem Handel zwischen dem Handel mit Investitionsgütern und Produktionswaren angesiedelt, meint aber, daß dieser Begriff eher verwirrend denn systematisierend wirke.[14]

Ganz anders sehen das *Tietz* und das *Ifo-Institut*. *Tietz* nennt den Rohstoff- und Produktionsverbindungshandel neben dem Konsumgütergroßhandel als Hauptform des Großhandels.[15] Der Konsumgütergroßhandel setze schwerpunktmäßig an Einzelhandlungen und ausgewählte Dienstleistungsbetriebe ab, z. B. an das gastronomische Gewerbe. Der Rohstoff- und Produktionsverbindungshandel diene nach seiner Sicht als Bindeglied zwischen den verschiedenen Zweigen des produzierenden Gewerbes oder der Landwirtschaft. Als Gliederungskriterium wird hier eindeutig der Abnehmerkreis in den Vordergrund geschoben. Diese Einteilung findet sich auch in den Berichten des *Ifo-Instituts*.[16] Die Einteilung nach Konsumgütergroßhandel einerseits und Rohstoff- und Produktionsverbindungshandel andererseits wird als Einteilung des Großhandels nach Hauptbereichen bezeichnet, wobei die zugeordneten Zahlen jedoch durch Umsortieren der warengruppenorientierten Einteilung des *Statistischen Bundesamtes* ermittelt wurden. Insofern läßt sich die Bedeutung der beiden Großhandelsgruppen nicht direkt ermitteln, sondern nur schätzen, wobei die Angaben zum Großhandel mit einzelnen Warengruppen in Gänze oder teilweise dem Konsumgütergroßhandel oder dem Rohstoff- und Produktionsverbindungshandel zugewiesen wurden.

Die Amtliche Statistik unterteilt sowohl den Binnengroßhandel wie den Einfuhrhandel nach Produktions- und nach Konsumtionsverbindungshandel.

In Abbildung 1.6 sind die von den verschiedenen Autoren bzw. Institutionen verwendeten Begriffe zur Einteilung des Großhandels noch einmal zusammengestellt. Es wird deutlich, wie vielfältig die verwendeten Begriffe sind und welche Mühe der Leser hat zu erkennen, ob hinter den Begriffen gleiche oder unterschiedliche Sachverhalte stehen.

Zwar unterscheiden sich die verwendeten Bezeichnungen beim *Statistischen Bundesamt,* dem *Ifo-Institut* und bei *Tietz,* es scheinen jedoch keine inhaltlichen Unterschiede vorzuliegen, denn der Abnehmerkreis wird zum konstituierenden Merkmal. Demgegenüber findet sich in den Einteilungen von *Seÿffert* und *Lerchenmüller* noch eine starke Orientierung an der Art der Güter. Wie gezeigt worden ist, lassen sich die

---

[14]  Vgl. Lerchenmüller, M., 1995, S. 24.

[15]  Vgl. Tietz, B./Schoof, H.: Handbuch für Grosshandelszentren und Industrieparks, Rüschlikon – Zürich 1970, S. 31.

[16]  Vgl. z. B. Batzer, E./Greipl, E./Meyerhöfer, W. et al.: Marktstrukturen und Wettbewerbsver-hältnisse im Großhandel in den Ländern der Europäischen Gemeinschaft, Berlin 1974, S. 79 f.; Batzer, E./Lachner, J./Täger, U. C.: Der Großhandel in den neuen Bundesländern. Ifo Studien zu Handels- und Dienstleistungsfragen Nr. 41, München 1991, S. 19–27.

Art der Güter und die Abnehmergruppe nicht eindeutig einander zuordnen, eines der beiden Gliederungsprinzipien muß deswegen in den Vordergrund geschoben werden. Bei *Engelhardt* und *Kleinaltenkamp* findet sich folgende Definition: Beim Produktionsverbindungshandel handelt es sich um

> »... *alle Unternehmen, die schwerpunktmäßig Güter beschaffen, um sie unverändert bzw. nach sog. »handelsüblichen Manipulationen« an Organisationen weiterzuveräussern, die damit ihrerseits Güter für die Fremdbedarfsdeckung erstellen oder die sie selbst wiederum unverändert bzw. nach »handelsüblichen Manipulationen« an solche Organisationen verkaufen. Dies gilt unabhängig davon, ob die genannten Aufgaben im Rahmen eines direkten oder indirekten Distributionssystems wahrgenommen werden.«*[17]

**Abbildung 1.6:** Begriffliche Systeme für die Hauptformen des Binnengroßhandels _____

| Autor | Hauptformen | |
|---|---|---|
| Seÿffert | Produktionswaren-<br>großhandlungen | Konsumwarengroßhandlungen |
| Lerchenmüller | Investitionsgüterhandlungen<br>Produktionswarenhandlungen | Gebrauchsgüterhandlungen<br>Verbrauchsgüterhandlungen |
| Tietz<br>Ifo-Institut | Rohstoff- und Produktions-<br>verbindungshandel | Konsumgütergroßhandel |
| Stat.<br>Bundesamt | Produktionsverbindungshandel | Konsumtionsverbindungshandel |

Die Definition weist insgesamt drei Merkmale auf:

a) Im Vergleich zu den früher genannten Definitionen wird deutlich, daß jetzt eindeutig auf die Art der Abnehmer abgestellt wird. Als solche werden Organisationen genannt, die mit den erworbenen Gütern ihrerseits Güter erstellen oder sie mehr oder minder unverändert weiterveräußern. So liegt ein Wechsel von der ursprünglich an der stofflichen Substanz der gehandelten Waren orientierten Einteilung *(Seÿffert, Lerchenmüller)* über eine Betrachtung, die eine Brücke von der Art der Ware zu ihrer gedachten Verwendung schlägt *(Statistisches Bundesamt, Tietz, Ifo-Institut),* zu der abnehmer- bzw. verwendungsorientierten Betrachtung vor. Kennzeichen des Produktionsverbindungshandels ist also, daß es sich bei den Abnehmern um Organisationen handelt, die die erworbenen Güter im Rahmen ihres Geschäftsbetriebes verwerten. Mithin handelt es sich nicht nur bei den Rohstoffhändlern (z. B. Erze, Metalle, chemische Grundstoffe, Kaffee) um Produktionsverbindungshandel, sondern auch bei jenen Händlern, die in bedeutendem Maße beispielsweise andere Unternehmen mit Bürobedarf beliefern, also mit Gütern, die auch dem privaten Konsum dienen können. Im Prinzip könnte der Großhandel natürlich auch weiterhin nach der Art der gehandelten Waren eingeteilt werden,

---

[17] Engelhardt, W./Kleinaltenkamp, M.: Marketing-Strategien des Produktionsverbindungshandels, Arbeitspapiere zum Marketing Nr. 23, Bochum 1988, S. 5.

der Abnehmerkreis oder der Verwendungszweck der Ware müssen nicht im vorhinein zum konstituierenden Kriterium ernannt werden. Die zunehmende Orientierung auf den Abnehmer einer Leistung findet ihre Rechtfertigung darin, daß die Gegebenheiten beim Abnehmer zu einem zentralen Gesichtspunkt zur Ausgestaltung der eigenen Unternehmenspolitik werden müssen. Sie ist getragen von der Vermutung, daß eine Geschäftspolitik für Produktionsverbindungshändler andere Gesichtspunkte einbeziehen muß als die für Konsumtionsverbindungshändler. So spiegelt sich in der Definition ein Stück Marketing, wenn man unter Marketing die Ausrichtung der eigenen Aktivitäten auf die Bedürfnisse des Kunden versteht.

b) Zum zweiten weisen *Engelhardt* und *Kleinaltenkamp* in ihrer Definition darauf hin, daß die gehandelten Güter im Betrieb nicht verändert werden, es sei denn es handele sich um handelsübliche Manipulationen. Dieses Merkmal wird generell als Kennzeichen des Handels und mithin auch des Großhandels herangezogen. Allerdings wird immer unklarer, wie weit die handelsüblichen Manipulationen reichen; die Grenzlinie zwischen Industrie und Handel wird immer unschärfer. Betriebspolitisch ist in der Tat zu fragen, ob die Grenzen einer bislang als handelsüblich angesehenen Manipulation nicht überschritten werden sollten und so das traditionelle Bild vom Produktionsverbindungshandel modifiziert werden sollte.

**Abbildung 1.7:** Umsatzvolumina der verschiedenen Großhandelsbereiche in Deutschland (früheres Bundesgebiet) von Unternehmen mit einem Jahresumsatz von 1 Mio. DM und mehr im Jahr 1992

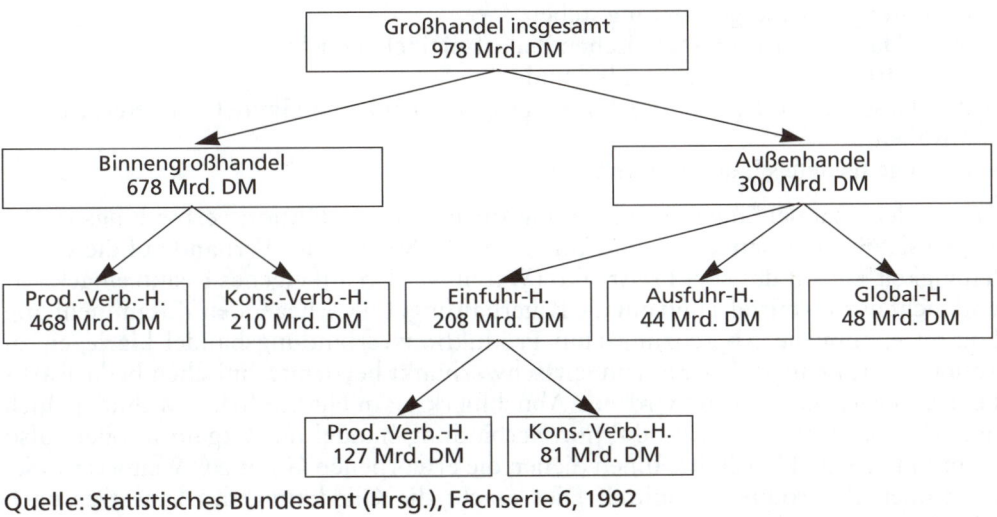

Quelle: Statistisches Bundesamt (Hrsg.), Fachserie 6, 1992

c) Schließlich wird in der obigen Definition davon abgesehen, die Selbständigkeit des Produktionsverbindungshandels zu einem bestimmenden Merkmal zu erheben. Bekanntlich gibt es Unternehmungen, die wirtschaftlich und rechtlich vollkommen selbständig sind, während andere in entsprechender Abhängigkeit von einigen zentralen Lieferanten stehen. *Engelhardt* und *Kleinaltenkamp* weisen darauf hin, wenn sie von der Einbettung eines Handelsbetriebes in ein direktes oder indirektes Distributionssystem sprechen. Es mag Fragestellungen geben, bei denen es gerade darauf ankommt zu analysieren, welche Gründe für eine Selbständigkeit sprechen, warum also die Koordination über den Markt gewählt wird. Dies erfordert Definitionen, die zwischen abhängigen und unabhängigen Betrieben unterscheiden. Werden dagegen betriebspolitische Problemstellungen erörtert, wie z. B. zum Leistungsprogramm, zur Preispolitik oder zur Lagerhaltung, dann sind solche Überlegungen im Regelfall unabhängig davon, ob der Betrieb von einem Lieferanten abhängig ist oder nicht, und es kann mithin auf eine entsprechende Eingrenzung in der Definition verzichtet werden.

Für Deutschland ergibt sich die in Abbildung 1.7 angegebene Umsatzstruktur (ohne Mehrwertsteuer) des Großhandels im allgemeinen und des Produktionsverbindungshandels im besonderen.

**Der Technische Handel**

Wegen der häufig zu beobachtenden Unklarheiten um die verschiedenen Segmente des Großhandels und der Gefahr, daß Produktionsverbindungshandel und Technischer Handel gleichgesetzt werden könnten, soll im folgenden auch kurz auf den Technischen Handel eingegangen werden.

Der *Verband der Technischen Händler e. V. (VTH)* zählt etwa 600–700 Firmen zu diesem Bereich, den er als eigenständige Branche ansieht. Als Technische Handlungen werden jene Firmen angesehen,[18]
– die unter fachkundiger Leitung stehen,
– ihren Hauptabsatz mit technischen Bedarfsartikeln erzielen,
– geschäftlich frei und ungebunden sind,
– ihre Geschäfte auf eigene Rechnung tätigen, also keine Handelsvertretertätigkeit ausüben,
– ein angemessenes Lager unterhalten.

Im Vergleich zu den angeführten Definitionen zum Produktionsverbindungshandel zeigen sich Gemeinsamkeiten und Unterschiede. So hebt der Verband auf die Unabhängigkeit ab, auf das sog. Preisrisiko (Waren werden auf eigenes Risiko eingekauft und nicht nur vermittelt) und auf die Lagerhaltung. Im vorliegenden Zusammenhang kommt es, um die Abgrenzung zum Produktionsverbindungshandel klarlegen zu können, darauf an, daß der Sortimentsschwerpunkt bei den technischen Bedarfsartikeln zu liegen hat. Zwar wird der Abnehmerkreis nicht explizit erwähnt, jedoch handelt es sich wie beim Produktionsverbindungshandel um Organisationen, also nicht um private Haushalte. Ihnen dienen die erworbenen Güter zur Weiterveräußerung oder als Produktionsmittel. Dies macht die Gliederung des Umsatzes nach Abnehmern deutlich:[19]

---

[18] Angaben des Verbandes vom November 1996. Vgl. auch VTH (Verband der Technischen Händler e. V.) (Hrsg.): Technischer Handel, Zentralblatt für den technischen Bedarf. 75 Jahre Verband der Technischen Händler, Jubiläumsheft, 66. Jg. (1979), S. 334 f.

[19] Angaben aus dem Betriebsvergleich des Instituts für Handelsforschung an der Universität zu Köln. Vgl. darüber hinaus VTH (Verband der Technischen Händler e. v.) (Hrsg.): Der Betriebsvergleich des Technischen Handels 1994, in: Technischer Handel, 82. Jg. (1995), H. 12, S. 799–802.

| | |
|---|---|
| Industrieller Erstausrüsterbedarf | 34 % |
| Industrieller Betriebsbedarf | 36 % |
| Handwerks- und Dienstleistungsbetriebe | 12 % |
| Behörden und Kommunen (einschl. | 6 % |
| Post, Bundeswehr und Verkehrsbetriebe) | |
| Wiederverkäufer | 6 % |
| Export | 3 % |
| Ladenverkauf | 3 % |

Zwar wird in den Statuten des Verbandes darauf abgestellt, daß die Mitglieder frei und ungebunden sein müssen, was aber nicht ausschließt, daß sich viele von ihnen zu einer engen Zusammenarbeit mit Lieferanten entschieden haben. Die in die selektiven Vertriebssysteme eingebundenen Händler werden als Schwerpunkthändler, Stützpunkthändler, Partnerhändler etc. bezeichnet.

## 1.2.2 Betriebsformen des Einzelhandels

In entwickelten Volkswirtschaften treten die Betriebe des institutionellen Einzelhandels in außerordentlicher Vielfalt auf. Sie unterscheiden sich nicht nur in ihren Standorten, sondern auch in ihren Sortimenten, ihrem Bedienungssystem, ihrer Betriebsgröße und vielem mehr. Diese Vielfalt soll so zu Typen zusammengefaßt werden, daß die einem Betriebstyp zugeordneten realen Erscheinungsformen von Handelsbetrieben untereinander relativ ähnlich sind und sich gleichzeitig von anderen Betrieben deutlich unterscheiden. Wie beim Großhandel wird teilweise von Betriebstypen, teilweise von Betriebsformen gesprochen. Im folgenden werden die beiden Begriffe im gleichen Sinne verwendet, obwohl stellenweise in der Literatur mit dem Begriff »Betriebsform« in gänzlich anderer Wortdeutung die Stellung eines Handelsbetriebes in der Distributionskette zwischen Urerzeugung und Konsument (also Großhandelsbetriebe kollektierender und distribuierender Art, Außenhandels- und Einzelhandelsbetrieb) angegeben wird.[20]

### Vier Kennzeichen der Betriebstypen des Einzelhandels

1. Varianten des institutionellen Einzelhandels. Mit den Betriebstypen des Einzelhandels werden in einer engen (auch hier zugrundegelegten) Sicht Erscheinungsformen von Unternehmungen des institutionellen Einzelhandels typologisiert. Damit werden von den Institutionen, die Einzelhandel im funktionellen Sinn betreiben, nur jene Unternehmungen erfaßt, die ausschließlich oder überwiegend Güter, insbesondere bewegliche Sachgüter, beschaffen, die sie nicht selbst be- oder verarbeiten, sondern physisch unverändert (von handelsüblichen Manipulationen abgesehen) vorwiegend an private Haushalte absetzen (verkaufen, vermieten, leasen). Stellenweise werden in einer erweiterten Sicht aber auch jene Formen des funktionalen Einzelhandels einbezogen, die von Unternehmungen aus anderen Wirtschaftsbereichen, insbesondere aus der Industrie (Produktionshandel) oder dem Handwerk (Handwerkshandel), realisiert werden.

---

[20] Vgl. Barth, K., 1996, S. 46–47.

**2. Charakterisierung von Betrieben.** Mit Hilfe der Betriebstypen werden Betriebe (und nicht Unternehmungen) typologisiert. Dabei bezeichnet die Unternehmung als Oberbegriff zu Betrieb jene Einheit, die rechtlich selbständig ihren Erfolg ermittelt und verantwortet, Betrieb dagegen einen räumlich abgegrenzten Teil der Unternehmung, im vorliegenden Zusammenhang jedoch nur solche Teile, die Leistungen für den Markt anbieten und die den Kunden zugänglich sind (also z. B. keine Lagerhäuser), sozusagen die kleinste institutionale Einheit innerhalb einer Handelsorganisation mit Kundenkontakt. Von diesem Sprachgebrauch abweichend, spricht *Glöckner-Holme* nicht von Betriebstypen, sondern von »Handlungsformen«, während sie mit dem Begriff »Betriebsform« die Struktur von Handelsorganisationen mit mehreren Verkaufsstellen charakterisiert, indem sie filialisierte, franchisierte und diversifizierte Organisationen unterscheidet.[21]

**3. Zugrundegelegte Merkmale.** Die Ähnlichkeit der Betriebe kann an vielfältigen Merkmalen festgemacht werden. In einem weiten Sinn können alle Merkmale einer unternehmenspolitischen Konzeption verwendet werden, in einem engeren Sinn werden nur jene Merkmale herangezogen, die das Erscheinungsbild gegenüber dem Nachfrager prägen, was durch den Einsatz der absatzpolitischen Instrumente bewirkt wird. In der Literatur sind zahlreiche Merkmalskataloge entwickelt worden.[22] *Algermissen* z. B. unterscheidet vier Bereiche:[23]

a) Merkmale der gesamtwirtschaftlichen Einordnung (ökonomische Position der Abnehmer, Stufigkeit im Absatzweg, Stellung im Wirtschaftsablauf, räumliches Betätigungsfeld),

b) Merkmale der Unternehmungs- bzw. Betriebsstruktur (Betriebsgröße, Rechtsform, Kostenstruktur, Abhängigkeit von außer- bzw. überbetrieblichen Entscheidungszentren, Zusammenschlußform),

c) Merkmale der absatzwirtschaftlichen Funktionen,

d) Merkmale des absatzpolitischen Instrumentariums.

Definitionen von Betriebstypen stellen überwiegend auf Merkmale der Absatzpolitik ab (z. B. die Größe der Verkaufsfläche, das geführte Sortiment, die Preispolitik, die Standortlage); insofern wird der Vorstellung gefolgt, daß der Betriebstyp durch das Erscheinungsbild eines Handelsbetriebes im Absatzmarkt gekennzeichnet ist (enge Sicht). Der Definition einzelner Betriebstypen wird kein einheitlicher Satz von Merkmalen zugrundegelegt, sondern es werden jeweils unterschiedliche Merkmale herangezogen. Gelegentlich werden die Merkmale, die als konstitutiv für einen Betriebstyp angesehen werden, um zusätzliche oder akzessorische Elemente ergänzt.[24] Schließlich können Konzeptionselemente, die in der Entstehungszeit eines Betriebstyps als konstitutiv angesehen wurden, im Zeitablauf in den Hintergrund treten und durch neue Merkmale abgelöst werden. Ein Überblick über die verwendeten Merkmale folgt weiter unten.

---

[21] Vgl. Glöckner-Holme, I.: Betriebsformen-Marketing im Einzelhandel, Augsburg 1988, S. 91 ff.

[22] Ein Überblick über verschiedene Kataloge findet sich bei Glöckner-Holme, I., 1988, S. 27–89.

[23] Vgl. Algermissen, J.: Der Handelsbetrieb. Eine typologische Studie aus absatzwirtschaftlicher Sicht, Frankfurt am Main u. a. 1976, S. 108–181.

[24] Vgl. Bidlingmaier, J.: Betriebsformen des Einzelhandels, in: Tietz, B. (Hrsg.): HWA, Stuttgart 1974, Sp. 526–546.

**4.** Differenzierungsgrad der Merkmale. Die Anzahl der unterschiedlichen Betriebstypen und damit ihre Ähnlichkeit hängen nicht nur von der Menge der verwendeten Merkmale ab, sondern auch davon, wie fein diese unterteilt werden (so kann z. B. der Betriebstyp Verbrauchermarkt anhand der Verkaufsfläche noch einmal in kleine, mittlere und große Verbrauchermärkte unterschieden werden). Bestimmend für den Differenzierungsgrad der Betrachtung ist vor allem der Sprachgebrauch der Praxis. Insgesamt kann ein Betriebstyp als Menge jener Handelsbetriebe bezeichnet werden, die in einem oder in mehreren Merkmalen ähnlich sind; dabei wird auf Merkmale zurückgegriffen, die für das Erscheinungsbild des Betriebes in besonderer Weise kennzeichnend sind und die von dem Betrieb im Regelfall über einen längeren Zeitraum beibehalten werden.

## Systematisierung einzelner Betriebstypen des Einzelhandels

Die Vielfalt der Erscheinungsformen des Einzelhandels wird schon in der Vielzahl der Merkmale deutlich, die bei der Definition der Betriebstypen des Einzelhandels herangezogen werden. Zu den häufig verwendeten Merkmalen zählen:[25]

- Die Sortimentspolitik, durch die der Sortimentsinhalt (und damit die Branchenzugehörigkeit) sowie die Sortimentstiefe und -breite festgelegt werden. Die Beschränkung auf eine Warenart kennzeichnet das Fachgeschäft, während Warenhäuser, Verbrauchermärkte und SB-Warenhäuser Artikel aus unterschiedlichen Warenarten anbieten.
- Die Betriebsgröße: Obwohl zur Messung der Betriebsgröße grundsätzlich alle materiellen und immateriellen Produktionsfaktoren in Frage kommen, spielt bei der Abgrenzung von Betriebstypen die Größe der Verkaufsfläche eine besonders wichtige Rolle (z. B. bei der Abgrenzung eines Verbrauchermarktes von einem SB-Warenhaus).
- Das Bedienungsprinzip: Von Fremdbedienung wird gesprochen, wenn die Ware überwiegend von Verkaufspersonal an die Kunden ausgehändigt wird, Selbstbedienung liegt dagegen vor, wenn die Kunden die Ware selbst aus den Regalen oder den Warenträgern entnehmen; als Zwischenform wird von der Fremdbedienung mit Vorwahl gesprochen.
- Die Art des Inkassos: Für den Automatenverkauf gilt, daß neben der Warenausgabe auch das Inkasso von einer technischen Anlage übernommen wird; ansonsten nimmt das Personal des Handelsbetriebes Geld oder entsprechende Zahlungsmittel von den Kunden entgegen.
- Die Distanzüberwindung: Während bei dem Holkauf der Verbraucher die Distanz zwischen Haushalt und Betrieb überwindet, um die Ware zu erhalten, geht der Verkäufer bei einem Bringkauf dem Verbraucher entgegen, wobei auch Mischformen denkbar sind, bei denen sich Verkäufer und Käufer auf »halbem« Weg treffen (z. B. bei Wochenmärkten, Verkaufsausstellungen, Verkaufswagen). Eine konstituierende Rolle spielt das Bringprinzip im Versandhandel und im ambulanten Handel. Gelegentlich wird auch von dem Andienungsprinzip gesprochen, wobei die Andienung am Ort des Angebotes oder am Ort der Nachfrage erfolgen kann.

---

[25] Vgl. Bidlingmaier, J., 1974, Sp. 526–546.

- Die Art der Preisstellung: Bei einer diskontierenden Preispolitik liegen die Preise für die Mehrzahl der angebotenen Waren ständig unter den von anderen Handelsbetrieben geforderten Preisen für gleiche oder ähnliche Waren. Eine solche Preispolitik ist kennzeichnend für Diskontbetriebe bzw. Discounter. Alternativen zur Niedrigpreisstrategie stellen eine Preispolitik auf dem Mittelpreis- oder Hochpreisniveau dar.
- Die Art des Kundenkreises: Wird versucht, den institutionellen Einzelhandel zu umgehen, um die Belegschaft oder sonstige Personenkreise mit Waren zu versorgen, wird von Umgehungshandel gesprochen. Beim eigentlichen Beziehungshandel kaufen Konsumenten beim institutionellen Einzelhandel oder beim Hersteller zu Vorzugsbedingungen (Beziehungskäufe).
- Die Integration eines Betriebes in eine Agglomeration: Während ein Teil der Handelsbetriebe in gewachsenen städtischen Agglomerationen oder isoliert am Stadtrand ansässig ist, werden in den Shopping-Center nach unterschiedlichen Geschäftsprinzipien arbeitende Einzelhandelsbetriebe verschiedener Branchen und Größenklassen sowie sonstige Dienstleistungsbetriebe (z. B. Banken, Kinos, Restaurants) integriert. Neuerdings ziehen Factory Outlet Center (FOC) große Aufmerksamkeit auf sich; dort siedeln sich an abgelegenen Standorten (z. B. aufgegebene Militärflughäfen) Fabrikverkaufsläden (factory outlets) an.

Da bei der Definition einzelner Betriebstypen nicht auf alle Merkmale, sondern nur auf die jeweils konstituierenden zurückgegriffen wird, ist es wegen der sich ergebenden Überschneidungen nicht möglich, die derzeit bekannten Betriebstypen eindeutig in einem Diagramm darzustellen. Probleme bei der Typologisierung zeigen sich in der Darstellung dort, wo ein Betriebstyp durch mehrere Merkmale gekennzeichnet wird. In vereinfachter Form gibt aber Abbildung 1.8 einen Überblick über bedeutende Betriebstypen.

Um der Begriffsvielfalt entgegenzuwirken, hat ein vom *Bundeswirtschaftsministerium* eingesetztes Gremium von Wissenschaftlern und Praktikern in dem sog. Katalog E Definitionen zu einzelnen Betriebstypen des Einzelhandels vorgelegt. Beispielhaft sei die Definition des Off-Price-Stores angeführt:

> *»Ein Off-Price-Store, eine spezielle Form des Fachdiskonters (bzw. des Mehrfachdiskonters), ist ein mittel- bis großflächiger Einzelhandelsbetrieb (Einzelhandel im institutionellen Sinne), der vorwiegend bekannte Markenartikel des Nichtlebensmittelbereichs (z. B. Textilien, Schuhe, Glaswaren und Porzellan) in Selbstbedienung wesentlich unter dem dafür üblichen Preisniveau anbietet. Das Sortiment besteht prinzipiell aus nicht regulärer Ware (z. B. Überschußware, Auslaufmodelle, Saisonendware, Reklamationsware, Ware zweiter Wahl oder Ware aus Konkursen).*
>
> *Die Sortimentszusammensetzung unterliegt einem raschen Wandel, da in der Regel Partien ohne Nachordermöglichkeit verkauft werden, bis die Vorräte erschöpft sind.«*[26]

Auf eine Beschreibung der übrigen Betriebsformen wird hier verzichtet, es sei lediglich auf den Bereich der neuen Medien näher eingegangen, die in Abbildung 1.8 unter »Teleselling« genannt sind.[27]

---

[26] Ausschuß für Begriffsdefinitionen aus der Handels- und Absatzwirtschaft (Hrsg.), 1995, S. 49.
[27] Vgl. zur Beschreibung der Betriebsformen die Darstellung bei Müller-Hagedorn, L.: Betriebstypen im Einzelhandel, in: Tietz, B./Köhler, R./Zentes, J. (Hrsg.): HWM, 2. Auflage, Stuttgart 1995 a, Sp. 238–255.

Abbildung 1.8: Betriebstypen des Einzelhandels _____

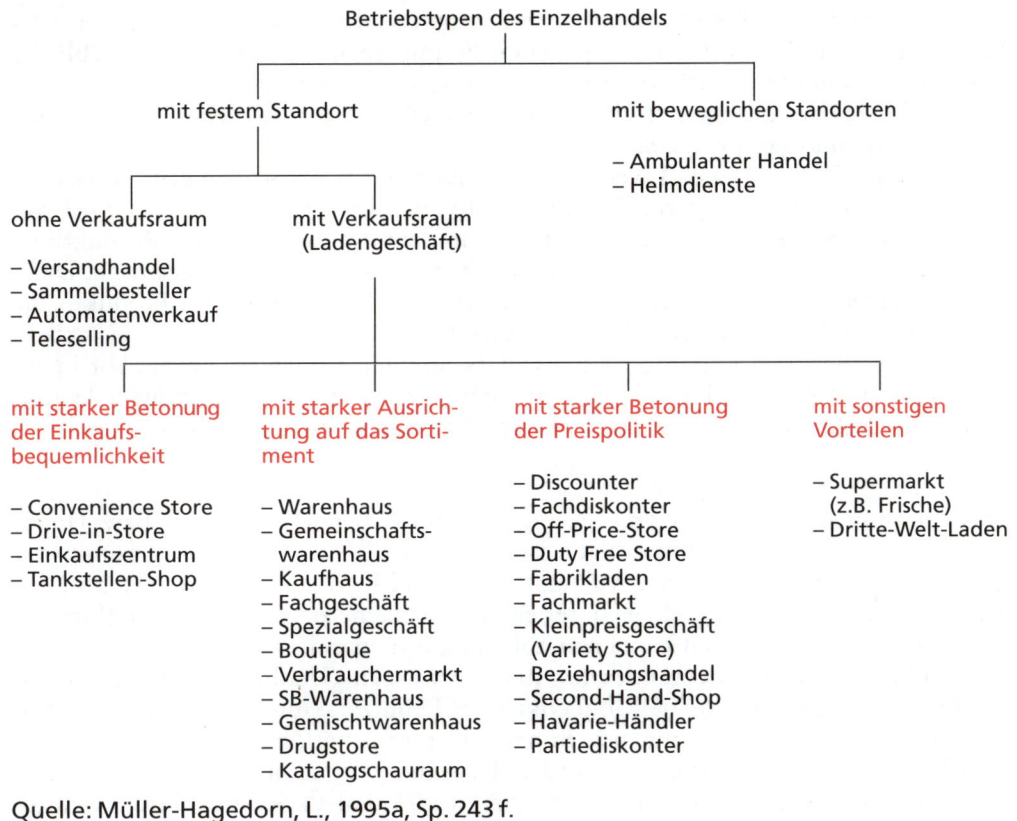

Quelle: Müller-Hagedorn, L., 1995a, Sp. 243 f.

## Verkauf mit Hilfe elektronischer Medien

Die technische Entwicklung im Bereich der sog. TIME-Industrien – Telekommunikation, Informationstechnologie, Medien und Elektronik – hat in den letzten Jahren völlig neue Kommunikationsmöglichkeiten entstehen lassen. Kommunikation und Computing, Informations- und Kommunikationstechnik durchdringen sich immer mehr. Im Bereich der kommerziellen Nutzung eröffnet die technologische Entwicklung neue Vertriebs- und Kommunikationswege. Die neuen Medien erleichtern den Informationsaustausch erheblich. Für Produzenten und Handel sind damit gleichermaßen neue Möglichkeiten der Absatzanbahnung entstanden.

### Direct Response Television (DRTV) bzw. klassisches Homeshopping

Zum sog. Direct Response Television (DRTV) zählen DRTV-Spots, Infomercials und das klassische Teleshopping. Alle drei Formen bedienen sich des Fernsehens als Medium für die Angebotspräsentation. Während der Sendung wird eine Telefonnummer zur Entgegennahme der Bestellung eingeblendet.

DRTV-Spots präsentieren 30 bis 60 Sekunden ein einziges Produkt, meist Produkte, deren Nutzwert bekannt oder leicht zu erklären ist. DRTV-Spots sind eine Mischung aus konventionellem Werbespot und Mini-Infomercial und werden in der Regel als Werbesonderform in Voll- oder Spartenprogrammen innerhalb der Werbeblöcke geschaltet.[28] Infomercial ist eine Wortschöpfung aus Information und Commercial. Die Palette der beworbenen Produkte ist relativ schmal. Den höchsten Anteil haben Verlage und Tonträgerproduzenten.

Als Infomercials werden Live-Verkaufsshows oder vorproduzierte Verkaufssendungen mit einer Länge von 20–30 Minuten bezeichnet. In dieser Zeit wird von einem oder mehreren Präsentatoren ebenfalls nur ein Produkt bzw. eine Produktlinie vorgestellt. Auch sie werden von herkömmlichen Fernsehsendern ausgestrahlt. Diese Sendeform bietet sich vor allem für höherwertige Produkte an oder für Produkte, die einen relativ hohen zeitlichen Erklärungsbedarf haben.

Beim klassischen Teleshopping wird bis zu 24 Stunden täglich ein breites Sortiment angeboten. Die Ausstrahlung erfolgt auf einer eigenen Frequenz. In meist halbstündigen Sendungen werden Produkte aus einer Warengruppe vorgestellt.

### Multimediale Verkaufssysteme

Das Zusammenwachsen der drei bislang getrennten Bereiche Medien- bzw. Unterhaltungsindustrie, Telekommunikationsindustrie und Datenverarbeitungsindustrie erlaubt, daß heute verschiedene Medientypen sowohl auf der Darstellungs- als auch auf der Datenverarbeitungsebene unter einer Oberfläche zusammenspielen (Integration). Die einzelnen Medien können unabhängig voneinander verarbeitet und je nach Anwendung flexibel miteinander kombiniert werden (Unabhängigkeit).[29] Kennzeichnend ist insbesondere die Möglichkeit des Benutzers, mit dem System jederzeit interagieren bzw. kommunizieren zu können. Der Informationsfluß zwischen System und Anwender ist bidirektional geworden. Der Nutzer ist nicht mehr nur Empfänger von Informationen, sondern kann über einen Rückkanal als Sender Aktionen auslösen, d. h. Daten gezielt abrufen und Inhalte verändern (Interaktion).

In der technischen Ausstattung unterscheiden sich die Systeme vor allem hinsichtlich des Digitalisierungsgrades und in bezug auf den Netzanschluß. Die Multimediasysteme der zweiten Generation verfügen bereits über enorme Verarbeitungs-, Speicher- und Transferkapazitäten und leistungsfähige Komprimierungs- und Dekomprimierungstechniken. Auf diese Weise gelingt es ihnen, Videosequenzen in relativ guter Bild- und Tonqualität in Echtzeit zu digitalisieren und zu übertragen. Diese Systeme sind außerdem mit anderen Digitalsystemen kompatibel, etwa mit dem digitalen Fernsehen der Zukunft.[30]

Unterschiede zwischen den Systemen bestehen auch hinsichtlich des Netzanschlusses. Die Systeme, die an Telekommunikationsnetze angeschlossen sind, um multimedial dargestellte Informationen zwischen verschiedenen Personen und Orten zu übertragen, werden als netzgestützte Multimedia-Systeme bezeichnet. Ist kein Netzanschluß vorhanden, so spricht man von Insel-Multimedia.[31]

---

[28] Vgl. Ridder, C.-M.: Teleshopping. Elektronisches Versandhaus oder Fernsehprogramm?, in: Media Perspektiven, 1995, H. 9, S. 416.

[29] Im Gegensatz dazu zeichnet ein Videorecorder zwar Audio- und Bewegtbildinformationen auf, doch sind sie auf dem Magnetband über den zeitlichen Bezug fest miteinander gekoppelt.

[30] Vgl. Schenk, A./Wätjen, A.: Multimedia, München 1993, S. 20–22.

[31] Vgl. Gerpott, T. J.: Multimedia, in: WiSt, 25. Jg. (1996), H. 1, S. 16.

Die Funktionen, die vom Anwender wahrgenommen werden können, richten sich nach der technischen Ausstattung der Systeme. Mit Hilfe von Insel-Multimedia, wie z. B. elektronischen Katalogen auf CD-ROM oder elektronischen Kiosken, können Informationen auf Abruf multimedial an Interessenten übermittelt werden.[32] Zu den netzgestützten Multimedia-Systemen können im wesentlichen zwei Systeme gerechnet werden, und zwar Computer oder Fernseher mit Netzanschluß und vernetzte Kiosksysteme. Die technologischen Entwicklungen lassen erkennen, daß Computer und Fernsehgeräte zusammenwachsen und sich in ihren Anwendungen zumindest weitgehend überschneiden werden.

Von den multimedialen Formen des elektronischen Einkaufens mit Insellösungen wie CD-ROM und elektronischen Kiosksystemen, die innerhalb der Einkaufsstätte oder an anderen stark frequentierten Points of Sale (PoS) stationiert werden (z. B. Tankstellen oder Schaufenstern mit Tastatur), sind die Vertriebsformen des interaktiven Homeshopping abzugrenzen. Auf diese zukunftsweisenden Verkaufsmedien wird im folgenden eingegangen.

Inzwischen können Fernsehgeräte mit Hilfe einer sog. Settop-Box digitale Signale empfangen und senden und sind somit interaktiv zu nutzen. Die Waren können beim interaktiven Fernsehen (iTV) über den Rückkanal bestellt werden.

Beim interaktiven Homeshopping blättert der Benutzer menügesteuert am Multimedia-PC oder am digitalen Fernsehbildschirm und ruft die ihn interessierenden Produktinformationen ab. Der Zuschauer bzw. Einkäufer kann verschiedene Anbieter vergleichen und aus einem breiten Angebot auswählen. Die Bestellung erfolgt durch ein elektronisches Formular direkt über das Endgerät. Die Produkte werden ins Haus geliefert. Bezahlung und Versand sind i. d. R. wie bei der Katalogbestellung geregelt. Die Produktinformationen können Text, Ton, Bild und Videosequenzen beinhalten und in naher Zukunft den oben beschriebenen Fernsehproduktionen gleichen.

Auf der Anbieterseite lassen sich zwei Formen der elektronischen Angebotspräsentation unterscheiden, elektronische Malls und elektronische Kaufhäuser.

**Electronic Malls:** Dem elektronischen Marktauftritt kleiner und mittlerer Handelsunternehmen stehen insbesondere zwei Probleme entgegen: zum einen das Investitionsvolumen, zum anderen fehlt den kleinen und mittleren Unternehmen die Bekanntheit, um unter der Vielzahl an Informationsangeboten im Internet identifiziert und angewählt zu werden. Diesen Hindernissen begegnen die Einzelhandelsunternehmen, indem sie sich zu sog. »Electronic Malls« im Internet zusammenschließen. Dies sind mediale Einkaufszentren, in denen mehrere Handelsbetriebe unter einer gemeinsamen Adresse ihre virtuellen Geschäfte betreiben. Der Zusammenschluß kann z. B. unter regionalen oder unter branchenspezifischen Gesichtspunkten unter Führerschaft einer Verbundgruppe mit starkem Markennamen erfolgen. Beispiele dafür sind die Electronic Mall Bodensee, Netzmarkt oder Marktplatz.

Um eine Electronic Mall zu etablieren, bedarf es neben dem Groß- oder Einzelhändler, der als sog. »Content Provider« die Inhalte liefert, eines sog. »Service Providers«, der die technische und organisatorische Abwicklung übernimmt.

---

[32] CD-ROM-Kataloge werden von Herstellern, Groß- oder Einzelhändlern mit dem Lieferangebot an die jeweiligen Kunden weitergegeben oder werden vom Außendienst mit Hilfe von Laptops eingesetzt.

**Elektronische Kaufhäuser:** Die großen Versandhandelsunternehmen geben elektronische Kataloge heraus und sind unter eigenen Adressen im Internet mit einem Warenangebot vertreten; auch Warenhäuser betätigen sich auf diesem Feld.

## 1.2.3 Formen der Handelsvermittlung

Unter institutionellen Aspekten werden einerseits solche Handelsvermittlerbetriebe unterschieden, die im Auftrag von Verkäufern einer Ware nach Käufern für diese Ware suchen; die Vermittlung der Ware erfolgt also »down-stream«.[33] Eine Handelsvermittlung erfolgt hingegen »up-stream«, wenn ein Handelsvermittler im Auftrag eines Unternehmens geeignete Lieferanten ermittelt. Wie Abbildung 1.9 zu entnehmen ist, können auch Verbundgruppen und Einkaufsorganisationen des Handels als Handelsvermittler »up-stream« tätig sein.

Zu der »down-stream«-Handelsvermittlung zählen zunächst die Versandhandelsvertreter und Agenturtankstellen, die auf der Einzelhandelsstufe tätig sind, d. h. Waren an den Letztverbraucher vermitteln. Wird die Handelsware in fremdem Namen für fremde Rechnung ausschließlich oder überwiegend an private Haushalte abgesetzt, so liegt Versandhandelsvertretung vor. Handelsvertreter und -makler sind auf der Großhandelsstufe tätig.

Die Handelsvermittlung umschließt alle Institutionen, deren wirtschaftliche Tätigkeit überwiegend darin besteht, Handelsware in fremdem Namen für fremde Rechnung abzusetzen. Zur Handelsvermittlung werden jene Handelsbetriebe gezählt, die zwar den Absatz von Waren bewirken, dabei jedoch kein Eigentum an der Ware erwerben. Dabei kann es sich um Handelsvertreter oder -makler, aber auch um vorwiegend das »Fremdgeschäft« betreuende Ein- und/oder Verkaufsvereinigungen handeln. Für die Zuordnung zur Handelsvermittlung ist es gleichgültig, ob nur reine Vermittlungsgeschäfte oder etwa Delkredere- oder Zentralregulierungsgeschäfte betrieben werden. Ebenfalls ist es unerheblich, ob ein Auslieferungslager vorhanden ist oder nicht.

Handelsvertreter ist, wer als selbständiger Gewerbetreibender ständig damit betraut ist, für einen anderen Unternehmer Geschäfte zu vermitteln (Vermittlungsvertreter) oder in dessen Namen abzuschließen (Abschlußvertreter). Der Handelsvertreter ist in dem Sinne selbständig, daß er seine Tätigkeit im wesentlichen frei gestalten und seine Arbeitszeit bestimmen kann. Es wird verlangt, daß die Vertragsbeziehung auf Dauer ausgerichtet ist. Die Pflichten und die Rechte sind in den §§ 84–92 c HGB geregelt.

Der Handelsvertreter kann für einen Unternehmer (Einfirmenvertreter) oder für mehrere Unternehmer (Mehrfirmenvertreter) tätig sein. Im Unterschied zum Handelsmakler steht der Handelsverteter dabei in einem festen (auf Dauer angelegten) Vertragsverhältnis zu seinem Auftraggeber.

Als Handelsmakler wird derjenige bezeichnet, der gewerbsmäßig die Vermittlung von Verträgen über Gegenstände des Handelsverkehrs übernimmt, ohne dabei in einem ständigen Vertragsverhältnis zu seinem Auftraggeber zu stehen. Die Tätigkeit des Handelsmaklers erstreckt sich auf die Vermittlung und nicht auf den Abschluß oder

---

[33]  Vgl. Batzer, E./Lachner, J./Meyerhöfer, W.: Der Handel in der Bundesrepublik Deutschland. Strukturelle Entwicklungstrends und Anpassungen an veränderte Markt- und Umfeldbedingungen, Teil I, München 1991, S. 234 f.

lediglich den Nachweis von Gelegenheiten. Die rechtliche Regelung ist in den §§ 93–104 HGB und in den §§ 652–655 BGB niedergelegt.

Beim Kommissionär (Kommissionsagent, Kommissionsvertreter) handelt es sich um einen Kaufmann, der ständig damit betraut ist, Waren im eigenen Namen für Rechnung eines anderen zu kaufen oder zu verkaufen.

**Abbildung 1.9:** Formen der Handelsvermittlung _____

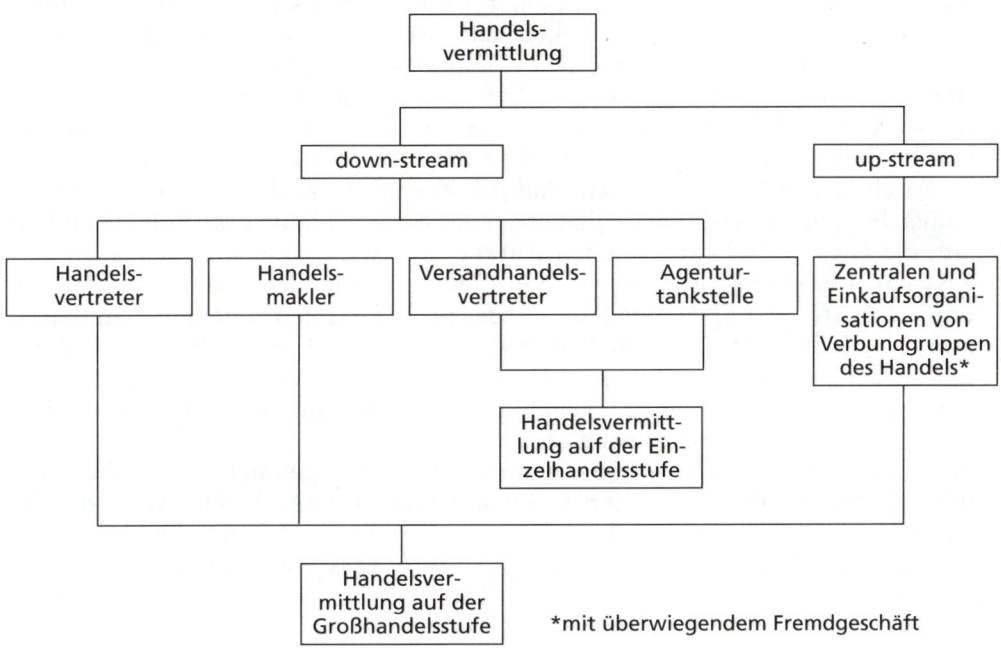

Quelle: In Anlehnung an Batzer, E./Lachner, J./Meyerhöfer, W., 1991, S. 237

## 1.2.4 Zusammenfassung

Die Ausführungen haben deutlich werden lassen, in welcher Vielfalt die Unternehmen des Groß- und Einzelhandels (einschließlich der Unternehmen der Handelsvermittlung) auftreten. Es ist unabdingbar, diese verschiedenen Formen zu kennen, weil aus der Sicht der Industrie zu entscheiden ist, welche Betriebsformen des Handels in den eigenen Vertrieb eingeschaltet werden sollen, und weil aus der Sicht des Handels darüber zu befinden ist, welche Betriebsformen für die eigenen Aktivitäten am geeignetsten sind. In der Praxis des Handels wird zeitweilig auch von Vertriebsschienen gesprochen, insbesondere in jenen Organisationen, die mehrere Betriebsformen nebeneinander betreiben. Insgesamt wurden jedoch nur die Institutionen vorgestellt; die mit ihrer Existenz verbundenen Probleme können an dieser Stelle nur angedeutet werden. Die Ausführungen zu den Betriebsformen des Handels sollen jedoch nicht abgeschlossen werden, ohne bereits an dieser Stelle auf die wichtigsten Probleme hinzuweisen:

- Für den Großhandel ist es ganz bedeutend zu erkennen, wie er der Gefahr der Ausschaltung entgehen kann. Er hat zu prüfen, inwieweit mit einer Anpassung der Geschäftspolitik der ihn bedrohenden Konzentration im Einzelhandel begegnet werden kann.
- Überhaupt beschäftigt sich die Theorie schon seit längerem mit dem Nachweis, unter welchen Bedingungen die Einschaltung des Handels lohnend ist. Grundsätzlich ist ja nicht nur daran zu denken, daß der Großhandel ausgeschaltet wird, sondern in Anbetracht der modernen Kommunikationstechnologien wäre es vorstellbar, daß die Industrie die Direktbelieferung der Endabnehmer verstärkt.[34]
- In entwickelten Volkswirtschaften findet man heute ein sehr differenziertes System von Betriebsformen. Trotzdem entstehen fortlaufend neue Betriebsformen. Man muß sich auch vergegenwärtigen, daß jede Betriebsform ihre Geschichte hat. So kamen beispielsweise die Warenhäuser in der zweiten Hälfte des 19. Jahrhunderts auf, die Genossenschaften blühten Anfang des 20. Jahrhunderts auf, nach dem Zweiten Weltkrieg entwickelten sich u. a. nacheinander der Supermarkt, der Verbrauchermarkt, das SB-Warenhaus und der Fachmarkt; jetzt blickt man mit Spannung auf die elektronischen Medien. In der Theorie wird vom »wheel of retailing« gesprochen, nach dem fortlaufend neue Betriebsformen entstehen, die die etablierten Formen zur Anpassung ihrer Geschäftspolitik zwingen – Betriebsformenpolitik als Gegenstand der Evolutionstheorie.
- Im Vordergrund der betriebswirtschaftlichen Überlegungen steht jedoch die Frage, wie erfolgreiche Betriebsformen konzipiert werden können. Die Wahl der Betriebsform stellt eine der wichtigsten strategischen Entscheidungen im Handel dar, weswegen auf diese Frage in Kapitel 4 und 5 zurückgekommen wird.

# 1.3  Verbundsysteme im Handel

Distributionssysteme sind nicht nur durch die Art der eingeschalteten Wirtschaftssubjekte charakterisiert, sondern zeichnen sich auch durch die Beziehungen der einzelnen Unternehmen zueinander aus. Das vorrangige Interesse gilt im folgenden den Beziehungen zwischen Industrie, Großhandel und Einzelhandel (vertikale Beziehungen im Distributionskanal), wiewohl auch horizontale Beziehungen in Form von Werbegemeinschaften, Einkaufszentren oder Initiativkreisen ihre Bedeutung haben.

Die verschiedenen Formen, in denen die Beziehungen zwischen den einzelnen Wirtschaftsstufen ausgestaltet werden, können als Handelssysteme bezeichnet werden. Unter System wird die Einbindung eines einzelnen Betriebes in die Geschäftspolitik einer Gruppe von Unternehmungen in Form von dauerhaften Beziehungen verstan-

---

[34] Auf diese Fragen soll im Rahmen einer eigenen Schrift eingegangen werden. Kurze Hinweise zum Stand der Diskussion finden sich aber bereits im dritten Kapitel (Abschnitt 3.4).

den. In Abbildung 1.10 sind Formen dargestellt, wie die Verkaufsstellen des Einzelhandels in Systeme eingebunden sein können.

**Abbildung 1.10:** Systeme im Handel _____

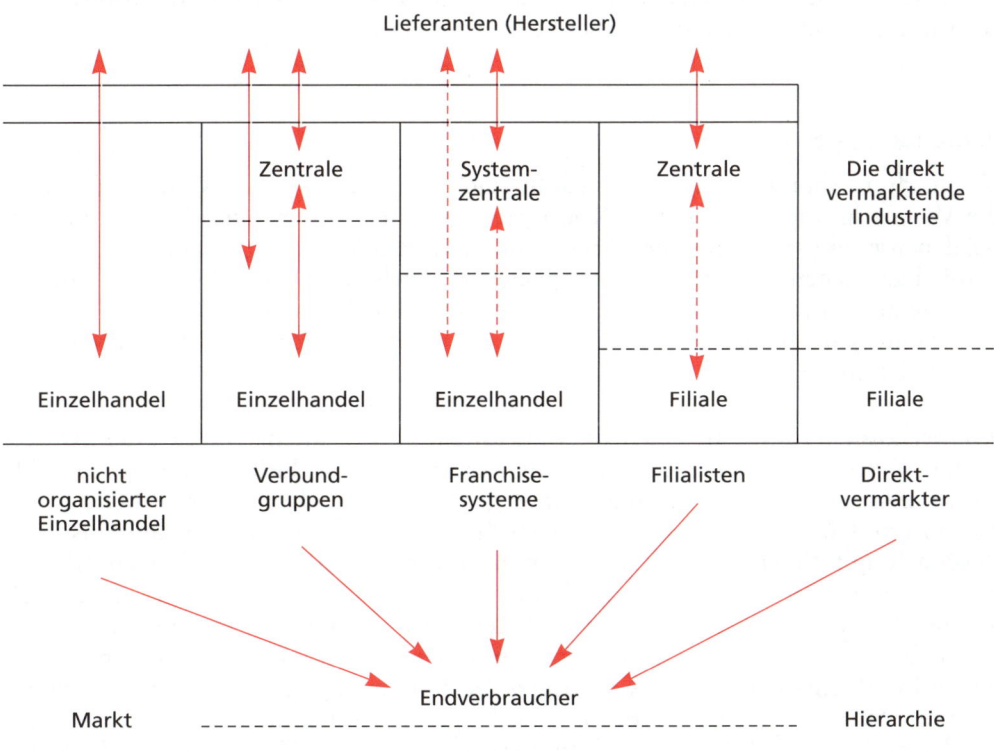

Wie auch im linken Teil der Abbildung verdeutlicht wird, entspricht es der traditionellen Position eines Händlers, seine Entscheidungen autonom zu treffen, also z. B. selbständig darüber zu entscheiden, welche Marken er führt, wie das Sortiment zusammengestellt wird, in welchem Ausmaß Werbung betrieben wird usw. Auf dem Beschaffungsmarkt kauft er Ware, entweder direkt beim Hersteller oder bei einem Großhändler, auf dem Absatzmarkt bemüht er sich, Kunden zu finden. Das ist der autonome Einzelhändler, der die große Gruppe des nicht organisierten Einzelhandels ausmacht. Kommt es zu Geschäftsbeziehungen, werden entsprechende Verträge, meist Kaufverträge, geschlossen. Die Abstimmung bzw. Koordination mit den Lieferanten vollzieht sich über Marktbeziehungen. In Deutschland verliert diese Form des selbständigen Handels an Marktbedeutung.

Dem ganz entgegengesetzt – vgl. den rechten Teil der Abbildung 1.10 – ist der Fall, daß sich ein Hersteller über den Direktvertrieb selbst im Handel engagiert. Zwar kann vereinzelt beobachtet werden, daß Hersteller eigene Verkaufsstellen gründen (als Fachgeschäfte, als factory outlets, durch ein Engagement im Versandhandel), insgesamt hat dieses Handelssystem derzeit jedoch eine vergleichsweise geringe Bedeutung. Die Koordination zwischen der Einzelhandelsstufe und der vorgelagerten Herstellerebene wird über Anweisungen hergestellt, indem dem Leiter der Verkaufsstelle Regeln für die Führung des Handelsbetriebes vorgegeben werden. Es wird deshalb auch von der hierarchischen Koordination gesprochen.

Zwischen den beiden Polen der marktlichen und hierarchischen Koordination gibt es Abstufungen, die im folgenden näher betrachtet werden.

### Verbundgruppen

Wie auch in Abbildung 1.10 dargestellt, sind als hybride Handelssysteme zunächst die Verbundgruppen (auch als »Kooperationen« i.e.S. bezeichnet) hervorzuheben, bei denen zwei Varianten zu erwähnen sind, und zwar Verbundgruppen
- mit identischen Eigentümern auf beiden Handelsstufen (also im Groß- und im Einzelhandel), manchmal auch als Einkaufsverbund bezeichnet,
- mit unterschiedlichen Eigentümern auf der Groß- und Einzelhandelsstufe (»freiwillige Ketten«).

Kooperationen finden sich entweder als Einkaufszusammenschlüsse oder als freiwillige Ketten seit Jahrzehnten in vielen Branchen des Handels. Heute wird oft zusammenfassend von Verbundgruppen gesprochen, wobei es sich um Organisationen handelt, die nicht nur wie ursprünglich zum Zwecke der gemeinsamen Beschaffung tätig sind, sondern sich mehr und mehr auch absatzwirtschaftlicher Fragen annehmen. Der Begriff »Einkaufsgenossenschaft« erinnert zum einen noch an den ursprünglich im Vordergrund der Zusammenarbeit stehenden Zweck, nämlich den gemeinsamen Einkauf, zum anderen an die Genossenschaft als die gewählte Rechtsform, die in heutigen Verbundgruppen häufig durch andere Rechtsformen, wie beispielsweise die Aktiengesellschaft, abgelöst worden ist. Von großer praktischer Relevanz sind die Leistungen, die die Zentralen der Verbundgruppen im Rahmen der Zahlungsabwicklung und der Haftung erbringen. Zentralregulierung bedeutet, daß ein Lieferant mit der Verbundgruppenzentrale abrechnen kann, auch dann, wenn die Ware von den einzelnen Mitgliedern der Verbundgruppe gekauft worden ist. Delkredere bedeutet, daß die Verbundgruppenzentrale für die Bezahlung von Warengeschäften ihrer Mitglieder haftet, wofür sie eine Delkrederegebühr in Anspruch nimmt. Im Warengeschäft kaufen die Verbundgruppenzentralen teilweise auf eigene Rechnung Ware von den Lieferanten ein (Abschlußgeschäft), teilweise stellen sie nur Sortimente zusammen, aus denen die Mitglieder dann ihre Auswahl treffen können (Empfehlungsgeschäft). Bei freiwilligen Ketten handelt es sich um die dauerhafte Zusammenarbeit von selbständigen Großhandelsunternehmungen mit selbständigen Einzelhandelsunternehmungen.

Kooperationen lassen sich nach vielfältigen Merkmalen unterscheiden, so
- in horizontale und vertikale Systeme,
- nach der Zahl der Wirtschaftsstufen, denen die Unternehmen angehören, in einstufige oder mehrstufige Systeme,
- nach der Art und der Anzahl der Tätigkeitsfelder und
- nach der Rechtsform.

Handelskooperationen haben, wie Abbildung 1.11 verdeutlicht, eine große Marktbedeutung.[1]

Abbildung 1.11: Quantitative Bedeutung der Handelskooperationen auf den Absatz- und
Beschaffungsmärkten im Jahr 1986[2]

| Branche | Anteil auf den Absatzmärkten (in %) | Anteil auf den Beschaffungs- märkten (in %) |
|---|---|---|
| Haushaltswaren | 50 | 30 |
| Möbel | 49 | 36 |
| Spielwaren | 44 | 36 |
| Nahrungs- und Genußmittel | 43 | 38 |
| Schuhe | 44 | 31 |
| Sportartikel | 27 | 17 |
| Haushaltsgeräte, Unterhal- tungselektronik | 17 | 13 |
| Textilien/Bekleidung | 16 | 8 |
| Fotoartikel | 6 | 3 |

In Abbildung 1.11 gibt der erste Wert den Anteil der Handelskooperationen auf den
Absatzmärkten, der zweite Wert den Anteil auf den Beschaffungsmärkten an. Erstaunlich und erklärungsbedürftig ist, daß die Werte in einzelnen Branchen weit
auseinander liegen (z. B. Möbel im Vergleich zu Fotoartikeln). Die Beobachtung führt
zu der Frage, warum Verbundgruppen auf einigen Märkten eine vergleichsweise
unbedeutende Stellung haben, und lenkt das Interesse auf die Frage nach der Effizienz
einzelner Handelssysteme unter bestimmten Bedingungen.
In neuerer Zeit ist zu beobachten, daß zu den Einkaufskooperationen auf der nationalen Einzelhandels- und Großhandelsebene Einkaufskooperationen von Groß-
händlern auf europäischer Ebene hinzutreten. Internationale Einkaufskooperationen
sind aber auch von den Einkaufsverbänden des Einzelhandels gegründet worden,
wobei die Großunternehmen des Lebensmitteleinzelhandels eine Vorreiterrolle übernommen haben.
Die in Verbundgruppen anstehenden betriebswirtschaftlichen Probleme können hier
nicht im einzelnen behandelt werden; sie beziehen sich insbesondere auf:[3]
– die Mitgliederselektion: Es geht insbesondere um die Frage, wie homogen die

---

[1] Einen Überblick über die in einzelnen Branchen tätigen Verbundgruppen vermitteln – allerdings
auf dem Stand von 1981 – Olesch, G./Tiedtke, H.: Die wirtschaftliche Bedeutung der Einkaufsverbände des Einzelhandels, Frankfurt am Main 1981.
[2] Die Daten beruhen auf Berechnungen und Schätzungen des Ifo-Institutes für Wirtschaftsforschung, vgl. Batzer, E./Lachner, J./Meyerhöfer, W.: Die handels- und wettbewerbspolitische
Bedeutung der Kooperationen des Konsumgüterhandels. Studien zu Handels- und Dienstleistungsfragen 36/I, München 1989, S. 41.
[3] Vgl. auch Olesch, G: Die Einkaufsverbände des Einzelhandels. Band 1: Typologie und Dokumentation, Frankfurt am Main 1980.

Mitglieder einer Verbundgruppe sein sollen, z. B. bezüglich der geführten Sortimente, der Größenordnung, des Tätigkeitsbereichs (z. B. reiner, sog. funktionsechter Großhandel versus einer gemischten Tätigkeit im Groß- und Einzelhandel);
– die Art des Warengeschäftes: Eine Verbundgruppe kann sich auf das Vermittlungsgeschäft beschränken, sie kann Abschlußgeschäfte realisieren (bleibt die bei einem Vertragslieferanten durch die Mitglieder geordnete Ware hinter dem vom Verband zugesagten Volumen zurück, übernimmt dieser den Rest auf eigenes Risiko) oder kann sich im Eigengeschäft betätigen; auch das Ausmaß, in dem die Ware über ein eigenes Lager geführt wird, stellt einen wichtigen Gestaltungsparameter dar;
– das Ausmaß einer gemeinsamen Absatz- und Leistungspolitik;
– die Art der Entscheidungsfindung, d. h. in welcher Form die einzelnen Mitglieder in den Entscheidungsprozeß einbezogen werden, und die zugehörige interne Kommunikationspolitik sowie
– das Ausmaß, in dem eigene Verkaufsstellen, sog. Regiebetriebe, betrieben werden sollten.

In rechtlicher Hinsicht wurde mit der fünften Kartellgesetznovelle, die zum 1. 1. 1990 in Kraft getreten ist, klargestellt, daß Einkaufskooperationen nicht gegen § 1 GWB verstoßen (generelles Verbot von Kartellen), wenn sie darauf verzichten, einen Bezugszwang für die beteiligten Unternehmen zu begründen (§ 5c GWB), wenn sie den Wettbewerb nicht wesentlich beeinträchtigen und wenn sie die Wettbewerbsfähigkeit kleiner und mittlerer Unternehmen verbessern.[4] Nach deutschem Recht fallen unter § 1 GWB nur horizontale Kartellabsprachen, vertikale Absprachen unterliegen § 18 GWB. Das bedeutet, daß für horizontale Absprachen das Verbotsprinzip gilt, während vertikale Vereinbarungen lediglich der Mißbrauchsaufsicht unterliegen, also untersagt werden, wenn sie ein bestimmtes Maß an Beschränkungen für die Vertragsbeteiligten übersteigen. Dieser Unterschied ist für die juristisch unterschiedliche Behandlung von Verbundgruppen einerseits und Franchiseorganisationen und Formen des selektiven Vertriebs andererseits von großer Bedeutung. Auch nach europäischem Recht können Einkaufsgemeinschaften dem Kartellverbot unterliegen. Allerdings fallen nur solche Wettbewerbsabreden unter Art. 85 EWGV, die quantitativ und qualitativ ein gewisses Gewicht erreichen (Bagatellbekanntmachung von 1986).[5]

**Franchisesysteme**

Während in Verbundgruppen die Bindung zwischen der Einzelhandels- und der Großhandelsstufe relativ schwach ist, lenken in Franchiseorganisationen die sog. Systemzentralen die Unternehmen der Einzelhandelsstufe in stärkerem Maße. Franchiseorganisationen sind expansiv, jedoch ist ihr Verbreitungsgrad in einzelnen Ländern sehr unterschiedlich, was teilweise jedoch auch damit zusammenhängt, daß Franchising sehr unterschiedlich definiert wird. Der *Deutsche Franchiseverband e. V.* definiert Franchising allgemein (also unabhängig davon, ob ein Hersteller, ein Großhandels- oder ein Dienstleistungsunternehmen Träger des Systems ist) als:

---

[4] Vgl. den Überblick über die Rechtslage bei Kooperationen bei Olesch, G.: Strategische Partnerschaften im deutschen und europäischen Kartellrecht, in: Zentes, J. (Hrsg.): Strategische Partnerschaften im Handel, Stuttgart 1992, S. 285–303 oder Olesch, G.: Kooperation, in: Tietz, B./ Köhler, R./Zentes, J.: HWM, 2. Auflage, Stuttgart 1995, Sp. 1274–1284.

[5] Vgl. zu einer juristischen Würdigung der mit Verbundgruppen verbundenen Probleme Olesch, G.: Das Kartellrecht der Einkaufszusammenschlüsse, Frankfurt am Main 1983.

> »*Franchising ist ein vertikal-kooperativ organisiertes Absatzsystem rechtlich selbstän-
> diger Unternehmen auf der Basis eines vertraglichen Dauerschuldverhältnisses. Dieses
> System tritt am Markt einheitlich auf und wird geprägt durch das arbeitsteilige Lei-
> stungsprogramm der Systempartner sowie durch ein Weisungs- und Kontrollsystem
> eines systemkonformen Verhaltens.*«[6]

Etwas anschaulicher ist die im Katalog E vorzufindende Definition: Beim Franchising
räumt

> »*... ein Kontraktgeber (Franchisor) auf Grund einer langfristigen vertraglichen Bin-
> dung rechtlich selbständig bleibenden Kontraktnehmern (Franchisees) gegen Entgelt
> das Recht ein [...], bestimmte Waren oder Dienstleistungen unter Verwendung von
> Namen, Warenzeichen, Ausstattung oder sonstigen Schutzrechten sowie der techni-
> schen und gewerblichen Erfahrung des Franchisegebers und unter Beachtung des vom
> letzteren entwickelten Absatz- und Organisationssystems anzubieten.*«[7]

In der vierten Ausgabe von Katalog E wird zusätzlich darauf aufmerksam gemacht,
daß Franchisesysteme

> »*vor allem der Zusammenarbeit im Vertrieb, zum Teil aber auch der Zusammenarbeit in
> der Herstellung und im Vertrieb*«[8]

dienen. Franchisesysteme sind inzwischen in vielen Branchen anzutreffen.[9]
Wie auch Abbildung 1.12 verdeutlicht, sind zumindest in Deutschland herstellerge-
führte Franchisesysteme derzeit von geringer Marktbedeutung, aber existent (z. B.
von *Goodyear* im Reifenhandel).[10]
In rechtlicher Hinsicht sind Grundsätze des Bundeskartellamtes von Bedeutung, die
sich stark an dem Grundsatzurteil des Europäischen Gerichtshofes in Sachen *Pronuptia* anlehnen.[11] Die in Franchiseverträgen typischen Bedingungen werden von
§ 18 GWB erfaßt. Der Europäische Gerichtshof ging im Fall *Pronuptia* davon aus,
daß Franchisesysteme nur dann wirksam sein können, wenn sie Maßnahmen zum
Schutz des vermittelten Know-hows und zur Wahrung der Identität des Systems
durchführen. Auf der Grundlage dieses Urteils wurde von der Europäischen Kommission auf der Basis von Art. 85 Abs. 3 EWGV eine Gruppenfreistellungsverordnung
erlassen.

### Filialsysteme

Auch ohne zahlenmäßige Belege kann herausgestellt werden, daß filialisierte Han-

---

[6] Informationsschrift des DFV zum Franchising, S. 2, abgedruckt bei: Skaupy, W.: Franchising.
   Handbuch für die Betriebs- und Rechtspraxis, München 1987, S. 5.

[7] Ausschuß für Begriffsdefinitionen aus der Handels- und Absatzwirtschaft (Hrsg.), 1995, S. 105.

[8] Ausschuß für Begriffsdefinitionen aus der Handels- und Absatzwirtschaft (Hrsg.), 1995, S. 105.

[9] Vgl. Tietz, B./Mathieu, G.: Das Franchising als Kooperationsmodell für den mittelständischen
   Groß- und Einzelhandel, in: FIW-Schriftenreihe, H. 85, Köln u. a. 1979.

[10] Der Vergleich von Franchisesystemen und Direktvertrieb ist mehrfach wissenschaftlich the-
   matisert worden, vgl. z. B. Rubin, P. H.: The Theory of the Firm and the Structure of the
   Franchise Contract, in: Journal of Law and Economics, Vol. 21 (1978), S. 223–233.

[11] Vgl. Deutscher Bundestag (Hrsg.): Bericht des Bundeskartellamtes über seine Tätigkeit sowie
   über Lage und Entwicklung auf seinem Aufgabengebiet, Tätigkeitsbericht 1985/86, Drucksache 11/554, S. 31–34; vgl. Gerichtshof der Europäischen Gemeinschaften (Hrsg.): Urteil des
   Gerichtshofes vom 28. Januar 1986 Wettbewerb – Franchise – Verträge in der Rechtssache 161/
   84, Luxemburg 1986.

delsunternehmungen insbesondere im Einzelhandel eine bedeutende, wenn auch in einzelnen Branchen unterschiedliche Marktstellung haben. So sind sie aufgrund gesetzlicher Vorschriften im Apothekenbereich nicht anzutreffen, bei Buchhandlungen beispielsweise nur in beschränktem Maße, häufig dagegen bei Textilien (z. B. *Sinn/ Leffers, C & A, P & C*). Die Koordination zwischen der Zentrale und den Verkaufsstellen erfolgt hier nicht durch vertragliche Beziehungen, sondern durch Anweisungen.

**Abbildung 1.12:** Die größten Franchisegeber in der Bundesrepublik Deutschland _____

| Rang | Systemgeber | Branche | Fran-chise-nehmer | Ø-Umsatz eines FN DM/Jahr |
|---|---|---|---|---|
| 1 | Photo Porst | Fotohandel | 2 332* | 1 000 000 |
| 2 | Eismann | Tiefkühlservice | 1 364 | 680 000 |
| 3 | Foto-Quelle | Fotohandel | 1 261* | k. A. |
| 4 | Schülerhilfe | Nachhilfe | 556 | 125 000 |
| 5 | Quick-Schuh | Schuhhandel | 471 | 800 000 |
| 6 | Studienkreis | Bildung | 435 | 240 000 |
| 7 | First Reisebüro | Reisebüros | 423 | k. A. |
| 8 | Musikschule Fröhlich | Musikpädagogik | 421 | k. A. |
| 9 | McDonald's | Fast Food | 400 | 4 552 000 |
| 10 | Sunpoint | Sonnenstudios | 386 | 450 000 |
| 11 | OBI | Bau- und Heimwerkermärkte | 300 | 15 000 000 |
| 12 | Cleanpark | Auto-Waschanlagen | 285 | 220 000 |
| 13 | Ayk Beauty Sun | Sonnenstudios | 283 | 500 000 |
| 14 | Wap WaschBär | Auto-Waschanlagen | 250 | 250 000 |
| 15 | TUI UrlaubCenter | Reisebüros | 248 | k. A. |
| 16 | Yamaha | Musikschulen | 240 | k. A. |
| 17 | Portas | Fenster und Türen | 238 | 1 000 000 |
| 18 | Getifix | Service rund ums Haus | 228 | 400 000 |
| 19 | GaSiTec | Gassicherheitstechnik | 226 | 340 000 |
| 20 | Ihr Platz | Drogeriewaren | 170 | 1 750 000 |
| 21 | Happy Shop | Kioske | 150 | k. A. |
| 22 | Kleenothek | Textilpflege | 150 | 300 000 |
| 23 | NBB | Baufachmärkte | 111 | 500 000– 3,2 Mio. |
| 24 | Aufina | Immobilienmakler | 110 | k. A. |
| 25 | Biffar | Türen | 110 | 1 200 000 |
| 26 | Goodyear | Reifen, Autoservice | 107 | 2 000 000 |
| 27 | Der Teeladen | Teefachgeschäfte | 104 | 630 000 |
| 28 | Vom Fass | Wein und Öl vom Faß | 100 | 480 000 |
| 29 | Motoport | Motorradbekleidung | 91 | 495 000 |
| 30 | Joey's Pizza | Pizzaservice | 80 | 600 000 |

\* einschließlich Film- und Bildstellen
Quelle: ADVISA Franchise-Consulting, zitiert in: Frankfurter Allgemeine Zeitung vom 7. April 1997, S. B2

**Weitere vertikale Koordinationsformen**

Bei den oben dargestellten Verbundsystemen handelt es sich um Formen, mit denen die Verkaufsstellen auf der Einzelhandelsebene an eine vorgeschaltete Systemeinheit angebunden sind. Die Vielfalt der Systemformen ergibt sich daraus, daß sich die Verbundsysteme auf Unternehmungen unterschiedlicher Wirtschaftsstufen beziehen können, also
- zwischen der Industrie und der Handelsorganisation,
- innerhalb der Handelsorganisation zwischen der Großhandelsstufe bzw. der Zentrale und dem Einzelhandel.

Aufgrund der Mehrstufigkeit vieler Distributionskanäle können die Verhältnisse in noch differenzierter Form dargestellt werden, wenn berücksichtigt wird, daß beispielsweise die Großhandelsstufe im Verhältnis zur Industrie mehr die marktliche Lösung bevorzugt, während sie zur Einzelhandelsebene hin mehr die hierarchische Lösung sucht. In bezug zur Industrie können sowohl die Verbundgruppen, die Franchisesysteme wie auch die Massenfilialbetriebe die marktliche Lösung realisieren. Innerhalb ihrer eigenen Organisation werden die Zentralen in unterschiedlichem Maße die Koordination auf Anweisungen stützen wollen, am intensivsten die Filialbetriebe, abgeschwächter die Franchisesysteme, in noch geringerem Maße die Verbundgruppen mit den Einkaufsgemeinschaften und den freiwilligen Ketten.[12]

Neben dem Direktvertrieb und der herstellergeführten Franchiseorganisation gibt es weitere Formen, nach denen Industrie und Handel ihre Aktivitäten in dauerhafter Form aufeinander abstimmen können. Dabei können folgende Formen beobachtet werden:
- Die kapitalmäßige Verflechtung,
- das shop-in-the-shop-Prinzip oder »rack jobbing«, bei dem der Handel der Industrie Flächen in seinen Verkaufsstellen zur Verfügung stellt,
- die abgestimmte Organisation (gemeinsame Arbeitsgruppen), insbesondere in Form von Mittelstands-, Dialog- oder Partnerschaftskreisen, in denen den Einzelhändlern gewisse Mitspracherechte bei der Produktgestaltung eingeräumt werden, sie exklusiv beliefert werden und durch Schulungen oder verkaufsfördernde Maßnahmen unterstützt werden,
- Jahresgespräche.

Die Vielfalt der Systemformen ergibt sich aber auch aus der Existenz vertraglicher Vertriebssysteme (absteigend als Abnehmerbindung, aufsteigend als Lieferantenbindung):[13]
- Bindungen, die sich auf Beschaffung, Produktion oder Finanzierung des Gebundenen beziehen,
- Bindungen beim Bezug (Kopplungsverträge beim Bezug von Waren),

---

[12] In detaillierter Form werden verschiedene Verbundformen im Distributionskanal mit Hilfe eines Schachbrettes von *Müller-Hagedorn* dargestellt. Vgl. Müller-Hagedorn, L.: The Variety of Distribution Systems, in: JITE, Vol. 151 (1995), No. 1, S. 186–202.

[13] Vgl. die Systematik bei Ahlert, D./Schröder, H.: Rechtliche Grundlagen des Marketing, 2. Auflage, Stuttgart u. a. 1996, S. 91.

- Ausschließlichkeitsbezug beim Einkauf oder Ausschluß des Einkaufs bei konkurrierenden Anbietern,
- Bindungen, die sich auf Absatzprozesse des Gebundenen beziehen,
- Bindungen im Verkauf (Gebietsschutz bzw. Verbot des Verkaufs außerhalb des vereinbarten Gebietes oder an bestimmte Kundenkreise – Vertriebsbindung),
- Beschränkungen bei der Festlegung des Wiederverkaufspreises.

Die Gestaltung der Vertriebssysteme im Rahmen eines vertikalen Kontraktmarketing unterliegt Bestimmungen des deutschen und europäischen Wirtschaftsrechts.[14] Nach deutschem Wirtschaftsrecht haben vertikale Absatzkooperationen ebenso wie selektive Vertriebssysteme § 18 GWB zu beachten. Die dort genannten Absatz-, Bezugs- und Vertriebsbindungen sind nicht verboten, unterliegen jedoch der Mißbrauchsaufsicht der Kartellbehörde. Das Absatzsystem muß sachgerechten und angemessenen Kriterien genügen, wozu die Rechtsprechung Grenzen quantitativer und qualitativer Selektion abgesteckt hat. Die Freiheit der Ausgestaltung kooperativer Absatzsysteme findet ihre Grenzen im Diskriminierungsverbot des § 26 Abs. 2 GWB, das marktstarke Unternehmen zu beachten haben und auf das sich seit der fünften Kartellgesetznovelle von 1990 kleine oder mittlere Unternehmen berufen können. Nach europäischem Recht ist Art. 85 EWGV maßgeblich, sind marktbeherrschende Unternehmen beteiligt, auch Art. 86 EWGV.

### Zusammenschlußformen auf horizontaler Ebene

Zusammenschlußformen auf horizontaler Ebene dienen vor allem dazu, das akquisitorische Potential der einzelnen Handelsbetriebe zu erhöhen und die Kosten zu senken. Sie finden sich mit unterschiedlicher Intensität bei der Zusammenarbeit auf der Einzelhandelsstufe als Werbegemeinschaften, als Shopping-Centers, als Einkaufszentren, als Factory Outlet Centers und als Gemeinschaftswarenhäuser, auf der Großhandelsebene als Großhandelszentren.

### Resümee

Leider liest man immer noch, daß im Handel verschiedene Betriebsformen, wie beispielsweise das Warenhaus, der Verbrauchermarkt und die Verbundgruppen, anzutreffen seien. Die Ausführungen haben deutlich gemacht, daß es sich hierbei um ganz unterschiedliche Sachverhalte handelt. Warenhäuser und Verbrauchermärkte können in der Tat als Betriebsformen bezeichnet werden, denn hierbei werden unterschiedliche Formen des Marktauftritts angesprochen; mit dem Begriff »Verbundgruppen« wird dagegen die Form der Zusammenarbeit von Unternehmen der Groß- und der Einzelhandelsstufe angesprochen.

Der Wettbewerb zwischen den Organisationsformen bzw. Handelssystemen (Kooperationen, herstellerunabhängige Franchiseorganisationen, Filialbetriebe, unabhängiger Einzelhandel) ist von großer praktischer Relevanz und gehört zu den herausragenden absatzwirtschaftlichen Fragestellungen. Die einzelwirtschaftlichen Überlegungen kreisen um die Frage, ob Filialbetriebe oder Franchiseorganisationen (eventuell auch aus dem Ausland) in die regionalen Märkte der Verbundgruppen oder des vollkommen selbständigen Einzelhandels eindringen werden und dort stärkere

---

[14] Vgl. den Überblick bei Olesch, G., 1992, S. 285–303.

Zusammenschlußformen angeraten sein lassen; die wettbewerbspolitische Diskussion kreist um die Frage, ob es Verbundgruppen gestattet sein sollte, stärker in den Autonomiebereich ihrer Mitglieder einzugreifen, insbesondere ob Formen des Bezugszwanges zulässig sein sollten. Zwar konkurriert jedes einzelne Handelsunternehmen gegen andere Anbieter, aber es ist wichtig zu erkennen, daß daneben Handelssysteme in Wettbewerb zueinander stehen. Sie bewegen sich zwischen den Polen der marktlichen und der hierarchischen Koordination. Die verschiedenen Verbundsysteme werfen rechtliche, wettbewerbspolitische und ökonomische Probleme auf, auf die hier nur pauschal hingewiesen werden kann.

# 1.4 Der Handel – Teil des Dienstleistungssektors?

Bekanntlich wandelt sich die Wirtschaft ständig. Die ursprünglich durch Land- und Forstwirtschaft bestimmten Wirtschaftsstrukturen wurden mit dem Beginn des Industriezeitalters durch die industrielle Gewinnung von Bodenschätzen und ihre Verarbeitung entscheidend verändert. Zunächst stand der Ausbau der Schwerindustrie im Mittelpunkt, zunehmend wurden anspruchsvollere Anlagen und Maschinen entwickelt. Fahrzeuge, Flugzeuge, Raketen, automatische Abfüllstraßen, Atomkraftwerke, Fertigungsroboter verkörpern technologische Spitzenleistungen. Immer eindringlicher wird seit einiger Zeit jedoch darauf hingewiesen, daß abermals eine dramatische Veränderung der Wirtschaftsstruktur anstünde, der Übergang von der durch die Industrie geprägten Gesellschaft zur Dienstleistungsgesellschaft. Wenn im folgenden gefragt wird, ob auch der Handel als Teil des Dienstleistungssektors anzusehen ist, dann dient das nicht dazu, über die Richtigkeit bestimmter Definitionen von Dienstleistung befinden zu wollen, was bekanntlich kein sinnvolles Anliegen ist. Es soll auch nicht darum gehen, die Bedeutung des Dienstleistungsbereichs im Vergleich zu anderen Wirtschaftssektoren empirisch zu verfolgen (hierzu finden sich einige Angaben in Kapitel 2). Anliegen dieses Abschnittes ist es zu prüfen, ob jene Aussagen der Betriebswirtschaftslehre, die für Dienstleistungsbetriebe formuliert werden, auch für Handelsbetriebe gelten. Dazu ist es wichtig zu erkennen, welche Merkmale den Dienstleistungsbetrieben zugeschrieben werden.
Um die Besonderheiten von Dienstleistungsbetrieben zu erkennen, wird häufig auf drei Dimensionen zurückgegriffen, die generell in der Betriebswirtschaftslehre von großer Bedeutung sind,
– die potentialorientierte,
– die prozeßorientierte und
– die ergebnisorientierte Dimension.

Zunächst wird darauf verwiesen, daß Dienstleistungsbetriebe Potentiale vorhalten, um eine Leistung erstellen zu können. Im Handel ist das offensichtlich, wenn an die Vorrätigkeit von Ware oder Personal gedacht wird. Es mag zunächst verwunderlich erscheinen, daß auf das Vorhandensein von Potentialen verwiesen wird, wenn die Besonderheiten eines Dienstleistungsbetriebes herausgehoben werden sollen, weil dies praktisch für alle Unternehmungen gilt. Im Regelfall erfordert eine unternehmerische

Tätigkeit, daß Kapital in Sachgüter investiert wird und so ein Bestand an Produktionsfaktoren vorliegt. Im Rahmen der Führung von Dienstleistungsbetrieben hat dieses Merkmal Bedeutung erlangt, weil es zur Beurteilung der Qualität der zu erstellenden Leistung herangezogen werden kann. Es wird vermutet, daß der Nachfrager, dem die Qualität der Leistung vor dem Kauf unbekannt ist, sich ersatzweise an der Qualität der Faktorpotentiale orientiert. Im Gegensatz zur industriellen Leistung, wo zumindest bei Marktfertigung (im Gegensatz zur Auftragsfertigung) das Gut vor einem Kauf inspiziert werden kann, ist das bei Dienstleistungen nicht möglich. Grundsätzlich kann die Hypothese, daß der Nachfrager von der Qualität der wahrgenommen Faktorbestände auf die Qualität der zu erwartenden Leistung schließt, auch für den Handel von Bedeutung sein. So kann es durchaus der Fall sein, daß von einer aufwendigen Ladenausstattung auf ein hohes Preisniveau geschlossen wird, von einem neuzeitlichen Design auf die Modernität der Waren usw. Eine solche Hypothese gilt grundsätzlich auch für Handelsbetriebe, weil auch bei ihnen die Leistung nicht immer vor dem Kauf inspiziert werden kann (also Leistungen mit Erfahrungs- und Vertrauenseigenschaften vorliegen). Allerdings befindet sich der Handel in einer besonderen Situation. Während bei immateriellen Dienstleistungen die Qualität nie vor dem Kauf beurteilt werden kann, liegen im Handel zumindest beschränkte Möglichkeiten der Qualitätsprüfung vor. Zumindest bei einem Teil der Waren lassen sich Qualitätsprüfungen vornehmen. In bezug auf die begleitende Dienstleistung gilt aber auch für den Handelsbetrieb, was für den Dienstleistungsbetrieb grundsätzlich gilt. Es ist Gegenstand der Käuferverhaltenstheorie zu erkennen, in welchen Fällen Indikatoren wie das vorhandene Faktorpotential zur Prognose der zu erwartenden Qualität herangezogen werden.

Bei einer prozeßorientierten Betrachtung wird der Entstehungsprozeß in den Mittelpunkt gestellt, indem insbesondere der synchrone Kontakt der Marktpartner hervorgehoben wird. Es wird auch von dem uno-actu-Prinzip gesprochen.[15] Dieser Beobachtung wird insofern große Bedeutung zugeordnet, weil damit auch der Nachfrager der Dienstleistung als externer Faktor mitentscheidend für die Qualität der Dienstleistung wird. *Berekoven* betont den prozeßhaften Charakter der Dienstleistungserstellung, indem er definiert: »Dienstleistungen im weitesten Sinne sind der Bedarfsdeckung Dritter dienende Prozesse mit materiellen und/oder immateriellen Wirkungen, deren Vollzug und deren Inanspruchnahme einen synchronen Kontakt zwischen Leistungsgeber und Leistungsnehmer beziehungsweise deren Objekten von der Bedarfsdeckung her erfordert.«[16] Besonders im stationären Bedienungshandel ist es offensichtlich, daß der Erfolg einer Beratung auch dadurch bestimmt wird, wie gut Käufer und Verkäufer harmonieren. Aber auch für den Versand- und Automatenhandel gilt, daß das Ergebnis im Sinne der zustandegekommenen Transaktion von der Mitwirkung des Käufers abhängt.

Bei einer ergebnisorientierten Sichtweise wird auf das immaterielle Endprodukt des Dienstleistungsprozesses abgestellt. *Maleri* definiert: Dienstleistungen sind »... für den Absatz bzw. fremden Bedarf produzierte immaterielle Wirtschaftsgüter.«[17] Es ist diskutiert worden, ob das Ergebnis von Dienstleistungsprozessen nicht auch materi-

---

[15] Vgl. z. B. Hilke, W.: Grundprobleme und Entwicklungstendenzen des Dienstleistungs-Marketing, in: Hilke, W. (Hrsg.): Dienstleistungs-Marketing, Wiesbaden 1989, S. 5–44; Lovelock, C.: Service Marketing, 2. Auflage, Englewood Cliffs, N. J. 1991, S. 13.

[16] Berekoven, L.: Der Dienstleistungsmarkt in der Bundesrepublik Deutschland, Band 1, Göttingen 1983, S. 23.

[17] Maleri, R.: Grundlagen der Dienstleistungsproduktion, Berlin u. a. 1994, S. 5.

eller Natur sein könne. Im Gegensatz zu einem Konzert sei mit einem Haarschnitt oder einer Gerätereparatur die Veränderung von Objekten verbunden. Es sei sinnvoll, auch solche Fälle der Dienstleistung zuzurechnen.[18] Die Immaterialität der Leistung wird als ökonomisch bedeutsam eingestuft, weil sie die Ursache für die Nicht-lagerfähigkeit der erzeugten Leistung darstellt. Dies ist in der Tat eine wichtige Beobachtung, die für die Gestaltung der Geschäftspolitik relevant ist. Der Handel nimmt auch hier eine Zwitterstellung ein. Da sich seine Leistung als eine Kombination von Sach- und Dienstleistung i.e.S. darstellen läßt, gilt die Feststellung der mangeln-den Lagerfähigkeit der Leistung auch für ihn. Soweit sich die Leistung des Handels auf die räumliche und zeitliche, qualitative und quantitative Transformation der Ware bezieht, können die Leistungen gelagert werden, denn die dem Verkaufsregal zugeführte Ware stellt eine lagerbare Teilleistung dar. In bezug auf begleitende Dienstleistungen muß dies jedoch nicht gegeben sein.

Auch für den Handelsbetrieb gelten also – wenn auch stellenweise eingeschränkt – die für einen Dienstleistungsbetrieb angeführten Besonderheiten, nämlich

– Vorhalten eines Bestandes an Potentialfaktoren, der unter Umständen als Indikator für die Qualität der Leistung genommen wird,
– Mitwirkung des Kunden an der Erstellung der Leistung (der Transaktion),
– partielle Immaterialität der Leistung, da der Verkauf der materiellen Ware durch einen Prozeß der Beratung in der Vor- und Nachkaufphase begleitet wird.

Diese Faktoren sprechen dafür, den Handelsbetrieb als Dienstleistungsbetrieb anzuse-hen, wenn auf der anderen Seite auch Unterschiede zwischen einem typischen Han-delsbetrieb und typischen Dienstleistungsbetrieben im engeren Sinn herausgestellt werden können. So ist neben dem Fehlen der Ware, die im Handelsbetrieb oft im Mittelpunkt der Transaktion steht, auch darauf hinzuweisen, daß der Handel die Absatzobjekte im voraus beschafft und in Sortimenten zusammenstellt, während in Dienstleistungsbetrieben i.e.S. der Produktionsprozeß erst nach dem Kaufvertrag bzw. Werkvertrag gestartet wird; allerdings werden auch die hierfür benötigten Faktoren im voraus bereitgestellt.[19] Wegen der Verschiedenartigkeit der Verhältnisse in einzelnen Betrieben empfiehlt es sich, die Eigenschaftsausprägungen als Kontinuum zu sehen, also als Eigenschaften, die in einem mehr oder minder großen Ausmaß gegeben sein können. Dieser Sichtweise bedient sich schon *Hilke,* der den Absatz von unterschiedli-chen Gütern in einem Kontinuum angesiedelt sieht, das von der überwiegenden Sach-leistung, kombiniert mit einem relativ geringen Anteil an Dienstleistung, bis zu dem Absatz von reinen Dienstleistungen reicht (vgl. auch Abbildung 1.13).

In entsprechender Weise lassen sich auch Betriebsformen bzw. einzelne Betriebe auf einem Sachleistungs-Dienstleistungs-Kontinuum ansiedeln. Bei einem Discounter beschränkt sich die Mitwirkung des Kunden auf die Entnahme der Ware aus dem Verkaufsregal, den Transport zur Kasse bzw. zum Verbrauchsort; die vorhandenen Potentiale werden nur in eingeschränktem Maße zur Beurteilung der Leistung des Handelsbetriebes herangezogen, und der Handelsbetrieb erbringt, außer daß die Ware verfügbar gemacht wird, keine weitere Leistung. Es handelt sich in diesem Fall um einen auf die Ware, mithin die Sachleistung, ausgerichteten Handelsbetrieb. Anders ist die Situation beispielsweise bei einem Möbelhändler, der einen Einrich-

---

[18] Vgl. Meyer, A.: Dienstleistungsmarketing. Erkenntnisse und praktische Beispiele, 4. Auflage, Augsburg 1990, S. 12.
[19] Vgl. Deppisch, C. G.: Dienstleistungsqualität im Handel, Wiesbaden 1997, S. 17.

tungsplan entwirft und die hierin vorgesehenen Möbel bei der Industrie beschafft. In diesem Fall gewinnt die Dienstleistung gegenüber der reinen Sachleistung an Boden.

Abbildung 1.13: Das Sachleistungs-Dienstleistungs-Kontinuum beim Absatz verschiedener Güter

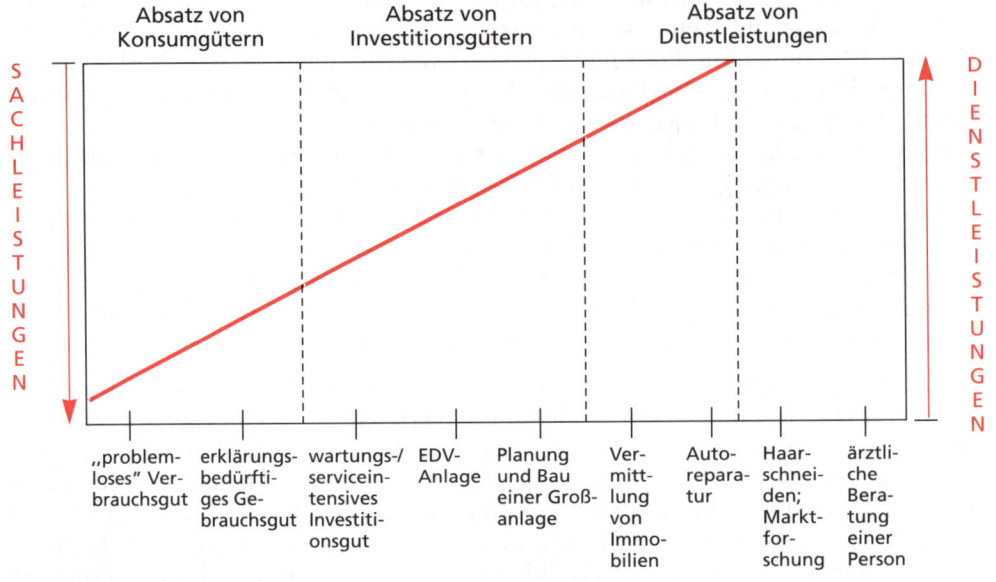

Quelle: Hilke, W., 1989, S. 8

## Literaturhinweise zu Kapitel 1

Die Literatur zur Handelsbetriebslehre hat sich häufig der Frage zugewendet, nach welchen Kriterien Betriebsformen gebildet werden können und wie sich die einzelnen Betriebsformen im Zeitablauf entwickelt haben. Insbesondere sei auf die Beiträge von *Marzen, Tietz* und *Nieschlag/Kuhn* verwiesen.

*Marzen, W: Struktur und Entwicklung der Betriebsformen des Einzelhandels,* 2. Auflage, Innsbruck 1983.

> *Der Autor behandelt den Fachhandel, die Einkaufsvereinigungen des Einzelhandels, die Filialbetriebe, freiwilligen Handelsketten, Waren- und Kaufhäuser, Diskontbetriebe, Einkaufszentren, Konsumgenossenschaften, den Versandhandel, das Automatengeschäft, die ambulanten Handlungen und den Altwarenhandel.*

*Tietz, B.: Konsument und Einzelhandel, 3. Auflage, Frankfurt am Main 1983, S. 676–883.*

> *Tietz befaßt sich mit allen Betriebsformen des Einzelhandels.*

*Nieschlag, R./Kuhn, G.: Binnenhandel und Binnenhandelspolitik, 1. Auflage, Berlin – München 1980, S. 105–253.*

> *Die Verfasser behandeln die Betriebstypen des Einzelhandels und des Großhandels.*

Die Beiträge bewegen sich überwiegend auf einer beschreibenden Ebene. *Nieschlag* und *Kuhn* gehen auch auf die Entwicklungsgeschichte des Handels ein. Neben den Schriften, die sich mit der Geschichte einzelner Betriebsformen (insbesondere der Warenhäuser, dem Versandhandel, den Filialbetrieben, den Verbrauchermärkten) beschäftigen, gibt es auch übergreifende historische Darstellungen, zuletzt von

*Berekoven, L.: Geschichte des Deutschen Einzelhandels, 2. Auflage, Frankfurt am Main 1987.*

Wer nur eine knappe, aber den Überblick sehr erleichternde Erläuterung der vielfältigen Betriebsformen des Handels sucht, kann sich gut orientieren in:

*Ausschuß für Begriffsdefinitionen aus der Handels- und Absatzwirtschaft (Hrsg.): Katalog E. Begriffsdefinitionen aus der Handels- und Absatzwirtschaft, 4. Ausgabe, Köln 1995 (ISBN 3-9804644-0-7).*

Daneben sei hingewiesen auf:

*Behrens, K. Chr.: Versuch einer Systematisierung der Betriebsformen des Einzelhandels, in: Behrens, K. Chr. (Hrsg.): Der Handel heute. In memoriam Julius Hirsch, Tübingen 1962, S. 131–143.*

*Castan, E.: Typologie der Betriebe, Stuttgart 1963.*

*Bengelsdorf, R.: Gruppierung der Einzelhandelsbetriebe – Ordnung und Entwicklungstendenzen, Eine typologische Studie, Hamburg 1965.*

*Hanschmann, R.: Versuch einer Systematik der Betriebstypen des Großhandels, in: ZfbF, 17. Jg. (1965), S. 732–763.*

*Algermissen, J.: Der Handelsbetrieb. Eine typologische Studie aus absatzwirtschaftlicher Sicht, Frankfurt am Main – Zürich 1975.*

Auf Schriften, die sich über die typologisierenden Aspekte hinaus mit der Betriebsformenpolitik befassen, wird in Kapitel 5 hingewiesen.

Den Abschluß bilden einige Hinweise auf Gesamtdarstellungen aus der deutschen und amerikanischen Lehre zum Handelsmanagement:

*Barth, K.: Betriebswirtschaftslehre des Handels, 3. Auflage, Wiesbaden 1996.*

*Buddeberg, H.: Betriebslehre des Binnenhandels, Wiesbaden 1959.*

*Falk, B .R./Wolf, J.: Handelsbetriebslehre, 11. Auflage, München u. a. 1992.*

*Lerchenmüller, M.: Handelsbetriebslehre, 2. Auflage, Ludwigshafen a. Rhein 1994.*

*Oehme, W.: Handelsmanagement. Eine Konzeption für die Führung des Operatingbereichs von Handelsunternehmen, München 1993.*

*Seÿffert, R.: Wirtschaftslehre des Handels, 5. Auflage, Opladen 1972.*

*Tietz, B.: Der Handelsbetrieb, 2. Auflage, München 1993.*

Aus den zahlreichen englischsprachigen Publikationen seien die folgenden genannt:

*Berman, B./Evans, J. R.: Retail Management. Strategic Approach, 6. Auflage, Englewood Cliffs, N. J. u. a. 1995.*

*Dunne, P.: Retailing, Cincinnati, Ohio 1992.*

*Walters, D.: Retailing Management. Analysis, Planning and Control, Basingstoke u. a. 1994.*

# 2 Zum empirischen Erscheinungsbild des Handels

*»Dynamik im Handel«*

*(Titel einer von Prof. Tietz begründeten Reihe)*

Es ist geradezu sprichwörtlich, daß sich der Handel in einem stetigen Wandel befindet. Struktur und Dynamik sind durch vielfältige Aspekte gekennzeichnet. Es kann im folgenden nicht darum gehen, alle Facetten der Realität aufzuzeichnen, aber auf zentrale Kennzeichen der neueren Entwicklung soll hingewiesen werden, was durch folgende Fragen vorbereitet sei:
- Wieviel Handelsbetriebe gibt es, steigt ihre Zahl oder nimmt sie ab? Ist es zutreffend, daß einer immer kleiner werdenden Zahl von Handelsbetrieben eine immer größer werdende Bedeutung zukommt (Konzentration)?
- Kann beobachtet werden, daß der Großhandel mehr und mehr ausgeschaltet wird und die von ihm bislang wahrgenommenen Funktionen von Unternehmungen aus anderen Wirtschaftsbereichen übernommen werden?
- In welchem Umfang verschieben sich die Marktanteile der Betriebsformen im Einzelhandel?
- Inwieweit ändern sich die Anforderungen an die Führung eines Handelsbetriebes?
- Tritt neben die schon immer zu beobachtenden internationalen Beschaffungstätigkeiten des Handels jetzt eine Internationalisierung im Absatz?

Sicherlich ließen sich weitere Phänomene benennen, aber die angeführten vermitteln wichtige Einsichten über die derzeitige Situation des Handels. Bevor auf sie eingegangen wird, sei auf ein Problem hingewiesen, das bei empirischen Studien oft große Mühen bereitet – die Datenbeschaffung. In Abschnitt 2.1 soll deswegen auf Quellen hingewiesen werden, denen Informationen über den Handel entnommen werden können, bevor im Abschnitt 2.2 auf die angesprochenen Entwicklungen eingegangen wird.
Der Handel zählt in allen Ländern zu den bedeutenden Wirtschaftssektoren. Dies spiegelt sich darin wider, daß ein großer Teil der Unternehmungen im Handel angesiedelt ist und daß ein Großteil der Erwerbstätigen seinen Arbeitsplatz im Handel findet. Für Deutschland wird die Bedeutung des Handels durch Abbildung 2.1 verdeutlicht.

Erwerbstätige im Inland (in 1 000) nach Wirtschaftsbereichen (1995)

| | |
|---|---|
| Land- und Forstwirtschaft, Fischerei | 792 |
| Energie- und Wasserversorgung, Bergbau | 414 |
| Verarbeitendes Gewerbe | 7 770 |
| Baugewerbe | 1 988 |
| Handel | 3 887 |
| Verkehr und Nachrichtenübermittlung | 1 539 |
| Sonstiges | 12 068 |
| Σ | 28 458 |

Quelle: Statistisches Bundesamt (Hrsg.), Statistisches Jahrbuch 1996, S. 106 f.

# 2.1 Datenquellen über den Handel

Angaben über die Struktur und die Entwicklung des Handels können mehreren Quellen entnommen werden; auf die wichtigsten wird im folgenden hingewiesen.

### Daten aus der Amtlichen Statistik

Auf die Daten der Amtlichen Statistik wird nicht nur zurückgegriffen, um wirtschaftspolitische Probleme zu behandeln, sondern auch wenn Daten für die betriebsindividuelle Planung benötigt werden, z. B. für Standortanalysen. Es ist daher nützlich und unumgänglich, sich mit den Informationen der Amtlichen Statistik vertraut zu machen.

Über den Einzelhandel, den Großhandel und die Handelsvermittlung wird im Veröffentlichungssystem des Statistischen Bundesamtes in drei Kategorien berichtet, in zusammenfassenden Veröffentlichungen, Klassifikationen und Fachserien.[1]

Zusammenfassende Veröffentlichungen, wie z. B. das Statistische Jahrbuch, enthalten Ergebnisse aus mehreren oder allen Arbeitsgebieten des *Statistischen Bundesamtes*.

Klassifikationen sind Hilfsmittel für die einheitliche Zuordnung von Tatbeständen in den Statistiken und für eine dem Erhebungs- und Darstellungszweck entsprechende Gliederung der Ergebnisse. Für den Handel sind vor allem die Klassifikation der Wirtschaftszweige, das Warenverzeichnis für die Binnen- bzw. die Außenhandelsstatistik sowie die Klassifizierung der Berufe von Bedeutung.

Weitreichende Konsequenzen für die Darstellung des Handels in der Amtlichen Statistik hat die Systematik der Wirtschaftszweige. Nach der Wirtschaftszweigsystematik WZ 93, die auf der europäischen NACE[2] Rev. 1 aufbaut (vgl. auch Abbil-

---

[1] Vgl. Statistisches Bundesamt (Hrsg.): Verzeichnis der Veröffentlichungen 1997, Stuttgart 1997, S. 3.

[2] Nomenclature Générale des activités économiques dans les Communautés Européennes.

dung 2.2),[3] werden Handelsbetriebe in Abschnitt G dargestellt, der sich in drei Abteilungen gliedert:

Abteilung 50: Kraftfahrzeughandel; Instandhaltung und Reparatur von Kraftfahrzeugen; Tankstellen.

Abteilung 51: Handelsvermittlung und Großhandel (ohne Handel mit Kraftfahrzeugen).

Abteilung 52: Einzelhandel (ohne Handel mit Kraftfahrzeugen und ohne Tankstellen); Reparatur von Gebrauchsgütern.

Weiterhin wird der Handel nach Angebots- und Erscheinungsformen sowie Branchen untergliedert.

**Abbildung 2.2:** Struktur der NACE-Systematik ──────────────────────────────

| Bezeichnung | Codierung | Beispiel | |
|---|---|---|---|
| Abschnitte | einfacher alphabetischer Code | G | Handel; Instandhaltung und Reparatur von Kraftfahrzeugen und Gebrauchsgütern |
| Unterabschnitte | doppelter alphabetischer Code | | (im Handel nicht besetzt) |
| Abteilungen | zweistelliger numerischer Code | 52 | Einzelhandel (ohne Handel mit Kraftfahrzeugen und ohne Tankstellen); Reparatur von Gebrauchsgütern |
| Gruppen | dreistelliger numerischer Code | 52.4 | Sonstiger Fach-EH (in Verkaufsräumen) |
| Klassen | vierstelliger numerischer Code | 52.41 | EH mit Textilien |

Quelle: Artikel 2 Absatz 1 der Verordnung (EWG) Nr. 3037/90, 1990

─────────────────────────────────────────────────────────────

Die weitere Unterteilung der WZ 93 ist für die Abteilung »Einzelhandel« der Übersicht in Abbildung 2.3 zu entnehmen. »Innerhalb des Einzelhandels dient primär die Absatzform als Gliederungskriterium (Einzelhandel in Verkaufsräumen, Versandhandel usw.). Erst an zweiter Stelle ist auch das Sortiment von systematischer Bedeutung.«[4]

---

[3]  WZ 93 und NACE sind bis zur Gliederungsebene der Klasse (4. Stelle) deckungsgleich. Die WZ 93 weist zusätzliche nationale Unterteilungen der Klassen in Unterklassen auf. Vgl. zur WZ 93 auch Statistisches Bundesamt (Hrsg.): Klassifikation der Wirtschaftszweige mit Erläuterungen, Ausgabe 1993, Stuttgart 1994.

[4]  Lambertz, J.: Auswirkungen der NACE Rev. 1 auf die Ergebnisdarstellung der Binnenhandelsstatistiken, in: Wirtschaft und Statistik, 75. Jg. (1995), H. 1, S. 53.

Abbildung 2.3: Klassifikation der Wirtschaftszweige WZ 93 für die Abteilung 52 »Einzelhandel« (Auszug)

| Nr. der WZ 93 | Text |
|---|---|
| 52.1 | EH mit Waren verschiedener Art (in Verkaufsräumen) |
| 52.11 | EH mit Waren verschiedener Art, Hauptrichtung Nahrungsmittel, Getränke und Tabakwaren |
| 52.11.1 | EH mit Nahrungsmitteln, Getränken und Tabakwaren ohne ausgeprägten Schwerpunkt |
| 52.11.2 | Sonstiger EH mit Waren verschiedener Art, Hauptrichtung Nahrungsmittel, Getränke und Tabakwaren |
| 52.12 | Sonstiger EH mit Waren verschiedener Art |
| 52.12.1 | EH mit Waren verschiedener Art (ohne Nahrungsmittel) |
| 52.12.2 | EH mit Waren verschiedener Art, Hauptrichtung Nicht-Nahrungsmittel |
| 52.2 | Fach-EH mit Nahrungsmitteln, Getränken und Tabakwaren (in Verkaufsräumen) |
| 52.3 | Apotheken; Fach-EH mit medizinischen, orthopädischen und kosmetischen Artikeln (in Verkaufsräumen) |
| 52.31 | Apotheken |
| 52.32 | EH mit medizinischen und orthopädischen Artikeln |
| 52.33 | EH mit kosmetischen Artikeln und Körperpflegemitteln |
| 52.4 | Sonstiger Fach-EH (in Verkaufsräumen) |
| 52.41 | EH mit Textilien |
| 52.42 | EH mit Bekleidung |
| 52.43 | EH mit Schuhen und Lederwaren |
| 52.44 | EH mit Möbeln, Einrichtungsgegenständen und Hausrat anderweitig nicht genannt |
| 52.45 | EH mit elektrischen Haushalts-, Rundfunk- und Fernsehgeräten sowie Musikinstrumenten |
| 52.46 | EH mit Metallwaren, Anstrichmitteln, Bau- und Heimwerkerbedarf |
| 52.47 | EH mit Büchern, Zeitschriften, Schreibwaren und Bürobedarf |
| 52.48 | Fach-EH anderweitig nicht genannt (in Verkaufsräumen) |
| darunter: | EH mit feinmechanischen Foto- und optischen Erzeugnissen, Computern |
| 52.48.4 | und Software |
| 52.48.5 | EH mit Uhren, Edelmetallwaren und Schmuck |
| 52.48.7 | EH mit Fahrrädern, Fahrradteilen und Zubehör, Sport- und Campingartikeln (ohne Campingmöbeln) |
| 52.5 | EH mit Antiquitäten und Gebrauchtwaren (in Verkaufsräumen) |
| 52.6 | EH (nicht in Verkaufsräumen) |
| 52.61 | Versandhandel |
| 52.62 | EH an Verkaufsständen und auf den Märkten |
| 52.63 | Sonstiger Einzelhandel (nicht in Verkaufsräumen) |

Im System der Fachserien, das nach Sachgebieten untergliedert ist, werden die Ergebnisse einzelner Statistiken veröffentlicht. Jede Fachserie umfaßt Veröffentlichungsreihen mit Ergebnissen laufender Statistiken, die im Bedarfsfall durch Sonderbeiträge ergänzt werden, sowie in größeren Zeitabständen stattfindende

Zählungen, welche als Einzelveröffentlichungen im Rahmen der Fachserien herausgegeben werden.

In den Stichprobenerhebungen der laufenden Statistiken werden 13 500 Großhandelsunternehmungen bei monatlichen und jährlichen Erhebungen, 27 000 Unternehmungen des Großhandels bei Ergänzungserhebungen sowie jeweils 35 000 Einzelhandelsunternehmen und 13 500 Handelsvermittlungen befragt.[5]

Eine Übersicht über Erscheinungsweise und Inhalt der für den Handel relevanten laufenden Statistiken im Rahmen der Fachserien gibt Abbildung 2.4.

Sonderbeiträge sind einmalige Veröffentlichungen, die entweder aus besonderem Anlaß erstellt werden oder zu besonderen Problemen Stellung nehmen. Beispiele für Sonderbeiträge mit Informationen zum Handel sind aus der Fachserie 6 »Handel, Gastgewerbe, Reiseverkehr« die Reihe 3. S. 1 »Umstellung auf ein neues Berichtssystem mit Zusammenfassung der Monatsergebnisse für den Einzelhandel 1980 bis 1983«[6] oder aus Fachserie 18 »Volkswirtschaftliche Gesamtrechnungen« Reihe S.18 »Ergebnisse für Wirtschaftsbereiche (Branchenblätter) 1960 bis 1991«.

Unter den Zählungen liefert vor allem die Handels- und Gaststättenzählung (HGZ), auf die im folgenden näher eingegangen wird, wichtige Informationen. Die HGZ erfaßt als Totalerhebung alle Unternehmen und Arbeitsstätten des Handels in Deutschland, ausgenommen Kleinunternehmen mit weniger als 25 000 DM Jahresumsatz, und wird in der Regel in einem Abstand von zehn Jahren durchgeführt. Erhebungsstichtag der letzten HGZ war der 30. April 1993. Die Erhebungsinhalte der HGZ für den Einzel- und Großhandel gehen aus Abbildung 2.5 hervor.

Weitere wichtige Informationen zum Handel können außerdem den Arbeitskostenerhebungen und den Gehalts- und Lohnstrukturerhebungen entnommen werden.

Die innerhalb der Amtlichen Statistik erfaßten Informationen über den Handel, über Markt-, Unternehmens- und Betriebsstrukturen, über den Faktoreinsatz im Handel sowie über Kosten, Erlös- und Erfolgsgrößen sind zusammenfassend in Abbildung 2.6 dargestellt.

Als größte organisatorische Einheiten werden rechtlich selbständige Unternehmen erfaßt, daneben Arbeitsstätten und Ladengeschäfte.

Wichtige Bereiche der Unternehmenspolitik, wie die Standort-, die Sortiments- oder die Beschaffungspolitik sind ebenso Gegenstand der Amtlichen Statistik wie die Zahl der Beschäftigten, Kapitalbeteiligungen oder die Größe der Geschäfts- und Verkaufsfläche. Kosteninformationen beziehen sich auf Warenkosten, Personalkosten, die Lagerhaltung und Kosten bzw. Investitionen für Anlagen.

Die Amtliche Statistik hält damit, gestützt auf die HGZ als Totalerhebung und auf monatliche und jährliche Stichproben, ein breites Informationsangebot bereit, das den Handel in Deutschland anhand vielfältiger Merkmale beschreibt.

---

[5] HdlStatG § 1; Statistikanpassungsverordnung vom 26. März 1991, Artikel 4, § 1.

[6] Entsprechend für den Großhandel: Statistisches Bundesamt (Hrsg.): Handel, Gastgewerbe, Reiseverkehr. Umstellung auf ein neues Berichtssystem mit Zusammenfassung der Monatsergebnisse für den Großhandel 1980 bis 1983, Fachserie 6, Reihe 1. S. 1, Großhandel, Stuttgart 1985; Statistisches Bundesamt (Hrsg.): Handel, Gastgewerbe, Reiseverkehr. Monatliche Repräsentativerhebung im Großhandel. Methode und Ergebnisse auf der Basis 1986, Fachserie 6, Reihe 1. S. 2, Großhandel, Stuttgart 1989.

Abbildung 2.4: Übersicht über die in der laufenden Statistik bereitgestellten Informationen zum Handel (Stand Oktober 1997)

| Titel | | Erscheinungs-weise | Letztes Be-richtsjahr |
|---|---|---|---|
| **Fachserie 2:** | **Unternehmen und Arbeitsstätten** | | |
| Reihe 1.2.1: | Kostenstruktur im Großhandel und im Verlagsgewerbe | 4 | 1992 |
| Reihe 1.2.2: | Kostenstruktur bei Handelsvertretern und Handelsmaklern | 4 | 1992 |
| Reihe 1.3: | Kostenstruktur im Einzelhandel | 4 | 1993 |
| **Fachserie 6:** | **Handel, Gastgewerbe, Reiseverkehr** | | |
| Reihe 1.1: | Beschäftigte und Umsatz im Großhandel (Meßzahlen) | 1/12 | 1996 |
| Reihe 1.2: | Beschäftigung, Umsatz, Wareneingang, Lagerbestand und Investitionen im Großhandel | 1 | 1993/94 |
| Reihe 1.3: | Warensortiment sowie Bezugs- und Absatzwege im Großhandel | u | 1986 |
| Reihe 2: | Beschäftigung, Umsatz, Wareneingang, Lagerbestand und Investitionen in der Handelsvermittlung | 2 | 1983 |
| Reihe 3.1: | Beschäftigte und Umsatz im Einzelhandel und Gastgewerbe (Meßzahlen) | 1/12 | 1996 |
| Reihe 3.2: | Beschäftigung, Umsatz, Wareneingang, Lagerbestand und Investitionen im Einzelhandel | 1 | 1993 |
| Reihe 3.3: | Warensortiment sowie Bezugswege im Einzelhandel | u | 1991 |
| **Fachserie 7:** | **Außenhandel** | | |
| Reihe 1: | Zusammenfassende Übersichten für den Außenhandel | 1/12 | 1994 |
| Reihen 2–8: | Weitere differenziertere Darstellungen | | |
| **Fachserie 14:** | **Finanzen und Steuern** | | |
| Reihe 8: | Umsatzsteuer | 2 | 1992 |
| **Fachserie 16:** | **Löhne und Gehälter** | | |
| Reihe 2.2: | Angestelltenverdienste in Industrie und Handel | 1/4 | 1995 |
| Reihe 2.3: | Arbeitnehmerverdienste in Industrie und Handel | 1/4 | 1995 |
| **Fachserie 17:** | **Preise** | | |
| Reihe 6: | Index der Großhandelsverkaufspreise | 1/12 | 1996 |
| Reihe 7: | Preise und Preisindizes für die Lebenshaltung | 1/12 | 1996 |
| **Fachserie 18** | **Volkswirtschaftliche Gesamtrechnungen** | | |
| Reihe 1.3: | Hauptbericht | 1 | 1995 |
| 1/12= monatlich   1/4 =vierteljährlich   1 = jährlich   2 = zweijährlich   4 = vierjährlich u = unregelmäßig | | | |

Quelle: Statistisches Bundesamt (Hrsg.), Verzeichnis der Veröffentlichungen, Stuttgart 1997

Abbildung 2.5: Erhebungsinhalte der HGZ für den Groß- und Einzelhandel _____

| Erhebungsinhalt | Unternehmen des | | Arbeitsstätten des | |
|---|---|---|---|---|
| | Einzel-handels | Groß-handels | Einzel-handels | Groß-handels |
| Wirtschaftszweig | X | X | X | X |
| Zahl der tätigen Personen | X | X | X | X |
| Umsatz | X | X | X | X |
| – Aufgliederung nach Arten der ausgeüb-ten wirtschaftlichen Tätigkeit | X | X | X | X |
| – Aufteilung des Einzelhandelsumsatzes nach Branchen | X | X | X | X |
| Anteil des Umsatzes aus Streckengeschäf-ten, Lagergroßhandel, mit dem Ausland, mit dem inländischen Einzelhandel, mit sonstigen Kunden, aus selbstimportierter Handelsware | – | X | – | – |
| Auszeichnung der Waren mit Brutto- oder Nettopreisen | X | X | – | – |
| Gesamtwert der gegen Provision vermit-telten Ware | – | X | – | – |
| Kapitalbeteiligungen | X | X | – | – |
| Arbeitsstätten | X | X | – | – |
| Betriebsform | X* | – | X | – |
| Bedienungsform | X* | X* | X | X |
| Geschäfts-/Verkaufsfläche | X* | – | X | – |
| Geschäftslage | X* | X* | X | X |

* Gilt nur für Unternehmen ohne Zweigniederlassungen (Arbeitsstätten)

## Daten aus dem Kölner Institut für Handelsforschung

Das *Institut für Handelsforschung (IfH)* an der Universität zu Köln erhebt Daten über die Situation in zahlreichen Branchen des Einzel- und des Großhandels sowie der Handelsvermittlung und geht dabei im Detaillierungsgrad über das Erhebungs-programm der Amtlichen Statistik hinaus. Neben Daten zum Umsatz (auch in ein-zelnen Sortimentsbereichen) werden die Handelsspanne und die einzelnen Kostenar-ten erfaßt. Die erhobenen Daten dienen zwei Zwecken:
– Im Rahmen der primären Nutzung werden sie den Betrieben, die sich an den Betriebsvergleichen des Instituts beteiligen, in einer für die Unternehmensplanung und -kontrolle geeigneten Form zur Verfügung gestellt.
– Für die sekundäre Nutzung wird ein Teil der Daten in aggregierter und ano-nymisierter Form der Öffentlichkeit zur Verfügung gestellt, zum einen
– in den »Mitteilungen des Instituts für Handelsforschung«, zum anderen
– in regelmäßig veröffentlichten Beiträgen des Instituts für Handelsforschung zur Dokumentation der betriebswirtschaftlichen Situation im Groß- und Einzelhandel (Ortsgrößenergebnisse, Geschäftslagenergebnisse, Personen-

größenklassenergebnisse, Raumgrößenklassenergebnisse, Umsatzgrößen-klassenergebnisse, Personalleistungsklassenergebnisse).[7]

Daten der amtlichen Statistik zu Handelsunternehmen _____

| Daten zur Unternehmens-struktur und -politik | Kosteninformationen | Erlös- und Erfolgs-informationen |
|---|---|---|
| Zahl der Beschäftigten Geschäfts- und Verkaufs-flächen Kapitalbeteiligungen Betriebsform Bedienungsform Geschäftslage Sortiments-zusammensetzung Bezugswege Absatzwege (Großhandel) | Investitionen Waren- und Materialein-gang Aufwendungen für Lohnar-beiten Aufwendungen für gemie-tete oder gepachtete Anla-gegüter Personalkosten Lohn- und Gehaltssummen Angestelltenverdienste Arbeitnehmerverdienste Arbeitskosten Lagerbestand | Umsatz, differenziert nach – wirtschaftlichen Tätigkei-ten – nach Branchen – nach Absatzwegen (Großhandel) Preise |

▼        ▼        ▼

| Aggregierte Marktdaten |
|---|
| Zahl der Unternehmen |
| Zahl der Arbeitsstätten |
| Zahl der Ladengeschäfte |

## Weitere Institutionen und die Fachpresse

Nach § 24 b des Gesetzes gegen Wettbewerbsbeschränkung (GWB) ist in Deutschland eine Monopolkommision eingesetzt worden, die alle zwei Jahre ein Gutachten vorlegt, in dem insbesondere über die Entwicklung der Konzentration berichtet wird; es können zusätzliche Gutachten hinzutreten. Einige der Gutachten widmen sich speziell den Verhältnissen im Handel.[8]

---

[7] z. B. Institut für Handelsforschung: Umsatzgrößenklassen. Ergebnisse der Einzelhandelsfach-geschäfte im Jahre 1995. Umsatz-, Kosten-, Spannen- und Gewinnzahlen des Betriebsvergleichs, in: Müller-Hagedorn, L. (Hrsg.): Beiträge des Instituts für Handelsforschung zur Dokumenta-tion der betriebswirtschaftlichen Situation im Groß- und Einzelhandel, H. 117, Köln 1996.

[8] Monopolkommission (Hrsg.): Die Konzentration im Lebensmittelhandel. Sondergutachten 14, Baden-Baden 1985; Monopolkommission (Hrsg.): Marktstruktur und Wettbewerb im Handel. Sondergutachten 23, Baden-Baden 1994.

Wissenschaftlich werden Entwicklungen im Handel mehrfach bearbeitet, wobei insbesondere auf die Schriften von *Tietz* hinzuweisen ist.[9]

Informationen stellen darüberhinaus zur Verfügung:

- das *Europäische Handelsinstitut Köln (EHI)* mit der jährlich erscheinenden Broschüre »Handel aktuell«,
- die *Betriebswirtschaftliche Beratungsstelle für den Einzelhandel (BBE),* Köln, mit zahlreichen, auch branchenbezogenen Schriften.[10]

Angaben zur Entwicklung des Handels insgesamt oder zu einzelnen Bereichen enthalten auch die zahlreichen Fachzeitschriften.[11]

# 2.2 Einige Kennzeichen der neueren Entwicklung

Die Expansion des tertiären Sektors ist seit *Fourastié* zu einem bekannten Schlagwort geworden.[12] Wie die Abbildung 2.7 zeigt, dehnt sich die Zahl der Erwerbstätigen im tertiären Bereich in der Bundesrepublik Deutschland tatsächlich aus, jedoch steigen die für den Handel ausgewiesenen Zahlen in der langfristigen Entwicklung kaum an (für die Zeit nach 1989 müssen die Effekte aus der Wiedervereinigung beachtet werden).

*Albach* hat die These von *Fourastié,* nach der sich unsere Gesellschaft zu einer Dienstleistungsgesellschaft wandelt, in Frage gestellt. Der zu beobachtende Wandel sei vielmehr Ausdruck des Kampfes der Unternehmen um die Aufrechterhaltung ihrer Wettbewerbsfähigkeit, die auch durch eine Verlagerung von Produktion und Beschäftigung in weniger regulierte und weniger stark gewerkschaftlich organisierte Bereiche der Wirtschaft angestrebt werde.[13]

Will man Einblick in die Situation des Handels nehmen, kommen hierfür vielerlei Aspekte in Frage, so

- die Zahl der Unternehmungen und die Zahl ihrer lokalen Arbeitsstätten,
- die Zahl der Beschäftigten,
- der Umfang der von ihnen eingesetzten Produktionsfaktoren (z. B. der Umfang der getätigten Investitionen),
- ihr Umsatz,
- ihr wirtschaftliches Ergebnis.

---

[9] Tietz, B.: Konsument und Einzelhandel. Strukturwandlungen in der Bundesrepublik Deutschland von 1970 bis 1995, 3. Auflage, Frankfurt am Main 1985; Tietz, B.: Einzelhandelsperspektiven für die Bundesrepublik Deutschland bis zum Jahr 2010, Frankfurt am Main 1992; Tietz, B.: Großhandelsperspektiven für die Bundesrepublik Deutschland bis zum Jahr 2010, Frankfurt am Main 1993 c; Bamberg, U./Heß, G.: Aspekte strukturellen Wandels im Einzelhandel, Marburg 1979.

[10] z. B. BBE-Unternehmensberatung GmbH (Hrsg.): Der Handel. Strategie-Outlook '96. Köln o. J.

[11] Vgl. die Übersicht in: Stamm Verlag GmbH (Hrsg.): STAMM 1997 Presse- und Medienhandbuch. Leitfaden durch Presse und Werbung, Band 2, 50. Ausgabe, Essen 1997, S. 3 b/83–3 b/106.

[12] Siehe Fourastié, J.: Die große Hoffnung des zwanzigsten Jahrhunderts, Köln 1954.

[13] Vgl. Albach, H.: Dienstleistungsunternehmen in Deutschland, in: ZfB, 59. Jg. (1989), S. 397–420.

Abbildung 2.7: Erwerbstätige (in 1 000) nach Wirtschaftsbereichen _____

| | 1973 | 1981 | 1987 | 1990 | 1993 | 1995 |
|---|---|---|---|---|---|---|
| Land- und Forstwirtschaft, Fischerei | 1 946 | 1 367 | 1 124 | 959 | 849 | 792 |
| Energie- und Wasserversorgung, Bergbau | 482 | 462 | 448 | 424 | 400 | 414 |
| Verarbeitendes Gewerbe | 9 942 | 8 849 | 8 425 | 8 757 | 8 117 | 7 770 |
| Baugewerbe | 2 370 | 2 082 | 1 801 | 1 878 | 1 885 | 1 988 |
| Handel | 3 326 | 3 523 | 3 603 | 3 831 | 4 017 | 3 887 |
| Verkehr und Nachrichtenübermittlung | 1 561 | 1 575 | 1 565 | 1 626 | 1 636 | 1 539 |
| Sonstiges | 7 526 | 8 275 | 10 191 | 10 978 | 11 748 | 12 068 |
| Σ | 27 353 | 26 133 | 27 157 | 28 453 | 28 652 | 28 458 |

Quelle: Statistisches Bundesamt (Hrsg.), Statistisches Jahrbuch 1996, S. 106 f.

Die Ergebnisse der Handels- und Gaststättenzählungen von 1985 und 1993 erlauben, die Entwicklung im Zeitablauf zu verfolgen, wenn auch die Wiedervereinigung und Änderungen in der Systematik den Vergleich erschweren.[14]
Von 1985 auf 1993 hat sich die Zahl der Arbeitsstätten in der Handelsvermittlung verringert, im Großhandel und Einzelhandel ist sie angestiegen. Deutlich gesunken ist sie im Einzelhandel mit Kürschnerwaren, gestiegen ist sie im Einzelhandel mit Beleuchtungs- und Drogerieartikeln. Die Beispiele aus einzelnen Einzelhandelsbereichen verdeutlichen exemplarisch, daß sich die Verhältnisse in einzelnen Bereichen stark unterscheiden können und es schwerfällt, generelle Entwicklungslinien für den gesamten Handel aufzuzeigen. Wenn im zweiten Teil der Abbildung 2.8 von Unternehmen und Arbeitsstätten die Rede ist, wird hierbei einem besonders im Handel vorfindbaren Phänomen Rechnung getragen, daß nämlich viele Unternehmungen ihre Leistungen an verschiedenen Orten erbringen; dies gilt insbesondere für filialisierte Unternehmungen, aber auch für Unternehmungen, die Fabrikations-, Werkstoff- oder Lagerräume ausgelagert haben. Wie das Beispiel der Drogerien zeigt, kann sich die Zahl der Unternehmen und Arbeitsstätten im Zuge starker Filialisierung durchaus gegenläufig entwickeln.
Im folgenden wird auf einige Entwicklungen im Handel eingegangen, natürlich vor allem auf den Konzentrationsprozeß, der weiterhin für den Handel von großer Bedeutung ist.

---

[14] Vgl. die Erläuterungen zum Vergleich der Ergebnisse der HGZ 1993 und HGZ 1985 in: Statistisches Bundesamt (Hrsg.): Handel, Gastgewerbe, Reiseverkehr. Handels- und Gaststättenzählung 1993, Fachserie 6, Einzelhandel, Heft 1: Unternehmen des Einzelhandels, Stuttgart 1995, S. 18.

**Abbildung 2.8:** Zahl der Handelsbetriebe nach der Handels- und Gaststättenzählung 1985 (früheres Bundesgebiet, einschl. Berlin) und 1993 (Deutschland)

| Wirtschaftsbereich | Unternehmen insgesamt | | |
| --- | --- | --- | --- |
| | 1985 | 1993 | Veränderung zu 1985 in % |
| Kraftfahrzeughandel und Tankstellen | 43 362 | 48 881 | + 12,7 % |
| Handelsvermittlung | 49 791 | 54 285 | + 9,0 % |
| Großhandel | 97 073 | 108 162 | + 11,4 % |
| Einzelhandel | 316 002 | 328 730 | + 3,7 % |
| *Zusammen* | 506 228 | 540 058 | + 6,7 % |

| Einzelhandel mit ... (WZ 79/ WZ 93) | Unternehmen insgesamt | | | Anzahl der Arbeitsstätten | | |
| --- | --- | --- | --- | --- | --- | --- |
| | 1985 | 1993 | Veränderung zu 1985 in % | 1985 | 1993 | Veränderung zu 1985 in % |
| – Kürschnerwaren in Verkaufsräumen (432 60/ 52.42.5) | 1 004 | 457 | – 55 % | 1 136 | 491 | – 57 % |
| – keramischen Erzeugnissen und Glaswaren in Verkaufsräumen (433 30/ 52.44.4) | 2 757 | 2 764 | + 0,25 % | 3 024 | 3 152 | + 4 % |
| – Beleuchtungsartikeln in Verkaufsräumen (434 20/52.44.2) | 540 | 731 | + 35,4 % | 580 | 817 | + 41 % |
| – Schreib- und Papierwaren in Verkaufsräumen (435 11/ 52.47.1) | 4 872 | 5 402 | + 11 % | 5 253 | ¼30`273 | + 19 % |
| – Drogerieartikeln in Verkaufsräumen (436 61/ 52.33.2) | 3 713 | 2 772 | – 25 % | ¼30`263 | 8 137 | + 30 % |
| – Apotheken (436 10/ 52 31 0) | 16 583 | 19 242 | + 16 % | 16 626 | 19 383 | + 17 % |

Quellen: Statistisches Bundesamt (Hrsg.): Handel, Gastgewerbe, Reiseverkehr. Handels- und Gaststättenzählung 1993, Fachserie 6, Einzelhandel, Heft 1: Unternehmen des Einzelhandels, Stuttgart 1995, S. 19, 29–33; Statistisches Bundesamt (Hrsg.): Handel, Gastgewerbe, Reiseverkehr. Handels- und Gaststättenzählung 1993, Fachserie 6, Einzelhandel, Heft 1: Unternehmen des Einzelhandels, Stuttgart 1986, S. 29–31, eigene Berechnungen

## 2.2.1 Der Konzentrationsprozeß

Zwar ist in allen Teilen der Wirtschaft zu fragen, ob Konzentrationsprozesse statt-finden, besonders aktuell ist diese Frage jedoch im Handel. Konzentration ist ein fundamentales Phänomen in der Wirtschaft, so daß es sich lohnt, sich damit näher auseinanderzusetzen. Folgende Aspekte sind anzusprechen:
– Was ist unter Konzentration zu verstehen?
– Mit welchen Maßzahlen kann die Konzentration gemessen werden?
– Wie stark ist der Handel derzeit konzentriert, und wie verändert sich die Konzen-tration im Zeitablauf?
– Welches sind die Kräfte, die den Konzentrationsprozeß antreiben?
– Nach welchen Kriterien ist die Konzentration zu beurteilen und welche betriebs-politischen Konsequenzen sind zu ziehen?

Um das Phänomen der Konzentration zu erfassen, ist es zunächst erforderlich, den Begriff der Konzentration zu definieren, ihn zu operationalisieren und das Ausmaß der Konzentration zu messen. Auf dieser Grundlage können die Ursachen und Aus-wirkungen des Konzentrationsprozesses analysiert und beurteilt werden.

### 2.2.1.1 Zur Definition von Konzentration

Ursprünglich wurde unter Konzentration nur die Konzentration der Produktion auf größere und kapitalintensive Unternehmen bei gleichzeitiger Ausschaltung kleinerer, insbesondere handwerklicher Betriebe verstanden. Heute wird Konzentration allge-meiner als Ballung ökonomischer Größen definiert.
Statistisch gesehen drückt Konzentration einen Zustand oder Prozeß aus, in dem eine kleine Gruppe von Merkmalsträgern (vor allem Unternehmungen) einen überpro-portional hohen Anteil einer Merkmalssumme (vor allem Umsatz) auf sich vereinigt bzw. ihren Anteil vergrößert.
*Schenk* definiert Konzentration folgendermaßen:

> »*Konzentration ist ein Zustand oder ein Prozeß, bei dem aufgrund von unterschiedli-chem internem und/oder externem Wachstum und/oder nicht-fusionsbedingtem Per-Saldo-Ausscheiden von Unternehmen aus einer homogenen Gesamtheit die größten Unternehmen bzw. die Unternehmen der oberen Größenklasse(n) größere bzw. über-proportional wachsende Anteile am Gesamtmerkmalsbetrag (in der Regel Gesamtum-satz) auf sich vereinen.*«[15]

Die Analyse der Konzentration setzt voraus, daß der Bereich, für den die Analyse erfolgen soll, sinnvoll abgegrenzt wird. So wäre es im vorhinein möglich, die Kon-zentration für den gesamten Handel, einen Teil des Handels, für eine einzelne Branche oder eine einzelne Betriebsform zu bestimmen. *Schenk* fordert die Begrenzung des Untersuchungsbereichs auf eine homogene Gesamtheit von Unternehmen. Eine branchenübergreifende Erfassung konzentrativer Entwicklungen werde struktturel-len Besonderheiten einzelner Wirtschaftszweige nicht gerecht und verzerre durch ggf. gegenläufige Entwicklungen das Ergebnis. Mit dem Hinweis auf die Homogenität der Unternehmungen ist jedoch noch nicht das Problem gelöst, welche Unternehmen als homogen angesehen werden. *Schenk* verweist aus pragmatischen Gründen auf die Gruppierung nach Wirtschaftsstufen, Wirtschaftszweigen und Umsatzgrößen-

---

[15] Schenk, H.-O.: Marktwirtschaftslehre des Handels, Wiesbaden 1991, S. 426 f.

klassen.[16] Allerdings wird damit auf andere wichtige Aspekte, wie z. B. Standortlagen oder Betriebsformen, verzichtet.

Als Hauptformen der Konzentration sind die absolute Konzentration und die relative Konzentration zu sehen:

– Bei der absoluten Konzentration entfällt auf eine kleine Anzahl der Merkmalsträger ein großer Anteil der Merkmalssumme.

– Bei der relativen Konzentration entfällt auf einen kleinen Anteil der Merkmalsträger ein großer Anteil der Merkmalssumme.

Als Merkmalsträger kommen rechtlich abgegrenzte Erhebungseinheiten, unter einheitlicher Leitung stehende bzw. kapitalmäßig verflochtene Einheiten oder örtliche Niederlassungen (Arbeitsstätten) in Frage. Als Untersuchungsmerkmal bieten sich Merkmale wie Umsatz, Grundkapital oder Anzahl der Beschäftigten an.

### 2.2.1.2 Die Messung der Konzentration

Als Vorstufen zu einer näheren Betrachtung der Konzentration lassen sich die beiden Bausteine, die Merkmalsträger und die Entwicklung des Merkmals, betrachten.

**(1) Zur Entwicklung der Merkmalsträger: Wie hat sich die Zahl der Unternehmen verändert?**

Der Strukturwandel im Handel ist nach wie vor nicht abgeschlossen. Hervorstechendes Merkmal dieser Entwicklung ist der Ausleseprozeß. Im Einzelhandel mit Lebensmitteln hat sich seit etwa 1970 die Zahl der Betriebe per Saldo halbiert, in anderen Branchen stellen sich die Verhältnisse völlig anders dar. Meistens wird bei der Darstellung der Entwicklung der Handelsunternehmen auf das Datenmaterial der Umsatzsteuerstatistik zurückgegriffen. Danach entwickelte sich die Zahl der Unternehmen wie in Abbildung 2.9 angegeben. Bei der Analyse von Daten aus der Umsatzsteuerstatistik ist zu beachten, daß dort steuerpflichtige Unternehmen ausgewiesen werden; diese Abgrenzung kann dazu führen, daß die Zahl der in der Umsatzsteuerstatistik ausgewiesenen Handelsunternehmen von der Zahl der Handelsunternehmen anderer Statistiken, wie insbesondere der Handels- und Gaststättenzählung (HGZ), abweicht.

1976 kehrte sich die seit den sechziger Jahren im Einzelhandel erkennbare Tendenz abnehmender Unternehmenszahlen um. Bei der Interpretation dieser Daten sind allerdings die veränderten Zuordnungsmodalitäten der Umsatzsteuerstatistik zu berücksichtigen. So gelten beispielsweise Tankstellen seit 1978 im Rahmen der Umsatzsteuerstatistik als Einzelhandelsbetriebe und damit nicht länger als Handelsvermittlungen. Auch wurde mehrfach die Grenze geändert, ab der Unternehmungen als umsatzsteuerpflichtig gelten.[17]

Die stagnierende Zahl der Unternehmungen im Großhandel und die seit 20 Jahren steigende Zahl der Einzelhandelsunternehmen stellen interessante empirische Beobachtungen dar (vgl. Abbildung 2.10).

Eine nach Umsatzgrößen differenzierte Betrachtung ergibt, daß vor allem die Zahl der umsatzstarken Unternehmen angewachsen ist (vgl. Abbildung 2.11). So belegt die um mehr als 200 % angestiegene Zahl der Unternehmen in den Umsatzgrößenklassen ab 10 Mio. DM Jahresumsatz in 1992 im Vergleich zu 1980 einen Trend zu Größe.

---

[16] Vgl. Schenk, H.-O., 1991, S. 427.

[17] Aufschluß über die Erhebungsmodalitäten und ihre Veränderungen geben die Berichtshefte zur Umsatzsteuerstatistik (Fachserie 14, Reihe 8).

**Abbildung 2.9:** Entwicklung der Groß- und Einzelhandelsunternehmen von 1957 bis 1994 (ab 1990 nur alte Bundesländer einschließlich Berlin)

| Jahr | Einzelhandel | | Großhandel | |
|---|---|---|---|---|
| | Zahl der Unternehmen | Veränderung zum vorangehenden Berichtsjahr in % | Zahl der Unternehmen | Veränderung zum vorangehenden Berichtsjahr in % |
| 1957 | 544 409 | – | 148 218 | – |
| 1961 | 428 564 | – 21,3 % | 132 850 | – 10,4 % |
| 1970 | 382 482 | – 10,7 % | 120 556 | – 9,3 % |
| 1972 | 366 319 | – 4,2 % | 117 963 | – 2,2 % |
| 1974 | 345 963 | – 5,6 % | 116 229 | – 1,5 % |
| 1976 | 344 752 | – 0,4 % | 115 118 | – 1,0 % |
| 1978 | 348 694 | + 1,1 % | 117 103 | + 1,7 % |
| 1980 | 367 505 | + 5,4 % | 112 365 | – 4,1 % |
| 1982 | 372 956 | + 1,5 % | 113 136 | + 0,7 % |
| 1984 | 385 887 | + 3,5 % | 114 291 | + 1,0 % |
| 1986 | 391 221 | + 1,4 % | 113 466 | – 0,7 % |
| 1988 | 396 674 | + 1,4 % | 114 629 | + 1,0 % |
| 1990 | 399 426 | + 0,7 % | 117 411 | + 2,4 % |
| 1992 | 419 726 | + 5,1 % | 121 981 | + 3,9 % |
| 1994[1] | | | | |

[1] Der Branchenzuordnung der Umsatzsteuerstatistik liegt 1994 erstmals die Klassifikation der Wirtschaftszweige, Ausgabe 1993 (WZ 93) zugrunde, weshalb die Reihe an dieser Stelle nicht fortgesetzt wird. Eine differenziertere, die Umsatzentwicklung im Einzelhandel fortschreibende Betrachtung findet sich in Kapitel 6.

Quelle: Statistisches Bundesamt (Hrsg.), Finanzen und Steuern. Fachserie 14, Reihe 8 Umsatzsteuer, Tabellenteil 1, verschiedene Jahrgänge

Allerdings ist ein Teil der Unternehmungen auch aufgrund der Inflation in die höheren Umsatzklassen aufgestiegen.

Betriebspolitisch gesehen stellt sich die Frage, ob die in Abbildung 2.11 zum Ausdruck kommende wachsende Marktbedeutung der umsatzstarken Unternehmen berechtigt, von einer Tendenz zur wachsenden Unternehmensgröße im (Einzel-)Handel zu sprechen und zu fragen, worin die Wettbewerbsvorteile von großen Unternehmen begründet sein könnten.

### Die Entwicklung in einzelnen Warenbereichen

Der ab 1978 festgestellte Anstieg der Zahl der Unternehmen im Einzelhandel erstreckt sich allerdings nicht gleichermaßen auf alle in der Amtlichen Statistik unterschiedenen Wirtschaftsgruppen. Wie Abbildung 2.12 zeigt, entwickelten sich in zwei Wirtschaftsgruppen des Einzelhandels die Unternehmenszahlen weiterhin rückläufig, und zwar im Einzelhandel mit elektrotechnischen Erzeugnissen (–10 154 oder – 36,1 %) sowie im Einzelhandel mit Nahrungs- und Genußmitteln (–19 856 oder – 24,5 %). Der intensive Verdrängungswettbewerb im Nahrungs- und Genußmitteleinzelhandel hat dazu geführt, daß allein im Zeitraum von 1970 bis 1978 die Unternehmenszahl um rund 53 000 und damit um mehr als ein Drittel zurückgegangen ist. Im Zeitraum von 1978 bis 1990 sank der Anteil weiter auf 20,3 %.

**Abbildung 2.10:** Zahlenmäßige Entwicklung der Einzelhandelsunternehmen (ab 1990 nur alte Bundesländer einschließlich Berlin)

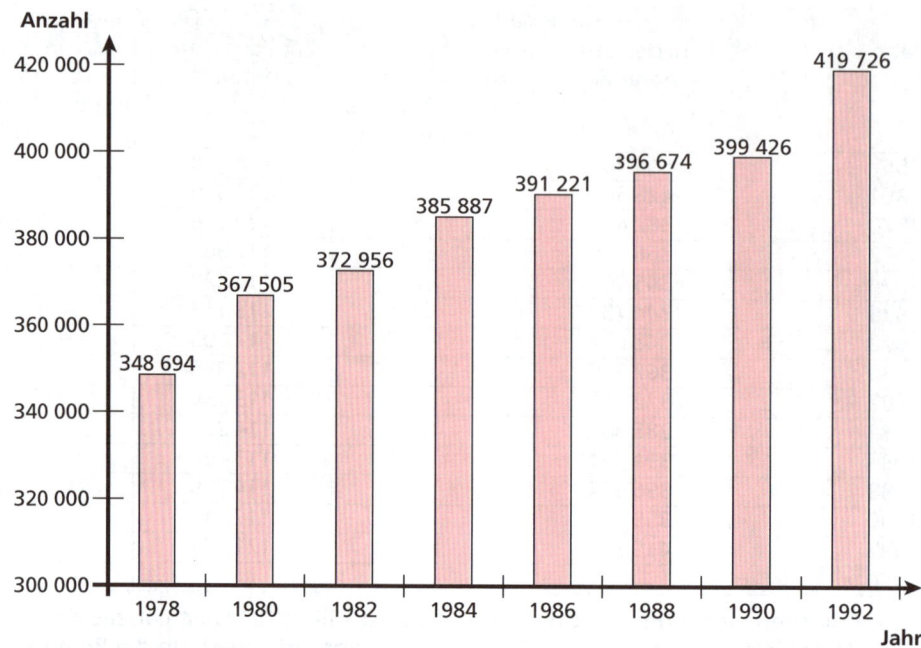

Quelle: Statistisches Bundesamt (Hrsg.), Finanzen und Steuern. Fachserie 14, Reihe 8 Umsatzsteuer, verschiedene Jahrgänge

Die stagnierende Zahl der Unternehmungen im Großhandel und die seit 20 Jahren steigende Zahl der Einzelhandelsunternehmen stellen interessante empirische Beobachtungen dar.

Eine nach Umsatzgrößen differenzierte Betrachtung ergibt, daß vor allem die Zahl der umsatzstarken Unternehmen angewachsen ist (vgl. Abbildung 2.11). So belegt die um mehr als 200 % angestiegene Zahl der Unternehmen in den Umsatzgrößenklassen ab 10 Mio. DM Jahresumsatz in 1992 im Vergleich zu 1980 einen Trend zu Größe. Allerdings ist ein Teil der Unternehmungen auch aufgrund der Inflation in die höheren Umsatzklassen aufgestiegen.

Die Zahlen machen deutlich, daß nicht von einer einheitlichen Entwicklung des Handels oder auch nur des Einzelhandels gesprochen werden kann. Augenscheinlich entwickeln sich die Unternehmungen in den einzelnen Warenbereichen ganz unterschiedlich. Beachtenswert ist auch, daß insbesondere die Zahl der Unternehmungen, die nicht einem einzelnen Warenbereich zugeordnet werden können, sondern zur Gruppe »Sonstige Waren« gerechnet werden, in weit überdurchschnittlichem Maß zunahm. Dies kann als Anzeichen für eine Branchenvermischung gedeutet werden: in immer größerem Maß handeln Unternehmungen nicht mehr nur mit Waren aus einem Warenbereich, sondern stellen ihre Sortimente aus Waren unterschiedlichster Bereiche zusammen, wie das beispielsweise bei den Verbrauchermärkten deutlich zu beobachten ist.

Abbildung 2.11: Vergleich der Zahl der Unternehmen im Einzelhandel im Jahr 1990 und 1992 (früheres Bundesgebiet einschließlich Berlin)

| Umsatzgrößen-klassen von ... bis unter ... DM | Zahl der Unternehmen 1990 | | Zahl der Unternehmen in % von 1980 | Zahl der Unternehmen 1992 | | Zahl der Unternehmen in % von 1980 |
|---|---|---|---|---|---|---|
| | absolut | in % | | absolut | in% | |
| 25 000–50 000 | 33 705 | 8,4 | 98,3 | 36 385 | 8,7 | 106,1 |
| 50 000–100 000 | 50 618 | 12,7 | 106,1 | 52 590 | 12,5 | 110,2 |
| 100 000–250 000 | 92 604 | 23,2 | 95,0 | 93 169 | 22,2 | 95,6 |
| 250 000–500 000 | 77 323 | 19,4 | 99,1 | 79 247 | 18,9 | 101,6 |
| 500 000–1 Mio. | 62 588 | 15,7 | 111,2 | 65 252 | 15,5 | 115,9 |
| 1 Mio.–2 Mio. | 44 133 | 11,0 | 139,7 | 47 089 | 11,2 | 149,1 |
| 2 Mio.–5 Mio. | 25 093 | 6,3 | 169,4 | 30 384 | 7,2 | 205,1 |
| 5 Mio.–10 Mio. | 7 260 | 1,8 | 171,4 | 8 329 | 2,0 | 196,6 |
| 10 Mio.–25 Mio. | 4 169 | 1,0 | 194,6 | 4 896 | 1,2 | 228,6 |
| 25 Mio.–50 Mio. | 1 118 | 0,3 | 225,4 | 1 332 | 0,3 | 268,6 |
| 50 Mio.–100 Mio. | 411 | 0,1 | 207,6 | 539 | 0,1 | 272,2 |
| 100 Mio.–250 Mio. | 210 | 0,1 | 210,0 | 288 | 0,1 | 288,0 |
| 250 Mio. und mehr | 194 | 0,0 | 285,3 | 226 | 0,1 | 332,4 |
| Zusammen | 399 426 | 100 | 108,7 | 419 726 | 100 | 114,2 |

Quelle: Statistisches Bundesamt (Hrsg.): Finanzen und Steuern. Fachserie 14, Reihe 8 Umsatzsteuer 1990, S. 33; bzw. Umsatzsteuer 1992, S. 29

## (2) Zur Entwicklung des Merkmals Umsatz

Bei der Messung der Konzentration wird festgestellt, wie sich ein Merkmalsbetrag auf die Merkmalsträger verteilt. Nachdem zuvor über die Entwicklung der Merkmalsträger berichtet worden war, geht es im folgenden um die Entwicklung des Merkmalsbetrages. Darunter kann Unterschiedliches verstanden werden: neben dem vorrangig betrachteten Umsatz auch die Zahl der Beschäftigten, die Zahl der Verkaufsstellen, der Gewinn, die Größe der Verkaufsfläche u. a. Im folgenden wird zunächst über die Entwicklung des Umsatzes im Groß- und Einzelhandel insgesamt berichtet, dann wird auf die Unterschiedlichkeit der Umsatzentwicklung in einzelnen Warenbereichen hingewiesen, und schließlich wird gezeigt, daß es »Firmenkonjunkturen« gibt, die weitab von der Entwicklung der genannten Branche liegen können.

### Die Umsatzentwicklung insgesamt

Der Handel ist in vielen Branchen durch das Nebeneinander von Großbetrieben (meist filialisierte Unternehmungen) und dem sog. mittelständischen Handel gekennzeichnet. Die Abbildung 2.13 verdeutlicht die Größenordnung, in die die größeren Unternehmungen hineingewachsen sind (häufig in den Jahren nach 1980), und deutet die Tätigkeitsbereiche an. Als Merkmale sind der Umsatz und die Zahl der Beschäftigten dargestellt.

**Abbildung 2.12:** Entwicklung der Einzelhandelsunternehmen in ausgewählten Warenbereichen 1978–1990 in %

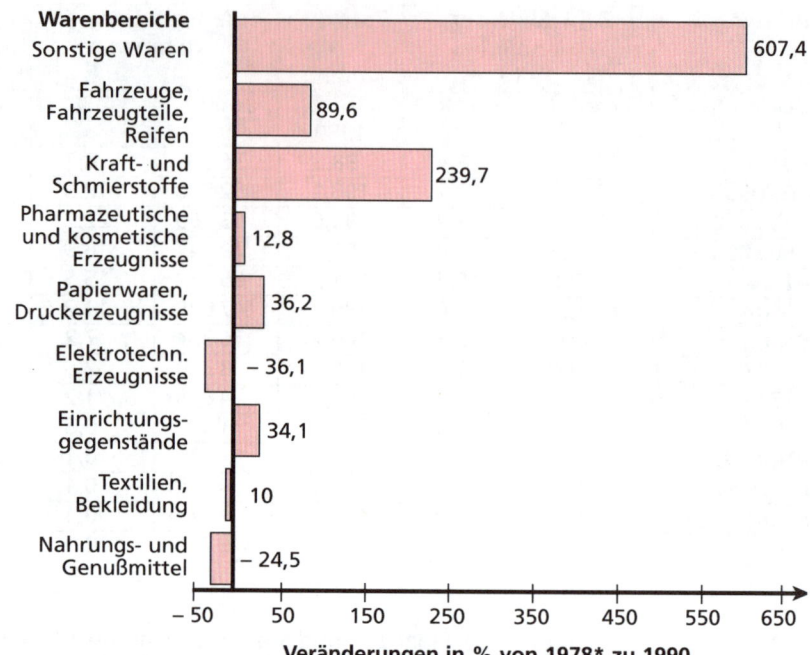

Veränderungen in % von 1978* zu 1990

\* Steuerpflichtige Einzelhandelsunternehmen mit Umsätzen ab 12 000 DM (1980: ab
20 000 DM, 1988: ab 25 000 DM)

\*\* Änderung des Statistischen Berichtssystems im Handel und Gastgewerbe: Tankstellen
wurden bis 1978 als Handelsvermittlungen erfaßt

Quelle: Statistisches Bundesamt (Hrsg.): Finanzen und Steuer. Fachserie 14, Reihe 8 Umsatzsteuer 1978, S. 64–66 bzw. Umsatzsteuer 1990, S. 73–76, eigene Berechnungen

Die Rangreihe zeigt, wie unterschiedlich die umsatzstärksten Unternehmen in bezug
auf den Warenbereich und die potentiellen Kundengruppen sind. Betriebe des Produktionsverbindungshandels finden sich unter den ersten zehn Unternehmen ebenso
wie solche des Nahrungsmittelhandels. Diese Vielfalt verdeutlicht, wie allgemein
Aussagen zur »Konzentration im Handel« bleiben.

Abbildung 2.13: Die 50 größten Handelsunternehmungen der Bundesrepublik Deutschland

| Lfd. Nr. | Firma | Vor- jahr | In[1] | Umsatz 1995 Mio. DM | Umsatzver- änd. in % | Beschäftigte 1995 in 1 000 |
|---|---|---|---|---|---|---|
| 1 | Edeka Gruppe | 2 | | 56 600 | 6,4 | |
| 2 | Rewe-Gruppe | 4 | | 56 350 | 16,4 | 199,0 |
| 3 | Metro AG | 1 | | 55 034[3] | 134,6 | |
| 4 | Tengelmann | 3 | | 50 671 | 1,5 | 204,8 |
| 5 | Aldi Einkauf GmbH & Co. OHG | 5 | | 33 250 | 3,9 | |
| | Edeka Zentrale AG | | 1 | 28 600 | 4,4 | 0,8 |
| | Tengelmann (Inland) | | 4 | 26 105 | 2,6 | 96,7 |
| 6 | Otto Versand (GmbH & Co.) | 6 | | 25 800[4] | 4,0 | 56,0 |
| 7 | Franz Haniel & Cie. GmbH | 7 | | 25 219 | 4,2 | 24,8 |
| 8 | Karstadt | 8 | | 24 047 | − 0,2 | 100,0 |
| 9 | Lidl & Schwarz Stiftung & Co. KG | 11 | | 22 700[4] | 14,0 | 39,0 |
| 10 | Spar Gruppe | 10 | | 21 600 | 1,9 | |
| 11 | Stinnes AG *(in Ind Nr 4)* | 9 | | 21 584 | − 1,9 | 33,3 |
| | Gehe AG | | 7 | 21 425 | 11,8 | 15,9 |
| 12 | Thyssen Handelsunion *(in Ind Nr. 12)* | 12 | | 18 180 | − 0,5 | 31,7 |
| 13 | Klöckner & Co. *(in Indu- strie Nr. 10)* | 13 | | 15 373 | 1,1 | 15,0 |
| 14 | Ruhrgas | 15 | | 15 209 | 11,4 | 10,3 |
| 15 | Schickedanz Unterneh- mensgruppe | 14 | | 14 200[5] | − 2,7 | 33,3 |
| | Ruhrgas AG | | 14 | 13 108 | 13,5 | 2,8 |
| | Spar Handels-AG Konzern | | 10 | 13 072 | 5,3 | 23,7 |
| | Karstadt AG | | 8 | 12 183 | 7,7 | 62,7 |
| | Quelle Gruppe | | 15 | 12 000[5] | − 0,9 | 27,1 |
| 16 | Phoenix Pharmahandel AG & Co. | 21 | | 11 107 | 27,0 | 8,3 |
| | Metro-Großhandel | | 3 | 11 033[6] | − 1,4 | 17,6 |
| 17 | Raab Karcher AG *(In Ind. Nr. 4)* | 16 | | 10 494 | 7,5 | 29,1 |
| 18 | Alfred C. Toepfer Interna- tional GmbH | 17 | | 10 385 | 11,6 | 0,9 |
| | Kaufhof Warenhaus AG | | 3 | 9 310 | 0,0 | 29,0 |
| 19 | RV Rheinbraun Handel und Dienstleistungen GmbH *(in Ind. Nr. 5)* | | | 8 331 | 7,5 | 6,8 |
| 20 | AVA Allg. Handelsges. der Verbraucher | 19 | | 8 230 | 6,3 | 27,6 |
| 21 | Aral AG *(in Ind. Nr. 4)* | 18 | | 8 093 | − 2,0 | 1,8 |
| | Media-Saturn-Holding GmbH | | 3 | 7 652 | 19,6 | 9,9 |
| 22 | C. & A. Mode & Co. | 20 | | 7 300[2] | − 2,3 | |
| 23 | Anton Schlecker | 25 | | 7 040 | 10,0 | 28,0 |
| 24 | Tchibo Holding AG | 27 | | 6 883 | 9,3 | 18,3 |

| | | | | | |
|---|---|---|---|---|---|
| | Computer 2000 AG | | 13 | 6 640 | 34,2 | 3,0 |
| 25 | BayWa AG München | 23 | | 6 562 | 0,2 | 11,8 |
| 26 | Allkauf SB-Warenhaus GmbH & Co. KG | 24 | | 6 513 | 1,7 | 11,7 |
| 27 | Sügro Internat. Vertriebsges. mbH | 28 | | 6 411 | 23,3 | 3,8 |
| | Edeka Handelsges. Minden-Hannover mbH | | 1 | 6 381 | 38,7 | 15,0 |
| | Kaiser's Kaffee-Geschäft AG | | 4 | 6 261 | 0,4 | 24,7 |
| 28 | Krupp Hoesch International GmbH *(in Ind. Nr.18)* | 22 | | 5 576 | −15,3 | 4,2 |
| 29 | Helm | 26 | | 5 226 | −17,8 | 1,4 |
| 30 | Tobaccoland Großhandelsge. mbH & Co. KG | 29 | | 5 204 | 7,3 | 1,9 |
| | Gedelfi GmbH & Co. KG | | 1 | 5 050 | − 2,5 | 0,1 |
| | OBI Bau- u. Heimwerkermärkte GmbH & Co. KG | | 4 | 5 014 | 11,4 | 15,2 |
| 31 | Adolf Würth GmbH & Co. KG | 33 | | 4 872 | 13,0 | 20,4 |
| 32 | Globus-Handelshof-Gruppe | 31 | | 4 726 | 15,0 | 16,0 |
| 33 | Ferrostaal AG *(in Ind. Nr.19)* | 30 | | 4 668 | −1,7 | 1,6 |
| 34 | Deutsche Renault AG | 37 | | 4 570 | 14,7 | 0,9 |
| 35 | Andreae-Noris Zahn AG | 35 | | 4 313 | 6,3 | 2,3 |
| | Brenntag AG | | 11 | 4 200 | − 6,7 | 3,5 |
| 36 | Nordwest Handel AG | 32 | | 4 054 | − 9,8 | 0,4 |
| 37 | Einkaufsbüro Dt. Eisenhändler GmbH | 34 | | 4 020 | − 1,0 | 0,7 |
| 38 | Marquard & Bahls AG | 56 | | 4 017 | 36,4 | 0,7 |
| 39 | Hagebau Handelsges. für Baustoffe mbH & Co. KG | 45 | | 3 900 | 7,5 | 0,3 |
| | Edeka Nordbayern | | 1 | 3 877 | 14,5 | 10,0 |
| 40 | Regent Möbel Großeinkauf GmbH & Co. KG | 38 | | 3 870 | − 2,0 | 0,1 |
| 41 | Douglas Holding AG | 43 | | 3 797 | 3,1 | 17,4 |
| 42 | Mann Gruppe | 41 | | 3 760[2] | − 0,5 | |
| 43 | Ruhrkohle Handel GmbH *(in Ind. Nr. 17)* | 42 | | 3 736 | 0,9 | 2,5 |
| | Neckermann Versand AG | | 8 | 3 725 | 4,1 | 9,9 |
| 44 | Norma | 46 | | 3 700[2] | 5,7 | |
| | Praktiker Bau- und Heimwerkermärkte AG | | 3 | 3 699 | 4,5 | 11,9 |
| | Hertie Waren- und Kaufhaus GmbH | | 8 | 3 695 | − 5,1 | 18,2 |
| 45 | Atlanta/Scipio Gruppe | 68 | | 3 626 | − 3,0 | 1,9 |
| 46 | Fiat Automobil AG | 51 | | 3 613 | 12,8 | 0,8 |
| 47 | Sanacorp Pharmahandel AG | 47 | | 3 544[7] | 2,3 | |
| 48 | A. Moksel AG | 44 | | 3 532 | − 3,3 | 2,4 |

| 49 | Raiffeisen Haupt-Gen. Nord AG | 48 | | 3 306 | – 1,3 | 2,9 |
|----|----|----|----|----|----|----|
| | Vobis Mikrocomputer AG | | 3 | 3 300 | 7,0 | 2,8 |
| 50 | CG Nordfleisch AG | 55 | | 3 178 | 7,2 | 2,9 |
| | Tchibo Frisch-Röst-Kaffee GmbH | | 24 | 3 170 | 0,6 | 8,4 |

Anmerkung:
1) Angaben in dieser Spalte weisen darauf hin, daß die Werte dieses Unternehmens bereits in den Zahlen eines vorher aufgeführten Unternehmens enthalten sind; dessen laufende Nummer ist in der Spalte aufgeführt, branchenübergreifende Verweise befinden sich hinter dem jeweiligen Namen.
2) Schätzung
3) hinzu kommen 11 Mrd. DM nichtkonsolidierte Großhandelsgeschäft im Ausland der Metro International; Vergleich mit dem Vorjahr nicht möglich
4) Zahlen zum 28. 2. 1997
5) Zahlen zum 31. 1. 1997
6) Vorjahreswert angepaßt um Innenumsätze mit anderen Metro Konzernges.; Bruttoumsatz
7) mit dem Vorjahr nicht vergleichbar

Quelle: Frankfurter Allgemeine Zeitung v. 8. Juli 1997, S. B2

In Abbildung 2.14 wird der Blick von den Größten im Handel auf den Groß- und Einzelhandel insgesamt gelenkt. Nach den Daten der Umsatzsteuerstatistik erzielte der Großhandel im Jahr 1992 einen Umsatz von 1 190 Mrd. DM, der Einzelhandel einen Umsatz von 763 Mrd. DM.

Die Umsätze im Handel unterliegen bedeutenden Veränderungen, die allerdings stark streuen; so betrug z. B. das Umsatzwachstum 1980 20 %, während es sich 1982 nur auf 7,1 % belief. Mehrere Fragen sind zu stellen:

– Welcher Anteil der Verbrauchsausgaben privater Haushalte wird zukünftig auf den institutionellen Einzelhandel entfallen? Ist es zutreffend, daß die Verbraucher in wachsendem Ausmaß Ausgaben außerhalb des institutionellen Einzelhandels tätigen (z. B. für Reisen, für Unterhaltung, für ihre Kranken- und Sozialversicherung, für Mieten)? Wie werden sich die einzelnen Umsätze in einzelnen Warenbereichen in der Zukunft entwickeln?
– Inwieweit sind Gesamtumsatz und Umsatz in einzelnen Warengruppen durch Trends oder durch Abhängigkeiten von der konjunkturellen Entwicklung zu erklären?

Auf diese Sachverhalte wird im Kapitel über Konsumentenverhalten zurückgekommen.

Abbildung 2.14: Entwicklung der Umsätze im Einzel- und Großhandel seit 1970 (1992 nur alte Bundesländer einschließlich Berlin)

| Jahr | Einzelhandel | | Großhandel | |
|------|--------------|----------------------------------------------|------------|----------------------------------------------|
| | Umsatz (in Mio. DM) | Veränderung zum vorangehenden Berichtsjahr in % | Umsatz (in Mio. DM) | Veränderung zum vorangehenden Berichtsjahr in % |
| 1970 | 169 916 | – | 318 938 | – |
| 1972 | 207 698 | + 22,2 % | 357 202 | + 12,0 % |
| 1974 | 236 272 | + 13,8 % | 445 241 | + 23,5 % |
| 1976 | 276 799 | + 17,0 % | 508 274 | + 14,2 % |
| 1978 | 313 118 | + 13,1 % | 567 640 | + 11,7 % |
| 1980 | 375 832 | + 20,0 % | 669 448 | + 17,9 % |
| 1982 | 402 002 | +  7,0 % | 709 582 | +  6,0 % |
| 1984 | 444 761 | + 10,3 % | 768 899 | +  8,4 % |
| 1986 | 480 669 | +  8,1 % | 779 570 | +  1,4 % |
| 1988 | 537 893 | + 11,9 % | 836 337 | +  7,3 % |
| 1990 | 643 140 | + 19,6 % | 1 005 368 | + 20,2 % |
| 1992 | 762 805 | + 18,6 % | 1 189 509 | + 18,3 % |
| 1994[1] | | | | |

[1] Der Branchenzuordnung der Umsatzsteuerstatistik liegt 1994 erstmals die Klassifikation der Wirtschaftszweige, Ausgabe 1993 (WZ 93) zugrunde, weshalb die Reihe an dieser Stelle nicht fortgesetzt wird. Eine differenziertere, die Umsatzentwicklung im Einzelhandel fortschreibende Betrachtung findet sich in Kapitel 6.

Quelle: Statistisches Bundesamt (Hrsg.): Finanzen und Steuern. Fachserie 14, Reihe 8 Umsatzsteuer, Tabellenteil 1: Steuerbarer Umsatz nach ausgewählten Wirtschaftszweigen, verschiedene Jahrgänge

Abbildung 2.15 zeigt einerseits, daß ein erheblicher Umsatzanteil auf die Großunternehmen entfällt, und andererseits, daß Unternehmen ab einem Umsatz von 2 Mio. DM im Durchschnitt größere Umsatzzuwächse erzielen konnten als Unternehmen unterhalb dieser Grenze.

**Die Umsatzentwicklung in einzelnen Warenbereichen**
Sowohl im Einzel- wie im Großhandel unterscheiden sich die Wachstumsraten der einzelnen Warenbereiche beträchtlich. Im Zeitablauf schlagen die Veränderungsraten unterschiedlich weit aus. So unterliegt z. B. der Einzelhandel mit Nahrungs- und Genußmitteln nur in relativ geringem Maß konjunkturellen Schwankungen. Für ausgewählte Bereiche des Großhandels zeigt Abbildung 2.16 die Umsatzveränderung im Zeitablauf. Dort ist die Entwicklung des Umsatzes des Großhandels
– mit festen Brennstoffen und Mineralölerzeugnissen und
– mit Verpackungsmitteln aus Metall und Kunststoff
gegenübergestellt.

Abbildung 2.15: Einzelhandelsumsätze 1990 und 1992 (1992 alte Bundesländer einschließlich Berlin)

| Umsatzgrößen-klassen von ... bis unter ... DM | Umsatz in Mio. DM 1990 | | Umsatz in % von 1980 | Umsatz in Mio. DM 1992 | | Umsatz in % von 1980 |
|---|---|---|---|---|---|---|
| | absolut | in % | | absolut | in % | |
| 25 000–50 000 | 1 253 | 0,19 | 104,6 | 1 346 | 0,18 | 112,4 |
| 50 000–100 000 | 3 725 | 0,58 | 105,5 | 3 858 | 0,51 | 109,3 |
| 100 000–250 000 | 15 495 | 2,41 | 94,8 | 15 550 | 2,04 | 95,1 |
| 250 000–500 000 | 27 766 | 4,32 | 99,9 | 28 497 | 3,74 | 102,5 |
| 500 000–1 Mio. | 44 274 | 6,88 | 111,6 | 46 157 | 6,05 | 116,4 |
| 1 Mio.–2 Mio. | 62 016 | 9,64 | 143,0 | 66 575 | 8,73 | 153,5 |
| 2 Mio.–5 Mio. | 75 022 | 11,66 | 169,3 | 90 738 | 11,90 | 204,7 |
| 5 Mio.–10 Mio. | 50 180 | 7,80 | 172,5 | 57 598 | 7,55 | 198,0 |
| 10 Mio.–25 Mio. | 62 607 | 9,73 | 194,4 | 74 597 | 9,78 | 231,4 |
| 25 Mio.–50 Mio. | 38 202 | 5,94 | 225,1 | 45 694 | 5,99 | 269,2 |
| 50 Mio.–100 Mio. | 28 690 | 4,46 | 210,7 | 36 356 | 4,77 | 267,0 |
| 100 Mio.–250 Mio. | 32 588 | 5,07 | 207,1 | 43 501 | 5,70 | 276,5 |
| 250 Mio. und mehr | 201 323 | 31,30 | 218,9 | 252 338 | 33,08 | 274,4 |
| *Zusammen* | 643 140 | 100 | 171,1 | 762 805 | 100 | 203,0 |

Quelle: Statistisches Bundesamt (Hrsg.): Finanzen und Steuern. Fachserie 14, Reihe 8 Umsatzsteuer 1990, S. 33 bzw. Umsatzsteuer 1992, S. 29

Abbildung 2.16: Entwicklung der Großhandelsumsätze nach Warenbereichen (nur alte Bundesländer einschließlich Berlin)

| | Umsatz in Mio. DM Veränderungen zum vorangehenden Berichtsjahr in % | | | | | |
|---|---|---|---|---|---|---|
| | 1970 | 1984 | 1986 | 1988 | 1990 | 1992 |
| Großhandel insgesamt | 318 938 (–) | 768 899 + 8,4 %[1] | 779 570 + 1,4 % | 836 337 + 7,3 % | 1 005 386 + 20,2 % | 1 189 509 + 18,3 % |
| GH mit: | | | | | | |
| Festen Brennstoffen, Mineralölerzeugnissen, ohne ausgeprägten Schwerpunkt (405 1) | 1 984 (–) | 7 668 + 120 %[1] | 6 169 – 19,5 % | 5 677 – 8,1 % | 3 627 – 36,8 % | 3 314 – 8,3 % |
| Verpackungsmitteln aus Metall und Kunststoff (413 19) | nicht gesondert ausgewiesen | 907 – 14,3 %[1] | 1 216 + 33,3 % | 1 391 + 16,7 % | 2 033 + 42,9 % | 2 379 + 20,0 % |

[1] Veränderung gegenüber 1982

Quelle: Statistisches Bundesamt (Hrsg.): Finanzen und Steuern. Fachserie 14, Reihe 8 Umsatzsteuer, verschiedene Jahrgänge

Für beide Warenbereiche gilt, daß sie sich weit von der für den gesamten Großhandel geltenden Entwicklung abgekoppelt haben.

Abbildung 2.17 zeigt, daß sich der Einzelhandelsumsatz mit Nahrungsmitteln in vielen Perioden nur unterdurchschnittlich entwickelt hat.

Abbildung 2.17: Entwicklung der Einzelhandelsumsätze nach Warenbereichen (ab 1990 nur alte Bundesländer einschließlich Berlin)

| | Umsatz in Mio. DM Veränderungen zum vorangehenden Berichtsjahr in % | | | | | |
|---|---|---|---|---|---|---|
| | 1970 | 1984 | 1986 | 1988 | 1990 | 1992 |
| Einzelhandel insgesamt | 169 916 (–) | 444 761 + 10,6 %[1] | 480 669 + 8,1 % | 537 813 + 11,9 % | 643 141 + 19,6 % | 736 755 + 14,6 % |
| EH mit: | | | | | | |
| Elektrotechnische Erzeugnisse (434) | 9 907 (–) | 18 782 + 11,9 %[1] | 21 541 + 14,7 % | 23 787 + 10,4 % | 29 923 + 25,8 % | 33 809 + 13,0 % |
| Nahrungsmittel (431) | 50 360 (–) | 120 070 + 13,1 %[1] | 123 787 + 3,1 % | 137 870 + 11,4 % | 157 158 + 14,0 % | 168 548 + 7,3 % |

[1] Veränderung gegenüber 1982

Quelle: Statistisches Bundesamt (Hrsg.): Finanzen und Steuern. Fachserie 14, Reihe 8 Umsatzsteuer, Tabellenteil 1, verschiedene Jahrgänge

**Die Entwicklung des Umsatzes bei einzelnen Unternehmungen (Firmenkonjunkturen)**

Die Analyse sollte nicht nur auf der Ebene eines Wirtschaftszweiges oder einer Branche stehenbleiben, sondern sollte sich aus betriebswirtschaftlicher Perspektive auch dem einzelnen Unternehmen zuwenden. Hier haben sich vor dem Hintergrund der Konzentration stellenweise unglaubliche Entwicklungen vollzogen; praktisch aus dem Nichts heraus sind Umsatzgiganten entstanden. Den Konzentrationsprozeß verdeutlichte *Fertsch-Röver* schon 1982 wie folgt:

> »*Der Anteil der Großen im Handel, wenn man darunter die Betriebe mit 100 Mill. DM und mehr Umsatz erfaßt, wie das die Statistik tut, ist von 18,8 % im Jahr 1962 auf 30 % im Jahr 1978 gestiegen. Dabei ist zu berücksichtigen – und das fällt wettbewerbspolitisch besonders ins Gewicht – daß der Integrationsgrad zwischen Großhandels- und Einzelhandelsstufe verstärkt wurde.*«[18]

Vor diesem sich 1982 als Umbruch andeutenden Hintergrund ist die in Abbildung 2.18 dargestellte Entwicklung der Unternehmung *Rewe Leibrand oHG* zu sehen. Ein ursprünglich kleinbetrieblicher Großhandelsbetrieb engagierte sich im Einzelhandel, entwickelte Betriebstypen, die am Markt Anklang fanden, und entwickelte sich innerhalb von 20 Jahren über ein internes und externes Wachstum zu einem der größten Unternehmen im Lebensmittelhandel.

---

[18] Fertsch-Röver, D.: Wettbewerbsprobleme des Handels aus Sicht der Monopolkommission, in: BAG-Nachrichten, 22. Jg. (1982), H. 12, S. 9–12.

**Abbildung 2.18:** Umsatzentwicklung der Rewe-Handelsgesellschaft Leibrand oHG

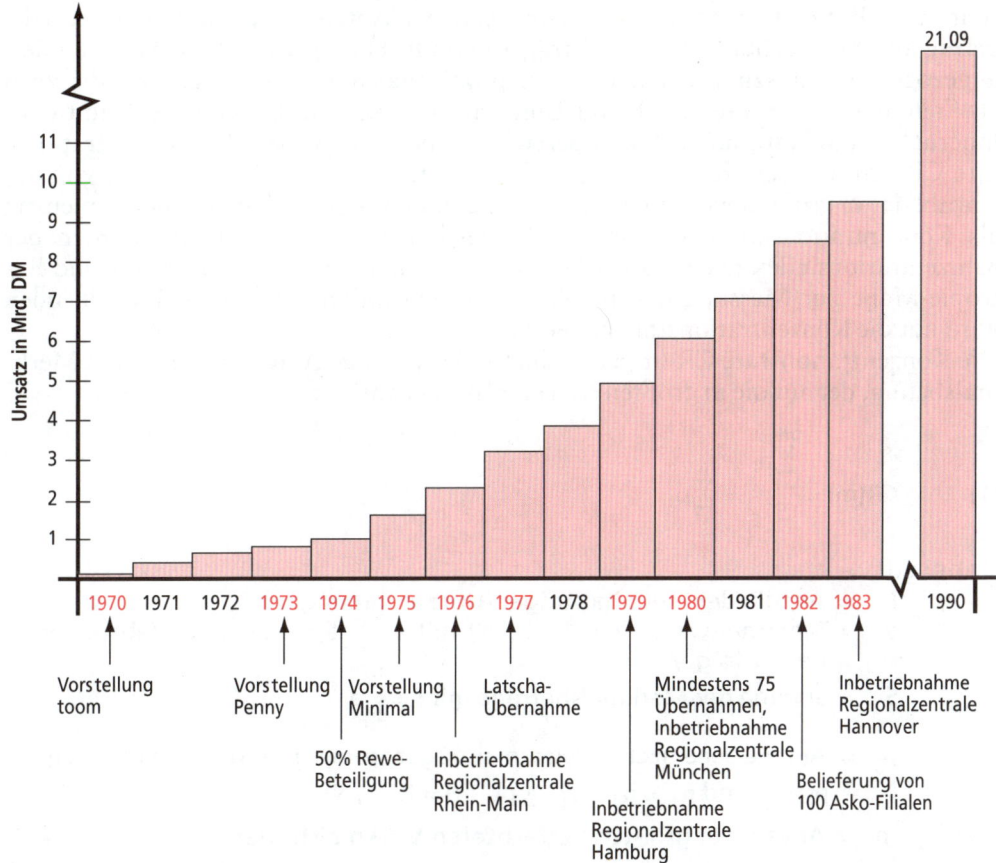

Quelle: Geschäftsberichte der Rewe-Handelsgesellschaft Leibrand oHG, verschiedene Jahrgänge

Das Beispiel verdeutlicht exemplarisch die oft explosionsartige Entwicklung einzelner Unternehmen. Für viele der heute dominierenden Unternehmen gilt, daß sie innerhalb weniger Jahre in ihre heutige Position gekommen sind.

## (3) Konzentrationsmaße

Die Messung der Konzentration setzt nicht nur die genaue Bestimmung der Merkmalsträger und des Merkmals voraus, sondern auch die Wahl eines Verfahrens zur Darstellung der Konzentration. Diese sind danach zu unterscheiden, ob sie zur Messung
– der absoluten Konzentration oder
– der relativen Konzentration
verwendet werden sollen.[19]

---

[19]  Vgl. zu dem folgenden: Bleymüller, J./Gehlert, G.: Konzentrationsmessung, in: WiSt, 18. Jg. (1989), S. 378–384.

**Maße absoluter Konzentration**

Als Maß für die absolute Konzentration wird häufig die Konzentrationsrate (Concentration Ratio) verwendet, die angibt, welcher Anteil am gesamten Merkmalsbetrag auf die m größten Merkmalsträger entfällt. Häufig wird diese Maßzahl herangezogen, um auszudrücken, welchen prozentualen Anteil die größte, die zwei größten, die drei größten ... Handelsunternehmungen am Umsatz insgesamt oder innerhalb eines bestimmten Warenbereiches haben. Trägt man die Konzentrationsrate CR (m) in einem rechtwinkligen Koordinatensystem in Abhängigkeit von der Anzahl der m größten Merkmalsträger ein, dann wird der sich ergebende Linienzug als Konzentrationskurve bezeichnet. Neben der Konzentrationsrate werden der Konzentrationsindex nach *Rosenbluth,* der *Herfindahl-Hirschmann*-Index und Entropie-Maße zur Messung der absoluten Konzentration verwendet. Im folgenden wird nur die Konzentrationsrate näher dargestellt.

Die Konzentrationsrate CR (m) ist definiert als derjenige Anteil am gesamten Merkmalsbetrag, der auf die m größten Merkmalsträger entfällt.

$$(1) \qquad CR(m) = \frac{\sum_{i=1}^{m} a_i}{S} = \sum_{i=1}^{m} p_i$$

Dabei gilt:

$N$   = Anzahl der Merkmalsträger (Unternehmungen)

$a_i$   = Merkmalswerte (i = 1, ..., N) mit $a_1 \geq a_2 \geq ... \geq a_n$ (absteigende Reihenfolge)

$S$   = Summe der Merkmalsbeträge mit $S = \sum_{i=1}^{N} a_i$

$p_i$   = Anteile der einzelnen Merkmalsträger am gesamten Merkmalsbetrag mit $p_i = \frac{a_i}{S}$ und $p_1 \geq p_2 \geq ... \geq p_N$   (i = 1, ..., N)

$m$   = Anzahl der größten betrachteten Merkmalsträger

Danach ist die Konzentration maximal, wenn CR (1) = 1, wenn also nur ein einziger Merkmalsträger den gesamten Merkmalsbetrag hält. Sie ist minimal, wenn CR (m) = $\frac{m}{N}$, also alle Merkmalsträger den gleichen Anteil am gesamten Merkmalsbetrag aufweisen.

In Abbildung 2.19 ist die sich ergebende Konzentrationskurve grafisch dargestellt.

Kritisch anzumerken ist, daß CR von der willkürlichen Wahl der Anzahl der Merkmalsträger abhängig ist. Je nachdem wie viele Unternehmungen betrachtet werden, ist eine andere Konzentration feststellbar. Im Zeitvergleich kann es sein, daß sich die Konzentrationskurven für zwei verschiedene Zeiträume schneiden. Des weiteren lassen sich Konzentrationsraten verschiedener Branchen dann nicht miteinander vergleichen, wenn die Zahl der Unternehmen bzw. die Betriebsgrößen voneinander abweichen.

Orientiert man sich bei der Messung der absoluten Konzentration an der Konzentrationsrate (Concentration Ratio), so kann beobachtet werden, daß dieser Anteil in bezug auf den Umsatz in den letzten Jahrzehnten ständig angewachsen ist.[20] 1990 betrug CR unter Berücksichtigung der fünf größten Unternehmen für den gesamten

---

[20] Vgl. Monopolkommission (Hrsg.), 1985, S. 39 ff.

Einzelhandel 29 % (188 368 Mio. DM/643 140 Mio. DM). Die fünf größten Handelsunternehmen vereinen also knapp 30 % des Gesamtumsatzes auf sich. Da alle fünf Unternehmen bzw. Konzerne nach ihrem wirtschaftlichen Schwerpunkt zum Lebensmittelhandel zählen, ist man versucht, auch die branchenspezifische CR zu berechnen. Der Gesamtumsatz der fünf größten Unternehmungen in Höhe von 188 368 Mio. DM stünde dann aber einem Umsatz mit Nahrungs- und Genußmitteln von insgesamt nur 157 158 Mio. DM gegenüber. Die Erfassung branchenfremder, aber konzernverflochtener Handelsunternehmen verzerrt die CR so stark, daß kein korrekt interpretierbares Ergebnis möglich ist.

**Abbildung 2.19:** Konzentrationskurve CR (m)

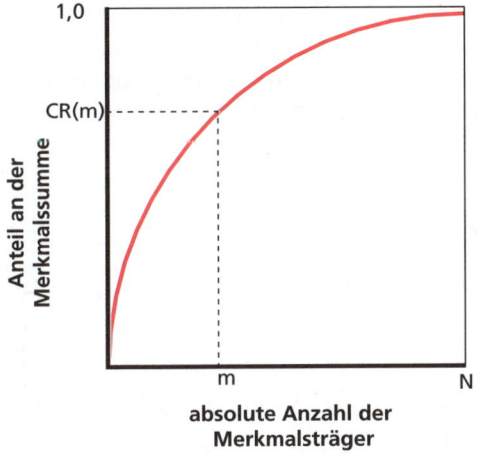

**Maße relativer Konzentration**

Mit der relativen Konzentration wird erfaßt, in welchem Ausmaß ein großer Anteil des gesamten Merkmalsbetrages auf einen kleinen Anteil der Merkmalsträger entfällt. Keine relative Konzentration läge also vor, wenn auf alle Merkmalsträger ein gleich großer Anteil des gesamten Merkmalsbetrages entfiele. Die Messung der relativen Konzentration orientiert sich an der sog. Lorenzkurve, die angibt, welche Anteile des Merkmalsbetrages auf alternative Anteile der Merkmalsträger entfallen, wobei die Merkmalsträger in aufsteigender Reihenfolge entsprechend ihrem Merkmalsbetrag sortiert werden.

$N$ = Anzahl der Merkmalsträger (Unternehmungen)

$a_i$ = Merkmalswerte (i = 1, ..., N) mit $a_1 \leq a_2 \leq ... \leq a_n$ (aufsteigende Reihenfolge)

$S$ = Summe der Merkmalsbeträge mit $S = \sum_{i=1}^{N} a_i$

$p_i$ = Anteile der einzelnen Merkmalsträger am gesamten Merkmalsbetrag mit $p_i = \dfrac{a_i}{S}$ und $p_1 \leq p_2 \leq \ldots \leq p_N$, für i = 1, ..., N

Die Lorenzkurve kann als das wohl bekannteste Maß zur Darstellung von Konzentration gelten. Sie erhält man, wenn man den Anteilen ($u_i$) der i kleinsten Merkmalsträger an der Gesamtzahl der Merkmalsträger die Anteile ($v_i$) dieser i Merkmalsträger am gesamten Merkmalsbetrag zuordnet.

(2)     $u_i = \dfrac{i}{N}$ mit i = 1, ..., N

(3)     $v_i = \dfrac{\sum_{j=1}^{i} a_j}{\sum_{j=1}^{N} a_j} = \sum_{j=1}^{i} p_j$

Die Punkte ($u_i, v_i$) werden in ein Koordinatensystem eingetragen und ausgehend von Punkt (0, 0) durch einen Streckenzug verbunden.

Lorenzkurve _____

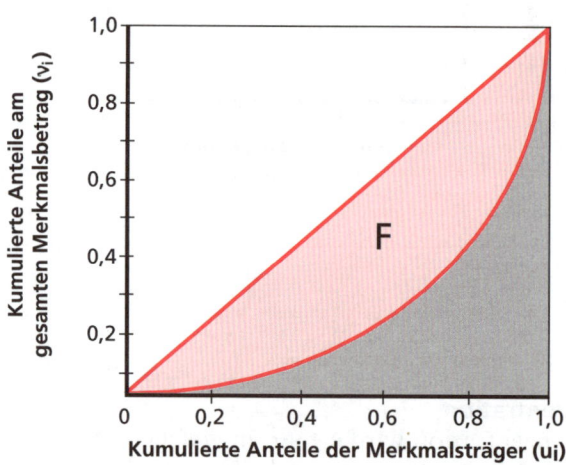

Je stärker die Konzentration ausgeprägt ist, desto bauchiger ist die Lorenzkurve. Herrscht keine Konzentration, fällt die Lorenzkurve mit der Diagonalen – auch Gleichverteilungslinie genannt – zusammen.
Abbildung 2.21 zeigt, wie die relative Konzentration im Einzelhandel zwischen 1961 und 1992 zugenommen hat.

Abbildung 2.21: Lorenz-Kurven für den Einzelhandel in der Bundesrepublik Deutschland

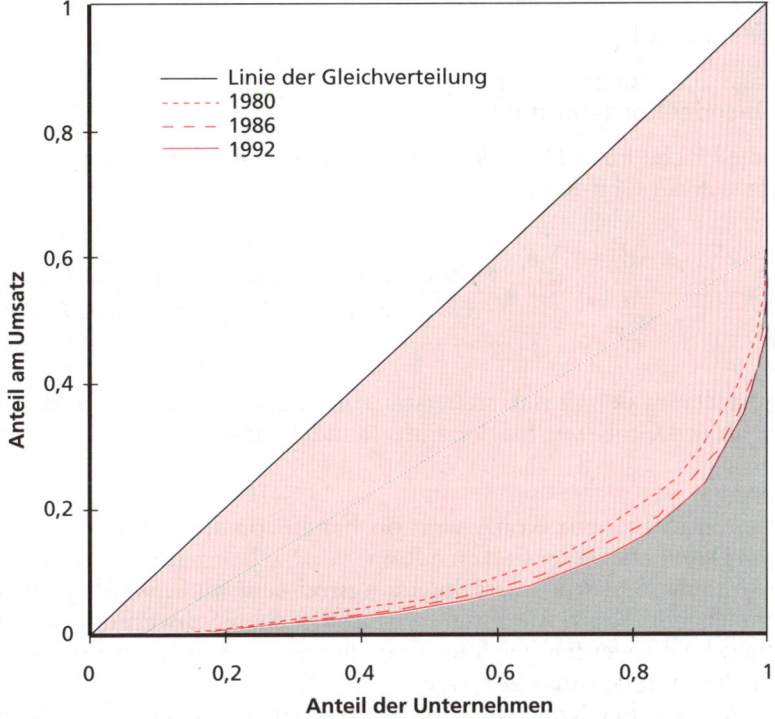

Quellen: Statistisches Bundesamt (Hrsg.): Finanzen und Steuern. Fachserie 14, Reihe 8 Umsatzsteuer, verschiedene Jahrgänge; eigene Berechnungen

Es läßt sich beispielsweise ablesen, daß auf die – am Absatz gemessenen – kleinsten 80 % der Unternehmen im Jahr 1992 nur ein Anteil von rd. 14 % des Umsatzes entfällt. Weiterhin gilt, daß 0,6 % der Unternehmen, das sind insgesamt 2 521 Unternehmen, einen Anteil vom gesamten Umsatz des Einzelhandels in Höhe von 47 % auf sich vereinen konnten.

Das Konzentrationsmaß von *Lorenz-Münzer* knüpft an der Fläche F zwischen der Lorenzkurve und der Gleichverteilungslinie an. Sie berechnet sich wie folgt:

$$(4) \qquad F = \frac{N - 2V}{2N} \qquad \text{mit } V = \sum_{i=1}^{N} v_i - 0,5 \, ,$$

wobei für die Extremwerte folgendes gilt:

maximale Konzentration: $\quad F = F_{max} = \dfrac{N-1}{2N} \, ,$

keine Konzentration: $\qquad F = 0$

Das Konzentrationsmaß von *Lorenz-Münzer* ist nun definiert als:

(5) $\quad I_{LM} = \dfrac{F}{F_{max}} = \dfrac{N - 2V}{N - 1} = 1 - \dfrac{2V - 1}{N - 1}$

Dabei gilt für den Fall

maximaler Konzentration: $I_{LM} = 1$
fehlender Konzentration: $F = 0$

Setzt man die Fläche F zur Dreiecksfläche unter der Gleichverteilungslinie in Beziehung, ergibt sich der Gini-Koeffizient:

(6) $\quad I_G = \dfrac{2\sum\limits_{i=1}^{N} i \cdot a_i - (N+1)\sum\limits_{i=1}^{N} a_i}{N\sum\limits_{i=1}^{N} a_i} = \dfrac{\text{Fläche zwischen Diagonale und Lorenzkurve}}{\text{Fläche zwischen Diagonale und u-Achse}}$

Legt man die Daten der Umsatzsteuerstatistik zugrunde, zeigt sich, daß der Gini-Koeffizient für den Groß- wie für den Einzelhandel angestiegen ist.

### (4) Probleme der Konzentrationsmessung

Die Güte der Angaben zur Konzentration hängt vor allem von der Eignung der verwendeten Daten ab. Dabei sind eine Reihe von Sachverhalten zu beachten:
- Da die Amtliche Statistik überschneidungsfrei sein muß, werden diversifizierte Unternehmen und Konzerne ihrem wirtschaftlichen Schwerpunkt entsprechend zugeordnet. Somit werden bei einer branchenbezogenen Konzentrationsmessung auch branchenfremde Umsätze erfaßt.
- Bei einer Analyse der Konzentrationsveränderung im Zeitablauf begnügt man sich im Regelfall damit, im Rahmen einer komparativ-statischen Analyse die aufgeführten Konzentrationsmaße miteinander zu vergleichen. Solche Vergleiche können sich jedoch als problematisch erweisen, da die in der Realität zu beobachtenden Konzentrationsphänomene durch die zur Verfügung stehenden Statistiken oft nur ungenügend erfaßt werden. So vollzieht sich beispielsweise die Zunahme der Unternehmenskonzentration nicht nur in Form von Fusionen, Übernahmen und Beteiligungen, sondern auch in verdeckter Form, wie etwa durch Minderheitsbeteiligungen, die Bildung von Einkaufsvereinigungen oder die Gründung von Franchise-Vertriebssystemen.[21] Insofern unterschätzen die auf der Grundlage der Amtlichen Statistik ermittelten Konzentrationsziffern das Ausmaß der Konzentration, denn die Zahl der voneinander unabhängigen Entscheidungszentren ist geringer als die Zahl der in der Statistik ausgewiesenen Unternehmen.
- Besondere Aufmerksamkeit im methodischen Bereich hat die Frage gefunden, ob bei Preissteigerungen die im allgemeinen verwendete konstante Klasseneinteilung nicht durch eine Variable ersetzt werden sollte, weil sich ansonsten eine Zunahme der Konzentration schon allein daraus ergeben könnte, daß die Unternehmen

---

[21] Vgl. Krockow, A.: Konzentration im Einzelhandel, in: Wirtschaft und Statistik, 68. Jg. (1988), H. 8, S. 524–530.

aufgrund der Preissteigerungen tendenziell in höhere Umsatzklassen hineinwachsen.[22]

### 2.2.1.3 Ursachen und Bewertung der Konzentration

Eine Analyse der Ursachen der Konzentration führt zu zahlreichen Faktoren, insbesondere den Machtverhältnissen zwischen Industrie und Handel, der Internationalisierung, den Veränderungen auf den Beschaffungs- und Absatzmärkten, der breiter werdenden Kluft zwischen tariflicher Arbeitszeit und Ladenöffnungszeit sowie den geänderten Einkaufsgewohnheiten der Haushalte. Insgesamt stellt sich der Veränderungsprozeß als ein vielmaschiges Beziehungsgeflecht zwischen Veränderungen in der Industrie, dem Handel, bei seinen Nachfragern, der Politik (insbesondere durch die Schaffung des EG-Binnenmarktes) und des rechtlichen Rahmens (Aufhebung der Preisbindung der zweiten Hand, beschränkte Fusionskontrolle, Lockerung des Ladenschlußgesetzes, Bestimmungen des Einkommensteuergesetzes) dar.[23]

Es kann kein realistisches Ziel sein, den Einfluß einzelner Faktoren isolieren zu wollen. Die oben aufgegriffene Aufzählung von Einflußfaktoren, also Einflußfaktoren aus dem Bereich Industrie, Handel, Nachfrager und Staat orientiert sich an den Elementen des Wirtschaftssystems. Konzentrationsprozesse werden dabei als Ergebnis von Entscheidungen der Wirtschaftssubjekte oder Veränderungen des Umsystems behandelt. *Schenk* wählt eine andere Perspektive; er unterscheidet externes Wachstum, internes Wachstum oder per-Saldo-Ausscheiden als Bedingungen der meßbaren Konzentration. Die unzähligen Einzelursachen innerhalb und außerhalb des Handelsunternehmens sieht er damit auf drei allerdings formale Faktorenbündel reduziert.[24]

Eine Bewertung der Konzentration und ihrer Folgen setzt Bewertungsmaßstäbe und -kriterien voraus. *Schenk* hat versucht, Folgen der Konzentration zusammenzustellen und sie als »Vorteile« bzw. »Nachteile« zu etikettieren (Abbildung 2.22). Das ist kein problemloses Unterfangen, denn zum einen ist fraglich, ob die vermuteten Konsequenzen tatsächlich eintreten, und zum anderen können sich die Vorstellungen, ob eine Wirkung positiv oder negativ zu werten ist, unterscheiden. So ist es beispielsweise keineswegs sicher, daß eine steigende Konzentration zur Verbesserung der Qualifikation des beschäftigten Personals führt, weil bei Großunternehmen häufig zu beobachten ist, daß wenigen sehr qualifizierten Mitarbeitern eine große Zahl von Mitarbeitern gegenübersteht, die überwiegend nur wenig anspruchsvolle Hilfstätigkeiten ausüben. Ob dies als positiv oder negativ einzustufen ist, bedarf eigener Wertungen.

---

[22] Vgl. Böcker, F.: Handelskonzentration: Ein partielles Phänomen? oder: Irreführende Handelsstatistiken, in: ZfB, 56. Jg. (1986), S. 654–660; Dahrenmöller, A.: Konzentration im Einzelhandel. Eine Fehlinterpretation, in: ZfB, 56. Jg. (1986), S. 661–673, Müller-Hagedorn, L.: Handelskonzentration: Ein partielles Problem? oder: Irreführende Handelsstatistiken. Weitere Anmerkungen, in: ZfB, 57. Jg. (1987), S. 200–207.

[23] Schenk, H.-O./Tenbrink, O./Zündorf, H.: Die Konzentration im Handel. Ursachen, Messung, Stand, Entwicklung und Auswirkungen der Konzentration im Handel und konzentrationspolitische Konsequenzen, Berlin 1984, S. 60–129; Monopolkommission (Hrsg.), 1985, S. 48–51.

[24] Vgl. Schenk, H.-O, 1991, S. 421–423.

**Abbildung 2.22:** Beurteilung der Konzentration

| Vorteile der Konzentration | Nachteile der Konzentration |
|---|---|
| – Intensivierung des Wettbewerbs im Parallelprozeß (größenbezogene Abhebungs- und Polarisierungsstrategien; Ansporn zur Verbundbildung) <br> – Intensivierung des Wettbewerbs im Austauschprozeß (Nachfragemacht als »countervailing power«) <br> – Verbesserung der volkswirtschaftlichen Bedarfsdeckung und Versorgung (Preisstabilisierung; Kostensenkung) <br> – Existenzgründungschancen für Kleinbetriebe mit differenzierter Leistungserstellung (Sortimentsindividualisierung; Standortsymbiose von Groß- und Kleinbetrieben) <br> – Förderung der volkswirtschaftlichen Arbeits- und Risikoteilung <br> – Beschleunigung des Kapitalumschlags (Massendistribution als Äquivalent zur Massenproduktion) <br> – Beschleunigung des technischen und wirtschaftlichen Fortschritts (technologische Innovationen in Großunternehmen und Konzernen des Handels mit erheblichen Produktionsimpulsen) <br> – Erhöhung der Rationalisierung <br> – Erhöhung der internationalen Wettbewerbsfähigkeit <br> – Verbesserung der Unternehmer-, Manager- und Mitarbeiterqualifikation (systematisches Handelsmarketing und Personalentwicklung in Mittel- und Großbetrieben) | – Verzerrung/Beschränkung des Wettbewerbs im Parallelprozeß (Entstehen struktureller Nachteile für Klein- und Mittelbetriebe; konzentrative Eigendynamik von Verbundzentralen) <br> – Verzerrung/Beschränkung des Wettbewerbs im Austauschprozeß (Nachfragemacht; exklusive vertikale Kontraktsysteme) <br> – Verschlechterung der volkswirtschaftlichen Bedarfsdeckung und Versorgung (Gefahr regionaler Unterversorgung) <br> – Existenzbedrohung für Kleinbetriebe (aggressive Standortsicherungspolitik) <br> – Verlangsamung des Kapitalumschlags bei Klein- und Mittelbetrieben (Abdrängung auf Spezial-, Ergänzungs- und Randsortimente mit »Langsamdrehern«) <br> – Beeinträchtigung der unternehmerischen Eigeninitiative und Innovationskraft (Verantwortungs- und Planungsdelegation an Systemzentralen) <br> – Verdrängung selbständiger Klein- und Mittelbetriebe aus Mietobjekten an Ia-Standorten <br> – Erschwerte Kapitalbeschaffung <br> – Erhöhte Gefahr der Ausschaltung, insbesondere von Großhandlungen und Handelsvertretungen (Übernahme von Großhandelsfunktionen durch Systemzentralen, Filialunternehmen und sonstige Großunternehmen des Einzelhandels) |

Quelle: Schenk, H.-O., 1991, S. 454 f.

In betriebswirtschaftlicher Sicht ist von besonderem Interesse, welche Konsequenzen ein einzelner Betrieb aus der Beobachtung zu ziehen hat, daß konzentrative Tendenzen vorliegen. Darauf wird im Kapitel 5 über strategische Planung zurückgekommen.

## 2.2.2 Die Einschaltung des Großhandels

Schon seit langem wird immer wieder die These erörtert, daß der Großhandel zunehmend bedroht sei, ausgeschaltet zu werden.[25] *Schmidt* und *Freund,* die die These von der zunehmenden Ausschaltung des Großhandels aus der Warendistribution zuletzt geprüft haben, stellen zwei Aussagen an den Beginn:
– »Tendenziell ist davon auszugehen, daß sich der Großhandel auflöst.«[26]
– »Totgesagte leben länger.«[27]

Im folgenden wird berichtet, zu welchen Ergebnissen sie bei der Prüfung der vorgenannten Exklusionsthese gekommen sind.

Nachdem im vorhergehenden Abschnitt dargelegt worden ist, daß die Zahl der Großhandelsunternehmen nach der Umsatzsteuerstatistik zwischen 1970 und 1990 nahezu konstant geblieben ist (1970: 120 556 Unternehmen, 1990: 117 411 Unternehmen) und sich der Umsatz in diesem Zeitraum von 318 Mrd. DM auf 1 005 Mrd. DM ausgedehnt hat, mutet die These von der Ausschaltung des Großhandels zunächst befremdlich an. Es ist aber zu beachten, daß die These nicht die nominale Entwicklung des Großhandels, sondern seine relative Position bei der Warendistribution erfassen will, d. h. das Ausmaß, in dem der Großhandel bei der Distribution von Gütern eingeschaltet ist. Bezugspunkt ist also der Handel im funktionellen Sinne, der bekanntlich nicht nur von Handelsbetrieben, sondern einer Vielzahl von Wirtschaftssubjekten getätigt wird.

*Schmidt* und *Freund* gehen zunächst von dem in der Umsatzsteuerstatistik ermittelten gesamten Umsatz der Wirtschaft aus und stellen ihm den Umsatz des Großhandels gegenüber.[28] Als Basisjahr wählen sie 1970. Die Ergebnisse sind in Abbildung 2.23 dargestellt. Die Abbildung verdeutlicht, daß die Umsätze im Großhandel zwar beträchtlich angestiegen sind, jedoch etwas hinter der Entwicklung des Umsatzes der Wirtschaft insgesamt zurückbleiben.

Bei der Interpretation ist folgendes zu beachten:
– Wenn man feststellen will, welche Bedeutung der Großhandel für die Verteilung von Waren hat, dann ist es problematisch, die Entwicklung des Umsatzes der gesamten Wirtschaft als Bezugspunkt zu wählen, weil in diesen auch Umsätze eingehen, die nicht die Veräußerung von Waren betreffen, sondern aus dem Absatz von Dienstleistungen resultieren (z. B. die Leistungen von Werbeagenturen). Die Umsatzanteile solcher Dienstleistungen am gesamten erzielbaren Umsatz werden wahrscheinlich wachsen, so daß der Einschaltungsgrad des Großhandels in bezug auf die Verteilung von Waren als zu ungünstig beurteilt wird.
– Es wird der Unternehmensbegriff der Umsatzsteuerstatistik unterstellt.
– Das Ausgangsjahr (hier: 1970) hat einen Einfluß auf die Ergebnisse. *Schmidt* und

---

[25] Tiburtius, J.: Lage und Leistungen des deutschen Handels in ihrer Bedeutung für die Gegenwart, Berlin – München 1949, S. 225; Batzer, E.: Der Großhandel in der westdeutschen Wirtschaft, München 1962, S. 149.

[26] Flosbach, H.-J.: Vertriebswege aufbauen, in: Bischoff, J. G./Büchler, T. (Hrsg.): Der Schritt in die Selbständigkeit. Wirtschaftsjunioren bei der IHK zu Köln, Köln 1992, S. 101; zitiert nach: Schmidt, A./Freund, W.: Strukturwandel im mittelständischen Großhandel der Bundesrepublik Deutschland, Stuttgart 1995, S. 1.

[27] Schmidt, A./Freund, W., 1995, S. 1.

[28] Schmidt, A./Freund, W., 1995, S. 19.

*Freund* zeigen, daß sich die Ergebnisse deutlich unterscheiden, je nachdem, ob 1960 oder 1970 als Basisjahr gewählt wird (vgl. Abbildung 2.24).

Abbildung 2.23: Entwicklung des Umsatzes des Großhandels mit den Umsätzen der gesamten Wirtschaft

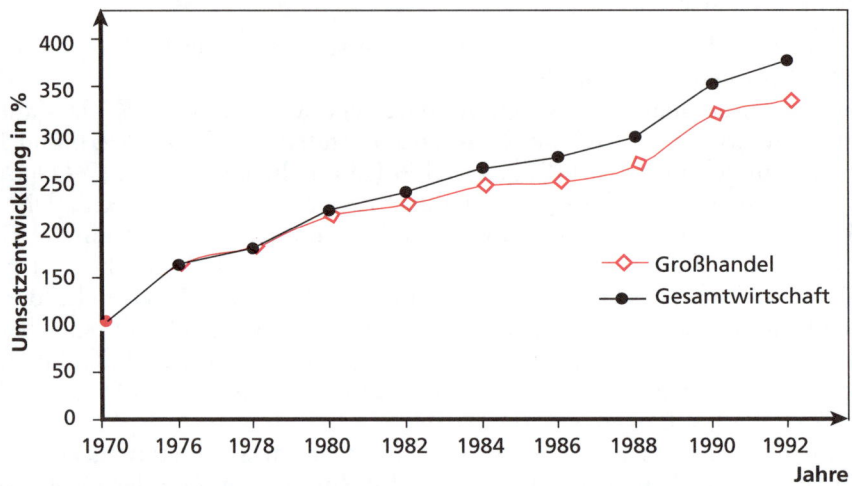

Quelle: Statistisches Bundesamt (Hrsg.): Finanzen und Steuern. Fachserie 14, Reihe 8 Umsatzsteuer, verschiedene Jahrgänge, sowie Berechnungen von Schmidt, A./Freund W., 1995, S. 19

Abbildung 2.24: Der Einfluß des Basisjahres auf die Indexreihe des Umsatzes in der Industrie, dem Großhandel und dem Einzelhandel

| Jahr | Basisjahr 1960 | | | Basisjahr 1970 | | |
|---|---|---|---|---|---|---|
| | Industrie | Großhandel | Einzelhandel | Industrie | Großhandel | Einzelhandel |
| 1970 | 221 | 162 | 213 | 100 | 100 | 100 |
| 1980 | 450 | 372 | 474 | 204 | 229 | 223 |
| 1990 | 686 | 506 | 758 | 310 | 312 | 357 |

Quelle: Tietz, B., 1993 c, S. 192

Die Zahlen machen deutlich, daß die Umsätze im Einzelhandel stärker als die im Großhandel angestiegen sind. Das deutet darauf hin, daß der Einzelhandel seine Waren in geringerem Maß als früher über den Großhandel bezieht. Allerdings sind bei einer solchen Interpretation zwei Sachverhalte zu beachten:

– Zum einen könnte es sein, daß sich die Absatzpreise des Einzelhandels stärker erhöht haben als die Preise des Großhandels, was bedeuten würde, daß die nominale Umsatzentwicklung nicht proportional zu den realen Warenströmen verläuft.
– Zum anderen könnte es sein, daß sich die Stufigkeit im Großhandel verringert hat. Wenn z. B. der Zentralgroßhandel zunächst an den Regionalgroßhandel liefert, bevor dieser die Ware an den Einzelhandel absetzt, werden in der Umsatzsteuerstatistik die Umsätze von Zentralgroßhandel und Regionalgroßhandel addiert. Liefert dagegen der Zentralgroßhandel direkt an den Einzelhandel, dann läuft die Ware zwar weiterhin über den Großhandel an den Einzelhandel, die entsprechenden Umsätze in der Umsatzsteuerstatistik vermindern sich jedoch drastisch. Der Umfang der Großhandelstätigkeit verringert sich dann in der Statistik, nicht dagegen jener Anteil der Waren, der den Verbrauchern über den Großhandel zufließt.

Aufschluß über die Position des Großhandels gibt auch die regionale Bezugswegestatistik (Fachserie 6, Reihe 3.3 des *Statistischen Bundesamtes*). Hier wird aufgelistet, zu welchen Anteilen der Einzelhandel seine Waren im Großhandel beschafft. Danach beschaffte der Einzelhandel im Jahr 1991:[29]
– von Unternehmen des produzierenden Gewerbes     36,0 %
– von Unternehmen des Großhandels     51,0 %
– von land- und forstwirtschaftlichen Betrieben     0,8 %
– von anderen Lieferanten des Handels     7,5 %
– aus dem Ausland     4,7 %.

*Schmidt* und *Freund* weisen auf Unklarheiten dieser Statistik hin.[30] Es kommt hinzu, daß der Großhandel nicht nur den Einzelhandel beliefert, sondern auch die Industrie und das Handwerk, zum Teil auch den Endverbraucher. Die Position des Großhandels wäre also unvollständig erfaßt, wenn nur die Tätigkeit des Großhandels gegenüber dem Einzelhandel erfaßt würde, denn nach den Ergebnissen der Amtlichen Statistik über die Absatzwege im Großhandel erzielt
– der »Großhandel mit Fertigwaren« 43 % seines Absatzes mit dem Einzelhandel,
– der »Großhandel mit Rohstoffen und Halbwaren« jedoch nur 12 % mit dem Einzelhandel.[31]

Angaben zum gesamtwirtschaftlichen Grad der Einschaltung des Großhandels in die Warendistribution können der Amtlichen Statistik nicht unmittelbar entnommen werden, sondern müssen rechnerisch aufbereitet werden. Hierfür wurde vom *Ifo-Institut* eine Berechnungsweise entwickelt, die in Abbildung 2.25 abgedruckt ist.[32]

---

[29] Vgl. Statistisches Bundesamt (Hrsg.): Handel, Gastgewerbe, Reiseverkehr. Warensortiment sowie Bezugswege im Einzelhandel 1991, Fachserie 6, Reihe 3.3, Einzelhandel, Stuttgart 1994, S. 13.
[30] Schmidt, A./Freund, W., 1995, S. 50–57.
[31] Statistisches Bundesamt (Hrsg.): Handel, Gastgewerbe, Reiseverkehr. Handels- und Gaststättenzählung 1979, Fachserie 6, Reihe 3.3, Großhandel, Heft 1: Unternehmen des Großhandels, Stuttgart 1981.
[32] Siehe hierzu Batzer, E./Lachner, J./Meyerhöfer, W.: Der Handel in der Bundesrepublik Deutschland. Strukturelle Entwicklungstrends und Anpassungen an veränderte Markt- und Umweltbedingungen, München 1991, S. 148.

**Abbildung 2.25:** Berechnung des Gesamteinschaltungsgrades des Großhandels (Ifo Methode) für das Jahr 1988

| | | |
|---|---|---|
| 1. | Gesamtumsatz (ohne MwSt.) des Großhandels 1988 lt. Umsatzsteuerstatistik | 836,3 Mrd. DM |
| 2. | ./. 14,5 % Umsatzanteil mit dem Ausland lt. Ergänzungserhebung 1986 | ./. 121,3 Mrd. DM |
| 3. | ./. 14,6 % Rohertragsquote 1987 lt. Jahreserhebung | ./. 104,4 Mrd. DM |
| 4. | = Wareneinsatz des Großhandels 1988 für den Inlandsabsatz | = 610,6 Mrd. DM |
| 5. | Umsatz (ohne MwSt.) des Bergbaus und des verarbeitenden Gewerbes 1988 lt. Statistik des produzierendes Gewerbes | 1 561,7 Mrd. DM |
| 6. | + Produktionswert der Land- und Forstwirtschaft 1988 lt. VGR | + 64,7 Mrd. DM |
| 7. | ./. Auslandsumsätze der gewerblichen Wirtschaft und der Ernährungswirtschaft 1988 lt. Außenhandelsstatistik | ./. 567,7 Mrd. DM |
| 8. | + Einfuhren der gewerblichen Wirtschaft und der Ernährungswirtschaft 1988 lt. Außenhandelsstatistik | + 439,6 Mrd. DM |
| 9. | = Inlandsabsatz | = 1 498,3 Mrd. DM |
| 10. | Gesamteinschaltungsgrad des Großhandels 1988 in den Inlandsabsatz (gerundet Pos. 4 geteilt durch Pos. 9 mal 100) | 41 % |

Quelle: Batzer, E./Lachner, J./Meyerhöfer, W., 1991, S. 148

An dieser Berechnung bemängeln *Schmidt* und *Freund* zwei Modalitäten. Erstens wurde der Umsatz der Unternehmen im produzierenden Gewerbe und im Bergbau der Statistik des produzierenden Gewerbes entnommen, in der jedoch nur Unternehmen mit mehr als 20 Beschäftigten erfaßt werden; zweitens wurde der Großhandel nicht als ein Aggregat gesehen, sondern es werden auch Umsätze zwischen Großhandelsunternehmen in die Rechnung aufgenommen. Sie modifizieren deswegen die Rechnung und kommen zu dem in Abbildung 2.26 ausgewiesenen Ergebnis.

Danach entfällt von dem gesamten Absatz der Hersteller in Deutschland auf das Direktgeschäft (ohne Einschaltung des Großhandels) ein Anteil von 79,8 %, auf den Absatz über den Großhandel ein Anteil von 9,4 % + 10,8 % = 20,2 % (= 416 Mrd. DM). Die Fragezeichen in der Abbildung deuten an, daß aus den Daten der Amtlichen Statistik weder ermittelt werden kann, zu welchem Ausmaß die Industrie, das Handwerk, der Einzelhandel oder die Endverbraucher direkt durch die Hersteller beliefert werden, noch ersichtlich ist, zu welchen Anteilen der Zentralgroßhandel seine Waren an diese Gruppen absetzt. Die Berechnung führt zu einem Einschaltungsgrad von 20,2 %, der sich seit 1980 kaum geändert hat.

Diese Berechnung fußt auf einigen Annahmen:

– Innerhalb der Großhandelsstufe wurden Umsätze eliminiert (für 1988 31,7 % von 609,2 Mrd. DM). Die Verfasser sind der Meinung, daß großhandelsinterne Umsätze unberücksichtigt bleiben müssen, wenn eine Antwort auf die Frage gesucht wird, bei wieviel Prozent des gesamten Umsatzes der Großhandel eingeschaltet ist.

Abbildung 2.26: Schematische Darstellung der Berechnung des gesamtwirtschaftlichen Einschaltungsgrades des Großhandels für das Jahr 1988

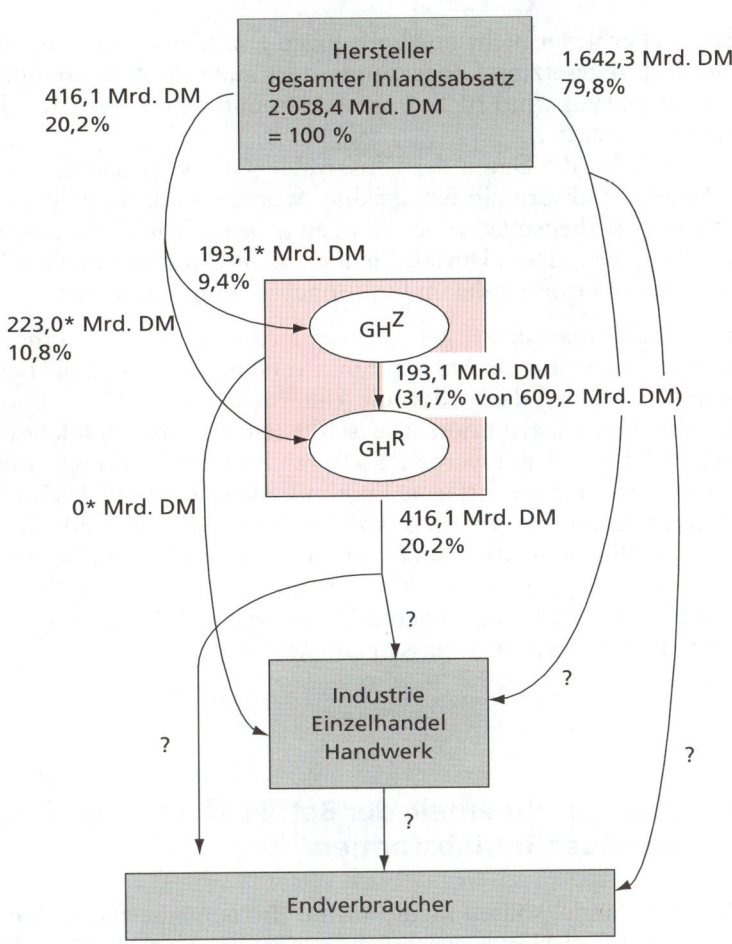

*  Ergebnis unter der Annahme, daß der gesamte Absatz der zentralen Großhandelsstufe exklusiv über die regionale Großhandelsstufe abgewickelt wird.
$GH^Z$: Unternehmen der zentralen Großhandelsstufe
$GH^R$: Unternehmen der regionalen Großhandelsstufe

Quelle: Schmidt, A./Freund, W., 1995, S. 69

Dies begründen sie mit dem Hinweis, daß anderenfalls ein Einschaltungsgrad des Großhandels von über 100 % denkbar wäre, wenn die Großhandelsunternehmen die Güter nur häufig genug untereinander handeln würden.[33] Andererseits bleibt dabei die von den eingeschalteten Großhandelsbetrieben erbrachte Wertschöpfung, auch wenn sie aus Umsätzen innerhalb des Großhandelssektors rührt, unbe-

_____
[33]  Schmidt, A./Freund, W., 1995, S. 67.

rücksichtigt. Die innerhalb des Großhandels erzielten Umsätze müssen zum Teil geschätzt werden, da aus der Bezugswegestatistik nicht für alle Jahre Daten vorliegen.

– Der Großhandel erbringt nicht nur Leistungen zum Absatz der im Inland hergestellten und dort abgesetzten Güter, sondern ist auch im Außenhandel tätig. Die Einschaltungsquote von rund 20 % repräsentiert mithin nur einen Teil der Leistung der Großhandelsbetriebe.

– Wie erwähnt, gilt für die Daten der Umsatzsteuerstatistik, daß die Unternehmen nach dem Schwerpunktprinzip eingeordnet worden sind. So mag es in anderen Wirtschaftszweigen ebenso Unternehmungen geben, die in bedeutendem Umfang Großhandel betreiben, deren Umsätze jedoch nicht Umsätze von Großhandelsunternehmen, sondern Großhandel im funktionellen Sinne darstellen.

*Schmidt* und *Freund* können ihre Ergebnisse wegen der vielfältigen methodischen und interpretativen Probleme nur als Anhaltspunkt verstanden wissen. Sie betrachten sie nicht als empirischen Beleg dafür, daß die Unternehmen der Großhandelsstufe im Zeitablauf aus der Warendistribution ausgeschlossen werden. Ein solches Urteil kann in der Tat auch nicht hergeleitet werden. So liegen zum Einschaltungsgrad des Großhandels zwei weit voneinander entfernte Ergebnisse vor. Während das Ifo-Institut von einem Einschaltungsgrad von 41 % spricht, beziffern *Schmidt* und *Freund* ihn auf 20 %. Zu einem wichtigen Strukturmerkmal des Handels liegen also keine präzisen Informationen vor. Von ganz anderer Natur ist die Frage, wie sich die Einschaltung des Großhandels theoretisch begründen läßt und wie sich Großhandelsbetriebe an Veränderungen in der Umwelt anpassen müssen, um ihre Existenz weiterhin zu sichern.

## 2.2.3 Verschiebungen innerhalb der Betriebsformen und das Auftreten neuer Betriebsformen

Veränderungen im Handel sollten nicht nur auf der aggregierten Ebene von Großhandel, Einzelhandel und Handelsvermittlung analysiert werden, sondern auch in den einzelnen Warenbereichen, von denen einige expandieren, während in anderen Stagnation oder Rückgang zu beobachten ist. So äußert sich die Dynamik des Handels nicht nur in der Konzentration, sondern tritt vor allem in den Marktanteilsverschiebungen zwischen den verschiedenen Betriebsformen und im Aufkommen immer neuer Betriebsformen zutage. *Nieschlag* hat von der Dynamik der Betriebsformen gesprochen,[34] im angloamerikanischen Sprachbereich spricht man vom »Wheel of Retailing«.
Eine historische Analyse offenbart, daß der Handel in den letzten 100 Jahren durch immer neue Betriebsformen gekennzeichnet ist, in jüngster Zeit vor allem durch den C & C Betrieb sowie die Verbraucher- und Fachmärkte, wie z. B. Baumärkte und Drogeriemärkte.

---

[34] Vgl. Nieschlag, R./Kuhn, G.: Binnenhandel und Binnenhandelspolitik, 3. Auflage, Berlin – München 1980, insbesondere S. 76 und S. 85 ff.

**Abbildung 2.27:** Marktanteile verschiedener Gruppierungen des Einzelhandels

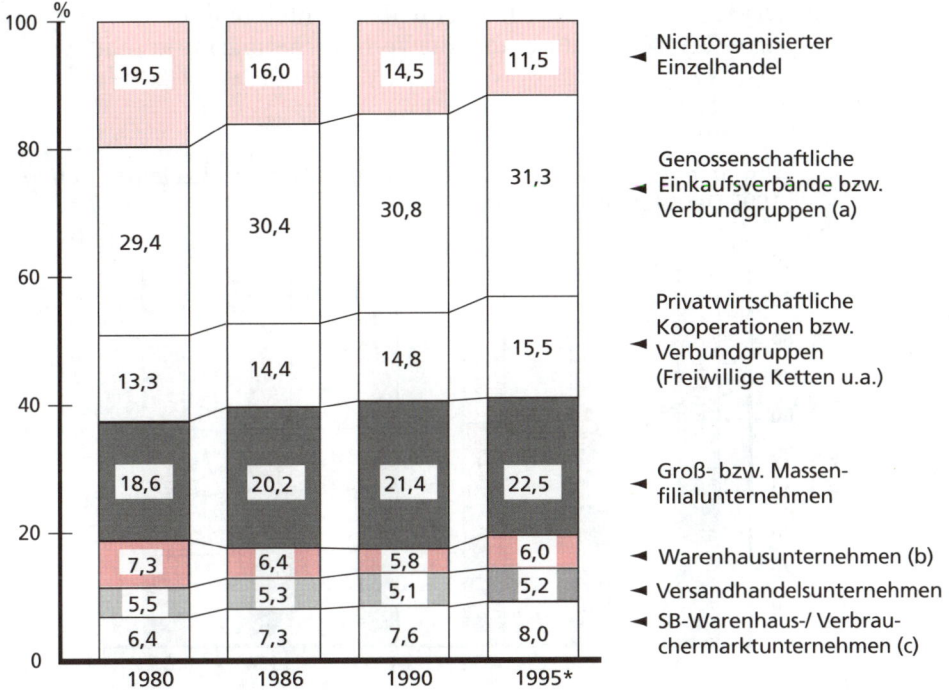

(a) einschließlich der gruppeneigenen Regiebetriebe

(b) einschließlich Kaufhausunternehmen

(c) Unternehmen, die überwiegend SB-Warenhäuser bzw. Verbrauchermärkte betreiben

\* Die Daten für 1995 beruhen auf Schätzwerten. Die Prognosen für das Jahr 2000 lassen keine wesentlichen Verschiebungen zwischen den Betriebsformen erwarten.

Quelle: Ifo-Institut für Wirtschaftsforschung (Hrsg.), ifo-Schnelldienst, 1991, Nr. 14, S. 16 und 1996, Nr. 29, S. 5

Die Verschiebungen werden auch in Abbildung 2.27 angedeutet. Die Übersicht weist aus, daß vor allem der nicht-organisierte Einzelhandel abschmilzt. Es handelt sich dabei zwar nicht um eine Betriebsform im oben definierten Sinn, jedoch dürfte es sich überwiegend um Fachhandelsbetriebe handeln. Die Tabelle weist auch auf die Schwierigkeit der Warenhäuser hin, ihre Marktposition zu behaupten. Zuwachsraten weisen die SB-Warenhäuser bzw. die Verbrauchermärkte auf. Discounter und Fachmärkte, die Gewinner der 90iger Jahre, werden leider nicht explizit aufgeführt. Hier zeigt sich, daß es (leider) in der Darstellung zu einer Vermischung von Betriebsformen (Warenhaus, Versandhaus, SB-Warenhaus/Verbrauchermarkt) und Handelssystemen kommt (nicht-organisierter Einzelhandel, genossenschaftliche Einkaufsverbände, privatwirtschaftliche Kooperationen, Massenfilialunternehmen). Die wirklich bedeutenden Veränderungen im Einzelhandel sind deutlicher in Abbildung 2.28 zu erkennen, die sich auf vier Betriebsformen des Lebensmitteleinzelhandels beschränkt, die kleineren Lebensmittelgeschäfte, deren Marktanteil innerhalb von zehn Jahren von 43 % auf 23 % zurückgegangen ist, die Supermärkte, die eine konstante Position einnehmen, die Discounter mit deutlich wachsendem Anteil und schließlich die sog. Großfläche, wozu die SB-Warenhäuser und die Verbrauchermärkte gezählt werden.

Abbildung 2.28: Umsatzentwicklung der Betriebstypen im Lebensmitteleinzelhandel (ab 1992 Deutschland gesamt)

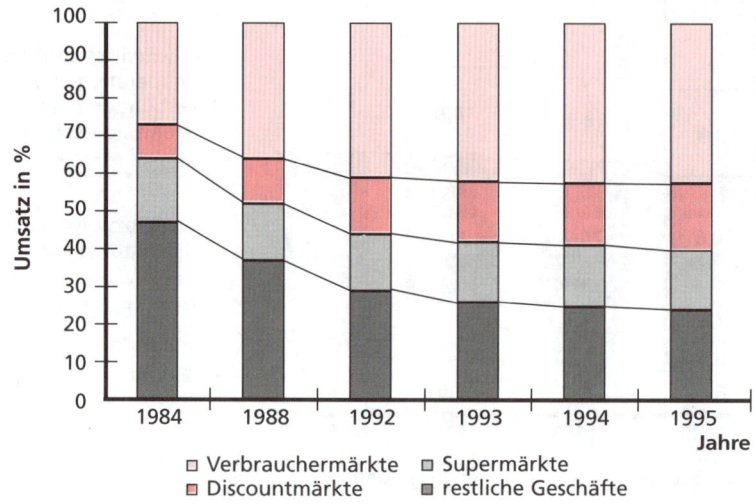

Quelle: Nielsen (Hrsg.), Universen, verschiedene Jahrgänge

## 2.2.4 Der zunehmende Einsatz von Methoden zur Führung von Handelsbetrieben

Die Führung eines Handelsbetriebes erfordert zunehmend wissenschaftlich gestützte Methoden. Viele Handelsbetriebe haben eine Größenordnung erreicht, die besondere Verfahrensweisen erfordert. So werden in Handelsunternehmungen zunehmend
– EDV-Anlagen zur Steuerung des Warenverkehrs eingesetzt,
– Standortentscheidungen durch Marktforschungsuntersuchungen und Investitionskalküle vorbereitet,
– Preis- und Werbeaktionen langfristig geplant,
– neue technische Systeme eingeführt, wie etwa Hochregallager und Warenwirtschaftssysteme.

Die Ansprüche, die an die Führung eines Handelsbetriebes gestellt werden, werden ähnlich professionalisiert, wie dies schon früher bei Industrie- oder Bankbetrieben zu beobachten war. Derzeit sind Praxis und Theorie noch nicht allzu eng zusammengewachsen. Die Theorie hat die Aufgabe, praxisgerechte Verfahrensweisen zu entwickeln. In den folgenden Kapiteln werden hierfür zahlreiche Konzepte vorgestellt. Zwar stehen umfassende Informationen zur Verfügung, aber optimierende Ansätze kommen dabei nur in vergleichsweise wenigen Fällen zum Einsatz. Auch die moderne Käuferverhaltens- und Marktforschung wird erst in Ansätzen aufgegriffen, während traditionelle Verfahren weiterhin dominieren.

# 2.3 Zusammenfassung

Theoretische und praktische Probleme erfordern es häufig, Informationen bereitzustellen. Ohne Informationen wird jede Entscheidung schnell zu einer Lotterie. Es ist daher unumgänglich zu wissen, aus welchen Quellen Daten abgerufen werden können. Eine herausragende Rolle kommt dabei den Informationen der Amtlichen Statistik zu, insbesondere wenn Strukturuntersuchungen vorzunehmen sind. Sie sind auch für Zwecke der Unternehmensführung hilfreich, wenn sie hierfür oft auch mit zu großer zeitlicher Verzögerung publiziert werden. Das Datenmaterial der Amtlichen Statistik ist in Abschnitt 2.1 vorgestellt worden. Daneben wurde auf andere Datenquellen verwiesen.

Obwohl das vorliegende Buch methodisch ausgerichtet ist und es in einem wissenschaftlichen Buch gar nicht möglich ist, die zahlreichen Aspekte der so vielfältigen Realität abzubilden, sollte doch in konkreter Form auf aktuelle empirische Entwicklungen hingewiesen werden. Dazu zählen insbesondere
– der weiterhin anhaltende Konzentrationsprozeß,
– die Diskussion um die Einschaltung des Großhandels,
– der Wettbewerb der Betriebsformen und Handelssysteme,
– der zunehmende Einsatz von Managementtechniken im Handel,

Auf einzelne Sachverhalte wird in späteren Kapiteln zurückgekommen.

### Literaturhinweise zu Kapitel 2

Nachdem in Abschnitt 2.1 das reichhaltige Datenmaterial der Amtlichen Statistik vorgestellt worden ist, empfiehlt es sich, ausgewählte Publikationen einmal selbst einzusehen. Dabei ist neben dem Statistischen Jahrbuch vor allem an die alle zwei Jahre erscheinende Umsatzsteuerstatistik und den Berichtsband zur HGZ zu denken. Die Literatur zur Konzentration ist reichhaltig, aber vor allen Dingen auf eine volkswirtschaftliche Beurteilung ausgerichtet. Dabei stehen die Ursachenforschung und die Entwicklung von Meßgrößen im Vordergrund. Eine umfassende Zusammenstellung findet sich bei

*Schenk, H.-O./Tenbrink, O./Zündorf, H.: Die Konzentration im Handel. Ursachen, Messung, Stand, Entwicklung und Auswirkungen der Konzentration im Handel und konzentrationspolitische Konsequenzen, Schriftenreihe der Forschungsstelle für den Handel, Berlin 1984.*
*Schenk, H.-O.: Marktwirtschaftslehre des Handels, Wiesbaden 1991, S. 405–472.*

Aufschlußreich, sowohl von der Zusammenstellung der Daten als auch von der wirtschaftspolitischen Beurteilung, sind die Gutachten der Monopolkommission, z. B.

*Monopolkommission (Hrsg.): Marktstruktur und Wettbewerb im Handel. Sondergutachten 23, Baden-Baden 1994.*

Über aktuelle Entwicklungen orientiert man sich am besten auf der Grundlage der Fachpresse. Fast jede Branche hat ihre eigene Zeitschrift, von herausragender und übergeordneter Bedeutung sind aber
– die Lebensmittel Zeitung,
– die Textilwirtschaft,
– der Handel,
– die Coorganisation: Internationale Fachzeitschrift für kooperative Logistik und Kommunikation,
– die Mitteilungen des Instituts für Handelsforschung.

# 3 Theoretische Sichtweisen der Handelsbetriebslehre

> *»Nichts ist so gut wie eine gute Theorie.«*
>
> *(unbekannter Meister)*

Der Handel stellt sich in den vielfältigsten Erscheinungsformen dar. Die zahlreichen Betriebsformen des Einzel- und des Großhandels veranschaulichen dies. Die Strukturen sind in fortwährender Änderung begriffen. Konzentration, Diversifizierung, das Aufkommen neuer Betriebsformen, die Internationalisierung und Veränderungen im Rechtsrahmen sind hierfür Beispiele. Die Gefahr ist groß, daß eine Analyse sich im Detail verliert. Vorteilhaft ist es deswegen, über Denkschemata zu verfügen, die auch bei der Analyse neuartiger Probleme eingesetzt werden können. »Nichts ist so gut wie eine gute Theorie.« Im folgenden werden Theorieansätze vorgestellt, wobei besonderer Wert auf den entscheidungstheoretischen Ansatz gelegt wird, weil er sich für die Erörterung aller folgenden Probleme als besonders nützlich erweist. Aber auch die im übrigen dargestellten Ansätze können mit Nutzen verwendet werden.

## 3.1 Die registrierende Handelsbetriebslehre

Gerade wegen der Vielfältigkeit des Handels und seiner Dynamik herrscht das Bedürfnis vor, ihn beschreibend zu erfassen. Der Aufgabenbereich der registrierenden Handelsbetriebslehre umfaßt z. B. folgende Fragen:
- Welche Gesetze und Verordnungen betreffen den Handel (also z. B.: Gesetz gegen den unlauteren Wettbewerb, Gewerbeordnung, Rabattgesetz, Ladenschlußgesetz, Abzahlungsgesetz)?
- Welche Institutionen betreiben Handel? Welche Waren werden von ihnen umgesetzt? Wie hoch sind Umsatz, Handelsspanne und Kosten?
- Wieviele Personen arbeiten in Handelsbetrieben, in welchen Tätigkeiten, zu welchen Konditionen?
- Welche Folgen ergeben sich aus der Handelstätigkeit für die Lage der Konsumenten, also z. B. ihre Auswahlmöglichkeiten, ihre Wegstrecken zu den Einkaufsstätten, die aufgewendete Zeit, die Aufteilung ihres Budgets auf einzelne Warengruppen oder Artikel?

Die Beschreibung der Realität stellt einen wichtigen Bereich wissenschaftlichen Arbeitens dar. Besonders aufschlußreich ist es, wenn nicht nur der Zustand zu einem Zeitpunkt, sondern auch Entwicklungen im Zeitablauf dargestellt werden. Solche Entwicklungen werden auch als Trends bezeichnet, wenn die betreffende Größe quantitativ als Funktion der Zeit dargestellt wird und sich eine Grundrichtung des

Verlaufs dieser Zeitreihe erkennen läßt.[1] Das Erkennen von Trends ist für die Steuerung des Handelsbetriebes von außerordentlicher Bedeutung, was durch die im folgenden angesprochenen Trends beispielhaft angedeutet sei:
- Der Trend zur Erlebnisorientierung,
- der Trend zu Convenience und Do-it-yourself,
- der Trend steigender Personalkosten im Fachhandel,
- der Trend zur Dominanz der Handelsmarke.
Es ist nicht verwunderlich, daß die Zahl der Trenduntersuchungen zunimmt.[2]

Die wissenschaftliche Analyse muß jedoch nicht bei einer Beschreibung der Entwicklung stehen bleiben. Meistens sind die Ziele höher gesteckt, wenn nämlich Erklärungen, Prognosen und Handlungsempfehlungen als vorherrschende Ziele herausgestellt werden.[3] Dieser Vorstellung wird auch hier gefolgt. Zwar sind bei wissenschaftlichen Erörterungen die institutionellen Gegebenheiten zu beachten, aber wenn die Wissenschaft sich zum Ziel setzt, Aussagen zu formulieren, die von zeitüberdauerndem Wert sind, müssen die Gründe für die vorliegenden Strukturen und Entwicklungen aufgedeckt werden. Es muß mithin nicht nur gefragt werden, welche Sachverhalte die Situation des Handels kennzeichnen, sondern warum bestimmte Entwicklungen eingetreten sind. Erklärungen der gegenwärtigen Situation stellen gleichzeitig eine gute Basis für die Prognose künftiger Entwicklungen dar.
In der gesamten Betriebswirtschaftslehre kommt dem entscheidungsorientierten Ansatz eine besondere Bedeutung zu. So will auch eine entscheidungsorientierte Handelsbetriebslehre nicht nur den Zustand zu bestimmten Zeitpunkten festhalten, sondern will einmal die Abhängigkeit eines bestimmten Zustandes von den Entscheidungen der beteiligten Wirtschaftssubjekte aufzeigen, zum anderen den Wirtschaftssubjekten für künftige Entscheidungen helfende Hinweise geben.
Als Subjekte, die beraten werden können, kommen nicht nur jene Entscheidungssubjekte in Frage, die in Handelsunternehmen dispositiv tätig sind, sondern auch die gesetzgebenden Organe, die Verbände und schließlich die Konsumenten selbst. In der Handelsbetriebslehre geht es allerdings meistens um die Entscheidungsprobleme der Unternehmungsführung. Die Beratung dieser Subjekte kann sich auf zwei Problembestandteile beziehen, einmal auf
- verhaltenswissenschaftliche Beziehungen zwischen einzelnen Variablen (z. B. wie reagieren Konsumenten auf eine Verringerung der Auswahl in einem Sortimentsbereich, wie verhalten sich Konsumenten, wenn die von ihnen präferierte Marke nicht vorrätig ist?), zum anderen auf
- den Prozeß, mit dem bei als bekannt unterstelltem Verhalten der beteiligten

---

[1] Vgl. Feld, C.: Trends – Megatrends. Definition, Möglichkeiten der Ermittlung, Gütekriterien und Relevanz für die Unternehmensplanung, in: Müller-Hagedorn, L. (Hrsg.): Trends im Handel. Analysen und Fakten zur aktuellen Situation im Handel, Frankfurt am Main 1997, S. 11.
[2] Liebmann, H.-P./Zentes, J. (Hrsg.): GDI-Trendbuch Handel No. 1, Düsseldorf – München 1996; BBE Unternehmensberatung GmbH (Hrsg.): Megatrends II in Vertrieb, Handel, Gesellschaft. Eine Trendanalyse und -prognose über die Jahrhundertwende, 2. Auflage, Köln 1996.
[3] Es ist Gegenstand der Wissenschaftstheorie, Überlegungen zu den Aufgabenbereichen einer Wissenschaft und der Art ihrer Behandlung zu entwickeln. Für die Wirtschaftswissenschaften vgl. z.B. Chmielewicz, K.: Forschungskonzeptionen der Wirtschaftswissenschaft, Stuttgart 1970 und Schnell, R./Hill, P. B./Esser, E.: Methoden der empirischen Sozialforschung, 5. Auflage, München – Wien 1995.

Marktpartner aus den möglichen Handlungen jene ausgewählt wird, die im Hinblick auf die Ziele des Entscheidenden optimal ist.

Der erste Aspekt zählt zur verhaltenswissenschaftlichen Forschung. Sie beschreibt nicht nur das Verhalten einzelner Wirtschaftssubjekte, z. B. der Konsumenten, der Konkurrenten, der Beschäftigten, sondern versucht, die Gründe für deren Verhalten aufzudecken. Von besonderem Interesse ist das Verhalten der Kunden, seien sie nun aus dem privaten oder dem gewerblichen Bereich. Es wird deshalb hierauf ausführlich in Kapitel 7 eingegangen.

Der zweite Aspekt bezieht sich auf die Funktionen des Managements im engeren Sinn. Analysieren, planen, realisieren und kontrollieren sind wichtige Schritte. Dies wird im Abschnitt 3.5 näher erläutert werden.

## 3.2 Die Handelsfunktionenkataloge

Bereits 1911 versuchte *Schär*, die Produktivität des Handels durch die Identifizierung der vom Handel wahrgenommenen Funktionen nachzuweisen.[4] Er wollte bereits damals dem später von *Gümbel*[5] als ›Ausbeutungsverdacht‹ bezeichneten Vorwurf entgegentreten, dem sich der Handel bis heute stellenweise ausgesetzt sieht: Der Kunde weiß, daß der Handel die an ihn verkaufte Ware häufig sehr viel billiger von der Industrie bezogen hat. Die Beschreibung der vom Handel zu erfüllenden Funktionen sollte diesen Wirtschaftszweig »von dem Makel der Gewinnsucht reinigen« und ihn »zu einem nützlichen Glied im wirtschaftlichen Organismus« werden lassen. Zweifel an der Nützlichkeit des Handels haben eine lange Tradition. Die Überlegungen von *Schär* können als Reflex auf Äußerungen von *Karl Marx* verstanden werden, der sich über den Handel so äußerte: »Die Zirkulation oder der Warenaustausch schafft keine Werte.«[6] Vom Händler spricht er als einem sich parasitisch zwischen die Warenproduzenten schiebenden Kaufmann. In der Folge sind zahlreiche Kataloge von Handelsfunktionen erstellt worden, auf deren Darstellung in kaum einem Buch zur Handelsbetriebslehre verzichtet wird.[7]

Die Überbrückung von Raum und Zeit, die Zusammenstellung von Sortimenten, die Quantitätsfunktion, Maßnahmen zur Qualitätssicherung sind Beispiele für solche Handelsfunktionen. Mit immer weiterer Differenzierung und Kombination der Ba-

---

[4] Vgl. Schär, J. F.: Handelsbetriebslehre, 5. Auflage, Leipzig 1923.

[5] Vgl. Gümbel, R.: Handel, Markt und Ökonomik, Wiesbaden 1985, S. 20.

[6] Marx, K.: Das Kapital, 1. Band: Der Produktionsprozeß des Kapitals (nach der vierten, von Friedrich Engels durchgesehenen und herausgegebenen Auflage, Hamburg 1890), Berlin 1973, S. 178.

[7] Eine Zusammenstellung und Beurteilung bekannter Ansätze findet sich bei Marré, H.: Funktionen und Leistungen des Handelsbetriebes, Köln – Opladen 1960; Schenk, H.-O.: Geschichte und Ordnungstheorie der Handelsfunktionen. Entwicklungsgeschichtliche und ordnungstheoretische Untersuchungen zur Lehre von den Handelsfunktionen in Marktwirtschaft und Zentralverwaltungswirtschaft, Berlin 1970.

sisfunktionen Raum, Zeit, Qualität und Quantität hoffte man, auf die Funktionen zu kommen, die für den Handel konstituierend sind.

Nach *Barth* kennzeichnet der klassische funktionenorientierte Forschungsansatz

> »... den gesamtwirtschaftlichen Wertschöpfungsbeitrag des Handels mit Hilfe der sogenannten transpositorischen Grundfunktionen, die erbracht werden müssen, um den Zustand bloßer Sacheignung von Wirtschaftsgütern zu überwinden. Die Güter erhalten nämlich ihre Verwendungsreife erst durch solche Maßnahmen, die zu einer Situationseignung durch Überwindung von zeitlichen, räumlichen, quantitativen und qualitativen Spannungen zwischen Produktion und Konsumption führen.«[8]

*Sundhoff* weist bereits auf den Zusammenhang von Betriebsform und Funktionserfüllung hin, indem er Handlungen und Hilfsbetriebe entsprechend dem Schwerpunkt ihrer Funktionserfüllung systematisiert.[9] In Abbildung 3.1 ist angegeben, welche Funktionen für einzelne Händler besonders charakteristisch sind.

**Abbildung 3.1:** Funktionen und Betriebsformen im Distributionsbereich _____

| Handels- bzw. Güter-umwandlungsfunktion | Handlungen mit besonderer Betonung dieser Funktion | Hilfsbetriebe mit Spezialisierung auf diese Funktion |
|---|---|---|
| Sortimentsfunktion | Sortimentsgrossist | Exportmusterlager |
| Quantitätsfunktion | Verteilungshändler | Einkaufskommissionär |
| Überbrückungsfunktion | Streckenhändler | Lagerhaus |
| Sicherungsfunktion | Börsenterminhändler | Transportversicherung |
| Markterschließungs-funktion | Außenhändler | Werbeberater |
| Umsatzdurchführungs-funktion | Absatzgrossist | Verkaufsvertreter |
| Qualitätsfunktion | Sortierer | Lohnabfüller |
| Vollendungsfunktion | Manipulant | Vertragswerkstatt |

Quelle: Sundhoff, E., 1965, S. 766

Die Funktionen verweisen auf die Aufgaben, die in einem Handelsbetrieb erfüllt werden.[10]

*Sundhoff* systematisiert die Funktionen des Handelsbetriebes folgendermaßen:

**(A) Güterumgruppierung.** Eine erzeugungsorientierte Leistungsgüterkombination wird in eine bedarfsorientierte Ge- und Verbrauchsgüteraggregation nach Art und Menge umgewandelt.

**(B) Bedarfsanpassung.** Durch die Kombination einer fremderstellten Sachleistung (Ware) mit einer handelsbetrieblichen Dienstleistung (Transport, Lagerung, evtl. sogar Finanzierung) werden räumliche und zeitliche, aber auch finanzielle Inkongruenzen ausgeglichen, so daß eine verwendungsreife Leistung entsteht.

---

[8]  Barth, K.: Betriebswirtschaftslehre des Handels, 3. Auflage, Wiesbaden 1996, S. 29.
[9]  Vgl. Sundhoff, E.: Handel, in: Beckerath, E. v./Bente, H./Brinkmann, C. et al. (Hrsg.): Handwörterbuch der Sozialwissenschaften, Band 4, Stuttgart 1965, S. 762–779.
[10]  Vgl. zu den folgenden Ausführungen auch Barth, K., 1996, S. 29–31.

Abbildung 3.2: Katalog der Handelsfunktionen _____

| A. Sachgüterum-gruppierungs-funktionen | B. Bedarfsanpas-sungsfunktionen | C. Marktausgleichs-funktionen | D. Sachgüterauf-bereitungs-funktionen |
|---|---|---|---|
| 1. Sortimentsfunk-tionen<br>a) Produktions-orientierte Sortiments-bildung<br>b) Konsumptions-orientierte Sor-timentsbil-dung<br>2. Quantitätsfunk-tionen<br>a) Sachgüter-sammlung<br>b) Sachgüter-verteilung | 1. Überbrückungs-funktionen<br>a) Raumüber-brückung<br>b) Zeitüber-brückung<br>2. Sicherungsfunk-tion<br>a) Objekt-sicherung<br>b) Subjekt-sicherung | 1. Markterschlie-ßungsfunktionen<br>a) Marktunter-suchung<br>b) Marktbeein-flussung<br>2. Umsatzdurch-führungsfunk-tionen<br>a) Umsatzakqui-sition<br>b) Umsatzab-wicklung | 1. Qualitätsfunk-tionen<br>a) Sortierung<br>b) Mischung<br>2. Vollendungs-funktionen<br>a) Manipulation<br>b) Montage und Wartung |

Quelle: Barth, K., 1996, S. 31

Zur Bedarfsanpassung zählen aber nicht nur die auf Raum- oder Zeitüberbrückung ausgerichteten Maßnahmen, sondern darüber hinaus auch sog. Sicherungsfunktionen: Die Objektsicherung umfaßt Maßnahmen der Qualitätssicherung sowie den Leistungsschutz auf der Grundlage vertraglicher oder freiwilliger Handlungen (Garantie- oder Kulanzleistungen). Die Subjektsicherung umfaßt Sicherungsmaßnahmen gegenüber Lieferanten und Verwendern. Einerseits werden Absatz- und Entgeltrisiken von den Lieferanten übernommen. Andererseits werden gegenüber den Verwendern Beratungs- und Umtauschleistungen erbracht, die das ökonomische, technische und soziale Risiko des Kaufs reduzieren.

(C) Marktausgleich. Die Funktionen zum Marktausgleich beziehen sich auf die Abstimmung von Angebot und Nachfrage durch Maßnahmen der Marktuntersuchung und Marktbeeinflussung. Zum Marktausgleich zählt aber auch die Durchführung der Umsatzaufgabe, die in Umsatzakquisition und Umsatzabwicklung unterteilt werden kann.

(D) Sachgüteraufbereitung. Die zusätzlichen (weil nicht transpositorischen) Maßnahmen der Sachgüteraufbereitung umfassen Sortierung, Manipulation und Installation. Dies sind zwar strenggenommen Güterumwandlungsleistungen, sie erwachsen jedoch traditionell aus den Distributionsvorgängen und werden in manchen Branchen als Handelsaufgabe angesehen (z. B. Veredelung und Mischung, Montage technischer Geräte, Anarbeitung im Stahlhandel etc.).

Die Handelsfunktionenkataloge werden in unterschiedlichen Begründungszusammenhängen zur Erklärung oder Strukturierung handelsbetrieblicher Probleme verwendet, so insbesondere

1. zur Erklärung der Produktivität bzw. Existenzberechtigung des Handels,
2. zur Gewinnung von Ideen für Leistungsfelder,
3. zur Deduktion von absatzpolitischen Instrumenten.

Während die Handelsfunktionen früher im Mittelpunkt der Handelsbetriebslehre standen, sind sie in den letzten Jahren in den Hintergrund gerückt.[11]

### Zur Erklärung der Produktivität des Handels bzw. zu seiner Existenzberechtigung

Zu Beginn dieses Abschnittes war bereits darauf hingewiesen worden, daß in der Handelsbetriebslehre die Existenzberechtigung des Handelsbetriebes aus der Erfüllung der Handelsfunktionen abgeleitet wurde. Inzwischen ist erkannt, daß auf diesem Weg die Produktivität des Handels nicht erklärt werden kann. Jede der genannten Funktionen kann auch von anderen Wirtschaftssubjekten erbracht werden. *Weber* hat darauf hingewiesen, daß auch nichts Kategoriales benannt werden könne, was nur einem Industrie- oder Handwerksbetrieb eigen sei, denn beispielsweise produzierten auch Haushalte Güter und veränderten Gebrauchswerte.[12] Die Funktionenkataloge spiegelten die Tatsache, daß etwas gemacht werde, erklärten aber nicht die Produktivität und damit die Existenzberechtigung des Handels. Außerdem sei fraglich, ob ein Bedarf an der Ausübung der Handelsfunktionen bestehe. Der Nachweis der Produktivität des Handels wird heute mit Hilfe der Transaktionskostentheorie geführt.[13]
Immerhin überführen die Funktionenkataloge aber die anschauliche Beschreibung der Abläufe im Handelsbetrieb in abstraktere Dimensionen.

### Ableitung von geschäftspolitischen Aktivitäten

Alle Handelsbetriebe haben ihr Aufgabenfeld abzustecken, wobei ihnen vielfältige Möglichkeiten offenstehen. Gesucht wird eine effiziente Arbeitsteilung zwischen Produzent, Absatzmittler und Verwender. Einzelne Funktionen können von Handelsbetrieben an vor- oder nachgeschaltete Wirtschaftsstufen abgegeben oder von diesen übernommen werden.
Mit Abbildung 3.3 wird verdeutlicht, daß ein Handelsbetrieb in vielfältiger Weise Funktionen ausgliedern oder solche übernehmen kann, daß Funktionen entfallen und daß neue geschöpft werden können.
Eine Eingliederung (z. B. der Übergang vom Postversand zum eigenen Zustellservice im Versandhandel) oder eine Funktionenschöpfung (z. B. Einführung eines Zustellservices) soll die zusätzlich entstehenden Kosten durch entsprechende Umsatzsteigerungen mindestens kompensieren. Die Ausgliederung (z. B. übertrug *IKEA* die absatzseitige Raumüberbrückung auf den Verwender) wird ebenso wie der Funktio-

---

[11]  Vgl. den verteidigenden Beitrag von Barth, K.: Die erkenntnisfördernde Bedeutung der Handelsfunktionen. Plädoyer für einen verkannten Forschungsansatz, in: Mitteilungen des Instituts für Handelsforschung an der Universität zu Köln, 34. Jg. (1982), S. 106–111.

[12]  Vgl. Weber, H.-H.: Grundlagen einer quantitativen Theorie des Handels, Köln – Opladen 1966; Weber, H.-H.: Zur Diskussion um die Produktivität des Handels, in: ZfB, 46. Jg. (1976), S. 47–58.

[13]  Darstellung und Diskussion dieser Theorien, die insbesondere für den Großhandel von großer Bedeutung sind, sind nicht Gegenstand der vorliegenden Abhandlung. Vgl. hierzu Gümbel, R., 1985.

nenfortfall (z. B. der Verzicht auf eine persönliche Beratung) nur dann erfolgversprechend sein, wenn Umsatzverluste ausbleiben oder geringer sind als die eingesparten Kosten.

Abbildung 3.3: Funktionenwandel durch Ausgliederung, Eingliederung, Schöpfung und Fortfall

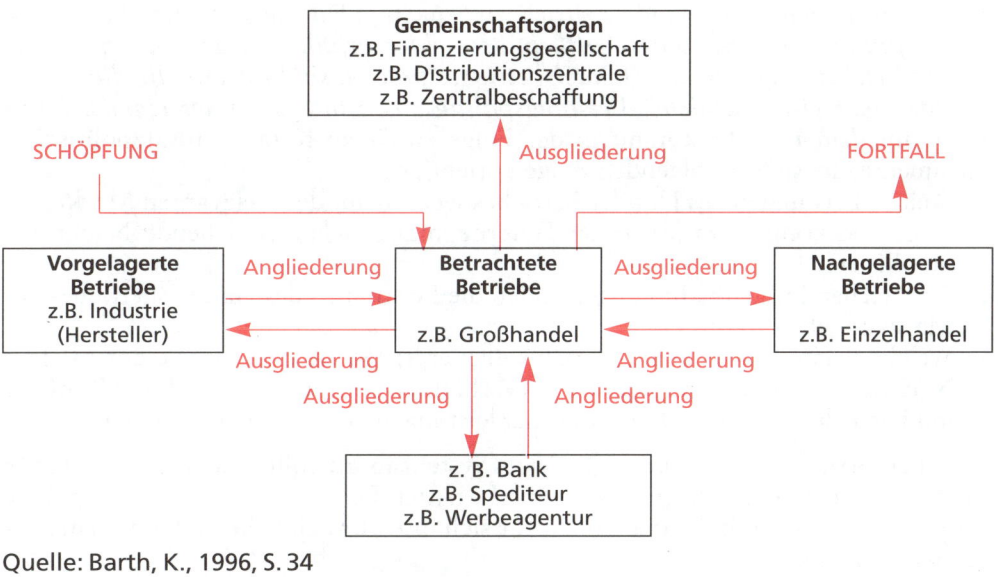

Quelle: Barth, K., 1996, S. 34

Dieser Ansatz bestätigt noch einmal, daß neben dem Handelsbetrieb auch andere Wirtschaftssubjekte die »Handelsfunktionen« erfüllen können. Wie in der Industriebetriebslehre, wo nicht erst seit der Diskussion um »lean management« die Frage gestellt wird, welche Aufgaben der betrieblichen Leistungserstellung selbst erfüllt und welche anderen Wirtschaftssubjekten übertragen werden sollten, richtet sich der Blick auf die optimale Leistungsbreite und -tiefe. Da die optimale Funktionenerfüllung in den Dimensionen Zeit, Raum, Qualität, Quantität, Kosten und Ertrag aufgrund der Vielzahl von Einflußgrößen und dynamischer Wirtschaftsabläufe ex ante unbekannt ist, wird sich im Wettbewerb zeigen, inwieweit sich ein Handelsbetrieb einer bestmöglichen Funktionenerfüllung angenähert hat.
Die Theorie der Handelsfunktionen kann Ideen zur Ausgestaltung des Leistungsprogrammes eines Handelsbetriebes liefern. Sie kann allerdings nicht nachweisen, unter welchen Bedingungen die Aus- oder Eingliederung, die Schöpfung oder der Fortfall einer Funktion die Wettbewerbssituation stärken. Um dies erkennen zu können, muß neben einer Bedarfsanalyse geprüft werden, inwieweit ein komparativer Konkurrenzvorteil geschaffen werden kann.

**Ableitung von absatzpolitischen Instrumenten aus den Handelsfunktionen**

Der Wert der Handelsfunktionenkataloge wird auch darin gesehen, daß sie das theoretische Fundament sein können, aus dem handelsspezifische absatzpolitische Instrumente abgeleitet werden können. *Barth* kritisiert, daß »... *man sich bei der Systematisierung der absatzpolitischen Instrumente für den Handelsbetrieb vornehmlich von der für Industriebetriebe gültigen Gliederung leiten läßt, statt den Besonderheiten der handelsbetrieblichen Leistungserstellung Rechnung zu tragen.*«[14] Er begründet den Zusammenhang zwischen Handelsfunktionen und akquisitorischem Potential mit der marktstrategischen Zielsetzung, Nachfrage auf den Leistungen anbietenden Handelsbetrieb zu lenken: »*Da die Art und Weise, wie Handelsfunktionen einzelwirtschaftlich betrachtet erfüllt werden, das marktgerichtete Erscheinungsbild des Handelsbetriebes prägen, sind folgerichtig die Determinanten handelsbetrieblicher Leistungspolitik aus dem System der Handelsfunktionen abzuleiten.*«[15] Er kommt in der Folge zu einem Katalog absatzpolitischer Instrumente, der sich an folgenden Fragen orientiert:

(1) Welche Leistungen des Handelsbetriebes werden auf dem relevanten Markt verlangt und können im Sinne der Unternehmungsziele ausreichende Nachfrage mobilisieren?

(2) Zu welchen Entgeltbedingungen sollen die Leistungen des Handelsbetriebes am Markt angeboten werden?

(3) Welche Beeinflussungsmaßnahmen sollen ergriffen werden, um die potentiellen Nachfrager über das Preis-Leistungs-Verhältnis zu informieren und zum Kauf der mit Dienstleistungen verknüpften Sachleistungen (Waren) zu motivieren?

Es ergibt sich so ein plausibles dreigliedriges System absatzpolitischer Instrumente der Handelsunternehmung, das mit den Oberbegriffen Leistungspolitik, Entgeltpolitik und Beeinflussungspolitik jedoch nicht für sich in Anspruch nehmen kann, handelsspezifisch zu sein.

Nachdem sich die Handelsfunktionentheorie als ungeeignet erwiesen hat, die Existenzberechtigung von Handelsbetrieben nachzuweisen, ist ihr heutiger Wert vor allem darin zu sehen, daß sie im Rahmen der strategischen Planung zu Hinweisen auf aufzunehmende oder abzugebende Handelsfunktionen anregen kann.

# 3.3 Der Handelsbetrieb in produktionswirtschaftlicher Sicht

Die Produktionstheorie hat sich zu einem wichtigen Paradigma der Betriebswirtschaftslehre entwickelt, indem sie sich die Aufgabe gestellt hat, betriebliche Prozesse auf einer mengenmäßigen Basis zu analysieren. Die Produktionstheorie sieht einen Betrieb als Transformation von Input- zu Outputgrößen. Angeregt durch *Gutenbergs* Überlegungen, die Besonderheiten des Industriebetriebs zum Ausdruck zu bringen,

---

[14] Barth, K., 1996, S. 35.
[15] Barth, K., 1996, S. 36–37.

indem dieser als Kombinationsprozeß von Produktionsfaktoren dargestellt wird, gibt es auch Überlegungen, Struktur und Abläufe im Handelsbetrieb zu erschließen, indem die drei folgenden Fragen gestellt werden:
1. Welche Produktionsfaktoren werden im Handelsbetrieb eingesetzt und inwieweit unterscheiden sich diese von den Produktionsfaktoren in anderen Wirtschaftszweigen?
2. Worin bestehen die Leistungen des Handelsbetriebes?
3. Von welchen Faktoren hängt es ab, in welchem Ausmaß Produktionsfaktoren eingesetzt werden müssen, um ein bestimmtes Ergebnis zu erzielen?

Zwar kann nicht von einem produktionstheoretischen Theoriegebäude für den Handelsbetrieb gesprochen werden, dazu sind die Beiträge zu vereinzelt, aber es finden sich einige Versuche.[16] Zudem ist die Produktionstheorie etwas in den Hintergrund getreten, aber es darf nicht übersehen werden, daß ihre Grundüberlegungen unter anderen Begriffen aktuell sind. Dies gilt insbesondere für die Entwicklung von Kennzahlensystemen und das Konzept der Wertschöpfungskette.[17]

## 3.3.1 Darstellung produktionstheoretischer Ansätze

Entsprechend den zuvor gestellten Fragen wird im folgenden kurz auf die Elemente der Produktionstheorie eingegangen, nämlich die Produktionsfaktoren, die Leistung und die Bestimmungsfaktoren, von denen es abhängt, welcher Faktoreinsatz notwendig ist, um eine bestimmte Leistung zu erstellen.

### Arten von Produktionsfaktoren

Aus produktionswirtschaftlicher Sicht wird auch ein Handelsbetrieb als Input-Output-System gesehen. Dabei besteht der »Input« aus den Betriebsfaktoren bzw. den Produktionsfaktoren, unter denen alle Sachgüter oder Leistungen (soweit es sich um wirtschaftliche Güter handelt) verstanden werden, die in den Produktions- bzw. Kombinationsprozeß einer Unternehmung eingehen und dort zur Hervorbringung anderer Sachgüter oder Leistungen dienen. *Buddeberg* benennt für den Handelsbetrieb folgende Faktoren:[18]
1. Menschliche Arbeitsleistung,
2. sachliche Betriebsmittel,
3. den Regiefaktor Ware,
4. den Sicherungsfaktor Kapital,
5. den dispositiven Faktor.

Charakteristisch für den Handelsbetrieb ist der Regiefaktor Ware, den *Buddeberg* nicht mit dem im Hinblick auf die Verhältnisse in der Industrie vorgeschlagenen Faktor »Werkstoffe« gleichgesetzt sehen möchte, da die Waren nicht im gleichen Sinne in den Leistungsprozeß eingingen. Er schreibt:

---

[16] Vgl. Barth, K.: Produktion im Handel, in: Kern, W./Schröder, H.-H./Weber, J. (Hrsg): HWProd, Stuttgart 1979, Sp. 697–704.

[17] Vgl. hierzu Kapitel 4.

[18] Vgl. Buddeberg, H.: Betriebslehre des Binnenhandels, Wiesbaden 1959, S. 42.

> *»Die Handelswaren laufen durch den Betrieb und verbleiben dabei eine gewisse Zeit-strecke sozusagen in der Regie der Handelsbetriebe. In dieser Zeit erfahren sie zwar keine substantiellen Veränderungen, sie wirken jedoch durch den Tatbestand ihrer Vorrätigkeit als Betriebsfaktor.«[19]*

Den Sicherungsfaktor Kapital nimmt *Buddeberg* in den Faktorkatalog auf, weil sich vom Standpunkt der Kostenverursachung feststellen lasse, daß es Finanzierungsko-sten gebe, die nicht ohne weiteres den übrigen Betriebsfaktoren zuzurechnen seien. Der Katalog der Produktionsfaktoren von *Buddeberg* ist später häufig übernommen, aber selten diskutiert worden. *Buddebergs* Faktorkatalog ist insbesondere auf seine Vollständigkeit zu diskutieren (ob weitere Faktoren aufgenommen werden sollten, wobei an »Informationen«, »Rechte«, wie etwa Alleinvertriebsrechte, oder »fremd-bezogene Dienstleistungen« zu denken ist). Auch ist zu fragen, ob die Produktions-theorie, die sich auf eine Transformation der Produktionsfaktoren, definiert als wirt-schaftliche Güter, für deren Nutzung ein Entgelt bezahlt werden muß, beschränkt, nicht explizit um den externen Faktor Kunde ergänzt werden muß. Wie auch für andere Dienstleistungsbetriebe gilt für Handelsbetriebe häufig, daß eine Leistung nur unter Mitwirkung des Kunden erstellt werden kann (z. B. Verkauf einer Ware). Faktorbezogene Analysen werden heute auch unter dem Stichwort »res-sourcenorientierte Unternehmensführung« durchgeführt.[20]

### Worin bestehen die Leistungen des Handelsbetriebes?

Der »Output«, also das Ergebnis handelsbetrieblicher Tätigkeit, ist mengen- und wertmäßig nicht so einfach festzulegen wie die Produktionsleistung des Industriebe-triebes. Im Regelfall kann der Output des Handelsbetriebes als das Zustandekommen von Kaufverträgen mit den Kunden definiert werden. Dieser externen Handels-leistung gehen andere externe und interne Leistungen voraus. Betrachtet man die Tätigkeiten eines Handelsbetriebes aus den Augen eines potentiellen Kunden, dann können bei Verwendung eines ergebnisbezogenen Leistungsbegriffes
– die Gestaltung der Warenprozesse (das Verfügbarmachen von Ware in sachlicher, zeitlicher, quantitativer und räumlicher Hinsicht),
– die Dienstleistungen, soweit sie sich nicht bereits in den Warenprozessen spiegeln,
– die finanziellen Angebote (Preise, Zahlungskonditionen)
als Komponenten der Handelsleistung angesehen werden. Insofern bietet es sich an, zur Spezifizierung der Handelsleistung die Größen »Warenprozesse«, »Serviceprо-zesse« und »Geldprozesse« heranzuziehen, mit denen *Hedderich* die Handelsprozes-se unterteilt.[21] Die Leistungen des Handels werden so als ein Bündel von waren-bezogenen Leistungen, Dienstleistungen und finanziellen Konditionen gesehen (vgl. auch Abbildung 3.4).

---

[19] Buddeberg, H., 1959, S. 42.
[20] Rasche, C./Wolfram, B.: Ressourcenorientierte Unternehmensführung, in: DBW, 54. Jg. (1994), S. 501–517.
[21] Vgl. Hedderich, R.: Die Grundlagen des Handelsbetriebes (2), in: ZfB, 56. Jg. (1986), S. 484–499.

Der Handelsbetrieb als Input-Output-System _____

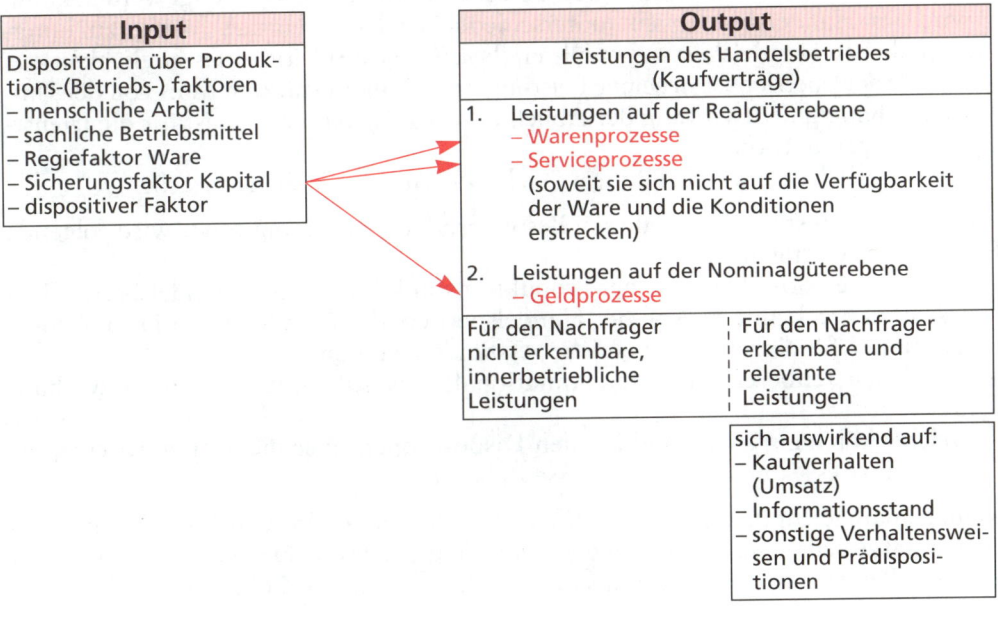

Noch konkreter beantwortet *Haas* die Frage nach der Leistung des Handelsbetriebes, indem er aufzeigt, welche Vorteile einem Abnehmer in den einzelnen Stufen des Kaufentscheidungsprozesses geboten werden können.[22] Er unterscheidet vier Leistungsbereiche:

(1) Unterstützung bei der Kaufentscheidung, indem Informationen über die Handlungsalternativen und ihre Beurteilung geboten werden,
(2) Gestaltung der Einkaufshandlung bezüglich des Ortes, der Zeit, der Zeitdauer und der Umstände (z. B. Kinderbetreuung, Cafeteria, Planungshilfen),
(3) Gestaltung der Waren- und Geldlogistik (Art der Waren, Verfügungsgrad bzw. Erhältlichkeit, Konditionen, Lieferservice),
(4) Betreuung nach dem Kauf (z. B. Service, Umtausch, Ergänzungsmöglichkeiten).

### Bestimmungsfaktoren für die Höhe des Faktoreinsatzes

Die Schwierigkeiten, die Zusammenhänge zwischen Input und Output zu spezifizieren und zu begründen, resultieren aus der Beobachtung, daß der für eine bestimmte Wirkung erforderliche Faktoreinsatz von zahlreichen Faktoren abhängt.
Werden Faktoreinsatz (Input) und Handelsleistung (Output) aufeinander bezogen, dann sind im Vergleich zum Industriebetrieb schon im vorhinein einige Abweichungen zu erwarten:[23]

---

[22] Vgl. Haas, H.-L.: Was produziert ein Handelsbetrieb?, in: ZfB, 63. Jg. (1993), S. 1137–1155.
[23] Vgl. hierzu Tietz, B.: Der Handelsbetrieb, 2. Auflage, München 1993 a, S. 577 f.

- Während im Industriebetrieb in vielen Fällen mit verschiedenen Faktorkombinationen ein dem Abnehmer gleich erscheinendes Produkt erzeugt werden kann, wird im Handelsbetrieb ein unterschiedlicher Faktoreinsatz häufig zu unterschiedlichen Handelsleistungen führen (beschränkte Substitutionsmöglichkeit).
- Der Handelsbetrieb ist in seiner Leistungserstellung in starkem Maß von der Umwelt abhängig (Mitwirkung der Abnehmer), so wie das typisch ist für die Dienstleistungsproduktion.
- Die Handelsleistung wird häufig an vielen dezentralen Stellen erbracht.

Eine Produktionstheorie, die diesen Besonderheiten Rechnung trägt, wird folgende Fragen beantworten müssen:
- Soll sich die Formulierung einer Produktionsfunktion auf den Handelsbetrieb insgesamt erstrecken, oder soll der Handelsbetrieb als ein System von Produktionsfunktionen für einzelne Teilbereiche verstanden werden?
- In welchen Teilbereichen gelten limitationale bzw. substitutionale Einsatzverhältnisse?
- Welche Abhängigkeiten sind bei den Dispositionen über die Warenprozesse, die Serviceprozesse und die Geldprozesse zu beachten?

Mengenmäßige Input-Output-Relationen werden mit Hilfe von Produktionsfunktionen dargestellt. Die wertmäßige Bestimmung der Input-Output-Relation erfolgt über die Bewertung des Faktoreinsatzes (z. B. in Form von Lohnkosten oder Mietzahlungen).


## 3.3.2 Die Eignung produktionstheoretischer Ansätze für die Analyse handelsbetrieblicher Probleme

Es kann kaum davon gesprochen werden, daß innerhalb der Handelsbetriebslehre eine eigenständige Produktionstheorie entwickelt worden ist. Dennoch finden sich entsprechende Überlegungen in mehreren Bereichen,
- in der Analyse von Kennzahlen,
- in der Strukturierung des Handelsbetriebes als Wertkette, die durch die Abfolge einzelner wirtschaftlicher Prozesse gekennzeichnet ist.

Im folgenden wird nur auf den Zusammenhang von Produktionstheorie und Kennzahlenrechnung eingegangen, nähere Ausführungen zur Wertkette finden sich im Kapitel zur strategischen Planung.


### Zusammenhänge zwischen Produktionstheorie und Kennzahlenrechnung

Die Verwendung von Kennziffern ist in der Handelspraxis sehr verbreitet.[24] Beispiele sind
- der Umsatz pro beschäftigte Person,
- der Absatz pro m$^2$,
- die Anzahl der bedienten Kunden pro beschäftigte Person.

---

[24] Eine ausführliche Behandlung von Kennzahlen findet sich in Kapitel 11 zum kostenorientierten Controlling.

Allen Beispielen ist gemeinsam, daß einer Ergebnisgröße (Umsatz, Zahl der bedienten Kunden) ausgewählte Einsatzfaktoren gegenübergestellt werden. Die entsprechende produktionstheoretische Darstellung findet sich in Abbildung 3.5. Dort wird beispielhaft dargestellt, daß bei einem Einsatz von fünf Mitarbeitern und einer Verkaufsfläche von $200\,\text{m}^2$ ein Umsatz von 1,4 Mio. DM erzielt wird.

**Abbildung 3.5:** Partielle und totale Faktorvariation mit den Faktoren Verkaufsfläche und Personaleinsatz und der Outputgröße Umsatz

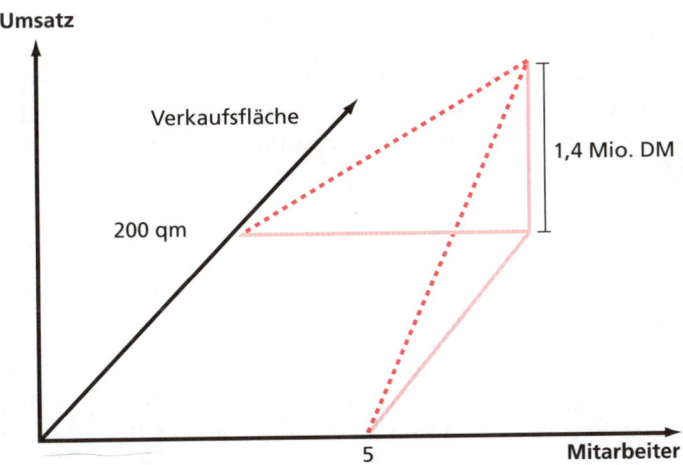

Für die Personenumsatzleistung und den Umsatz pro $\text{m}^2$ ergeben sich folgende Werte:

$$\text{Mitarbeiterproduktivität:} \quad \frac{1{,}4\,\text{Mio DM}}{5\,\text{Mitarbeiter}} = 280\,000\ \text{DM/Mitarbeiter}$$

$$\text{Raumproduktivität:} \quad \frac{1{,}4\,\text{Mio DM}}{200\,\text{qm}} = 7\,000\ \text{DM/qm}$$

Soll zum Ausdruck gebracht werden, daß mehrere Faktoren an der Leistungserstellung beteiligt sind, empfiehlt sich eine Vektordarstellung. Für das obige Beispiel also:

$$\begin{bmatrix} 1{,}4 \\ 5 \\ 200 \end{bmatrix}$$

Wie in der Produktionstheorie darf auch bei der Interpretation dieser Kennzahlen nicht davon ausgegangen werden, daß das Ergebnis, hier der Umsatz, nur aufgrund des Einsatzes des ausgewählten Faktors erzielt worden wäre. Schon Abbildung 3.5 macht darauf aufmerksam, daß zumindest ein zweiter Faktor eingesetzt wird, unter Umständen weitere, deren Einsatz nur deshalb aus der Darstellung nicht zu entnehmen ist, weil ihr Einsatz als konstant unterstellt wird. Geht man von der Annahme aus, daß die Grenzproduktivitäten der durchschnittlichen Produktivität entsprechen, ergeben sich die gestrichelt eingezeichneten partiellen Produktionsfunktionen in bezug auf die beiden dargestellten Produktionsfaktoren.

Bei den Teilproduktivitäten, wie sie sich aus den Kennzahlen ergeben, handelt es sich also

– um die Zurechnung des Outputs auf nur einen Faktor, obwohl mehrere Faktoren eingesetzt werden,

– nicht um Grenz-, sondern um Durchschnittsproduktivitäten (Durchschnittserträge).

Natürlich ist die Frage, ob sich die Leistung durch den verstärkten Einsatz eines Produktionsfaktors (bei konstantem Einsatz der übrigen Faktoren) steigern läßt, auch von erheblicher praktischer Bedeutung: Es ist versucht worden, solche Beziehungen empirisch aus Querschnittsanalysen abzuleiten. Ein Beispiel ist in Abbildung 3.6 dargestellt.[25] Es veranschaulicht, in welchem Ausmaß bei Fachgeschäften des Schuheinzelhandels beobachtet werden konnte, daß mit der Verkaufsfläche der Umsatz ansteigt.

**Abbildung 3.6:** Umsatz, Verkaufsfläche und Umsatz pro Quadratmeter Verkaufsfläche im Schuhfacheinzelhandel 1991 je nach Größenklassen

| Betriebe mit einer Verkaufsfläche von ... bis ... m² | Anzahl der Betriebe | durchschnittlicher Umsatz in Tsd. DM | durchschnittliche Verkaufsfläche in m² | Umsatz je m² Verkaufsfläche in DM |
|---|---|---|---|---|
| 01– 50 | 24 | 475 | 40 | 11 875 |
| 51–100 | 110 | 636 | 80 | 7 950 |
| 101–150 | 71 | 894 | 128 | 6 984 |
| 151–200 | 52 | 1 286 | 180 | 7 144 |
| 201–250 | 39 | 1 530 | 226 | 6 770 |
| 251–300 | 25 | 2 084 | 283 | 7 364 |
| 301–350 | 9 | 1 887 | 324 | 5 824 |
| 351–400 | 5 | 2 548 | 384 | 6 635 |
| 401–450 | 7 | 2 404 | 432 | 5 565 |
| 451–500 | 4 | 2 608 | 483 | 5 400 |

Basis: Betriebe mit einem Umsatz unter 5 Mio. DM

Quelle: Daten aus dem Betriebsvergleich des Instituts für Handelsforschung an der Universität zu Köln

---

[25] Die Daten sind den jährlichen Berichten über die Ergebnisse des Betriebsvergleichs entnommen; vgl. Müller-Hagedorn, L. (Hrsg.): Mitteilungen des Instituts für Handelsforschung, Novemberheft des auf das jeweilige Berichtsjahr folgenden Jahrgangs.

Abbildung 3.7: Größe der Verkaufsfläche und Höhe des Umsatzes im Schuhfacheinzelhandel 1991

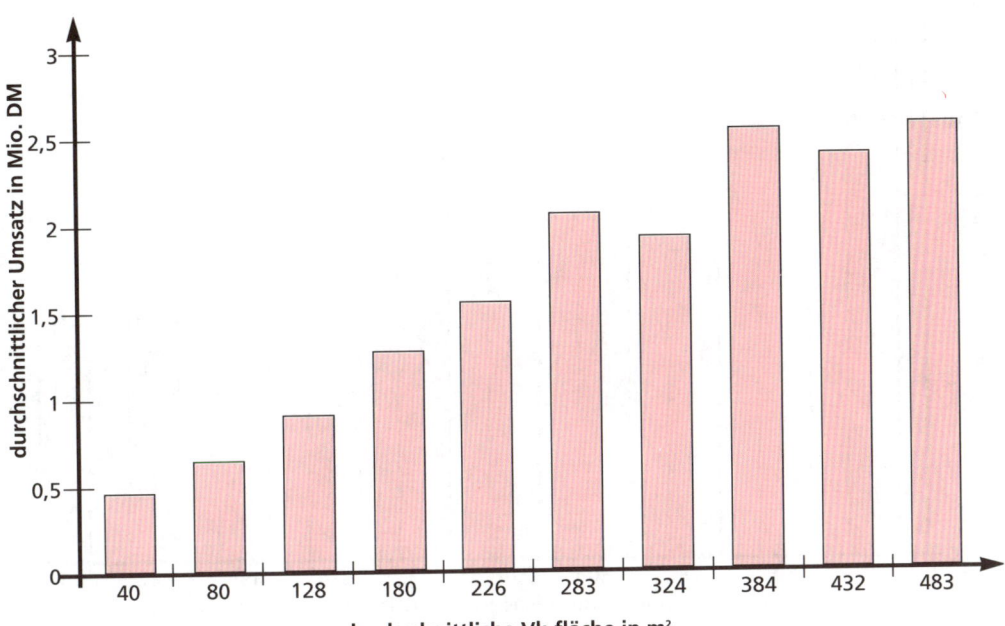

Basis: 355 Betriebe mit einem Umsatz unter 5 Mio. DM

Bei einer Analyse entsprechend der Abbildung 3.7 wird man nicht von der Annahme ausgehen dürfen, daß der übrige Faktoreinsatz konstant bleibt; vielmehr ist bei den hier zugrundeliegenden Betrieben davon auszugehen, daß mit steigender Verkaufs-fläche auch andere Faktoren in erhöhtem Ausmaß eingesetzt werden. Diese Annahme wird auch dadurch gestützt, daß die Werte für den durchschnittlichen Umsatz pro m$^2$ Verkaufsfläche in Abbildung 3.8 mit größer werdender Verkaufsfläche sinken. Die Durchschnittserträge sind mithin nicht konstant.

Auch für den Handelsbetrieb gelten also die in der Produktionstheorie generell for-mulierten Fragen:
– Wie ändert sich der Output bei Variation eines einzelnen Faktors?
– Wie ändert sich der Output bei Variation mehrerer Faktoren?
– Inwieweit können im Handel Produktionsfaktoren substituiert werden (z. B. Ver-kaufsraum und Personal, Standortlagen und Werbekosten, Personal und Ware)?

Immer wenn als Leistungsergebnis absatzmarktbezogene Größen betrachtet werden (z. B. Umsatz), handelt es sich bei der Produktionsfunktion um Marktreaktionsfunk-tionen. Es sind aber auch Produktionsfunktionen denkbar, die sich auf innerbetrieb-liche Leistungen beziehen, z. B.
– die Zahl der im Lager kommissionierten Artikel,
– die Zahl der erfüllten Bestellungen,
– die Zahl der abgewickelten Lohnabrechnungen.

**Abbildung 3.8:** Größe der Verkaufsfläche und Umsatz pro Quadratmeter im Schuhfach-einzelhandel 1991

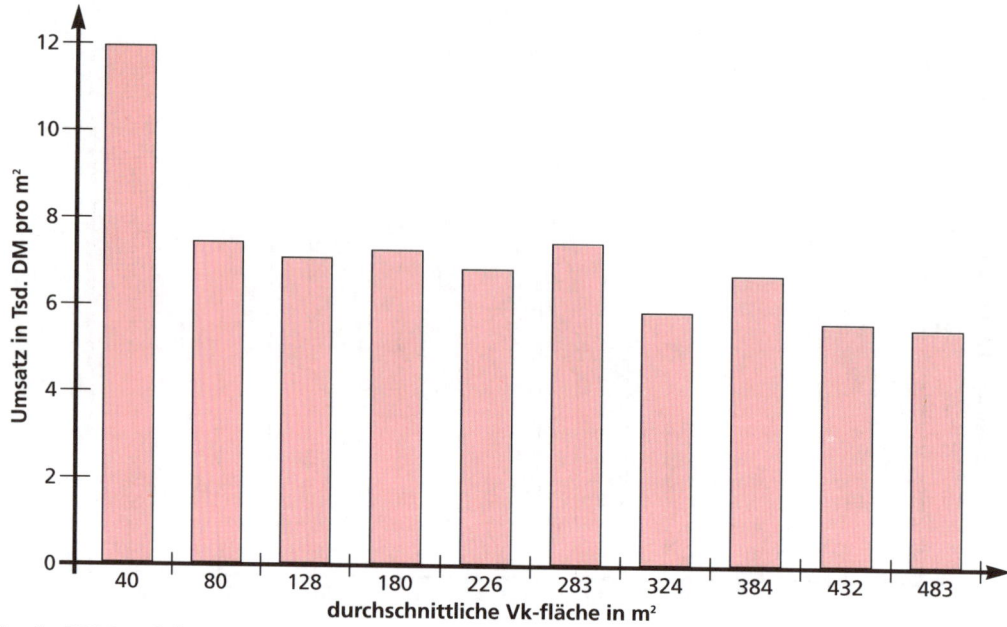

Basis: 355 Betriebe mit einem Umsatz unter 5 Mio. DM

Die ermittelten Kennzahlen – Bruchstücke einer produktionstheoretischen Betrachtung – stellen das Zentrum der inner- und zwischenbetrieblichen Kontrolle dar. Hierauf wird bei den Ausführungen zum Controlling in Kapitel 11 zurückgekommen.

**Der Handelsbetrieb als Abfolge von Prozessen**

Die vorstehenden Ausführungen vereinfachten die Analyse, indem sie den ganzen Handelsbetrieb als eine Input-Output-Einheit betrachtet haben. Bei komplexeren Abläufen empfiehlt es sich, den Handelsbetrieb als Abfolge von Prozessen zu begreifen, von denen jeder durch seinen Ressourcenverbrauch und seine Leistung charakterisiert werden kann. Diese Sichtweise findet sich in der sog. Wertkette wieder, auf die im Kapitel über strategische Planung eingegangen wird.[26] Ein einfaches Beispiel ist in Abbildung 3.9 dargestellt.

---

[26] Das Konzept der Wertkette wurde von *Porter* eingeführt. Siehe Porter, M.: Wettbewerbsvorteile. Spitzenleistungen erreichen und behaupten, Frankfurt am Main 1989 b, 3. Auflage, S. 65 ff.

**Abbildung 3.9:** Die Wertkette in produktionstheoretischer Sicht (Beispiel) _____

| Prozeß | Lieferantenauswahl | Dispositionen | Einlagerungen |
|---|---|---|---|
| Prozeßergebnis | Lieferantenkontrakte | Zahl der Dispositionen | Eingelagerte Warenmenge |
| Benötigte Ressourcen | Personal | Personal EDV-Kapazität | Lagerpersonal EDV-Kapazität Fördermittel |

### Unsicherheiten in der Leistungserstellung durch Handelsbetriebe

Im Handelsbetrieb resultieren Unsicherheiten daraus, daß zwar Ressourcen bereitgestellt werden, jedoch in hohem Maße unsicher ist, inwieweit sie marktlich verwertet werden können. Dies hängt insbesondere davon ab, daß über die Inanspruchnahme nicht der Handelsbetrieb disponiert, sondern diese durch die Kunden gesteuert wird. Bei mangelnder Nachfrage werden zwar Raumkapazitäten vorgehalten, Ware bereitgestellt, wird nicht ausgelastetes Personal beschäftigt, aber das Ergebnis ist – gleichgültig ob es mengen- oder wertmäßig erfaßt wird – gering. Es kann hinzukommen, daß Beratungsgespräche länger als erwartet dauern, schließlich kann es sich erweisen, daß die ursprünglich kalkulierten Preise nicht erzielt werden können. Dem Faktoreinsatz, dem Kosten einer bestimmten Höhe entsprechen, steht ein relativ kleines Ergebnis gegenüber. Diese für den Handel typische Situation erfassen *Jung/Spreemann*, indem sie den Zusammenhang zwischen Faktoreinsatz des Betriebes und Markterfolg nicht als deterministischen Funktionalzusammenhang begreifen, sondern die erwähnten Unsicherheiten über sog. Risikokosten berücksichtigen.[27]

*Jung/Spreemann* weisen darauf hin, daß sich einzelne Handelsbetriebe in der Höhe von sog. technischen Kosten und Erlösen unterscheiden; außerdem müsse mit mehr oder minder großen zusätzlichen Kosten bzw. Erlösminderungen gerechnet werden. Als »technische Kosten« definieren sie jene »*Kosten, die für die Abwicklung der für den jeweiligen Betrieb vorgesehenen Handelsprozesse* [z. B. die Beschaffung, die Lagerung, die Lieferung, die Zahlungsabwicklung] *unabhängig vom Verhalten einzelner Kunden in Rechnung zu stellen sind.*«[28] Dabei unterstellen sie, daß diese Kosten mit einer optimistisch-idealistischen Perspektive geschätzt werden. Da diese optimistische Einschätzung nicht dem tatsächlichen Geschäftsablauf entsprechen muß, können Risikokosten hinzutreten. Es handelt sich um jene »*Kosten, die weitgehend mit dem Verhalten eines Interessenten oder Kunden korreliert sind und die* [selbst bei gleichem Warengeschäft] *deshalb von Kunde zu Kunde variieren.*«[29] Es kann sich dabei beispielsweise um einen erhöhten Personalaufwand handeln, der eingesetzt werden muß, um zu einem Geschäftsabschluß zu kommen oder ihn abzuwickeln, oder um Erlösminderungen (Abschriften).

---

[27] Vgl. Jung, M./Spreemann, K.: Transaktionsrisiken, in: ZfB, 59. Jg. (1989), S. 94–112.
[28] Jung, M./Spreemann, K., 1989, S. 100.
[29] Jung, M./Spreemann, K., 1989, S. 100.

Mit diesem Instrumentarium sind *Jung/Spreemann* in der Lage, jeden Handelsbetrieb mit zwei Angaben zu kennzeichnen,
- mit einer relativen Handelsspanne, die sie »Spread« nennen, bei der die optimistisch geschätzten Erlöse und die optimistisch geschätzten technischen Kosten saldiert und auf die Erlöse bezogen werden, und
- mit einer Größe »Risk«, die die »Risikokosten« auf die Erlöse bezieht.

In Abbildung 3.10 ist die Situation zweier Handelsbetriebe verdeutlicht, die folgendermaßen charakterisiert werden kann:

Betrieb 1: hohe Differenz von Erlösen und technischen Kosten (bei optimistischer Einschätzung), aber Gefahr großer Kostensteigerungen bzw. Erlösminderungen (durch das Verhalten der Kunden);

Betrieb 2: relativ geringer Überschuß der Erlöse über die technischen Kosten, aber auch geringes Risiko einer wesentlichen Verschlechterung der Ergebnisse.

Die Abbildung zeigt, daß der Spread, also der Überschuß der optimistisch geschätzten Erlöse über die optimistisch geschätzten technischen Kosten bei Betrieb 1 sehr viel höher als bei Betrieb 2 ist. Aber für viele Geschäftsabschlüsse im Betrieb 1 gilt, daß mehr oder minder hohe Risikokosten die Spanne schmälern. Auch in Betrieb 2 kommen solche Erfolgsschmälerungen vor, jedoch nehmen sie nicht das Ausmaß an wie in Betrieb 1.

Betrieb 1 hat also im günstigen Fall pro Geschäftsabschluß einen hohen Spread, es können sich aber auch die Risikokosten erhöhen. In Abbildung 3.10 ist dargestellt, daß der Betrieb den »optimistisch-idealistisch« geschätzten Spread nur bei wenigen Geschäftsabschlüssen realisieren kann, dagegen in vielen Fällen erhöhte Kosten verbuchen mußte. Sowohl die Höhe als auch die Häufigkeit, mit der solche »Risikokosten« realisiert werden, können im vorhinein unsicher sein. Im Fall der zwar pro Geschäftsabschluß im vorhinein unbekannten unterschiedlich hohen, aber insgesamt bekannten Risikokosten können Spread und Risiko saldiert werden; die Differenz entspricht der Betriebshandelsspanne. Einzelne Betriebe oder einzelne Betriebsformen unterscheiden sich dann in der von ihnen erzielten Betriebshandelsspanne. Die Risikokosten können aber auch als unbekannte Größen angesehen werden; Risk könnte dann als die Wahrscheinlichkeit verstanden werden, daß sich die erhoffte optimistische Betriebshandelsspanne um einen bestimmten Betrag mindert. *Jung* und *Spreemann* verwenden die deterministische Variante.

*Jung/Spreemann* übertragen die Angaben zur Verteilung von Risk und Spread in ein Diagramm, das mit vier extremen Grundpositionen verschiedene Typen von Betriebsformen (Bedienungsstrategien/Selektionsdesign) klassifiziert.

Die Grundpositionen lassen sich folgendermaßen unterscheiden (vgl. Abb. 3.11):

**Position A: Geringer Spread, geringes Risk:** Hier erlaubt es das Selektionsdesign, niedrige Preise zu setzen. Bei allen Transaktionen liegen die Erlöse gleichmäßig geringfügig über den Kosten, die transaktionsbezogene Erfolgsvariabilität ist also gering (Bsp.: *Aldi*).

**Position B: Hoher Spread, hohes Risk:** Da die Anbieter ihr Transaktionsrisiko kaum durch Selektion verringern können, sind höhere Preise erforderlich. Die transaktionsbezogene Erfolgsvariabilität ist hoch, d. h. es gibt Einzelgeschäfte, die sich besonders gut oder besonders schlecht entwickeln (Bsp.: Schmuckgeschäft).

Abbildung 3.10: Das Risikoprofil zweier Typen von Handelsbetrieben _____

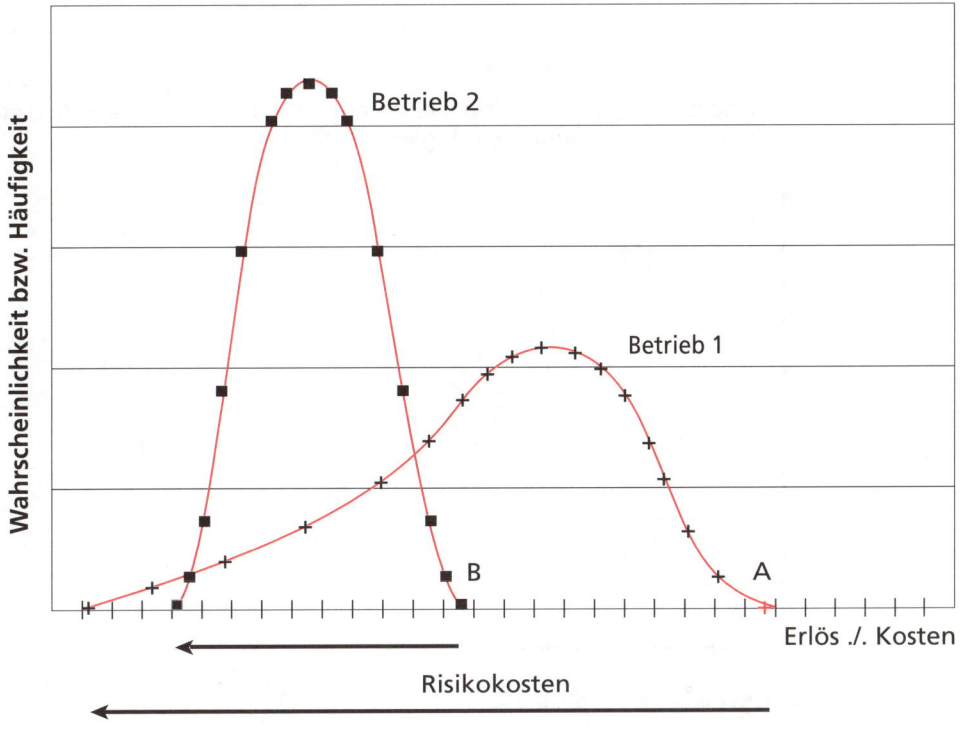

**Position C: Geringer Spread, hohes Risk:** Es gelingt nicht, unrentable Transaktionen (Warenangebote, Kundenkontakte) frühzeitig zu identifizieren oder durch ein verbessertes Selektionsdesign herauszufiltern (Bsp.: bestimmte Abteilungen im Warenhaus und Kaufhaus).

**Position D: Hoher Spread, geringes Risk:** Hier können durch verschiedenste Maßnahmen aktiver Kundenselektion und eine mit der Erfahrung optimierte Bedienungsstrategie die Einzelkosten unter den transaktionsspezifischen Erlösen gehalten werden (Bsp.: Boutiquen, Feinkostläden, Spezialgeschäfte).

Es wird somit deutlich, daß aus den für den Handelsbetrieb stochastischen Beziehungen zwischen Input und Output Konsequenzen für die Marketingpolitik abgeleitet werden, vor allem Konsequenzen im Hinblick auf die gewählte Betriebsform.
Die Ursache für die stochastischen Beziehungen zwischen Input und Output liegt vor allem in der Mitwirkung des Kunden an der Leistungserstellung. Während für die Massenproduktion in einem Industriebetrieb gilt, daß der Hersteller die Entscheidungen über den Ablauf des Fertigungsprozesses allein trifft, ist die Situation im Handelsbetrieb anders. Entweder entscheiden im Beratungshandel Anbieter und Kunde gemeinsam oder der Nachfrager trifft im Selbstbedienungshandel im Bereich des Anbieters faktisch allein die Entscheidungen über die Durchführung und das

Ergebnis des Prozesses. Dies ist die typische Situation der Dienstleistungsproduktion.[30]

**Abbildung 3.11:** Risk-Spread-Diagramm mit vier extremen Grundpositionen A, B, C, D von Handelsform/Bedienungsstrategie/Selektionsdesign

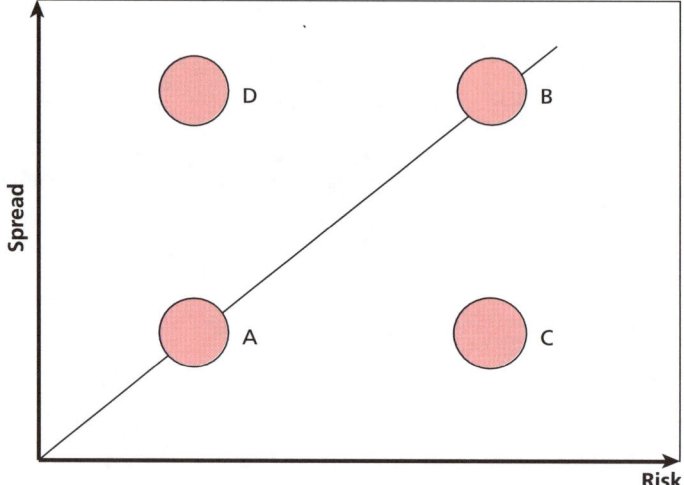

Quelle: Jung, M./Spreemann, K., 1989, S. 103

# 3.4 Der Handelsbetrieb als Transaktionskostenspezialist

*Gümbel* stellt auf der Basis des von *Coase* formulierten Transaktionskostenansatzes eine weitere, neue Sicht des Handelsbetriebes dar.[31]
*Coase* weist darauf hin, daß der Abschluß von Kaufverträgen mit Kosten (= Transaktionskosten) verbunden ist. Sie entstehen bei der Anbahnung, der Gestaltung und dem Abschluß von Kontrakten. Die Kosten der Marktinanspruchnahme können durch die Gründung von Unternehmen gesenkt werden, denn ein Unternehmen kann

---

[30] Vgl. Engelhardt, W. H./Freiling, J.: Die integrative Gestaltung von Leistungspotentialen, in: ZfbF, 47. Jg. (1995), S. 899–918.
[31] Vgl. Gümbel, R., 1985 und Coase, R. H.: The Nature of the Firm, in: Economica, Vol. 1 (1937), S. 386–405.

externe Transaktionskosten einsparen, wenn es für die Produktion der jeweiligen Outputeinheiten nicht jeweils eigene Werk- und Kaufverträge abschließt, sondern statt dessen die benötigten Personen durch längerfristig geltende Arbeitsverträge an sich bindet. In dem Unternehmen sind dann allerdings Instanzen zu bilden, die die Leistungen der Arbeitnehmer koordinieren, Anweisungen geben und die Durchführung kontrollieren. Es entstehen interne Transaktionskosten.[32]

Diese Grundidee ist erweitert worden, indem gefragt wurde, welche Transaktionskosten die Anbieter und die Nachfrager von Waren einsparen, wenn sie nicht unmittelbar miteinander in Geschäftsbeziehungen eintreten, sondern sich des Handels bedienen. Der Transaktionskostenansatz erklärt nach *Gümbel* die Existenz von Handelsunternehmen und trägt zum Verständnis der Handelsleistung bei. Handelsbetriebe entstehen, wenn die Kosten zur Überwindung von Spannungen zwischen den anbietenden und nachfragenden Stufen bei der Einschaltung des Handels geringer sind als bei einem direkten Kontakt zwischen Lieferant und Abnehmer.[33] Handelsunternehmen sind demnach nicht Spezialisten der sachlichen Transformation, sondern der Transaktion, d. h. der Übertragung von Verfügungsrechten. Der Erfolg von Handelsunternehmen beruht auf Marktspannungen, die ein »Arbitrage-Potential« liefern, das der Händler durch das Angebot stufenspezifischer Verträge nutzt. Der Händler bietet den Lieferanten die Abnahme der von ihnen produzierten Güterarten in großen Mengen zu einem zwischen den Vertragspartnern vereinbarten Zeitpunkt und an dem von Hersteller und Händler gewünschten Ort an. Für die Waren sucht er Nachfrager, denen er kleinere Mengen, ein verändertes Warenangebot, den Kauf zu einem (in der Regel) späteren Zeitpunkt und an einem Ort bietet, der dem Abnehmer räumlich näher liegt. Auf diese Weise transformiert der Handel Beschaffungskontrakte in Verkaufsverträge und erfüllt damit die Handelsfunktionen. Kosten können durch die Vermittlungstätigkeiten des Händlers bei der Abwicklung von Transaktionen eingespart werden, da sie Einigungs- und Kontaktkosten reduzieren und die Existenz des Handels Voraussetzung für die Nutzung von economies of scale ist.[34]

Ähnliche Überlegungen werden auch von *Betancourt* und *Gautschi* vorgetragen. Sie behandeln den Transaktionskostenansatz unter der Frage, welche Distributionsleistungen der Handelsbetrieb neben den fremderstellten Gütern anbieten sollte.[35] Die Distributionsleistungen stellen Aktionsparameter des Handelsbetriebes dar, die unter Berücksichtigung der Nachfrage- und Kostenfunktion so gewählt werden, daß der Gewinn des Händlers maximiert wird. Diese Problemstellung entspricht der Diskussion der »Make-or-Buy«-Entscheidung bzw. der Ausgliederung von Funktionsbereichen aus dem Bereich des privaten Haushalts.

Auch *Betancourt/Gautschi* gehen wie die Transaktionskostentheoretiker davon aus, daß die Distribution mit Kosten verbunden ist, die vom Händler oder vom Verbraucher getragen werden müssen. Je mehr Distributionsleistungen der Händler übernimmt, desto geringer sind die Kosten der Beschaffung und der Produktion für den Konsumenten.[36] Der Haushalt agiert als nutzenmaximierendes Subjekt, das vor der

---

[32] Vgl. Gümbel, R., 1985.

[33] Vgl. dazu auch Picot, A.: Transaktionskosten im Handel, in: Betriebsberater, 41. Jg. (1986), Beilage 13 zu H. 27, S. 1–16.

[34] Vgl. zur näheren Begründung Gümbel, R., 1985, S. 168 f.

[35] Vgl. Betancourt, R./Gautschi, D.: The Evolution of Retailing. A Suggested Economic Interpretation, in: International Journal of Marketing Research, Vol. 3 (1986), S. 217–232.

[36] Vgl. Betancourt, R./Gautschi, D., 1986, S. 217–232.

Wahl steht, entweder weitgehend fertige Dienstleistungen zu beziehen oder »Rohstoffe« in den häuslichen Produktionsprozeß einzuführen. Zu den Kosten, die der Konsument bei der Beschaffung von Gütern berücksichtigt, gehören Transportkosten, Zeitkosten, Anpassungskosten, die entstehen, wenn ein gewünschtes Gut in einer Einkaufsstätte nicht verfügbar ist, psychische Kosten, Lagerkosten und Kosten der Information. Die Höhe dieser Beschaffungskosten des Konsumenten hängt davon ab, in welchem Ausmaß ein Händler Distributionsleistungen erbringt. Die Aktionsparameter des Handels umfassen die Erreichbarkeit der Einkaufsstätte, die Sortimentspolitik, das Ambiente der Einkaufsstätte, die Sicherheit, mit der das Produkt zum gewünschten Zeitpunkt verfügbar ist (Lieferbereitschaft) und Informationsdienste. Diese Leistungen können mit Ausnahme des Ambientes auf die Handelsfunktionen zurückgeführt werden.

Um das Ausmaß, in dem Distributionsleistungen erbracht werden, zu bestimmen, werden in Anlehnung an die mikroökonomische Preistheorie die Nachfragefunktion und die Kostenfunktion des Händlers abgeleitet.

*Betancourt/Gautschi* bestimmen die optimale Absatzpolitik des Händlers nach dem in der Preistheorie verwendeten Marginalprinzip.

# 3.5 Der entscheidungsorientierte Ansatz

Wie generell in der Betriebswirtschaftslehre dominiert auch in der Handelsbetriebslehre heute der entscheidungstheoretische Ansatz. Nach ihm wird ein Betrieb als ein Bündel von getroffenen und zu treffenden Entscheidungen gesehen. Für die einzelnen Teilbereiche einer Handelsunternehmung sollen vorteilhafte Handlungsmöglichkeiten erkannt werden. Als Teilbereiche sind insbesondere zu nennen
– der Absatzbereich (Marketing),
– der Beschaffungs- und Logistikbereich und
– der Personal- und Organisationsbereich.

Auch diese Monographie ist nach dem entscheidungstheoretischen Ansatz konzipiert. Er wird deswegen im folgenden näher gekennzeichnet.

Ausgangspunkt soll der Hinweis sein, daß die wirtschaftliche Lenkung einer Unternehmung gedanklich in einzelne Phasen zerlegt werden kann:
– die Analyse des Ist-Zustandes und die Prognose zentraler Trends,
– die Planung von betrieblichen Maßnahmen (i. S. v. Erkennen, Beurteilen und Auswählen),
– die Realisation der geplanten Maßnahmen und
– die Kontrolle.

Die genannten vier Phasen werden häufig weiter unterteilt.[1] *Delfmann* spricht vom Management-Zyklus und unterteilt die gesamte Unternehmensführung in

---

[1] Vgl. z. B. Hinterhuber, H. H.: Strategische Unternehmensführung, Band 1: Strategisches Denken, 6. Auflage, Berlin – New York 1996 oder Köhler, R.: Beiträge zum Marketing-Management. Planung, Organisation, Controlling, 3. Auflage, Stuttgart 1993, S. 8.

– die Organisation,
– die Planung und Kontrolle sowie
– die Mitarbeiterführung.[2]

Abbildung 3.12:  Phasen der Unternehmensführung ————————————————

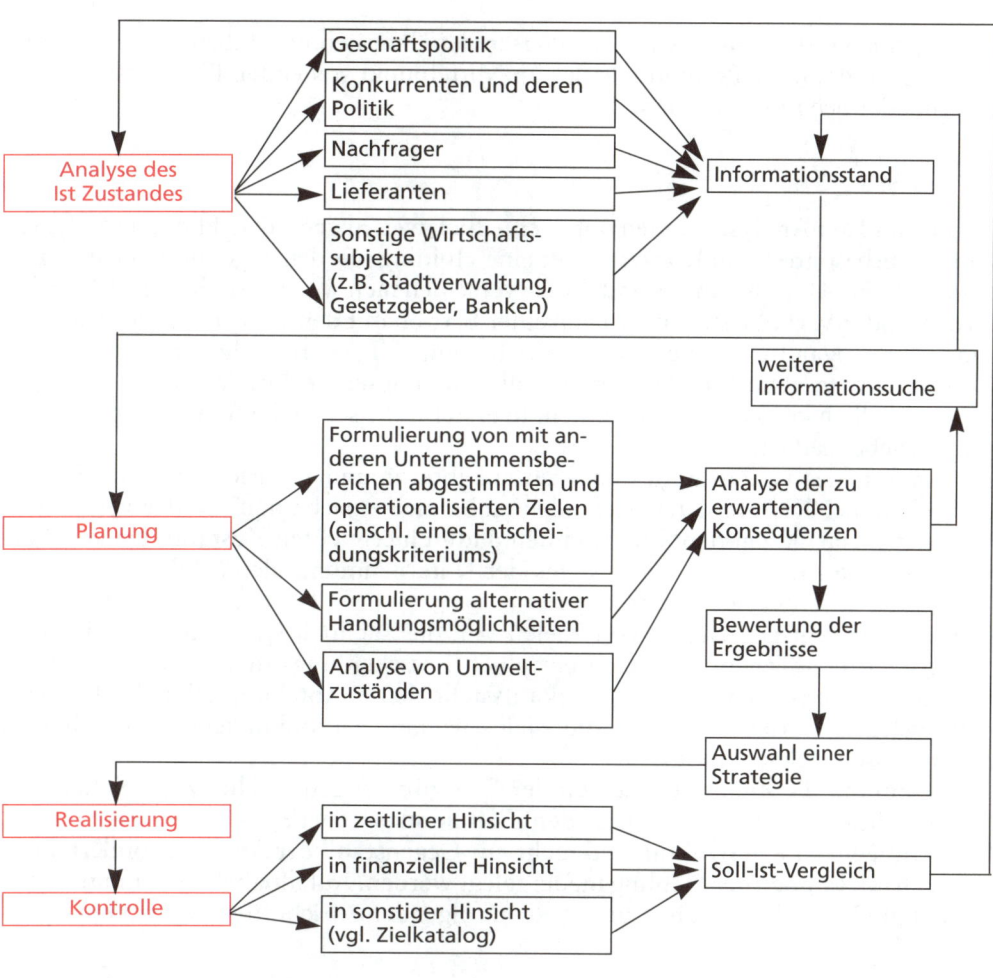

———————————————————

[2] Vgl. Delfmann, W.: Planungs- und Kontrollprozesse, in: Wittmann, W./Kern, W./Köhler, R. (Hrsg.): HWB, 5. Auflage, Stuttgart 1993, Sp. 3232–3251.

Im vorliegenden Kapitel wird bevorzugt auf den Bereich der Planung eingegangen, auf Probleme der Analyse des Ist-Zustandes, der Realisierung und der Kontrolle wird nur kurz hingewiesen.[3]

## 3.5.1 Überblick über die Phasen des Management-Zyklus

Im folgenden werden die erwähnten Phasen der Unternehmensführung näher vorgestellt, bevor dann die Bestandteile des im Mittelpunkt stehenden Planungsprozesses eingehender behandelt werden.

### Die Analyse

Gegenstand der Analyse können unterschiedlich weit abgegrenzte Planungseinheiten sein, so insbesondere ein Konzern oder eine Holding mit den zugehörigen Unternehmungen, eine Unternehmung mit ihren verschiedenen Vertriebsschienen (Betriebsformen) oder Verkaufsstellen, ein einzelner Betrieb mit den verschiedenen Abteilungen oder sogar nur eine einzelne Abteilung. Die im folgenden genannten Gesichtspunkte gelten im Prinzip für alle Planungseinheiten, wenn sie sich auch unterschiedlich konkretisieren können. In erster Linie sei an die Analyse eines einzelnen Betriebes gedacht.

Die Analyse des Ist-Zustandes hat sich auf interne und externe Gegebenheiten zu erstrecken. Bei den internen Gegebenheiten handelt es sich um die in der Vergangenheit betriebene Geschäftspolitik und den dadurch erreichten Zustand. Dazu gehört zunächst eine Analyse des Zielsystems der Unternehmung, deren Inhalt durch folgende Fragen verdeutlicht werden soll:

– Inwieweit liegt ein System von Zielen vor, das sachlich (z. B. finanz-, leistungswirtschaftliche Ziele) und nach einzelnen Entscheidungsträgern differenziert ist (z. B. oberste Geschäftsleitung, Verkaufsstellenleiter, Abteilungsleiter, Verkäufer)?
– In welchem Verhältnis stehen die Ziele zueinander (konkurrierend, unabhängig voneinander, gleichläufig)?
– Wie kommt die Zielbildung zustande? Wer gibt den Anstoß hierzu, welchen Einfluß haben einzelne Personen auf den Zielbildungsprozeß?

Erörterungen der Zielstruktur sind nicht nur Gegenstand der Analyse, sondern müssen auch im Rahmen der Planung niedergelegt werden. Auf mögliche Zielinhalte wird deshalb im Kapitel »Planung« und in allen folgenden Abschnitten explizit eingegangen.

Zur Analyse der internen Gegebenheiten gehört auch eine Analyse der in der Unternehmung vorgenommenen Input-Output-Beziehungen. Mit »Input« ist der Einsatz an Produktionsfaktoren gemeint. Dabei ist der Begriff »Produktionsfaktoren« bzw. »Produktivfaktoren« in einem weiten Sinn zu verstehen, indem er alle wirtschaftlichen Güter umfaßt, die eingesetzt werden müssen, um die betriebliche Leistung zu erstellen. Es ist also zu fragen, wie der Verbrauch bzw. der Bestand an Produktionsfaktoren strukturiert ist. Darin können besondere Stärken, aber auch Schwächen der

---

[3] Ausführlicher werden diese Phasen behandelt in: Drexel, G.: Strategische Unternehmungsführung im Handel, Berlin – New York 1981.

Unternehmung verborgen sein. Die Analyse wird sich auf alle Produktionsfaktoren erstrecken müssen. Als Beispiele seien die folgenden Fragen angeführt:
– In welchem Ausmaß verfügt der Betrieb über Raumkapazitäten, die für Verkaufs-, Lager-, Manipulations-, Verwaltungs- und Parkflächen geeignet sind?
– Wie ist die Unternehmung mit finanziellen Mitteln ausgestattet?
– Wie ist die Struktur des Personalbestandes?
– Kann sich die Unternehmung auf Lizenzen, Alleinverkaufsrechte, einen Gebietsschutz, Kooperationsverträge usw. stützen?

Mit »Output« ist sowohl die realisierte Geschäftspolitik wie auch ihr Ergebnis gemeint (z. B. Umsatz, Marktanteil, Zahl der Kunden in einzelnen Segmenten, Zahl der Transaktionen). Wichtige Gesichtspunkte der Geschäftspolitik gehen aus den beispielhaft angeführten Fragen hervor:
– Welche Güter und Dienstleistungen hat die Unternehmung angeboten?
– Welche Lieferzeiten hatte die Unternehmung in der Vergangenheit geplant und realisiert?
– Zu welchen Konditionen hat die Unternehmung ihre Leistungen angeboten und veräußert?
– Welche Werbemaßnahmen hat die Unternehmung in der Vergangenheit durchgeführt?

Wie Abbildung 3.12 verdeutlicht, hat sich die Analyse des Ist-Zustandes auch auf externe Gegebenheiten zu erstrecken. Dazu zählt vor allem die Analyse der Gegebenheiten bei den Nachfragern, den Konkurrenten und den Lieferanten. Nach dem sog. industrieökonomischen Ansatz[4], der auch als »market structure-conduct-performance«-Paradigma[5] bezeichnet wird, gilt das Augenmerk jeweils drei Bereichen,
– der Struktur (structure) der jeweiligen Gruppe (ihre Anzahl, ihre jeweilige Größe, ihre Ausstattung mit Produktionsfaktoren),
– ihrem Verhalten (conduct) und
– dem von ihnen erzielten Ergebnis (performance).

Es geht dabei aber auch um Beziehungen der Unternehmung zu weiteren relevanten Wirtschaftssubjekten, wie z. B. den Banken, den Verbänden, den Zentralen einer Organisation, den Kooperationspartnern und öffentlichen Instanzen.
Von besonderer Bedeutung ist dabei, welche Position die Unternehmung auf dem Absatzmarkt einnimmt. Es ist zu untersuchen, inwieweit sich die Erwartungen und Verhaltensweisen der aktuellen und potentiellen Nachfrager unterscheiden und zu welchem Segment die Käuferschaft der Unternehmung gehört.[6] Nachfrager können

---

[4] Der Begriff Industrieökonomik (»industrial organization«) ergab sich aus der Übersetzung aus dem Englischen, wo mit »industry« eine bestimmte Branche bzw. ein bestimmter Markt und nicht die Industrie gemeint ist. Bekannte Monographien zur Industrieökonomik stammen von Oberender, P. (Hrsg.): Marktstruktur und Wettbewerb in der Bundesrepublik Deutschland. Branchenstudien zur deutschen Volkswirtschaft, München 1984; Oberender, P. (Hrsg.): Marktökonomie, Marktstruktur und Wettbewerb in ausgewählten Branchen der Bundesrepublik Deutschland, München 1989; Kaufer, E.: Industrieökonomik. Eine Einführung in die Wettbewerbstheorie, München 1980.
[5] Vgl. zu diesem Ansatz z. B. Caves, R.: American Industry. Structure, Conduct, Performance, 2. Auflage, Englewood Cliffs, N. J. 1967, S. 17 und S. 37; Schwer, F. M.: Industrial Market Structure and Economic Performance, 2. Auflage, Chicago 1980, S. 4.
[6] Vgl. hierzu auch die Ausführungen bei Drexel, G., 1981, S. 65–106.

mit soziodemographischen und psychographischen Merkmalen sowie mit Hilfe verschiedener Aspekte ihres Kaufverhaltens gekennzeichnet werden. Die Konkurrenzanalyse erstreckt sich auf die Zahl der Konkurrenten, ihre Ausstattung mit Produktionsfaktoren, ihre Zielvorstellungen und ihre Absatzpolitik.[7] Verfahren zur Nachfrager- und Konkurrenzanalyse stellen mithin wichtige Elemente der strategischen Planung (Kapitel 4) und der Marketingplanung (Kapitel 8) dar.

Von großem Vorteil ist es, das Verhalten der relevanten Gruppen in der Zukunft vorhersagen zu können, beispielsweise Antworten auf folgende Fragen geben zu können:

- Werden die Ausgabenanteile der Haushalte für Information, Bildung und Unterhaltung weiter ansteigen?
- Gibt es einen Trend zu hochpreisigen und qualitativ hochstehenden Artikeln einerseits, zu niedrigpreisigen Waren andererseits, so daß von einem »Verlust der Mitte« gesprochen werden kann?
- Wird der Konzentrationsprozeß im Handel anhalten, und wird sich im Handel immer deutlicher die Marktform des Oligopols herausbilden?
- In welchem Ausmaß werden neue Anbieter in den Markt eintreten?
- Ist mit weiteren regulierenden staatlichen Maßnahmen zu rechnen, z. B. zur Ansiedlung großflächiger Einzelhandelsbetriebe?

Zur Prognose solcher Sachverhalte können einerseits Theorien herangezogen werden, wie z. B. Theorien des Konsumentenverhaltens[8] oder Theorien aus dem Bereich der Industrieökonomik[9], andererseits kommen bestimmte Prognosetechniken zum Einsatz, wie z. B. die Delphi-Methode[10] und Szenario-Techniken[11]. Als Basis für Prognosen eignen sich auch Trends, also die Darstellung der Entwicklung einer Größe in der Vergangenheit, wobei es jedoch nicht um kurzfristige Schwankungen geht, sondern um längerfristige und nachhaltige Veränderungen. In der Betriebswirtschaftslehre wurden Trendanalysen lange stiefmütterlich behandelt; seit kurzem ist jedoch zu beobachten, daß die Dynamik des wirtschaftlichen Lebens über entsprechende Trenduntersuchungen erschlossen wird.[12]

Besonders in der Praxis ist es sehr beliebt geworden, Ergebnisse der Ist-Analyse auch in sog. Portfolio-Matrizen festzuhalten. Diese wurden zunächst im Hinblick auf die Industrie entwickelt, dann aber auch auf den Handel übertragen.[13] In der Folge sind

---

[7]  Ausführlich wird der Konkurrenzaspekt behandelt bei: Hoffmann, K.: Die Konkurrenzuntersuchung als Determinante der langfristigen Marktplanung, Göttingen 1979.
[8]  Vgl. Kroeber-Riel, W./Weinberg, P.: Konsumentenverhalten, 6. Auflage, München 1996; Müller-Hagedorn, L.: Das Konsumentenverhalten, Wiesbaden 1986; Trommsdorff, V.: Konsumentenverhalten, 2. Auflage, Stuttgart – Berlin – Köln 1993; Kuß, A.: Käuferverhalten, Stuttgart 1991. Vgl. insbesondere Kapitel 7.4.
[9]  Vgl. Oberender, P., 1989 und vor allem Porter, M. E.: Wettbewerbsstrategie. Methoden zur Analyse von Branchen und Konkurrenten, 6. Auflage, Frankfurt am Main 1990.
[10]  Vgl. Mattmüller, R.: Prognosen für den Handel, Augsburg 1990.
[11]  Vgl. Hüttner, M.: Markt- und Absatzprognosen, Stuttgart 1986.
[12]  Vgl. Sabel, H./Weiser, C.: Dynamik im Marketing, Wiesbaden 1995. Speziell auf den Handel bezogen: Müller-Hagedorn, L. (Hrsg.): Trends im Handel. Analysen und Fakten zur aktuellen Situation im Handel, Frankfurt am Main 1997; Liebmann, H.-P./Zentes, J., 1996; BBE Unternehmensberatung GmbH (Hrsg.): Megatrends in Vertrieb, Handel, Gesellschaft. Eine Trendanalyse und -prognose über die Jahrhundertwende, Köln 1995 bzw. Megatrends II, Köln 1996.
[13]  Vgl. Drexel, G, 1981.

zahlreiche Varianten entwickelt worden.[14] Auf die wichtigsten Portfolios wird in dem Kapitel 4 zur strategischen Planung eingegangen.

### Die Planung und Entscheidung

Unternehmensplanung läßt sich als systematische und vorausschauende, d. h. gedankliche Festlegung der Aktivitäten einer Unternehmung definieren. Sie umfaßt
- die Prognose der Konsequenzen möglicher Handlungen und
- das Setzen von Führungsgrößen, so der Ziele, der Maßnahmen und der Ressourcen.[15]

In Abbildung 3.13 sind Elemente der Planung und der Kontrolle dargestellt. Der Begriff Management-Zyklus wird verwendet, um die vorwärts- und rückwärtsgerichtete Verknüpfung der einzelnen Phasen anzuzeigen. Der Management-Zyklus wird mit der Zielbildung eingeleitet.

Ziele sind Maßstäbe, an denen zukünftiges Handeln beurteilt und gemessen werden kann. Neben dem Zielinhalt müssen Zielausmaß und Zeitbezug festgelegt werden. Werden mehrere Ziele gleichzeitig verfolgt, ist die Art der Beziehung der einzelnen Ziele zueinander zu klären. Als Einzelschritte des Zielbildungsprozesses lassen sich nennen:
- Zielsuche,
- Operationalisierung,
- Prüfung auf Realisierbarkeit,
- Identifikation,
- Vollständigkeit und Transparenz,
- Organisationskongruenz,
- Widerspruchsfreiheit,
- Zielentscheidung und -durchsetzung,
- Zielrevision und -kontrolle.

Es ist sicherzustellen, daß sich die Ziele in eine hierarchische Ordnung aller Ziele in der Unternehmung einfügen, d. h. daß eine kompatible Zielbildung auf allen organisatorischen Ebenen gewährleistet ist.

Die Planung i.e.S. besteht aus der
- Alternativensuche,
- der Prognose der Wirkung alternativer Handlungsmöglichkeiten sowie
- aus deren Bewertung.

Die Alternativensuche kann ein heuristisch-kreativer Prozeß der Ideengenerierung oder ein stärker formalisierter Prozeß der logisch determinierten Alternativenkonstruktion sein. In jedem Fall ist zu prüfen, welche Maßnahmen die einzelnen Alternativen erfordern, welche Ressourcen notwendig sind, welche Personen eingeschaltet werden müssen und welche Termine zu beachten sind. Die Alternativensuche findet

---

[14] Vgl. zum Überblick: Lange, B.: Portfolio-Methoden in der strategischen Unternehmensplanung, Hannover 1981 und Schulz, P.: Die Portfolio-Analyse als Instrument der Strategischen Planung in industriellen Klein- und Mittelbetrieben. Möglichkeiten, Probleme und Lösungsansätze, Frankfurt am Main 1988.

[15] Vgl. zu den folgenden Ausführungen Delfmann, W., 1993, Sp. 3232–3251.

ihren Abschluß in der Überprüfung der Zuverlässigkeit und Vollständigkeit der erarbeiteten Alternativen.

**Abbildung 3.13:** Der Management-Zyklus

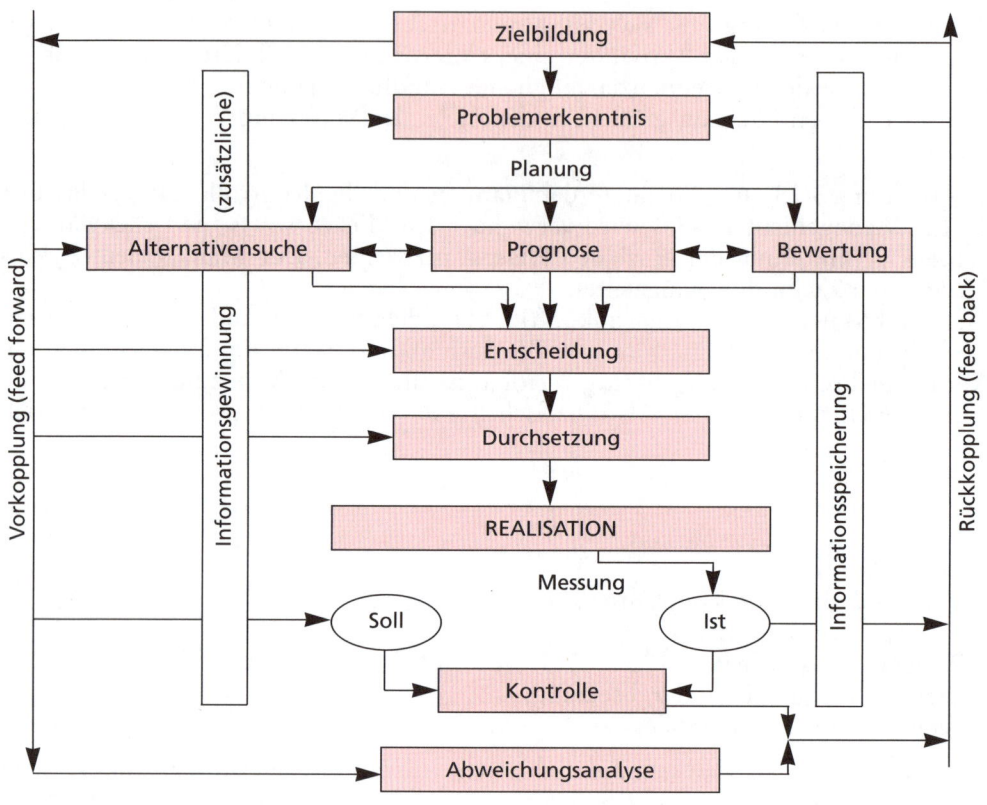

Quelle: Wild, J., 1974, S. 37

Ist durch die Alternativenbewertung bereits eine eindeutige Rangordnung der Handlungsmöglichkeiten geschaffen, so schrumpft der Entscheidungsprozeß auf einen einfachen Auswahlakt zusammen. Wenn jedoch mehrere Zielkriterien vorliegen oder Unsicherheit herrscht, müssen Überlegungen zu einem Entscheidungskriterium hinzutreten.

In Abschnitt 3.5.2 wird auf diese Elemente des Planungsprozesses ausführlicher eingegangen.

### Die Durchsetzung

Die Durchsetzung tritt als eigenständiges Problem zwischen Entscheidung und Realisation, wenn die Realisationsphase von der Entscheidungsphase personell getrennt ist. Eine Arbeitsteilung zwischen einzelnen Personen oder Bereichen erfordert, die gegenseitige Abhängigkeit zu erkennen und Möglichkeiten der Verhaltensbeeinflussung zu bedenken (principal-agent-Problem).

### Der Kontrollprozeß

Die von der Planung vorgegebenen (Soll-)Werte bilden die Bezugsgröße für den Vergleich mit den tatsächlich realisierten Ist-Werten. In der Überprüfung der Soll-Wert-Einhaltung besteht im Kern die Aufgabe der Kontrolle. So läßt sich die Kontrolle unter Bezug zur Planung als laufender Vergleich von Plan- und Realisationsgrößen unter Einbeziehung der Abweichungsanalyse definieren. Die Kontrolle soll Fehler in der Planung oder in der Realisation aufdecken. Damit bildet der Kontrollprozeß nicht den Abschluß, sondern das Komplement des Planungsprozesses.[16] Wenn die Kontrolle nicht nur vergangenheits-, sondern auch zukunftsorientiert ist, versucht sie Störgrößen anhand geeigneter Frühwarnindikatoren zu erfassen, um potentielle (prognostizierte) Soll-Ist-Abweichungen festzustellen. Damit lassen sich Planung und Kontrolle nicht mehr begrifflich scharf trennen. Diesem Umstand wird durch den englischen Begriff control, der beide Funktionen umfaßt, Rechnung getragen. Insbesondere die Steuerungsfunktion findet sich sowohl als Teilaufgabe der Planung als auch als feed-forward-Kontrollfunktion.

Auch der Kontrollprozeß läßt sich in Phasen unterteilen:
– Festlegung der zu kontrollierenden Objekte,
– Messung der Kontroll-Werte,
– Durchführung des Vergleichs,
– Abweichungsanalyse,
– Veranlassung von Steuerungsmaßnahmen.

Da die Kontrollkapazität einer Unternehmung begrenzt ist, müssen die zu kontrollierenden Objekte sinnvoll ausgewählt sein. Die Auswahl erfolgt zweckmäßigerweise anhand der Kriterien der Wertigkeit, der Beeinflußbarkeit und der Interdependenz der Objekte. Kontrollstandards (Normen) bilden die Anspruchlevels für die Kontrollobjekte. Zur Vermeidung von Widerständen gegen die Kontrolle empfiehlt es sich, die Mitarbeiter an der Festlegung der Standards zu beteiligen.

Von zentraler Bedeutung bei der Messung der Kontroll-Werte ist die Objektivierbarkeit der Messungen. Durch eine Standardisierung der Messung kann dem Rechnung getragen werden.

Aufgabe der Abweichungsanalyse ist es, die Ursachen der festgestellten Abweichungen zu erforschen. Es kommt dabei darauf an, die Abweichungen soweit wie möglich in Einzelursachen aufzuspalten. Abweichungen sind nicht von vornherein als negativ zu beurteilen. Sie können den Beginn neuer Planungsprozesse begünstigen. Es ist deswegen wichtig, Abweichungen nicht mit Sanktionen zu belegen, da dies die Gefahr erhöht, die Messung zu manipulieren und die Mitwirkung zu erschweren.

Diese kurzen Ausführungen mögen genügen, da sie im Rahmen von Lehrbüchern zum Marketing häufig dargestellt werden und wenig handelsspezifisch sind. Wichtiger ist es im vorliegenden Zusammenhang, die Bestandteile einer »Planung« zu beschreiben, weil diese Elemente den Denkrahmen für alle folgenden Erörterungen abgeben. Im

---

[16] Vgl. hierzu Delfmann, W., 1993, Sp. 3232–3251.

Abschnitt 3.5.2 wird gezeigt werden, welche sieben Bestandteile bei jedem Planungsproblem unterschieden werden können.

## 3.5.2 Die sieben Bestandteile von Planungsproblemen

Bei einem Planungsproblem können sieben Elemente unterschieden werden.[17] Die ersten vier Elemente werden häufig auch als »Grundmodell der Entscheidungstheorie« bezeichnet.[18] Es handelt sich um die folgenden Bestandteile:

(1) die dem Subjekt zur Verfügung stehenden Handlungsmöglichkeiten (= Aktionen),
(2) jene Einflußgrößen, die von dem Entscheidungssubjekt nicht festgelegt werden (= Umweltzustände),
(3) die Ergebnisse aus dem Zusammentreffen der Handlungen des Subjektes und der Einflüsse aus der Umwelt,
(4) die Wahrscheinlichkeiten, mit denen der Entscheidende an das Eintreten der einzelnen Umweltzustände glaubt,
(5) die Präferenzen des Entscheidungssubjektes in bezug auf die Ergebnisse (= Bewertung der Ergebnisse),
(6) ein Kriterium für die Wahl unter den Aktionen,
(7) das Verfahren, mit dem die Handlungen auf ihren Zielbeitrag geprüft werden.

Diese sieben Bestandteile sind auch in Abbildung 3.12 eingetragen.

### 3.5.2.1 Die Handlungsmöglichkeiten

Für den Anhänger des entscheidungsorientierten Ansatzes lautet die erste wichtige Maxime: Erkenne, welche Handlungsmöglichkeiten in einer bestimmten Situation zur Verfügung stehen, denn Entscheiden heißt, unter mehreren Handlungsmöglichkeiten bewußt eine auszuwählen. Dabei wird auch das Unterlassen einer bestimmten Handlung als eigene Handlungsmöglichkeit angesehen. In vielen Fällen wird sich das Entscheidungssubjekt erst Klarheit verschaffen müssen, welche Handlungen ergriffen werden können.

Es ist zweckmäßig, zwischen Aktionen und Aktionsparametern zu unterscheiden. Eine Handlungsmöglichkeit wird in der Entscheidungstheorie meist als Aktion, aber auch als Strategie, Alternative oder Handlungsweise bezeichnet. Die Menge der zur Verfügung stehenden Aktionen heißt Aktionenraum bzw. Aktionsraum, Aktionsfeld, Alternativenmenge oder Entscheidungsraum. Eine Aktion kann aus einer Reihe von einzelnen Größen, die Aktionsparameter genannt werden, zusammengesetzt werden. Als Aktionsparameter bezeichnet man dabei die einzelnen Variablen, über die der Entscheidende disponieren kann.

---

[17] Vgl. auch Drukarczyk, J./Müller-Hagedorn, L.: Betriebswirtschaftslehre. Eine Einführung in die Theorie der Unternehmung, Band 1, Wiesbaden 1978, S. 13–38.

[18] Zur Entscheidungstheorie vgl. Laux, H.: Entscheidungstheorie. Grundlagen, Berlin u. a. 1982; Bamberg, G./Coenenberg, A. G.: Betriebswirtschaftliche Entscheidungslehre, 9. Auflage, München 1996; Eisenführ, F./Weber, M.: Rationales Entscheiden, 2. Auflage, Berlin – Tokio 1994; Mag, W.: Entscheidung und Information, München 1977.

Beispiel: Eine Unternehmung erstellt den Schaufenster-Dekorationsplan für das nächste halbe Jahr. Aktionsparameter können sein:
- Die Warengruppen, die für die Dekoration ausgewählt werden,
- die Häufigkeit, mit der die Dekorationen gewechselt werden,
- der materielle Aufwand.

Mögliche Aktionen können dann lauten:
(1) Dekorationswechsel alle vier Wochen, verschiedene Warengruppen, geringer Aufwand;
(2) Dekorationswechsel alle acht Wochen, verschiedene Warengruppen, aufwendig;
(3) Dekorationswechsel alle vier Wochen, Konzentration auf Textilien, aufwendig.

Bei der Ermittlung der Aktionen im Rahmen des Grundmodells der Entscheidungstheorie sind bestimmte Regeln einzuhalten:
- Die einzelnen Handlungsmöglichkeiten müssen sich gegenseitig ausschließen (Exklusionsbedingung). Von allen Aktionen ist also mindestens eine, aber auch höchstens eine auszuwählen.
- Wenn mit Hilfe des Grundmodells der Entscheidungstheorie das Verhalten einer Person vorausgesagt werden soll, muß gefordert werden, daß in den Aktionsraum alle tatsächlich möglichen Handlungen eingehen; wird das Grundmodell der Entscheidungstheorie zur Entscheidungsfindung herangezogen, genügt die Annahme, daß alle nach Meinung des Entscheidungssubjektes möglichen Alternativen erfaßt werden (Vollständigkeitsbedingung).

Bei der konkreten Benennung von Handlungsmöglichkeiten empfiehlt es sich, nach Entscheidungstypen zu unterscheiden. Entsprechend der hierarchischen Einordnung kann von
- strategischen Unternehmensentscheidungen (z. B. Diversifikation, Internationalisierung),
- strategischen Bereichsentscheidungen, wie insbesondere den strategischen Marketing- und Beschaffungsentscheidungen, sowie
- den laufenden Entscheidungen über den Einsatz des geschäftspolitischen Instrumentariums
gesprochen werden.

## Strategische Unternehmensentscheidungen

Strategische Unternehmensentscheidungen lassen sich wie folgt kennzeichnen:
- Sie legen einen Planungszeitraum von mehreren Jahren zugrunde, d. h. es wird abgeschätzt, welche Konsequenzen sich aus der Entscheidung für die Unternehmung in der absehbaren Zukunft ergeben.
- Sie beziehen sich auf die sog. Erfolgspotentiale, auf die die Unternehmung in der Zukunft ihre Wettbewerbsfähigkeit stützen will.[19]
- Sie geben Bandbreiten für den Einsatz des betriebspolitischen Instrumentariums an, ohne dieses im einzelnen zu fixieren.
- Sie werden von der obersten Geschäftsleitung getroffen.

Als Beispiele für strategische Unternehmensentscheidungen lassen sich Entscheidungen über die Wirtschaftsstufe, auf der eine Unternehmung tätig sein will (Großhandel,

---

[19] Vgl. Pümpin, C.: Strategische Erfolgspositionen. Methodik der dynamischen strategischen Unternehmensführung, Bern – Stuttgart 1992.

Einzelhandel, Aufnahme einer industriellen Tätigkeit), Entscheidungen über Fusionen oder Akquisitionen, Entscheidungen über die Internationalisierung oder die Diversifizierung einer Unternehmung anführen.

## Strategische Bereichsentscheidungen

Strategische Bereichsentscheidungen können bezüglich der strategischen Optionen der Beschaffung, der Logistik, des Marketing, des Personalwesens sowie der Finanzierung getroffen werden.

Von besonderer Bedeutung sind die strategischen Marketingentscheidungen. Durch sie werden die Hauptkennzeichen des Verhaltens der Unternehmung gegenüber den Nachfragern und den Konkurrenten fixiert. *Porter* hat für alle Bereiche der Wirtschaft drei grundsätzliche Ansatzpunkte aufgezeigt:[20]

(1) Die Kostenführerschaft erlaubt es, bei gleichen oder niedrigeren Preisen als denen der Konkurrenz höhere Erträge zu erzielen.

(2) Mit der Strategie der Differenzierung bemüht sich eine Unternehmung, in einigen, bei den Abnehmern allgemein hoch bewerteten Dimensionen einmalig zu sein.

(3) Bei der Segmentierungsstrategie wählt die Unternehmung ein Segment aus einer Branche aus und bedient es maßgeschneidert, wobei sie ebenfalls einen Kosten- oder Differenzierungsschwerpunkt setzen kann.

*Porters* Strategien sind fundamental, da sie sowohl an den beiden Komponenten des von Unternehmungen im Regelfall angestrebten Gewinns (Kosten und Umsatz) als auch an den beiden Basiselementen jeder Transaktion zwischen Unternehmung und Kunden (Preis und Leistung) anknüpfen. Sie lassen sich deswegen auch auf den Handel übertragen. Dort sind allerdings Klassifikationen der folgenden Art populär geworden:

– Erlebnishandel versus Versorgungshandel,
– Erlebnisorientierung versus Preisorientierung,
– Handel für den Luxusbedarf versus Handel für den Standardbedarf,
– oberer, mittlerer und unterer Markt.

Auf die inhaltliche Diskussion einzelner Unternehmens- oder Bereichsstrategien wird in späteren Kapiteln zurückgekommen. An dieser Stelle soll nur die erste Maxime des entscheidungstheoretischen Ansatzes, nach der es darauf ankommt, alternative Handlungsmöglichkeiten zu erkennen, veranschaulicht werden.

## Laufende operative Entscheidungen

Im Regelfall stellen Alternativen komplexe Bündel von Aktionsparametern dar, so daß insbesondere im Hinblick auf die laufenden Entscheidungen zu fragen ist, auf welche Aktionsparameter in den einzelnen Geschäftsbereichen zurückgegriffen werden kann. Es wird auch von Instrumenten gesprochen, also von

– den absatzpolitischen Instrumenten,
– den beschaffungspolitischen Instrumenten,
– den personalwirtschaftlichen Instrumenten.

Unter den absatzpolitischen Instrumenten eines Handelsbetriebes werden jene Aktionsparameter in der Geschäftspolitik eines Handelsbetriebes verstanden, die die

---

[20] Vgl. Porter, M. E., 1989b, S. 31–38.

aktuellen und potentiellen Kunden in ihrem Einkaufsverhalten beeinflussen. Im folgenden soll von sechs Aktionsbereichen ausgegangen werden:
(1) Standort,
(2) äußere und innere Gestaltung des Verkaufsraumes,
(3) Ware und selbständig absetzbare Dienstleistungen (Sortiment),
(4) Preise und Konditionen,
(5) Werbung,
(6) Personaleinsatz.

Hinter jedem dieser sechs Begriffe steht eine Vielzahl von konkreten Aktionsparametern.

Entsprechend lassen sich beschaffungspolitische Aktionsparameter als jene Größen definieren, die eine Unternehmung im Rahmen ihrer Beschaffungspolitik selbst festlegen kann und die ihre beschaffungspolitischen Zielgrößen beeinflussen. Sie beziehen sich auf
(1) die Art der beschafften Güter (einige Güter bzw. Dienstleistungen könnten auch selbst erstellt werden),
(2) den Bezugsweg (z. B. beim Großhandel, über die Verbundgruppe, beim Hersteller) und die Auswahl der Lieferanten,
(3) die Disposition (Bestellmengen, Bestelltermine),
(4) die Konditionen (betreffend die Preise, die Lieferzeiten, die Transportmittel, die Verpackung, den Gefahrübergang),
(5) die Kommunikationspolitik gegenüber den Lieferanten.

Schließlich lassen sich im Rahmen der Personalpolitik folgende Aktionsparameter angeben:
(1) Die Beschäftigungspolitik (in quantitativer, qualitativer und sachlicher Hinsicht),
(2) die Entgeltpolitik,
(3) die Bildungspolitik,
(4) das Führungskonzept und der Führungsstil,
(5) die Politik der Aufgabenteilung.

Insgesamt stellt sich so die Unternehmenspolitik als die Disposition über die Aktionsparameter in den Bereichen der Unternehmung dar.

Mit großem Einfallsreichtum werden zu jeder Zeit neue Handlungsmöglichkeiten entdeckt (z. B. neue Vertriebsformen, neue Produkte, neue Finanzierungsmöglichkeiten). Um verborgene Handlungsmöglichkeiten aufzuspüren, wurden Kreativitätstechniken entwickelt.

Die Aktionsparameter in Handelsbetrieben sind nicht grundverschieden von jenen in Industrieunternehmungen oder Banken: Auch in Handelsbetrieben sind Entscheidungen über den Einsatz an Produktivfaktoren zu treffen. Die Unterschiede liegen häufig in der Quantität, was folgende Beispiele veranschaulichen:
– Eine Industrieunternehmung sucht im Regelfall einen Standort, ein Lebensmittelfilialbetrieb hat oft Hunderte von Standorten auszuwählen und die Abhängigkeiten zwischen diesen Projekten zu berücksichtigen,
– eine Industrieunternehmung wird zwar meist mehr als ein Produkt herstellen, jedoch wird die Zahl i.d.R. geringer sein als die Anzahl der von einer Handelsunternehmung geführten Artikel, bei der oft über Zehntausende von Artikeln entschieden wird, wobei jeweils wieder Beziehungen zwischen den einzelnen Entscheidungen bewältigt werden müssen (Absatz- und Beschaffungsverbund).

Die Aktionen, unter denen zu wählen ist, werden sich häufig nicht über den gesamten

Wertebereich einer Variablen erstrecken, sondern werden in vielen Fällen durch Nebenbedingungen auf ein bestimmtes Feld beschränkt. Beispiele für solche Beschränkungen können sein:
– Obergrenzen, bis zu denen Fremdkapital aufgenommen werden kann,
– ein begrenzter Lagerraum,
kurz, alle Faktoren, die dem Betrieb nur begrenzt zur Verfügung stehen.

### 3.5.2.2 Die Ziele eines Entscheidungssubjektes bzw. die zustandsabhängigen Konsequenzen von Handlungsmöglichkeiten

Für den Anhänger des entscheidungstheoretischen Ansatzes lautet die zweite Maxime: Erkenne die für die vorliegende Problemstellung relevanten Ziele, an denen die alternativen Handlungsmöglichkeiten gemessen werden sollen.

Bei der Auswahl unter möglichen Aktionen ist man geneigt zu fragen, welchen Beitrag die einzelnen Maßnahmen zum Gewinn oder zum Deckungsbeitrag erbringen. Unabhängig davon, ob die Unternehmenseigner oder die Manager darin ihre persönlichen Ziele sehen, stellen diese Größen in einem marktwirtschaftlichen System wichtige Kriterien dar, aber neben dem »Gewinn« müssen weitere Zielgrößen für die Planung benannt werden. Erstens ist der Gewinn eine nach handels- oder steuerrechtlichen Vorschriften ermittelte Größe und somit auf andere Zwecke als die der Betriebssteuerung hin konzipiert, zweitens ist der Gewinn nicht in der Lage, alle wichtigen Ergebnisse widerzuspiegeln, und drittens ist es häufig unmöglich, die Auswirkungen einzelner Maßnahmen auf den Gewinn zu messen (z. B. von Ausbildungsmaßnahmen). So kommen je nach Problemstellung folgende Ziele (Ergebnisse) in Frage:[21]
– Umsatz- oder Absatzsteigerungen bei einzelnen Artikeln, Warengruppen oder dem gesamten Sortiment,
– Veränderungen des Marktanteils,
– Bekanntheitsgrad oder Image bei den Nachfragern,
– Zahl der Stammkunden bzw. Kundenbindung,
– Verringerung des in Lagerbeständen gebundenen Kapitals,
– Verbesserung der Liquiditätslage usw.

Solche Ziele lassen sich nach verschiedenen Kriterien systematisieren:
nach der Art der Rechengröße in
– erlöswirtschaftliche,
– kostenwirtschaftliche,
– finanzwirtschaftliche;
nach der Personengruppe, auf die hin die Ziele formuliert sind, in
– betriebsinterne Ziele (z. B. Erhöhung des Lagerumschlages durch bessere Bestellpolitik) einschließlich der personalorientierten Ziele,
– konsumentenorientierte Ziele,
– lieferantenorientierte Ziele (größerer oder kleinerer Lieferantenstab, bessere Konditionen),
– handelsorientierte Ziele (nachgeschaltete Einzelhändler);
nach dem Zeitraum, auf den sich die Zielformulierungen erstrecken, in
– kurzfristige Ziele,
– langfristige Ziele.

---

[21] Vgl. auch Gerth, E.: Ziele und Zielkriterien des Handelsbetriebes in der neueren Entwicklung, in: Der Markt, 8. Jg. (1969), H. 12, S. 50 ff.

Abbildung 3.14: Beispiel für das Zielsystem einer Handelsorganisation _____

| | Finanzwirt-schaftliche Ziele | Erlöswirtschaft-liche Ziele | Kostenwirt-schaftliche Ziele | Gewinn -bzw. rentabilitäts-orientierte Ziele |
|---|---|---|---|---|
| Oberste Unter-nehmensziele | Cash Flow Gewinnaus-schüttung Liquiditäts-reserven | Gesamtumsatz erhöhen Marktanteil halten | Gesamtkosten verringern | Reingewinn ROI |
| Strategische Subziele (für die Betriebe bzw. Verkaufstellen) | *Pro Betrieb/ Verkaufsstelle:* Cash Flow | *Pro Betrieb/ Verkaufsstelle:* Umsatz Erhöhung der Flächen-produktivität | *Pro Betrieb/ Verkaufsstelle:* Verringerung der Fixkosten Vermeidung von Diebstäh-len | *Pro Betrieb/ Verkaufsstelle:* div. Rentabilitä-ten |
| Funktionale Ziele<br>– Marketing-ziele<br>– Beschaf-fungsziele<br><br>– Logistische Ziele<br><br>– Personalpoli-tische Ziele<br><br>usw. | Sicherung eines bestimmten Li-quiditätsgrades | Erhöhung des Bekanntheits-grades<br><br>Verbesserung der Qualität der Handelsware Erhöhung des Lieferservices<br><br>Erhöhung der Personal-produktivität | Verringerung der Werbe-kosten<br><br>Verbesserung der Einkaufs-konditionen Verringerung der Lagerkapi-talbindung Verringerung der Personal-kosten | Deckungsbei-trag der Waren-gruppe A |

Quelle: In Anlehnung an Drexel, G., 1981, S. 143

Wie bereits in dem Abschnitt »Analyse des Ist-Zustandes« gesagt worden ist, sind Zielhierarchien zu erstellen, die zeigen, wie die Zielvorstellungen einzelner Entscheidungssubjekte (z. B. Vorstand, Bereichsleiter, Geschäftsstellenleiter, Abteilungsleiter, Verkäufer) untereinander verknüpft sind. Ein instruktives Beispiel für das Zielsystem einer Handelsorganisation gibt *Drexel* an, indem er einerseits in Ziele der obersten Unternehmungsebene, Ziele der strategischen Geschäftseinheiten (z. B. Geschäftseinheit »Verbrauchermärkte«), Ziele einzelner Betriebe und Ziele einzelner Betriebsbereiche unterteilt, andererseits finanzwirtschaftliche, leistungswirtschaftliche und soziale Ziele unterscheidet – eine Einteilung, die in Abbildung 3.14 allerdings modifiziert wurde.[22]

Die größte Schwierigkeit bei der Erstellung solcher Zielpyramiden erwächst aus dem Umstand, daß die funktionale Beziehung zwischen einzelnen Teilzielen oft nicht klar abgeschätzt werden kann. So gilt zwar im Regelfall, daß die Erhöhung des Umsatzes

_____

[22] Vgl. Drexel, G., 1981, S. 143.

einer Verkaufsstelle auch den Umsatz des Unternehmens erhöht, was aber auch dann nicht gilt, wenn Verbundeffekte zwischen einzelnen Verkaufsstellen vorliegen. Eine Verkaufsstelle kann dann ihren Umsatz zu Lasten einer anderen ausdehnen. Auch zwischen der Flächenproduktivität und der Rentabilität der Verkaufsstelle sind beispielsweise die Zusammenhänge nicht leicht abzuschätzen. So kann es sein, daß die Erhöhung der Flächenproduktivität durch hohe Abschriften oder erhöhte Werbung erkauft wurde und die Rentabilität sinkt, es kann aber auch sein, daß die höhere Flächenproduktivität kostenneutral durch attraktivere Sortimente ermöglicht wurde. Ein Teil der zu beachtenden Ergebnisgrößen wird durch die Wirtschaftsordnung vorgegeben. So muß jede Unternehmung in einer Wirtschaftsordnung wie der der Bundesrepublik Deutschland Sorge dafür tragen, daß die Zahlungsbereitschaft erhalten bleibt. In diesem Rahmen, der dadurch gekennzeichnet ist, daß den Wirtschaftssubjekten vorgeschrieben wird, bestimmte Ziele anzustreben (z. B. keine Verletzung von Bauvorschriften, Vorschriften zum Schutz der Umwelt oder des Wettbewerbs), werden die am Wirtschaftsprozeß beteiligten Subjekte eine Reihe von Ergebnisgrößen entsprechend ihren persönlichen Präferenzen als relevant ansehen.

### 3.5.2.3 Die von dem Entscheidungssubjekt nicht kontrollierten Einflußgrößen (die Umweltzustände)

Für den Anhänger des entscheidungsorientierten Ansatzes lautet die dritte Maxime: Prüfe, welche Bestimmungsfaktoren über die eigenen Aktionsparameter hinaus den Erfolg der ins Auge gefaßten Maßnahmen beeinflussen.

Ob das von dem Entscheidenden angestrebte Ziel erreicht wird oder nicht, hängt nicht nur davon ab, welche Handlung er ergreift, sondern auch von Einflußgrößen, deren Werte er selbst nicht festlegt. Diese Größen werden auch als Umweltvariablen bezeichnet. Jede Kombination bestimmter Werte der Umweltvariablen bildet einen Umweltzustand. Die Menge aller relevanten Umweltzustände wird Zustandsraum genannt.

Die Ermittlung der Zustände der Umwelt, die von Einfluß auf die Ergebnisse einer Handlungsmöglichkeit sind, ist eine wichtige und schwierige Aufgabe. Sie setzt voraus, daß der Entscheidende erkennt, welche Bestandteile der Umwelt die Zielerreichung beeinflussen und bei welchen ein solcher Einfluß nicht zu vermuten ist. Eine qualitative Diskussion der Umweltzustände wird

– auf das Verhalten von Nachfragern eingehen, z. B. deren Preisempfindlichkeit, deren Aufgeschlossenheit bzw. Abneigung gegen Werbung, deren Bereitschaft, Wartezeiten beim Kauf in Anspruch zu nehmen,
– auf das Verhalten von Konkurrenten, z. B. deren Neigung auf Preisänderungen oder Sortimentsveränderungen zu reagieren,[23]
– auf das Verhalten nachfolgender Handelsbetriebe,
– auf das Verhalten sonstiger Institutionen (z. B. Presse, staatliche Organisationen),
– auf das Eintreten sachlicher Faktoren, wie z. B. der Wetterlage, die das Verhalten der beteiligten Wirtschaftssubjekte bestimmen können.

Welche Variable für die Definition der Zustände relevant ist, kann nur für ein konkretes Entscheidungsproblem festgestellt werden.

Die Planung wird nicht nur dadurch erschwert, daß unsicher ist, wie sich die Umwelt

---

[23] Vgl. die detaillierte Untersuchung der Konkurrenzlage bei Hoffmann, K., 1979.

auf die Ziele der Unternehmung auswirkt, sondern auch dadurch, daß die Reaktionen der Wirtschaftssubjekte heterogen sein können. Auf eine bestimmte betriebliche Maßnahme reagiert die Konsumentengruppe 1 anders als die Konsumentengruppe 2, der Konkurrent 1 anders als der Konkurrent 2. In der Theorie wurde daraus die Konsequenz gezogen, die Wirtschaftssubjekte anhand ihrer Reaktionen homogenen Gruppen zuzuweisen. Als besonders wichtig hat sich herausgestellt, die Nachfrager zu segmentieren. Das Augenmerk der Unternehmung ist dann besonders darauf gerichtet, wie die von ihr ausgewählte(n) Nachfragergruppe(n) (Zielgruppe(n)) reagieren wird (werden).

### 3.5.2.4 Die Darstellung der Ergebnisse in einer Ergebnismatrix

Das betriebliche Ergebnis hängt einerseits von der ergriffenen Aktion, andererseits von dem eingetretenen Umweltzustand ab. Die Beziehungen zwischen dem Ergebnis $e_{ij}$ und seinen Bestimmungsfaktoren $A_i$ und $Z_j$, also $e_{ij} = f(A_i, Z_j)$, sollen an einigen Beispielen verdeutlicht werden (vgl. Abbildung 3.15).

Abbildung 3.15: Verknüpfung von Handlungen, Umweltzuständen und Zielen _____

| Aktion | Umweltzustand, gekennzeichnet durch: | Ergebnis |
|---|---|---|
| 1. Ein Tourenplan, nach dem drei Filialen in der Reihenfolge B, A, C angefahren werden sollen | Verkehrsdichte auf dem Weg von der Zentrale zu B, von dort nach C über A | Fahrzeit in Minuten; Belieferungszeitpunkte der Filialen A, B, C |
| 2. Die Kassen werden mit automatischen Rückgeldgebern ausgestattet | Stärke des Kundenzustromes, Fertigkeit des Kassenpersonals | Zahl der abgerechneten Positionen/Zeiteinheit |
| 3. In einer Produktklasse werden statt bisher fünf nun zehn Wahlmöglichkeiten angeboten | Wertschätzung von Wahlmöglichkeiten durch Konsumenten | Umsatz in der Produktklasse Kosten für gebundenes Kapital benötigte Regalfläche |
| 4. Zahl der Besuche des Verkaufspersonals bei Kunden | Wertschätzung von Kundenbesuchen durch die Kunden Verhalten des Verkaufspersonals | Zahl der Aufträge Umsatzhöhe der erzielten Aufträge Zahl der zu den Konkurrenten übergewechselten Kunden |

Die Ausführungen über Ergebnisse in betriebswirtschaftlichen Planungsproblemen und ihre Verknüpfung mit den Aktionsparametern und Umweltvariablen sollen abgeschlossen werden, indem die Ergebnisse in der sog. Ergebnismatrix zusammenfassend dargestellt werden.
Als Ergebnismatrix (auch als »Konsequenzenmatrix« bezeichnet) wird jene Matrix angesehen, die für jede Aktion das erwartete Ergebnis bzw. die erwarteten Ergebnisse

ausweist, wobei diese Ergebnisse regelmäßig auch von den eintreffenden Umweltzuständen abhängig sein werden. Ist beispielsweise zwischen zwei Aktionen zu wählen und liegen zwei Umweltzustände vor, stellt sich die Ergebnismatrix wie in Abbildung 3.16 dar:

Abbildung 3.16: Beispiel für eine Ergebnismatrix _____

| Aktionen | Umweltzustände | |
|---|---|---|
| | $z_1$ | $z_2$ |
| $A_1$ | 6 000 | 75 000 |
| $A_2$ | 15 000 | 45 000 |

### 3.5.2.5 Die subjektiven Wahrscheinlichkeiten

Der Entscheidende wird in vielen Fällen nicht sicher sein können, welche numeri-
schen Werte die einen Umweltzustand kennzeichnenden Parameter annehmen werden. Es herrscht Unsicherheit, da der Entscheidende nicht weiß, welcher Umweltzustand tatsächlich eintreten wird. Aufgrund der Definition der Umweltzustände, nach
der diese sich gegenseitig ausschließen und vollständig sein müssen, gilt auch, daß

(1) $\qquad \sum p_j = 1.$

$p_j$ soll dabei die Wahrscheinlichkeiten angeben, mit der der Entscheidende an das
Eintreffen des Umweltzustandes j glaubt (subjektiver Wahrscheinlichkeitsbegriff). In
der Entscheidungstheorie ist darüber hinaus auch an Situationen zu denken, in denen
wie z. B. im Roulettespiel objektive Wahrscheinlichkeiten angegeben werden können
oder in denen man es mit einem rational handelnden Gegenspieler zu tun hat (Spiel-
theorie). Am häufigsten dürfte in der Realität aber der Fall sein, in dem der Entscheidende die Angabe von subjektiven Wahrscheinlichkeiten nur auf seine Vermutungen
über die wirtschaftspolitische Situation und über das Verhalten der am Wirtschaftsprozeß beteiligten Gruppen stützen kann.

Abbildung 3.17: Beispiel für ein Entscheidungsproblem _____

| | $Z_1$ | $Z_2$ |
|---|---|---|
| $A_1$ | 7 | 15 |
| $A_2$ | 15 | 7 |

Wenn im Fall der Abbildung 3.17 die Person glaubt, daß nichts dafür spricht, daß
Umweltzustand $Z_1$ mit größerer Wahrscheinlichkeit eintritt als $Z_2$ oder umgekehrt,

sind die beiden Handlungsmöglichkeiten offenbar gleich gut. Wenn die Person dagegen gute Gründe hat, mit dem Eintritt des Zustandes $Z_1$ eher zu rechnen als mit dem des Zustandes $Z_2$, dann ist offenbar $A_2$ vorzuziehen, denn $A_2$ bringt den höheren Erfolg, wenn $Z_1$ eintritt. Die Höhe der Wahrscheinlichkeiten, mit denen das Eintreffen der unsicheren Umweltzustände belegt wird, ist für die Auswahl einer Handlungsmöglichkeit von ausschlaggebender Bedeutung.

Für die Anhänger des entscheidungsorientierten Ansatzes lautet die vierte Maxime mithin: Prüfe, ob denkbare Umweltzustände mit unterschiedlicher Wahrscheinlichkeit eintreten, und versuche, diese Wahrscheinlichkeiten abzuschätzen.

### 3.5.2.6 Die Bewertung möglicher Ergebnisse

Selbst wenn die Konsequenzen aller Aktionen bekannt sind, ist es nicht immer unmittelbar möglich, die vorteilhafteste Aktion zu erkennen. Vorher muß der Entscheidende noch die möglichen Ergebnisse $e_{ij}$ bewerten. Dies läßt sich mit zwei Gründen erläutern:

(1) Es kommt häufig vor, daß das Ergebnis einer Handlungsalternative in Abhängigkeit von einem Zustand nicht nur durch eine Maßzahl, z. B. eine Gewinnziffer, eine Umsatzzahl, eine bestimmte Anzahl von Arbeitsplätzen gekennzeichnet ist, sondern durch mehrere Maßzahlen. Eine bestimmte Handlungsalternative beeinflußt z. B. den Gewinn und die Zahl der zusätzlichen Arbeitsplätze oder den Gewinn und den Umsatz.

(2) Wenn die Konsequenzenmatrix nicht alle Konsequenzen einer Aktion aufführt, diese aber dennoch von Einfluß auf die zu treffende Entscheidung sind, müssen ebenfalls die Werte der Ergebnismatrix gewichtet werden.

Die Nutzenfunktion gibt an, wie die Konsequenzen der Aktion subjektiv bewertet werden. Wäre ein Subjekt in der Lage, eine solche Nutzenfunktion anzugeben, dann ließe sich die Ergebnismatrix in folgende Entscheidungsmatrix überführen:

Abbildung 3.18: Entscheidungsmatrix (Beispiel)

| | $z_1$ $p_1 = 1/4$ | $z_2$ $p_2 = 3/4$ |
|---|---|---|
| $A_1$ | 10 | 96 |
| $A_2$ | 90 | 94 |

### 3.5.2.7 Die Notwendigkeit eines Kriteriums für die Entscheidungsfindung

In der Entscheidungstheorie sind mehrere Entscheidungsregeln entwickelt und auf ihre Übereinstimmung mit bestimmten Grundannahmen überprüft worden. So kann jene Aktion gewählt werden, deren erwarteter Erfolg am größten ist.

Der erwartete Erfolg errechnet sich aus der Summe der Ergebnisse $e_{ij}$ einer Aktion, gewichtet mit den Wahrscheinlichkeiten $p_j$, die den Zuständen $Z_j$ zugeordnet sind. Man erhält den Erwartungswert der Erfolge E ($A_i$).

(2)      $E(A_i) = \sum e_{ij} \cdot p_j$ für $i = 1, .., i*$

Der Erwartungswert kann anhand der Konsequenzen (Ergebnismatrix) oder deren Beurteilung (Entscheidungsmatrix) berechnet werden.
Richtet man sich nach den bewerteten Konsequenzen (Nutzen), hätte man im obigen Beispiel $A_2$ zu wählen, denn

(3)      $E(A_1) = 10 \cdot \dfrac{1}{4} + 96 \cdot \dfrac{3}{4} = 74,5$

(4)      $E(A_2) = 90 \cdot \dfrac{1}{4} + 94 \cdot \dfrac{3}{4} = 93$

In der Entscheidungstheorie werden für die verschiedenen Ungewißheitssituationen (Unsicherheit i.e.S., Risiko, Spielsituation) weitere Entscheidungsregeln dargestellt und beurteilt. Darauf soll hier nicht eingegangen werden.

### 3.5.2.8 Die Verwendung mathematischer Methoden für die Suche nach vorteilhaften Aktionen

Die Beispiele, die bisher vorgestellt wurden, könnten den Eindruck aufkommen lassen, als seien betriebswirtschaftliche Planungsprobleme in wenigen Zeilen und Spalten einer Ergebnismatrix bzw. Entscheidungsmatrix abbildbar und als sei die vorteilhafteste Aktion mittels eines geeigneten Entscheidungskriteriums und einiger kleiner Nebenrechnungen leicht zu ermitteln.
In vielen realen Problemen geht die Zahl der möglichen Aktionen in die Tausende. Damit nehmen die an den Entscheidenden gestellten Anforderungen einen Umfang an, der von Hand kaum zu bewältigen ist. Dies soll das folgende Beispiel verdeutlichen:
Beispiel: Eine Unternehmung habe sich entschlossen, in einem Zeitraum von zwölf Wochen acht ganzseitige Anzeigen zu veröffentlichen; es kommen hierfür 15 Zeitschriften in Frage; in einer Woche können mehrere Anzeigen erscheinen, in einer Zeitschrift soll pro Ausgabe jedoch nur eine Anzeige enthalten sein. Schon nach kurzer Zeit wird dem Planenden klar, daß er sich einer sehr großen Zahl von möglichen Aktionen gegenübersieht.
Da Aktionen als Kombinationen von zulässigen Werten der Aktionsparameter definiert worden sind, ist es naheliegend, diesen Kombinationsprozeß nicht ohne Hilfsmittel durch den Planenden ausführen zu lassen, sondern nach geeigneten mathematischen Methoden Ausschau zu halten, die diese Aufgabe erleichtern.
Daneben kommt den mathematischen Methoden im Rahmen der entscheidungsorientierten Betriebswirtschaftslehre eine weitere wichtige Aufgabe zu. Die Methoden können geeignet sein, unter vorliegenden Aktionen eine vorteilhafte Aktion aufzuspüren, ohne daß alle Aktionen durchgerechnet werden müßten.
Zu den Verfahren des »Operations Research« gehören insbesondere die mathematische Optimierung mit ihren Spielarten, die lineare Programmierung, die ganzzahlige

Optimierung, die parametrische Programmierung, die nichtlineare Optimierung, weiterhin die Warteschlangentheorie, die Graphentheorie und die Simulation.[24]

### 3.5.3 Organisatorische und zeitliche Aspekte der Planung

Es ist nicht nur wichtig zu erkennen, welche Bestandteile ein Entscheidungsproblem kennzeichnen, sondern es muß auch beachtet werden, daß in den Planungsprozeß oft zahlreiche Personen einbezogen sind. Entweder stellen sie Informationen zur Verfügung, erstellen selbst Pläne oder treffen Entscheidungen. So ist die Planung nicht nur eine Angelegenheit der obersten Geschäftsleitung, sondern auch der nachgeordneten Ebenen. Welche Planungsaufgaben den einzelnen Ebenen zugeordnet werden, hängt davon ab, für welche Form der Aufbauorganisation sich eine Unternehmung entschieden hat.[25]

Die Planung hat weiterhin eine zeitliche Dimension, das ist die Frage nach der zeitlichen Reichweite der Pläne (z. B. Pläne mit einem Planungshorizont, der kürzer als ein Jahr ist, Jahrespläne, Mehr-Jahrespläne).

Die drei Dimensionen, die sachliche, die organisatorische und die zeitliche, werden in Abbildung 3.19 durch Beispiele verdeutlicht.

**Abbildung 3.19:** Beispielhafte Erläuterungen der drei Dimensionen der Planung (Gegenstand, Organisation und Zeit)

| Planungs-gegenstand | Planungsorgan | | | |
|---|---|---|---|---|
| | Oberste Geschäftsleitung | | Nachgeordnete Ebene | |
| | mit mehrjähri-gem Planungs-horizont | mit kürzerem Planungs-horizont | mit mehrjähri-gem Planungs-horizont | mit kürzerem Planungs-horizont |
| Verkaufs-stellennetz | Betriebsformen, Standorte | | Aufteilung der Geschäftsflächen | |
| Sortiments-planung | | Warengruppen | | Artikel |
| Preis- u. Werbe-planung | Preisniveau | Sonderangebots-politik, Werbe-budget | | Preis- und Men-genplanung, Medien, Artikel |
| Personal-planung | | Personalstruktur | | Personaleinsatz-planung |

---

[24] Vgl. Berens, W./Delfmann, W.: Quantitative Planung. Konzeption, Methoden und Anwendungen, 2. Auflage, Stuttgart 1995.

[25] Vgl. zu einzelnen Formen: Barth, K.: Systematische Unternehmensführung in den Groß- und Mittelbetrieben des Einzelhandels, Göttingen 1976, S. 44–70.

**Literaturhinweise zu Kapitel 3**

Die Lehre von den Handelsfunktionen stellt ein traditionelles Muster zur Beschreibung der Tätigkeit von Handelsbetrieben dar. Es kann sein, daß sie im Rahmen der strategischen Planung neue Bedeutung erlangen. Bis etwa 1960 sind zahlreiche Kataloge entwickelt worden, z. B. von *Schär, Oberparleiter, Redlich, Lisowsky, Seÿffert*. Stellvertretend sei genannt:
*Sundhoff, E.: Handel, in: Beckerath, E. v./Bente, H./Brinkmann, C. et al. (Hrsg.): Handwörterbuch der Sozialwissenschaften, Band 4, Stuttgart 1965, S. 762–779.*

Zusammenfassende und vergleichende Veröffentlichungen stammen von
*Marré, H.: Funktionen und Leistungen des Handelsbetriebes, Köln – Opladen 1960.*
*Schenk, H.-O.: Geschichte und Ordnungstheorie der Handelsfunktionen, Berlin 1970.*

Die produktionstheoretische Sichtweise wurde in Analogie zu der von Gutenberg angestoßenen Entwicklung einer Produktionstheorie für den Industriebetrieb auch für den Handelsbetrieb fortentwickelt. Erste Ansätze stammen von
*Buddeberg, H.: Betriebslehre des Binnenhandels, Wiesbaden 1959.*
Sie wurden – praktisch im Alleingang – in mehreren Beiträgen von Hedderich fortgeführt:
*Hedderich, R.: Die Grundlagen des Handelsbetriebes, in: ZfB, 56. Jg. (1986), S. 484–499.*
*Hedderich, R./Hedderich, B.: Leistung und Kapazität im Handelsbetrieb, in: ZfB, 57. Jg. (1987), S. 793–815.*

Ergänzend sei auf eine Dissertation auf diesem Gebiet hingewiesen:
*Holler, H.: Produktionsfunktion und Handelsbetrieb, Bern u. a. 1990.*

Über die Entwicklung und Anwendung einer Produktionstheorie hinaus finden sich aber auch indirekte Verwertungen der produktionstheoretischen Sichtweise, so in der im Handelsbetrieb so beliebten Kennzahlenrechnung und in der Wertkettenanalyse (Literaturhinweise hierzu finden sich im Kapitel 5 zur strategischen Planung).
Der entscheidungstheoretische Ansatz gehört in der Betriebswirtschaftslehre zum Mainstream. Es gibt zahlreiche Lehrbücher zur Entscheidungstheorie, die jedoch stellenweise den Anwendungsbezug vermissen lassen und in einem axiomatischen Denken stecken bleiben. Stellvertretend sei nur ein Lehrbuch genannt:
*Eisenführ, F./Weber, M.: Rationales Entscheiden, 2. Auflage, Berlin u. a. 1994.*

Einen guten Überblick über die Elemente des Managementzyklus vermittelt:
*Delfmann, W.: Planungs- und Kontrollprozesse, in: Wittman, W./Kern, W./Köhler, R. (Hrsg.): Handwörterbuch der Betriebswirtschaft, 5. Auflage, Stuttgart 1993, Sp. 3232–3251*
mit zahlreichen weiteren Literaturhinweisen.

# 4 Strategische Planung im Handel

> »Das eigentliche Ziel besteht nicht darin, den Kampf zu suchen, sondern eine vorteilhafte strategische Situation anzustreben, die, wenn sie die Entscheidung nicht selbst herbeiführt, einen nachfolgenden Kampf doch aussichtsreich erscheinen läßt.«
>
> *(von einem Militärhistoriker)*

Die strategische Unternehmensführung gewinnt im Handel mit zunehmender Größe und Komplexität der zu steuernden Einheiten an Bedeutung. Nicht nur das Geschäftsvolumen vieler Handelsorganisationen ist gewaltig, sondern auch ihre Vielgestaltigkeit, was sich
– in der Ansprache zahlreicher verschiedenartiger Kundengruppen,
– verschiedenen Betriebsformen,
– ausgedehnten Sortimenten,
– unterschiedlichen regionalen Märkten, z. T. mehreren nationalen Märkten
äußert.
Wie gezeigt werden wird, müssen nicht nur Großunternehmen strategisch denken, sondern auch kleinere und mittlere Unternehmungen müssen sich dieser Aufgabe annehmen.
Schon die in der Einleitung zu beobachtende Vielfalt der Begriffe läßt es zunächst notwendig werden, diese zu klären. In der betriebswirtschaftlichen Theorie gilt die strategische Unternehmungsführung als junges Gebiet; für den Handel liegen nur wenige einschlägige Arbeiten vor. Insgesamt ist das Gebiet durch einen Mangel an gesicherten Erkenntnissen, durch Uneinheitlichkeit der Begriffe sowie durch ein Überwiegen von kasuistischen Erfahrungen und modischen Tendenzen geprägt. Zunächst soll im Abschnitt 4.1 begriffliche Klarheit geschaffen werden: Was ist mit strategischer Planung gemeint? Auch soll deutlich werden, daß mit strategischer Planung nur ein Teilbereich des Strategischen Management erfaßt wird. Anschließend sollen die wichtigsten Werkzeuge der strategischen Planung vorgestellt werden. Diese dienen vor allem dazu, die Situation, in der sich ein Handelsbetrieb befindet, zu analysieren. Sie beziehen sich aber teilweise auch auf die zu ergreifenden Maßnahmen.

## 4.1 Begriffliche Abgrenzung

Planungsbegriffe, wie z. B. »Strategie« oder »strategisch«, sind zu Modewörtern und damit unscharf und vieldeutig geworden. Im folgenden werden wesentliche Planungsbegriffe definiert.

## 4.1.1 Planen, Planung, Plan

Planen bedeutet, einen Grundriß bzw. ein Schema zu entwerfen, wie etwas zu tun oder auszuführen ist. Den Gegensatz zu Planen bildet das Improvisieren (ad hoc entscheiden, etwas dem Zufall überlassen, ohne Verarbeitung von Informationen entscheiden). Planen umfaßt so drei Merkmale:

1. eine Beschäftigung mit der Zukunft (insbesondere das Vorausdenken von künftigen Nachfrager- und Konkurrenzsituationen),
2. das konkrete Prüfen von Handlungsalternativen im Hinblick auf ihre Wirkungen auf die Zielgrößen der Unternehmung bei künftigen Umweltsituationen,
3. das zielgerichtete Auswählen einer Handlungsalternative im Sinne einer Entscheidungsfestlegung.

Unschwer sind in diesen Merkmalen die allgemein gültigen Grundelemente der Entscheidungstheorie zu erkennen: die Handlungsmöglichkeiten, die Ziele und die Umweltzustände.

Unter Planung wird die zielgerichtete zukunftsbezogene Tätigkeit der verschiedenen Planungsträger in einer Organisation verstanden. In diesem Sinne stellt Planung die kollektive Tätigkeit in Organisationen dar, um eine Entscheidung vorzubereiten und eine Handlungsalternative auszuwählen. Eine Übersicht über verschiedene in der Literatur vorfindbare Begriffe findet sich auch in Abbildung 4.1.

**Abbildung 4.1:** Definitionen von Planen, Planung, Plan _____

| Begriff | Autor | Definition |
|---------|-------|------------|
| Planung Planen | Kreikebaum | *»diejenige kollektive Tätigkeit in Organisationen, die zum gegenwärtigen Zeitpunkt eine Entscheidung vorbereitet und unter verschiedenen Handlungsmöglichkeiten eine Alternative auswählt«*[1] |
| | Koch | *»die vorausschauende, d. h. gedankliche Festlegung der Unternehmung für die Zukunft«*[2] |
| Plan | Kreikebaum | *»Ergebnis bzw. das Objekt des Planens und der Planung«*[3] |
| | Gabler-Lexikon | *»präskriptives, symbolisches Modell, das in vereinfachter Form ein zukünftiges reales System abbildet«*[4] |

[1] Kreikebaum, H.: Strategische Unternehmensplanung, 6. Auflage, Stuttgart – Berlin – Köln 1997, S. 16.
[2] Vgl. Kuhn, A.: Unternehmensführung, 2. Auflage, München 1990, S. 9 (in Anlehnung an: Koch, H.: Betriebliche Planung. Grundlagen und Grundfragen der Unternehmungspolitik, Wiesbaden 1961, S. 11).
[3] Kreikebaum, H., 1997, S. 16.
[4] Gabler-Wirtschafts-Lexikon, 14. Auflage, Wiesbaden 1997, Sp. 2995.

Während die Begriffe »Planen« und »Planung« auf eine Tätigkeit abstellen, erfaßt der Begriff »Plan« das Ergebnis dieser Tätigkeit.

In Übereinstimmung mit den Ausführungen in Kapitel 3.5 soll zusammengefaßt werden: Bei der Planung handelt es sich um die vorausschauende, gedankliche Festlegung von betrieblichen Maßnahmen und die Prognose ihrer Wirkung auf die betrieblichen Zielgrößen innerhalb des Planungszeitraumes, wobei Erwartungen über relevante Umweltentwicklungen gebildet werden müssen. Diese Ausführungen gelten für jede Planung, sie erfassen noch nicht das Charakteristische einer strategischen Planung; dies soll im folgenden Abschnitt geschehen.

## 4.1.2 Strategische Unternehmensplanung als Teil der strategischen Unternehmensführung

Ursprünglich wurde unter Strategie die Kunst der Heerführung, die geschickte Kampfplanung und Feldherrenkunst verstanden. In der Literatur zur Strategischen Unternehmungsführung existieren unterschiedliche Begriffsauffassungen, von denen einige in Abbildung 4.2 gegenübergestellt werden.

Die Zitate machen deutlich, daß langfristig angelegte Konzepte zur Zukunftssicherung gesucht werden, was für die Zukunft erfordert
– die Ansprüche der Abnehmer zu erkennen,
– die eigenen Fähigkeiten mit denen der Konkurrenz zu vergleichen und
– Hinweise zum Aufbau von Erfolgspotentialen zu geben.

Strategische Unternehmensplanung
In der letzten Zeit ist es üblich geworden, zwischen Unternehmungsplanung und -führung zu unterscheiden und den Begriff »Strategisches Management« als Oberbegriff zu verwenden. Bei der strategischen Unternehmensplanung handelt es sich um einen willensbildenden, informationsverarbeitenden und systematisch-methodischen Entscheidungsprozeß mit dem Ziel, den langfristigen Erfolg der Unternehmung zu sichern und die zum Erreichen dieser Zielsetzung möglichen Maßnahmen (= Strategien) festzulegen.[5] Die folgenden Merkmale können als Kennzeichen einer strategischen Unternehmensplanung angesehen werden:

1. Die Zukunft wird antizipiert; sie setzt zeitlich bereits weit vor Eintritt eines spezifischen Problems an, z. B.
   – Verschiebungen der Käuferstruktur (z. B. Altersgruppen),
   – Eintritt neuer Wettbewerber in den Markt.
2. Sie weist Prozeßcharakter auf, d.h. eine systematische Phasenfolge mit Rückkopplungen, z. B. Informationsanalyse, Strategieentwicklung, Umsetzung, Strategieüberwachung.
3. Sie ist durch zielgerichtete Rationalität, also ein bewußtes Abwägen, gekennzeichnet.
4. Im Unterschied zur Prognose bedeutet strategische Planung nicht allein die Vorhersage zukünftiger Entwicklungen, sondern das Ableiten von Gestaltungsvorgaben.

---

[5] Vgl. Voigt, K.-I.: Strategische Planung und Unsicherheit, Wiesbaden 1992, S. 6.

| Begriff | Autor | Definition |
|---------|-------|------------|
| Strategie | Kreikebaum | »Unternehmensstrategien sind . . . ›allgemeine Verhaltensrichtlinien‹, die Aussagen darüber machen, wie ein Unternehmen seine vorhandenen und seine potentiellen Stärken einsetzt, um Veränderungen der Umweltbedingungen zielgerecht zu begegnen.«[6] |
| | Hofer/Schendel | ». . . fundamental pattern of present and planned resource deployments and environmental interactions that indicates how the organization will achieve its objectives«[7] |
| | Hentze/Brose | ». . . wird als grundsätzliche Umschreibung, Charakterisierung und/oder Kennzeichnung von Verfahrensweisen verstanden, mit denen sich eine Unternehmung (bzw. Organisation) gegenüber seiner Umfeld (oder Teilen der Umwelt) zu behaupten versucht.«[8] |
| | Bea/Haas | »Strategien sind Maßnahmen zur Sicherung des langfristigen Erfolges eines Unternehmens.« »Strategische Planung ist ein informationsverarbeitender Prozeß zur Abstimmung von Anforderungen der Umwelt mit den Potentialen des Unternehmens in der Absicht, mit Hilfe von Strategien den langfristigen Erfolg eines Unternehmens zu sichern.«[9] |

5. Sie ist ganzheitlich-gesamtunternehmensbezogen und kann deshalb nur aus der Kenntnis des Ganzen heraus getroffen werden, weswegen sie nicht delegierbar ist. Also: Beschaffung, Absatz, Finanzplanung, Lager- und Fuhrparkplanung, Investitionsplanung und Personalplanung sind aufeinander abzustimmen.

Abbildung 4.3 stellt ein solches Planungssystem exemplarisch für eine Handelsunternehmung mit primär funktionaler Aufbauorganisation dar.
Die Abbildung ist komplex, aber dennoch von klarer Struktur. Auf der linken Seite zeigt sie Elemente des Planungsprozesses, der von der Analyse- und der Prognosephase über die Zielformulierung zur Maßnahmenplanung reicht. Auf der rechten Seite wird aufgelistet, in welchen Dimensionen die Wirkungen zu analysieren sind. Dabei wird auf die traditionellen Ebenen des betrieblichen Rechnungswesens zurückgegriffen:
– auf die Zahlungsströme (Ein- und Auszahlungen), um die Finanz- bzw. Liquiditätsplanung zu gewährleisten,

---

[6] Kreikebaum, H., 1997, S. 19.
[7] Hofer, C. W./Schendel, D.: Strategy Formulation. Analytical Concepts, St. Paul u. a. 1978, S. 25.
[8] Hentze, J./Brose, P.: Unternehmensplanung, Bern – Stuttgart 1985, S. 126.
[9] Bea, F. X./Haas, J.: Strategisches Management, Stuttgart – Jena 1995, S. 46.

Abbildung 4.3: **Planungssystem für ein Handelsunternehmen mit primär funktionaler Aufbauorganisation**

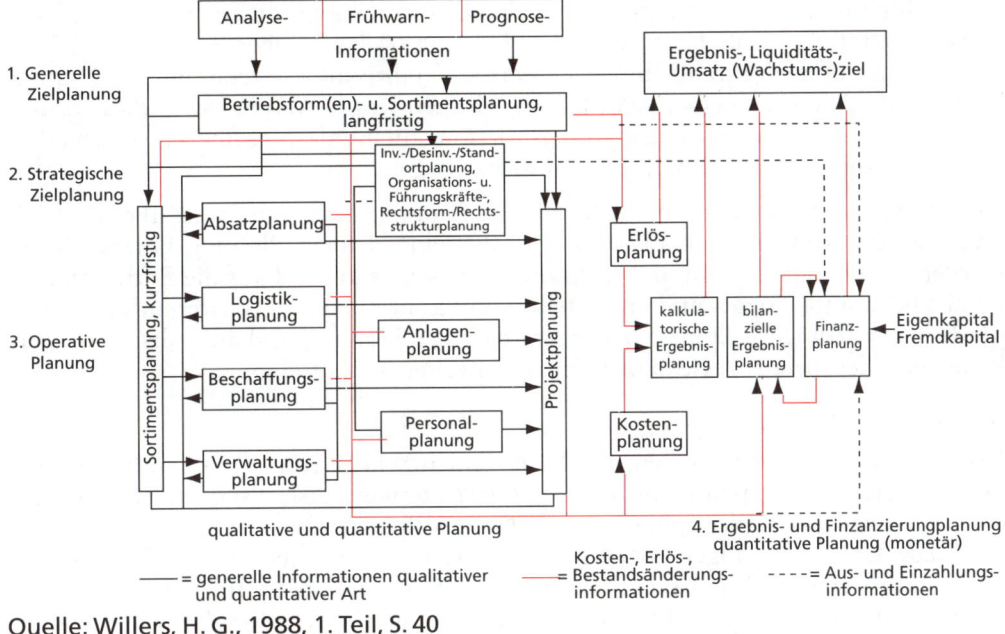

qualitative und quantitative Planung

——— = generelle Informationen qualitativer und quantitativer Art

Kosten-, Erlös-, = Bestandsänderungs- informationen

- - - - = Aus- und Einzahlungs- informationen

Quelle: Willers, H. G., 1988, 1. Teil, S. 40

- auf die Aufwands- und Ertragsebene, um den Anforderungen zum Erstellen einer Handels- und Steuerbilanz genüge zu tun, und
- auf die Kosten- und Erlösebene, um Aufschluß über die Erfolgsträchtigkeit einzelner Bereiche zu erhalten.

Als Kernbereiche der strategischen Planung im Handel werden die Betriebsformen- und die langfristige Sortimentsplanung genannt, also Begriffe, mit denen die den Abnehmern erkennbaren Leistungen zusammengefaßt werden. Aber auch die diese Leistungen ermöglichenden Prozesse (z. B. das logistische System) können Gegenstand strategischer Überlegungen sein.

6. Im Zentrum strategischer Entscheidungen stehen Überlegungen zu den zukünftigen unternehmensspezifischen Erfolgspotentialen, d. h. denjenigen Aktivitäten, die eine Erfolgsposition der Unternehmung begründen und die die Voraussetzung für einen dauerhaften zukünftigen Erfolg darstellen. *Pümpin* spricht daher von der strategischen Planung als dem Management strategischer Erfolgspositionen.[10]

Die Frage, welche Voraussetzungen in einer Unternehmung geschaffen werden müssen, damit sie über einen Wettbewerbsvorteil verfügt und sich dauerhaft im Markt behaupten kann, ist verschieden beantwortet worden. Weite Teile der Erfolgsfaktorenforschung vergleichen unterschiedliche Formen der Geschäftspolitik (z. B. Discountstrategie vs. Erlebnisstrategie, zentraler vs. dezentraler Ein-

_____

[10] Vgl. Pümpin, C.: Management strategischer Erfolgspositionen, 3. Auflage, Bern – Stuttgart 1986.

kauf), in anderen Beiträgen wird auf Ressourcen, Kernkompetenzen und strategische Fähigkeit abgestellt.[11]

7. Die strategische Planung ist langfristig. Eine Präzisierung der Langfristigkeit kann nur im Rahmen der situativen Gegebenheiten vorgenommen werden. *Albach* weist darauf hin, daß die strategische Planung in den sechziger Jahren etwa 15–20 Jahre umfaßte, während Ende der siebziger Jahre die strategische Planung auf einen Zeitraum von etwa zehn Jahren bezogen war.[12] Ähnlich sieht dies *Hinterhuber,* der den strategischen Planungshorizont auf mindestens fünf bis sieben Jahre und maximal zehn bis zwölf Jahre festsetzt.[13]

Unabhängig von der präzisen Festlegung des Planungshorizontes muß aber deutlich zwischen der strategischen Planung und der langfristigen Planung unterschieden werden. Die Langfristplanung beschränkt sich weitestgehend auf die Extrapolation bereits bekannter Trends und unterstellt damit kontinuierliche Weiterentwicklungspfade in stabilen Umwelten.[14] In der strategischen Planung sind auch diskontinuierliche Veränderungsprozesse in instabilen Umwelten aufzugreifen.

### Strategische Unternehmensführung

Bereits durch die Ausführungen zum Managementzyklus (Kap. 3) ist deutlich geworden, daß die Planungsphase von anderen Phasen umlagert ist, insbesondere der Analysephase, der Realisationsphase und der Kontrollphase. Des weiteren ist zu beachten, daß Unternehmungen arbeitsteilige Systeme darstellen. Es muß also eine organisatorische Struktur geschaffen werden, in der die dort tätigen Menschen die Bereitschaft einbringen, die Unternehmung an die sich ändernden Umweltbedingungen anzupassen und sie fortzuentwickeln. Es ist sowohl ein Fit mit der Umwelt (System-Umwelt-Fit) wie auch ein Intra-System-Fit herzustellen. *Mc Kinsey* bildet den Gedanken des Intra-System-Fit mit dem 7S-Modell ab, nach dem sieben Subsysteme aufeinander abgestimmt sein müssen, und zwar

– als harte Faktoren die Struktur (structure), die Strategie (strategy), die Systeme (systems),

– als weiche Faktoren das Selbstverständnis (shared values), das Stammpersonal (staff), die Spezialkenntnisse (skills) und der Stil (style).[15]

Auch *Bea* und *Haas* heben die Notwendigkeit eines abgestimmten Vorgehens hervor, indem sie darauf hinweisen, daß

– jedes Subsystem in sich abgestimmt sein muß (z. B. Abstimmung von Zielen und Maßnahmen),

– alle Subsysteme des Unternehmens aufeinander ausgerichtet sein müssen (bei ihnen sind das die strategische Planung, die strategische Kontrolle, das Informationsma-

---

[11] Vgl. den Überblick bei Mühlbacher, H.: Strategische Differenzierung im Industriegütermarketing, in: Backhaus, K./Günter, B./Kleinaltenkamp, M./Plinke, W./Raffée, H. (Hrsg.): Marktleistung und Wettbewerb, Wiesbaden 1997, S. 197–212.

[12] Vgl. Albach, H.: Strategische Unternehmensplanung bei erhöhter Unsicherheit, in: ZfB, 48. Jg. (1978), S. 702–715.

[13] Vgl. Hinterhuber, H. H.: Strategische Unternehmensführung. Bd. I: Strategisches Denken, 6. Auflage, Berlin – New York 1996, S. 23.

[14] Vgl. Hax, A. C./Majluf, N. S.: Strategisches Management. Ein integratives Konzept aus dem MIT, Frankfurt am Main – New York 1991, S. 28–30 (Hax, A. C./Majluf, N. S.: Strategic Management. An Integrative Perspective, Englewood Cliffs, N. J. 1984, S. 13).

[15] Vgl. Peters, T. J./Waterman, R. H.: In Search of Excellence, New York u. a. 1982, S. 10.

nagement, die Organisation, die Unternehmenskultur und das Vorhandensein von Leistungspotentialen) und
– das System Unternehmung zu der Umwelt passen muß (System-Umwelt-Fit).[16]

In vereinfachter Form wird auch durch Abbildung 4.4 zum Ausdruck gebracht, daß die Planung als Prozeß der Willensbildung nur einen Teil der Unternehmensführung erfaßt.

**Abbildung 4.4:** Grundschema des Führungs- und Realisationsprozesses nach Hahn _____

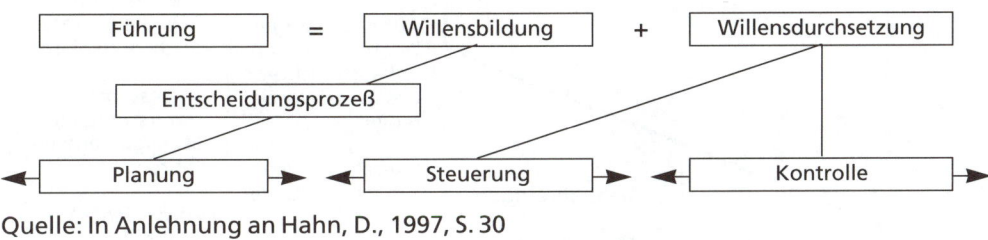

Quelle: In Anlehnung an Hahn, D., 1997, S. 30

Nach einer von *Henzler* vorgeschlagenen Systematik begann der Entwicklungspfad des strategischen Planungsinstrumentariums mit der reinen Finanzplanung (vgl. Abbildung 4.5). Diese legt den Schwerpunkt der Planungsbemühungen auf Jahresbudgets und ist im wesentlichen intern orientiert. Die Aufmerksamkeit der Planer richtet sich auf ein möglichst verläßliches Budget und dessen Einhaltung.
Der nächste Entwicklungsschritt bestand in der Erweiterung des betrachteten Zeithorizontes zu einer Mittel- und Langfristplanung. Charakteristika einer solchen Planung sind Mehrjahresbudgets, begleitet von dem Versuch, die Entwicklung der Einzelgeschäfte zu optimieren.
Der Sprung zur extern orientierten strategischen Planung der Stufe III ist deutlich größer. In dieser Phase werden alle Annahmen, auf denen die extrapolierende Planung basierte, in Frage gestellt. Wesentliche Merkmale der Planungsüberlegungen sind eine verstärkt auf die Umwelt-, Kunden- und Wettbewerbsdynamik ausgerichtete Lagebeurteilung sowie die systematische Auslotung strategischer Freiheitsgrade. Die Mittelzuteilung erfolgt aus der individuellen Beurteilung der Möglichkeiten eines jeden Geschäftes, zum Unternehmensgesamtziel beizutragen.
Die entscheidenden Verbesserungen auf dem Weg zu einer strategischen Führung liegen nicht in einer fortschreitenden Verfeinerung der Planungskonzepte, sondern werden vielmehr in der Leistung der Führungsspitze gesehen, die gesamte Organisation darauf auszurichten, im Wettbewerb die Initiative zu ergreifen und Umfeldveränderungen zum eigenen Vorteil zu nutzen.

---

[16] Alle Teilbereiche, die somit fast die gesamte Betriebswirtschaftslehre umfassen, werden in dem sehr übersichtlichen und anschaulichen Lehrtext von *Bea* und *Haas* behandelt. Bea, F. X./Haas, J., 1995, hier S. 17.

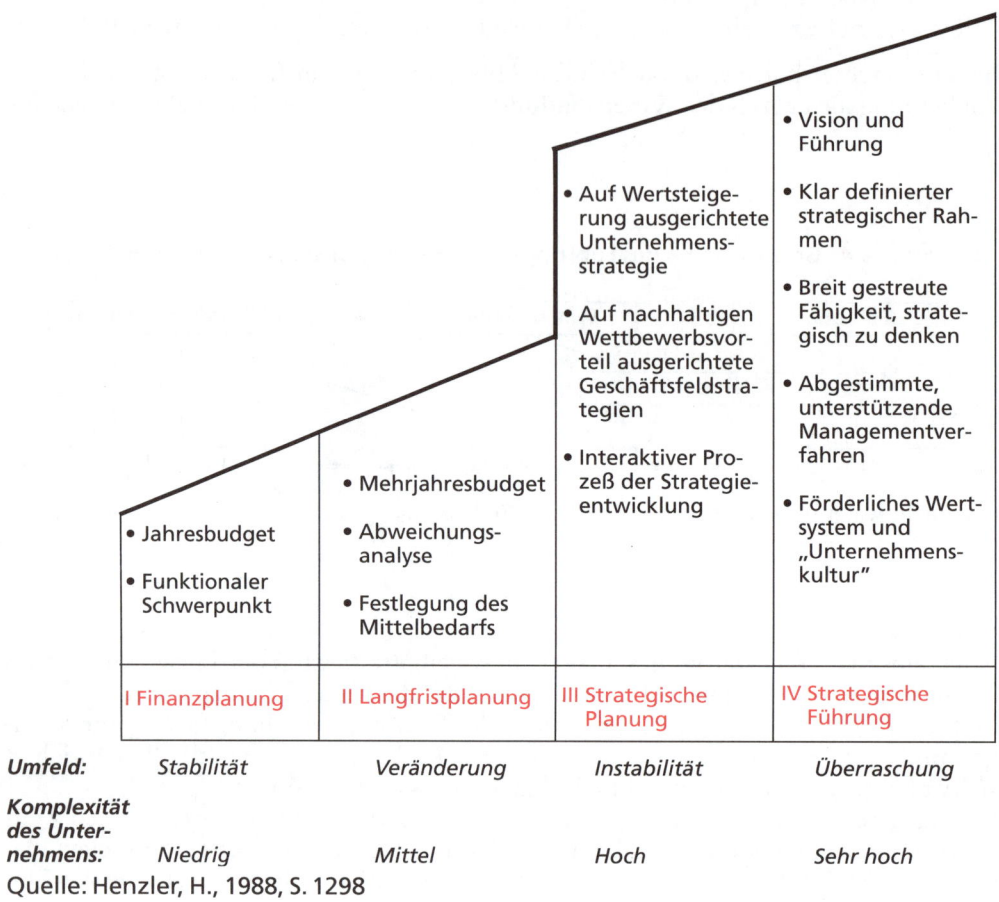

| | | | |
|---|---|---|---|
| | | • Auf Wertsteige-rung ausgerichtete Unternehmens-strategie | • Vision und Führung |
| | | | • Klar definierter strategischer Rah-men |
| | | • Auf nachhaltigen Wettbewerbsvor-teil ausgerichtete Geschäftsfeldstra-tegien | • Breit gestreute Fähigkeit, strate-gisch zu denken |
| | | • Interaktiver Pro-zeß der Strategie-entwicklung | • Abgestimmte, unterstützende Managementver-fahren |
| | • Mehrjahresbudget | | • Förderliches Wert-system und „Unternehmens-kultur" |
| • Jahresbudget | • Abweichungs-analyse | | |
| • Funktionaler Schwerpunkt | • Festlegung des Mittelbedarfs | | |
| I Finanzplanung | II Langfristplanung | III Strategische Planung | IV Strategische Führung |

| Umfeld: | Stabilität | Veränderung | Instabilität | Überraschung |
|---|---|---|---|---|
| Komplexität des Unter-nehmens: | Niedrig | Mittel | Hoch | Sehr hoch |

Quelle: Henzler, H., 1988, S. 1298

### Erwartungen an eine strategische Planung im Handel

Nachdem die bisherigen Ausführungen sehr abstrakt waren, indem darauf hinge-wiesen worden war, daß es sich bei einem Plan um die gedankliche Festlegung der Unternehmung für die Zukunft handelt, sollen im folgenden konkrete Sachverhalte aufgeführt werden, die im Rahmen einer strategischen Planung des Handelsbetriebes zu konkretisieren sind.

Die Ergebnisse strategischer Unternehmungsplanung lassen sich danach unterschei-den, ob sie das Verhältnis der Handelsunternehmung zu ihren Kunden berühren, ob sie die Art der innerbetrieblichen Leistungserstellung betreffen oder ob sie auf die Lieferantenseite hin ausgerichtet sind. Dabei bestehen zwangsläufig Interdependen-zen zwischen den Maßnahmen in diesen Bereichen. Diese drei Bereiche sind auch in Abbildung 4.6 aufgeführt.

Abbildung 4.6: Ergebnisse der strategischen Planung _____

| Ergebnisse strategischer Planung | | |
|---|---|---|
| im Hinblick auf die Kunden | interne Maßnahmen | im Hinblick auf die Lieferanten |
| • Betriebsform<br>  – Leistungen<br>  – Zielgruppen<br>  – Preisniveau<br>• Ausmaß und Richtung der Diversifikation<br>• Marktgebiet (regional/national/international) | • Aufbau von Leistungspotentialen, z. B.<br>  – Informationssysteme<br>  – Logistik<br>• Ausgliederung von Funktionen<br>• Zentralisation/Dezentralisation von Entscheidungen<br>• Unternehmenskultur | • Erwerb von Marktmacht durch Konzentration oder Kooperation<br>• Formen der Arbeitsteilung zwischen Industrie und Handel |

Die auf die Kunden ausgerichteten strategischen Maßnahmen lassen sich mit drei Fragen erfassen:
(1) Welche Leistungen werden angeboten, und zwar
  – in sachlicher Hinsicht,
  – in zeitlicher Hinsicht,
  – in quantitativer Hinsicht?
(2) Welches Entgelt wird gefordert?
  Auf welchem Preisniveau bewegt sich das Angebot der Unternehmung im Vergleich zur Konkurrenz?
(3) Für welche Zielgruppe hat die Handelsunternehmung ihr Angebot konzipiert,
  – in persönlicher Hinsicht (Definition der Zielgruppe),
  – in räumlicher Hinsicht (bearbeitete Märkte in regionaler Hinsicht)?

Die Aspekte (1) und (2) konstituieren die Betriebsform, die wohl wichtigste strategische Entscheidung, die im Handel zu treffen ist, denn die Geschichte des Handels kann geradezu als die Geschichte der einzelnen Betriebsformen gesehen werden. *Porter* vereinfacht die bei der Wahl der Betriebsform möglichen Alternativen zu
– der preisorientierten Politik, der im Handel vor allem die Betriebsform des Discounters entspricht, und
– der leistungsorientierten Politik, der im Handel jene Betriebsform entspricht, »die in der ganzen Branche als einzigartig angesehen wird«[17].

Um eine Vereinfachung handelt es sich, weil die Qualität der Leistung im Handel sehr vielgestaltig sein kann, insbesondere deswegen, weil es eine große Anzahl von Möglichkeiten gibt, die hergestellte Produktvielfalt zu Sortimenten zu bündeln und weil die Angebotsmodalitäten in vielfältiger Weise ausgestaltet werden können.
In zeitlicher Hinsicht kann die Politik im Einzelhandel aufgrund des bestehenden Ladenschlußgesetzes nur begrenzt variiert werden. Allerdings nutzen der Versand-

---

[17] Porter, M. E.: Wettbewerbsstrategie. Methoden zur Analyse von Branchen und Konkurrenten, 6. Auflage, Frankfurt am Main 1990, S. 63–66.

handel, Tele-Selling und die Tankstellen jene Möglichkeiten, die dem stationären Einzelhandel verwehrt sind.

Mit dem Zielgruppenaspekt wird die personelle und räumliche Dimension des Marktes angesprochen. Derzeit ist in der Praxis immer noch umstritten, inwieweit das Zielgruppenkonzept auch im Handel mit Nutzen verwertet werden kann. Es liegen jedoch inzwischen zahlreiche Beispiele vor, die belegen, daß sich die Ansprüche einzelner Verbrauchergruppen so heterogenisiert haben, daß eine Marktsegmentierung sinnvoll geworden ist.

Eine auf den Kunden bezogene Handelspolitik muß mithin in den Dimensionen verankert werden, die in der Ökonomie immer schon zur Charakterisierung von vollkommenen und unvollkommenen Märkten herangezogen worden sind, der qualitativen, quantitativen, räumlichen, personellen und zeitlichen Dimension.

Unter den unternehmensinternen Maßnahmen erscheinen insbesondere jene aktuell, die sich auf den Aufbau innerbetrieblicher Informationssysteme beziehen. Die leichte Verfügbarkeit von Daten läßt erwarten, daß einige Bereiche in der Betriebsführung »rechenhafter« werden. In der Organisation geht es um die Frage, inwieweit die Entscheidungsprozesse zentralisiert oder dezentralisiert werden sollten. In der Personalpolitik wird weiterhin die Frage aktuell bleiben, inwieweit es gelingt, eine Unternehmenskultur zu schaffen, die gewährleistet, daß sich die Mitarbeiter mit dem strategischen Konzept identifizieren.

Lieferantenorientierte Strategien betreffen das Verhältnis zu den Lieferanten. Hier geht es zum einen um die Art und Weise, wie der Warenfluß zu organisieren ist (Logistik), zum anderen um die Verknüpfung der Entscheidungsprozesse. Dabei ist abzuklären, welche Funktionen Industrie und Handel übernehmen sollen (z. B. bei der Lagerhaltung) und zu welcher Form der Zusammenarbeit es bei der Nachlieferung (efficient replenishment), bei der Sonderangebotspolitik, bei der Sortimentsgestaltung und der Markenpolitik (Führung der Marke) kommen soll.

### 4.1.3 Prozeßmodelle für die strategische Planung und die Unternehmensführung

Für die strategische Planung und Unternehmensführung sind Schrittfolgen entwickelt worden, die Ähnlichkeiten mit dem allgemeinen Phasenmodell der Entscheidungstheorie und dem in Kapitel 3 dargestellten Managementzyklus haben. Im Groben lassen sich folgende Phasen ausmachen:[18]

(1) Identifikation des strategischen Problems,
(2) Gewinnung von Informationen über externe und interne strategisch relevante Sachverhalte,
(3) Definition von Zielen und Suche nach alternativen Strategien,
(4) Bewertung der Strategien,
(5) Auswahl und organisatorische Umsetzung der Strategie.

In Abbildung 4.7 sind Prozeßmodelle aufgeführt, wobei zwischen allgemeinen (industriebezogenen), einzelhandels- und großhandelsbezogenen Ansätzen unterschieden wird.

---

[18] Vgl. auch den Literaturüberblick bei Russi, D. P.: Elemente einer strategischen Planung im Großhandel. Eine kritische Untersuchung strategischer Planungsansätze, Bergisch Gladbach-Köln 1993.

Abbildung 4.7: Ausgewählte Prozeßmodelle der strategischen Unternehmensführung __

| **A. Industriebezogene Ansätze** | |
|---|---|
| Abell und Hammond[19] | 1. Festlegung der Produkt-Marktbereiche (»Defining the Business«)<br>2. Definition der Zielsetzung der Geschäftstätigkeit (»Defining the Business Mission«)<br>3. Bestimmung der funktionalen Strategien<br>4. Festlegung der Maßnahmen |
| Köhler[20] | 1. Definition grundsätzlicher Problemlösungsbereiche der Unternehmenstätigkeit<br>2. Abgrenzung und Vorauswahl von Marktsegmenten<br>3. Diagnose der bislang erreichten Marktstellung<br>4. Entwicklung mehrdimensionaler Ziel-Trajektorien<br>5. Maßnahmenplanung und Budgetierung<br>6. Kontrollvorkehrungen und Suche nach Frühwarnindikatoren<br>7. Organisatorische Verankerung der strategischen Planungsaufgaben |
| Kreikebaum[21] | 1. Langfristige Unternehmensabsichten<br>2. Strategische Analyse: Das Unternehmen und seine Umwelt<br>3. Strategiebestimmung: Suche, Formulierung und Bewertung von Strategien<br>4. Strategieimplementation: Festlegung der Maßnahmen und Ziele<br>5. Strategische Kontrolle |
| **B. Einzelhandelsbezogene Ansätze** | |
| Drexel[22] | 1. Die Analyse der Ausgangssituation und des Ausblicks<br>2. Die Formulierung des Leitbildes<br>3. Die Festlegung der Ziele und Strategien<br>4. Die Festlegung der funktionalen Politiken<br>5. Die Gestaltung der Organisation<br>6. Die Durchführung der Strategien<br>7. Die Kontrolle der erreichten Ergebnisse |
| Wehrle[23] | 1. Gewinnung von Informationen (Situationsanalyse und Prognose)<br>2. Festlegung von strategischen Geschäftseinheiten<br>3. Zieldefinition und Positionierung bezüglich Konkurrenz und Zielgruppen<br>4. Bestimmung von Basisstrategien (Warengruppen- und Filialstrategien)<br>5. Bestimmung von Marketing-Instrumentalstrategien<br>6. Realisation und Kontrolle |

---

[19] Abell, D. F./Hammond, J. S.: Strategic Market Planning, Englewood Cliffs, N. J. 1979, S. 9 f.

[20] Köhler, R.: Beiträge zum Marketing-Management. Planung, Organisation, Controlling, 3. Auflage, Stuttgart 1993, S. 22.

[21] Kreikebaum, H., 1997, S. 38.

[22] Drexel, G.: Strategische Unternehmensführung im Handel, Berlin – New York 1981.

[23] Wehrle, F.: Strategische Marketingplanung in Warenhäusern. Anwendung der Portfolio-Methode, Frankfurt am Main – Bern 1984.

**C. Großhandelsorientierte Ansätze**

Hörschgen[24]
1. Analyse der Rahmenbedingungen und Bestimmung der Produkt-/ Marktbereiche
2. Festlegung absatzbezogener Ziele
3. Durchdenken von längerfristigen Strategien und Festlegung einer »Generallinie«
4. Verteilung finanzieller Ressourcen auf einzelne Organisationseinheiten

Willers[25]
1. Definition der strategischen Geschäftseinheiten
2. Analyse der Umwelt
3. Analyse der Marktattraktivität
4. Analyse der Wettbewerbsposition
5. Entwicklung eines Ist-Portfolios und Festlegung alternativer Strategien
6. Erstellung des Ziel-Portfolios

Russi[26]
1. Formulierung der Unternehmensvision
2. Bestimmung der strategischen Ziele
3. Auswahl geeigneter Planungsinstrumente, Analyse des Informationsbedarfs, Festlegung der Informationsquellen
4. Bestimmung der strategischen Position
5. Strategieformulierung
6. Strategiebewertung und Auswahl
7. Strategische Realisationsplanung

Ein Vergleich der Phasen in Abbildung 4.7 zeigt viele Übereinstimmungen. Die Unterschiede beziehen sich zunächst auf die Weite des Konzeptes. Nicht alle Autoren gehen darauf ein, daß ein strategisches Konzept auch die Anpassung der Organisationsstruktur oder der Personalpolitik einschließen kann. Auch das Problem der Rückkopplung einzelner Bearbeitungsschritte wird in unterschiedlicher Weise aufgegriffen. So weist z. B. *Kreikebaum* explizit darauf hin, daß der Zielbildungsprozeß zweistufig erfolgen solle, indem in einer ersten Phase zunächst allgemeine Absichtserklärungen formuliert werden, während nach der Bestimmung der Strategien Aussagen über den quantifizierbaren Erfüllungsgrad der Ziele zu treffen sind. Auch ist auffallend, daß Aspekte des Auftretens gegenüber den Nachfragern – auch im Vergleich mit den Wettbewerbern – mehr Aufmerksamkeit erfahren als die Beziehungen zu den Lieferanten. Grundsätzlich sind alle Stichworte als sinnvolle Analyseeinheiten anzusehen, über deren relative Bedeutung jedoch im Einzelfall zu entscheiden ist. So kann beispielsweise die Portfolio-Analyse bei einem diversifizierten Unternehmen von großer Bedeutung sein, während sie bei einem Einbetriebs-Unternehmen vernachlässigt werden kann.

In den folgenden Kapiteln 4.2 und 4.3 werden zwei Phasen vertieft behandelt, die Analysephase und die Phase der Formulierung von strategischen Alternativen. Es soll

---

[24] Hörschgen, H.: Strategische Marketingplanung im Elektro-Großhandel, Referat, München 1983. Vgl. auch Hörschgen, H./Kirsch, J./Käßer-Pawelka, G. et al.: Marketing-Strategien, 2. Auflage, Ludwigsburg – Berlin 1993.

[25] Willers, H. G.: Planung in Handelsunternehmen. Grundlagen und Praxisbeispiel. 1. Teil, in: ZfO, 57. Jg. (1988), H. 1, S. 38–42; Willers, H. G.: Planung in Handelsunternehmen. Grundlagen und Praxisbeispiel. 2. Teil, in: ZfO, 57. Jg. (1988), H. 2, S. 117–123.

[26] Russi, D. P., 1993.

aufgezeigt werden, wie hierfür entwickelte Instrumente im Kontext der Planung eines Handelsbetriebes eingesetzt werden können. In bezug auf andere Aspekte der strategischen Unternehmensführung sei auf die am Ende des Kapitels hervorgehobene Literatur hingewiesen.

## 4.2  Die Analysephase

Grundlage jeder strategischen Planung muß eine Analyse der Situation sein, in der sich eine Unternehmung oder eine Branche befinden. Dabei sollte der Blick natürlich nicht nur auf die unternehmensinternen Sachverhalte gerichtet werden, sondern vor allem auf die Rolle, die die Unternehmung auf den einzelnen Märkten spielt. Im Abschnitt 4.2.2 werden Gedanken vorgetragen, mit welchen Aspekten die Wettbewerbsstruktur einer Branche erschlossen werden kann. Abbildung 4.8 und Abbildung 4.9 informieren vorab über wichtige Teilmärkte und über Einflußgrößen, die auf ihnen wirksam werden können.

Abbildung 4.8:  Marktbeziehungen

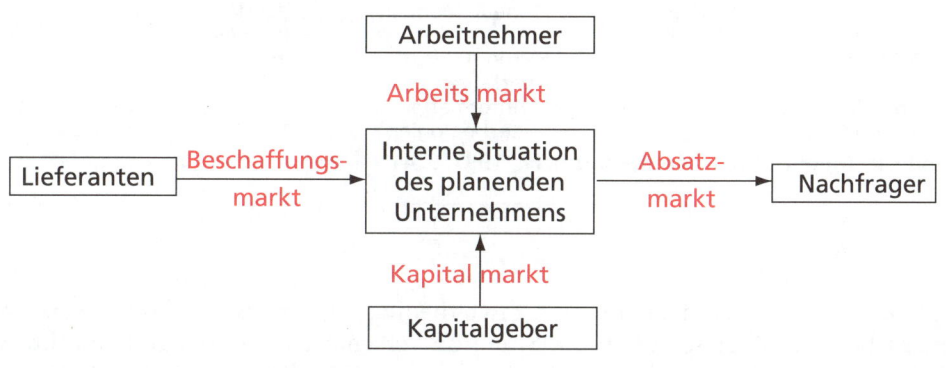

Von größter Relevanz ist die Analyse der Situation der Nachfrager: ihre Anzahl, ihre Gruppierung, ihre zukünftige Entwicklung, ihre Erwartungen, ihre ökonomische Situation, ihre Zufriedenheit sind wichtige Stichworte. Verfahren zur Nachfrageanalyse werden in Kapitel 6 und 7 (Die Nachfrage) und in Kapitel 12 (Controlling der Zufriedenheit) im einzelnen behandelt.[1]

---

[1] Vgl. auch die Strukturierung der Erfolgsforschung und die anschaulichen Ausführungen zur Kundenzufriedenheitsforschung in der Automobilwirtschaft bei Ahlert, D./Kollenbach, S./ Korte, C.: Strategisches Handelsmanagement. Erfolgskonzepte und Profilierungsstrategien am

Besondere Aufmerksamkeit verdient neben dem Absatzmarkt der Beschaffungsmarkt. Dort ist beispielsweise zu prüfen, welche Schritte die Lieferanten erwägen, den Handelsbetrieb durch eine Direktbelieferung zu umgehen, die Ausstattung der Verkaufsstelle an ihre Vorstellungen anzupassen, die Konditionen zu verschlechtern oder Alleinvertriebsrechte zu vergeben. Neben den in Abbildung 4.8 aufgeführten klassischen Marktbeziehungen können aber auch Veränderungen bei Dritten, wie z. B. den Verkehrsträgern oder kommunalen Planungsträgern, von großer Bedeutung sein. Abbildung 4.9 zeigt, von welcher Art die Veränderungen auf den einzelnen Märkten sein können und veranschaulicht diesen Gedanken an Beispielen, die für den Handel relevant sind.

Vergleichend sind diese Beziehungen auch für die wichtigsten Wettbewerber abzuklären.

**Abbildung 4.9:** Klassifizierung von Umweltbedingungen

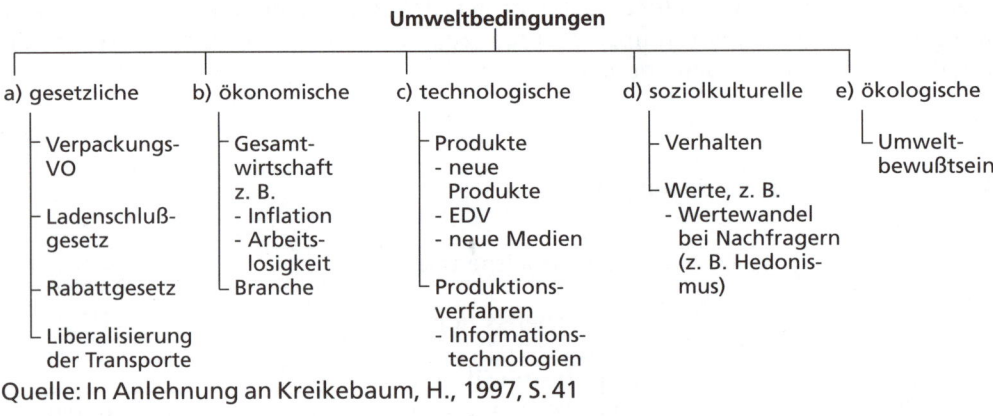

Quelle: In Anlehnung an Kreikebaum, H., 1997, S. 41

Ergänzend zur Analyse der externen Umweltbedingungen muß sich das Unternehmen einen Überblick über seine interne Situation verschaffen. Gegenstand sind im wesentlichen die Wertvorstellungen der Führungskräfte selbst, die vorhandenen Ressourcen sowie eine zusammengefaßte Beurteilung der gegenwärtigen und zukünftigen Stärken und Schwächen des Unternehmens.

– Die Werte und Grundeinstellungen der Führungskräfte können in allen Phasen des Planungsprozesses wirksam werden. Sie erfüllen eine Filter-, Bewertungs- und Auswahlfunktion und stehen in engem Zusammenhang mit den grundlegenden Zielen der Unternehmung.

– Im Rahmen einer Potentialanalyse werden die Ressourcen eines Unternehmens unter dem Gesichtspunkt ihrer Verfügbarkeit für strategische Entscheidungen analysiert. So können Möglichkeiten für den Ausbau des Basisgeschäfts erkannt werden. Im wesentlichen handelt es sich um eine Bestandsaufnahme der elementa-

Beispiel des Automobilhandels, Stuttgart 1996.

ren und dispositiven Faktoren eines Unternehmens. Die Potentialanalyse wird üblicherweise funktionsbezogen durchgeführt. Mögliche Funktionsbereiche sind der Beschaffungsbereich, der Personalbereich, der Finanzbereich oder der Verkauf.

– Mit der Lückenanalyse wird überprüft, inwieweit sich in der Zukunft eine Lücke zwischen der zu erwartenden Entwicklung und der geplanten Entwicklung auftut.

– Unter einer Stärken-/Schwächenanalyse wird die Analyse und Bewertung der Ressourcen eines Unternehmens, insbesondere auch im Vergleich zu den wichtigsten Konkurrenten verstanden. Die Vorteile (Stärken) und Nachteile (Schwächen) werden für die gegenwärtige und die zukünftige Situation ermittelt. So verfügt beispielsweise *Karstadt* in den Innenstädten über vergleichsweise gute Standorte. Aus dem Zusammenspiel von gegenwärtigen Stärken und Schwächen und zukünftigen Umweltentwicklungen ergeben sich die zukünftigen Chancen und Risiken (Chancen-Risiko-Analyse). Ebenso wie bei der Potentialanalyse hat es sich bei der Analyse der Stärken und Schwächen in der Praxis als zweckmäßig erwiesen, funktionsbezogen vorzugehen.

Darüber hinaus sind für die Analyse im Rahmen der strategischen Planung spezielle Instrumente entwickelt worden. Auf die wichtigsten wird im folgenden eingegangen. Das sind insbesondere die Zerlegung der Aktivitätenfelder einer Unternehmung in steuerbare Einheiten (Geschäftsfelder), die bereits erwähnte und auf *Porter* zurückgehende Branchenanalyse, verschiedene Portfoliotechniken und Analysen zum Erfolgsbeitrag einzelner Faktoren (Erfolgsfaktorenforschung).

## 4.2.1 Die Zerlegung der Unternehmung in Geschäftseinheiten

Unternehmungen stellen im Regelfall sehr facettenreiche Gebilde dar. Das hängt damit zusammen, daß unterschiedliche Tätigkeiten ausgeübt werden müssen (z. B. des Einkaufs, der Logistik, des Verkaufs), daß unterschiedliche Produktionsfaktoren eingesetzt werden, daß zahlreiche Waren und Dienstleistungen als Umsatzträger fungieren, daß unter Umständen mehrere Betriebsformen betrieben werden, daß die Unternehmung in mehreren Verkaufsregionen auftritt, unterschiedliche Zielgruppen bedient usw. Wie soll ein so vielfältiges Gebilde kontrolliert oder gesteuert werden, wie kann es in Planungseinheiten zerlegt werden? Die Überlegungen richten sich darauf, das gesamte Gebilde, die »Struktur«, in selbständig steuerbare Einheiten, in »Aggregate«, zu zerlegen.

Im Rahmen der Aggregat-Struktur-Perspektive wird die Unternehmung als Struktur größerer Aggregate abgebildet. Diese – ursprünglich als Voraussetzung für die Anwendung der Portfolio-Konzepte vorgeschlagenen[2] – Aggregate, werden üblicherweise als strategische Geschäftseinheiten bezeichnet.

> *»Die Abgrenzung der strategischen Geschäftseinheiten (SGE) anhand geeigneter Merkmale bildet nun eines der Kernprobleme der strategischen Planung, da die in der Literatur vorgeschlagenen Merkmalslisten meist recht allgemein und wenig operational sind oder sich auf konkrete Unternehmen beziehen und daher eine allgemeine Anwendung nur bedingt möglich ist.«*[3]

---

[2] Vgl. Voigt, K.-I., 1992, S. 357.
[3] Russi, D. P., 1993, S. 35.

So bildet *General Electric* seine SGE nach folgenden Kriterien:[4]
- abgegrenzter eigener Markt (i.S.v. spezieller Kundenkreis),
- eindeutig bestimmbare Konkurrenten,
- weitgehende Möglichkeiten zu eigenständigen Entscheidungen,
- Meßbarkeit der Leistung in Gewinn und Verlust.

Beispiele für SGE sind folglich:
- einzelne Vertriebslinien oder Betriebsformen, z. B. bei *Metro* die Fachmärkte und Warenhäuser,
- einzelne Niederlassungen, wenn diese auch über den gemeinsamen Einkauf nicht völlig unabhängig voneinander agieren können,
- einzelne Regionen,
- evtl. einzelne Sortimentsbereiche und Warengruppen.

*Russi* sieht strategische Geschäftseinheiten durch eine Angebotsdimension (Produkt/ Dienstleistung) und eine Nachfragedimension (Markt) gekennzeichnet.[5] In diesem Sinne wird eine strategische Geschäftseinheit »[...] für solche Produktbereiche/ Märkte gebildet, die durch spezifische Wettbewerbsverhältnisse auf der Angebots- und/oder Nachfrageseite gekennzeichnet sind und daher eigene Strategien erfordern.«[6]

Vier wesentliche Abgrenzungskriterien lassen sich als Schnittmenge der in der Literatur vorzufindenden Konzepte identifizieren:
1. Homogenität und Unabhängigkeit
   Eine strategische Geschäftseinheit stellt ein in sich homogenes Cluster von Analyseobjekten dar, für das planungsrelevante Informationen erfaßt und eigenständige Ziele und Maßnahmen definiert werden können. Implizit wird damit auch gefordert, daß Entscheidungen bezüglich eines Clusters die Situation in einem anderen Cluster möglichst wenig tangieren.
2. Ressourcenbindung
   Entscheidungen über eine strategische Geschäftseinheit führen zu einem veränderten Ressourceneinsatz (Bindung oder Freisetzung).
3. Instrumentbezug
   Für die definierten strategischen Geschäftseinheiten sollten sich Aussagen hinsichtlich des Einsatzes einzelner Instrumente ableiten lassen.
4. Organisationsadäquanz
   Strategische Geschäftseinheiten müssen einen Bezug zu gegebenen organisatorischen Einheiten aufweisen oder zumindest nicht im Widerspruch zur Organisationsstruktur stehen. Eine von der Organisationsstruktur vollkommen gelöste Abgrenzung der strategischen Geschäftseinheit erscheint nicht sinnvoll.

Es ist erkennbar, wie durch die Bildung strategischer Geschäftseinheiten die Komplexität reduziert werden soll, indem nach Einheiten Ausschau gehalten wird, die untereinander nicht interdependent vernetzt sind. Dabei wird nicht auf den finanziellen Verbund innerhalb einer Unternehmung oder eines Konzerns abgestellt, der nicht aufzuheben ist, denn finanzielle Mittel, die an einer Stelle eingesetzt werden,

---

[4] Vgl. zur Abgrenzung strategischer Einheiten bei *General Electric* Hax, A. C./Majluf, N. S., 1991, S. 31 f.

[5] Vgl. Russi, D. P., 1993, S. 34.

[6] Link, J.: Strategie und Organisation, in : Riekhof, H.-C. (Hrsg.): Strategieentwicklung. Konzepte und Erfahrungen, Stuttgart 1989, S. 398.

stehen für eine anderweitige Verwendung nicht mehr zur Verfügung. So diente die auf den strategischen Geschäftseinheiten aufbauende Planung schon immer dazu, den Kapitalbedarf (Investitionsbedarf) bzw. das Ausmaß der Freisetzung von Kapital zu erkennen. Die Unabhängigkeit der strategischen Geschäftseinheiten soll vielmehr nur im Ressourceneinsatz und in der Marktwirkung gegeben sein. Das macht deutlich, daß nicht jede Unternehmensgliederung als eine solche angesehen werden kann, die zu unabhängig voneinander zu steuernden Geschäftseinheiten führt. So ist es z. B. nicht angebracht, einzelne Warenbereiche in einem Warenhaus als Geschäftseinheiten zu bezeichnen, wenn Verbundwirkungen zwischen den Warenbereichen vorliegen oder wenn der Ressourcenverbrauch einer Einheit auch durch Entscheidungen über andere Einheiten beeinflußt wird.

Abbildung 4.10 zeigt beispielhaft die Definition von Geschäftseinheiten bei *Raab Karcher*.

**Abbildung 4.10:** Geschäftseinheiten bei *Raab Karcher* _____

| Einführungs-phase | Wachstumsphase | Reifephase | Stagnations-phase | Schrumpfungs-phase |
|---|---|---|---|---|
| | | | • Treib- und Schmierstoffe | • Heizöl EL<br>• Heizöl S |
| | | • Internatio-naler Kohle-handel<br>• DIY-Handel<br><br>• Holz-Trading | • Kohle Inland<br><br>• Baustoff-zentren<br>• Massenbau-stoffe<br>• Holzgroß-handel<br>• Fliesen<br>• Sanitär<br>• Pflanzen-schutz | • Rundholz-handel |
| | • Bau + Garten-märkte<br><br>• Haustechnik<br>• Chemie-handel | • Tankstellen-technik<br>• Tankwagen-spedition | | |
| • Freizeit | • Floristen-bedarf | • SB-Waren-häuser/C + C Märkte | | |

Quelle: Seminarunterlage

## 4.2.2 Die Analyse der Branchenstruktur nach Porter

Die Branchenstrukturanalyse baut auf dem theoretischen Fundament der Industrieökonomik auf. Im Rahmen des industrieökonomischen Ansatzes wird der Zusammenhang zwischen Marktstrukturvariablen, Verhaltensvariablen der Unternehmen und dem Marktergebnis untersucht.[7] Nach *Bain* wird die Industriestruktur als zentrale Einflußgröße des Marktergebnisses gesehen:

> »...*the market structure of an industry determines or strongly influences the crucial aspects of its market conduct and thus indirectly determines certain strategic dimensions of its market performance.*«[8]

Mit Bezug auf diese Erkenntnisse hat *Porter* ein Modell zur Strukturanalyse von Branchen entwickelt.

### Darstellung des Modells

*Porter* definiert eine Branche als »[...] Gruppe von Unternehmen, die Produkte herstellen, die sich gegenseitig nahezu ersetzen können.«[9] Dieser Gedanke ist, wenn der Begriff »Produkt« durch die zu erbringende Handelsleistung ersetzt wird, auf den Handel übertragbar. Die Wettbewerbssituation jeder Branche läßt sich auf das Zusammenwirken von fünf Bestimmungsfaktoren (Wettbewerbskräften) zurückführen, die wiederum von der zugrundeliegenden Branchenstruktur bestimmt werden. Jede Branche setzt sich wiederum aus mehreren strategischen Gruppen zusammen, d. h. Unternehmen, die Ähnlichkeiten in bezug auf zentrale unternehmenspolitische Variablen, wie z. B. Kostenpositionen, Preis- und Qualitätspolitik sowie die Sortimentspolitik aufweisen.

In jeder Branche wirken die folgenden Wettbewerbskräfte zusammen und determinieren das in der Branche erzielbare Gewinnpotential. Die Stärke des Wettbewerbs läßt sich erschließen, indem die folgenden fünf Fragen gestellt werden:

(1) Existieren Eintrittsbarrieren oder besteht die Gefahr, daß neue Konkurrenten in die Branche eintreten?

Die Gefahr durch neue Anbieter ist dabei um so geringer einzuschätzen, je stärker Eintrittsbarrieren wirken. Bei den Eintrittsbarrieren handelt es sich vor allem um ökonomische Schranken, z. B.:

– um Betriebsgrößenersparnisse, dies gilt insbesondere für die Bereiche Einkauf, Management und Logistik,
– starke Bindungen der Kunden an die bisherigen Anbieter,
– einen hohen Kapitalbedarf,
– einen beschränkten Zugang zu den Waren,
– den Schutz vorhandener Betriebe durch den Staat (Baurecht),
– die Erwartung aggressiver Machtkämpfe auf dem Markt.

---

[7] Bain, J. S.: Barriers to New Competition. Their Character and Consequences in Manufacturing Industries, Cambridge 1967.
[8] Bain, J. S.: Industrial Organization, New York – London – Sydney 1968, S. 430.
[9] Porter, M. E., 1990, S. 27.

**(2) Wie stark ist die Rivalität unter den bestehenden Wettbewerbern?**

Mögliche Rückschlüsse auf das Wettbewerbsverhalten der Anbieter innerhalb einer Branche können bei Vorliegen folgender Sachverhalte gewonnen werden:
- Welche Erwartungen über das Verhalten der Konkurrenten liegen vor? Reagieren die Wettbewerber auf die eigenen Maßnahmen?
- Liegt ein langsames Wachstum in der Branche vor und führt dies zu Verdrängungsmaßnahmen?
- Liegen hohe Fixkosten vor?
- Sind die Austrittsbarrieren hoch (z. B. sehr spezialisierte Aktiva), so daß die Wettbewerber zu energischen Gegenmaßnahmen gezwungen sein können?

Im Handel ist zu beobachten, daß klassische Branchengrenzen an Bedeutung verloren haben. Häufig konkurrieren unterschiedliche Betriebsformen miteinander (so können z. B. Spielwaren im Spielwarenfachgeschäft, im Warenhaus, im Verbrauchermarkt gekauft werden). Dies erschwert eine Konkurrenzanalyse im Handel sehr.

**(3) Droht das Auftauchen von Ersatzsortimenten, -diensten oder neuen Betriebsformen?**

Zur Bestimmung der Substitutionsgefahr bietet sich die Handelsleistung als Ausgangspunkt an. In Abhängigkeit von der Substitutionsneigung der Konsumenten besteht die Gefahr, daß das relative Preisniveau alternativer Betriebsformen/Sortimente günstiger ist bzw. neue Betriebsformen mehr/andere Funktionen erfüllen (z. B. Tele-Shopping).

**(4) Wie stark ist die Verhandlungsposition der Lieferanten?**

Lieferanten können ihre Machtposition ausspielen und die Rentabilität von Branchen drücken, indem sie
- hohe Preise fordern,
- Einfluß auf die Verkaufspreise nehmen,
- Service fordern (z. B. Beratung bei bestimmten Kosmetiklinien),
- Lagerhaltung voraussetzen,
- die Abnahme eines ganzen Sortiments erwarten,
- Mindestbestellmengen vorschreiben.

Hierzu sind die Lieferanten in der Lage, wenn
- die Herstellerseite monopolistisch,
- und die Abnehmerseite polypolistisch ist,
- wenn ihre Produkte nicht substituierbar sind,
- wenn die Herstellerbranche für den Kunden relativ unwichtig ist,
- wenn der Hersteller droht, die Funktion selbst zu übernehmen.

Hersteller können grundsätzlich ihre Position gegenüber dem Handel auf zwei Arten stärken, erstens indem sie ihre Marketingpolitik gegenüber den Verbrauchern ausbauen (pull-Strategie) oder indem sie ihre Maßnahmen vor allen Dingen auf den Handel ausrichten (push-Strategie).

**(5) Wie steht es um die Verhandlungsstärke der Abnehmer?**

Die Verhandlungsposition der Abnehmer hängt von mehreren Faktoren ab. Tendenziell ist die Verhandlungsposition der Abnehmer um so stärker,
- je größer ihre Anteile an den Gesamtumsätzen der Verkäufer sind,

- je wichtiger das Produkt für sie ist (verstärkte Informations- und Verhandlungsbereitschaft),
- je mehr die Handelsleistung standardisiert ist (leichtes Ausweichen auf andere Händler),
- je besser die Käufer über die Marktlage informiert sind.

**Beurteilung**

Der auf die fünf Wettbewerbskräfte ausgerichtete Bezugsrahmen ermöglicht eine strukturelle Analyse und Erklärung der Wettbewerbssituation und damit des Gewinnpotentials einer Branche. Gleichzeitig werden die Hebel für eine Verbesserung der Wettbewerbssituation einsichtig.

Kritisch anzumerken ist, daß zahlreiche inhaltliche Aussagen den Charakter von mehr oder minder plausiblen Hypothesen haben, die weder schlüssig aus Modellen abgeleitet, noch durch empirische Untersuchungen gestützt werden.

Über die genannten Institutionen hinaus können weitere Gruppen Einfluß auf den Erfolg einer Unternehmung haben, so der Staat, die Arbeitnehmer, die Medien oder die Kapitalgeber. Für Einzelhandelsbetriebe in den Innenstädten kann es z. B. von großer Bedeutung sein, ob die Städte dazu übergehen, die Parkgebühren deutlich zu erhöhen und ein »road pricing« einzuführen.

Aus den beobachteten Gegebenheiten in einer Branche sind geeignete Maßnahmen abzuleiten, z. B. kann es angebracht sein,

- in der Situation, in der große Lieferanten kleinen Abnehmern gegenüberstehen, die Gründung von Einkaufsgemeinschaften zu forcieren,
- in der Situation, in der kleine regional gestreute Anbieter sich bundesweit agierenden Nachfragern gegenüberstehen, Angebotsgemeinschaften zu bilden.

Generell ist es wichtig, ein Verständnis für die oft komplexe Situation in einer Branche zu gewinnen, um geeignete Maßnahmen abzuleiten.

### 4.2.3 Analyse einzelner Geschäftsfelder mit Hilfe der Portfoliomethoden

Die strategische Portfoliomethode beinhaltet die Suche nach der für die Gesamtunternehmung vorteilhaftesten Mischung einzelner Geschäftsfelder. Ausgangspunkt der Portfolio-Analyse ist die Abgrenzung der jeweiligen strategischen Geschäftseinheiten (SGE). In den Portfolio-Konzepten wird meist ein zweidimensionaler Beurteilungsraum in Form einer Matrix aufgespannt, in der die SGE eingeordnet und analysiert werden.

Die Grundidee des Portfolios stammt aus dem finanzwirtschaftlichen Bereich, wo unter Portfolio die optimale Mischung mehrerer Investitionsmöglichkeiten verstanden wird. Das Anliegen, eine möglichst vorteilhafte Mischung verschiedener einzelner Investitionen zu schaffen, wird auch in der strategischen Portfolioanalyse verfolgt. Im folgenden werden verschiedene Portfoliokonzepte näher erläutert: das Marktwachstum-Marktanteil-Portfolio, das Marktattraktivität-Wettbewerbsvorteil-Portfolio und das Betriebstypenportfolio von *Drexel*.

### 4.2.3.1 Das Marktwachstum-Marktanteil-Portfolio (MMP)

Nach dem MMP werden die einzelnen Geschäftsfelder nach ihrem Marktwachstum und ihrem relativen Marktanteil, die jeweils in niedrig und hoch eingeteilt werden, beurteilt. So entsteht eine aus vier Feldern bestehende Matrix. Für jedes Geschäftsfeld werden Überlegungen angeschlossen, wie hoch der zu erwartende Cash-Flow sein wird. Untersucht wird der Einfluß des Marktanteils und des Marktwachstums auf das Cash-Flow-Gleichgewicht der Unternehmung (vgl. Abbildung 4.11).

Abbildung 4.11: Das Marktwachstum-Marktanteil-Portfolio der Boston-Consulting-Group

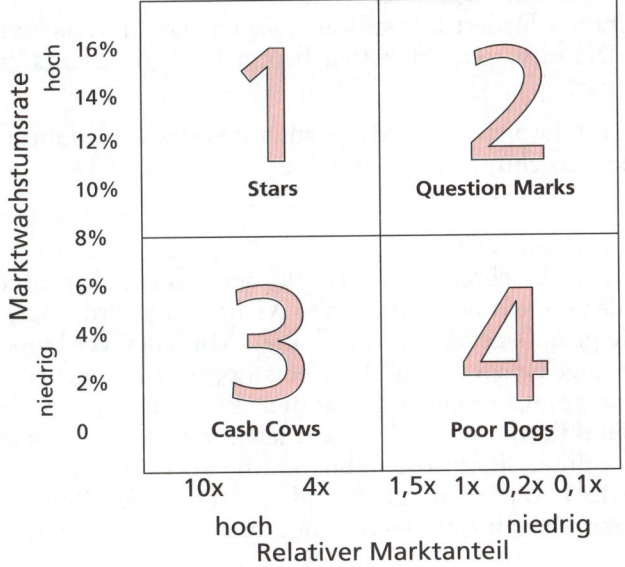

Den Geschäftseinheiten in den vier Feldern sind bildhafte Namen zugeordnet worden. So soll der Name »Cash Cows« anzeigen, daß es sich um Aktivitäten handelt, bei denen das Unternehmen einen relativ hohen Marktanteil aufweist, mithin bedeutende Umsatzerlöse erzielen wird, aber wegen der niedrigen Wachstumsrate voraussichtlich nur niedrige Beträge reinvestieren wird, so daß hier relativ hohe Zahlungsüberschüsse anfallen werden. »Stars« sind jene Geschäftsfelder, deren Markt sich noch im Wachstum befindet, was hohe Investitionen erforderlich macht. »Wild Cats« bzw. »Question Marks« befinden sich noch in der Entwicklungsphase und erfordern nachhaltige Investitionen; aufgrund des derzeitigen geringen Marktanteils ist allerdings zu überprüfen, ob die Unternehmung diesen Markt auf Dauer ertragreich bearbeiten kann. Für die »Poor Dogs« lohnen sich Investitionen zur Ertragssteigerung voraussichtlich nicht.

Die Formulierungen zeigen, daß Erwartungen und Annahmen über Umsatz, laufende Kosten, Investitionen und deren künftige Entwicklung eingehen, um die Geschäftsfelder zu kennzeichnen.

Gelegentlich werden an die Positionierung der Geschäftseinheiten Normstrategien angeschlossen. Zum einem befinden sich die Geschäftseinheiten jeweils in einer unterschiedlichen strategischen Situation und müssen schon von daher unterschiedlich gesteuert werden. Zum anderen soll das Gesamt-Portfolio daraufhin geprüft werden, ob ein finanzielles Gleichgewicht von Cash-Flow-Erzeugung und Cash-Flow-Bedarf besteht. Die Geschäftseinheiten der Kategorie 3 und 4 sollen die Geschäftseinheiten der Kategorie 1 und 2 finanzieren.

Zwei Hypothesen sind von besonderem Interesse:

1. Ceteris paribus führt eine Marktanteilserhöhung zu einer potentiellen Senkung der Stückkosten und damit zu einer Erhöhung der Gewinnspanne und des Cash-Flows der SGE (Erfahrungskurveneffekt).
2. Marktwachstum erfordert Investitionen seitens des Unternehmens (Cash-Flow-Verbrauch). Die erwartete Marktwachstumsrate gilt als Indikator für den Finanzmittelbedarf.

Die Begründung für die erste der beiden Grundhypothesen (Erfahrungskurveneffekt) wird im folgenden Abschnitt näher betrachtet.

## Das Konzept der Erfahrungskurve

Die Erfahrungskurve beschreibt zunächst für den Industriebetrieb den Zusammenhang zwischen der insgesamt produzierten Menge eines Produktes und den realen Stückkosten. Die grundlegende Aussage lautet: Mit jeder Verdoppelung der kumulierten Produktmenge gehen die auf die Wertschöpfung bezogenen, preisbereinigten Stückkosten tendenziell um einen konstanten Prozentsatz, z. B. 20–30 %, zurück (hyperbolische Funktion). Im einzelnen werden immer wieder vier Ursachen für eine solchermaßen kontinuierliche Kostenabnahme hervorgehoben:

(1) Die Theorie der Lernkurven besagt, daß ein arbeitender Mensch aufgrund seiner Tätigkeit seine Fertigkeiten vervollkommnet und damit sog. Übungsgewinne realisiert.

(2) Größendegressionseffekte (economies of scale – steigende Skalenerträge) können erzielt werden, wenn die gesamten Stückkosten ceteris paribus mit einer Erhöhung der Betriebsgröße (Kapazität) sinken. Hingegen versteht man unter Fixkostendegression die Abnahme der auf das Stück bezogenen fixen Kosten, wenn bei konstanter Kapazität die Ausbringung zunimmt.

(3) Unter technischem Fortschritt sind Produktinnovationen und vor allem Verfahrensinnovationen zu verstehen.

(4) Rationalisierungsmaßnahmen verbessern die Wirtschaftlichkeit betrieblicher Strukturen und Prozesse (Rationalisierungseffekte).

Die graphische Darstellung der Erfahrungskurve kann auf zweifache Weise erfolgen: Zum einen ergibt sich als Beziehung zwischen Stückkosten und kumulierter Produktionsmenge (Erfahrung) eine Kurve in Form einer fallenden Hyperbel. Zum anderen kann aus der doppelt logarithmischen Abbildung der Stückkostenrückgang aus dem Steigungsmaß der dann geradlinig verlaufenden Kurve unmittelbar abgelesen werden.

Für eine empirische Untersuchung der Erfahrungskurveneffekte müssen die zentralen Größen operationalisiert werden:

a) Produkt: Im Hinblick auf das Produkt sollten die produzierten Einheiten im Zeitablauf möglichst identisch sein. Wird das Produkt dagegen im Zeitablauf geändert, erschwert dies den Kostenvergleich.

b) Kosten: Erfahrungskurveneffekte können hinsichtlich der gesamten Wertschöpfungskosten (Wertschöpfung = Unternehmensleistung ./. Vorprodukte und Fremdleistungen) sowie der Materialkosten (Materialverbrauch) auftreten.

c) Erfahrung: Sie wird mit Hilfe der kumulierten Menge erfaßt, wobei entscheidend ist, ob die Kosteneinflußfaktoren einen Bezug zur kumulierten Menge aufweisen.

d) Deflationierung der Daten: Sie ist notwendig, da sich die Erfahrungskurvenhypothese auf reale Kosten bezieht.

**Abbildung 4.12:** Die Erfahrungskurve (Beispiel für eine 15 % Erfahrungskurve) _____

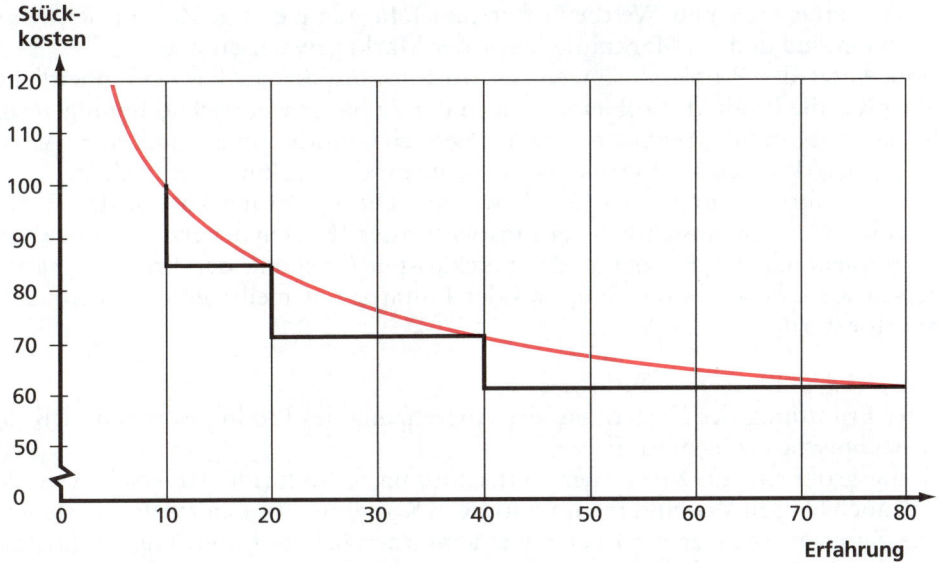

Durch das Abstellen auf Kostensenkungspotentiale ist die Erfahrungskurvenhypothese nicht falsifizierbar: ausbleibende Kostensenkungen wären dann mit einer Verwirtschaftung der Potentiale durch das Management begründbar. Vorhandene empirische Untersuchungen beziehen sich aus Praktikabilitätsgründen auf Preisdaten (Branchenpreisentwicklung). In empirischen Untersuchungen hat sich gezeigt, daß industrielle Vor- und Zwischenprodukte höhere Erfahrungsraten aufweisen als Konsum- bzw. Gebrauchsgüter.

### Zur Bedeutung der Erfahrungskurve für die strategische Unternehmensplanung

Die Bedeutung der Erfahrungskurve für die strategische Planung ergibt sich aus dem Zusammenhang von Kostenhöhe und Preispolitik. Bei niedrigeren Kosten kann eine Unternehmung eine andere unterbieten und bei fehlenden oder als gering eingeschätzten Leistungsunterschieden die Nachfrage auf sich ziehen. Mit wachsendem

Erfolg vergrößert sich der Vorsprung vor den Konkurrenten. Es kann sogar sein, daß nachfolgende Anbieter (mit kleineren Marktanteilen und somit geringerer Erfahrung in der Produktion des betreffenden Produktes) keine Chance mehr sehen, den Kostenvorsprung des Marktführers aufzuholen und auf einen Markteintritt verzichten oder aus dem Markt austreten. Aus dieser Grundvorstellung entwickelten sich Faustformeln wie diejenige, daß man in einem Massenmarkt nur tätig sein sollte, wenn es einem gelingt, zu den drei größten Anbietern zu zählen.

## Beurteilung der Erfahrungskurve

**(1) Zum Zusammenhang von Marktanteil, Kostenposition und Gewinnspanne:**
Entsprechung von Marktanteilen und kumulierten Mengen: Mit der Gleichsetzung von »kumulierter Menge« und »Marktanteil« wird unterstellt, daß sich die kumulierten Mengen wie die Marktanteile verhalten. Dies ist annähernd dann der Fall, wenn Unternehmen und Wettbewerber ungefähr zur gleichen Zeit in den Markt eingetreten sind und die Marktanteile wie der Markt gewachsen sind.
Homogenität der Problemlösungen: Es wird vorausgesetzt, daß bei einheitlichem Marktpreis die Produkt-/Problemlösungen der Anbieter weitgehend homogen sind. Erfordern bestimmte Segmente unterschiedliche Produktions- und/oder Absatzleistungen, so können neue segmentspezifische Erfahrungskurven entstehen.
Gleiche Erfahrungskurven der Wettbewerber: Die Erfahrungskurven der Wettbewerber können sich hinsichtlich der Einstiegskosten (Kosten der ersten Einheit) und/oder hinsichtlich der Elastizität der Stückkosten (Steigung der Erfahrungskurve) unterscheiden. So ist es denkbar, daß der Imitator mit niedrigeren Kosten als der Innovator startet.

**(2) Meß- und datentechnische Probleme:**
Bei der Ermittlung der Kosten und der Abgrenzung des Produktes treten meß- und datentechnische Probleme auf:
– Bezugsgröße sind die Kosten der Wertschöpfung; es sollte nicht übersehen werden, daß auch bei den Vor- und Fremdleistungen Kostensenkungspotentiale bestehen.
– Die Zurechnung einzelner Kosten/Gemeinkosten bei der Ermittlung der Stückkosten ist problematisch.
– Es muß ein geeigneter Deflator zur Berechnung der realen Stückkosten bestimmt werden.
– Die Produkte können sich im Zeitablauf in ihrer physikalischen Beschaffenheit ändern.
– Aufgrund von Angebotsverbunden ist die kumulierte Menge kein geeigneter Indikator für die Produkterfahrung und Prognose des Erfahrungseffektes (»Shared-experience-effect«).
– Es ist bedenklich, die Preisentwicklung als das Ergebnis vieler Einflußfaktoren monokausal auf die Kostenentwicklung durch das Konzept der Erfahrungskurve zurückzuführen.

## Anwendung im Handel

Publikationen, die Erfahrungsvorteile für den Handel empirisch quantifizieren, sind nicht bekannt. Obwohl davon auszugehen ist, daß in der Fertigung (insbesondere bei komplexen und arbeitsintensiven Produktionsprozessen) steilere Erfahrungskurven als im Einkauf und Vertrieb auftreten, spricht nichts gegen die grundsätzliche Übertragung auf den Handel. Im Handel hat bekanntlich eine starke Konzentration stattgefunden. Einigen Unternehmen ist es gelungen, ihre Marktanteile zu erweitern, so daß sich die Frage aufdrängt, inwieweit diese Unternehmungen Erfahrungskurveneffekte nutzen konnten bzw. inwieweit die beobachtete Konzentrationswelle auch darauf zurückzuführen ist, daß Lernkurveneffekte erwartet wurden.

Bekanntlich wird die Konzentration häufig damit begründet, daß den Handelsunternehmungen daran gelegen sei, ihre Verhandlungsposition gegenüber den Lieferanten zu stärken, indem sie ihr Einkaufsvolumen erweitern. Dies ist jedoch ein völlig anderer Gesichtspunkt als der sich auf Erfahrungskurveneffekte gründende, obwohl auch hier mit Marktanteilen argumentiert wird. Erfahrungskurveneffekte beruhen auf der Abhängigkeit der Kosten von der Erfahrung, so daß im Handel gefragt werden muß, bei welchen Kostenarten eine solche Abhängigkeit bestehen kann. Drei Bereiche drängen sich auf:

- Bei einem höheren Marktanteil in einer Verkaufsregion sinken bei vielen Werbemaßnahmen die Kosten pro Person, weil die Streuverluste einer Anzeige oder einer Plakataktion zurückgehen. Insofern kann unterstellt werden, daß die Kosten der Werbung (pro Kopf) mit steigendem Marktanteil sinken.
- Im Lager und im Fuhrpark lassen sich mit wachsendem Volumen andere technische Verfahren realisieren. Auch kann davon ausgegangen werden, daß sich die zu überbrückenden Entfernungen verringern, wenn in einem Verkaufsgebiet ein dichteres Netz von Verkaufsstellen zu beliefern ist.
- Schließlich kann auch vermutet werden, daß sich die Kosten pro Kundenbesuch verringern, wenn eine Unternehmung über höhere Marktanteile verfügt.

Es kommen Erfahrungsgewinne im engeren Sinn hinzu. Bekanntlich betreiben viele Unternehmungen des Handels eine ausgedehnte Filialisierungspolitik, die manchmal zu einem Netz von mehreren hundert Verkaufsstellen, in einigen Fällen sogar zu einem Netz von tausenden von Verkaufsstellen führt. Die mit der Errichtung dieser Filialen verbundenen Kosten (für die Standortsuche, für die Beurteilung von Standorten, für den Entwurf von Ladenkonzepten usw.) können beträchtlich sein und mit wachsender Erfahrung sinken (diese Sachverhalte sind auch in Abbildung 4.13 dargestellt).

Insofern kann davon ausgegangen werden, daß Marktanteilsvorsprünge tatsächlich zu Kostenvorsprüngen führen können, so daß die Frage, wie Unternehmungen ihre Marktanteile ausdehnen können, auch eine kostenwirtschaftliche Begründung erfährt.

### 4.2.3.2 Das Marktattraktivität-Wettbewerbsvorteil (bzw. -stärken)-Portfolio (MWP)

Das Marktattraktivität-Wettbewerbsvorteil-Portfolio ist aus der Kritik an der relativ einfachen und sehr groben Feldeinteilung und an den wenig aussagefähigen Beurteilungskriterien der Marktwachstum-Marktanteil-Matrix entstanden. Die jetzt der Beurteilung der Geschäftsfelder zugrunde gelegten Kriterien werden in

- externe, unternehmensunabhängige Faktoren, die Marktattraktivität mit den Dimensionen Marktwachstum, Marktgröße, Marktqualität, Umweltsituation usw., und in
- interne, unternehmensbezogene Faktoren, die Wettbewerbsvorteile mit den Dimensionen relative Marktposition, relatives Produktionspotential, relative Qualifikation der Führungskräfte usw.

getrennt.

**Abbildung 4.13:** Fiktive Erfahrungskurve zweier Handelsunternehmungen _____

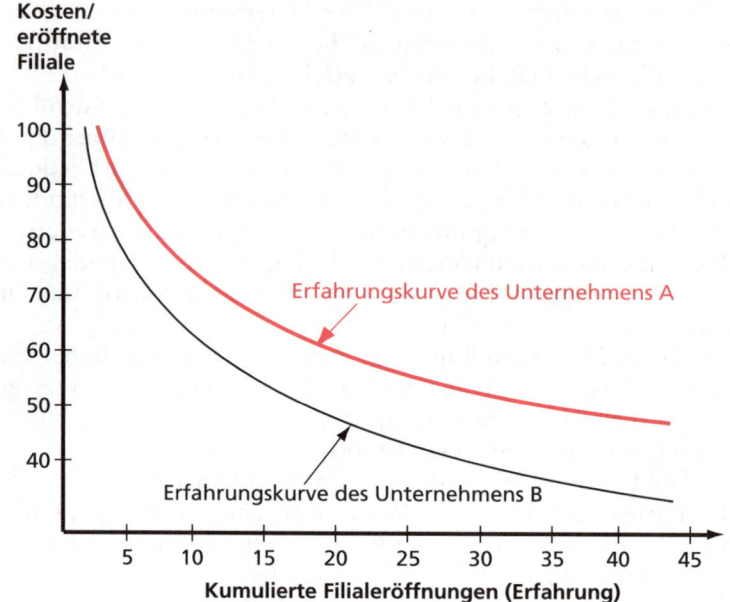

Quelle: Fend, L., 1993, S. 94

Auf der Abszisse werden die relativen Wettbewerbsvorteile und damit die Wettbewerbsstärke einer Unternehmung und auf der Ordinate die Marktattraktivität abgebildet. Beide Variablen setzen sich aus einer Vielzahl von Einzeldimensionen zusammen, wie die folgende Tabelle veranschaulicht (vgl. Abbildung 4.14):[10]

### Anwendung im Handel

Die Indikatoren sind auf die Verhältnisse in der Industrie ausgerichtet und müssen für
die Zwecke der strategischen Planung im Handel zunächst angepaßt werden. Dabei
kann ebenfalls von dem Begriff Marktattraktivität ausgegangen werden, denn auch
im Handel hat jede Unternehmung zu analysieren, wie attraktiv die Märkte sind, in
denen sie agiert, wobei folgende Sachverhalte eine Rolle spielen:
- Wie hoch ist das derzeitige Marktpotential und wie wird es sich in der Zukunft
  verändern?
- In welcher Lebenszyklusphase befindet sich der Markt?
- Wieviel Nachfrager treten auf dem Markt auf und welche Bedeutung haben ein-
  zelne Nachfrager?
- Wie konjunkturempfindlich ist das Verhalten der Nachfrager in dem betreffenden
  Markt?
- Handelt es sich um einen stabilen oder einen modischen Markt?

---

[10] Vgl. Antoni, M./Riekhof, H.-C.: Strategieentwicklung mittels Portfolio-Analyse, in: Riekhof,
H.-C. (Hrsg.): Strategieentwicklung. Konzepte und Erfahrungen, Stuttgart 1989, S. 175–177
sowie Hinterhuber, H. H., 1996, S. 150–153.

**Abbildung 4.14:** Anpassung der Dimensionen Wettbewerbsstärke und Marktattraktivität auf die Gegebenheiten im Handel

| Wettbewerbsstärke | | Marktattraktivität | |
|---|---|---|---|
| **in der Industrie** | **im Handel** | **in der Industrie** | **im Handel** |
| **Relative Marktposition** | | **Marktwachstum und -größe Marktqualität** | |
| - Marktanteil | ✔ | - Rentabilität | ✔ |
| - Größe | ✔ | - Lebenszyklusphase | ✔ |
| - Rentabilität | ✔ | - Technologisches Niveau | |
| - u. a. m. | | - Preisspielraum | ✔ |
| **Relatives Produktionspotential** | | - Abnehmerverhalten | ✔ |
| - Hardware | - Standort | - Anzahl der Abnehmer | ✔ |
| - Energie und Rohstoffe | - Handelsmarken | - u. a. m. | |
| - Prozeßwirtschaftlichkeit | ✔ | **Energie- und Rohstoffversorgung** | |
| - Personal | ✔ | - Störungsanfälligkeit | - Bezugssicherheit |
| - u. a. m. | | - Preissituation | |
| | | - u. a. m. | |
| **Relatives Forschungs- und Entwicklungspotential** | | **Umweltsituation** | |
| - Grundlagenforschung | - Informationstechnologie | - Konjunktur | ✔ |
| - Innovationspotential | | - Inflation | ✔ |
| - u. a. m. | | - Staatliche Eingriffe | ✔ |
| | | - u. a. m. | |

Die Energie- und Rohstoffversorgung ist dagegen im Handel im Regelfall im Vergleich zur Industrie von geringer Bedeutung, weil es Handelsbetrieben meist problemlos gelingt, die benötigten Produktionsfaktoren zu beschaffen. Allerdings können sich Schwierigkeiten ergeben, wenn Waren geführt werden sollen, deren Hersteller selektive Vertriebssysteme praktizieren. Auch Standorte für Verkaufsstellen können sich als Engpaß erweisen.

Nach einer solchen Marktanalyse steht die Frage an, inwieweit es einer bestimmten Unternehmung möglich ist, das vorhandene Marktpotential für die eigene Unternehmung zu erschließen. Dies hängt von der eigenen Wettbewerbsstärke ab. Im Handel kann diese relative Wettbewerbsfähigkeit z. B. abhängen

– von der Größe der Verkaufsfläche bzw. der Sortimentstiefe,
– von der Qualität der Beratungsleistung.

Mit der Portfolio-Methode kann auch geprüft werden, ob die Wettbewerbssituation in attraktiven Geschäftsfeldern ausgebaut werden kann bzw. ob mit neuen Betriebsformen in attraktive Segmente eingetreten werden sollte. Dabei ist die Wettbewerbssituation keine exogen vorgegebene Größe, sondern kann in bestimmten Grenzen als gestaltbar angesehen werden, was zu der Frage führt, inwieweit durch den Einsatz der Ressourcen der Unternehmung (z. B. Verkaufsfläche) die Wettbewerbsposition und damit der Markterfolg beeinflußt werden können.

Die Kritik an dem Portfolio-Modell setzt vor allem an der Auswahl der Indikatoren und ihrer Verdichtung zu zwei Dimensionen an. Auch ist fraglich, ob sich generell aus einer bestimmten Position in der Matrix aus Marktattraktivität und relativen Wettbewerbsvorteilen ein Hinweis auf den Bedarf an oder die Freisetzung von liquiden Mitteln ableiten läßt.

**Abbildung 4.15:** Das Marktattraktivität-Wettbewerbsvorteil-Portfolio _____

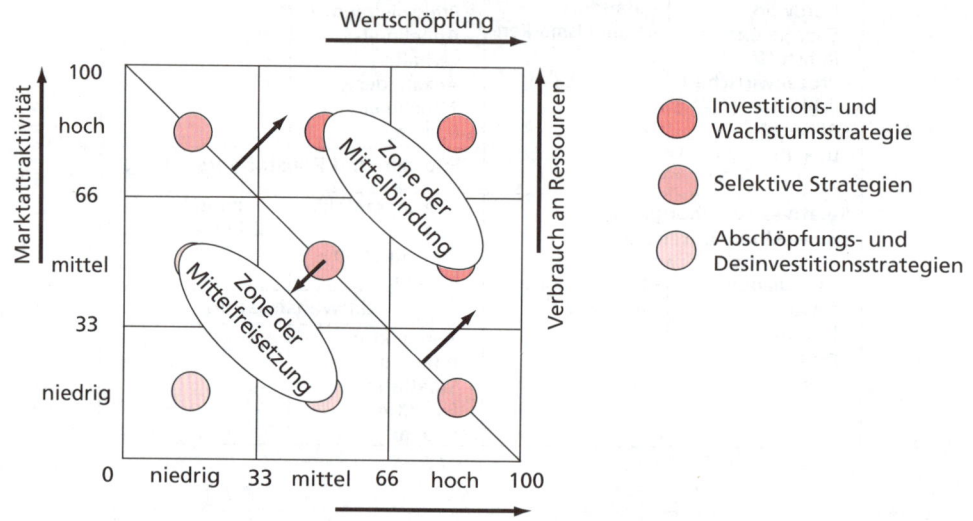

Quelle: Kreikebaum, H., 1997, S. 79

Wie schon angedeutet worden ist, läßt sich das ursprünglich für Industriebetriebe konzipierte Marktattraktivität-Wettbewerbsvorteil-Portfolio relativ leicht auf den Handel übertragen. Auch *Drexel* hat sich seiner bedient, um die Situation eines Unternehmens mit mehreren Betriebsformen (Vertriebsschienen) zu erfassen.[11] Als Planungsobjekte sieht er die einzelnen Betriebsformen, die Achsen der Matrix bezeichnet er als Betriebstyp-Attraktivität und relativer Wettbewerbsvorteil (vgl. auch Abbildung 4.16). Auch in diesem Ansatz werden Attraktivität und Wettbewerbsvorteile mit Hilfe von Einzelfaktoren ermittelt. Der Begriff Betriebstyp-Attraktivität ist unglücklich gewählt, weil er (fälschlicherweise) den Eindruck aufkommen lassen könnte, daß es sich hierbei um die Fähigkeit einzelner Betriebstypen handelt, vor-

_____

[11] Vgl. Drexel, G., 1981, S. 169–224.

handene Marktpotentiale im Vergleich mit Konkurrenzbetrieben auf sich zu ziehen. Dieser Gesichtspunkt geht aber in die Größe relativer Wettbewerbsvorteil ein. Mit Betriebstyp-Attraktivität ist vielmehr die von den Verkaufsstellen eines einzelnen Unternehmens losgelöste Analyse der für einen Betriebstyp allgemein geltenden Umweltbedingungen angesprochen.

**Abbildung 4.16:** Das Ist-und-Ziel-Betriebstypen-Portfolio einer Handelsorganisation ____

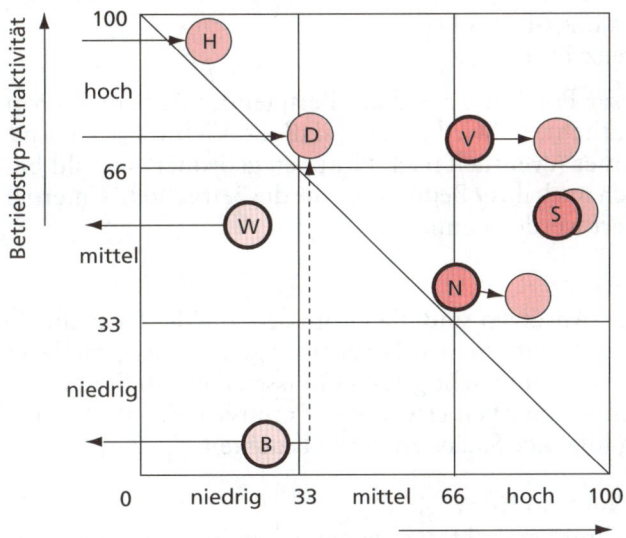

Anmerkung: Die Buchstaben repräsentieren einzelne Betriebsformen.

Quelle: Drexel, G., 1981, S. 177

Auf den ersten Blick scheint es naheliegend zu sein, daß sich einzelne Betriebsformen unterschiedlich attraktiven Märkten gegenübersehen. Dabei bleibt aber zu beachten, daß die Attraktivität für Verkaufsstellen derselben Betriebsform in einer erheblichen Bandbreite streuen kann. Die Ursachen können hierfür in unterschiedlichen örtlichen Gegebenheiten liegen, z.B. unterschiedlicher Kaufkraft oder unterschiedlichen Wettbewerbsverhältnissen. So kann die Region 1 einen attraktiveren Markt für die Betriebsform Warenhaus darstellen, während eine andere Region einem Warenhaus kaum positive Aussichten eröffnet. Bei den Eintragungen in die Attraktivität-Wettbewerbsvorteil-Matrix handelt es sich also um Durchschnittswerte, von denen die Werte für die eigentlichen Planungsobjekte, also die einzelnen Verkaufsstellen, deutlich abweichen können. Es kommt hinzu, daß der Begriff »Attraktivität« sehr unterschiedlich gedeutet werden kann. So kann er sich auf die vorhandene Kaufkraft, auf das Umsatzpotential oder auf das erzielbare Betriebsergebnis beziehen. Es bleibt zu beachten, daß auch in Märkten mit vergleichsweise kleinerem Nachfragepotential gute Betriebsergebnisse erzielt werden können (z. B. bei schwachem Wettbewerb). Portfolio-Modelle dienen dazu, die Analyse von Planungsobjekten zu erleichtern und den Boden für die Ableitung von Wettbewerbsstrategien zu bereiten. Im Handel wird der allgemeine Begriff »Planungsobjekt« häufig als Betriebsform oder als Sortimentsgruppe konkretisiert.

Am Beispiel des Elektrofachgroßhandels zeigt *Russi,* wie die Portfolio-Technik auf weitere »Objekte« übertragen werden kann und unterscheidet:[12]

(1) Ein Abnehmer-Portfolio,
(2) ein Lieferanten-Portfolio,
(3) ein Warengruppen-Portfolio,
(4) ein Filial-Portfolio,
(5) ein Dienstleistungs-Portfolio,
(6) ein Konkurrenz-Portfolio.

Die Struktur dieser Portfolios wird am Beispiel des Abnehmer-Portfolios in Abbildung 4.17 verdeutlicht. Es wird gezeigt, daß die Vielzahl der vorhandenen und potentiellen Abnehmer (eventuell nach Gruppen geordnet) sowohl bezüglich ihrer Attraktivität als auch nach ihrer Bedeutung, die die betrachtete Unternehmung bei ihnen hat, charakterisiert werden kann.

## Die Problematik der Prämissen

Bei allen Portfolio-Ansätzen sind die Prämissen, die die Basis für die Positionierung der SGE und die Ableitung der Normstrategien bilden, zu beachten. In Abbildung 4.18 werden die fünf wichtigsten Prämissen dargestellt und gewürdigt.

Zusätzlich zu den schon oben erwähnten Prämissen der Portfolio-Technik sind bei einer Würdigung folgende Sachverhalte zu beachten:[13]

## Die Problematik der Normstrategien

Die Portfolio-Technik verdichtet in vereinfachender Weise einen umfangreichen Informationsbestand und stellt ihn visuell dar. Als alleiniges strategiebezogenes Analyseinstrument erscheint sie allerdings zu einseitig. Die Portfolio-Technik unterstellt in nicht generell zutreffender Weise, daß die höchsten Ergebnisverbesserungen mit jenen Objekten erzielt werden können, die in den Feldern mit hoher Marktattraktiviät und deutlichen (derzeitigen) Wettbewerbsvorteilen angesiedelt sind.

## Die Problematik der Strategieabstimmung

Darüber hinaus besteht bei der isolierten Betrachtung einzelner Planungsobjekte die Gefahr, daß die konzeptionelle Gesamtsicht, die ja gerade eines der wesentlichen Kennzeichen der strategischen Planung darstellt, verlorengeht und eine Zersplitterung der Unternehmensaktivitäten erfolgt. So schreibt z. B. *Pümpin:* »Das Portfolio-Management fordert für die verschiedenen SGEs unterschiedliche Normstrategien. So sollen beispielsweise »Stars« massiv gefördert, »Cash Cows« gemolken und »Dogs« desinvestiert werden. Diese Forderungen können zu einer völligen Zersplitterung der unternehmerischen Aktivitäten, zu Konflikten und zu Orientierungslosigkeit führen. Die Umsetzung derart unterschiedlicher Teilstrategien ist nicht nur äußerst schwierig, sondern geradezu gefährlich.«[14] Es wird nur eine Abstimmung in formeller Hinsicht vorgenommen.

---

[12] Vgl. Russi, D. P., 1993, S. 311 f.
[13] Vgl. hierzu Russi, D. P., 1993, S. 336–338.
[14] Pümpin, C., 1986, S. 33.

**Abbildung 4.17:** Portfolio-Varianten im Großhandel – Typ 1: Abnehmer-Portfolio _____

| Planungsobjekte | Dimension | Matrixdarstellung | Norm-Strategie |
|---|---|---|---|
| Abnehmer/-gruppen Beispiele: <br> – Handwerk <br> – Industrie <br> – Einzelhandel <br> – Öffentl. Hand | 1. Attraktivität der Abnehmer mit den möglichen Ausprägungen <br> – Größe <br> – Entwicklungspotential <br> – Anzahl der Konkurrenten <br> – Qualität des Managements <br> – Branchenkonjunktur <br><br><br> 2. Bedeutung der Großhandlung bei den Abnehmern mit den möglichen Ausprägungen: <br> – Dauer der Geschäftsbeziehung <br> – Erfüllung der Erwartungen der Abnehmer <br> – Einschaltquote <br> – Image bei den Abnehmern <br> – Besondere Stärken aus der Sicht der Abnehmer hinsichtlich Preis, Service etc. | Attraktivität der Abnehmer <br> hoch <br><br> niedrig <br><br> niedrig hoch <br><br> Bedeutung der Großhandlung bei den Abnehmern | Ausbau der Geschäftsbeziehung/ Intensivierung der Bearbeitung <br><br><br> Ausbau oder Aufgabe der Geschäftsbeziehung (situative Entscheidung) <br><br><br> Aufgabe der Geschäftsbeziehung/Eingeschränkte Bearbeitung |

Quelle: Russi, D. P., 1993, S. 326

Es besteht die Gefahr, daß beispielsweise Warengruppen als isoliert planbare Objekte angesehen werden, obwohl realiter Verbundeffekte bestehen. So sollte eine Portfolio-Empfehlung »Herauslösen einer Warengruppe aus dem Sortiment« nicht realisiert werden, wenn mit erheblichen negativen Effekten in anderen Warengruppen zu rechnen wäre.

### Mangelnde Dokumentation der Erwartung zukünftiger Entwicklungen
Portfolio-Methoden sind der Gefahr ausgesetzt, nur gegenwärtige Zustände abzubilden. Für eine strategische Planung ist dagegen wichtig, die Veränderung wichtiger Größen im Zeitablauf zu erfassen und darzustellen.

### Portfoliotechnik als Visualisierungsinstrument
Dagegen visualisieren Portfolio-Techniken in einfacher Weise Analyseinformationen.

Gerade im strategischen Bereich gilt es, eine Fülle von Informationen schnell wahrzunehmen, zu verarbeiten und mit Hilfe geeigneter Techniken die Engpässe der
kognitiven Informationsverarbeitung möglichst zu minimieren. Gerade dies vermag
die Portfolio-Technik in hervorragender Weise zu leisten.

Abbildung 4.18: Prämissen und kritische Anmerkungen _____

| Prämisse | Kritische Anmerkung |
|---|---|
| Der Marktanteil hat einen direkten Einfluß auf die Profitabilität. | Es wurde zwar ein positiver Zusammenhang beobachtet, aber der Beitrag des Marktanteils ist so gering, daß nicht von einem Haupterfolgsfaktor gesprochen werden kann. |
| Wachstumsmärkte sind am attraktivsten, da eine Marktanteilsausweitung am leichtesten und billigsten möglich ist. | Entscheidend sind die Erwartungen der Marktteilnehmer bezüglich der künftigen Umsätze. Wenn alle Marktteilnehmer denselben Markt bearbeiten, sind Preiskämpfe zu erwarten. |
| Es besteht ein systematischer Zusammenhang zwischen dem Netto-Cash-Flow einer SGE und ihrer Position in der Matrix. | Empirisch hat sich gezeigt, daß Marktwachstum und Marktanteil nur ca. 10 % der Cash-Flow-Varianz erklären und eine Vielzahl anderer Variablen existiert, die insgesamt eine größere Bedeutung besitzen. |
| Unternehmen lassen sich in voneinander unabhängige SGE zerlegen; die einzigen Interdependenzen sind lediglich finanzieller Natur. | Es können Absatzmarktinterdependenzen vorliegen, nämlich dann, wenn sich die Zielgruppen verschiedener SGE überschneiden. |
| Ziel des Portfoliomanagements ist ein Finanzmittelausgleich zwischen den SGE. | Unterstellt wird eine Abkoppelung des Unternehmens von Geld- und Kapitalmärkten, die es erforderlich macht, die zum Ausbau einer SGE benötigten finanziellen Ressourcen durch andere SGE verdienen zu müssen. Wer dagegen über Rentabilität verfügt, erhält auch Liquidität. |

## 4.2.4 Zur Ermittlung von Erfolgsfaktoren

Worin liegen die Ursachen für den Erfolg eines Handelsbetriebes bzw. welche Voraussetzungen müssen erfüllt sein, damit ein Handelsbetrieb erfolgreich abschneidet? Die Portfolio-Modelle versuchen, auf diese Fragen erste Antworten zu liefern. So gründet das Marktwachstum-Marktanteil-Portfolio auf der Einschätzung, daß dem Marktanteil eine entscheidende Bedeutung zukommt. In der Folge des sog. PIMS-Programmes (Profit Impact of Market Strategies) wurde nach weiteren Schlüsselfaktoren Ausschau gehalten.[15] Auch für den Handel etablierte sich eine Erfolgsfaktorenforschung.

Ausgangspunkt der Erfolgsfaktorenforschung ist die Beobachtung, daß es erfolgreiche und weniger erfolgreiche Unternehmungen gibt. Die strukturelle Ähnlichkeit von Handelsbetrieben kann keineswegs als Hinweis auf eine vergleichbare Erfolgssituation gewertet werden. So zeigt z. B. Abbildung 4.19 am Beispiel des Schuhfacheinzelhandels, in welch außerordentlicher Bandbreite der Erfolg von Fachgeschäften streut. Die große Streuung des Erfolgs wirft die Frage nach den Ursachen auf. Z. B. können hierfür Unterschiede im Einsatz der absatzpolitischen Instrumente maßgebend sein, wie die folgenden Fragen andeuten:

– Erfordert das Betreiben eines (überdurchschnittlich) erfolgreichen Geschäftes eine bestimmte Mindestverkaufsfläche? Wo liegt diese?
– Setzen erfolgreiche Geschäfte einen überdurchschnittlich hohen oder einen überdurchschnittlich niedrigen Warenbestand ein?
– Ist bei Geschäften mit schlechtem Ergebnis der Personaleinsatz zu hoch?
– Entwickeln sich Geschäfte in mittleren Verkehrslagen in großen Städten generell rückläufig?

Seit Beginn der achtziger Jahre folgten auf die industriebezogenen Untersuchungen verschiedene Studien, die speziell die Analyse von handelsspezifischen Aspekten zum Gegenstand haben.[16] Seit der richtungsweisenden Studie von *Patt* für den Bekleidungsfachhandel stehen dabei aber nicht nur Großunternehmen des Einzelhandels im Mittelpunkt der Untersuchungen, sondern auch verstärkt mittelständische Betriebe, für die strategische Überlegungen zunehmend an Bedeutung gewinnen.[17]

### 4.2.4.1 Formales Konzept der Erfolgsfaktorenforschung

Die Erfolgsfaktorenforschung will aus der Vielzahl denkbarer Einflußgrößen jene Bestimmungsfaktoren isolieren, die einen signifikanten Einfluß auf den Erfolg ausüben.

---

[15] Vgl. zum PIMS-Programm: Buzzell, R. D./Gale, B. T.: Das PIMS-Programm. Strategien und Unternehmenserfolg, Wiesbaden 1989.
[16] Vgl. die zusammenfassenden Übersichten in: Kube, C.: Erfolgsfaktoren in Filialsystemen. Diagnose und Umsetzung im strategischen Controlling, Wiesbaden 1991; Müller-Hagedorn, L./Greune, M.: Erfolgsfaktorenforschung und Betriebsvergleich im Handel, in: Mitteilungen des Instituts für Handelsforschung an der Universität zu Köln, 44. Jg. (1992), S. 121–131; Schröder, H.: Erfolgsfaktorenforschung im Handel. Stand der Forschung und kritische Würdigung der Ergebnisse, in: Marketing ZFP, 16. Jg. (1994), S. 89–105; Burmann, C.: Fläche und Personalintensität als Erfolgsfaktoren im Einzelhandel, Wiesbaden 1995.
[17] Vgl. Patt, P. J.: Strategische Erfolgsfaktoren im Einzelhandel. Eine empirische Untersuchung am Beispiel des Bekleidungsfachhandels, Frankfurt am Main u. a. 1988.

**Abbildung 4.19:** Das Betriebsergebnis im Schuhfacheinzelhandel im Jahre 1991 – absolut in DM und in Prozent des Umsatzes

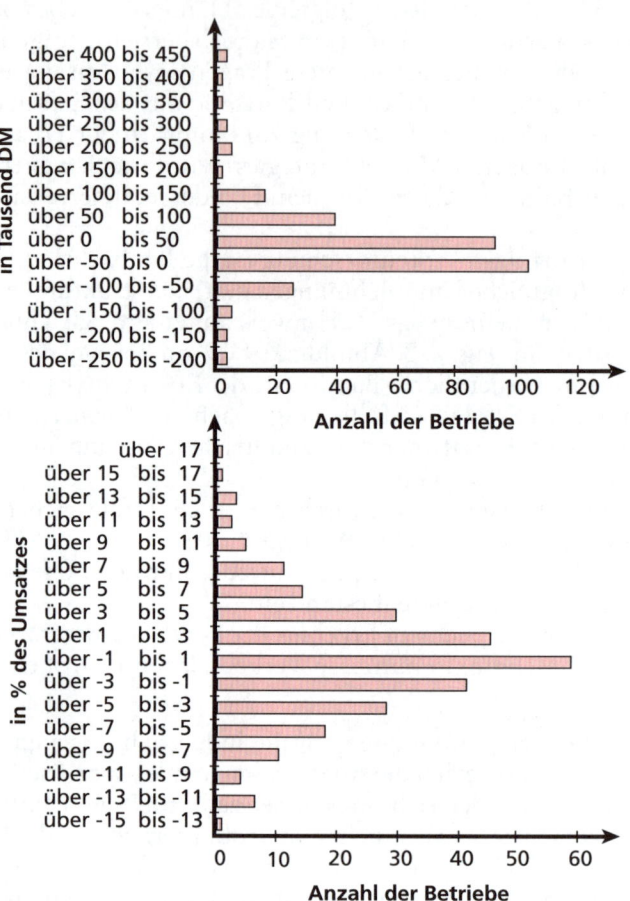

Quelle: Müller-Hagedorn, L., 1993 a, S. 92

## Mögliche Bestimmungsfaktoren des Erfolgs

Wenn man fragt, wovon der Erfolg eines Handelsbetriebes abhängt, dann lassen sich leicht viele Einflußgrößen zusammenstellen, z. B. der richtige Standort, eine ausreichende Werbepolitik, ein hinreichend tiefes Sortiment, kein übergroßer Konkurrenzdruck, ein ausreichendes Marktpotential, eine gute Konjunkturentwicklung, eine dem Handel gewogene Stadtverwaltung, eine gute Zusammenarbeit mit der Industrie, fähiges und einsatzfreudiges Personal, eine verkraftbare Lohnkostenentwicklung, eine konkurrenzfähige Preispolitik usw. Auf der einen Seite gewinnt man den Eindruck, daß ein guter Handelsmanager alle Parameter richtig beherrschen muß, auf der anderen Seite ist es plausibel, nicht allen Faktoren die gleiche Bedeutung zuzuordnen, sondern jene Faktoren zu erkennen, die in einer bestimmten Situation (z. B. in einer bestimmten Branche, einer bestimmten Betriebsform) einen starken Einfluß auf die Zielerreichung ausüben. Stellenweise äußern sich Vorstellungen über Erfolgsfaktoren in Glaubenssätzen, wie z. B.:

– In unserer Branche entscheidet der Preis. Wer 5 % billiger ist, hat den Markt für sich.
– Heute legt der Kunde vor allem auf große Auswahl Wert. Man muß gut sortiert sein.
– Ohne Parkplätze ist heute kein Geschäft mehr zu machen.
– In der heutigen Zeit kommt es vor allem auf Flexibilität an.
– Das Wichtigste ist derzeit die Verbesserung des Informationssystems.

Die Wissenschaft nimmt sich der Frage an, welche Bedeutung einzelnen Faktoren zukommt, indem sie
– denkbare Einflußgrößen sammelt und systematisiert und
– ihren Einfluß auf den Erfolg zu ermitteln versucht.

Abbildung 4.20 vermittelt einen Überblick über denkbare Erfolgsfaktoren, wobei von zwei Hauptgruppen ausgegangen wird, den Faktoren, die ein Handelsbetrieb über seine Geschäftspolitik selbst steuern kann, und sog. Umweltfaktoren. Die Frage lautet: Welche Parameter der Geschäftspolitik sind in einer bestimmten Situation im Hinblick auf den Erfolg von besonderer Bedeutung?

**Abbildung 4.20:** Mögliche Bestimmungsfaktoren des Erfolgs im Handelsbetrieb

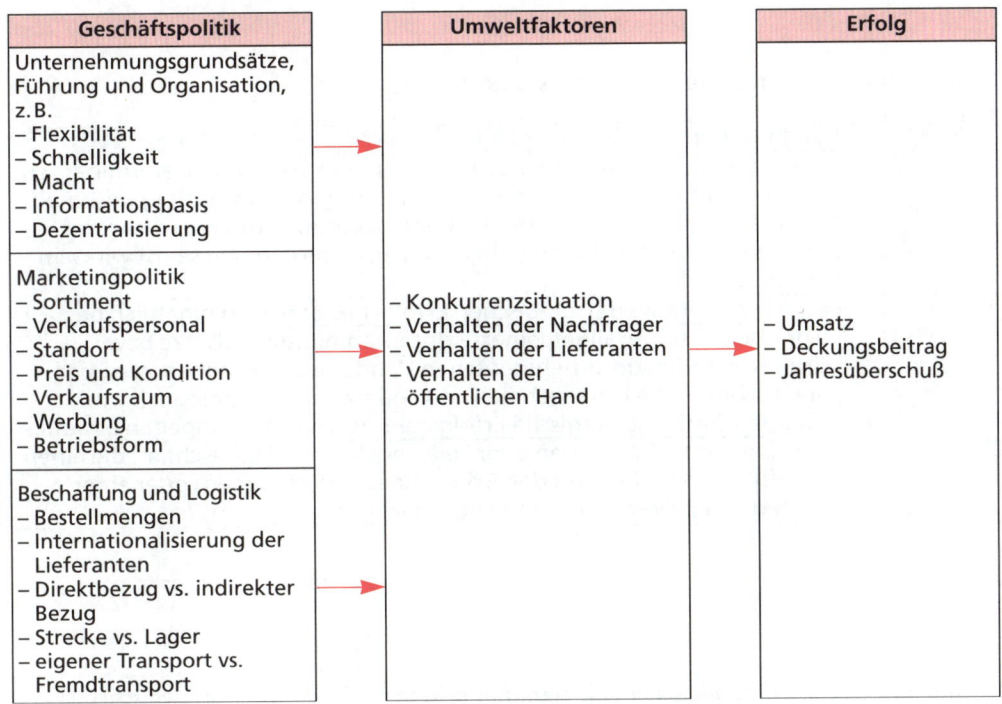

## Der Erfolg

Nur auf den ersten Blick scheint es klar, was mit »Erfolg« gemeint ist. Nach einem formalen Kriterium lassen sich zunächst absolute und relative Erfolgsgrößen unterscheiden. Bei absoluten Größen ist etwa an den Umsatz, den Deckungsbeitrag, den Jahresüberschuß, den Bilanzgewinn, das betriebswirtschaftliche oder das steuerliche Betriebsergebnis zu denken. Bei relativen Erfolgsgrößen kann zum einen auf dieselben Bezugsgrößen in einem früheren Zeitraum Bezug genommen werden (z. B. Wachstum des Betriebsergebnisses im Vergleich zum Vorjahr), oder es können andere Größen herangezogen werden (z. B. Umsatz pro qm Verkaufsfläche). Auch wenn sich verschiedene Erfolgsgrößen zum Teil inhaltlich überschneiden (z. B. Umsatz, Betriebsergebnis und Bilanzgewinn), so darf doch nicht grundsätzlich davon ausgegangen werden, daß sich einzelne Erfolgsfaktoren im Hinblick auf alle Erfolgsgrößen als relevant erweisen. Vielmehr wird es sich empfehlen, von den »Erfolgsfaktoren in bezug auf [. . .].« zu sprechen. Derzeit sind die vorliegenden Erfolgsfaktoren-Studien diesbezüglich noch wenig spezifiziert.

## Erfolgsfaktoren

Der Begriff Erfolgsfaktor wird häufig synonym mit einer Vielzahl anderer Begriffe verwendet. Es wird von strategischen Schlüsselfaktoren, strategischen Erfolgspositionen, Erfolgsdeterminanten oder kritischen Erfolgsfaktoren gesprochen. Trotz der begrifflichen Vielfalt ähnelt sich die dahinterstehende inhaltliche Intention, wie die beispielhaft ausgewählten Definitionen zeigen (Abbildung 4.21). Beide Autoren gehen von zentralen Einflußgrößen aus, die den Erfolg des Unternehmens entscheidend beeinflussen.

**Abbildung 4.21:** Definitionen von Erfolgsfaktoren _____

| Quelle | Definitionen |
|---|---|
| Grimm 1983 | »Als strategische Faktoren werden diejenigen Elemente, Determinanten oder Bedingungen bezeichnet, die den Erfolg oder Mißerfolg unternehmerischen Handelns [. . .] entscheidend beeinflussen« und »die in der Umwelt des Unternehmens, aber auch im Unternehmen selbst wirksam sind.«[18] |
| Patt 1988 | »Unter <u>qualitativen strategischen Erfolgsfaktoren</u> sind inhaltlich beschriebene und verallgemeinerte Unternehmensgrundsätze bzw. Grundtugenden unternehmerischen Handelns zu verstehen, die überdurchschnittliche Unternehmen von anderen unterscheiden. [. . .] Als <u>quantitative strategische Erfolgsfaktoren</u> werden hingegen Situationen, Elemente, Strukturen oder Leistungsfaktoren bezeichnet, die einen signifikanten Einfluß auf den Erfolg eines Unternehmens oder einer strategischen Geschäftseinheit ausüben.«[19] |

---

[18]  Grimm, U.: Analyse strategischer Faktoren. Ein Beitrag zur Theorie der strategischen Unternehmensplanung, Wiesbaden 1983, S. 26.
[19]  Patt, P. J.: Strategische Erfolgsfaktoren im Einzelhandel, Frankfurt am Main u. a. 1988, S. 6–8.

Wie die Zitate belegen, stimmen die Definitionen weitgehend überein. Es geht jeweils um die Frage, was die erfolgreichen Unternehmen von anderen unterscheidet. Dabei verwenden die Autoren Begriffe, die es erlauben, eine Vielzahl von konkreten Sachverhalten dem verwendeten Oberbegriff zuzuordnen (*Grimm* weist hin auf »Elemente, Determinanten oder Bedingungen«, womit er praktisch keinen denkbaren Einflußfaktor ausschaltet). Aber dennoch machen die Definitionen darauf aufmerksam, daß es sich bei den Erfolgsfaktoren einerseits um leicht quantifizierbare Größen handelt, wie z. B. um die Größe der Verkaufsfläche, andererseits um als qualitativ bezeichnete Faktoren, die größere Probleme der Messung aufwerfen. Abstraktere Erfolgsfaktoren, wie z. B. Unternehmensgrundsätze bzw. Grundtugenden, erfordern in besonderer Weise, daß sich an ihre Definition Überlegungen zu ihrer Operationalisierung anschließen. Insgesamt befindet sich die Wissenschaft noch in der Phase des Sammelns, wobei sowohl sehr abstrakte als auch konkrete Größen geprüft werden. *Meffert* orientiert sich beispielsweise an den Begriffen der

– Systematik,
– Kontinuität,
– Flexibilität,
– Managementqualität,
– Mitarbeiterqualifikation und -motivation bzw.
– Unternehmenskultur.[20]

Als Fortführung bzw. als Konkretisierung sind die von Eickhoff empirisch im Bekleidungseinzelhandel ermittelten Faktoren anzusehen. Er nennt:
1. Flexibilität,
2. Eingehen von (Trend-)Risiken im Sortimentsbereich,
3. Sortiments- und Prognosekompetenz,
4. Entwicklung und Durchsetzung einer Vision,
5. Überbrückung vertikaler Schnittstellen zwischen Einkauf und Verkauf,
6. Überwindung beschaffungsseitiger Restriktionen,
7. Effizienz,
8. Systematik und Kontinuität,
9. Überwindung horizontaler Schnittstellen zwischen absatzpolitischen Funktionsbereichen,
10. Personifizierung und Entanonymisierung des Unternehmens.[21]

*Müller-Hagedorn/Bekker* beziehen sich dagegen auf relativ problemlos zu quantifizierende Größen, die im Rechnungswesen der Unternehmung verankert sind:
– Größe der Verkaufsfläche,
– Warenbestand,
– Werbungskosten und
– Einsatz an Verkaufspersonal.[22]

---

[20] Vgl. Meffert, H.: Erfolgsfaktoren im Einzelhandelsmarketing, in: Bruhn, M. (Hrsg.): Marketing-Erfolgsfaktoren, Frankfurt am Main – New York 1987. Ähnlich: Meffert, H.: Erfolgsfaktoren im Einzelhandelsmarketing, in: Meffert, H.: Strategische Unternehmensführung und Marketing, Wiesbaden 1988, S. 201–228.

[21] Vgl. Eickhoff, M.: Erfolgsforschung im Bekleidungseinzelhandel, Frankfurt am Main 1997, S. 225.

[22] Vgl. Müller-Hagedorn, L./Bekker, T.: Der Betriebsvergleich als Controllinginstrument in Handelsbetrieben, in: WiSt, 23. Jg. (1994), S. 231–236.

Verfahren der Erfolgsfaktorenforschung

Eng mit dem Quantifizierungsniveau des Erfolgs und der ausgewählten Bestimmungsfaktoren ist das Verfahren verbunden, mit dem die Erfolgsfaktoren bestimmt werden:

(1) Bei einer historisch induktiven Verfahrensweise wird gefragt, was einzelne, als sehr erfolgreich bekannte Unternehmen von anderen Unternehmen unterscheidet. So wird z. B. bei *Aldi* auf die Preispolitik, bei *Ikea* auf die neuartige Sortimentsidee und das neuartige Vertriebskonzept hingewiesen. Diese Methode ist durch die Untersuchung von *Peters* und *Waterman* sehr bekannt geworden, deren Buchtitel »Auf der Suche nach Spitzenleistungen: Was man von bestgeführten US-Unternehmen lernen kann« das Untersuchungsprogramm signalisiert.[23] Zwar versuchen die Autoren aus den einzelnen Beispielen generelle und allen erfolgreichen Unternehmen gemeinsame Erfolgsfaktoren abzuleiten, aber der Nachweis der Erfolgswirksamkeit kann theoretisch nicht befriedigen. Der Katalog ihrer acht Erfolgsfaktoren zeigt, wie umfassend ihre Sicht angelegt ist, wenn sie fordern:
  – Primat des Handelns,
  – Nähe zum Kunden,
  – Freiraum für Unternehmertum,
  – Produktivität durch Menschen,
  – sichtbar gelebtes Wertsystem,
  – Bindung an das angestammte Geschäft,
  – einfacher, flexibler Aufbau,
  – straff-lockere Führung.

(2) Eine zweite Gruppe von Erfolgsfaktorenstudien greift auf relativ leicht quantifizierbare Daten zurück, die vor allem dem Rechnungswesen der Unternehmen entstammen, und versucht auf der Grundlage von mehr oder minder plausibel begründeten Hypothesen, Aussagen zur Wirksamkeit einzelner Faktoren zu gewinnen. Ansätze dieser Art werden unten weiter dargestellt. Sie gehen z. B. der Frage nach, inwieweit mit einer Erhöhung des Werbebudgets oder der Verkaufsfläche der Umsatz gesteigert werden kann. Dabei bedient man sich der einfachen oder multiplen Regressionsanalyse.

(3) Schließlich ist in einigen Ansätzen versucht worden, auch Einflußfaktoren einzubeziehen, die selbst nur über mehrere Indikatoren abgebildet werden können und untereinander und zu der oder den abhängigen Größen in einer vernetzten Beziehung stehen. Untersuchungen dieser Art werden mit LISREL durchgeführt.[24]

Abbildung 4.22 weist auf wichtige Merkmale der Untersuchungen hin, so auf das zentrale Anliegen, die untersuchte Branche und das verwendete Auswertungsverfahren.[25]

---

[23] Vgl. Peters, T. J./Waterman, R. H.: Auf der Suche nach Spitzenleistungen. Was man von den bestgeführten US-Unternehmen lernen kann, 5. Auflage, München 1994.
[24] Vgl. Patt, P. J., 1988; Burmann, C., 1995.
[25] Weitere Übersichten über durchgeführte Studien finden sich bei Schröder, H., 1994, S. 89–105.

**Abbildung 4.22:** Erfolgsfaktorenuntersuchungen im deutschen Handel – Beispiele ————

| Untersuchung Kriterien | Bierbaum (1979) | Patt (1988) | Wahle (1991) | Kube (1991) | Falter (1992) | Wölk (1992) |
|---|---|---|---|---|---|---|
| Anliegen | Untersuchung des betrieblichen Leistungszusammenhangs | Strategische Planung (Analyse der Erfolgsfaktoren von Fachgeschäften) | Strategische Planung (branchenübergreifend, branchenspezifisch und regionalmarktspezifisch) | Strategische Planung (Analyse von Erfolgsfaktoren, Entwicklung eines Filialportfolios) | Strategische Planung (Analyse von Wettbewerbsvorteilen von Filialbetrieben) | Strategische Planung (u. a. Ableitung von Hinweisen zur Strategieentwicklung für den EH) |
| Branche | Fachgeschäfte des Bekleidungs- und Textil-EH | Fachgeschäfte des Bekleidungs- und Textil-EH | Fachgeschäfte des Radio- und Fernseh-EH (und des Schuh-, Textil-, Möbel-EH) | Gaststättenfilialsystem einer Brauerei | Filialbetriebe des Non-Food-EH | Fachgeschäfte aus sechs EH-Branchen |
| Fallzahl | 24 | 55 | 6 und 127 | 77 | 90 | 450 |
| Erhebungsverfahren | Befragung von Experten | Befragung von Experten, internes Sekundärverfahren, (Beobachtung) | Befragung von Experten (16) und Konsumenten (434) | Befragung von Experten und schriftl. Befragung | Mündl. Befragung von Experten (24) und schriftliche Befragung (90) | Befragung |
| Auswertungsverfahren | Regressionsanalyse | Faktorenanalyse, Stufenweise Regressionsanalyse | Clusteranalyse, Diskriminanzanalyse, Faktorenanalyse, Regressionsanalyse | LISREL, Stufenweise Regressionsanalyse | kein multivariates Auswertungsverfahren | Regressionsanalyse, Varianzanalyse |
| Darstellg. d. Instrumente | nein | ja | ja | ja | ja | nein |
| Erfolgsgrößen/ -maße | relative, flächenbezogene Wertschöpfung | Gewinn, Umsatzwachstum, subj. Erfolgsbewertung | Ergebnis, Handelsspanne, Gesamtkosten und andere | Erfolg, Ertrag, Absatz, Wettbewerbsintensität, Stammgästeanteil | keine | Gewinn, Umsatzentwicklung, Zukunftschancen, Wettbewerbssituation |

Quelle: Müller-Hagedorn, L./Greune, M., 1992, S. 123

### 4.2.4.2 Die Untersuchung einzelner Erfolgsfaktoren

Die Frage, wie sich die Variation eines Erfolgsfaktors auswirkt, soll am Beispiel des Zusammenhangs zwischen Verkaufsfläche und Umsatz im Sortimentsbuchhandel dargestellt werden. Gibt es eine Mindestgröße für erfolgreiche Betriebe? Steigt der Umsatz mit der Betriebsgröße oder entspricht der Zusammenhang der von *Porter* formulierten U-Hypothese zum Zusammenhang von Marktanteil und Rentabilität?[26] Der Zusammenhang zwischen der Größe der Verkaufsfläche und Erfolgsgrößen (insbesondere Umsatz und Markterfolg) ist bereits Gegenstand mehrerer Untersuchungen gewesen. *Oehme* hat Erfolgsregeln der Praxis (Glaubenssätze) zusammengestellt und führt u. a. an:[27]

– »Die größere ist der kleineren Verkaufsfläche in der Regel überlegen, vorausgesetzt beide Flächen werden gleich gut geführt.«
– »Eine große Fläche hält Konkurrenz fern.«
– »Eine große Fläche schafft eigene Zentralität.«

Von theoretischem Interesse ist nun, inwieweit sich solche Aussagen zum Zusammenhang von Fläche und Erfolgsgröße empirisch bestätigen und wie sie theoretisch zu erklären sind. Argumentative Stützung der zugrundegelegten Hypothese und empirische Bewährung sind also die beiden zentralen Bestandteile der wissenschaftlichen Diskussion.

Die positive Beziehung zwischen Fläche und Umsatz wird überwiegend damit begründet, daß bei größer werdender Verkaufsfläche die Wahrscheinlichkeit steigt, daß der Verbraucher den von ihm gesuchten Artikel im Sortiment auch vorfinden wird. Dem steht allerdings entgegen, daß damit der zeitliche Aufwand für die Suche des gewünschten Artikels auch steigen kann. Auch wird sich das Interesse der Verbraucher, unter Varianten eines Produktes wählen zu können, unterscheiden, was wahrscheinlich auch von der Produktgruppe abhängt. Zudem ist der Zusammenhang zwischen Verkaufsfläche und Sortimentsbreite/-tiefe nicht zwingend. Insgesamt sind die Begründungen wenig differenziert, vielmehr gilt das Interesse vor allem der empirischen Wirkungsanalyse, ohne daß die theoretischen Gründe für bestimmte Verlaufsformen detailliert dargelegt werden.

Obwohl die empirischen Untersuchungen in verschiedenen Branchen, in verschiedenen Regionen und in verschiedenen Betriebsformen durchgeführt wurden, weisen die Ergebnisse doch alle in die gleiche Richtung und stützen die Hypothese, daß die Betriebsgröße (Geschäftsfläche bzw. Verkaufsfläche) einen positiven Einfluß auf den Umsatz hat. *Kube* hat in übersichtlicher Form die Ergebnisse vorliegender Untersuchungen zusammengestellt (er bezeichnet dies als Metaanalyse) und registriert Bestimmtheitsmaße von 0,62 bis 0,88, die sich im Regelfall als hochsignifikant erweisen.[28] Die Vorgehensweise sei im folgenden an einer eigenen Auswertung auf der Grundlage von Daten aus dem Betriebsvergleich für Sortimentsbuchhandlungen erläutert.

Abbildung 4.23 verdeutlicht in graphischer Form am Beispiel von 411 Buchhandlungen, welche Verkaufsfläche sie einsetzen und welchen Umsatz sie auf ihrer Fläche erzielen. So gibt es zum Beispiel eine Buchhandlung mit rund 960 $m^2$ Verkaufsfläche und einem Umsatz von rd. 9,5 Mio. DM, eine andere erzielt auf 230 $m^2$ Verkaufsflä-

---

[26] Porter, M. E., 1990, S. 71–74.
[27] Oehme, W.: Handels-Marketing. Entstehung, Aufgabe, Instrumente, München 1983, S. 121 f.
[28] Vgl. Kube, C., 1991, S. 113–119.

che etwas mehr als 2 Mio. DM Umsatz. Die in der Abbildung 4.23 enthaltenen zahlreichen Einzelwerte lassen sich mit Hilfe der Korrelations- und Regressionsrechnung zusammenfassen. Die ermittelten Werte stellen sich wie folgt dar:

| | |
|---|---|
| Korrelationskoeffizient: | $r = 0{,}77$ |
| Bestimmtheitsmaß: | $r^2 = 0{,}59$ |
| Regressionsfunktion: | Umsatz $= 450\,750 + 9\,310 \cdot m^2$ |

Der Korrelationskoeffizient weist auf einen relativ engen Zusammenhang zwischen Verkaufsfläche und Umsatz hin. Dies weckt Zweifel an der verschiedentlich geäußerten Behauptung, die Situation sei bei jedem Betrieb anders. Die Regressionsgerade ist einfach zu interpretieren, besagt doch der Regressionskoeffizient von 9 310, daß sich durchschnittlich mit jedem zusätzlichen $m^2$ Verkaufsfläche der Sockelumsatz von 450 750 DM um 9 310 DM erhöht.

### Die vertikale Analyse (Kontrolle)

Die »vertikale Analyse« bezieht sich auf Betriebe mit gleicher Ausprägung der unabhängigen Variable, die »horizontale Analyse« mit unterschiedlicher Ausprägung der unabhängigen Variable. Mit Hilfe der vertikalen Analyse kann jeder Betrieb feststellen, ob es Betriebe mit einer vergleichbaren Verkaufsfläche, aber deutlich höheren Umsätzen gibt. In diesem Sinne sind in Abbildung 4.23 drei Zonen gebildet worden: In der obersten Zone befinden sich die Betriebe, die auf ihrer Verkaufsfläche besonders gute Ergebnisse erreichen (die sog. Verkaufsflächen-Champions), in der unteren Zone sind die Betriebe angesiedelt, die auf ihrer Verkaufsfläche vergleichsweise schwache Ergebnisse erzielen; in der Nähe der eingezeichneten Mittellinie befinden sich die Betriebe mit mittlerem Ergebnis. Insofern liefert die Darstellungsmethode verkaufsflächenspezifische Soll-Umsätze, die im Rahmen der Kontrolle verwendet werden können.

### Die horizontale Analyse (Planung)

Durch eine »horizontale Analyse« werden sog. »What-if«-Prognosen ermöglicht, also Schätzungen, wie sich der Umsatz voraussichtlich ändert, wenn die Verkaufsfläche vergrößert oder verkleinert würde. Bei horizontalen Analysen richtet sich das Interesse auf die Verhältnisse bei andersartigen Betrieben (z. B. mit größerer oder kleinerer Verkaufsfläche). So erlaubt die Abbildung 4.23 auch der Frage nachzugehen, ob Betriebe mit relativ großer Verkaufsfläche überproportional hohe Umsätze erzielen oder ob umgekehrt Betriebe mit vergleichsweise kleiner Verkaufsfläche deutlich schlechter abschneiden.

Wenn ein Betrieb mit der vertikalen Analyse feststellt, daß seine Ergebnisse im Vergleich mit anderen relativ ungünstig sind, wird er fragen, ob die Ursachen hierfür in seiner Betriebspolitik liegen und ob er mit einer Variation seiner Parameter, z. B. dem Warenbestand oder der Werbung, imstande sein wird, das Ergebnis zu verbessern. Hierzu wird er dann weitere Beziehungen der oben dargestellten Art, also Umsatz in Abhängigkeit vom Personaleinsatz, Umsatz in Abhängigkeit von den Werbekosten, Umsatz in Abhängigkeit vom Warenbestand, analysieren. Diese Beziehungen können hier aus Platzgründen nicht dargestellt werden.

Abbildung 4.23 kann folglich als einfaches und schnell zu erfassendes Diagnoseinstrument genutzt werden, weil sie – nachdem der eigene Betrieb identifiziert ist – schnell erkennen läßt, wie gut der eigene Betrieb zu vergleichbaren Betrieben liegt und welche Beziehung zwischen dem Parameter des Betriebes und der Erfolgsgröße besteht (lineare, degressive, progressive Beziehung). Allerdings sind mit dem verwendeten Verfahren der Regressionsanalyse auch Probleme verbunden, die nicht übersehen werden dürfen. Insbesondere ist der Frage nachzugehen, ob Veränderungen der abhängigen Größe tatsächlich kausal einer Einflußgröße zugerechnet werden dürfen. Analysen der gezeigten Art dienen in vertikaler Sicht der Kontrolle, in horizontaler Sicht Planungsüberlegungen. Allerdings sind zweidimensionale Betrachtungen der gezeigten Art mit einem ernsthaften Problem behaftet.

(1) Erstens erfaßt die einfache Regression nicht alle möglichen unabhängigen Variablen (Erfordernis einer multiplen Regression).

(2) Zweitens kann bei Durchführung einer multiplen Regression Multikollinearität vorliegen.

**Abbildung 4.23:** Der Umsatz von Sortimentsbuchhandlungen in Abhängigkeit von der Verkaufsfläche

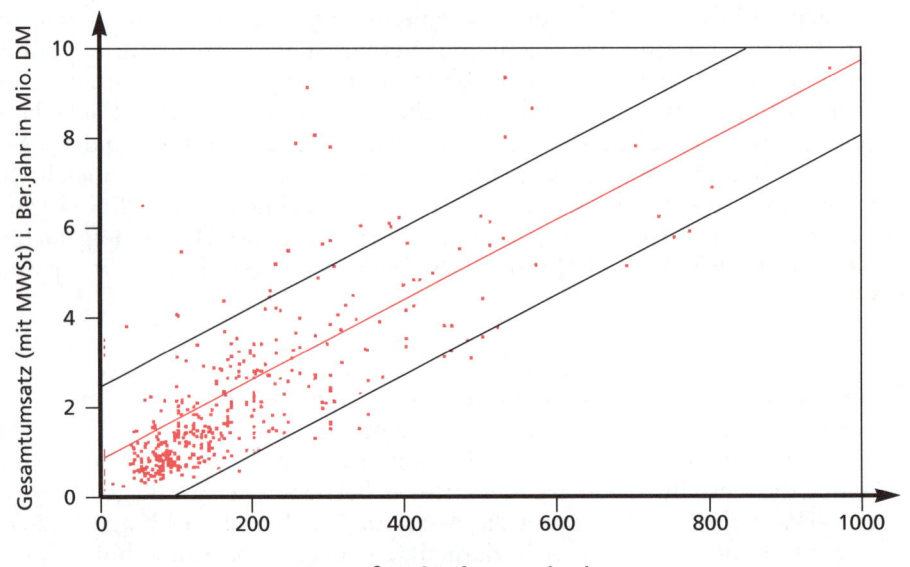

Quelle: Müller-Hagedorn, L./Greune, M., 1992, S. 126

Die interessierende Zielgröße ist nicht additiv von einzelnen Einflußgrößen abhängig, sondern die Einflußgrößen interagieren in ihrer Wirkung. Formal läßt sich Multikollinearität an den Korrelationskoeffizienten zwischen den Einflußgrößen ablesen. In der beispielhaft untersuchten Branche sind die Korrelationen zwischen den einzelnen Variablen, die den Einsatz der absatzpolitischen Instrumente widerspiegeln, beträchtlich (vgl. Abbildung 4.24). Da die Preispolitik wegen der im Buchhandel vorherrschenden vertikalen Preisbildung vernachlässigt werden soll, werden Angaben zu fünf Bereichen herangezogen. Die Größe des Verkaufsraumes wird in Quadratmetern angegeben, der Personaleinsatz wird mit Hilfe der Gesamtzahl der in der Buchhandlung beschäftigten Personen repräsentiert, wobei – wohl zu Recht – unterstellt wird, daß diese Personen überwiegend im Verkauf tätig sind, die Sortimentstiefe und -breite werden näherungsweise mit dem Warenbestand angegeben (zu Bilanzwerten), als Werbung zählen einschlägige Ausgaben während eines Jahres, und schließlich wird das Niveau der Geschäftsausstattung über die Abschreibungen auf das Inventar erfaßt.

Eine Multikollinearität, wie sie durch die Korrelationen in Abbildung 4.24 belegt wird, verbietet es, die sich im Rahmen einer multiplen Regression ergebenden Funktionen so zu interpretieren, als ob sie die zu erwartende Umsatzsteigerung angäben, die sich bei einer partiellen Veränderung einer Einflußgröße voraussichtlich einstellen würde. Vielmehr ist davon auszugehen, daß auch die anderen Einflußgrößen verändert werden müssen, um eine Umsatzveränderung erzielen zu können. Die Abhängigkeiten zwischen den einzelnen absatzpolitischen Instrumenten müssen beachtet werden. Da sich die Betriebskonzepte der Buchhandlungen nicht allzusehr zu unterscheiden scheinen, kann wahrscheinlich von komplementären Beziehungen zwischen den Instrumenten ausgegangen werden. Das hieße dann z. B., daß mit einer Erweiterung der Verkaufsfläche auch der Warenbestand ansteigt und sich die Zahl der eingesetzten Personen erhöht. Aber andererseits sind auch substitutive Beziehungen denkbar, etwa derart, daß mit anwachsender Verkaufsfläche die Werbeausgaben oder der Personaleinsatz im Verkaufsbereich reduziert werden können. In jedem Fall erscheint es sinnvoll, die Betriebspolitik als Vektor zu verstehen und zu prüfen, welche Veränderungen sich im Erfolg ergeben, wenn von einer Vektorkonstellation auf eine andere übergegangen wird.

Dennoch sind multiple Regressionsanalysen auch bei Vorliegen von Multikollinearität nicht nutzlos, zeigen sie doch, inwieweit die Varianz in der abhängigen Variablen durch die erklärenden Variablen erklärt werden kann. Auswertungen der Daten zu den hier untersuchten Sortimentsbuchhandlungen offenbaren überraschend hohe Varianzaufklärungen. Mit dem Umsatz als abhängige Variable und dem Personaleinsatz und der Werbung als unabhängige Variable ergeben sich folgende Werte:

Multipler Korrelationskoeffizient:   $r = 0,96$
Bestimmtheitsmaß:   $r^2 = 0,92$
Regressionsfunktion:   Umsatz = 81 147 + 186 502 · besch. Personen + 7,92 · Werbeausgaben

Zwei Angaben genügen also (Zahl der beschäftigten Personen und Werbeausgaben), um den Umsatz einer Buchhandlung relativ genau vorherzusagen.

Abbildung 4.24: Korrelationen zwischen Indikatoren der Absatzpolitik im Sortimentsbuchhandel

| | Verkaufsraum | Personalein-satz | Warenbe-stand | Werbung | Geschäftsaus-stattung |
|---|---|---|---|---|---|
| Verkaufs-raum | – | .78 | .78 | .63 | .62 |
| Personalein-satz | | – | .87 | .70 | .61 |
| Warenbe-stand | | | | .61 | .56 |
| Werbung | | | | – | .60 |
| Geschäfts-ausstattung | | | | | – |
| Signifikanz für alle Koeffizienten: 0,001<br>Geringste Zahl der Fälle bei paarweiser Korrelation: 292 | | | | | |

### 4.2.4.3 Komplexe Ansätze der Erfolgsfaktorenforschung

Der Übergang von der einfachen Regressionsanalyse zur multiplen macht deutlich, daß die einem Einflußfaktor zugeordneten Wirkungskoeffizienten auch davon abhängen können, welche weiteren Einflußfaktoren in die Rechnung einbezogen werden. Das ist immer dann der Fall, wenn die Einflußfaktoren auch untereinander korrelieren. Solche Interdependenzen sollten zum Ausdruck gebracht werden. Insgesamt führen solche Überlegungen zu komplexen Modellen (vgl. beispielhaft das in Abbildung 4.25 dargestellte Modell von *Patt*)

Abbildung 4.25: Komplexes Modell der Erfolgsfaktorenforschung _____

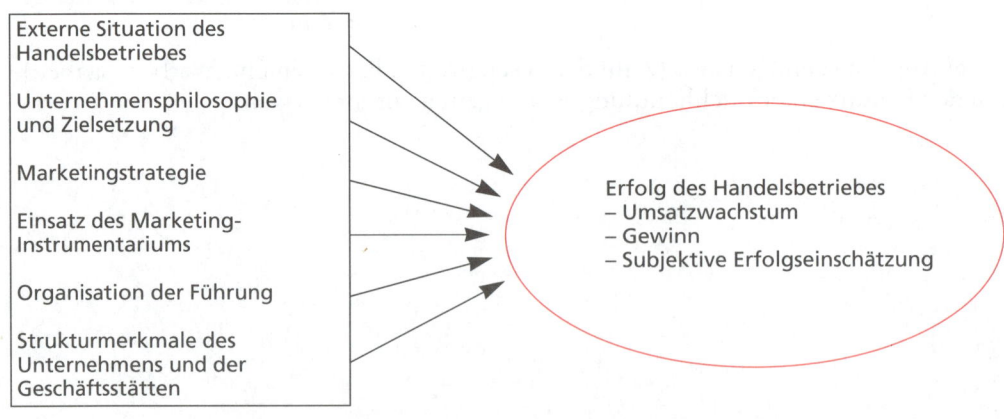

Es kommt hinzu, daß sowohl der Erfolg als auch seine Bestimmungsfaktoren als Konstrukte definiert sein können, also als Größen, die zu ihrer Messung mehrerer Indikatoren bedürfen, weil ein Indikator allein den ins Auge gefaßten Sachverhalt nicht hinreichend abbildet. So ist es relativ problemlos, die Flächenproduktivität als Umsatz pro m$^2$ Verkaufsfläche zu messen, eine Größe wie z. B. »Qualität des persönlichen Verkaufs« bedarf aber mehrerer Indikatoren. Berücksichtigt man, daß im Regelfall jede einzelne in Abbildung 4.25 aufgeführte Größe durch mehrere Meßgrößen erfaßt wird, ergibt sich ein komplexes System von Hypothesen. Bei dem zur Berechnung der Koeffizienten häufig herangezogenen Verfahren LISREL werden verschiedene Typen von Beziehungen unterschieden:[29]

(1) Hypothesen des sog. Strukturmodells: Diese Hypothesen entsprechen den in Abbildung 4.25 vermuteten Wirkungsbeziehungen zwischen den abhängigen Erfolgsgrößen und ihren Bestimmungsfaktoren, z. B.
$H_1$: Je niedriger das Preisniveau, desto höher der Umsatz.
$H_2$: Je wirtschaftlicher der Personaleinsatz, desto günstiger ist das wirtschaftliche Ergebnis.
Dabei werden die abhängigen Variablen auch als latente endogene Variablen bezeichnet (ihr Wert ergibt sich aus dem Wert der als unabhängig angesehenen Variablen) und mit $\eta$ – eta – bezeichnet, die unabhängigen Variablen als latente exogene Variablen ($\xi$ – ksi –).

(2) Hypothesen zum Zusammenhang zwischen den latenten exogenen Variablen und den ihnen zugeordneten Indikatoren: So handelt es sich beispielsweise bei dem als Einflußgröße genannten Preisniveau um ein hypothetisches Konstrukt, das aus mehreren Indikatoren zu erschließen ist. Als Indikatoren kommen z. B. die Zahl der Sonderangebote, die Zahl der Artikel mit Dauerniedrigpreisen und die durchschnittliche Kalkulationsspanne in Frage. Die Indikatoren (Meßvariablen) werden mit dem Symbol $x_i$ angegeben.

(3) Hypothesen zum Zusammenhang zwischen den latenten endogenen Variablen und den ihnen zugeordneten Indikatoren: Auch für die abhängigen Variablen des Strukturmodells kann gelten, daß sie über mehrere Indikatoren erfaßt werden müssen. So kann das wirtschaftliche Ergebnis durch das Betriebsergebnis, das Umsatzwachstum und durch den Cash Flow bestimmt sein. Der Umsatz als abhängige Variable läßt sich dagegen direkt anhand des im Betrieb angefallenen Umsatzes messen; die Meßregel ist in diesem Fall einfach. In LISREL werden die Indikatorwerte für die endogenen Variablen mit y bezeichnet.
Insgesamt ergibt sich so ein System mit drei Gruppen von Gleichungen,
– den Gleichungen im Strukturmodell (mit den Parametern $\gamma$ – gamma – für die kausalen Beziehungen zwischen einer latenten endogenen ($\eta$) und einer exogenen Variablen ($\xi$) und den Parametern $\beta$ – beta – für kausale Beziehungen zwischen zwei endogenen Variablen),
– den Gleichungen im Meßmodell der latenten endogenen Variablen (mit den Parametern $\lambda$ – lambda –)

---

[29]  Vgl. zum LISREL-Ansatz der Kausalanalyse Kapitel 7 von Backhaus, K./Erichson, B./Plinke, W. et al.: Multivariate Analysemethoden, 8. Auflage, Berlin u. a. 1996, S. 322–343.

– den Gleichungen im Meßmodell der latenten exogenen Variablen (ebenfalls mit den Parametern $\lambda$ – lambda –).

Es können einige weitere Beziehungen hinzukommen, so z. B. kausal nicht interpretierte Beziehungen zwischen exogenen Variablen, die mit $\varphi$ (– phi –) bezeichnet werden. Die Zusammenhänge sind an dem im Text erwähnten Beispiel in Abbildung 4.26 noch einmal dargestellt.

**Abbildung 4.26:** Beispiel für die Anwendung eines Kausalmodelles (LISREL) auf die Erfolgsfaktorenforschung

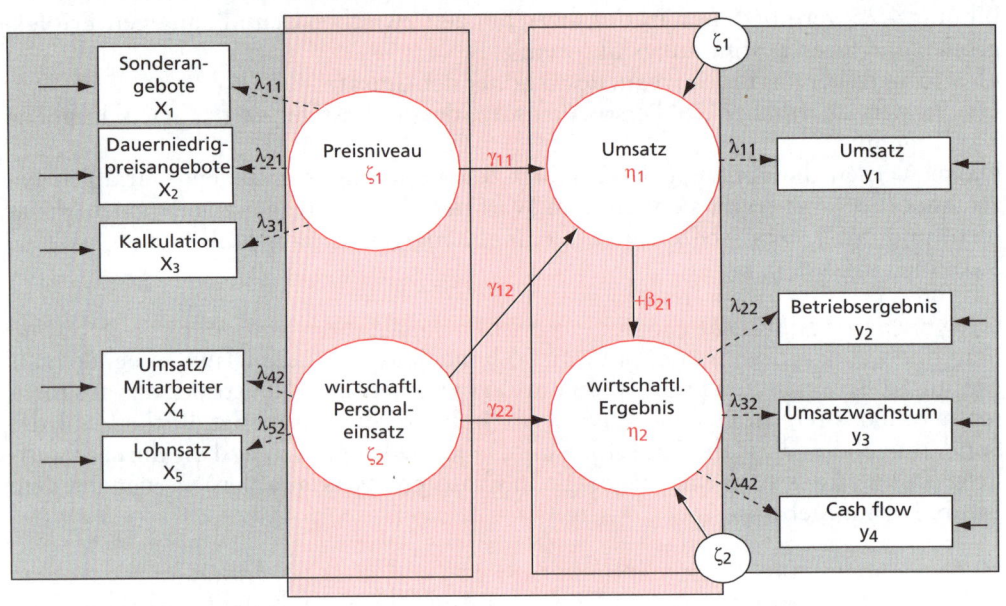

Meßmodell der latenten exogenen Variablen

Strukturmodell

Meßmodell der latenten endogenen Variablen

Anmerkung: Die Residualvariablen ($\zeta$) werden nur durch Pfeile angedeutet, kausal nicht interpretierte Beziehungen zwischen den exogenen Variablen bleiben unberücksichtigt.

Auf die Annahmen und die Verfahren bei der Berechnung der Koeffizienten wird hier nicht eingegangen. Immer häufiger wird seit der richtungweisenden Arbeit von *Patt* auf diesen Modellansatz zurückgegriffen, weil er erlaubt, eine große Zahl von Einflußfaktoren simultan zu berücksichtigen.[30]

---

[30] Vgl. z. B. Burmann, C., 1995.

#### 4.2.4.4 Perspektiven und Probleme der Erfolgsfaktorenforschung

Wie gezeigt worden ist, handelt es sich bei der Erfolgsfaktorenforschung im Handel um einen jungen Forschungszweig, der inzwischen erste Ergebnisse vorlegen kann:
– Es konnten relativ enge Beziehungen zwischen einzelnen Inputfaktoren und dem Erfolg beobachtet werden.
– Die Ergebnisse können zur Kontrolle und Planung verwendet werden.

Die offenen Fragen beziehen sich vor allem auf die folgenden Bereiche:
1. Durch welche qualitativen Faktoren sollte die vorwiegend quantitative Erfolgs-faktorenforschung ergänzt werden? Schon der Begriff Erfolg signalisiert die Viel-schichtigkeit eines möglichen Verständnisses. Beim Erfolg muß es sich keineswegs nur um den Umsatz oder den Deckungsbeitrag eines Betriebes handeln, sondern zu den zahlreichen weiteren quantitativen Größen, wie der Gesamtkapitalrentabili-tät, der Flächenleistung, der Umsatzrentabilität, können auch qualitative Größen, wie z. B. Imageverbesserungen, treten. Gleiches gilt für die Erfolgsfaktoren. Es ist zu erwarten, daß die Suche nach Erfolgsfaktoren sich stärker an der jeweils zu-grundegelegten Erfolgsgröße orientieren wird und daß die Probleme der Messung der jeweiligen Bestimmungsgrößen stärkere Beachtung finden werden (z. B. Mes-sung des Erlebnischarakters einer Verkaufsstelle, Qualität des Verkaufspersonals).
2. Wie ist zu berücksichtigen, daß viele Inputfaktoren korreliert sind? Sollte die Erfolgsfaktorenforschung die Analyse des Erfolgsbeitrages einzelner Faktoren durch die Analyse von ganzheitlichen Konzepten ergänzen? Es wird erwartet, daß einerseits strategische Konzepte verglichen werden, andererseits bei ansonsten gleichartigen Betrieben Variationen einzelner absatzpolitischer Instrumente un-tersucht werden. Auch die LISREL-Analyse bietet sich hier an.
3. Nach welchen Regeln sollten Betriebe ausgewählt werden, deren Werte unterei-nander verglichen werden? Welches sind geeignete Vergleichsbetriebe? Erfolgs-faktorenstudien gewinnen ihre Erkenntnisse, indem sie die Ergebnisse und ausge-wählte Merkmale einzelner Betriebe vergleichen. Dabei können sich die in die Untersuchung einbezogenen Betriebe mehr oder minder unterscheiden. Werden nur die Filialen einer Filialunternehmung miteinander verglichen, stimmen viele Merkmale überein, z. B. das strategische Konzept, der Führungsstil, die Sorti-mentsstruktur, das Preisniveau, die Werbung; Unterschiede liegen nur in einzelnen Bereichen vor, z. B. in der Größe der Verkaufsfläche, vielleicht auch in der Häu-figkeit, mit der geworben wird. Fehlt es einem Merkmal an Varianz, kann über seinen Einfluß keine Erkenntnis abgeleitet werden. Insofern liegt es nahe, unter-schiedliche Betriebe in die Untersuchung einzubeziehen, im Extremfall Betriebe unterschiedlicher Größenordnung, unterschiedlicher Branchenzugehörigkeit, in unterschiedlichen Standortlagen, mit unterschiedlichen Betriebskonzepten usw. Schnell wird jedoch deutlich, daß damit nicht nur der Datenbedarf wächst, son-dern auch Zweifel aufkommen, ob übergreifende Erfolgsfaktoren abgeleitet wer-den können. Auf jeden Fall ist *Schröder* zuzustimmen, der fordert, daß die Er-kenntnisse nur auf jenen Kreis von Betrieben angewendet werden dürfen, aus denen sich auch die Untersuchungsergebnisse rekrutieren.[31] Insofern ist es wahr-scheinlich irreführend, wenn Ergebnisse, die beispielsweise im Textilhandel ge-wonnen werden, auf den gesamten Einzelhandel übertragen werden.

---

[31] Vgl. Schröder, H., 1994, S. 89–105.

4. Wie sind die beobachteten Beziehungen inhaltlich zu begründen? Allgemein wird in der Erfolgsfaktorenforschung beklagt, daß die der Untersuchung zugrundegelegten Hypothesen zu wenig begründet werden. Vielmehr dominiere das induktive Auswerten von verfügbaren Daten. Inzwischen wird zumindest auf die explizite Formulierung von Hypothesen großer Wert gelegt, wenn diese auch im Regelfall als additive ad-hoc Hypothesen erscheinen. Zu Aussagen über den Einsatz einzelner absatzpolitischer Instrumente treten Aussagen zu einzelnen strategischen Konzepten; diese werden wiederum um generelle Verhaltensweisen, wie z. B. Kreativität, Flexibilität usw., ergänzt, so daß sich ein immer höherer Berg aus Einzelfaktoren ergibt. Die zukünftige Forschung hat diese Faktoren nicht nur zu ordnen, sondern hat ihr Verhältnis näher zu betrachten und sie stärker mit der Einkaufsentscheidung des Nachfragers zu verknüpfen. Umfang und Detaillierungsgrad der zur Erklärung herangezogenen Faktoren bedürfen weiterer Untersuchungen.

5. Wie stabil sind die Erkenntnisse aus der Erfolgsfaktorenforschung im Zeitablauf? Gelten die ermittelten Werte jeweils nur für eine kurze Periode (nach der Redewendung, daß im Handel nichts so stabil wie der Wandel sei), oder kann von einer längerfristigen Gültigkeit gesprochen werden?

Zur zeitlichen Stabilität einzelner Aussagen liegen in der Zwischenzeit erste Ergebnisse vor. Als Beispiel kann der Schuheinzelhandel gewählt werden, für welchen Angaben für die Jahre 1989 bis 1991 zur Verfügung stehen (243 Betriebe). Stellt man Umsatz und Personaleinsatz, der hier im Regelfall den größten Kostenblock ausmacht, graphisch gegenüber, so erhält man die in Abbildung 4.27 dargestellten Beziehungen. Die hohen Bestimmtheitsmaße von $r^2 = 88\,\%$ zeigen an, daß sich die Betriebe relativ eng um die Regressionsgerade scharen. Berücksichtigt man die Preissteigerungsraten, kann – was die Bedeutung des Personaleinsatzes für den Umsatz betrifft – von weitgehend unveränderten Verhältnissen gesprochen werden. Sollten sich die Regressionsgeraden verschieben, können auch daraus aufschlußreiche Erkenntnisse gewonnen werden. Trotzdem stellt die Stabilität der Ergebnisse der Erfolgsfaktorenforschung ein ernsthaftes Problem dar.

Unterschiedliche konjunkturelle Lagen, Verschiebungen in den Präferenzen der Nachfrager, neue Betriebsformen, veränderte soziodemographische Strukturen machen darauf aufmerksam, daß einmal erkannte Erfolgsfaktoren ihre Bedeutung verlieren können.

Obwohl es auch in der Wissenschaft Modethemen und Modewellen gibt, erscheint die Erfolgsfaktorenforschung als ein dauerhaft wichtiges Aufgabenfeld, weil sie von betriebspolitischen Fragestellungen ausgeht, die ihre Aktualität nie einbüßen. Einerseits wird deutlich, wie sich die Wissenschaft diesen Problemen nähert, welche Ergebnisse erzielt werden können und welche Schwierigkeiten zu bewältigen sind. Andererseits ist aber auch offensichtlich, daß die Wissenschaft auf diesem Feld nur in Kooperation mit der Praxis erfolgreich sein kann. Das betrifft vor allem die Datenbereitstellung durch die Handelsunternehmungen. Die theoretische Problemstruktur der Erfolgsfaktorenforschung ist ähnlich der des traditionellen Betriebsvergleichs.

Abbildung 4.27: Die Beziehung von Personaleinsatz und Höhe des Umsatzes im Schuh-facheinzelhandel in den Jahren 1989 bis 1991

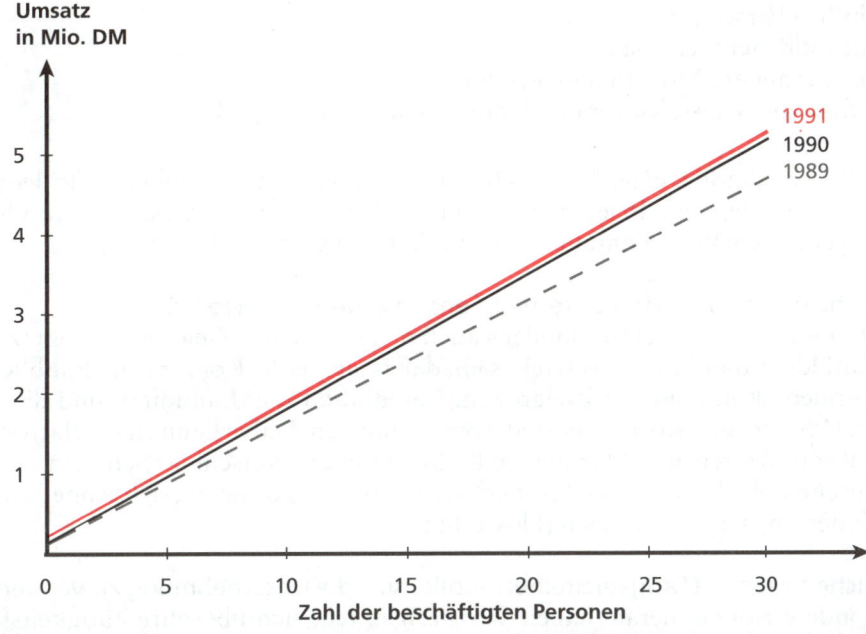

| Jahr | Funktion | Bestimmtheitsmaß |
|------|----------|------------------|
| 1989 | Umsatz = 114 000 + 153 000 · Zahl der beschäftigten Personen | $r^2 = 0{,}88$ |
| 1990 | Umsatz = 119 000 + 169 000 · Zahl der beschäftigten Personen | $r^2 = 0{,}88$ |
| 1991 | Umsatz = 151 000 + 170 000 · Zahl der beschäftigten Personen | $r^2 = 0{,}88$ |

Quelle: Müller-Hagedorn, L., 1993 a, S. 92

# 4.3 Das strategische Planungskonzept

Nach der Analyse der Wettbewerbskräfte in einer Branche hat jede Unternehmung im Feld der vielfältigen Anbieter und Nachfrager ihren Standort zu bestimmen; sie hat sich für eine bestimmte Strategie zu entscheiden. In dem folgenden Kapitel werden strategische Alternativen genannt, und es wird darauf hingewiesen, wie ihre Vorteilhaftigkeit bestimmt werden kann.

Die strategische Positionierung einer Unternehmung spiegelt sich auch in dem sog. Leitbild der Unternehmenspolitik, stellenweise wird auch von der Mission der Un-

ternehmung oder der Vision gesprochen. Bei Vision und Leitbild handelt es sich um die zunehmend konkretisierte Aufgabe, die eine Unternehmung gegenüber den Nachfragern erfüllen will, z. B.
- der billige Versorger,
- Mode muß nicht teuer sein,
- das etwas andere Möbelhaus (Bsp. *Ikea*),
- Identität von Kunst, Kultur und Handel (Bsp. *Ludwig Beck*).

Das Selbstverständnis einer Unternehmung kann explizit formuliert oder lediglich implizit vorhanden sein. In jedem Fall beeinflußt es die Strategie. Nach *Emans* helfen vier Fragen, das Selbstverständnis zu formulieren (vgl. Abbildung 4.28):[1]

### 1) Welche übergeordneten Unternehmensziele werden verfolgt?
Hier sind nicht nur monetäre, sondern auch nichtmonetäre Ziele festzulegen (z. B. in bezug auf Identifikation). Es versteht sich, daß strategische Konzepte im Hinblick auf die zentralen ökonomischen Zielgrößen, Rentabilität und Liquidität, und die zugehörigen Umsätze und Kosten beurteilt werden müssen. Dabei kann eine Relativierung anhand von Werten des Marktes (z. B. Marktanteil) aufschlußreich sein. In sehr dynamischen Märkten wird es darüberhinaus darauf ankommen, sich schnell an neue Situationen anpassen zu können (Flexibilität).

### 2) Welchen Arenen (Tätigkeitsfeldern) sollte sich die Unternehmung zuwenden?
Insbesondere Konglomerate haben Schwierigkeiten, sich über ihre Tätigkeitsfelder klarzuwerden. Die Tätigkeitsfelder haben eine sachliche Komponente, indem sie auf die Warenbereiche oder Dienstleistungen hinweisen, die den Nachfragern angeboten werden sollen. Wie noch gezeigt werden wird, können aber auch Bedürfnisdimensionen der Nachfrager zur Abgrenzung herangezogen werden. Neben diesen sachlichen Komponenten sind die Tätigkeitsfelder durch eine räumliche Komponente gekennzeichnet, also die Angabe, ob ein Anbieter regional, national oder international auftreten will.

### 3) Welche Rolle soll im Wettbewerb gespielt werden?
Eine Reihe erfolgreicher Unternehmen hat ihre Wettbewerbsrolle im Markt besonders klar umrissen; so strebt *Aldi* konsequent die Kostenführerschaft an. Mit der »Rolle im Wettbewerb« wird umschrieben, welche Leistungsvorteile eine Unternehmung ihren Kunden im Vergleich zu anderen Anbietern bieten will. Es gilt, sich Wettbewerbsvorteile gegenüber der Konkurrenz zu verschaffen, die
- vom Kunden wahrgenommen werden können,
- ein für die Kunden wichtiges Leistungsmerkmal darstellen und
- von der Konkurrenz nicht schnell einholbar sind.
Bildhaft wird dieser Sachverhalt auch in der Frage zum Ausdruck gebracht: »Warum sollte ein Kunde bei der eigenen Unternehmung und nicht bei der Konkurrenz kaufen?«

### 4) Welche Stärken sollen die Basis für eine erfolgreiche Tätigkeit darstellen?
Die Eigenschaften, die eine Unternehmung als ihre traditionellen Hauptstärken an-

---

[1]  Vgl. Emans, H.: Die Schutzzäune einreißen. Planungskonzepte, in: Manager Magazin, 17. Jg. (1987), H. 11, S. 296–301.

sieht, bieten nicht immer die besten Differenzierungsmöglichkeiten im Wettbewerb. So ist zu fragen, ob ein Händler in Zukunft vorrangig funktionale Stärken aufbauen muß (so etwa Marketing) oder ob funktionsübergreifende Faktoren wie etwa Flexibilität im Selbstverständnis eine zentrale Rolle spielen müssen. Die in Abschnitt 4.2.4 erwähnten Erfolgsfaktoren sind hier von ausschlaggebender Bedeutung. Es muß sichergestellt werden, daß eine Unternehmung mit ihren Ressourcen und ihrer Organisationsstruktur in der Lage ist, die unter (3) formulierten Marktleistungen zu erbringen.

**Abbildung 4.28:** Komponenten des Selbstverständnisses: Ziele, Arenen, Stärken, Rollen

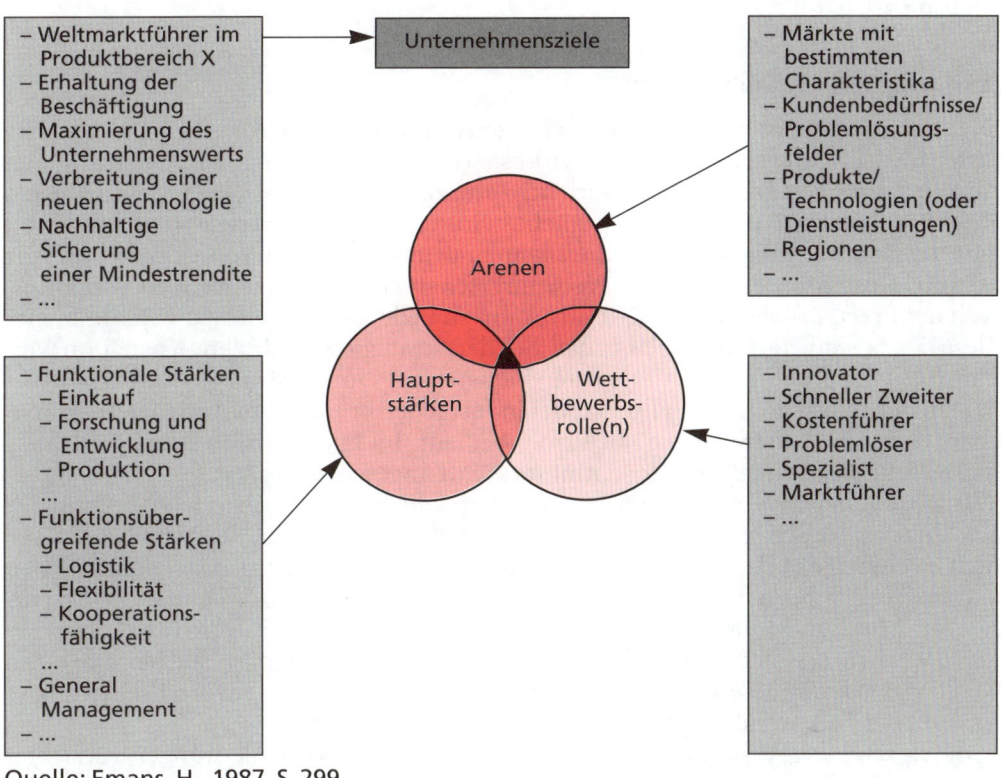

Quelle: Emans, H., 1987, S. 299

Im folgenden werden nun verschiedene Ansätze dargestellt, um den strategischen Handlungsspielraum von Handelsunternehmungen zu erschließen. Dazu werden mehrere Denkkonzepte vorgestellt. In allen Fällen handelt es sich um Techniken, um dem Handelsbetrieb Hinweise auf mögliche Positionierungsstrategien zu ermöglichen. Auf eine Bewertung dieser Strategien wird im vorliegenden Kapitel nicht eingegangen. Ebenso wird auf Beispiele verzichtet.[2] Der Schwerpunkt der Ausführungen bleibt den Planungstechniken zur Generierung von Positionierungsstrategien vorbehalten.

## 4.3.1 Porters Basisstrategien

Im Handel gibt es bekanntermaßen eine Vielzahl von einzelnen Betriebsformen, die in erster Linie durch ihre Absatzpolitik gekennzeichnet sind. Aufgabe der strategischen Planung im Einzelhandel ist es zunächst, geeignete Betriebstypen zu entwickeln. Man kann von Betriebsformen sprechen, die vorwiegend auf niedrige Preise abstellen, und von Betriebsformen, die andere Merkmale hervorheben (= »leistungsorientierte« Betriebsform).

### Preisorientierte Betriebsformen

Die erste Strategie ist die der niedrigen Kosten (Strategie I). Meistens bedeutet das eine Strategie der Kostensenkung. Diese wirkt sich einmal unmittelbar aus, da niedrigeren Kosten ein höherer Gewinn entspricht, zum anderen wird sie, wenn es sogar ein Kostenvorsprung innerhalb der Branche wird, zum Wettbewerbsvorteil, weil jetzt eine Preispolitik möglich wird, die mehr und mehr Kunden von der Konkurrenz abzieht. Kostenführerschaft und Preisführerschaft stehen in einem engen Verhältnis, weil der Preis für die Höhe des Absatzes um so bedeutsamer wird, je vollkommener die Märkte sind. *Porter* schreibt, daß bei der Strategie I niedrigere Kosten im Verhältnis zu den Konkurrenten zum roten Faden der gesamten Strategie werden.[3]

Wie in der Industrie ist auch im Handel in fast jeder Branche ein Anbieter auszumachen, der sich dieser Strategie mit Erfolg bedient. Im Handel kann *Aldi* als Musterbeispiel für die Strategie der Kostenführerschaft angesehen werden.

Wie wird man nun Kostenführer? In manchen Fällen hat es ausgereicht, eine einzige Kostenart merklich senken zu können. *Gottlieb Duttweiler* in der Schweiz hat vor dem zweiten Weltkrieg Wege ausfindig gemacht, einzelne Waren aus anderen Erdteilen direkt zu importieren und so seine Wareneinstandskosten zu senken. Die Ersparnis von Miet- und Einrichtungskosten hat den Discountern einen Kostenvorteil gegenüber dem etablierten Handel verschafft. Wenn sich Ersparnisse bei einzelnen Kostenarten kumulieren, dann verstärkt sich natürlich der Kostenvorteilseffekt. Dies ist dann der Fall, wenn sich ein Handelsbetrieb auszeichnet

– durch niedrige Personalkosten, indem auf einzelne Personalleistungen verzichtet wird oder diese auf sonstige Leistungsträger (z. B. Kunden) übertragen werden, ohne daß der Kunde hierin einen nicht mehr tragbaren Qualitätsverlust sieht,
– durch niedrige Raumkosten,
– durch niedrige Warenkosten usw.

Ein Unternehmer wird so alle Kostenarten durchdenken und prüfen, ob er die Möglichkeit sieht, Kostenersparnisse realisieren zu können. Dem jeweils ersten wird man hohe Kreativität bescheinigen, so wie z. B.

---

[2] Vgl. dazu die Literaturempfehlungen am Ende des Kapitels.
[3] Vgl. Porter, M. E., 1990, S. 63.

- im Großhandel erkannt werden mußte, daß die Möglichkeit besteht, den klassischen Zustellgroßhandel durch Cash und Carry-Betriebe zu ergänzen;
- im Lebensmittelhandel Wege gefunden wurden, Waren in Vorwahl oder im SB-Prinzip verkaufen zu können; überhaupt können größere Zeitabschnitte der jüngsten Handelsgeschichte mit der immer weiter um sich greifenden Anwendung des SB-Prinzips erklärt werden.

Bei allen Kostenüberlegungen ist es wichtig zu prüfen, inwieweit durch niedrigeren Kosteneinsatz auch die Leistung der Unternehmung gegenüber den Abnehmern verändert wird und wie die Abnehmer dazu stehen. Nicht immer wird der Übergang vom Bedienungssystem zum SB-System vom Kunden als Verbesserung begrüßt.

Bei vielen Gütern zeigt sich, daß der Verbraucher die Preisgünstigkeit als besonders wichtiges Einkaufskriterium ansieht. Dementsprechend haben sich Betriebstypen gebildet, die den preisorientierten Verbraucher ansprechen. Wem es gelingt, aufgrund bestimmter Faktoren einen Wettbewerbsvorteil in der Preispolitik zu erringen, der wird es im Regelfall (d. h. wenn sich die Präferenzen der Konsumenten nicht grundlegend ändern und wenn nicht in größerem Maß hemmende Faktoren vorliegen) leicht haben, Marktanteile zu gewinnen. So werden denn auch die einzelnen Branchen schubweise von dem Vordringen preisaggressiver Betriebsformen erschüttert. Ausgehend vom Lebensmittelbereich drängen preisaggressive Anbieter auch in den Baumarktbereich, den Brillenmarkt, in den Drogeriebereich usw. ein. Branchen, in denen es noch keine Discounter gibt, sind immer der »Gefahr« ausgesetzt, daß entsprechende Betriebsformen auftauchen, weil ein neuer Konkurrent die jeweiligen Artikel SB-gerecht anbietet (und so Personalkosten spart), sich neue Bezugswege erschließt oder andere Rationalisierungsmöglichkeiten sieht. So war der Aufstieg der *Rewe Leibrand oHG,* über den in Kapitel 2 berichtet worden ist, von Schritten begleitet, die jeweils zu Kostenvorteilen geführt haben:

- Durch die entworfenen Betriebstypen wurden zunächst gegenüber den etablierten Anbietern Personalkosten gespart;
- durch die Multiplikation der einmal gefundenen Betriebstypen in viele Verkaufsstellen waren die Planungskosten für weitere Filialen relativ gering;
- durch die Politik, bestimmte Verkaufsgebiete engmaschig mit Verkaufsstellen zu bestücken, wurden Logistikkosten gespart;
- durch den Erwerb von Nachfragemacht wurden wahrscheinlich die Wareneinstandskosten gesenkt.

Die Kostenvorteile können auch als Ergebnis des Erfahrungskurvenkonzeptes gedeutet werden. Voll zum Tragen kommen Kostenvorteile erst dann, wenn die Verbraucher nach niedrigen Preisen verlangen und der Wettbewerb die Anbieter zwingt, diesem Verlangen nachzukommen. In der Tat steht der Preis als Kriterium für die Wahl der Einkaufsstätte oft im Vordergrund, wie der Befund in Abbildung 4.29 verdeutlicht.[4]

Es ist durchaus zutreffend, daß die Preisunterschiede zwischen einem Verbrauchermarkt und einem Supermarkt bei gleichen Artikeln 15 bis 20 % ausmachen können. Da auch für die Zukunft erwartet werden kann, daß es Kostenführer geben wird, ist damit zu rechnen, daß diese ihre Vorteile über eine diskontierende Preispolitik ausnutzen werden. Wer solche Kostenvorteile nicht aufweist, aber dennoch in der Ab-

---

[4] Vgl. Müller-Hagedorn, L./Lenzen, T.: Preis oder Qualität, in: Lebensmittel Zeitung vom 16.3.1984, S. F 16.

satzpolitik auf der gleichen Schiene mitfahren will, wird den Wettbewerb auf Dauer nicht bestehen können.

Abbildung 4.29: Das Interesse der Verbraucher an Einkäufen in Geschäften mit diskontierender Preispolitik

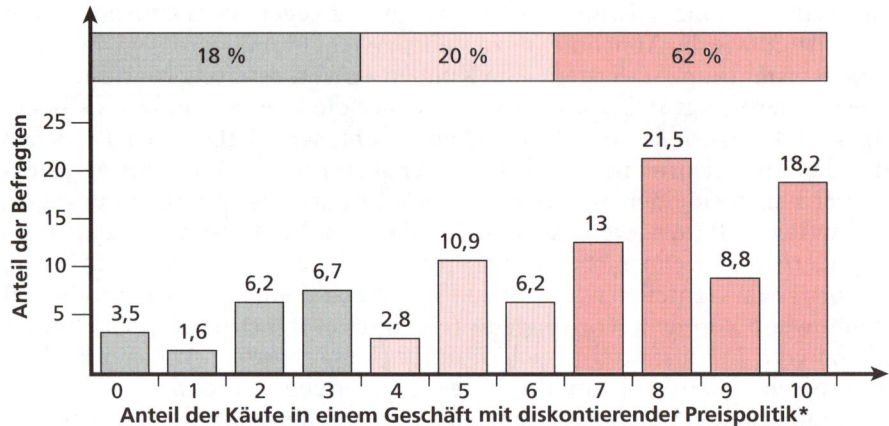

\* Anmerkung: Die Befragten hatten anzugeben, wieviele von insgesamt zehn Käufen sie in einem Geschäft vornehmen würden, das die Preise so niedrig wie möglich hält, dabei an der Innenausstattung und am Bedienungspersonal spart und nur die gängigen Artikel führt.

## Leistungsorientierte Betriebsformen

Aus der Gewinngleichung »Gewinn = Umsatz ./. Kosten« ergibt sich der Ansatzpunkt für eine zweite Strategie, die *Porter* die Differenzierungsstrategie nennt und die darin besteht, das Produkt oder die Dienstleistung des Unternehmens zu differenzieren und damit »etwas zu schaffen, was in der ganzen Branche als einzigartig angesehen wird« (Strategie II). Die Einzigartigkeit der Leistung gewährt Schutz vor den Konkurrenten. Wie die Einzigartigkeit gefunden wird, ist teils ein Akt der Kreativität, teils durch systematisches Suchen zu erkennen. Die Einzigartigkeit muß sich auf etwas beziehen, was den Nachfragern oder anderen Subjekten, mit denen die Unternehmung in Geschäftsbeziehung steht, als wertvoll und nützlich erscheint. Für die Nachfrager können dies sein:

– ein sinnvoll zusammengestelltes Sortiment,
– Produkte, die ihnen das Bewußtsein geben, kein Risiko eingegangen zu sein,
– ein kürzerer Anfahrtsweg,
– eine kürzere Suchzeit,

kurz alles, was in bezug auf eine Dienstleistung oder ein Produkt, daß der Nachfrager erwirbt, bei der Auswahl, der Entscheidung und dem Gebrauch für ihn von Vorteil ist.

Grundsätzlich kann somit jeder Faktor, den der Verbraucher bei der Wahl seiner Einkaufsstätte berücksichtigt, zum Wettbewerbsvorteil ausgebaut werden:
Neben dem preisgünstigeren Einkauf,
– der nähere Einkauf,
– der Mehr-Alternativen-Bietende-Einkauf,
– das höhere Qualitätsniveau der angebotenen Leistung,
– die bessere Beratung.

Oft führen Händler die »Beratung« als ihren Wettbewerbsvorteil an, ohne daß aber jeweils sichergestellt wäre, daß diese Beratungsleistung besser als von der Konkurrenz erbracht würde oder daß der Verbraucher hierin einen besonderen Vorteil sähe. In vielen Fällen wird auch die Erlebnisorientierung als besonderes Leistungsmerkmal eines Handelsbetriebes hervorgehoben.
Häufig wird versucht, die Erlebnisorientierung mit allgemeinen gesellschaftlichen Wandlungen oder Verweisen auf andere Wirtschaftsbereiche (Erlebnistourismus, Erlebnisgastronomie, Erlebnisbäder) plausibel erscheinen zu lassen. Die Diskussion leidet darunter, daß die Wissenschaft augenblicklich noch auf der Suche nach einer schärferen begrifflichen Fassung ist. *Silberer* definiert Erlebnishandel als jene Form der Distribution von Gütern, »die bei den Besuchern, Interessenten oder potentiellen Abnehmern relativ intensive und zwar angenehme Wahrnehmungen und Empfindungen erzeugt«[5]. Ähnlich weit ist auch *Weinbergs* Definition: »Unter einem Erlebniswert versteht man den subjektiv erlebten, durch das Produkt, die Dienstleistung, das Verkaufsgespräch oder die Einkaufsstätte vermittelten Beitrag zur Lebensqualität der Konsumenten. Es handelt sich dabei um sinnliche Erlebnisse, die in der Gefühls- und Erfahrungswelt der Konsumenten verankert sind und einen realen Beitrag zur Lebensqualität der Konsumenten leisten.«[6]
Das Erkennen von vorherrschenden und künftigen Bedürfnislagen ist für die Positionierung des Handelsbetriebes von großer Bedeutung. Dies wird ganz deutlich, wenn aus den Schlagworten vom Verlust der Mitte oder der Polarisierung des Konsumentenverhaltens gefolgert wird, Warenhäuser müßten sich zum gehobenen Markt mit hohen Preis-/Qualitätslagen hin orientieren.[7] Die Schlagworte vom Verlust der Mitte oder der Polarisierung des Konsumentenverhaltens sind aufgekommen, als um 1985 in einigen Produktgruppen (insbesondere Eiskrem, Schokolade, Sekt) festgestellt wurde, daß der Absatz von Premium-Marken in einigen Produktbereichen stark anstieg.[8] *Jacobs* und *Wiedmann* stellten dagegen bei einer Analyse des Ausgabeverhaltens bei Damen- und Herrenbekleidung fest, daß bei keiner der untersuchten Produktgruppen eine massive Ausdünnung der mittleren Preis-/Qualitätslagen auftrete. Vielmehr sei zu beobachten gewesen, daß die Anteile der unteren Preislagen zurückgegangen, die Größen der mittleren und hohen Preislagen dagegen gestiegen sind.[9]

---

[5] Silberer, G.: Die Bedeutung und Messung von Kauferlebnissen im Handel, in: Trommsdorff, V. (Hrsg.): Handelsforschung 1989. Grundsatzfragen, Wiesbaden 1989, S. 61.

[6] Weinberg, P.: Erlebnismarketing, München 1992, S. 3.

[7] Vgl. Meffert, H.: Marketingstrategien der Warenhäuser. Wege aus der Krise?, in: Harvard Manager, 7. Jg. (1985), H. 2, S. 20–28.

[8] Vgl. die Angaben bei: Becker, J.: Marketing-Konzeption. Grundlagen des strategischen Marketing-Managements, 5. Auflage, München 1993, S. 424–428.

[9] Vgl. Jacobs, S./Wiedmann, K.-P.: Polarisierung des Konsumentenverhaltens. Eine ernstzunehmende Herausforderung für das Konsumgütermarketing, in: Markenartikel, 51. Jg. (1989), S. 322–331.

Es ist nicht unbedingt zwangsläufig, aber im Regelfall gilt doch, daß die Differenzierung über die »einmalige Leistung« die Kostenposition beeinträchtigt, weil Kundenbetreuung, eine aufwendige Ausstattung der Geschäftsräume und weitere Leistungen teuer sind.

Die Einmaligkeit der Leistung kann auch über eine Dienstleistung erzielt werden. Dabei darf nicht nur an die individualisierte Dienstleistung gedacht werden, sondern es muß auch geprüft werden, inwieweit sich Dienstleistungen standardisieren lassen. Ein erfolgreiches Beispiel liefert die *Robert Bosch GmbH:* »Die Markendienstleistung »Bosch tune up« ist das erste und erfolgreichste Ergebnis der Strategie, Kundendienst als Produkt zu entwickeln, anzubieten und zu verkaufen. Die *Bosch*-Dienste bieten diese Markendienstleistung immer in genau gleicher Qualität zum Festpreis an.«[10]

Strategie I ist ausgerichtet auf die Nachfrager, die das Interesse haben, ein bestimmtes Gut möglichst preisgünstig zu kaufen, Strategie II bietet die einmalige Leistung. Die Wahl einer erfolgreichen Betriebsform setzt voraus, festzustellen, ob es eine hinreichend große Zahl von Nachfragern mit entsprechenden Bedürfnissen gibt. Insofern kommt Überlegungen zur Zahl und der Mächtigkeit einzelner Marktsegmente eine erhebliche Bedeutung zu, weswegen im Rahmen der Marketingplanung hierauf vertieft eingegangen wird.

*Porter* selbst weist noch auf die Möglichkeit hin, sowohl die Kosten- als auch die Differenzierungsstrategie auf dem Gesamtmarkt oder einem Teilmarkt (Nische) anwenden zu können. Dies muß hier nicht vertieft werden, zumal auf die Möglichkeiten, einen Markt zu segmentieren erst später eingegangen wird.[11]

### 4.3.2 Unterschiedliche Kombinationen von Leistungsbereichen und Märkten

Im Produktmarketing ist eine Systematisierung von strategischen Handlungsalternativen sehr bekannt geworden, die ursprünglich von *Ansoff* zusammengestellt worden ist.[12] *Ansoff* unterscheidet vier Handlungsbereiche (vgl. auch Abbildung 4.30):

(1) Die Marktdurchdringung: Die Unternehmung bemüht sich, den Absatz des oder der einzelnen Produkte des bisherigen Vertriebsprogrammes zu steigern. Hierfür kommen Maßnahmen in Frage, die für das Produkt neue Verwendungsmöglichkeiten erschließen, die auf einen erhöhten Verbrauch durch die Nachfrager zielen oder die zu Lasten der Konkurrenz gehen. Kennzeichen einer solchen Politik ist, daß die Maßnahmen auf die bisherigen Nachfrager (»alte Märkte«) ausgerichtet sind.

(2) Die Produktentwicklung: Auch hier zielen die Maßnahmen auf die bisherigen Abnehmer. Ihnen werden jetzt jedoch nicht nur die bisherigen Produkte angeboten, sondern auch neu entwickelte.

---

[10] Schubert, W.: Servicestrategien im Handel, in: Otto Versand Personalentwicklung (Hrsg.): Management. Theorie und Praxis, o. O. März 1986, S. 15–18.
[11] Vgl. hierzu Abschnitt 4.3.3 und insbesondere Abschnitt 8.1.
[12] Vgl. Ansoff, H. I.: Strategies for Diversification, in: Havard Business Review, Vol. 35 (1957), S. 113–124; Ansoff, H. I.: Management-Strategie. München 1966.

**(3)Die Marktentwicklung:** Hier richten sich die Bemühungen darauf, das traditionelle Produktions- bzw. Vertriebsprogramm an neue Abnehmer (neue Zielgruppen, neue Verkaufsgebiete) abzusetzen.

**Abbildung 4.30:** Produkt-Markt-Kombinationen nach Ansoff _____

|                      | Bisherige Märkte     | Neue Märkte       |
| -------------------- | -------------------- | ----------------- |
| **Bisherige Produkte** | Marktdurchdringung   | Marktentwicklung  |
| **Neue Produkte**      | Produktentwicklung   | Diversifikation   |

**(4)Die Diversifikation:** Bei einer Strategie der Diversifikation engagiert sich die Unternehmung auf neuen Feldern, die in horizontaler Sicht die traditionelle Produktpalette erweitern und an neue Kundenkreise gerichtet sind, die sich aber in vertikaler Sicht auch auf vorgelagerte oder nachgelagerte Wirtschaftsstufen beziehen können. Zwar wirft das Schema von *Ansoff* einige Abgrenzungsschwierigkeiten auf (den Neuigkeitsgrad von Produkt und Markt betreffend), insgesamt können aus den vier Feldern dieses Schemas jedoch zahlreiche strategische Optionen abgeleitet werden. Seine Verwendung im Handel erfordert jedoch, daß die Produktdimension angepaßt wird; für den Handel empfiehlt es sich, statt von Produkten von Leistungen zu sprechen.[13]

**Abbildung 4.31:** Anpassung der Produkt-Markt-Matrix an die Gegebenheiten im Handel

|                      | Bisherige Märkte     | Neue Märkte       |
| -------------------- | -------------------- | ----------------- |
| **Bisherige Leistungen** | Marktdurchdringung   | Filialisierung Internationalisierung |
| **Neue Leistungen** – neue Sortimentsteile – neue Betriebsformen | Angebotsentwicklung | Diversifikation |

Zu den Marktdurchdringungsstrategien zählen alle Maßnahmen,[14] die zu einem erhöhten Absatz der im Sortiment geführten Artikel oder Dienstleistungen im bisherigen Verkaufsgebiet führen. Dazu zählt neben Ladenerneuerungsmaßnahmen der

---

[13] Vgl. Knee, D./Walters, D.: Strategy in Retailing. Theory and Application, Oxford 1985, S. 11.
[14] Vgl. Dobler, B./Jacobs, S.: Ziele, Formen und Erfolge einer Diversifikationsstrategie im Handel, Arbeitspapier Nr. 76 des Instituts für Marketing an der Universität Mannheim, Mannheim 1989, S. 6.

Einsatz aller absatzpolitischen Maßnahmen, also z. B. auch preispolitische Maßnahmen oder die Aufnahme eines Zustelldienstes (wobei allerdings auch deutlich wird, daß hier die Grenze zur Entwicklung neuer Leistungen schnell überschritten sein kann). Oft geht mit dieser Politik die Definition differenzierter Markt- bzw. Zielgruppensegmente einher.

Neue Leistungen erfassen im Handel sowohl neue Sortimente als auch die Gestaltung der Angebotsmodalitäten, wie sie insbesondere in den verschiedenen Betriebsformen zum Ausdruck kommen.

Der Fall, daß mit dem bisherigen Leistungsprogramm in neue Märkte eingetreten wird, äußert sich im Handel in der Ausdehnung des Marktgebietes. So kann aus einem regionalen Anbieter ein überregionaler oder nationaler Anbieter werden, aus einem nationalen ein internationaler oder sogar globaler. Die Ansprache neuer Zielgruppen erfordert dagegen meistens eine Modifikation des Leistungsangebotes, so daß hier eher der Fall der Diversifikation vorliegt (z. B. Verkauf von Schreib- und Bürowaren nicht nur an private Haushalte sondern über ein Zustellgeschäft auch an gewerbliche Organisationen).

Treten die neuen Leistungen zu den alten Leistungen hinzu (also z. B. Fachmärkte zu den Warenhäusern, Discountgeschäfte zu den Fachgeschäften, die dauerhafte Erweiterung von Sortimenten), kann von Diversifikation gesprochen werden, wenn hierdurch neue Segmente angesprochen werden. Dabei ist denkbar, daß sogar die bisherige Wirtschaftsstufe verlassen wird, indem in den Großhandel oder in den Bereich der Industrie eingetreten wird.

Mit diesen Ausführungen soll auf jene strategischen Handlungsmöglichkeiten hingewiesen werden, die sich aus dem modifizierten *Abell*-Schema ableiten lassen. Weitergehende Ausführungen zur Praxis und zur Beurteilung einer Politik der Diversifikation finden sich in Abschnitt 5.3.

## 4.3.3 Marktanalyse mit Hilfe des Abell-Schemas

*Abell* hat zur Bestimmung des Tätigkeitsbereiches (»business«) ein dreidimensionales Beschreibungsschema entwickelt. Er geht von der Annahme aus, daß es unzureichend sei, Betätigungsfelder nur durch die Angabe von Produkten (Objekten) auf der einen Seite und Märkten auf der anderen Seite abzugrenzen und unterteilt daher in Abnehmerdimensionen (Zielgruppen), Bedürfnisarten und verwendete Technologien.[15]

### (1) Abnehmerdimension (Zielgruppen)

Eine Unterteilung der Abnehmer ist gleichbedeutend mit der Marktsegmentierung und umfaßt somit die Bestimmung bzw. Abgrenzung von Marktsegmenten anhand nachfrage-(kauf-)relevanter Kriterien.

Bekanntlich gibt es zahlreiche Merkmale, anhand derer Nachfragergruppen unterschieden werden können, z. B.

---

[15] Vgl. Hansen, U.: Absatz- und Beschaffungsmarketing des Einzelhandels, 2. Auflage, Göttingen 1990, S. 555; Köhler, R., 1993, S. 25 f.; Abell, D. F.: Defining the Business. The Starting Point of Strategic Planning, Englewood Cliffs, N. J. 1980, S. 17. Abell unterscheidet zwischen Abnehmerfunktionen, Abnehmergruppen und Technologien.

- nach dem institutionellen Status: private Haushalte, Unternehmungen, nicht erwerbswirtschaftliche Organisationen,
- nach dem sozioökonomischen Status: z. B. des Alters der Verbraucher, die Branchenzugehörigkeit bei institutionellen Abnehmern,
- nach psychographischen Merkmalen: z. B. nach dem vorrangigen Bedürfnis (eher eine Hinwendung zur Preisorientierung oder zum Marken- oder Qualitätsbewußtsein),
- nach beobachtbaren Verhaltensweisen: z. B. Nichtverwender, seltene, häufige Verwender.

Im Rahmen der Ausführungen zur Marketingplanung wird auf Möglichkeiten der Segmentierung von Märkten näher eingegangen. Das *Abell*-Schema liefert keine unmittelbaren Hinweise, wie die Märkte in einer bestimmten Situation segmentiert werden sollen oder welche Segmente eine Unternehmung zu Zielgruppen erklären sollte, es will jedoch zur differenzierten Sicht auf heterogene Nachfragestrukturen anregen.

### (2) Art der anstehenden Bedürfnisse bzw. Funktionen

Einzelne Nachfragergruppen können unterschiedliche Bedürfnisse aufweisen, denen eine anbietende Unternehmung mit einzelnen Funktionen entsprechen kann. Informieren über vorhandene Angebote, Verfügbarmachen der entsprechenden Waren, Zustellung, Wartung und Reparatur sind Beispiele. Zwar beschränken sich viele Verkaufsstellen des Einzelhandels darauf, den Nachfragern die Möglichkeit zu eröffnen, einzelne Waren direkt erwerben zu können, dies darf aber nicht den Blick darauf verstellen, daß die Funktionsübernahme des Handels in bestimmten Fällen ausgedehnt werden kann.

### (3) Technologien

Für die gegenüber den einzelnen Zielgruppen zu erbringenden Funktionen können in vielen Fällen unterschiedliche Technologien in Frage kommen, wie die folgenden Beispiele verdeutlichen:
- Technologie der Information über das Angebot: Ausstellung, traditionelle Kataloge, elektronische Medien,
- Technologie der Beratung: persönlich, durch entsprechende Ladengestaltung, Medien,
- Technologie der Zustellung: Selbstabholung, Anlieferung.

Das dreidimensionale Raster unterstützt die strategische Betriebstypenplanung, da die Suche nach neuen Betriebstypen-Konzepten strukturiert wird. Hierzu liefern neue Ausprägungen auf den Achsen oder neue Kombinationen bereits belegter Achsenausprägungen vielfältige Ansatzpunkte.[16] Durch das zunächst bewußt grob gehaltene Raster bleibt auch Raum für unkonventionelle Zukunftsüberlegungen. Das *Abell*-Schema stellt somit eine stufenweise zu vertiefende Denkhilfe dar, die kreative Ausgestaltungsüberlegungen zu einer Betriebstypenplanung anregt.

Entscheidend für den Erfolg eines Betriebstypen-Konzepts dürfte die vom Nachfrager als wichtig wahrgenommene Variation eines beliebigen Parameters der drei

---

[16]  Vgl. Müller-Stewens, G.: Strategische Suchfeldanalyse. Die Identifikation neuer Geschäfte zur Überwindung struktureller Stagnation, 2. Auflage, Wiesbaden 1990, S. 77.

Dimensionen angesehen werden. Bei Um- oder Neupositionierungen von Betriebstypen bedarf es daher einer Berücksichtigung der Wirkung des Betriebstyps auf den Nachfrager (= »Outside-in-Perspektive«[17]). Das *Abell*-Schema hilft, Handlungsmöglichkeiten zu erkennen, die dann allerdings in einer Folgeanalyse noch zu bewerten sind.

## 4.3.4 Die Wertkette als Instrument der Strategischen Analyse

Die Wertkette ist ein Denkansatz zur Suche und Sicherung nachhaltiger Wettbewerbsvorteile für das Unternehmen. Das Konzept der Wertkette ist auf *Porter* zurückzuführen und wurde u. a. von *Esser* auf den Handel angewendet.[18]
Kennzeichen erfolgreicher Unternehmen ist die Erzielung nachhaltiger Wettbewerbsvorteile aus Sicht ihrer Kunden. Wettbewerbsvorteile entstehen im wesentlichen aus dem Wert den ein Unternehmen für seine Abnehmer schaffen kann, soweit dieser die Kosten der Wertschöpfung für das Unternehmen übersteigt.
Wettbewerbsvorteile können aus vielen einzelnen Teilaktivitäten (Wertaktivitäten) erwachsen, wie z. B. der Beschaffung, der Logistik oder der Informationstechnologie. Folgende Fragen hilft das Instrument der Wertkette zu beantworten:
(1) In welchen Aktivitäten der Leistungserstellung sind Wettbewerbsvorteile zu erlangen?
(2) Kann das eigene Leistungssystem besser auf die Systeme der Leistungserstellung der vor- und nachgelagerten Marktstufen (Lieferanten, Großhändler und Kunden) abgestimmt werden?

Die Wertkette des einzelnen Unternehmens ist in ein System vor- und nachgelagerter Wertketten der Lieferanten, Großhändler und Abnehmer eingebettet. Gemeinsam bilden diese Wertketten das Wertschöpfungssystem innerhalb einer Branche bzw. eines Marktes.
Bei der Wertkette handelt es sich um ein Instrument der strategischen Analyse zur Suche von Wettbewerbsvorteilen (Kostenvorteile/Differenzierung) in einzelnen Aktivitäten (Prozesse) der Unternehmenstätigkeit. Eine Wertkette gliedert die Aktivitäten und Prozesse der unternehmerischen Leistungserstellung in jene strategisch relevanten Tätigkeiten (Wertaktivitäten), die Kosten- oder Differenzierungsvorteile gegenüber den Wettbewerbern bieten können. Neben den primären Aktivitäten, die sich auf die die Ware betreffenden Prozesse (Einkauf, Logistik, Verkauf) beziehen, können auch die unterstützenden Aktivitäten (z. B. Personalwirtschaft, Unternehmensinfrastruktur, Technologien, Führungs- und Informationssysteme) Gegenstand strategischer Überlegungen sein.
Das in Abbildung 4.32 dargestellte Beispiel weist zwar mehrere Mängel auf (die Herstellung von Möbeln und die Beschaffung des hierfür benötigten Rohmaterials gehören meistens nicht zu den Aktivitäten eines herkömmlichen Möbelhändlers, die

---

[17] Heinemann, G.: Betriebstypenprofilierung und Erlebnishandel, Wiesbaden 1989, S. 25 f.
[18] Vgl. Porter, M. E.: Wettbewerbsvorteile. Spitzenleistungen erreichen und behaupten, 3. Auflage, Frankfurt am Main 1989b; Porter, M. E., 1990; Esser, W.: Die Wertkette als Instrument der strategischen Analyse, in: Riekhof, H.-C. (Hrsg.): Strategieentwicklung. Konzepte und Erfahrungen, Stuttgart 1989.

Lieferzeit stellt keine Aktivität dar), aber dennoch wird deutlich, daß es hilfreich sein kann, verschiedene Geschäftskonzepte anhand des in einzelnen Aktivitäten eingesetzten Aufwands und des damit erzeugten (Zwischen-) Ergebnisses zu vergleichen. So wird z. B. deutlich, daß sich *Ikea* von anderen Anbietern durch eine neuartige Gestaltung der Montage und des Transports von anderen Anbietern unterscheidet.

**Abbildung 4.32:** Beispiel für Wertketten bei unterschiedlichen Grundstrategien

| Primäre Aktivitäten | Beschaffung von Rohmaterial | Herstellung | Montage | Transport | Showroom | Lieferzeit | Anlieferung |
|---|---|---|---|---|---|---|---|
| Herkömmliche Möbelanbieter | Je nach Material: Geringe bis hohe Kosten | Kleine Mengen: Hohe Kosten | Arbeitsintensiv: Hohe Kosten | Luft: Hohe Kosten | Zentrale Lage: Hohe Kosten | Kleines Lager: Lang | Luft: Hohe Kosten |
| Ikea | Geringe Kosten | Große Mengen: Geringe Kosten | Durch Kunden: Keine Kosten | Kompakt zerlegt: Geringe Kosten | Außerhalb: Geringe Kosten | Großes Lager: Kurz | Abholung durch Kunde: Keine Kosten |

Quelle: Esser, W., 1989, S. 199

**Abbildung 4.33:** Potentielle Ansatzpunkte zur Strategiebestimmung im Handelsunternehmen

| Infrastruktur | Qualität der Mitarbeiter; Warenwirtschaftssystem; Lieferantenbeziehungen | Warenwirtschaftssystem Lagertechnologie | Qualität der Mitarbeiter | Qualität der Mitarbeiter Standorte | |
|---|---|---|---|---|---|
| primäre Aktivitäten (Operationen) | Merchandising | Beschaffungslogistik und Lagerhaltung | Marketing i.e.S. | Ladengestaltung | Gewinnspanne |
| | – Sortimentsbreite<br>– Sortimentstiefe<br>– Größen und Farben<br>– Marken | – Anlieferung<br>– Eingangsprüfung<br>– Lagerhaltung<br>– Kommissionierung | – Werbung<br>– Promotion<br>– Reklamationsabwicklung | – Architektur<br>– Check-out-Service | |

Quelle: In Anlehnung an McGee, J., 1987, S. 98

Je nach Branche können die Wertaktivitäten von unterschiedlicher Bedeutung für die Erlangung und Sicherung nachhaltiger Wettbewerbsvorteile sein. Demzufolge ist eine branchentypische Wertkette adäquat zu definieren, zu analysieren und zu vergleichen.

Bei der Definition einer Wertkette können die primären und unterstützenden Aktivitäten in weitere Unteraktivitäten unterteilt werden. Das Ausmaß der Aufgliederung ist abhängig vom

– wirtschaftlichen Zusammenhang der Aktivitäten,
– dem Differenzierungspotential der Aktivitäten,
– und dem ansteigenden Kostenanteil bei Abgrenzung einzelner Aktivitäten.


Die Ableitung einer unternehmensspezifischen Wertkette gestaltet sich in mehreren Schritten. Im ersten Schritt erweist es sich häufig als zweckmäßig, sich an der aufbau- und ablauforganisatorischen Gestaltung des Unternehmens zu orientieren. Geschäftsbereiche, Hauptabteilungen und Abteilungen eines Unternehmens spiegeln dabei die einzelnen Leistungsbereiche und ihre Bedeutung für die damit zusammenhängenden Wertaktivitäten im Unternehmen wider. Zur Definition der Wertkette empfiehlt es sich zunächst, die primären Aktivitäten zu unterteilen und schematisch darzustellen, wobei der Grundsatz »Vollständigkeit vor Detailliertheit« gilt.

Im zweiten Schritt ist die gegenwärtige Schwerpunktbildung herauszuarbeiten. Je nach Informationsbasis und Rechenaufwand kann ein Unternehmen hierzu einen qualitativen oder quantitativen Ansatz wählen. Bei einem mehr qualitativen Ansatz wird die Bedeutung einzelner Glieder der Wertkette beispielsweise durch den Grad an Aufmerksamkeit im Unternehmen (wie Bindung von Managementkapazität) gemessen. Bei einem mehr quantitativen Ansatz wird der relative Anteil der einzelnen Wertaktivitäten am gesamten Ressourcenbedarf bzw. an der Wertschöpfung des Unternehmens ermittelt. Voraussetzung hierfür sind Informationen über Ressourcenverzehr und Leistungen der einzelnen Glieder der Wertkette sowie ihre Aufbereitung zu Kennzahlen. Die Definition und Beurteilung der einzelnen Kategorien der Wertkette entspricht dabei einer Rekonstruktion der bisherigen strategischen Ausrichtung des jeweiligen Unternehmens.

Im dritten Schritt ist die Struktur der Wertketten der Wettbewerber zu rekonstruieren. Hierdurch erhält man strategische Hinweise darauf, durch welche eigenen Wertaktivitäten man sich vom Wettbewerb abheben kann. Auch wenn sich die Datenbeschaffung als problematisch erweist, ist dieser Schritt zur Suche und Sicherung von eigenen dauerhaften Wettbewerbsvorteilen notwendig. Die Art und Weise, wie konkurrierende Unternehmen die Aktivitäten der Leistungserstellung innerhalb ihrer Wertketten verknüpfen, entscheidet über mögliche Wettbewerbsvorteile bzw. -nachteile. Bei einer Strategie des Kostenvorsprungs steht das Kostenverhalten der einzelnen Wertaktivitäten im Vordergrund und bei einer Differenzierungsstrategie sind es die Leistungsmerkmale zur Unterscheidung vom Wettbewerb. Hieraus resultieren je nach Grundstrategie unterschiedliche Gewichte und Gestaltungsformen der einzelnen Aktivitäten innerhalb der Wertketten.

Entscheidend für den Erfolg bei der Suche nach Wettbewerbsvorteilen ist die Abstimmung der eigenen Wertkette mit den Anforderungen der Abnehmer. Hierzu sind die einzelnen Kaufkriterien der Kunden und ihre Rangfolge im definierten Marktgebiet zu ermitteln. Um die einzelnen Kaufkriterien mit der eigenen Wertkette abzugleichen, sind diese einander gegenüberzustellen, d. h. man stimmt die eigene Wertkette mit den Anforderungen der Abnehmer ab. Hieraus läßt sich unmittelbar der strategische Handlungsbedarf ableiten.

Ob ein Unternehmen in der eigenen Wertkette die strategisch erfolgreichen Schwerpunkte setzt, hängt eng mit der Beziehung des eigenen Unternehmens zu den vor- und nachgelagerten Wertketten zusammen, so daß eine optimale Abstimmung der eigenen Wertkette eine Einbeziehung der Markt- und Wertschöpfungsstufen der Branche erfordert. In diesem Sinne kann die eigene Marktposition durch strategische Kooperationen und Allianzen gestärkt werden, indem die eigene Leistungserstellung besser auf die vor- oder nachgelagerten Wertschöpfungsstufen abgestimmt wird (vertikaler Leistungsverbund).

## Literaturhinweise zu Kapitel 4

Wie dargestellt worden ist, handelt es sich bei der im vorliegenden Kapitel betrachteten strategischen Planung um einen Teil der strategischen Unternehmensführung. Diese ist inzwischen zu einem umfangreichen Teil der Allgemeinen Betriebswirtschaftslehre geworden. Mehrere gute Lehrbücher führen in dieses Gebiet ein. Hier seien genannt:

*Bea, F. X./Haas, J.: Strategisches Management, Stuttgart – Jena 1995.*

*Kreikebaum, H.: Strategische Unternehmensplanung, 6. Auflage, Stuttgart – Berlin – Köln 1997.*

*Hinterhuber, H. H.: Strategische Unternehmensführung, Bd. I: Strategisches Denken, Bd. II: Strategisches Handeln, 6. Auflage, Berlin – New York 1996.*

*Porter, M. E.: Wettbewerbsvorteile. Spitzenleistungen erreichen und behaupten, 3. Auflage, Frankfurt am Main 1989.*

In sehr viel geringerem Maß sind strategische Aspekte im Zusammenhang mit dem Handel erarbeitet worden. Als Ergänzung zu dem vorliegenden Text sollte herangezogen werden:

*Hansen, U.: Absatz- und Beschaffungsmarketing des Einzelhandels, 2. Auflage, Göttingen 1990; Kapitel IV: Integrierte strategische Aktionskonzepte des Einzelhandels, S. 547–579.*

Weitere handelsbezogene Titel sind:

*Wehrle, F.: Strategische Marketingplanung in Warenhäusern, Frankfurt am Main 1984.*

*Zentes, J. (Hrsg.): Strategische Partnerschaften im Handel, Stuttgart 1992.*

Eine bereits etwas ältere Arbeit, die strategisches Denken mit den Verhältnissen im Handel verknüpft, liegt von *Drexel* vor:

*Drexel, G.: Strategische Unternehmensführung im Handel, Berlin – New York 1981.*

In Kurzfassung:

*Drexel, G.: Strategische Planung im Einzelhandel, in: Die Unternehmung, 37. Jg. (1983), S. 182–202.*

Ein speziell für die Positionierung des Handels geeignetes Modell hat *Rudolph* entwickelt (das Zonenmodell der Profilierung) und an zahlreichen Beispielen (u. a. *Sainsbury's, Rewe, Coop Schweiz AG, Globus St. Wendel, Knauber-Freizeitmarkt, Migros Glattzentrum*) veranschaulicht:

*Rudolph, T. unter Mitarbeit von Bauer, T.: Profilieren mit Methode, Frankfurt am Main – New York 1997.*

Das Buch will vor allem auch Aspekte der praktischen Realisierbarkeit berücksichtigen.

Vorwiegend auf Beispiele ausgerichtet, aber sehr vielfältig in den Aspekten, ist eine von *Krulis-Randa* und *Ergenzinger* herausgegebene Schrift:

*Krulis-Randa, J. S./Ergenzinger, R. (Hrsg.): Entwicklung zum strategischen Denken im Handel, Bern – Stuttgart 1990.*

Strategische Überlegungen am Beispiel einer Branche finden sich bei:

*Ahlert, D./Kohlenbach, S./Korte, C.: Strategisches Handelsmanagement. Erfolgskonzepte und Profilierungsstrategien am Beispiel des Automobilhandels, Stuttgart 1996.*

Russi hat traditionelle Techniken der strategischen Planung auf den Großhandelsbetrieb übertragen:

*Russi, D. P.: Elemente einer strategischen Planung im Großhandel. Eine kritische Untersuchung strategischer Planungsansätze, Bergisch-Gladbach – Köln 1993.*

In der Wissenschaft hat die Erfolgsfaktorenforschung besondere Beachtung gefunden. Nach der richtungsweisenden Arbeit von *Patt* hat *Kube* ein Zwischenresümee zu den erhaltenen Ergebnissen vorgelegt:

*Kube, C.: Erfolgsfaktoren in Filialsystemen. Diagnose und Umsetzung im strategischen Controlling, Wiesbaden 1991.*

*Burmann* hat die traditionelle Kennziffernrechnung zum Flächeneinsatz und zur Personalintensität in die Erfolgsfaktorenforschung überführt:

*Burmann, C.: Fläche und Personalintensität als Erfolgsfaktoren im Einzelhandel, Wiesbaden 1995.*

Weitere, hier nicht zitierte Literatur zur Erfolgsfaktorenforschung findet sich bei

*Bierbaum, H.: Leistung und Leistungsbedingungen im Einzelhandel. Rationalisierungsgemeinschaft des Handels beim RKW e. V. Köln, Köln 1979.*

*Falter, H.: Wettbewerbsvorteile von Filialbetrieben. Das Beispiel des deutschen Non-Food-Einzelhandels, Wiesbaden 1992.*

*Kalka, R.: Marketingerfolgsfaktoren im Facheinzelhandel, Wiesbaden 1996.*

*Olbrich, R.: Erfolgsfaktoren im Lebensmittelhandel, in: ZfB, 64. Jg. (1994), S. 425–439.*

*Trommsdorff, V. (Hrsg.): Handelsforschung 1991. Erfolgsfaktoren und Strategien, Wiesbaden 1991.*

*Wahle, P.: Erfolgsdeterminanten im Einzelhandel. Eine theoriegestützte, empirische Analyse strategischer Erfolgsdeterminanten unter besonderer Berücksichtigung des Radio- und Fernsehfacheinzelhandels, Frankfurt am Main u. a. 1991.*

Positionierungsfragen sind Gegenstand des Jahrbuches Handelsforschung 1996/97:

*Trommsdorff, V. (Hrsg.): Handelsforschung 1996/97. Positionierung des Handels, Wiesbaden 1996.*

# 5 Ausgewählte strategische Probleme

> *» Vor allem im Hinblick auf die Vollendung des Gemeinsamen Europäischen Binnenmarktes, der Entwicklung in Deutschland und der Liberalisierung in den anderen osteuropäischen Staaten ergeben sich für die Unternehmen der Bundesrepublik Deutschland neue Impulse für ihre Internationalisierungsprozesse. «*
>
> *(Prof. Meissner)*

Strategische Entscheidungen betreffen das Erfolgspotential einer Handelsunternehmung für die Zukunft. Sie legen gleichzeitig einen Handlungsrahmen für die Vielzahl der fortlaufend zu treffenden Entscheidungen fest. Auch ohne einen abschließenden Katalog von strategischen Entscheidungen ist klar, daß auf der Basis der in Kapitel 4 dargestellten Ausführungen zur strategischen Vorgehensweise einer Handelsunternehmung die folgenden Entscheidungen als strategisch bezeichnet werden können,
– Entscheidungen über die Wahl der Betriebsform,
– Entscheidungen über eine Ausdehnung des räumlichen Vertriebsgebietes (einschließlich der Internationalisierung),
– Entscheidungen über Ausmaß und Richtung einer Diversifikation.

Es könnten weitere Bereiche hinzugezählt werden, z. B. ob die Verkaufsstellen in eine Franchiseorganisation eingebracht werden sollten, ob der Anschluß an eine Verbundgruppe hergestellt werden sollte oder ob sich das Unternehmen seine vollkommene Selbständigkeit erhalten sollte. Auch Entscheidungen über das organisatorische Konzept sind von besonderer strategischer Bedeutung, z. B. die Realisierung eines Profit-Center-Konzeptes. Im folgenden wird nur auf die drei erstgenannten Bereiche eingegangen, wobei insbesondere die Wahl der Betriebsform von fundamentaler Bedeutung ist.

## 5.1 Die Wahl der Betriebsform

In Kapitel 1 war auf die Vielfalt der im Groß- und Einzelhandel vorfindbaren Betriebsformen hingewiesen worden. Dabei war auch ausgeführt worden, daß der Begriff der Betriebsform nicht einheitlich verwendet wird, weil zur Beschreibung der Betriebsformen auf unterschiedliche Merkmale zurückgegriffen wird, so
– auf den Einsatz der absatzpolitischen Instrumente,
– auf ausgeübte Funktionen,
– auf Strukturmerkmale (z. B. Betriebsgröße, Form der Kooperation, Wirtschaftsstufe).

Üblicherweise wird in Praxis und Theorie bei der Kennzeichnung einzelner Betriebs-formen, wie z. B. Fachmarkt, Fachgeschäft, Verbrauchermarkt, SB-Warenhaus, auf dominierende absatzpolitische Instrumente Bezug genommen.[1] Deswegen wird auch im folgenden unter einer Betriebsform der spezifische Marktauftritt eines Handels-betriebes verstanden, wie er sich im Einsatz der absatzpolitischen Instrumente äußert. Es wird damit ein Ansatz gewählt, der an speziellen Merkmalen des Anbieters ansetzt.

**Abbildung 5.1:** Ansatzpunkte für die Definition von Betriebsformen _____

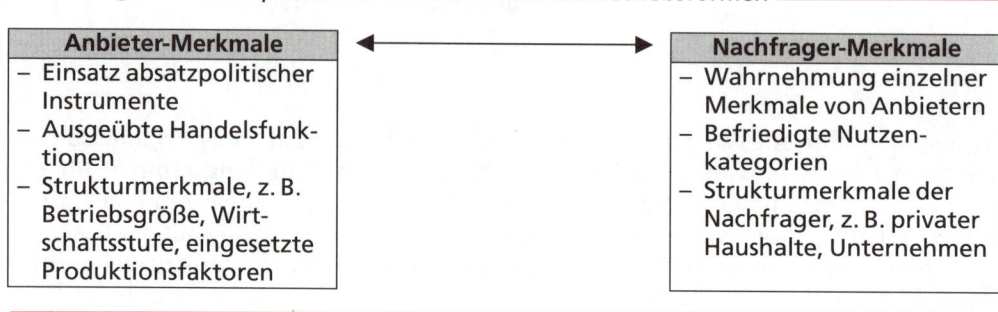

Wie Abbildung 5.1 verdeutlicht, könnten Betriebsformen sowohl anhand weiterer Merkmale des Anbieters (ausgeübte Handelsfunktionen, Strukturmerkmale) als auch der Nachfrager definiert werden. Wenn im folgenden vor allem auf die derzeit be-deutenden Betriebsformen Bezug genommen wird, so soll doch nicht übersehen werden, daß durch Kombination einzelner Merkmale auch Betriebsformen generiert werden können, die zwar derzeit nicht real, aber denkbar sind. So können beispiels-weise aus den Funktionen, die Handelsbetriebe ausüben können, also Überbrückung von Spannungen räumlicher, zeitlicher, quantitativer und qualitativer Art, durch Kombination der einzelnen Ausprägungen (vgl. Abbildung 5.2) auch neue Betriebs-formen abgeleitet werden.[2]

Je nachdem, wie fein die möglichen Ausprägungen der wahrgenommenen Handels-funktionen unterteilt werden, ergeben sich schnell Hunderte, ja sogar Tausende von Betriebsformen.

Über die Jahrzehnte hinweg ist ein immer reicherer Katalog von Merkmalen erarbei-tet worden, der zur Differenzierung von Betriebsformen dienen kann, wie die Zu-sammenstellung von *Glöckner-Holme* zeigt.[3] Die einzelnen Beiträge begnügten sich allerdings überwiegend damit, Handlungskonzepte aufzuzeigen, vor allem für den Einzelhandel, kaum für den Großhandel, die Beurteilung dieser Konzepte im Hin-blick auf den mit ihnen zu erzielenden Erfolg blieb jedoch weitgehend offen. Hier

---

[1] Vgl. die entsprechenden Definitionen im Katalog E: Ausschuß für Begriffsdefinitionen aus der Handels- und Absatzwirtschaft (Hrsg.): Katalog E. Begriffsdefinitionen aus der Handels- und Absatzwirtschaft, 4. Ausgabe, Köln 1995.

[2] Meyer, C. W.: Der Zusammenhang von Funktionen und Betriebsformen des Warenhandels und seine Bedeutung für die Handelsbetriebsführung, in: Der österreichische Betriebswirt, 13. Jg. (1963), S. 118–136.

[3] Vgl. Glöckner-Holme, I.: Betriebsformen-Marketing im Einzelhandel, Augsburg 1988, S. 27–115.

sollen die folgenden Ausführungen ansetzen, wobei die Analyse zunächst statisch und dann dynamisch angelegt sein soll. »Statisch« bedeutet dabei, daß die Attraktivität einer Betriebsform bei gegebenen Verhältnissen geprüft werden soll (Abschnitt 5.1.1), bei der dynamischen Analyse werden dagegen Veränderungen des Auftritts der Betriebsformen berücksichtigt (Abschnitt 5.1.2).

**Abbildung 5.2:** Betriebsformen auf der Grundlage wahrgenommener Handelsfunktionen

| |
|---|
| **1. Überbrückung räumlicher Spannungen** |
| 1.1 Art, wie das Angebot dargeboten wird (Beschreibung, Bemusterung, Ware) |
| 1.2 Art, wie das Angebot an den Abnehmer herangetragen wird (am Abnehmerdomizil, am Ort der Abnehmeragglomeration) |
| 1.3 Warenübermittlung (zum Kundendomizil, Abholung durch den Kunden) |
| **2. Überbrückung zeitlicher Spannungen** |
| 2.1 Vorratshaltung (mit und ohne eigene Lagerhaltung) |
| 2.2 Vordisposition (durch Vorausabschlüsse und nach Bedarfsauftritt) |
| 2.3 Finanzierung (kreditgebend und nicht kreditgebend) |
| **3. Überbrückung quantitativer Spannungen** |
| 3.1 Bedarfszusammenfassung (durch Kettenbildung, durch Einzelbetrieb) |
| 3.2 Markterschließung (Abnehmer aufsuchend, erwartend) |
| 3.3 Empfehlung der Ware (persönlich, unpersönlich) |
| **4. Überbrückung qualitativer Spannungen** |
| 4.1 Warengruppierung (nach Bedarfsarten, nach Warenarten) |
| 4.2 Warenanpassung an Bedarf (mit und ohne Kundendienst) |
| 4.3 Preisanpassung an Kaufkraft (freie und feste Preisstellung) |

## 5.1.1 Die Attraktivität einzelner Betriebsformen – eine statische Analyse

Die Entscheidung für eine bestimmte Betriebsform stellt betriebswirtschaftlich gesehen ein Investitionsproblem dar. Die Entscheidung bindet im Regelfall größere Geldbeträge und entfaltet Folgen, die über mehrere Perioden reichen. Die Vorteilhaftigkeit einzelner Betriebsformen wird mithin am besten im Rahmen einer Investitionsrechnung ermittelt. Zieht man hierzu die Kapitalwertmethode heran, gilt folgender Zusammenhang:

(1) $$K = -A_0^b + \sum_{t=1}^{T} (E_t^b - A_t^b) \frac{1}{(1 + i)^t}$$

K = Kapitalwert

$A_0^b$ = Auszahlung zur Errichtung der Verkaufsstelle vom Betriebstyp b in der Periode 0

$A_t^b$ = Auszahlungen für die Verkaufsstelle vom Betriebstyp b in der Periode t (t = 1, ..., T)

$E_t^b$ = Einzahlungen (Umsätze) der Verkaufsstelle vom Betriebstyp b in der Periode t (t = 1, ..., T)

i   = Kalkulationszinsfuß

T   = Ende des Planungshorizontes

Die Kapitalwertmethode liefert trotz der mit ihrer Anwendung verbundenen Schwierigkeiten, wie etwa die Bestimmung der Höhe des Kalkulationszinsfußes und einiger Probleme der Zurechnung von Aus- und Einzahlungen, einen roten Faden für die Beantwortung der Frage, warum neue Betriebsformen entstehen, bestehende ihre Politik ändern oder einige, wie etwa das Einheitspreisgeschäft, untergehen.

Nach Gleichung (1) sind Betriebsformen dann erfolgreich, wenn sie eine entsprechend hohe Verzinsung des eingesetzten Kapitals bieten, wobei die Höhe dieser Verzinsung von vier Einflußfaktoren abhängt:

1. von den heutigen und zukünftigen Auszahlungen,
2. von den heutigen und künftig erwarteten Umsätzen (i.S.v. Einzahlungen),
3. von dem Kalkulationszinsfuß i, der die Rendite alternativer Anlagemöglichkeiten und die Kosten der Kapitalbeschaffung widerspiegelt,
4. von der Länge des Planungszeitraumes.

Die Kostenstrukturen einzelner Betriebsformen sind im Regelfall bekannt, wiewohl sie sich natürlich in der Zukunft ändern können. Die zukünftigen Personalkosten oder die zukünftigen Werbebudgets können nur geschätzt werden.[4] Schwieriger aber wird es sein, die zukünftigen Umsätze anzugeben, denn hier stellt sich ein doppeltes Prognoseproblem:

– Wie werden sich die Ausgaben der Verbraucher in den in der jeweiligen Betriebsform geführten Waren verändern?
– In welcher Betriebsform werden die Verbraucher die von ihnen geplanten Einkäufe tätigen?

Verschiebungen in der Ausgabestruktur privater Haushalte werden in den Kapiteln 6 und 7 näher betrachtet. Sie sollen im vorliegenden Zusammenhang als vorgegeben betrachtet werden. Es bleibt dann die Frage zu beantworten, in welchem Ausmaß die einzelnen Betriebsformen fähig sind, die vorhandene Kaufkraft auf sich zu ziehen. Im folgenden werden mehrere Verfahren vorgestellt, mit denen erfaßt werden soll, wie Betriebsformen von den Verbrauchern wahrgenommen und beurteilt werden.

### 5.1.1.1 Die Attraktivität einzelner Betriebsformen im Polaritätenprofil

Die Präferenzen der Verbraucher für einzelne Betriebsformen werden häufig in sog. Polaritätenprofilen dargestellt. Hierbei haben die Verbraucher die zu vergleichenden Betriebsformen in einer Reihe von Merkmalen zu vergleichen. Es ergeben sich Profile für die einzelnen Betriebsformen (vgl. Abbildung 5.3).

---

[4] Vgl. zu einer Prognose der von der Betriebsform abhängigen Personalkosten Müller-Hagedorn, L.: Handelsmarketing, 2. Auflage, Stuttgart – Berlin – Köln 1993b, S. 80–88.

**Abbildung 5.3:** Profil zweier Betriebsformen im Urteil der Verbraucher

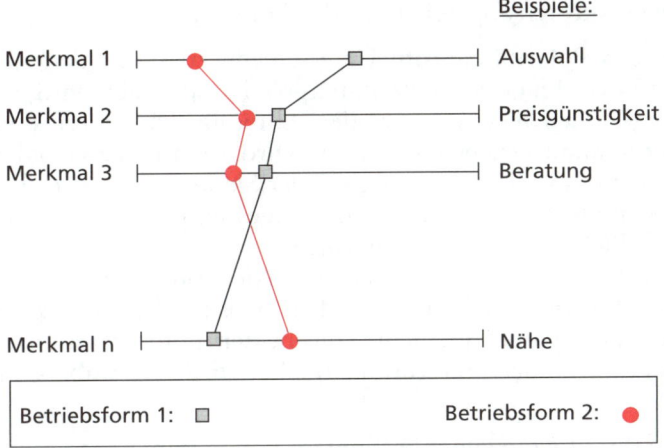

Darstellungen dieser Art sind zwar sehr anschaulich, bringen auch Unterschiede in der Wahrnehmung der Verbraucher zum Ausdruck, werfen aber dennoch die folgenden Probleme auf:

(1) Inwieweit ist gewährleistet, daß alle Merkmale, die der Verbraucher für seine Einkaufsstättenentscheidung heranzieht, berücksichtigt worden sind?

(2) Ein Merkmalskatalog kann aber auch zu umfangreich sein. Dies ist der Fall, wenn ein Verbraucher zwar Unterschiede zwischen zwei Betriebsformen angeben kann, diese jedoch für seine Entscheidung unerheblich sind. Es handelt sich dann um nicht saliente Kriterien.

(3) Bei den vorgegebenen Merkmalen kann es sich um unterschiedliche Sachverhalte handeln, zum ersten um Eigenschaften (z. B. Größe der Verkaufsfläche, Anzahl der Parkplätze, Preisniveau), zum zweiten können für den tatsächlichen Auswahlprozeß des Verbrauchers aber auch sog. Zielerreichungsfähigkeiten ausschlaggebend sein. Dabei prüft er die Einkaufsalternativen auf die Ziele, die ihm bei einem Einkauf wichtig sind. So kann einem Verbraucher beispielsweise daran gelegen sein, die Einkäufe zeitsparend zu erledigen, und er beurteilt eine bestimmte Betriebsform deshalb positiv, weil er sie leicht erreichen kann (geringe Entfernung), er dort Parkplätze vorfindet und das Sortiment nicht so groß ist, daß er die von ihm benötigten Waren lange suchen müßte. Zwar sind die erstgenannten Eigenschaften eines Geschäftes nicht unabhängig von den Zielerreichungsfähigkeiten, aber sie können dennoch nicht 1 : 1 einander zugeordnet werden. Schließlich wäre es möglich, als Beurteilungsmerkmal die Wahrscheinlichkeit zu erfassen, mit der bei einer bestimmten Betriebsform ein bestimmter Sachverhalt gegeben ist (z. B. die Wahrscheinlichkeit, daß man alle Waren vorfindet, die man einkaufen möchte). Auf theoretischer Ebene werden diese Ausgestaltungsmöglichkeiten für Polaritätenprofile im Kapitel 7.4 im Rahmen der Erörterung von Einstellungsmodellen vertieft.

(4) Ein reines Polaritätenprofil läßt offen, wie die Teilurteile zu einem Gesamturteil zusammengefaßt werden und für welche abhängige Variable die Einzelurteile als Bestimmungsfaktoren angesehen werden können.

Dennoch zeigt das Polaritätenprofil Unterschiede zwischen den zu beurteilenden Objekten auf. Obwohl hier von Polaritätenprofil gesprochen wird, sollten dennoch einpolige Rating-Skalen verwendet werden. Einpolige Skalen erfassen das Ausmaß, in dem ein Merkmal als gegeben angesehen wird, während zweipolige Skalen zwei Begriffe verwenden, um die Extrempunkte der Skalen zu kennzeichnen (z. B. billig und teuer). Gegen zweipolige Skalen wird eingewendet, daß ein Ankreuzen in der Mitte unterschiedliche Interpretationen zuläßt:

a) Das Objekt entspricht weder der einen, noch der anderen Eigenschaft (z. B. weder modern, noch konventionell). Dies wird auch als Indifferenz bezeichnet.

b) Das Objekt verfügt über Elemente, die beiden Polbezeichnungen entsprechen (sowohl modern als auch konventionell). Hier wird von Ambivalenz gesprochen.

### 5.1.1.2 Die Attraktivität einzelner Betriebsformen in Joint Space-Modellen

Die im Polaritätenprofil enthaltenen Informationen lassen sich auch grafisch darstellen, wenn man zwei oder drei Merkmale auswählt oder wenn es gelingt, die der Befragung zugrunde liegenden Merkmale faktorenanalytisch zu zwei oder drei Faktoren zusammenzufassen. Abbildung 5.4 verdeutlicht an einem zweidimensionalen Raum, wie zwei Objekte/Betriebsformen im Wahrnehmungsraum positioniert sein können.

**Abbildung 5.4:** Die Position zweier Betriebsformen im zweidimensionalen Raum

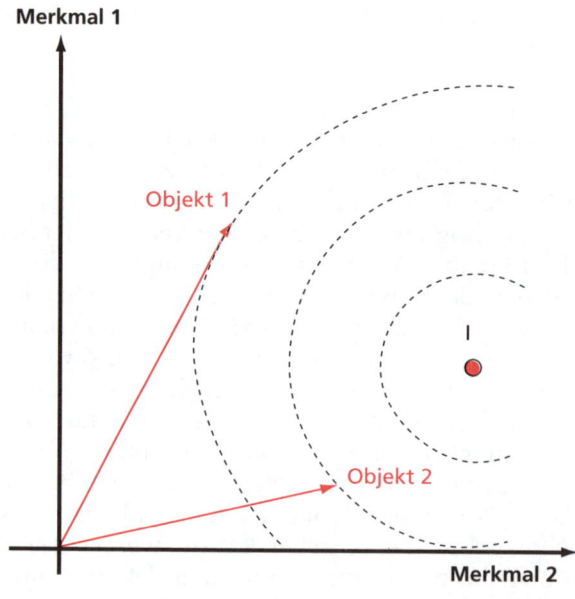

Gelegentlich werden solche Räume in der Literatur auch als Joint Space bezeichnet. Das Schaubild macht deutlich, daß die erste Betriebsform in Merkmal 2 (z. B. der Preisgünstigkeit) relativ schwach beurteilt wird, dafür aber in dem ersten Merkmal (z. B. der Anzahl der geführten Artikel) besser abschneidet. Inzwischen sind zahlreiche Modellvarianten entwickelt worden.[5]

## Idealpunktmodelle

Der Informationsgehalt eines solchen Schaubildes geht beim gegenwärtigen Stand noch nicht über den Informationsgehalt eines Polaritätenprofils hinaus. So läßt sich die von einem Verbraucher bevorzugte Betriebsform solange nicht erkennen, wie seine Präferenzen nicht bekannt sind. Diese können als Idealpunkt oder als Idealvektor in das Schaubild integriert werden. Der Idealpunkt gibt jene Eigenschaftsausprägungen wieder, die der Verbraucher erfüllt sehen möchte. Ein entsprechender Punkt (I) ist in Abbildung 5.4 eingezeichnet. Um nun zu erkennen, für welche Betriebsform sich der Verbraucher im dargestellten Fall entscheidet, sind Hypothesen vonnöten, die die Bedeutung von Differenzen zwischen der Realposition und der Idealposition erfassen. So wird z. B. angenommen, daß die Euklidische Distanz die Nähe des Realobjektes zu der Idealposition verhaltensrelevant wiedergibt. Ein Verbraucher bevorzugt nach dieser Hypothese jene Betriebsform, die auf einem Kreis um den Idealpunkt mit dem vergleichsweise kleinsten Radius liegt. Im Beispiel der Abbildung 5.4 wäre dies Betriebsform 2. Eine solche Analysetechnik geht über die Profiltechnik hinaus, weil die Wahrnehmungen der Verbraucher und ihr Gesamturteil über eine Betriebsform zueinander in Beziehung gesetzt werden.

Für das Gesamturteil $b_i$ über eine Betriebsform gilt folgender Zusammenhang:

$$(2) \qquad b_i = \frac{1}{n} \sqrt{\sum_{j=1}^{n} (x_{ij}^b - I_{ij})^2}$$

mit

$X_{ij}^b$ = Wahrnehmung der Betriebsform b
in der Merkmalsdimension j (j = 1, ..., n) durch den Verbraucher i

$I_{ij}$ = vom Verbraucher i gewünschte Ausprägung des Merkmals j

Es wird unterstellt, daß der Verbraucher jene Betriebsform bevorzugt, die bezüglich des Gesamturteils am besten abschneidet. Eine vertiefende Diskussion dieser Modelle erfolgt im Kapitel über verhaltenswissenschaftliche Ansätze des Konsumentenverhaltens, weil es sich um eine bestimmte Variante der in der Verhaltenstheorie sehr bedeutenden kognitiven Einstellungsmodelle handelt. Festzuhalten bleibt aber, daß es gelingen muß, die idealen Vorstellungen der Verbraucher zu ermitteln, wobei das Vorhandensein eines Idealpunktes bedeutet, daß die Verbraucher bei einem Merkmal nicht notwendigerweise die extreme Ausprägung bevorzugen müssen, sondern auch eine mittlere Ausprägung wünschen können; ein Überschreiten wirkt dann genau so negativ wie ein Unterschreiten des als ideal angesehenen Wertes. Das oben dargestellte Modell ließe sich um Gewichtungsfaktoren für die Merkmale erweitern.

## Idealvektormodelle

Idealvektormodelle gehen von der Vorstellung aus, daß ein Objekt um so besser

---

[5] Vgl. den sehr ausführlichen Überblick, versehen mit Hinweisen auf die praktische Anwendung, bei Theis, H.-J.: Einkaufsstätten-Positionierung, Wiesbaden 1992.

eingeschätzt wird, je mehr es von den einzelnen Merkmalen aufweist. Die Preisgünstigkeit könnte als ein Beispiel hierfür angesehen werden. Während also Ideal-
punktmodelle davon ausgehen, daß sowohl das Unterschreiten als auch das Überschreiten einer bestimmten Eigenschaftsausprägung als suboptimal angesehen
werden (so wie es in einem Feriengebiet zu heiß und zu kalt sein kann), unterstellen die
Idealvektormodelle eine kontinuierliche Veränderung des Nutzens mit der Eigenschaftsausprägung. In Abbildung 5.5 ist ein Idealvektor eingezeichnet, der angibt,
daß der Nutzen mit höheren Werten für beide Eigenschaften ansteigt. Das Ausmaß
des Nutzens läßt sich ablesen, wenn von den beiden Objekten je ein Lot auf den
Vektor gefällt wird. Im vorliegenden Fall wird Objekt 1 deutlich besser als Objekt 2
beurteilt. Käme es dem Verbraucher darauf an, daß die Objekte vor allem über gute
Werte in der Eigenschaft 2 verfügten, würde ein Idealvektor gelten, der sich mehr der
Abszisse annähert. In einem solchen Fall wäre das Gesamturteil über Objekt 2 günstiger als über Objekt 1.

**Abbildung 5.5:** Das Idealvektormodell _____

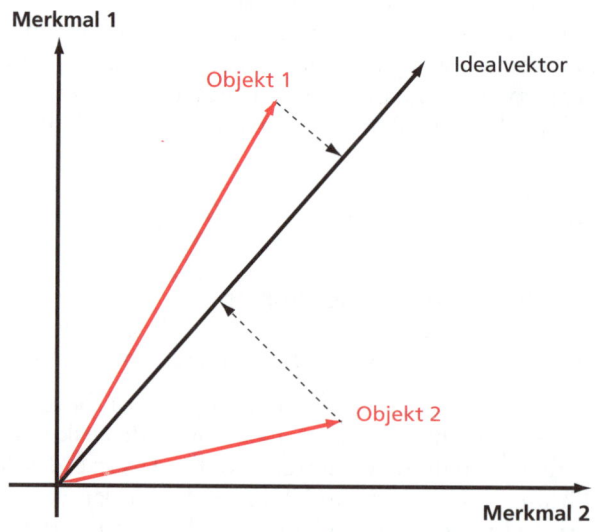

Der Steigungswinkel des Idealvektors bringt also die relative Wertschätzung der
Eigenschaften in den Augen des Verbrauchers zum Ausdruck (wie wichtig ihm Eigenschaft 1 im Vergleich zu Eigenschaft 2 ist). Sind beide Eigenschaften gleich wichtig, entspricht der Idealvektor einer 45°-Linie aus dem Nullpunkt.
Die Darstellung von Betriebsformen in einem subjektiven Wahrnehmungsraum, in
dem die einzelnen Wahrnehmungen einer subjektiven Beurteilung unterzogen werden
(entweder durch Bezugnahmen auf einen Idealpunkt oder einen Idealvektor) ent-

spricht den Einstellungsmodellen, die im Konsumentenverhalten eine wichtige Rolle spielen.[6] Es gilt aber folgendes zu beachten:

- Das Verhalten wird nicht nur durch Einstellungen gesteuert. Insofern ist auch nicht zu erwarten, daß die Bevorzugung einer Betriebsform nur von der Einstellung gegenüber einzelnen Betriebsformen abhängt (es kommt z. B. eine soziale Determiniertheit als situativer Faktor hinzu).
- Die Präferenzen der Nachfrager entwickeln sich und variieren im Zeitablauf.
- An den Wahrnehmungsräumen zur Darstellung der Position einzelner Betriebsformen wird kritisiert, daß sie die klassischen Variablen der Haushaltstheorie, nämlich die Preisverhältnisse und die Begrenztheit des Budgets der Nachfrager, nicht hinreichend berücksichtigen. Es stellt sich nämlich die Frage, ob die Preisgünstigkeit wie jedes andere Merkmal als eigene Dimension in die Konstruktion von Wahrnehmungsräumen aufgenommen werden kann (wie es manchmal geschieht) oder ob dieser Faktor einer anderen Behandlung bedarf. Die Höhe des Budgets der Nachfrager wird in den Wahrnehmungsmodellen nicht berücksichtigt, es sei denn, daß der Einfluß des Budgets indirekt über die Gewichtung einzelner Dimensionen berücksichtigt würde.

### 5.1.1.3 Betriebsformen im Technologieraum

*Woratschek* hat sich zum Ziel gesetzt, ein Modell zu entwerfen, das die Preise und das Haushaltsbudget explizit als Einflußgrößen aufnimmt. Er entwirft ein Modell, das die einzelnen Betriebsformen in einem sog. Technologieraum darstellt.[7]

Die Betriebsformen ermöglichen aufgrund ihrer unterschiedlichen Leistungspotentiale (Verkaufsfläche, Anzahl und Art der geführten Artikel, Standortnähe, Verfügbarkeit von Parkplätzen, Bedienungssystem usw.) unterschiedliche Formen der Inanspruchnahme eines Handelsbetriebes. Wie Abbildung 5.6 beispielhaft verdeutlichen soll, ermöglicht es Betriebsform 2, einen bestimmten Warenbedarf zu decken, indem die Handelsfunktion 2 (aufgrund des hier vorhandenen Fachpersonals), jedoch kaum die Handelsfunktion 1 (aufgrund des begrenzten Sortiments) in Anspruch genommen werden kann. Bei der Betriebsform 1 ist das umgekehrt.

Die Angebotsvektoren geben an, in welchem Verhältnis einzelne Leistungskomponenten zueinander stehen, wenn die Leistungen dieses Handelsbetriebes in Anspruch genommen werden. Die Leistungskomponenten ergeben sich aus der unterschiedlichen Ausstattung der Betriebsformen mit Produktionsfaktoren. Die Angebotsvektoren zeigen, in welchem Verhältnis diese die Betriebsform charakterisierenden Produktionsfaktoren eingesetzt werden, z. B. Verkaufsfläche und Personal. So gibt es z. B. Betriebsformen, die weitgehend Selbstbedienung realisieren, den Personaleinsatz reduziert haben, dafür aber die Ware auf einer großzügig bemessenen Fläche präsentieren. Personal und Fläche stehen in einem bestimmten Verhältnis zueinander, wie es formal durch den Winkel des Angebotsvektors mit den Koordinaten zum Ausdruck gebracht wird.

Die Inanspruchnahme der einzelnen Betriebsformen ist mit unterschiedlichen Kosten verbunden, insbesondere deswegen, weil sich die Preisniveaus unterscheiden. Setzt

---

[6] Vgl. dazu die ausführliche Darstellung in Abschnitt 7.4.
[7] Vgl. Woratschek, H.: Betriebsform, Markt und Strategie, Wiesbaden 1992; in gekürzter Fassung: Woratschek, H.: Ein neues Positionierungsmodell für den Dienstleistungsbetrieb, in: Kleinaltenkamp, M. (Hrsg.): Dienstleistungs-Marketing, Wiesbaden 1995, S. 33–62.

man das Preisniveau einer Betriebsform gleich 1, dann kann mit dem Prozeßstrahl auch zum Ausdruck gebracht werden, in welchem Umfang dort bei einem vorgegebenen Budget Käufe getätigt werden könnten. In Abbildung 5.7 wird dies als die Maximalleistung der Betriebsform bezeichnet; sie gilt für ein bestimmtes zur Verausgabung vorgesehenes Einkaufsbudget der Verbraucher und für das Preisniveau der jeweiligen Betriebsform.

Abbildung 5.6: Betriebsformen als »Angebotsvektoren«

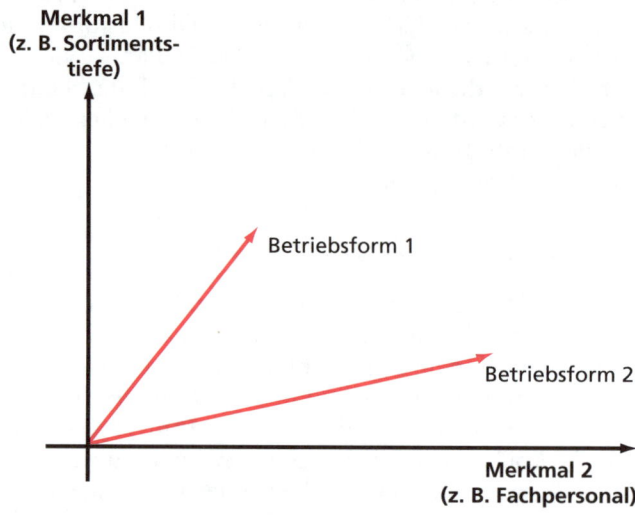

Geht man von den Umsätzen aus, die die einzelnen Betriebsformen realisieren konnten, und teilt man diese Beträge durch den der Betriebsform eigenen Preisindex, erhält man einen um die unterschiedlichen Preisniveaus der Betriebsformen bereinigten Umsatz, der die Menge an Waren widerspiegelt, die die Verbraucher in dieser Betriebsform erworben haben. Dieser Wert entspricht der mengenmäßigen Leistung der jeweiligen Betriebsform. *Woratschek* nennt diese Angaben die »Dispositionsvektoren«, weil sie zum Ausdruck bringen, in welchem Ausmaß die Nachfrager die Leistungen der einzelnen Betriebsformen in Anspruch genommen haben, wie sie also disponiert haben.

Zusätzlich kann der in allen Betriebsformen zusammen verausgabte Betrag berücksichtigt werden. Mit ihm könnte ermittelt werden, welche Leistung eine Betriebsform maximal erbringen könnte, d. h. wenn sie den insgesamt von allen Verbrauchern verausgabten Betrag auf sich ziehen könnte. Bei unterschiedlichen Preisindizes der einzelnen Betriebsformen sind die sich ergebenden Vektoren von unterschiedlicher Länge. Es ist allerdings auch darstellbar, daß die Verbraucher ihr Einkaufsbudget auf die Betriebsformen aufteilen, entweder in der Form, daß ein Teil der Verbraucher Betriebsform 1 bevorzugt, ein anderer Teil die Betriebsform 2, oder in der Form, daß die Verbraucher manchmal hier oder manchmal dort einkaufen (sog. hybride Käufer). Abbildung 5.7 verdeutlicht, daß die Nachfrager in bedeutendem Maß Leistungen der Betriebsform 1 abrufen, in geringerem Maß von der (höherpreisigen) Betriebsform 2 (Realleistung). Die zugehörigen Vektoren seien als Betriebsformenvektoren bezeichnet: Sie geben einerseits an, in welchen Mengen die einzelnen Produktionsfaktoren eingesetzt werden und welchen Umsatz die Betriebsform erzielen kann, wobei der Umsatz mit einem Preisindex (Index der wahrgenommenen Preisgünstigkeit) gewichtet wird.[8] Das vorhandene Einkaufsbudget würde es bei den geltenden Preisverhältnissen auch erlauben, andere Aufteilregeln zu realisieren. Es sind alle Kombinationen zulässig, deren Summe dem Wert der Budgetgrenze entspricht.

**Abbildung 5.7:** Angebot und Inanspruchnahme einzelner Betriebsformen durch die Nachfrager

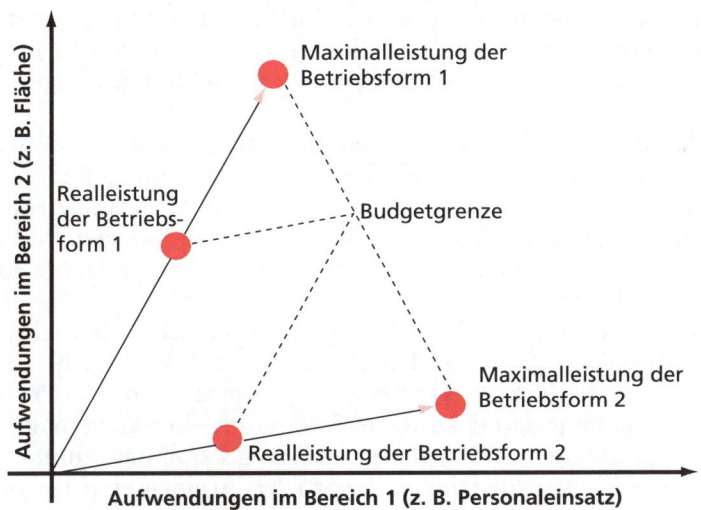

Quelle: In Anlehnung an Woratschek, H., 1995, S. 45

In der dargestellten Form kann das Modell wie folgt charakterisiert werden:

a) Die Betriebsformen werden anhand der von ihnen eingesetzten Produktionsfaktoren gekennzeichnet, wobei vor allem darauf hingewiesen wird, daß sie diese Faktoren in unterschiedlichen Verhältnissen einsetzen. Die von ihnen erstellten Leistungen werden also anhand des bereitgehaltenen Faktorbestandes dargestellt. Grundsätzlich wäre es auch möglich, die mit diesem Einsatz tatsächlich ermöglichten oder von den Nachfragern empfundenen Leistungen (z. B. Erfüllung einzelner Handelsfunktionen) darzustellen, davon wird hier aber abgesehen.[9]

b) Einzelne Betriebsformen verkaufen die Waren auf einem unterschiedlichen Preis-

---

[8]  *Woratschek* spricht von Betriebsvektoren.
[9]  Vgl. dazu Woratschek, H., 1992.

niveau, was vor allem damit zusammenhängt, daß sie die Waren mit unterschiedlichen Handelsspannen kalkulieren. Diese Unterschiede können abgebildet werden, indem objektive Preisunterschiede zugrunde gelegt werden oder indem die von den Nachfragern zugrunde gelegten Preisunterschiede verwendet werden. Es gibt aber Anhaltspunkte, die darauf hindeuten, daß Verbraucher im Regelfall in der Lage sind, trotz der Vielfalt der Waren und der häufig wechselnden Preise die relative Preishöhe realistisch einzuschätzen, so daß die Unterscheidung in reale Preisdifferenzen und den subjektiven Vorstellungen über Preisdifferenzen an Bedeutung verliert.[10]

c) Es wird erfaßt, welchen Umsatz eine Betriebsform auf sich ziehen kann, wobei der nominal erzielte Umsatz durch den Preisindex geteilt wird. Es ergibt sich so eine Outputgröße, die signalisiert, in welchem Ausmaß Waren an die Nachfrager abgesetzt worden sind.

Insgesamt werden durch diese Darstellungsform die klassischen Variablen der mikroökonomischen Produktionstheorie auf das Betriebsformenproblem übertragen, unterschiedliche Prozeßstrahlen (gekennzeichnet durch das Einsatzverhältnis einzelner Produktionsfaktoren), unterschiedliche Preise der Inanspruchnahme der einzelnen Prozesse, die Kombinierbarkeit einzelner Prozesse und das insgesamt begrenzte Budget.

*Woratschek* hat das Modell herangezogen, um unterschiedliche Strategien abzuleiten, wobei er auf die folgenden hinweist (vgl. auch Abbildung 5.8):

(1) Preispolitische Maßnahmen: durch preispolitische Maßnahmen läßt sich die Inanspruchnahme einer Betriebsform verteuern oder verbilligen. Eine Betriebsform kann so über ihre Kalkulation den Punkt der Inanspruchnahme auf ihrem Prozeßstrahl verschieben.

(2) Politik der Profilierung: Im Modell werden die einzelnen Betriebsformen durch Prozeßstrahlen gekennzeichnet. Die den Raum der Prozeßstrahlen begrenzenden Alternativen stellen die jeweils extremen Formen dar. Von einer Profilierung einer Betriebsform kann gesprochen werden, wenn die Einsatzverhältnisse noch extremer gestaltet werden, wenn also eine bislang schon flächenintensive Betriebsform mit geringem Personaleinsatz die pro Person eingesetzte Fläche noch weiter ausdehnt.

(3) Politik der Assimilierung: Zahlreiche Betriebsformen stellen gemäßigte Varianten der extremen Formen dar. Formal wird das in dem Modell durch Vektoren dargestellt, die im inneren Bereich des Realisationsraumes liegen. Assimilation bedeutet also, daß man sich einer anderen Betriebsform annähert, z. B. indem der Personaleinsatz, der bisher vergleichsweise hoch war, verringert wird.

(4) Kreative Profilierung: Der aufgespannte Raum kann durch weitere Dimensionen erweitert werden. Wird – wie das oben geschehen ist – der Raum durch die eingesetzten Produktionsfaktoren aufgespannt, dann wäre zu fragen, ob es denkbar ist, daß auf bislang noch nicht eingesetzte Produktionsfaktoren zurückgegriffen wird. Das könnten z. B. Automaten in Branchen, in denen bislang noch keine Automaten eingesetzt worden sind, oder neuzeitliche Kommunikationstechniken sein.

(5) Die Diversifikation: Die Betriebsformenentscheidung muß nicht nur in der Wahl der optimalen Betriebsform bestehen, sondern kann auch in die Frage münden,

---

[10] Vgl. die Ausführungen zu den Preiskenntnissen und den Preisgünstigkeitsurteilen in Kapitel 8.

welche Betriebsformen parallel betrieben werden sollten. Eine Gleichzeitigkeit mehrerer Betriebsformen kann angezeigt sein, wenn es Nachfrager mit unterschiedlichen Präferenzen gibt oder wenn die Präferenzen situationsspezifisch wechseln.

**Abbildung 5.8:** Strategische Optionen der Betriebsformenpolitik

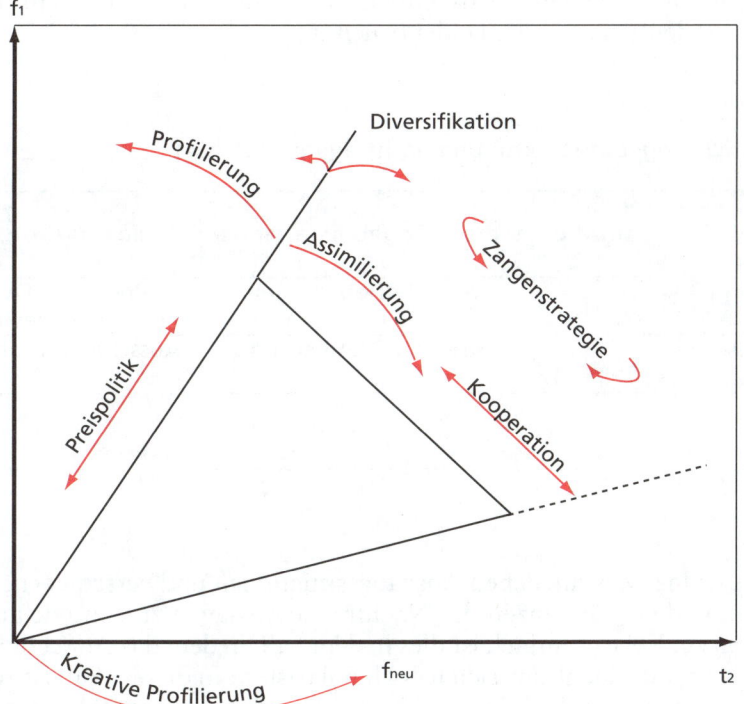

Quelle: Woratschek, H., 1995, S. 50

Nachdem bislang nach Formen Ausschau gehalten worden war, wie die Vielfalt möglicher Angebotsformen modelltheoretisch dargestellt werden kann und dafür ein aktivitätstheoretisches Modell gewählt worden war, das die im Markt realisierbaren Technologien abbildet, ist jetzt zu fragen, für welche Technologie sich die Nachfrager entscheiden werden (prognostischer Aspekt) bzw. warum sie sich für eine bestimmte Technologie entschieden haben (erklärender Aspekt). In der Vergangenheit realisiertes Kaufverhalten gibt Hinweise auf die Präferenzstruktur, denn bei Wettbewerb kann davon ausgegangen werden, daß sich die Nachfrager für die von ihnen jeweils am höchsten präferierte Betriebsform entschieden haben. Die realisierten Umsätze bzw. Marktanteile zeigen also an, in welchem Ausmaß die Angebote der Präferenzstruktur entsprachen. Dabei lassen sich in bezug auf die Gleichartigkeit der Präferenzen bei den Nachfragern zwei Fälle unterscheiden:

a) die Präferenzen der Nachfrager sind heterogen: In diesem Fall gibt es also Gruppen mit unterschiedlichen Erwartungen;

b) die Präferenzen der Nachfrager stimmen weitgehend überein.

Bei heterogenen Präferenzen wird sich ein breiter Kegel von Angebotsformen im Markt behaupten können oder sogar die Tendenz zu einer Verbreiterung aufweisen. Bei homogenen Präferenzen dagegen kommt es darauf an, genau zu erkennen, welche Angebotsform bevorzugt wird, es bietet sich eine Assimilierungsstrategie an. Die Situation kann in einzelnen Wirtschaftsbereichen unterschiedlich sein. Dies macht Abbildung 5.9 deutlich, die vier Felder benennt.

**Abbildung 5.9:** Angebotsstruktur und Nachfragerpräferenzen _____

| Angebots-<br>struktur<br><br>Präferenzen | Wenige Angebotsvarianten | Viele Angebotsvarianten |
|---|---|---|
| Polarisierend | Neue Betriebsformen | Preis- und Qualitäts-<br>wettbewerb |
| Konvergierend | Kreative Profilierung | Ausscheiden von Betriebs-<br>formen |

Die Tabelle ordnet verschiedenen Ausgangssituationen und verschiedenen Entwicklungspfaden in den Präferenzen der Nachfrager Aussagen zur Entwicklung der Betriebsformen zu. Relativ einfach ist dies in dem Fall, in dem das Angebot noch wenig differenziert ist, die Nachfrage sich jedoch polarisiert: In diesem Fall ist zu erwarten, daß sich in dem betreffenden Marktgebiet neue Betriebsformen etablieren. Polarisiert sich jedoch die Nachfrage (z. B. in preisbewußte und Beratung suchende Nachfrager) und liegt bereits ein differenziertes System von Betriebsformen vor, dann wird sich das Angebot auf diese Strukturen ausrichten, wobei jene Betriebsformen zurückgedrängt werden, die es jeder Gruppe »recht machen« wollen, sich also in der Mitte angesiedelt haben. Es kann vermutet werden, daß sich der Hinweis vom »Verlust der Mitte«, der ansonsten auf die Qualitäts- und Preisstufen innerhalb einer Produktgruppe bezogen wird, auch auf Betriebsformen übertragen läßt.

Die aktivitätsanalytische Darstellung der Betriebsformen, wie sie von *Woratschek* entwickelt worden ist und wie sie in modifizierter Form den obigen Darlegungen zugrunde lag, übersetzt die Vielfalt der Betriebsformen in ein System, das Unterschiede in der Faktorstruktur deutlich macht. Das Modell kann auch zeigen, welche Betriebsformen in der Vergangenheit präferiert worden sind, es hat jedoch nur sehr beschränkt Fähigkeiten zu zeigen, welche Betriebsformen in der Zukunft bei den Verbrauchern Anklang finden werden. Dazu wird es zunächst notwendig sein, die Präferenzen der Verbraucher explizit in das Modell (und nicht nur über ihr in der Vergangenheit geäußertes Kaufverhalten) einzuführen. Es ist zu zeigen, wie die

Nachfrager einzelne Faktorkombinationen und die mit ihnen realisierbaren Leistungen (Handelsfunktionen) bewerten und warum sie einzelne Angebotsformen unterschiedlich beurteilen. Zum anderen ist zu zeigen, wie sich die Anspruchniveaus der Nachfrager im Zeitablauf verschieben. Mit dem ersten Bereich beschäftigt sich die Einstellungstheorie, mit dem zweiten die Forschung zum Wertewandel. Auf beide Sachverhalte wird im Kapitel über das Nachfragerverhalten näher eingegangen.

## 5.1.2 Evolutorische Ansätze der Betriebsformentheorie

Der Wettbewerb spielt sich im Handel nicht nur zwischen den einzelnen Betrieben ab, sondern auf einer allgemeineren Ebene auch zwischen den Betriebsformen. So wird sehr genau verfolgt, welche Betriebsformen Marktanteile gewinnen, welche sie verlieren, vor allen Dingen aber auch, ob neue Betriebsformen aufkommen. Die Erfahrung lehrt, daß vor allem jene Handelsorganisationen erfolgreich waren, die neue erfolgreiche Betriebsformen schnell adaptiert haben. Wie unterschiedlich sich einzelne Betriebsformen entwickelt haben, verdeutlichen die Abbildung 5.10 und Abbildung 5.11, die die Anzahl der Verkaufsstellen und den Umsatz ausgewählter Betriebsformen in Deutschland vergleichen.

**Abbildung 5.10:** Die Entwicklung der Warenhäuser und Verbrauchermärkte nach Anzahl der Verkaufstellen[11]

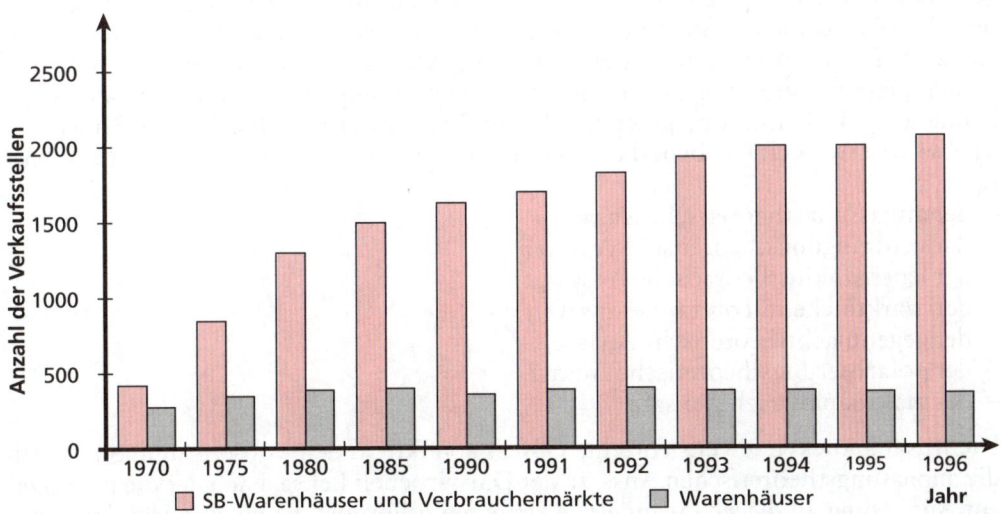

Quelle: DHI (Hrsg.), 1991, S. 94; DHI (Hrsg.), 1992, S. 120; EHI (Hrsg.), 1993, S. 116; EHI (Hrsg.), 1994, S. 109; EHI (Hrsg.), 1995, S. 126; EHI (Hrsg.), 1996, S. 133; EHI (Hrsg.), 1997, S. 68 und 142

[11] Die Daten sind nur bedingt vergleichbar, da die Angaben für die Warenhäuser z. T. Spezialhäuser beinhalten. Vgl. auch die Fußnoten in den angegebenen Quellen.

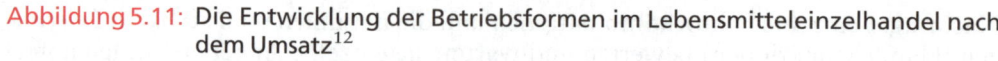

Abbildung 5.11: Die Entwicklung der Betriebsformen im Lebensmitteleinzelhandel nach dem Umsatz[12]

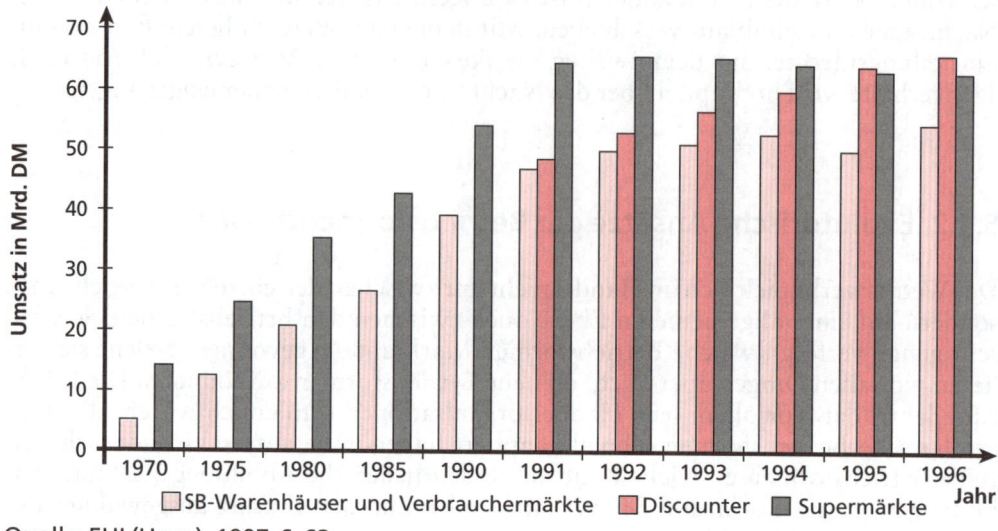

Quelle: EHI (Hrsg.), 1997, S. 62

Die Verschiebungen in der Marktbedeutung einzelner Betriebsformen lassen die Frage aufkommen, welche Faktoren hierfür ursächlich sind. Wie ist es zu erklären, daß neue Betriebsformen aufkommen, daß einige Betriebsformen ihren Marktauftritt im Zeitablauf verändern, einige dennoch vom Markt verdrängt werden. Betriebsformenplanung wird hier als optimierende Anpassung an sich verändernde Gegebenheiten, als Evolution, gesehen. In der Betriebswirtschaftslehre sind mehrere Theorien entwickelt worden, die sich mit der Dynamik der Betriebsformen beschäftigen, so

– der anpassungstheoretische Ansatz,
– der verdrängungstheoretische Ansatz,
– der lebenszyklustheoretische Ansatz,
– der marktlückentheoretische Ansatz,
– der gegenmachttheoretische Ansatz,
– der polarisierungstheoretische Ansatz,
– der makroanalytische Ansatz.[13]

Die Ansätze rücken jeweils einzelne Gesichtspunkte in den Vordergrund. So ähneln die anpassungstheoretischen Ansätze der Darwinschen Lehre, nach der die Fähigkeit zur Anpassung an die sich wandelnde Umgebung Voraussetzung zum Überleben ist. Die verdrängungstheoretischen Ansätze heben den Wettbewerb durch neu aufkom-

---

[12] Vgl. auch die Fußnoten in der angegebenen Quelle.
[13] Vgl. zur Darstellung und Beurteilung Glöckner-Holme, I., 1988, S. 60–89 und Böhler, J.: Betriebsform, Wachstum und Wettbewerb, Wiesbaden 1993, S. 9–35; Meyer-Ohle, H.: Dynamik im japanischen Einzelhandel, Wiesbaden 1995, S. 5–19.

mende preisaggressive Anbieter hervor. Das wheel of retailing bzw. das Gesetz von der Dynamik der Betriebsformen wurden häufig diskutiert.[14] Es weist darauf hin, daß die etablierten Handelsbetriebe immer wieder Raum lassen für neue Betriebe, die kostengünstige Verfahrensweisen auftun und damit eine Niedrigpreispolitik ermöglichen, die die schon im Markt befindlichen Betriebe zu Anpassungsmaßnahmen zwingt. Diese werden den Erfolg oft in einem trading-up suchen, mit dem sie jedoch ihre Kostenposition weiter verschlechtern.

In Analogie zum Lebenszyklus von Produkten wird auch vom Lebenszyklus von Betriebsformen gesprochen. Danach durchlaufen die Betriebe verschiedene Entwicklungsphasen, die Phase der Einführung, die Phase des Wachstums, die Phasen der Reife und der Degeneration. Abbildung 5.12 zeigt den idealtypischen Lebenszyklus eines Betriebstyps anhand der Umsatz- und Deckungsbeitragskurve. Als Gründe für eine Laden- bzw. Standortentwertung oder einen Verschleiß der Leistungskomponenten eines Einzelhandelsbetriebes (= »Store Erosion«) sind u. a. veränderte Nachfrage- und Konkurrenzbedingungen sowie die wirtschaftliche Entwicklung anzuführen.[15]

So deutet in Anlehnung an *Berger* das relative oder absolute Absinken des Umsatzes und eine damit einhergehende Ergebnisverschlechterung auf eine stark fortschreitende Verschleißerscheinung eines Betriebstyps hin. Dieser Verschleißprozeß beginnt zunächst nur schwach in der Wachstumsphase und wird in den Wirkungsphasen stärker. Zu Beginn der zweiten Wirkungsphase sind Gegenmaßnahmen zu ergreifen,[16] z. B. durch die Planung und Einführung eines innovativen Betriebstyps.[17]

Da der Lebenszyklus jeder Einkaufsstätte individuell variieren kann[18] und die einzelnen Phasen in gewissen Grenzen durch Revitalisierung und Relaunching im Sinne lebenszyklusverlängernder Maßnahmen beeinflußbar sind, handelt es sich bei der Lebensdauer eines Betriebstyps um keine generell gültige Größe. Die Überlebensfähigkeit verschiedener Betriebstypen erweist sich vielmehr als sehr unterschiedlich. So kann sich der s-förmige Kurvenverlauf dahingehend verändern, daß mehrere Wen-

---

[14] Vgl. Nieschlag, R./Kuhn, G.: Binnenhandel und Binnenhandelspolitik, 3. Auflage, Berlin – München 1980 sowie Müller-Hagedorn, L.: Die Dynamik der Betriebsformen. Zum 80. Geburtstag von Prof. Dr. Robert Nieschlag, in: Marketing ZFP, 7. Jg. (1985), S. 21–26; Marzen, W.: Die »Dynamik der Betriebsformen des Handels« – aus heutiger Sicht. Eine kritische Bestandsaufnahme, in: Marketing ZFP, 8. Jg. (1986), S. 279–285; Potucek, V.: Die Dynamik der Betriebsformen des Handels – aus heutiger Sicht. Kritik einer Kritik, in: Marketing ZFP, 9. Jg. (1987), S. 289–292; Köhler, F. W.: Die »Dynamik der Betriebsformen des Handels«, in: Marketing ZFP, 12. Jg. (1990), S. 59–64; Brown, S.: The Wheel of Retailing. Past and Future, in: Journal of Retailing, Vol. 66 (1990), S. 143–149.

[15] Vgl. Glöckner-Holme, I., 1988, S. 69–71.

[16] Vgl. Berger, S.: Ladenverschleiß (Store Erosion). Ein Beitrag zur Theorie des Lebenszyklus von Einzelhandelsgeschäften, Göttingen 1977, S. 9, 192–197 und 220–233; Glöckner-Holme, I., 1988, S. 71–72; Kuhlmeier, A.: Die Betriebstypeninnovation als Bestandteil der Absatzpolitik im Einzelhandel, Göttingen 1980, S. 42–45.

[17] Vgl. Berger, S., 1977, S. 226–232.

[18] Vgl. Berger, S., 1977, S. 161, 197 und 234–263; Nagel, P.: Konstitutive Entscheidungen in Einzelhandelsunternehmen, Gießen 1986, S. 243; Hartmann, R.: Strategische Marketingplanung im Einzelhandel. Kritische Analyse spezifischer Planungsinstrumente, Wiesbaden 1992, S. 102.

depunkte oder Intervalle möglich sind. Strenggenommen handelt es sich nach Umpositionierungsmaßnahmen um einen anderen Betriebstyp.[19]

Der Lebenszyklus eines Betriebstyps besitzt grundsätzlich ex-post-Charakter, so daß sich definitive Kurvenverläufe erst nach Erfassung realer Daten ergeben.[20] Die Aussagekraft des Ansatzes wird auch dadurch eingeschränkt, daß die zahlreichen Einflußgrößen nicht explizit erfaßt werden.[21] Die einzige unabhängige Variable ist die Zeit; wobei es allerdings bei Betriebstypen gleichen Alters sowohl erfolgreiche als auch erfolglose gibt. Im Hinblick auf die Auswahl der Kriterien »Umsatz« und »Deckungsbeitrag« ist festzustellen, daß bei einer Beurteilung der Umsatzentwicklung Preisveränderungen zu berücksichtigen sind. Außerdem signalisieren sinkende Umsatzzahlen nicht automatisch eine Verschleißerscheinung des Betriebstyps. So kann z. B. eine Umsatzschwäche in der Führung begründet sein. Als Mangel des Lebenszykluskonzeptes muß empfunden werden, daß es auf groben empirischen Beobachtungen fußt und die Gründe für die zunächst zunehmende und dann abnehmende Akzeptanz einer Betriebsform nicht explizit untersucht werden.

**Abbildung 5.12:** Darstellung der Wirkungsphasen der Store Erosion im Rahmen des idealtypischen Lebenszyklus

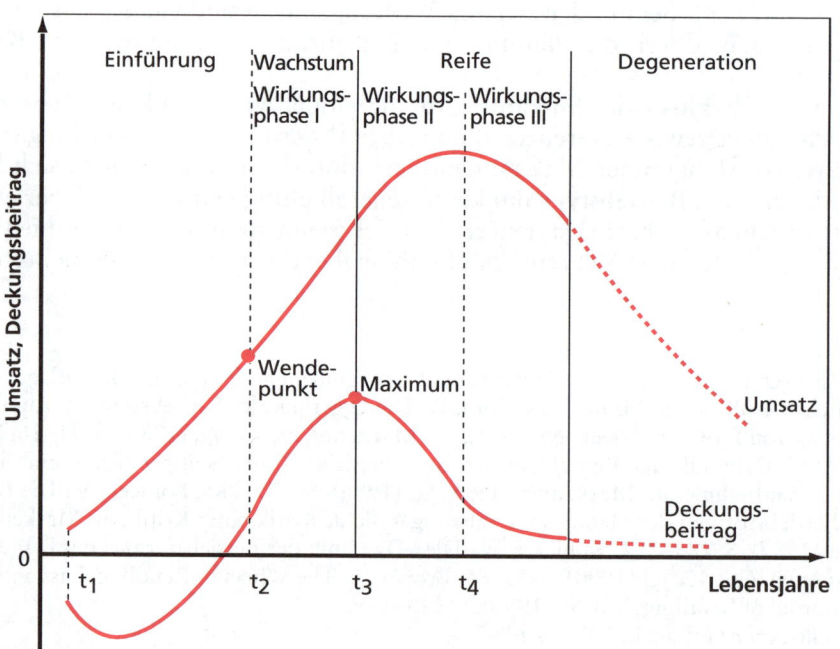

Quelle: Berger, S., 1977, S. 194

---

[19] Vgl. Böhler, J., 1993, S. 16; Kreikebaum, H.: Strategische Unternehmensplanung, 6. Auflage, Stuttgart – Berlin – Köln 1997, S. 109–112.
[20] Vgl. Böhler, J., 1993, S. 16.
[21] Vgl. Hartmann, R., 1992, S. 87 und 102.

Obwohl das Lebenszykluskonzept keine normative Aussagekraft besitzt und der Verlauf der Phasen nicht gesetzmäßig vorgegeben ist, liefert es auf aggregierter Ebene eine Typologisierung strategisch relevanter Situationen. Basierend auf Vergangenheits- und Gegenwartswerten sowie auf Analogien zu vergleichbaren Betriebstypen, können gewisse Tendenzen im Hinblick auf die Bedeutung einzelner Betriebstypen in Zukunft abgeleitet werden.[22] In aggregierter Form implizieren die vier Stadien Veränderungen in der Struktur und Wirkungsveränderungen der Wettbewerbskräfte in einer Branche, so daß anhand der Lebenszykluskurve Szenarien für die zukünftige Wettbewerbsstruktur entwickelt werden können.[23]

Der Erfolg einzelner Betriebsformen hängt davon ab, inwieweit sich die Verbraucher ihnen zuwenden. Wie angeführt worden ist, stellen Betriebsformen unterschiedliche Kombinationen von eingesetzten Produktionsfaktoren dar. Neue Kombinationen können den Markt bereichern und zu Verschiebungen in den Marktanteilen führen. Daneben ist aber auch zu beachten, daß sich die Wertschätzung, die die Verbraucher diesen Konzepten entgegenbringen, im Zeitablauf ändern kann. Insofern kommt dem Wertewandel Bedeutung zu. Nachdem in dem vorliegenden Kapitel nur Methoden zur Erfassung der Wertschätzung einzelner Komponenten durch den Verbraucher dargestellt worden sind, sei in substanzwissenschaftlicher Hinsicht auf Kapitel 7 verwiesen.

## 5.2 Die Internationalisierung

Die Schaffung des Gemeinsamen Europäischen Marktes und der Zusammenbruch des Eisernen Vorhanges haben zu einem Internationalisierungsschub im Handel geführt. Der Großhandel ist bekanntlich immer schon international ausgerichtet gewesen. Seit dem Altertum zogen Kaufleute über Fernstraßen und segelten über die Meere. Aber auch einige Einzelhandelsorganisationen waren nicht nur in der Beschaffung international ausgerichtet, sondern gründeten schon vor 1980 außerhalb ihres Heimatlandes Verkaufsstellen, wie die folgenden Beispiele belegen.[1]

– Mitte des 19. Jahrhunderts waren in Frankreich, den USA und Belgien die ersten Warenhäuser gegründet worden, etwa 1870 exportierten französische Warenhausbetreiber diesen Betriebstyp in die Niederlande.[2]

– *C & A* stieß 1911 von den Niederlanden aus nach Deutschland vor.

– Leonhard Tietz, einer der Warenhauspioniere in Deutschland, Gründer der heutigen *Kaufhof AG*, eröffnete kurz nach der Jahrhundertwende auch Niederlassungen

---

[22] Vgl. Nagel, P., 1986, S. 244; Böhler, J., 1993, S. 16 f. *Böhler* steht der Prognosemöglichkeit weiterer Zyklusverläufe skeptisch gegenüber, da die Determinanten seiner Meinung nach nicht detailliert genug untersucht werden und die bestehenden Wirkungszusammenhänge interner und externer Daten nicht geliefert werden.

[23] Vgl. Müller-Stewens, G.: Strategische Suchfeldanalyse. Die Identifikation neuer Geschäfte zur Überwindung struktureller Stagnation, 2. Auflage, Wiesbaden 1990, S. 78 f.

[1] Vgl. hierzu auch: Hollander, S. C.: Multinational Retailing, East Lansing, Mich. 1970, S. 14 f.

[2] Berekoven, L.: Geschichte des deutschen Einzelhandels, Frankfurt am Main 1986.

im benachbarten Belgien, belgische Warenhausunternehmen investierten wiederum in Spanien.
- Das seinerzeit tschechoslowakische Unternehmen *Bata* errichtete Fabrikfilialen in mehreren europäischen Ländern.
- Nachdem die Gebrüder Albrecht 1962 den ersten Lebensmitteldiskontbetrieb unter dem Namen *Aldi* eröffnet hatten, übernahmen sie kurz später den Filialbetrieb Hofer in Österreich und expandierten 1975 in die Niederlande, 1976 nach Belgien und 1977 nach Dänemark.
- Große Beachtung fand die Kapitalbeteiligung von *Tengelmann* an der *Great Atlantic & Pacific Tea Comp., Inc.* im Jahr 1978.
- Internationale Aktivitäten entfalteten vor allen Dingen auch die Versandhandelsunternehmen *Quelle* und *Otto*. So war die *Otto*-Gruppe 1992 in den USA, in Kanada, Japan und zehn europäischen Ländern vertreten.
- *Benetton, Stefanel* und *Laura Ashley* als im Ausland gegründete Franchiseorganisationen gehören schon seit längerem mit ihren Verkaufsstellen zum vertrauten Erscheinungsbild in vielen deutschen Städten.

Wie einer Studie der *Corporate Intelligence Group* über »Cross-Border-Retailing in Europe« zu entnehmen ist, beschleunigte sich die Internationalisierung des Handels vor allem in der zweiten Hälfte der 80er Jahre.[3] Von den insgesamt bis 1991 erfaßten 1 385 Internationalisierungsprojekten entfällt der weit überwiegende Teil in den Zeitraum von 1985 bis 1991. Der Prozeß der Internationalisierung kann nicht als abgeschlossen angesehen werden, vielmehr muß auch hier von einer Globalisierung der Wirtschaft gesprochen werden. Ein eindrucksvolles Zeugnis hierfür liefert das französische Unternehmen *Carrefour*. Nachdem zunächst auf die Bedürfnisse der französischen Verbraucher zugeschnittene Verbrauchermärkte entwickelt worden waren, erschloß sich dieses Unternehmen zahlreiche Märkte außerhalb seines Stammlandes. Nach Spanien in den siebziger Jahren und Lateinamerika in den achtziger Jahren wurde in den neunziger Jahren Asien zum neuen Gebiet für die internationale Entwicklung von *Carrefour*. Heute ist *Carrefour* mit Verkaufsstellen in 16 Ländern vertreten: Frankreich, Spanien, Italien, Portugal, Türkei, Polen, Brasilien, Argentinien, Mexiko, Taiwan, China, Malaysia, Thailand, Korea, Hongkong und Indonesien (geplant).[4] Abbildung 5.13 unterrichtet über die größten Handelskonzerne Europas.
Diese Ausführungen machen deutlich, daß in der Tat die Internationalisierung des Handels eingeläutet ist.

---

[3] The Corporate Intelligence Group (Ed.): Cross-Border Retailing in Europe, London 1991; vgl. auch die Zusammenstellung der Direktinvestitionen europäischer Einzelhandelsunternehmen (in den USA) und amerikanischer Handelsorganisationen von Kacker, M.: Transatlantic Trends in Retailing, Westport, Conn. – London 1985; des weiteren die Angaben bei Tietz, B.: Strategien der Transnationalisierung und Globalisierung im Handel, in: Trommsdorff, V. (Hrsg.): Handelsforschung 1990. Internationalisierung im Handel, Wiesbaden 1990, S. 3–25.
[4] European Retail Round Table – ERRT (Hrsg.): Mehr Wohlstand für Europa. Der europäische Handel, o. O. 1996, S. 37.

Die größten Handelskonzerne Europas (Geschäftsjahr 1994)

| Handelskonzern | Land |
|---|---|
| *Metro-Gruppe (Asko + Kauhof + Horten + Metro)* | D, A, DK, F, H, I |
| *Rewe Gruppe* | D, E, H, I, A |
| *Promodès* | F, D, E, GR, I, P |
| *Aldi* | D, A, B, DK, F, GB, NL |
| *Edeka Gruppe (Edeka + AVA + Nanz)* | D, CZ, DK |
| *Leclerc* | F, B, PL |
| *Intermarché* | F, B, D, E, I, P |
| *Carrefour SA* | F, E, GB, I, P |
| *Koninklijke Ahold NV* | NL |

Quelle: European Retail Round Table, 1996, S. 64

## 5.2.1 Gründe für die Internationalisierung

Der plötzliche Anstieg der Internationalisierungsaktivitäten vieler Handels-organisationen schärft das Interesse an der Frage, warum die Organisationen des Handels der Internationalisierung seit einiger Zeit ein so gesteigertes Interesse entgegenbringen. Zwingen Veränderungen in der Umwelt die Unternehmungen zu diesen Schritten? Sind Unternehmungen, die sich der Internationalisierung verweigern, auf Dauer in ihrer Existenz gefährdet? Welches sind – allgemeiner gesprochen – die Gründe für die Internationalisierung?

Die Attraktivität einzelner Regionen wird vor allem durch die Kaufkraft und das bereits vorhandene Angebot geprägt. Wie in Kapitel 6 gezeigt werden wird, stagniert in Deutschland schon seit einigen Jahren der private Verbrauch; steigende Abgaben, Mieten und Ausgaben für Reisen senken den Anteil des Einzelhandels am privaten Verbrauch. Auch die Prognosen deuten darauf hin, daß die Anteile der Ausgaben für Nahrungsmittel, für Kleidung und Schuhe und für viele andere Konsumbereiche am privaten Verbrauch nicht steigen werden. Gleichzeitig hat sich die Verkaufsfläche in vielen Bereichen stark ausgedehnt, so daß expansionswillige Unternehmen nach verbleibenden Möglichkeiten Ausschau halten müssen. Hierzu zählt auch die Internationalisierung, zumal sich Bevölkerung, Bevölkerungsdichte, Altersstruktur, Lebensstandard, Arbeitslosenquote und das Wachstum (des Bruttosozialproduktes) in einzelnen Ländern deutlich unterscheiden.

Es sind jedoch nicht nur die Chancen, die sich dem Handelsmanagement aufgrund der Unterschiedlichkeit einzelner Regionen bieten, sondern auch die Kostenstrukturen zwingen zur Expansion, die in den nationalen Grenzen nicht hinreichend befriedigt werden kann. Je höher die Fixkosten eines Unternehmens (in bezug auf den Umsatz des Unternehmens) sind, je mehr zentrale Potentiale aufgebaut werden (z. B. Warenwirtschaftssysteme, Systeme zur Auswertung von Scannerdaten), desto stärker ist der Druck, diese Potentiale einer erweiterten Nutzung zuzuführen.

Es kommt hinzu, daß durch die Schaffung eines europäischen Binnenmarktes und durch eine verstärkte Freizügigkeit im Waren-, Personen- und Kapitalverkehr erleichterte Voraussetzungen für eine Internationalisierung gegeben sind.[5] Allerdings sind politische Zulässigkeit bzw. Vereinfachungen der Rechtslage und ökonomischer Erfolg voneinander zu trennen. Von daher kommt der Frage, welche ökonomischen Aufgaben bei einer Internationalisierung zu bewältigen sind und unter welchen Voraussetzungen dies erfolgreich geschehen kann, besonderes Interesse zu.

Schließlich sieht sich der Handel in vielen Fällen Lieferanten gegenüber, die ihre Absatzgebiete ebenfalls ausweiten. Die Internationalisierung der Industrie ist ebenso eine treibende Kraft für die Internationalisierung des Handels wie die Befürchtung zurückzufallen, wenn nicht entsprechenden Schritten der Konkurrenz gefolgt bzw. ihnen zuvorgekommen wird.

Empirische Analysen haben gezeigt, daß das Absatzpotential im Gastland, die Marktsättigung im Stammland und das Verhältnis zur Konkurrenz zu den wichtigsten Motiven für den Eintritt in andere Märkte gelten.[6]

## 5.2.2 Betriebswirtschaftliche Teilprobleme

Die mit der Internationalisierung verbundenen Probleme ähneln zunächst jenen einer Expansionsstrategie im Heimatland, stellen jedoch ungleich größere Anforderungen, um sie lösen zu können. Folgende Problembereiche verdienen besondere Beachtung:

### Auswahl von Zielmärkten

Deutschland nimmt in regionaler Hinsicht in Europa eine zentrale Rolle ein. Da trotz schneller Verkehrsmittel und den Möglichkeiten der Kommunikation Entfernungen nicht unbedeutend geworden sind (insbesondere auch nicht für die Warentransporte), überrascht es nicht, daß deutsche Handelsorganisationen sich zunächst den benachbarten Ländern zugewendet haben, also Österreich, Frankreich, Belgien, Italien, später den osteuropäischen Ländern, wie insbesondere Ungarn, der Tschechei und Polen. Bei der Vielzahl der möglichen Zielmärkte kommt es darauf an, eine überlegte Auswahl zu treffen. Dabei spielen Nachfragebedingungen und ihre Entwicklung, ökonomische und politische Gegebenheiten und Risiken, die Möglichkeiten eines Waren- und Kapitaltransfers, die vorhandene Infrastruktur sowie soziale und kulturelle Gegebenheiten eine wichtige Rolle; sie werden oft in Checklisten vergleichend aufgeführt. Die benötigten Informationen sind oft nicht leicht zu beschaffen, da für die jeweiligen Landesstatistiken andere Modalitäten gelten (oder gar keine Statistiken vorliegen) und Sprachbarrieren den Zugang erschweren.

---

[5] Zu einer Übersicht über wichtige Regelungen innerhalb der EU vgl. Lingenfelder, M.: Die Internationalisierung im europäischen Einzelhandel. Ursachen, Formen und Wirkungen im Lichte einer theoretischen Analyse und empirischen Bestandsaufnahme, Berlin 1996, S. 259 f.

[6] Dies wurde für den Eintritt in osteuropäische Märkte festgestellt von Liebmann, H. P./Jungwirth, G.: Mit neuer Unternehmenskultur erfolgreich zur Jahrtausendwende, in: GDI-Handels-Trendletter, Nr. II, Rüschlikon – Zürich 1994, S. 1–37.

Jedes Land weist seine Besonderheiten auf. Aber dennoch wird es Regionen geben, die sich stärker als andere ähneln. So kann beispielsweise vereinfachend von der mediterranen Zone und dem osteuropäischen Raum gesprochen werden. Damit werden Überlegungen aufgegriffen, die im internationalen Marketing als Ansätze zur Marktsegmentierung entwickelt worden sind. Es wurde dabei vor allem überprüft, inwieweit das Konsum- und das Einkaufsverhalten der privaten Haushalte in einzelnen Ländern übereinstimmt. Wie bei nationalen Untersuchungen werden zahlreiche Aspekte erhoben, verdichtet und geclustert. So wurden beispielsweise 16 Euro-Styles definiert, u. a. der Euro-Moralist, auf den in Westeuropa 7,2 % der Bevölkerung entfallen (in der Bundesrepublik Deutschland (West) 14,8 %).[7] Solche Untersuchungen dienen vor allem der Industrie als Grundlage zur Planung von Konsumgütern, erlauben aber auch dem Handelsunternehmen, die psycho-soziale Distanz der Bevölkerung in einzelnen Ländern zu den vertrauten Gegebenheiten im Heimatmarkt zu erkennen. Es wird behauptet, daß einerseits die in einem Land zu beobachtenden Gruppen immer weiter auseinander streben (Polarisierung)[8] und daß andererseits von einer Konvergenz der Verhaltensweisen in den verschiedenen Ländern ausgegangen werden kann.[9] Noch gilt allerdings, daß sich selbst innerhalb eines nationalen Raumes erhebliche Unterschiede im Konsum-, Informations- und Einkaufsverhalten ergeben können.[10] Dies zwingt die Handelsunternehmen oft zu einem standortspezifischen Marketing.

Von besonderer Bedeutung bei der Auswahl von Ländern als Zielsegment ist jedoch, inwieweit das eintretende Unternehmen über bessere Fähigkeiten verfügt, die vorhandene Nachfrage zu befriedigen als die schon vorhandenen oder andere potentielle Anbieter. Fallen hierbei grenzüberschreitende Warentransporte an und bleiben die Transportkosten nicht unerheblich, können sich die Stammländer als Wettbewerbsvorteil oder als Wettbewerbsnachteil erweisen. So verfügen Unternehmen aus Deutschland gegenüber jenen aus Frankreich über einen Vorteil, wenn es um den Aufbau eines Netzes in Polen geht, jedoch über einen Nachteil, wenn der spanische Markt betrachtet wird.

### Wahl einer Markteintrittsstrategie

Dem expansionswilligen Handelsunternehmen stehen mehrere Möglichkeiten zur Verfügung, in einen anderen Markt einzutreten. Neben dem Aufbau eines neu zu errichtenden Filialnetzes kommen insbesondere Kauf oder die Beteiligung an einem bestehenden Handelsunternehmen, ein Joint Venture oder der Abschluß eines Know-how-Vertrages in Frage (vgl. Abbildung 5.14).

---

[7] Anders, H.-J.: Euro-Verbraucher. Realität oder Fiktion?, in: Szallies, R./Wiswede, G. (Hrsg.): Wertewandel und Konsum. Fakten, Perspektiven und Szenarien für Markt und Marketing, 2. Auflage, Landsberg am Lech 1991, S. 233–256; zum Überblick über die auf »Lebensstilen« aufbauenden Segmentbildungen vgl. Lingenfelder, M.: Lebensstile, in: Tietz, B./Köhler, R./Zentes, J. (Hrsg.): Handwörterbuch des Marketing, 2. Auflage, Stuttgart 1995, Sp. 1377–1392.

[8] Winkler, A.: Lifestyle definiert Ansprache, in: Lebensmittel Zeitung, 45. Jg. (1993), H. 38, S. 94.

[9] Levitt, T.: The Globalization of Markets, in: Harvard Business Review, Vol. 61 (1983), No. 3, S. 92–102.

[10] Hermann, R.: Gleicht sich der Nahrungsmittelverbrauch international an?, in: Jahrbuch der Absatz- und Verbrauchsforschung, 40. Jg. (1994), S. 371–390.

Markteintrittsformen _____

| Formen des Markteintritts | Mittelwert der Bedeutung (Skala: 1 = überhaupt keine Bedeutung, 5 = von höchster Bedeutung) | |
|---|---|---|
| | LEH | Non-Food |
| Filialisierung | 4,4 | 3,8 |
| Akquisition | 2,7 | 3,0 |
| Beteiligung | 2,7 | 2,6 |
| Joint-Venture | 2,2 | 2,2 |
| Franchising | 1,8 | 2,2 |
| Lose Kooperation mit einheimischen Unternehmen | 2,3 | 2,4 |
| Lose Kooperation mit internationalen Unternehmen | 1,6 | 2,1 |

Quelle: George, G., 1997, S. 179

Wie aus Abbildung 5.14 hervorgeht, kommt nach empirischen Erhebungen dem Aufbau von Filialen eine herausragende Bedeutung zu. Allerdings sind solche Informationen für die individuelle Entscheidung nur von sehr begrenztem Wert. So haben *Liebmann* und *Jungwirth* bei einer Analyse des Eintritts in osteuropäische Märkte festgestellt, daß dort neben der Gründung von Tochterunternehmen Joint Ventures eine herausragende Bedeutung haben.[11] Dies zeigt, daß die Wahl der Markteintrittsform auch vom Zielgebiet abhängen kann; des weiteren wird die Struktur der jeweils befragten Unternehmen einen Einfluß auf die Ergebnisse haben, denn für kapitalstarke Unternehmen können sich andere Eintrittsstrategien als vorteilhaft erweisen als für kleinere Unternehmen, für Unternehmen aus dem Textilhandel andere als für solche aus anderen Branchen. Wichtiger ist es deswegen, diejenigen Faktoren zu beachten, auf die es im jeweiligen Kontext besonders ankommt. Das sind einerseits natürlich die benötigten Ressourcen (Kapital, Standorte, Personal) und die hierfür anfallenden Kosten, die Aufteilung des Risikos, die Möglichkeiten, vorhandene Umsatzpotentiale zu erschließen, die Autonomie bei Planung und Kontrolle, andererseits aber auch die Zeit, die benötigt wird, um in einen Markt einzutreten.

Grundsätzlich gilt für alle Formen der Kooperation und Beteiligung, bei denen eine Kapitalmehrheit nicht gegeben ist, daß es zu einer Übernahme des Know-how kommen kann und der ehemalige Partner zum Konkurrenten wird.

Für ein Handelsunternehmen ist auch das zeitliche Muster des Markteintritts von besonderer Bedeutung. Das betrifft nicht nur den Zeitpunkt, zu dem in einen Markt eingetreten werden soll, sondern auch die Geschwindigkeit und den Umfang, mit dem dieses geschehen soll. Der Markteintritt kann vorsichtig erfolgen, indem zunächst nur eine Testfiliale eröffnet wird, um die lokalen Gegebenheiten zu erkennen, oder er kann schlagartig mit einem Netz von Verkaufsstellen realisiert werden. Drei Sachverhalte sind bei dieser Entscheidung besonders wichtig:

– Je nach Branche können die Logistikkosten stark vom Umsatzvolumen in dem jeweiligen Land abhängen. Bei geringem Umsatzvolumen, ausgelöst durch eine

_____
[11] Liebmann, H.-P./Jungwirth, G., 1994, S. 15.

kleine Anzahl von Verkaufsstellen, können die Kosten für die logistischen Prozesse beträchtlich höher sein, als sie bei einem dichteren Verkaufsstellennetz wären. Man erkennt, daß bei einer Internationalisierungsstrategie dynamische Aspekte besonders wichtig werden, d. h. mit welcher Geschwindigkeit und mit welchem Ziel Potentiale aufgebaut werden sollen.

- Auch die Kommunikation mit dem Kunden kann von der Größenordnung abhängig sein, mit der Aktivitäten in einem Land entfaltet werden. Die Entwicklung von länderspezifischen Werbemitteln führt bei kleinen Auflagen zu relativ hohen Stückkosten, auch können Streuverluste anfallen.
- Schließlich ist zu beachten, daß die einheimische Konkurrenz bei einem testweisen Eintritt selektiv reagieren kann. So kann sie am Standort des neu eintretenden Anbieters die Preise senken und den Werbedruck erhöhen, wodurch die Kunden gebunden und der Eindringling in seinen Erwartungen enttäuscht wird.

Diesen Nachteilen eines zögerlichen Markteintritts steht der Vorteil gegenüber, daß vor Ort Informationen über die Bedürfnisse des regionalen Marktes gewonnen werden können (z. B. zur Sortimentspolitik) und das Risiko des Kapitalverlustes begrenzt wird.

## Wahl einer Marktbearbeitungsstrategie

Die Marktbearbeitungsstrategie bezieht sich zum einen auf strategische, zum anderen auf operative Aspekte. Die strategischen Alternativen der Handelsunternehmung stellen sich vor allem in den Betriebsformen dar. Einzelne Organisationen weisen eine spezifische Kompetenz zum Betreiben von einzelnen Betriebsformen auf, so z. B.
- für Hard Discounter: *Aldi, Lidl und Schwarz, Norma,*
- für Hypermarchés: *Auchan, Carrefour, Intermarché, Promodès,*
- für C & C-Betriebe: *Metro,*
- für Fachmärkte in einzelnen Branchen: *Toys'R'Us* (Spielwaren),
- für Supermärkte: *Rewe.*

Es drängt sich der Eindruck auf, daß einzelne Länder bei der Entwicklung von speziellen Betriebsformen eine Vorreiterfunktion übernommen haben. Es wäre theoretisch reizvoll, der Frage nachzugehen, auf welche Umstände dies zurückzuführen ist.

Die Diskussion um die Ausgestaltung der operativen Absatzpolitik wird im internationalen Marketing von der Frage beherrscht, inwieweit der Einsatz der verschiedenen absatzpolitischen Instrumente länderspezifisch differenziert werden sollte.[12] Standardisierung und Differenzierung sind die Pole, zwischen denen auch gemischte Systeme angesiedelt werden können. So ist es z. B. bei der Sortimentspolitik denkbar, daß Teile des Sortiments in gleicher Weise in den verschiedenen Ländern angeboten werden (Kernsortiment), während andere länderspezifisch hinzugefügt werden (Zusatzsortiment).

Eine differenzierte Politik erlaubt im Regelfall eine bessere Anpassung an die nationalen Gegebenheiten als eine standardisierte. Es gilt also zu prüfen, inwieweit sich

---

[12] Vgl. zu einer Darstellung der derzeitigen Praxis und zu Hinweisen auf zu beachtende Bestimmungsfaktoren bei der Planung der Sortimentspolitik, der Handelsmarkenpolitik, der Preispolitik, des In-Store-Marketing und der Kommunikationspolitik Lingenfelder, M., 1996, S. 388–435.

Nachfragerpräferenzen (z. B. Ansprüche an die Sortimentstiefe, Zahlungsbereitschaft, Qualitätsansprüche) und Konkurrenzsituation unterscheiden. Andererseits geht eine differenzierte Politik mit erhöhten Kosten einher: eine geringere Standardisierung des Sortiments kann zu Verlusten bei den Konditionen führen, die Transaktionskosten erhöhen sich, es bedarf in größerem Ausmaß Mitarbeiter, die in der Lage sind, die jeweiligen Entscheidungen selbst zu treffen. Die Mehrkosten einer differenzierenden Politik sind gegen die erwarteten erlöswirtschaftlichen Vorteile aufzurechnen.

### Die organisatorische Einbindung und die Konsequenzen für die Personalpolitik

Durch ein Organisationssystem wird festgelegt, welche organisatorischen Einheiten gebildet werden, welche Aufgaben sie zu erbringen haben, wie sie in den Kommunikationsfluß eingebunden werden und nach welchen Regeln sie zu verfahren haben. Die Untersuchungen hierzu bewegen sich vor allem auf beschreibendem Niveau; es wird versucht, die relevanten Einflußfaktoren zu erkennen und die Richtung ihres Einflusses anzugeben. Dies sei an einigen Hypothesen verdeutlicht, die nähere Beachtung gefunden haben:[13]

- Bei niedrigem prozentualen Auslandsumsatz und hoher Betriebstypendiversifikation im Ausland operieren international tätige Unternehmen mit einer nach Betriebstypen gegliederten divisionalen Organisationsstruktur.
- Unsicherheit und Zentralisation stehen in einer negativen Beziehung zueinander. Mit zunehmender perzipierter Gastlandunsicherheit sinkt der Zentralisationsgrad im Verhältnis der Zentrale zur Auslandsgesellschaft.
- Für Handelsunternehmen, die im Rahmen ihrer internationalen Tätigkeit eine Strategie der Kostenführerschaft verfolgen, führt ein höherer Zentralisationsgrad zu einem größeren Erfolg als ein geringer Zentralisationsgrad.
- Je höher der Internationalisierungsgrad eines Handelsunternehmens, ausgedrückt durch den prozentualen Auslandsumsatz, ist, desto größer ist die Formalisierung und Intensität des Planungssystems.

Um die internationale Tätigkeit von Unternehmen beschreiben zu können, hat *Perlmutter* das sog. EPRG-Konzept entwickelt.[14] Er unterscheidet vier Formen, in denen sich eine grenzüberschreitende Führungsphilosophie und die zugehörige Organisationsstruktur äußern können, und zwar als **E**thnozentrierung, als **P**olyzentrierung, **R**egionenzentrierung und als **G**eozentrierung (vgl. auch die Angaben in Abbildung 5.15).

---

[13] Anderer, M.: Internationalisierung im Einzelhandel. Strategien und Steuerungsmodelle, Frankfurt am Main 1997, S. 134–195.

[14] Perlmutter, H. V.: The Tortous Evolution of the Multinational Corporation, in: Columbia Journal of World Business, Vol. 4 (1969), S. 9–18; Heenan, D. A./Perlmutter, H. V.: Multinational Organization Development, Reading, Mass. 1979; eine Darstellung des Konzepts von *Perlmutter* findet sich auch bei Perlitz, M.: Internationales Management, 2. Auflage, Stuttgart – Jena 1995, S. 140 f.

| Aspekte der Unternehmung | Orientierung | | | |
|---|---|---|---|---|
| | Ethnozentrisch | Polyzentrisch | Regiozentrisch | Geozentrisch |
| Organisations-Komplexität | Komplex im Heimatland, einfach bei den Tochtergesellschaften | Unterschiedlich und voneinander unabhängig | Hohe gegenseitige Abhängigkeit auf regionaler Ebene | Zunehmende Komplexität und weltweit eine hohe gegenseitige Abhängigkeit |
| Autorität, Treffen von Entscheidungen | Stark auf die Muttergesellschaft konzentriert | Gering von Seiten der Muttergesellschaft | Große regionale Headquarters und/oder große Zusammenarbeit zwischen den Tochtergesellschaften einer Region | Weltweite Zusammenarbeit zwischen der Muttergesellschaft und den Tochtergesellschaften |
| Auswertung und Kontrolle | Standards des Heimatlandes werden auf Leistungs- und Personalbeurteilung angewendet | Lokale Bestimmungen | Regionale Bestimmungen | Universale und lokale Standards |
| Anreizsystem und Sanktionen | Hoch bei der Muttergesellschaft, gering in den Tochtergesellschaften | Sehr unterschiedlich, Tochtergesellschaften erhalten Belohnung unterschiedlicher Höhe | Belohnungen für das Erreichen regionaler Zielvorgaben | Belohnung internationaler und lokaler Führungskräfte für das Erreichen internationaler und lokaler Zielvorgaben |
| Kommunikation, Informationsfluß | Hohe Anzahl von Aufträgen, Weisungen und Ratschlägen an die Tochtergesellschaften | Gering (mit der Muttergesellschaft und den anderen Tochtergesellschaften) | Gering mit der Muttergesellschaft, u. U. hoch mit den regionalen Headquarters und hoch zwischen den einzelnen Ländern | Beide Wege, sowohl mit der Muttergesellschaft als auch zwischen den Tochtergesellschaften |

| Geographische Identifikation | Nationalität der Muttergesellschaft | Nationalität des Gastlandes | Regionales Unternehmen | Weltweites Unternehmen unter Wahrung nationaler Interessen |
|---|---|---|---|---|
| Fortlaufende Managementaufgaben (Personalrekrutierung, -ausstattung, -entwicklung) | Mitarbeiter der Muttergesellschaft werden für weltweite Schlüsselpositionen ausgebildet | Mitarbeiter des Gastlandes werden für Schlüsselpositionen im eigenen Land ausgebildet | Regionale Mitarbeiter werden für Schlüsselpositionen in der ganzen Region ausgebildet | Die besten Mitarbeiter auf der ganzen Welt werden für weltweite Schlüsselpositionen ausgebildet |

Quelle: Perlitz, M., 1995, S. 141

*Perlmutter* formuliert einen Entwicklungspfad, den die Unternehmen bei der Umsetzung ihrer Internationalisierungsaktivitäten beschreiten und der nach seiner Meinung in die regio- oder geozentrische Organisationsstruktur einmünden muß. In Ergänzung hierzu hat *Cateora* drei Phasen formuliert:[15]

Ausweitung des Heimatmarktes (Domestic Market Extension Concept): Unternehmen sichern ihr inländisches Geschäft ab; sie streben nach Umsatzausweitung und transferieren ihre Leistungen weitgehend unverändert in Auslandsmärkte.

Multinationale Marktbearbeitung (Multidomestic Market Concept): Die Unternehmen erkennen, daß sich die Auslandsmärkte vom Heimatmarkt unterscheiden. Die in den Ländern tätigen Organisationseinheiten sind für ihren Erfolg selbst verantwortlich und agieren weitgehend unabhängig voneinander.

Standardisierte Marktbearbeitung (Global Marketing Concept): Durch eine länderübergreifende Standardisierung sollen Erfahrungskurveneffekte genutzt werden. Folgen hat eine Internationalisierung auch für die Rekrutierungs- und die Personalpolitik eines Unternehmens. Von Interesse ist, inwieweit sich die Verhaltensweisen von Mitarbeitern aus einzelnen Ländern unterschieden und wie sie in einem Unternehmenskonzept integriert werden können.

## 5.2.3 Theoretische Analyse der Internationalisierungsaktivitäten

Die Aktivitäten eines international agierenden Handelsunternehmens können sich auf
– den Beschaffungsbereich und
– den Absatzbereich

---

[15] Cateora, P. R.: International Marketing, 8. Auflage, Homewood, Ill. – Boston, Mass. 1993.

beziehen.[16] In theoretischer Hinsicht wirft die Internationalisierung des Handels eine Reihe von Fragen auf. Über die im vorhergehenden Abschnitt angesprochenen Sachverhalte zur Markteintrittsstrategie und zur Marktbearbeitungsstrategie hinaus geht es z. B. um die Frage, wie der Prozeß der Internationalisierung angestoßen wird. Wie ist es zu erklären, daß der Internationalisierungsprozeß in bedeutendem Maße von Unternehmungen aus Frankreich, Deutschland und England getragen wird. Mehrere Gründe sind denkbar: So kann es sein, daß hier das für den Aufbau von Verkaufsstellennetzen benötigte Kapital zur Verfügung stand; aber auch die Offenheit der Manager für Auslandsaktivitäten, der Umstand, daß es sich um drei hoch entwickelte Länder handelt, in denen sich der Einzelhandel artenreicher als in anderen Ländern entfaltet hatte, oder das im Betreiben einzelner Betriebsformen angesammelte Know-how können eine Rolle gespielt haben. In der Außenhandelstheorie ist insbesondere die Frage aufgeworfen worden, unter welchen Umständen es einem ausländischen Anbieter gelingen kann, die einem inländischen Anbieter zuzuschreibende größere Vertrautheit mit den Marktgegebenheiten durch monopolistische Vorteile (unternehmensspezifisches Know-how) auszugleichen.[17]

Auch die Erfolgsfaktorenforschung und die Theorie strategischer Konzepte sind auf die Internationalisierungspolitik anwendbar. Beiträge aus der Erfolgsfaktorenforschung können allerdings überwiegend nur im Transfer aus der Industrie auf den Handel genutzt werden. So hat *Müller* im Rahmen einer Metaanalyse Export-Erfolgsfaktorenstudien ausgewertet und kommt zu folgenden (stellenweise allerdings sehr allgemeinen) Befunden, die den Erfolg von Internationalisierungsbemühungen unterstützen sollen:[18]

- Konzentration auf das Auslandsgeschäft und positive Einstellung des Managements gegenüber diesen Aktivitäten,
- Vorgabe eindeutiger Ziele für die Internationalisierung,
- Existenz einer die Internationalisierung fördernden Organisationsstruktur,
- Vorhandensein einer bestimmten Unternehmensgröße,
- Aufbau von persönlichen Kontakten und vertrauensbildende Maßnahmen,
- Vorhandensein eines auslandsmarktbezogenen Informationsverhaltens.

Zielgerichtete Planung und Kontrolle, ein geeignetes Informationssystem und eine geeignete Organisationsstruktur erweisen sich auch hier als wichtige Bestimmungsfaktoren des Erfolgs. *Porter* empfiehlt in seinem Globalisierungskonzept, die sekundären Aktivitäten der Wertkette auf ihre Zentralisierbarkeit zu überprüfen.[19] In den Sektoren Verwaltung, Planung, Organisation, Personal, Technologie und Beschaffung seien die Geschäftsprozesse in relativ hohem Ausmaß zu standardisieren. Für die

---

[16] *Lingenfelder* beschreibt sowohl für den Beschaffungsbereich wie für den Absatzbereich die grenzüberschreitenden Geschäftstätigkeiten in der Praxis des Einzelhandels. Lingenfelder, M., 1996, S. 337–366 (Der Beschaffungsbereich im Lichte sekundärstatistischer Befunde) und S. 367–436 (Der Absatzbereich im Spiegel empirischer Befunde).

[17] Kindleberger, C. P.: American Business Abroad. Six Lectures on Direct Investment, New Haven, Conn. – London 1969; Hymer, S. H.: The International Operations of National Firms. A Study of Direct Foreign Investment, Cambridge, Mass. – London 1976; Perlitz, M., 1995.

[18] Vgl. Müller, S.: Die Psyche des Managers als Determinante des Exporterfolgs, Stuttgart 1991, S. 70.

[19] Porter, M. E.: Wettbewerb auf globalen Märkten, in: Porter, M. E. (Hrsg.): Globaler Wettbewerb, Wiesbaden 1989a, S. 17–68.

primären Aktivitäten (z. B. Marketing und Verkauf) gelte dagegen, daß diese marktnah gestaltet werden sollten.

Die Facetten einer Internationalisierungspolitik von Handelsunternehmen sind außerordentlich zahlreich; sie umfassen die grundsätzliche Entscheidung, im internationalen Raum tätig zu sein, betreffen den Prozeß, in dem man zu dieser Entscheidung und den folgenden Schritten kommt, schließen die Markteintritts- und die Marktbearbeitungsstrategie, die Art der Organisation und personalwirtschaftliche Aspekte ein. Bei dieser Vielzahl von Verhaltensweisen von Unternehmen ist es nicht erstaunlich, daß in der Volks- wie in der Betriebswirtschaftslehre die Internationalisierung mit unterschiedlicher Blickrichtung thematisiert worden ist. *Lingenfelder* unterscheidet drei Gruppen von Ansätzen:[20]

(1) Volkswirtschaftliche Erklärungsansätze (die Außenhandelstheorie, die Mikroökonomik, Wettbewerbstheorien, die Industrieökonomik),

(2) Betriebswirtschaftliche Erklärungsansätze (die Lehre von den Handelsfunktionen, Theorien des Wandels der Marktstellung von Handelsunternehmen, Gatekeeper- und Interaktionstheorien, die Transaktionskostentheorie, die Erfolgsfaktorenforschung, die Entscheidungstheorie),

(3) Strategische Konzepte (das Global Sourcing, Economies of large scale- und Erfahrungskurveneffekt, strategische Netzwerke und strategische Allianzen, das EPRG-Konzept, die Globalisierungskonzepte von *Ohmae* und *Porter,* der Strategic-Fit-approach).

Mag diese Einteilung auch problematisch sein, so zeigt sie doch, wie vielfältig die Sichtweisen sind. Nach einer ausführlichen Darstellung der einzelnen Ansätze filtert *Lingenfelder* die zentralen Wirkungshypothesen und kommt zu insgesamt 122 Aussagen. Dies sei an zwei Beispielen verdeutlicht:

– Je ähnlicher Stammland und Auslandsmarkt in kultureller Hinsicht von den Entscheidungsträgern wahrgenommen werden, desto höher wird die Wahrscheinlichkeit für ein Engagement in dem betreffenden Land.

– Eine volumenbedingte Kosteneinsparung, die Erzielung von Lerneffekten und die Nutzung von Synergie auf der Ebene des internationalen Managements führen zu einem Erfolg der Internationalisierungsstrategie eines Einzelhandelsunternehmens.

Nachdem *Lingenfelder* die vielfältigen Gesichtspunkte einer Internationalisierung des Handels aufbereitet und geordnet hat, sollten sie jetzt integriert werden. Dies wird auch die weitere empirische Überprüfung erleichtern.


## 5.3 Die Diversifikation im Handel

Handelsunternehmen können nicht nur wachsen, indem sie ihr Stammgeschäft forcieren, mit Wettbewerbern fusionieren oder ihr Marktgebiet ausdehnen, sondern auch indem sie diversifizieren. Diversifikation meint eine unternehmenspolitische

---

[20] Lingenfelder, M., 1996, S. 50–51.

Strategie der gezielten Ausweitung des bisherigen Tätigkeitsbereiches einer Unternehmung auf angrenzende oder völlig neue Leistungsbereiche. Dies kann geschehen, indem intern neue Leistungsfelder entwickelt werden (interne Diversifikation) oder indem einschlägige Anbieter übernommen bzw. indem mit ihnen kooperiert wird (externe Diversifikation). Sowohl die interne als auch die externe Diversifikation sind häufig vorzufinden, was durch die folgenden Beispiele veranschaulicht werden soll:

– Buchhandlungen führen auch Musikalien und Tonträger, ehemalige Kaffeeanbieter wandeln sich zum Partievermarkter, Tankstellen sind durch die Ausweitung ihres Lebensmittelangebotes bekannt geworden.
– *Karstadt* als Warenhausunternehmen hat den Versandhandel von *Neckermann* übernommen.
– Die *Rewe AG* hat Anteile an dem Fernsehsender *Pro 7* erworben.

Die Beispiele zeigen die Vielfalt der Diversifikationsmöglichkeiten, machen aber auch deutlich, daß schärfer umrissen werden sollte, welche Fälle eingeschlossen sind, wenn von Diversifikation gesprochen wird. Es ist aber nicht nur wichtig, das weite Feld der Diversifikationsmöglichkeiten zu erkennen, sondern auch beurteilen zu können, unter welchen Umständen solche Maßnahmen den gewünschten Erfolg erbringen. Dies ist zum einen Aufgabe von entsprechenden Theorien, die die Gründe für den Erfolg aufzeigen, zum anderen aber auch Aufgabe der empirischen Überprüfung. Auf diese Sachverhalte wird im folgenden eingegangen.

## 5.3.1 Formen der Diversifikation

Diversifikation meint die Ausdehnung der bisherigen Aktivitäten einer Unternehmung auf neue Tätigkeitsbereiche. So definiert *Jacobs* Diversifikation als:

> »... *eine unternehmenspolitische Strategie der planmäßigen Ausdehnung der bisherigen Schwerpunkttätigkeit eines Unternehmens auf angrenzende oder völlig neue Märkte und Leistungsbereiche.*«[1]

Gegenüber der Produkt-Markt-Matrix von *Ansoff,* in der nur das Beschicken neuer Märkte mit neuen Produkten als Diversifikation bezeichnet wird (in Gegenüberstellung zur Marktentwicklung und zur Produktentwicklung), fällt auf, daß sich *Jacobs* von der Produktdimension löst und statt dessen von der Leistungsdimension spricht. Dies ist auch der für Handelsunternehmungen passendere Begriff, denn die Leistung des Handelsbetriebes setzt sich aus einer Kombination von Sach- und Dienstleistungen zusammen. Insofern können Erweiterungen des Sortimentes (in einem weit verstandenen Sinn als alle selbständig zu vermarktenden Absatzobjekte, zu denen nicht nur Sachgüter, sondern auch Dienstleistungen, wie beispielsweise Reparaturen, Änderungen, Vermittlungen, gehören können) eine Ausdehnung des Leistungsbereiches darstellen – die Sachleistung. Aber auch neue Betriebsformen als zusammenfassende Darstellung, mit welchem Dienstleistungsbündel die Absatzobjekte angeboten werden, stellen neue Leistungen dar – die Dienstleistungskomponente.

Wenn in der obigen Definition von angrenzenden oder völlig neuen Leistungsbereichen gesprochen wird, werden damit die bisherigen Leistungsbereiche ausgeschlos-

---

[1]  Jacobs, S.: Strategische Erfolgsfaktoren der Diversifikation, Wiesbaden 1992, S. 7.

sen. Daraus ergibt sich ein Abgrenzungsproblem, das allgemein nicht eindeutig geklärt werden kann. So kann es sich bei einem Schuheinzelhandelsunternehmen, das bisher nur Haus- und Straßenschuhe angeboten hat, um eine Form der Diversifikation handeln, wenn Sportschuhe in das Sortiment aufgenommen werden, man wird jedoch nicht geneigt sein, von Diversifikation zu sprechen, wenn es sich lediglich um Erweiterungen der Sortimentstiefe handelt. Der Verweis darauf, daß es sich um eine »strategische Maßnahme« handeln soll, hilft jedoch, die Diversifikation von operativen Maßnahmen abzugrenzen.

Das Adjektiv »neu« bezeichnet dabei nicht Marktneuheiten (also Angebote, die zuvor auf dem Markt noch von keinem Anbieter angeboten worden sind), sondern meint Betriebsneuheiten (also Angebote, die für den betreffenden Betrieb neu sind).

*Jacobs* weist darauf hin, daß Diversifikation auch dann vorliege, wenn die Unternehmung in angrenzende oder völlig neue Märkte eintrete. Von einem neuen Markt kann jedoch nicht nur gesprochen werden, wenn neue Leistungen angeboten werden, sondern auch wenn die Unternehmung neuen Nachfragern gegenübertritt. Dies kann geschehen, indem die Unternehmung in neuen Regionen tätig wird. Weder der Fall der nationalen Ausdehnung noch die Internationalisierung sollen jedoch im vorliegenden Zusammenhang als Diversifikation bezeichnet werden. Neue Nachfrager können aber auch im bisherigen Absatzgebiet angesprochen werden, indem neue Zielgruppen definiert werden. Im Regelfall setzt dies aber voraus, daß neue Sachleistungen oder neue Dienstleistungen zur Vermittlung dieser Sachleistungen in das Leistungsprogramm aufgenommen werden. Insofern bietet es sich an, auf den Definitionsbestandteil »angrenzende oder völlig neue Märkte« zu verzichten und nur zu definieren:

> *Diversifikation stellt eine unternehmenspolitische Strategie der planmäßigen Ausdehnung des bisherigen Leistungsprogrammes einer Unternehmung auf angrenzende oder völlig neue Leistungsbereiche dar.*

Die Diversifikation kann in unterschiedliche Richtungen erfolgen.[2] Von horizontaler Diversifikation spricht man, wenn die bisherige Wirtschaftsstufe nicht verlassen wird und vorhandene Unternehmenspotentiale auch im neuen Tätigkeitsfeld genutzt werden können. Bei einer vertikalen Diversifikation wird der Tätigkeitsbereich auf vor- oder nachgelagerte Wirtschaftsstufen erweitert. Bei der konglomeraten Diversifikation erschließt sich die Unternehmung ein Leistungsprogramm, das mit dem bisherigen Leistungsprogramm in keinem unmittelbaren Zusammenhang mehr steht. In Abbildung 5.16 sind die verschiedenen Richtungen der Diversifikation noch einmal gegenübergestellt.

---

[2] Vgl. auch Drexel, G.: Strategische Unternehmensführung im Handel, Berlin – New York 1981, S. 186–190; Hansen, U.: Absatz- und Beschaffungsmarketing des Einzelhandels, 2. Auflage, Göttingen 1990, S. 563–565; Köhler, F. W.: Handelsstrategien im systematischen Überblick, in: Trommsdorff, V. (Hrsg.): Handelsforschung 1991. Erfolgsfaktoren und Strategien, Wiesbaden 1992, S. 124 f.; Dyckhoff, B.: Diversifikation von Handelsunternehmen in den Finanzdienstleistungsbereich, Frankfurt am Main 1993, S. 18–23.

**Abbildung 5.16:** Diversifikationsrichtungen von Handelsunternehmen _____

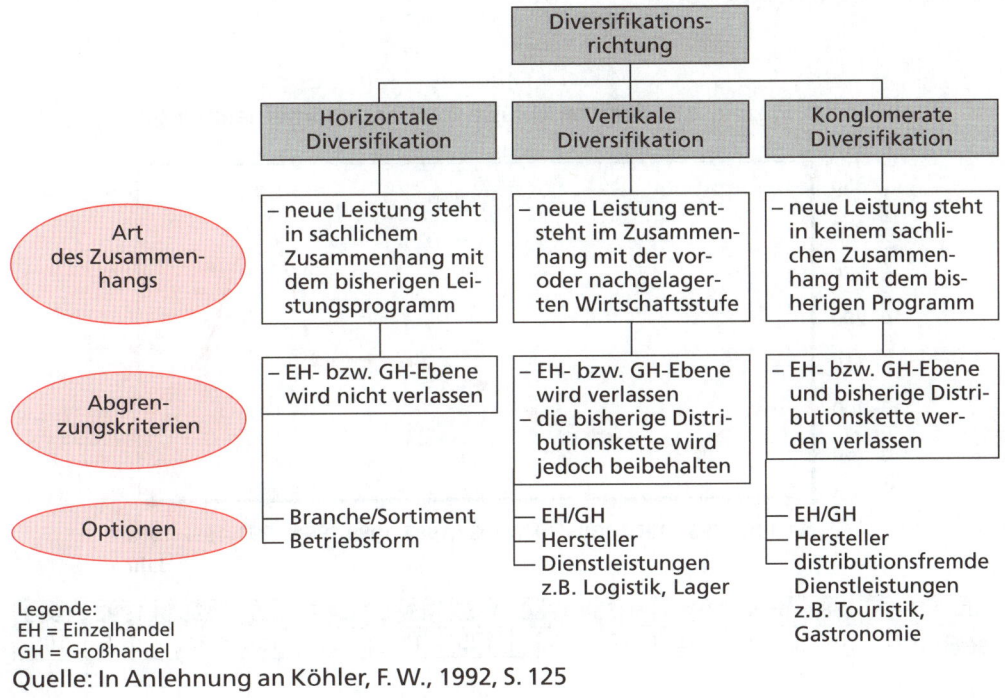

Legende:
EH = Einzelhandel
GH = Großhandel
Quelle: In Anlehnung an Köhler, F. W., 1992, S. 125

Wenn von Formen der Diversifikation die Rede ist, muß auch darauf hingewiesen werden, daß eine geplante Diversifikation auf unterschiedliche Weise realisiert werden kann.[3] Bei der internen Entwicklung werden eigene Ressourcen und Fähigkeiten eingesetzt. Die neuen Leistungsbereiche werden selbständig entwickelt und entweder in das bestehende Unternehmen eingegliedert oder als Tochtergesellschaften ausgegliedert. Bei der Akquisition, Fusion oder Beteiligung werden bereits im Markt befindliche Einheiten erworben. Schließlich ist an verschiedene Formen der Kooperation zu denken, wie z. B. das Joint Venture.

Da nach § 23 Abs. 1 GWB Unternehmenszusammenschlüsse ab einer gewissen Größenordnung anzuzeigen sind (u. a. wenn sie mehr als 500 Mio. DM Umsatz erzielen), kann aus den Aufzeichnungen des Bundeskartellamtes abgelesen werden, in welchem Ausmaß es zu Zusammenschlüssen gekommen ist, an denen Handelsbetriebe beteiligt waren. Wie Abbildung 5.17 zeigt, stiegen nach 1985 die Zusammenschlüsse an und erreichten 1991 einen Höhepunkt. In rund 80 % der Fälle wurde wiederum ein Handelsunternehmen erworben, in bedeutendem Umfang lagen aber auch Zusam-

---

[3]  Müller-Stewens, G.: Entwicklung von Strategien für den Eintritt in neue Geschäfte, in: Henzler, H. A. (Hrsg.): Handbuch Strategische Führung, Wiesbaden 1988, S. 219–242; Gomez, P./Ganz M.: Diversifikation mit Konzept. Den Unternehmenswert steigern, in: Harvard Manager, 14. Jg. (1992), H. 1, S. 44–54.

menschlüsse mit Unternehmungen aus dem Bereich »Sonstige Dienstleistungen« und der Ernährungsindustrie vor.

**Abbildung 5.17:** Angezeigte Zusammenschlüsse von Handelsunternehmungen _____

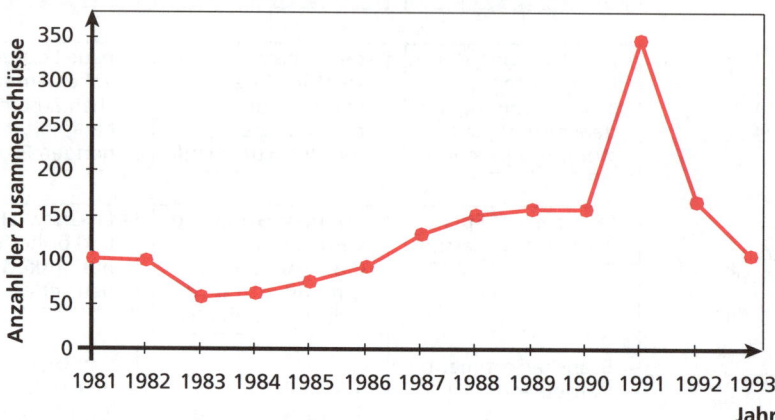

| Jahr | 1981 | 1982 | 1983 | 1984 | 1985 | 1986 | 1987 | 1988 | 1989 | 1990 | 1991 | 1992 | 1993 |
|---|---|---|---|---|---|---|---|---|---|---|---|---|---|
| Anzahl | 102 | 100 | 58 | 62 | 76 | 93 | 129 | 152 | 157 | 158 | 347 | 166 | 105 |

Quelle: Deutscher Bundestag (Hrsg.): Bericht des Bundeskartellamtes über seine Tätigkeit sowie über Lage und Entwicklung auf seinem Aufgabengebiet, Drucksache, fortlaufend

Abbildung 5.17 vermittelt einen Eindruck von dem Ausmaß der Zusammenschlüsse, an denen Handelsunternehmen beteiligt waren, gibt aber nur eingeschränkt Hinweise auf die Diversifikationspolitik der deutschen Handelsunternehmen. Es ist zu beachten, daß alle internen Diversifikationen außer Acht bleiben, daß nur Zusammenschlüsse berücksichtigt worden sind, die den vom Gesetz gegen Wettbewerbsbeschränkungen festgelegten Schwellenwert übersteigen und daß auch solche Zusammenschlüsse ausgewiesen werden, die das gleiche Tätigkeitsfeld erfassen. Trotzdem kann davon ausgegangen werden, daß in nicht unbeträchtlichem Maß Sortiments- und Betriebsformendiversifikationen vorliegen.[4] Viele Großunternehmen sind in bedeutendem Maß diversifiziert, wie die folgenden Beispiele zeigen:
– Metro-Holding: *Kaufhof* als Warenhausgesellschaft, *Vobis* und *Reno* als Fachmärkte, *Metro* als Cash-und Carry-Betrieb,
– Quelle-Holding: *Quelle* als Versandhaus, *Sinn Leffers* als Textilkaufhäuser, *Apollo-Optik* als Fachgeschäft.

_____
[4] So auch Dobler, B./Jacobs, S.: Ziele, Formen und Erfolge einer Diversifikationsstrategie im Handel, Arbeitspapier Nr. 76 des Instituts für Marketing an der Universität Mannheim, Mannheim 1989.

## 5.3.2 Zur theoretischen Begründung von Diversifikationen

Diversifikationsstrategien erleben wechselnde Phasen der Zustimmung und der Ablehnung. In manchen Zeiten wird darauf abgestellt, daß eine Diversifikation das Risiko mindert und hier die gleichen Grundsätze wie bei der Zusammenstellung eines Portefeuilles von Wertpapieren gelten, in anderen Zeiten wird hervorgehoben, daß Unternehmungen sich auf ihr Kerngeschäft konzentrieren sollten. Welchen Beitrag eine Politik der Diversifikation zum Unternehmenserfolg bringen könnte, ist Gegenstand zahlreicher Theorien gewesen.[5] Besonders häufig wurde auf die Nutzung von Synergieeffekten verwiesen, weshalb hierauf bevorzugt eingegangen wird.

Synergie liegt vor, wenn durch die Kombination von zwei Aktivitäten ein besseres Ergebnis erzielt wird, als wenn diese getrennt durchgeführt würden. Anschaulich wird von dem »2 + 2 = 5-Effekt« gesprochen. Synergieeffekte liegen mithin vor, wenn gilt:

(3)     $E(y_1, y_2) > E(y_1) + E(y_2)$,

wobei  $E(y_i)$     = Erfolg der Aktivität $y_i$ – bei unabhängiger Durchführung,
       $E(y_1, y_2)$ = Erfolg der Aktivitäten $y_1$ und $y_2$ bei gemeinsamer Durchführung.

Bei dem Erfolg kann es sich im Prinzip um alle Komponenten der Zielfunktion handeln, von besonderem Interesse sind aber die Wirkungen einer Diversifikation auf die Kosten, die Umsatzerzielung und auf das Risiko.

Besondere Beachtung hat die Frage gefunden, aus welchen Gründen zu erwarten ist, daß die Kosten bei einer Bündelung der Aktivitäten geringer als bei getrennter Durchführung sein sollten. Erste Hinweise hatte schon *Penrose* geliefert, wenn sie ausführt, daß sich die Produktionskapazität eines Unternehmens nach dem Engpaßfaktor richten müsse und aufgrund der begrenzten Teilbarkeit der Ressourcen nur selten alle Kapazitäten maximal ausgeschöpft seien. Dabei gelte: »... so long as any resources are not fully in current operations, there is an incentive for a firm to find a way of using them more fully.« Überschüsse können dabei insbesondere auf der Ebene der Unternehmensleitung anfallen. Es ist aber auch denkbar, daß Lagerhallen, Kommissionierstraßen oder der Fuhrpark nicht ständig ausgelastet sind. Starke Nachfrageschwankungen können ebenfalls dazu führen, daß vorhandene Kapazitäten ungenutzt bleiben und den Anstoß geben, nach weiteren Nutzungsmöglichkeiten Ausschau zu halten. Da eine Ausdehnung des bisherigen Geschäftes nicht zu einer besseren Auslastung der vorhandenen Potentiale beitragen kann, bleibt bei nicht anpaßbaren Ressourcen nur die Diversifikation.

Diese Überlegungen decken sich mit dem Konzept der Economies of Scope. Hiernach sind die Gesamtkosten der aufgrund einer gemeinsamen Nutzung von Produktionsfaktoren verbundenen Herstellung von zwei Produkten niedriger als die Summe der Kosten einer getrennten Produktion. So warfen *Baumol/Panzar/Willig* die Frage auf, unter welchen Bedingungen es ökonomisch gerechtfertigt ist, die Produktion verschiedenartiger Produkte anstatt in zwei oder mehr getrennt operierenden Unternehmen in nur einem Mehrproduktunternehmen zusammenzufassen.[6] Die Antwort se-

---

[5]  Vgl. den Überblick bei Greune, M.: Der Erfolg externer Diversifikation im Handel, Heidelberg 1997, S. 43–108.

[6]  Baumol, W./Panzar, J. C./Willig, R. D: Contestable Markets and the Theory of Industry Structure, San Diego, Cal. u. a. 1988; vgl. auch Arnold, V.: Die Vorteile der Verbundproduktion, in: WiSt, 14. Jg. (1985), S. 269–273.

hen sie darin, daß ein Teil der Produktionsfaktoren, ohne hierfür in größeren Mengen beschafft zu werden, auch für die Herstellung anderer Produkte genutzt werden kann; es handelt sich um »öffentliche Produktionsfaktoren«. *Teece* nennt technologisches Know-how, Management-Know-how, Organisations-Know-how und Goodwill als Beispiele.[7] Es kommen »quasi-öffentliche Produktionsfaktoren« hinzu, das sind jene, die nicht in solchen Quanten beschafft werden können, wie sie benötigt werden (»excess capacities«).

Aber auch Economies of Scale, d. h. mit einem gesteigerten Geschäftsvolumen kann ein höherer Wirkungsgrad erreicht werden, sind für die Diversifikation nicht unbedeutend, wenn unterschiedliche Geschäftsbereiche die gleichen innerbetrieblichen Prozesse erfordern. In diesem Fall kann das größere Geschäftsvolumen aufgrund des Gesetzes der Massenproduktion (fixe Kosten verteilen sich auf eine größere Stückzahl), aufgrund der Möglichkeit, kostengünstigere Technologien einzusetzen oder aufgrund eines Lerneffektes zu niedrigeren Stückkosten abgewickelt werden. So ist es denkbar, daß bei Ausdehnung der Menge der zu lagernden und zu kommissionierenden Waren günstigere Technologien eingesetzt werden können, die Marktforschung hat ähnliche Fragestellungen zu beantworten, der Fuhrpark kann für unterschiedliche Zwecke genutzt werden, die gleichen Waren müssen für unterschiedliche Vertriebsschienen beschafft werden. Die Beispiele machen deutlich, daß trotz unterschiedlicher Leistungen (Felder der Diversifikation) gleiche Prozesse bewältigt werden müssen, die somit Potentiale für Economies of Scale bieten. Sollte also eine Ausdehnung des Stammgeschäftes sich verbieten (weil entsprechende Nachfragepotentiale nicht vorhanden sind oder weil die Konkurrenz zu stark ist), besteht die Möglichkeit, das Volumen der schon bisher anfallenden Prozesse zu steigern, indem in Diversifikationsbereiche eingedrungen wird, in denen gleiche Prozesse zu bewältigen sind. *Greune* hat das Konzept der Wertkette herangezogen, um die Verhältnisse in verschieden strukturierten Unternehmen auf Synergiepotentiale abzusuchen.[8] Er nennt Synergien auf der Grundlage von:

– Beschaffungsverflechtungen: Gesteigerte Volumina erlauben bessere Konditionen und senken die Transaktionskosten;
– Logistik/Technologieverflechtungen: gemeinsame Nutzung von Technologien;
– Marktverflechtungen: es ist denkbar, daß die Medien im Bereich der Werbung Mengenrabatte einräumen oder Handelsmarken gemeinsam entwickelt werden;
– Infrastrukturverflechtungen: dies betrifft nicht nur das Führungssystem, sondern auch Steuervorteile aufgrund von Verlustvorträgen.

Zu einer vertikalen Diversifikation können insbesondere Ersparnisse bei den Transaktionskosten beisteuern. Im Rahmen der Neuen Institutionenökonomie wurde untersucht, unter welchen Voraussetzungen sich Unternehmen, die auf hintereinander geschalteten Wirtschaftsstufen tätig sind, zweckmäßigerweise zusammenschließen.[9] Von besonderer Bedeutung ist dabei, inwieweit durch die Vornahme spezifischer Investitionen die Kosten gesenkt werden können. Als spezifisch werden Investitionen

---

[7] Teece, D. J.: Economies of Scope and the Scope of the Enterprise, in: Journal of Economic Behavior and Organization, Vol. 1 (1980), S. 223–247; Teece, D. J.: Towards an Economic Theory of the Multiproduct Firm, in: Journal of Economic Behavior and Organization, Vol. 3 (1982), S. 39–63.

[8] Greune, M., 1997, S. 74–84.

[9] Williamson, O. E.: Die ökonomischen Institutionen des Kapitalismus. Unternehmen, Märkte, Kooperationen, Tübingen 1990.

dann bezeichnet, wenn sie außerhalb der Geschäftsbeziehung, für die sie getätigt worden sind, an Wert einbüßen.

Eine Diversifikationspolitik ist jedoch nicht nur unter Kostengesichtspunkten zu betrachten. Grundsätzlich ist es denkbar, daß ein diversifizierendes Unternehmen sein akquisitorisches Potential von einem Tätigkeitsfeld auf ein anderes übertragen kann. Im Konsumgütermarketing gibt es viele Beispiele, wie mit einer Dachmarkenpolitik ein vorhandenes Image auf andere Produkte übertragen wurde. In letzter Zeit machen die Banken von dieser Übertragungsmöglichkeit verstärkt Gebrauch, indem sie Neugründungen mit dem Zusatz versehen ». . . ein Tochterunternehmen der . . .«. Bislang operieren diversifizierte Unternehmen allerdings so im Markt, daß den Kunden die Verbindung zwischen den einzelnen Unternehmen nicht immer deutlich wird. Anders ist das natürlich bei Sortimentsdiversifikationen.

## 5.3.3 Der empirische Erfolg von Diversifikationen

Wenn die im vorhergehenden Abschnitt erwähnten Synergiepotentiale im Einzelfall gegeben und nicht durch Übernahmekosten oder Anlaufschwierigkeiten ausgeglichen werden, müßte Diversifikationen ein großer Erfolg beschieden sein. Eine empirische Überprüfung setzt zunächst voraus, daß das Erfolgsmaß konkretisiert wird, anhand dessen der Erfolg im Einzelfall bestimmt wird. Als solche kommen in Frage
– jahresabschlußbezogene Angaben,
– die Häufigkeit, mit der gestartete Diversifikationsprojekte fortgeführt oder desinvestiert wurden,
– absatzmarktorientierte Größen, wie z. B. der Marktanteil,
– die Einschätzung durch Experten,
– die Bewertung durch den Kapitalmarkt (Aktienmarktreaktionen).

Bei den Angaben aus den Jahresabschlüssen kann es sich beispielsweise um den Jahresüberschuß vor oder nach Steuern und die Eigenkapitalrentabilität handeln. *Greune* hat verfolgt und gegenübergestellt, wie sich diese drei Angaben bei der *Karstadt AG* vor und nach der Übernahme der *Neckermann AG* dargestellt haben.[10] Die Zusammenstellung gibt zu denken, obwohl die ausgewiesenen Zahlen durch zahlreiche Bilanzierungswahlrechte beeinflußt sind und ein Bezug zur Entwicklung anderer Warenhäuser oder des Handels insgesamt fehlt.

Um ein recht einfaches Erfolgsmaß handelt es sich, wenn festgestellt wird, wieviel der Diversifizierungsprojekte nach einer bestimmten Zeit noch fortgeführt bzw. wieviele wieder eingestellt oder veräußert worden sind. Allerdings wird hierbei ganz vernachlässigt, wie hoch die jeweiligen Erfolge oder Verluste sind. Auch absatzmarktbezogene Größen, wie z. B. Umsatzveränderungen oder Marktanteilsverschiebungen geben nur eingeschränkt Auskunft über den Erfolg.

Von daher ist es nicht verwunderlich, daß in empirischen Erfolgsstudien vor allem auf kapitalmarktbezogene Größen abgestellt wurde, wiewohl diese nur anzuwenden sind, wenn es sich um börsennotierte Gesellschaften handelt. Für sie spricht, daß auch künftige Auswirkungen eines Diversifikationsprojektes berücksichtigt werden und daß es sich um die »objektive« Beurteilung des Marktes handelt. Es wird dabei

---

[10] Greune, M., 1997, S. 113.

überprüft, wie sich der Aktienkurs einer diversifizierenden Unternehmung im Vergleich zu anderen Unternehmen entwickelt hat. Es wird eine sog. abnormale Rendite ermittelt.

Abbildung 5.18: Jahresüberschuß und Eigenkapitalrentabilität der *Karstadt AG* fünf Jahre vor und fünf Jahre nach der Übernahme der *Neckermann AG* im Jahre 1977

| Jahr | −5 1972 | −4 1973 | −3 1974 | −2 1975 | −1 1976 | t = 0 1977 | 1 1978 | 2 1979 | 3 1980 | 4 1981 | 5 1982 |
|---|---|---|---|---|---|---|---|---|---|---|---|
| Jahresüberschuß vor Steuern (in Mio. DM) | 284 | 256 | 302 | 382 | 300 | 219 | 148 | 124 | 200 | 139 | 161 |
| Jahresüberschuß nach Steuern (in Mio. DM) | 122 | 106 | 120 | 144 | 122 | 70 | 64 | 43,2 | 77,6 | 43,2 | 58,2 |
| Eigenkapital- rentabilität | 0,31 | 0,27 | 0,30 | 0,32 | 0,24 | *0,18* | 0,12 | 0,10 | 0,16 | 0,11 | 0,12 |

Quelle: Greune, M., 1997, S. 113

Die durch die Diversifikation ausgelöste abnormale Rendite ergibt sich als Differenz der tatsächlichen Rendite der Aktie der diversifizierenden Unternehmung im Vergleich zu der für diese Unternehmung erwarteten Rendite, also:

(4)        $AR_{it} = R_{it} - E(R_{it})$

wobei:    $AR_{it}$   = Abnormale Rendite der Unternehmung i im Zeitraum t,
           $R_{it}$    = Rendite der Aktie der Unternehmung i im Zeitraum t,
           $E(R_{it})$ = erwartete Rendite der Aktie der Unternehmung i für den Zeitraum t.

Die tatsächliche Rendite wird also mit einer erwarteten Rendite verglichen. Nach dem Marktmodell wird unterstellt,[11] daß die Rendite eines einzelnen Unternehmens in einer linearen Beziehung zum relevanten Gesamtmarkt steht. Damit wird einerseits berücksichtigt, daß die Entwicklung der diversifizierenden Unternehmung auch von Faktoren beeinflußt wird, die in gleicher Weise auf andere im Markt befindliche Unternehmen einwirken, wie z. B. konjunkturelle Einflüsse. Ein Ansteigen oder ein Absinken der Rendite der diversifizierenden Unternehmung aufgrund solcher auf alle relevanten Unternehmen wirkenden Faktoren darf nicht dem Ereignis der Diversifikation zugeschrieben werden. Für einen vor der Diversifikation liegenden Zeitraum wird mit Hilfe der Regressionsanalyse ermittelt, wie individuelle Unternehmensrendite und Rendite des relevanten Marktes zueinander stehen. Die mit dieser Regressionsgeraden ermittelbaren Werte werden als die normalerweise von der Unternehmung zu erzielenden Renditen angesehen. Im Vergleich von tatsächlicher Rendite und der normalerweise zu erwartenden Rendite ergibt sich ein positiver oder ein negativer Überschuß (abnormale Rendite), der dem Ereignis der Diversifikation zugeschrieben wird, also:

---

[11] Fama, E. F.: Foundations of Finance, New York 1976, Kapitel 3.

(5)     $R_{it} = \alpha_i + \beta_i R_{mt} + \varepsilon_{it}$

wobei:  $\alpha_i$  = Aktienspezifische Konstante (Schätzparameter der Regression);

$\beta_i$  = Maß für die Sensitivität der Aktienrendite gegenüber Schwankungen der Marktrendite (Schätzparameter der Regression);

$R_{mt}$ = Rendite des Aktienmarktes m im Zeitraum t;

$R_{it}$  = Rendite der Aktie i im Zeitraum t;

$\varepsilon_{it}$  = Residualgröße, d. h. nicht durch die unabhängige Variable erklärte Abweichung des Beobachtungswertes von dem entsprechenden Schätzwert.

Wird auf die Koeffizienten $\alpha$ und $\beta$ verzichtet, wird von der marktbereinigten Rendite gesprochen.

Die abnormale Rendite wird für einzelne Zeiträume ermittelt; wird sie kumuliert, wird von der kumulierten abnormalen Rendite gesprochen (CAR).

*Greune* hat die Zusammenschlüsse von 33 deutschen Handelsunternehmen im Zeitraum von 1976 bis 1992 untersucht, soweit dabei eine Diversifikation (44 Fälle) unterstellt werden konnte. Es ergab sich, daß die Mehrzahl der Diversifikationsprojekte vom Kapitalmarkt negativ bewertet wurde. Im Untersuchungszeitraum von zwölf Monaten vor bis zwölf Monate nach der Diversifikation (der Zeitpunkt der Diversifikation wird als t = 0 bezeichnet) betragen die kumulierten abnormalen Renditen nach der Methode der marktbereinigten Rendite –7,53 % bzw. nach der Methode des Marktmodells sogar –13,9 % (vgl. auch Abbildung 5.19).

**Abbildung 5.19:** Kumulierte abnormale Renditen übernehmender Handelsunternehmen bei Verwendung unterschiedlicher Analysemodelle und des DAFOX (N = 44)

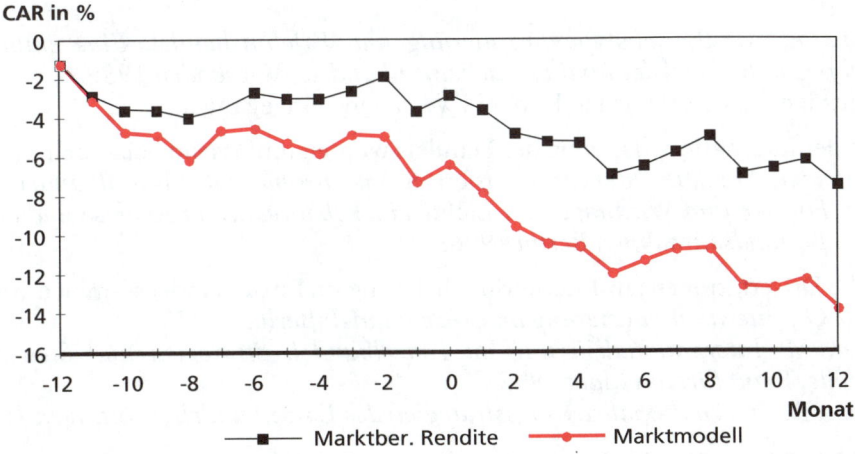

Quelle: Greune, M., 1997, S. 172

Horizontale Diversifikationen wurden schlechter als vertikale bewertet, Diversifikationsprojekte von Unternehmungen mit reichhaltiger Akquisitionserfahrung wurden besser beurteilt als Diversifikationsprojekte von anderen Unternehmen. Zwar handelt es sich um Durchschnittsbetrachtungen, aber dennoch wird deutlich, daß Diversifikationen in vielen Fällen nicht mit dem erhofften Erfolg einhergehen. Natürlich werden die Ergebnisse auch durch die Auswertungsmethode bestimmt, die ausgewählten Unternehmen, den verwendeten Aktienkursindex, das für den Vergleich zugrundegelegte Modell mit seinen als normal erwarteten Renditen, die Dauer des betrachteten Zeitraumes, dem zugrundegelegten Zeitpunkt des Zusammenschlusses. Immerhin hat *Greune* auch festgestellt, daß die Strategie der externen Diversifikation bei den untersuchten Handelsbetrieben auch in 43 % der Fälle mit einer Erhöhung des Unternehmenswertes verbunden war.

### Literaturhinweise zu Kapitel 5

Konzepte zur Gestaltung von Betriebsformen finden sich in
*Glöckner-Holme, I: Betriebsformen-Marketing im Einzelhandel, Augsburg 1988.*
*Woratschek, H.: Betriebsform, Markt und Strategie, Wiesbaden 1992.*

Außerdem sei hingewiesen auf:
*Müller-Hagedorn, L.: Handelsmarketing, 2. Auflage, Stuttgart – Berlin – Köln 1993,*
  *Kapitel 3.*
Dort wird nicht nur auf Faktoren eingegangen, die die zukünftigen Kosten und Erlöse beeinflussen, sondern auch auf das immer wieder faszinierende ›Gesetz von der Dynamik der Betriebsformen‹ (Nieschlag).

Es gilt auch zu beachten, daß in einem Teil der Literatur auf verhaltenswissenschaftlicher Basis der Frage nachgegangen wird, nach welchen Gesichtspunkten Verbraucher ihre Einkaufsstättenentscheidung treffen, z. B.
*Heinemann, M.: Einkaufsstättenwahl und Firmentreue des Konsumenten, Wiesbaden 1976.*
*Heinemann, G.: Betriebstypenprofilierung und Erlebnishandel. Eine empirische Analyse am Beispiel des textilen Facheinzelhandels, Wiesbaden 1989.*
Auf Beiträge dieser Art wird in Kapitel 7 vertiefend eingegangen.

Fragen der Internationalisierung des Handels werden umfassend behandelt in
*Lingenfelder, M.: Die Internationalisierung im europäischen Einzelhandel. Ursachen, Formen und Wirkungen im Lichte einer theoretischen Analyse und empirischen Bestandsaufnahme, Berlin 1996.*

Aktuelle Dissertationen zur Internationalisierung im Einzelhandel stammen von:
*George, G.: Internationalisierung im Einzelhandel, Berlin 1997.*
*Anderer, M: Internationalisierung im Einzelhandel. Strategien und Steuerungsmodelle, Frankfurt am Main 1997.*
*Neuhaus, A.: Internationalisierungsstrategien des Einzelhandels, Göttingen 1996.*

Bezüglich englischsprachiger Literatur sei verwiesen auf
*Alexander, N.: International Retailing, Oxford – Cambridge, Mass. 1997.*

Weitere Literatur zur Internationalisierung im Handel findet sich in
*Trommsdorff, V. (Hrsg.): Handelsforschung 1990. Internationalisierung im Handel, Wiesbaden 1990.*
*Ahrens, C.: Kooperative Handelssysteme auf europäischen Märkten. Marktstrukturen und Wettbewerbsverhältnisse, München 1994.*

Das Ausmaß der externen Diversifikation, die zu beachtenden Sachverhalte und der empirische Erfolg sind dargestellt worden von

*Greune, M.: Der Erfolg externer Diversifikation im Handel. Eine theoretische und empirische Untersuchung, Heidelberg 1997.*

# 6 Die Nachfrage in makroökonomischer (aggregierter) Sicht

*»Drei Jahre Regen fort und fort, drei Jahre lang kein schöner Sport.«*

*(Verballhornung nach H. Carossa)*

Wie wird sich der Umsatz des Handels entwickeln? Das ist eine für jeden Handelsbetrieb fundamentale Fragestellung. Es ist unumgänglich, den Versuch zu machen, sie zu beantworten. Weil jedem Umsatz eines Handelsbetriebes die Einkaufsentscheidung eines Nachfragers zugrundeliegt, geht es letztendlich um eine Prognose des Nachfragerverhaltens. Die Antwort auf die Frage nach den künftigen Einkaufsentscheidungen der Nachfrager wird je nach betrieblicher Problemstellung auf unterschiedlichen Aggregationsniveaus zu geben sein, wie die folgenden Beispiele zeigen:
- Überlegungen zum Aufbau eines Filialnetzes innerhalb einer Branche (z. B. Bau- und Hobbymärkte) setzen voraus, daß Einschätzungen vorliegen, wie sich die Nachfrage nach diesen Gütern in der jeweiligen Volkswirtschaft entwickelt.
- Die Nachfrage der privaten Haushalte ist in bestimmten Fällen einkommenselastisch, in anderen Fällen spielt die Altersstruktur der Nachfrager eine herausragende Rolle. Dies führt zu der Frage, welche Bestimmungsfaktoren die Nachfrage in einzelnen Warenbereichen beeinflussen.
- Bei Standortentscheidungen geht es darum zu erkennen, welche Faktoren für das räumliche Einkaufsverhalten maßgebend sind.
- Preis- und Sortimentsentscheidungen erfordern Informationen über das Preiswissen und die Präferenzen der Verbraucher.

Das Verhalten der Nachfrager kann auf aggregiertem Niveau untersucht werden, also ohne daß das Verhalten einzelner Nachfrager erfaßt wird (Kapitel 6). Anschließend wird auf theoretische Ansätze eingegangen, wie Informationen über das Verhalten der Nachfrager auf individualpsychologischer Ebene gewonnen werden können (Kapitel 7). Wie in Kapitel 7 noch ausgeführt werden wird, gibt es Nachfrager, die zu dem Bereich der privaten Haushalte gehören, und solche, die für abgeleitete Betriebe (Organisationen) einkaufen. Die Ausführungen im vorliegenden Kapitel beziehen sich nur auf die Nachfrage privater Haushalte.

## 6.1 Formale Zusammenhänge zwischen Einzelhandelsumsatz, Privatem Verbrauch und Volkseinkommen

Einzelhandelsumsatz, Privater Verbrauch und Volkseinkommen stellen wichtige volkswirtschaftliche Aggregatgrößen dar, wobei im Groben gilt, daß es sich bei dem

Einzelhandelsumsatz um einen Teil des Privaten Verbrauchs handelt, dessen Höhe wiederum vom Volkseinkommen abhängt bzw. eine Komponente des Volkseinkommens darstellt.

### Der Einzelhandelsumsatz

Ausgangspunkt sei zunächst der Umsatz des Einzelhandels insgesamt, wobei im folgenden nur auf den Umsatz des institutionellen Einzelhandels abgestellt sei.

**Abbildung 6.1:** Entwicklung des Einzelhandelsumsatzes (in Mrd. DM) in den alten Bundesländern

| Zeile | 1980 | 1981 | 1982 | 1983 | 1984 | 1985 | 1986 | 1987 | 1988 | 1989 | 1990 | 1991 | 1992 | 1993 | 1994 | 1995 |
|---|---|---|---|---|---|---|---|---|---|---|---|---|---|---|---|---|
| | | | | | | | HGZ[1] | | | | | | | | | |
| 1 | | | | 409,1 | | | | | | | | 638,6 | | | | |
| 2 | | | | 4,5 | | | | | | | | | | | | |
| 3 | | | | 60,1 | | | | | | | | | | | | |
| | | | | | | Repräsentative Erhebungen des Statistischen Bundesamtes[2] | | | | | | | | | | |
| 4 | 326,3 | 339,0 | 342,8 | 354,0 | 364,5 | 374,0 | 406,4 | 421,8 | 437,6 | 458,1 | 494,4 | 538,9 | 556,1 | 533,7 | 528,0 | |
| 5 | 3,1 | 3,7 | 3,7 | 3,8 | 3,9 | 3,9 | 7,4 | 7,8 | 8,0 | 9,3 | 10,2 | 11,0 | 10,8 | 10,8 | 11,5 | |
| 6 | 46,7 | 46,6 | 47,7 | 52,8 | 54,3 | 55,8 | 69,1 | 75,8 | 79,0 | 86,4 | 101,2 | 121,0 | 120,8 | 104,9 | 106,5 | |
| | | | | | | Umsatzsteuerstatistik[3] | | | | | | | | | | |
| 7 | 322,5 | | 345,4 | | 378,8 | | 402,9 | | 447,7 | | 524,2 | | 597,9 | | 600,4 | |
| 8 | 4,8 | | 5,3 | | 5,8 | | 6,7 | | 7,3 | | 9,1 | | 10,0 | | | |
| 9 | 3,8 | | 4,1 | | 4,2 | | 3,5 | | 3,4 | | 4,2 | | 4,8 | | | |
| 10 | 44,7 | | 47,2 | | 56,0 | | 67,6 | | 79,4 | | 105,6 | | 124,1 | | | |

[1] **Zeile 1:** Umsatz des Einzelhandels, einschl. des Umsatzes der Apotheken (Nr. 43610), aber ohne den Umsatz von Tankstellen (Absatz in eigenem Namen, Nr. 43750) und des Einzelhandels mit Fahrzeugen, Fahrzeugteilen und -reifen (Nr. 438).
**Zeile 2:** Umsatz von Tankstellen (Absatz in eigenem Namen, Nr. 43750).
**Zeile 3:** Umsatz des Einzelhandels mit Fahrzeugen, Fahrzeugteilen und -reifen (Nr. 438).
*1984:* Statistisches Bundesamt (Hrsg.): Handel, Gastgewerbe, Reiseverkehr. Handels- und Gaststättenzählung 1985, Fachserie 6, Heft 1: Unternehmen des Einzelhandels, Stuttgart u. a. 1986, S. 31 f. Die ausgewiesenen Umsatzwerte verstehen sich inkl. Umsatz-(Mehrwert-)steuer. Es gilt die Systematik der Wirtschaftszweige, Ausgabe 1979, Kurzbezeichnungen.
*1992:* Statistisches Bundesamt (Hrsg.): Handel, Gastgewerbe, Reiseverkehr. Handels- und Gaststättenzählung 1993, Fachserie 6, Zusammenfassende Übersichten, Stuttgart 1995, S. 14. Der Einzelhandelsumsatz versteht sich einschließlich Berlin und inkl. Umsatzsteuer, ohne Kfz-Handel und Tankstellen auf der Grundlage der »Klassifikation der Wirtschaftszweige, Ausgabe 1993 (WZ 1993), die aus der statistischen Systematik der Wirtschaftszweige in der Europäischen Gemeinschaft (NACE Rev. 1) abgeleitet ist.« Ebenda, S. 5.

[2] **Zeile 4:** Umsatz des Einzelhandels, einschl. des Umsatzes der Apotheken (Nr. 43610), aber ohne den Umsatz von Tankstellen (Absatz in eigenem Namen, Nr. 43750) und des Einzelhandels mit Fahrzeugen, Fahrzeugteilen und -reifen (Nr. 438).
**Zeile 5:** Umsatz von Tankstellen (Absatz in eigenem Namen, Nr. 43750).
**Zeile 6:** Umsatz des Einzelhandels mit Fahrzeugen, Fahrzeugteilen und -reifen (Nr. 438).
Statistisches Bundesamt (Hrsg.): Statistisches Jahrbuch für die Bundesrepublik Deutschland, Stuttgart (– Mainz), verschiedene Jahrgänge. Es werden nur Unternehmen mit einem Jahresumsatz von ≥ 250 000 DM berücksichtigt. Alle Angaben weisen den Umsatz inkl. der Umsatz-(Mehrwert-)steuer aus. Es gilt die Systematik der Wirtschaftszweige, Ausgabe 1979, Kurzbezeichnungen. Die Daten für die Jahre 1982, 1993 und 1994 sind mit Hilfe von Meßzahlen berechnet worden.

*1980:* Stat. Jb. 1984, S. 245; *1981:* Stat. Jb. 1985, S. 239 f.; *1982:* Stat. Jb. 1985, S. 239; *1983:* Stat. Jb. 1986, S. 235 f.; *1984:* Stat. Jb. 1987, S. 244 f.; *1985:* Stat. Jb. 1988, S. 231 f.; *1986:* Stat. Jb. 1989, S. 224 f.; *1987:* Stat. Jb. 1990, S. 237 f.; *1988:* Stat. Jb. 1991, S. 260 f.; *1989:* Stat. Jb. 1992, S. 274 f.; *1990:* Stat. Jb. 1993, S. 282 f.; *1991:* Stat. Jb. 1994, S. 276 f.; *1992:* Stat. Jb. 1995, S. 264 f.; *1993, 1994:* Stat. Jb. 1995, S. 263.

[3] **Zeile 7:** In den Einzelhandelsumsätzen sind die Umsätze von Apotheken (Nr. 43610) enthalten, nicht dagegen die Umsätze von Tankstellen (Absatz in fremdem Namen, Nr. 43710; Absatz in eigenem Namen, Nr. 43750) und des Einzelhandels mit Fahrzeugen, Fahrzeugteilen und -reifen (Nr. 438) sind nicht enthalten.
**Zeile 8:** Umsatz von Tankstellen (Absatz in fremdem Namen, Nr. 43710), soweit ausweisbar.
**Zeile 9:** Umsatz von Tankstellen (Absatz in eigenem Namen, Nr. 43750), soweit ausweisbar.
**Zeile 10:** Umsatz des Einzelhandels mit Fahrzeugen, Fahrzeugteilen und -reifen (Nr. 438), soweit ausweisbar.
Statistisches Bundesamt (Hrsg.): Finanzen und Steuern. Fachserie 14, Reihe 8, Umsatzsteuer, Stuttgart (– Mainz), verschiedene Jahrgänge. Der hier erhobene steuerbare Umsatz versteht sich ohne Umsatzsteuer. Es gehen nur die Umsätze Steuerpflichtiger mit Jahresumsätzen von $\geq$ 25 000 DM ein. Für die Daten bis 1992 gilt die Systematik der Wirtschaftszweige, Ausgabe 1979. 1994 gilt erstmals die Klassifikation der Wirtschaftszweige, Ausgabe 1993. Die Angaben für das frühere Bundesgebiet verstehen sich ab 1992 ohne Berlin, während die übrigen Angaben der Umsatzsteuerstatistik einschließlich Berlin-West gelten. Ab 1992 werden lediglich Lieferungen und Leistungen ausgewiesen, d. h. Umsätze ohne innergemeinschaftliche Erwerbe. Vgl. Statistisches Bundesamt (Hrsg.): Finanzen und Steuern. Fachserie 14, Reihe 8, Umsatzsteuer 1994, Stuttgart 1997, S. 16.
*1980:* USt. 1980, Stuttgart – Mainz 1983, S. 57 ff.; *1982:* USt. 1982, Stuttgart – Mainz 1984, S. 55 ff.; *1984:* USt. 1984, Stuttgart – Mainz 1986, S. 55 ff.; *1986:* USt. 1986, Stuttgart 1989, S. 55 ff.; *1988:* USt. 1988, Stuttgart 1990, S. 73 ff.; *1990:* USt. 1990, Stuttgart 1992, S. 73 ff.; *1992:* USt. 1992, Stuttgart. 1995, S. 97 ff.; *1994:* USt. 1994, Stuttgart 1997, S. 94.

---

Wegen der Umstellung der Wirtschaftszweigsystematik von der Ausgabe 1979 auf die WZ 1993 sowie den verschiedenen Abgrenzungsregeln in der HGZ, den repräsentativen Erhebungen des Statistischen Bundesamtes und der Umsatzsteuerstatistik ist es nicht ganz einfach, den Umsatz des institutionellen Einzelhandels zu beziffern. Die einzelnen Zeilen geben Auskunft über die Höhe des Umsatzes in einzelnen Teilbereichen des Einzelhandels. Auffällig ist, daß der Umsatz mit Fahrzeugen, Fahrzeugteilen und -reifen bedeutend höhere Wachstumsraten aufweist (vgl. dazu die Zeilen 3, 6 und 10 in Abbildung 6.1) als andere Bereiche des Handels.
Abbildung 6.2 geht auf die Situation im vereinten Deutschland ein, wobei ebenfalls die Zahlen aus den drei schon vorher verwendeten Statistiken aufgeführt sind. Wegen der Umstellung der Systematik der Wirtschaftszweige werden nur die jüngsten Daten ausgewiesen.

**Abbildung 6.2:** Entwicklung des Einzelhandelsumsatzes (in Mrd. DM) in Deutschland ___

| Zeile | 1980 | 1981 | 1982 | 1983 | 1984 | 1985 | 1986 | 1987 | 1988 | 1989 | 1990 | 1991 | 1992 | 1993 | 1994 | 1995 |
|---|---|---|---|---|---|---|---|---|---|---|---|---|---|---|---|---|
| HGZ[1] | | | | | | | | | | | | | | | | |
| 1 | | | | | | | | | | | | | 684,9 | | | |
| Repräsentative Erhebungen des Statistischen Bundesamtes[2] | | | | | | | | | | | | | | | | |
| 2 | | | | | | | | | | | | 661,6 | 671,6 | 658,3 | 659,6 | |
| Umsatzsteuerstatistik[3] | | | | | | | | | | | | | | | | |
| 3 | | | | | | | | | | | | | | | 673,0 | |
| 4 | | | | | | | | | | | | | | | 20,6 | |
| 5 | | | | | | | | | | | | | | | 141,5 | |

[1] Statistisches Bundesamt (Hrsg.): Handel, Gastgewerbe, Reiseverkehr. Handels- und Gaststättenzählung 1993, Fachserie 6, Zusammenfassende Übersichten, Stuttgart 1995, S. 14. Der Einzelhandelsumsatz versteht sich inkl. Umsatzsteuer, ohne Kfz-Handel und Tankstellen auf der Grundlage der »Klassifikation der Wirtschaftszweige, Ausgabe 1993 (WZ 1993), die aus der statistischen Systematik der Wirtschaftszweige in der Europäischen Gemeinschaft (NACE Rev. 1) abgeleitet ist.« Ebenda, S. 5.

[2] Einzelhandelsumsatz einschließlich Umsatzsteuer und der Umsätze von Apotheken, aber ohne die Umsätze der Tankstellen und des Kfz-Handels. Statistisches Bundesamt (Hrsg.): Statistisches Jahrbuch für die Bundesrepublik Deutschland, Stuttgart, verschiedene Jahrgänge. Der Einzelhandelsumsatz läßt sich anhand von Meßzahlen errechnen. Es werden nur Unternehmen mit einem Jahresumsatz $\geq$ 250 000 DM berücksichtigt. Die ausgewiesenen Meßzahlen für den Einzelhandelsumsatz verstehen sich inkl. Umsatz-(Mehrwert-)steuer. Der Umsatz der Apotheken (Nr. 43610), der Tankstellen (Absatz in eigenem Namen, Nr. 43750) und des Einzelhandels mit Fahrzeugen, Fahrzeugteilen und -reifen (Nr. 438) ist eingeschlossen. Es gilt die Systematik der Wirtschaftszweige, Ausgabe 1979, Kurzbezeichnungen. Als Basis der Berechnung dient das Ergebnis der Handels- und Gaststättenzählung 1993 nach dem Stat. Jb. 1996, S. 262. Der dort ausgewiesene Einzelhandelsumsatz versteht sich ohne Kfz-Handel und Tankstellen auf der Grundlage der Klassifikation der Wirtschaftszweige, Ausgabe 1993 (WZ 1993). Statistisches Bundesamt (Hrsg.): Handel, Gastgewerbe, Reiseverkehr. Handels- und Gaststättenzählung 1993, Fachserie 6, Zusammenfassende Übersichten, Stuttgart 1995, S. 5. *1991, 1992:* Stat. Jb. 1994, S. 274; *1993, 1994:* Stat. Jb. 1995, S. 262.

[3] Zeile 3: In den Lieferungen und Leistungen des Einzelhandels sind die Lieferungen und Leistungen von Apotheken (Nr. 52.31) enthalten. Die Lieferungen und Leistungen von Tankstellen (Absatz in fremdem Namen, Nr. 50.50.1; Absatz in eigenem Namen, Nr. 50.50.2) und des Einzelhandels mit Kraftwagen, Kraftwagenteilen, -zubehör und -reifen sowie Krafträdern, Teilen, Zubehör und Reifen (Nr. 50.10.3, Nr. 50.30.3, Nr. 50.40.3) sind nicht enthalten. Sie werden in der Klassifikation der Wirtschaftszweige, Ausgabe 1993, dem Wirtschaftszweig »Kraftfahrzeughandel; Instandhaltung und Reparatur von Kraftfahrzeugen; Tankstellen« zugerechnet.
Zeile 4: Lieferungen und Leistungen von Tankstellen (Nr. 50.5).
Zeile 5: Lieferungen und Leistungen des Einzelhandels mit Kraftwagen, Kraftwagenteilen, -zubehör und -reifen sowie Krafträdern, Teilen, Zubehör und Reifen (Nr. 50.10.3, Nr. 50.30.3, Nr. 50.40.3).
Statistisches Bundesamt (Hrsg.): Finanzen und Steuern. Fachserie 14, Reihe 8, Umsatzsteuer 1994, Stuttgart 1997. Es werden lediglich Lieferungen und Leistungen ausgewiesen, d. h. Umsätze ohne innergemeinschaftliche Erwerbe. Vgl. Umsatzsteuer 1994, Stuttgart 1997, S. 16. Sie verstehen sich ohne Umsatzsteuer. Es gehen nur Steuerpflichtige mit Lieferungen und Leistungen von $\geq$ 25 000 DM in die Statistik ein. Für die Daten von 1994 gilt erstmals die Klassifikation der Wirtschaftszweige, Ausgabe 1993. *1994:* Umsatzsteuer 1994, Stuttgart 1997, S. 70 ff.

## Der Private Verbrauch

Bei dem Privaten Verbrauch (Synonym: Privater Konsum) handelt es sich um den Verzehr von Leistungen knapper Güter zum Zwecke der Bedürfnisbefriedigung eines Endverbrauchers, wobei deren Marktentnahme oder das für Konsumgüter verwendete Einkommen als Konsumausgabe bezeichnet wird.[1] »Als privater Verbrauch werden die Waren- und Dienstleistungskäufe der inländischen privaten Haushalte für Konsumzwecke und der Eigenverbrauch der privaten Organisationen ohne Erwerbszweck bezeichnet. Neben den tatsächlichen Käufen, zu denen u. a. Entgelte für häusliche Dienste gehören, sind auch bestimmte unterstellte Käufe einbegriffen, wie z. B. der Eigenverbrauch der Unternehmer, der Wert der Nutzung von Eigentümerwohnungen sowie Deputate der Arbeitnehmer. Der Verbrauch auf Geschäftskosten wird nicht zum Privaten Verbrauch gerechnet, sondern zu den Vorleistungen der Unternehmen. Nicht enthalten sind ferner Käufe von Grundstücken und Gebäuden, die zu den Anlageinvestitionen zählen.«[2]

Diese Abgrenzung des Privaten Verbrauchs entspricht dem erweiterten Marktentnahmekonzept des Statistischen Bundesamtes, das – durch die Berücksichtigung sowohl tatsächlicher als auch unterstellter Käufe – den Konsum möglichst realistisch erfassen soll.

Das erweiterte Marktentnahmekonzept kann als ein Kompromiß zwischen Marktentnahmekonzept und Versorgungskonzept angesehen werden (siehe auch Abbildung 6.3):

**Abbildung 6.3:** Abgrenzung des erweiterten Marktentnahmekonzepts _____

| VERSORGUNGSKONZEPT | MARKTENTNAHMEKONZEPT |
|---|---|
| Ein Gut gilt als verbraucht, wenn es zur Bedürfnisbefriedigung herangezogen wird. Problem der Meßbarkeit: Verläßliche Daten existieren nur über die getätigten Käufe, nicht aber über den Zeitpunkt des tatsächlichen Konsums. | Ein Gut gilt als verbraucht, wenn es dem Markt entnommen (gekauft) wird. Problem der Validität: Getätigte Käufe werden einerseits nicht immer unmittelbar zu Verbrauch (z. B. Kauf dauerhafter Konsumgüter), andererseits geht dem Verbrauch nicht immer unmittelbar ein Kauf voraus (z. B. Nutzung dauerhafter Konsumgüter). |
| ERWEITERTES MARKTENTNAHMEKONZEPT | |
| »tatsächliche« Käufe<br>»unterstellte« Käufe<br>– Eigenverbrauch der Unternehmer<br>– Deputate der Arbeitnehmer<br>– Nutzung von Eigentumswohnungen | |

Quelle: Vgl. Rehm, N., 1976, S. 29–34 und Stobbe, A., 1994, S. 440

_____

[1] Vgl. König, H.: Konsumfunktionen, in: Albers, W. (Hrsg.): HdWW, Band 4, Stuttgart – New York 1977 a, S. 514.

[2] Statistisches Bundesamt (Hrsg.): Statistisches Jahrbuch 1996 für die Bundesrepublik Deutschland, Stuttgart 1996, S. 637.

Trotz der Berücksichtigung unterstellter Käufe ermöglicht das erweiterte Marktentnahmekonzept keine vollständige Erfassung des tatsächlichen Konsums, da vor allem die Nutzung dauerhafter Konsumgüter nur unzureichend erfaßt wird.[3] Werden die Angaben des *Statistischen Bundesamtes* jedoch verwendet, um sie dem Einzelhandelsumsatz gegenüberzustellen, erweist sich das erweiterte Marktentnahmekonzept geeigneter als das Versorgungskonzept.

Wenn es darum geht, aus der Entwicklung des Privaten Verbrauchs Hinweise für die Entwicklung des Einzelhandelsumsatzes abzuleiten, interessieren zwei Aspekte:

(1) Wie wird sich der Private Verbrauch entwickeln?
(2) Ist mit weiteren Verschiebungen in der Struktur des Privaten Verbrauchs zu rechnen?

Um entsprechende Prognosen vorbereiten zu können, empfiehlt es sich, die Entwicklung des Privaten Verbrauchs in der Vergangenheit zu analysieren.

**Abbildung 6.4:** Entwicklung des Privaten Verbrauchs (in jeweiligen Preisen) _____

| 1980 | 1982 | 1984 | 1986 | 1988 | 1990 | 1991 | 1992 | 1993 | 1994 | 1995 | 1996 |
|---|---|---|---|---|---|---|---|---|---|---|---|
| Privater Verbrauch in Mrd. DM in den alten Bundesländern[1] | | | | | | | | | | | |
| 837,0 | 918,1 | 1 003,6 | 1 066,4 | 1 153,7 | 1 318,7 | 1 448,8 | 1 536,3 | 1 591,6 | 1 646,3 | | |
| Privater Verbrauch in Mrd. DM in Deutschland[2] | | | | | | | | | | | |
| | | | | | | 1 630,3 | 1 754,7 | 1 829,8 | 1 902,9 | 1 974,7 | 2.039,1 |

[1] Statistisches Bundesamt (Hrsg.): Statistisches Jahrbuch für die Bundesrepublik Deutschland, Stuttgart (– Mainz), verschiedene Jahrgänge. Bei den Werten für die Jahre 1991– 1994 handelt es sich um vorläufige Ergebnisse. Vgl. im einzelnen:
*1980:* St. Jb. 1994, S. 692;     *1981, 1982:* St. Jb. 1986, S. 540;*1983, 1984:* St. Jb. 1988, S. 549;
*1985: St. Jb. 1990, S. 575;*     *1986:* St. Jb. 1991, S. 637;     *1987, 1988:* St. Jb. 1992, S. 665;
*1989:* St. Jb. 1993, S. 690;     *1990:* St. Jb. 1994, S. 692;     *1991, 1992:* St. Jb. 1995, S. 665;
*1993, 1994:* St. Jb. 1996, S. 651.
Vgl. zum Privaten Verbrauch auch die Angaben in: Sachverständigenrat zur Begutachtung der gesamtwirtschaftlichen Entwicklung: Jahresgutachten 1996/97. Reformen voranbringen, Stuttgart 1996, S. 326.

[2] Statistisches Bundesamt (Hrsg.): Statistisches Jahrbuch 1997 für die Bundesrepublik Deutschland, Stuttgart 1997, S. 676. Bei den Werten handelt es sich um vorläufige Ergebnisse. Vgl. zum Privaten Verbrauch auch die Angaben in: Sachverständigenrat zur Begutachtung der gesamtwirtschaftlichen Entwicklung: Jahresgutachten 1996/97. Reformen voranbringen, Stuttgart 1996, S. 326.

Wie Abbildung 6.4 ausweist, ist der Private Verbrauch in den letzten Jahrzehnten ständig angestiegen. 1994 beläuft er sich in Deutschland auf 1 902,9 Mrd. DM (1991: 1 630,3 Mrd. DM).[4] Umgerechnet auf einen Einwohner und pro Jahr ergeben sich die in Abbildung 6.5 ausgewiesenen Werte.

_____

[3] Vgl. Stobbe, A.: Volkswirtschaftliches Rechnungswesen, 8. Auflage, Berlin u. a. 1994, S. 440.
[4] Vgl. Statistisches Bundesamt (Hrsg.) in Zusammenarbeit mit dem Wissenschaftszentrum Berlin für Sozialforschung und dem Zentrum für Umfragen, Methoden und Analysen, Mannheim: Datenreport 1997. Zahlen und Fakten über die Bundesrepublik Deutschland, München – Landsberg a. Lech 1997, S. 111.

Privater Verbrauch je Einwohner und Jahr* ——————————————

| | Früheres Bundesgebiet | | Deutschland | |
|---|---|---|---|---|
| | in jeweiligen Preisen | in Preisen von 1991 | in jeweiligen Preisen | in Preisen von 1991 |
| 1970 | 6 100 | 13 300 | | |
| 1980 | 13 600 | 18 100 | | |
| 1990 | 20 900 | 21 700 | | |
| 1991 | 22 600 | 22 600 | 20 400 | 20 400 |
| 1992 | 23 700 | 22 800 | 21 800 | 20 800 |
| 1993 | 24 200 | 22 500 | 22 500 | 20 700 |
| 1994 | 25 000 | 22 600 | 23 400 | 20 900 |
| 1995 | | | 24 200 | 21 200 |

\* Ab 1991 vorläufige Ergebnisse der Volkswirtschaftlichen Gesamtrechnungen.

Quelle: Statistisches Bundesamt (Hrsg.), Datenreport 1997, 1997, S. 110

Abbildung 6.5 deutet auch an, daß sich die Verbrauchsausgaben in den alten und neuen Bundesländern noch unterscheiden. Die Differenzen werden jedoch geringer. Auf Dauer wird aber gelten, daß sich der Private Verbrauch auch regional unterscheiden wird.

Abbildung 6.6 verdeutlicht, daß der Umsatz der Einzelhandelsunternehmungen in Deutschland in der Vergangenheit stetig angestiegen ist, jedoch ab 1991 weitgehend stagniert. Bis etwa 1991 haben sich privater Verbrauch und Einzelhandelsumsatz in etwa gleichläufig entwickelt, ab 1991 ändert sich das. Dies schärft das Interesse an der Frage, welche Faktoren die Entwicklung bestimmen, insbesondere in welchem Verhältnis Privater Verbrauch und Einzelhandelsumsatz stehen oder konkreter gefragt: Entwickelt sich der Einzelhandelsumsatz proportional zum Privaten Verbrauch, oder ist vielmehr davon auszugehen, daß der Private Verbrauch in der Zukunft zu immer größeren Teilen außerhalb des Einzelhandels realisiert wird? Dafür gibt es in der Tat Anhaltspunkte, wie die Angaben in Abbildung 6.7 veranschaulichen.

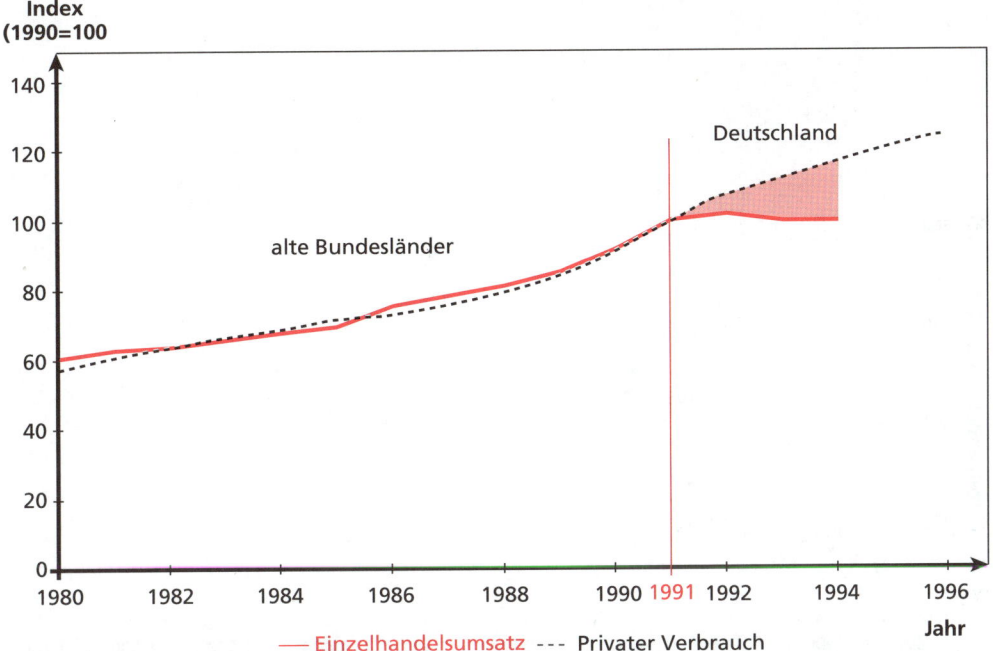

**Anmerkung:** Um die Entwicklung in den alten Bundesländern bzw. ab 1991 in Deutschland stetig wiedergeben zu können, werden die Werte des Jahres 1991 als Basis verwendet: Einzelhandelsumsatz und Privater Verbrauch alte Bundesländer in 1991 = 100 Einzelhandelsumsatz und Privater Verbrauch Deutschland in 1991 = 100.

**Quellen:** Vgl. zum Einzelhandelsumsatz die Angaben in Abbildung 6.1, Zeile 4 und ab 1991 Abbildung 6.1 in Zeile 2. Zum Privaten Verbrauch vgl. die Angaben in Abbildung 6.4

Deutlich ist am Beispiel des Privaten Verbrauchs und des Einzelhandelsumsatzes in den alten Bundesländern erkennbar, daß der Anteil des Einzelhandelsumsatzes am Privaten Verbrauch deutlich abgenommen hat. Waren es ursprünglich rund 40 %, nähert sich der Einzelhandelsumsatz jetzt der 30 %-Marke. Dies ist auch in detaillierter Form Abbildung 6.8 zu entnehmen, die zeigt, wie der Anteil des Einzelhandelsumsatzes am Privaten Verbrauch im Zeitablauf abnimmt.

Unterschiede in der Höhe und der Struktur des Privaten Verbrauchs liegen auch bei einzelnen Haushaltstypen vor. Die Amtliche Statistik unterscheidet drei Haushaltstypen:

Typ 1: zwei Personen, alleinstehendes Ehepaar, Renten- oder Sozialhilfeempfänger, geringes Einkommen;

Typ 2: vier Personen, Ehepaar mit zwei Kindern, darunter mindestens ein Kind unter 15 Jahren, Arbeiter oder Angestellter, mittleres Einkommen;

Typ 3: vier Personen, Ehepaar mit zwei Kindern, darunter mindestens ein Kind unter 15 Jahren, Angestellter oder Beamter, höheres Einkommen.

**Abbildung 6.7:** Privater Verbrauch und Einzelhandelsumsatz in den alten Bundesländern (1980–1994)

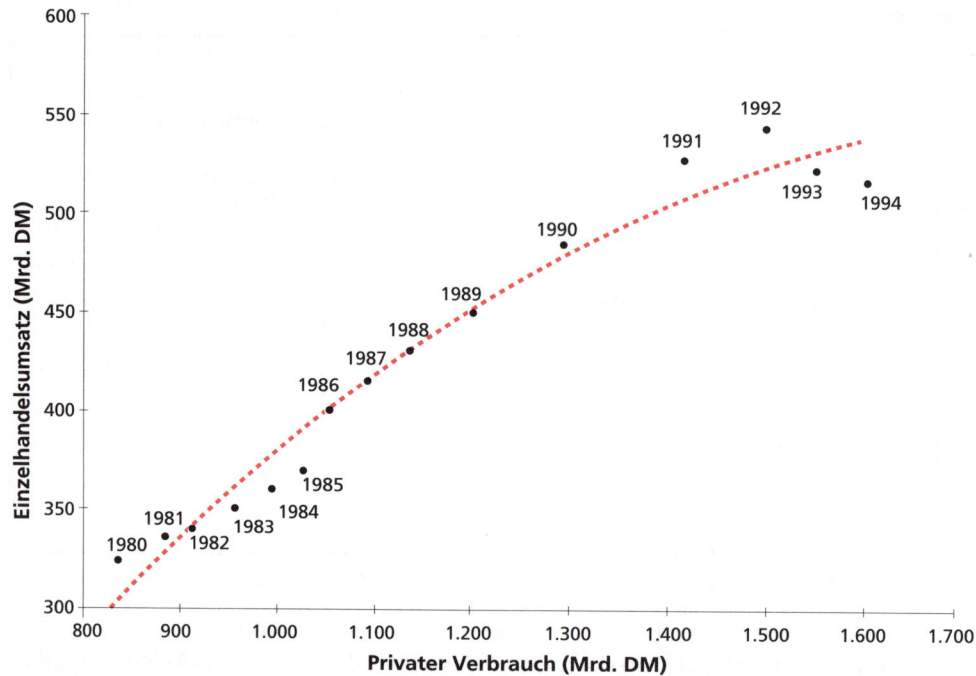

Quellen: Vgl. zum Einzelhandelsumsatz die Angaben in Abbildung 6.1, Zeile 4 bzw. 7. Zum Privaten Verbrauch vgl. die Angaben in Abbildung 6.4

Wichtige Erkenntnisse über die Struktur des Privaten Verbrauchs liefern die Wirtschaftsrechnungen der privaten Haushalte (laufende Wirtschaftsrechnungen sowie Einkommens- und Verbrauchsstichproben des *Statistischen Bundesamtes*): »Sie lassen insbesondere auch erkennen, für welche Zwecke die Haushaltseinkommen verwendet werden, d. h. welcher Teil der Ausgaben auf Ernährung, Bekleidung, Wohnungsmieten und andere Bedarfsgruppen entfällt.«[5] Wirtschaftsrechnungen erlauben sowohl eine Gliederung nach Güterarten (Art der verbrauchten Waren und Dienstleistungen) als auch nach Käufergruppen.

Was die Verwendung des Einkommens für Käufe in einzelnen Warenbereichen betrifft, so ist die Untersuchung von Zeitreihen aufschlußreich.[6] In Abbildung 6.9 ist angegeben, wie der Haushaltstyp 2[7] seine Ausgaben auf verschiedene Bereiche auf-

---

[5]   Statistisches Bundesamt (Hrsg.): Statistisches Jahrbuch 1994 für die Bundesrepublik Deutschland, Stuttgart 1994, S. 569.

[6]   Vgl. die Zusammenstellung von Angaben über die Verwendung des Privaten Verbrauchs nach Verwendungszwecken, in: Sachverständigenrat zur Begutachtung der gesamtwirtschaftlichen Entwicklung, 1996, S. 370.

[7]   Zur näheren Charakterisierung vgl. Statistisches Bundesamt (Hrsg.): Statistisches Jahrbuch 1986 für die Bundesrepublik Deutschland, Stuttgart – Mainz 1986, S. 449.

geteilt hat. Wie zu sehen ist, verschieben sich die Gewichte zwischen den einzelnen Sektoren in bemerkenswerter Weise.

**Abbildung 6.8:** Anteil des Einzelhandelsumsatzes am Privaten Verbrauch in den alten Bundesländern

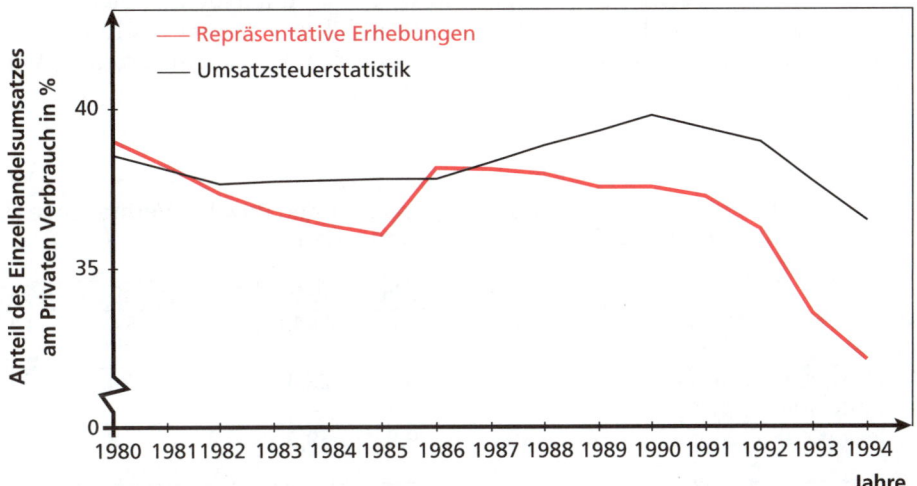

Quellen: Vgl. zum Einzelhandelsumsatz die Angaben in Abbildung 6.1, Zeile 4 bzw. Zeile 7. Zum Privaten Verbrauch vgl. die Angaben in Abbildung 6.4

Auffallend ist, daß der Anteil, der auf Nahrungs- und Genußmittel entfällt, seit langem rückläufig ist. Beobachtungen dieser Art haben Versuche angeregt, langfristige Entwicklungen als Gesetze zu formulieren, wobei allerdings weitere Variablen, sog. erklärende Variablen, mit in die Analyse einbezogen wurden. Bereits 1857 stellte der preußische Statistiker *Engel* in bezug auf Nahrungsmittel das *Engelsche* Gesetz auf: Die Nahrungsmittelausgaben nehmen bei steigendem Einkommen des Haushalts prozentual weniger stark zu als die Gesamtausgaben, womit ihr Ausgabenanteil sinkt.[8] Dieses Gesetz gehört zu den empirisch am besten fundierten ökonomischen »Gesetzen«. Auch für andere Warengruppen wurde der Zusammenhang zwischen Einkommen und Ausgabenanteil untersucht. So werden heute ganz allgemein funktionelle Beziehungen dieser Art als *Engel*-Kurven bezeichnet.

Die Lücke, die durch das Sinken des Anteils der Ausgaben für Lebensmittel entsteht, wird durch Ausgaben für andere Güter geschlossen. So stellte *Clark* als Ergänzung zum *Engelschen* Gesetz zum ersten Mal den relativen Anstieg der Ausgaben für Dienstleistungen (Bildung, Freizeit, Fremdenverkehr) dar.[9] In der Tat weisen auch die in Abbildung 6.9 angegebenen Zahlen einen Anstieg der Ausgaben für Bildung und Unterhaltung aus. Untersuchungen der geschilderten Art werden vor allen Dingen in

---

[8]  Vgl. Stobbe, A., 1994, S. 177.
[9]  Vgl. Clark, C. G.: The Conditions of Economic Progress, 3. Auflage, London – New York 1957.

der makroökonomischen Konsumtheorie durchgeführt.[10] Es werden insbesondere Zahlen über Konsumstrukturen oder über die Entwicklung des Konsums zur Einkommensentwicklung in Beziehung gesetzt. Dazu bedient man sich des Instruments der Querschnitts- und Zeitreihenanalyse, wobei jedoch nicht nur statistische Regelmäßigkeiten ausfindig gemacht, sondern die beobachteten Zusammenhänge auch substanzwissenschaftlich begründet bzw. plausibel gemacht werden sollen. In diesen vorwiegend statistisch orientierten Analysen werden außer den Ausgaben und dem Einkommen weitere Größen einbezogen; so wird z.B. untersucht, welcher Zusammenhang zwischen dem »Privaten Verbrauch« und dem »Umsatz des Einzelhandels im engeren Sinn« oder zwischen dem letzteren und dem Umsatz in einzelnen Warengruppen besteht.[11]

**Abbildung 6.9:** Ausgaben privater Haushalte (Typ 2) für den Privaten Verbrauch je Haushalt und Monat in den alten Bundesländern

| | 1966 | 1970 | 1975 | 1980 | 1985 | 1990 | 1995 |
|---|---|---|---|---|---|---|---|
| Ausgaben für den Privaten Verbrauch (in DM) | 926 | 1 089 | 1 801 | 2 443 | 2 862 | 3 452 | 4 103 |
| Nahrungsmittel, Getränke, Tabakwaren (in %) | 39,3 | 35,3 | 29,8 | 28,1 | 25,7 | 24,1 | 21,8 |
| Bekleidung, Schuhe (in %) | 11,4 | 10,8 | 9,9 | 9,3 | 8,2 | 8,1 | 6,7 |
| Wohnungsmieten (in %) | 12,2 | 15,5 | 15,5 | 16,4 | 19,7 | 21,6 | 23,9 |
| Energie (Elektrizität, Gas u. ä.) (in %) | 4,4 | 4,7 | 5,1 | 6,5 | 7,3 | 5,3 | 5,0 |
| Möbel, Haushaltsgeräte u. Güter für die Haushaltsführung (in %) | 10,3 | 9,0 | 9,9 | 9,4 | 7,0 | 7,2 | 6,7 |
| Güter für Verkehr u. Nachrichtenübermittlung (in %) | 9,0 | 10,9 | 13,8 | 14,0 | 14,8 | 15,9 | 17,2 |
| Güter für Gesundheits- u. Körperpflege (in %) | 3,6 | 3,6 | 3,0 | 3,0 | 3,1 | 3,7 | 3,4 |
| Güter für Bildung u. Unterhaltung, Freizeit (in %) | 6,9 | 7,3 | 8,9 | 8,6 | 10,0 | 10,6 | 11,3 |
| Güter für pers. Ausstattung u. sonst. Artikel, Reisen (in %) | 2,9 | 2,9 | 4,2 | 4,8 | 4,2 | 3,5 | 4,0 |

Quellen: Statistisches Bundesamt (Hrsg.): Statistisches Jahrbuch für die Bundesrepublik Deutschland, verschiedene Jahrgänge, Stuttgart (-Mainz); im einzelnen: *1966: Stat. Jb. 1971, S. 476 f. und 478 f.; 1970:* Stat. Jb. 1975, S. 482 f. und 484 f.; *1975:* Stat. Jb. 1977, S. 420 f. und 422 f.; *1980:* Stat. Jb. 1984, S. 458 f. und 460 f.; *1985:* Stat. Jb. 1988, S. 460 f. und 462 f.; *1990: Stat. Jb. 1991, S. 534 f. und 536 f.*

---

[10]  Vgl. Münnich, F.: Einführung in die empirische Makroökonomik, 3. Auflage, Berlin 1982.
[11]  Vgl. Backs, A.: Abhängigkeit des Umsatzes vom Privaten Verbrauch, in: BAG-Nachrichten, 26. Jg. (1986), H. 4, S. 10–14.

Eine Erklärung der Umschichtung des Privaten Verbrauchs wird folgende Faktoren mit einbeziehen:

- Nur zum Teil beruhen die Veränderungen in der Struktur des Privaten Verbrauchs auf bewußten Entscheidungen der Verbraucher, denn ein Großteil ergibt sich aus Preiserhöhungen bei bestehenden Verpflichtungen, wie z. B. den Wohnungsmieten und den damit verbundenen Nebenkosten.
- Zum Teil spiegeln sich in den Umschichtungen aber auch Änderungen des Verbrauchsverhaltens. Ausgaben für Touristik, Unterhaltung (z. B. Musicals, Sportveranstaltungen) und Telekommunikation stehen in direktem Wettbewerb zu den im Einzelhandel angebotenen Waren und Dienstleistungen. Die Mechanismen, die hinter dieser Aufteilung des verfügbaren Einkommens auf das Sparen und die einzelnen Verbrauchsaktivitäten wirken, bedürfen der weiteren theoretischen Durchdringung. So ist es auch für den Handel von erheblicher Bedeutung, ob sich die These, daß die Nachfrage nach Dienstleistungen die Nachfrage nach Waren mehr und mehr verdrängen wird, bestätigen läßt.

### Das verfügbare Einkommen und das Volkseinkommen

Bei dem Privaten Verbrauch handelt es sich um jenen Teil des verfügbaren Einkommens, der nicht gespart wird.

Ersparnis, Privater Verbrauch und Ausgabefähiges Einkommen sind Bestandteile der folgenden vereinfachenden Staffelrechnung:

| |
| --- |
| Bruttoeinkommen aus unselbständiger Tätigkeit |
| + Bruttoeinkommen aus Unternehmertätigkeit und Vermögen |
| + Einkommen aus Einkommensübertragungen (öffentliche Renten, Kindergeld u. ä.) und Untervermietung |
| = Haushaltsbruttoeinkommen |
| − Einkommens- und Vermögenssteuern |
| − Pflichtbeiträge zur Sozialversicherung |
| = Haushaltsnettoeinkommen |
| + sonstige Einnahmen (z. B. Einnahmen aus dem Verkauf gebrauchter Waren) |
| = Ausgabefähiges Einkommen bzw. Einnahmen |
| = Übrige Ausgaben (Kfz-Steuern, freiwillige Beträge zur gesetzlichen Kranken- und Rentenversicherung) |
| − Ersparnis |
| = Ausgaben für den Privaten Verbrauch |

In stärkerer Detaillierung stellen sich die Zusammenhänge so dar:

Das verfügbare Einkommen leitet sich aus der Summe der Bruttoeinkommen aus unselbständiger Arbeit und der Bruttoeinkommen aus Unternehmertätigkeit ab.[12] Diese Summe wird auch als Volkseinkommen (bzw. als Nettosozialprodukt zu Faktorkosten) bezeichnet. Es handelt sich um die Summe aller Erwerbs- und Vermögenseinkommen, die Inländern letztlich zugeflossen sind. Es umfaßt in der Gliederung nach Sektoren die Erwerbs- und Vermögenseinkommen der privaten Haushalte und privaten Organisationen ohne Erwerbszweck, die Vermögensein-

---

[12] Vgl. zu den folgenden Erläuterungen der Grundbegriffe der volkswirtschaftlichen Gesamtrechnung: Sachverständigenrat zur Begutachtung der gesamtwirtschaftlichen Entwicklung, 1996, S. 317 f.

kommen des Staates und die unverteilten Gewinne der Unternehmen mit eigener Rechtspersönlichkeit.

Die Bruttoeinkommen aus unselbständiger Arbeit umfassen die Bruttolohn- und -gehaltssummen, ergänzt um die tatsächlichen und unterstellten Sozialbeiträge der Arbeitgeber.

Die Bruttoeinkommen aus Unternehmertätigkeit und Vermögen enthalten die Einkommen der privaten Haushalte und des Staates aus Zinsen, Nettopachten und immateriellen Werten, die Dividenden und sonstigen Ausschüttungen der Unternehmen mit eigener Rechtspersönlichkeit sowie von Unternehmen ohne eigene Rechtspersönlichkeit (Entnahmen und nicht entnommene Gewinne), und zwar nach Abzug der Zinsen auf Konsumentenschulden bzw. auf öffentliche Schulden. Dazu kommen die unverteilten Gewinne der Unternehmen mit eigener Rechtspersönlichkeit (Kapitalgesellschaften, Genossenschaften usw.). Die Anteile der Sektoren am Volkseinkommen enthalten einerseits noch die aus den Einkommen zu leistenden direkten Steuern, derjenige der privaten Haushalte außerdem die Sozialbeiträge; andererseits sind die von den privaten Haushalten empfangenen Renten und übrigen laufenden Übertragungen noch nicht einbezogen. Nach Hinzurechnung der empfangenen laufenden Übertragungen von anderen Sektoren und von der übrigen Welt (ohne Subventionen) und nach Abzug der geleisteten laufenden Übertragungen an andere Sektoren und an die übrige Welt (ohne indirekte Steuern) erhält man die Summe der verfügbaren Einkommen der Volkswirtschaft, d. h. aller Sektoren.
Erhöht man den Anteil der privaten Haushalte (und privaten Organisationen ohne Erwerbszweck) am Volkseinkommen um die Renten, Pensionen, Unterstützungen und ähnliches, die die privaten Haushalte vom Staat und von den anderen Sektoren

Abbildung 6.10: Verteilungsrechnung für das Volkseinkommen

**Volkseinkommen**
**(Nettosozialprodukt zu Faktorkosten)**

| Bruttoeinkommen aus Unternehmertätigkeit und Vermögen | Bruttoeinkommen aus unselbständiger Arbeit |
|---|---|
| – Öffentliche Abgaben auf Einkommen aus Unternehmertätigkeit und Vermögen (direkte Steuern u.ä.)<br>+/– Sonstige Zu- und Absetzungen | – Tatsächliche Sozialbeiträge der Arbeitgeber<br>Unterstellte Sozialbeiträge<br>= Bruttolohn- und -gehaltssumme<br>– Lohnsteuer<br>– Tatsächliche Sozialbeiträge der Arbeitgeber |
| = Nettoeinkommen aus Unternehmertätigkeit und Vermögen | = Nettolohn- und -gehaltssumme (Netto-Einkommen aus unselbständiger Tätigkeit) |

**Abbildung 6.11:** Das verfügbare Einkommen der privaten Haushalte* _____

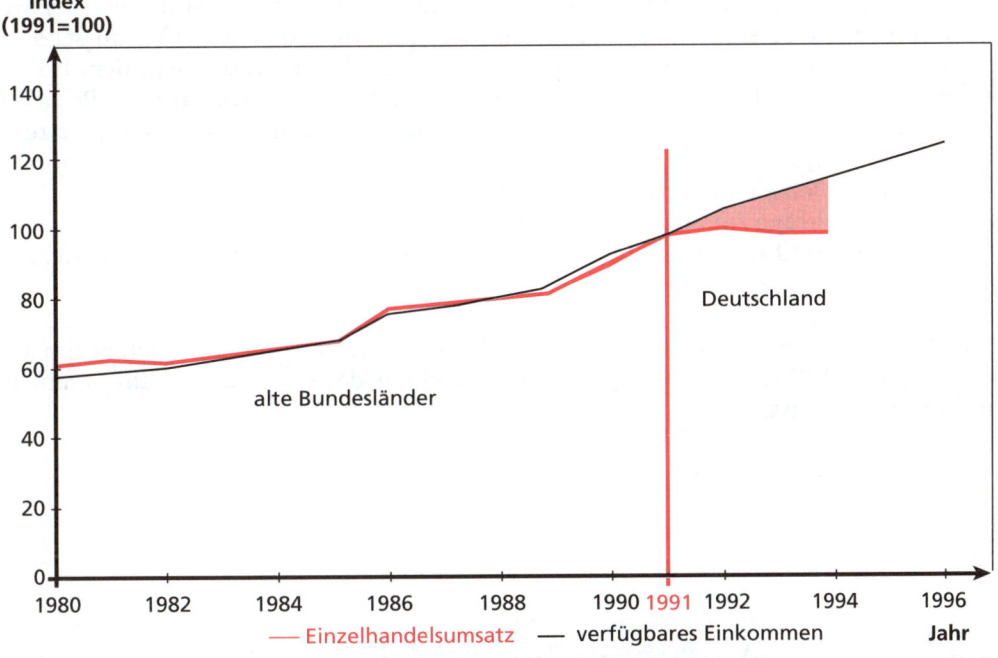

| | 1982 | 1984 | 1986 | 1988 | 1990 | 1991 | 1992 | 1993 | 1994 | 1995 | 1996 |
|---|---|---|---|---|---|---|---|---|---|---|---|
| **Verfügbares Einkommen in Mrd. DM in den alten Bundesländern[1]** | | | | | | | | | | | |
| 921,9 | 995,1 | 1 078,2 | 1 199,4 | 1 319,2 | 1 532,2 | 1 609,6 | 1 676,4 | 1 686,2 | 1 863,8 | | |
| **Verfügbares Einkommen in Mrd. DM in Deutschland[2]** | | | | | | | | | | | |
| | | | | | | 1 871,3 | 2 013,4 | 2 084,8 | 2 154,8 | 2 233,2 | 2 309,2 |

\* ab 1991: vorläufige Ergebnisse
[1] Sachverständigenrat zur Begutachtung der gesamtwirtschaftlichen Entwicklung, 1996, S. 366. Angaben zum verfügbaren Einkommen der privaten Haushalten finden sich auch in den Statistischen Jahrbüchern des Statistischen Bundesamtes 1980–1996.
[2] *1991–1995:* Sachverständigenrat zur Begutachtung der gesamtwirtschaftlichen Entwicklung, 1996, S. 366; *1996:* Telefonische Auskunft des Statistischen Bundesamtes vom 13. 10. 1997.

Quellen: *Verfügbares Einkommen:* Sachverständigenrat zur Begutachtung der gesamtwirtschaftlichen Entwicklung, 1996, S. 366. Angaben zum verfügbaren Einkommen der privaten Haushalte finden sich auch in den Statistischen Jahrbüchern des Statistischen Bundesamtes 1980–1996. *Einzelhandelsumsatz: Angaben zu Abbildung 6.1 in Zeile 4 und Abbildung 6.2 in Zeile 2.*

sowie von der übrigen Welt bezogen haben, und zieht man von dieser Summe die von ihnen an den Staat geleisteten direkten Steuern sowie die an alle Sektoren und die übrige Welt geleisteten Sozialbeiträge und sonstigen laufenden Übertragungen ab, ergibt sich das verfügbare Einkommen des Haushaltssektors. Die Beziehungen sind auch in Abbildung 6.10 noch einmal zusammengestellt.

Wie die Tabelle und das Schaubild in Abbildung 6.11 ausweisen, ist das verfügbare Einkommen in Deutschland stetig angestiegen. Insofern sind günstige Voraussetzungen für einen Anstieg des Einzelhandelsumsatzes gegeben gewesen. Aus dem Haushaltsbruttoeinkommen erfolgen jedoch zahlreiche Abgänge, die den für den Privaten Verbrauch zur Verfügung stehenden Betrag schmälern und die oft eine Tendenz zum Wachsen haben, so

- die Einkommens- und Vermögenssteuern,
- die Pflichtbeiträge zur Sozialversicherung,
- Kfz-Steuern und freiwillige Beiträge zur gesetzlichen Kranken- und Rentenversicherung,
- die Ersparnis.

Die Zahlen zeigen, daß die Entwicklung des Umsatzes des institutionellen Einzelhandels seit 1991 deutlich hinter der Entwicklung des verfügbaren Einkommens zurückgeblieben ist.

## 6.2 Ausgewählte makroökonomische Konsumtheorien

Die Konsumtheorie beschäftigt sich mit der Nachfrage der Haushalte nach privaten Gütern. Als erklärende Größe hat vor allem das Volkseinkommen Beachtung gefunden. Unter den makroökonomischen Konsumfunktionen sind besonders die absolute, die relative und die permanente Einkommenshypothese bekannt. Sie stellen einen Zusammenhang zwischen der Höhe des Einkommens und der Höhe des Konsums her (vgl. auch die Übersicht in Abbildung 6.12).

In der Übersicht werden zentrale Ansätze der Konsumtheorie und der empirischen Konsumforschung vorgestellt, wobei neben der Darstellung von Gegenstand und Inhalt auch spezifische Problembereiche angesprochen werden.

Die Aggregation individueller ökonomischer Größen zu makroökonomischen Funktionen kann dabei unter zwei Aspekten erfolgen: Zum einen über die Haushalte zu Gesamtnachfragefunktionen, zum anderen über die Güter zu gesamtwirtschaftlichen Preis-Nachfrage- oder Einkommens-Nachfrage-Funktionen (makroökonomische Konsumfunktionen).

Die Ansätze der makroökonomischen Konsumtheorie und der empirischen Konsumforschung unterscheiden sich vor allem in der Auswahl der Bestimmungsfaktoren des Konsums.

**Abbildung 6.12:** Konsumtheorien im Überblick _____

| Quelle/Autor | Forschungsgegenstand | Inhalt | Beurteilung |
|---|---|---|---|
| J. M. Keynes[1] | Absolute Einkommenshypothese | Mit steigendem Realeinkommen nehmen die Konsumausgaben unterproportional zu.<br>→ Fundamentales psychologisches Gesetz | Entgegen der Hypothese von *Keynes* zeigen zahlreiche empirische Untersuchungen (USA) eine säkulare Konstanz der Konsumquote mit allerdings kurzfristigen antizyklischen Schwankungen. |
| J. S. Duesenberry[2]<br>F. Modigliani[3] | Relative Einkommenshypothese | Die Höhe des Konsums wird nicht vom absoluten Einkommen eines Haushalts, sondern von dessen Stellung in der Einkommenspyramide bestimmt.<br>Die Konsumquote ist ceteris paribus um so kleiner, je höher der Haushalt in der Einkommenspyramide steht. Kurzfristig mißt der Haushalt sein Einkommen an dem Höchsteinkommen vorheriger Perioden.<br>(Macht der Gewohnheit) | Die Annahme gleichgerichteter Konsum- und Einkommensveränderungen berücksichtigt nicht die Unsicherheit in den Einkommenserwartungen. Mangel: Einfluß des Höchsteinkommens wird als konstant und unabhängig von der Länge der bis zur Gegenwart verstrichenen Zeitperioden angenommen. |
| M. Friedman[4] | Permanente Einkommenshypothese | Die Haushalte orientieren ihren Konsum nicht am Einkommen der laufenden Periode, sondern an ihrem »Normaleinkommen«, dessen Höhe durch individuelle Fähigkeiten zur Einkommenserzielung, wie Art der Ausbildung, der Persönlichkeit, aber auch durch das vorhandene Geld und Sachvermögen, bestimmt wird.<br>(Permanentes Einkommen = Barwert aller Einkommen) | Schwierigkeit bei der Anwendung ökonometrischer Methoden. Proportionalitätshypothese (Konsum auf jeder Einkommensstufe proportional zum permanenten Einkommen) ist umstritten. Fehlender Zusammenhang zwischen transitorischen (zufälligen) und permanenten Komponenten wird bezweifelt. |

---

[1]  Vgl. Keynes, J. M.: The General Theory of Employment, Interest and Money, London 1936.
[2]  Vgl. Duesenberry, J. S.: Income, Saving and the Theory of Consumer Behavior, 5. Auflage, Cambridge, Mass. 1967.
[3]  Vgl. Modigliani, F.: Fluctuations in the Saving-Income Ratio. A Problem in Economic Forecasting, in: Studies in Income and Wealth, Vol. 11 (1949), S. 369–443.
[4]  Vgl. Friedman, M.: A Theory of the Consumption Function, Princeton 1957.

| A. Ando/F. Modigliani[5] | Lebenszyklus-Hypothese | Das Wirtschaftssubjekt führt seine Konsumplanung für alle (restlichen) Lebensjahre durch. (Einbeziehung des Realwertes aller zukünftig erwarteten Arbeitseinkommen und der Vermögenseinkommen) | Jüngere Studien zur Lebenszyklus-Hypothese beziehen institutionelle Rahmenbedingungen, demographische und sozioökonomische Merkmale sowie realistische Annahmen zur Nutzenmaximierung ein. |
|---|---|---|---|
| RWI-Modell[6] | Untersuchung der strukturellen Entwicklung des Privaten Verbrauchs mit Hilfe von Konsumverflechtungstabellen. | – Auswertungsmöglichkeiten nach: Ausgabearten, Lieferbereichen, einzelnen Produktgruppen; <br> – Längs- und Querschnittsbetrachtungen <br> – verfügbares Einkommen als entscheidender Bestimmungsfaktor <br> – Einkommenselastizitäten für bestimmte Gütergruppen | Bestimmte Felder der Konsumverflechtungstabellen beruhen auf teilweise ungenauen Schätzungen. |
| R. Döhrn[7] | Einfluß der Zeitallokation auf die Konsumnachfrage | Ermittlung eines Konjunkturindikators durch Befragung von Konsumenten im Hinblick auf ökonomische und konjunkturelle Einschätzungen. | – Sinnvolle Ergänzung der klassischen Prognoseansätze. <br> – Empirische Untersuchungen bestätigen die Verhaltensrelevanz der Stimmungstendenzen. |
| GfK[8] | Konsumklima-Forschung | Berechnung eines Konsumklimaindexes, der die Einschätzungen und Erwartungen der Konsumenten bezüglich der ökonomischen und konjunkturellen Lage wiedergibt. | Einbeziehung psychographischer Variablen als grundlegende Bestimmungsfaktoren des Konsumentenverhaltens. |

---

[5] Vgl. Ando, A. K./Modigliani, F.: The »Life-Cycle« Hypothesis of Saving. Aggregate Implications and Tests, in: The American Economic Review, Vol. 53 (1963), S. 55–84; Ando, A. K./Modigliani, F.: The »Life-Cycle« Hypothesis of Saving. A Correction, in: The American Economic Review, Vol. 54 (1964), S. 111–113.

[6] Vgl. Döhrn, R.: Zur strukturellen Entwicklung des Privaten Verbrauchs seit 1960, in: RWI-Mitteilungen, 39. Jg. (1988), H. 1, S. 55–87; Oberheitmann, A./Wenke, M.: Strukturveränderungen des westdeutschen Privaten Verbrauchs, in: RWI-Mitteilungen, 45. Jg. (1994), H. 2, S. 103–126.

[7] Vgl. Döhrn, R.: Zeit zum Konsumieren oder Konsum für den Zeitvertreib? Zum Einfluß der Zeitallokation auf die Konsumnachfrage, in: RWI-Mitteilungen, 37./38. Jg. (1986/87), H. 2, S. 103–125.

[8] Vgl. Fischer, K./Fischer, I.: Konsumklimaforschung. Zur Analyse der privaten Nachfrage, in: Jahrbuch der Absatz- und Verbrauchsforschung, 34. Jg. (1988), H. 4, S. 334–351.

**Abbildung 6.13:** Bestimmungsfaktoren des Privaten Verbrauchs _____

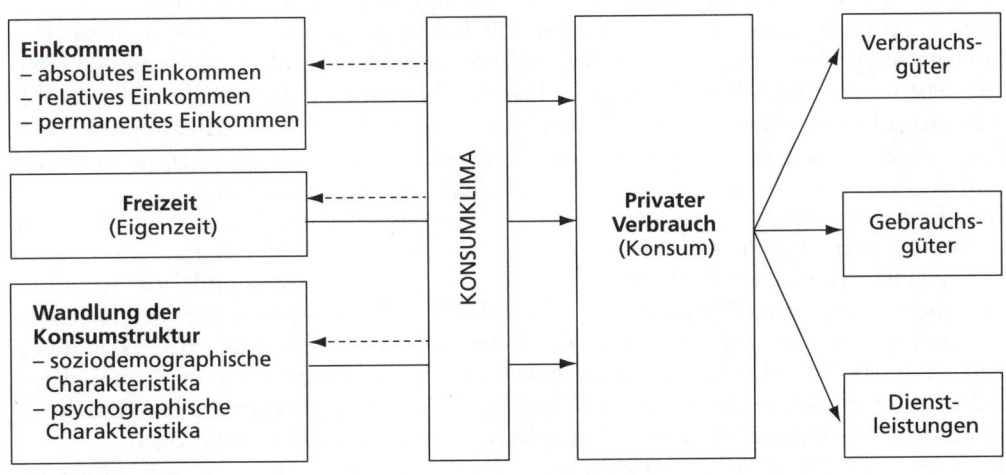

Wesentliche Einflußgrößen des Privaten Verbrauchs sind Einkommen, Freizeit und Wandlungen in der Konsumstruktur. Unterteilt werden kann der Konsum dabei in Verbrauchsgüter, Gebrauchsgüter und Dienstleistungen. Gelingt in diesem Zusammenhang eine nach einzelnen Güterarten verfeinerte Untergliederung, so lassen sich durch Trendberechnungen Umsatzprognosen für einzelne Branchen des Handels ableiten.

## 6.2.1 Das Einkommen

Der wichtigste Bestimmungsfaktor des Privaten Verbrauchs ist das Einkommen. Der Einkommensbegriff kann dabei als absolute Größe (z. B. *Keynes*), als relative Größe (z. B. *Duesenberry; Modigliani*) oder als Barwert aller Einkommen (z. B. *Friedman; Ando/Modigliani*) operationalisiert werden.

Im Gegensatz zur absoluten und relativen Einkommenshypothese, die jeweils nur das Einkommen der laufenden Periode als Einflußfaktor zulassen, geht *Friedman* in seiner permanenten Einkommenshypothese davon aus, daß Haushalte ihren Konsum am »Normaleinkommen« und nicht am Einkommen der laufenden Periode orientieren werden.[9] Dieses normale Einkommen oder auch permanente Einkommen ist demnach das Einkommen, das Wirtschaftssubjekte über einen längeren Zeitraum als »normal« anzusehen. Es wird von Faktoren wie individuellen Fähigkeiten zur Einkommenserzielung, Art der Ausbildung, der Persönlichkeit, aber auch vom vorhandenen Geld- und Sachvermögen bestimmt.

Da aus der Amtlichen Statistik nicht zu entnehmen ist, welche Anteile des Einkom-

---

[9] Vgl. Friedman, M., 1957, S. 10.

mens permanenter oder transistorischer Art sind, besitzt diese Differenzierung für die Prognose des Privaten Verbrauchs nur eine geringe praktische Bedeutung.

Neuere Ansätze versuchen, von der unrealistischen Annahme der permanenten Einkommenshypothese, daß ein Wirtschaftssubjekt seine Konsumplanung für die erwartete Restlebenszeit durchführt, abzurücken. Untersucht werden dabei vor allem der Einfluß unsicherer Erwartungen und unsicherer Kapitalmärkte, Investitionen in Humankapital, Kapitalbildung aus dem Vererbungsmotiv, Ansätze zur Freizeit-Nutzenmaximierung und die Rolle der Altersvorsorge durch gesetzliche Pflichtversicherungen.[10]

Mit Hilfe von derart erweiterten Lebenszyklus-Hypothesen können typische Einkommensprofile für die Gesamtdauer der Erwerbstätigkeit eines Wirtschaftssubjekts entwickelt werden. Der »Einkommens-Lebenszyklus« kann dem Handel als Grundlage für eine Konsumenten-Typologie und eines damit in Verbindung stehenden Zielgruppenkonzepts dienen. Auch können die oft weit über den tatsächlichen Einkommensverhältnissen liegenden Konsumausgaben von Wirtschaftssubjekten in verschiedenen Lebensphasen erklärt werden. So werden beispielsweise, in Erwartung eines nach Abschluß der Ausbildung höheren Einkommens, Konsumausgaben vorgezogen.

Ein weiterer Bestimmungsfaktor für die Höhe der Konsumausgaben ist die Einkommensverteilung. Dabei wird unterstellt, daß die Konsumneigungen der Einkommensbezieher in den unterschiedlichen Einkommensklassen voneinander abweichen. Eine Änderung der personellen Einkommensverteilung über Einkommensklassen hinweg würde folglich auch die Höhe des gesamtwirtschaftlichen Konsums beeinflussen.[11]

Verzichtet man auf diese Differenzierung, so stellt man fest, daß in der Tat verfügbares Einkommen und Privater Verbrauch in einer engen Beziehung zueinander stehen. Abbildung 6.14 läßt erkennen, daß auch die gesamten Einzelhandelsumsätze – zumindest bis 1991 – weitgehend parallel zur Entwicklung des verfügbaren Einkommens und des Privaten Verbrauchs verlaufen. Ab 1991 lockert sich der Zusammenhang. Dies führt zu der Frage, ob speziellere Einkommensbegriffe (z. B. nur das Einkommen aus unselbständiger Arbeit) zu klareren Zusammenhängen führen.

Im Gegensatz dazu zeigt Abbildung 6.15, daß eine Betrachtung einzelner Branchen zu einem anderen Ergebnis führt. Während das relative Umsatzwachstum der Reformwaren deutlich hinter dem der beiden Referenzgrößen zurückblieb, legten die kosmetischen Erzeugnisse und Körperpflegemittel deutlich stärker zu. Auch andere Einzelhandelsbranchen weisen die unterschiedlichsten Umsatzverläufe auf.

So erhärten die in Abbildung 6.14 dargestellten Daten die Vermutung, daß es sich bei dem verfügbaren Einkommen um einen zentralen Bestimmungsfaktor des Privaten Verbrauchs handelt. Die Beziehung zwischen Einkommen und Konsum lockert sich jedoch, wenn enger definierte Konsumbereiche betrachtet werden.

Verwendet man das Volkseinkommen zur Prognose des Einzelhandelsumsatzes, so können verschiedene Varianten verwendet werden:
– mit absoluten Werten für Volkseinkommen und Umsatz (in Geldeinheiten),
– mit relativen Angaben und
– mit den entsprechenden Wachstumsraten.

Weiterhin ist zu beachten, daß die zu untersuchenden Daten einer Steigerung von Preisniveau und Lebenshaltungskosten unterliegen. Somit können nicht nur Gegen-

---

[10] Siehe auch Franz, W.: Neues von der Konsumfunktion, in: WISU, 16. Jg. (1987), H. 11, S. 577–582.

[11] Vgl. König, H., 1977 a, S. 524.

überstellungen auf nominaler Basis erfolgen, sondern es können auch reale Vergleiche angestellt werden. Hierzu sind die Einzelhandelsumsätze um die Steigerung der Einzelhandelspreise und die unabhängigen Größen um das Wachstum der Lebenshaltungskosten zu bereinigen.

Abbildung 6.14: Entwicklung des gesamten Einzelhandelsumsatzes, des verfügbaren Einkommens und des Privaten Verbrauchs (jeweils 1991 = 100)

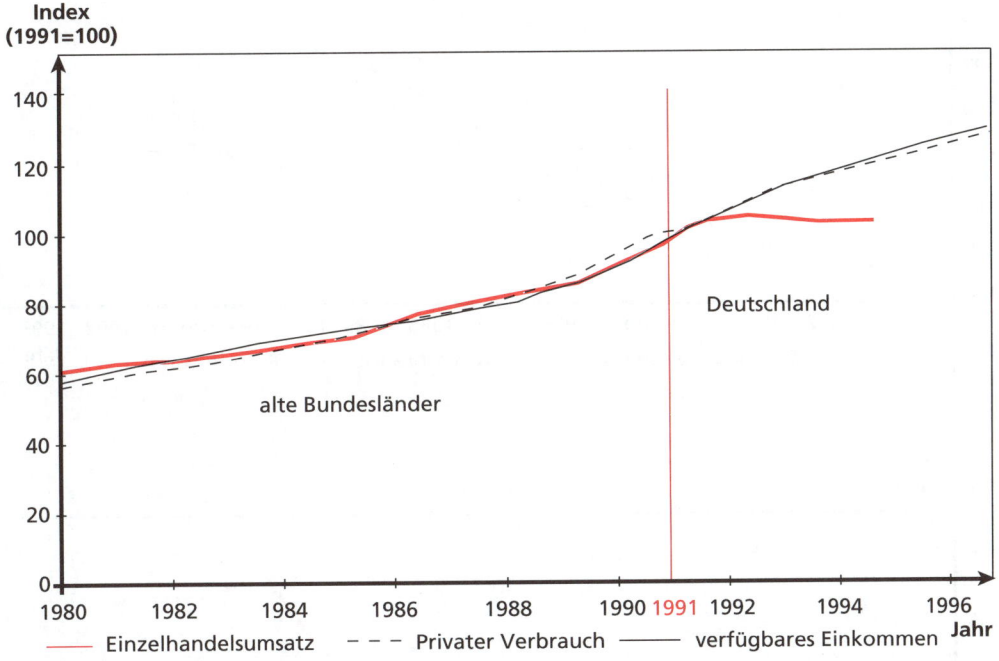

| | 1980 | 1982 | 1984 | 1986 | 1988 | 1990 | 1991 | 1992 | 1993 | 1994 | 1995 | 1996 |
|---|---|---|---|---|---|---|---|---|---|---|---|---|
| Einzelhandelsumsatz (alte Bundesländer) | 60,6 | 63,6 | 67,6 | 75,4 | 81,2 | 91,8 | 100 | 103,2 | 99,0 | 98,0 | | |
| Einzelhandelsumsatz (Deutschland) | | | | | | | 100 | 101,5 | 99,5 | 99,7 | | |
| Privater Verbrauch (alte Bundesländer) | 57,8 | 63,4 | 69,3 | 73,6 | 79,6 | 91,0 | 100 | 106,0 | 109,9 | 113,6 | | |
| Privater Verbrauch (Deutschland) | | | | | | | 100 | 107,7 | 112,6 | 116,8 | 121,5 | 125,5 |
| Verfügbares Einkommen (alte Bundesländer) | 57,3 | 61,8 | 67,0 | 74,5 | 82,0 | 95,2 | 100 | 104,2 | 104,8 | 115,8 | | |
| Verfügbares Einkommen (Deutschland) | | | | | | | 100 | 107,6 | 111,4 | 115,2 | 119,3 | 123,4 |

Quelle: Vgl. die Angaben zu den Abbildungen 6.1, 6.2, 6.4 und 6.11

Abbildung 6.15: Entwicklung des Einzelhandelsumsatzes der Branchen »Reformwaren« und »Kosmetische Erzeugnisse und Körperpflegemittel« im Vergleich zum verfügbaren Einkommen und Privaten Verbrauch (jeweils 1980 = 100) in den alten Bundesländern

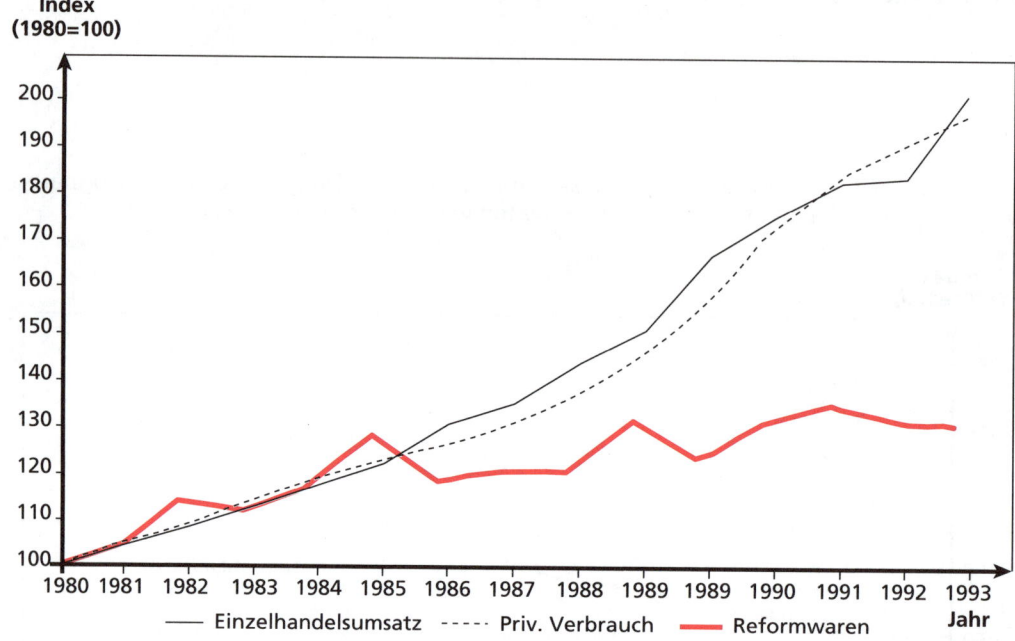

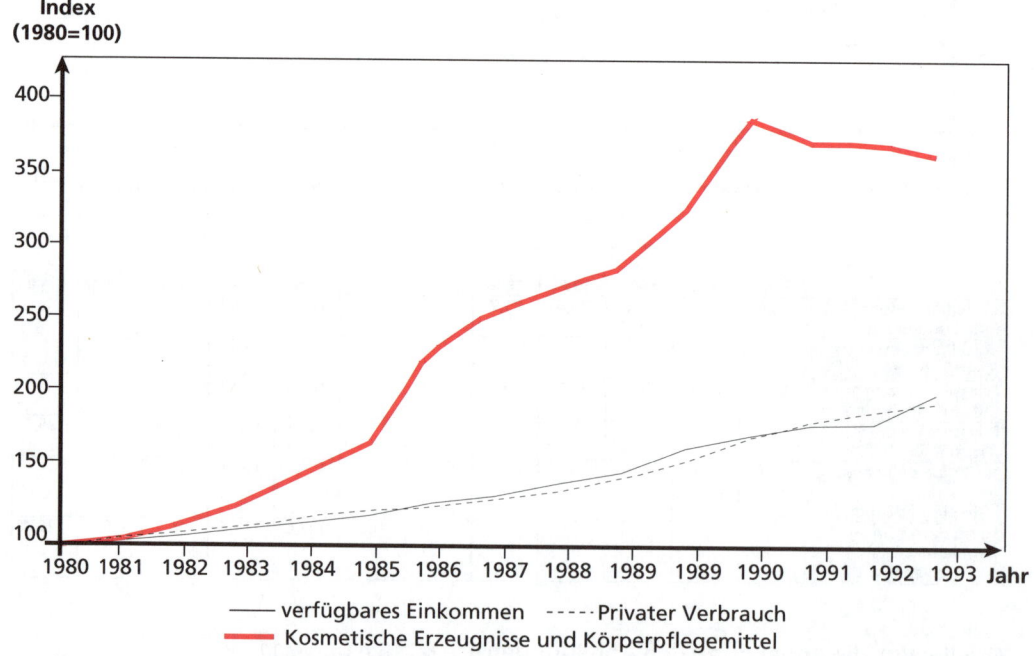

Quellen: Zum verfügbaren Einkommen und Privaten Verbrauch vgl. die Angaben zu den

Abbildungen 6.4 und 6.11. Zum Umsatz mit Reformwaren sowie kosmetischen Erzeugnissen und Körperpflegemitteln vgl. Statistisches Bundesamt (Hrsg.): Statistisches Jahrbuch für die Bundesrepublik Deutschland, Stuttgart (– Mainz), verschiedene Jahrgänge; im einzelnen: *1980:* Stat. Jb. 1984, S. 244 f.; *1981, 1982:* Stat. Jb. 1985, S. 238 ff.; *1983:* Stat. Jb. 1986, S. 235 f.; *1984:* Stat. Jb. 1987, S. 244 f.; *1985:* Stat. Jb. 1988, S. 230 f.; *1986:* Stat. Jb. 1989, S. 224 f.; *1987:* Stat. Jb. 1990, S. 237 f.; *1988:* Stat. Jb. 1991, S. 260 f.; *1989:* Stat. Jb. 1992, S. 274 f.; *1990:* Stat. Jb. 1993, S. 282 f.; *1991:* Stat. Jb. 1994, S. 276 f.; *1992:* Stat. Jb. 1995, S. 264 f.; *1993, 1994:* Stat. Jb. 1995, S. 262 f. Erfaßt wurde eine Stichprobe von Unternehmen mit einem Mindestumsatz von 250 000 DM. Die Umsatzwerte verstehen sich einschließlich Umsatzsteuer.

---

Analysen zeigen, daß sich Regressionsgleichungen mit einem hohen Bestimmtheitsmaß ermitteln lassen (vgl. Abbildung 6.16). Sowohl bei nominal/absoluter bzw. nominal/relativer als auch bei real/absoluter bzw. real/relativer Betrachtung ergeben sich dabei die besten Korrelationswerte zwischen Einzelhandelsumsatz und Volkseinkommen, gefolgt vom Privaten Verbrauch als unabhängiger Variable. Die Zusammenhänge zwischen den ermittelten Wachstumsraten, sowohl auf nominaler als auch auf realer Basis, sind dagegen deutlich schwächer.

Die auf der Basis des tatsächlichen Volkseinkommens von 1992 mit Hilfe der Regressionsgleichungen prognostizierten Umsatzwerte für 1992 weisen im Vergleich zu den tatsächlich eingetretenen Ist-Werten Abweichungen von 1,04 % bis 6,67 % auf.

**Abbildung 6.16:** Die Prognose des EH-Umsatzes für 1994 auf der Basis des tatsächlichen Volkseinkommens 1994 für die alten Bundesländer
Der Zusammenhang zwischen Volkseinkommen und Einzelhandelsumsatz[1]

|  | absolut (in Mrd. DM) | relativ (1980 = 100) |
|---|---|---|
| nominal | $y = 66,7281 + 0,2259x$; $R^2 = 0,9966$<br>Volkseinkommen (x) 1994: 2 297,1<br>Umsatzprognose 1994: 563,1 Mrd. DM<br>Ist-Wert 1994: 528,0 Mrd. DM<br>Abweichung: + 6,65 % (35,1) | $y = 20,4497 + 0,7890x$, $R^2 = 0,9966$<br>Volkseinkommen (x) 1994: 192,8 %<br>Umsatzprognose 1994: 172,6 %<br>Ist-Wert 1994: 161,8 %<br>Abweichung + 6,67 %<br>(10,8 %-Punkte) |
| real | $y = 25,3796 + 0,1940x$; $R^2 = 0,9839$<br>Volkseinkommen (x) 1994: 1 979,4<br>Umsatzprognose 1994: 409,4 Mrd. DM<br>Ist-Wert 1994: 405,2 Mrd. DM<br>Abweichung: + 1,04 % (4,2) | $y = 7,7770 + 0,9057x$; $R^2 = 0,9919$<br>Volkseinkommen (x) 1994: 129,9 %<br>Umsatzprognose 1994: 125,4 %<br>Ist-Wert 1994: 121,5 %<br>Abweichung: + 3,21 %<br>(3,9 %-Punkte) |

[1] Die Einzelhandelsumsätze wurden Abbildung 6.1, Zeile 4 entnommen. Vgl. zum Volkseinkommen Statistisches Bundesamt (Hrsg.): Statistisches Jahrbuch für die Bundesrepublik Deutschland, Stuttgart 1995, S. 655. Die realen Einzelhandelsumsätze wurden mit Hilfe des Index der Einzelhandelspreise bestimmt. Vgl. hierzu im einzelnen: *1980–1981:* St. Jb. 1988, S. 515; *1982–1985:* St. Jb. 1989, S. 519; *1985–1986:* St. Jb. 93 S. 655; *1987:* St. Jb. 1994, S. 659; *1988–1994:* St. Jb. 1995, S. 631. Um das reale Volkseinkommen zu ermitteln, wurde der langjährige Preisindex der Lebenshaltung herangezogen. Vgl. St. Jb. 1996, S. 636.

Eine solche Prognose setzt voraus, daß zuverlässige Prognosen über das zukünftige Volkseinkommen vorliegen.

## 6.2.2 Freizeit

Ein weiterer Bestimmungsfaktor des Privaten Verbrauchs ist die Freizeit. Da auch die Nicht-Erwerbszeit gewissen Verwendungszwängen, wie z. B. Haushaltsarbeit oder Bildungszeiten, unterworfen ist, verwenden einige Ansätze den Begriff der Eigenzeit in Abgrenzung zum Freizeitbegriff (im Sinne der frei disponiblen Nicht-Erwerbszeit). Eine Verbindung zwischen Einkommens- und Zeitrestriktion des empirischen Konsums stellt das Konzept von *Becker* dar, der Freizeit als ein Konsumgut auffaßt, dessen Preis das durch den Freizeitkonsum entgangene Einkommen repräsentiert.[12]

## 6.2.3 Vermögen

Sowohl die permanente Einkommenshypothese als auch die Lebenszyklus-Hypothese berücksichtigen den Bestimmungsfaktor Vermögen als eine die Höhe des Konsums beeinflussende Variable.

Während diese Einkommensansätze das Vermögen jedoch lediglich als ein Mittel zur Verstetigung des Konsums ansehen, betonen Autoren wie *Ball* und *Drake* die Bedeutung des Vorsichtsmotivs und fügen deshalb das Vermögen als eigenständige Variable in eine Nutzenfunktion ein.[13]

Wieder andere Ansätze berücksichtigen lediglich die liquiden Aktiva (Bargeldbestand und kurzfristig liquidierbare Forderungen) als erklärende Variable, um so den kurzfristigen Finanzierungsspielraum und den Einfluß auf den realen Kassenhaltungseffekt berücksichtigen zu können.

## 6.2.4 Konsumklima

Neben den oben aufgeführten makroökonomischen Größen wird vielfach das Konsumklima als ergänzender Bestimmungsfaktor für die Konsumbereitschaft der Konsumenten verwendet. Das Konsumklima spiegelt dabei die ökonomischen Einschätzungen und Erwartungen der Verbraucher wieder.

Aufbauend auf den Erkenntnissen des Nationalökonomen und Psychologen *George Katona* ermittelt die GfK seit 1958 in Befragungen die konjunkturellen Einschätzungen und Erwartungen der Konsumenten, die als Ergänzung zu klassischen makro-

---

[12] Vgl. Becker, G. S.: A Theory of the Allocation of Time, in: The Economic Journal, Vol. 75 (1965), S. 493–527.

[13] Vgl. Ball, R. J./Drake, P. S.: The Relationship Between Aggregate Consumption and Wealth, in: International Economic Review, Vol. 5 (1964), S. 63–81.

ökonomischen Prognosemodellen ein wertvolles Hilfsmittel bei der Konjunktur-
analyse darstellen können.

»Man geht von der Überlegung aus, daß für eine Beurteilung der Konjunktur dem
Verbraucher und seinem von Markteindrücken, Meinungen, Vorstellungen und
Stimmungen beeinflußten Verhalten eine wesentliche Bedeutung zukommt.«[14] Die
Mehrzahl von zwölf gestellten Fragen (wie z. B.: Wie dürfte sich – Ihrer Ansicht nach –
die allgemeine Wirtschaftslage in den kommenden zwölf Monaten entwickeln?), die
den Konsumenten gestellt werden, beinhaltet zwar die Einschätzung der Konjunkturlage, indirekt geben die Probanden aber Auskunft über das eigene gegenwärtige
und zukünftige Verhalten.

Sieht man z. B. den Einzelhandelsumsatz als Indikator für die kurzfristige Entwicklung der privaten Nachfrage und vergleicht diesen mit den Einschätzungen der Konsumenten zur Konjunkturlage, so bestätigt sich »... die Vermutung, daß jeweils in den
Phasen mit günstigen konjunkturellen Zukunftserwartungen eine hohe Ausgaben-
bereitschaft der Verbraucher vorlag, während umgekehrt – wie beispielsweise zu
Beginn der 80er Jahre – die Eintrübung der Konjunkturperspektiven mit einer entsprechenden Kaufzurückhaltung verbunden war.«[15]

Eine komprimierte Darstellung der Stimmungsentwicklung wird durch eine Zusammenfassung der Befragungsergebnisse in einer Zeitreihe erreicht. Die auf Basis
dieser Zielsetzung ermittelte Größe ist der Konsumklimaindex. Zu diesem Zweck
werden zunächst die Abfragekomponenten mit der größten Verhaltensrelevanz
regressionsanalytisch bestimmt und es wird ein Wägungsschema für die so ermittelten Komponenten gemäß ihrer Bedeutung für das Verhalten aufgestellt. Der so
ermittelte Konsumklimaindex erweist sich nach Meinung von *Fischer* und *Fischer*
»... als Spiegelbild der wirtschaftlichen und politischen Ereignisse in den vergangenen Jahren ...«[16]

## 6.2.5 Sonstige Bestimmungsfaktoren

Weitere in der Konsumtheorie verwendete Bestimmungsfaktoren des Privaten Verbrauchs sind: Relativpreise, Zinssatz, Inflationserwartungen, Verschuldung sowie
soziodemographische und psychographische Charakteristika.

Relativpreise werden vor allem dann in Konsumfunktionen einbezogen, wenn die
Aufteilung des Privaten Verbrauchs auf verschiedene Güterarten betrachtet werden
soll. So zeigte *König*, daß der Erhöhung des Relativpreises für dauerhafte gegenüber
nicht dauerhaften Konsumgütern ein Rückgang der Nachfrage nach dauerhaften
Konsumgütern und gleichzeitig eine Reduzierung der gesamtwirtschaftlichen Aus-
gabenneigung folgte.[17]

In der klassischen makroökonomischen Theorie hängt die Aufteilung des Einkommens
auf Konsum und Ersparnis vom Zinssatz ab. »Allerdings ist die Wirkungsweise nicht

---

[14] Fischer, K./Fischer, I., 1988, S. 337.
[15] Fischer, K./Fischer, I., 1988, S. 343.
[16] Fischer, K./Fischer, I., 1988, S. 348.
[17] Vgl. König, H.: Permanentes Einkommen, dauerhafte Konsumgüter und die makroökonomische Konsumfunktion, in: Helmstädter, E. (Hrsg.): Quantitative Wirtschaftsforschung. Festschrift für Wilhelm Krelle, Tübingen 1977 b, S. 421–439.

eindeutig, da eine Erhöhung des Zinssatzes in der Regel zwar eine Substitution zugunsten des zukünftigen Konsums auslöst, aber gleichzeitig der mit der (realen) Wertzunahme der konsumierbaren Ressourcen einhergehende Einkommenseffekt sowohl die Zunahme des Gegenwarts- als auch des Zukunftskonsums zur Folge haben kann.«[18] »Inflatorische Preiserwartungen induzieren bei intertemporaler Nutzenmaximierung eine Umschichtung der Konsumausgaben zugunsten der Gegenwart. Ob dies zu einem Rückgang der Spareigung aus dem Gegenwartseinkommen führt, hängt auch von dem mit der (erwarteten) Preiserhöhung verbundenen negativen Realeinkommenseffekt ab.«[19]

Im Vordergrund der Ansätze, die sich mit der Verschuldung privater Haushalte als Bestimmungsfaktor des Privaten Verbrauchs beschäftigen, steht der Einfluß der Neuverschuldung auf die aggregierte Gebrauchsgüternachfrage. Der Schuldenstand bleibt dagegen als Bestimmungsfaktor weitgehend unberücksichtigt, da eine Grenze für die Verschuldung privater Haushalte empirisch noch nicht nachgewiesen werden konnte.

**Abbildung 6.17:** Altersstruktur der bundesdeutschen Bevölkerung von 1980 bis 1994 in Tausend

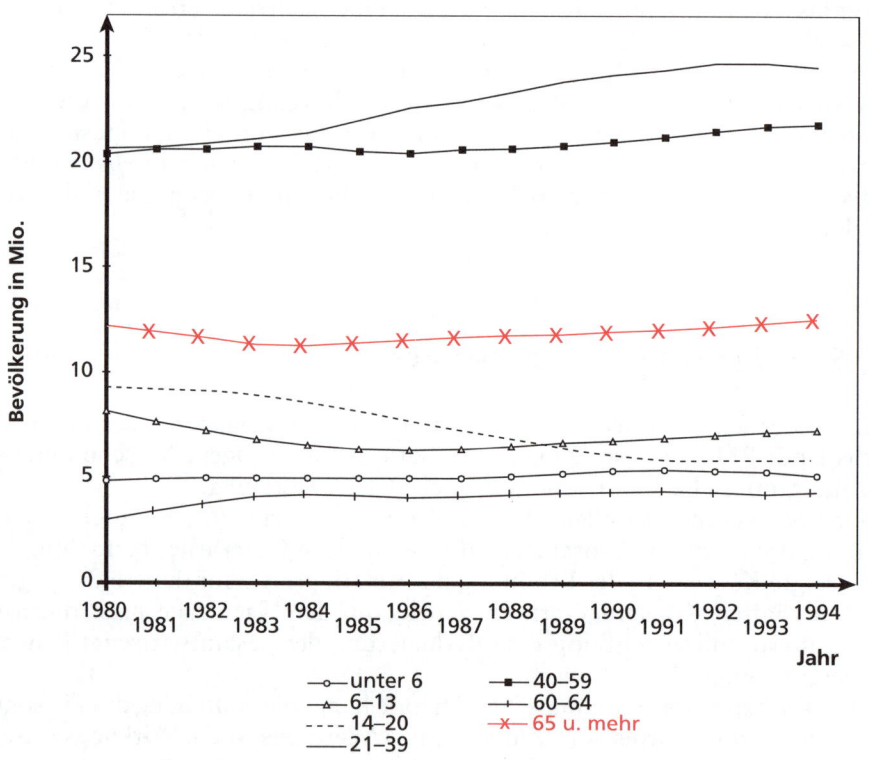

Quelle: Statistisches Bundesamt (Hrsg.), 1996, S. 60

---

[18] König, H., 1977 a, S. 524.
[19] König, H., 1977 a, S. 525.

Während sich in der Vergangenheit die Proportionen der Altersstruktur der bundesdeutschen Bevölkerung nicht allzu stark verschoben hatten, wird für die Zukunft mit einmem starken Anstieg derjenigen gerechnet, die älter als 60 sind. Der Anteil der über 80jährigen ist bereits von 2,2 % in 1975 auf 4,1 % in 1995 geklettert. Demgegenüber ist der Anteil der bis 30jährigen von 29,1 % in 1975 auf 21,5 % in 1995 zurückgegangen. Nähere Informationen über die Altersstruktur enthält auch Abbildung 6.17 .[20]

**Abbildung 6.18:** Bundesdeutsche Haushalte nach Personenstärke von 1980 bis 1994 in Tausend

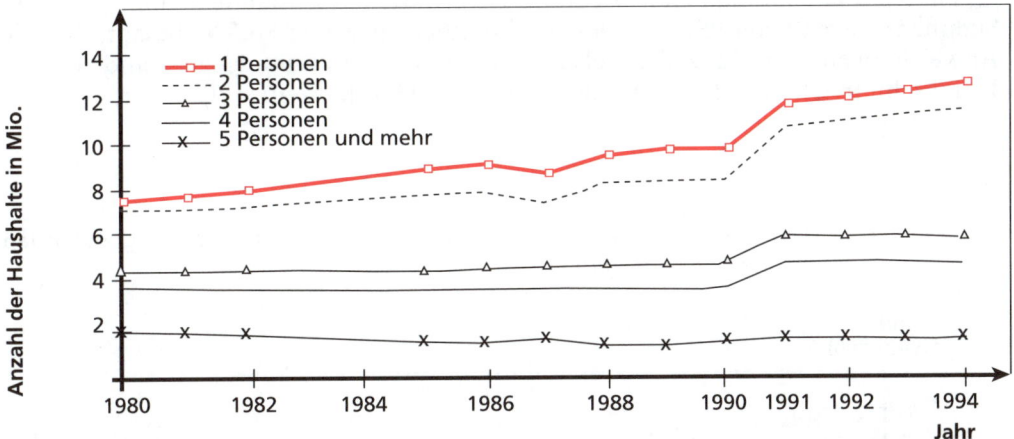

Quellen: Statistisches Bundesamt (Hrsg.): Statistisches Jahrbuch für die Bundesrepublik Deutschland, Stuttgart (– Mainz), verschiedene Jahrgänge. Vgl. im einzelnen *1980:* Stat. Jb. 1981, S. 64; *1981:* Stat. Jb. 1982, S. 64; *1982:* Stat. Jb. 1983, S. 66; *1985:* Stat. Jb. 1987, S. 66; *1986:* Stat. Jb. 1988, S. 66; *1988:* Stat. Jb. 1989, S. 56; *1989:* Stat. Jb. 1990, S. 57; *1987, 1990:* Stat. Jb. 1992, S. 69; *1991–1994:* Stat. Jb. 1996, S. 66. Die Angaben für die Jahre 1983 und 1984 sind in den Statistischen Jahrbüchern nicht ausgewiesen. Bis 1990 beziehen sich die Angaben auf die alten Bundesländer.

Der in vielen Publikationen angesprochene Alterungsprozeß der Bevölkerung hat im Handel insbesondere Bedeutung für die Sortimentsplanung und die Einkaufsstättenwahl.[21]
Die Statistik belegt auch, daß in den Jahren von 1980 bis 1990 die Gruppe der 21–40jährigen zugenommen hat.

---

[20] Vgl. auch die zahlreichen Angaben zum Altersaufbau, dem Geburten- und Sterbeüberschuß, der Haushaltsstruktur, der Zahl der Ausländer und der Wanderungen in: Statistisches Bundesamt (Hrsg.), Datenreport 1997, S. 19–47.

[21] Vgl. Kölzer, B.: Senioren als Zielgruppe. Kundenorientierung im Handel, Wiesbaden 1995, S. 45–70.

Neben der Altersstruktur ist auch die Struktur der Familien und Haushalte von Bedeutung. Da jeder Haushalt eine gewisse Erstausstattung an Mobiliar benötigt (z. B. Elektrogeräte wie Kühlschrank, Mikrowellenherd oder Bügeleisen), ist zu erwarten, daß sich einzelne Konsumbereiche in Abhängigkeit von der Anzahl der Haushalte entwickeln. Aus Abbildung 6.18 wird deutlich, daß insbesondere ab 1990 die Anzahl der Ein- und Zweipersonenhaushalte angestiegen ist.

Abbildung 6.19 verdeutlicht, welchen Veränderungen der Umsatz in einem Warenbereich unterworfen sein kann. So steigt beispielsweise der in der Abbildung dargestellte Umsatz des Einzelhandels mit Einrichtungsgegenständen, in den auch der Umsatz mit Gütern wie Möbeln und Hausrat einfließt, ab 1985 deutlich an, was das Interesse an den Ursachen für eine solche Entwicklung verstärkt.

Abbildung 6.20 stellt den Einzelhandelsumsätzen mit Einrichtungsgegenständen die Anzahl der Haushalte in Deutschland in den Jahren 1980–1992 jeweils in Tausend gegenüber. Ein Signifikanztest bestätigt den ermittelten Zusammenhang auf einem Signifikanzniveau von 99,8 %. Das Bestimmtheitsmaß von 80,5 % besagt, daß die Abweichungen der Einzelhandelsumsätze mit Einrichtungsgegenständen vom Durchschnitt in hohem Maße mit der Anzahl der Haushalte zu erklären ist.

**Abbildung 6.19:** Entwicklung des Einzelhandelsumsatzes mit Einrichtungsgegenständen (früheres Bundesgebiet)

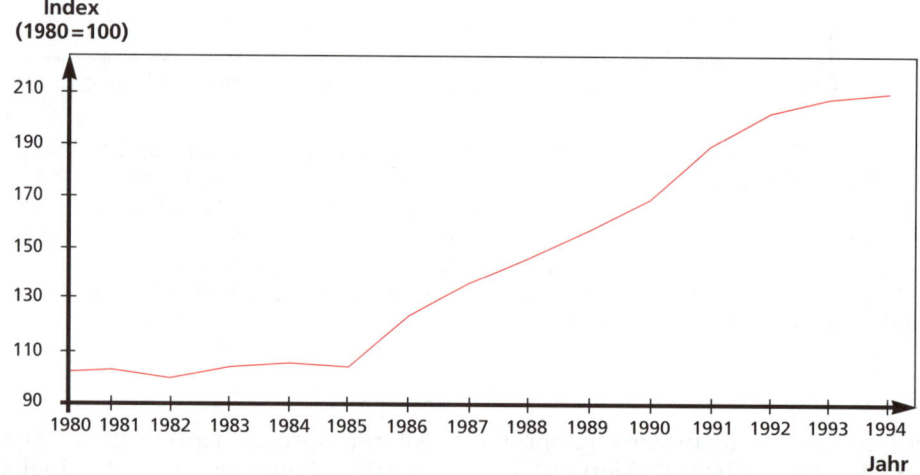

Quellen: Ergebnisse der repräsentativen Erhebungen des Statistischen Bundesamtes. Nur Unternehmen mit einem Jahresumsatz von mindestens 250 000 DM und neugegründete Unternehmen. Die Ergebnisse basieren auf der Gliederung der Systematik der Wirtschaftszweige, Ausgabe 1979. Die Umsatzwerte verstehen sich einschließlich Umsatzsteuer. Statistisches Bundesamt (Hrsg.): Statistisches Jahrbuch für die Bundesrepublik Deutschland, Stuttgart (– Mainz), verschiedene Jahrgänge; im einzelnen: *1980:* Stat. Jb. 1984, S. 244; *1981, 1982:* Stat. Jb. 1985, S. 238, 240; *1983:* Stat. Jb. 1986, S. 236; *1984:* Stat. Jb. 1987, S. 245; *1985:* Stat. Jb. 1988, S. 232; *1986:* Stat. Jb. 1989, S. 225; *1987:* Stat. Jb. 1990, S. 238; *1988:* Stat. Jb. 1991, S. 261; *1989:* Stat. Jb. 1992, S. 274; *1990:* Stat. Jb. 1993, S. 282; *1991:* Stat. Jb. 1994, S. 276; *1992:* Stat. Jb. 1995, S. 264; *1993, 1994:* Stat. Jb. 1995, S. 263 f.

**Abbildung 6.20:** Zum Zusammenhang zwischen Einzelhandelsumsätzen mit Einrichtungsgegenständen und der Anzahl der Privaten Haushalte in den alten Bundesländern in den Jahren 1980–1994

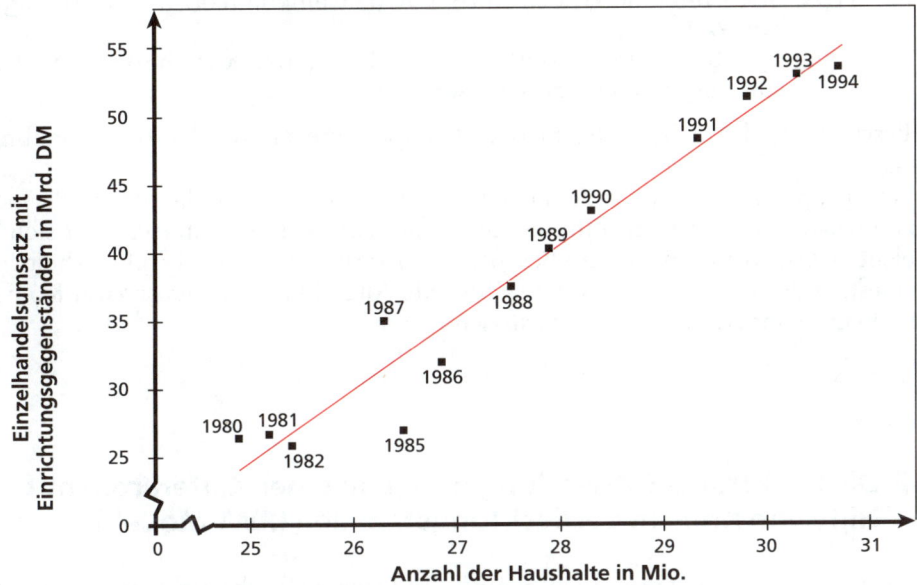

Quellen: Statistisches Bundesamt (Hrsg.): Statistisches Jahrbuch für die Bundesrepublik Deutschland, verschiedene Jahrgänge. Vgl. zum Einzelhandelsumsatz mit Einrichtungsgegenständen die Quellenangaben zu Abbildung 6.19. Zur Anzahl der Privaten Haushalte vgl. Statistisches Bundesamt (Hrsg.): Statistisches Jahrbuch für die Bundesrepublik Deutschland, Stuttgart (– Mainz), verschiedene Jahrgänge; im einzelnen: Stat. Jb. 1980, S. 64; Stat. Jb. 1982, S. 64; Stat. Jb. 1987, S. 66; Stat. Jb. 1988, S. 66; Stat. Jb. 1989, S. 56; Stat. Jb. 1991, S. 70; Stat. Jb. 1992, S. 69; Stat. Jb. 1996, S. 66.

## 6.2.6 Lebenszyklus-Hypothese

Während die permanente Einkommenshypothese den Zeithorizont durch das Konzept adaptiver Erwartungen (d. h. Prognose aufgrund gewichteter Vergangenheitswerte) zu berücksichtigen versucht, unterstellt die Lebenszyklus-Hypothese explizit, daß ein Wirtschaftssubjekt seine Konsumplanung am erwarteten restlichen Lebensalter ausrichtet.

Unter den zusätzlichen Annahmen, daß das Wirtschaftssubjekt bezüglich seines restlichen Lebensalters und seines zukünftigen Einkommens sichere Erwartungen besitzt, kein Vermögen vererben wird und sich gemäß einer in bezug auf den Zeitpunkt des Konsums homogenen Nutzenfunktion verhält, läßt sich die makroökonomische Konsumfunktion wie folgt schreiben:

(1)     $C_t = \alpha_1 A_{t-1} + \alpha_2\, YL_t + \alpha_3\, \overline{YL_t}$

$A_{t-1}$ = Nettovermögen aller privaten Haushalte zu Periodenbeginn,
$YL_t$ = laufendes Arbeitseinkommen;
$\overline{YL_t}$ = erwartetes durchschnittliches Arbeitseinkommen der noch folgenden Perioden,

$\alpha_1$; $\alpha_2$; $\alpha_3$: gewichtete Mittelwerte der einzelwirtschaftlichen Konsumneigung bezüglich dieser Größen.

Zur Bestimmung der nicht beobachtbaren Komponente $\overline{YL_t}$ werden zwei Annahmen
vorausgesetzt:
– $\overline{YL_t}$ ist proportional zum tatsächlichen Arbeitseinkommen der laufenden Periode;
– das Niveau des erwarteten Einkommens einer Altersklasse unterscheidet sich bei
  gleichem Zeitprofil je nach dem Beschäftigtenstatus (erwerbstätig oder arbeitslos),
  so daß bei der Bestimmung von $\overline{YL_t}$ für jede Altersklasse zunächst zwei Komponenten getrennt ermittelt werden müssen.

## 6.2.7 Die Nachfrage-Entwicklung nach einzelnen Güterarten mit Hilfe von Konsumverflechtungstabellen (RWI-Modell)

Um Aussagen über die Zusammensetzung des Privaten Verbrauchs nach Ausgabearten und zugehörigen Lieferbereichen zu ermöglichen, müssen die entsprechenden
Daten disaggregiert werden. Hierfür veröffentlicht das *Rheinisch-Westfälische Institut für Wirtschaftsforschung (RWI)* seit 1966 reale und nominale Konsumverflechtungstabellen.
»Den Konsumverflechtungstabellen kommt ... bei der Analyse struktureller Wandlungen insofern eine große Bedeutung zu, als sie den Übergang von der Entscheidungsebene der privaten Haushalte auf die Entscheidungsebene der Produktions-
sektoren abbilden, also den Übergang von Kategorien der Einkommensverwendung,
den Ausgabearten, auf die Kategorien der Güterherkunft, die Lieferbereiche des
Privaten Verbrauchs.«[22] Zentraler Bestandteil der Konsumverflechtungstabellen ist
die Aufteilung des Endnachfragesektors »Privater Verbrauch« auf bestimmte Ausga-
bekategorien. Die Zuordnung der Lieferbereiche zu diesen Ausgabearten erfolgt
anhand von Informationen über die jeweiligen Produktpaletten des Liefersektors.
Dabei wird die in der Volkswirtschaftlichen Gesamtrechnung enthaltene Unterteilung des Privaten Verbrauchs in 16 Gütergruppen auf 58 Lieferbereiche ausgedehnt.
Diese Lieferbereiche werden in Anlehnung an die »Systematik der Einnahmen und
Ausgaben der privaten Haushalte«[23] 79 Ausgabearten des Privaten Verbrauchs ge-
genübergestellt.
Nach *Döhrn* liegt die Hauptursache für das nachlassende Wachstum des Privaten
Verbrauchs bis 1986 in den abnehmenden Zuwachsraten der verfügbaren Einkom-

---

[22] Döhrn, R., 1988, S. 56.
[23] Vgl. Döhrn, R., 1988, S. 80–87. Die Systematik der Einnahmen und Ausgaben der privaten
Haushalte findet sich im Anhang von: Statistisches Bundesamt (Hrsg.): Wirtschaftsrechnungen. Fachserie 15, Reihe 1, Einnahmen und Ausgaben ausgewählter privater Haushalte 1996, Stuttgart 1997.

men begründet.[24] Diese These wird durch die Beobachtung gestützt, daß eine Sättigung der Konsumbereitschaft als möglicher Erklärungsgrund ausscheidet, da die Bereitschaft der privaten Haushalte zum Konsumieren im entsprechenden Zeitraum unverändert geblieben ist.[25] Den Rückgang der Einkommen aus unselbständiger Arbeit führt *Döhrn* dabei im wesentlichen auf vier Faktoren zurück:[26]

1. niedrige Tarifabschlüsse,
2. abnehmende Zahl der Beschäftigten,
3. Verkürzung der Arbeitszeiten,
4. überproportionale Zunahme der Steuern und Sozialabgaben.

Den Zusammenhang der aufgeführten Einflußfaktoren verdeutlicht nochmals die in Abbildung 6.21 dargestellte Wirkungskette.

**Abbildung 6.21:** Eine exemplarische Wirkungskette zur Entwicklung des Privaten Verbrauchs

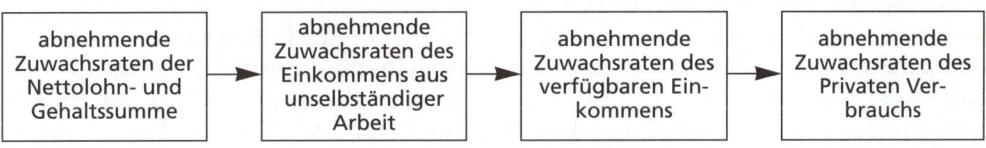

Vor dem Hintergrund der Entwicklung des verfügbaren Einkommens liefert die Analyse der Konsumverflechtungstabellen Einblicke in die Wandlung der Konsumstruktur. So lassen sich durch die Trennung nach Ausgabearten folgende Trends bis 1986 erkennen:[27]

1. Rückgang des Ausgabenanteils für Verbrauchsgüter,
2. konstante Entwicklung bei Gebrauchsgütern,
3. Verschiebung des Anteils von Gütern des täglichen Bedarfs zu hochwertigen Gütern,
4. wachsende Bedeutung der Bereiche Energie und Dienstleistung.

Der Anstieg des Dienstleistungsanteils ist dabei vor allem auf eine Einbeziehung der Wohnungsmieten und eine steigende Bedeutung von Finanz-, Kommunikations- und Transportdienstleistungen zurückzuführen. Waren- und personenbezogene Dienstleistungen haben dagegen vor allem an Wert verloren, weil die zunehmende Freizeit

---

[24] Vgl. zum folgenden Döhrn, R., 1988, S. 55–87.
[25] Der Rückgang der Sparquote (Private Ersparnis in Prozent des verfügbaren Einkommens) von 1975–1983 wird in diesem Zusammenhang als Beleg für die unverminderte Bereitschaft zum Konsumieren verstanden. Vgl. Döhrn, R., 1988, S. 66.
[26] Vgl. Döhrn, R., 1988, S. 68.
[27] Vgl. Döhrn, R., 1988, S. 68–78.

einen größeren zeitlichen Rahmen für die Haushaltsproduktion (Do-it-yourself) geschaffen hat und vermutlich ein Teil der Nachfrage in den Bereich der Schwarzarbeit verlagert worden ist.

Im Bereich des Handels ist zu beobachten, daß der Anteil der Lieferungen des Handels am Privaten Verbrauch im Inland sich im Laufe der Jahre deutlich reduziert hat. Ursache hierfür ist zum einen die rückläufige Bedeutung von Güterkäufen gegenüber Dienstleistungen und zum anderen die wachsende Bedeutung der nicht über den Handel vertriebenen Gütern (Elektrizität, Gas, etc.). Zum anderen hat sich der Teil des Umsatzes, der als Wertschöpfung beim Handel verbleibt (Handelsspanne), reduziert.

### Literaturhinweise zu Kapitel 6

Zum besseren Verständnis der makroökonomischen Größen lohnt sich ein Blick in *Stobbe, A.: Volkswirtschaftliches Rechnungswesen, 8. Auflage, Berlin u. a. 1994.*

Die makroökonomischen Konsumtheorien können mit Hilfe der in der Übersicht angegebenen Literatur vertieft werden.

Definitionen der betrachteten makroökonomischen Größen finden sich in den jeweils herangezogenen Quellen der Daten. Handelsspezifische Informationen und Daten werden darüber hinaus regelmäßig von der Bundesarbeitgemeinschaft der Mittel- und Grossbetriebe e. V. (BAG) und dem Hauptverband des Deutschen Einzelhandels (HDE) veröffentlicht.

# 7 Die Nachfrage in verhaltenswissenschaftlicher Sicht

*»Bei Konsumenten müssen die Hinweise zur Trennung auch nach der Rechtschreibreform peinlichst beachtet werden.«*

*(Hinweis aus Hannover)*

Wegen der hohen Bedeutung der Absatzpolitik für den Erfolg der Handelsunternehmung kommt es vor allem darauf an, Struktur und Dynamik der Nachfrage zu erkennen. Hiermit beschäftigen sich die Theorien des Käufer- bzw. Nachfragerverhaltens. Es lassen sich drei Fragen aufwerfen:
1. Wessen Verhalten ist zu analysieren? Die Personen, deren Verhalten analysiert werden soll, können unterschiedlich abgegrenzt werden, z. B. als Käufer, als Konsumenten, als Nachfrager, als private Haushalte, als Familien usw.
2. Welche Aspekte des Verhaltens interessieren im Hinblick auf die Ausgestaltung der Handelspolitik, und wie stellt sich das Verhalten der Konsumenten empirisch dar? Dies ist die deskriptive Aufgabe der Verhaltensforschung.
3. Wie kann das beobachtete Verhalten erklärt werden? Auf dem erklärenden Teil der Konsumentenverhaltensforschung baut die Prognose künftigen Verhaltens auf. Während in Kapitel 6 das Nachfragerverhalten in aggregierter Sicht betrachtet wurde, ist jetzt zu analysieren, wie individuelles Verhalten erklärt werden kann.

## 7.1 Arten von Nachfragern und Verhaltensweisen

Es empfiehlt sich, den Begriff »Nachfrager« als Oberbegriff zu verwenden, wenn es darum geht, jene Personen bzw. Institutionen zu benennen, die über einen Markt Leistungen von einer anbietenden Handelsunternehmung gegen Entgelt abnehmen. Diese Formulierung läßt offen, ob die Leistungen gekauft oder im Rahmen eines Pacht-, Miet- oder Leasingvertrages übernommen werden.

In einem konkreten Sinn kann es sich bei den Nachfragern von Handelsunternehmungen (wobei sowohl an den Groß- wie an den Einzelhandel zu denken ist) um Endverbraucher, Behörden, Industrieunternehmen, Anstalten usw. handeln, so daß es plausibel erscheint, die Vielzahl dieser Nachfrager durch weitere Begriffe zu charakterisieren. Zu den hierbei verwendeten Begriffen zählen u. a. Käufer, Konsumenten, Kunden, Klienten, private Haushalte, Endverbraucher, Organisationen, Familien. Jeder Begriff bedarf einer Definition. Dabei wird deutlich, daß sie alle unterschiedliche Personenkreise umfassen.

Zunächst läßt sich nach der Institution, in der die Kaufentscheidung getroffen wird, unterscheiden in:

– Kaufentscheidungen von privaten Haushalten,
– Kaufentscheidungen von Organisationen.

Bei den Organisationen handelt es sich einmal um Unternehmungen aus den verschiedenen Wirtschaftsbereichen, so z. B. Industrie-, Handels- und Dienstleistungsunternehmungen. Eine zweite Gruppe bilden die öffentlichen Betriebe, Körperschaften des öffentlichen Rechts u. a. Schließlich kommen als Nachfrager in dieser Gruppe die Parteien, Kirchen, Verbände, Vereine u. a. in Frage. Nach der Untergliederung der Amtlichen Statistik handelt es sich hierbei um die Organisationen ohne Erwerbscharakter einerseits und die Gebietskörperschaften sowie die Sozialversicherungen andererseits.

Der Begriff der privaten Haushalte ist von dem der Familie zu unterscheiden. Als Familie ist eine Gruppe von zwei oder mehr Personen anzusehen, die durch Abstammung, durch Heirat oder Adoption untereinander verbunden sind und zusammen wohnen. Die Kernfamilie besteht aus den Eltern und den mit ihnen zusammen wohnenden Kindern. Zur erweiterten Familie gehören darüber hinaus weitere Verwandte, wie etwa Großeltern, Onkel, Tanten und Cousins bzw. Cousinen. Es kann von der Familie gesprochen werden, in die jemand hineingeboren worden ist und von der Familie, in die er hineingeheiratet hat. Mit dem Haushalt wird dagegen die Gruppe von Personen erfaßt, die zusammen eine Wohnung bewohnen, gleichgültig ob sie miteinander verwandt sind oder nicht. Es wird deutlich, daß sich die Abgrenzung von Familie und Haushalt nicht immer decken wird. Die nicht ehelichen Lebensgemeinschaften führen dazu, daß die Zahl der Familien abnimmt und die der Haushalte wächst. In den USA wurde als neue Zensuskategorie deshalb POSSLQ eingeführt, d. h. »Persons of Opposite Sex Sharing Living Quarters«. Um das Problem zu umgehen, ob sich die Aussagen auf Familien oder auf Haushalte beziehen sollten, ist vorgeschlagen worden, die Begriffe »Consumer Unit« (CU) oder »Minimal Household Unit« (MHU) zu verwenden.[1]

Die Kaufentscheidungen können auch danach unterschieden werden, wieviel Personen an ihnen mitwirken. Danach lassen sich Kollektiv- und Individualkaufentscheidungen unterscheiden.

Kombiniert man die Kriterien »Zahl an der Entscheidung beteiligte Personen« und »Art der Intitution« führt dies zu vier Grundtypen von Kaufentscheidungen (vgl. Abbildung 7.1).

**Abbildung 7.1:** Grundtypen von Kaufentscheidungen _____

| Institution<br><br>Perso-<br>nenzahl | Privater Haushalt<br>(Theorie des Konsumenten-<br>verhaltens) | Organisation<br>(Theorie organisationaler<br>Beschaffungsprozesse) |
|---|---|---|
| Individuum | Konsumentenentscheidung | Einkäuferentscheidung |
| Kollektiv | Familienentscheidung | Gremienentscheidung<br>(Buying center) |

---

[1] Vgl. z. B. Ermisch, J.: An Economic Perspective on Household modelling, in: Keilman, N./ Kuitsten, A./Vossen, A. (Hrsg.): Modelling Household Formation and Dissolution, New York 1988, S. 23–40.

Das Verhalten der Privaten Haushalte und der Organisationen weist einerseits Gemeinsamkeiten, andererseits Unterschiede auf, die zwar oft nicht grundsätzlicher Art sind, wobei aber einzelne Faktoren doch von unterschiedlicher Bedeutung sein können:
– So wirken an der Beschaffungsentscheidung in einer Unternehmung, soweit sie ein bestimmtes finanzielles Volumen übersteigt, meist zahlreiche Personen mit. Demgegenüber ist die Zahl der an einer familiären Kaufentscheidung beteiligten Personen erheblich kleiner.
– Die Einkaufskriterien der gewerblichen Nachfrager sind in vielen Fällen mit dem Zielsystem der Unternehmung verknüpft. Neben die persönlichen Ziele der Entscheidungsträger treten die Ziele der Organisation.

Dies hat zu einer Differenzierung der Käuferverhaltensforschung geführt, und zwar
– in die Theorie des Konsumentenverhaltens und
– in die Theorie des Beschaffungsprozesses gewerblicher Nachfrager, auf die häufig im Rahmen des Investitionsgütermarketings eingegangen wird, obwohl natürlich auch Handelsbetriebe in vielen Fällen an gewerbliche Nachfrager verkaufen.[2]

Deswegen sind im Hinblick auf die Steuerung des Handelsbetriebes beide Zweige der Käuferverhaltensforschung von Interesse.
In der Gruppe »Privater Haushalt« muß dabei nicht nur zwischen Haushalt und Familie unterschieden werden, sondern es ist auch zwischen Käufer und Konsument zu differenzieren. Oft meinen die Autoren dasselbe, gleichgültig, welchen Begriff sie verwenden, was z. B. in den Titeln zweier bekannter amerikanischer Monographien zum Ausdruck kommt: *Howard* und *Sheth* titeln: »The Theory of Buyer Behavior« und *Engel, Blackwell* und *Minard* überschreiben mit: »Consumer Behavior«.
Strenggenommen ist als Käufer nur derjenige zu bezeichnen, der sich im Rahmen eines Kaufvertrages verpflichtet, den Kaufgegenstand zu übernehmen und dafür die vereinbarten Leistungen zu erbringen. Es muß nicht dieselbe Person sein, die das erworbene Wirtschaftsgut ge- oder verbraucht, so daß in einigen Fällen Käufer und Konsument differieren können. Dies gilt z. B.
– bei Geschenkartikeln,
– bei vielen Lebensmitteln,
– bei Gebrauchsgegenständen, die von mehreren Personen genutzt werden, z. B. Autoreifen,
– bei Gegenständen, die von gewerblichen Organsiationen zentral eingekauft werden, z. B. Bürobedarf.

Auf die Definition weiterer, in diesem Zusammenhang interessierender Begriffe, wie etwa Kunde oder Verbraucher, sei hier verzichtet.
Mit Hilfe von soziodemographischen, psychographischen Merkmalen oder solchen, die das Verhalten kennzeichnen, lassen sich zahlreiche Marktsegmente bilden.

### Welche Aspekte des Nachfragerverhaltens sind von Interesse?
Das Verhalten der Nachfrager kann zunächst nach den Phasen, in denen es sich vollzieht, in Verhalten in der Vor-Kauf-, in der Kauf- und in der Nach-Kauf-Phase unterschieden werden. In bezug auf die ersten beiden Phasen kann von dem Einkaufsverhalten gesprochen werden. Mit Einkaufsverhalten sind hier jene Verhal-

---

[2] Vgl. hierzu Backhaus, K.: Industriegütermarketing, 5. Auflage, München 1997 b.

tensweisen gemeint, durch die einerseits eine Verpflichtung zur Zahlung des Kaufpreises und andererseits ein Zugang von Gütern und Dienstleistungen begründet wird, oder das diesen Kaufakten vorausgehende Informationsverhalten. Dagegen gehört das Konsumverhalten zur Nach-Kauf-Phase. Hier geht es um den Ver- oder Gebrauch von Gütern oder Dienstleistungen, gleichgültig ob sie durch Kauf, Schenkung, Eigenerstellung oder auf andere Weise verfügbar wurden.

Die Einkäufe von privaten Haushalten lassen sich unter verschiedenen Aspekten betrachten. So hat das Einkaufsverhalten zunächst einmal einen qualitativen Aspekt; das ist die Frage danach, welche Güter gekauft werden. Je nach Aggregationsebene lassen sich folgende Sachverhalte aufzählen:

– Sparen oder Konsumieren,
– Anteil einzelner Ausgabenbereiche, z. B. für Wohnen, Ernährung, Kleidung, Bildung und Unterhaltung, Ferienreisen, einzelne Geldanlagemöglichkeiten (z. B. Wertpapiere, Versicherungen),
– Anteil der Ausgaben, der auf einzelne Warengruppen entfällt,
– Anteil der Ausgaben, der auf einzelne Artikelgruppen oder Artikel entfällt.

Der qualitative Aspekt äußert sich aber auch in einer Reihe von anderen Sachverhalten, und zwar ob markierte oder anonyme Ware, Ware im oberen oder im unteren Qualitäts- bzw. Preisbereich, ob etablierte Artikel oder Neueinführungen gekauft werden.

Eine Analyse des Einkaufsverhaltens kann auch auf die Mengen, die von einzelnen Artikeln oder Produkten gekauft werden, und den Umstand, inwieweit diese Käufe simultan getätigt werden, ausgerichtet sein.

**Abbildung 7.2:** Einzelne Aspekte des Konsum- und Kaufverhaltens ————————

| Aspekte des Kauf- und Konsumverhaltens | Einzelne Fragestellungen |
| --- | --- |
| Qualitativer Aspekt: | Trend zu hohen Qualitäten? Bevorzugung von Markenartikeln? Inanspruchnahme neuer Dienstleistungen? Verstärkte Eigenproduktion oder Kauf von »Fertig«-Produkten (z. B. komplette Möbeleinrichtungen, Lebensmittel, Pauschalangebote der Touristik)? |
| Quantitativer Aspekt: | Rückgang der Ausgaben für Lebensmittel? Wachsende Ausgabenanteile für Freizeit? Übergang zu kleineren Packungsgrößen? |
| Räumlicher Aspekt: | Ausmaß, in dem die Verkaufsstellen in Wohnortnähe, in den Innenstädten oder auf der »grünen Wiese« bevorzugt werden? Wachsende Chancen für Heimdienste und den Versandhandel? |
| Personeller Aspekt: | Wer führt die Einkäufe durch? Welchen Einfluß werden einzelne Mitglieder einer Lebensgemeinschaft auf die Kaufentscheidungen nehmen? Welche Arbeitsteilung wird realisiert werden? |
| Zeitlicher Aspekt: | Verringern sich die Ausschläge saisonal bedingter Nachfrageschwankungen? Wird in der Zukunft häufiger oder seltener eingekauft werden? Steigt die Bedeutung der ersten Tage in einer Woche als Einkaufstag? |

Für den Einzelhandel ist es des weiteren wichtig zu wissen, welche Standorte die Verbraucher für ihre Einkäufe bevorzugen, z. B. solche in räumlicher Nähe zu ihrem Wohnort oder in großflächigen Verteilzentren. Die Wahl der Einkaufsstätte umschließt zwei wichtige Teilaspekte, zum einen die bevorzugte Betriebsform, zum anderen die Frage, welche Entfernung der Käufer bei seinen Einkäufen zurücklegt bzw. zurückzulegen bereit ist (Einkaufsstättenwahlverhalten).

In personeller Hinsicht könnte es sein, daß sich der Einfluß und die Rollenverteilung in einzelnen Verbrauchsgemeinschaften (um nicht nur die traditionellen Formen der Familie oder des Haushaltes zu benennen) verschieben. Beim Einkaufsverhalten geht es auch darum, wer die Einkäufe durchführt (Käufer).

Mit dem zeitlichen Aspekt des Einkaufens wird erfaßt, wann Einkäufe durchgeführt werden (an welchen Stunden eines Tages, an welchen Tagen innerhalb einer Woche oder eines Monats, in welchen Monaten – Einkaufszeit). Der zeitliche Aspekt äußert sich aber auch in der Einkaufshäufigkeit und der Einkaufsdauer.

Diese Hinweise zeigen, wie vielfältig die Verhaltensweisen der Nachfrager sind.

# 7.2 Kennzeichen der Forschung zum Käuferverhalten

In vielen Beiträgen wird versucht, Konsumentenverhalten nicht nur zu beschreiben, sondern auch entsprechend den Regeln des kritischen Rationalismus zu erklären. Ziel der Untersuchungen sind nomologische (gesetzesartige) Aussagen über das Verhalten von Käufern und damit Antworten auf die Frage, warum sie sich in einer bestimmten Weise verhalten, z. B.
–  eine bestimmte Pkw-Marke kaufen,
–  eine bestimmte Einkaufsstätte bevorzugen,
–  einer bestimmten Marke treu bleiben,
–  von einem bestimmten Gut überdurchschnittlich viel konsumieren.

Im Regelfall lassen sich zwei Theoriebestandteile unterscheiden:
1.  Der erste gibt wieder, was erklärt werden soll (Explanandum). Das sind die einzelnen Aspekte des Konsumentenverhaltens.
2.  Der zweite Bestandteil zeigt, mit welchen Größen erklärt werden soll (Explanans). Das sind jene Determinanten, die auf den Kaufentscheidungsprozeß des Käufers einwirken. Beispiele wären etwa die Werbemaßnahmen, denen ein Käufer ausgesetzt ist, seine Motive, sein finanzieller Spielraum. Ziel der Theorien ist, erklären zu können, warum sich Käufer A anders als Käufer B verhält.

Inwieweit es gelingen kann, in der Ökonomie, ähnlich wie in den Naturwissenschaften, Aussagen zu formulieren, die sich unabhängig von Raum und Zeit als »faktisch wahr« erweisen, wird in der Wissenschaftstheorie diskutiert.[3] Ein Hauptproblem dabei ist sicherzustellen, daß die Prämissen, aus denen das zu Erklärende deduziert werden kann, auch vollständig angegeben werden können. In Anbetracht der dabei

---

[3]  Vgl. für die Betriebswirtschaftslehre z. B. Köhler, R.: Theoretische Systeme der Betriebswirtschaftslehre im Lichte der neueren Wissenschaftslogik, Stuttgart 1966, S. 39.

auftretenden Schwierigkeiten hat *Schoeffler* vorgeschlagen, der Ökonom solle seine Aufgabe weniger darin sehen, Gesetze aufzustellen, als vielmehr das Fach als Kunstlehre zu konzipieren.[4] Die Forschung der letzten Jahre hat den Optimismus, daß es doch gelingen wird, Gesetze oder Quasigesetze zu formulieren, nicht verloren.[5]

Wer sich mit Theorien des Käuferverhaltens beschäftigt, also z. B. Zeitschriften wie das »Journal of Marketing Research« oder das »Journal of Consumer Research« einsieht, wird feststellen, daß sich an der Erforschung des Käuferverhaltens viele Disziplinen beteiligen und die alten Grenzen der Disziplinen in Vergessenheit geraten sind. Während von Ökonomen z. B. die Bedeutung des Preises und des Einkommens für das Konsumentenverhalten anhaltend untersucht wurde, konzentrieren sich die Psychologen mehr auf Motive und Einstellungen von Konsumenten; Soziologen heben die sozialen Kontakte hervor, wie sie sich beispielsweise in der Mund-zu-Mund-Werbung oder im Snob-Effekt äußern. In letzter Zeit wurden auch psychologische Aspekte einbezogen, indem die Erregung der Konsumenten durch bestimmte Werbemaßnahmen an gehirnelektrischen Erscheinungen oder an peripheren Reaktionen des Kreislaufs, der Atmung oder Veränderung des Hautwiderstandes registriert wurden. Die Grenzen der verschiedenen Disziplinen sind durchlässiger geworden. Diese Entwicklung wird unterschiedlich beurteilt. Es gibt Stimmen, die fordern, Ökonomen sollten sich auf die Untersuchung des »ökonomischen« Aspekts im Gegensatz zu dem juristischen, dem verhaltenswissenschaftlichen oder beispielsweise dem soziologischen beschränken.[6]

Kennzeichnend für viele Beiträge ist, daß nicht nur Verhalten beschrieben wird, sondern auch, daß die Gründe, die zu dieser Handlung geführt haben, analysiert werden. Dabei wird auch auf sog. intervenierende Variablen bzw. hypothetische Konstrukte zurückgegriffen. Sie kennzeichnen den inneren Zustand (= Insystem) eines Konsumenten durch sog. Zustandsvariablen und zwischen ihnen bestehende Beziehungen.

In partialanalytischen Erklärungsansätzen begnügt man sich, einzelne Aspekte des Kaufverhaltens erklären zu wollen, wobei einige wenige erklärende Größen herangezogen werden. Beispiele:

- Kaufen Konsumenten mit niedrigerem Einkommen zu ungünstigeren Preisen als die Besserverdienenden (Pay the poor more)?
- Werden vor einem Kauf um so mehr Informationen gesammelt, je größer das empfundene Risiko ist?

In Totalmodellen begnügt man sich dagegen, einen umfassenden generell verwendbaren Rahmen für unterschiedliche Verhaltensweisen (z. B. für Impulskäufe und

---

[4] Vgl. Schoeffler, S.: The Failures of Economics. A Diagnostic Study, Cambridge 1955.

[5] Vgl. zur weiteren Diskussion: Fleischmann, G.: Nationalökonomie und sozialwissenschaftliche Integration, Tübingen 1966; Schanz, G.: Methodologie für Betriebswirte, 2. Auflage, Stuttgart 1988; Schanz, G.: Verhaltenstheoretische Betriebswirtschaftslehre und soziale Praxis, in: Ulrich, H. (Hrsg.): Zum Praxisbezug der Betriebswirtschaftslehre in wissenschaftstheoretischer Sicht, Bern 1976, S. 13–32.

[6] Vgl. dazu Schneider, D.: Marketing als Wirtschaftswissenschaft oder Die Geburt der Marketingwissenschaft aus dem Geiste des Unternehmerversagens?, in: ZfbF, 35. Jg. (1983), S. 197–223; Müller-Hagedorn, L.: Marketing ohne verhaltenswissenschaftliche Fundierung?, in: Marketing ZFP, 5. Jg. (1983), H. 3, S. 205–217; Elschen, R.: Bietet eine verhaltenswissenschaftlich fundierte Marketingwissenschaft eine Lehre von der Absatzentscheidung der Unternehmung?, in: Marketing ZFP, 6. Jg. (1984), H. 1, S. 59–63.

wohlüberlegte Käufe) zu entwickeln. Totalmodelle sind komplexer als Partialmodelle sowohl bezüglich der Anzahl der Variablen als auch bezüglich der Beziehungen zwischen diesen Variablen. Beide Typen von Ansätzen werden im Abschnitt 7.4 aufgegriffen. Zuvor soll jedoch die Vielfältigkeit im Verbraucherverhalten erläutert werden, um zu verhindern, daß Konsumentenverhalten mit Markenwahl gleichgesetzt wird und es so zu einer nicht angebrachten Verengung der Perspektive kommt.

# 7.3 Verschiedene Aspekte des Kauf- und Informationsverhaltens

Im Konsumgütermarketing geht es häufig um die Frage, für welche der miteinander konkurrierenden Marken sich ein Konsument entscheidet. Konsumentenverhalten bezieht sich aber nicht nur auf das Markenwahlverhalten, sondern wie schon im vorhergehenden Abschnitt ausgeführt worden ist, auf weitere Facetten des Konsumentenverhaltens.

Es geht darum, alle Verhaltensweisen der Konsumenten, die für die Anbieter von Gütern und Dienstleistungen relevant sind, indem sie entweder Kaufakte darstellen oder mit diesen verknüpft sind, zu erfassen. Entsprechend einer Phasenbetrachtung können dabei genannt werden:

- Das dem Kauf vorangehende Informationsverhalten,
- die Wahl des Einkaufsortes bzw. der Einkaufsstätte,
- das Verhalten innerhalb der Einkaufsstätte, insbesondere die Produktwahl,
- das Konsumverhalten,
- das Verhalten in der Nach-Kauf- bzw. Nach-Konsum-Phase, insbesondere das Beschwerdeverhalten.

Nach dem Partner, der in das Verhalten einbezogen wird, lassen sich unterscheiden,

- Verhaltensweisen, die Interaktionen zwischen Anbietern und Nachfragern darstellen,
- Interaktionen zwischen einzelnen Nachfragern (z. B. Mund-zu-Mund-Propaganda, imitierendes Kaufverhalten),
- Verhaltensweisen ohne Interaktionspartner (z. B. Studium von Testberichten, Konsum oder Gebrauch gekaufter Güter).

Im folgenden soll nur das Verhalten der Konsumenten beschrieben werden. Dabei wird nach den zuvor genannten Aspekten des Konsumentenverhaltens differenziert. Erst im folgenden Abschnitt wird auf erklärende Theorien eingegangen.

## 7.3.1 Qualitative Aspekte des Kaufverhaltens

### Bevorzugte Ausgabenbereiche

Das Einkaufsverhalten der privaten Haushalte läßt sich in qualitativer Hinsicht zunächst danach charakterisieren, welche Waren oder Dienstleistungen durch Kauf

erworben werden. Die Gesamtmenge der in einer Volkswirtschaft durch Kauf erworbenen Waren oder Dienstleistungen wird in der Amtlichen Statistik als »Privater Verbrauch« bezeichnet. Dieser Private Verbrauch kann nach einer Vielzahl von Kriterien weiter unterteilt werden, so etwa danach,
- welcher Anteil auf einzelne Ausgabenbereiche, z. B. Wohnen, Ernährung, Kleidung, Bildung und Unterhaltung, Ferienreisen, einzelne Geldanlagemöglichkeiten (z. B. Wertpapiere, Versicherungen) entfällt,
- wie hoch innerhalb eines Warenbereichs die Ausgaben für einzelne Warengruppen sind,
- wieviel Geld für einzelne Marken ausgegeben wird.

Diese Differenzierung orientiert sich daran, in welchem Ausmaß die nach physischen Kriterien unterschiedenen Güter aggregiert werden. Die Gesamtheit der Güter läßt sich aber auch nach anderen Gesichtspunkten unterteilen, wobei insbesondere die folgenden von praktischer Bedeutung waren bzw. sind:
- Inwieweit kaufen Konsumenten Markenartikel (Herstellermarkenartikel, Handelsmarken) oder anonyme Ware?
- Werden zunehmend Güter aus den oberen Qualitätsstufen bevorzugt?
- Entfallen immer größere Ausgabenanteile auf langlebige Gebrauchsgüter?

Für viele Branchen ist bedeutsam, ob die Verbraucher Herstellermarken, Handelsmarken oder andere Produkte bevorzugen.[7] Nachdem Gattungsmarken (auch als No-names, namenlose Produkte oder generics bezeichnet) nach ihrer Einführung zu Beginn der achtziger Jahre beachtliche Erfolge erzielen konnten, ist ihr Anteil jetzt wieder stark zurückgegangen. Die Bedeutung der Handelsmarken ist gestiegen.
In bezug auf das Preis- und Qualitätsniveau der gekauften Waren wurde in den letzten Jahren festgestellt, daß sowohl die hochpreisigen Waren der obersten Qualitätsstufe als auch die niedrigpreisigen Waren der unteren Qualitätsklasse ihre Anteile zu Lasten der Produkte mit mittlerer Qualität und mittlerem Preis ausdehnen konnten. Es wird vom Verlust der Mitte gesprochen.

### Die Diffusion neuer Produkte

Ein spezieller Aspekt des Einkaufsverhaltens in qualitativer Hinsicht ist auch darin zu sehen, inwieweit sich die Konsumenten neu eingeführten Artikeln zuwenden bzw. sie die ihnen schon länger bekannten Artikel bevorzugen. Die Einführung neuer Produkte ist im Regelfall eine riskante Entscheidung. Empirische Zahlen belegen, daß nur ein geringer Anteil neu eingeführter Produkte ein Markterfolg wird. Einzel- und gesamtwirtschaftlich ist es wichtig zu erkennen, wann ein Produkt voraussichtlich vom Verbraucher akzeptiert wird und welche Verbraucher dieses Produkt übernehmen werden. So ist es nicht verwunderlich, daß der Prozeß der Adoption und Diffusion von Innovationen in der Forschung große Beachtung gefunden hat. Adoption meint hierbei die Annahme und fortgesetzte Verwendung eines Produktes, Diffusion bezeichnet den Prozeß von der Quelle der Entdeckung

---

[7] Vgl. Huber, W. R.: Markenpolitische Strategien des Konsumgüterherstellers, Frankfurt am Main u. a. 1988; Müller-Hagedorn, L.: Handelsmarke oder Herstellermarke? Überlegungen zur ökonomischen Effizienz, in: Bruhn, M. (Hrsg.): Handelsmarken. Entwicklungstendenzen und Zukunftsperspektiven der Handelsmarkenpolitik, 2. Auflage, Stuttgart 1997, S. 153–166.

bis zum letzten Übernehmer.[8] Käuferverhaltenstheoretisch lautet die Frage: Wird eine Marke zum ersten oder wiederholten Male gekauft, und wieviel Zeit ist seit der Markteinführung vergangen? Gibt es Innovatoren für bestimmte Produktbereiche oder gibt es generell Innovatoren, inwieweit ist die Adoption von vorhergehenden Sozialkontakten abhängig?

Im Rahmen der Diffusionstheorie wird die Verbreitung einer Innovation (z. B. eines neuen Produktes) in einem sozialen System und im Zeitablauf beschrieben. Dabei wird davon ausgegangen, daß die Akzeptanz eines neuen Produktes nicht gleichzeitig (unmittelbar nach der Einführung) bei den Konsumenten erfolgt. Die Konsumenten werden nach der zeitlichen Reaktion auf eine Innovation in verschiedene Klassen eingeteilt,

- Klasse I: Innovatoren,
- Klasse II: Frühe Übernehmer,
- Klasse III: Frühe Mehrheit,
- Klasse IV: Späte Mehrheit,
- Klasse V: Nachzügler.

Der Diffusionsprozeß, d. h. die Verbreitung einer Innovation in einem sozialen System, wird durch gewisse Antriebskräfte erklärt: Ausgegangen wird von der Existenz von Leitbildgruppen, denen ein Individuum nicht angehört, deren Verhalten es jedoch nachahmen will. Die Innovatoren beeinflussen als Meinungsführer die nachfolgende Gruppe der frühen Übernehmer, diese ist wiederum meinungsbildend für die nachfolgende Gruppe usw.

In der Diffusionstheorie wird der Diffusionsprozeß nicht nur beschrieben und erklärt, sondern auch analytisch formuliert. Diverse Modelle sind vorgeschlagen worden;[9] hier wird beispielhaft das logistische Modell wiedergegeben.[10] Mit den Bezeichnungen

$y_t$ = Bestand an neuen Produkten in t,
$a$ = Sättigungswert des Bestandes,
$e$ = Basis der natürlichen Logarithmen,
$t$ = Zeit,
$B, c$ = zu bestimmende Parameter des Diffusionsprozesses

gilt nach diesem Modell für die Bestandsermittlung eines neuen Produktes im Diffusionsprozeß:

$$(1) \qquad y_t = \frac{a}{1 + e^{B-ct}}.$$

Der zugehörige Neubestand (Nettokäufe) eines neuen Produktes pro Periode ergibt sich als erste Ableitung der logistischen Funktion.

Die Diffusionstheorie läßt sich zunächst für die Prognose der Bestandsentwicklung eines neuen Produktes nutzen. Des weiteren ist es möglich, für jede Periode das noch vorhandene Marktpotential (als Differenz zwischen Sättigungswert und aktuellem

---

[8] Vgl. zu diesem Problemkreis insbesondere die Arbeit von Kaas, K. P.: Diffusion und Marketing. Das Konsumentenverhalten bei der Einführung neuer Produkte, Stuttgart 1973.

[9] Vgl. z. B. den Überblick bei Lilien, G. L./Kotler, P./Moorthy, K. S.: Marketing Models, Prentice-Hall 1992, S. 464–480 und bei Berndt, R.: Marketing 1. Käuferverhalten, Marktforschung und Marketing-Prognosen, 3. Auflage, Berlin u.a. 1996, S. 257–266.

[10] Vgl. Brand, E.: Der Lebenszyklus von Produkten und sein Einfluß auf die Preispolitik der Unternehmung, Hamburg 1974.

Bestandswert) zu ermitteln. Außerdem besteht die Möglichkeit, die Modellparameter in Abhängigkeit von Marketing-Instrumenten (wie dem Preis, dem Werbeaufwand) zu modellieren.[11] Einschränkend ist darauf hinzuweisen, daß das betrachtete Diffusionsmodell nur für Güter des einmaligen Bedarfs (langlebige Konsumgüter wie Möbel, Pkw) geeignet ist. Eine beispielhafte Anwendung der Diffusionstheorie im Zusammenhang mit der Prognose der Ausbreitung des Fernsehens in drei verschiedenen Staaten findet sich in Abbildung 7.3.

**Abbildung 7.3:** Die Ausbreitung des Fernsehens in (a) den USA, (b) England und (c) Deutschland (Zahl der Apparate y(t) in % der Haushalte N)

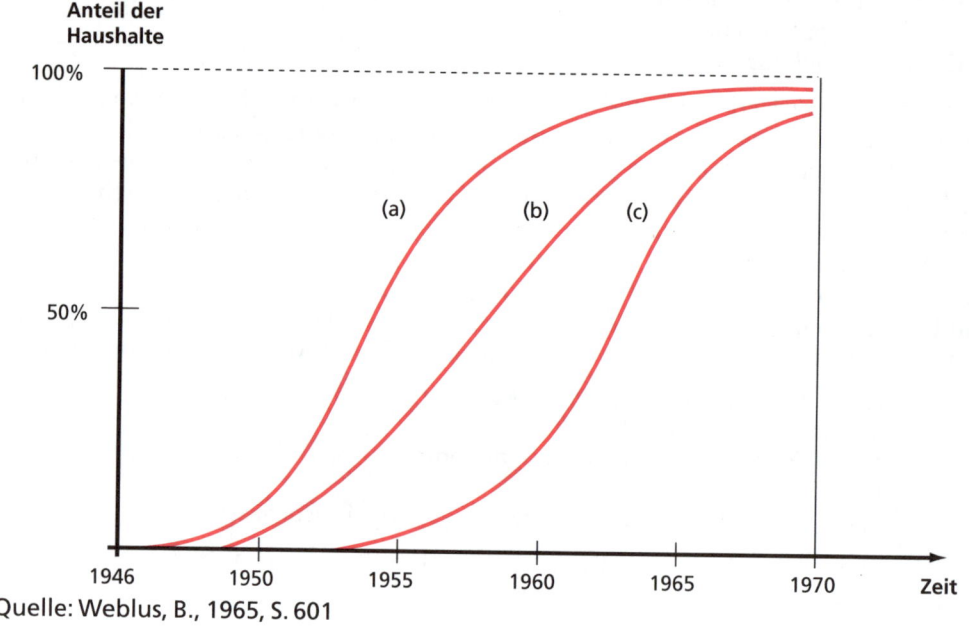

Quelle: Weblus, B., 1965, S. 601

### Der Verbundkauf

Das Einkaufsverhalten der privaten Haushalte läßt sich in mehreren Dimensionen charakterisieren; mit Aussagen über den Verbundkauf wird erfaßt, welche Güter zu einem Zeitpunkt an einem Ort (Geschäft) gemeinsam gekauft werden. Aus der Perspektive des Handelsbetriebes handelt es sich um einen Sortimentsverbund. Der Verbundkauf (Sortimentsverbund) ist abzugrenzen von dem »realisierten Kaufverbund«, womit alle im Rahmen eines Einkaufsganges gemeinsam erworbenen Güter gemeint sind.

---

[11] Vgl. hierzu Fantopié Altobelli, C.: Die Diffusion neuer Kommunikationstechniken in der Bundesrepublik Deutschland, Heidelberg 1991.

Seitdem mit Hilfe der Scannertechnologie im Einzelhandel artikelgenaue Daten erhoben und verarbeitet werden können, werden bislang rein theoretische Überlegungen, wie sich mit statistischen Kennzahlen Verbundinformationen dargestellen lassen und wie sie für die Gestaltung der Absatzpolitik genutzt werden können (vor allen Dingen zur Sortiments-, Plazierungs- und Preispolitik) aktuell.[12]

## 7.3.2 Mengenmäßige (quantitative) Aspekte

Mit Aussagen zur Einkaufsmenge wird erfaßt, welche Mengen von einzelnen Artikeln von einem Käufer in einer Zeitspanne oder pro Einkaufsakt gekauft werden. Empirisch hat sich gezeigt, daß bei sehr vielen Produkten die sog. 20 : 80-Regel gilt, d. h., daß 20 % der Käufer eines bestimmten Produktes 80 % der insgesamt verkauften Menge erwerben; diese Käufer werden auch als heavy user bezeichnet. Die Einkaufsmenge pro Einkaufsakt hängt auch von der Einkaufshäufigkeit ab. Bewertet man die Einkaufsmenge mit den Einkaufspreisen, erhält man Hinweise auf die Ausgabenstruktur eines Haushaltes. Aggregiert man über die bei einem Einkauf in einem Geschäft gleichzeitig gekauften Güter, erhält man den Einkaufsbetrag, der im Handelsbetrieb häufig als Erfolgs- und Kontrollgröße herangezogen wird. Empirische Angaben über die Einkaufsmengen finden sich – von den firmeninternen Statistiken abgesehen – in Verbraucherpanels, in Einzelhandelspanels und in den Wirtschaftsrechnungen des *Statistischen Bundesamtes* (Fachserie 15).

## 7.3.3 Räumliche Aspekte des Einkaufverhaltens

Historisch gesehen wurde über viele Jahrhunderte hinweg überwiegend zu Hause gekauft. Händler zogen mit Haushaltsgegenständen und Stoffen übers Land und boten sie der Bevölkerung auf ihren Höfen oder in ihren Wohnungen an. So wurden beispielsweise auch Schwarzwälder Uhren übers Land getragen. Mit der Verfügbarkeit von Transportmitteln und dem Wachstum der Städte war der Aufstieg des stationären Ladenhandels verbunden. Heute stehen mehrere Einzelhandelsnetze in lebhafter Konkurrenz. Als solche seien genannt:
1. Der innerstädtische City-Handel,
2. der Handel in den Vorortzentren,
3. der wohngebietsnahe Handel,
4. der Handel in peripheren Lagen (sog. »Grüne Wiese«),
5. der Versandhandel,
6. der ambulante Handel,
7. der elektronische Handel.

---

[12] Vgl. hierzu Merkle, E.: Die Erfassung und Nutzung von Informationen über den Sortimentsverbund in Handelsbetrieben, Berlin 1981; Schmalen, H./Pechtl, H./Schweitzer, W.: Sonderangebotspolitik im Einzelhandel. Eine empirische Analyse der Wirkungseffekte von Sonderangeboten auf der Grundlage von Scannerdaten, Stuttgart 1996.

Die Frage, wo die Einkäufe vorgenommen werden, kann zweifach beantwortet werden:

a) Rein geographisch: An welchen Standorten liegen die Handelsbetriebe, die von einem Verbraucher bevorzugt werden (z. B. in der Nähe des Wohnortes oder der Arbeitsstätte, in einer Innenstadtlage, in einer Randlage, in einem Shopping-Center usw.) bzw. welche Entfernungen überbrückt der Verbraucher, um seine Einkäufe durchzuführen?

b) Welchen Geschäftstyp bevorzugt der Verbraucher? Dabei können Geschäftstypen nach zahlreichen Kriterien gebildet werden, wobei aber insbesondere die Einteilung nach sog. Betriebsformen (Betriebstypen) von Bedeutung ist.

Wird eine Abfolge von Einkäufen betrachtet, spricht man von der Einkaufsstättentreue.

Eine geographische Kennzeichnung des Einkaufsstättenwahlverhaltens setzt zunächst voraus, daß die immense Anzahl von konkreten Standorten (jeder Handelsbetrieb verfügt ja über einen individuellen Standort) nach abstrakten Kriterien klassifiziert wird. Einige Klassifikationen sind in Abbildung 7.4 aufgelistet.

Für die insgesamt sieben Standortlagen weist das *Statistische Bundesamt* für jeden Wirtschaftszweig die Anzahl der Ladengeschäfte, den von ihnen erzielten Umsatz, die Anzahl der Beschäftigten und die Größe der Verkaufs- und Parkfläche aus.

Insbesondere durch die Motorisierung breiter Bevölkerungsschichten, die steigenden Mieten in der City und die Parkplatznot in den Innenstadtbezirken bedingt, verlagerten sich die Einkäufe der Verbraucher von den traditionellen Standorten auf die sog. »grüne Wiese«. *Tietz* (1989) nennt folgende Umsatzrelationen:[13]

1. Primäres Ladeneinzelhandelsnetz in Innenstädten und Wohnsiedlungen, ergänzt um innenstadtorientierte Shopping-Centers[14]

| 1984 | 1990 | 2000 | 2010 |
|---|---|---|---|
| 58,9 % | 56,2 % | 52,5 % | 50,2 % |

2. Sekundäres Ladennetz, d. h. an Autokunden orientierte Standorte am Rande oder außerhalb von Siedlungsgebieten (vor allem Verbrauchermärkte, SB-Warenhäuser, Fachmärkte und Shopping-Centers auf der grünen Wiese)

| 1984 | 1990 | 2000 | 2010 |
|---|---|---|---|
| 15,9 % | 17,4 % | 19,4 % | 20,9 % |

3. Tertiäres Netz des Versandhandels und des Direktvertriebs

| 1984 | 1990 | 2000 | 2010 |
|---|---|---|---|
| 4,7 % | 5,0 % | 6,3 % | 8,4 % |

---

[13] Vgl. Tietz, B./Rothhaar, P.: City Studie, Landsberg am Lech 1991, S. 177.

[14] *Tietz* geht von dem in der HGZ 1984 für den institutionellen Einzelhandel ausgewiesenen Umsatz von 471 Mrd. DM aus. Er fügt diesem
 – den Umsatz für Agenturtankstellen,
 – den Umsatz des Lebensmittelhandwerks,
 – den Umsatz der offenen Verkaufsstellen der Industrie
 – hinzu und eliminiert den Umsatz des Brennstoffhandels. Ausgangsbasis ist so ein bereinigter Umsatz des Einzelhandels, den er für 1990 mit 605 Mrd. DM, für 2000 mit 800 Mrd. DM und für 2010 mit 1005 Mrd. DM (jeweils in Preisen von 1984) fortschreibt.

Abbildung 7.4: Klassifikationen von Standortlagen _____

| A. Statistisches Bundesamt (Handels- und Gaststättenzählung 1993): | |
|---|---|
| | lfd. Nr. |
| 1. Im Zentrum der Stadt/Gemeinde und zwar | |
|    1.1 in einer Fußgängerzone | 1 |
|    1.2 in der übrigen Innenstadt (bzw. in einer Innenstadt ohne Fußgängerzone) | 2 |
| 2. In einem Nebenzentrum der Stadt/Gemeinde (Hauptgeschäftslage in Stadtteilen bzw. Vororten) und zwar | |
|    2.1 in einer Fußgängerzone | 3 |
|    2.2 im übrigen Nebenzentrum (bzw. in einem Nebenzentrum ohne Fußgängerzone) | 4 |
| 3. In einem Wohngebiet | 5 |
| 4. Außerhalb der geschlossenen Besiedlung | 6 |
| 5. In keiner der genannten Lagen (z. B. Industrie- und Gewerbegebiete, Ausfallstraßen) | 7 |
| **B. Immobilienbörsen und Makler:** | **lfd. Nr** |
| I a  hervorragende Innenstadtlage | 1 |
| I b  sehr gute Innenstadtlage | 2 |
| I c  gute Innenstadtlage | 3 |
| II a  sehr gute Vorortlage | 4 |
| II b  gute Vorortlage | 5 |
| **C. Sonstige Klassifikationen:** | |
| a) HDE: | – City/Vorort/Randlage |
| | – Kerngebiet/Randgebiet/außerhalb des Wohngebietes |
| | – Hauptverkehrslage in der Innenstadt |
| | – Mittlere Verkehrslage in der Innenstadt |
| | – Hauptverkehrslage der Vororte oder Außenbezirke (Untergliederung für Orte mit über 100 000 Einwohnern) |
| b) Ifo-Institut: | – Zwischenstädtisch/am Ortsrand/Wohnviertel/City |
| | – Orte im Einzugsgebiet |
| | – Orte im Einzugsgebiet größerer Städte |
| | – Orte, die nicht im Einzugsgebiet größerer Städte liegen |
| | – Hauptgeschäftslage/Nebengeschäftslage/Streulage |
| c) BAG: | – Hauptgeschäftszentrum/Innenstadt/Stadtteilzentren |
| d) nach einer Klassifikation der Raumordnung: | – Kernstadt/Ergänzungsgebiet/verstädterte Zone/Randzone/Satellitenzone/Trabantenzone/Nachbarstadtzone |

Die restlichen Umsatzanteile schreibt *Tietz* dem quartären Netz zu, worunter er den Handel mit Energie und mit Automobilen versteht (Tankstellen, Kfz-Werkstätten). Mit der Wahl eines bestimmten Geschäftes entscheidet der Verbraucher gleichzeitig über den präferierten geographischen Standort und über die sonstigen Merkmale der

Betriebsform. Er hat die zu den einzelnen Geschäften zu überbrückende Entfernung gegenüber anderen Unterschieden zwischen den Geschäften, etwa in der Preispolitik oder in der Auswahl, abzuwägen. Es ist Gegenstand der sog. Gravitationsmodelle, den Einfluß der Entfernung auf die Einkaufsstättenwahl zu thematisieren.

Nur mit Mühe lassen sich Daten zusammenstellen, wie sich die Bedeutung der Handelsnetze im Zeitablauf entwickelt hat. In Deutschland werden etwa 90 % der Ausgaben von den Konsumenten in Ladengeschäften getätigt. Früher wurden 80 % des Lebensmittelumsatzes in wohnnahen Gebieten erzielt, heute sind es nur noch rund 50 %. Für die USA wird gemeldet, daß 1987 70 % der Amerikaner in einer bestimmten Woche eine große Shopping Mall besucht haben.[15] Über ein Drittel davon sind Männer gewesen. Die Gründe für dieses ShoppingGehen können vielgestaltig sein, z. B. der Einsamkeit zu entgehen, Langeweile zu vertreiben, das günstigste Angebot zu erjagen (»Schnäppchenjäger«), die Phantasie anzuregen usw. Es sieht so aus, als würde der Besuch von Geschäftszentren ein bedeutendes Element der Lebensgestaltung ausmachen. Aber aus den USA wird berichtet, daß seit Mitte der achtziger Jahre ein Wandel eingetreten ist. Obwohl die Zahl der Shopping Malls von 1986 bis 1989 um 22 % gestiegen ist, sei die Zahl der Personen, die mindestens einmal im Monat eine solche Mall besuchten, nur um 3 % gestiegen.[16] Es geht um die Frage, welche Güter die Konsumenten in räumlicher Nähe zu ihrem Wohnort bzw. zu ihrem Arbeitsplatz einkaufen. Die Beantwortung dieser Frage ist vor allem für die Planung von Vertriebswegen, aber auch für die Standort- und Betriebsformenplanung von Handelsunternehmungen von großer Bedeutung. Der Marktforschung wird die Aufgabe gestellt, die Neigung der Konsumenten, den stationären Ladenhandel aufzusuchen, zu beobachten. In einer US-amerikanischen Studie waren folgende Fragen gestellt worden:[17]

(1) »Wenn Sie einmal fünf Jahre zurückdenken, würden Sie dann sagen, daß sie heute weniger, mehr oder ungefähr gleich viel freie Zeit im Vergleich zu damals haben?« (less free time 54 %, more free time 21 %, about the same 25 %).

(2) »Welche der folgenden Tätigkeiten üben Sie in Ihrer freien Zeit am liebsten aus? Fernsehen, die Zeit mit der Familie verbringen, Tätigkeiten im Freien, ein Einkaufsbummel oder einfach nur zu Hause ausruhen?« (just relaxing at home 36 %, Shopping 6 %).

(3) »Noch einmal der Vergleich mit vor fünf Jahren. Verbringen Sie mehr, weniger oder ungefähr gleich viel Zeit mit Einkäufen als damals?« (less time 47 %, ungefähr gleich viel Zeit 34 %)

(4) »Verglichen mit vor fünf Jahren, kaufen Sie heute mehr, weniger oder ungefähr gleich viel?« – vgl. hierzu Abbildung 7.5.

(5) »Wie Sie wissen, mußten viele gut bekannte Handelsunternehmungen aufgeben oder sind in finanzielle Turbulenzen geraten. Welcher der folgenden Aussagen stellt Ihrer Meinung nach hierfür den wichtigsten Grund dar?« Sie verloren den Kontakt zu ihren Kunden (14 %), ihre Preise waren zu hoch (26 %), sie eröffneten zu viele Läden (23 %), sie haben ein schlechtes Management (33 %).

(6) »Mit welcher Aussage kann am besten umschrieben werden, wie Sie über Shopping denken?«

_____

[15] Vgl. Engel, J. F./Blackwell, R. D./Miniard, P. W.: Consumer Behaviour, 8. Auflage, Forth Worth u. a. 1995, S. 240.

[16] Vgl. o. V.: Retailing. Who Will Survive?, in: Business Week, Vol. 26 (1990), November, S. 135.

[17] Voll, H.: Shoppers are a Dwindling Species, in: Business Week, Vol. 26 (1990), November, S. 144, zitiert nach Engel, J. F./Blackwell, R. D./Miniard, P. W., 1995, S. 243.

- »Shopping gives me a real sense of pleasure and excitement.«: 16 %
- »Shopping gives me sometimes a chore, mostly I like doing it.«: 20 %
- »Even though from time to time it's a pleasure, mostly it's something I do because I have to do.«: 48 %
- »I get no pleasure from shopping.«: 15 %
- »Not sure.«: 1 %

Abbildung 7.5: Präferenzen amerikanischer Verbraucher für ausgewählte Betriebsformen

| | mehr | weniger | etwa gleich | weiß nicht |
|---|---|---|---|---|
| in Department Stores (Warenhäusern) | 20 | 36 | 43 | 1 |
| in Speciality stores, which concentrate on a particular line of products such as electronics, clothing, and toys | 23 | 38 | 38 | 1 |
| from catalogs and mail-order sources | 25 | 34 | 37 | 4 |

Etwas vereinfachend lassen sich die Ladengeschäfte dem häuslichen Einkauf (In-Home) gegenüberstellen. Für Deutschland nennt das *DHI* folgende Zahlen:

Abbildung 7.6: Umsatzanteile einzelner Handelsnetze[18] _____

| | | 1980 | 1985 | 1990 | 1992 | 1993 | 1994 |
|---|---|---|---|---|---|---|---|
| Ladengeschäfte gesamt | | 82,5 | 82,1 | 82,5 | 81,3 | 81,6 | 81,1 |
| Formen des In-Home | restl. stat. Einzelh.* | 11,0 | 12,5 | 12,6 | 13,5 | 13,1 | 13,7 |
| | Versandhandel | 5,4 | 4,4 | 4,1 | 4,6 | 4,6 | 4,4 |
| | ambulanter Handel | 1,1 | 1,0 | 0,8 | 0,7 | 0,7 | 0,7 |

* u. a. Tankstellen, Handel vom Lager, Kioske.
Anm.: Wegen der Umstellung der Amtlichen Statistik kann die Tabelle über das Jahr 1994 hinaus nicht fortgeschrieben werden.

Strategien, die eingesetzt werden, um den Verbraucher in seiner Wohnung anzusprechen, werden als Direktmarketing bezeichnet. Zumindest in den USA wird Direktmarketing als eine Vertriebsmethode mit stark wachsender Bedeutung angesehen. Als Gründe hierfür werden angegeben:
1. Änderungen im Lebensstil, die auf die größere Bedeutung der Unterhaltung, die stärkere Berufstätigkeit der Frau und auf die Nachfrage nach Diensten und Bequemlichkeit zurückzuführen sind,

---

[18] Vgl. EuroHandelsinstitut e. v. (EHI): Handel aktuell '93, Köln 1993, S. 55; EHI: Handel aktuell '94, Köln 1994, S. 63 und EHI: Handel aktuell '95, Köln 1995, S. 54.

2. die Verfügbarkeit von Kreditkarten,
3. Probleme, die mit dem Einkaufen verbunden sind, wie z. B. knappe Parkplätze, schlecht informiertes Personal, lange Schlangen,
4. der Trend, sich in der Familie abzuschotten (sog. Cocooning).

Um die Personen anzusprechen, die geneigt sind, ihre Käufe zu Hause zu erledigen, bieten sich vier Wege an:
(1) der persönliche Verkauf in der Wohnung,
(2) Direct-Mail-Aktionen und Kataloge,
(3) andere Werbemaßnahmen, wobei vor allem an Telemarketing zu denken ist, und
(4) interaktive elektronische Methoden.

Der Haus-zu-Haus-Verkauf mit Verkaufspersonal ist auf einige wenige Branchen beschränkt, vor allem auf kosmetische Artikel, einige Haushaltsartikel (z. B. Tupperware), elektrische Geräte und – manchmal in Verruf geraten – auf Presseerzeugnisse. Bei den Katalogversendern ist nicht nur an die Versandhäuser mit breitem Sortiment, sondern auch an die zahlreichen Spezialversender zu denken. In den USA wurde beobachtet, daß 90 % der Befragten mindestens einen Katalog angefordert hatten. Personen, die mit überdurchschnittlicher Wahrscheinlichkeit nach Katalog bestellen, sind überdurchschnittlich alt, verfügen über ein überdurchschnittliches Einkommen und Ausbildung, sind verheiratet, haben Kinder und nehmen Kredite in Anspruch. Telefonmarketing ist in Deutschland aufgrund rechtlicher Vorschriften nur begrenzt einsetzbar.

In den USA wurde der Verkauf von Produkten über das Fernsehen durch Home Shopping Network 1985 gestartet. Inzwischen sind solche Verkaufsprogramme auch in einigen deutschsprachigen Fernsehprogrammen üblich. Bei Bildschirmtext kann der Verbraucher über eine Tastatur interaktiv mit einem Anbieter kommunizieren. Bislang sollen die Umsätze über BTX jedoch relativ bescheiden sein.

Die Untersuchung Kundenverkehr der *Bundesarbeitsgemeinschaft der Mittel- und Großbetriebe des Einzelhandels e. V. (BAG)* ist eine Zeitreihenuntersuchung zum Einkaufsverhalten in den Stadtzentren.[19] Die erste Kundenverkehrsuntersuchung wurde 1965 durchgeführt. Sie wurde in den Jahren 1968, 1971 und 1976 fortgeführt und fand zuletzt in vierjährigen Abständen 1980, 1984, 1988, 1992 und 1996 statt. Die Untersuchungen werden an den Standorten der Mitgliedsbetriebe der *BAG* durchgeführt, die sich an der Erhebung beteiligen. Einen Überblick über den Umfang der Kundenverkehrsuntersuchung in den verschiedenen Jahren gibt Abbildung 7.7. Das Ziel der Untersuchung besteht darin, den Einzelhandelsbetrieben Informationen über die aus dem Siedlungsverhalten und der wachsenden Mobilität der Verbraucher resultierenden Auswirkungen auf die Standortqualität der Zentren an die Hand zu geben. Die Einzelhandelsbetriebe sollen in die Lage versetzt werden, Forderungen

---

[19] Die Bundesarbeitsgemeinschaft der Mittel- und Großbetriebe des Einzelhandels e. v. (BAG) veröffentlicht Ergebnisse der Untersuchung in ihrer Schriftenreihe, z. B.: Mittelzentren im Aufwind, Ergebnisse der BAG-Untersuchung Kundenverkehr 1996, BAG Handelsmagazin. Die Ergebnisse der BAG-Untersuchungen sind auch in einige wissenschaftliche Beiträge eingeflossen. Vgl. hierzu Klein-Blenkers, F.: BAG-Untersuchung »Kundenverkehr 1988«, in: Mitteilungen des Instituts für Handelsforschung an der Universität zu Köln, 41. Jg. (1989), S. 121–126; Achenbach, C.: Die Nutzung von Kundenverkehrsuntersuchungen für die standortbezogene Unternehmenspolitik der Warenhäuser. Dargestellt am Beispiel der Kundenverkehrsuntersuchung, Göttingen 1989.

bezüglich zentren- und verkehrspolitischer Fragen zu formulieren und bei den Kommunen durchzusetzen. Dem einzelnen Betrieb dienen die Informationen zum Einkaufsverhalten der Konsumenten zur Planung der Absatzpolitik.

Abbildung 7.7: Zum Umfang der Kundenverkehrsanalyse der BAG _____

| | 1965 | 1968 | 1971 | 1976 | 1980 | 1984 | 1988 | 1992 | 1996 |
|---|---|---|---|---|---|---|---|---|---|
| Anzahl der teilnehmenden Betriebe (= Verkaufsstellen) | 149 | 144 | 211 | 355 | 428 | 588 | 639 | 755 | 655 |
| In die Untersuchung einbezogene Anzahl der Städte | 98 | 96 | 120 | 182 | 211 | 246 | ca. 300 | ca. 400 | ca. 400 |
| Gezählte Besucher (in Mio.) | 4,7 | 5,0 | 9,5 | 15,3 | 20,0 | 21,9 | 21,0 | 24,0 | 19,3 |
| Befragte Besucher (in Tsd.) | 419 | 469 | 679 | 1 083 | 921 | 992 | 950 | 790 | 810 |

Die Kundenverkehrsuntersuchung umfaßt drei voneinander unabhängige Erhebungen, die Besucherzählung, die Besucherbefragung und die Befragung der teilnehmenden Unternehmen. Die Besucherzählung und die Besucherbefragung finden jeweils am langen Samstag im Oktober sowie am darauffolgenden Donnerstag und Freitag statt. Während die Besucherzählung eine Vollerhebung ist, bei der alle Personen beim Betreten des Betriebes gezählt werden, werden die Fragen zum Einkaufsverhalten nur einem Teil der Besucher beim Verlassen der Einkaufsstätte gestellt. Abbildung 7.8 zeigt, welche Aspekte des Kaufverhaltens Gegenstand der Besucherbefragung sind.

Abbildung 7.8: Die im Rahmen der Kundenverkehrsanalyse der BAG erhobenen Merkmale

1. Wo wohnen Sie?
2. Mit welchem Hauptverkehrsmittel sind Sie von Ihrer Wohnung hierher gekommen?
3. Wie lange brauchen Sie, um von Ihrer Wohnung auf direktem Weg hierher zu kommen?
4. Von woher kommen Sie jetzt in dieses Zentrum?
5. Wann waren Sie zuletzt zum Einkauf in diesem Zentrum?
6. Haben Sie heute in unserem Haus eingekauft?
6a. Für welchen Betrag schätzungsweise?
7. Zu wieviel Personen sind Sie hierher gekommen?
8. Wieviel Personen umfaßt Ihr Haushalt?
9. Wieviel PKW gehören zu Ihrem Haushalt?
Geschlecht der Befragten
Alter der Befragten

Quelle: BAG (Hrsg.), 1996, S. 46

In der Händlerbefragung werden die teilnehmenden Einzelhandelsbetriebe aufgefordert, Auskunft zur Entwicklung der Verkaufsfläche und des Umsatzes sowie zur Lage des Betriebes zu geben.

Bei der Nutzung der zahlreichen Ergebnisse der Kundenverkehrsanalyse für die Entscheidungsfindung ist zu beachten, daß die Daten nur für Einzelhandelsbetriebe in Zentren, überwiegend in den Innenstädten, und in einem sehr kurzen Zeitraum erhoben wurden. Sowohl der Monat als auch die besonderen Bedingungen an den Tagen, an denen die Erhebung stattfindet, können die Ergebnisse beeinflussen (z. B. das Wetter). Die Repräsentativität der Ergebnisse wird darüber hinaus dadurch eingeschränkt, daß die Befragung nicht bei einer nach dem Zufallsverfahren ausgewählten Stichprobe erfolgt. Da Doppelzählungen nicht auszuschließen sind, besteht die Gefahr, daß die Zahl der Besucher der Zentren zu hoch ausgewiesen wird. Es werden keine Informationen über das Einkaufsverhalten potentieller Kunden gewonnen. Ein intertemporaler Vergleich der Ergebnisse wird dadurch erschwert, daß sich die Teilnehmer der Untersuchung in den verschiedenen Jahren unterscheiden. Nichtsdestoweniger handelt es sich um die zentrale Erhebung zur Entwicklung der Kundenströme im Zeitablauf.[20]

## 7.3.4 Zeitliche Aspekte des Kaufverhaltens

Das Einkaufsverhalten der privaten Haushalte (der Verbraucher) läßt sich in zeitlicher Hinsicht charakterisieren, indem angegeben wird, wann Konsumenten ihre Einkäufe durchführen. Die Zeitangaben können sich
– auf die persönliche Lebensphase des Käufers (Familienlebenszykluskonzept) oder
– auf die Kalenderzeit (Abschnitte eines Jahres, eines Monats, einer Woche oder eines Tages) beziehen.

Zeitliche Angaben können aber auch erfassen, wieviel Zeit für die Einkäufe aufgewendet und wie häufig eingekauft wird.

Abbildung 7.9 verdeutlicht, daß aus verschiedenen Informationsquellen Angaben entnommen werden können, die anzeigen, wann die Verbraucher die Verkaufsstellen des stationären Einzelhandels aufsuchen und wann sie ihre Einkäufe tätigen. Die Angaben zu den getätigten Käufen können sich dabei auf einzelne Artikel (Marken) oder auf Aggregationen von Artikeln (z. B. Warengruppen, Sortimente eines Einzelhandelsgeschäftes) beziehen; die Angaben zum Besuch sind in ähnlicher Weise differenziert, je nachdem ob der Besuch einer bestimmten Abteilung eines Einzelhandelsbetriebes, des Einzelhandelsbetriebes insgesamt oder einer Agglomeration von Einzelhandelsbetrieben (innerstädtisches Einkaufszentrum, Nebengeschäftszentrum, Shopping Center) erhoben wurde.

---

[20] Vgl. die umfassende Analyse von Achenbach, C., 1989.

Abbildung 7.9: Quellen, die Angaben zur Einkaufszeit enthalten

| Quellen | Angaben | | | | | |
|---|---|---|---|---|---|---|
| | zum Umsatz des Einzelhandels bzw. zu den Aufwendungen der privaten Haushalte mit Bezug auf | | | zur Zahl der Besucher mit Bezug auf | | |
| | Artikel (Marke) | Warenbe-reiche | institut. Handel | Abteilung | Geschäfte | Geschäfts-zentren |
| Wirtschafts-rechnungen (Statistisches Bundesamt, Fachserie 15) | | Monats-ausweis | | | | |
| Verbraucherpanels | Tagesaus-weis zweimo-natlich | | | | | |
| Einzelhandelspanels | | | | | | |
| Statistisches Bundes-amt, Fachserie 6 (Handel, Gastgewer-be, Reiseverkehr) | | | Monats-ausweis | | | |
| Betriebsvergleiche (z. B. Institut für Handelsforschung) | | | Monats-ausweis | | | |
| Kundenverkehrs-analysen (z. B. der BAG) | | | | | alle vier Jahre | alle vier Jahre |
| Kundenlaufstudien | | X | | X | | |

### Die Bedeutung einzelner Monate

Inwieweit die Nachfrage nach Produkten saisonalen Schwankungen unterliegt, kann den Wirtschaftsrechnungen des *Statistischen Bundesamtes* (Fachserie 15) entnommen werden. Dort werden die monatlich von den Haushalten nachgefragten Mengen oder die Ausgaben pro Monat ausgewiesen. In Abbildung 7.10 sind beispielhaft die Aufwendungen des Haushaltstyps 2 für Speiseeis und Marmelade im Jahr 1996 dargestellt. Die Aufwendungen für Eis steigen bis zum Monat August an und gehen dann rapide zurück, ein Beispiel für eine Produktgruppe mit einer deutlichen Saisonkomponente. Demgegenüber schwanken die monatlichen Aufwendungen für Marmelade nur geringfügig.

Während die Wirtschaftsrechnungen des *Statistischen Bundesamtes* sich auf den Monat als Berichtsperiode beziehen, können die Käufe mit dem Verbraucherpanel »taggenau« erfaßt werden; Einzelhandelspanels berichten – zumindest derzeit noch – über Zweimonatsperioden.

Angaben über die Entwicklung des Umsatzes von Einzelhandelsunternehmungen im Jahresverlauf können dem Berichtssystem des *Statistischen Bundesamtes* und den Betriebsvergleichen entnommen werden. Das *Statistische Bundesamt* beschreibt in der Fachserie 6 (Handel, Gaststätten, Reiseverkehr) die Umsatzentwicklung im Einzelhandel im Jahresverlauf auf der Grundlage von Indizes. Abbildung 7.11 zeigt am Beispiel von Textilien und Nahrungs- und Genußmitteln, wie sich die Einzelhandelsumsätze im Jahresverlauf entwickelt haben. Informationen über Absatzschwankungen sind von Hartwig in umfangreicher Weise aufgearbeitet worden, wobei er nicht nur die monatlichen Schwankungen dokumentiert, sondern auch auf mehrjährige, saisonale und kurzfristige Absatzschwankungen eingeht.[21]

**Abbildung 7.10:** Entwicklung der Aufwendungen des Haushaltstyps 2 für Speiseeis und Marmelade im Jahresverlauf (1996)

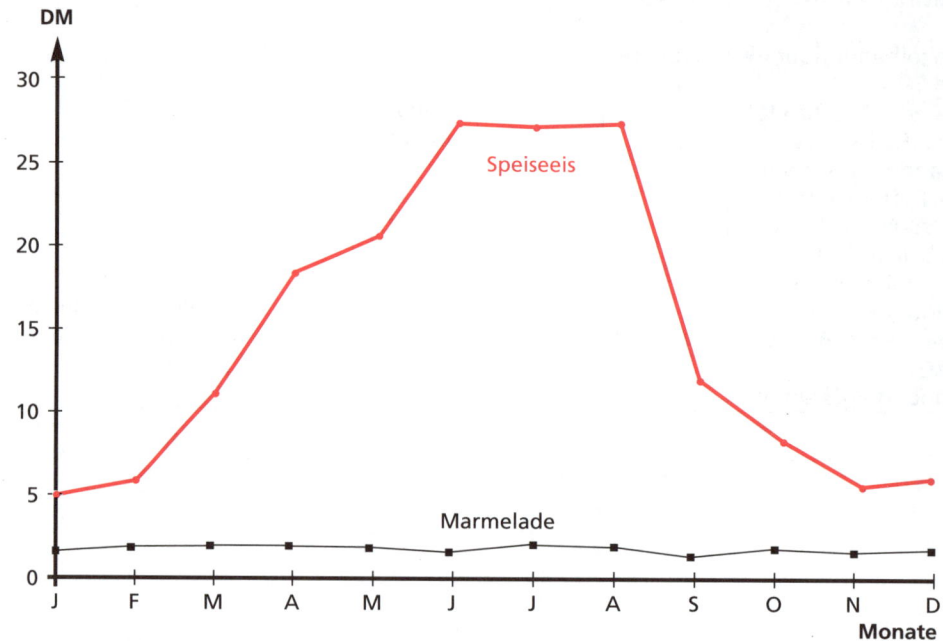

Quelle: Statistisches Bundesamt (Hrsg.): Fachserie 15, 1997, S. 74–75

## Bedeutung einzelner Wochentage

Im Hinblick auf die Gestaltung der Ladenöffnungszeiten und die Planung des Personaleinsatzes ist es für Handelsbetriebe besonders wichtig, die von den Verbrauchern präferierten Einkaufszeiten zu kennen. Auch sie ändern sich im Zeitablauf. Aus der Kundenverkehrsanalyse 1996 seien folgende Ergebnisse berichtet:

– Die an der Untersuchung der BAG beteiligten Betriebe haben am Samstag mit 42 % deutlich mehr Besucher als an anderen Tagen (Donnerstag 33 %, Freitag 25 %).

---

[21] Vgl. Hartwig, R.: Absatzschwankungen als Betriebswirtschaftliches Problem des Facheinzelhandels, Göttingen 1991.

Abbildung 7.11: Entwicklung des Umsatzes im Einzelhandel mit Nahrungsmitteln, Getränken, Tabakwaren und im Einzelhandel mit Textilien, Bekleidung, Schuhen, Lederwaren im Jahr 1994

| Einzelhandel mit | Jan. | Feb. | Mär. | Apr. | Mai | Jun. | Jul. | Aug. | Sep. | Okt. | Nov. | Dez. |
|---|---|---|---|---|---|---|---|---|---|---|---|---|
| | Anteil am Jahresumsatz | | | | | | | | | | | |
| Nahrungsmitteln, Getränke, Tabakwaren | 7,5 | 7,5 | 9,2 | 7,8 | 8,3 | 8,4 | 7,5 | 8,2 | 8,1 | 8,2 | 8,4 | 9,9 |
| Textilien, Bekleidung, Schuhe, Lederwaren | 7,5 | 6,7 | 9,0 | 8,2 | 8,0 | 7,3 | 7,3 | 7,0 | 9,6 | 9,7 | 8,7 | 11,2 |

Quelle: BAG (Hrsg.), 1996, S. 58–59

– Die Tagesfrequenz hängt vom Wochentag und der Ortsgrößenklasse ab (vgl. Abbildung 7.12). Am Samstag war der höchste Besucheranteil in der Zeit von 12 bis 15 Uhr, freitags zwischen 15 und 18 Uhr zu beobachten. In den Orten mit bis zu 100 000 Einwohnern haben die Besucherzahlen in der Gesamtheit der drei Tage besonders stark abgenommen. In Berlin kommen vor allem 1996 am Freitag deutlich weniger Besucher als 1992 (–24,4 %).

Abbildung 7.12: Veränderung der Zahl der Besucher in den Einkaufszentren im Oktober 1996 gegenüber Oktober 1992 in % (nach Ortsgrößenklassen)*

| Ortsgrößenklassen nach Einwohnern | Samstag | Donnerstag | Freitag |
|---|---|---|---|
| bis 50 000 | –15,5 | –17,5 | –21,2 |
| 50 001–100 000 | –15,6 | –20,5 | –24,3 |
| 100 001–250 000 | –15,1 | –16,5 | –20,9 |
| 250 001–500 000 | –13,1 | –14,3 | –19,1 |
| 500 001 und mehr | –14,7 | –17,7 | –20,8 |
| davon in Hauptgeschäftszentren | –13,4 | –16,9 | –20,5 |
| davon in Nebengeschäftszentren | –17,2 | –19,1 | –18,4 |
| Berlin | –16,2 | –14,9 | –24,4 |
| Gesamt | –14,7 | –17,2 | –21,1 |

* 1992 = Basis 100
Quelle: BAG (Hrsg.), 1996, S. 12

Zur Bedeutung einzelner Wochentage liefern auch Kundenlaufstudien des *Instituts für Selbstbedienung (ISB)* in einem nicht im Zentrum gelegenen SB-Warenhaus Angaben.[22] Ein Vergleich der Ergebnisse aus den Jahres 1985 und 1974 zeigt folgende Veränderungen im Einkaufsverhalten: 1985 wurde die höchste Kundenzahl am Freitag (6 219 Besucher), die zweithöchste am Samstag (5 143 Besucher) erreicht. Auch gemessen am Umsatz und der Höhe der Einkaufsbeträge ist der Freitag der Tag, an dem die meisten Einkäufe getätigt werden. Gegenüber 1974 ist die Zahl der Kunden

---

[22] Vgl. o. V.: ISB-Untersuchung. Kundenverhalten in einem SB-Warenhaus, in: dynamik im Handel, 29. Jg. (1985), H. 11, S. 2–11.

am Freitag und Samstag zurückgegangen, die Umsätze am Wochenende sind aber gestiegen. Diese Entwicklung drückt sich – wie aus Abbildung 7.13 ersichtlich – auch in höheren Einkaufsbeträgen an diesen beiden Tagen aus. Die Abbildung macht weiter deutlich, daß die Entwicklung der Einkäufe während der Woche uneinheitlich ist. Am Montag wurden zwar weniger Kunden, dafür aber höhere Einkaufsbeträge beobachtet, am Donnerstag stieg die Zahl der Kunden bei sinkenden Einkaufsbeträgen.

**Abbildung 7.13:** Kundenzahlen und durchschnittliche Einkaufsbeträge nach Wochentagen

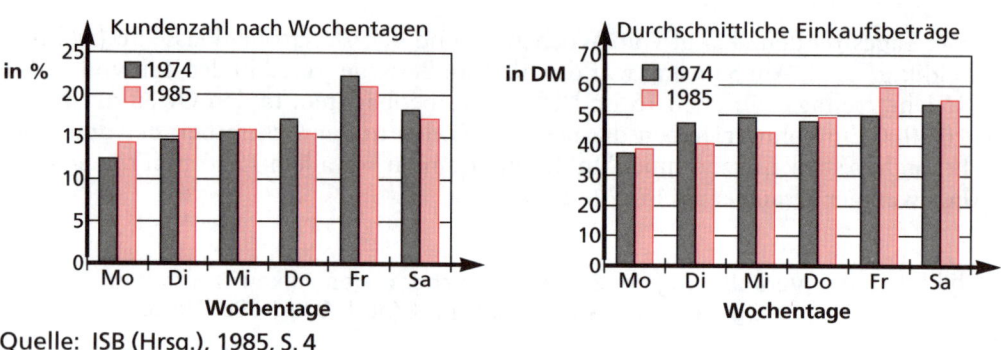

Quelle: ISB (Hrsg.), 1985, S. 4

Das im Herbst 1996 in neuer Fassung in Kraft getretene Ladenschlußgesetz kann Veränderungen im Einkaufsverhalten auslösen; dies gilt sowohl für die Bedeutung einzelner Wochentage als auch für einzelne Stunden.

### Bedeutung einzelner Tagesstunden

Nach der BAG-Kundenverkehrsanalyse 1996 ist die höchste Kundenfrequenz am Donnerstag zwischen 16.00 und 19.00 Uhr, am Freitag zwischen 15.00 und 18.00 Uhr und am Samstag zwischen 12.00 und 15.00 Uhr zu beobachten. Gegenüber 1992 haben sich die Besucherfrequenzen im Tagesablauf selten um mehr als 1,5 Prozentpunkte verändert (Abbildung 7.14). An allen drei Untersuchungstagen geht der morgendliche Einkauf bis 10.00 Uhr zurück. Die Mittagsstunden und der frühe Nachmittag bis 15.00 Uhr verzeichnen Zuwächse um bis zu 1,5 %. Am späten Nachmittag nehmen die Werte vor allem für den Samstag und den Donnerstag ab.

### Die Einkaufsdauer (Verweildauer)

Die Verweildauer in einer Einkaufsstätte gibt die Zeit an, die sich ein Kunde pro Einkaufsakt in einer Einkaufsstätte aufhält. Sie wird im Handelsbetrieb als Kontrollgröße verwendet, um die Eignung bestimmter Maßnahmen, insbesondere im Rahmen der Ladengestaltung, zu überprüfen. Zwischen der Verweildauer und der Zahl der gekauften Artikel bzw. dem Einkaufsbetrag liegt häufig ein positiver Zusammenhang vor.

Entwicklung der Besucherfrequenzen im Tagesverlauf 1992–1996

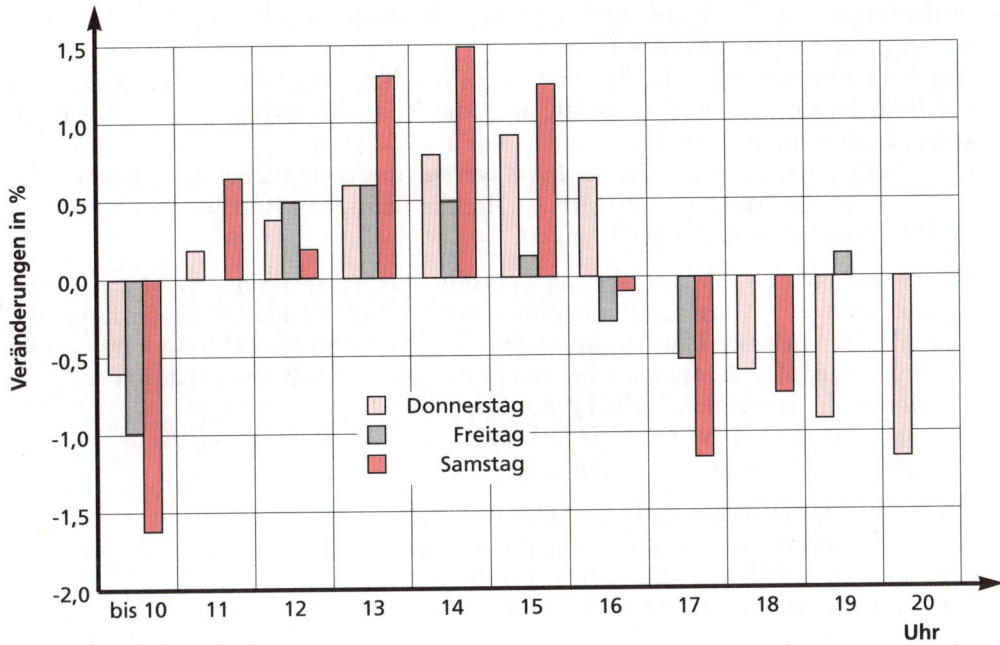

Quelle: BAG (Hrsg.), 1997, S. 11

In einem SB-Warenhaus wurde festgestellt, daß sich die Kunden durchschnittlich 28 Min. in der Verkaufsstelle aufhielten. Die meisten Kurzeinkäufer (Verweilzeit bis zu 20 Min.) waren zwischen zwölf Uhr und 14 Uhr und ab 16 Uhr anzutreffen. Langeinkäufer kauften vor allem zwischen 14 Uhr und 16 Uhr ein. Die längste Verweildauer wurde freitags, die kürzeste montags beobachtet. Die Verweildauer hängt auch vom Kundentyp ab. So sind z. B. Alleinkaufende schneller mit dem Einkauf fertig als Personen, die in Begleitung sind. Am längsten verweilen Paare, am kürzesten männliche, alleinkaufende Kunden.

### Die Einkaufshäufigkeit

Die Einkaufshäufigkeit gibt an, wie häufig in einer bestimmten Zeitspanne bestimmte Güter (einzelne Artikel, Artikel aus einer Produkt- oder Warengruppe) gekauft werden oder wie häufig Käufe in einer bestimmten Verkaufsstelle oder einem Einkaufszentrum getätigt werden. Die Einkaufshäufigkeit kann sich also auf Artikel oder auf Artikelgesamtheiten bzw. auf Einkaufsstätten oder Einkaufszentren beziehen. Anstelle der Einkaufshäufigkeit kann auch die Wartezeit zwischen zwei Einkäufen ermittelt werden.

Die Häufigkeit des Einkaufs hängt von verschiedenen Größen ab. Neben der Absatzpolitik von Hersteller und Handel wirken sich die pro Einkaufsakt gekaufte Menge eines Gutes und seiner Substitute und die Verbrauchs- und Verwendungsgewohnheiten der Konsumenten aus.

Angaben über die empirische Einkaufshäufigkeit können verschiedenen Quellen entnommen werden:

- In der Typologie der Wünsche finden sich Hinweise, wie häufig Produkte einer Warengruppe gekauft werden.[23]
- Aus den Verbraucherpanels können die Häufigkeit des Kaufs einer Marke, die Zahl der Besuche in einer Einkaufsstätte und die Zeit, die zwischen zwei Besuchen vergeht, entnommen werden.
- In der Kundenverkehrsanalyse der *BAG* werden die Verbraucher gefragt, wann sie das Zentrum und die Einkaufsstätte, in der die Befragung stattfindet, zum letzten Male vor der Befragung besucht haben.

Einkaufshäufigkeit und Einkaufsbetrag stehen in einem gegenseitigen Abhängigkeitsverhältnis. Es ist zu erwarten, daß mit abnehmender Einkaufshäufigkeit der Einkaufsbetrag, also der in einer Handelsunternehmung bei einem Einkaufsakt verausgabte Geldbetrag, steigt. Der Einkaufsbetrag pro Einkaufsakt wird bestimmt durch

- die Menge, die von einem Artikel gekauft wird,
- dem Preis pro Packungseinheit eines Artikels,
- die Zahl der gemeinsam gekauften Artikel.

In der Praxis werden folgende Kennzahlen ermittelt:

- der durchschnittliche Einkaufsbetrag pro Kunde,
- der durchschnittliche Einkaufsbetrag pro Besucher,
- der durchschnittliche erlöste Artikelpreis.

Auskunft über die empirischen Einkaufsbeträge geben auch hier die Verbraucherpanels, einige der sog. Verlagsstudien, wie etwa die »Typologie der Wünsche«, die Kundenverkehrsanalyse der *BAG*, firmeninterne Aufzeichnungen und spezielle Erhebungen. Während solche Studien den Einkaufsbetrag vor allem in Abhängigkeit von Kundenmerkmalen untersuchen, weisen Betriebsvergleiche den durchschnittlichen Absatz pro Kunde in einer Periode in Abhängigkeit von unterschiedlichen Typen des Einzelhandels aus. Abbildung 7.15 zeigt, wie sich der Einkaufsbetrag pro Besucher in den Geschäftszentren der Städte im Zeitablauf entwickelt hat:

**Abbildung 7.15:** Umsatz je Besucher (Durchschnitt der drei Befragungstage der BAG-Kundenverkehrsanalyse*)

|  | 1984 | 1988 | 1990 | 1992 | 1996 |
|---|---|---|---|---|---|
| Umsatz nominal | 14,70 DM | 15,50 DM | 15,90 DM | 18,40 DM | 19,50 DM |
| Umsatz real (in Preisen von 1984) | 14,70 DM | 15,10 DM | 15,00 DM | 16,30 DM | 16,70 DM |

\* Auswahl der Betriebe nicht identisch
Quelle: BAG (Hrsg.), 1997, S. 33

---

[23] Bei der Typologie der Wünsche handelt es sich um eine bereits mehrfach durchgeführte Untersuchung zum Einkaufs- und Konsumverhalten der deutschen Bevölkerung; TdW Intermedia (Hrsg.): Typologie der Wünsche, TdW Intermedia 95, Frankfurt am Main 1995.

Die Einkaufsbeträge je Besucher sind selbst nominal kaum gestiegen.
Abbildung 7.16 zeigt, wie sich die Einkaufsbeträge einzelner Kundengruppen in einem SB-Warenhaus unterscheiden.

**Abbildung 7.16:** Durchschnittliche Einkaufsbeträge nach Kunden- und Altersgruppen (in DM)

| Alters-grupppen | männlich | weiblich | Paare | sonstige Gruppen | Gesamt |
|---|---|---|---|---|---|
| bis 25 Jahre | 30,82 | 31,00 | 71,76 | 42,13 | 36,68 |
| 26–35 Jahre | 45,08 | 58,11 | 116,39 | 71,70 | 63,07 |
| 36–45 Jahre | 40,17 | 53,72 | 84,88 | 53,37 | 52,24 |
| 46–55 Jahre | 46,40 | 51,73 | 69,87 | 58,00 | 53,34 |
| über 55 Jahre | 31,77 | 31,16 | 55,60 | 85,15 | 39,84 |
| Gesamt | 39,44 | 49,07 | 73,51 | 62,59 | 50,85 |

Quelle: ISB (Hrsg.), 1985, S. 6

Die höchsten Beträge werden von Ehepaaren ausgegeben. Einzelkunden, vor allem die männlichen, tätigen nur unterdurchschnittlich hohe Einkäufe. Die bereits 1974 erkannte Tendenz, daß Standardeinkäufe des täglichen Bedarfs allein, große Einkäufe jedoch häufig zusammen mit dem Partner oder einer anderen Begleitperson durchgeführt werden, hat sich fortgesetzt. Von den beobachteten Kunden gaben die 26–35jährigen durchschnittlich am meisten aus. Den höchsten Einkaufsbetrag weisen junge Paare im Alter von 26–35 Jahren auf.

### Die Einkaufsstättentreue

Mit dem Begriff der Einkaufsstättentreue (Firmentreue) wird das Einkaufsstättenwahlverhalten der Konsumenten im Zeitverlauf erfaßt. Nach einer weiten Definition liegt Einkaufsstättentreue dann vor, wenn ein Käufer dasselbe Geschäft wiederholt aufsucht bzw. seine Einkäufe bevorzugt in einem Geschäft tätigt (Overt Behavior). In einer engeren Definition wird zusätzlich gefordert, daß dieses Wiederholungsverhalten nicht zufällig oder aufgrund mangelnder Alternativen zustande gekommen sein dürfe, sondern auf eine positive Einstellung des Käufers zu dem Geschäft zurückzuführen sein müsse. Treue Kunden werden auch als Stammkunden bezeichnet, wobei die Stammkundenbildung gelegentlich als ein Ziel der Marketingpolitik einer Handelsunternehmung herausgestellt wird, auf das vielfältige Maßnahmen ausgerichtet sind (z. B. Erhebungen der Kundenzufriedenheit bzw. der Reklamationen, Treuerabatte, Direct-Mail-Aktionen).[24]
Die Messung der Firmentreue bezieht sich in der Regel auf die weite Definition, wobei das wiederholte Aufsuchen eines Geschäftes bzw. die dort getätigten Käufe auf un-

---

[24] Siehe zum Aspekt der Kundenbindung auch die Beiträge in Haedrich, G. (Hrsg.): Der loyale Kunde. Ist Kundenbindung bezahlbar? Ergebnisse CPC TrendForum, Mainz 1997.

terschiedliche Weise operationalisiert werden können. Vor jeder Messung ist festzu-legen
- für welche Zeitperiode die Einkaufsstättenwahl der Konsumenten beobachtet werden soll,
- auf welche Ware sich der Kauf beziehen soll (einzelne Marken, Käufe in bestimm-ten Produktgruppen),
- ob unter einer Einkaufsstätte ein einzelnes Verkaufslokal, irgendeine Niederlas-sung eines Filialbetriebes oder ein zu einer bestimmten Betriebsform oder ein zu einer Verbundgruppe gehörendes Geschäft verstanden werden soll und
- welche Aspekte des Einkaufsverhaltens (Besuch, Kauf) bei der Messung berück-sichtigt werden sollen.

Es existieren insbesondere folgende Meßansätze, die sich z. T. an den Verfahren zur Messung der Konzentration oder an den Verfahren zur Messung von Produkt- bzw. Markentreue orientieren:
1. Das Konzept der Kaufüberschneidungen: Wird für einen Zeitabschnitt nur ermit-telt, ob in ausgewählten Einkaufsstätten Käufe getätigt wurden, dann lassen sich ähnlich zur Mediaforschung Überschneidungstabellen erstellen (vgl. das von *W. Schaefer* übernommene Beispiel in Abbildung 7.17).

**Abbildung 7.17:** Kaufüberschneidungen in verschiedenen Einkaufsstätten ────────────

| Vom weitesten Käuferkreis dieser Anbieter (100 %) kaufen Lebens-mittel auch bei | Coop in % | Karstadt in % | Edeka in % |
|---|---|---|---|
| Coop | – | 68 | 68 |
| Karstadt | 64 | – | 61 |
| Edeka | 30 | 29 | – |
| Aldi | 65 | 61 | 62 |
| Rewe | 11 | 13 | 10 |

Quelle: Schaefer, W., 1975, S. 1510 f.

2. Das Reihenfolgekonzept: Es wird festgehalten, in welchen Geschäften der Kon-sument in einer bestimmten Periode eingekauft bzw. welche Geschäfte er besucht hat. Es wird von absoluter Treue gesprochen, wenn die betrachtete Person aus-schließlich in einem Laden gekauft hat. Geteilte Treue liegt vor, wenn der Konsu-ment abwechselnd im Laden A und im Laden B eingekauft hat (ABABABAB). Beim Reihenfolgekonzept wird nicht berücksichtigt, welche Mengen der Konsu-ment jeweils gekauft und wie häufig er die jeweilige Einkaufsstätte aufgesucht hat bzw. welche Zeitabstände zwischen den Einkäufen liegen.
3. Das Anteilskonzept bezieht sich auf den Kaufumfang. Zur Messung der Firmen-treue werden die Ausgaben, die der Konsument für eine Ware X im Geschäft A tätigt, auf die Gesamtausgaben für diese Ware bezogen. Bei diesem Meßverfahren wirkt sich die Häufigkeit des Besuchs einer Einkaufsstätte nicht auf die Firmen-treue aus. Ein Konsument, der zehnmal ein Geschäft besucht und jeweils eine

Packungseinheit der Ware kauft, ist genauso treu wie jemand, der bei einmaligem Besuch zehn Packungseinheiten kauft.

4. Das Konzept der unmittelbar aufeinanderfolgenden Käufe (Besuche): Nach diesem Konzept werden die in einer Kaufsequenz unmittelbar aufeinanderfolgenden Käufe in derselben Einkaufsstätte zur Grundlage des Treueindexes. Bezeichnet A einen Kauf im Geschäft A, X einen Kauf im Geschäft X, dann liegt bei der Sequenz XAAXAAXAAX ein Treueindex für A von 30 % vor, weil bei neun paarweisen Vergleichen der unmittelbar aufeinander folgenden Käufe dreimal nacheinander in A gekauft worden ist.

Die für die Ermittlung der Einkaufsstättentreue notwendigen Daten entstammen entweder Käuferbefragungen oder Panelaufzeichnungen.

Zur Erklärung der Einkaufsstättentreue (Firmentreue) wird auf sozioökonomische Merkmale (Alter, Zugehörigkeit zur unteren bis mittleren sozialen Schicht), auf Persönlichkeitsmerkmale (Kontaktbedürftigkeit) und auf die Neigung zum gewohnheitsmäßigen Verhalten zurückgegriffen.

## 7.3.5 Die den Einkauf durchführenden Personen (der personelle Aspekt)

Mit dem personellen Aspekt wird erfaßt, ob an den Einkäufen mehrere Personen beteiligt sind und wer in einem Haushalt den Einkauf durchführt. Als Käufer werden die Personen bezeichnet, die die finanzielle Verpflichtung eingehen, mit der Güter oder Dienstleistungen erworben werden. Der Käufer eines Gutes muß nicht mit dem Verwender des Gutes identisch sein (Kauf für Dritte wegen gemeinsamer Haushaltsführung, Kauf im Auftrag Dritter, Geschenke). Die Frage, welche Rolle einzelne Familienmitglieder beim Kaufentscheid spielen, ist von der Frage zu trennen, wer die Käufe durchführt.

Aus Marktforschungsuntersuchungen ist bekannt, wie die Struktur der Käufer bei einzelnen Gütern aussieht. Abbildung 7.18 zeigt beispielhaft, wieviel Frauen bzw. Männer die angegebenen Produkte kaufen.

Auch in Kundenlaufstudien werden häufig Angaben zum Zusammenhang von Kaufverhalten und Käuferstruktur erhoben. Abbildung 7.19 zeigt Ergebnisse aus einer Studie des *ISB* zum Kundenverhalten in einem SB-Warenhaus. Danach kaufen 74,6 % aller Kunden alleine ein, die meisten sind weiblich.

Männer kaufen im Vergleich zu Frauen nur für relativ geringe Beträge und nur relativ wenige Artikel.

Zur näheren Charakterisierung der Käufer einer Warengruppe werden in Verbraucherpanels und Werbeträgeranalysen soziodemographische Merkmale erhoben (Alter, Schulbildung, Beruf, Haushaltseinkommen, Haushaltsgröße und die Größe des Wohnortes).

Abbildung 7.18: Anteil von Männern bzw. Frauen an der Käuferschaft _____

| | Anteil der Käufer | | | |
| | Variante 1 | | Variante 2 | |
| | Männer | Frauen | Männer | Frauen |
|---|---|---|---|---|
| Fruchtsaftnektare | 28,4 | 31,5 | 14 | 86 |
| Mineralwasser | 32,6 | 41,0 | 12 | 88 |
| Tafelschokolade | 27,4 | 28,0 | 46 | 54 |
| Bonbons | 5,7 | 7,4 | 41 | 59 |
| Knäckebrot | 5,5 | 10,7 | 31 | 69 |
| Bier* | 58,1 | 48,1 | 52 | 48 |
| Wein* | 13,4 | 9,5 | 56 | 44 |
| Sekt* | 13,0 | 13,2 | 47 | 53 |
| Spirituosen* | 15,5 | 9,6 | 59 | 41 |
| Pralinen* | 19,7 | 31,1 | 36 | 64 |
| Salzstangen/Brezeln* | 24,4 | 35,8 | 38 | 62 |
| Müsli-Riegel* | 11,9 | 20,3 | 34 | 66 |

Variante 1: Anteil der Personen, die das Produkt mindestens einmal in der Woche (bei Produkten mit einem * einmal im Monat) kaufen, bezogen auf die Gesamtzahl der Männer bzw. Frauen.

Variante 2: Anteil der Männer bzw. Frauen an der Gesamtzahl der Personen, die das Gut mindestens einmal wöchentlich (bei Produkten mit einem * mindestens einmal im Monat) kaufen.

Quelle: Burda-Verlag (Hrsg.), 1989 a

Abbildung 7.19: Durchschnittliche Einkaufsbeträge und durchschnittliche Artikelzahl nach Käufergruppen in einem SB-Warenhaus (1985)

| | Männliche Kunden | Weibliche Kunden | Paare | Sonstige Gruppen |
|---|---|---|---|---|
| Anteil an den Kunden insgesamt (in %) | 30,8 | 43,8 | 12,0 | 13,4 |
| Durchschnittliche Einkaufsbeträge (in DM) | 39,44 | 49,07 | 73,51 | 62,59 |
| Durchschnittlich gekaufte Artikelzahl | 11,9 | 20,6 | 25,9 | 24,7 |
| Durchschnittlicher Artikelpreis (in DM) | 3,30 | 2,37 | 2,82 | 2,52 |

Quelle: ISB (Hrsg.), 1985, S. 5–9

## 7.3.6 Der wertmäßige Aspekt

In der *BAG*-Kundenverkehrsanalyse wird der Einkaufsbetrag (seit 1980) mit der Frage erhoben, ob der Befragte heute in diesem Haus gekauft und welchen Betrag er schätzungsweise ausgegeben habe. Mit dem ersten Teil der Frage wird der Käuferanteil an den befragten Besuchern festgestellt, wobei sich gezeigt hat, daß der Anteil der Käufer an den Besuchern zurückgegangen ist.

Der Einkaufswert je Einkaufsakt lag für diese Untersuchungsgesamtheit laut *BAG*-Studie (1988) je nach Ortsgrößenklasse zwischen 8,85 DM und 12,91 DM je Besucher. Bezogen auf die Käufer schwankt der durchschnittliche Einkaufsbetrag je Einkaufsakt in Abhängigkeit von der Ortsgröße und vom Erhebungstag zwischen 15,97 DM und 23,79 DM. Wird der Anteil der Einkäufe in einzelnen Einkaufsbetragsklassen betrachtet, so ist festzustellen, daß nur der Anteil der Käufe bis 10 DM zugenommen hat. Für die anderen Einkaufsbetragsklassen sind sinkende Anteile zu konstatieren. In den Einkaufsbetragsklassen bis 50 DM ist der Anteil der Stadtbewohner höher als der der Käufer, die von außerhalb kommen. Käufer, die von außerhalb kommen, geben häufiger über 50 DM aus. Dies galt auch schon 1980. Einkaufsbeträge unter 25 DM werden insbesondere von den jüngeren Käufern ausgegeben. 61,3 % der Käufer bis 25 Jahre geben bis zu 25 DM aus, Einkaufsbeträge über 25 DM werden überwiegend von den 25–50jährigen ausgegeben.

Käufer mit unterschiedlichen Einkaufsbeträgen lassen sich auch nach dem benutzten Verkehrsmittel unterscheiden. Personen, die mit dem PKW zum Einkaufen fahren, sind stärker in den Gruppen mit Einkaufsbeträgen über 25 DM vertreten als die, die zu Fuß oder mit öffentlichen Verkehrsmitteln angereist sind.

In einer im Jahr 1984 durchgeführten Kundenlaufstudie wurde ein durchschnittlicher Einkaufsbetrag von 51 DM bei den Kunden eines SB-Warenhauses festgestellt. Die Einkaufsbeträge verschiedener Kundengruppen unterscheiden sich, wie in Abbildung 7.16 ausgewiesen ist.

## 7.3.7 Das Informationsverhalten

In der Käuferverhaltensforschung interessieren aber nicht nur Kaufakte, sondern auch Transaktionen zwischen Anbietern und Verbrauchern, die sich nicht in finanziellen Verpflichtungen niederschlagen. Hier ist vor allem an den Austausch von Informationen zu denken. Das Informationsverhalten von Verbrauchern ist ein bevorzugtes Forschungsgebiet geworden.[25]

Es geht dabei um folgende Aspekte (Auswahl):
- Wann zieht der Verbraucher Testinformationen über Güter heran?
- Wann bevorzugt der Verbraucher die persönliche Beratung, wann studiert er Prospekte oder Anzeigen, d. h. also, wann nutzt er die unpersönlichen Kommunikationswege?
- Wie lange dauert die Informationsphase?

---

[25] Vgl. Meffert, H./Steffenhagen, H./Freter H. (Hrsg.) unter Mitarbeit von Bruhn, M.: Konsumentenverhalten und Informationen, Wiesbaden 1979; sowie Raffée, H./Silberer, G. (Hrsg.): Informationsverhalten des Konsumenten. Ergebnisse empirischer Studien, Wiesbaden 1981.

Die Beziehungen zwischen den Anbietern und Nachfragern sind damit wohl nicht in allen Aspekten erfaßt. So wäre es denkbar zu analysieren, wer von beiden einzelne Funktionen, wie z. B. den Transport der Ware übernimmt. Es geht aber nicht darum, alle möglichen Aspekte aufzuzeigen, sondern auf in empirischen Untersuchungen häufig untersuchte Aspekte hinzuweisen. Hinzu kommt, daß bereits das Erkennen eines zu beobachtenden Aspekts bereits eine kreative Leistung darstellen kann.

# 7.4 Erklärung und Prognose des Käuferverhaltens

Während im vorhergehenden aufgezeigt worden ist, in welchen Aspekten sich beobachtbares Käuferverhalten dokumentiert, geht es im folgenden darum, Käuferverhalten zu erklären. Es soll einsichtig gemacht werden, von welchen Faktoren Käuferverhalten abhängt. Warum verhalten sich Menschen in bestimmter Weise, warum unterscheiden sich das Konsum- und Kaufverhalten einzelner Personen? Dazu wird im folgenden zunächst auf Einflußfaktoren hingewiesen, anschließend werden ausgewählte Modelle vorgestellt, die einzelne Einflußgrößen aufgreifen und deutlich machen, in welchem Zusammenhang die abhängigen und die unabhängigen Variablen des Modells stehen.

## 7.4.1 Überblick über Variablen zur Erklärung des Käuferverhaltens

Die Betriebswirtschaftslehre hat sich, wenn es um das Verhalten privater Haushalte ging, zunächst an dem Haushaltsmodell der Volkswirtschaftslehre orientiert. Dort dominierte ein Erklärungsansatz, der insbesondere auf drei erklärenden Größen fußte,
– dem Einkommen,
– den Preisen der zur Wahl stehenden Produkte,
– den subjektiven Präferenzen.

Doch mit dem Aufkommen des Marketing etwa ab 1970 gewannen Methoden und Theorien aus anderen Disziplinen Einfluß.
Das volkswirtschaftliche Haushaltsmodell ist in den Hintergrund getreten, weil die entwickelten Theorien zum Konsumentenverhalten einen größeren Detaillierungsgrad anstreben, sowohl was die zu erklärenden Aspekte betrifft (vgl. Abschnitt 7.3) als auch die herangezogenen erklärenden Variablen. Das klassische Haushaltsmodell weicht in offensichtlicher Weise von den Bedingungen ab, unter denen Konsumenten handeln. Dies sei an einigen Annahmen verdeutlicht:
(1) Das Modell ist zeitpunktbezogen, d. h. ein Konsument hat zu einem Zeitpunkt zu entscheiden, welche Güter er kauft bzw. konsumieren will. Wünschenswert ist dagegen ein Modell, das abbildet, wie einzelne Teilentscheidungen im Zeitablauf aufeinanderfolgen.
(2) Das erwähnte Modell der Haushaltstheorie unterstellt volle Information, d. h.

der Konsument weiß, welchen Beitrag die einzelnen Güter zu seiner Wohlfahrt (Nutzen) beisteuern, wieviel sie kosten und wie hoch sein verfügbares Einkommen ist. Die reale Situation ist dagegen oft durch Unsicherheit gekennzeichnet: Der Konsument weiß nicht, welche Aspekte er bei einer Auswahlentscheidung in den Vordergrund stellen soll (z. B. das Beschleunigungsvermögen eines Pkw oder seine Reparaturanfälligkeit), er ist unsicher, wie es um einzelne Eigenschaften der zu beurteilenden Marke bestellt ist (z. B. die Rostanfälligkeit bei Pkws).

(3) Das Haushaltsmodell geht davon aus, daß eine einzelne Person über die Verwendung von Einkommen entscheidet. In der Realität gibt es aber viele Beziehungen zwischen Familienmitgliedern, Freunden, Bekannten, Nachbarn, Berufskollegen, die die Konsumentscheidung beeinflussen und explizit sichtbar gemacht werden sollten.

(4) Mit den Indifferenzkurven wird zum Ausdruck gebracht, welche Güterkombinationen von einem Subjekt als gleichwertig eingeschätzt werden; es wird nicht hinterfragt, aus welchen Gründen (z. B. Motiven) ein Subjekt bestimmten Gütern eine hohe oder niedrige Wertschätzung entgegenbringt.

Die Kritik an dem Haushaltsmodell macht gleichzeitig deutlich, welchen Anforderungen ein Modell zum Konsumentenverhalten genügen sollte: Es sollte erfassen, daß Einkaufsentscheidungen Zeit benötigen; zwischen dem Entstehen eines Kaufwunsches und dem Kauf selbst können erhebliche Zeiten liegen, in denen Informationen gesammelt und abgewogen werden. Gerade das Wissen der Verbraucher verdient besondere Aufmerksamkeit: Was weiß der Verbraucher und wie verändert sich sein Wissen im Zeitablauf? Ein Modell sollte aber auch erfassen, daß bei Einkaufsentscheidungen mehrere Personen zusammenwirken können. Dynamik, unvollkommene Informationen und Multipersonalität sind mithin wünschenswerte Eigenschaften eines Modells zum Konsumentenverhalten.

So läßt sich die moderne Theorie des Konsumentenverhaltens dadurch kennzeichnen, daß sie Aussagen über die Reaktion der Konsumenten auf bestimmte Umweltkonstellationen (z. B. Preise, Produkte verschiedener Qualität) sucht. Dabei wird besonderer Wert darauf gelegt, für die Variablen auch Meßvorschriften zu entwickeln und zu überprüfen, ob die in der Theorie formulierten Beziehungen die Verhältnisse in der Realität tatsächlich abbilden (Überprüfung durch Falsifizierungsversuche).

Die vielfältigen Faktoren, die auf das Konsumentenverhalten einwirken, können in zwei Gruppen eingeteilt werden,

(1) in Merkmale, die die äußere Konstitution der Subjekte, ihre Umwelt und die sich in ihr abspielenden Vorgänge kennzeichnen,

(2) in Merkmale, die die Struktur und die Abläufe im Insystem eines Menschen beschreiben. Auf beide Merkmalsgruppen wird im folgenden eingegangen.

### Äußere Merkmale der Person

Merkmale zur Kennzeichnung der äußeren Konstitution einer Person können sich auf vielfältige Eigenschaften beziehen, wie z. B. das Geschlecht, das Alter, die Körpergröße, die Wohnverhältnisse, den Familienstand sowie die Ausbildung und den Beruf. Oft wird auch von soziodemographischen Merkmalen gesprochen.

Besonders häufig wird das »Alter« als Strukturierungsvariable verwendet. Prognosen der Bevölkerungsentwicklung in der Bundesrepublik Deutschland zeigen, daß mit erheblichen Veränderungen zu rechnen ist (vgl. Abbildung 7.20). Aus den Verschiebungen in der Alterspyramide lassen sich viele Hinweise auf die Ausgestaltung der

Marketingpolitik ableiten. So wird vom Markt der Jugendlichen,[1] dem der mittleren Altersgruppen und dem Seniorenmarkt gesprochen.[2]

**Abbildung 7.20:** Prognostizierte Entwicklung der Bevölkerung in der Bundesrepublik Deutschland*

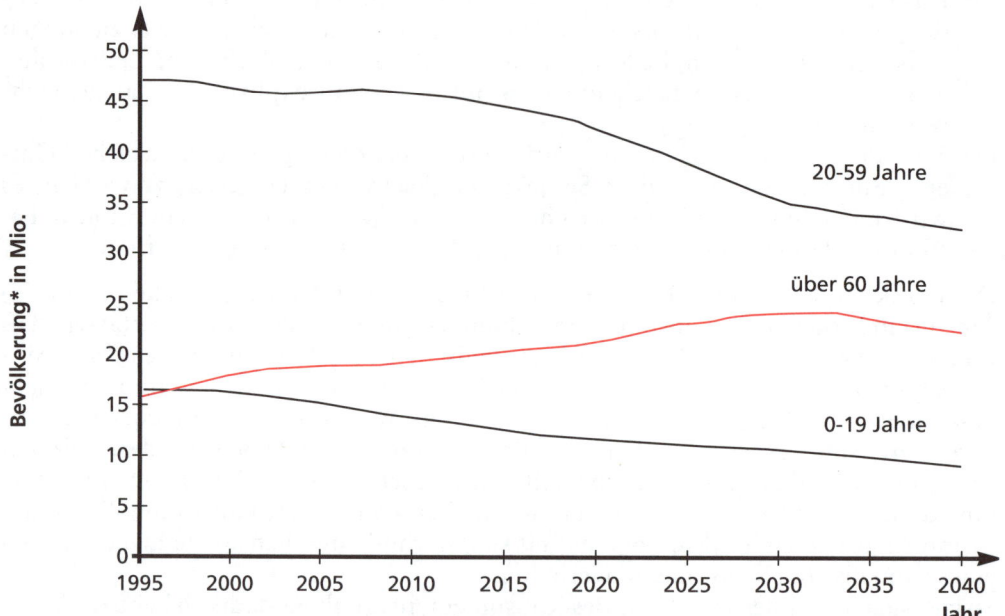

* Annahme: Abnahme der jährlichen Wanderungssalden auf 100 000
Quelle: Statistisches Bundesamt (Hrsg.), 1994, S. 438

– Gemessen an der Zahl der Absolventen weiterbildender Schulen und Hochschulen kann von einer Bildungsexplosion gesprochen werden. Das ist für das Marketing nicht unerheblich, nicht nur, weil damit auch die Fähigkeit ausgebildet wird, Informationen aufzunehmen und zu verarbeiten, sondern weil auch festgestellt worden ist, daß mit dem Ausbildungsstand verschiedene Konsummuster einhergehen. Akademiker rauchen unterdurchschnittlich, geben mehr Geld für Alkohol aus als der Durchschnitt und bevorzugen in vielen Produktgruppen (z. B. bei Fotoartikeln) das Fachgeschäft.
– Auffällig verändert sich auch die Haushaltsstruktur in der Bundesrepublik Deutschland: Der Anteil der kleinen Haushalte (Einpersonenhaushalte, Haushalte mit zwei Personen) nimmt immer mehr zu, woraus folgt, daß für den sog. haus-

[1] Vgl. Kölzer, B.: Der Jugendmarkt. Studie der BBE-Unternehmensberatung, Köln 1990.
[2] Vgl. zum Seniorenmarkt die umfassende Arbeit von Kölzer, B.: Senioren als Zielgruppe. Kundenorientierung im Handel, Wiesbaden 1995.

haltsbezogenen Bedarf (z. B. Gegenstände für die Kücheneinrichtung) günstige Prognosen gestellt werden.

– Bezüglich der Berufstätigkeit ist festzustellen, daß einerseits die Erwerbstätigkeit von Frauen zunimmt, daß andererseits die Beschäftigung in bestimmten Bereichen (z. B. bei den Werften, in den Bereichen Kohle und Stahl) rückläufig ist, in anderen steigend (z. B. Datenverarbeitung und Telekommunikation).

– Als wichtige Einflußgröße auf das Konsumentenverhalten wurde in der Ökonomie schon immer das Einkommen angesehen.

Angaben über viele der zur Sprache gebrachten Merkmale können der Amtlichen Statistik entnommen werden und sind im Regelfall Bestandteil jeder größeren Markterhebung. Nun mag es durchaus plausibel erscheinen, die soziodemographischen Merkmale als Bestimmungsfaktoren des Konsumentenverhaltens anzusehen; dennoch muß sorgfältig geprüft werden, ob mit diesen Größen das Konsumentenverhalten wirklich erklärt werden kann. In der Tat wurde in vielen Studien beobachtet, daß sich die Verhaltensweisen von Nachfragern trotz der Unterschiede in einzelnen soziodemographischen Merkmalen nicht unterscheiden.

### Die Umwelt, in der die Verbraucher leben

Die Struktur der Umwelt, in der sich ein Konsument befindet, kann über die bereits zuvor zur Sprache gebrachten sog. objektiven Außenvariablen (also z. B. in einer Kleinstadt wohnhaft), aber auch mit Hilfe von sog. subjektiven Außenvariablen gekennzeichnet werden. Sie beschreiben das Wertesystem der Personen, mit denen der Entscheidende Umgang hat, also wie diese Personen einzelne Sachverhalte (z. B. neue Produkte) beurteilen, was diese für nützlich und wichtig halten (z. B. persönliche Gesundheit, eine heile Natur, ein hohes Einkommen).

Die strukturelle Betrachtung kann schließlich um die beobachtbaren Vorgänge ergänzt werden. Dazu zählen

a) die Verhaltensweisen der Verbraucher selbst, z. B.
   – ihr Freizeitverhalten (z. B. die Häufigkeit der Kino- und Museumsbesuche, die Anzahl der in einem Monat gelesenen Bücher, die Restaurantbesuche, die sportlichen Aktivitäten),
   – die Art der bevorzugten Einzelhandelsgeschäfte,
   – der Kauf bestimmter Gebrauchsgegenstände,
   – die von ihnen bevorzugten Marken,
   – das Ausmaß der Markentreue,
b) das Verhalten der Personen aus der persönlichen Umwelt (deren Kaufverhalten, deren Meinungsäußerung, deren Reaktionen),
c) die Maßnahmen von Unternehmungen, der Presse, den Verbänden oder anderen Institutionen.

*Engel, Blackwell* und *Miniard* zählen zu den Einflüssen aus der Umwelt die Kultur, die soziale Schicht, der ein Verbraucher angehört, seine persönliche Umwelt, die Familie und die »Situation«.[3]

Im Kontext der Konsumentenverhaltenstheorie meint Kultur die Wertvorstellungen, die Ideen, den Symbolgehalt einzelner Sachverhalte, mit deren Hilfe Individuen innerhalb einer Gesellschaft kommunizieren, Vorgänge deuten und sie bewerten. Während im westeuropäischen Raum die Farbe schwarz Trauer signalisiert, verwen-

---

[3] Vgl. Engel, J. F./Blackwell, R. D./Miniard, P. W., 1995, S. 607–817.

den die Japaner hierfür weiß. Während in westlichen Kreisen zunehmend gebilligt wird, daß nicht verheiratete Frauen schwanger werden dürfen, ohne sozial geächtet zu werden, bekennen drei Ägypter im Jahr 1997 stolz, sie hätten die auf ihre Familie gefallene Schmach getilgt, indem sie ihre geschiedene Schwester nach ihrer Schwangerschaft getötet hätten. Die Isländer sind bis zum heutigen Tag für ihre Lesekultur bekannt, die Deutschen verkaufen mit einigem Erfolg ihre psychologisierenden Kriminalfilme ins Ausland. Wenn schon die Konsumgüter als Transformationen kultureller Vorstellungen gedeutet werden können, dann gilt dies um so mehr für den Bereich der kulturellen Güter.

Einige der frühesten Beiträge zur Erklärung von Konsumverhalten stützten sich auf die Zugehörigkeit zu einzelnen sozialen Schichten. Einfache Konzepte unterscheiden nur Ober-, Mittel- und Unterschicht, andere Konzepte differenzieren stärker und sprechen beispielsweise von der oberen Mittelschicht. Im Regelfall werden zur Definition Merkmale wie Berufstätigkeit, Ausbildung, Höhe des Einkommens und das Wohngebiet herangezogen. Mit Hilfe des Konstruktes sollen folgende Fragen beantwortet werden (Beispiele): Fahren Personen der Mittelschicht eher importierte Autos als die der Oberschicht? Bevorzugen Angehörige der Unterschicht andere Getränke? Inwieweit unterscheiden sie sich in den Kleidungsgewohnheiten? Ist zu beobachten, daß sich das Konsumverhalten der Personen aus verschiedenen sozialen Schichten immer mehr annähert? Entsprechend läßt sich auch fragen, inwieweit einzelne kulturelle Leistungen von Angehörigen bestimmter sozialer Schichten bevorzugt werden und ob sich über die Zeit hinweg bestimmte Entwicklungslinien zeigen.

Das Verhalten wird häufig auch von jenen Personen beeinflußt, mit denen ein häufiger Umgang gepflegt wird. Unter Umständen kann von einem sozialen Druck gesprochen werden, bei schwächeren Formen der Einflußnahme von den Erwartungen Dritter. Manchmal wird auch der Rat Dritter eingeholt, was diese Person zum Meinungsführer werden läßt. Wenn es Personen gibt, die mit ihrem Verhalten als Vorbild dienen oder die als Ratgeber gesucht werden, ist es für das Marketing wichtig, sie zu erkennen und mit geeigneten Maßnahmen anzusprechen. Gerade bei neuen Ideen oder neuen Produkten spielen sie als Innovatoren eine wichtige Rolle, von deren Verhalten der Diffusionsprozeß entscheidend abhängt.[4]

Da die Auseinandersetzung mit kulturellen Leistungen häufig als Mittel zur Gestaltung der Freizeit (Ferien bzw. Urlaub, Wochenende, Feierabend) anzusehen ist und viele Personen (immer noch) in Mehrpersonenhaushalten leben, ist die Frage nicht unbedeutend, welche Rollen einzelne Personen innerhalb der Familie bei Entscheidungen über gemeinsame Aktivitäten übernehmen.

Verhalten kann auch situationsabhängig sein. So schnellt beispielsweise der Kauf von Blumen an bestimmten Feiertagen in die Höhe. Um Verhalten erklären und prognostizieren zu können, empfiehlt es sich deswegen, die »Situation« als eigene Variable in die Ansätze zur Erklärung von Konsumentenverhalten einzubeziehen.[5]

---

[4] Vgl. die frühe Arbeit von Rogers, E. M.: Diffusion of Innovations, New York 1962. An sie schlossen sich zahlreiche Arbeiten an, z. B. Mahajan, V./Wind, Y.: Innovation Diffusion Models of New Product Acceptance, Cambridge 1986; Schmalen, H.: Marketing-Mix für neuartige Gebrauchsgüter, Wiesbaden 1979; Robertson, T. S./Zielinski, J./Ward, S.: Consumer Behavior, Glenview, Ill. 1984.

[5] Vgl. hierzu Belk, R. W.: An Exploratory Assessment of Situational Effects in Buyer Behavior, in: Journal of Marketing Research, Vol. 11 (1974), S. 156–173.

## Merkmale zur Kennzeichnung des Insystems der Verbraucher

Als weitere Hauptgruppe von Einflußfaktoren auf das Konsum- und Kaufverhalten sind die Struktur des Insystems der Konsumenten und die sich dort abspielenden Vorgänge zu nennen. Es handelt sich um jene Sachverhalte, die zwar das Verhalten der Menschen beeinflussen, aber nicht unmittelbar beobachtet werden können (z. B. die Motive eines Menschen). Sie werden als hypothetische Konstrukte bezeichnet, weil es sich um erdachte Größen handelt, mit denen deutlich gemacht werden soll, warum Personen bei gleicher Umwelt unterschiedlich handeln. Wenn sie auch nicht unmittelbar beobachtet werden können, so ist es doch Anliegen, diese Größen mit Hilfe sog. Korrespondenzregeln zu messen. Das sind Meßvorschriften, die die zu messenden theoretischen Größen in empirisch beobachtbaren Größen verankern. Beispielsweise handelt es sich bei der »Intelligenz« um ein typisches hypothetisches Konstrukt; der Intelligenztest mit seinen einzelnen Aufgaben stellt den zugeordneten Meßapparat dar, mit dem die zuvor definierte (und nicht unmittelbar beobachtbare) Größe gemessen werden soll. Entsprechend werden auch in der Theorie des Konsumentenverhaltens hypothetische Konstrukte definiert, gemessen, und es wird geprüft, ob wirklich ein Zusammenhang zwischen den so erhobenen Variablen und dem Verhalten besteht. Im Mittelpunkt der Diskussion stehen dabei:
– die Einstellungen der Konsumenten gegenüber einzelnen Marken oder Geschäften,
– die Motive der Konsumenten,
– das Involvement (der Grad der Ich-Beteiligung),
– die Kaufabsichten.

Insgesamt werden im Rahmen der Konsumentenverhaltenstheorie die in Abbildung 7.21 zusammengestellten Variablen zueinander in Beziehung gesetzt. Es hat sich eingebürgert, das beobachtbare Verhalten mit R (von Response) abzukürzen, die aus der Umwelt auf den Konsumenten einwirkenden Reize mit S (von Stimuli) und die ein Individuum kennzeichnenden Werte für die einzelnen hypothetischen Konstrukte mit O (von Organismus) oder mit I als Abkürzung für »für intervenierende Variablen«, Größen, die zwischen die auf das Subjekt wirkenden Reize und sein Verhalten treten. Hypothesen, in denen das beobachtbare Verhalten nur zu den unmittelbar beobachteten Reizen der Umwelt in Beziehung gesetzt wird, werden als Untersuchungen nach dem SR-Konzept bezeichnet, Untersuchungen, die zusätzlich hypothetische Konstrukte einbeziehen, als solche nach dem SOR-Konzept (bzw. SIR-Konzept). Beide Untersuchungstypen werden heute in der Konsumentenverhaltensforschung verwendet.

*Engel, Blackwell* und *Miniard* weisen auf sieben personenspezifische Unterschiede hin:
– Ressourcen,
– Motivation und Involvement,
– Wissen,
– Einstellungen,
– Persönlichkeit,
– Lifestyle und
– Demographie.

Abbildung 7.21: Bestimmungsfaktoren für das Konsumentenverhalten _____

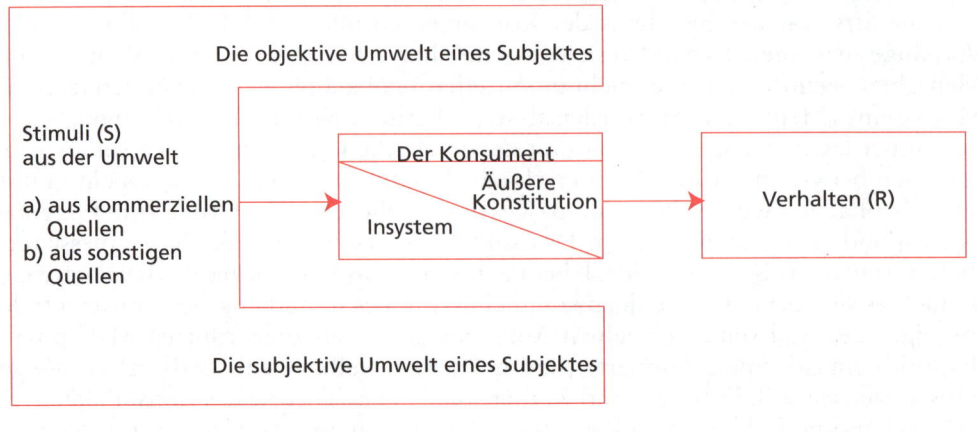

## Ressourcen

Kaufentscheidungsprozesse spielen sich innerhalb des durch die verfügbaren Ressourcen abgesteckten Rahmens ab. Dazu zählen:
– Die verfügbare Zeit,
– die verfügbaren Geldmittel und
– die Möglichkeiten, Informationen aus der Umwelt aufzunehmen und zu verarbeiten.

In nicht wenigen Fällen stehen die Verfügbarkeit von Zeit und finanziellen Mitteln in einem umgekehrt proportionalen Verhältnis zueinander.

## Motive

Motive werden traditionell als Antriebskräfte des Verhaltens gesehen. Dies kommt auch in der Definition zum Ausdruck, nach der es sich bei Motiven um andauernde Prädispositionen handelt, die ein Verhalten anregen und es auf bestimmte Ziele ausrichten. Die Diskussion um die Frage, welche Motive es gibt, wie sie klassifiziert werden können und inwieweit sie bewußt oder unbewußt erlebt werden, hält immer noch an. 1920 führte *Copeland* die Unterscheidung von rationalen und emotionalen Motiven ein.[6] Die rationalen Motive sollen die Gebrauchsfähigkeit eines Gegenstandes erfassen (z. B. niedrige Wartungskosten, ein geräumiger Kofferraum und ein niedriger Benzinverbrauch bei einem PKW), während mit den emotionalen Motiven darauf hingewiesen wird, daß Produkte und Verhaltensweisen möglicherweise als Symbole gesehen werden, mit denen Reaktionen ausgelöst werden können, die über die Beurteilung in gebrauchstechnischer Hinsicht hinausgehen. So wird behauptet, daß die eckige Form eines Seifenstückes nicht nur durch gerundete Formen abgelöst worden sei, weil dies den Gebrauch erleichtere, sondern weil über die gerundete Form

_____

[6]  Vgl. Copeland, M. T.: Principles of Merchandising, Chicago 1924.

sexuelle Vorstellungen angesprochen würden. Wegen der problematischen Überprüfbarkeit solcher mit Hilfe von Tiefeninterviews oder projektiver Methoden gewonnenen Erkenntnisse, steht ihnen die Wissenschaft kritisch gegenüber. Abgesehen von solchen spektakulär anmutenden Aussagen, stellt die Motivforschung ein für die Marketingplanung wichtiges Teilgebiet dar. Immer wieder wird auf die von *Maslow* 1954 vorgelegte Klassifikation hingewiesen, nach der Motivklassen nach ihrer Position in der Persönlichkeitsentwicklung in eine Bedürfnispyramide eingeordnet werden.[7] Auf der untersten Ebene stehen dabei physiologische und Sicherheitsbedürfnisse, auf der nächsten Stufe Bedürfnisse nach Liebe und Geborgenheit, es folgen das Bedürfnis nach Selbstachtung und Achtung durch andere und schließlich an der Spitze das Bedürfnis nach Selbstverwirklichung. *Trommsdorff* weist auf folgende Konsummotive hin:
1. Ökonomik, Sparsamkeit, Rationalität,
2. Prestige, Status, soziale Anerkennung,
3. Soziale Wünschbarkeit, Normenunterwerfung,
4. Lust, Erregung, Neugier,
5. Sex, Erotik,
6. Angst, Furcht, Risikoneigung,
7. Konsistenz, Dissonanz, Konflikt.[8]

Es ist gar keine Frage, daß Vorstellungen über die grundsätzlichen Ziele, die Personen erreichen möchten, für die Ausgestaltung absatzpolitischer Maßnahmen von entscheidender Bedeutung sind.

## Wissen

Beim »Wissen« handelt es sich um jene Informationen, die im Gedächtnis gespeichert sind. In der Konsumentenverhaltenstheorie geht es dabei insbesondere um das Wissen über die Erhältlichkeit einzelner Produkte, um einzelne Eigenschaften, um Einkaufsstätten und um die Art der Verwendung.

## Einstellungen

Einstellungen gehören zu den wichtigsten Größen, mit denen das Zustandekommen von Verhalten erklärt wird. Diese Aussage wird auch nicht dadurch entkräftet, daß die ursprünglich fast absolutierte E-V-Hypothese, d. h. die Einstellungen gegenüber Objekten oder Handlungen (E) bestimmen das Verhalten (V), inzwischen relativiert werden mußte. In der praktischen Marktforschung nehmen Studien zum Image von Produkten oder Unternehmungen einen breiten Raum ein. Da der Begriff Image zunehmend mit dem Begriff Einstellung gleichgesetzt wird, liefert die Einstellungstheorie das theoretische Fundament für Imageanalysen.

Da Einstellungen bereits seit Jahrzehnten im Mittelpunkt des Forschungsinteresses der Sozialpsychologie stehen (schon z. Z. des zweiten Weltkrieges führten *Hovland* und seine Mitarbeiter in den sog. Yale-Studies groß angelegte Untersuchungen zur Wirkung persuasiver Kommunikation auf die Einstellungen von Empfängern durch, um so eine wirksame Gegenpropaganda gegen die faschistische Massenpropaganda entwickeln zu können), konnte in der Theorie des Käuferverhaltens auf einem bereits errichteten theoretischen Fundament aufgebaut werden. Gegenstand der Ein-

---

[7] Maslow, A.: Motivation and Personality, New York u. a. 1954.
[8] Trommsdorff, V.: Konsumentenverhalten, 2. Auflage, Stuttgart – Berlin – Köln 1993, S. 120.

stellungsforschung sind v. a. die inhaltliche Präzisierung des Begriffs, also die definitorische Abgrenzung, die Entwicklung von Meßverfahren, die Überprüfung, inwieweit Einstellungen das Konsum- und Kaufverhalten tatsächlich beeinflussen, und die Frage, wie sich Einstellungen herausbilden bzw. wovon ihre Änderung abhängig ist. Einstellungen werden häufig als organisierte und erlernte Bereitschaften relativ dauerhafter Natur verstanden, in einer spezifischen Weise auf ein Einstellungsobjekt zu reagieren und damit das Verhalten zu steuern (zu dirigieren).[9]

### Persönlichkeit und Lifestyle

Motive und die aus ihnen folgenden Einstellungen sind Konstrukte, mit denen die Unterschiedlichkeit verschiedener Personen zum Ausdruck gebracht werden kann, um aus dieser Unterschiedlichkeit heraus Differenzen im Kauf- und Konsumverhalten zu erklären. Da vermutet wurde, daß hierfür auch weitere Unterschiede in der Persönlichkeit für das Verhalten verantwortlich sein könnten, setzte die Suche nach relevanten Persönlichkeitszügen ein. Bekannt geworden und vielfach in Theorie und Marktforschungspraxis aufgegriffen, sind Lifestyle-Ansätze, mit denen relativ umfassend Verhaltensweisen, Interessen und Meinungen erfaßt wurden (»Activities, Interests, Opinions« = AIO).[10] Diese um 1960 aufkommende Forschungsrichtung, die wegen ihres Rückgriffs auf Größen aus der in der Psychologie angesiedelten Persönlichkeitsforschung auch »Psychographie« genannt wurde, war auch aus der enttäuschenden Beobachtung geboren, daß viele interessierende Unterschiede im Verhalten nicht mit dem Rückgriff auf demographische Angaben erklärt werden konnten.

### Demographie

Traditionell werden in der Theorie und besonders in der praktischen Marktforschung soziodemographische bzw. sozioökonomische Merkmale herangezogen, um aktuelle und potentielle Nachfrager zu beschreiben. Zu diesen Merkmalen zählen insbesondere

- das Geschlecht,
- das Alter,
- die Schulbildung,
- der Familienstand,
- das Haushalts-Nettoeinkommen,
- das Pro-Kopf-Einkommen der Haushaltsmitglieder,
- das eigene Nettoeinkommen,

- das Ausmaß der Berufstätigkeit,
- der Beruf,
- die Berufstätigkeit des Haushaltungsvorstandes,
- der Beruf des Hauhaltungsvorstandes,
- die Gemeindegrößenklasse,
- die Anzahl und Altersstruktur der Personen in einem Haushalt.

Auf die Bedeutung dieser »äußeren« Merkmale einer Person war oben schon eingegangen worden. Allerdings stellte sich in vielen Fällen eine geringe Erklärungskraft der soziodemographischen Merkmale heraus. Die Enttäuschung resultierte aus der Erkenntnis, daß zum Beispiel mit einem Merkmal, wie dem Einkommen, zwar nachgewiesen werden kann, daß sich Personen mit hohem Einkommen häufiger ein hochpreisiges Auto kaufen als Personen mit einem niedrigen Einkommen, daß jedo

---

[9]  Zu einer ausführlicheren Diskussion der Merkmale dieser Definition vgl. Abschnitt 7.4.2.5.
[10]  Vgl. Wells, W. D./Tigert, D. J.: Activities, Interests, Opinions, in: Journal of Advertising Research, Vol. 11 (1971), S. 27–35; Banning, T. E.: Lebensstilorientierte Marketing-Theorie, Heidelberg 1987.

keines der Merkmale geeignet ist, die Wahl unter unmittelbar im Wettbewerb stehenden Marken, z. B. BMW und Mercedes bei den höherpreisigen Fahrzeugen, zu erklären. Dennoch sind Vorstellungen über die Demographie der anzusprechenden Personen unverzichtbar.

## 7.4.2 Ansätze zur Erklärung von Konsumentenverhalten

Im folgenden werden ausgewählte Theorien zum Konsumentenverhalten vorgestellt. Theorien haben gemeinsam, daß sie ein bestimmtes Verhalten erklären wollen und suchen damit eine Antwort auf die Frage, warum es zu einem bestimmten Verhalten kommt.

Das zunächst dargestellte Lebenszykluskonzept hat den Vorteil, daß an ihm die Grundstruktur eines theoretischen Modells auf einfache Weise gezeigt werden kann: Abhängige und unabhängige Variable sind leicht auszumachen und die Gründe für ihre Verknüpfung erscheinen plausibel. Das Modell von *Lavidge* und *Steiner* ist ebenfalls sehr anschaulich und kann in vielen Situationen herangezogen werden, nicht nur in der Werbekontrolle, für die es ursprünglich konzipiert worden war.

Während die beiden erstgenannten Theorien nur auf wenige Größen zurückgreifen, versuchen die sog. Totalmodelle, hier vertreten durch das EKB-Modell (ursprünglich von *Engel, Kollat* und *Blackwell*), für die Vielzahl der in zahlreichen Studien betrachteten Merkmale einen allgemeinen Rahmen zu schaffen. Trotzdem ist es vor allen Dingen auf die Markenwahl ausgerichtet. Aus diesem Grund wird es um ein Modell ergänzt, das explizit die Einkaufsstättenwahl als abhängige Variable sieht.

Schließlich werden die Ausführungen zu den Einstellungen, obwohl sie schon im EKB-Modell erwähnt worden waren, vertieft, weil sie als besonders wichtiger Bestimmungsfaktor des Einkaufs- und Konsumentenverhaltens anzusehen sind.

### 7.4.2.1 Das Lebenszykluskonzept (der Familienlebenszyklus)

Im Marketing wird das Konzept des Familienlebenszyklus (nicht zu verwechseln mit dem Produktlebenszyklus) als Instrument zur Marktsegmentierung und Zielgruppenformulierung verwendet. Nach ihm wird das Leben eines Konsumenten in verschiedene Abschnitte eingeteilt, denen bestimmte Konsummuster zugeordnet werden.

Ursprünglich schlugen *Lansing* und *Morgan* (1955) vor, wichtige Abschnitte des Lebens einer normalen Familie in sieben Phasen zu unterteilen (vgl. Abbildung 7.22).[11] Sie kommen zu dieser Einteilung, da sie meinen, gewisse Ereignisse im Leben, wie insbesondere

- die Aufnahme des Studiums (bzw. einer Berufstätigkeit) und der damit verbundene Auszug aus dem Elternhaus,
- die Heirat und die Geburt von Kindern,
- das Ableben eines Ehepartners,

stellten Wendepunkte in der Lebensgestaltung dar.

---

[11] Vgl. Lansing, J. B./Morgan, J. N.: Consumer Finances Over the Life Cycle, in: Clark, L. H. (Hrsg.): Consumer Behavior, 2. Auflage, New York 1955, S. 36–51.

Abbildung 7.22: Die sieben Lebensphasen nach Lansing und Morgan _____

| Lebensphasen* | Nr. |
|---|---|
| 1. Jung, alleinstehend | 1 |
| 2. Verheiratet | |
| 2.1 Jung, verheiratet, keine Kinder (Jung-Verheiratete) | 2 |
| 2.2 Jung, verheiratet, jüngstes Kind unter sechs | 3 |
| 2.3 Jung, verheiratet, jüngstes Kind sechs oder darüber | 4 |
| 2.4 Älter, verheiratet, mit Kindern | 5 |
| 2.5 Älter, verheiratet, ohne Kinder | 6 |
| 3. Älter, alleinstehend | 7 |

\* »Jung« bedeutet: Haushaltsvorstand ist unter 45 Jahre; »älter« bedeutet: Haushaltsvorstand ist 45 Jahre oder darüber; »Kinder« sind Kinder bis zu 18 Jahren

Für die einzelnen Phasen zeigen die Autoren zunächst, wie sich die Höhe des verfügbaren Einkommens ändert (wechselnde Zahl von Erwerbstätigen bzw. Einkommensbeziehern in einem Haushalt, unterschiedliche Einkommen nach Art und Höhe, z. B. Transferzahlungen, Zinsen, Kapitalerträge). Desgleichen wurde nachgewiesen, wie sich die Verwendung des Einkommens in den Lebenszyklusphasen unterscheidet. So kauften die jungen Alleinstehenden oder die Jung-Verheirateten ohne Kinder zunächst einmal ein Auto. Nach der Geburt eines Kindes behielten sie in vielen Fällen den alten Wagen, ersetzten diesen aber häufig in Phase 4 (jüngstes Kind jetzt älter als sechs Jahre). Der Besitz eines Fernsehgerätes erreichte später als der Besitz eines Autos seinen Gipfel, noch später wurde ein Haus erworben. Hohe Unterschiede im Anteil der Haushalte, die während eines Jahres ein Gut kauften, waren auch bei Möbeln, Kühlschränken, Herden und Waschmaschinen festzustellen.

Besonders wichtig war die Beobachtung, daß mit dem Lebenszykluskonzept Unterschiede im Konsumverhalten besser deutlich gemacht werden konnten, als wenn nur einzelne soziodemographische Angaben (wie z. B. das Alter) verwendet worden wären. Das Lebenszykluskonzept verbindet einzelne soziodemographische Angaben zu einem vorstellbaren und interpretierbaren Ganzen.

In der Zwischenzeit liegt das Familienlebenszykluskonzept in zahlreichen Varianten vor.[12] Die Varianten unterscheiden sich in folgendem:

– In der Art der verwendeten Variablen (verschiedene soziodemographische Variablen oder auch andere Merkmale, wie z. B. die Zahl der Bekannten oder die Zahl der sozialen Kontakte),
– die Zahl der bei jeder Variablen unterschiedenen Kategorien,
– die Anzahl der berücksichtigten Merkmalskombinationen.

Die verschiedenen Varianten des Familienlebenszyklusmodells können in formaler und inhaltlicher Hinsicht beurteilt werden. In formaler Hinsicht wird gewünscht, daß möglichst viele Verbraucher einer der im Konzept vorgesehenen Lebenszyklusphase zugewiesen werden können (Reichweitenkriterium), daß die Verbraucher innerhalb einer Lebenszyklusphase möglichst homogen sind, sich aber deutlich von Verbrau-

---

[12] Vgl. den Überblick bei Müller-Hagedorn, L.: Die Erklärung von Käuferverhalten mit Hilfe des Lebenszykluskonzeptes, in: WiSt, 13. Jg. (1984), S. 561–569.

chern in einer anderen Phase unterscheiden (Reinheitskriterium) und daß die Zahl der Phasen der betrieblichen Planungssituation angemessen ist (Verwertungskriterium). In inhaltlicher Hinsicht geht es darum, Hinweise zu liefern, warum die ausgewählten Variablen und die zugrundegelegten Merkmalsausprägungen geeignet sein sollten, Kaufverhalten zu erklären. Für das Lebenszykluskonzept spricht:

(1) Das Konsumverhalten ist von der Fähigkeit, Konsumausgaben zu tätigen, abhängig. Dieser finanzielle Spielraum richtet sich nicht nur nach dem Alter, sondern insbesondere auch nach dem Familienstand und der Anzahl der Kinder.

(2) Das Konsumverhalten ist teilweise durch die Lebensumstände unabänderlich fixiert; so benötigen z. B. Familien mit kleinen Kindern Produkte zur Ernährung und Pflege der Kleinkinder.

(3) Das Konsumverhalten ist teilweise durch die sich in einzelnen Lebensabschnitten individuell bildenden Präferenzen bestimmt. Das ist das bislang am schlechtesten belegte Argument.

Insgesamt läßt sich sagen, daß die Gründe (Entwicklung des finanziellen Spielraumes, durch die Lebensumstände erzwungene Bedürfnisse und im Zeitablauf eintretender Bedürfniswandel) dafür sprechen, Lebenszyklusphasen als erklärende Größen für das Konsumverhalten zu verwenden. Nach Beachtung dieser Kriterien und aufgrund der Erfahrungen aus mehreren empirischen Studien empfiehlt *Müller-Hagedorn* ein zehnphasiges Konzept (vgl. Abbildung 7.23).

Abbildung 7.23: Definition von Lebenszyklusphasen _____

| 18-34 Jahre | 35-54 Jahre | 55-64 Jahre | ≥ 65 Jahre |
|---|---|---|---|
| **1**<br>Einpersonen-Haushalte, ledig/geschieden, keine Kinder | **6**<br>Mehrpersonen-Haushalte, verheiratet, keine Kinder | **10**<br>Mehrpersonen-Haushalte, verheiratet, mit oder ohne Kinder | **11**<br>Mehrpersonen-Haushalte, verheiratet, keine Kinder |
| **2**<br>ohne eigenen Haushalt, mit oder ohne Kinder | **7**<br>Mehrpersonen-Haushalte, verheiratet, mit 1-2 Kinder | | **12**<br>Einpersonen-Haushalte, ledig/verwitwet keine Kinder |
| **3**<br>Mehrpersonen-Haushalte, verheiratet, keine Kinder | | | |
| **4**<br>Mehrpersonen-Haushalte, verheiratet mit 1-2 Kindern | **8**<br>Mehrpersonen-Haushalte, verheiratet, mit ≥ drei Kinder | | |

Anmerkung: Die ursprünglich vorgesehenen Phasen 5 und 9 haben sich als entbehrlich erwiesen.

Quelle: Müller-Hagedorn, L., 1984, S. 566

In der *Allensbacher* Werbeträgeranalyse werden dagegen nur sechs Phasen unterschieden:[13]

1. Junge Unverheiratete,
2. Junge Verheiratete/Paare ohne Kinder,
3. Junge Familien,
4. Familien mit nur älteren Kindern,
5. Erwachsenen-Haushalte
6. Ältere Unverheiratete.

Die Erklärungskraft des Modells kann nur beurteilt werden, wenn nach zu erklärenden Verhaltensbereichen differenziert wird. Schon in den ersten Untersuchungen mit dem Lebenszykluskonzept ist nachgewiesen worden, daß die Zugehörigkeit zu einer Lebenszyklusphase Einfluß auf die Höhe der Ausgaben für einzelne Produktgruppen (wie Möbel, Autos, Haushaltsgeräte) hat. Das Konzept ist nicht herangezogen worden, um die Markenwahl zu erklären. *Müller-Hagedorn* hat empirisch belegt, daß Konsumenten in verschiedenen Lebenszyklusphasen unterschiedliche Einzelhandelsbetriebsformen bevorzugen.[14] Er hat gezeigt, daß damit eine unterschiedliche Wertschätzung der absatzpolitischen Instrumente der Einzelhandelsbetriebe einhergeht. Für viele Warengruppen galt, daß die Warenhäuser bei Käufern aus den ersten Lebenszyklusphasen besonders beliebt sind, daß der Verbrauchermarkt besonders stark die Verbraucher aus den mittleren Lebenszyklusphasen anspricht und daß das Fachgeschäft überdurchschnittlich viele Käufer unter den Verbrauchern aus den hohen Lebenszyklusphasen bindet. Dieses Ergebnis wird auch durch Abbildung 7.24 für die Warengruppe »Kosmetik und Drogerie« veranschaulicht. Bei vielen Warengruppen konnte mit dem Lebenszykluskonzept Einkaufsverhalten im Sinne von bevorzugter Betriebsform diskriminiert werden.[15] Die für Betriebsformen gültigen Aussagen treffen auch für einzelne Betriebe, die zu dieser Betriebsform gehören, zu.

Abbildung 7.25 zeigt, daß sich die Präferenzen der die einzelnen Betriebsformen bevorzugenden Nachfrager unterscheiden, wenn die Unterschiede auch nicht allzu groß sind. Immerhin äußern fast doppelt so viele Kunden des Warenhauses den Wunsch nach Selbstbedienung bei »Fleisch und Wurst« wie die Kunden des Verbrauchermarktes.

Für das Konsumgütermarketing hat *Welzel* dargestellt, wie das Lebenszykluskonzept zur Prognose der allgemeinen Produktverwendung und der Bevorzugung eines Geschäftstyps herangezogen werden kann.[16] Er leitet beispielhaft Hinweise für den Einsatz des absatzpolitischen Instrumentariums (Preispolitik, Werbung, Distributionspolitik, Packungsgrößen) ab. *Müller-Hagedorn* hat gezeigt, welche Erkenntnisse Handelsbetriebe aus Untersuchungen nach dem Lebenszykluskonzept ziehen können.[17]

---

[13] Vgl. Institut für Demoskopie Allensbach (Hrsg.): AWA '95, Berichtsband IIIa, Allensbach 1995, S. X.

[14] Zu weiteren Einzelheiten vgl. Müller-Hagedorn, L.: Bevorzugte Betriebsformen des Einzelhandels und das Lebenszykluskonzept, in: ZfbF, 30. Jg. (1978 a), S. 106–124.

[15] Vgl. Müller-Hagedorn, L., 1978 a, S. 106–124.

[16] Vgl. Welzel, H.: Die Verwendbarkeit von Konsumententypologien für Marketingentscheidungen, Weinheim 1980, S. 207–212.

[17] Müller-Hagedorn, L.: Zielgruppenanalyse im Handelsbetrieb, in: BAG-Nachrichten, 17. Jg. (1977), H. 9, S. 10–16.

**Abbildung 7.24:** Struktur der Käufer im Fachgeschäft, Verbrauchermarkt, Discounter und Warenhaus in der Warengruppe »Kosmetik und Drogerie«

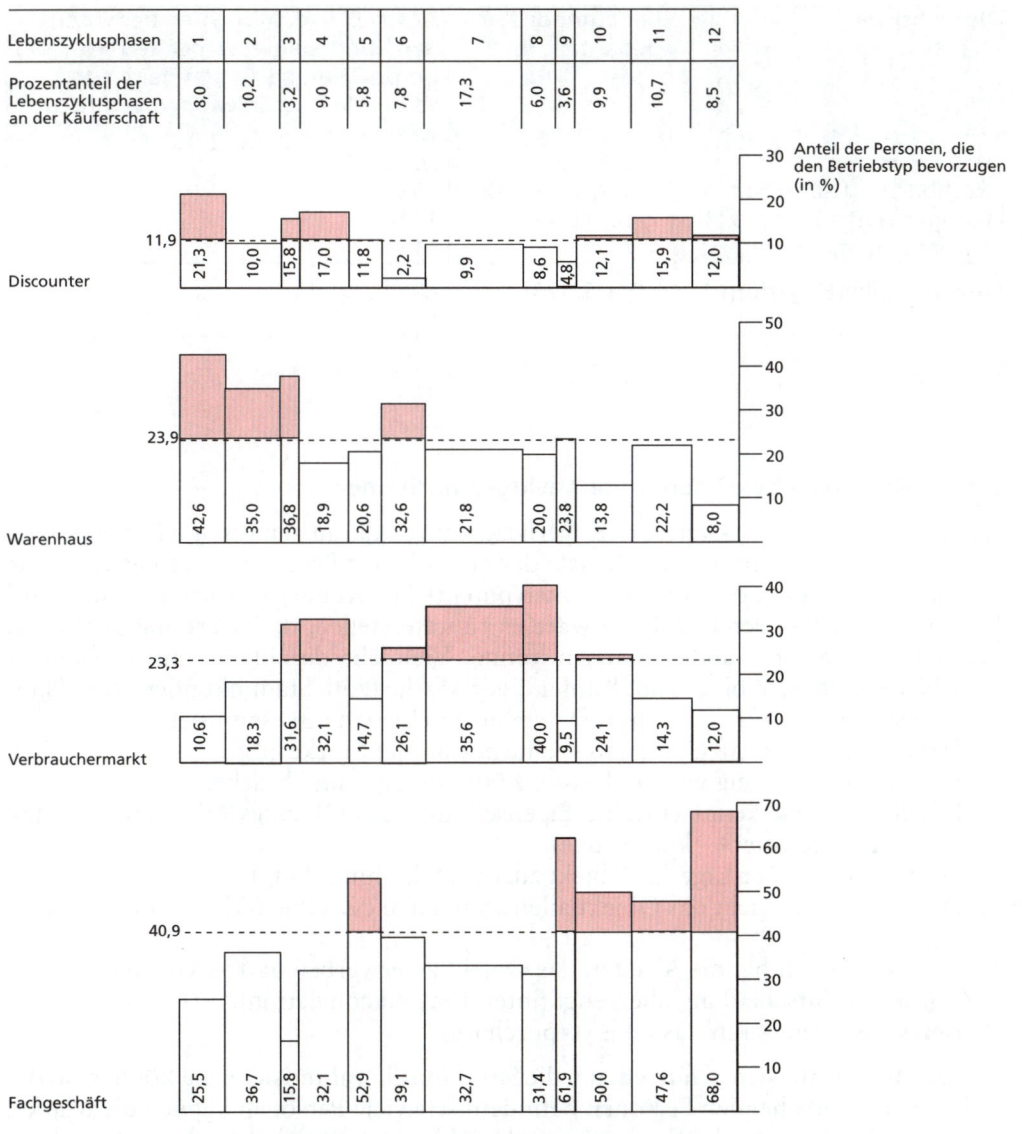

Quelle: Müller-Hagedorn, L./Leven, W., 1979, S. 23

Abbildung 7.25: Ausmaß, in dem die für eine Betriebsform bedeutenden Kundengruppen Selbstbedienung wünschen (Warengruppe »Fleisch und Wurst«)

| Betriebsform | Bedeutende Kundenanteile in Phase . . . | Ausmaß, in dem von den bedeutenden Kundenanteilen der Betriebsform bei der Warengruppe »Fleisch und Wurst« Selbstbedienung gewünscht wird |
|---|---|---|
| Warenhaus | 1, 2, 6, 10 | 20 % |
| Nachbarschaftsgeschäft | 2, 4, 7, 10, 11, 12 | 15 % |
| Fachgeschäft | 7, 10, 11, 12 | 12 % |
| Verbrauchermarkt | 4, 7 | 11 % |

Quelle: Müller-Hagedorn, L., 1978 a, S. 123

### 7.4.2.2 Das Einstellungsmodell von Lavidge und Steiner

*Lavidge* und *Steiner* beklagen, daß Werbeagenturen daran gemessen würden, inwieweit es ihnen gelungen sei, den Umsatz des beworbenen Produktes zu steigern. Es sei vielmehr die Aufgabe der Werbung, einen potentiellen Kunden schrittweise zum Kauf hinzuführen. Allzu vereinfachend wäre es zu unterstellen, daß Werbung aus einem Nicht-Käufer einen Kunden machen könne. Vielmehr durchlaufe ein Konsument verschiedene Phasen, bis er zum Käufer einer Marke (zum Stammkunden eines Handelsbetriebes) werde. *Lavidge* und *Steiner* unterscheiden insgesamt sieben Stufen:[18]

1. Der Konsument weiß nicht, daß es eine bestimmte Marke gibt.
2. Der Konsument weiß von der Existenz (awareness) einer Marke.
3. Der Konsument kennt einzelne Eigenschaften des Objektes (»knows what the product has to offer« – knowledge).
4. Dem Konsumenten sagt das Objekt zu, es gefällt ihm (liking).
5. Der Konsument zieht das Objekt allen anderen in der Objektklasse vor (preference).
6. Der Konsument hat die Absicht, das Objekt zu erwerben und ist von der Richtigkeit seiner Entscheidung überzeugt (intention and conviction).
7. Der Konsument kauft das Objekt (purchase).

Dieses Modell läßt sich benutzen, um die Situation charakterisieren zu können, in der sich die anzusprechenden Personen befinden (wie viele Personen kennen die Marke, wievielen Personen ist die Existenz einzelner Eigenschaften bekannt usw.), und um konkrete Teilziele für die Kommunikation formulieren zu können. Abbildung 7.26 verdeutlicht, wie in der Marktforschung auf Elemente aus dem *Lavidge-Steiner-*Modell zurückgegriffen wird. Es wird deutlich, daß die Theorie des Konsumentenverhaltens das Fundament für die Marktforschung darstellt.

Eine nähere Analyse der sieben Phasen des *Lavidge-Steiner*-Modells offenbart drei elementare Bereiche:

---

[18] Lavidge, R. J./Steiner, G. A.: A Model for Predictive Measurement of Advertising Effectiveness, in: Journal of Marketing, Vol. 25 (1961), S. 59–62.

- So beziehen sich die Stufen 2 und 3 auf die Markenbekanntschaft und die Markenkenntnis, also auf Informationen.
- Die Stufen 4 und 5 betreffen das Ausmaß der positiven Einstellung und die Präferenz, erfassen mithin die Gefühle einer Person gegenüber dem Objekt.
- Die Stufen 6 und 7 schließlich, die Kaufabsicht und der Kauf, erschließen die Handlungskomponente.

An späterer Stelle wird gezeigt werden, daß es sich hierbei um die drei Bereiche handelt, die im Rahmen der Ermittlung von Einstellungen häufig als die zentralen Reaktionen eines Menschen auf Stimuli verwendet werden. Zwar stammt das Modell aus dem Konsumgütermarketing, aber es läßt sich – wie das schon angedeutet worden ist – leicht auf das Handelsmarketing übertragen.

**Abbildung 7.26:** Der Rückgriff auf Phasen des Lavidge-Steiner-Modells in der Marktforschung

| Wirkungskriterien | Fragestellungen |
|---|---|
| Spontane Markenbekanntschaft | Wenn Sie einmal an ... denken, welche Marken fallen Ihnen dabei ein? |
| Gestützte Markenbekanntschaft | Jetzt gebe ich Ihnen Kärtchen von ... Bitte sortieren Sie die Kärtchen nach den auf der Vorlage angegebenen Gruppen: |
| Verwendung (abgestuft) | – verwende ich häufig<br>– verwende ich gelegentlich<br>– habe ich schon mal probiert<br>– habe ich noch nie probiert<br>– ist mir völlig unbekannt |
| Beurteilung der Marke | Bitte sagen Sie mir nun, wie gut Sie jede dieser Marken finden: ausgezeichnet – sehr gut – gut – mittelmäßig – weniger gut – schlecht |
| Slogankenntnis | Ich lese Ihnen jetzt eine Reihe von Aussagen vor, die man hin und wieder in der Werbung hören oder lesen kann. Sagen Sie mir bitte, welche Marken zu welchen Aussagen gehören. |
| Kenntnis der Produktfarbe | ... gibt es in verschiedenen Farben. Sagen Sie mir bitte zu jeder Marke, welche Farbe sie hat. |
| Kaufbereitschaft (7 Abstufungen) | Ich habe hier eine Liste, auf der steht in verschieden großen Kästchen, wie gern Sie bestimmte ... kaufen würden. Je größer das Kästchen, desto größer das Kaufinteresse; sagen Sie bitte, wie groß Ihr Interesse ist, Marke x zu kaufen. |

### 7.4.2.3 Das Totalmodell von Engel, Blackwell und Miniard (EKB-Modell)

Bei dem *EKB*-Modell handelt es sich nicht um eine spezielle Theorie des Konsumentenverhaltens (wie z. B. die Risikotheorie, die Einstellungstheorie, die Diffusionstheorie), sondern um den Versuch, die vielfältigen Faktoren, die das Verhalten von Personen beeinflussen können, überschaubar werden zu lassen.[19] Das Modell ist in erster Linie für die Produkt- und Werbeplanung in der Konsumgüterindustrie konzipiert worden, kann aber mit Nutzen auch in der handelsbetrieblichen Planung verwendet werden.[20]

## Überblick

Konsumentenverhalten kann als Problemlösungsverhalten gesehen werden, durch das aufgrund eines überlegten Handelns eine Bedürfnisbefriedigung angestrebt wird. Die eigentliche Wahlentscheidung wird als Teil eines fünfphasigen Entscheidungsprozesses gesehen:

1. Bewußtwerden eines Bedürfnisses – Die Person erkennt, daß erlebter und gewünschter Zustand voneinander abweichen, und zwar in einem solchen Ausmaß, daß ein Entscheidungsprozeß in Gang gesetzt wird.
2. Suche nach Informationen – Die Person überprüft die ihr vorliegenden Informationen – insbesondere die im Gedächtnis gespeicherten und hält gegebenenfalls Ausschau nach weiteren für eine Handlung relevanten Informationen (externe Informationssuche).
3. Bewertung von alternativen Handlungsmöglichkeiten – Die Person prüft die einzelnen Handlungsmöglichkeiten dahingehend, welchen Beitrag sie zu den von ihr erwarteten Nutzenkomponenten liefern und engt die Auswahl ein.
4. Kauf – Die Person erwirbt die bevorzugte Alternative oder weicht, wenn dies notwendig werden sollte, auf eine akzeptable Alternative aus.
5. Ergebnisbewertung – Die Person bewertet nach dem Einkauf oder dem Konsum, inwieweit die realisierte Alternative tatsächlich die zugrundegelegten Bedürfnisse und die Erwartungen erfüllt hat.

Das Ausmaß, in dem diese fünf Phasen durchlaufen werden, kann beträchtlich variieren und kann in einem Kontinuum von »ausgedehntem Problemlösungsverhalten« (extended problem solving) auf der einen Seite bis zum begrenzten Problemlösungsverhalten (limited problem solving) auf der anderen Seite reichen. Da zahlreiche Verhaltensakte wiederholt durchgeführt werden, kann auf Verhaltensgewohnheiten zurückgegriffen werden, um die Komplexität des Problemlösungsprozesses zu vereinfachen und zu reduzieren.

Im *EKB*-Modell wird man das Durchlaufen der einzelnen Phasen nicht als linearen Prozeß sehen dürfen. Einzelne Phasen können übersprungen oder nur flüchtig gestreift werden. Wenn die ausgedehnten Problemlösungsprozesse als jene definiert sind, in denen alle Stufen durchlaufen werden, dann handelt es sich bei den limitierten um jene, in denen die Verbraucher weder die Möglichkeiten noch die Motivation haben, sich in ausgedehnter Weise mit den einzelnen Alternativen zu beschäftigen. Sie neigen dann dazu, den Entscheidungsprozeß zu vereinfachen, die Zahl und die Vielfalt der Informationsquellen, der Alternativen und der Beurteilungskriterien zu reduzieren. Während es plausibel ist, daß die meisten Personen sich vor dem Kauf eines Autos, einer teuren Uhr oder einer aufwendigen Stereoanlage eingehend informieren, wird das Verhalten in anderen Bereichen häufig nach vereinfachten Regeln ablaufen. Die Impulshandlung, der Impulskauf (eine aus dem Augenblick heraus geborene

---

[19] Vgl. zu dem Folgenden Engel, J. F./Blackwell, R. D./Miniard, P. W., 1995, S. 143–164.
[20] Vgl. z. B. auch die Übertragung durch Heinemann, G.: Betriebstypenprofilierung und Erlebnishandel, Wiesbaden 1989.

Handlung, ausgelöst durch externe Reize, wie z. B. Displaymaterial), stellt die einfachste Form des limitierten Entscheidungsprozesses dar.

Für die Vermarktung von Objekten, die in ausgedehnten Problemlösungsprozessen erworben werden, gelten andere Regeln als für Objekte, die spontan im Rahmen eines Impulskaufes erworben werden. Bei ersteren gilt es z. B., die Informationswege zu kennen und zu gestalten, auf denen sich die Verbraucher informieren möchten, bei letzteren gilt es, Gelegenheiten zum spontanen Handeln zu schaffen. Die Konsequenzen, die aus bestimmten Verhaltensweisen folgen, sollen hier jedoch nicht vertieft werden, geht es an dieser Stelle doch nur darum, ein Verständnis für das Zustandekommen von Verhaltensweisen zu vermitteln.

Auf einen umfangreichen Problemlösungsprozeß wird sich der Verbraucher dann einlassen, wenn folgende Bedingungen erfüllt sind:

1. Die Handlungsalternativen unterscheiden sich deutlich, z. B. in ihrer Eignung, bestimmte Ziele zu erreichen, in ihrem Zeitbedarf, in den mit ihnen verbundenen Kosten.

2. Kein Zeitdruck. Da ausgedehnte Problemlösungsprozesse im Regelfall eine beträchtliche Zeit erfordern, steht Zeitdruck einer ausführlichen Befassung mit den Alternativen entgegen.

3. Dennoch werden Entscheidungen nicht immer im Rahmen eines extensiven Problemlösungsprozesses angegangen, weil in vielen Fällen dazu kein Anreiz besteht. Anders ist dies dagegen bei hohem Involvement, wenn also in einer bestimmten Situation ein Produkt, eine Marke oder eine Handlung als in hohem Maße wichtig angesehen wird. Für ein hohes Involvement sprechen:

    a) ein hoher Bezug zum Selbstbild (wenn also die Entscheidung oder das Verhalten das Selbstbild berührt),

    b) das Risiko negativer Konsequenzen (wenn die Gefahr besteht, daß eine Entscheidung zu beträchtlichen finanziellen Verlusten führen kann oder daß die Erwartungen an den Gebrauch des Gutes in erheblichem Ausmaß zu Enttäuschungen führen können, werden die Entscheidungen sorgfältiger vorbereitet werden),

    c) soziale Sanktionen (in manchen Fällen können Kaufentscheidungen oder Verhaltensweisen Folgen im sozialen Bereich nach sich ziehen – als Belohnungen oder »Bestrafungen«).

Auf jeden Fall handelt es sich bei dem Involvement um einen personenindividuellen Tatbestand, der manchmal über die Zeit hinweg stabil ist, manchmal aber auch situationsspezifisch ausgeprägt ist.

## Phase 1: Problemerkenntnis

Von der Phase der Problemerkenntnis wird gesprochen, wenn ein Individuum fühlt, daß der augenblickliche Zustand von dem als ideal empfundenen abweicht. Ein solches Empfinden kann durch die Aktivierung von Motiven ausgelöst werden, womit dauerhafte Prädispositionen gemeint sind, bestimmte Ziele anzustreben. Solche Ziele können z. B. sein, Geselligkeit zu erleben oder sich mit Dingen aus der neuesten Mode zu umgeben. Die Problemerkenntnis kann aber auch von außen angestoßen werden, beispielsweise durch eine Anzeige. Ein solcher Stimulus kann dazu führen, daß der Betrachter seinen Idealzustand abruft und ihn mit dem Realzustand vergleicht. Nicht jede Abweichung vom Real- und Idealzustand wird die Person aktivieren, denn es muß hierfür ein Mindestwert erreicht werden. Diese Schwelle ist erlernt und hängt von den Umständen ab.

## Phase 2: Suche nach Informationen

Ist dem Kosumenten sein Mangelzustand bewußt geworden, sieht er sich nach verfügbaren Handlungen um. Zunächst wird er überlegen, ob genügend Informationen vorliegen, um eine Entscheidung herbeiführen zu können. Oft wird er eine Marke einer anderen eindeutig vorziehen und die Entscheidung sofort treffen, d. h. z. B. beim nächsten Einkauf. Ein solches Verhalten wird auch als gewohnheitsmäßiges Verhalten (routinized buyer behavior) bezeichnet. Wird dagegen die interne Suche nach Informationen als unzureichend empfunden, tritt er in die Phase der externen Informationssuche ein. Die Bereitschaft, Informationen zu sammeln, ist bei einzelnen Personen sehr unterschiedlich ausgeprägt. Teilweise sind Menschen sehr vorsichtig und nicht bereit zu handeln, weil sie das Risiko fürchten, falsch zu entscheiden. Andere verlassen sich mehr auf ihr Gefühl.

Die Beispiele zeigen, in welchen Bereichen die Gründe für das Ausmaß der Informationssuche vermutet werden, also z. B. in der Bedeutung, die einzelnen Produkten für die Lebensführung zugeordnet wird, in dem Ausmaß der Schulbildung, im Alter der Konsumenten. Häufig wird auch vermutet, daß das Ausmaß der Informationssuche selbst Gegenstand eines Vorteilhaftigkeitsvergleichs sei. Die Kunden würden versuchen abzuschätzen, welchen Gewinn die Information erwarten ließe und welche Kosten, welchen Zeitaufwand und welche Mühen andererseits die Informationsbeschaffung verursache. Großes Interesse kommt auch der Frage zu, welche Informationsquellen genutzt werden. Welche Rolle spielen die Auskünfte von Verwendern des betreffenden Produktes oder einer Marke, kann das Verkaufsgespräch die Markenwahl entscheidend beeinflussen, und in welchem Ausmaß steuern Testberichte das Kaufverhalten?

Ein Konsument kann auf eine Information stoßen, weil er sie gesucht hat, das Zusammentreffen kann sich aber auch ungewollt ergeben. Um einen Informationsverarbeitungsprozeß in Gang zu bringen, muß es in jedem Fall zu einem Kontakt kommen. In dem *EKB*-Modell wird dieser erste Schritt Exposition genannt. Hierdurch ist die Gelegenheit gegeben, das System der Sinne des Menschen zu erregen, es findet eine vorläufige Informationsverarbeitung statt. Kommt es zu einer weiteren Informationsverarbeitung, versucht die Person zunächst die Bedeutung des Stimulus zu erkennen, was als »Verständnis« bezeichnet wird. Auf gar keinen Fall darf unterstellt werden, daß alle Informationen, mit denen ein Konsument in Kontakt kommt, von ihm auch aufgenommen oder verarbeitet werden (selektive Wahrnehmung). Wenn der Stimulus verstanden worden ist, wobei sich durchaus ein ganz anderer Sinn ergeben kann als der, den der Werbende erreichen wollte, wird er mit den bestehenden Beurteilungskriterien und den Vorstellungen, die im Langzeitgedächtnis gespeichert sind, verglichen. Bei Übereinstimmung (Akzeptanz) werden die gespeicherten Vorstellungen verstärkt, gegebenenfalls werden sie geändert; schließlich wird die Information im Langzeitgedächtnis gespeichert.

Von den im Langzeitgedächtnis angelangten Informationen können verschiedene Wirkungen ausgehen. Zunächst können sie auf die Phase der Problemerkennung Einfluß nehmen, oder sie können die bestehenden Beurteilungskriterien verändern. Hierauf zielt insbesondere die Verbraucherpolitik ab, während die Werbe- und Verkaufspolitik in den meisten Fällen auf die Beeinflussung der Größe »Vorstellungen« ausgerichtet sind.

## Phase 3: Die Bewertung von Handlungsmöglichkeiten

Die Alternativenbewertung kann als der Prozeß definiert werden, durch den die Alternativen (Verhaltensweisen) im Hinblick auf die Bedürfnisse der abwägenden Person beurteilt und ausgewählt werden. Bei habituellem Verhalten wird die Alternativenbewertung darauf reduziert, bekannte Verhaltensweisen wiederholen zu wollen, beispielsweise schon früher verwendete Marken wieder zu kaufen. Zu einer sehr verkürzten Alternativenbeurteilung kann es kommen, wenn der Entscheidende sich nicht in der Lage sieht, die Alternativen zu beurteilen und sich auf den Rat einer dritten Person verläßt. Dies ist der Bereich, in dem Meinungsführer eine bedeutende Rolle spielen. Andererseits kann es sich bei der Alternativenbewertung aber auch um einen komplexeren Vorgang handeln. Abbildung 7.27 stellt die grundlegenden Bestandteile des Bewertungsprozesses dar. Zunächst muß festgelegt werden, welche Alternativen überhaupt näher betrachtet und welche Beurteilungskriterien herangezogen werden sollen. Dann sind die Alternativen anhand dieser Kriterien zu bewerten, und schließlich muß eine Entscheidungsregel angewendet werden, um die vorteilhafteste Alternative ausfindig zu machen.

**Abbildung 7.27:** Elemente des Beurteilungsprozesses _____

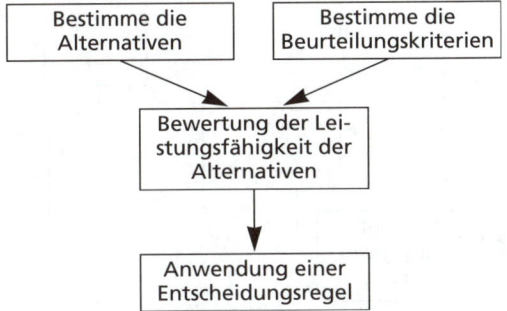

Quelle: Engel, J. F./Blackwell, R. D./Miniard, P. W., 1995, S. 207

**Die Handlungsalternativen:** Die Anzahl der Alternativen, die ein Entscheidungssubjekt in die engere Wahl einbezieht, wird in der Verhaltenstheorie als »evoked set« oder auch als »consideration set« bezeichnet. Im Regelfall handelt es sich dabei um eine sehr viel kleinere Anzahl als die Zahl der Alternativen, die objektiv zur Verfügung steht oder die es kennt. So mag eine Person durchaus wissen, daß auf dem Markt auch Rotweine aus Bulgarien, Südafrika, Spanien usw. angeboten werden, bei einem anstehenden Kauf werden aber tatsächlich nur Rotweine aus Baden-Württemberg und Italien näher betrachtet.

Mit dem »evoked set« sind jene Marken gemeint, die ein Konsument zu kaufen in Erwägung zieht. Ihre Anzahl ist im allgemeinen recht klein, kleiner als die Anzahl der

Marken, die er kennt. Es handelt sich um einen subjektiven Ausschnitt aus der Menge aller Produktalternativen.[21]

*Narayana* und *Markin* haben sich mit der Frage der Abgrenzung des evoked set ausführlich beschäftigt.[22] Das total set umfaßt alle Marken einer Produktgruppe. Das total set läßt sich in awareness set (die Marken, die dem Konsument bewußt sind) und in ein unawareness set (die Marken, die dem Konsument nicht bewußt sind) aufspalten. Das awareness set wird in drei Bestandteile aufgegliedert:

1. Das evoked set: Diejenigen Marken, die vom Konsumenten positiv bewertet und die bei seiner Kaufentscheidung berücksichtigt werden.
2. Das inert set: Marken, die weder positiv noch negativ bewertet werden (neutral), da der Konsument entweder zu wenig Informationen über diese Marken hat oder weil er keine Vorteile gegenüber den Marken des evoked set erkennt.
3. Das inept set: Die Marken, die vom Konsumenten negativ bewertet werden und die er nicht als Kaufentscheidungsalternativen ansieht. Diese Marken werden vom Konsumenten abgelehnt.

Die Pfeile verdeutlichen, daß sich die Zusammensetzungen der einzelnen sets im Zeitablauf (t') ändern können.

**Abbildung 7.28:** Die Abgrenzung des evoked set

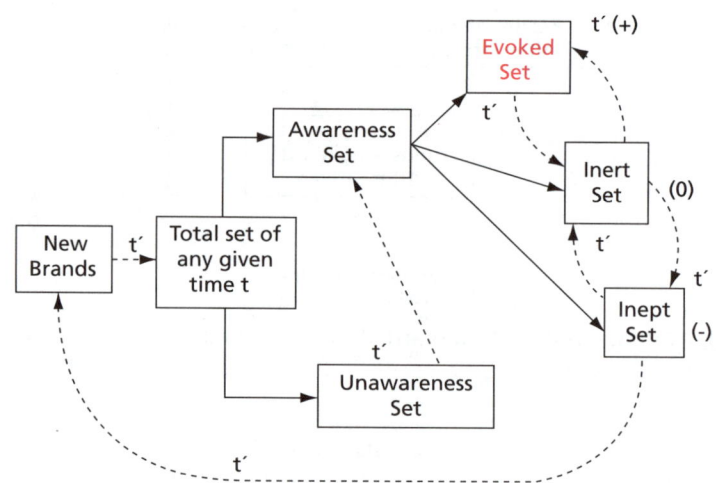

Quelle: Narayana, C. L./Markin, R. J., 1975, S. 2

---

[21] Vgl. zu den Bestimmungsfaktoren dieses Ausschnitts und zu den Problemen der Ermittlung des evoked set auf dem Markt der Tranquillizer Dichtl, E./Andritzky, K./Schobert, R.: Ein Verfahren zur Abgrenzung des »relevanten Marktes« auf der Basis von Produktperzeptionen und Präferenzurteilen, in: WiSt, 6. Jg. (1977), S. 290–301. Kritisch beschäftigt sich *Mazanec* mit dem Konzept des evoked set. Vgl. Mazanec, J.: Strukturmodelle des Konsumentenverhaltens. Empirische Zugänglichkeit und praktischer Einsatz zur Vorbereitung absatzwirtschaftlicher Positionierungs- und Segmentierungsentscheidungen, Wien 1978, S. 167 ff.

[22] Vgl. Narayana, C. L./Markin R. J.: Consumer Behavior and Product Performance. An Alternative Conceptualization, in: Journal of Marketing, Vol. 39 (1975), No. 4, S. 1–6.

Für jeden Anbieter ist es von elementarer Bedeutung, mit seinem Angebot in das »consideration set« zu gelangen. Oft werden besondere Anreize angeboten, um einen Verbraucher zu veranlassen, sich näher mit einem Angebot zu befassen. So bieten Automobilhändler Testfahrten an, Versandhäuser räumen ein großzügiges Rückgaberecht ein, Hersteller verteilen kostenlose Proben.

Wie bestimmen sich nun die Alternativen, die näher betrachtet werden?

1. Zum einen decken sie sich mit den erinnerten Möglichkeiten. Hat jemand z. B. den Wunsch, ein italienisches Restaurant aufzusuchen, um dort eine Pizza zu essen, dann wird er aus dem Gedächtnis die ihm bekannten Restaurants aufzählen und unter ihnen eine Auswahl treffen.
2. In einem anderen Fall kann es sein, daß jemand erst innerhalb eines Geschäftes seinen Kaufplan konkretisieren will, die betreffende Abteilung aufsucht, die im Regal angebotenen Marken betrachtet und prüft, welche für ihn in Frage kommen. Dabei wird die Wiedererkennung (in der Werbung auch als »recognition« bezeichnet) eine große Rolle spielen.

In beiden Fällen bestimmt vorliegendes Wissen die Abgrenzung des consideration set. Erstkäufern fehlt ein solches Wissen über wählbare Alternativen noch. Sie werden Dritte fragen, die gelben Seiten durchsehen, alle verfügbaren Alternativen innerhalb eines Geschäftes studieren usw. Insofern kommt im Fall von Verbrauchern mit einem geringen Wissensstand externen Faktoren, wie z. B. der Laden- und Regalgestaltung innerhalb eines Geschäftes, eine große Bedeutung zu.

**Die Beurteilungskriterien (Bewertungskriterien):** Nicht alle Sachverhalte, die eine Person über ein Objekt weiß, bestimmen ihre Auswahlentscheidung. So könnte es z. B. sein, daß Verbraucher wissen, daß Motoren für ein bestimmtes Fahrzeug in einem Werk des Landes A oder in einer bestimmten Stadt eines Landes B gefertigt werden, was jedoch für die Entscheidung, ob dieses Fahrzeug oder ein anderes gekauft wird, unerheblich sein mag (dies ist nur ein Beispiel, denn es sind natürlich auch Fälle denkbar, in denen der Herstellungsort zu einem kaufentscheidenden Kriterium wird, z. B. wenn der Käufer befürchtet, daß deswegen die Produktion mit Mängeln behaftet sei, oder wenn es ihm ein Anliegen ist, ein Produkt aus einem bestimmten Land zu kaufen). Die Eigenschaften eines Objektes, die einen Einfluß auf das Verhalten ausüben, werden als saliente Kriterien bezeichnet. Für einen Marketinganalytiker stellt das Erkennen der salienten Kriterien eine der wichtigsten Aufgaben dar. In bestimmten Fällen kann es sein, daß ein Kriterium zwar als salient einzustufen ist, aber dennoch im Bewertungsprozeß keinen Einfluß ausübt, weil sich die einzelnen Alternativen in diesem Kriterium nicht unterscheiden, das Kriterium also gleichermaßen gut oder schlecht erfüllen. Die salienten Kriterien, in denen sich die Alternativen unterscheiden, werden als determinierende Eigenschaften bezeichnet.[23]

Die Bewertungskriterien, die ein Verbraucher bei einer Entscheidung heranziehen wird, hängen von einer Reihe von Faktoren ab:

- So können situative Faktoren die Auswahl der Beurteilungskriterien beeinflussen. Bei einem Verbraucher, der unter Zeitdruck steht, wird die Erreichbarkeit eines Geschäftes bei der Einkaufsstättenwahl eine bedeutende Rolle spielen; für die Bewirtung von Gästen wird u. U. ein anderer Wein gekauft als der ansonsten verwendete.

---

[23] Vgl. Alpert, M. I.: Identification of Determinant Attributes. A Comparison of Methods, in: Journal of Marketing Research, Vol. 8 (1971), S. 184–191.

- Die zur Beurteilung anstehenden Alternativen können in unterschiedlichem Grad miteinander vergleichbar sein. Verschiedene Marken innerhalb einer Produktklasse können anhand derselben Kriterien beurteilt werden, bei nicht unmittelbar vergleichbaren Handlungsmöglichkeiten (z. B. Urlaub, Anschaffung eines neuen Möbelstückes) müssen allgemeinere Kriterien herangezogen werden, weil die Zahl der gemeinsamen Beurteilungskriterien klein sein wird.[24] Von besonderem Interesse ist häufig, inwieweit der Preis die Entscheidung beeinflußt. Dabei wird der Preis um so mehr in den Vordergrund treten, je weniger sich die Alternativen in bedeutenden Merkmalen unterscheiden.
- Die in einer konkreten Entscheidung herangezogenen Kriterien stellen Derivate der von dem Subjekt angestrebten Motive dar. Es lassen sich rationale (bzw. utilitaristische) und emotionale (hedonistische) Motive unterscheiden. Danach wird ein Käufer einer Stereoanlage seiner Entscheidung die Testergebnisse (z. B. Klirrfaktor, erfaßte Wellenbereiche) zugrunde legen, während ein anderer bedeutenden Wert auf einen hochangesehenen Markennamen legt, weil er ansonsten um sein Image fürchtet.
- Mit steigendem Involvement wird die Zahl der Beurteilungskriterien ansteigen.
- Das verfügbare Wissen eines Verbrauchers kann sich in verschiedener Form auf die Auswahl der zugrundegelegten Kriterien auswirken. Fehlt es dem Verbraucher an detailliertem Wissen, wird er sich eher auf Markennamen oder Empfehlungen von Dritten verlassen. Bei einem erstmaligen Kauf ist das Wissen oft noch gering, woraus folgt, daß solche Käufer für Beeinflussungen von außen, in denen Kriterien für eine Entscheidung herausgestellt werden, empfänglicher sind.

Die Stellung der Größe »Bewertungskriterien« im Gesamtmodell wird auch durch Abbildung 7.29 verdeutlicht. Dort ist zu erkennen, daß die in einer spezifischen Situation herangezogenen Kriterien aus den spezifischen Motiven der entscheidenden Person abgeleitet sind. Wie aus den weiteren Ausführungen deutlich werden wird, stellen sie außerdem die motivationale Basis der Einstellung gegenüber dem zu beurteilenden Objekt dar.

Die Ermittlung der Bewertungskriterien: Bei der empirischen Ermittlung von Beurteilungskriterien sind zwei Schwierigkeiten zu meistern:
- Wie können die salienten Beurteilungskriterien ermittelt werden?
- Wie kann ihre relative Bedeutung festgestellt werden?

Die gebräuchlichste und gleichzeitig einfachste Methode, um die relevanten Beurteilungskriterien zu ermitteln, ist, direkt zu erfragen, welche Gesichtspunkte zur Beurteilung herangezogen werden. Dabei wird unterstellt, daß einer Person diese Kriterien gegenwärtig sind und sie bereit ist, diese auf eine entsprechende Frage darzulegen. Im Beurteilungsprozeß wird einem Kriterium eine um so größere Bedeutung zugemessen, je spontaner und je früher es genannt wird. Die dieser Erhebungstechnik zugrundegelegten Annahmen werden nicht in allen Fällen erfüllt sein. Bei bestimmten Objekten werden die befragten Personen nicht bereit sein, ihre Kriterien offenzulegen (z. B.

---

[24] Vgl. Bettman, J. R./Sujan, M.: Effects of Framing on Evaluation of Comparable and Noncomparable Alternatives by Expert and Novice Consumers, in: Journal of Consumer Research, Vol. 14 (1987), S. 141–154; Johnson, M. D.: Consumer Choice Strategies for Comparing Noncomparable Alternatives, in: Journal of Consumer Research, Vol. 11 (1984), S. 741–753.

**Abbildung 7.29:** Die Stellung der »Bewertungskriterien« im Kaufentscheidungsprozeß (angelehnt an eine frühere Fassung des EKB-Modelles)

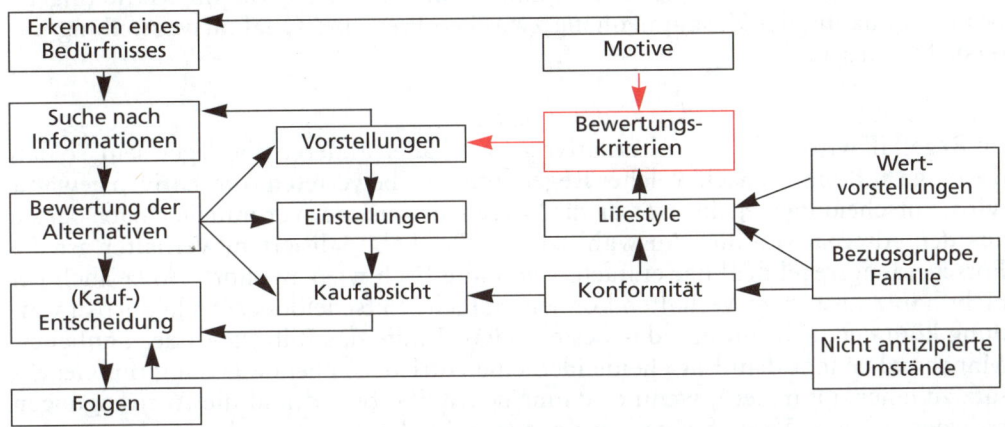

Quelle: In Anlehnung an Engel, J. F./Blackwell, R. D., 1995, S. 153

einzugestehen, daß es ihnen vor allem auf einen niedrigen Preis ankommt), so daß andere Verfahren entwickelt worden sind (z. B. die Repertory-Grid-Technik).[25]

Die Entscheidungsrelevanz eines Kriteriums wird im Marketing häufig mit Fragen operationalisiert, die die Wichtigkeit eines Kriteriums erfassen. Eine solche Frage könnte etwa lauten: »Wie wichtig ist für Sie . . .?« oder: »Welcher Gesichtspunkt aus den in der folgenden Liste aufgeführten Sachverhalten ist für sie der wichtigste, der zweitwichtigste, usw., wenn Sie. . .?«. Dabei muß darauf geachtet werden, daß die Ergebnisse nicht falsch interpretiert werden. So könnte ein Verbraucher bei der Frage, wie wichtig ihm das Vorhandensein von Kohlensäure in einem Erfrischungsgetränk sei, auf die große Bedeutung dieses Sachverhaltes hinweisen, aber nicht, weil er Kohlensäure positiv schätzt, sondern weil er gerade umgekehrt jene Getränke bevorzugt, die wenig oder keine Kohlensäure enthalten. Aus diesem Grund wird anstelle der Wichtigkeit die Wünschbarkeit einer bestimmten Eigenschaft erhoben.[26]

Die Objekte, zwischen denen zu wählen ist, werden anhand der Beurteilungskriterien bewertet. Der Verbraucher bildet sich Vorstellungen (in der englisch-sprachigen Literatur als beliefs bezeichnet), in welchem Ausmaß die Objekte die einzelnen Kriterien erfüllen. Dabei wird er auf im Gedächtnis gespeicherte Informationen oder auf externe Informationen zurückgreifen. Bei der Bewertung können »Signale« eine be-

---

[25] Vgl. Müller-Hagedorn, L./Vornberger, E.: Die Eignung der Grid-Methode für die Suche nach einstellungsrelevanten Dimensionen, in: Meffert, H./Steffenhagen, H./Freter, H. (Hrsg.) unter Mitarbeit von Bruhn, M.: Konsumentenverhalten und Information, Wiesbaden 1979, S. 185–207.

[26] Die einzelnen Einstellungsmodellen adäquate Operationalisierung ist in der Literatur ausführlich diskutiert worden. Vgl. Cohen, J. B./Fishbein, M./Ahtola, O. T.: The Nature and Uses of Expectancy-Value Models in Consumer Attitude Research, in: Journal of Marketing Research, Vol. 9 (1972), S. 456–460; Müller-Hagedorn, L.: Das Konsumentenverhalten, Wiesbaden 1986, S. 182–211.

deutende Wirkung entfalten, womit gemeint ist, daß von einem Sachverhalt, wie z. B. einem Markennamen oder einem hohen Preis, auf andere Sachverhalte, wie z. B. eine lange Lebensdauer oder eine hohe Qualität, geschlossen wird. Im Marketing ist besonders häufig der Zusammenhang zwischen Preis und Qualitätsvorstellung untersucht worden.[27]

### Phase 4: Die Auswahl einer Entscheidungsregel

Im Regelfall wird nicht eine Alternative generell allen anderen überlegen sein, so daß die Frage aufkommt, nach welcher Regel unter den bewerteten Alternativen gewählt wird. Entscheidungsregeln erfassen die Vorgehensweise der Verbraucher, nach der sie aus den Alternativen ihre Auswahl treffen. Bei habitualisiertem Verhalten ist die Entscheidungsregel denkbar einfach: »Verhalte Dich wie gewohnt!« Aber auch bei nicht habitualisiertem Verhalten können einfache Entscheidungsregeln zur Anwendung kommen, z. B. »Kaufe das Beste« oder »Kaufe das Billigste« oder ähnliches. Manchmal genügt dem Entscheidenden eine zufriedenstellende Lösung (im Gegensatz zu einer optimalen), wenn er damit den Zeitaufwand und die Anstrengungen reduzieren kann. Vereinfachte Regeln dieser Art kommen zur Anwendung, wenn Wiederholungskäufe stattfinden oder wenn das Involvement gering ist. In anderen Fällen sind die Verbraucher während des Entscheidungsprozesses jedoch in höherem Maß motiviert und verwenden komplexere Entscheidungsregeln. Diese lassen sich in kompensatorische und nicht-kompensatorische Regeln einteilen.[28]

Nicht-kompensatorische Regeln sind dadurch gekennzeichnet, daß eine Schwäche in einer Eigenschaft nicht durch eine Stärke in einer anderen ausgeglichen werden kann. Die weiter oben angeführten einfachen Entscheidungsregeln gehören in diese Klasse. So würde z. B. eine Marke, die nicht die billigste ist, nicht gekauft, gleichgültig wie gut sie in anderen Eigenschaften abschneidet. Zu den nicht-kompensatorischen Regeln zählt die lexikographische Auswahl, die Sortierung nach einzelnen Eigenschaften und die konjunktive Regel.

a) Nach der lexikographischen Regel werden die Alternativen zuerst nach dem wichtigsten Kriterium miteinander verglichen. Erweist sich eine Alternative als überlegen, wird sie gewählt. Schneiden zwei oder mehr Alternativen gleich ab, werden sie im zweitwichtigsten Kriterium verglichen. Der Vergleich wird solange fortgeführt, bis sich eine Marke als die beste erweist.

b) Bei der Sortierung nach einzelnen Eigenschaften werden die Alternativen ebenfalls zuerst im Hinblick auf die wichtigste Eigenschaft geprüft. Es wird festgestellt, ob sie einen bestimmten Mindestwert übersteigen. Wenn dies bei mehreren Alternativen der Fall ist, wird die nächstwichtigste Eigenschaft herangezogen.

c) Auch bei der konjunktiven Regel werden Mindestanforderungen formuliert. Eine ausgewählte Alternative wird daraufhin überprüft, ob sie alle Mindestanforderungen erfüllt. Sollte dies der Fall sein, wird sie gewählt, im anderen Fall wird eine weitere Alternative geprüft.

---

[27] Vgl. Erickson, G. M./Johansson, J. K: The Role of Price in Multi-Attribute Product Evaluations, in: Journal of Consumer Research, Vol. 12 (1985), S. 195–199; Lambert, Z. V.: Product Perception. An Important Variable in Price Strategy, in: Journal of Marketing, Vol. 34 (1970), S. 68–76.

[28] Vgl. zu einem Überblick über Entscheidungsregeln: Bettman, J. R.: An Information Processing Theory of Consumer Choice, Reading, Mass. 1979.

**Kompensatorische Auswahlregeln** zeichnen sich dadurch aus, daß Stärken und Schwächen bei einer Alternative gegeneinander aufgerechnet werden können. Hierzu sind zahlreiche Modellvarianten entwickelt worden, die in der Marketingliteratur unter dem Stichwort »Multiattributive Einstellungsmodelle« dargestellt werden. Die Modellvarianten unterscheiden sich in der Definition der auf der »rechten Seite« der Modelle aufgeführten differenzierten Vorstellungen über das Objekt.

In empirischen Untersuchungen ist überprüft worden, ob sich die theoretische Mutmaßung erhärtet, daß ein Subjekt ein Objekt um so positiver beurteilt, je mehr es den Eindruck hat, daß das Objekt über Eigenschaften verfügt, mit denen die persönlichen Ziele erreicht werden können. Dieser Zusammenhang ist keineswegs selbstverständlich, was deutlich wird, wenn man sich die Annahmen des Modells vor Augen führt. So wird unterstellt, daß ein »Weniger« einer Eigenschaft durch ein »Mehr« in einer anderen Eigenschaft ausgeglichen werden kann (kompensatorisches Modell). Es wird weiterhin unterstellt, daß die für die Verhaltenssteuerung wichtigen (salienten) Teilurteile (und nur diese) zu addieren sind und daß sie voneinander unabhängig sind. Die Modelle bieten dem Marketingplaner den Vorteil, daß sie nicht nur summarisch Auskunft über die affektive Einstellung geben, sondern auch Hinweise auf die detaillierten Vorstellungen liefern, Erkenntnisse, die für die Produkt- und die Werbeplanung genutzt werden können.

Während zwischen der affektiven Einstellung gegenüber einem Objekt und den detaillierten Vorstellungen über das Objekt häufig enge Zusammenhänge beobachtet werden konnten, hat sich die E-V-Hypothese als zu starke Vereinfachung erwiesen. Antizipierte Bedingungen der Kaufsituation, soziale Einflüsse (z. B. soziale Zwänge) und weitere individuelle Einflüsse verbieten es, generell davon auszugehen, daß das Verhalten den Einstellungen folgt. In vielen Fällen konnte beobachtet werden, daß eine Person nicht so handelte, wie es ihren Einstellungen entsprach. In der Theorie hat das dazu geführt, die E-V-Beziehung anzureichern, indem u. a. die konative Komponente miteinbezogen wurde (so in dem sog. erweiterten Fishbein-Modell von *Fishbein* und *Ajzen*).[29]

Für das Marketing ist von besonderer Bedeutung, wie Einstellungen gemessen werden. Wie auch bei anderen hypothetischen Konstrukten (intervenierenden Variablen, latenten Variablen) können diese aus verschiedenen beobachtbaren Größen erschlossen werden; Abbildung 7.30 zeigt, daß hierfür insbesondere verbale Äußerungen in Frage kommen (eine ausführliche Darstellung verschiedener Meßmethoden findet sich bei *Silberer*).[30] In der Marktforschung werden Einstellungsmessungen im Rahmen von Imageanalysen häufig mit Semantischen Differentialen durchgeführt oder auf die erwähnten kognitiven Einstellungsmodelle gestützt. Bei dem Semantischen Differential soll der Befragte auf Rating-Skalen (= Einschätzskalen, auf denen er sein Urteil in einem vorgegebenen Bereich abstufen kann) angeben, wie das Objekt in vorgegebenen Eigenschaften zu beurteilen ist. Bei den Eigenschaften handelt es sich um Begriffe mit metaphorischer Bedeutung, die also in einem übertragenen Sinn auf die zu untersuchenden Objekte anwendbar sind (z. B. kalt – warm), also nicht objektspezifisch sind. Da dieses Analyseinstrument wenig geeignet ist, Hinweise auf konkrete Marketingmaßnahmen zu liefern, ist es in den Hintergrund gerückt.

---

[29] Vgl. Fishbein, M./Ajzen, I.: Belief, Attitude, Intention and Behavior. An Introduction to Theory and Research, Reading, Mass. u. a. 1975, S. 301–308.

[30] Vgl. Silberer, G.: Einstellungen und Werthaltungen, in: Irle, M. (Hrsg.): Marktpsychologie als Sozialwissenschaft, Göttingen 1983, S. 533–625.

Bei Einstellungsmessungen, die sich auf die kognitiven Einstellungsmodelle stützen, werden ebenfalls im Regelfall Rating-Skalen verwendet. Die Objekte sind hierbei jedoch nicht nach allgemeinen, sondern nach objektspezifischen Kriterien zu beurteilen. Das erfragte Urteil kann sich je nach zugrundeliegendem Modell auf verschiedene Sachverhalte beziehen, insbesondere auf die Meinung der Verbraucher,
– inwieweit ein Objekt bestimmte Eigenschaften aufweist,
– inwieweit sie meinen, daß das Objekt ihnen hilft, bestimmte persönliche Ziele zu erreichen,
– inwieweit ein bestimmter Sachverhalt als gegeben angesehen wird und wie er persönlich beurteilt wird.

Neben diesen auf Rating-Skalen gestützten Verfahren sind weitere Erhebungstechniken entwickelt worden, wovon v. a. Paarvergleichstests Beachtung gefunden haben, die zu Ähnlichkeitsdaten führen, die mit Hilfe der metrischen und nichtmetrischen Skalierung (Mehrdimensionale Skalierung) ausgewertet werden.

**Abbildung 7.30:** Schematische Darstellung der Einstellung _____

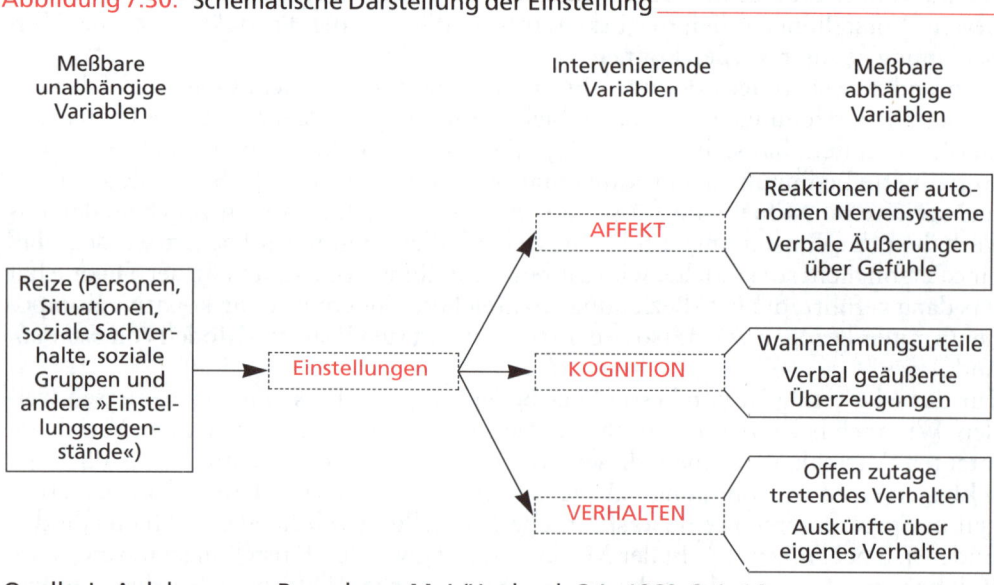

Quelle: In Anlehnung an Rosenberg, M. J./Hovland, C. I., 1960, S. 1–14

**Phase 5: Die Nach-Kauf-Phase**
Der Kaufentscheidungsprozeß sollte nicht mit dem Kaufakt als abgeschlossen angesehen werden, denn in der Nach-Kauf-Phase können sich für das zukünftige Verhalten wichtige Prozesse abspielen. Wie auch Abbildung 7.31 deutlich macht, kann sich in der Folge einer (Kauf-)Entscheidung Zufriedenheit oder Unzufriedenheit einstellen, woraus einerseits eine Anpassung der die Einstellung prägenden Vorstellungen oder eine Suche nach weiteren Informationen folgen kann.[31]

---

[31]  Vgl. Engel, J. F./Blackwell, R. D./Miniard, P. W., 1995, S. 153.

Bei Entscheidungen, in die der Verbraucher mit hohem Involvement eingetreten ist, kann sich nach der getroffenen Entscheidung ein Zweifel oder ein Gefühl der Dissonanz einstellen. Zufriedenheit kann als die auf den Kauf oder den Konsum folgende Bewertung definiert werden, ob die gewählte Alternative die Erwartungen zumindest erreicht bzw. sie übersteigt. Bei den Erwartungen können verschiedene Maßstäbe unterschieden werden:[32]

1. die Leistung, die man billigerweise erwarten kann,
2. die optimale oder als ideal angesehene Leistung
3. die erwartete Leistung.

**Abbildung 7.31:** Die Nach-Kauf-Phase ———————————————————

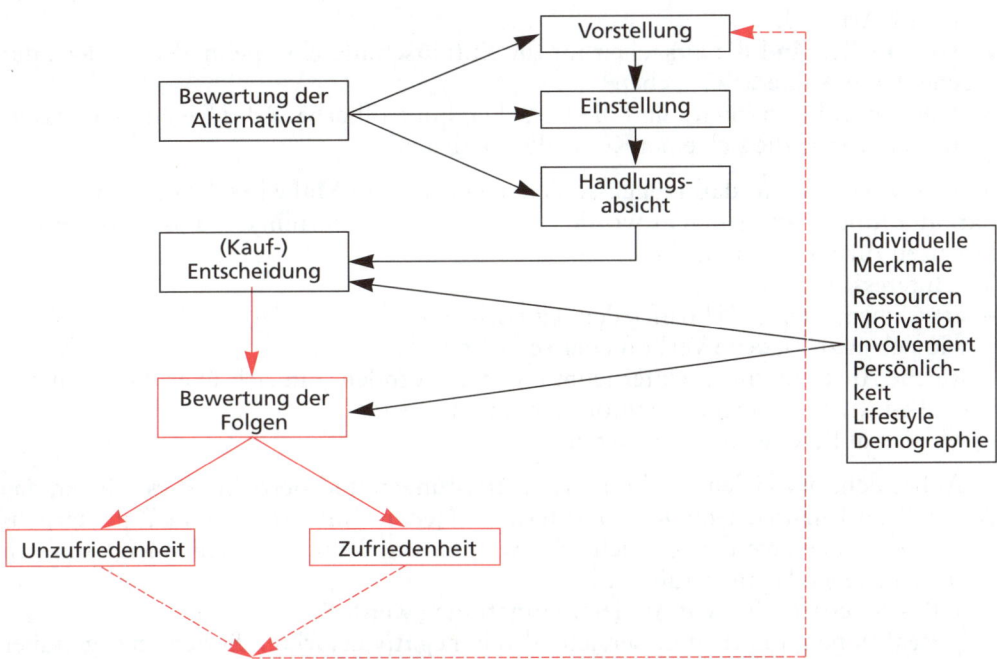

Quelle: In Anlehnung an Engel, J. F./Blackwell, R. D./Miniard, P. W., 1995, S. 153

In empirischen Erhebungen zum Grad der Zufriedenheit wird am häufigsten auf die erwartete Leistung abgestellt. Meistens wird der Grad der Zufriedenheit bzw. der Unzufriedenheit (in der internationalen Literatur häufig als CS/D judgement bezeichnet) in direkter Proportionalität zu der Differenz von Erwartung und nachträg-

---

[32] Für einen Überblick vgl. Oliver, R. L./DeSarbo, W. S.: Response Determinants in Satisfaction Judgements, in: Journal of Consumer Research, Vol. 14 (1988), S. 495–507; Tse, D. K./Wilton, P. C.: Models of Consumer Satisfaction Formation. An Extension, in: Journal of Marketing Research, Vol. 25 (1988), S. 204–212.

lichem Ergebnis gesehen. Das Urteil kann eines von drei denkbaren Ergebnissen annehmen:
– Eine positive Abweichung: die Leistung ist besser als erwartet.
– Die Erwartungen werden bestätigt.
– Eine negative Abweichung: die Leistung ist schlechter als erwartet.

Das Ergebnis wird unmittelbar die Wiederkaufabsicht beeinflussen, eine Konsequenz, die immer dann von außerordentlicher Bedeutung ist, wenn ein Anbieter seine Produkte oder seine Dienstleistungen mehrmals an einen Nachfrager absetzen will.
Ergänzend zu den auf der Differenz von Erwartungen und Erlebtem aufbauenden Überlegungen werden in der Attributionstheorie drei Größen herausgestellt, die zum Verständnis, warum eine Leistung als enttäuschend angesehen wird, beitragen können:[33]
1. Die Stabilität: Glaubt der Verbraucher, daß die Ursachen zufälliger oder permanenter Art sind?
2. Die Quelle: Sind die Ursachen für die Enttäuschung eher beim Verwender oder eher beim Anbieter zu suchen?
3. Die Kontrollierbarkeit: Sind die Ursachen kontrollierbar oder liegen sie in externen Faktoren, die sich einer Kontrolle entziehen?

So wurde festgestellt, daß Fluggäste sich in geringerem Maße beschwerten, wenn sie darauf aufmerksam gemacht worden waren, daß der unruhige Flug auf Wetterturbulenzen zurückzuführen war.
Von Interesse ist,
– in welchem Ausmaß Unzufriedenheit vorliegt,
– wie sich unzufriedene Verbraucher verhalten,
– welche Anstrengungen Unternehmungen aufwenden, um sich über die Unzufriedenheit der Verbraucher zu informieren und
– wie sie auf Beschwerden reagieren.

In Anbetracht der vielen Produkte, Dienstleistungen und Betriebe ist es schwer, das Ausmaß der Unzufriedenheit zu beziffern. Auf jeden Fall darf nicht die Zahl derjenigen herangezogen werden, die sich beschwert haben, denn Unzufriedenheit kann sich in verschiedenen Formen äußern:
– in Beschwerden, die dem Anbieter vorgetragen werden,
– in Reaktionen im privaten Bereich, also in negativ gefärbten Berichten gegenüber Freunden und Bekannten,
– in der Einschaltung von Dritten (Verbraucherschutzverbände, Anwälte).

Möglicherweise kommt zu dieser Schar, die sich aktiv beschwert, eine sehr viel größere Zahl von unzufriedenen Verbrauchern, die sich aber nicht beschwert. Deren Zahl ist auf das Doppelte der aktiven Beschwerdeführer geschätzt worden.[34]
Unternehmungen reagieren in vielen Fällen auf Beschwerden so, daß die Verbraucher zufriedengestellt werden. Die Anstrengungen, die Unternehmungen auf dem Gebiet

[33] Vgl. Folkes, V. S.: Consumer Reactions to Product Failure. An Attributional Approach, in: Journal of Consumer Research, Vol. 10 (1984), S. 398–409.
[34] Vgl. Day, R. L./Brabicke, K./Schaetzle, T. et al.: The Hidden Agenda of Consumer Complaining, in: Journal of Retailing, Vol. 57 (1981), No. 3, S. 86–106.

der Zufriedenheitsmessung und der Behandlung von Beschwerden unternehmen, sind teilweise sehr beeindruckend:[35]

– Die *Volkswagen/Audi*-Organisation in Deutschland hat eine eigene Organisationseinheit »Kundenbetreuung« eingerichtet, in der im Jahre 1985 mehr als 50 000 Kundenzuschriften bearbeitet wurden.
– Bei *Eismann Tiefkühl-Heimservice GmbH* werden die Reklamationen nach Niederlassungen, Artikeln, Lieferanten und Franchisenehmern regelmäßig analysiert.
– Der technische Kundendienst der *Quelle* schreibt jährlich 25 000 Kunden an und bittet sie, auf einem beigefügten strukturierten Fragebogen die Leistungen des Kundendienstes zu beurteilen.

Das hohe Interesse der Unternehmungen, ihre Kunden zufriedenzustellen und Anlässe für Beschwerden zu beseitigen, resultiert aus der Erkenntnis, daß es oft sehr viel kostspieliger ist, einen neuen Kunden zu gewinnen als einen alten Kunden zu halten. Kundentreue zu erhalten ist in vielen Branchen eines der herausragenden Marketingziele.

Ausgangspunkt zur Analyse der Zufriedenheit ist häufig die Feststellung, daß die Zahl der Kunden sinkt, wobei ein solcher Rückgang branchenweit zu beobachten sein kann oder nur für das betrachtete Unternehmen gilt. Eine wichtige Kontrollgröße ist dabei die Abwanderungsrate, also die Zahl der Kunden, die das Produkt oder die Leistung nicht wiedergekauft haben. Eine solche Größe zeigt an, was sich abgespielt hat, deckt aber die Gründe für das Fernbleiben nicht auf. Sind es interne Gründe (z. B. ein fehlerhaftes Produkt, eine unfreundliche Behandlung), so können Verbesserungsmaßnahmen an den Schwachstellen ansetzen. Ist die Abwanderung dagegen auf Maßnahmen konkurrierender Anbieter zurückzuführen, wird im Regelfall die gesamte Marketingpolitik einer Revision zu unterziehen sein.

### Stellenwert des Modells

Nachdem die wichtigsten Bestandteile des *EKB*-Modells vorgestellt worden sind, sollen abschließend einige Anmerkungen zum Stellenwert des Modells vorgetragen werden. Wie schon früher vermerkt worden ist, gibt es Situationen, in denen einzelne Elemente des Modells unberücksichtigt bleiben können:

– Auch bei hohem Involvement kann es zu einem Routineverhalten kommen, wenn die Verwendung eines Produktes Zufriedenheit erzeugt hat und die Absicht stärkt, dieses Produkt wieder zu kaufen. In diesem Fall wird der Entscheidungsprozeß in vereinfachter Form ablaufen: Der Problemerkenntnis folgt nur eine interne Abfrage von Informationen, und es wird sofort eine Verhaltensabsicht ausgebildet.
– In vielen Fällen wird das Involvement einer Person gering sein, weil die Person nicht der Meinung ist, daß der Kauf oder der Konsum eines Produktes für das Selbstverständnis oder für die Darstellung gegenüber Dritten eine hohe Bedeutung hat. Zu hohem Involvement kann es kommen, wenn die Anschaffung des Produktes teuer ist, oder wenn die Risiken eines Fehlkaufs als hoch empfunden werden. Aber auch geringwertigere Anschaffungen können für einen Konsumenten von hoher Bedeu-

---

[35] Vgl. dazu die verschiedenen Erfahrungsberichte zur Zufriedenheitsmessung und zur Beschwerdebearbeitung aus Unternehmungen: Spengler, E.: Quantitative Methoden zur Messung der Zufriedenheit von Volkswagen/Audi-Kunden mit der Produktqualität und der Qualität des Kundendienstes, S. 215–227; Artschwager, B.: Das Reklamationswesen der Firma Eismann, S. 229–234; Jekel, W.: Beschwerdebearbeitung und Zufriedenheitsmessung bei Quelle (TKD), S. 235–248. Alle Beiträge sind abgedruckt in: Hansen, U./Schoenheit, I. (Hrsg.): Verbraucherzufriedenheit und Beschwerdeverhalten, Frankfurt am Main – New York 1987.

tung sein, wenn er meint, daß sie für seine Lebensführung besonders wichtig sind. Bei geringem Involvement wird der Entscheidungsprozeß auf jeden Fall einfacher sein. Schon die Problemerkenntnis wird im Regelfall nicht als komplexer Vorgang zu sehen sein, es wird kein Bedürfnis nach einer umfangreichen Informationssuche vorliegen, und die Zahl der Bewertungskriterien wird klein sein. Während sich in Entscheidungsprozessen mit hohem Involvement die Vorstellungen (beliefs), Einstellungen und Absichten während des Entscheidungsprozesses ändern können, wird bei Entscheidungen, die ein geringes Involvement auslösen, die Wahl auf der Basis vorliegender Informationen getroffen. Es wird vermutet, daß in diesen Fällen der Werbung eine große Rolle zukommt, weil der Konsument solche Werbemaßnahmen wahrnimmt und sie speichert, ohne sich anschließend eingehend mit ihnen auseinanderzusetzen.

Das *EKB*-Modell schafft einen Rahmen, in den die meisten verhaltenstheoretischen Ansätze eingegliedert werden können:

- Die Motivtheorien versuchen, den Beweggründen der Kaufentscheidung nachzugehen, also das Zielsystem der Konsumenten aufzudecken, das mit dem Kauf oder dem Konsum von Gütern erreicht werden soll (z. B. physiologische Bedürfnisse, Bedürfnisse nach Selbstverwirklichung). Anliegen dieser Theorien ist es, solche Motivarten zu erkennen, sie zu systematisieren, deutlich zu machen, wovon sie selbst abhängen und zu zeigen, inwieweit sie bei einzelnen Kaufentscheidungen relevant werden.
- Die Lerntheorien beschäftigen sich mit Änderungen des Verhaltens aufgrund von Erfahrungen: Welche Bewertungskriterien verwendet ein Konsument? Wie bilden sich Einstellungen, welche Wirkungen haben negative Erfahrungen?
- Die Risikotheorien beschäftigen sich mit der Frage, welche sozialen, gesundheitlichen und ökonomischen Risiken ein Konsument sieht und wie er diese Risiken bei seinen Entscheidungen in Rechnung stellt. Wann versucht er diese Risiken durch das Sammeln von Informationen zu verringern, wann verzichtet er auf einen Kauf, bevorzugt er bestimmte Typen von Produkten, um das Risiko herabzusetzen?
- Mehr soziologisch orientierte Theorien beschäftigen sich mit dem Einfluß sog. Referenzgruppen auf die Kaufentscheidung. Referenzgruppen dienen den Konsumenten zur Identifikation, wobei persönlicher Kontakt zu diesen Gruppen meist fehlt.
- Die Diffusionstheorie befaßt sich mit der Ausbreitung von Innovationen. Welche Bevölkerungsschichten übernehmen als erste eine solche Innovation, welche Gruppen werden erst später zu Käufern, und wie groß wird die Zahl der Personen sein, die eine solche Neuerung überhaupt übernehmen.

### 7.4.2.4 Ein Modell zur Einkaufsstättenwahl

Das Modell von *Engel, Blackwell* und *Miniard* ist auch Orientierungspunkt für die Entwicklung von Modellen zur Einkaufsstättenwahl gewesen, also von Modellen, in denen die Wahl einer Einkaufsstätte und eventuell das Verhalten innerhalb der Einkaufsstätte als abhängige Variable angesehen wird. *Levy* und *Weitz* übertragen den Phasenablauf des *EKB*-Modelles auf die Wahl einer Einkaufsstätte und die dort erfolgende Produktwahl (vgl. Abbildung 7.32).[36]

---

[36] Vgl. Levy, M./Weitz, B. A.: Retailing Management, 2. Auflage, Chicago u. a. 1995, S. 99–108.

**Abbildung 7.32:** Phasen des Kaufentscheidungsprozesses von Konsumenten im Einzelhandel

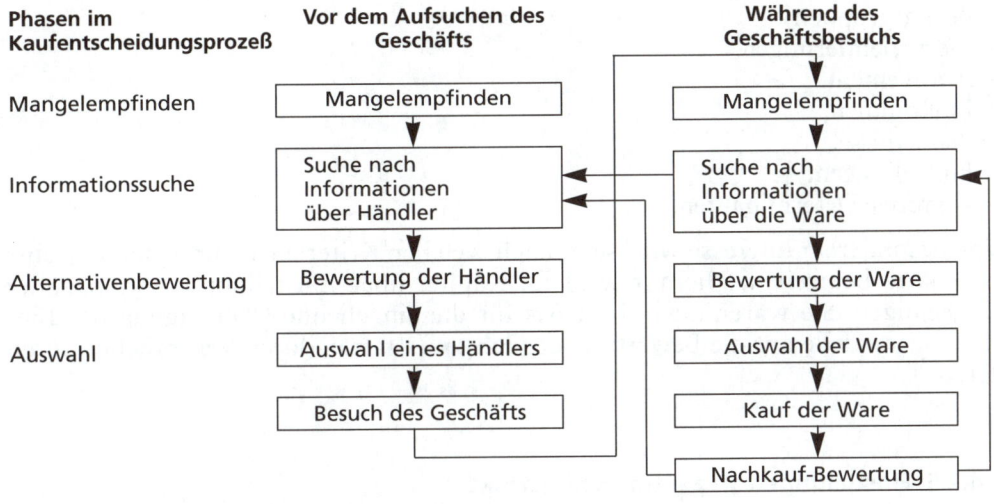

Quelle: Levy, M./Weitz, B. A., 1995, S. 100

Die Phasen des *EKB*-Modelles werden zweimal durchlaufen, einmal um die Einkaufsstätte auszuwählen, und ein zweites Mal, um zwischen Produktalternativen zu wählen. Dabei ist auch die Möglichkeit berücksichtigt, daß die Präferenz für bestimmte Produkte oder Marken die Wahl der Einkaufsstätte beeinflußt. Der Händler wird dann auch danach ausgewählt, ob er das gewünschte Produkt bereitstellen kann. In Übereinstimmung mit der Einstellungstheorie wird davon ausgegangen, daß der Konsument einzelne Eigenschaften eines Geschäftes wahrnimmt, sie beurteilt und sie dem Set der akzeptablen oder dem Set der nicht akzeptablen Einkaufsstätten zuweist. Eventuell werden vor einem Kauf weitere Informationen eingeholt, wobei der Informationsbedarf von folgenden Faktoren abhängt:[37]

(1) Von der Art des Produktes bzw. der Leistung, die erworben werden soll,
(2) von den Erfahrungen, über die der Konsument in dem betreffenden Produktfeld verfügt,
(3) von dem wahrgenommenen Risiko, das mit einem Einkauf verbunden wird,
(4) von einzelnen Charakteristika des Verbrauchers (z. B. Alter, finanzielle Verhältnisse, Risikobereitschaft),
(5) von marktlichen und situativen Aspekten, unter denen der Einkauf stattfindet.

Die Verknüpfung von Einkaufsstätten- und Produktwahl in Kombination mit einem Phasenmodell findet sich auch in der Darstellung von *Schmitz* und *Kölzer.*[38] Syste-

---

[37] Vgl. auch Mason, J. B./Mayer, M. L.: Modern Retailing. Theory and Practice, Homewood 1990, S. 260.
[38] Vgl. Schmitz, C. A./Kölzer, B.: Einkaufsverhalten im Handel. Ansätze zu einer kundenorientierten Handelsmarketingplanung, München 1996, S. 55–126. Das zugrundegelegte Strukturmodell findet sich auf S. 62.

matisch wird auf die Bedeutung der folgenden Einflußgrößen auf das Einkaufsverhalten im Handel eingegangen:
– Alter und Familienzyklus,
– Bezugsgruppen,
– Wertorientierungen,
– Involvement,
– Einkommen,
– Bedürfnisse,
– Einstellungen,
– kognitive Determinanten.

Von besonderem Interesse wird sein, nach welchen Kriterien Verbraucher einzelne Geschäfte beurteilen. Hierauf wird im Kapitel über Einstellungstheorien näher eingegangen. Sie waren auch die Basis für die eingehende Übertragung der Einstellungsmodelle auf die Bewertung der Einkaufsstätten durch Verbraucher durch Theis.[39]

### 7.4.2.5 Einstellungen als zentrales Konstrukt

Wie gezeigt worden ist, äußert sich das Konsumentenverhalten in zahlreichen Aspekten. Schon von daher ist es nicht verwunderlich, daß auch die Zahl der Einflußgrößen beträchtlich ist. Da der Handel aber insbesondere an der Einkaufsstättenentscheidung interessiert ist, haben sich zwei Bestimmungsfaktoren als besonders wichtig erwiesen, die Einstellung zu einem bestimmten Geschäft und die Zufriedenheit mit diesem Geschäft. Beide Konstrukte sind auch für die Marktforschung von außerordentlicher Bedeutung; sie bilden sozusagen das Fundament der Marktforschung im Handel. Kein Konstrukt der Verhaltenstheorie ist häufiger zur Erklärung von Konsumentenverhalten herangezogen worden als das der Einstellungen. Trotzdem herrscht oft Begriffsunklarheit und die Meßverfahren erweisen sich als unvollkommen. Dies ist oft darauf zurückzuführen, daß nicht hinreichend Wert auf klare Definitionen und ihre Operationalisierung gelegt wird. Im folgenden wird zunächst begrifflich geklärt, um was es sich bei Einstellungen handelt; anschließend wird auf verschiedene kognitive Einstellungsmodelle eingegangen; schließlich wird die Brücke zur Marktforschung geschlagen.

### Einstellungen – der Begriff

Bei der Vielzahl ähnlich erscheinender Begriffe, wie z. B. Meinungen, Wissen, Überzeugungen, Werte, Werthaltungen, muß zunächst begriffliche Klarheit herbeigeführt werden. Der folgenden Darstellung liegt eine Sichtweise zugrunde, nach der Einstellungen als organisierte und erlernte Bereitschaften relativ dauerhafter Natur verstanden werden, in einer spezifischen Weise auf ein Einstellungsobjekt zu reagieren und damit das Verhalten zu steuern (zu dirigieren). Auf die Merkmale dieser Definition wird im folgenden eingegangen:
1. Einstellungen können sich auf verschiedene Objekte beziehen. Im Marketing sind das häufig einzelne Marken oder einzelne Unternehmungen, letztere entweder in

---

[39] Vgl. Theis, H.-J.: Einkaufsstätten-Positionierung, Wiesbaden 1992.

ihrer Gesamtheit oder in einzelnen Teilen (z. B. Warengruppen). Bezugsobjekt einer Einstellung können aber auch Einstellungen gegenüber bestimmten Verhaltensweisen sein. Dies würde dann beispielsweise bedeuten, nicht die Einstellung gegenüber »Wein von der Mosel« zu ermitteln, sondern die Einstellung gegenüber der Verhaltensweise »Gästen Wein von der Mosel anzubieten«. Die Bezugsobjekte einer Einstellungsmessung können also unterschiedlich spezifisch sein. Allgemein fordert das hierauf bezogene Spezifitätsprinzip, daß Einstellungen und zu prognostizierende bzw. zu erklärende Verhaltensweisen gleich spezifisch definiert werden sollen, damit die Möglichkeiten zur Vorhersage des Verhaltens verbessert werden.

2. Wenn die Einstellung als Antwortbereitschaft definiert wird, dann ist dies ein Hinweis darauf, daß Einstellungen nicht das beobachtbare Verhalten selbst erfassen, sondern daß hiermit ein hypothetisches (theoretisches) Konstrukt gemeint ist; gelegentlich wird auch davon gesprochen, mit Einstellungen würde die »latente Struktur« erschlossen. Einstellung und Verhalten werden also als getrennte Größen gesehen, wobei jedoch nach der E-V-Hypothese die Kenntnis der Einstellung erlaubt, das Verhalten zu prognostizieren.

3. Einstellungen sind organisiert und durch Erfahrung erworben. Zwar wird in der Psychologie die Frage aufgeworfen, ob Einstellungen (z. B. eine konservative Haltung) auch vererbt werden können, für Anwendungen des Konzepts im Bereich des Marketings dürfte jedoch der Fall, daß Einstellungen erlernt sind, von ausschlaggebender Bedeutung sein. Die »Organisation« der Einstellungen äußert sich darin, daß Personen über eine Vielzahl von Einstellungen verfügen, die untereinander so verknüpft sein können, daß die Änderung einer Einstellung dazu führen kann, daß auch andere Einstellungen kovariieren. Diese Beziehungen sind Gegenstand der verschiedenen Konsistenztheorien (Theorien des kognitiven Gleichgewichts), wozu insbesondere die Balancetheorie von *Heider*,[1] das Prinzip der Kongruenz von *Osgood* und *Tannenbaum*[2] und die Theorie der kognitiven Dissonanz von *Festinger*[3] gehören.

4. Der dirigierende (direktive) Einfluß der Einstellung richtet sich nicht nur auf das Wahlverhalten (entsprechend der E-V-Hypothese, also z. B. Kauf dieser oder jener Marke, Aufsuchen dieser oder jener Einkaufsstätte), sondern beeinflußt auch das Wahrnehmungsverhalten. Einstellungen lenken also das Verhalten auf bestimmte Verhaltenweisen.

5. Bei den Reaktionen einer Person auf das zu beurteilende Objekt ist in erster Linie die affektive Reaktion eines Subjektes zu nennen. Es handelt sich dabei um eine Bewertung des Objektes, indem das Subjekt seine Gefühle bezüglich des Objektes ausdrückt, ob es also für oder gegen das Objekt ist (Werturteil, gefühlsmäßige Reaktion). In weit gefaßten Sichtweisen von der Einstellung werden neben diesen affektiven Reaktionen auch kognitive und konative Reaktionen mit eingeschlossen. Bei den kognitiven Reaktionen geht es um jene Wissensbestandteile, die ein Subjekt dem Objekt der Einstellung zuordnet (manchmal werden diese auf die verhaltensrelevanten, die sog. salienten Merkmale begrenzt); bei den

---

[1] Vgl. Heider, F.: Attitudes and Cognitive Organizations, in: Journal of Psychology, Vol. 21 (1946) S. 107–112 und Heider, F.: The Psychology of Interpersonal Relations, Wiley, N. Y. 1958.

[2] Vgl. Osgood, C. E./Tannenbaum, P. H.: The Principle of Congruity in the Prediction of Attitude Change, in: Psychological Review, Vol. 62 (1955), S. 42–55.

[3] Vgl. Festinger, L.: A Theory of Cognitive Dissonance, Stanford, Cal. 1957.

konativen Reaktionen wird erfaßt, inwieweit ein Subjekt bereit ist, bestimmte Handlungen mit Bezug zu dem Objekt der Handlung durchzuführen (z. B. eine bestimmte Marke zu kaufen, eine bestimmte Einkaufsstätte aufzusuchen). Im Rahmen der kognitiven Einstellungsmodelle wird v. a. die kognitive Komponente mit der affektiven verknüpft. Es sind zahlreiche Modellvarianten entwickelt worden, die Eingang in die Lehrbücher gefunden haben, so insbesondere das Modell von *Rosenberg*[4], das Modell von *Fishbein*[5] und das adequacy-importance-Modell[6].

6. Einstellungen sind relativ stabil; mit diesem Kennzeichen werden sie von kurzfristig schwankenden Stimmungen und von Emotionen abgegrenzt. Die Veränderung von Einstellungen ist Gegenstand der Theorien des Einstellungswandels.

### Die kognitiven Einstellungsmodelle

Versteht man unter Einstellungen einen Index, mit dem ein Subjekt zum Ausdruck bringt, inwieweit ein Objekt oder eine Verhaltensweise als geeignet angesehen wird, die persönlichen Ziele zu erreichen, dann fließen in das Gesamturteil im Regelfall mehrere Aspekte ein. In jedem Fall wird aber von der Basisvorstellung ausgegangen, daß Subjekte die Objekte im Hinblick auf die persönliche Zielstruktur beurteilen. Es wird deshalb von kognitiven Einstellungsmodellen gesprochen, weil der Urteilende sein Gesamturteil auf die Einzelbeurteilung stützt. Die Einstellungsmodelle liegen in verschiedenen Varianten vor.

### Einstellungen im Modell von *Howard und Sheth*

Das Totalmodell von *Howard* und *Sheth* dient vor allem der Erklärung der Markenwahl.[7] *Howard* und *Sheth* definieren Einstellung als einen kognitiven Zustand, mit dem zum Ausdruck gebracht wird, inwieweit ein Konsument die in seinem »evoked set« enthaltenen Marken präferiert; dabei bewertet der Konsument die Marken in verschiedenen Dimensionen, indem er prüft, in welchem Ausmaß eine Marke im Vergleich mit einer anderen seine Motive befriedigen kann.[8]

Weiteres Kennzeichen der Einstellungskonzeption von *Howard* und *Sheth* ist, daß ihr ein direktiver (das Verhalten lenkender) Einfluß auf das Verhalten, nicht jedoch ein aktivierender (energieauslösender) Einfluß zugeschrieben wird. »Direktiv« bedeutet, daß Einstellungen das Verhalten auf bestimmte Produkte ausrichten. Mit Aktivierung ist der Prozeß gemeint, durch den unterschiedliche Intensitätsgrade des Verhaltens

---

[4] Vgl. Rosenberg, M. J.: Cognitive Structure and Attitudial Affect, in: Journal of Abnormal and Social Psychology, Vol. 53 (1956), S. 367–372.

[5] Vgl. Fishbein, M.: A Behavior Theory Approach to the Relations Between Beliefs About an Object and the Attitude Toward the Object, in: Fishbein, M. (Hrsg.): Readings in Attitude Theory and Measurement, New York u. a. 1967, S. 389–400 und Fishbein, M.: An Investigation of the Relationships Between Beliefs About an Object and the Attitude Toward That Object, in: Human Relations, Vol. 16 (1963), S. 233–239.

[6] Vgl. Bettman, J. R./Capon, N./Lutz, R. J.: Cognitive Algebra in Multi-Attribute-Attitude-Models, in: Journal of Marketing Research, Vol. 12 (1975), S. 151–164 und Freter, H.: Interpretation und Aussagewert mehrdimensionaler Einstellungsmodelle im Marketing, in: Meffert, H./Steffenhagen, H./Freter H. (Hrsg.) unter Mitarbeit von Bruhn, M.: Konsumentenverhalten und Informationen, Wiesbaden 1979, S. 165–167.

[7] Vgl. Howard, J. A./Sheth, J. N.: The Theorie of Buyer Behavior, New York u. a. 1969.

[8] Vgl. Howard, J. A./Sheth, J. N., 1969, S. 416 und S. 127.

ausgelöst werden. Als Aktivationsgrad des Organismus wird das Ausmaß der Auslösung potentieller Energie bezeichnet. Ausführlich beschäftigt sich *Kroeber-Riel* mit der Aktivierung (Antriebsstärke).[9] Er nennt solche Vorgänge aktivierend, die das Verhalten mit Energie versorgen und es antreiben. Kurzfristige Aktivierungsschwankungen werden als phasische Aktivierung bezeichnet und steuern die jeweilige Aufmerksamkeit einer Person in bestimmten Reizsituationen. Aufmerksamkeit ist ein Konstrukt, mit dem man die Bereitschaft einer Person beschreibt, Reize aus ihrer Umwelt aufzunehmen. *Kroeber-Riel* zeigt, mit welchen Verfahren die Aktivierung gemessen werden kann, indem er vor allem die Erkenntnis nutzt, daß Aktivierungsprozesse mit meßbaren Reaktionen des Nervensystems verbunden sind.[10] Ein Verfahren, dessen Einsatz er auch am Beispiel verdeutlicht, ist die Messung der psychogalvanischen Reaktion (PGR), auch hautgalvanische Reaktion (HGR) oder elektrodermale Reaktion (EDR) genannt.[11] Auf die Rolle der Einstellung als aktivierende Größe werden wir später noch zurückkommen.

### Einstellungen im Modell von *Rosenberg*

Das *Rosenberg*-Modell weist zwei Komponenten auf, einmal ein wertendes Gesamturteil und zum anderen eine differenzierte Beurteilung des betreffenden Gegenstandes. Beide werden zueinander in Beziehung gesetzt, wie das auch in der folgenden Funktion zum Ausdruck gebracht wird:

$$(2) \qquad A_{ij} = \sum_{k=1}^{m} Y_{ijk} \cdot X_{ik}$$

$A_{ij}$ = Einstellung von Person i zu einem Objekt j.

$Y_{ijk}$ = Die wahrgenommene Instrumentalität soll wiedergeben, ob nach Ansicht der befragten Person i das Objekt j zu dem Wert (Ziel) k hinführt bzw. es beeinträchtigt. Diese Größe wird als kognitive Komponente der Einstellung bezeichnet und verlangt eine Beurteilung der Objekte in bezug auf ihren Zielerreichungsbeitrag. *Rosenberg* definiert selbst wie folgt: »perceived instrumentality, i. e. his estimate as to whether, and to what extent, the value in question would tend to be achieved or blocked through the policy of allowing members of the Communist Party to adress the public.«[12]

$X_{ik}$ = Die Zielwichtigkeit (Wertwichtigkeit) läßt erkennen, welche Werte (Ziele) k dem Subjekt i wichtig sind. Wichtig sind die Ziele dann, wenn sie als Quelle der Befriedigung angesehen werden. Diese Größe wird als die motivationale Komponente der Einstellung bezeichnet. Bei *Rosenberg* heißt es »value importance, i. e., is importance to him as a ›source of satisfaction‹«.[13]

Die grundlegende Hypothese in diesem Ansatz lautet, daß zwischen der Einstellung und den Vorstellungen über das Objekt (beliefs about the objekt of attitude) Beziehungen bestehen. Die Vorstellungen sind zweifacher Natur, einmal Kognitionen, d. h.

---

[9] Vgl. Kroeber-Riel, W./Weinberg, P.: Konsumentenverhalten, 6. Auflage, München 1996, S. 53–223.

[10] Vgl. Kroeber-Riel, W./Weinberg P., 1996, S. 63.

[11] Vgl. Kroeber-Riel, W./Weinberg P., 1996, S. 67.

[12] Rosenberg, M. J., 1956, S. 367–372.

[13] Rosenberg, M. J., 1956, S. 367–372.

Ansichten, inwieweit das Objekt das Erreichen bestimmter Ziele ermöglicht, und zum anderen eine Bewertung der einzelnen Ziele (motivationale Elemente). Der Ansatz ist durch die beiden folgenden Prämissen gekennzeichnet:

1. Die Additivitätsprämisse: Die Eindrücke einer Person über ein Objekt können addiert werden. Dies setzt gegenseitige Unabhängigkeit der einzelnen Vorstellungen voraus.
2. Die Annahme der Multiplikativität der kognitiven und motivationalen Elemente. Diese Annahme hat in späteren Untersuchungen zu der Frage geführt, ob nicht in die Angaben zu den kognitiven Elementen implizit bereits die motivationalen Elemente miteingehen. Die zweite Annahme setzt also Unabhängigkeit der $X_k$ von den $Y_k$ voraus.

*Rosenberg* selbst hat in seinem Anwendungsbeispiel, in dem es darum ging, die Einstellung von Personen zu der Frage, »ob Mitgliedern der Kommunistischen Partei gestattet werden sollte, sich an die Öffentlichkeit zu wenden«, festzustellen, die beiden Größen der rechten Seite wie folgt operationalisiert:
Die Wichtigkeit maß er auf der folgenden Skala:

**Abbildung 7.33:** Skala zur Messung der Zielwichtigkeit _____

| gives me maximum dissatisfaction | | | | | | gives me neither satisfaction nor dissatisfaction | | | | | gives me maximum satisfaction | | | | | | | | |
|---|---|---|---|---|---|---|---|---|---|---|---|---|---|---|---|---|---|---|---|---|
| −10 | −9 | −8 | −7 | −6 | −5 | −4 | −3 | −2 | −1 | 0 | 1 | 2 | 3 | 4 | 5 | 6 | 7 | 8 | 9 | 10 |

Zur Messung der wahrgenommenen Instrumentalität verwendete er Skalen der folgenden Art:

**Abbildung 7.34:** Skala zur Messung der wahrgenommenen Instrumentalität _____

| the condition is completely blocked by allowing admitted Communists to address the public | | | whether or not admitted Communists are allowed to address the public is completely irrelevant to the attainement of the condition | | | the condition k is completely attained by allowing admitted Communists to address the public | | | |
|---|---|---|---|---|---|---|---|---|---|
| −5 | −4 | −3 | −2 | −1 | 0 | 1 | 2 | 3 | 4 | 5 |

Welche Ziele (conditions) *Rosenberg* seinen befragten Personen vorgegeben hat, kann hier überschlagen werden.

**Einstellungen im *Fishbein*-Modell**
Das frühe *Fishbein*-Modell läßt sich wie folgt formalisieren:[14]

(3) $\qquad A_{ij} = \sum_{k=1}^{n} B_{ijk} \cdot a_{ik}$

$A_{ij}$ = Einstellung der Person i gegenüber dem Objekt j.
$B_{ijk}$ = Wahrscheinlichkeit, daß die Person i das Objekt der Einstellung j mit einem anderen Sachverhalt k in Verbindung bringt (strength of belief k about the object) – Eindrucksausprägung.
$a_{ik}$ = Bewertung des Sachverhalts k durch die Person i (evaluative aspect of $B_{ijk}$) – Eindrucksbewertung.

Formal ist das obige *Fishbein*-Modell dem *Rosenberg*-Modell sehr ähnlich. Auch es weist zwei Faktoren aus, die multipliziert und anschließend addiert werden. Die Unterschiede sind jedoch an der Summationsgrenze zu erkennen. Während im *Rosenberg*-Modell über k = 1,2, ..., m Ziele (Werte, valued states, Motive) addiert werden, summiert das *Fishbein*-Modell über k = 1,2, ..., n Sachverhalte. Dieser Unterschied führte zu der Bezeichnung Durchschnittstheorie contra Summenttheorie.[15] Die Begriffe erklären sich wie folgt: bei *Rosenberg* können mehrere Eigenschaften (als andere Objekte) der Erreichung desselben Ziels dienen; da jedes Ziel nur einmal gewählt wird, muß angegeben werden, inwieweit alle Eigenschaften zusammen zur Zielerreichung beisteuern. Bei *Fishbein* wird dagegen über alle gewichteten Eindrücke (Eigenschaften) addiert (daher Summentheorie). Die Zusammenhänge sind auch in Abbildung 7.35 dargestellt.

**Abbildung 7.35:** Mögliche Beziehungen zwischen Eindrücken und Zielen _____

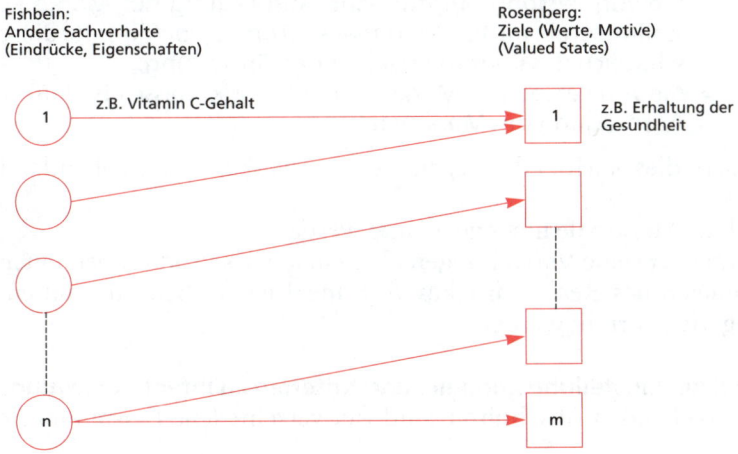

---

[14] Fishbein, M., 1967, S. 389–400 und Fishbein, M., 1963, S. 233–239.
[15] Vgl. Trommsdorff, V.: Die Messung von Produktimages für das Marketing, Köln u. a. 1975, S. 57.

Auf dem hier zugrundegelegten Abstraktionsniveau mag der Unterschied zwischen Eindrücken und Zielen einleuchten. Schwieriger wird jedoch die Abgrenzung, wenn konkrete Fälle zu bearbeiten sind.

*Fishbein* sprach sehr allgemein von anderen Objekten (Sachverhalten), die mit dem Objekt der Einstellung in Verbindung gebracht werden. Dabei ist, wie die folgende Liste zeigt, keineswegs nur an Produkteigenschaften gedacht, sondern dieser Begriff kann sehr viel mehr umfassen. Im übrigen enthält dieser Katalog unter der Nr. 4 auch die das *Rosenberg*-Modell konstituierenden Ziele. *Fishbein* unterscheidet sechs Typen von Vorstellungen (beliefs) über ein Objekt:

(1) Vorstellungen in bezug auf Bestandteile des Objektes,
(2) Vorstellungen über Eigenschaften (Qualitätsmerkmale) des Objektes,
(3) Vorstellungen über die Beziehung des Objektes zu anderen Objekten,
(4) Vorstellungen, ob das Objekt das Erreichen verschiedener Ziele (goals, valued states) zu erreichen gestattet oder solches blockiert,
(5) Vorstellungen, was in bezug auf das Objekt getan werden sollte,
(6) Vorstellungen, was das Objekt tun sollte, was es nicht tun sollte, was ihm gestattet werden sollte zu tun.

Insgesamt hat sich in einer langjährigen Forschung bestätigt, daß Einstellungen und Verhalten eng miteinander verknüpft sind.[16]

### Das Idealpunkt-Modell von *Trommsdorff*

*Trommsdorff* hat nach eingehender Abwägung zahlreicher inhaltlicher und formaler Gesichtspunkte das folgende Modell vorgeschlagen:[17]

(4) $$E_{ij} = \sum_{k=1}^{n} |B_{ijk} - I_{ik}|$$

$E_{ij}$ = die geschätzte Einstellung einer Person i gegenüber einer Marke j,
$B_{ijk}$ = die von Person i empfundene Ausprägung der Marke j in dem einstellungsrelevanten Merkmal k; *Trommsdorff* nennt diese Größe anschaulich das kognitive Gerüst der Einstellung,
$I_{ik}$ = die von Person i an Marken einer Produktklasse als ideal empfundene Ausprägung des Merkmals k.

Das Besondere dieses Modelles gegenüber den beiden vorausgehenden ist darin zu sehen, daß
– die einzelnen Merkmale nicht gewichtet werden,
– der Verbraucher seine Vorstellungen über ein ideales Produkt benennen soll,
– Abweichungen des Realeindruckes vom Ideal nach oben oder unten in gleicher Weise negativ beurteilt werden.

### Kennzeichen der Einstellungsmodelle und Kriterien zu ihrer Beurteilung

In den vorhergehenden Abschnitten sind vier verschiedene Einstellungsmodelle vor-

---

[16] Vgl. z. B. die Meta-Analyse zum erweiterten Fishbein-Modell bei Sheppard, B. H./Hartwick, J./Warshaw, P. R.: The Theory of Reasoned Action. A Meta-Analysis of Past Research with Recommendations for Modification and Future Research, in: Journal of Consumer Research, Vol. 14 (1988), S. 325–343.
[17] Trommsdorff, V., 1975.

gestellt worden. In der Literatur sind weitere Varianten zu finden, so das in Abbildung 7.36 erwähnte adequacy-importance-Modell und das adaquacy-value-Modell.

**Abbildung 7.36:** Vier verschiedene Einstellungsmodelle und ihre Operationalisierung ——

| Modell-bezeichnung | Eindruck (kognitive Komponente) | Bedeutungsgewicht (motivationale/affektive Komponente) |
|---|---|---|
| Rosenberg | perceived instrumentality Eindruck/Vorstellung über die Eignung des Objekts zur Förderung des Zieles k | value importance Wertwichtigkeit eines Zieles k |
| | Durch die Automarke xy ergibt sich eine<br><br>vollständige  └─┴─┴─┘ vollständige<br>Verhinderung  Zielerreichung<br>der Zielerreichung | Der Wert/das Ziel »Sicherheit« ist<br><br>schlecht  └─┴─┴─┘  gut |
| Fishbein | strength of belief Wahrscheinlichkeit, inwieweit das Objekt mit einem anderen Sachverhalt in Verbindung gebracht wird | evaluative aspect Bewertung des Sachverhalts |
| | Automarke xy ist sicher<br><br>sehr unwahr-  └─┴─┴─┘ sehr wahr-<br>scheinlich  scheinlich | »Sicherheit« bei einem Auto ist<br><br>schlecht  └─┴─┴─┘  gut |
| adequacy-importance | belief Eindruck/Vorstellung, in welchem Ausmaß Eigenschaft k an dem Objekt vorhanden ist | importance (prominence) Wichtigkeit der Eigenschaft k |
| | Automarke xy ist<br><br>nicht sicher  └─┴─┴─┘  sicher | Die Eigenschaft »Sicherheit beim Auto« ist<br><br>nicht wichtig └─┴─┴─┘ sehr wichtig |
| adequacy-value | belief wie beim »adequacy-importance«-Modell | value wie der »evaluative aspect« im »Fishbein-Modell« |

Quelle: Freter, H., 1979, S. 167

Es ist in Anbetracht dieser Modellfülle naheliegend, drei Fragen zu stellen:
- Mit Hilfe welcher Merkmale kann diese Modellvielfalt geordnet werden? Gibt es ein Raster, mit dessen Hilfe die Modelle systematisiert werden können?
- Nach welchen Kriterien sollen die Modelle beurteilt werden? Wie soll der Anwender entscheiden, welche Variante er übernehmen sollte?
- Welche Fortentwicklungen sind in der Diskussion?

**Kennzeichnung der Einstellungsmodelle**

Wir wenden uns zunächst den Merkmalen zu, nach denen die Modelle unterschieden werden können. Die Systematisierung soll nach drei Merkmalen erfolgen:

(1) Nach der inhaltlichen Abgrenzung der verwendeten Variablen,
(2) nach der Regel, wie die einzelnen Vorstellungen verknüpft werden,
(3) danach, ob Vorstellungen über ein ideales Objekt in das Modell miteingehen oder nicht.

### Inhaltliche Abgrenzung der verwendeten Variablen

Im Hinblick auf die inhaltliche Abgrenzung lassen sich Modelle unterscheiden, die auf
- bewertete Vorstellungen über die Eignung eines Objektes, bestimmte Ziele zu erreichen (*Howard* und *Sheth*),
- die wahrgenommene Instrumentalität und die Zielwichtigkeit (*Rosenberg*) und
- die Wahrscheinlichkeit für das Vorhandensein einer bestimmten Eigenschaft in einer bestimmten Menge und die Bewertung dieser Eigenschaft in der jeweiligen Menge[18]
zurückgreifen.

### Verknüpfungsregel

Nach der Regel, wie die einzelnen Vorstellungen verknüpft werden (= Modellalgebra), lassen sich unterscheiden:

1. **Kompensatorische Modelle** (= Modelle mit Substitutionsmöglichkeiten): Die Möglichkeit der Kompensation kann sich zunächst darauf beziehen, daß der Konsument eine als unzureichend angesehene Vorstellung über eine Marke durch ein Mehr bei einer anderen Vorstellung kompensiert sieht (substitutive Beziehung). Im linearen Modell stellen die Einstellungs-Isoquanten Geraden mit einem Winkel von 45 zur Ordinate und Abszisse dar (vgl. Abbildung 7.37). Hier werden die einzelnen Urteile zum Gesamturteil addiert. Zu dieser Klasse gehören alle im vorstehenden dargestellten Modelle.

**Abbildung 7.37:** Einstellungsisoquanten im linearen Modell _____

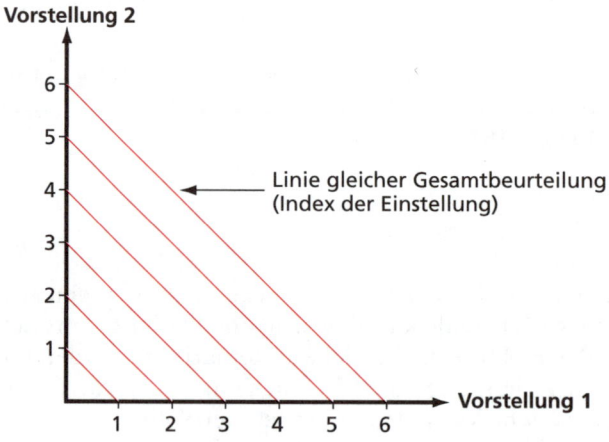

---

[18] Vgl. Fishbein, M., 1967, S. 389–400.

Grundsätzlich sind solche substitutiven Beziehungen auch in nicht-linearen Modellen denkbar. Ein nicht-lineares Modell liegt vor, wenn die Einzelurteile nicht additiv, sondern multiplikativ verknüpft werden.

Die Möglichkeit der Kompensation kann sich weiterhin auch auf die Elemente einer einzelnen Vorstellung beziehen, im *Rosenberg*-Modell kann also die wahrgenommene Instrumentalität durch Zielgewichtigkeit substituiert werden. Danach kann der Beitrag einer Objekteigenschaft zur Einstellung von zwei Personen auch dann als gleichwertig beurteilt werden, wenn die Personen sich im Hinblick auf ihre Zielgewichtung und die wahrgenommene Instrumentalität unterscheiden (vgl. Abbildung 7.38).

**Abbildung 7.38:** Die Kompensationsfähigkeit der Elemente »Wahrgenommene Instrumentalität« und »Zielgewichte« im *Rosenberg*-Modell

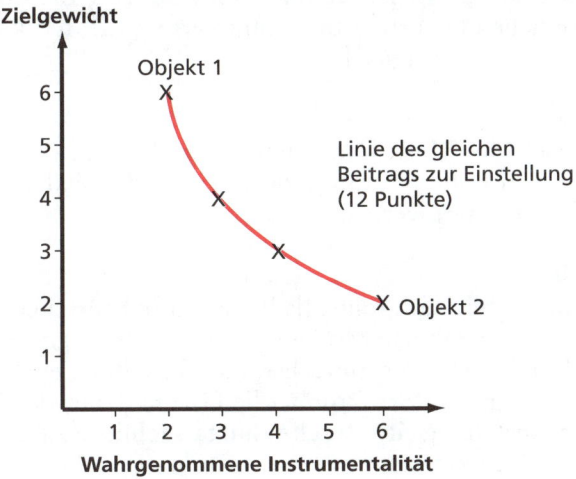

2. Modelle mit Mindestanspruchsniveau (Modelle mit eingeschränkten Substitutionsmöglichkeiten): Es ist denkbar, daß ein Verbraucher nicht bereit ist, einen Mangel bei Vorstellung 1 durch eine andere Vorstellung als ausgeglichen anzusehen. Es ist vielmehr denkbar, daß ein Verbraucher Ansprüche in einzelnen Vorstellungen herausbildet, die erfüllt werden müssen, wenn einem Objekt eine positive Gesamtbeurteilung zukommen soll. Ein Objekt kommt nach diesem Ansatz für einen Konsumenten nur in Frage, wenn es bei allen relevanten Eigenschaften einen Mindestwert erreicht.

Danach werden die Objekte zunächst in zwei Gruppen geteilt, in solche, die in Frage kommen, und solche, die nicht weiter in Betracht gezogen werden. Für das Problem, wie die Objekte über diese Zweiteilung hinaus in eine Rangfolge gebracht werden, kommen mehrere Ansätze in Frage:

– Eine Rangfolge nach der Häufigkeit, mit der sie den Minimum-Level über- bzw.

unterschritten haben. Das entspricht einem Verzicht auf die Informationen, inwieweit das Objekt über dem Anspruchsniveau liegt.

– Eine Rangordnung, die sich daran orientiert, ob das Objekt eine andere dominiert (dieser Fall liegt vor, wenn ein Objekt in jeder Beziehung bessere Werte aufweist als ein anderes). Das entspricht einer Reihung auf Ordinalskalenniveau.

– Eine Rangordnung, bei der die Meßwerte (häufig Einstufungen auf Rating-Skalen) weiter verrechnet werden. Dies kann in linearer oder nicht-linearer Form geschehen. Dabei ist die Kernfrage der kompensatorischen Modelle zu beantworten, und zwar wieviel Einheiten der Vorstellung 1 notwendig sind, um eine Einheit der Vorstellung 2 zu substituieren.

3. Lexikographische Modelle: Lexikographische Modelle arbeiten ausschließlich auf dem Ordinalskalenniveau. Sie unterstellen, daß der Konsument die einzelnen Objekte (Marken) zunächst nach dem wichtigsten Kriterium beurteilt. Wenn sich danach mindestens zwei als geeignet erweisen, wird das nächste Kriterium herangezogen, bis sich eine Alternative als überlegen erweist. Eine Marke, die bei einem vorderen Kriterium als unzureichend beurteilt und eliminiert wurde, hat keine Chance mehr, dies bei späteren Kriterien auszugleichen.

### Bezugspunkt
Schließlich lassen sich die Modelle danach unterscheiden, ob ein Idealobjekt als Bezugspunkt für die Beurteilung herangezogen wird, oder ob darauf verzichtet wird. Das muß nicht näher erläutert werden.

### Beurteilungskriterien
Die Modelle sind im Hinblick auf folgende Kriterien zu beurteilen:

1. Welche Größen können mit den Modellkomponenten prognostiziert werden? Die vorgestellten Modelle erlauben zunächst, die Einstellung einer Person vorherzusagen und Einblick in ihre Struktur zu liefern. Es kann des weiteren versucht werden, von der Einstellung eine Brücke zum tatsächlichen Verhalten zu schlagen. Da dieser Weg jedoch oft sehr weit ist, wurde versucht, statt der Einstellung gegenüber einem Objekt die Verhaltensabsicht zu erklären.[19]

2. Haben sich die Modelle bisher empirisch bewährt? Empirische Überprüfungen sind häufig auf zwei Tatbestände ausgerichtet:
   (1) Inwieweit kann mit den Komponenten der »rechten Seite« die Einstellung auf der linken Seite (overall evaluation) prognostiziert werden?
   (2) Inwieweit kann von der Einstellung auf das beobachtbare Verhalten geschlossen werden?

3. Welche Ansatzpunkte bieten die Modelle für die Absatzplanung? Sowohl das *Rosenberg*- als auch das *Fishbein*-Modell bieten zwei Ansatzpunkte, die kognitive und die emotionale Komponente. In weiterführenden Modellen wird außerdem beispielsweise der empfundene soziale Zwang berücksichtigt.

4. Enthalten die Modelle eine Tendenz zur Fehlerkumulation? Viele Modelle aus der Klasse der kognitiven Einstellungsmodelle sind dadurch gekennzeichnet, daß Multiplikationen vorgenommen werden (so z. B. *Rosenberg, Fishbein*, anders dagegen die Modelle mit Idealpunkt, wie sie von *Lehmann* und *Trommsdorff*

---

[19] Vgl. Ajzen, I./Fishbein, M.: Attitudes and Normative Beliefs as Factors Influencing Behavioral Intentions, in: Journal of Personality and Social Psychology, Vol. 21 (1972), S. 1–9.

vorgelegt wurden). Bei einer Befragung bevorzugen die Probanden häufig bestimmte Skalenintervalle (z. B. Ja-Sager-Tendenz). Der Befragte tendiert bei allen
Fragen in die gleiche Richtung, so daß die dadurch entstehenden Fehler miteinander korreliert sind. Werden Daten mit korrelierten Fehlern miteinander multipliziert, dann steigt die Fehlervarianz des Produktes. So ist zu fordern, daß entweder
auf die Multiplikation von Daten mit Fehlertendenz verzichtet wird, oder daß die
Daten via Standardisierung von diesen Antworttendenzen bereinigt werden.

Modelle, die wie das *Rosenberg*-Modell Einschätzungen von Befragten paarweise
multiplizieren und dann die Produkte addieren, sind durch die Additivitäts- und
die Multiplikativitätsprämisse gekennzeichnet. Erstere bedeutet, daß die Eindrücke einer Person über ein Objekt addiert werden können, was nur erlaubt ist,
wenn diese gegenseitig unabhängig sind; letztere impliziert, daß die motivationalen Elemente unabhängig von den kognitiven sind.

5. Wie leicht ist das Modell zu handhaben? Darunter fällt etwa die Frage, wie sowohl
   im *Rosenberg*- als auch im *Fishbein*-Modell die einstellungsrelevanten Ziele bzw.
   Eindrücke gefunden werden. Da von dieser Schwierigkeit alle Modelle gleichermaßen betroffen sind, soll darauf hier nicht weiter eingegangen werden.

Unterschiedliche Anforderungen stellen die Modelle jedoch, wenn bei bekannten
Dimensionen die vom Modell angeforderten Werte ermittelt werden müssen. Abgesehen davon, daß nach dem einen Modell Ziele, nach dem anderen Modell Eigenschaften erfragt werden müssen, ist m. E. vor allem im Auge zu behalten, daß es
Modelle gibt,
– die die Einschätzung und Beurteilung realer Objekte erfordern und solche,
– die die Einschätzung und Beurteilung idealer, also meist noch nicht vorhandener
  Objekte erfordern (Modelle mit Idealpunkt).

Die hieraus erwachsene Frage lautet dann, inwieweit befragte Personen in der Lage
sind, im Rahmen eines standardisierten Interviews bei zeilenweiser Abfrage ihr ideales Produkt zu konkretisieren.

## 7.4.3 Grundzüge des organisationalen Beschaffungsverhaltens

Zu den Kunden von Großhandelsbetrieben und stellenweise auch von Einzelhandelsbetrieben zählen nicht nur Konsumenten, sondern auch Organisationen (Unternehmungen, Behörden, Vereine usw.). Das Nachfrageverhalten dieser Gruppen weist
einige Besonderheiten auf, weswegen sich neben Theorien zum Konsumentenverhalten auch solche zum organisationalen Nachfragerverhalten herausgebildet haben.

### Besonderheiten des organisationalen Nachfragerverhaltens

Kennzeichnend für organisationales Kaufverhalten ist die in vielen Fällen zu beob-
achtende Beteiligung mehrerer Personen. Die Gesamtheit aller Personen, die auf eine
Kaufentscheidung Einfluß nehmen, wird als Buying-Center[20] bezeichnet. Diese
Gruppe darf nicht mit der Einkaufsabteilung einer Organisation gleichgesetzt wer-

---

[20] Der Begriff wurde von *Robinson, Faris* und *Wind* eingeführt. Vgl. Robinson, P. J./Faris, C. W./
Wind, Y. J.: Industrial Buying and Creative Marketing, Boston 1967, S. 100–101.

den, sondern umfaßt alle Personen, die eine Kaufentscheidung anregen, Einfluß auf ihren Ablauf nehmen oder sie vollziehen. Diese Gruppen müssen nicht organisatorisch in der erwerbenden Unternehmung verankert sein, sie können sich vielmehr auch informell bilden.

Die in einem Buying Center mitwirkenden Personen können Träger unterschiedlicher Rollen sein. Unter einer Rolle wird dabei die an eine Person als Stelleninhaber gerichtete Verhaltenserwartung verstanden, die sich dann in einem mehr oder minder stark rollengeprägten Verhalten äußert. *Webster* und *Wind* unterscheiden fünf Rollenträger:[21]

- Einkäufer wählen aufgrund ihrer formalen Kompetenz die Lieferanten aus und tätigen Kaufabschlüsse. Sie sind in der Regel Mitglieder der Einkaufsabteilung des erwerbenden Unternehmens.
- Benutzer (user) sind jene Personen, die später mit dem zu kaufenden Gut arbeiten. Von ihnen hängt es ab, ob das Gut zweckadäquat eingesetzt wird, sie können die Qualität der zu kaufenden Güter oft aufgrund eigener Erfahrungen beurteilen.
- Beeinflusser (influencer) sind zwar nicht formal am Kaufentscheidungsprozeß beteiligt, beeinflussen aber die Wahlentscheidung, indem sie Anforderungen spezifizieren, Normen festlegen oder Informationen beisteuern.
- Informationsselektierer (gatekeeper) steuern den Informationsfluß, entweder durch die Selektion oder die entsprechende Aufbereitung von Informationen.
- Entscheider (decider) bestimmen letztlich aufgund ihrer Machtposition über die Auftragsvergabe.
- Von *Bonoma* ist ergänzend auf den Initiator hingewiesen worden, der den Kaufprozeß in Gang bringt.[22]

Das Wissen um die Zusammensetzung und die Abläufe innerhalb des Buying Centers können für den Anbieter von großem Nutzen sein. Es interessiert dabei nicht nur, wer als Mitglied des Buying Centers anzusehen ist, sondern auch, wie informiert die Mitglieder sind, wie sie sich informieren, welche Entscheidungskriterien sie in den Vordergrund stellen und wie stark ihr Einfluß ist.[23] Dabei können zwischen den einzelnen Mitgliedern Konflikte auftreten, die nicht nur persönlicher Natur sind oder durch das Aufgabenfeld bestimmt sind, sondern in denen sich auch unterschiedliche Wertstrukturen und Riskobereitschaften äußern können.

Wie in den Theorien zum Konsumentenverhalten wurde auch bei der Analyse des Kaufverhaltens von Organisationen berücksichtigt, daß sich das Kaufverhalten in Phasen abspielt. Wenn die Phasen auch schwer voneinander abzugrenzen sind, dann bieten sie doch Anhaltspunkte, um Marketingstrumente phasenspezifisch einzusetzen.[24]

Die Kaufprozesse müssen nicht in allen Fällen in gleicher Weise ablaufen. So kann es

[21] Vgl. Webster, F. E./Wind, Y. J.: A General Model for Understanding Organizational Buying, in: Journal of Marketing, Vol. 36 (1972), No. 2, S. 12–19.

[22] Vgl. Bonoma, T. V.: Major Sales. Who Really Does the Buying?, in: Harvard Business Review, Vol. 60 (1982), No. 3, S. 111–119.

[23] Zur Messung von Einflußbeziehungen vgl. Büschken, J.: Multipersonale Kaufentscheidungen. Emprische Analyse zur Operationalisierung von Einflußbeziehungen im Buying Center, Wiesbaden 1994; zur Beeinflussung von Mitgliedern im Buying Center siehe Venkatesh, R./Kohli, A. K./Zaltman, G.: Influence Strategies in Buying Centers, in: Journal of Marketing, Vol. 59 (1995), No. 4, S. 71–82.

[24] Zum Überblick über Phasenkonzepte vgl. Backhaus, K., 1997 b, S. 55–59.

sich bei dem anstehenden Kauf um einen Neukauf handeln, um einen modifizierten oder einen identischen Wiederkauf.[25] Je nach Kaufklasse werden unterschiedliche Kaufphasen für den Vermarktungserfolg dominant, werden andere Informationsstrategien realisiert und sind andere Personen in den Kaufprozeß eingeschaltet. Das Phasenmodell erweitern *Robinson/Faris/Wind* um die Kaufklassen zum sog. Buy-Grid-Modell. *Kirsch* und *Kutschker* betrachten drei Determinanten des organisationalen Kaufprozesses näher, den Wert des Investitionsobjektes, die Neuartigkeit des Problems und den Grad des mit dem Kauf verbundenen organisationalen Wandels.[26] Nehmen alle drei Merkmale geringe Ausprägungen an, sprechen sie von einer Investitionsentscheidung vom Typ A. Es handelt sich um einen Wiederholungskauf. Bei Investitionsentscheidungen vom Typ C handelt es sich dagegen um ein neues Problem, das einen erheblichen organisationalen Wandel mit sich bringt. Die übrigen Zwischenformen machen den Typ B aus.

Im Gegensatz zu den Ansätzen, die die Entscheidungsprozesse auf der Abnehmerseite isoliert von den Aktionen des Anbieters betrachten, widmen sich die Interaktionsansätze den Voraussetzungen für eine erfolgreich ablaufende Interaktion. In einigen Studien, den sog. Matching-Studien, wird untersucht, von welcher Bedeutung die Übereinstimmung in einzelnen Merkmalen (z. B. in der hierarchischen Position, in den Einstellungen) ist.[27] Wurde zunächst nur die Interaktion von Verkäufer und Käufer betrachtet (dynamische Ansätze), wurde später zu multipersonalen Interaktionsansätzen übergegangen.[28]

Schließlich hat der Umstand, daß in einigen Fällen Anbieter und Nachfrager nicht nur in eine einzelne Geschäftsbeziehung eintreten, sondern daß sich in vielen Fällen Folgen von Transaktionen ergeben, besondere Beachtung gefunden. Hierfür hat sich der Begriff Relationship-Marketing eingebürgert.[29] Die Forschungskonzepte entstammen teilweise den Verhaltenswissenschaften und sind teilweise an die Neo-Institutionen-Ökonomie angelehnt.

**Modelle des organisationalen Kaufverhaltens**

Parallel zur Entwicklung der Modelle zum Konsumentenverhalten sind auch zur Erklärung der Kaufprozesse in Organisationen partialanalytische Ansätze und Totalmodelle entwickelt worden. Die Modelle unterscheiden sich in der Anzahl der berücksichtigten Einflußgrößen, ob es sich ausschließlich um ein Strukturmodell handelt, das Beziehungen zwischen einzelnen Elementen des Modells aufzeigen will,

---

[25]  Vgl. Robinson, P. J./Faris, C. W./Wind, Y. J., 1967, S. 25.

[26]  Vgl. Kirsch, W./Kutschker, M.: Das Marketing von Investitionsgütern, Wiesbaden 1978, S. 57–59.

[27]  Vgl. Koch, F.-K.: Verhandlungen bei der Vermarktung von Investitionsgütern. Eine Plausibilitäts- und Explorationsanalyse, Mainz 1987.

[28]  Vgl. den Überblick bei Backhaus, K.: Entwicklungspfade im Investitionsgütermarketing, in: Backhaus, K./Günter, B./Kleinaltenkamp, M. et al.: Marktleistung und Wettbewerb, Wiesbaden 1997 a, S. 33–62.

[29]  Vgl. z. B. Heide, J. B.: Interorganizational Governance in Marketing Channels, in: Journal of Marketing, Vol. 58 (1994), No. 1, S. 71–85; Wren, B. M./Simpson, J. T.: A Dyadic Model of Relationships in Organizational Buying. A Synthesis of Research Results, in: Journal of Business and Industrial Marketing, Vol. 11 (1996), S. 63–79; Plinke, W.: Grundlagen des Geschäftsbeziehungsmanagements, in: Plinke, W./Kleinaltenkamp, M. (Hrsg.): Geschäftsbeziehungsmanagement, Berlin u. a. 1997, S. 11.

oder ob es sich um ein Prozeßmodell handelt, in dem über die Beziehungen zwischen einzelnen Variablen hinaus auch der Ablauf des Beschaffungsprozesses dargestellt wird.

Eines der für die theoretische Diskussion bedeutendsten Modelle wurde von *Webster* und *Wind* entwickelt.[30] Sie unterscheiden vier Gruppen von Einflußfakoren:

- Die umweltbedingten Determinanten, zu denen z. B. politische, gesetzliche, technologische, ökonomische und kulturelle Restriktionen zählen.
- Organisationsbedingte Einflußfaktoren erfassen, daß die Individuen in die Organisation des Unternehmens eingebunden sind (die Organisationsstruktur des Unternehmens, die Ziele und Aufgaben der Organisation).
- Die interpersonellen Determinanten ergeben sich aus dem Zusammenwirken mehrerer Personen im Buying Center.
- Schließlich wirken auch individualpsychologische Determinanten, z. B. Einstellungen, Motive, Risikobereitschaft.

Das Modell strukturiert somit die Vielzahl der in einem Beschaffungsprozeß wirksam werdenden Einflußgrößen.

Das Modell von *Choffray* und *Lilien* betont mehr den prozeßhaften Charakter des Beschaffungsprozesses.[31] Sie unterscheiden die folgenden Phasen: Alternativenselektion, Präferenzbildung bei den Mitgliedern des Buying Centers und Präferenzbildung bei der Gesamtorganisation.

In neuester Zeit findet die Interdependenz der Kauf- und Verkaufsanstrengungen von Anbieter und Nachfrager besondere Beachtung. Die Austauschbeziehungen werden in den Mittelpunkt der Analyse gestellt.[32]

### Literaturhinweise zu Kapitel 7

Das deutschsprachige umfassende Standardwerk zum Konsumentenverhalten wurde von W. Kroeber-Riel verfaßt. Nach seinem Tod im Jahr 1995 wurde es von P. Weinberg fortgeführt:

*Kroeber-Riel, W./Weinberg, P.: Konsumentenverhalten, 6. Auflage, München 1996.*

> *Kroeber-Riel/Weinberg gehen sowohl auf psychische Determinanten als auch auf Umweltdeterminanten einschließlich der sozialen Umwelt ein. Besondere Berücksichtigung findet die Medienumwelt der Konsumenten.*

In der gleichen Denkschule steht das knapper gehaltene Lehrbuch von

*Trommsdorff, V.: Konsumentenverhalten, 2. Auflage, Stuttgart – Berlin – Köln 1993.*

Sehr anschaulich verfaßt ist das auch im Text mehrfach erwähnte akademische Lehrbuch

*Engel, J. F./Blackwell, R. D./Miniard, P. W.: Consumer Behavior, 8. Auflage, Fort-Worth u. a. 1995.*

---

[30] Vgl. Webster, F. E./Wind, Y. J., 1972, S. 12–19.
[31] Vgl. Choffray, J. M./Lilien, G. L.: Assessing Response to Industrial Marketing Strategy, in: Journal of Marketing, Vol. 42 (1978), No. 2, S. 20–31.
[32] Vgl. Backhaus, K./Diller, H. (Hrsg.): Dokumentation des 1. Workshops der Arbeitsgruppe »Beziehungsmanagement« der wissenschaftlichen Kommission Marketing im Verband der Hochschullehrer für Betriebswirtschaftslehre, Münster u. a. 1994.

*Es enthält auch ein auf die im Handel stattfindenden Einkaufsprozesse bezogenes Kapitel (Chapter 23: Retailing).*

Zum organisationalen Beschaffungsverhalten sei abschließend verwiesen auf:

*Günther, B.: Organisationales Beschaffungsverhalten, in: Berndt, R./Hermanns, A. (Hrsg.): Handbuch Marketing-Kommunikation, Wiesbaden 1993, S. 193–208.*

*Backhaus, K.: Industriegütermarketing, 5. Auflage, München 1997, S. 54–145.*

# 8 Die Marketingplanung

*»Erfolgreiches Einzelhandelsmarketing«*

*(gut gewählter Buchtitel)*

In einer Welt, in der fast alle Waren leicht beschafft werden können, kommt der Gestaltung der Beziehungen zu den Abnehmern entscheidende Bedeutung zu. Dem Umstand, daß der Absatz in fast allen Unternehmungen zum Engpaßbereich geworden ist, ist es zu verdanken, daß Marketing eine so große Beachtung gefunden hat. Zur Marketingplanung im Handelsbetrieb gehören
– das Erkennen und
– die Beurteilung
von Maßnahmen, mit denen der Handelsbetrieb das Verhalten seiner aktuellen und potentiellen Kunden beeinflussen kann. Die Planung stellt dabei nur einen Teil des sog. Managementzyklusses dar, der im übrigen durch die Elemente Analyse der Ausgangssituation, Zielformulierung, Durchsetzung und Kontrolle gekennzeichnet ist (vgl. hierzu Kapitel 3). Planung bedeutet, daß die Folgen einzelner Maßnahmen auf die als relevant angesehenen Zielgrößen vorausgedacht werden, wobei der Einfluß der sog. Umweltgrößen bedacht werden muß; dies ist die Basis für die Auswahl der zu realisierenden Maßnahmen.

Früher wurde von Einkauf und Verkauf als den zentralen Aufgabenbereichen im Handel gesprochen. Wie in der Industrie, wo früher die Begriffe Absatz und Vertrieb verwendet wurden, ist auch im Handel inzwischen der Begriff Marketing heimisch geworden. Der Sprachgebrauch ist jedoch uneinheitlich, stellenweise nebulös, wenn z. B. nur von Marketing als einer Philosophie oder einer Denkweise gesprochen wird, ohne daß deutlich gemacht wird, worin das Wesentliche dieser Denkweise liegt. Im vorliegenden Zusammenhang soll unter Marketing

> *die Erklärung und Gestaltung aller Beziehungen einer Unternehmung zu den Abnehmern der betrieblichen Leistung*

verstanden werden. Insofern ist Marketing gleichbedeutend mit Absatzpolitik und stellt somit nur einen Teil der marktbezogenen Unternehmensführung dar. Marktbezogene Unternehmensführung und Marketing werden nicht gleichgesetzt, weil neben der Absatzpolitik auch alle anderen Bereiche in einer marktwirtschaftlichen Ordnung marktbezogen gestaltet werden müssen; dies gilt für die Finanzierungspolitik ebenso wie für die Personalpolitik oder den Einkauf. Wo liegen nun aber die Ansatzpunkte zur Ausgestaltung der Beziehungen einer Unternehmung zu den Abnehmern? Die Antwort läßt sich auf unterschiedlichen Ebenen geben:
(1) Auf einer elementaristischen Ebene lassen sich die sog. absatzpolitischen Instrumente eines Handelsbetriebes benennen. Es handelt sich um alle Aktionsparameter, mit denen ein Handelsbetrieb das Verhalten der Nachfrager beeinflussen kann. Im folgenden wird der in Abbildung 8.1 dargestellte Katalog von sechs absatzpolitischen Instrumenten verwendet. In der Abbildung werden für diese sechs Instrumentalbereiche Oberbegriffe verwendet, nämlich Ware (Sortiment), Personal, Standort, Preise und Konditionen, Werbung sowie Verkaufsraum, die durch ausgewählte einzelne Gesichtspunkte veranschaulicht werden. So geht es

im Bereich Werbung um die Wahl der Werbemittel (z. B. Schaufenster, Prospekte, Anzeigen). Darüber hinaus ist aber auch festzulegen, welche Geldbeträge für Werbemaßnahmen bereitgestellt werden sollten (Werbebudget) und welche Aussagen in den Mittelpunkt der werblichen Maßnahmen gerückt werden sollten (Werbebotschaft). So stehen hinter jeder Sammelbezeichnung weitere Entscheidungsparameter. Die Vielfalt der Parameter zeigt sich auch, wenn beachtet wird, daß jeder Sachverhalt in Abbildung 8.1 in einer qualitativen, quantitativen, räumlichen und zeitlichen Dimension betrachtet werden kann. So geht es bei der Gestaltung der Werbung bzw. Kommunikation um die Qualität der Inhalte (Art der Botschaft), um das Ausmaß, in dem entsprechende Maßnahmen durchgeführt werden sollen, und um die jeweiligen Zeiträume. Auch beim Einsatz von Personal und Ware lassen sich diese Dimensionen anwenden. Die Ladenöffnungszeit gibt einen Hinweis, wann das Personal den Kunden zur Verfügung steht, bei Sortimenten lassen sich Tages-, Wochen- und Saisonsortimente unterscheiden.

**Abbildung 8.1:** Die absatzpolitischen Instrumente des Handelsbetriebs

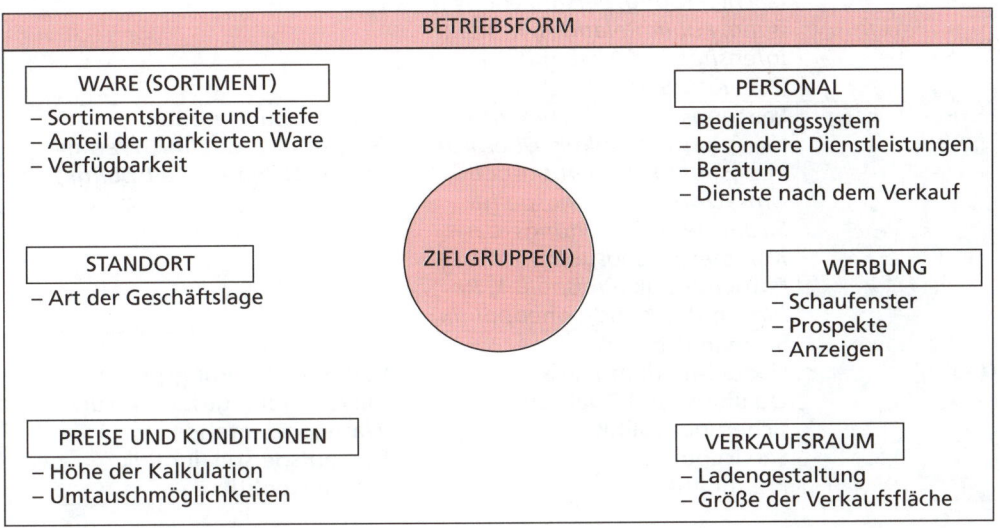

In der Literatur finden sich unterschiedliche Einteilungen für die absatzpolitischen Instrumente (Vgl. die Übersicht in Abbildung 8.2). Während *Barth* drei absatzpolitische Instrumentalbereiche unterscheidet, gliedert *Berekoven* in zehn.

Abbildung 8.2: Systematisierung der absatzpolitischen Instrumente durch verschiedene Autoren

| Autor | Absatzpolitische Instrumente | |
|---|---|---|
| U. Hansen (1990) | Standortpolitik<br>Sortimentspolitik<br>Produktpolitik, insbesondere Eigenmarkenpolitik<br>Verkaufsgestaltung | Preispolitik<br>Absatzfinanzierung<br>Absatzwerbung<br>Kundenservice<br>Beschwerdepolitik |
| B. Tietz (1993) | Waren- und dienstleistungs-bezogene Instrumente *(Produktgestaltung, Sortiments-programm, Mengenpolitik)*<br>Entgeltbezogene Instrumente *(Preise, leistungsbezogene Kon-ditionen, finanzielle Konditio-nen)*<br>Nebenleistungsbezogene Instru-mente *(Kundendienst)*<br>Informations- und kommunika-tionsbezogene Instrumente *(Sachwerbung, persönliche Wer-bung, Public Relations, Kontakt-intensität und Präsentation, zeit-liche Kontaktbereitschaft)* | Institutionenorientierte Instru-mente *(Handelswege)*<br>Warenprozeßinstrumente: Wa-ren- und dienstleistungs-gebundene Instrumente der Zeit-verfügbarkeit *(Lagerhaltung)* und der Raumverfügbarkeit (Trans-port), und zwar Liefertermin, Lieferhäufigkeit, Bestell- und Liefermenge, Leistungsbereit-schaft und Leistungsservice |
| K. Barth (1996) | Leistungspolitik *(Sortimentspoli-tik, Quantitätspolitik, Überbrük-kungspolitik, Sicherungspolitik, Umsatzdurchführungspolitik; Sachgüteraufbereitungs- bzw. Komplettierungspolitik)*<br>Entgeltpolitik *(Preispolitik, Ra-battpolitik, Konditionenpolitik)* | Beeinflussungspolitik *(Präsentationspolitik, Werbe-politik, Öffentlichkeitspolitik)* |
| L. Berekoven (1995) | Sortimentspolitik<br>Handelsmarkenpolitik<br>Qualitäts- und Qualitäts-sicherungspolitik<br>Servicepolitik<br>Preispolitik | Werbepolitik<br>Verkaufsförderungspolitik<br>Verkaufsraumgestaltung und Warenpräsentation<br>Verkaufspersonalpolitik<br>Standortpolitik |

Die Kataloge der einzelnen absatzpolitischen Instrumente unterscheiden sich bei den einzelnen Autoren nicht fundamental. Es sei darauf verzichtet, sie explizit miteinander zu vergleichen, wobei ein Vergleich sich vor allem auf die Vollstän-digkeit, die Überschneidungsfreiheit, die Verständlichkeit und die Übersichtlich-keit zu beziehen hätte. Stellenweise kommen in den Systematisierungen auch die Vorlieben der einzelnen Autoren zum Ausdruck. So hat sich *Hansen* intensiv mit den Beschwerden von Kunden und ihrer Behandlung durch die Unternehmen beschäftigt, und es erscheint nicht verwunderlich, daß sie diese Form der Beziehung zwischen Unternehmung und Kunden in der Gliederung besonders hervorhebt. *Berekoven* hat sich ausführlich mit dem Markenartikel beschäftigt und nennt wahrscheinlich deshalb die Handelsmarkenpolitik als eigenständiges Instrument neben der Sortimentspolitik.

(2) Die absatzwirtschaftlichen Handlungsmöglichkeiten einer Handelsunternehmung lassen sich aber nicht nur auf der elementaristischen Ebene der Aktionsparameter benennen, sondern auch auf der Ebene von Handlungen, wobei unter Handlungen solche Maßnahmen gemeint sind, die durch den abgestimmten Einsatz mehrerer absatzpolitischer Instrumente gekennzeichnet sind. Beispiele hierfür sind etwa Aktionen, die im Regelfall eine preispolitische Komponente haben, durch Werbung unterstützt werden und häufig mit Sonderplazierungen im Laden einhergehen. Drei einzelne Instrumente werden zu einer Maßnahme verknüpft. Auch an der Handelsmarkenpolitik läßt sich beobachten, daß sie sich zugleich auf die Auswahl von Artikeln, eine bestimmte Preispolitik und eine Plazierungspolitik bezieht. Während in den theoretischen Beiträgen das Augenmerk vor allem der Systematisierung der Aktionsparameter galt, denkt die Praxis eher in Maßnahmen.

(3) Die Ebene der Betriebsformen: Bekanntlich ergibt sich im Großhandel, vor allem aber im Einzelhandel das vielfältige Angebotsbild aus der Vielzahl der Betriebsformen. Bei Betriebsformen handelt es sich um absatzpolitische Konzepte, die Bandbreiten für den Einsatz der einzelnen absatzpolitischen Instrumente angeben und auf den Stellenwert der einzelnen Instrumente hinweisen. Die Preispolitik ist das hervorstechende Leistungsmerkmal in der Absatzpolitik eines Discounters, denn die geforderten Preise sind im Vergleich zu den Preisen anderer Anbieter relativ niedrig. Beim Fachgeschäft dominieren Sortimentstiefe und Qualitätsniveau, beim SB-Warenhaus ist die Sortimentsbreite charakteristisch. Insofern könnte Marketingplanung auch Betriebsformenplanung bedeuten. Andererseits hat sich die Planung der Betriebsform nicht nur auf kundenbezogene und damit erlösbezogene Aspekte zu erstrecken, sondern hat auch kosten- und finanzwirtschaftliche Gesichtspunkt miteinzubeziehen. Aus diesem Grunde wurde der Betriebsformenpolitik ein eigener Abschnitt gewidmet (vgl. Kapitel 5).

(4) Schließlich können auf einer strategischen Ebene strategische Optionen der Unternehmung gegenüber ihren Kunden betrachtet werden. In Kapitel 4 ist dargestellt worden, daß es sich bei den strategischen Optionen um Produkt (bzw. Leistungen)-Markt-Kombinationen oder um Zielgruppen-Bedürfnis-Technologie-Kombinationen handeln kann. Ein Beispiel hierfür wäre die Gegenüberstellung von Warenversorger und Erlebnishandel.

Im folgenden wird der elementaristischen Sichtweise gefolgt, indem sukzessiv die einzelnen absatzpolitischen Instrumente behandelt werden. Je nach Entscheidungseinheit läßt sich eine Marketingplanung auf der einzelwirtschaftlichen Ebene (Ebene der Unternehmung) und der kooperativen Ebene unterscheiden (z. B. im Rahmen eines Einkaufszentrums oder im Rahmen von Citymarketing).

Marketing ist aber nicht nur durch seinen Bezug auf die Instrumente, mit denen das Kundenverhalten beeinflußt werden kann, gekennzeichnet, sondern auch durch den Kundenbezug. Dies schließt gleichermaßen die Analyse ein, wie die Kunden auf bestimmte Maßnahmen reagieren werden (Denken von innen nach außen) und die Frage, welche Maßnahmen bei einer bestimmten Kundenstruktur ergriffen werden sollten (Denken von außen nach innen). Besonders der letzte Aspekt ist gemeint, wenn

vom Marketing als einem marktbezogenen Führungsstil gesprochen wird, weil hier betont wird, daß die Bedürfnisse der Nachfrager zum Ausgangspunkt der Analyse des betrieblichen Verhaltens gemacht werden sollen.[1] Der Absatzmarkt ist aber nicht nur durch die Situation bezüglich der Nachfrager charakterisiert, sondern in bedeutender Weise auch durch die Konkurrenzsituation. Wie sich betriebliche Maßnahmen auswirken werden, kann nur unter Berücksichtigung der Konkurrenzlage erkannt werden. Von daher sind zwei Analysen für jede Marketingplanung fundamental
– die Nachfrageranalyse, die die Frage einschließt, ob sich die Unternehmung einer homogenen Gruppe von Nachfragern gegenübersieht oder ob Segmente von Nachfragern unterschieden werden müssen, was unter Umständen die Entscheidung für bestimmte Zielgruppen einschließt,
– die Konkurrenz- bzw. Anbieteranalyse.

Diese beiden Analysen fließen in die Zielgruppenentscheidung ein. Hierauf wird im folgenden eingegangen, bevor anschließend die einzelnen absatzpolitischen Instrumente behandelt werden.

# 8.1 Die Zielgruppenplanung

Marktsegmentierung und Zielgruppenplanung gehören im Konsumgütermarketing zu den selbstverständlichen Planungsinstrumenten. Im Handel wurde der Begriff Zielgruppenkonzept dagegen lange Zeit kaum verwendet, es galt: »Verkauf an jedermann«, d. h. keiner der potentiellen Bedarfsträger sollte aus der Kundschaft ausgeschlossen werden. Man bot bestimmte Waren oder Leistungen an und hoffte, daß sich durch die Selbstselektion der Nachfrager hinreichend viele Kunden finden würden. Um 1975 finden sich dann zunehmend Formulierungen der folgenden Art: »Genügte für den Erfolg des Warenhauses und des Versandhauses noch die Bildung von Zielmarktsegmenten wie »Stadtbevölkerung« bzw. »Landbevölkerung«, so ist bei der Entstehung des Discounthauses und des Einkaufszentrums festzustellen, daß die Zielgruppen wesentlich spezifizierter und damit auch kleiner geworden sind. Dies trifft in verstärktem Maße auf eine Reihe anderer neuer Betriebsformen zu (Boutiquen, Drugstores u. ä.), deren zugrundeliegende Marktsegmente noch kleiner und noch schärfer voneinander abgegrenzt sind.«[2] Die Frage, ob im Handel Marktsegmente unterschieden werden sollten und wie Zielgruppen definiert werden können, ist heute noch aktueller geworden.[3] Um die Nützlichkeit dieses Instrumentes diskutieren zu können, soll zunächst auf die Möglichkeit, Segmente zu bilden eingegangen werden. Dabei sei ein Segment als jene Gruppe von Nachfragern definiert, die sich in

---

[1] Weitere Ausführungen zum Begriff des Marketing und seiner historischen Entwicklung finden sich in Müller-Hagedorn, L.: Einführung in das Marketing, 2. Auflage, Darmstadt 1996, S. 5–25.

[2] Moser, D.: Neue Betriebsformen im Einzelhandel. Eine Untersuchung der Entstehungsursachen und Entwicklungsdeterminanten, Frankfurt am Main – Zürich 1974, S. 266.

[3] Vgl. Büttner, H.: Die Segmentorientierte Marketingplanung im Einzelhandelsbetrieb, Göttingen 1986.

mindestens einem Merkmal ähneln, während sie sich von den Mitgliedern anderer Segmente unterscheiden. Segmente können grundsätzlich bei den Nachfragern des Großhandels wie des Einzelhandels unterschieden werden. Bevor entschieden werden kann, wieviele und welche der erkannten Segmente als Zielgruppe der Unternehmung angesehen werden sollen, muß geprüft werden, inwieweit in den einzelnen Segmenten mit den Aktivitäten bestimmter anderer Anbieter gerechnet werden muß.

## 8.1.1  Das Erkennen von Marktsegmenten

Inwieweit unterscheiden sich die Nachfrager in einem Markt? Das ist die für eine Marktsegmentierung grundlegende Frage. Segmente können dabei mit Hilfe einer Vielzahl von Merkmalen gebildet werden. Diese werden im folgenden zunächst vorgestellt, bevor auf ausgewählte Segmentierungskonzepte eingegangen wird.

### Merkmale für die Marktsegmentierung

Welche Merkmale kommen für eine Unterscheidung in Frage. Im Marketing hat sich eingebürgert, die vielfältigen Merkmale drei Gruppen zuzuweisen:

(1) Angaben zum sozioökonomischen Status. Mit Merkmalen des sozioökonomischen Status wird die Einordnung eines Nachfragers in das gesellschaftliche und ökonomische System abgebildet. Mit Hilfe des Alters lassen sich Gruppen bilden, wie Kinder, Jugendliche, Erwachsene unterschiedlicher Altersklassen, Senioren. Bereits in den einführenden Beispielen war auf den Wohnort hingewiesen worden, indem sehr grob zwischen einer Stadt- und einer Landbevölkerung unterschieden worden ist. Gerade für den großflächigen Einzelhandel sind Überlegungen anzustellen, aus welchen Regionen er seine Nachfrage gewinnen will; aber auch der Großhandel muß sich fragen, ob er regional oder überregional tätig sein will. Ausbildung, Berufstätigkeit, Rolle in der Familie, Höhe des verfügbaren Einkommens, Familienstand, Zahl der Kinder, Wohnverhältnisse, Besitzverhältnisse sind weitere Beispiele. Bei den Kunden des Großhandels ist an die Zahl der Beschäftigten, den Umsatz oder an die Branche zu denken.

(2) Psychographische Merkmale. Hier handelt es sich um die zahlreichen Merkmale, mit denen das Insystem von Nachfragern gekennzeichnet werden kann. Wie in dem Kapitel über das Nachfragerverhalten näher ausgeführt worden ist, gehören hierzu Bedürfnisse, Motive, Einstellungen, Interessen, Absichten, das Involvement, Kenntnisse, Zufriedenheitsgrade usw. So wird z. B. davon gesprochen, es gäbe preisorientierte Nachfrager auf der einen und erlebnisorientierte Nachfrage auf der anderen Seite.

(3) Aspekte des Verhaltens. Wie in Kapitel 7 dargestellt worden ist, äußert sich das Verhalten der Nachfrager in zahlreichen Aspekten, z. B. in der von ihnen bevorzugten Betriebsform, in der Häufigkeit, mit der Einkaufsgänge erledigt werden, in ihrer Markentreue, in der Menge, die von einzelnen Gütern konsumiert wird usw. Jedes dieser Merkmale kann auch herangezogen werden, um die Nachfrager zu segmentieren. So können Stammkäufer, Selten-Käufer und Noch-nie-Käufer unterschieden werden, oder es können Nachfrager unterschieden werden, die ihre Ein-

käufe auf ein Geschäft konzentrieren, während andere sich in zahlreichen Geschäften informieren bzw. dort einkaufen.

### Zur Eignung einzelner Kriterien für die Marktsegmentierung

Es ist leicht einzusehen, daß die Nachfragerschaft nach zahlreichen Merkmalen segmentiert werden kann. Die Eignung einzelner Merkmale wird zunächst nach formalen Kriterien beurteilt.
- So ist z. B. daran zu denken, welcher Aufwand notwendig ist, um ein bestimmtes Merkmal zu erheben. Sehr leicht läßt sich das Geschlecht von Personen bestimmen, mühevoller ist es schon, Alter oder Einkommen zu erheben, bedeutende Schwierigkeiten tun sich aber auf, Konstrukte des Insystems zu ermitteln. Solche Größen erfordern im Regelfall, umfangreiche Item-Batterien zu entwickeln.
- Auch wird daran zu denken sein, wie stabil sich die Merkmale im Zeitablauf verhalten. Bekanntlich ändert sich das Alter stetig, aber doch nicht in atemberaubender Geschwindigkeit; Stimmungen dagegen können von einer Minute auf die andere umschlagen, und es ist einsichtig, daß es im Rahmen einer Marketingplanung nicht sinnvoll wäre, solche Merkmale zur Basis einer Segmentierung zu machen, die nur eine geringe Konstanz im Zeitablauf zeigen.
- Schließlich ist daran zu denken, daß einige Merkmale in unterschiedlichem Grad genau, valide und reliabel gemessen werden können. So scheuen einige Nachfrager davor zurück, ihr Einkommen exakt anzugeben, aber auch die dem Verhalten zugrunde liegenden Bedürfnisse werden nicht in allen Fällen aufgedeckt.

Neben diesen formalen Kriterien sind zwei weitere von besonderer Bedeutung,
- die Diskriminierungsfähigkeit eines Merkmals in bezug auf bestimmte Verhaltensweisen und
- der Nutzen für die Marketingplanung.

Die Diskriminierungsfähigkeit zeigt an, in welchem Ausmaß Verhaltensunterschiede mit einer Variation des betreffenden Merkmals einhergehen. Wenn z. B. untersucht werden sollte, in welchem Ausmaß für Lebensmittelkäufe der Discounter bevorzugt wird, könnten beispielsweise drei Stufen unterschieden werden, und zwar mit geringen Anteilen (weniger als 10 % der monatlichen Ausgaben für Lebensmittel), mittlere Anteile und starke Anteile (mehr als 50 % der monatlichen Ausgaben für Lebensmittel). Mithin lassen sich drei Gruppen bilden, und es könnte gefragt werden, ob sich diesen drei Verhaltensgruppen bestimmte Altersklassen zuordnen lassen. Wenn das Ergebnis so wie in Abbildung 8.3 aussähe, könnte von einer großen Diskriminierungsfähigkeit des Merkmals Alter gesprochen werden.
Das Beispiel ist so konstruiert, daß auch ohne statistische Tests deutlich wird, daß ein Zusammenhang zwischen der Bevorzugung des Discounters und dem Alter besteht. Die mittlere Altersgruppe bevorzugt augenscheinlich den Discounter. Wären bei der gegebenen Altersverteilung die beiden Variablen nicht voneinander abhängig, wäre zu erwarten, daß von den Personen in der mittleren Altersgruppe nur $360/600 \times 160/600$, also 96 und nicht 160 ihre Einkäufe zu hohen Anteilen beim Discounter decken würden. Würden dagegen alle Altersklassen den Discounter in gleicher Weise bevorzugen, dann wäre kein Anlaß zur Marktsegmentierung gegeben, denn die Nachfrager in allen Altersklassen verhalten sich in gleicher Weise. Im vorliegenden Fall verdient die mittlere Altersgruppe jedoch die besondere Aufmerksamkeit des Unternehmens; sie stellt überwiegend die Nachfrager.

Abbildung 8.3: Konstruiertes Beispiel zum Zusammenhang von zwei Merkmalen

| Altersklasse | Bevorzugung des Discounters | | | |
|---|---|---|---|---|
| | geringe Anteile | mittlere Anteile | hohe Anteile | Personen |
| unter 25 | 100 | 50 | 0 | 150 |
| 25–60 | 10 | 190 | 160 | 360 |
| über 60 | 40 | 50 | 0 | 90 |
| $\sum$ | 150 | 290 | 160 | 600 |

Zum zweiten sind die Merkmale daraufhin zu prüfen, welche Hinweise sie auf die Ausgestaltung der Marketingpolitik erlauben. Nutzt es einem Unternehmen zu wissen, daß einzelne Merkmale, wie z. B. das Alter, mit bestimmten Aspekten des Verhaltens in einem Zusammenhang stehen? An dieser Stelle ist es aufschlußreich, sich an die Entstehung des Denkens in Segmenten und dem darauf aufbauenden Zielgruppendenken zu erinnern. Die Wurzeln liegen in der Mediaplanung der Konsumgüterindustrie. Schon immer stand die Werbeträgerplanung vor der Aufgabe, aus den zahlreichen Werbeträgern jene auszuwählen, die den Verkauf des beworbenen Produktes unterstützen. Wenn es beispielsweise darum geht, die Käufer einer Sektmarke an diese Marke zu binden, dann muß festgestellt werden, über welche Medien diese Käufer erreicht werden können. Haben die Käufer ihren Schwerpunkt in einer bestimmten Alters- oder Einkommensklasse, dann muß ermittelt werden, welche Medien diese Alters- oder Einkommensklasse benutzen, um die entsprechenden Personen zu erreichen. Das Zielgruppenkonzept steuerte die Werbeträgerauswahl. Die Belegung jener Medien, die von der Altersgruppe genutzt werden, zu der die Käufer der beworbenen Marke gehören, sichert, daß diese Käufer werblich erreicht werden und die erhoffte Bindungswirkung eintritt. Dieses Beispiel macht deutlich, daß die Segmentierungsvariablen nur eine Mediatorenrolle spielen, indem sie es ermöglichen, den Einsatz der absatzpolitischen Instrumente so zu steuern, daß die erwünschten Reaktionen der Nachfrager eintreten. Segmentierungskonzepte sind also aus betriebswirtschaftlicher Sicht daran zu messen, inwieweit sie Hinweise auf den erfolgreichen Einsatz der absatzpolitischen Instrumente erlauben. Sie haben ihre Berechtigung dann, wenn die Reaktionen einzelner Nachfragergruppen auf den Einsatz unterschiedlich ausfallen, der Markt also in bezug auf die einzelnen absatzpolitischen Instrumente uneinheitlich reagiert. Heterogenität der Reaktion stellt also die Basisvoraussetzung für Marktsegmentierungsstudien dar. Marktsegmentierungen erweisen sich mithin dann als fruchtbar, wenn sie es erlauben, die Reaktionen der Nachfrager auf bestimmte betriebliche Maßnahmen zu prognostizieren oder wenn sie umgekehrt Hinweise auf einen erfolgreichen Einsatz dieser Maßnahmen ermöglichen.

Die mangelnde oder falsch praktizierte Anwendung des Zielgruppenkonzeptes ist auf Lücken im Verständnis des Konzeptes zurückzuführen. So ist beispielsweise der Einwand, daß in einer bestimmten Unternehmung ein Zielgruppenkonzept nach dem Alter nicht in Frage kommt, weil man beobachtet habe, daß schon in der Vergangenheit Kunden aus den unterschiedlichsten Altersschichten dort gekauft hätten, zurückzuweisen. Als erstes vernachlässigt der Einwand nämlich die Anteile der einzelnen Altersklassen, denn es kann durchaus der Fall sein, daß einzelne Altersklassen deutlich überproportional repräsentiert sind. Zum zweiten vernachlässigt er, daß die einzelnen Altersklassen in unterschiedlicher Weise auf einzelne absatzpolitische Maßnahmen reagieren können. Richtig ist, daß ein Zielgruppenkonzept nicht mechanisch auf einzelne leicht beobachtbare Merkmale zurückgreifen darf, sondern daß hierfür nur Merkmale in Frage kommen, die sich in der Theorie des Konsumentenverhaltens als diskriminierungsfähige Variablen erwiesen haben und aus denen betriebspolitische Schlüsse gezogen werden können.

### Einzelne Konzepte

Im Handel gibt es einige Beispiele für Unternehmungen, die explizit Zielgruppen formuliert haben und damit von dem Anspruch, alle potentiellen Nachfrager beliefern zu wollen, abgerückt sind. Im Möbelmarkt hat sich *IKEA* bei seinem Eintritt in den deutschen Markt auf die Bearbeitung des Segmentes der jüngeren Nachfrager beschränkt, während ansonsten bis zu diesem Zeitpunkt fast alle Möbelhäuser den Gesamtmarkt abzudecken versuchten. Die Ausrichtung von *IKEA* auf seine Zielgruppe äußerte sich dann nicht nur in der besonderen werblichen Ansprache, sondern auch in der Sortimentsgestaltung und dem Verkaufssystem.

*Möbel Franz* hat sich bemüht, schon bei der Kataloggestaltung Zielgruppen anzusprechen und dabei folgende Gruppen explizit genannt,
– die weltoffenen Ästheten,
– die innovativen Kunstfreunde,
– die kultivierten Stilsicheren,
– die jugendlichen Zeitgeistigen,
– die gemütlich Harmonischen,
– die verwöhnten Repräsentativen,
– die designorientierten Avantgardisten,
– die modern Klassischen.[4]

Hier werden zwei Sachverhalte deutlich: Es ist nicht mehr unmittelbar ersichtlich, wie die einzelnen Segmente voneinander abgegrenzt werden. Nicht nur für den Externen ist unklar, wie der weltoffene Ästhet von dem kultivierten Stilsicheren abgegrenzt ist, sondern auch dem Kunden wird die Zuordnung schwer fallen. Zum zweiten ist ersichtlich, daß die Firma mit acht Segmenten den Markt relativ fein unterteilt hat und sich zudem an ein breites Spektrum von Nachfragern wendet. Zwar ist im vorliegenden Fall unbekannt, wieviele Segmente der Markt insgesamt aufweist, jedoch handelt es sich bei der Ansprache von acht Segmenten ohne Zweifel nicht mehr um die Ausrichtung auf ein eng definiertes Segment.

In der Theorie sind einzelne Konzepte zur Segmentierung von Nachfragern untersucht worden, ohne daß es jedoch zu intensiveren vergleichenden Analysen gekommen wäre. Vielmehr sind einzelne Merkmale eher beispielhaft herangezogen worden, um Möglichkeiten zur Zielgruppenbildung aufzuzeigen. Im folgenden werden exemplarisch ausgewählte Studien vorgestellt, die sich deutlich voneinander unterscheiden. Die Unterschiede liegen in den einbezogenen Merkmalen, der Anzahl der erhaltenen Gruppen und der betriebspolitischen Verwertbarkeit:
– *Müller-Hagedorn* mit soziodemographischen Angaben (Lebenszyklusmodell),

---

[4] Möbel Franz (Hrsg.): Einrichten '92. Katalog, S. 402.

– *Diller* mit Angaben zum Kaufverhalten und den Erwartungen der Kunden,
– *Gröppel* mit Persönlichkeitsmerkmalen.[5]

### Das Lebenszykluskonzept nach *Müller-Hagedorn*

Mit Hilfe des Lebenszykluskonzeptes (Lebensabschnitte, in denen sich die Nachfrager befinden) hat *Müller-Hagedorn* bei einer Vielzahl von Warengruppen gezeigt, daß einzelne Betriebsformen die einzelnen Segmente in unterschiedlichem Maße erreichen.[6] Zwar finden die einzelnen Betriebsformen im Regelfall Kunden in allen definierten Segmenten, jedoch sind einzelne Segmente in geringerem Maße, andere in stärkerem Maße unter den Kunden vertreten. Abbildung 8.4 veranschaulicht dies am Beispiel der Warengruppe Lebensmittel.[7]
Deutlich ist zu erkennen, daß die Verbrauchermärkte in überdurchschnittlichem Ausmaß Verbraucher aus den mittleren Lebenszyklusphasen ansprechen, während die Warenhäuser ihre Kunden in überdurchschnittlichem Ausmaß in den jüngeren und älteren Phasen rekrutieren. Die Untersuchungen belegen auf einer statistischen Basis, daß das Ausmaß, in dem einzelne Betriebsformen bevorzugt werden, tatsächlich mit Hilfe des Lebenszykluskonzeptes diskriminiert werden kann. Die zugehörigen Kontingenzkoeffizienten liegen je nach Warengruppe zwischen 0,3 und 0,4. Die Verhaltensrelevanz dieses Segmentierungskriteriums wurde mithin nachgewiesen. *Müller-Hagedorn* hat des weiteren auch gezeigt, wie die Erkenntnisse aus der Segmentierung betriebspolitisch genutzt werden können, indem er aufgedeckt hat, daß die Angehörigen der einzelnen Gruppen unterschiedliches Interesse an einzelnen Angebotsvarianten (z. B. der Selbstbedienung) haben.

### Vier Verbrauchergruppen bei *Diller*

*Diller* hat für den Textilhandel vier Verbrauchergruppen benannt,
– die Hedonisten (30,1 %),
– die Preisorientierten (25,1 %),
– die Alles-Forderer (26,5 %),
– die angepaßten Gleichgültigen (18,3 %).[8]

Diese vier Gruppen sind aus einer Cluster-Analyse hervorgegangen, in die insgesamt zehn Merkmale eingegangen sind. Es handelt sich um die Antworten der Befragten auf die folgenden Fragen (in Klammern sind die Durchschnittswerte angegeben, die sich aus den Skalenwerten ergeben haben, wobei die Ausprägung »stimme überhaupt

---

[5] Vgl. Müller-Hagedorn, L.: Bevorzugte Betriebsformen des Einzelhandels und das Lebenszykluskonzept, in: ZfbF, 30. Jg. (1978 a), S. 106–124; Diller, H.: Zielgruppen für den Erlebnishandel. Eine empirische Studie, in: Trommsdorff, V. (Hrsg.): Handelsforschung 1990. Internationalisierung im Handel, Wiesbaden 1990, S. 139–156; Gröppel, A.: Erlebnisbetontes Handelsmarketing, in: Trommsdorff, V. (Hrsg.): Handelsforschung 1990, Wiesbaden 1990 a, S. 121–137. Zu einem Überblick über handelsrelevante Segmentierungsansätze vgl. auch Schmitz, C. A./Kölzer, B.: Einkaufsverhalten im Handel. Ansätze zu einer kundenorientierten Handelsmarketingplanung, München 1996, S. 142–251.

[6] Müller-Hagedorn, L., 1978 a, S. 106–124.

[7] Zur Definition der einzelnen Lebenszyklusphasen und einer eingehenden Darstellung vgl. die Ausführungen in Abschnitt 7.4.2.1.

[8] Diller, H., 1990, S. 139–156.

nicht zu« mit 1 und die Ausprägung »stimme voll und ganz zu« mit 7 codiert worden ist):

1. Ich kaufe Kleidung meistens zu ganz bestimmten Gelegenheiten (3,4).
2. Bevor ich ein schönes Kleidungsstück kaufe, schaue ich mich erst in anderen Geschäften um (5,0).
3. Mir sind Geschäfte sehr sympathisch, in denen ich ehrliche und umfassende Beratung erhalte (5,7).
4. Mir macht es nichts aus, in preiswerten Geschäften wie C & A einzukaufen (5,7).
5. Exklusive Geschäfte schrecken mich eher ab (3,8).
6. Ich besuche in der Regel solche Geschäfte, in denen ich meinen eigenen Stil wiederfinde (5,5).

**Abbildung 8.4:** Käufergruppen der vier bedeutendsten Betriebstypen bei der Warengruppe »Lebensmittel« nach Lebenszyklusphasen

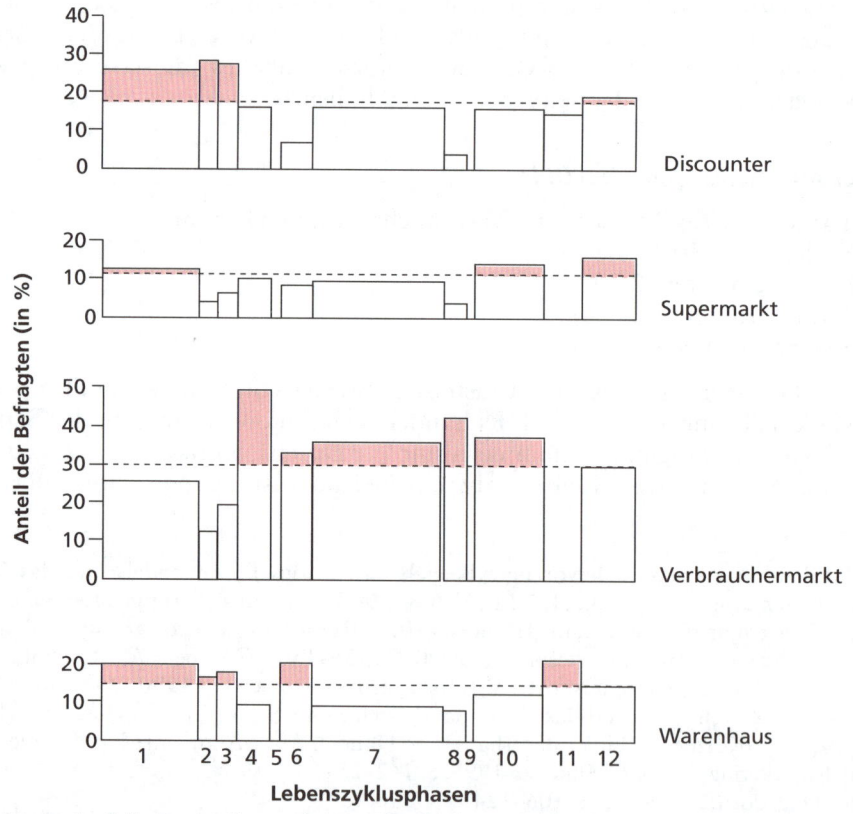

Anmerkung: Auf die Darstellung des Kaufverhaltens der Verbraucher in den Phasen 5 und 9 wurde wegen der geringen Anzahl verzichtet (Basis: 524 Befragte).

7. Wenn ich mir Kleidung kaufen will, achte ich im allgemeinen sehr auf die Marke (3,3).
8. Ich kaufe am liebsten dort ein, wo es meistens die allerneueste Mode gibt (4,1).
9. Ich kaufe meine Kleidung dort ein, wo es mir gefällt, egal, was andere denken (6,3).
10. Ich bevorzuge vor allem solche Geschäfte, in denen es einfach Spaß macht, einzukaufen (5,5).

Eine Analyse der verwendeten Merkmale zeigt, daß es sich um eine Mischung von Angaben zum Kaufverhalten und zur Bedeutung einzelner Sachverhalte bei der Auswahl der Geschäfte handelt:
- Angaben zum Kaufverhalten: Anlaß zum Einkauf (1), Anzahl der aufgesuchten Geschäfte (2), Kauf in preiswerten Geschäften (4), Aufsuchen exklusiver Geschäfte (5),
- Erwartungen/Ansprüche: Beratung (3), Übereinstimmung mit dem eigenen Stil (6), Markenorientierung (7), Aktualität der Mode (8), Beurteilung durch Dritte (9), Spaß (10).

Mit Hilfe dieser zehn Merkmale werden nicht nur die vier genannten Käufertypen clusteranalytisch ermittelt, sondern auch beschrieben. Der »Hedonist« und der »Preisorientierte Modemuffel« werden anhand ihrer jeweiligen Mittelwerte in Abbildung 8.5 gekennzeichnet.
Aus den Profilen ist beispielsweise zu ersehen, daß der Hedonist dem Item, daß Kleidung zu bestimmten Gelegenheiten gekauft wird, nur unterdurchschnittlich zustimmt, während der Spaß am Einkauf eine überdurchschnittliche Bedeutung hat. Anders ist das bei dem preisorientierten Modemuffel: Der Spaß am Einkauf liegt nur unterdurchschnittlich vor, bezüglich des Kaufanlasses denkt er wie der Durchschnitt aller Befragten.
Die Untersuchung von *Diller* macht deutlich, daß Nachfrager sich sowohl in ihrem Kaufverhalten (z. B. Zahl der aufgesuchten Geschäfte) als auch in ihren Erwartungen an ein Geschäft unterscheiden. Es bleibt zwar unklar, nach welchem Kriterium die genannten Merkmale ausgewählt worden sind, aber augenscheinlich ist die Nachfragerschaft heterogen, wobei sich in der Vielfalt der Verhaltensweisen und Erwartungen Typen ausmachen lassen. Da die gebildeten Typen nicht zu einer abhängigen Variablen in Beziehung gesetzt werden, läßt sich ihr Erklärungswert kaum beurteilen. Sie dienen nur der Beschreibung der Verbraucher und liefern insofern Angaben über die Heterogenität der Nachfragerschaft (entsprechende Untersuchungen wurden wegen ihrer Vertraulichkeit nicht veröffentlicht). Zwar gibt *Diller* nicht an, wie gut sich die insgesamt vier Typen voneinander abgrenzen lassen (er spricht von guten bis sehr guten Werten bezüglich der Inner- und Zwischengruppenheterogenität), aber die erste Voraussetzung an eine Segmentbildung, daß sich nämlich die ausgewiesenen Segmente hinreichend voneinander unterscheiden, scheint erfüllt zu sein. Zwar führt eine Clusteranalyse immer zu unterschiedlichen Gruppen, aber ein Vergleich der Mittelwerte für die einzelnen Merkmale in den Clustern und ihrer Varianz erlaubt zu überprüfen, inwieweit eine Zerlegung der gesamten Stichprobe im Segment tatsächlich angezeigt ist.
Betriebspolitisch können die Erkenntnisse für Marktpotentialanalysen genutzt werden, indem aus der Stärke der Cluster Hinweise auf die Nachfrage abgeleitet werden. Die Brücke zur Gestaltung einzelner absatzpolitischer Instrumente läßt sich nur in einem sehr allgemeinen Sinn schlagen. So wird beispielsweise das Ausmaß der Mar-

kenorientierung angesprochen; wenn aber im Rahmen der Sortimentspolitik zu entscheiden ist, welche Marken für das Sortiment gewonnen werden sollten und welchen Stellenwert einzelne Marken im Sortiment einnehmen sollten, werden weitergehende Informationen benötigt. Ähnliches ließe sich in bezug auf die übrigen Erwartungen sagen, wiewohl Beziehungen zu den einzelnen absatzpolitischen Instrumenten bestehen, wie die folgende Zuordnung in Abbildung 8.6 deutlich machen soll.

**Abbildung 8.5:** Einstellungsprofile zweier Käufertypen

| | Gesamt ∅ | Typ1* | Typ2** | Typ1: Hedonisten | Typ2: Preisorientierte Modemuffel |
|---|---|---|---|---|---|
| Anlaßbezogener Kauf | 3,4 | 2,1 | 3,4 | | |
| Rationalkauf | 5,0 | 4,6 | 5,5 | | |
| Luxusscheu | 3,8 | 2,3 | 4,8 | | |
| Markenorientierung | 3,3 | 3,3 | 2,2 | | |
| Individualität | 5,5 | 6,1 | 4,4 | | |
| Beratungsbedarf | 5,7 | 5,8 | 5,5 | | |
| Emanzipation | 6,3 | 6,7 | 6,7 | | |
| Spaß am Einkauf | 5,5 | 6,4 | 4,6 | | |
| Preisorientierung | 5,7 | 5,4 | 6,5 | | |
| Modeorientierung | 4,1 | 4,7 | 2,4 | | |

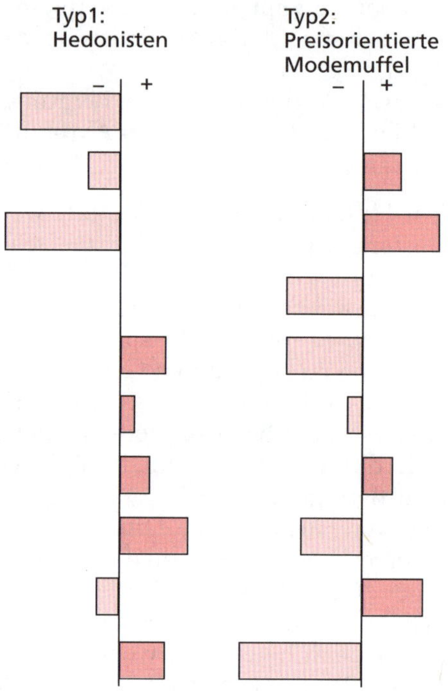

\* Hedonisten
\*\*Preisorientierte Modemuffel

Quelle: In Anlehnung an Diller, H., 1990, S. 151 f.

## Die Typologie von *Gröppel*

Auch *Gröppel* hat die Textilbranche gewählt, um zu erkunden, ob sich Kundentypen unterscheiden lassen.[9] Sie kommt, wie in Abbildung 8.7 ausgewiesen, zu drei Gruppen,

[9] Vgl. Gröppel, A., 1990a, S. 121–137.

- den Indolenten (sie meint damit Desinteressierte, die Reizen aus zahlreichen Bereichen gleichgültig bis ablehnend gegenüberstehen),[10]
- den Sensualisten, die gegenüber vielfältigen Aktivitäten aufgeschlossen sind und neue und ungewohnte Dinge erleben möchten,
- die jungen Extremen, die sich in einer Zwitterstellung befinden und einzelnen Aussagen entweder euphorisch zustimmen oder sie gänzlich ablehnen.

**Abbildung 8.6:** Zusammenhänge zwischen Erwartungen und absatzpolitischen Instrumenten

| Erwartung | Absatzpolitisches Instrument |
|---|---|
| Beratung | Personaleinsatz |
| Exklusivität | Ladengestaltung |
| Individualität | Sortiment, Ladengestaltung |
| Markenorientierung | Sortiment |
| Modeorientierung | Sortiment |
| Emanzipation | ? |
| Spaß | Ladengestaltung, Events, Personal |

Während in der zuvor dargestellten Studie von *Diller* die der Gruppenbildung zugrunde gelegten Merkmale noch relativ nahe an das beobachtbare Kaufverhalten bzw. die Erwartungen der Kunden an ein Textilgeschäft angelehnt waren, holt *Gröppel* weiter aus, indem sie auch Merkmale heranzieht, die nicht unmittelbar auf das Einkaufen bezogen sind, z. B. das Kulturinteresse, die Geselligkeit, das Entspannen (z. B. durch Lesen). Es werden nicht mehr nur Kauf- oder Erwartungstypen gebildet, sondern Persönlichkeitstypen. Es wird nachgewiesen, daß sich die Gruppen unterscheiden (wenn auch die Signifikanz der Differenzen nicht explizit erwähnt wird).
Der verhaltenswissenschaftliche Wert dieser Typologie ergibt sich aus ihrer Erklärungskraft. Hier konnte *Gröppel* zeigen, daß sensualistische Kundinnen ein erlebnisorientiert gestaltetes Textilhaus bezüglich des emotionellen Eindrucks, bezüglich der Sortimentsbeurteilung und des Preis-Leistungsverhältnisses signifikant besser beurteilen als alle anderen Kundengruppen. Die Ergebnisse im einzelnen enthält Abbildung 8.8.
Wie auch an die anderen Konzepte sind drei Fragen zu stellen:
- Wie eindeutig sind die Gruppen voneinander abgegrenzt und wie groß sind die Unterschiede zwischen ihnen?
- Welche Verhaltensweisen der Verbraucher können mit der Gruppeneinteilung erklärt werden?
- Lassen sich aus der Kenntnis der Struktur der einzelnen Marktsegmente Hinweise auf den Einsatz der absatzpolitischen Instrumente ableiten?

---

[10] Der Begriff ist unglücklich gewählt, denn dolenter bedeutet im Lateinischen »mit Schmerz, Betrübnis, Trauer«, indolent also »gleichgültig gegenüber Schmerzen«. Die Wortbedeutung scheint sich dann zu »geistig träge und gleichgültig, keine Gemütsbewegung erkennen lassen« erweitert zu haben.

**Abbildung 8.7:** Drei Konsumententypen im Textilhandel nach *Gröppel*

| | Cluster 1 (Indolente) | | Cluster 2 (Sensual.) | | Cluster 3 (Extreme) | |
|---|---|---|---|---|---|---|
| | '87 | '88 | '87 | '88 | '87 | '88 |
| Prozentanteil | 41,0 % | 44,9 % | 36,0 % | 43,5 % | 23,0 % | 11,7 % |
| Einstellung zum Verkaufs-personal* | −** | − − | + | + | − − | − − |
| Erlebniseinkauf | − − | − − | + | + | − − | + |
| Rationalität des Einkaufs | − | − | + | + | o | − |
| Kulturinteresse | + | + | + | + | − − | − − |
| Komfort | − | − − | + | + | − − | − |
| Eink. als Urlaubsbe-schäftigung | − | − | o | + | + | o |
| Geselligkeit | − | − | + | + | − | + |
| Entspannung (z. B. Lesen) | − − | o | + | + | + | − − |
| Emotionales Involvement*** | | − − | | + | | + |
| Kognitives Involvement*** | | − | | + | | − |
| Alter: | | | | | | |
| unter 30 Jahre | 41,7 % | 47,6 % | 35,8 % | 35,0 % | 65,0 % | 81,8 % |
| über 30 Jahre | 58,3 % | 52,4 % | 64,2 % | 65,0 % | 35,0 % | 18,2 % |

Legende:

\* Die links stehenden Ausdrücke beziehen sich bei der 87er Untersuchung auf die mittels Faktoranalysen ermittelten übergeordneten Dimensionen; bei der 88er Erhebung wurden diese Dimensionen durch einfache Statements erhoben und anschließend standardisiert.

\*\* Clustermittelwerte, es bedeutet: − − sehr negativ; − negativ; o durchschnittlich; + positiv; + + sehr positiv

\*\*\* Nur 1988 erfaßt, bezieht sich auf das Involvement bezüglich der Produktgruppe Textilien

Quelle: Gröppel, A., 1990 a, S. 127

**Abbildung 8.8:** Ergebnisse der Untersuchung von *Gröppel*

| unabhän-gige hängige | Mittelwert Cl.1 Indolent. | Mittelwert Cl.2 Sensual. | Mittelwert Cl.3 Extreme | Anzahl Cl.1 | Anzahl Cl.2 | Anzahl Cl.3 | Signifikanz Vergleich Cl.1–Cl.2 | Signifikanz Vergleich Cl.2–Cl.3 |
|---|---|---|---|---|---|---|---|---|
| Emotionaler Eindruck | −0,1492 | 0,2944 | −0,2578 | 101 | 91 | 57 | 0,002 | 0,001 |
| Sortiments-beurteilung | −0,2437 | 0,2947 | −0,1416 | 106 | 95 | 59 | 0,000 | 0,007 |
| Preis-Lstg.-Verhältnis | −0,1614 | 0,3490 | −0,2783 | 106 | 95 | 59 | 0,000 | 0,000 |
| Stimmungs-bilder: | | | | | | | | |
| Vertrauen | 1,8981 | 2,7789 | 2,1167 | 108 | 95 | 60 | 0,000 | 0,003 |
| Freude/ Spaß | 1,9444 | 3,1053 | 2,5000 | 108 | 95 | 60 | 0,000 | 0,005 |
| Aktivität | 2,4766 | 3,0737 | 2,6000 | 107 | 95 | 60 | 0,002 | 0,034 |

Quelle: Gröppel, A., 1990 a, S. 129

Die Schwächen der Segmentierungsmethode liegen insbesondere in dem dritten Bereich, denn aus den Merkmalen kann nur in sehr allgemeiner Form auf den erfolgreichen Einsatz der absatzpolitischen Instrumente geschlossen werden. Einige Merkmale erlauben zwar konkrete Hinweise (z. B. Einstellung zum Verkaufspersonal), andere dagegen kaum (z. B. die Angaben zur Entspannung).

### Verlagstypologien

In der Praxis finden die Großerhebungen einiger Verlage, auch Verlagstypologien genannt, besondere Beachtung. Als Beispiel sei hier auf die Spiegel-Dokumentation »Outfit« hingewiesen.[11] Anliegen dieser Studie ist es, für die Planung der Industrie und des Handels strategisch bedeutsame Verbrauchersegmente zu beschreiben. Für den Bekleidungsbereich werden sieben Gruppen ermittelt (vgl. Abbildung 8.9).

**Abbildung 8.9:** Verbrauchersegmente für Frauen in OUTFIT 4

| Die Altmodische | 17 % | »Kleidung soll unauffällig und schlicht sein« |
|---|---|---|
| Die Konventionelle | 11 % | »Vorsichtiger Umgang mit Mode« |
| Die Anspruchsvolle | 16 % | »Dem Anlaß entsprechend gut gekleidet sein« |
| Die Modebegeisterte | 9 % | »Hohe Identifikation mit Mode« |
| Die Lockere | 19 % | »Aufgeschlossenheit für Neues« |
| Die Geltungsbedürftige | 8 % | »Demonstration von Gruppenzugehörigkeit« |
| Die Nonkonformistin | 20 % | »Demonstrative Unabhängigkeit von modischen Trends« |

Quelle: Spiegel-Verlag (Hrsg.), 1997, S. 76

In entsprechender Weise werden sieben Typen von Männern gebildet. Jeder Typ wird mit einer Vielzahl von Merkmalen gekennzeichnet, so mit
Angaben zur Einstellung zu Kleidung und Mode, wie
– Stellenwert des Outfits,
– Einstellung zur Kleidung,
– Einstellung zur Mode,
– Bevorzugter Kleidungsstil,
Angaben zur Orientierung beim Kauf, wie
– Einstellung zum Kauf,
– Markenorientierung,
– Kaufverhalten,
Angaben zur Zugehörigkeit zu einem sozialen Milieu und zur Demographie,
Angaben zur Lebenswelt,
Angaben zum Lebensstil, wie
– Freizeitinteressen,
– Sportaktivitäten,
– Musikinteressen.

---

[11] Spiegel-Verlag (Hrsg.): Spiegel-Dokumentation: OUTFIT 4, Hamburg 1997.

Die einzelnen Merkmale werden teilweise durch mehrere Fragen ermittelt.[12] Die Angaben zur Methode sind kurz gehalten.[13] Es wird ausgeführt, daß die Antworten der Befragten zu den Einstellungsfragen einer Faktorenanalyse unterzogen worden sind, um Basismotive identifizieren zu können, ohne daß dies näher dargelegt würde. Um die Gesamtmenge aller Befragten in eine überschaubare Zahl in sich möglichst homogener Gruppen zerlegen zu können, die sich zugleich aber möglichst deutlich voneinander unterscheiden, wurden Clusteranalysen durchgeführt. Die der Typbildung zugrunde liegenden Merkmale sind
– die Wichtigkeit der äußeren Erscheinung,
– der Stellenwert von Kleidung,
– die Einstellung zur Kleidung,
– der bevorzugte Kleidungsstil,
– Einstellungen zur Mode,
– Einstellungen zum Kauf,
– Einstellungen zur Marke,
– Einstellungen zu Accessoires,
– Einstellungen zu Schmuck, Wellness.

Darüber hinaus wird jedes Cluster durch eine Reihe weiterer Merkmale charakterisiert, darunter die Zugehörigkeit zu sozialen Milieus, die selbst wieder auf der Grundlage einer umfangreichen Item-Batterie (71 Fragen) ermittelt werden.[14]
Durch die Fülle an Informationen (z. B. zur Markenbekanntheit) liefert die Studie auch Hinweise zur Ausgestaltung der Absatzpolitik, insbesondere zur Sortimentspolitik. Es wird deutlich, daß sich die Verbraucher in zahlreichen Aspekten unterscheiden. Eine Beurteilung, ob eine sinnvolle Anzahl von Clustern gewählt worden ist und inwieweit die Ergebnisse von der Aufnahme einzelner Variablen abhängen, kann bei den vorliegenden Informationen nicht erfolgen.

### Weitere Typologien

Über die genannten Segmentierungsansätze hinaus haben folgende Ansätze besondere Beachtung gefunden:
– Wissenstypen (Anfänger, Laien, Amateure, Profis),[15]
– Milieu-Typen (Sinus-Lebenswelten),[16]
– die zwölf Lifestyles nach *Conrad* und *Burnett* (drei traditionelle, drei gehobene und sechs moderne Lebensstile).[17]

---

[12] Vgl. zu Einzelheiten die Übersicht zum Fragebogen auf S. 7–10 und zu den einzelnen Merkmalen mit einer Grundauszählung auf den S. 11–174 der Spiegel-Dokumentation, 1997.
[13] Vgl. Spiegel-Verlag (Hrsg.), 1997, S. 175–176.
[14] Vgl. Spiegel-Verlag (Hrsg.): Spiegel-Dokumentation: OUTFIT 3, Hamburg 1994, S. 523–531.
[15] Schmitz, C. A./Kölzer, B., 1996, S. 175–180; Koppelmann, U.: Produktmarketing, 5. Auflage, Berlin – Heidelberg – New York u. a. 1997, S. 194 f.
[16] Vgl. die Darstellung in Burda-Verlag (Hrsg.): Wohnwelten Deutschland 2. Denkanstöße für zielgruppenorientiertes Marketing im Einrichtungssektor, 2. Auflage, Offenbach 1989b. Die Milieu-Typen werden von Schmitz, C. A./Kölzer, B., 1996, S. 184–204, ausführlich beschrieben.
[17] Zum Lebensstil-Konzept vgl. Banning, T. E.: Lebensstilorientierte Marketing-Theorien, Heidelberg 1987 und die Darstellung bei Schmitz, C. A/Kölzer, B., 1996, S. 204–227.

## 8.1.2 Die Zielgruppenauswahl

Wenn Informationen vorliegen, in welchem Ausmaß sich die Erwartungen der Nachfrager an eine Handelsunternehmung unterscheiden, also bekannt ist, in welche Segmente der Markt zerfällt, ist zu entscheiden, welche Marktsegmente die Unternehmung als Zielgruppe ansehen will. Die Alternativen lassen sich analog zum Konsumgütermarketing angeben, wo darauf abgestellt wird, welche Kundensegmente angesprochen werden und wie groß die Zahl der angebotenen Leistungsbereiche (Warengruppen) ist; die Leistungsbereiche können dabei weiter in Warensegmente unterteilt werden:

(1) Markt- und Leistungsspezialisierung: Ein ausgewähltes Segment wird in einem relativ eng begrenzten Leistungsbereich angesprochen (z. B.: es werden nur Polstermöbel der oberen Qualitätsstufe angeboten).

(2) Marktspezialisierung: Einem ausgewählten Segment von Nachfragern werden unterschiedliche Leistungen angeboten: So ist im Handel mit Einrichtungsgegenständen zu beobachten, daß sich Geschäfte etabliert haben, die einer designorientierten Nachfragerschaft Angebote aus unterschiedlichen Warenbereichen offerieren, z. B. Kleinmöbel, Elektroartikel, Haushaltswaren.

(3) Die vollständige Marktabdeckung: Sie ist sowohl durch die Ansprache unterschiedlicher Nachfragersegmente als auch durch das Angebot zahlreicher Leistungsbereiche gekennzeichnet. Am ausgeprägtesten galt diese Politik für die Warenhäuser, als sie noch von dem Verständnis »Alles unter einem Dach« getragen waren. Inzwischen wird dieser Anspruch nicht mehr aufrecht erhalten. Auch bei den SB-Warenhäusern ist trotz ihrer oft außerordentlich großen Verkaufsfläche zu beobachten, daß sie nicht mehr alle Segmente ansprechen wollen und sich auch in der Auswahl der Leistungsbereiche beschränken.

(4) Die Spezialisierung auf einen Leistungsbereich: Eine solche Konzeption findet man z. B. im Sortimentsbuchhandel, der sich auf Bücher beschränkt, dort aber sowohl den Käufer für Fachliteratur wie auch für Schulbücher, Belletristik oder andere Buchbereiche anspricht.

(5) Die Pick-Strategie: Seit einiger Zeit ist zu beobachten, daß einige Handelsunternehmen sich von dem traditionellen Denken in Spezialisierungsmöglichkeiten lösen und sich Leistungsbereiche herauspicken. Dies findet sich in ausgeprägter Form bei *Tchibo,* die in ihren Geschäften Waren aus unterschiedlichsten Warenbereichen in einem ständigen Wechsel für unterschiedliche Bevölkerungsgruppen anbieten.

Die einzelnen Alternativen sind auch in Abbildung 8.10 veranschaulicht.
Die Auswahl einer Strategie der Marktabdeckung hat alle wesentlichen Gesichtspunkte zu berücksichtigen. Von besonderer Bedeutung sind hierbei die Präferenzen der Nachfrager. Einige Warenbereiche werden zweckmäßigerweise im Verbund angeboten, weil der Verbraucher ein Interesse an einem gemeinsamen Angebot hat. Für andere Warenbereiche gilt das weniger, z. B. für das gemeinsame Angebot von Möbeln und Bekleidung. Allerdings ist zu beobachten, daß traditionelle Sortimentseinteilungen, die vor allem warenorientiert sind (z. B. Bekleidung, Spielwaren, Bücher, Lebensmittel), an Bedeutung verlieren. So werden Spielwaren natürlich im Spielwarenfachgeschäft angeboten, daneben aber auch in Warenhäusern, Supermärkten, Verbrauchermärkten an Tankstellen usw. Dies gilt für viele weitere Warenbereiche.

Die Zahl der sinnvollen Kombinationen scheint zu steigen. Insofern ist es angezeigt, Überlegungen zur Kombinierbarkeit einzelner Warenbereiche anzustellen. Dabei ist darauf zu achten, daß durch die Kombination unterschiedlicher Warenbereiche die Auswahl nicht so beschränkt wird, daß der Nachfrager die Sortimentstiefe als unzureichend ansieht. Bei beschränkten Raumkapazitäten ist diese Gefahr groß. Generell ist festzustellen, daß bei dem stetig wachsenden Angebot der Industrie an Produktvarianten und Produktneuerungen und starkem Wettbewerb der Handelsunternehmungen die Anforderungen an eine nachfragergerechte Auswahl steigen. Insofern ist die Bedeutung der Sortimentstiefe als absatzpolitisches Instrument gestiegen.

**Abbildung 8.10:** Fünf Muster der Marktabdeckung _____

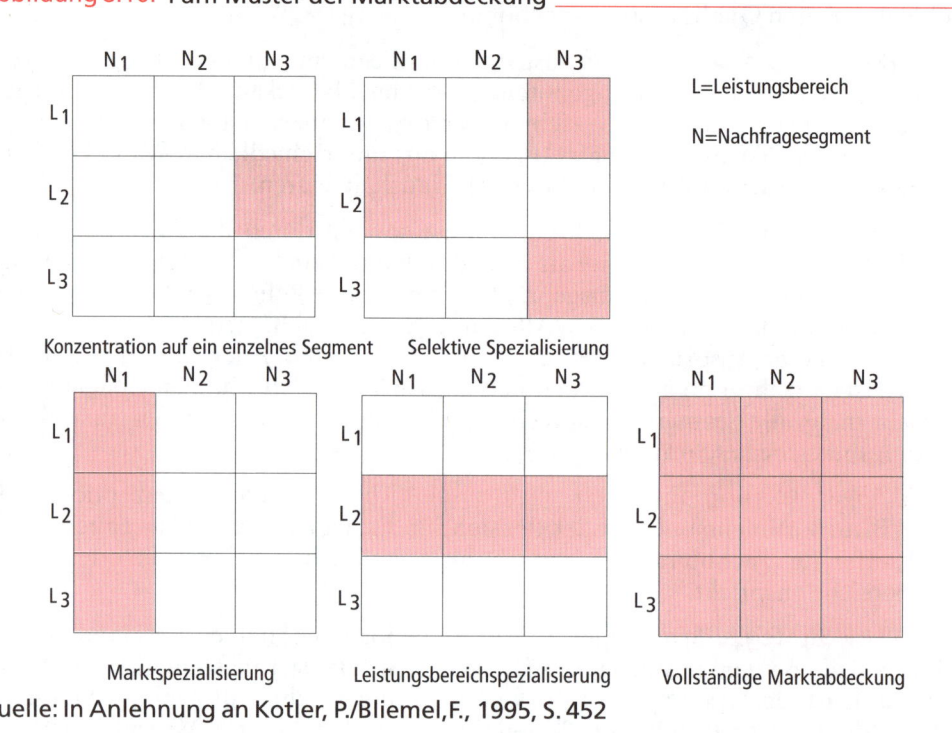

Quelle: In Anlehnung an Kotler, P./Bliemel, F., 1995, S. 452

Die Spezialisierung auf einen Leistungsbereich oder sogar ein Leistungs- und Kundensegment kann Vorteile eröffnen. Die Unternehmung kann bei den Nachfragern aus dem jeweiligen Segment Präferenzen schaffen, indem sie ein Angebot offeriert, das bedürfnisgerechter als das anderer Anbieter angesehen wird (siehe z. B. Abbildung 8.11), und sie kann die notwendigen Prozesse kostengünstiger gestalten. Die Zahl der Lieferanten, zu denen Geschäftsbeziehungen unterhalten werden, ist überschaubarer, die Konkurrenzanalyse kann sich auf relativ wenige Anbieter beschränken usw. Spezialisierungsstrategien eröffnen also häufig sowohl Präferenzvorteile beim Nachfrager als auch Kostenvorteile.

Abbildung 8.11: Markt- und Leistungsspezialisierung im Textilmarkt: Umstandsmode

## Das Angebot der Modebranche für Schwangere ist eher bescheiden

*Umstandsmode-Branche klagt über rückläufigen Umsatz /
Hennes & Mauritz will Lücke schließen*

bir. FRANKFURT, 6. April. Ob Kundinnen, Hersteller oder Einzelhändler – gleich aus welcher Perspektive man hierzulande den Markt für Schwangerschaftsmode betrachtet, das Ergebnis scheint fast immer unbefriedigend. Während die einen an der wenig ansprechenden Auswahl von Kleidern, Hosen und Pullovern für werdende Mütter verzweifeln, klagen die anderen über Zurückhaltung der Kundinnen. [...]

»Richtig gute Pluszahlen schreibt die Branche nicht mehr«, sagt Michael Schnaase, für Umstandsmoden zuständiger Abteilungsleiter der Marke »Gigi« aus der Steilmann-Gruppe, die zu den 20 größten europäischen Modeunternehmen zählt. »Gigi« bietet spezielle Umstandsmodenprogramme für Boutiquen, Versandhandel und Konzerne. Nachdem in den vergangenen Jahren etliche Hersteller aufgegeben hätten, reiche der relativ kleine Kuchen für die verbliebenen, sagt Schnaase.

In den Regalen heimischer Einzelhändler, die Kleidung für Schwangere anbieten, dominieren nach wie vor biedere Schnitte in gedeckten Farben. Beige Breitcordhosen, Blusen mit Rüschen, sackartige Gewänder aus Sweatshirtstoff und die klassische Latzhose bestimmen das Sortiment.

Mit diesem eher mageren Angebot sei auch der Handel unzufrieden, sagt Hans-Gerd Huth, zuständig für Einkaufsleitung Textil bei Ardek, der Arbeitsgemeinschaft der Kinderausstatter e. G. Zahlreiche Geschäfte hätten das Segment aus dem Programm genommen, auch Konzerne wie Kaufhof und Hertie hätten das Angebot drastisch zusammengefahren.

Nach Angaben von Heidi Moors-Klugklein, Geschäftsführerin von Moors, Mutter und Kind Mini World in Frankfurt, gibt eine berufstätige Schwangere im Schnitt 600 bis 800 DM für spezielle Kleidung aus. Wer keine spezielle Berufskleidung benötige, komme mit etwa 300 DM aus. [...]

Das bescheidene Angebot der Hersteller ist ein Grund dafür, daß viele Frauen in der Herrenabteilung oder zu den Anbietern von Übergrößen gehen. »Da sitzt unsere Konkurrenz«, sagt Schnaase und räumt gleich ein, daß »Gigi« selbst wie auch andere Hersteller neben der Umstandsmode auch große Größen produzieren.

Während immer mehr Hersteller und Einzelhändler ihr Angebot zusammenfahren, geht der schwedische Textilkonzern Hennes Mauritz (H & M) den umgekehrten Weg. Seit der vergangenen Wintersaison hat H & M Schwangerschaftsmode im Programm. Was zunächst in acht Filialen als Probelauf begann, wird in diesem Frühjahr auf 66 Läden des Konzerns ausgedehnt. »Wir wollen die Lücke schließen«, sagt Jessica Jaspers von der Werbeabteilung. Modische Kleidung, am Bauch extra weit, aber schmal in der Silhouette und zu günstigen Preisen, soll Geschmack und Geldbeutel der Kundinnen entgegenkommen. In anderen Ländern ist H & M schon länger mit der sogenannten »Mama«-Kollektion auf dem Markt. In Deutschland starte man nun, weil »die Nachfrage extrem ist«.

Quelle: Frankfurter Allgemeine Zeitung v. 7. April 1997, S. 23

Allerdings kann auch die Bearbeitung mehrerer Marktfelder Vorteile eröffnen. Dabei wird von economies of scope gesprochen, womit jene Wettbewerbsvorteile gemeint sind, die sich durch die Abgrenzung des Geschäftsfeldes ergeben. Kenntnisse aus der Marktforschung, seien sie nun kunden- oder lieferantengerichtet, Erfahrungen in der Ladengestaltung, Verbundkäufe der Kunden usw. können es geraten erscheinen lassen, von der Bearbeitung einzelner Segmente zur Bearbeitung mehrerer Segmente überzugehen. So stellt sich die Positionierung zwischen den Polen der reinen Spezialisierung und der totalen Marktabdeckung als wichtiges und gleichzeitig schwieriges Problem dar, bei dem kundengerichtete, lieferantengerichtete und konkurrenzgerichtete Gewichtspunkte beachtet werden müssen und die Auswirkungen auf die Kosten- und Erlössituation oft nicht leicht abzuschätzen sind.

## 8.2 Der Standort als absatzpolitisches Instrument

Im Einzelhandel gibt es eine alte Regel, nach der der Erfolg eines Geschäftes von vier Faktoren abhängen soll, wobei als erstes der Standort genannt wird. Ohne einen geeigneten Standort kein Erfolg! Als zweiter, dritter und vierter Erfolgsfaktor werden dann der Standort, der Standort und der Standort aufgelistet. Natürlich ist das eine scherzhafte Übertreibung, aber das Augenmerk wird doch darauf gelenkt, daß es sich bei dem Standort um ein absatzpolitisches Instrument handelt und nicht nur um eine Entscheidung, die ausschließlich unter kostenwirtschaftlichen Aspekten getroffen werden kann.

In betriebswirtschaftlicher Sicht stellt die Wahl eines Standortes ein Investitionsproblem dar. Jener Standort ist vorzuziehen, der sich im Rahmen einer Investitionsrechnung als vorteilhaft erweist. Bekanntlich erfordern Investitionsrechnungen, die zukünftigen Einzahlungen und Auszahlungen abzuschätzen. Die Prognose der zukünftigen Auszahlungen ist im Regelfall nicht problematisch. Schwieriger gestaltet sich die Prognose der an einem Standort zu erzielenden Umsätze. Filialisierte Handelsunternehmungen, die ihr Filialnetz um eine weitere Verkaufsstelle erweitern wollen, haben darüber hinaus die Auswirkungen einer neuen Filiale auf benachbarte Standorte zu berücksichtigen.

Ausgangspunkt für die Bewertung von Standorten – insbesondere auch im Hinblick auf die erzielbaren Umsätze – sind sog. Checklisten, in denen eine Vielzahl von Eigenschaften des betreffenden Standortes zusammengestellt werden (z. B. Kaufkraft in dem relevanten Marktgebiet, örtliche Konkurrenzverhältnisse, Passantenfrequenz, Größe der verfügbaren Verkaufsfläche usw.). Diese Informationen werden in unterschiedlicher Weise zu einem Urteil bezüglich der Umsatzkraft des Standortes zusammengefaßt. Zu den wichtigsten Verfahren zählen

– die Profilmethode oder Scoring-Modelle,
– die Analogmethode,
– die Regressions- und Diskriminanzanalyse,
– Gravitationsmodelle.

Bei der Profilmethode werden die im Hinblick auf die Beurteilung eines Standortes als wichtig angesehenen Sachverhalte auf Ratingskalen bewertet. Die unterschiedliche Bedeutung einzelner Sachverhalte kann über Gewichtungsfaktoren zum Ausdruck gebracht werden. Das Gesamturteil ergibt sich entweder, indem die Ausprägungen mit einem festgelegten Anforderungsprofil (Idealwerte) verglichen werden oder indem die addierten Scoringwerte alternativer Standorte verglichen werden.[1] Die Probleme dieses Verfahrens liegen insbesondere darin, einen vollständigen Katalog relevanter Einflußgrößen zusammenzustellen, der zudem überschneidungsfrei sein soll oder bei dem zumindest die Abhängigkeiten zwischen den einzelnen Faktoren bekannt sein sollen. Auch die Anzahl der Abstufungen bei der verwendeten Skala stellt ein nicht zu unterschätzendes Problem dar, weil hierbei auf das Differenzierungsvermögen des Beurteilers Bezug genommen werden muß. Die Faktoren, mit denen die einzelnen Aspekte gewichtet werden, sollten nach objektiv nachprüfbaren Gesichtspunkten festgelegt werden, und schließlich geben die Scoring-Modelle keinen Hinweis auf die Grenzen des Einzugsgebietes eines Standortes. Mithin ist auch fraglich, welcher Anteil der Nachfrager in den einzelnen Entfernungszonen um den zu analysierenden Standort tatsächlich angezogen werden und zu welchem Anteil dies zu Lasten anderer Standorte geht. Soll festgestellt werden, wie gut sich das beobachtete Profil dem Anforderungsprofil anpaßt (Ähnlichkeit der Standortprofile), genügt es nicht auf die Gleichsinnigkeit des Profils abzustellen (weswegen die Errechnung eines Korrelationskoeffizienten nicht sinnvoll ist[2]), sondern es ist ein Distanzmaß, wie etwa die City-Block-Metrik oder die Euklidische Distanz heranzuziehen.

Bei der Analogmethode wird nach einem für den zu beurteilenden Standort ähnlichen Standort, an dem schon ein Geschäft betrieben wird, Ausschau gehalten. Die dort erzielten Umsätze bilden die Basis für die Umsatzprognose an dem zu analysierenden Standort, wobei Abweichungen in der Bevölkerungsdichte und im Ausgabeverhalten berücksichtigt werden.[3] Das Verfahren ist leicht umzusetzen, wenn Daten aus vergleichbaren Verkaufsstellen zur Verfügung stehen, jedoch sind mit dem bedeutendsten Schritt, nämlich der Auswahl der analogen Verkaufsstelle erhebliche Probleme verbunden, weil hierfür keine Regeln vorgegeben werden und zu vermuten ist, daß unterschiedliche Planer verschiedene Verkaufsstellen auswählen und mithin auch zu unterschiedlichen Prognosen gelangen werden. Die Anpassung der zum Vergleich herangezogenen Daten an die Gegebenheiten am neuen Standort erfordert vom Planer, daß er kausale Beziehungen zwischen dem Umsatz und den Standortfaktoren aufdeckt. Hierfür haben *Rogers* und *Green* statistische Analysemethoden vorgeschlagen, die die Suche nach analogen Verkaufsstellen unterstützen sollen.[4]

Bei der Regressionsanalyse wird versucht, die Stärke des Einflusses einzelner Faktoren auf den Umsatz quantitativ zu bestimmen. Mathematisch kann der Umsatz als Funktion der Standortfaktoren S wie folgt formuliert werden:

---

[1] Zur Profilmethode vgl. Uphoff, H.: Bestimmung des optimalen Standortes mit Hilfe der Profilmethode, Diss. Berlin 1978.

[2] Vgl. Wotzka, P.: Standortwahl im Einzelhandel, Hamburg 1970, S. 136.

[3] Applebaum, W.: Methods for Determining Store Trade Areas, Market Penetration and Potential Sales, in: Journal of Marketing Research, Vol. 3 (1966), No. 3, S. 134–141; Müller-Hagedorn, L.: Handelsmarketing, 2. Auflage, Stuttgart – Berlin – Köln 1993b, S. 128.

[4] Rogers, D. S./Green, H. L.: A New Perspective on Forecasting Store Sales. Applying Statistical Models and Techniques in the Analog Approach, in: Geographical Review, Vol. 69 (1978), S. 449–458.

(1)     $Umsatz = b_0 + b_1 S_1 + b_2 S_2 + \ldots + b_J S_J$
        $b_0$ = konstantes Glied
        $b_j$ = Regressionskoeffizient der j-ten unabhängigen Variablen
        $S_j$ = j-te unabhängige Variable (j = 1, ..., J).

Entsprechende Regressionsanalysen sind schon mehrfach durchgeführt worden.[5] Durch entsprechende Transformationen läßt es sich auch leicht ermöglichen, nichtlineare Funktionen zugrunde zu legen.[6]
Bei der Diskriminanzanalyse handelt es sich bei der abhängigen Variablen um eine nominalskalierte Variable, d. h. im vorliegenden Zusammenhang, daß jede existierende Verkaufsstelle einer Umsatzgruppe zugeordnet wird. Da es sich bei dem Umsatz aber um eine ratioskalierte Variable handelt, werden im Vergleich zur Regressionsanalyse Informationen verschenkt. Dabei sind die formalen und inhaltlichen Bedingungen der Anwendung dieser Methode zu bedenken.[7] Inhaltlich geht es um die Auswahl der zur Erklärung heranzuziehenden Variablen, die Bestimmung des Marktgebietes[8] und die Schwierigkeiten der Bestimmung der Wettbewerbsintensität[9]. Auf die Regressionsanalyse wird in Abschnitt 8.2.2 vertiefend eingegangen, wobei vor allem herausgearbeitet wird, daß die formale Methode mit inhaltlichen Überlegungen zu verknüpfen ist.
Von besonderer Leistungsfähigkeit sind auch die gravitationstheoretischen Modelle, die auch als Spatial-Interaction-Modelle bezeichnet werden.[10] Sie stellen den Nutzen, den ein Verbraucher empfindet, wenn er ein bestimmtes Einkaufszentrum aufsucht, in Abhängigkeit von der empfundenen Attraktivität und den Mühen, die Distanz bis zu diesem Zentrum zu überwinden, dar. In Abschnitt 8.2.2 wird unter Verwendung einer praktischen Studie auf dieses Verfahren näher eingegangen.

---

[5] Hise, R. T./Gable, M./Kelly, J. P. et al.: Factors Affecting the Performance of Individual Chain Store Units. An Empirical Analysis, in: Jounal of Retailing, Vol. 59 (1983), No. 2, S. 22–39; vgl. auch: Cottrell, J. L.: An Environmental Model for Performance Measurement in a Chain of Supermarkets, in: Journal of Retailing, Vol. 49 (1973), No. 3, S. 51–63; Weber, B.: Eine statistische Analyse der Abhängigkeiten des Kundenaufkommens von Standorteinflüssen bei Einzelhandelsgeschäften. Dargestellt an ausgewählten Apotheken der Stadt Münster, Diss. Münster 1979.

[6] Simkin verwendet einen polynominalen Funktionstyp. Simkin, L. P.: SLAM. Store Location Assessment Model. Theory and Practice, in: OMEGA International Journal of Management Science, Vol. 17 (1989), No. 1, S. 55.

[7] Rogers, D.: A Review of Sales Forecasting Models Most Commonly Applied in Retail Site Evaluation, in: International Journal of Retail and Distribution Management, Vol. 20 (1992), No. 4, S. 6. Rogers empfiehlt, mindestens die Werte von 30 Verkaufsstellen einzubeziehen.

[8] Vgl. Lord, J. D./Lynds, C. D.: The Use of Regression Models in Store Location Research. A Review and Case Study, in: Akron Business and Economic Review, Vol. 12 (1981), No. 2, S. 13–19.

[9] Craig, C. S./Ghosh, A./McLafferty, S.: Models of the Retail Location Process. A Review, in: Journal of Retailing, Vol. 60 (1984), No. 1, S. 23.

[10] Vgl. auch Ghosh, A./McLafferty, S. L.: Location Strategies for Retail and Service Firms, Lexington 1987.

## 8.2.1 Ermittlung eines Standortgüteindexes auf regressions-analytischer Basis

Die Beurteilung von Standorten für Einzelhandelsgeschäfte ist seit langem auch Gegenstand der betriebswirtschaftlichen Theorie. Als wichtigstes Verfahren hat sich dabei die sog. Checklisten-Methode herausgeschält. In der Wissenschaft und in der Praxis wurden immer länger werdende Kataloge von Faktoren zusammengetragen und dann geordnet und systematisiert. Solche Kataloge von Standortfaktoren stammen u. a. von

- *Seÿffert*, der die einzelnen Faktoren unter den Oberbegriffen Konsum, Verkehr, Konkurrenz und Raum zusammenfaßt, und von
- *Behrens*, der Faktoren unterscheidet, die die Zusammenhänge von Absatz und Standort sowie von Gütereinsatz und Standort betreffen.

*Nauer* zählt bereits schon mehr als 50 Standortfaktoren auf.[11]
Das Hauptproblem dieser Kataloge liegt darin, daß sie nichts über die Bedeutung einzelner Faktoren sagen. In Scoring-Modellen wird ihnen zwar ein Bedeutungsgewicht zugeordnet, aber der Beurteilende ist sich des Mangels einer objektiven Grundlage für die Bemessung der Gewichtungsfaktoren oft bewußt; er weiß, wie die Gewichtungsfaktoren das Ergebnis beeinflussen können, ohne ihre Höhe nach einem objektiven Verfahren bemessen zu können. Gesucht sind also Verfahren zur Objektivierung dieser Gewichtungsfaktoren. Im folgenden wird berichtet, wie in einem konkreten Fall mit Hilfe der Regressionsrechnung Hinweise auf die Bedeutung einzelner Faktoren gefunden wurden. Man könnte dies auch als Erfolgsfaktorenforschung in der Standortplanung bezeichnen.

### Theoretische Überlegungen zur Funktion eines Standortes

Die Vorgehensweise soll unter Bezug auf ein Fallbeispiel erläutert werden. Ein Kaminofenhersteller arbeitet auf dem deutschen Markt mit Fachhändlern unterschiedlicher Größe zusammen. Teilweise liegen die Geschäfte in den frequentierten Innenstadtbereichen, teilweise an Ausfallstraßen, teilweise in abseits gelegenen Gebieten. Viele Händler scheuen den Umzug in bessere Standortlagen, weil sie unsicher sind, ob die Mehrkosten auch durch einen entsprechenden Mehrumsatz ausgeglichen oder sogar übertroffen würden. Auf welche Eigenschaften eines Standortes sollte man besonderen Wert legen? Welche Bedeutung kommt beispielsweise einer hohen Passantenfrequenz zu, wie wichtig ist eine hohe Kfz-Frequenz? Allgemeiner: Wie erhält man Informationen über die Erfolgsfaktoren eines Standortes?
Die Relevanz einzelner Faktoren könnte zum einen ermittelt werden, indem anhand der Daten bestehender Verkaufsstellen die Bedeutung einzelner Standortfaktoren regressionsanalytisch bestimmt wird. Dem steht eine Vorgehensweise gegenüber, nach der zunächst theoretische Vorüberlegungen anzustellen sind, welche Faktoren bedeutsam sein könnten, bevor empirisch überprüft wird, ob sich die aufgestellten Hypothesen bewähren. So kann z. B. der Vorteil eines bestimmten Standortes darin liegen,

- daß er bei den periodisch anstehenden Einkäufen jeweils leicht zu erreichen ist.

---

[11] Nauer, E.: Standort und Standortpolitik im Einzelhandel, Bern – Stuttgart 1970.

– In anderen Fällen kommt es eher darauf an, daß die Existenz eines Geschäftes bekannt wird.
– In einem dritten Fall muß der Standort geeignet sein, Impulskäufe auszulösen.
– In einem vierten Fall kann es besonders darauf ankommen, Präferenzen für die zu verkaufenden Produkte zu schaffen.

Je nach Sortiment und Käufertyp sind also Standorte unterschiedlich zu bewerten. In Abbildung 8.12 werden zwei Fälle unterschieden, für die dargestellt wird, welche Funktion der Standort im Hinblick auf den Käufer zu übernehmen hat. Es wird gefragt, ob die Funktion »Zeitersparnis« oder die »Kommunikationsfunktion« überwiegt.

**Abbildung 8.12:** Der Beitrag des Standortes zur Befriedigung von Kundenbedürfnissen in unterschiedlichen Situationen

| Häufigkeit, mit der Produkte gekauft werden | |
|---|---|
| Produkte werden regelmäßig gekauft, z. B. Lebensmittel | Produkte werden selten, im Extrem nur einmal gekauft, z. B. Kaminöfen |
| Situation des Käufers | |
| Gute Kenntnis der auf dem Markt angebotenen Produkte | In vielen Fällen geringes Wissen um die Existenz der betreffenden Produkte |
| Verbraucher kennt Einkaufsstätten | Geringe Kenntnis von in Frage kommenden Einkaufsstätten |
| Funktion des Standortes | |
| Durch Kundennähe den Einkauf erleichtern | Über die Existenz der Produkte und der Verkaufsstelle aufklären |
| Funktion der Zeitersparnis | Kommunikationsfunktion |

Im Fall eines Kaminofengeschäftes scheint die Informationsfunktion des Standortes im Vordergrund zu stehen, also der Hinweis auf die Existenz eines bestimmten Fachgeschäftes. Viele potentielle Kunden kennen Kaminöfen noch gar nicht und wissen nicht, daß es hierfür spezielle Fachgeschäfte gibt. Der Standort wirkt wie eine Werbemaßnahme. Schlechte Standorte erfordern hohe Werbekosten, gute Standorte führen zur Ersparnis von Werbekosten.

In Abbildung 8.13 sind vier Faktoren ausgewählt, die im vorliegenden Fall den Erfolg an einem Standort determinieren: Die Kaufkraft (das Absatzpotential), der an einem Standort vorhandene Konkurrenzdruck, die Erreichbarkeit des Standortes und der Beitrag des Standortes zur Geschäftsbekanntheit. Jedem Bestimmungsfaktor sind mehrere Indikatoren zugeordnet. Von Interesse ist nun, was sich über die empirische Relevanz einzelner Faktoren sagen läßt.

Der Standorterfolg kann im Prinzip an zahlreichen Größen festgemacht werden, so z. B. am Gewinn oder am Deckungsbeitrag, an der Anzahl der verkauften Produkteinheiten, an der Zahl der Kunden, an der Zahl der Besucher. Im folgenden sei die Betrachtung auf den »Umsatz mit Kaminöfen« eingeengt.

**Abbildung 8.13:** Potentielle Einflußgrößen auf den an einem Standort erzielten Umsatz _

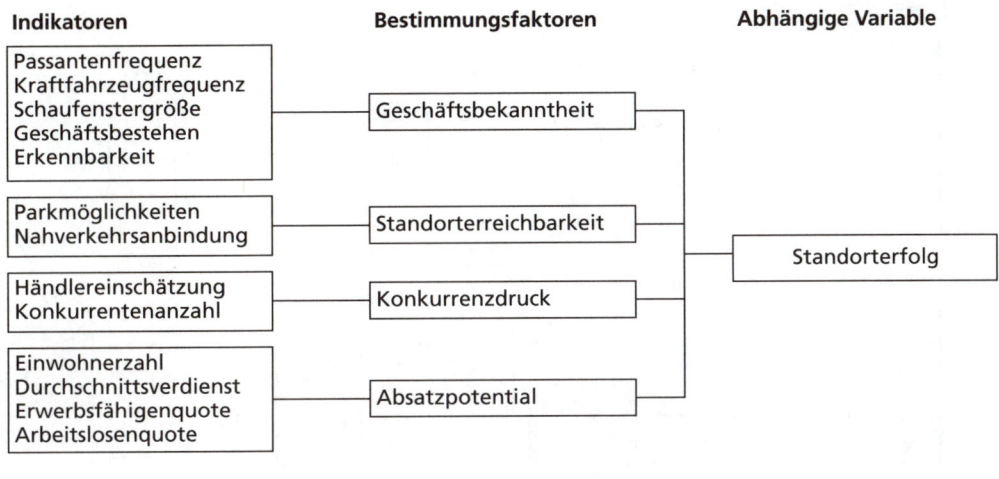

Abbildung 8.14 verdeutlicht, daß der Umsatz an den ausgewählten Standorten in einem weiten Band streut. Das Fachgeschäft am Standort E erzielte in dem untersuchten Jahr nur einen Umsatz in der hier interessierenden Produktgruppe von 132 TDM, während am Standort H 1 000 TDM erzielt werden konnten. Die große Bandbreite der Umsätze an den verschiedenen Standorten schärft das Interesse an der Frage, ob der Erfolg an den guten Standorten mit bestimmten Eigenschaften dieser Standorte einhergeht.

**Die Bedeutung der Geschäftsbekanntheit**

Nach den oben dargelegten Überlegungen handelt es sich bei Kaminöfen um eine Produktgruppe, die auch den potentiellen Käufern in hohem Maße unbekannt ist. Viele Nachfrager wissen kaum, wo es Geschäfte gibt, in denen solche Produkte angeboten werden. In Analogie zur Markenbekanntheit sei Geschäftsbekanntheit definiert als das Wissen der Nachfrager um den Standort jener Geschäfte, die die interessierende Produktgruppe führen. Da es im Rahmen der durchgeführten Untersuchung zu aufwendig gewesen wäre, die Geschäftsbekanntheit direkt beim Nachfrager zu erheben, wurden verschiedene Ersatzgrößen erhoben,
– die Kraftfahrzeugfrequenz,
– die Passantenfrequenz,
– die Größe der Schaufenster des betreffenden Fachgeschäftes,
– die Zeit, seit der das betreffende Geschäft schon besteht,
– die Erkennbarkeit des Geschäftes als ein Fachgeschäft für Kaminöfen.

Diese Ersatzgrößen wurden gewählt, weil sich zwischen ihnen und der Geschäftsbekanntheit ein plausibler Zusammenhang herstellen läßt und sie einfach zu erheben sind. Dennoch sind Meßprobleme zu bewältigen. So kann z. B. die Kfz-Frequenz an einzelnen Stunden oder Tagen erheblichen Schwankungen unterliegen.

**Abbildung 8.14:** Umsätze ausgewählter Fachhändler mit Kaminöfen _____

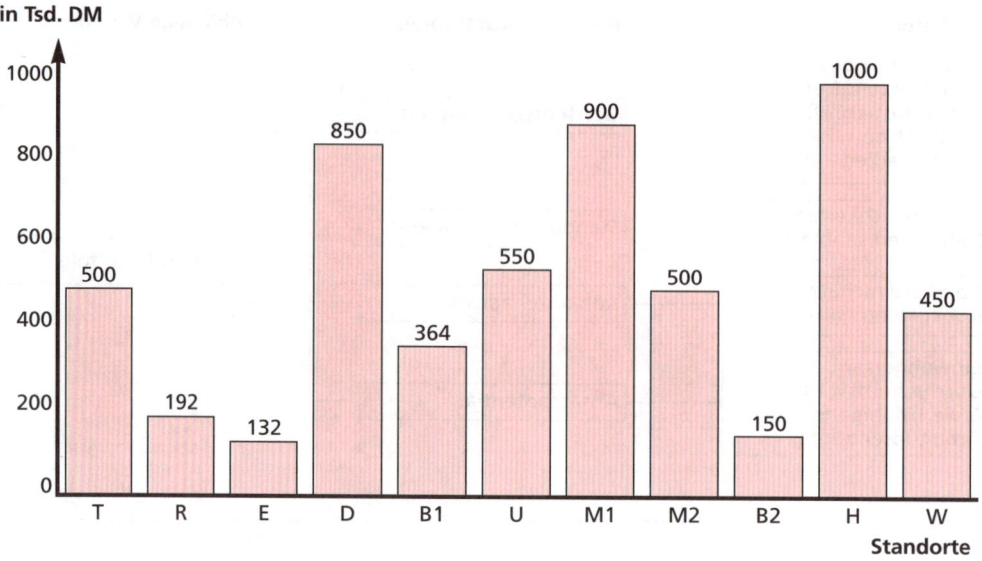

Alle Indikatoren stehen in einem beachtenswerten Zusammenhang zu dem am Standort erzielten Umsatz. Zwischen der Kfz-Frequenz und dem Umsatz besteht eine Korrelation von $r = 0,84$, zwischen der Passantenfrequenz und dem Umsatz von $r = 0,66$, zwischen der Größe des Schaufensters und dem Umsatz von $r = 0,62$. Der theoretische Verdacht, daß es bei Kaminofengeschäften in besonderer Weise darauf ankommt, die Existenz des Geschäftes durch hohe Frequenzziffern bekannt zu machen, erhärtet sich damit.

### Die Bedeutung des Absatzpotentials

Der Kauf vieler Produkte hängt von dem verfügbaren Einkommen der Nachfrager ab. Im vorhinein ist es oft nicht leicht abzuschätzen, welchen Einfluß das verfügbare Einkommen auf den Absatz eines bestimmten Produktes haben wird, denn es gibt Produkte, die gerade dann gekauft werden, wenn das Einkommen knapp ist, und Produkte, die vorwiegend von Personen mit höherem Einkommen gekauft werden. Des weiteren ist es im Regelfall nicht einfach, das in einer Region verfügbare Einkommen zu ermitteln, da die Einkünfte der Haushalte sich aus vielen Quellen speisen können: aus Einkünften aus nicht selbständiger Tätigkeit, aus Transferzahlungen, aus Mieteinnahmen, aus Zinseinkünften usw. Über die Einkommensverhältnisse in einzelnen Regionen stellen verschiedene Marktforschungsinstitute Informationen zur Verfügung (z. B. *GfK*, Nürnberg; *BBE*, Köln). Insofern handelt es sich um eine grobe Annäherung, wenn im folgenden für jeden betrachteten Standort die verfügbaren Einkommen abgeschätzt werden, indem
– die Einwohnerzahl in dem jeweiligen Marktgebiet,

– der Durchschnittsverdienst in der Industrie der zu dem betrachteten Standort
  gehörenden Raumordnungsregion,
– die Erwerbsfähigenquote in der jeweiligen Raumordnungsregion und
– die dort geltende Arbeitslosenquote

herangezogen werden. Als besonders schwer handhabbares Problem erweist sich
dabei die Abgrenzung des Marktgebietes.

Die so ermittelte Kaufkraft unterscheidet sich an den einzelnen Standorten erheblich.
Die Kaufkraft in M1 ist etwa siebenmal so hoch wie die in R. Der Zusammenhang
zwischen Kaufkraft und Umsatz der Ofenfachgeschäfte kommt in einem Korrelationskoeffizienten von r = 0,74 zum Ausdruck.

### Ein Standort-Güteindex

Nachdem sich im vorliegenden Fall in den quantitativen Analysen vier Größen als
relevant erwiesen haben, und zwar
– die Kfz-Frequenz,
– die Passantenfrequenz,
– die Fenstergröße sowie
– die Kaufkraft in dem betreffenden Marktgebiet,

kann daran gedacht werden, diese Größen nicht nur isoliert und sukzessiv in ihrem
Einfluß auf den Umsatz am jeweiligen Standort zu betrachten, sondern sie gleichzeitig
dem Umsatz gegenüberzustellen. Hierfür kommen eine multiple Regressionsanalyse
oder die Verschmelzung der Faktoren zu einem Güteindex in Frage.

**Abbildung 8.15:** Kennzeichnung der Standorte mit einem Güteindex _____

Ein Index erfordert Gewichtungsfaktoren für die einzelnen Elemente, deren Höhe
nach Plausibilitätsgesichtspunkten festgelegt werden muß, wobei als Anhaltspunkte

jedoch die Ergebnisse der Regressionsanalyse zugrundegelegt werden können. Im vorliegenden Fall wurde wie folgt vorgegangen:

– Kaufkraft:           40 %
– Kfz-Frequenz:        30 %
– Passantenfrequenz:   20 %
– Schaufenstergröße:   10 %.

Diese Gewichtungsfaktoren wurden mit den für die einzelnen Standorte erhobenen Merkmalswerten multipliziert, wobei die Merkmalswerte zuvor einer von eins (sehr schlecht) bis fünf (sehr gut) reichenden Skala zugeordnet worden waren. Abbildung 8.15 macht deutlich, daß es drei nach dem Standort-Güteindex schlechte Standorte gibt.

Betrachtet man den Zusammenhang zwischen dem Standort-Güteindex und dem Umsatz am Standort, lassen sich leicht drei Gruppen von Standorten unterscheiden: Es gibt eine Dreiergruppe mit hohem Standortindex und gleichzeitig hohem Standorterfolg. Eine zweite Dreiergruppe besteht aus Händlern mit einem niedrigen Umsatz bei gleichzeitig niedrigem Güteindex. Als dritte Gruppe lassen sich vier mittelmäßige Standorte ausmachen (vgl. Abbildung 8.16). Damit wird plausibel nachgewiesen, wie wichtig augenscheinlich die durch eine hohe Kfz-Frequenz angezeigte »Informationsfunktion des Standortes« ist.

**Abbildung 8.16:** Gegenüberstellung von Standort-Güteindex und Umsatz _____

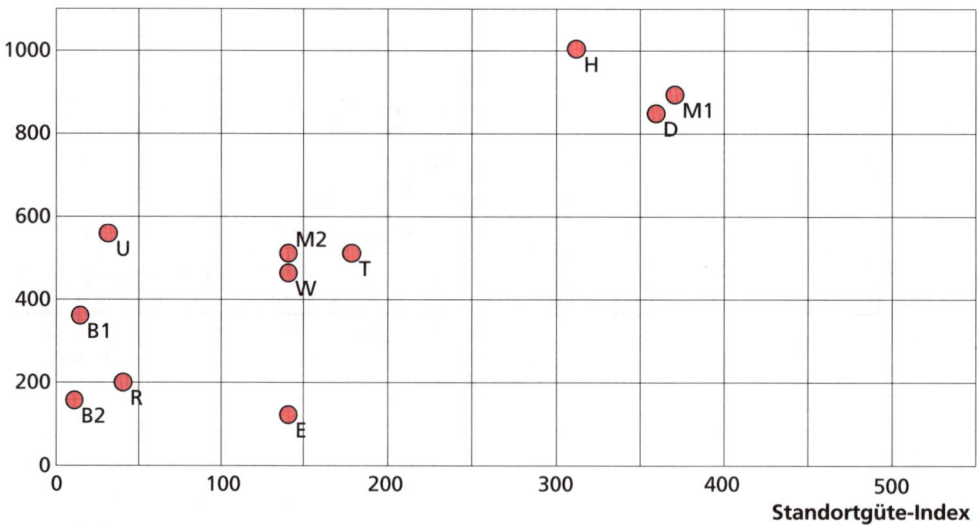

**in Tsd. DM**

**Standortgüte-Index**

**Grenzen der Methode**

Für die empirische Forschung gelten anspruchsvolle Forderungskataloge. Die Einflußfaktoren sollen erschöpfend in die Untersuchung eingehen (damit die erklärte Varianz hoch ist), sie sollen untereinander unabhängig sein (damit Multikollinearität vermieden wird), es soll keine Autokorrelation auftreten, die gemessenen Variablen sollen valide sein, und sie sollen einfach zu erheben sein, um nur die wichtigsten Anforderungen zu nennen. In bezug auf diese Forderungen ist die vorliegende Untersuchung eher ein Versuch, denn

– es wurde lediglich der Anteil der erklärten Varianz ermittelt,
– die Multikollinearität war nicht näher zu untersuchen, weil multivariate Analysen nicht durchgeführt wurden,
– die Korrelations- und Regressionsanalysen wurden als Elemente einer beschreibenden Analyse und nicht als Schätzproblem gesehen.

Zu den statistischen Problemen tritt das Problem der Abgrenzung des relevanten Marktes hinzu.

## 8.2.2 Prognose des Umsatzes mit Hilfe des Modells von Huff

In der Geographie und Ökonomie wurden zur Bestimmung und Abgrenzung von Marktgebieten verschiedene Modelle entwickelt.[12] Dabei kann man mikroanalytische Modelle unterscheiden, die das Verhalten eines einzelnen Subjektes im Raum darstellen, und makroanalytische Modelle, die sich auf das Verhalten ganzer Gruppen beziehen.[13] Makroanalytische Modelle können weiter differenziert werden in heuristische Modelle und Optimierungsmodelle. Weite Verbreitung in der Standortplanung von Handelsbetrieben haben die zu den heuristischen Verfahren zählenden gravitationstheoretischen Modelle gefunden. Zu nennen sind hier die deterministischen Ansätze von *Reilly* und *Converse* sowie das probabilistische Modell von *Huff*.[14] Eine Übersicht über verschiedene der von *Klein* genannten Ansätze bietet Abbildung 8.17.

---

[12] Die Ausführungen in Abschnitt 8.2.2 gründen auf einer mit *M. Schuckel* zusammen verfaßten Veröffentlichung. Müller-Hagedorn, L./Schuckel, M.: Die Prognose des Umsatzes neuer Einkaufszentren mit Hilfe des Modelles von Huff. Theorie und Fallbeispiel (I), in: WISU, 24. Jg. (1995 a), H. 6, S. 514–518 und WISU, 24. Jg. (1995 b), H. 7, S. 597–604.

[13] Vgl. zur Systematik der Ansätze Klein, R.: Dezentrale Grundversorgung im ländlichen Raum. Interaktionsmodelle zur Abschätzung von Nachfragepotentialen im Einzelhandel, Osnabrück 1992, S. 29–34.

[14] Als weitere probabilistische Ansätze sind das Umsatzerwartungsmodell von *Fickel* und die Modifikation des *Huff*-Modells von *Löffler/Klein* zu nennen. Vgl. Fickel, F. W.: Die ökonometrische Methode zur Marktgebietsabgrenzung von Einkaufszentren, in: Jahrbuch der Absatz- und Verbrauchsforschung, 25. Jg. (1979), H. 3, S. 204–225; Klein, R./Löffler, G.: Raumfunktionale Modellansätze zur Bestimmung von Standorten und Kaufkraftströmen im Lebensmitteleinzelhandel, in: Kurzberichte aus der Bauforschung, 30. Jg. (1989), S. 405–410.

**Abbildung 8.17:** Ansätze zur Bestimmung und Abgrenzung von Marktgebieten nach Klein (1992)

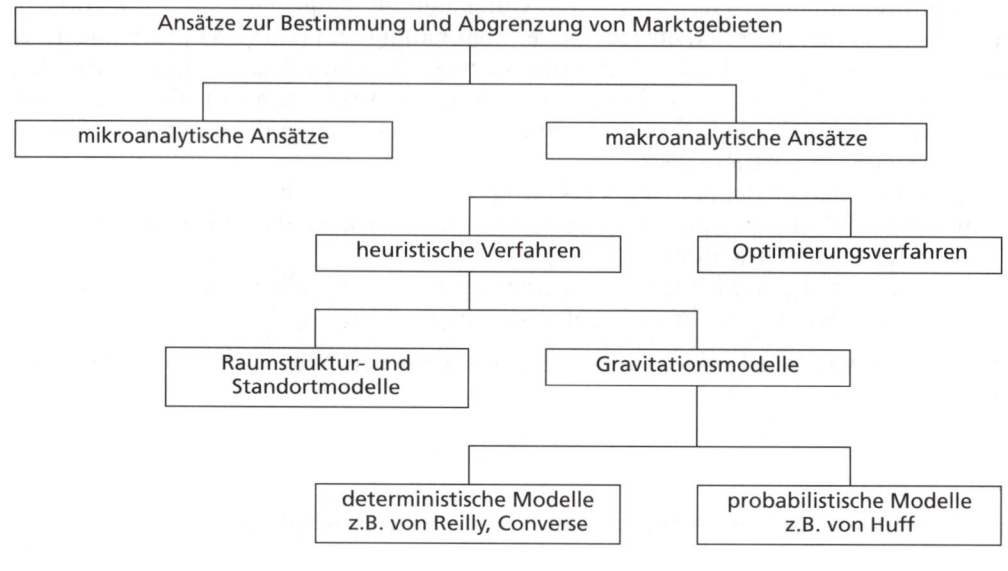

*Reillys* Gesetz der Einzelhandelsgravitation bestimmt die Relation der Umsatzerwartungen zweier Angebotsorte.[15] Diese verhält sich proportional zum Verhältnis der Bevölkerungszahlen als Ausdruck der Attraktivität eines Einkaufsortes und umgekehrt proportional zum gewichteten Verhältnis der Distanzen (vgl. Gleichung (2))

$$(2) \qquad \frac{U_1}{U_2} = \frac{B_1}{B_2} \cdot \left( \frac{d_{i2}}{d_{i1}} \right)^{\lambda}$$

mit:     $U_j$ = Umsatzanteil eines Verbrauchsortes, der in Einkaufsort j (j = 1, 2) verausgabt wird,
            $B_j$ = Bevölkerungszahl in Ort j,
            $d_{ij}$ = Distanz zwischen Verbrauchsort i und Einkaufsort j.
            $\lambda$ = Gewichtungsparameter für das Distanzverhältnis

Das Verfahren nach *Reilly* läßt nur Paarvergleiche zwischen Einkaufsorten zu; eine Festlegung bzw. Abgrenzung der Einzugsbereiche ist in dieser Form nicht möglich. Es wird deswegen im weiteren nicht näher diskutiert.
*Converse* hat daher ausgehend von *Reillys* Gravitationsgesetz den Punkt bestimmt, in dem die Einflüsse der konkurrierenden Einkaufsorte gleich sind (breaking point).[16]

---

[15] Vgl. Reilly, W. J.: Methods for the Study of Retail Relationships. Research Monograph, No. 4, Austin 1929; Reilly, W. J.: The Law of Retail Gravitation, New York 1931.
[16] Vgl. Converse, P. D.: A Study of Retail Trade Areas in Eastern Illinois, Urbana 1943; Converse, P. D.: New Laws of Retail Gravitation, in: Journal of Marketing, Vol. 14 (1949), No. 3, S. 379–390.

Die jeweiligen Distanzen zum breaking point können mit Hilfe der folgenden Gleichungen berechnet werden:

(3) $\qquad d_{1b} = \dfrac{d_{12}}{1 + \sqrt{\dfrac{B_2}{B_1}}}$

(4) $\qquad d_{2b} = \dfrac{d_{12}}{1 + \sqrt{\dfrac{B_1}{B_2}}}$

$\qquad$ $d_{jb}$ = Distanz zwischen Einkaufsort j und dem breaking point b
$\qquad$ $d_{12}$ = Distanz zwischen Einkaufsort 1 und Einkaufsort 2

Nach dem deterministischen Ansatz von *Reilly* und *Converse* werden alle Wohnorte zwischen dem Einkaufsort 1 und dem breaking point b dem Ort 1 zugeordnet. Entsprechend sind die Wohnorte zwischen Einkaufsort 2 und dem breaking point b dem Marktgebiet des Ortes 2 zuzurechnen. Gegen diese eindeutige Abgrenzung der Einzugsgebiete ist einzuwenden, daß sich Marktgebiete einzelner Einkaufsorte in unterschiedlichem Ausmaß überlappen können, da sich die Konsumenten eines Wohnortes zumeist mehreren Einkaufszentren zuwenden (Polyorientierung).

Die Aufteilung des Käufer- bzw. Kaufkraftpotentials eines Wohnortes auf mehrere Einzelhandelsstandorte wird mit Hilfe des probabilistischen Ansatzes von *Huff* möglich. Das Potentialmodell von *Huff* scheint daher besonders geeignet, die zu erwartenden Umsätze und das voraussichtliche Einzugsgebiet eines neuen Einzelhandelsstandortes sowie die Auswirkungen auf konkurrierende Angebotsorte zu prognostizieren. Im folgenden soll daher das Modell von *Huff* dargestellt werden. Anschließend wird gezeigt, wie dieses Modell im Fall der Standortentscheidung »Neue Mitte Oberhausen« des Textilkaufhauses C eingesetzt werden konnte, mit welchen Problemen die Anwendung verbunden war und zu welchen Prognoseergebnissen die Modellrechnungen geführt haben. Den Abschluß bildet eine kritische Würdigung des Verfahrens.

### 8.2.2.1 Darstellung des probabilistischen Potentialansatzes von Huff

Während *Reilly* und *Converse* die Konsumenten eines Wohnortes im Rahmen eines Paarvergleiches eindeutig einem der beiden betrachteten Einzelhandelsstandorte zuordnen, bestimmt *Huff* in seinem probabilistischen Modell die Wahrscheinlichkeit, mit der die Bewohner eines Versorgungsortes alternative Einkaufsorte aufsuchen.[17] Die Wahrscheinlichkeit hängt analog zu den deterministischen Ansätzen von der Distanz zwischen Wohnort und Einkaufsorten sowie von der Attraktivität der Einkaufsorte ab. Die formale Schreibweise des probabilistischen Potentialmodells von *Huff* ist in Gleichung (5) wiedergegeben.

(5) $\qquad w_{ij} = \dfrac{A_j \cdot d_{ij}^{-\lambda}}{\displaystyle\sum_{j=1}^{m} A_j \cdot d_{ij}^{-\lambda}}$

---

[17] Vgl. Huff, D. L.: Defining and Estimating a Trading Area, in: Journal of Marketing, Vol. 28 (1964), No. 3, S. 34–38.

wobei: $d_{ij}$ = Distanz des Wohnortes i zum Einkaufsort j;
       $A_j$ = Attraktivität des Einkaufsortes j;
       $\lambda$ = Distanzparameter;
       $w_{ij}$ = Wahrscheinlichkeit, daß ein Bewohner des Wohnortes i den Einkaufsort j aufsucht.

Die Wahrscheinlichkeit $w_{ij}$, mit der Bewohner des Wohnortes i den Einkaufsort j aufsuchen, kann auch als der Anteil der Einwohner des Wohnortes i interpretiert werden, die in Einkaufsort j einkaufen oder als der Anteil der Kaufkraft des Wohnortes i, der Einkaufsort j zufließt.[18] Um die Kunden- bzw. Umsatzanteile auf der Grundlage des probabilistischen Ansatzes von *Huff* zuverlässig bestimmen zu können, ist es erforderlich, alle relevanten Einkaufsalternativen j (j = 1, ..., n) der Bewohner des jeweiligen Wohnortes i in die Modellrechnungen einzubeziehen.

Die Zahl der Kunden eines Einkaufszentrums j aus einem Wohngebiet i läßt sich ermitteln, indem man die mit dem *Huff*-Modell berechnete Wahrscheinlichkeit mit der Einwohnerzahl des Wohnortes multipliziert. Entsprechend erhält man den Umsatz, den das Zentrum mit Bewohnern des Wohnortes i tätigt, durch Multiplikation der Wahrscheinlichkeit $w_{ij}$ mit der Kaufkraft des Wohnortes i (vgl. Gleichungen (6) und (7)).

(6)      $Z_{ij} = w_{ij} \cdot E_i$
(7)      $U_{ij} = Z_{ij} \cdot K_i$
       $Z_{ij}$ = Zahl der Kunden des Einkaufsortes j aus dem Wohngebiet i,
       $E_i$ = Einwohnerzahl des Wohngebietes i,
       $U_{ij}$ = Einzelhandelsumsatz im Einkaufsort j mit Bewohnern des Wohnortes i,
       $K_i$ = Kaufkraft der Bewohner des Wohnortes i.

Die gesamte Kundenzahl eines Einkaufsortes läßt sich dann durch Addition aller Kunden aus den Wohnorten des Einzugsgebietes bestimmen. In gleicher Weise ist der Einzelhandelsumsatz zu berechnen (vgl. Gleichungen (8) und (9)). Zum Einzugsgebiet gehören nach dem *Huff*-Modell alle Wohnorte mit einer Einkaufswahrscheinlichkeit $w_{ij} > 0$.

(8)      $Z_j = \sum_{i=1}^{m} w_{ij} \cdot E_i$

(9)      $U_j = \sum_{i=1}^{m} K_i \cdot Z_{ij}$

       $Z_j$ = Zahl der Kunden in Einkaufsort j,
       $U_j$ = Einzelhandelsumsatz in Einkaufsort j,
       m = Zahl der Wohnorte im Einzugsgebiet von j.

Das *Huff*-Modell berechnet auf diese Weise das Umsatzpotential einer Einzelhandelsagglomeration. Die Prognose des Umsatzes eines einzelnen Handelsbetriebes an diesem Standort erfordert zusätzlich Informationen über den Anteil am gesamten berechneten Einzelhandelsumsatz, der auf den betrachteten Einzelhandelsbetrieb entfällt.

Die praktische Anwendung des Modells erfordert die Operationalisierung der Varia-

---

[18] Vgl. Müller-Hagedorn, L., 1993 b, S. 143.

blen. *Huff* selbst schlägt als Wert für die Attraktivität eines Einkaufszentrums die Verkaufsfläche der Einzelhandelsbetriebe vor, die die interessierenden Waren im Sortiment führen. Das Maß für die Distanz ist die erforderliche Reisezeit von Wohnort i zum Einkaufszentrum j. Der Distanzparameter $\lambda$ gibt die Bedeutung an, die die Reisezeit für den Konsumenten beim Einkauf bestimmter Waren hat. Er ist empirisch zu bestimmen und variiert je nach betrachteter Warenart. *Huff* ermittelte beispielsweise für den Kauf von Möbeln einen Wert von 2,723, für den Kauf von Textilien einen Wert von 3,191.[19]

Das probabilistische Potentialmodell von *Huff* erlaubt damit die Berechnung und Prognose der Einzelhandelsumsätze eines Einkaufszentrums, die Bestimmung der Umsatzanteile einzelner Wohngebiete und somit die Ermittlung des Einzugsgebietes und, als Konsequenz daraus, die Auswirkungen auf benachbarte, konkurrierende Einzelhandelsstandorte. Für die Anwendung des Modells werden die folgenden Informationen benötigt:

- Die Zahl der relevanten Wohnorte i und damit die Größe des Einzugsgebietes des Einkaufszentrums,
- die Zahl der konkurrierenden Einkaufsorte j,
- die Distanzen $d_{ij}$ zwischen den relevanten Wohn- und Einkaufsorten,
- die branchenspezifischen Verkaufsflächen $A_j$ der Einkaufsorte j,
- der Wert des Distanzparameters $\lambda$ für die betrachtete Warengruppe,
- die Einwohnerzahlen $E_i$ der Wohnorte i,
- die einzelhandelsrelevante Kaufkraft $K_i$ in den Wohnorten i und
- der Anteil des betrachteten Einzelhandelsbetriebes am Gesamtumsatz im Einkaufsort j.

### 8.2.2.2 Vorgehensweise und Probleme bei der Anwendung des Huff-Modells

Die Anwendung des *Huff*-Modells läßt sich am besten an einem praktischen Fall darstellen. Das folgende Beispiel veranschaulicht nicht nur das *Huff*-Modell, sondern macht darüber hinaus auf mehrere Probleme aufmerksam, die mit der Anwendung des Modells verbunden sind. Als Beispiel wird auf das im Herbst 1996 eröffnete Einkaufszentrum in Oberhausen Bezug genommen, die sog. »Neue Mitte Oberhausen«. Für ein Textilunternehmen, das sich mit dem Gedanken trägt, in diesem Standort eine Filiale zu eröffnen, soll der voraussichtliche Umsatz ermittelt werden.

Zunächst sind die Grenzen des Marktgebietes festzulegen. Dieses umfaßt das Einzugsgebiet des neuen Zentrums ebenso wie die relevanten Konkurrenzstandorte. Weiterhin sind die Variablen des Modells, also die Attraktivität, die Distanz, die Einwohnerzahl und die einzelhandelsrelevante Kaufkraft zu operationalisieren und die entsprechenden Daten zu beschaffen. Außerdem muß der Distanzparameter geschätzt werden. Schließlich ist zur Bestimmung des Umsatzes der neuen C-Filiale der Anteil dieser Verkaufsstelle am gesamten Umsatz des neuen Einkaufszentrums zu bestimmen.

### Größe des relevanten Marktgebietes

Um das Marktgebiet eines Einkaufszentrums zu bestimmen, ist einerseits das Gebiet zu ermitteln, aus dem die potentiellen Nachfrager stammen, also das Einzugsgebiet, und andererseits die Zahl der konkurrierenden Angebotsstandorte. Da das *Huff*-

---

[19] Vgl. Huff, D. L., 1964, S. 37.

Modell alle Einkaufsalternativen berücksichtigt, die den Bewohnern eines Wohnortes i zur Wahl stehen, sind alle Einzelhandelsstandorte in das Modell einzubeziehen, deren Distanz zum Wohnort i nicht größer ist als die Distanz zwischen Wohnort i und zu untersuchendem Einkaufszentrum j. Die Größe des Einzugsgebietes determiniert somit Lage und Zahl der relevanten Konkurrenzstandorte.

Da sich neue Zentren zum Zeitpunkt der Prognose noch in der Planung befinden, kann ihr Einzugsgebiet nicht empirisch ermittelt werden. Es ist daher vor Anwendung des *Huff*-Modelles zu prognostizieren. Das Einzugsgebiet könnte mit Hilfe des *Huff*-Modells bestimmt werden, indem man jeden Wohnort mit einer vermuteten Einkaufswahrscheinlichkeit $w_{ij} > 0$ einbezieht. Dies erfordert ein iteratives Vorgehen, wobei mit der Prüfung jedes neuen Wohnortes entsprechend neue Einkaufsorte dem Modell hinzuzufügen sind. Je nach Lage und Bedeutung des betrachteten Einkaufszentrums führt dies zu einem schnellen Anwachsen der erforderlichen Daten. Der Informationsbedarf und damit die Kosten der Informationsbeschaffung steigen deutlich an. Im Fall des Textilkaufhauses C wurde daher das Einzugsgebiet in Analogie zu ähnlichen Einkaufszentren bestimmt, welche etwa 86 % ihrer Umsätze mit dem unmittelbaren Nahbereich, d. h. den direkt angrenzenden Wohngebieten tätigen.[20] Das Einzugsgebiet des Zentrums »Neue Mitte Oberhausen« umfaßt demnach den Nahbereich der Stadt Oberhausen mit den Städten und Gemeinden Oberhausen, Bottrop, Gladbeck, Gelsenkirchen, Essen, Mülheim, Duisburg, Moers, Rheinberg, Voerde, Dinslaken und Hünxe. Der so umschriebene Raum entspricht in etwa einem Kreis um Oberhausen mit einem Radius von 20 km.

Aus dem festgelegten Einzugsgebiet ergeben sich entsprechend die relevanten Einzelhandelsstandorte. Die durchschnittliche Entfernung eines Wohnortes innerhalb des Einzugsgebietes zum Einkaufszentrum Oberhausen beträgt ca. zehn km. Der Radius des Einzugsgebietes wird daher zur Erfassung der Konkurrenzstandorte um zehn km ausgedehnt. Zusätzlich zu den schon genannten Wohnorten, die gleichzeitig Einzelhandelsstandort sind, werden die Einzelhandelszentren in Dorsten, Marl, Herten, Recklinghausen, Herne, Bochum, Hattingen, Velbert, Heiligenhaus, Ratingen, Düsseldorf, Meerbusch, Krefeld, Neukirchen-Vluyn, Kamp-Lintfort, Alpen, Wesel, Hamminkeln, Raesfeld und Schermbeck berücksichtigt.

Als Wohngebiete werden hier die jeweiligen Städte oder Gemeinden verstanden, als Einkaufsorte die Innenstädte der betrachteten Städte und Gemeinden. Zusätzlich werden die Einkaufszentren Mülheim-Heissen, Gelsenkirchen-Buer und Bochum-Ruhrpark betrachtet, da aufgrund der Größe und der Nähe der Einkaufszentren Konkurrenzbeziehungen zu Oberhausen zu vermuten und auch in diesen Zentren Filialen des Textilkaufhauses C zu finden sind.

Bei zwölf betrachteten Wohnorten sind bereits 36 Einkaufsorte in die Analyse einzubeziehen.

## Operationalisierung der Modellvariablen und Datenbeschaffung

Als Maß für die Attraktivität eines Einkaufszentrums verwendet *Huff* sortimentsspezifische Verkaufsflächen. Es ist also im vorliegenden Fall zunächst festzulegen, welche Einzelhandelsflächen in den betrachteten Einkaufsorten in das Modell eingehen sollen, wofür mehrere Operationalisierungen in Frage kommen, beispielsweise

---

20  Stadt Oberhausen (Hrsg.): Oberhausen. Einzelhandel und Stadterneuerung auf dem Wege in das Jahr 2000. Markt- und Tragfähigkeitsuntersuchung der Stadt und ihrer Zentren, Düsseldorf 1992, S. 25.

- die Verkaufsfläche aller Handelsbetriebe, die Bekleidung anbieten,
- eine Beschränkung auf die unmittelbaren Konkurrenten,
- bei Handelsbetrieben, die gemischte Sortimente führen, eine Beschränkung auf die für Textilien bereitgestellte Fläche.

Hinter diesen Überlegungen steht die Frage, welche Größen das Verhalten der Kunden beeinflussen.[21] Wählt ein Konsument, der Bekleidung einkaufen möchte, den Einzelhandelsstandort mit dem, gemessen an der Verkaufsfläche, größten Gesamtangebot an Textilien, oder ist nur die Existenz großer Anbieter für ihn von Bedeutung? Im vorliegenden Fall wurden nur die Verkaufsfläche der großflächigen Konkurrenten einschließlich der Warenhäuser mit ihrem gesamten Sortiment berücksichtigt. Dies geschah auch im Hinblick auf die Beschaffbarkeit der entsprechenden Daten (vgl. Abbildung 8.18).[22]

**Abbildung 8.18:** Verkaufsfläche großflächiger Textil- u. Warenhaus-Betriebe

| Einkaufsorte | Verkaufsfläche in qm | Einkaufsorte | Verkaufsfläche in qm |
|---|---|---|---|
| Neue Mitte | 30 000 | Schermbeck | 0 |
| Oberhausen | 15 940 | Dorsten | 10 500 |
| Mülheim | 21 870 | Marl | 2 890 |
| Duisburg | 55 200 | Herten | 2 000 |
| Dinslaken | 8 500 | Recklinghausen | 30 835 |
| Bottrop | 6 980 | Herne | 16 208 |
| Essen | 98 750 | Bochum | 34 800 |
| Moers | 9 690 | Hattingen | 3 770 |
| Rheinberg | 0 | Velbert | 8 160 |
| Voerde | 0 | Heiligenhaus | 2 000 |
| Hünxe | 0 | Ratingen | 4 500 |
| Gladbeck | 2 100 | Bochum Ruhrpark | 25 700 |
| Gelsenkirchen | 42 900 | Gelsenkirchen Buer | 10 000 |
| Neukirchen-Vluyn | 0 | Mülheim-Heissen | 43 700 |
| Kamp-Lintfort | 7 290 | Krefeld | 45 136 |
| Alpen | 0 | Düsseldorf | 132 694 |
| Wesel | 8 820 | Meerbusch | 1 700 |
| Hamminkeln | 0 | Raesfeld | 0 |

---

[21] Damit ist die Frage verbunden, wie die Attraktivität eines Einkaufsortes operationalisiert werden kann.

[22] Vgl. z. B. Industrie und Handelskammer Mittlerer Niederrhein, Krefeld-Mönchengladbach-Neuss (Hrsg.): Handelsatlas, Ausgabe Nr. 9, Stand September 1992. Die Industrie- und Handelskammer zu Düsseldorf stellte eine Liste der Einzelhandelsgroßbetriebe in ihrem Kammerbezirk, Stand Januar 1994, zur Verfügung. Die Verkaufsflächendaten beziehen sich somit auf unterschiedliche Zeitpunkte, einheitliches Datenmaterial wäre aber mit vertretbarem Aufwand nicht zu beschaffen gewesen.

Auch für die Distanzen zwischen Wohn- und Einkaufsort bieten sich mehrere Operationalisierungsmöglichkeiten an, wie insbesondere die Entfernungen in Straßenkilometern oder der benötigte Zeitbedarf. Zahlreiche Aspekte, wie z. B. die Kosten, die Flexibilität, die Art des benutzten Verkehrsmittels und seine Bequemlichkeit, spielen eine Rolle. Sie werden in der von *Huff* vorgeschlagenen Reisezeit aber nicht oder nur teilweise erfaßt. Eine Überprüfung des Modells ergab, daß die Berücksichtigung von Entfernungsdaten im Vergleich zu den Reisezeiten zu einer besseren Anpassung der Modellwerte an die realen Daten führte. Aus diesem Grunde wurden den weiteren Berechnungen die Entfernungen in km als Distanzmaß zugrunde gelegt.

Als Indikator für die durchschnittlich in einem Ort zurückzulegende Entfernung wurde die Fläche der jeweiligen Gemeinde herangezogen. Nimmt man vereinfachend an, daß die Fläche einer Gemeinde einem Kreis um den Ortskern entspricht, dann kann die durchschnittlich zurückzulegende Entfernung zum Zentrum als halber Radius des Kreises angegeben werden. Dies führt zur Berechnung der innerörtlichen Distanzen nach folgender Formel:

$$(10) \qquad d_{ij} = \frac{1}{2} \cdot \sqrt{\frac{Fl_i}{\pi}} \qquad i = j$$

$$Fl_i = \text{Fläche des Wohnortes } i$$

Die ermittelten Distanzen stellen gemeinsam mit den Daten zur Verkaufsfläche die Basis für die Berechnungen der Wahrscheinlichkeiten dar.

Die Einwohnerzahlen wurden dem Statistischen Jahrbuch deutscher Gemeinden von 1992 entnommen. Informationen zur Kaufkraft lagen in Form von Kaufkraftkennziffern je Einwohner der *GfK* vor (vgl. Abbildung 8.19). Die durchschnittliche Kaufkraft in der Bundesrepublik Deutschland wird dabei gleich 100 gesetzt. Die Berechnung von Umsätzen erfordert Kenntnisse über den durchschnittlichen Einkaufsbetrag der Bundesbürger, den diese für Bekleidung im Jahr ausgeben. Nach Erfahrungswerten liegt dieser Betrag, bezogen auf das hier relevante Sortiment, bei etwa 1 272 DM.

**Abbildung 8.19:** Einwohnerzahlen, Kaufkraft und Fläche der Wohngebiete

| Wohnorte | Einwohnerzahl | Kaufkraft | Fläche in km² |
|---|---|---|---|
| Oberhausen | 223 840 | 89,6 | 77,03 |
| Mülheim | 177 681 | 112,4 | 91,26 |
| Duisburg | 535 447 | 92,5 | 232,82 |
| Dinslaken | 65 313 | 103,3 | 47,68 |
| Bottrop | 118 936 | 86,2 | 100,60 |
| Essen | 626 973 | 100,8 | 210,35 |
| Moers | 104 595 | 98,5 | 67,68 |
| Rheinberg | 27 886 | 93,6 | 75,15 |
| Voerde | 36 415 | 94,6 | 53,48 |
| Hünxe | 12 959 | 108,3 | 106,80 |
| Gladbeck | 80 267 | 85,8 | 35,90 |
| Gelsenkirchen | 293 714 | 85,4 | 104,85 |

(11)        $K_i = E_i \cdot k_i \cdot 1272$

Die für Textilien relevante Kaufkraft eines Wohnortes ergibt sich dann durch Multiplikation von Einwohnerzahl, Kaufkraftkennziffer ($k_i$) und durchschnittlichem, sortimentsspezifischen Einkaufsbetrag je Einwohner (Gleichung (11)).

### Schätzen der Modellparameter

Der Distanzparameter $\lambda$ bringt zum Ausdruck, welche Bedeutung die Entfernung zum Einkaufsort für den Konsumenten im Rahmen seiner Wahl des Einkaufsortes hat, wenn er den Kauf einer bestimmten Ware oder Warengruppe beabsichtigt. Er beschreibt somit einen Aspekt des Konsumentenverhaltens und ist daher für die betreffende Warengruppe und das jeweilige Untersuchungsgebiet empirisch zu ermitteln. Derartige Daten liegen für die Region Oberhausen und das Verhalten der Konsumenten beim Einkauf von Textilien nicht vor. Eine Schätzung des Distanzparameters ist jedoch möglich, wenn man versucht, die auf der Grundlage des *Huff*-Modells errechneten Modellumsätze für die Filialen des Textilkaufhauses C den tatsächlich erzielten Umsätzen durch Variation von $\lambda$ anzupassen. Die Optimierung mit Hilfe des Programmoduls Microsoft Excel Solver ergibt ein $\lambda$ von 1,174. Dieser relativ geringe Wert für $\lambda$ bringt zum Ausdruck, daß die Konsumenten im Einzugsgebiet der betrachteten Filialen der Distanz zwischen Wohnort und Einkaufsort bei der Wahl eines Einkaufsortes nur geringe Bedeutung beimessen. Dies erscheint im vorliegenden Fall plausibel, da einerseits nur der Nahbereich betrachtet wird, andererseits das Ruhrgebiet als Ballungsraum nur geringe Entfernungen zwischen den Standorten aufweist und darüber hinaus als verkehrsmäßig gut erschlossen gelten kann.

Die Anpassung der Modellwerte an die realen Umsatzwerte ergibt die in Abbildung 8.20 dargestellten Ergebnisse. Die erheblichen Abweichungen zwischen Modell- und Realumsätzen der Filiale Duisburg wurden vom Textilkaufhaus C auf bauliche Maßnahmen zurückgeführt. Die Modellumsätze für die Standorte in Gelsenkirchen werden zu niedrig ausgewiesen, weil deren Einzugsgebiete nur unvollständig erfaßt wurden. Die Modellwerte konnten damit als brauchbare Annäherung an die reale Situation gewertet werden.

**Abbildung 8.20:**  Anpassung der Modellwerte an die realen Umsätze

| Anpassung der Modellwerte an die realen Umsatzwerte für die Textil- und Warenhäuser | | | | |
|---|---|---|---|---|
| Einkaufsort | Duisburg | Mülheim | Essen | Gelsenkirchen | GE-Buer |
| Umsatz Modell | 471 | 176 | 845 | 286 | 67 |
| Umsatz real | 450 | 170 | 830 | 340 | 88 |
| Differenz | 21 | 6 | 15 | –54 | –21 |
| Anpassung der Modellwerte an die realen Umsatzwerte für die C-Filialen | | | | |
| Einkaufsort | Duisburg | Mülheim | Essen | Gelsenkirchen | GE-Buer |
| Umsatz Modell | 66 | 42 | 74 | 33 | 23 |
| Umsatz real | 78 | 42 | 75 | 43 | 35 |
| Differenz | –12 | 0 | – 1 | –10 | –12 |

Mit dem vorhandenen Datenmaterial ist es möglich, die Umsätze der großflächigen Textil- und Warenhäuser im neuen Einkaufszentrum insgesamt zu prognostizieren. Die Höhe des Umsatzes der C-Filiale ergibt sich als Umsatzanteil am gesamten prognostizierten Umsatz. An den bereits vorhandenen Standorten liegt der Umsatzanteil der jeweiligen Filialen zwischen 9 % und 40 %, im Mittel erreichen die C-Filialen einen Anteil von 21 %. Da im Sinne der Überlegungen von Huff die Verkaufsfläche der Filiale vermutlich ein wichtiger Einflußfaktor auf den Umsatzanteil ist, wird im folgenden davon ausgegangen, daß der Umsatzanteil der neuen Filiale ihrem Verkaufsflächenanteil entspricht.

### 8.2.2.3 Ergebnisse der Modellrechnungen

Das Modell liefert zwei zentrale Ergebnisse; zum einen den am Standort zu erwartenden Umsatz und zum anderen Hinweise auf Kaufkraftabflüsse aus den Konkurrenzorten.

#### Umsatzhöhe und Einzugsgebiet der neuen Filiale

Insgesamt ergeben die Berechnungen nach dem *Huff*-Modell für die großflächigen Textilbetriebe und Warenhäuser einen Umsatz von 218 Mio. DM mit Bewohnern aus dem Nahbereich. Da dies voraussichtlich etwa 86 % des gesamten Umsatzes ausmachen wird, ist von einem Umsatzvolumen von insgesamt 253 Mio. DM auszugehen. Auf die Filiale des Textilkaufhauses C entfallen davon 84 Mio. DM. Dies entspricht einem Umsatz von 8 400 DM pro Quadratmeter Verkaufsfläche.

Die Umsätze fließen dem neuen Einkaufszentrum gemäß Abbildung 8.21 aus den Wohngemeinden des betrachteten Einzugsgebietes zu. Die höchsten Umsätze werden mit Bewohnern der Städte Oberhausen, Duisburg und Essen erzielt, was zu der Frage nach den Umsatzeinbußen insbesondere dieser Einzelhandelsstandorte führt.

#### Kaufkraftabflüsse in Konkurrenzstandorten

Die Kaufkraftabflüsse in den Konkurrenzstandorten werden ermittelt, indem die Modellumsätze, welche für die heutige Situation, also ohne die »Neue Mitte Oberhausen«, ermittelt wurden, den unter Berücksichtigung der neuen Verkaufsflächen im neuen Einkaufszentrum prognostizierten Umsätzen gegenübergestellt werden. Die Kaufkraftabflüsse werden in Abbildung 8.22 dargestellt.

Nach den Berechnungen des *Huff*-Modells haben insbesondere die Textilkaufhäuser und Warenhäuser in Duisburg, Essen und Mülheim starke Umsatzeinbußen hinzunehmen. Die C-Filialen sind selbst von Umsatzrückgängen in Höhe von 8 (Duisburg), 4 (Mülheim), 6 (Essen) und 2 Mio. DM (Gelsenkirchen und Gelsenkirchen-Buir) betroffen. Auf entferntere Einkaufszentren insbesondere im östlichen Teil des Ruhrgebietes scheint sich die »Neue Mitte Oberhausen« jedoch weniger auszuwirken.

**Abbildung 8.21:** Einzugsgebiet des neuen Einkaufszentrums _____

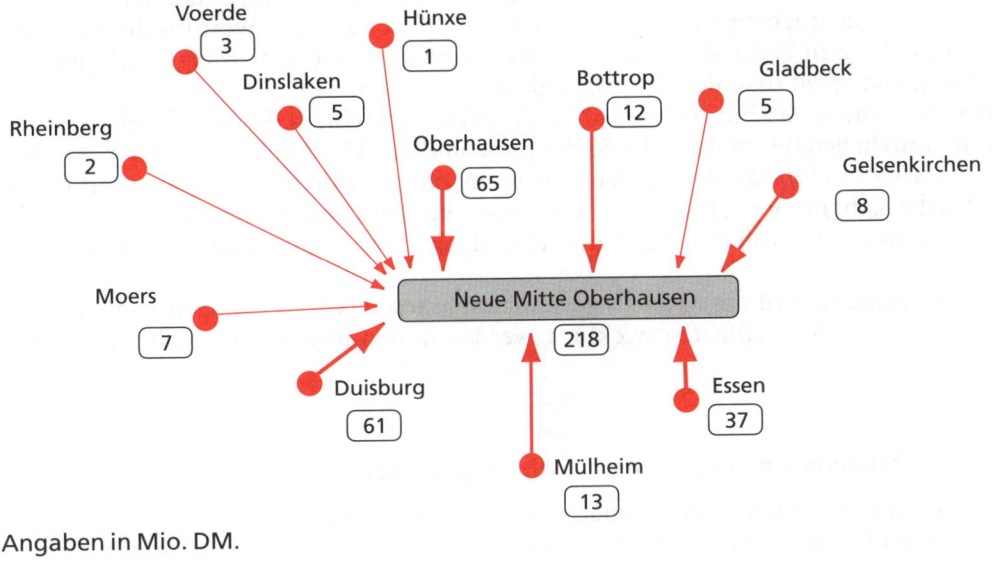

Angaben in Mio. DM.

**Abbildung 8.22:** Kaufkraftabflüsse in den konkurrierenden Standorten _____

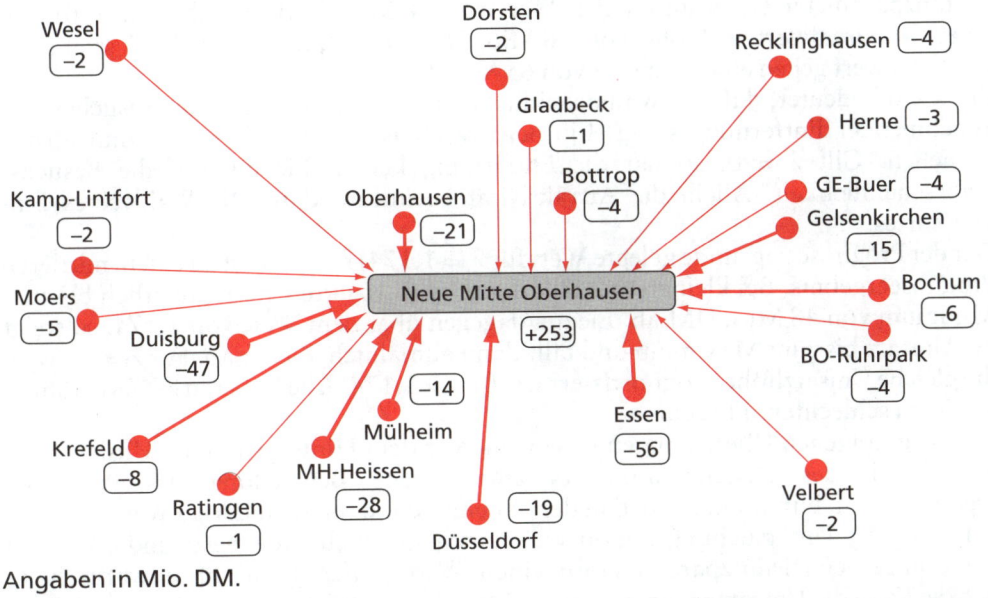

Angaben in Mio. DM.

### 8.2.2.4 Kritische Würdigung des Verfahrens

Die Prognoseergebnisse des *Huff*-Modells sind vor dem Hintergrund der in Kapitel 8.2.2.2 angesprochenen Probleme und im Hinblick auf ihren Wert für die Standortentscheidung zu beurteilen. Damit geht es insbesondere um die Frage nach der Prognosegenauigkeit bzw. der Zuverlässigkeit der Ergebnisse.

Die bisherigen Ausführungen haben deutlich gemacht, daß unabhängig von der grundsätzlichen Beurteilung der Konzeption und der Methodik des probabilistischen Ansatzes von *Huff* mit der Anwendung des Modells zahlreiche Probleme verbunden sind, die nicht immer zufriedenstellend gelöst werden können. Zuweilen erfordert die Anwendung des probabilistischen Potentialansatzes ein sehr pragmatisches Vorgehen.

Die Empfindlichkeit des Modells gegenüber Parameterveränderungen und die Möglichkeiten zur Modellfortentwicklung werden in den folgenden Abschnitten untersucht.

### 8.2.2.5 Reaktion auf Variationen des Distanzparameters

Die der Umsatzprognose zugrunde gelegten Daten können, sieht man von der grundsätzlichen Problematik der Operationalisierung einmal ab, als sichere und zutreffende Werte angesehen werden. Lediglich der Distanzparameter ist mit Unsicherheit behaftet, da er im vorliegenden Fall nicht empirisch bestimmt, sondern mittels einer Näherung geschätzt wurde. Um die Ungewißheit über die Höhe des Distanzparameters angemessen zu berücksichtigen, ist es erforderlich, den funktionalen Zusammenhang zwischen der Höhe des prognostizierten Umsatzes als abhängiger und der Größe des Distanzparameters als unabhängiger Variablen zu untersuchen. Dieser Zusammenhang wird durch die Gleichungen (9), (5) und (11) beschrieben und führt zu dem in Abbildung 8.23 dargestellten Funktionsverlauf. Daraus geht hervor, daß der prognostizierte Umsatz für die C-Filiale in Oberhausen in Abhängigkeit vom Distanzparameter einen minimalen Wert von 48 Mio. DM erreicht (für $\lambda=0$) und einen Maximalwert in Höhe von 96 Mio. DM ($\lambda = 2,2$). Für große $\lambda$ strebt der Prognosewert gegen einen Umsatz von 65 Mio. DM.

Ein $\lambda < 0$ bedeutet, daß die Wahrscheinlichkeit, einen Einkaufsort aufzusuchen mit zunehmender Entfernung steigt. Ein negativer Distanzparameter ist damit auszuschließen. Gilt $\lambda = 0$, so hat die Entfernung keinen Einfluß auf die Besuchswahrscheinlichkeit. Allein die Attraktivität beeinflußt dann die Wahl eines Einkaufsortes.

Der der Prognose zugrunde gelegte Wert für $\lambda$ (= 1,174) führt somit zu einem mittleren Prognoseergebnis. Bei kleinerem $\lambda$ fällt der prognostizierte Umsatz deutlich bis zum Minimum von 48 Mio. DM ab. Liegt $\lambda$ dagegen über dem Wert von 1,174, so steigt der Umsatz bis zum Maximum und fällt dann allmählich wieder ab. Für $\lambda = 3,8$ wird die gleiche Umsatzhöhe prognostiziert wie für $\lambda = 1,174$. Alle höheren $\lambda$-Werte führen zu einem schlechteren Ergebnis.

Die vorgetragenen Überlegungen lassen eine vor dem Hintergrund der Unsicherheit hinsichtlich des Distanzparameters angemessene Beurteilung des Prognoseergebnisses zu. Nimmt man an, daß der ohnehin schon relativ niedrige Wert für $\lambda$ von 1,174 in der Untersuchungsregion nicht noch unterschritten wird und hält man weiterhin einen Distanzparameter mit einem Wert größer als vier für unwahrscheinlich, so kann die Umsatzprognose von 84 Mio. DM als vorsichtige Schätzung gelten.

Die Höhe des Distanzparameters hat auch erheblichen Einfluß auf das Einzugsgebiet des Zentrums. Je höher der Distanzparameter, desto mehr nehmen die Kaufkraftzuflüsse aus den Wohngebieten mit der Entfernung zum Einkaufszentrum ab. Überschreitet $\lambda$ einen bestimmten Wert, so wird der Umsatz eines Zentrums fast ausschließlich mit Bewohnern des eigenen Wohngebietes getätigt. Die Einkaufswahrscheinlichkeit beträgt für das Wohngebiet des betrachteten Ortes 1, für alle anderen 0. Dies ist im vorliegenden Beispiel etwa bei $\lambda = 11$ der Fall, erkennbar an dem konstanten Verlauf der in Abbildung 8.23 dargestellten Funktion. Er entspricht dem Umsatz mit den Bewohnern des Ortes 1.

**Abbildung 8.23:** Zusammenhang zwischen Distanzparameter $\lambda$ und Umsatzhöhe _____

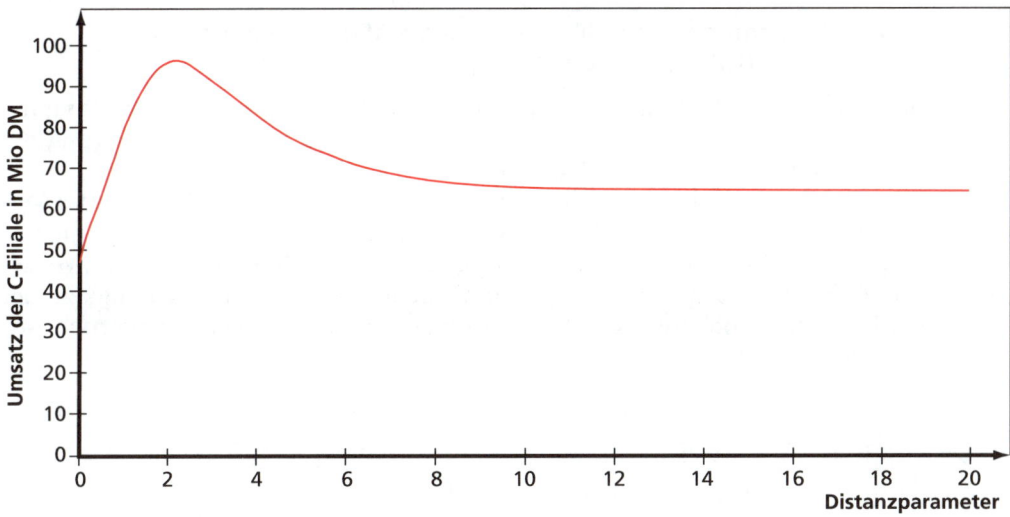

### 8.2.2.6 Erweiterungsmöglichkeiten des Modells

Das *Huff*-Modell ist der Kritik ausgesetzt, daß mit der Verkaufsfläche eine Größe für die Attraktivität eines Einkaufszentrums gewählt wurde, die qualitative Unterschiede nicht erfaßt. Einkaufsorte mit gleicher Verkaufsfläche werden auch gleich bewertet, unabhängig davon, ob beispielsweise ein Zentrum mehr überdachte Passagen, ein vielfältigeres Angebot, mehr Ruhezonen und Gastronomiebetriebe oder ein schöneres Stadtbild aufweist. Diese qualitativen Merkmale könnten erfaßt werden, indem die Verkaufsfläche gewichtet wird. Problematisch ist dabei die Festlegung der einzelnen Gewichte. Sie könnten subjektiv vom jeweiligen Entscheidungsträger festgelegt oder alternativ mit Hilfe eines Punktbewertungsverfahrens oder im Rahmen einer Kundenbefragung aus Konsumentensicht erhoben werden. Letzteres ist mit großem

Aufwand verbunden und führt letztlich zu dem Versuch, die Attraktivität durch andere Größen als die Verkaufsfläche zu operationalisieren.

Die Bedeutung der Attraktivität eines Einzelhandelsstandortes für das Einkaufsverhalten der Konsumenten kann darüber hinaus gegenüber der Distanz eine andere Gewichtung erfahren, wenn man auch für die Variable Attraktivität einen warenspezifischen Gewichtungsparameter einführt. Vermutlich ist die Attraktivität eines Einkaufsortes für den Kauf von Textilien von größerer Bedeutung als beispielsweise für den Kauf von Lebensmitteln.

Integriert man die Attraktivitätsgewichte für die Einkaufszentren und den Attraktivitätsparameter in das *Huff*-Modell, so führt dies zu folgender Gleichung:

$$(12) \qquad P_{ij} = \frac{(g_j \cdot A_j)^\gamma \cdot d_{ij}^{-\lambda}}{\sum\limits_{j=1}^{m} (g_j \cdot A_j)^\gamma \cdot d_{ij}^{-\lambda}}$$

mit: $g_j$ = Gewichtungsfaktor für die Attraktivität des Einkaufsortes j;
$\quad\quad$ g = Attraktivitätsparameter.

Im *Huff*-Modell werden die Attraktivitätsgewichte $g_j$ und der Attraktivitätsparameter g gleich 1 gesetzt. Ob eine Variation dieser Werte eine Verbesserung des Modellansatzes darstellt, wäre zu überprüfen.

Trotz aller Kritik am probabilistischen Potentialansatz von *Huff* scheint dieses Verfahren brauchbare Ergebnisse zu liefern, wenn es darum geht, Umsatz und Einzugsgebiet eines neuen Einkaufszentrums zu prognostizieren. Möglichkeiten zur Verfeinerung und Entwicklung des Modells sind dabei gegeben. Die Genauigkeit der Prognose läßt sich jedoch nur ex-post ermitteln, durch den Vergleich von prognostizierten und tatsächlich realisierten Werten.

# 8.3 Die Sortimentsplanung

Die Sortimentsplanung stellt das Kernstück der Planung im Handelsbetrieb dar, denn hier ist festzulegen, welche Leistungen den Nachfragern angeboten werden sollen. Bei den Leistungen kann es sich um beschaffte oder (derzeit von geringerer Bedeutung) selbst erstellte Sachleistungen sowie um selbständig verwertbare Dienstleistungen (z. B. Verkauf von Eintrittskarten, Kosmetikberatung, Bankdienstleistungen) handeln. Bei den Sachgütern sei die kleinste disponierte Einheit als Artikel bezeichnet. Sortimentsplanung bedeutet aber nicht nur die Auswahl dieser dem Nachfrager anzubietenden Artikel, sondern betrifft über die Entscheidungen hinaus, ob Sortimentsteile in das Sortiment aufgenommen werden sollen, auch, ob solche aus ihm eliminiert, ob sie vergrößert oder ob sie verkleinert werden sollen.

Bei den Sortimentsteilen handelt es sich um Ebenen der sog. Sortimentspyramide, also der Zusammenfassung von einzelnen Artikeln nach unterschiedlichen Gesichtspunkten und auf unterschiedlichem Aggregationsniveau. Es wird beispielsweise von der Artikelgruppe, der Warengruppe oder dem Warenbereich gesprochen. So stellt eine Flasche Champagner einer bestimmten Marke und in einer bestimmten Größe den zu disponierenden Artikel dar, alle Champagnermarken zusammen können als Artikelgruppe bezeichnet werden; diese Artikelgruppe kann Bestandteil der Warengruppe alkoholische Getränke sein, die ihrerseits zu dem Warenbereich Lebensmittel gezählt wird.[1]

Generell läßt sich das Sortiment eines Handelsbetriebes als die gedankliche Zusammenfassung der zu einem bestimmten Zeitpunkt getroffenen Auswahl verschiedenartiger selbständiger Sachleistungen (sowie in manchen Fällen von selbständigen Dienstleistungen) zum Zweck der Verwertung im Absatzmarkt unter Einschluß der durch handelsübliche Manipulationen im Betrieb entstandenen Sachleistungen verstehen.[2] Diese Definition macht auf verschiedene Dimensionen aufmerksam, in denen der Sortimentsbegriff verankert ist. Sie zeigen, welche Varianten eines Sortimentes zu unterscheiden sind. Mögliche Kriterien sind:

(1) Der Zeitraum, für den ein Handelsbetrieb das Sortiment plant, wonach sich z. B. Tagessortimente, Saisonsortimente, Aktionssortimente und permanente Sortimente unterscheiden lassen;

(2) die körperlichen Anwesenheit in Lager- bzw. Präsenzsortimente und in Bestellsortimente;

(3) der Stand der Planerfüllung in geplante und realisierte Sortimente.

Weitere Varianten sind denkbar, z. B. die Unterscheidung in Testsortiment, Auslaufsortiment, Impulssortiment, Pflichtsortiment. Diese Varianten ergeben sich, weil die im Sortiment geführten Waren und Dienstleistungen nach zahlreichen stofflichen, organisatorischen und absatzwirtschaftlichen Gesichtspunkten gekennzeichnet und anhand dieser beschreibenden Merkmale unterteilt werden können.

Ansatzpunkte für eine Sortimentspolitik ergeben sich zunächst aus der Veränderung der insgesamt angebotenen Artikel, indem entweder die Zahl dieser Artikel erweitert wird (Sortimentsexpansion) oder indem sie reduziert wird (Sortimentskontraktion). Solche Veränderungen können an der sog. Sortimentstiefe oder an der Sortimentsbreite ansetzen. Darüber hinaus kann die Qualität variiert werden, wobei sich die Qualität in vielen einzelnen Eigenschaften äußern kann, z. B. am Preisniveau der geführten Artikel, der Art der geführten Artikel in den einzelnen Sortimentseinheiten, dem Anteil einzelner Marken oder an dem Ausmaß, in dem Handelsmarken geführt werden. Folgende sortimentspolitische Alternativen erscheinen von besonderer Bedeutung:

(1) Veränderungen der Sortimentsbreite: Unter der Sortimentsbreite wird die Anzahl der additiven Kaufmöglichkeiten verstanden. In einem Betrieb mit einer umfangreichen Sortimentsbreite, wie sie beispielsweise in SB-Warenhäusern anzutreffen ist, kann der Nachfrager zahlreiche unterschiedliche Waren und Dienstleistungen gleichzeitig erwerben. Bei gegebener Verkaufsfläche stehen Sortimentsbreite und Sortimentstiefe in einem wechselseitigen Verhältnis. Überlegungen zur Sortimentsbreite werden insbesondere durch Prognosen zum künftigen Nachfragevolumen der jeweiligen Sortimentseinheit bestimmt.

(2) Veränderungen der Sortimentstiefe: Unter der Sortimentstiefe wird die Anzahl der additiven Kaufmöglichkeiten verstanden, die einem Nachfrager zur Befriedigung

---

[1] *Seÿffert* geht von der Sorte als kleinster disponierbarer Einheit aus und faßt dann zum Artikel, der Warenart, der Warengattung, dem Warenbereich und dem Sortiment zusammen. Vgl. Seÿffert, R.: Wirtschaftslehre des Handels, 5. Auflage, Opladen 1972, S. 65.

[2] Angelehnt an Gümbel, R.: Die Sortimentspolitik in Betrieben des Wareneinzelhandels, Köln – Opladen 1963, S. 59.

eines bestimmten Bedürfnisses angeboten werden. Bei dem Bedürfnis eines Nachfragers handelt es sich aber um eine subjektive Größe. So kann ein Käufer nur die Anzahl der vorhandenen Swatch-Armbanduhren als Alternativen ansehen, während ein anderer Käufer das gesamte Angebot an Armbanduhren bis 200 DM als Kaufalternativen ansieht. Aus diesem Grund wird der Begriff Sortimentstiefe oft auf die pragmatisch abgegrenzten Sortimentseinheiten abgezogen. In Volkswirtschaften mit einem ausgebauten Handelssystem und Wettbewerb scheint die Sortimentstiefe, also die gebotene Auswahl, ein zentraler Wettbewerbsfaktor zu sein. Aus diesem Grund wird die Planung der Sortimentstiefe in Abschnitt 8.3.1 näher betrachtet. In Abschnitt 8.3.2 werden Verfahren vorgetragen, mit denen die Erfolgsträchtigkeit einzelner Artikel beurteilt werden kann, um Entscheidungen über die Sortimentszugehörigkeit eines Artikels unterstützen zu können.

**(3) Veränderungen der qualitativen Struktur:** Bei der qualitativen Struktur handelt es sich um einen vielschichtigen Begriff. Für viele Branchen gilt, daß die Waren in zahlreichen Stilrichtungen angeboten werden, z. B. bei Möbeln und Textilien. Qualitative Ausgestaltung eines Sortimentes bedeutet hier die Auswahl der zu führenden Stilrichtungen. Dies kann nur unter Rückgriff auf die Zielgruppenplanung der Handelsunternehmung geschehen. Qualität kann sich aber auch auf das Preissegment beziehen, in dem die geführten Artikel vorwiegend angesiedelt sind. So lassen sich z. B. ein Premiumsegment, eine obere und untere Mitte sowie ein Niedrigpreisniveau unterscheiden. Schließlich charakterisieren die geführten Marken ein Sortiment. Wegen der gestiegenen Bedeutung von Handelsmarken wird hierauf in Abschnitt 8.3.3 näher eingegangen.

Sortimentspolitische Entscheidungen sind aufs engste mit anderen Entscheidungsbereichen verbunden. Sie berühren zunächst einmal die Verkaufsflächenaufteilung, denn Erweiterungen einzelner Warengruppen erfordern ebenso wie die Aufnahme weiterer Warengruppen eine entsprechende Fläche. Aber auch die Ladengestaltung und die Werbung gründen auf dem geführten Sortiment. Wie auch bei anderen Entscheidungen hat der eigentlichen Planung eine Analyse der internen und externen Situation (insbesondere in bezug auf die Nachfrager und die Konkurrenten) voranzugehen. Bei der Planung selbst sind die innerbetrieblichen und marktbezogenen Einflußfaktoren zu berücksichtigen.[3] Auf die hervorgehobenen sortimentspolitischen Alternativen, nämlich die Gestaltung der Sortimentstiefe und die Handelsmarkenproblematik, wird im folgenden eingegangen.

## 8.3.1 Die Sortimentstiefe als absatzpolitisches Instrument

Die Auswirkungen einer unterschiedlichen Sortimentstiefe werden im folgenden zunächst theoretisch erörtert, anschließend wird auf empirische Beobachtungen eingegangen. Zunächst wird jedoch das Problem im einzelnen vorgestellt.[4]

---

[3] Zu einer detaillierten Darstellung unterschiedlicher Einflußfaktoren auf die Sortimentsgestaltung vgl. Möhlenbruch, D.: Sortimentspolitik im Einzelhandel, Wiesbaden 1994, S. 35–66.

[4] Die Ergebnisse der im folgenden vorgestellten Analyse wurden erstmalig 1986 veröffentlicht. Vgl. Müller-Hagedorn, L./Heidel, B.: Die Sortimentstiefe als absatzpolitisches Instrument, in: ZfbF, 38. Jg. (1986), S. 39–63.

### 8.3.1.1 Das Problem

Selbst bei einem vorgegebenen Sortimentsrahmen (Sortimentsbreite) hat jede Einzelhandelsunternehmung fortlaufend aus dem oft riesigen Angebot der Industrie ihr Sortiment auszuwählen. Stetig werden ihr von der Industrie neue Produkte angeboten, und sie wird gedrängt, ihr Sortiment auszudehnen. Andererseits steht sie auch permanent vor der Frage, ob sie ihr Sortiment aus Kostengründen nicht reduzieren sollte. Ihre Entscheidung, wieviel Auswahlmöglichkeiten sie ihren Kunden in den einzelnen Warengruppen anbieten soll, wird als »Die Entscheidung über die Sortimentstiefe« bezeichnet. Im folgenden wird untersucht, inwieweit theoretisch und empirisch zu erwarten ist, daß mit diesem absatzpolitischen Instrument der Absatzerfolg der Unternehmung beeinflußt wird.

**Abbildung 8.24:** Handlungsmöglichkeiten und Wirkungen der Sortimentstiefenpolitik

| Handlungsmöglich-keiten | Mögliche Konsequenzen |
|---|---|
| 1. Erweiterung der Anzahl der Artikel<br>2. Reduzierung der Anzahl der Artikel | A. Wirkungen auf das Verhalten der Konsumenten: Besuch und Kauf, insbesondere<br>– zusätzlicher Absatz (Umsatz) mit neuem(n) Artikel(n) bzw. Wegfall des Absatzes (Umsatzes) bei gestrichenem(n) Artikel(n),<br>– Veränderungen des Absatzes (Umsatzes) bei anderen Artikeln der Artikelgruppe (Verbundeffekte im engen Sinn),<br>– möglicher Mehr- oder Minderabsatz (-umsatz) bei Artikeln außerhalb der betreffenden Artikelgruppe (Verbundeffekte im weiten Sinn).<br>B. Wirkungen auf das Insystem der Konsumenten, z. B. Veränderung des Images der Verkaufstelle.<br>C. Wirkungen auf die Kosten- und Kapazitätssituation:<br>– Kapitalkosten für Warenbestände,<br>– Inspruchnahme von Verkaufsfläche. |

Quelle: Müller-Hagedorn, L./Heidel, B., 1986, S. 39

In Abbildung 8.24 sind neben Möglichkeiten, eine bestehende Sortimentstiefe zu ändern (vgl. Spalte 1), mögliche Wirkungen von solchen Maßnahmen in Spalte 2 angegeben: Veränderungen der Sortimentstiefe können unmittelbar umsatzwirksam werden (vgl. Punkt A), sie können zunächst nur Einfluß auf das Insystem der Verbraucher haben und dann vielleicht später umsatzwirksam werden (vgl. Punkt B), und sie können schließlich die Kostenseite der Unternehmung berühren, indem sie z. B. die Kosten für in Warenbeständen gebundenes Kapital verändern (vgl. Punkt C). Im folgenden wird untersucht, welche Wirkungen Entscheidungen über die Sortimentstiefe in einer Warengruppe auf den Absatz (bzw. den Umsatz) dieser Warengruppe haben. Kostenwirkungen alternativer Sortimentstiefen werden nicht untersucht, obwohl sie von großer Bedeutung sein können. Die Discounter legen eindrucksvoll Zeugnis dafür ab, daß mit einer reduzierten Sortimentstiefe in so erheblicher Weise Kosten eingespart werden können, daß bedeutende Vorteile bei der Preissetzung ermöglicht werden. Es wird vor allem der Frage nachgegangen, ob sich bei einer Ausweitung der Sortimentstiefe auch der Absatz (bzw. der Umsatz) in dieser Warengruppe ausdehnt oder ob der Mehrabsatz (-umsatz) durch die neu hinzugenommenen Artikel zu Lasten der bisher bereits im Sortiment geführten Artikel geht.

### 8.3.1.2 Theoretische Analyse des Zusammenhanges von Sortimentstiefe und Käuferverhalten

Es gibt nur wenige Arbeiten, die Auswirkungen einer unterschiedlichen Artikelzahl auf das Kaufverhalten der Konsumenten analysieren. Als rein theoretische Arbeiten ohne empirischen Beitrag sind anzuführen
– der Ansatz von *Baumol* und *Ide* (1961),
– der Ansatz von *Sabel* (1971) und
– der Ansatz von *Gist* (1968) bzw. *Hansen* (1976).

Wir werden diese drei Ansätze im folgenden dahingehend überprüfen, ob sie plausible Hinweise für die Ableitung von Funktionen zum Zusammenhang von Sortimentstiefe und Absatz liefern. Anschließend wird ein eigener Ansatz entwickelt.

### (1) Aus der Literatur bekannte Ansätze

#### Das Modell von *Baumol* und *Ide*

*Baumol* und *Ide* nehmen in ihrem Modell zur Bestimmung des optimalen Sortimentsumfanges an, daß ein Verbraucher seine Einkaufsstättenwahl von zwei Faktoren abhängig macht.[5] Zunächst wird mit der Anzahl der von einer Verkaufsstelle angebotenen Artikel (N) die Anziehungskraft der Verkaufsstelle zunehmen, weil für die Nachfrager damit die Wahrscheinlichkeit (p(N)) steigt, daß der von ihnen gewünschte Artikel in dem betreffenden Sortiment geführt wird. Über den Verlauf dieser Funktion wird angenommen, daß sie mit zunehmendem Sortimentsumfang N steigt (dp(N)/dN > 0). Weiter berücksichtigen die Nachfrager die Kosten des Einkaufs. Es handelt sich dabei um die Fahrtkosten (sie sind abhängig von der Entfernung zwischen Verkaufsstelle und Wohnort), die Kosten, die sie dafür ansetzen, daß sie wegen des Einkaufs in einer bestimmten Verkaufsstelle ihre Zeit nicht anders verwenden können (Opportunitätskosten) und, was hier besonders bedeutsam ist, die Kosten für die Suche der gewünschten Artikel im Geschäft. Von letzteren wird angenommen, daß sie mit der Quadratwurzel der Anzahl der geführten Artikel ansteigen.

Große Sortimente haben danach eine doppelte Wirkung: Sie ziehen den Verbraucher an, weil er hofft, die gewünschten Artikel in der Verkaufsstelle auch anzutreffen, sie stoßen ihn aber auch ab, weil er relativ viel Mühe aufwenden muß, sie in der Verkaufsstelle ausfindig zu machen. Diese beiden Gesichtspunkte wird nach dem Ansatz von *Baumol* und *Ide* jeder Verbraucher gegeneinander abwägen. Er wird eine Verkaufsstätte nur dann aufsuchen, wenn der Nutzen (als Differenz aus dem Nutzen des mit der Wahrscheinlichkeit gewichteten Kaufs und den bewerteten Kosten) für ihn

---

[5] Baumol, W. J./Ide, E. A.: Variety in Retailing, in: Management Science, Vol. 3 (1956), No. 1, S. 93–101.

insgesamt positiv ist. Werden solche Angaben über alle Nachfrager in einem Geschäft aggregiert, dann läßt sich erkennen, wieviel Nachfrager sich bei alternativer Sortimentstiefe für den Kauf in einer bestimmten Einkaufsstätte entscheiden werden.

Die Überlegungen von *Baumol* und *Ide* lassen sich wie folgt charakterisieren:

(1) Der Ansatz will zeigen, wie sich unterschiedlich große Sortimente auf die Entscheidung des Konsumenten, eine bestimmte Einkaufsstätte für seine Einkäufe auszuwählen, auswirken. Die zu erklärende Variable heißt also »Zahl der Kunden, die sich dafür entscheiden, eine bestimmte Einkaufsstätte aufzusuchen«. Der Ansatz erklärt mithin nicht, ob unterschiedlich umfangreiche Sortimente das Kaufverhalten auch dann noch beeinflussen, wenn sich der Konsument bereits in der Verkaufsstelle befindet. Dieser Aspekt kann aber bedeutsam sein, denn Sortimentsbereiche mit großer Sortimentstiefe können sog. Impulskäufe auslösen (im Sinne von Käufen, die vor Betreten der Einkaufsstätte nicht geplant waren), oder es kann der Fall eintreten, daß ein Teil der Käufer die Marke wechselt, wenn die ursprünglich zum Kauf beabsichtigte Marke nicht vorhanden ist. *Baumol* und *Ide* fragen also nur nach der Wirkung des Sortimentsumfanges auf die Einkaufsstättenwahl und nicht nach den Wirkungen auf das Kaufverhalten der Konsumenten insgesamt. Wertvoll ist, daß sie versuchen, den Kalkül eines Verbrauchers mit Verhaltensannahmen abzubilden.

(2) *Baumol* und *Ide* betrachten die Wirkungen des Sortimentsumfanges insgesamt, sie differenzieren ihre Betrachtungen nicht nach einzelnen Warenbereichen. Der Handelsmanager kann aber gerade daran interessiert sein zu wissen, wie groß die Sortimentstiefe in einzelnen Warengruppen sein soll. Andererseits entsteht durch den Übergang der Betrachtung vom gesamten Sortimentsumfang auf die Sortimentstiefe in einzelnen Artikelgruppen das Problem, die Ausstrahlungseffekte einer Artikelgruppe auf andere zu erfassen.

(3) Die empirische Ermittlung des Zusammenhangs zwischen Sortimentsumfang und Zahl der Kunden aus personenindividuellen Angaben erfordert eine umfangreiche Datenerhebung. Es müßten Verfahren entwickelt werden, die vom Verbraucher empfundenen Kosten und den Nutzen aus dem Besuch einer Einkaufsstätte valide und reliabel zu messen.

**Der Ansatz von *Sabel***

*Sabel* geht von der Grundüberlegung aus, daß umfangreichere Sortimente dem Kunden Vorteile bringen (er erwähnt die größere Wahrscheinlichkeit, etwas zu finden).[6] Dies wird seiner Meinung nach dazu führen, daß jedes neu hinzukommende Produkt auch den Absatz der bereits im Sortiment befindlichen Produkte um einen bestimmten Betrag erhöht. Es ergibt sich dann die in (13) angegebene Umsatzfunktion.

$$(13) \qquad U(N) = \sum_{i=1}^{N} (x_i + \sum_{j=i+1}^{N} a_{ij} \cdot x_j) \, p_i$$

mit:

$\quad U(N)$ = Umsatz in Abhängigkeit vom Preis
$\quad P_i$ = Preis des Artikels i (i = 1, 2, . . ., N)
$\quad x_i$ = Absatz des Artikels i (i = 1, 2, . . ., N)

---

[6]  Sabel, H.: Produktpolitik in absatzwirtschaftlicher Sicht, Wiesbaden 1971, S. 175–178.

$a_{ij}$ = Koeffizient, der angibt, um welchen Anteil die Absatzmenge von Artikel i zunimmt, wenn Artikel j ins Sortiment aufgenommen wird.

*Sabels* Ansatz macht auf zwei Fragen aufmerksam:

(1) Wie groß werden die Absatzmengen des jeweils zuletzt neu in das Sortiment aufgenommenen Artikels sein? Werden die Zuwachsraten linear bis zum Wert Null abnehmen?

(2) Um wieviel wird der jeweils zuletzt neu in das Sortiment aufgenommene Artikel den Absatz der schon im Sortiment vorhandenen Artikel verändern?

*Sabel* selbst geht auf diese Fragen inhaltlich kaum ein, er begnügt sich mit dem formalen Hinweis, daß die neu hinzukommenden Erzeugnisse den Absatz der übrigen Produkte forcieren werden, daß die Steigerungsraten aber mit N abnehmen werden, unter Umständen sogar negativ werden können, wenn ein zu breites Sortiment den Verbraucher verwirre. Wir werden in Abschnitt (2) versuchen, plausible Verläufe für die unter (1) und (2) genannten Effekte zu begründen.

**Der Ansatz von *Gist* und *Hansen***

*Hansen* weist darauf hin,[7] daß jeder Artikel einer Artikelgruppe eine Popularität besitzt.[8] Ex post läßt sich die Popularität eines Artikels als sein Anteil am Absatz oder Umsatz einer Artikelgruppe bestimmen. Aus der Popularitätsverteilung einer Artikelgruppe (vgl. Abbildung 8.25) lassen sich, wenn die Anteile fallend sortiert werden, Sortimentstiefen-Absatz-Funktionen für einzelne Artikelgruppen bilden; die durchgezogene Linie in Abbildung 8.26 gibt den Verlauf einer solchen Funktion wieder, wobei anzumerken ist, daß es sich bei der Sortimentstiefe um ein diskretes Merkmal handelt, das im folgenden aber als stetiges betrachtet wird.

Aus dieser Darstellung ist zu entnehmen, daß einzelne Sortimentsteile in unterschiedlich hohem Maße von Konsumenten gekauft werden. Der Absatz bei einer Veränderung der Sortimentstiefe kann jedoch nur dann abgelesen werden (von dem Prognoseproblem abgesehen), wenn jeder Kunde jeweils eine feste Bindung an einen Artikel hätte. Es sind jedoch viele Produktbereiche denkbar, in denen Konsumenten zwischen verschiedenen Artikeln wählen und unter Umständen auch die Marke wechseln. In diesen Fällen erfordern Aussagen über die Wirkung einer veränderten Sortimentstiefe Aussagen über die Bereitschaft der Konsumenten, von einer Marke zu einer anderen zu wechseln.

Aufgrund der vorliegenden Beiträge ist es nicht möglich, eine Funktion zum Zusammenhang von Sortimentstiefe und Absatzerfolg abzuleiten, weil die Autoren die Auswirkungen jeweils nur partiell untersuchen. Bei *Baumol* und *Ide* werden das Verhalten jener Kunden, die sich erst in der Einkaufsstätte entschließen, einen Kauf zu tätigen, und das Verhalten der zum Markenwechsel bereiten Kunden nicht untersucht. *Sabel* benennt zwar das Problem, untersucht das Problem jedoch nicht verhaltenswissenschaftlich. *Gist* bzw. *Hansen* beschränken sich schließlich auf das Verhalten jener Kunden, für die nur ein einziger Artikel zum Kauf in Frage kommt; die zum Markenwechsel bereiten und die auf Auswahlmöglichkeiten Wert legenden Konsumenten werden nicht in die Analyse einbezogen. Aus diesem Grund wird im

---

[7] Hansen, U.: Absatz und Beschaffungsmarketing des Einzelhandels, 2. Auflage, Göttingen 1990, S. 229 f.

[8] Vgl. auch Gist, R. R.: Retailing. Concepts and Decisions, New York – London – Sydney 1968, S. 257–265.

folgenden eine Systematik erstellt, mit der die Wirkungen verschiedener Sortimentstiefen bei einzelnen Kundentypen aufgezeigt werden.

**Abbildung 8.25:** Popularität einer Artikelgruppe mit fünf Artikeln _____

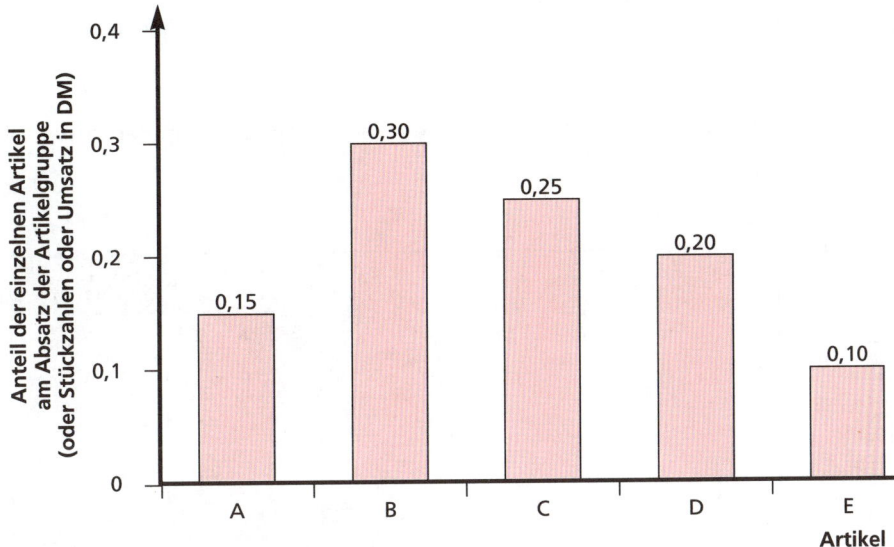

Quelle: Müller-Hagedorn, L./Heidel, B., 1986, S. 43

**(2) Ein Erklärungsansatz für die Wirkung unterschiedlicher Sortimentstiefen**

Fragt man theoretisch, wie sich eine Variation der Sortimentstiefe auf den Absatzerfolg eines Handelsbetriebes auswirken wird, so kann man dieses Problem in zwei Teilfragen zerlegen:

(1) Inwieweit fördern die Vorstellungen eines Verbrauchers über die Sortimentstiefe eines Handelsbetriebes den Entschluß, eine bestimmte Verkaufsstelle aufzusuchen? Hierbei ist zu fragen, inwieweit der Verbraucher sein Urteil nach einzelnen Produktbereichen differenziert und inwieweit das Urteil der Verbraucher mit den tatsächlichen Verhältnissen im Handelsbetrieb übereinstimmt.

(2) Inwieweit hängt das Kaufverhalten der Konsumenten, die eine bestimmte Verkaufsstelle betreten haben, von der Sortimentstiefe ab, die sie in bestimmten Warengruppen in dieser Verkaufsstelle vorfinden? Es lassen sich dabei die folgenden vier Typen von Konsumenten unterscheiden:

– Jene Konsumenten, die den Kauf eines bestimmten Artikels in einer Produktgruppe schon vor Betreten der Verkaufsstelle planen und keinen anderen Artikel akzeptieren (Gruppe 1),

– jene Konsumenten, die ebenfalls den Kauf eines Artikels vor Betreten der Verkaufsstelle planen, zwar Präferenzen für einzelne Artikel haben, jedoch durchaus auch bereit sind, auf andere Artikel zu wechseln (Gruppe 2),

- Konsumenten, die nur den Kauf irgendeines Artikels in einer Artikelgruppe planen (Gruppe 3) und
- Konsumenten, denen die Absicht, einen bestimmten Artikel aus einer Artikelgruppe zu kaufen, vor Betreten der Verkaufsstelle nicht bewußt ist. Bei einem Teil wird erst in der Verkaufsstelle der Wunsch geweckt, einen Kauf zu tätigen (Impulskäufer – Gruppe 4).

**Abbildung 8.26:** Kumulierte relative Häufigkeitsverteilung der Popularitätsverteilung mit fünf Artikeln

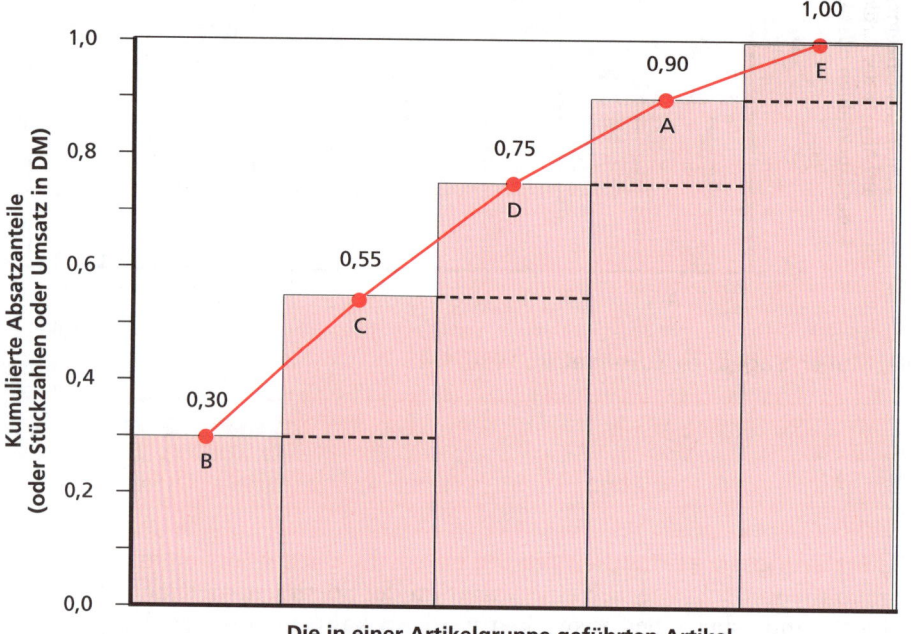

Quelle: Müller-Hagedorn, L./Heidel, B., 1986, S. 43

### Das Verhalten von Konsumenten der Gruppe 1

Es handelt sich hier um die Konsumenten, die den Kauf eines bestimmten Artikels bereits vor Betreten der Verkaufsstelle geplant hatten und die eine so starke Bindung an eine Marke haben, daß mit einem Präferenzwechsel in der Verkaufsstelle nicht zu rechnen ist.

Wenn man annimmt, daß ein Betrieb zunächst den Marktführer in sein Sortiment aufnimmt und später solche mit immer niedrigeren Absatzzahlen hinzunimmt, dann wird sich für die Funktion, die die Wahrscheinlichkeit angibt, daß es bei einem beliebigen Konsumenten aus dieser Gruppe zu einem Kauf kommt, mit der Sortimentstiefe degressiv steigen. Der Verlauf dieser Funktion ergibt sich aus der kumulierten Popularitätsverteilung.

Nur wenn der Handelsbetrieb die Präferenzen der Konsumenten aus Gruppe 1 für einzelne Marken nicht kennt, ergibt sich bei einer Ausdehnung der Sortimentstiefe ein Funktionsverlauf mit progressiven Abschnitten.

Es läßt sich auch leicht angeben, welche Mengen bei bestimmten Sortimentstiefen abgesetzt werden, wenn bekannt ist, wie groß die angesprochene Konsumentengruppe und ihr Bedarf ist. Es ergibt sich dann ebenfalls ein degressiver Funktionsverlauf, nur wird dabei als abhängige Variable die Absatzmenge verwendet (vgl. auch Abbildung 8.29, Bildteil a).

### Das Verhalten von Konsumenten der Gruppe 2

Ein Teil der Konsumenten wird zwar vor Betreten der Verkaufsstelle den Kauf eines bestimmten Artikels beabsichtigen, wird aber auch bereit sein, auf einen anderen Artikel überzugehen. Dafür werden insbesondere die im Geschäft vorgefundenen aktuellen Preisrelationen oder die Nicht-Verfügbarkeit bestimmter Artikel ausschlaggebend sein. Mithin lassen sich zwei Gruppen von Konsumenten unterscheiden, erstens solche, bei denen keine Präferenzänderungen eintreten und die den gewünschten Artikel vorfinden. Sie werden entsprechend ihrer Präferenz kaufen, und es wird die vorgestellte degressive Absatzfunktion gelten. Für die Nachfrager, die von ihrer Kaufabsicht abgehen und eine andere Marke wählen, läßt sich das folgende Gedankenexperiment anstellen: Wären alle Nachfrager bereit, von ihren vorgefaßten Kaufabsichten auf die einzig vorhandene Marke überzuwechseln, so würde die Sortimentstiefen-Absatz-Funktion in den Punkt A in Abbildung 8.27 schrumpfen.

**Abbildung 8.27:** Der Verlauf der Absatzfunktion bei Bereitschaft zum Markenwechsel __

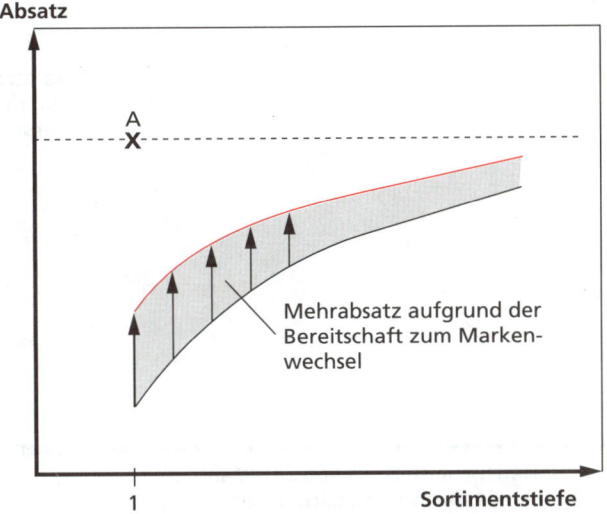

Quelle: Müller-Hagedorn, L./Heidel, B., 1986, S. 47

Wäre niemand bereit zu wechseln, würde der bekannte degressive Verlauf gelten, d. h. ein Handelsbetrieb müßte alle präferierten Marken führen, wenn er die Nachfrage voll ausschöpfen möchte. Ist bei einem reduzierten Sortiment nur ein Teil der Nachfrager bereit, auf die vorhandenen Marken auszuweichen, dann ergibt sich eine Absatzfunktion, wie sie in Abbildung 8.27 eingezeichnet ist. Mit kleinen Sortimenten kann die Nachfrage umso mehr ausgeschöpft werden, je mehr die Präferenz der wenigen im Sortiment geführten Artikel gegenüber den ursprünglich zum Kauf geplanten gesteigert werden kann (z. B. durch günstige Preise) oder je austauschbarer die Artikel von den Nachfragern angesehen werden.

### Das Verhalten von Konsumenten der Gruppe 3

Eine Gruppe von Konsumenten wird zwar den Kauf eines Artikels aus einer Artikelgruppe planen, dabei jedoch noch keinen bestimmten Artikel ins Auge fassen, teils weil keine Artikel namentlich bekannt sind, teils weil die Beschäftigung mit den Einkaufsalternativen erst beim Einkauf geschehen soll. Diese Gruppe von Konsumenten wird sich in ihren Vorstellungen, wieviel Auswahlalternativen in der Verkaufsstelle gegeben sein müssen, unterscheiden. Ein Teil wird schon bereit sein zu kaufen, wenn nur ein einziger Artikel vorhanden ist, andere werden größere Erwartungen bezüglich der Auswahl haben. Hier wird angenommen, daß diese Erwartungen um einen bestimmten Wert normalverteilt sind, wobei dieser Mittelwert jedoch von Produktgruppe zu Produktgruppe verschieden sein kann, was insbesondere davon abhängt, welche Bedeutung der Konsument dem gewählten Artikel zuordnet. Insgesamt wird die Zahl der Käufer so wie in Abbildung 8.28 angegeben von der Sortimentstiefe abhängen.

**Abbildung 8.28:** Die Zahl der Käufer in Abhängigkeit von der Sortimentstiefe bei Konsumenten der Gruppe 3

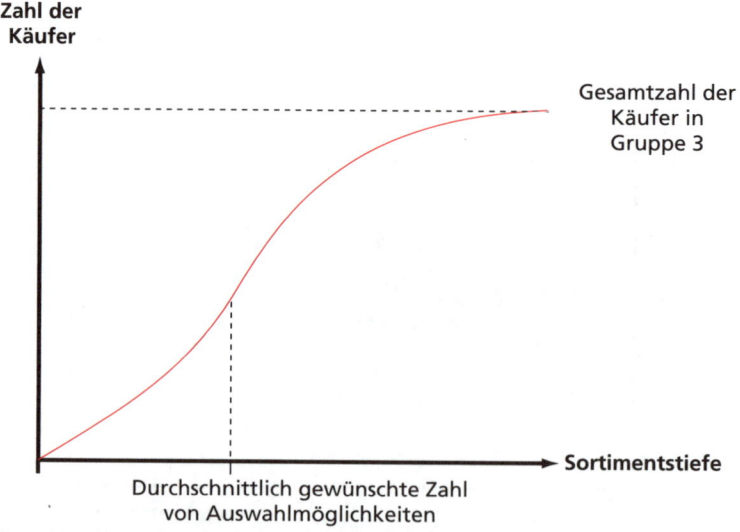

Quelle: Müller-Hagedorn, L./Heidel, B., 1986, S. 49

**Das Verhalten von Konsumenten der Gruppe 4**

Schließlich gilt für einen Teil der Konsumenten, daß sie den Kauf eines Artikels in einer Produktgruppe vor Betreten der Verkaufsstelle nicht geplant hatten. Durch den visuellen Kontakt mit einer Produktgruppe kann der Wunsch aufkommen, einen Artikel aus dieser Produktgruppe zu kaufen. Entsprechend dem *Weber-Fechner*schen Gesetz wird man annehmen können, daß dies umso eher geschieht, je intensiver der Reiz ist. Die Intensität des Reizes kann über eine große Artikelzahl, über eine großzügige Darbietung weniger Artikel oder attraktive preisliche Angebote erreicht werden. Bestimmend ist lediglich, wie stark die Produktgruppe den Konsumenten ins Auge fällt. Ein Teil dieser Konsumenten wird jetzt eine bestimmte Marke präferieren und diese suchen, ein anderer Teil wird ohne Präferenz an den Auswahlprozeß herangehen. Diese Konsumenten werden sich wie jene verhalten, deren Reaktion auf alternative Sortimentstiefen in den drei vorhergehenden Abschnitten beschrieben worden ist. Es brauchen also keine weiteren Verhaltensannahmen gemacht werden.

**Der Totaleffekt alternativer Sortimentstiefen**

Um den Totaleffekt alternativer Sortimentstiefen ableiten zu können, ist es notwendig, die Nachfragemengen der einzelnen Kundengruppen zu addieren. Dies geschieht beispielhaft in Abbildung 8.29.

Die Gesamtnachfrage hängt dabei erstens von der Zahl der Konsumenten in den einzelnen Gruppen ab, zweitens von der Menge, die ein einzelner Konsument durchschnittlich kaufen wird und drittens von seiner Reaktion auf alternative Sortimentstiefen. Diese Werte können von Artikelgruppe zu Artikelgruppe und von Betriebsform zu Betriebsform verschieden sein. So kann z. B. ein Discounter in einer bestimmten Artikelgruppe vor allem Kunden aus Gruppe 2 (mit Bereitschaft zum Markenwechsel) haben, während ein Nachbarschaftsgeschäft vor allem Kunden hat, die die von ihnen präferierten Marken kaufen möchten (Gruppe 1).

Der Zusammenhang zwischen Sortimentstiefe und Absatz wurde qualitativ abgeleitet, d. h. es wurde versucht, plausible Argumente für geeignete Funktionsverläufe anzuführen. Diesem Quantifizierungsniveau müssen auch die Hypothesen entsprechen, mit denen der theoretische Teil zusammengefaßt und abgeschlossen werden soll. Als Hypothesen seien genannt:

1. Die Sortimentstiefe ist ein wesentliches absatzpolitisches Instrument des Einzelhandelsbetriebes, um den Absatzerfolg zu beeinflussen.
2. Die Wirkung der Sortimentstiefe auf den Absatz ist von der Betriebsform abhängig, zu der die Geschäfte gehören. Der Grund hierfür liegt vor allem in der unterschiedlichen Zusammensetzung der Kunden eines Geschäftes nach den oben genannten Gruppen 1 bis 3.
3. Die Wirkung der Sortimentstiefe auf den Absatz ist umso weniger gegeben, je schwächer die Markenbindung ist, je austauschbarer die einzelnen Artikel von den Konsumenten beurteilt werden, je mehr es dem Handelsbetrieb gelingt, schon mit einer geringen Auswahl Präferenzen zu schaffen und je geringer das Bedürfnis der Konsumenten, Vergleiche anzustellen, ausgeprägt ist.
4. Immer wenn Handelsbetriebe eine weit überdurchschnittliche Sortimentstiefe (im Vergleich zu anderen Betrieben in ihrer Betriebsform) haben, dann ist auch ihr Absatzerfolg weit überdurchschnittlich.

Im folgenden empirischen Teil ist es nicht möglich, den Teileffekt alternativer Sortimentstiefen aus den Verhaltensweisen der einzelnen Kundengruppen empirisch ab-

Abbildung 8.29: Der Totaleffekt alternativer Sortimentstiefen _____

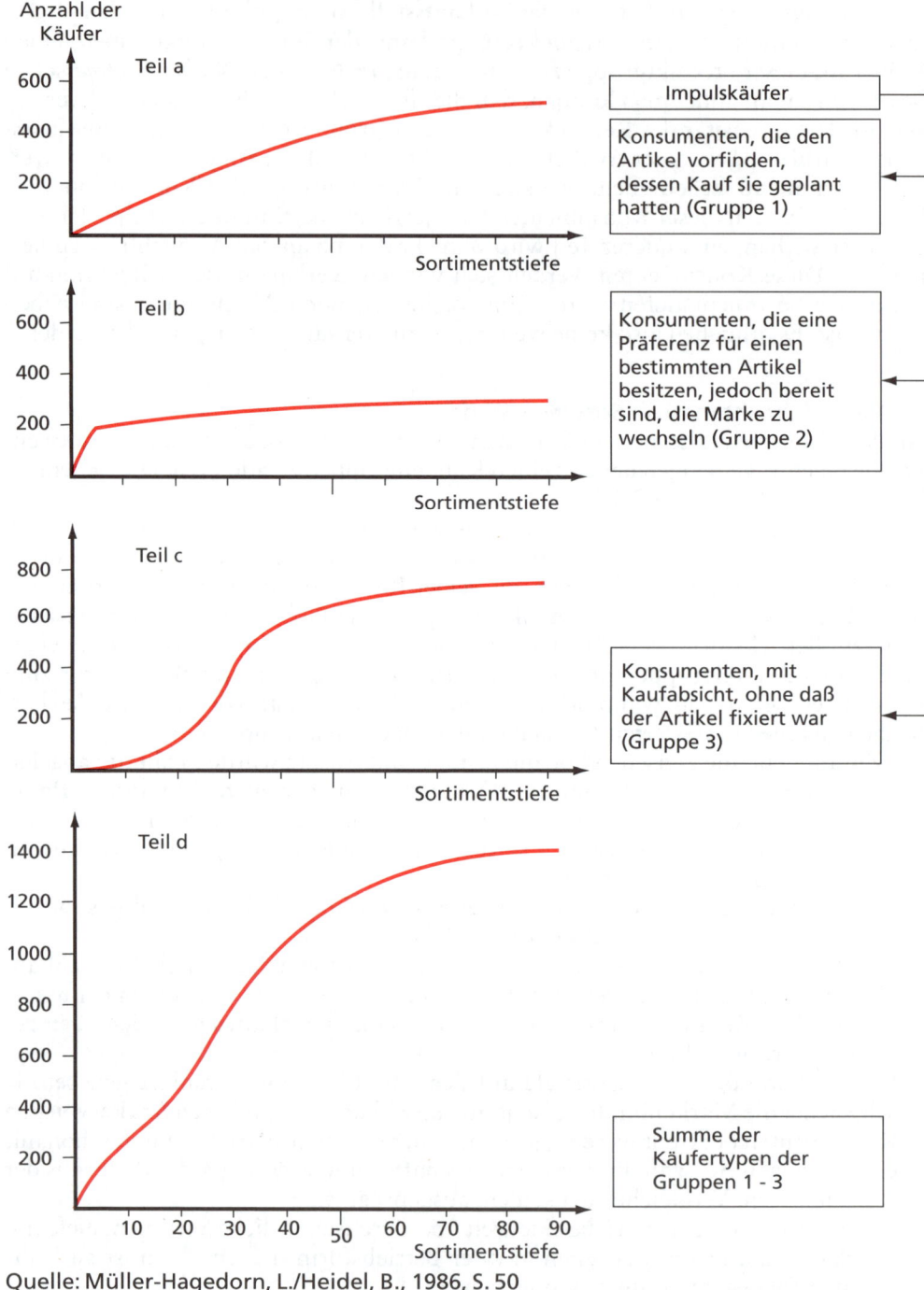

Quelle: Müller-Hagedorn, L./Heidel, B., 1986, S. 50

zuleiten. Aufgrund der Datenlage ist es nur möglich, den Totaleffekt insgesamt zu untersuchen, also z. B. festzustellen, ob empirisch überhaupt ein Zusammenhang zwischen Sortimentstiefe und Absatzerfolg beobachtet werden kann, von welcher Art der empirisch zu beobachtende Zusammenhang ist (z. B. linear oder degressiv), ob sich die Funktionsverläufe bei einzelnen Produkten oder Betriebstypen unterscheiden und schließlich, ob bestimmte Wirkungsschwellen zu beobachten sind.

### 8.3.1.3 Empirische Analyse des Zusammenhanges von Sortimentstiefe und Käuferverhalten

Der Zusammenhang zwischen Sortimentstiefe und Absatz wird im folgenden mit Daten aus dem Einzelhandelspanel der Fa. A.C. Nielsen Company GmbH, Frankfurt, überprüft. Im Rahmen dieses Panels werden ca. alle 61 Tage bei ca. 1 000 Einzelhandelsbetrieben die innerhalb dieses Zeitraumes abgesetzte Menge und der Preis bestimmter Artikel aus dem Food- und Nonfoodbereich erhoben.[9] Einzelne Artikelgruppen, z. B. die hier untersuchten Artikelgruppen Zahnpasta, Haarwaschmittel und Geschirrspülmittel (für Geschirrspülmaschinen), werden in den beteiligten Geschäften fast zu 100 % erfaßt und bieten daher eine ideale Voraussetzung zur Bestimmung von Sortimentstiefen-Absatz-Funktionen.

Den folgenden Auswertungen liegen Daten aus drei Perioden (Sept./Okt. 1982, Sept./Okt. 1983 und Sept./Okt. 1984) zugrunde. Die Daten beziehen sich auf 116 Betriebe aus fünf Betriebsformen, wobei diese Betriebe jedoch nicht repräsentativ ausgewählt sind. Bei der Einteilung in Betriebsformen wird im wesentlichen die von Nielsen verwendete Typologie der Betriebsformen benutzt; lediglich die Betriebstypen 5 (Supermarkt), 6 (Geschäft mit 200–400 qm), 7 (Geschäft mit 100–200 qm) und 8 (Geschäft < 100 qm) werden zu der Betriebsform 5 zusammengefaßt. Mithin werden im folgenden fünf Betriebsformen unterschieden:

Betriebsform 1: SB-Warenhaus (15 Geschäfte),
Betriebsform 2: Großer Verbrauchermarkt (15 Geschäfte),
Betriebsform 3: Kleiner Verbrauchermarkt (15 Geschäfte),
Betriebsform 4: Discounter (15 Geschäfte) und
Betriebsform 5: Nachbarschaftsgeschäfte/Supermärkte (in dieser Betriebsform sind die Nielsen-Typen 5 bis 8 zusammengefaßt (56 Geschäfte)).

In Abschnitt (1) werden zunächst Operationalisierungsmöglichkeiten der verschiedenen Variablen behandelt. Abschnitt (2) gibt einen Überblick über das verwendete Datenmaterial. In Abschnitt (3) werden ökonometrische Schätzungen für unterschiedliche Sortimentstiefen-Absatz-Funktionen vorgestellt, und im letzten Abschnitt (4) wird untersucht, wie sich Sortimentstiefenveränderungen im Zeitablauf auswirken.

### (1) Operationalisierung der Variablen

Für die Operationalisierung der Sortimentstiefe bieten sich zwei Möglichkeiten:
– Die absolute Zahl der in einer Verkaufsstelle zu einem Zeitpunkt geführten Artikel und

---

[9]  Zu weiteren Einzelheiten vgl. Ruppe, H.: Handelspanel, in: Poth, L. (Hrsg.): Marketing, Loseblattsammlung, Neuwied 1989, S. 1–57.

– relative Größen, bei denen die absolute Zahl der in einer Verkaufsstelle zu einem Zeitpunkt geführten Artikel mit anderen Größen in Beziehung gesetzt wird.

Die absolute Zahl der geführten Artikel stellt die einfachste Operationalisierung dar. Sie besitzt den Vorteil, daß sich die Ergebnisse der Schätzfunktion ohne Transformationen in der Praxis verwenden lassen, da der Handelsmanager in der Regel ebenfalls in absoluten Sortimentstiefen denkt.

Bei der relativen Sortimentstiefe kann die Anzahl der in einer Verkaufsstelle zu einem Zeitpunkt geführten Artikel zu anderen Größen ins Verhältnis gesetzt werden, und zwar zu

– der Anzahl der durchschnittlich in einer Betriebsform geführten Artikel (mit oder ohne Berücksichtigung der eigenen Sortimentstiefe),
– der Maximalzahl der Artikel in einer Artikelgruppe, die von einem der untersuchten Betriebe angeboten wird.

Diese Operationalisierungen enthalten mehr Informationen als die absolute Sortimentstiefe, weil sie auch Angaben über die Sortimentstiefe anderer Handelsbetriebe mit einbeziehen. Es ist einsichtig, daß Konsumenten Sortimente miteinander vergleichen, indem sie ihre Erfahrungen mit der aktuellen Sortimentstiefe einer Verkaufsstelle vergleichen. Als Vergleichsbasis kommen zum einen die durchschnittlichen Sortimentstiefen aller Verkaufsstätten und zum anderen die größte Sortimentstiefe, die von einem der Konkurrenzbetriebe angeboten wird, in Frage. Im folgenden wird bei der Berechnung der durchschnittlichen Sortimentstiefe der Betriebsform die Sortimentstiefe der betrachteten Unternehmung mit berücksichtigt.

Zur Operationalisierung des Absatzes können wiederum sowohl absolute als auch relative Größen herangezogen werden:

– Als absolute Größen kommen der Umsatz und die Zahl der abgesetzten Packungseinheiten innerhalb eines Zeitraumes (Absatz) in Frage. Die Verwendung des Umsatzes bringt zwei Probleme mit sich: zum einen werden die Preise im Handelspanel (wie es zur Zeit noch erhoben wird) lediglich am Ende des Untersuchungszeitraumes von ca. acht Wochen erfaßt; dies kann zu einer Verzerrung der Umsätze führen, wenn nicht während des gesamten Untersuchungszeitraumes derselbe Preis gilt und zum anderen können die unterschiedlichen Preise der verschiedenen Artikel die Ergebnisse verzerren. Diese Nachteile werden bei Verwendung der Größe »Absatz« vermieden.
– Als relative Größen kommen der relative Umsatz und der relative Absatz in Betracht:

Beim relativen Umsatz wird der Umsatz einer Geschäftsstelle in einer Artikelgruppe zu folgenden Größen ins Verhältnis gesetzt:
(1) Zum Gesamtumsatz der betreffenden Verkaufsstelle (mit oder ohne Berücksichtigung der betreffenden Artikelgruppe),
(2) zum durchschnittlichen Umsatz innerhalb einer Betriebsform und
(3) zur Anzahl der Kunden, die innerhalb einer Periode die Verkaufsstelle aufsuchen.

Analog dazu lassen sich Beziehungs- und Meßzahlen für die Größe Absatz bilden. Umsatzbezogene Größen bleiben im folgenden aufgrund der zu erwartenden Verzerrungen unberücksichtigt. Bei einer Relativierung am Gesamtumsatz einer Verkaufsstelle käme noch hinzu, daß die Umsätze der einzelnen Geschäftsstellen in den Betriebstypen in der Regel mit unterschiedlichen Sortimenten erzielt werden und daher nur bedingt vergleichbar sind. Dies gilt analog auch für den Absatz. Die Meßzahl

»Absatz innerhalb eine Artikelgruppe zu durchschnittlichem Absatz innerhalb einer Betriebsform« erleichtert den Vergleich einer Verkaufsstelle mit allen anderen innerhalb der Betriebsform. Die Information über die auf die Gesamtzahl der Kunden bezogene Absatzmenge steht im Rahmen von Handelspanelerhebungen noch nicht zur Verfügung und kann daher nicht verwendet werden.

Für die Schätzung der Sortimentstiefen-Absatz-Funktionen in Abschnitt (3) wird sowohl der absolute Absatz als auch der auf den durchschnittlichen Absatz aller Geschäfte innerhalb einer Betriebsform bezogene Absatz herangezogen.

## (2) Basisinformationen zur Sortimentstiefenpolitik der Handelsbetriebe

Im folgenden wird das Datenmaterial zunächst an Hand einiger deskriptiver Statistiken für die Variablen Sortimentstiefe und Absatz analysiert.

### Die Sortimentstiefe

Bei der Sortimentstiefe handelt es sich um eine stichtagsbezogene Variable. D. h., der Sortimentsumfang in den einzelnen Betrieben wird jeweils am Ende der Erfassungsperiode festgehalten. Dies kann unter Umständen zu Verzerrungen führen, wenn z. B. am Stichtag normalerweise vorrätige Artikel nicht am Lager vorhanden sind.

Die Sortimentstiefe unterscheidet sich sowohl bei den drei betrachteten Artikelgruppen (vgl. dazu Abbildung 8.30) als auch bei den untersuchten Betriebsformen (vgl. dazu 8.31) relativ stark.

Abbildung 8.30: Übersicht über die Sortimentstiefe in den Artikelgruppen Zahnpasta, Geschirrspülmittel und Haarwaschmittel in drei Perioden

| Artikelgruppe | Zahl der geführten Artikel |
|---|---|
| Zahnpasta | 2–44 |
| Haarwaschmittel | 3–180 |
| Geschirrspülmittel | 1–37 |

Quelle: Müller-Hagedorn, L./Heidel, B., 1986, S. 54

Zwischen den Betriebsformen bestehen große Unterschiede in der Zahl der geführten Artikel. In allen Fällen führen die »SB-Warenhäuser« das jeweils größte durchschnittliche Sortiment und die »Discounter« das kleinste. Es gilt die Reihenfolge: »SB-Warenhaus« > »Großer Verbrauchermarkt« > »Kleiner Verbrauchermarkt« > »Nachbarschaftsgeschäft/Supermarkt« > »Discounter« (vgl. dazu die Spalten 4, 5 und 6 in Abbildung 8.31).

Generell zeigt sich, daß sich der Absatz in starkem Maß auf eine relativ geringe Zahl von Artikeln konzentriert. So erzielt beispielsweise ein SB-Warenhaus mit 30 % der Artikel der Artikelgruppe Zahnpasta ca. 70 % seines Absatzes.

Die Ginikoeffizienten[10] liegen in allen drei Artikelgruppen zwischen 0,61 und 0,82. Die geringste Konzentration (Ginikoeffizient = 0,61) weist die Betriebsform »Kleiner

---

[10] Zur Erklärung des Gini-Koeffizienten vgl. *Kapitel 1*.

Verbrauchermarkt« in der Artikelgruppe Zahnpasta im Jahre 1983 auf. Den höchsten Wert findet man in der Betriebsform »Nachbarschaftsgeschäft/Supermarkt« in der Artikelgruppe Geschirrspülmittel im Jahr 1984 mit 0,82.

**Abbildung 8.31:** Durchschnittliche Anzahl von Artikeln in den Artikelgruppen Zahnpasta, Haarwaschmittel und Geschirrspülmittel in fünf Betriebsformen

| Artikel-gruppe | Betriebsform | Zahl der geführten Artikel | | | |
|---|---|---|---|---|---|
| | | Anzahl der Betriebe | Durchschnitt | | |
| | | | 1982 | 1983 | 1984 |
| (1) | (2) | (3) | (4) | (5) | (6) |
| Zahnpa-sten | SB-Warenhaus | 15 | 27,3 | 30,7 | 31,5 |
| | Gr. V-Markt | 15 | 24,5 | 28,1 | 28,3 |
| | Kl. V-Markt | 15 | 18,9 | 21,1 | 21,3 |
| | Discounter | 15 | 8,0 | 8,6 | 9,1 |
| | Nachbarschafts-geschäft/Superm. | 56 | 12,3 | 13,3 | 13,2 |
| Haar-wasch-mittel | SB-Warenhaus | 15 | 91,5 | 100,9 | 113,5 |
| | Gr. V-Markt | 15 | 77,8 | 85,7 | 92,4 |
| | Kl. V-Markt | 15 | 46,0 | 54,2 | 55,7 |
| | Discounter | 15 | 12,5 | 14,9 | 17,5 |
| | Nachbarschafts-geschäft/Superm. | 56 | 18,6 | 19,1 | 19,5 |
| Geschirr-spülmittel | SB-Warenhaus | 15 | 28,6 | 27,3 | 27,7 |
| | Gr. V-Markt | 15 | 25,0 | 22,9 | 23,1 |
| | Kl. V-Markt | 15 | 17,7 | 17,5 | 18,1 |
| | Discounter | 15 | 9,2 | 8,4 | 8,8 |
| | Nachbarschafts-geschäft/Superm. | 56 | 12,3 | 12,3 | 12,0 |

Quelle: Müller-Hagedorn, L./Heidel, B., 1986, S. 54

**Der Absatz**

Da die Erhebungsintervalle für die Paneldaten nicht immer exakt 61 Tage betragen, wurden die Absatzdaten durch die Anzahl der Tage, die zwischen den Erhebungen liegen, dividiert und mit 30 (Verkaufs-)tagen multipliziert. Damit ist die Vergleichbarkeit der einzelnen Betriebe gewährleistet (sieht man davon ab, daß sich die den Daten zugrunde liegenden Zeiträume nicht exakt decken).

Der Absatz weist, ebenso wie die Sortimentstiefe, sowohl bei den Artikelgruppen als auch den Betriebsformen große Unterschiede auf. Der größte durchschnittliche Absatz wird von den »SB-Warenhäusern« getätigt, während die Betriebsform »Nachbarschaftsgeschäft/Supermarkt« den geringsten Absatz erzielt. In der Betriebsform »SB-Warenhaus« werden z. B. durchschnittlich 40,35 mal soviel Packungseinheiten Zahnpasta, 48,21 mal soviel Packungen Haarwaschmittel und 21,09 mal soviel Packungen Geschirrspülmittel verkauft wie in der Betriebsform »Nachbarschaftsgeschäft/Supermarkt«. Das »SB-Warenhaus« verkauft in allen drei Artikelgruppen jeweils mehr als die Hälfte aller abgesetzten Packungseinheiten. Insgesamt ergibt sich die Reihenfolge »SB-Warenhaus« > »Großer Vebrauchermarkt« > »Kleiner Verbrauchermarkt« > »Discounter« > »Nachbarschaftsgeschäft/Supermarkt«, wobei allerdings anzumerken ist, daß die Bandbreiten innerhalb der einzelnen Betriebsformen relativ groß sind (vgl. dazu die Spalten 9 und 10 in Abbildung 8.32).

Abbildung 8.32: Durchschnittlicher, minimaler und maximaler Absatz in den Warengruppen Zahnpasta, Haarwaschmittel und Geschirrspülmittel in fünf Betriebsformen

| Waren-gruppe | Betriebsform | 1982–1984 im Durchschnitt pro Jahr | | | | 1984 | | | |
| | | Anzahl der Betriebe | Absatz | | | Anzahl der Betriebe | Absatz | | |
| | | | Durch. | Min. | Max. | | Durch. | Min. | Max. |
| (1) | (2) | (3) | (4) | (5) | (6) | (7) | (8) | (9) | (10) |
| Zahn-pasten | SB-Warenhaus | 3 * 15 | 6 658 | 1 895 | 16 120 | 15 | 7 085 | 2 543 | 14 403 |
| | Gr. V-Markt | 3 * 15 | 2 399 | 769 | 7 246 | 15 | 2 297 | 842 | 6 057 |
| | Kl. V-Markt | 3 * 15 | 722 | 183 | 3 063 | 15 | 781 | 292 | 3 063 |
| | Discounter | 3 * 15 | 581 | 188 | 1 152 | 15 | 542 | 214 | 1 152 |
| | Nachb./SM | 3 * 56 | 165 | 1 | 803 | 56 | 162 | 1 | 598 |
| Haar-wasch-mittel | SB-Warenhaus | 3 * 15 | 4 676 | 1 307 | 10 958 | 15 | 4 787 | 2 176 | 9 623 |
| | Gr. V-Markt | 3 * 15 | 1 748 | 543 | 4 341 | 15 | 1 719 | 849 | 3 402 |
| | Kl. V-Markt | 3 * 15 | 498 | 84 | 2 129 | 15 | 572 | 215 | 2 129 |
| | Discounter | 3 * 15 | 305 | 127 | 659 | 15 | 313 | 132 | 580 |
| | Nachb./SM | 3 * 56 | 97 | 0 | 603 | 56 | 99 | 2 | 505 |
| Geschirr-spül-mittel | SB-Warenhaus | 3 * 15 | 3 839 | 1 455 | 8 044 | 15 | 3 828 | 1 868 | 7 843 |
| | Gr. V-Markt | 3 * 15 | 1 616 | 473 | 6 723 | 15 | 1 497 | 492 | 3 159 |
| | Kl. V-Markt | 3 * 15 | 633 | 265 | 1 661 | 15 | 647 | 265 | 1 661 |
| | Discounter | 3 * 15 | 549 | 160 | 1 027 | 15 | 506 | 160 | 1 027 |
| | Nachb./SM | 3 * 56 | 182 | 2 | 825 | 56 | 174 | 3 | 482 |

Quelle: Müller-Hagedorn, L./Heidel, B., 1986, S. 56

## (3) Empirische Analyse statistischer Sortimentstiefen-Absatz-Funktionen

Im folgenden wird überprüft, ob ein Zusammenhang zwischen der Sortimentstiefe und dem Absatz eines Handelsbetriebes besteht und ob sich dieser Zusammenhang mit bestimmten Funktionstypen wiedergeben läßt. Dabei werden die in Abschnitt (1) diskutierten Operationalisierungen zugrunde gelegt.

In einem ersten Schritt wurden zur Beurteilung der unterschiedlichen Operationalisierungen lineare Verläufe angenommen und mit den folgenden Varianten getestet:

(1) Absatz = f (Sortimentstiefe/durchschnittliche Sortimentstiefe),
(2) Absatz = f (Sortimentstiefe/maximale Sortimentstiefe),
(3) Absatz/durchschnittlicher Absatz = f (Sortimentstiefe),
(4) Absatz/durchschnittlicher Absatz = f (Sortimentstiefe/maximale Sortimentstiefe),
(5) Absatz/durchschnittlicher Absatz = f (Sortimentstiefe/durchschnittliche
Sortimentstiefe) und
(6) Absatz = f (Sortimentstiefe).

Es zeigte sich, daß die relativen Größen in insgesamt 45 Fällen zu keinen merklich besseren korrigierten Bestimmtheitsmaßen führen als der Fall (6). Sie schneiden zwar in 15 Anpassungen besser, in fünf Fällen schlechter und acht mal genauso gut wie die absoluten Größen ab (in den restlichen Fällen lag das korrigierte Bestimmtheitsmaß unter 0,10 und blieb daher unberücksichtigt), die Differenzen sind jedoch in allen Fällen sehr gering (sie liegen im Bereich von $\pm$ 0,01). Da die absoluten Größen leichter interpretierbar sind, werden im folgenden Sortimentstiefen-Absatz-Funktionen mit der Operationalisierung nach (6) verwendet.

Weil die lineare Anpassung jedoch insgesamt keine besonders hohen korrigierten Bestimmtheitsmaße lieferte (sie liegen zwischen 0,08 und 0,63, wobei 40 % unter 0,10 liegen), wurden die nicht-linearen Anpassungen wie folgt geschätzt.

(a) die halblogarithmische Anpassung:    Absatz = f (ln Sortimentstiefe)
(b) die halblogarithmische Anpassung:    ln Absatz = f (Sortimentstiefe)
(c) die doppellogarithmische Anpassung:  ln Absatz = f (ln Sortimentstiefe)
(d) die s-förmige Anpassung mit          Absatz = f (ST, ST$^2$, ST$^3$)

**Abbildung 8.33:** Bestimmtheitsmaße für Sortimentstiefen-Absatz-Funktionen der Warengruppen Zahnpasta, Haarwaschmittel und Geschirrspülmittel

| Waren-gruppe | Betriebsform | 1982 | | 1983 | | 1984 | |
|---|---|---|---|---|---|---|---|
| | | $r^2_{korr}$ | Verlauf | $r^2_{korr}$ | Verlauf | $r^2_{korr}$ | Verlauf |
| (1) | (2) | (3) | (4) | (5) | (6) | (7) | (8) |
| Zahnpasta | SB-Warenhaus | – | – | 0,25 | Pol. 3. Gr. | – | – |
| | Gr. VMarkt | 0,20 | Pol. 3. Gr. | 0,24* | doppelln | 0,29* | Pol. 3. Gr. |
| | Kl. VMarkt | 0,24* | doppelln | 0,20 | halbln | 0,31* | doppelln |
| | Discounter | 0,20 | halbln | 0,20 | halbln | – | – |
| | NB/Superm. | 0,68* | doppelln | 0,74* | doppelln | 0,75* | doppelln |
| Haar-wasch-mittel | SB Warenhaus | – | – | – | – | 0,35* | Pol. 3. Gr. |
| | Gr. VMarkt | 0,21* | halbln | 0,40* | Pol. 3. Gr. | 0,46* | Pol. 3. Gr. |
| | Kl. VMarkt | 0,76* | doppelln | 0,57* | doppelln | 0,56* | halbln |
| | Discounter | – | – | – | – | 0,28* | Pol. 3. Gr. |
| | NB/Superm. | 0,77* | doppelln | 0,78* | doppelln | 0,79* | doppelln |
| Geschirr-spülmittel | SB-Warenhaus | – | – | – | – | – | – |
| | Gr. VMarkt | 0,64* | Pol. 3. Gr. | 0,25 | Pol. 3. Gr. | 0,35* | Pol. 3. Gr. |
| | Kl. VMarkt | – | – | – | – | – | – |
| | Discounter | 0,36* | Pol. 3. Gr. | 0,39* | halbln | 0,24* | halbln |
| | NB/Superm. | 0,50* | doppelln | 0,65* | doppelln | 0,66* | doppelln |

Anmerkung:* die gesamte Regressionsfunktion ist signifikant (p $\leq$ 0,05).
halbln    = halblogarithmierte Funktion: ln Absatz = f (Sortimentstiefe)
doppelln = doppellogarithmierte Funktion: ln Absatz = f (ln Sortimentstiefe)
Pol.3.Gr. = Polynom dritten Grades: Absatz = f (ST, ST$^2$, ST$^3$) mit ST=Sortimentstiefe

Quelle: Müller-Hagedorn, L./Heidel, B., 1986, S. 58

Die Berechnungen führten zu den folgenden Ergebnissen:
(1) Aus Abbildung 8.33 ist zu ersehen, daß in 32 von 45 Fällen das korrigierte Bestimmtheitsmaß über 0,1 liegt, auf den Ausweis niedrigerer Werte wurde ver-

zichtet. Die korrigierten Bestimmtheitsmaße liegen insgesamt zwischen –0,14 und 0,79. In 26 Fällen erwies sich die gesamte Regression als signifikant (p $\leq$ 0,05). Dies stärkt die Vermutung, daß die Sortimentstiefe für den Handelsbetrieb ein wichtiges Instrument darstellen kann, seinen Absatz zu beeinflussen.

(2) In keinem Fall bewährte sich der lineare Funktionsverlauf. Alle signifikanten Zusammenhänge zwischen der Sortimentstiefe und dem Absatz sind nicht-linearer Natur.

(3) Unter den nicht-linearen Funktionsverläufen hat sich die unter (a) angegebene halblogarithmische Anpassung als inferior erwiesen. Aus Abbildung 8.33 ist zu ersehen, daß die drei übrigen nicht-linearen Funktionstypen abwechselnd zu den besten korrigierten Bestimmtheitsmaßen führen.

In Abbildung 8.34 ist noch einmal zusammengefaßt, wie sich die einzelnen Funktionstypen bei den Betriebsformen und Artikelgruppen bewährt haben.

Abbildung 8.34: Zusammenfassung der besten Anpassungen nach Betriebsformen und Artikelgruppen

| Betriebsform | Funktionsverlauf | | | | Summe |
|---|---|---|---|---|---|
| | keine Anpassung | halbln | doppelln | Pol. 3. Gr. | |
| SB-Waren- haus | 7 | 0 | 0 | 2 | 9 |
| | 0 | 1 | 1 | 7 | 9 |
| Gr. VMarkt | 3 | 2 | 4 | 0 | 9 |
| Kl. VMarkt | 3 | 4 | 0 | 2 | 9 |
| Discounter NB/Superm. | 0 | 0 | 9 | 0 | 9 |
| Summe | 13 | 7 | 14 | 11 | 45 |
| Artikelgr. | | | | | |
| Zahnpasten | 3 | 3 | 6 | 3 | 15 |
| Haarwasch- mittel | 4 | 2 | 5 | 4 | 15 |
| Geschirrspül- mittel | 6 | 2 | 3 | 4 | 15 |
| Summe | 13 | 7 | 14 | 11 | 45 |

Quelle: Müller-Hagedorn, L./Heidel, B., 1986, S. 58

Die Funktionsverläufe der drei Artikelgruppen weisen bei den fünf Betriebsformen ziemlich große Ähnlichkeit auf. So steigen die Funktionen bei allen drei Artikelgruppen bei den Betriebsformen »Kleiner Verbrauchermarkt« und »Nachbarschaftsgeschäft/Supermarkt« monoton stetig mit steigenden Zuwächsen, in den Betriebsformen »SB-Warenhaus« und »Großer Verbrauchermarkt« besitzen neun von elf Anpassungen einen s-förmigen Verlauf (vgl. dazu Abbildung 8.35 bis Abbildung 8.37).

Zusammenfassend kann man feststellen, daß die geschätzten Funktionen bei keiner Betriebsform einen degressiven Verlauf aufweisen. Außer bei der Betriebsform »Discounter« steigen sie vom Ursprung oder ab einer bestimmten Sortimentstiefe mit steigenden Zuwächsen an. Dies deutet darauf hin, daß bei keiner der Betriebsformen (mit Ausnahme der »Discounter«) in dem Untersuchungsintervall eine Sättigungsgrenze zu erkennen ist. Das Absatzmaximum fällt daher bei diesen Betriebsformen mit der maximal möglichen Artikelzahl, die in einem Einzelhandelsbetrieb geführt werden kann, zusammen. Zu diesem Ergebnis kommt auch *Ruppe*.[11]

**Abbildung 8.35:** Beispiele für den Verlauf der Sortimentstiefen-Absatz-Funktionen für die Artikelgruppe Zahnpasta (gestrichelte Linie kennzeichnet den Mittelwert)

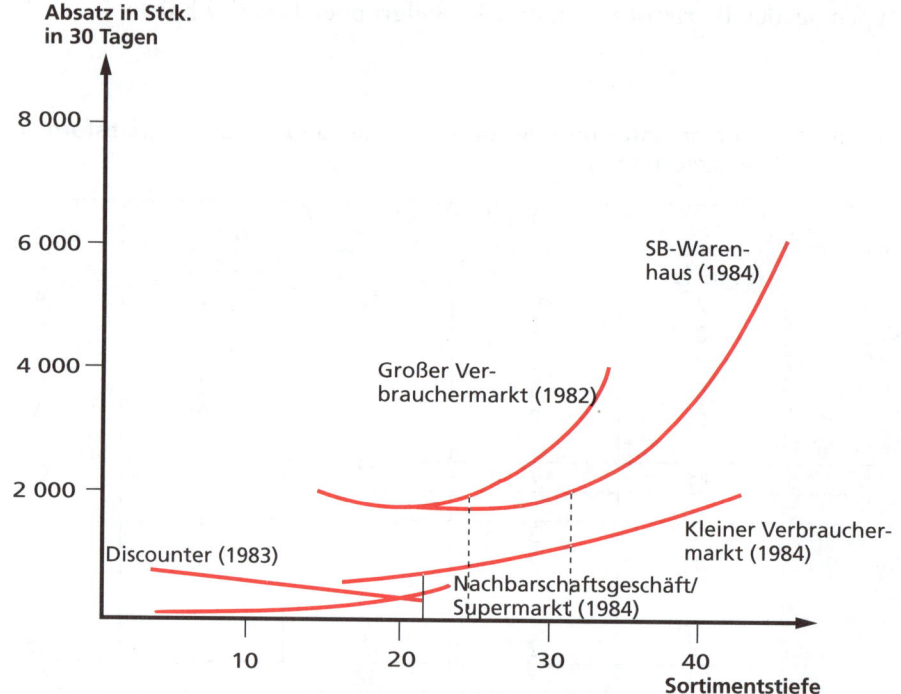

Quelle: Müller-Hagedorn, L./Heidel, B., 1986, S. 59.

### (4) Empirische Analyse der Wirkungen von Sortimentstiefenveränderungen im Zeitablauf

Im Rahmen einer dynamischen Betrachtung soll untersucht werden, ob bei jenen Betrieben, die die Sortimentstiefe verringert oder erweitert haben, auch Veränderungen im Absatz eingetreten sind. Dazu werden jeweils für den Zeitraum September/Oktober die relativen Veränderungen zwischen 1982 und 1983 und zwischen 1983

---

[11] Vgl. Ruppe, H.: Sortimentsvielfalt sichert die Rendite. Unveröffentliches Arbeitspapier der Nielsen Company GmbH, o. J., S. 5.

und 1984 berechnet. Zwar werden damit weitgehend gleiche Jahresabschnitte miteinander verglichen, aber es können immer noch andere Einflüsse das Ergebnis verfälschen, wenn z. B. einzelne Artikel aus betrieblichen Gründen für eine bestimmte Zeit aus dem Sortiment genommen werden oder aber zum Zeitpunkt der Bestandsaufnahme nicht vorrätig sind.

**Abbildung 8.36:** Beispiele für den Verlauf der Sortimentstiefen-Absatz-Funktionen für die Artikelgruppe Haarwaschmittel

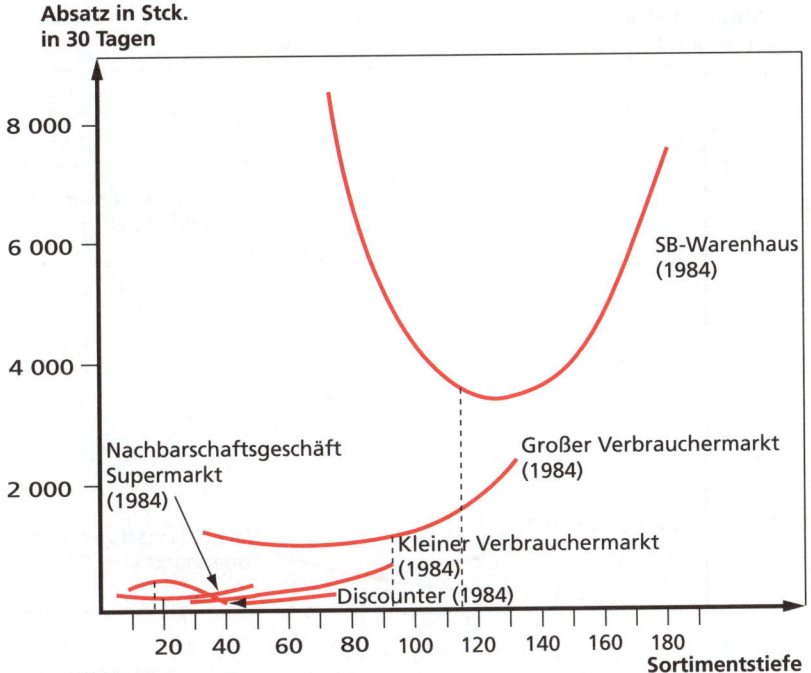

Anmerkung: Die gestrichelten Linien geben den Mittelwert an.
Quelle: Müller-Hagedorn, L./Heidel, B., 1986, S. 59

Abbildung 8.38 zeigt die Wirkung von Veränderungen der Sortimentstiefe auf den Absatz. Dabei sind die Betriebe, die die Sortimentstiefe verringert haben (vgl. Spalte 4 bis 7), von jenen Betrieben getrennt, die die Sortimentstiefe konstant gehalten oder erweitert haben (vgl. Spalte 8–11). Es ist zu erkennen, daß es sowohl Betriebe gibt, die ihr Sortiment reduziert haben, als auch solche, die ihr Sortiment ausgebaut haben. Es soll nun der Frage nachgegangen werden, ob ein solcher Zusammenhang zwischen der Sortimentstiefe und dem Absatz, wie er auf Grund der theoretischen Analyse und der Ergebnisse der empirischen Querschnittsanalyse zu erwarten ist, tatsächlich beobachtet werden kann. Es wird also gefragt, ob eine Ausweitung des Sortimentes eine Steigerung und ob eine Reduktion eine Verminderung des Absatzes zur Folge hat. In Abbildung 8.39 sind für die drei Artikelgruppen die relativen Veränderungen der Sortimentstiefe und des Absatzes aus Abbildung 8.38 übertragen. Die theoretische

Erwartung war, daß die Werte sich in den Quadranten I und III einfügen und die Quadranten II und IV unbesetzt bleiben. Dies ist bei den Artikelgruppen Zahnpasta und Haarwaschmittel weitgehend der Fall, nicht so eindeutig ist das Ergebnis in der Artikelgruppe Geschirrspülmittel. Tiefere Sortimente haben also tatsächlich häufig zu einer Erhöhung des Absatzes geführt, verringerte Sortimentstiefen zu einem Absatzrückgang.

**Abbildung 8.37:** Beispiele für den Verlauf der Sortimentstiefen-Absatz-Funktionen für die Artikelgruppe Geschirrspülmittel

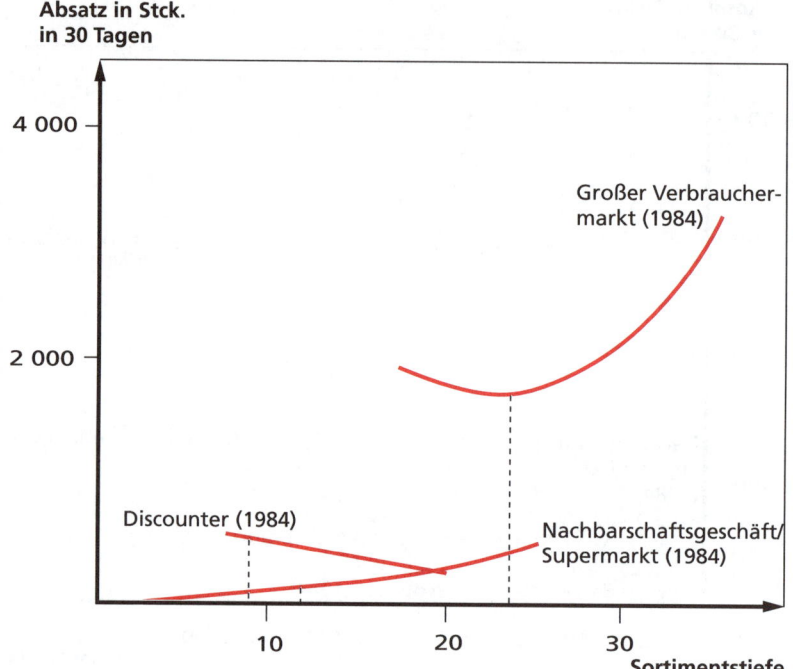

Anmerkung: Die gestrichelten Linien geben den Mittelwert an.
Quelle: Müller-Hagedorn, L./Heidel, B., 1986, S. 60

Extreme Steigerungen der Sortimentstiefe können auch extreme Absatzsteigerungen nach sich ziehen; entsprechendes gilt auch für die Reduktion der Sortimentstiefe. Betrachtet man jedes der in Abbildung 8.39 eingetragene Wertepaar für die relativen Veränderungen von einer Periode zur nächsten ungewichtet, ergibt sich für Zahnpasta ein korrigiertes Bestimmtheitsmaß von 0,38, für Haarwaschmittel von 0,50 und für Geschirrspülmittel von 0,08. Aus diesem Datenmaterial lassen sich für Zahnpasta und Haarwaschmittel signifikante ($p \leq 0,01$) lineare Regressionsfunktionen berechnen.

Der Zusammenhang zwischen Sortimentstiefe und Absatz läßt sich auch an den in Abbildung 8.38 ausgewiesenen Elastizitäten ablesen, die den Erwartungen gemäß positiv sein sollten (vgl. in Abbildung 8.38 die Spalten 7 und 11).

**Abbildung 8.38:** Relative Sortiments- und Absatzänderungen in Prozent nach Betriebsformen und Artikelgruppen für die Perioden 1982/83 und 1983/84

| Artikelgruppe | Betriebsform | Perioden | Reduktion der Sortimentstiefe | | | | Konstanthalten oder Erweitern der Sortimentstiefe | | | |
|---|---|---|---|---|---|---|---|---|---|---|
| | | | Anzahl der Unternehmen | relative Änderung | | Elastizitätskoeffizient | Anzahl der Unternehmen | relative Änderung | | Elastizitätskoeffizient |
| | | | | Tiefe | Absatz | | | Tiefe | Absatz | |
| (1) | (2) | (3) | (4) | (5) | (6) | (7) | (8) | (9) | (10) | (11) |
| Zahnpasten | SB-Warenhaus | 1982/83 | 0 | – | – | – | 15 | 12,4 | 15,6 | 1,26 |
| | | 1983/84 | 5 | −6,6 | −5,5 | 0,80 | 10 | 7,7 | 8,1 | 1,05 |
| | Gr. Verbraucherm. | 1982/83 | 1 | −6,5 | −3,5 | 0,54 | 14 | 18,4 | 26,4 | 1,43 |
| | | 1983/84 | 6 | −6,7 | −13,9 | 2,07 | 9 | 6,1 | −7,5 | −1,23 |
| | Kl. Verbraucherm. | 1982/83 | 3 | −8,3 | 15,6 | −1,88 | 12 | 15,8 | 5,3 | 0,34 |
| | | 1983/84 | 7 | −11,7 | 10,9 | −0,93 | 8 | 15,9 | 0,1 | 0,01 |
| | Discounter | 1982/83 | 2 | −18,3 | −0,7 | 0,04 | 13 | 12,1 | −3,2 | −0,26 |
| | | 1983/84 | 6 | −17,7 | −16,9 | 0,95 | 9 | 19,5 | 10,3 | 0,53 |
| | Nachb.geschäft/SM | 1982/83 | 11 | −22,0 | −13,3 | 0,60 | 45 | 17,7 | 26,9 | 1,52 |
| | | 1983/84 | 22 | −17,7 | −14,7 | 0,83 | 34 | 11,0 | 11,6 | 1,05 |
| | gesamte Artikelgr. | 1982/83 | 17 | −18,2 | −6,2 | 0,34 | 99 | 16,0 | 18,6 | 1,16 |
| | | 1983/84 | 46 | −14,2 | −10,0 | 0,70 | 70 | 11,6 | 7,1 | 0,61 |
| Haarwaschmittel | SB-Warenhaus | 1982/83 | 0 | – | – | – | 15 | 11,4 | 15,5 | 1,36 |
| | | 1983/84 | 2 | −2,8 | −10,5 | 3,75 | 13 | 15,6 | 7,6 | 0,49 |
| | Gr. Verbraucherm. | 1982/83 | 2 | −6,0 | 9,1 | −1,52 | 13 | 14,1 | −6,2 | −0,44 |
| | | 1983/84 | 3 | −2,2 | 25,1 | −11,41 | 12 | 9,9 | 4,7 | 0,47 |
| | Kl. Verbraucherm. | 1982/83 | 0 | – | – | – | 15 | 23,5 | 12,6 | 0,54 |
| | | 1983/84 | 7 | −6,9 | −0,4 | 0,06 | 8 | 16,4 | 44,0 | 2,68 |
| | Discounter | 1982/83 | 3 | −36,5 | −20,2 | 0,55 | 12 | 52,0 | 26,4 | 0,51 |
| | | 1983/84 | 3 | −20,0 | −47,0 | 2,35 | 12 | 30,0 | 30,1 | 1,00 |
| | Nachb.geschäft/SM | 1982/83 | 18 | −21,4 | −2,6 | 0,12 | 38 | 21,3 | 16,2 | 0,76 |
| | | 1983/84 | 27 | −20,3 | −15,3 | 0,75 | 29 | 25,9 | 24,3 | 0,94 |
| | gesamte Artikelgr. | 1982/83 | 23 | −22,1 | −3,9 | 0,18 | 93 | 23,0 | 13,7 | 0,60 |
| | | 1983/84 | 42 | −15,9 | −11,9 | 0,75 | 74 | 21,1 | 29,2 | 1,38 |
| Geschirrspülmittel | SB-Warenhaus | 1982/83 | 10 | −10,7 | 1,5 | −0,14 | 5 | 9,6 | −1,1 | −0,11 |
| | | 1983/84 | 4 | −6,9 | 4,6 | −0,67 | 11 | 4,2 | 3,6 | 0,86 |
| | Gr. Verbraucherm. | 1982/83 | 13 | −11,6 | −11,7 | 1,01 | 2 | 27,9 | 13,8 | 0,49 |
| | | 1983/84 | 4 | −14,3 | 8,5 | −0,59 | 11 | 7,5 | 10,3 | 1,37 |
| | Kl. Verbraucherm. | 1982/83 | 7 | −9,3 | −7,1 | 0,76 | 8 | 8,6 | 5,8 | 0,67 |
| | | 1983/84 | 5 | −12,5 | 10,3 | −0,82 | 10 | 13,1 | 4,4 | 0,34 |
| | Discounter | 1982/83 | 6 | −26,2 | 2,3 | −0,09 | 9 | 4,9 | −3,9 | −0,80 |
| | | 1983/84 | 5 | −18,6 | −18,1 | 0,97 | 10 | 13,9 | −1,1 | −0,08 |
| | Nachb.geschäft/SM | 1982/83 | 22 | −16,5 | 12,6 | −0,76 | 34 | 12,5 | 6,7 | 0,54 |
| | | 1983/84 | 22 | −18,0 | −11,6 | 0,64 | 34 | 9,6 | −2,3 | −0,24 |
| | gesamte Artikelgr. | 1982/83 | 58 | −14,6 | 1,9 | −0,13 | 58 | 11,1 | 4,5 | 0,41 |
| | | 1983/84 | 40 | −15,9 | −6,0 | 0,38 | 76 | 9,5 | 1,4 | 0,15 |

Quelle: Müller-Hagedorn, L./Heidel, B., 1986, S. 61

## Würdigung der Ergebnisse

Zusammenfassend kann festgestellt werden, daß die Ergebnisse der statischen und dynamischen Analyse des Datenmaterials aus dem Handelspanel darauf hindeuten, daß sich Erweiterungen in der Artikelzahl bei den meisten Betrieben in der Erhöhung des Absatzes niederschlagen. Dabei sind allerdings Kostenaspekte unberücksichtigt geblieben.

Die Untersuchung hat eine Reihe von Fragen aufgeworfen, die aufgrund der geringen Erfahrung, die bisher mit Sortimentstiefen-Absatz-Funktionen gemacht wurden, noch weitgehend unbeantwortet sind.

a) Inwieweit lassen sich aus Querschnittsdaten sortimentspolitische Ergebnisse ablesen und inwieweit verzerrt die Aggregation der Betriebe zu Betriebsformen die Ergebnisse?

b) Des weiteren ist zu fragen, ob nicht andere absatzpolitische Instrumente (z. B. der

Preis oder die Werbung), die mit der Sortimentstiefe korrelieren können, den Erfolg einer Verkaufsstelle beeinflussen.

c) Es ist zu prüfen, ob die isolierte Betrachtung einzelner Artikelgruppen nicht andere Artikelgruppen benachteiligt, d. h. eine Sortimentsvertiefung in einer Artikelgruppe kann aus Platzgründen zu einer Artikelreduktion in einer anderen Artikelgruppe und damit zu Erlösausfällen führen.

d) Es könnte auch interessant sein, ob sich durch die Variation der Sortimentstiefe die Erlössituation bei anderen (z. B. komplementären) Artikelgruppen verändert.

e) Es ist zu prüfen, ob die Konsumenten bei der Wahl einer Einkaufsstätte tatsächlich in Sortimentstiefen »denken«. Dazu ist es notwendig, weitere Untersuchungen durchzuführen, mit deren Hilfe überprüft wird, ob die in Abschnitt 8.3.1 aufgestellten Hypothesen sich bewähren.

**Abbildung 8.39:** Relative Sortiments- und Absatzänderungen in der Artikelgruppe Zahnpasta für die Perioden 1982/83 und 1983/84

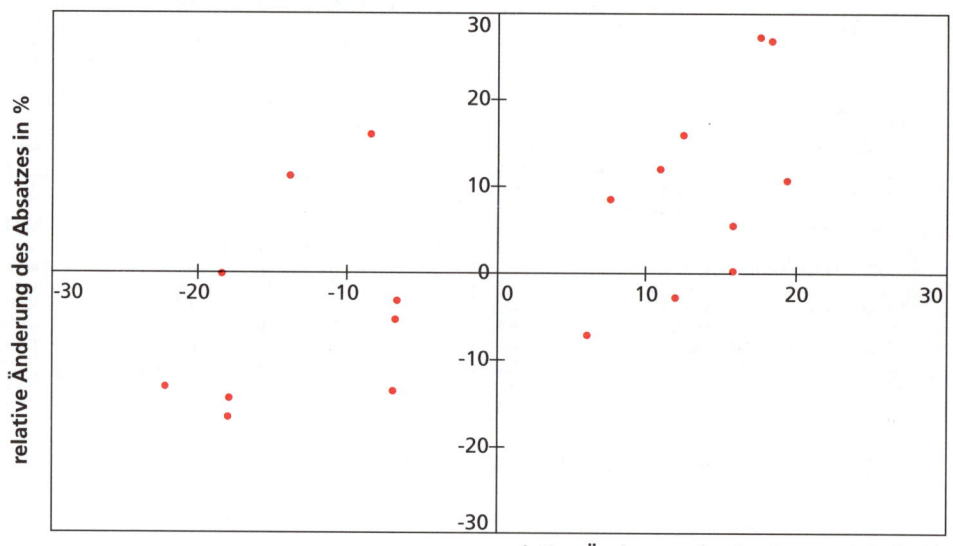

Quelle: Müller-Hagedorn, L./Heidel, B., 1986, S. 62

## 8.3.2 Entscheidungen über die Sortimentszugehörigkeit einzelner Artikel

Sortimente sind stets von der Gefahr bedroht, zu wachsen und auszuufern. So kann es angezeigt sein, einzelne Artikel zu eliminieren. Hierzu werden traditionell Kennzahlen herangezogen, wozu insbesondere zählen

- die Zahl der abgesetzten Einheiten oder die Höhe des Umsatzes,
- die Absatz- bzw. Umsatzveränderungen in vergangenen Perioden,
- die absolute Handelsspanne (Bruttoertrag),
- die relative Handelsspanne,
- der Lagerumschlag,
- Relativierung der absoluten Handelsspanne an der in Anspruch genommenen Fläche,
- die Anzahl der Warenkörbe, in denen der betreffende Artikel enthalten ist,
- die Direkte-Produkt-Rentabilität.[12]

Für die Elimination kommen jene Artikel in Frage, die bei mehreren Kriterien keine zufriedenstellenden Werte erreichen. Trotzdem bestehen oft Skrupel, solche Artikel auszulisten, d. h. aus dem Sortiment zu streichen, weil vermutet wird, daß gerade diese Artikel dem Handelsunternehmen ein positives Image verschaffen, daß sie ihren Beitrag zum Abverkauf anderer Artikel mit besseren Handelsspannen liefern, und weil man glaubt, daß diese Artikel für ein abgerundetes Sortiment insgesamt unverzichtbar seien. Der vermutete Nachfrageverbund läßt einzelartikelbezogene Kennzahlen als ungenügend erscheinen. Im Regelfall bieten Handelsbetriebe mehrere Artikel im Verbund an (Angebotsverbund), so daß die Frage aktuell wird, inwieweit den Bedürfnissen der Nachfrager, Güter gemeinsam nachfragen zu können, Rechnung zu tragen ist. Die Theorie hat sich zunächst der Frage angenommen, welche Formen des Nachfrageverbundes unterschieden werden können. *Engelhardt* trennt zunächst den zeitpunkt- und den zeitraumbezogenen Nachfrageverbund.[13] Beim zeitpunktbezogenen Verbund nennt er den hier nicht interessierenden Mengenverbund (von einem Artikel werden größere Mengen gekauft, ein Artikel wird im Verbund mit sich selbst gekauft, was auch reflexiver Verbund genannt wird), den Einkaufsverbund (Kauf verschiedener Güter) und den Auswahlverbund, der sich auf Güter der gleichen Gattung bezieht, die untereinander in einem substitutionalen Verhältnis stehen. Ein Verbund im Zeitablauf äußert sich in Markentreue, Lieferanten- bzw. Ladentreue oder dem Wechsel der Preisklasse in einer Gutskategorie. *Müller-Hagedorn* hat weitere Formen der Verbundenheit von Produkten aufgezeigt, so den Umstand, daß der Kauf zweier Güter dem gleichen Problem des Nachfragers entspringen kann, daß der Kauf des einen Gutes mit der Informationssammlung zu einem anderen Gut verknüpft wird, daß Güter nach den gleichen Kriterien beurteilt werden, daß Güter zusammen eingekauft werden, daß sie zusammen verwendet werden, daß Erfahrungen mit einem Gut auf die Beurteilung eines anderen übertragen werden.[14] In ähnlicher Systematik spricht *Merkle* vom Bedarfsverbund, dem Auswahlverbund, dem

---

[12] Bei der Direkten-Produkt-Rentabilität handelt es sich um den jeweiligen Verkaufspreis einer Ware, der nicht nur um den Netto-Netto-Einkaufspreis (also ohne Umsatzsteuer und unter Abzug von Nachlässen), sondern um weitere dem Produkt zugerechnete Handlungskosten vermindert wird. Gegen dieses Konzept sind theoretische Einwände erhoben worden, insbesondere der Hinweis, daß es nicht sinnvoll ist, fixe Gemeinkosten zuzurechnen. Da außerdem der Erhebungaufwand hoch ist, ist es um dieses zu Beginn der neunziger Jahre in den Vordergrund gerückte Verfahren wieder ruhig geworden. Vgl. zur Darstellung und Beurteilung Schröder, H.: Die DPR-Methode auf dem Prüfstand, in: asw, 33. Jg. (1990), H. 10, S. 110–121.

[13] Engelhardt, W. H.: Erscheinungsformen und absatzpolitische Probleme von Angebots- und Nachfrageverbunden, in: ZfbF, 28. Jg. (1976), S. 77–90.

[14] Müller-Hagedorn, L.: Das Problem des Nachfrageverbundes in erweiterter Sicht, in: ZfbF, 30. Jg. (1978b), S. 181–193.

Nachfrageverbund und dem Kaufverbund.[15] Die Entwicklung von Scanner-Kassen hat mit dazu beigetragen, daß sich das Interesse auf den Kaufverbund konzentriert hat und die übrigen Formen des Verbundes in den Hintergrund getreten sind.[16]

Zur Ermittlung des Kaufverbundes sind mehrere Verfahren entwickelt und in der Literatur diskutiert worden:

(1) Unter den mikroökonomischen Verfahren werden die Kreuzpreiselastitzitäten am häufigsten genannt.[17] Sie geben an, inwieweit sich der Absatz eines Gutes verändert, wenn bei einem anderen Gut der Preis verändert wird. Gegen die Ermittlung von Kreuzpreiselastizitäten läßt sich vorbringen, daß bei großen Sortimenten zweifelhaft ist, zwischen welchen Artikeln Abhängigkeiten untersucht werden sollen; außerdem erweist sich der Sortimentsverbund in diesen Fällen als nicht signifikant.[18] So scheint das Kreuzpreiselastizitätenkonzept im Handel nur dann von Bedeutung, wenn innerhalb einer Artikelgruppe Beziehungen zwischen ausgewählten Artikeln untersucht werden sollen.

(2) Assoziationsmaße bringen zum Ausdruck, in welchem Ausmaß je zwei Artikel oder Artikel aus je zwei Warengruppen zusammen gekauft worden sind. Ausgangspunkt für die Berechnung von solchen Assoziationsmaßen stellen Vierfeldertafeln dar.[19]

(3) Die Verwendung von Korrelationskoeffizienten scheitert im Regelfall daran, daß die hier geforderte Normalverteilung der Variablen nicht vorliegt. Meistens wird ein einzelnes Produkt oder ein Element aus einer Produktgruppe von den meisten Nachfragern nicht gekauft, eine immer geringer werdende Anzahl von Nachfragern kauft mehrere Packungseinheiten, so daß die entsprechende Dichtefunktion linkssteil ist.

Insgesamt hat die Forschung zur Ermittlung von Verbundbeziehungen auf statistischer Basis noch keine befriedigenden Ergebnisse erzielt.

Eine Alternative zur Verbundmessung ausgewählter Artikel oder Artikelgruppen wurde in der Warenkorbanalyse gesehen. Nicht nur Großhandelsbetriebe können erkennen, welche Artikel von ihren Kunden gekauft worden sind, sondern mehr und mehr eröffnen sich diese Möglichkeiten auch dem Einzelhandel. Auswertungen des elektronischen Kassenbons erlauben, relativ einfach den mit einem Warenkorb erzielten Erfolg zu ermitteln und die im Warenkorb enthaltenen Artikel zu benennen. Identifiziert sich darüber hinaus der Kunde mit einer Kundenkarte, dann können kundenbezogene Analysen durchgeführt werden. Auswertungen dieser Art können wertvolle Informationen für die Kundenselektion, die Streuung der Werbung und unter Umständen über die Aufnahme neuer Artikel liefern. Für die hier zu diskutie-

---

[15]  Merkle, E.: Die Erfassung und Nutzung von Informationen über den Sortimentsverbund in Handelsbetrieben, Berlin 1981, S. 47.

[16]  Vgl. zum Nachfrageverbund weiterhin auch Hauzeneder, R.: Der Sortimentsverbund im Einzelhandel, Diss. München 1975; Stahl, P.: Verbundwirkungen im Sortiment, Münster 1977; Bordemann, H. G.: Analyse der Verbundbeziehungen zwischen Sortimentsteilen im Einzelhandel, Diss. Duisburg 1985; in zusammenfassender Übersicht Möhlenbruch, D., 1994, S. 335–363.

[17]  Zu weiteren aus der Mikroökonomie entnommenen Verbundbeziehungen vgl. Müller-Hagedorn, L., 1978 b, S. 181–193.

[18]  Schmalen, H./Pechtl, H.: Die Absatzwirkung von Sonderangebotsaktionen im Lebensmitteleinzelhandel, in: ZfB, 65. Jg. (1995), S. 587–607.

[19]  Vgl. hierzu insbesondere Merkle, E., 1981, S. 45–51.

rende Entscheidung, ob ein Artikel, der auf der Grundlage der klassischen einzel-produktbezogenen Kennwerte ausgelistet worden wäre, wegen vermuteter Verbundwirkungen nicht doch im Sortiment belassen werden sollte, leistet die Ermittlung der Warenkorberfolge jedoch wenig. Würde der fragliche Artikel nur allein gekauft oder befände er sich nur in Warenkörben, die insgesamt negative Erfolgsbeiträge liefern, würde die Entscheidung zur Elimination leicht fallen. Es ist aber vielmehr zu erwarten, daß in der Mehrzahl der Fälle der betreffende Artikel sich in Warenkörben wiederfindet, die insgesamt einen positiven Deckungsbeitrag bzw. Rohertrag beisteuern. Es ist dann fraglich, welchen Beitrag der zu beurteilende Artikel dazu geliefert hat, daß die übrigen Artikel, die zu dem positiven Deckungsbeitrag geführt haben, gekauft wurden.

*Recht* und *Zeisel* haben vorgeschlagen, den mit einem Warenkorb insgesamt erzielten Erfolg entsprechend der Höhe der Verkaufspreise für die gekauften Artikel in Relation zum Verkaufswert des Warenkorbs auf die in ihm enthaltenen Artikel aufzuschlüsseln.[20] Die Berechtigung sehen sie darin, daß sich sowohl in dem Warenkorbpreis wie auch in den Einzelverkaufspreisen die Akzeptanz des jeweiligen Preis-Leistungsverhältnisses offenbart. Der verwendete Schlüssel ist somit kundenindividuell. Bei einem Kunden, der nur einen »loss-leader« gekauft hat, dagegen mehrere hoch kalkulierte Artikel, wird dem loss-leader eine entsprechend hoch ausfallende Gutschrift erteilt. Kauft ein anderer Kunde dagegen den loss-leader nur im Verbund mit wenigen hoch kalkulierten Artikeln, fällt die Gutschrift entsprechend niedriger aus. Insgesamt ergibt sich so eine artikelbezogene Erfolgskennziffer, die von den ursprünglichen Deckungsbeiträgen oder absoluten Handelsspannen abweicht, weil die erzielten Bruttoerträge entsprechend dem vorgestellten Verfahren neu auf die einzelnen Artikel aufgeteilt werden.

Die Umverteilung vollzieht sich in folgenden Schritten:

1. Für jeden Kunden wird der Deckungsbeitrag bzw. der Rohertrag des von ihm gekauften Warenkorbs ermittelt.
2. Für jeden Warenkorb wird festgestellt, wie hoch der wertmäßige Anteil der in ihm enthaltenen Artikel ist. Diese Ziffer wird später als Schlüsselgröße für die Umverteilung der Roherträge angesehen.
3. Für jeden Kunden wird entsprechend der für ihn nach (2) ermittelten Schlüsselgrößen der Warenkorbdeckungsbeitrag auf die einzelnen Artikel aufgeteilt.
4. Der Gesamtertrag für jeden Artikel ergibt sich aus der Addition des Ertrags dieses Artikels nach der Schlüsselung über alle Warenkörbe, in denen er enthalten ist.

Das Verfahren führt dazu, daß zunächst als ertragsschwach geltende Artikel dann als ertragsstark (auf der Grundlage des »Verbundertrags«) angesehen werden, wenn sie häufig in solchen Warenkörben enthalten waren, die auch hoch kalkulierte Artikel enthielten.

Das vorgeschlagene Verfahren kann zunächst anhand seiner Wirkung beurteilt werden. Gegenüber der einzelproduktbezogenen Bewertung führt es dazu, daß als ertragsschwach angesehene Artikel (Produkte) bei vorliegenden Verbundkäufen in geringerem Maße als Auslistungskandidaten in Frage kommen. Der Auslistung wird ein weiteres Prüfkriterium vorgeschaltet, das Auslistungen entgegenwirkt. Auf

---

[20] Recht, P./Zeisel, S.: Unterstützung von verbundorientierten Sortimentsentscheidungen durch eine Sortimentserfolgsrechnung, in: ZfbF, 50. Jg. (1998), Seitenzahl stand zu Redaktionsschluß noch nicht fest.

der anderen Seite werden andere Artikel herabgestuft; insbesondere kleinpreisige Artikel mit mittlerer und kleiner Handelsspanne weisen nach der Schlüsselung einen niedrigeren Deckungsbeitrag aus. Von ausschlaggebender Bedeutung ist jedoch die Frage, inwieweit es berechtigt ist, den Deckungsbeitrag des Warenkorbs entsprechend dem vorgeschlagenen Schlüssel (Umsatzanteil des Artikels am Warenkorb) auf die im Warenkorb enthaltenen Artikel aufzuteilen. Dies führt zu der Frage, ob der Käufer eines Warenkorbs diesen Kauf insgesamt als preiswürdig[21] ansieht und welchen Beitrag die einzelnen Artikel zu diesem Preiswürdigkeitsurteil liefern. Hierzu liegen nur wenige Erkenntnisse vor. *Lenzen* hat Hinweise geliefert, daß Konsumenten überraschend gut das Preisniveau verschiedener Geschäfte für Lebensmittel einstufen können.[22] Das spricht dafür, daß niedrig kalkulierte Artikel tatsächlich ihren Beitrag dazu erbringen, daß der Verbraucher seine Einkäufe in einem bestimmten Geschäft tätigt. Letztlich kann es aber nur als plausibel und nicht als nachgewiesen angesehen werden, daß ein Verbraucher weniger gekauft hätte, wenn nicht auch Artikel angeboten worden wären, die niedriger kalkuliert sind oder niedrige Deckungsbeiträge ausweisen. Die entscheidende Frage nach den Reaktionen des Nachfragers auf eine andere betriebliche Politik (hier Auslistung von ertragsschwachen Artikeln) kann nur durch verhaltenswissenschaftliche Untersuchungen geklärt werden. Sie bilden das Fundament für das vorgetragene Schlüsselverfahren, mit dem dieses steht oder fällt.

### 8.3.3 Handelsmarken

Auswertungen der Marktforschungsinstitute belegen, daß die Handelsmarken ihre Marktanteile in den Jahren nach 1990 ausdehnen konnten. Die Werte unterscheiden sich je nach Warengruppe und je nach Betriebsform in einem beträchtlichen Maße.[1] Dieser Aufschwung hat der Diskussion um das Verhältnis von Hersteller- zu Handelsmarken neuen Auftrieb gegeben. Mit verschärfter Aufmerksamkeit wird gefragt, ob sich die Marktanteile auch in der Zukunft weiter verschieben werden. Alle denkbaren Entwicklungen werden mit einer gewissen Plausibilität behauptet:
(1) Einige meinen, daß die Handelsmarken ihren Marktanteil weiter steigern werden. Dies ergebe sich aus der gewichtiger gewordenen Position des Handels gegenüber der Industrie, aus seinen gewachsenen Fähigkeiten, aus seinem Streben

---

[21] Zum Begriff der Preiswürdigkeit – auch in der Abgrenzung zum Begriff der Preisgünstigkeit – vgl. die Ausführungen zur Preispolitik im vorliegenden Kapitel.

[22] Lenzen, W.: Die Beurteilung von Preisen durch Konsumenten. Eine empirische Studie zur Verarbeitung von Preisinformationen des Lebensmitteleinzelhandels, Frankfurt am Main – Thun 1984.

[1] Vgl. Kornobis, K.-J.: Die Entwicklung von Handelsmarken. Untersuchungen und Zukunftsperspektiven im Verbrauchsgüterbereich, in: Bruhn, M. (Hrsg.): Handelsmarken. Entwicklungstendenzen und Zukunftsperspektiven der Handelsmarkenpolitik, 2. Auflage, Stuttgart 1997, S. 237–264; Lenz, R.: Die Entwicklung von Handelsmarken. Untersuchungen und Zukunftsperspektiven im Gebrauchsgüterbereich, in: Bruhn, M. (Hrsg.): Handelsmarken. Entwicklungstendenzen und Zukunftsperspektiven der Handelsmarkenpolitik, 2. Auflage, Stuttgart 1997, S. 265–285; Eisenmann, H.: Auf dem Weg zur Dominanz der Handelsmarke?, in: Müller-Hagedorn, L. (Hrsg.): Trends im Handel, Frankfurt am Main 1997, S. 203–225.

nach Führerschaft im Distributionskanal, aus seinem Streben, der Vergleichbarkeit zu entgehen, den Verhältnissen in einigen anderen Ländern usw. Einige stützen sich auch auf entsprechende Hinweise von Managern aus dem Handel, die einen weiteren Anstieg auf etwa 20 % für anstrebenswert halten.

(2) Andere vertreten die Ansicht, daß Handelsmarken höchstens ihren derzeitigen Marktanteil halten werden können, wahrscheinlich würden sie Marktanteile abgeben. Solches wird mit Hinweisen auf die sog. erste Renaissance der Handelsmarke in den achtziger Jahren begründet.[2] Die damalige Entwicklung habe gezeigt, daß die Handelsmarke das Instrument des Handels sei, die Hersteller zu niedrigeren Preisen zu zwingen und diese zu veranlassen, Kostenreduktionsprogramme durchzuführen. Handelsmarken seien einer Eingreiftruppe vergleichbar, die von Zeit zu Zeit eingesetzt werde, um Kostensenkungsprogramme in der Industrie zu initiieren. Danach könne es wieder »in die Ecke Besen, sei's gewesen« heißen. Warum sollte der Handel sich die Probleme der Industrie aufhalsen? Seine Kernkompetenz läge im günstigen Ein- und Verkauf. Außerdem habe sich gezeigt, daß der Handel nicht in allen Bereichen in der Lage wäre, vom Verbraucher akzeptierte und wettbewerbsfähige Marken zu entwickeln und zu führen.

Die Begründungen sind hier jeweils verkürzt wiedergegeben, aber sie machen deutlich, daß eine Prognose nicht leicht fällt, weil die Marktgeltung der Handelsmarke von zahlreichen Faktoren abhängt und es nicht leicht ist, das Verhalten der beteiligten Subjekte zu prognostizieren. Im folgenden wird zunächst ein Überblick über die verschiedenen Formen der Handelsmarke (in Abgrenzung zu der Herstellermarke und der nicht markierten (anonymen) Ware) gegeben, anschließend wird untersucht, welche ökonomischen Faktoren die Marktposition von Handels- und Herstellermarke determinieren. Damit soll gleichzeitig ein Denkschema entwickelt werden, mit dem überprüft werden kann, inwieweit sich einzelne Artikel als Handelsmarke eignen.

### 8.3.3.1 Hersteller- und Handelsmarken: Begriffliche Klarstellung

Der Gesetzgeber spricht im Warenzeichengesetz nicht von Marken, sondern von Warenzeichen. Darunter werden Kennzeichen verstanden, die es erlauben, Waren im Sinne eines Exklusivrechtes von denen der Wettbewerber abzuheben. Es muß sich dabei um eine zweidimensionale flächige Darstellung, einen Eigennamen (z. B. *HB*), eine Herkunftsbezeichnung (z. B. Solinger Schneidwaren), ein Phantasiewort (z. B. fa), ein Akronym (z. B. *Persil*), ein Bild (z. B. das Krokodil von *Lacoste*), eine Zahl (z. B. 4711) oder eine Kombination verschiedener der skizzierten Wort- und Bildzeichen handeln.[3] Zu einer Marke wird ein Zeichen dadurch, daß es in die Zeichenrolle des Deutschen Patentamtes eingetragen wird oder dadurch, daß es sich auch ohne Eintragung im »Verkehr« durchsetzt. Für den Begriff Markenware findet sich in § 38 a GWB eine Legaldefinition. Sie bildet dort die Grundlage um abzugrenzen, für

---

[2] Vgl. die ausführliche Darstellung, insbesondere auch die zur Entwicklung von Gattungsmarken, bei Meffert, H./Bruhn, M.: Markenstrategien im Wettbewerb. Empirische Untersuchungen zur Akzeptanz von Hersteller-, Handels- und Gattungsmarken (No Names), Wiesbaden 1984.

[3] Dichtl, E.: Grundidee, Varianten und Funktionen der Markierung von Waren und Dienstleistungen, in: Dichtl, E./Eggers, W. (Hrsg.): Marke und Markenartikel als Instrumente des Wettbewerbs, München 1992, S. 6 f.

welche Waren unverbindliche Preisempfehlungen zulässig sind. Nach § 38 a GWB liegen Markenwaren vor, wenn es sich um Erzeugnisse handelt,
– die in gleichbleibender oder verbesserter Güte geliefert werden,
– die selbst oder durch die Umhüllung oder Ausstattung oder die Behältnisse, aus denen sie verkauft werden mit einem ihre Herkunft kennzeichnenden Merkmal (Firmen-, Wort- oder Bildzeichen) versehen sind.

Markierung und standardisierte Produkteigenschaften sind also die kennzeichnenden Merkmale.

Hersteller- und Handelsmarken können als Unterformen der Markenware gesehen werden, indem danach unterschieden wird, bei wem das Eigentum an der Marke liegt und damit das Recht, die Marke zu verwenden, sie zu bewerben und die Eigenschaften der zugehörigen Produkte auszugestalten. In diesem Sinn definiert der Katalog E wie folgt:[4]

> »Herstellermarken, auch als Fabrik- oder Industriemarken bezeichnet, sind Waren- oder Firmenkennzeichen, mit denen eine Herstellerunternehmung ihre Waren versieht. In der Praxis ist mit der Herstellermarke häufig nicht nur das Kennzeichen selbst gemeint, sondern auch der Artikel, der damit versehen ist und der als Herstellermarkenartikel ... bezeichnet wird.«

> »Handelsmarken, auch als Händler- oder Hausmarken bezeichnet, sind Waren- oder Firmenkennzeichen, mit denen eine Handelsunternehmung oder Verbundgruppe Waren markiert oder markieren läßt, um die so gekennzeichneten Waren exklusiv und im allgemeinen nur in den eigenen Verkaufsstätten zu vertreiben. In der Praxis ist mit der Handelsmarke häufig nicht nur das Kennzeichen selbst gemeint, sondern auch der Artikel, der damit versehen ist und der als Handelsmarkenartikel bezeichnet wird.«

In die gleiche Richtung weist auch die Definition von *Bruhn:* »Handelsmarken (Private Labels) sind Waren- oder Firmenkennzeichen, mit denen Handelsbetriebe Waren versehen oder versehen lassen und somit als Eigner oder Dispositionsträger der Marke auftreten.«[5] Der Hinweis auf den Träger des Eigentums an der Marke und die damit verbundenen Rechte der Ausgestaltung und der Nutzung stellt das wesentliche Kennzeichen zur Unterscheidung von Handels- bzw. Herstellermarken dar.

Die Handelsmarke findet sich in verschiedenen Varianten. Vereinzelt führten einzelne Handelsorganisationen schon vor Jahrzehnten Individualmarken ein (z. B. Schloß Königstein als Sektmarke). Aufmerksamkeit zogen Handelsmarken aber erst 1978 auf sich, als einige Handelorgansiationen sog. »No-names«, »Generics« oder Gattungsmarken einführten. Beispiele sind A & P (*Tengelmann*), Die Sparsamen (*Spar*), Die Gelben (*Deutscher Supermarkt*). Es handelt sich um Dachmarken in betont schlichter Aufmachung. Wie der Name schon sagt, wird auf die bei einer Marke ansonsten üblichen Gestaltungselemente weitgehend verzichtet. Dachmarken finden sich aber auch mit eigener Namensgebung und in einer den Herstellermarken ähnlichen Aufmachung sowohl im Food- wie im Non-Food-Bereich. Abbildung 8.40 listet einige Beispiele auf.

---

[4] Ausschuß für Begriffsdefinitionen aus der Handels- und Absatzwirtschaft (Hrsg.): Katalog E. Begriffsdefinitionen aus der Handels- und Absatzwirtschaft, 4. Auflage, Köln 1995, S. 73.
[5] Bruhn, M.: Bedeutung der Handelsmarke im Markenwettbewerb. Eine Einführung in den Sammelband, in: Bruhn, M. (Hrsg.): Handelsmarken. Entwicklungstendenzen und Zukunftsperspektiven der Handelsmarkenpolitik, 2. Auflage, Stuttgart 1997, S. 10.

**Abbildung 8.40:** Beispiele für Handelsmarken aus dem Non-Food-Bereich

| | U-Elektronik | Elektrohausgeräte | PC | Foto | Sport | Schuhe |
|---|---|---|---|---|---|---|
| Quelle | Universum | Privileg, Matura | Privileg | Revue | | |
| Otto | Hanseatic Soundware | Hanseatic | | | | |
| Karstadt | K, Dual | K | | | | |
| Kaufhof | Elite | Elite | | Elite | | |
| Metro | Watson | Alaska | Highscreen | | | |
| Intersport | | | | | Tecno | |
| Garant | | | | | | Firetti, Comtessa |

Die Beispiele verdeutlichen, daß praktisch alle bedeutenden Typen von Handelsorganisationen, also die Versandhäuser, die Warenhäuser, die Verbrauchermarktorganistionen und die Verbundgruppen, eine aktive Handelsmarkenpolitik betreiben. Dabei wird eine unterschiedliche Zahl von Produkten unter einer Marke eingeordnet, in einem Extrem nur ein Produkt (Individualmarke, Einzelmarke, Solitärmarke), im anderen Extrem alle Artikel aus dem gesamten Sortiment (Sortimentsmarke). Dazwischen liegen die Warengruppenmarke und die Dachmarke als Marke für mehrere Warengruppen.

Wenn von Handelsmarken im Food- oder Nonfood-Bereich bzw. im Verbrauchs- und Gebrauchsgüterbereich gesprochen wird, ist damit ein wichtiger Entscheidungsbereich nur angedeutet: In welchen Warenbereichen haben Handelsmarken gegenüber Herstellermarken oder der anonymen Ware eine Chance? Die Marktanteile von Handelsmarken streuen bislang in einer großen Bandbreite. *Nielsen* meldet beispielsweise für das Jahr 1994 einen mengenmäßigen Anteil von 33 % bei Küchentüchern, von 32 % bei Milchkonzentraten, von 31 % bei Toilettenpapier, aber nur von 10 % bei Ketchup, von 5 % bei Waschmitteln und von 3 % bei Shampoos.[6]

Ein weiterer wichtiger Entscheidungsbereich betrifft die Arbeitsteilung im Absatzkanal. Wer soll die Marke konzipieren, sie positionieren, sie bewerben und damit die zu einer Marke gewünschten Assoziationen und Vorstellungen festlegen? In Abbildung 8.41 sind die mit der Führung einer Marke verbundenen Aktivitäten aufgelistet. Bei einer Herstellermarke hat ein Industrieunternehmen die Rechte an der Marke und führt die einzelnen Aktivitäten auch selbst aus; davon ist im Regelfall nur der Abverkauf ausgenommen, weil dieser dem Handel überantwortet wird. Bei einer Handelsmarke übernimmt der Handel entweder alle oder einen Teil der Aktivitäten. Hier sind unterschiedliche Formen der Arbeitsteilung denkbar: Bei einer »schlanken« Handelsmarkenpolitik sichert sich der Handel nur die Rechte an der Marke und übernimmt die Bewerbung und den Abverkauf, während alle anderen Aktivitäten anderen

---

[6]  Vgl. Pretzel, J.: Die Entwicklung von Handelsmarken. Untersuchungen und Zukunftsperspektiven im Verbrauchsgüterbereich, in: Bruhn, M. (Hrsg.): Handelsmarken im Wettbewerb, Stuttgart – Frankfurt am Main 1996, S. 128.

Unternehmungen übertragen werden (Fall 1 in Abbildung 8.41). Es ist aber auch denkbar, daß eine Handelsunternehmung die Produktion in die eigenen Hände nimmt (Fall 2). Aus der Geschichte des Handels lassen sich hierfür viele Beispiele anführen, wie z. B. jene Handelsunternehmungen, die eigene Fleisch- und Wurstfabriken, eigene Schokoladenfabriken, eigene Kaffeeröstereien betrieben haben bzw. betreiben. Schließlich kann eine Handelsunternehmung alle Funktionen übernehmen, die normalerweise bei einer Herstellermarke geleistet werden, also von der Marktanalyse bis zur Forschung (Fall 3 in Abbildung 8.41). Weitere Zwischenformen sind denkbar.

**Abbildung 8.41:** Varianten der Handelsmarkenpolitik (nach übernommenen Funktionen)

| Fälle | Aktivitäten | | | | | |
|---|---|---|---|---|---|---|
| | Analyse | Entwicklung von Produkten | Markttests | Produktion | Kommunikation (Imagebildung) | Abverkauf |
| 1 | | | | | X | X |
| 2 | | | | X | X | X |
| 3 | X | X | X | X | X | X |

Durch die Auflistung der in Abbildung 8.41 beispielhaft genannten möglichen Formen der Handelsmarkenpolitik wird deutlich, daß die Begriffe Herstellermarke und Handelsmarke die vielfältigen Möglichkeiten der Arbeitsteilung zwischen Industrie und Handel nur sehr eingeschränkt wiedergeben. Es kommt hinzu, daß auch bei arbeitsteiligen Systemen kooperiert werden kann (Verbundmarken).

Im Rahmen der Markenpolitik muß natürlich über alle Parameter der Produktpolitik disponiert werden, so insbesondere über

– die inhaltliche Gestaltung (z. B. gibt eine Firmenmarke einen Hinweis auf den Markeneigner, während dies bei einer Phantasiemarke nicht der Fall ist),
– die Produktqualität und damit im Regelfall verbunden die Preislage.

Oft müssen sich auch Überlegungen zu den übrigen absatzpolitischen Instrumenten anschließen, so zu den Vertriebsschienen oder dem Vertriebsgebiet und der Art der Preispolitik.

Zusammenfassend kann die Problemstellung wie folgt gekennzeichnet werden: Zunächst hat eine Handelsunternehmung oder eine Handelsorganisation (Verbundgruppe, Franchiseorganisation) abzuklären, in welchen Produktbereichen sie mit Erfolg eigene Handelsmarken einführen kann. Dabei sind verschiedene Formen der Arbeitsteilung zwischen Industrie und Handel abzuwägen. Überlegungen zu den Warenbereichen müssen durch Überlegungen zu dem qualitativen Niveau (bzw. dem Preisniveau) begleitet werden. Wie gezeigt worden ist, kommen für die Kennzeichnung zahlreiche Alternativen von der Einzelmarke bis zur Sortiments- bzw. Dachmarke in Frage.

In der aktuellen Diskussion ist vor allem die Frage bedeutsam, ob sich Handelsunternehmen verstärkt auf dem Gebiet der Handelsmarken engagieren sollten und ob sie dabei auch in die mittleren Preis- bzw. Qualitätslagen oder sogar in die oberen eindringen sollten. Auf den ersten Aspekt beziehen sich die folgenden Ausführungen.

### 8.3.3.2 Markenpolitik als distributionswirtschaftliche Problemstellung

Schon die Unterscheidung in Hersteller- und Handelsmarke weist darauf hin, daß die Verhältnisse in einem arbeitsteiligen System analysiert werden.

Die Diskussion um die Frage, wer die Marke führen sollte, wird stellenweise als Machtfrage angesehen (machttheoretische Begründung). Es wird der Eindruck erweckt, als werde die Arbeitsteilung durch die jeweilige Machtposition erzwungen. Jeder der Beteiligten sei im Prinzip daran interessiert, seinen Wertschöpfungsanteil zu erhöhen und müsse diesen gegenüber Angriffen Dritter verteidigen. Demgegenüber soll hier gefragt werden, ob es nicht ökonomische Gründe gibt, die im Zuge des Wettbewerbs eine bestimmte Aufgabenteilung »erzwingen«. Durch Macht erzwungene Lösungen können nämlich ineffiziente Lösungen darstellen und sind der Gefahr ausgesetzt, im Wettbewerb zu Nachteilen zu führen. Ökonomisch nicht zu rechtfertigende Strategien von Handelsorganisationen auf dem Gebiet der Markenpolitik könnten dazu führen, daß Marken entwickelt werden, die die Nachfrager nicht akzeptieren oder zu unvertretbar hohen Kosten führen. Aus einer übergeordneten Perspektive ist also zu fragen, unter welchen Umständen Dispositionen über die Führung einer Marke von der Industrie bzw. dem Handel getroffen werden sollten.

Die treibende Kraft für die wachsende Bedeutung der Handelsmarken wird auch in dem Wunsch gesehen, dem starken horizontalen Wettbewerb auf der Einzelhandelsebene zu entgehen (wettbewerbstheoretische Begründung). Bekannte Herstellermarken eignen sich zwar hervorragend, um die Preisgünstigkeit einer Handelsunternehmung im Vergleich zu anderen Handelsunternehmungen zu demonstrieren, sie steigern aber gleichzeitig auch die Markttransparenz und wirken so wettbewerbssteigernd. Handelsmarken sind dagegen nur in einer Handelsorganisation erhältlich. Ein unmittelbarer Preisvergleich ist somit erschwert. Allerdings heißt das noch nicht, daß sich mit Handelsmarken höhere Preise als mit Herstellermarken durchsetzen lassen; außerdem muß in Rechnung gestellt werden, daß von niedrigen Preisen für Herstellermarken ein Anlockeffekt ausgehen kann, der sich über Verbundkäufe bezahlt machen kann.

Die Parallelität des Aufschwungs der Handelsmarken mit dem Abschwung der Konjunktur und der Einkommensentwicklung veranlaßt einige Autoren, die Rezession und die damit einhergehende steigende Preissensibilität der Verbraucher explizit als Erfolgsfaktor der Handelsmarke zu nennen (konjunkturelle Begründung).[7] Es finden sich aber zahlreiche weitere Ansätze, wie z. B. den verteilungsspezifischen, den risikotheoretischen oder den beziehungstheoretischen Ansatz.[8] Im folgenden werden Gedanken fortgeführt, die an den Kosten im Wertschöpfungsprozeß anknüpfen und die von *Bruhn* als prozeßorientierter Ansatz bezeichnet werden.

### 8.3.3.3 Bestimmungsfaktoren für eine Arbeitsteilung bei der Markenführung

Die Führung einer Marke, sei es nun durch die Industrie oder durch den Handel, setzt voraus, daß eine Abfolge einzelner Aktivitäten (Prozesse) durchlaufen wird, wie in

---

[7] Vgl. z. B. Eisenmann, H., 1997, S. 203–225.
[8] Vgl. den Überblick bei Bruhn, M., 1997, S. 18–24.

Abbildung 8.41 dargestellt wurde. Im folgenden wird geprüft, bei welchen Aktivitäten es plausibel erscheint, daß Industrie oder Handel sie mit unterschiedlicher Effizienz erbringen können. Die Effizienz bemißt sich an den anfallenden Kosten, um eine bestimmte Leistung zu erbringen, an eventuell vorhandenen Zeitunterschieden (Zeit, die benötigt wird, um die Geschäftspolitik auf Veränderungen im Umfeld einzustellen) sowie dem Ausmaß und der Verteilung der Risiken. Für eine einzelne Handelsunternehmung werden Handelsmarken als Substitute für Herstellermarken dann attraktiv sein, wenn die Kosten nicht höher, Verkaufspreis und Absatzmenge nicht niedriger und der Ausstrahleffekt auf andere Artikel nicht ungünstiger als bei der substituierten Herstellermarke sein werden. Es geht also zum einen um einen Vergleich der absoluten Bruttoerträge (Handelsspanne mal Menge) bzw. der Deckungsbeiträge und um die Auswirkungen auf das Image und die Verbundkäufe. Alle Zielgrößen lassen sich auf die anfallenden Kosten zurückführen, denn auch der für die Handelsmarke durchzusetzende Verkaufspreis, eine bestimmte Absatzmenge, ein bestimmtes Geschäftsimage und die Ausstrahleffekte hängen von den aufgewendeten Kosten, insbesondere den Kommunikationskosten, ab.

### (1) Vergleich der Informationslage in der Analysephase

Gibt es Gesichtspunkte, die es dem Handel leichter als der Industrie machen, den Markt zu analysieren? Bekanntlich stehen vielen Handelsorganisationen aktuelle Abverkaufsdaten zur Verfügung, die genauen Aufschluß darüber geben, wie sich einzelne Artikel bei bestimmten Preisen im Abverkauf entwickelt haben. Diese Daten können auch dazu genutzt werden, Hinweise zu geben, wie sich das Verhalten der Nachfrager in allgemeineren Dimensionen entwickelt hat, also z. B.
– ob sich die bevorzugten Preissegmente verschieben,
– ob bestimmte Qualitätsausprägungen (z. B. Verzicht auf bestimmte Konservierungsmittel) bevorzugt werden,
– welche Packungsgrößen und -modalitäten Anklang finden.

Solche Möglichkeiten zur Gewinnung von Informationen veranlassen einige von der kommenden Informationshoheit des Handels zu sprechen. Aber entsprechende Daten stehen auch der Industrie zur Verfügung, sei es aus Handels- oder sei es aus Verbraucherpanels. Es gilt auch zu beachten, daß die an den Scannerkassen anfallenden Daten zunächst aufbereitet werden müssen, um die oben beispielhaft genannten Informationen zu erhalten. Das Auffinden von Marktlücken und das Beobachten eines Wandels in den Ansprüchen der Verbraucher setzt darüberhinaus eingehendere Analysen voraus, also solche, die über die reine Beobachtung des in den Kaufvorgängen offenbarten Konsumentenverhaltens hinausgehen und sich mit Konstrukten des Insystems, also z. B. Einstellungen, Absichten, dem Involvement, den zugrundeliegenden Motiven und der Zufriedenheit, beschäftigen. Das Denken in Sortimentseinheiten und der Einsatz von Category Managern stärken zwar die Fähigkeit des Handels,[9] Informationen aus den Märkten aufnehmen und nutzen zu können, insgesamt scheint es aber nicht so, daß dem Handel auf diesem Gebiet im Vergleich zur Industrie ein größerer Vorteil zuwächst.

---

[9] Vgl. Feld, C.: Category Management im Handel. Perspektiven und Grenzen, Arbeitspapier Nr. 8 des Seminars für Allgemeine Betriebswirtschaftslehre, Handel und Distribution an der Universität zu Köln, Köln 1996.

## (2) Vorteile bei der Entwicklung von Produkten

Die Kostenvorteile bei der Entwicklung neuer Produkte werden im Regelfall bei der Industrie liegen. Diese Einschätzung gründet sich nicht nur auf die aus der Vergangenheit akkumulierten Erfahrungen, sondern auch auf das Fehlen von besonderen Vorteilen auf Seiten des Handels. Die Frage lautet ja nicht, ob eine Handelsorganisation ebenfalls in der Lage wäre, Produktneuentwicklungen zu realisieren, also z. B. ein Forschungslabor bzw. Designlabor für Streichfette oder Schreibgeräte einzurichten, sondern ob der Handel dabei in einer besseren Kostenposition als die Industrie wäre. Im Handel sind einzelne Fälle bekannt, in denen Handelsorganisationen nicht nur eine eigene Produktion aufgebaut haben, sondern diese auch durch eine eigene Produktkontrolle und -entwicklung begleiten. Aus der Sortimentsvielfalt, die der Handel gegenüber der Industrie aufweist, werden im Regelfall keine besonderen Kostenvorteile erwachsen, zumal auch die Industrie solche nutzen könnte, wenn sich erweisen würde, daß es günstig ist, die Entwicklung von bislang getrennten Produktbereichen zu bündeln (also z. B. von Lampen und Möbeln, weil sich in beiden gemeinsame modische Strömungen wiederfinden können). Bei der Frage, welches Glied in einer Wirtschaftskette bestimmte Aufgaben übernehmen sollte, kommt es nicht nur auf die anfallenden Kosten an, sondern hier können auch Zeitvorteile bedeutend sein. So wäre beispielsweise vorstellbar, daß ein Möbelhaus ein eigenes Designbüro anschließt, weil es so schneller die im Absatzmarkt gewonnenen Erfahrungen in neue Produkte umsetzen kann, als wenn abgewartet werden müßte, wie schnell sich die Industrie hierauf einstellt. Vielleicht ist die Situation für Produkte, die durch eine Technologie getrieben sind, anders zu beurteilen als für Produkte, deren Marktgeltung vor allem durch die Mode bestimmt wird.

## (3) Möglichkeiten zu Markttests

In vielen Bereichen erweisen sich Markttests als notwendig, um Gestaltungsalternativen und Preisstrategien zu testen. Hier bieten sich dem Handel die einfacheren Möglichkeiten als der Industrie. Je wichtiger die Durchführung solcher Tests ist, um so eher eignet sich das betrachtete Produkt (natürlich ceteris paribus) als Handelsmarke.

## (4) Die relative Höhe der Produktionskosten

Von besonderer Bedeutung ist die Frage, ob ein Gut unter der Regie des Handels kostengünstiger als unter der der Industrie produziert werden kann. Die Formulierung »unter der Regie« bedarf allerdings weiterer Klärung, denn auch bei einer Handelsmarke sind unterschiedliche Formen der Produktion denkbar. So kann eine Handelsorganisation in eigenen Fabriken fertigen, sie kann die Ware aber auch von dritten Unternehmen herstellen lassen. Das Eigentum an der Marke setzt kein Eigentum an den Produktionsmitteln voraus. Schon heute ist zu beobachten, daß auch bekannte Hersteller, um ihre Anlagen auszulasten, um bessere Konditionen im Einkauf zu erzielen, um die Produktion zu glätten und um insgesamt zu günstigeren Stückkosten zu kommen, Handelsmarken produzieren.

In jedem Fall sind die Auswirkungen auf die Kosten der Herstellung zu ermitteln, wobei zwei Einflüsse hervorgehoben werden sollen:

(1) Der Mengeneffekt: Wenn Kostenstrukturen vorliegen, die durch einen hohen Fixkostenanteil geprägt sind, mithin die Stückkosten mit wachsender Ausbringung immer niedriger werden, spricht das für denjenigen, der die größeren Men-

gen herstellen kann. Aber auch die variablen Produktionskosten können unter Umständen bei einem Regiewechsel gesenkt werden.

(2) Die Gestaltung der Transaktionskosten zwischen Handelsunternehmung und herstellender Fabrik: Zwischen der Fabrik und den Verkaufsstellen (bzw. dem Lager des Handels) fließt ein ständiger Warenfluß, der aufgrund saisonaler Nachfrageschwankungen, preis- und werbepolitischer Maßnahmen sowie individueller Vereinbarungen auf- und abschwellen kann. Dies erfordert Anpassungen in der Produktions- und in der Lagerpolitik. Es gibt Schätzungen, nach denen durch eine bessere Kooperation zwischen herstellender Fabrik und absetzender Unternehmung bedeutende Kostenersparnisse erzielt werden können.[10]

Die beiden erwähnten Formen, die Produktion zu organisieren, sie also einmal in eigenen Fabriken durchzuführen, sie zum anderen einer dritten Unternehmung zu übertragen, unterscheiden sich nicht nur in der Höhe der Kosten, sondern möglicherweise auch in ihrer Kostenentwicklung. Während bei der Auftragsfertigung die Preise vereinbart und in bestimmten zeitlichen Abständen überprüft werden, die Signale des Marktes also als Steuerungsinstrument genutzt werden können, hat die Handelsunternehmung bei einer Eigenfertigung selbst die Aufgabe der Kostenkontrolle. Insofern liegt hier die klassische make-or-buy-Entscheidung vor.[11]

Zunächst scheint es so, daß die Höhe der Produktionskosten unabhängig davon ist, ob die Fabrik zum Verfügungsbereich einer Industrie- oder einer Handelsunternehmung gehört. Dennoch sind Fälle denkbar, in denen Kostenunterschiede auftreten können. Dies sei an einigen Sachverhalten verdeutlicht:

- Die Produktionsstätte der Industrie ist aus bestimmten Gründen an teure Standorte gebunden; für Handelsmarken können kostengünstigere Standorte genutzt werden.
- Es sind Fälle denkbar, in denen die Produktion in einer Branche sehr zersplittert ist. Würde eine marktmächtige Handelsunternehmung in diesem Fall zu einer Produktion von Handelsmarken übergehen, könnte sie economies of scale realisieren.
- Im Regelfall werden in den Fabrikationsstätten mehrere Produkte hergestellt. Solche Produktionsverhältnisse sind auch bestimmend für die Kostenstruktur. Sowohl das Herausbrechen der Produktion einzelner Güter als auch das Hinzufügen anderer Güter kann zu günstigeren Kostenstrukturen führen.

Wenn es zutreffend ist, daß durch eine bessere Abstimmung zwischen Industrie und Handel sowohl die Produktions- als auch die Logistikkosten (der Industrie) in einem bedeutenden Umfang gesenkt werden können, ist zu erwarten, daß entsprechende Vereinbarungen eher in einem System herbeigeführt werden können, in dem der Handel der herstellenden Stufe entsprechende Anweisungen geben kann. Je höher also die potentielle Ersparnis ist, um so eher ist zu erwarten, daß der Handel zu einer Handelsmarkenpolitik übergeht, um so die auf der Produktionsebene vorliegenden Kostensenkungspotentiale auszunutzen. Es ist aber auch nicht ausgeschlossen, daß die Industrie über eine geeignete Konditionengestaltung den Handel zu einem Verhalten veranlaßt, das entsprechende Kostenersparnisse ermöglicht. Insgesamt scheint dieser Weg allerdings schwerer realisierbar zu sein.

---

[10] Coca-Cola Retailing Research Group (Europe)/GEA Consulenti Associata di gestione aziendale (Hrsg.): Supplier-Retailer Collaboration in Supply Chain Management, o. O. 1994.

[11] Vgl. Picot, A.: Ein neuer Ansatz zur Gestaltung der Leistungstiefe, in: ZfbF, 43. Jg. (1991), S. 336–357.

### (5)  Die Kosten für Endverbraucherwerbung

Mit dem Markenartikel geht im Regelfall die Vorstellung einher, daß er nicht nur markiert und insofern identifizierbar ist, sondern daß er im Kreis der Abnehmer bekannt ist und ihm positive Assoziationen zugeordnet werden. Hierfür müssen nicht unbeträchtliche Geldbeträge aufgewendet werden, die natürlich je nach Produktgruppe oder Produkt variieren, aber häufig zwischen 4 % und 10 % vom Endverkaufspreis liegen. Parfums und Duftprodukte, Spielzeug, Produkte der Mundpflege, Milchprodukte, Spirituosen gehören zu jenen Produktgruppen, in denen der Wettbewerb in bedeutendem Maße auch über die Kommunikation mit dem Verbraucher ausgetragen wird.[12] Die Ursachen für die hohen Kosten für Kommunikation liegen darin, daß bei den meisten Gütern die Qualitätseigenschaften nicht durch Inspektion dieser Eigenschaften vor dem Kauf beurteilt werden können; es handelt sich um sog. Erfahrungs- oder sogar Vertrauensgüter. Es kommt hinzu, daß sich die Qualität vieler Eigenschaften in Kategorien des sog. Zusatznutzens niederschlägt, also nicht an physischen Eigenschaften festgemacht werden kann. Wer kann solche Produkte am besten in den Vorstellungswelten der Verbraucher verankern? Wer kann die Kommunikation mit dem Endverbraucher effizienter betreiben – die Industrie oder der Handel? Nicht alle Produkte bedürfen der werblichen Unterstützung. Inwieweit der Verkauf eines Produktes durch Werbung unterstützt werden kann, hängt von vielen Faktoren ab, insbesondere von dem Involvement, von dem Wissen, über das die Nachfrager verfügen bzw. das sie für notwenig halten, von dem Preisniveau des betreffenden Produktes, von der Geneigtheit der Zielgruppe, sich gegenüber einer werblichen Ansprache zu öffnen und von dem »sozialen« Charakter des Produktes. Die Bedeutung der werblichen Unterstützung des Verkaufs eines Artikels läßt sich nur unter Rückgriff auf verhaltenswissenschaftliche Theorien erkennen.[13] Insbesondere wurde vermutet, daß Markenartikel dort von den Verbrauchern bevorzugt werden, wo sie unsicher sind, die Qualität der einzelnen Produkte selbst zu beurteilen, weswegen sie bei Riskoscheu, um ihr Risiko zu begrenzen, den bekannteren Markenartikel wählen. Eine solche Verhaltensweise kann auch ökonomisch gerechtfertigt werden, denn ein Anbieter wird sich scheuen, größere Beträge in Werbung zu investieren, wenn er nicht davon überzeugt ist, daß er mit seinem Produkt dem Verbraucher eine zufriedenstellende Alternative anbieten kann.

Alles scheint dafür zu sprechen, daß es kostengünstiger ist, eine Herstellermarke als eine Handelsmarke zu bewerben. Ein Hersteller, der in einer Region wirbt, kann damit alle Zielpersonen in der betreffenden Region ansprechen. Würde sich eine Handelsorganisation entschließen, Werbung außerhalb der Verkaufsstelle einzusetzen, um ihre Handelsmarken bekannt zu machen, hätte sie relativ große Streuverluste, nämlich alle Verbraucher, die ihre Einkäufe in anderen Handelsorganisationen decken. Produkte, die intensiv mit den klassischen Medien beworben werden, eignen sich mithin vergleichsweise wenig, um als Handelsmarken verwendet zu werden. Je bedeutungsloser die Kommunikationspolitik für einen Artikel ist oder je mehr eine Marke in der Verkaufsstelle beworben werden kann, um so mehr mindert sich dieser Nachteil der Handelsmarke. Tendenziell sind Handelsorganisationen gegenüber den

---

[12]  Zentralverband der deutschen Werbewirtschaft (ZAW) (Hrsg.): Werbung in Deutschland 1997, Bonn 1997.

[13]  Zu einem Überblick vgl. Wiswede, G.: Die Psychologie des Markenartikels, in: Dichtl, E./ Eggers, W. (Hrsg.): Marke und Markenartikel als Instrumente des Wettbewerbs, München 1992, S. 71–95.

Herstellern von Marken im kommunikativen Nachteil. Je größer jedoch die Marktanteile einer Handelsorganisation werden, um so mehr schwächt sich dieser Nachteil
ab. Hierzu paßt die empirische Beobachtung, daß jene Länder einen hohen Handelsmarkenanteil aufweisen, in denen auch der Marktanteil der jeweils größten Unternehmen hoch ist. Diesen Zusammenhang verdeutlicht auch Abbildung 8.42.[14]

**Abbildung 8.42:** Zusammenhang zwischen Handelsmarkenanteil und Marktanteil im Lebensmitteleinzelhandel im internationalen Vergleich

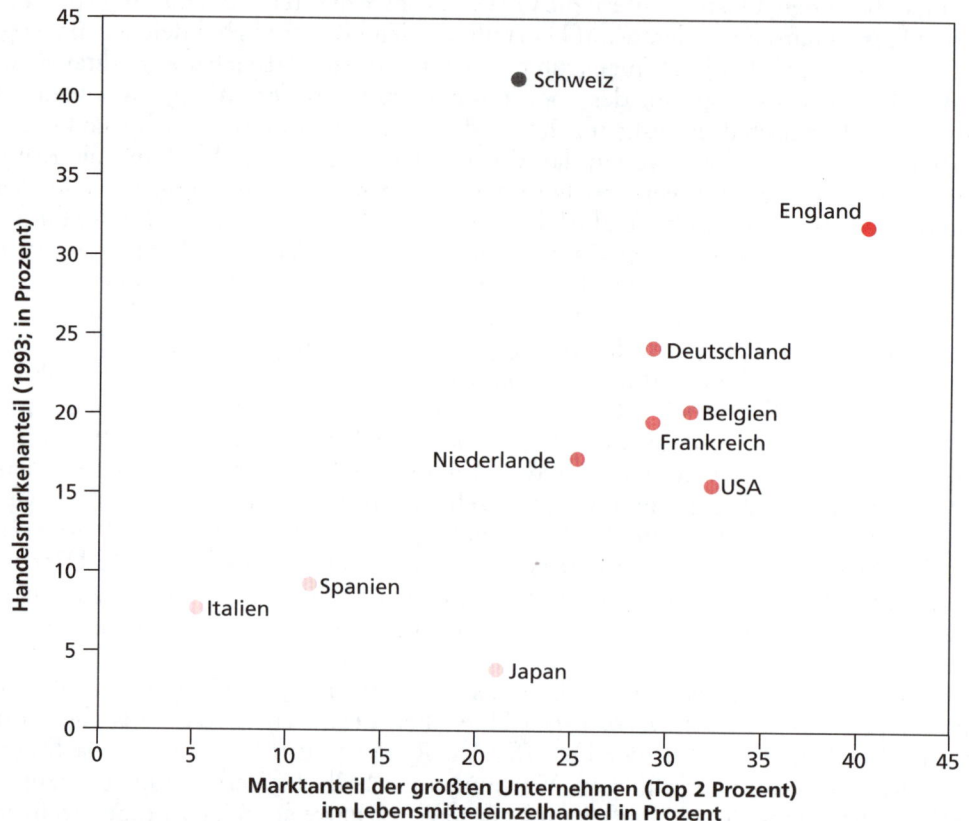

Quelle: übernommen aus Wolters, U., 1997, S. 304, dort wie folgt zitiert: Datamonitor,
zitiert in: Samways, A. (1995): Private Label in Europe: Prospects and opportunities for
fmcg (sic) retailers. A Financial Times Management Report, London.

[14] Wolters, U.: Handelsmarken und Handelsmarkenpolitik – Erfahrungsberichte aus der Perspektive eines Handelsunternehmens, in: Bruhn, M. (Hrsg.): Handelsmarken. Entwicklungstendenzen und Zukunftsperspektiven der Handelsmarkenpolitik, 2. Auflage, Stuttgart 1997,
S. 301–315.

## (6)  Transaktionskosten zwischen Industrie und Handel

In den letzten Jahren hat sich die Ökonomie verstärkt den Transaktionskosten zugewendet. Transaktionskosten erfassen, welche Kosten anfallen, wenn selbständige Wirtschaftseinheiten ihre Aktivitäten koordinieren. Kosten fallen an, um Wirtschaftspartner ausfindig zu machen, Verträge mit ihnen zu schließen und ihre Einhaltung zu kontrollieren. Es werden zwei extreme Möglichkeiten der Koordination unterschieden, zum einen die Hierarchie, zum anderen die Abstimmung auf Märkten. In einem hierarchischen System können Anweisungen erteilt werden. Besonders deutlich tritt ein solches Koordinationsmuster in Filialsystemen auf, in denen zentral über Ladengestaltung, Werbung und andere geschäftspolitische Parameter entschieden wird. Auch eine Handelsorganisation mit angegliederter Produktion kann zu den hierarchischen Systemen gezählt werden. Bei einer marktlichen Koordination muß es dagegen zur freiwilligen Einwilligung des jeweils anderen Marktpartners kommen. Zu den Transaktionskosten zählen auch die Kosten für das Aushandeln der Einkaufs- bzw. Verkaufspreise und der verkaufsfördernden Maßnahmen sowie deren Überwachung. Aus der Praxis wird berichtet, daß solche Verhandlungen sich oft schwierig gestalten und die Einhaltung der getroffenen Vereinbarungen nicht in allen Fällen gewährleistet ist. In hierarchischen Systemen gestaltet sich solches einfacher, wenn dort auch die Gefahr aufkommt, daß zur Steuerung keine Marktsignale zur Verfügung stehen. Verlagert eine Handelsorganisation ihre Geschäftsbeziehungen von einem Hersteller von Herstellermarken zu einem Hersteller von Handelsmarken, dann kann dies mit einem Wechsel der Marktform einhergehen, beispielsweise von einem bilateralen Oligopol (oligopolistische Angebots- und Nachfragestruktur) zu einem Nachfrageoligopol (oligopolistische Nachfragestruktur und atomistische Angebotsstruktur). Ein solcher Wechsel der Marktstruktur kann die Aufteilung des sog. Distributionskanalgewinnes, also die Differenz von Endverkaufspreis und Kosten aller Anbieter, beeinflussen.

### 8.3.3.4  Zusammenfassung

Es war ausgeführt worden, daß unter dem begrifflichen Dach der Handelsmarke je nach Leistungsumfang verschiedene Varianten denkbar sind. Im einfachsten Fall sichert sich die Handelsorganisation die Rechte an der Marke und unterstützt sie durch geeignete kommunikative Marken beim Abverkauf; der Industrie bleibt es überlassen, das Produkt zu entwerfen und die Produktion zu organisieren (schlanke Handelsmarke). Es ist aber auch denkbar, daß sich die Handelorganisation selbst in der Produktion unternehmerisch engagiert. Schließlich kann sie alle Funktionen übernehmen, die normalerweise bei der Herstellermarke geleistet werden, also von der Marktanalyse über die Generierung von Produktideen bis zur Forschung. Im Zentrum stand die Frage, wann eine Handelsorganisation im Wettbewerb mit der Industrie um die Markenführerschaft einen Wettbewerbsvorteil hat. Ein solcher liegt dann vor, wenn die Handelsorganisation die besseren Voraussetzungen hat als die Industrie, um die Rechte an der Marke dieses Artikels auszugestalten, d. h. wenn sie vergleichbare Leistungen zu niedrigeren Kosten erbringen kann. Häufiger ist zu hören, daß die Industrie besonderen Wert auf innovative Problemlösungen legen müsse, während der Handel in jenen Produktbereichen sein Aktionsfeld für Handelsmarken sehen solle, in denen problemlose Artikel imitiert werden können. Solche Vorschläge sind von der Vorstellung getragen, daß die Industrie dem Handel in der Produktforschung nicht nur momentan, sondern auf Dauer überlegen ist. Überlegungen dieser Art werden verallgemeinert, indem für die wichtigsten Phasen der Produktentwicklung und Markenführung Überlegungen vorgetragen werden, unter welchen Bedingungen von einem Kostenvorteil des Handels ausgegangen werden kann. Der Gedanke, daß es auf die relative Kostenhöhe ankommt, ist auch in Abbildung 8.43 verankert.

**Abbildung 8.43:** Prüfschema für die Eignung von Kandidaten für Handelsmarken (Beispiel)

| | Relative Kosten für Handelsmarken im Vergleich zu den Möglichkeiten der Industrie | | |
|---|---|---|---|
| | niedriger | gleich | höher |
| Kosten der Marktanalyse | | | |
| Entwicklungskosten | | | |
| Markttests | | | |
| Produktionskosten | | | |
| Endverbraucherwerbung | | | |
| Transaktionskosten | | | |

Sollte der Linienzug für ein bestimmtes Produkt überwiegend in der linken Hälfte von Abbildung 8.43 angesiedelt sein, dann handelt es sich um die geborene Handelsmarke (in der rechten Hälfte um die geborene Herstellermarke). Bei vielen Produkten wird sich kein so eindeutiges Profil ergeben, so daß hier berücksichtigt werden muß, von welcher betragsmäßigen Bedeutung die Kosten in den einzelnen Phasen sind, z. B. die Transaktionskosten im Vergleich zu den Produktions- oder Entwicklungskosten. Beispielhaft ist in Abbildung 8.43 die Situation für ein Produkt dargestellt, bei dem die Entwicklungskosten und die Kosten für Werbung höher wären, wenn eine Handelsorganisation es als Handelsmarke etablieren wollte. Auf der anderen Seite wären die Kosten für Markttests und die Transaktionskosten relativ niedrig. Veranschlagt man die letzten beiden Kosten als vergleichsweise unbedeutend (bei dem beispielhaft betrachteten Artikel), empfiehlt sich dieser als Herstellermarkenartikel. Leicht kann das Schema auch dazu genutzt werden, um zu entscheiden, welche der genannten Varianten der Handelsmarke gewählt werden sollte, also von der schlanken bis zur technisch-innovativen Handelsmarke.

# 8.4 Preispolitik

Die Preispolitik eines Handelsbetriebes ist oft schwer zu greifen. Während ein Produktmanager der Industrie keine größeren Probleme hat, die Preise für seine Produkte und die der konkurrierenden Marken anzugeben – wiewohl sich auch dort die Preise in einzelnen Vertriebsschienen, Regionen oder Handelsorganisationen unterscheiden können –, explodiert die Situation im Handel. Handelsbetriebe führen nur in Ausnahmefällen lediglich Hunderte von Artikeln, im Regelfall sind es Tausende. Hinzu kommen die Preise der Konkurrenten. Laufende Preis- und Sortimentsveränderungen erschweren es anzugeben, welche Preispolitik ein Handelsbetrieb realisiert, wenn er nicht alle Waren in gleicher Höhe kalkuliert. Die Vielgestaltigkeit erschwert den Blick auf die tatsächliche Situation. Von daher ist es angebracht, zunächst nach einem Instrumentarium Ausschau zu halten, mit dem Handelsbetriebe ihr preispolitisches Verhalten erfassen können. Ein solches Instrument gibt gleichzeitig Aufschluß über die preispolitischen Handlungsmöglichkeiten. Die Frage lautet also, wie sich das Feld der preispolitischen Handlungsmöglichkeiten für einen Handelsbetrieb darstellt. Bedeutet Preispolitik nur die Wahl zwischen diskontierender Preispolitik, Preispolitik in Normalpreislagen oder in Hochpreislagen, oder gibt es weitere Handlungsfelder der Preispolitik?

## 8.4.1 Der preispolitische Handlungsspielraum

Die Preispolitik eines Handelsbetriebes läßt sich nur mehrdimensional erfassen. Im Handel ist es bekanntlich üblich, im Rahmen der Preispolitik eine Handelsspanne als Differenz zwischen Einkaufs- und Verkaufspreis festzulegen; sie wird als absolute Größe verwendet, häufiger aber als Prozentsatz vom Verkaufspreis, zeitweilig aber auch als Prozentsatz des Einkaufspreises. Im Katalog E wird die Handelsspanne wie folgt definiert, wobei die Definition gleichzeitig deutlich macht, in welchen Spielarten dieser Begriff verwendet wird:

> »Handelspanne ist die Differenz zwischen Einkaufs- oder Einstandspreis und Verkaufspreisen der abgesetzten Waren eines Handelsbetriebes, mit der die Handlungskosten gedeckt und Gewinne erzielt werden sollen; dabei werden auch Warenverluste (z. B. Diebstahl, Verderb) berücksichtigt. Die Handelsspanne wird in unterschiedlicher Weise differenziert: Sie kann sich als Artikelspanne auf einen einzelnen Artikel, als Warengruppenspanne auf eine Warengruppe, als Betriebsspanne bzw. Betriebshandelsspanne auf eine Gesamtheit aller von einem Betrieb abgesetzten Waren beziehen. Die Artikelspanne bezieht sich entweder auf ein einzelnes Stück (Stückspanne) oder auf die während einer Periode von diesem Artikel abgesetzten Stückzahlen. Die Betriebshandelsspanne ergibt sich als Differenz zwischen dem Umsatz zu Verkaufspreisen, vermindert um die gewährten Preisnachlässe und die Mehrwertsteuer, und dem Wareneinsatz ohne Vorsteuer; der Wareneinsatz ergibt sich einerseits aus der Summe der Einkaufsrechnungen (zuzüglich der Bezugskosten, abzüglich der Lieferantenskonti sowie sonstiger Preisnachlässe der Lieferanten) und der Lagerbestandsveränderungen. Handelsspannen können als absolute Zahl (Betragsspanne, Rohertrag)

*oder als relative Zahl (Prozentspanne, Marge), in der Regel vom Verkaufspreis oder Umsatz ausgewiesen werden.«*[1]

Die Handelsspanne (Kalkulation) ist das wichtigste, aber nicht das einzige Kennzeichen der Preispolitik eines Handelsbetriebes, wobei es sich empfiehlt, die durchschnittliche Handelsspanne in Mehrbranchengeschäften nicht für den gesamten Handelsbetrieb, sondern für einzelne Warenbereiche auszuweisen. Zwei Betriebe, die die gleiche durchschnittliche Spanne ausweisen, können trotzdem eine sehr unterschiedliche Preispolitik betreiben. Deswegen müssen weitere Kennzeichen hinzugenommen werden, die den Blick auf weitere Handlungsfelder für eine aktive Preispolitik öffnen. Als solche kommen in Frage:

– Die Streubreite der Kalkulationssätze: so ist eine Preispolitik denkbar, die in dem einen Extrem nur einen Kalkulationssatz verwendet, im anderen Extrem zahlreiche, verschiedenartige Sätze, also extreme Mischkalkulation;
– die Häufigkeit, mit der Kalkulationssätze in der Nähe des durchschnittlichen Kalkulationssatzes verwendet werden;
– der niedrigste und der höchste Kalkulationssatz;
– die durchschnittliche Differenz zu den Preisen bei Konkurrenten;
– die Häufigkeit, mit der Preise im Zeitablauf geändert werden: so kann eine Unternehmung ihre Preise über relativ lange Strecken konstant halten (z. B. als Dauerniedrigpreispolitik), eine andere kann eine Politik des häufigen Preiswechsels betreiben;
– das Ausmaß, in dem von Preisabschriften Gebrauch gemacht wird (Festsetzung neuer Preise für im Angebot befindliche Waren unterhalb des bisherigen Preises);
– die Anzahl der Artikel, deren Preise in der Werbung herausgestellt werden;
– die Bevorzugung bestimmter Ziffern in der Preisgestaltung, z. B. von neun Pfennigen am Ende;
– die Verwendung von anderen Preisen als den geforderten (z. B. vom Hersteller empfohlene, frühere Preise);
– die Verwendung von Preisbrechersymbolen;
– das Angebot bestimmter Zahlungsbedingungen;
– die Bezugseinheit für den Preis, ob also mehrere technisch trennbare Einheiten zu einem Leistungsangebot, auf das sich dann der Preis bezieht, zusammengeschnürt werden sollten. Es wird auch von Preisbündelung gesprochen.

Die Preispolitik des Handelsbetriebes erscheint somit als vielgestaltiges Instrument. Dies verdeutlicht auch Abbildung 8.44, in der beispielhaft die Preispolitik eines Discounters dargestellt ist.

Der Preisstern ermöglicht es, die Preispolitik eines Handelsbetriebes in ihren Facetten objektiv darzustellen. Aufgabe der strategischen Planung ist es, die Länge der einzelnen Strahlen festzulegen, Aufgabe der operativen Preisplanung, diese Richtlinien auf einzelne Artikel zu übertragen. Geplante Soll-Spanne und erzielte Ist-Spanne, die wichtigsten Planungs- und Kontrollinstrumente der Praxis, stellen nur das absolut unverzichtbare Grundgerüst einer Preispolitik dar; auch die anderen Strahlen sollten Beachtung finden.

---

[1] Ausschuß für Begriffsdefinitionen aus der Handels- und Absatzwirtschaft (Hrsg.), 1995, S. 87.

**Abbildung 8.44:** Darstellung der Preispolitik eines Discounters im Preisstern _____

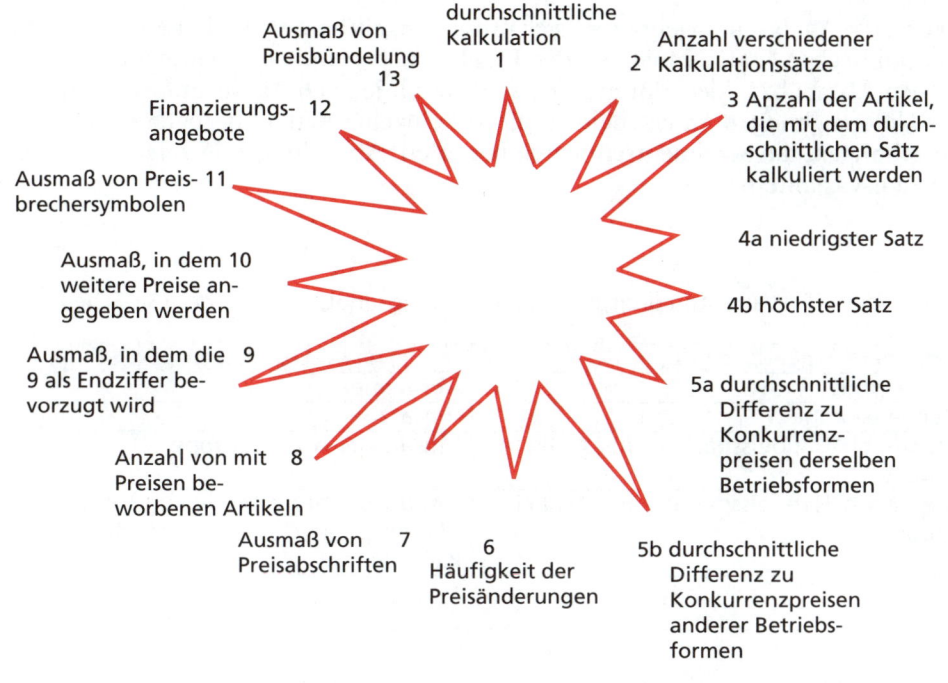

## 8.4.2 Preispolitische Wirkungsanalysen

Eine rationale Preispolitik ist nicht möglich, wenn keine Vorstellungen vorliegen, wie ein Nachfrager und gegebenenfalls die Konkurrenten auf eigene preispolitische Maßnahmen reagieren werden. Im Hinblick auf die Verhaltensweisen privater Nachfrage sind zwei Verfahren aktuell:

– Gegenüberstellungen von preispolitischen Maßnahmen und beobachtbaren Verhaltensweisen der Konsumenten, wobei zunächst an die gekauften bzw. abgesetzten Einheiten, darüber hinaus aber auch an Umsätze, die Zahl der Kunden oder ihren durchschnittlichen Einkaufsbetrag zu denken ist. Analysen dieser Art werden als Stimulus-Response (SR-)Analysen bezeichnet.[2]

– Verhaltenswissenschaftliche Analysen, die auf der Basis des sog. SOR-Ansatzes der Frage nachgehen, inwieweit Konsumenten Preise wahrnehmen und von welcher Bedeutung diese für ihr Kaufverhalten sind.

Beide Verfahren werden im folgenden dargestellt.

---

[2] Vgl. hierzu auch die Ausführungen in Kapitel 7.

### 8.4.2.1 Die Analyse der Wirkung der Preistheorie im Rahmen von Black-Box-Analysen

Black-Box-Analysen orientieren sich an beobachtbarem Verhalten. Bestimmten preispolitischen Maßnahmen werden Ergebnisse gegenübergestellt, wobei vor allem auf den Absatz bzw. den Umsatz abgestellt wird. Je nach Aggregationsniveau lassen sich Untersuchungen unterscheiden, die auf einzelne Artikel bezogen sind oder Untersuchungen, die Sortimentseinheiten betreffen. Abbildung 8.45 zeigt einige Untersuchungsvarianten.

Abbildung 8.45: Varianten preispolitischer Wirkungsanalysen nach dem SR-Schema _____

| Merkmale der Preispolitik | Ergebnisgrößen |
| --- | --- |
| Artikelpreis | Absatzmenge |
| Handelsspanne | Umsatz |
| Durchschn. Handelsspanne einer Artikelgruppe | Umsatz der Artikelgruppe |
| Durchschn. Handelsspanne einer Artikelgruppe | Umsatz der betreffenden und anderer Artikelgruppen (Gesamtumsatz der Verkaufsstellen) |

Da Preise für einzelne Artikel, erzielte Umsätze und in vielen Fällen auch die abgesetzten Stückzahlen aufgrund der Scanner-Technologie immer leichter verfügbar werden, ist es nicht verwunderlich, daß Analysen zur Preispolitik immer artikelspezifischer werden.

Aufgrund der sich im Handel ausbreitenden Scannertechnologie ist der Zugang zu den benötigten Daten sehr erleichtert. In Deutschland hat *Heidel* am eingehendsten untersucht, welche Möglichkeiten und Schwierigkeiten sich auftun, Abverkaufsdaten für preispolitische Zwecke zu nutzen.[3] Er geht auf folgende Sachverhalte ein:

– Mit welchen Meßwerten sollte die Preispolitik eines Betriebes in die Berechnung eingehen – z. B. mit absoluten Preisen, mit den Differenzen einzelner Artikelpreise zu durchschnittlich in der Artikelgruppe oder von Konkurrenten geforderten Preisen, wobei wiederum gewichtete oder ungewichtete Durchschnittspreise gebildet werden können?

– Mit welchen Meßwerten sollte die abhängige Variable erfaßt werden, sollten dies Absatzmengen einzelner Artikel, ihre Marktanteile, ihr Umsatz oder ihr Absatz je 1 000 Kunden sein?

– Mit welchem Funktionsgesetz sollten abhängige und unabhängige Variablen verknüpft werden? Wie insbesondere *Simon* dargestellt hat,[4] erwies sich bislang kein Funktionstyp (linear, multiplikativ, Attraktion, Gutenberg) in der empirischen Prüfung als generell überlegen.

---

[3] Vgl. Heidel, B.: Scannerdaten im Einzelhandelsmarketing, Wiesbaden 1990.
[4] Vgl. Simon, H.: Preismanagement, 2. Auflage, Wiesbaden 1992a, S. 89–108.

Die Auswertungsmöglichkeiten, die sich jetzt aufgrund der Scannertechnologie erschließen, seien an einem Beispiel illustriert, dessen Daten aus der *Heidel*schen Erhebung stammen.[5]

**Abbildung 8.46:** Verkaufspreise für sechs Zahnpasten in einer Warenhausfiliale _____

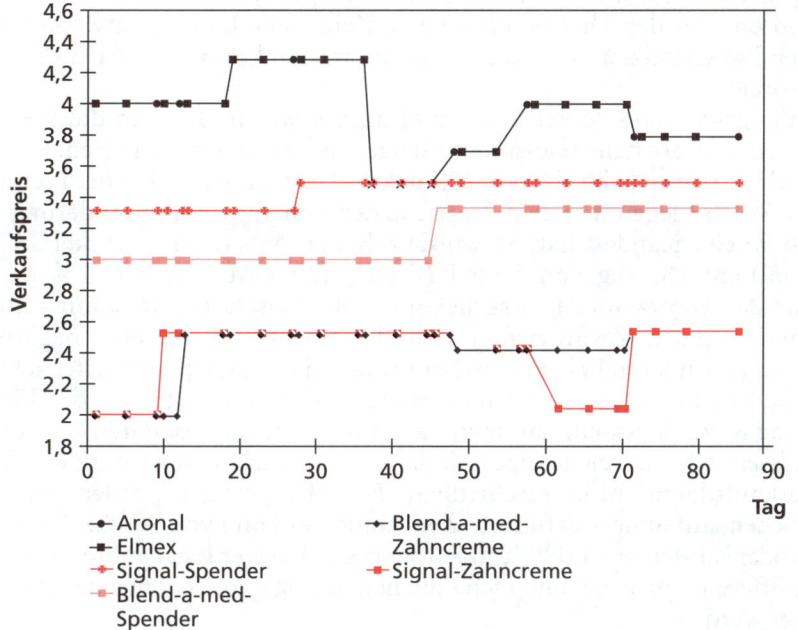

Abbildung 8.46 zeigt für sechs ausgewählte Marken, welche Preispolitik über einen Zeitraum von drei Monaten realisiert worden ist. Diese Graphik, die aus den Scannerdaten leicht zusammenzustellen ist, hat bereits einen hohen Informationswert, weil sie erlaubt, die Preispolitik in einer Abteilung klar zu charakterisieren. So läßt sich aus dem Beispiel folgendes ablesen:

– in zeitlicher Hinsicht: häufige Preisänderungen bei zwei Artikeln (Aronal und Elmex), nur eine Preisänderung bei Signal (Spender) und Blend-a-med (Spender), zu konstanten Preisen wurde kein Artikel verkauft;

– bezüglich der Streubreite der Preisveränderungen:
  absolutes Maximum: 0,80 DM; absolutes Minimum: 0,20 DM;
  relatives Maximum: 25 %; relatives Minimum: 5 %;

---

[5] Vgl. dazu auch Müller-Hagedorn, L.: Marketing des Handels. Aufgaben für die Marktforschung, in: Berufsverband der Deutschen Markt- und Sozialforscher e. V. (Hrsg.): Marktforschung im magischen Dreieck. Vorträge zur Markt- und Sozialforschung. Offenbach 1988, S. 460–466.

– absolutes Preisniveau: im Zeitablauf leicht ansteigend (für die Gesamtheit der Artikel, deren Preis verändert wurde, von 18,24 DM auf 19,34 DM; in der gesamten Abteilung stieg der durchschnittliche Verkaufspreis von 3,37 DM auf 3,44 DM);
– in bezug auf die Kalkulationssätze: im Durchschnitt 11,33 % (als Abschlag vom VK).

Damit liegt eine Basis vor, von der aus Überlegungen angestellt werden können, ob und in welcher Weise die Preise in der Zukunft geändert werden können. Es ist zu fragen, ob die von der Theorie über lange Zeiträume hinweg entwickelten Instrumente der Preiselastizität und der Preis-Absatz-Funktion jetzt fruchtbar gemacht werden können.

In Abbildung 8.47 sind neben den Angaben, um wieviel Prozent die Preise jeweils geändert wurden, auch die relevanten Mengenänderungen eingetragen. Sie geben an, um wieviel Prozent sich die abgesetzte Stückzahl in der auf den Tag der Preisänderung folgenden Woche gegenüber dem Absatz in der dem Tag der Preisänderung vorangegangenen Woche geändert hat. So wurde z. B. der Preis für den Artikel 387 (Aronal forte 75 ml) am 18. Tag von 3,99 DM auf 4,29 DM, also um 8 % angehoben, woraufhin der Absatz um 21 % zurückging. Die Preiselastizität ist mit –2,63 erwartungsgemäß negativ. Zwar richtet sich die Erwartung auf eine negative Preiselastitzität, jedoch kann bei empirischem Datenmaterial nicht erwartet werden, daß sich solche Ergebnisse in allen Fällen ergeben, denn das Ergebnis der Elastizitätsberechnung ist zunächst einmal davon abhängig, wie die Rohdaten verrechnet werden. Es lassen sich zahlreiche Operationalisierungsvarianten verwenden: So können die Abverkaufsdaten auf unterschiedliche Perioden bezogen werden (auf Tage, auf Jahreswochen, auf anders definierte Zeiträume), es kann von Stückzahlen, relativen Anteilen oder Käufen pro 1 000 Kunden ausgegangen werden, der Preis kann absolut, als Preisdifferenz zu ganz unterschiedlichen Bezugsgrößen oder als Preisquotient verrechnet werden.

Des weiteren ist zu beachten, daß die Preiselastizitäten von zahlreichen Bestimmungsfaktoren des Kaufverhaltens abhängig sein können, so
– von dem Bedarfsrhythmus: Einzelne Güter werden zu bestimmten Zeiten eher benötigt als zu anderen Zeiten;
– von dem Einkaufsrhythmus: Es kann sein, daß einzelne Artikel in bestimmten Zeitabschnitten mit größerer Wahrscheinlichkeit gekauft werden als in anderen;
– vom Einsatz der übrigen absatzpolitischen Instrumente;
– von Maßnahmen der Konkurrenz.

Errechnet man für die sechs Artikel des Beispiels die Preiselastizitäten, wie das in Abbildung 8.47 geschehen ist, dann zeigt sich in einigen Fällen, daß der Absatz nach Preiserhöhungen gestiegen ist bzw. nach Preissenkungen gefallen ist. Die Auswertung ist insofern sinnvoll, als sie in systematischer Form die Reaktionen des Marktes erfaßt und ausweist. Aufgabe der Marktforschung wird es sein, solche Reaktionen zu erfassen, um so ein Gefühl entwickeln zu können, in welchen Fällen bei Preissenkungen mit größeren Absatzmengen zu rechnen ist. Langfristig lassen sich dann vielleicht Verallgemeinerungen erarbeiten, wie beispielsweise die, daß bei Produkten der betrachteten Art um so eher mit negativen Preiselastizitäten zu rechnen ist, je größer der mengenmäßige Marktanteil des Produktes ist.

**Abbildung 8.47:** Die Vorzeichen der ermittelten Preiselastizitäten

| Artikel | | Preisveränderung 1 | Vz. | 2 | Vz. | 3 | Vz. | 4 | Vz. | 5 | Vz. | negativ zu positiv | Gesamt-absatz (8 Tage) |
|---|---|---|---|---|---|---|---|---|---|---|---|---|---|
| 382 Aronal | $\Delta p$ | 8 % | − | −19 % | − | 6 % | − | 8 % | + | −5 % | + | 3 : 2 | 24 |
| | $\Delta x$ | −21 % | | 14 % | | −31 % | | 42 % | | −14 % | | | |
| 389 Elmex | $\Delta p$ | 8 % | + | −19 % | + | 6 % | | 8 % | + | −5 % | − | 1 : 3 | 24 |
| | $\Delta x$ | 4 % | | −14 % | | 0 | | 33 % | | 41 % | | | |
| 292 Blend a med 100 ml | $\Delta p$ | 10 % | − | | | | | | | | | 1 : 0 | 17 |
| | $\Delta x$ | −29 % | | | | | | | | | | | |
| 288 Blend a med 75 ml | $\Delta p$ | 25 % | − | −8 % | + | −13 % | − | 25 % | − | | | 3 : 1 | 481 |
| | $\Delta x$ | −72 % | | −12 % | | 2 % | | −46 % | | | | | |
| 247 Signal 75 ml | $\Delta p$ | 25 % | − | −8 % | − | 9 % | − | | | | | 3 : 0 | 246 |
| | $\Delta x$ | −72 % | | 171 % | | −25 % | | | | | | | |
| 246 Signal 100 ml | $\Delta p$ | 6 % | + | | | | | | | | | 0 : 1 | 3 |
| | $\Delta x$ | 100 % | | | | | | | | | | | |

Die vorliegenden Werte können natürlich auch in das übliche Diagramm zur Darstellung von Preis-Absatz-Funktionen übertragen werden. Dies ist in Abbildung 8.48 für den Artikel 288 geschehen.

Bei aller gebotenen Zurückhaltung legt das Datenmaterial nahe, daß bei einem Preis von 1,99 DM ein sehr viel höherer Umsatz erzielt werden kann als bei einem Preis von 2,29 DM oder 2,49 DM nämlich rd. 950 DM im Vergleich zu 410 DM bzw. 240 DM. Rechnet man mit einem Einkaufspreis von rd. 2 DM (ohne MWSt), ergibt sich bei einem Preis von 1,99 DM ein negativer Bruttoertrag von rd. 100 DM pro Woche, bei einem Preis von 2,29 DM ein Bruttoertrag von ± Null und bei einem Preis von 2,49 DM ein solcher von rd. 30 DM. Bei einer ertragsorientierten Preissetzung ist – zumindest kurzfristig – der höchste der drei alternativen Preise der günstigste, bei Umsatzmaximierung der niedrigste der drei Preise.

Es ist zu erwarten, daß regressionsanalytische Studien in der Zukunft verstärkt Beachtung finden werden, wobei neben dem Preis weitere Variablen, wie z. B. die Art der Plazierung oder Bewerbung, mit einbezogen werden.

Auf einem sehr hoch aggregierten Niveau lassen sich durchschnittliche Handelsspannen eines Betriebes oder einer Betriebsform dem Umsatz, Deckungsbeitrag oder Marktanteil dieser Betriebsform gegenüberstellen.

**Abbildung 8.48:** Konstruktion einer Preis-Absatz-Funktion aus Abverkaufsdaten

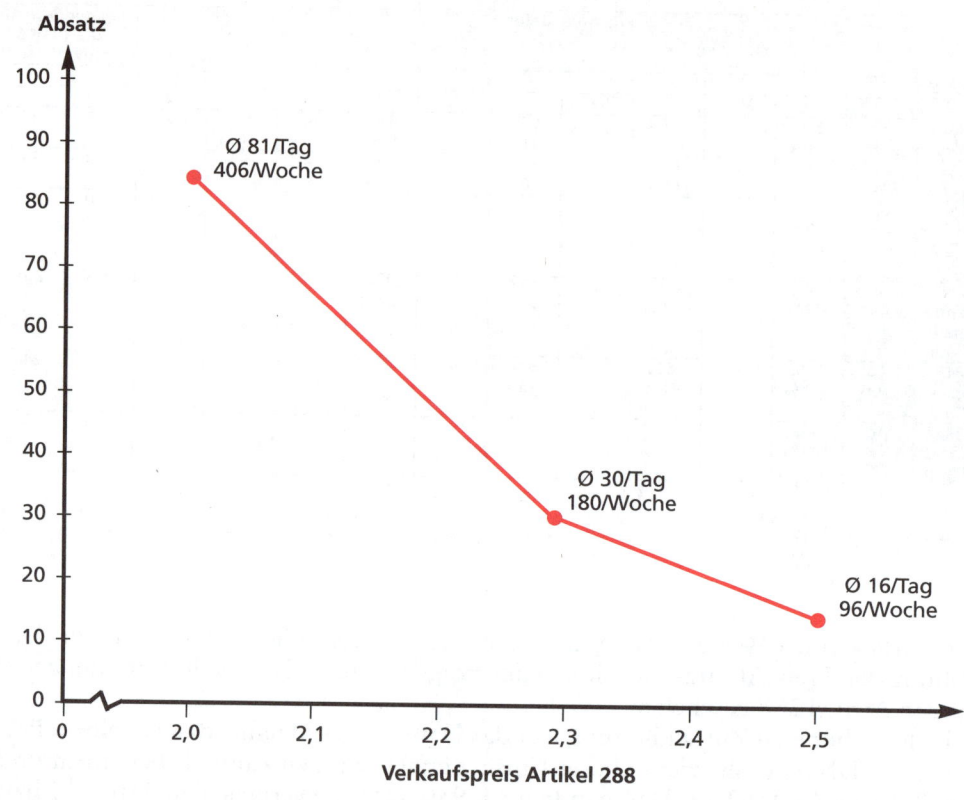

### 8.4.2.2 Die Wirkung von Preisen im Rahmen verhaltenswissenschaftlicher Modelle

Bereits 1968 hat *Oxenfeldt* darauf hingewiesen, daß Verbraucher ihre Einkäufe auf ihre Eindrücke über das Preisniveau der einzelnen Geschäfte und nicht auf die Kenntnis aller einzelnen Preise stützen.[6] Er hat daraus die Konsequenz gezogen, im einzelnen zu untersuchen, welche Vorgänge sich zwischen den Wahrnehmungen des Verbrauchers und seinem Verhalten abspielen. Das im folgenden darzustellende Modell konkretisiert diese Informationsverarbeitung und enthält Module zu den folgenden Bereichen:

#### Zur Wahrnehmung von Preisen

Die Möglichkeiten, Preise wahrzunehmen, sind im Regelfall sehr zahlreich. Als Quellen für Informationen über Preise lassen sich unterscheiden:

---

[6]   Oxenfeldt, A. R.: How Housewives Form Price Impression, in: Journal of Advertising Research, Vol. 8 (1968), No. 3, S. 9–17.

1. Dem Einkauf vorgelagerte Quellen (insbesondere Anzeigen, Handzettel und Prospekte),
2. beim Einkauf (in der Einkaufsstätte) vorfindbare Quellen (insbesondere Preisetiketten, Preisschilder, Plakate),
3. nach dem Kauf verfügbare Quellen (insbesondere Kassenzettel).

Wahrnehmung soll bedeuten, daß die Ziffern der Preise gelesen – und als Zahl verstanden werden. Die Beurteilung eines Preises und das Übertragen eines Preises in das Langzeitgedächtnis sollen als Prozesse definiert werden, die nicht mehr zur Wahrnehmung gehören, sondern sich an diese anschließen. Die Wahrnehmung kann sich auf andere Gegenstände als Zahlen beziehen, z. B. auf die Art der Preisdarstellung (z. B. übergroße Preisschilder) oder auf das sonstige Erscheinungsbild der Verkaufsstelle. So hat *Diller* in einem Feldexperiment überprüft, welche Wirkungen optische Hervorhebungen einzelner Artikel in Form besonders großer Schriftgrößen auf Werbezetteln haben.[7] Es zeigte sich, daß größer dargestellte Artikel und Artikelpreise eine günstigere Preisanmutung erzeugen.

Wovon hängt es nun ab, ob Personen Preise oder Faktoren, die das Urteil über Preise bestimmen, wahrnehmen? Wir wollen auf zwei Einflußgrößen hinweisen:

1. Die Wahrscheinlichkeit, daß ein Preis (bzw. ein sonstiger Reiz) wahrgenommen wird, hängt von der Art des Reizes und der Art der Umwelt ab, in der sich eine Person bewegt. Der Einfluß der Umwelt sei beispielhaft mit einer Hypothese verdeutlicht: Ein Preis wird um so eher wahrgenommen, je mehr er von dem in der Vorperiode geforderten Preis abweicht. Dies gilt sowohl für Preissenkungen als auch für Preiserhöhungen. Begründungsskizze: Veränderungen in der Umwelt werden bevorzugt wahrgenommen, weil sie dem Drang nach Abwechselung entsprechen oder als für die Fortdauer bestehender Einstellungen wichtig angesehen werden.

2. Die Wahrscheinlichkeit, daß ein Preis (bzw. ein sonstiger Reiz) wahrgenommen wird, hängt von spezifischen Eigenschaften der wahrnehmenden Person ab. Hier ist an nicht direkt zugängliche Eigenschaften der wahrnehmenden Person zu denken (z. B. das Interesse, sich über Preise zu informieren), darüber hinaus an direkt beobachtbare Eigenschaften, wie z. B. die Höhe des verfügbaren Einkommens oder das Geschlecht, also Eigenschaften, die die körperliche Konstitution kennzeichnen, und solche aus dem soziodemographischen Bereich.

### Zu den Preiskenntnissen der Verbraucher

Preiskenntnisse werden als das in der Vergangenheit erworbene und in der aktuellen Periode noch verfügbare Wissen des Verbrauchers über die für einzelne Artikel in den Verkaufsstellen geforderten Preise definiert. Als Artikel werden hierbei physisch homogene Güter bezeichnet. Die Größe Preiskenntnis kann in mehreren Dimensionen verankert werden, und zwar bezüglich

– der Höhe des Preises,
– der Verkaufsstelle, die dem Preis zugeordnet wird (bekanntlich streuen die Preise für denselben Artikel in einzelnen Geschäften),[8]

_____

[7] Diller, H.: Die Wirkung von Hervorhebungen in der Preiswerbung des Lebensmitteleinzelhandels. Ergebnisse eines Feldexperiments, in: FfH Mitteilungen, 23. Jg. (1982), H. 4, S. 1–10.

[8] Vgl. dazu z. B. Schmitz, G.: Zwischenbetrieblicher Vergleich der Einzelhandelspreise sortengleicher Konsumwaren, Köln 1964.

**Abbildung 8.49:** Trierer Modell zum Zusammenhang von Einkaufsstättenwahl und Preisbeurteilung – TREP –

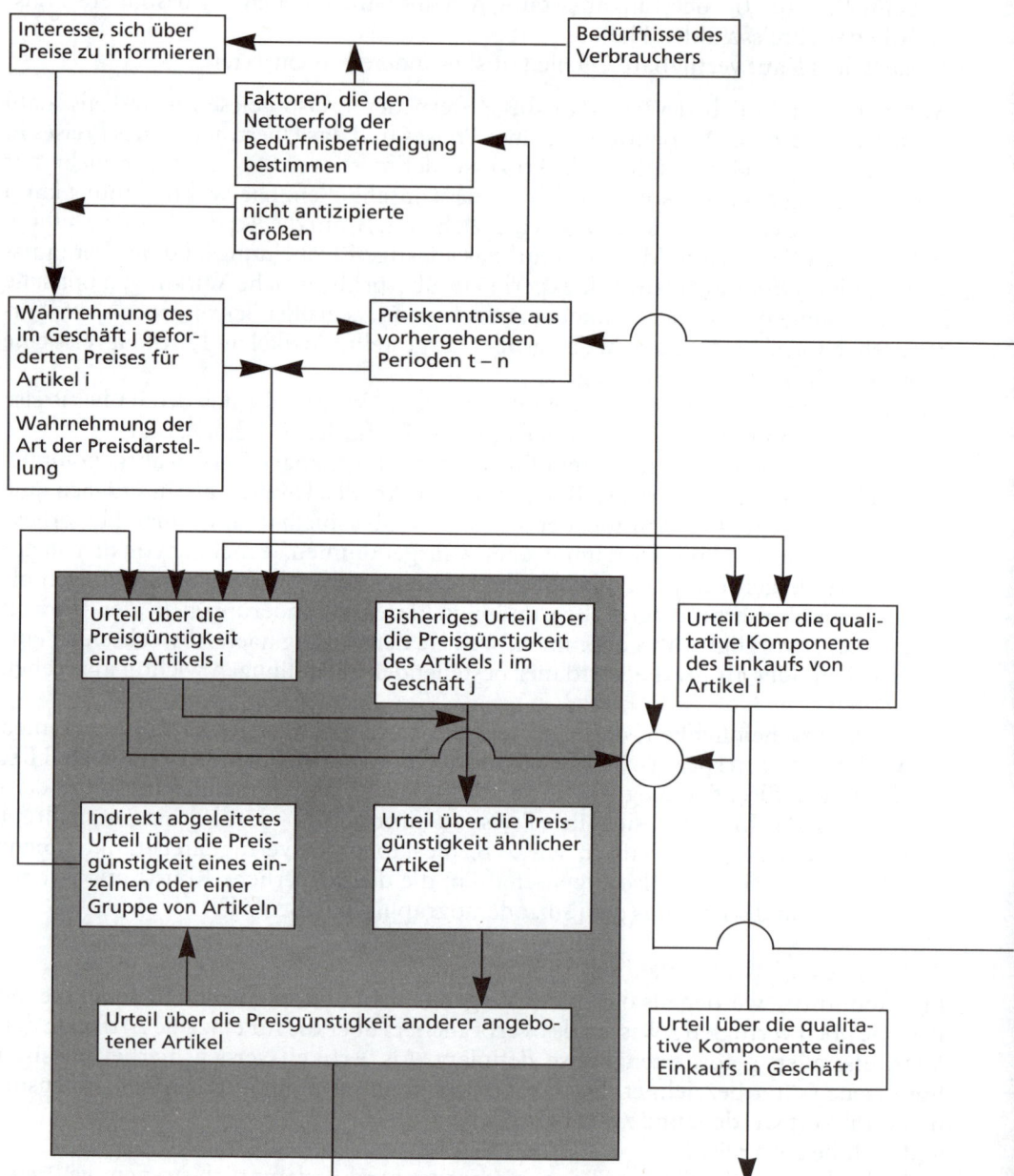

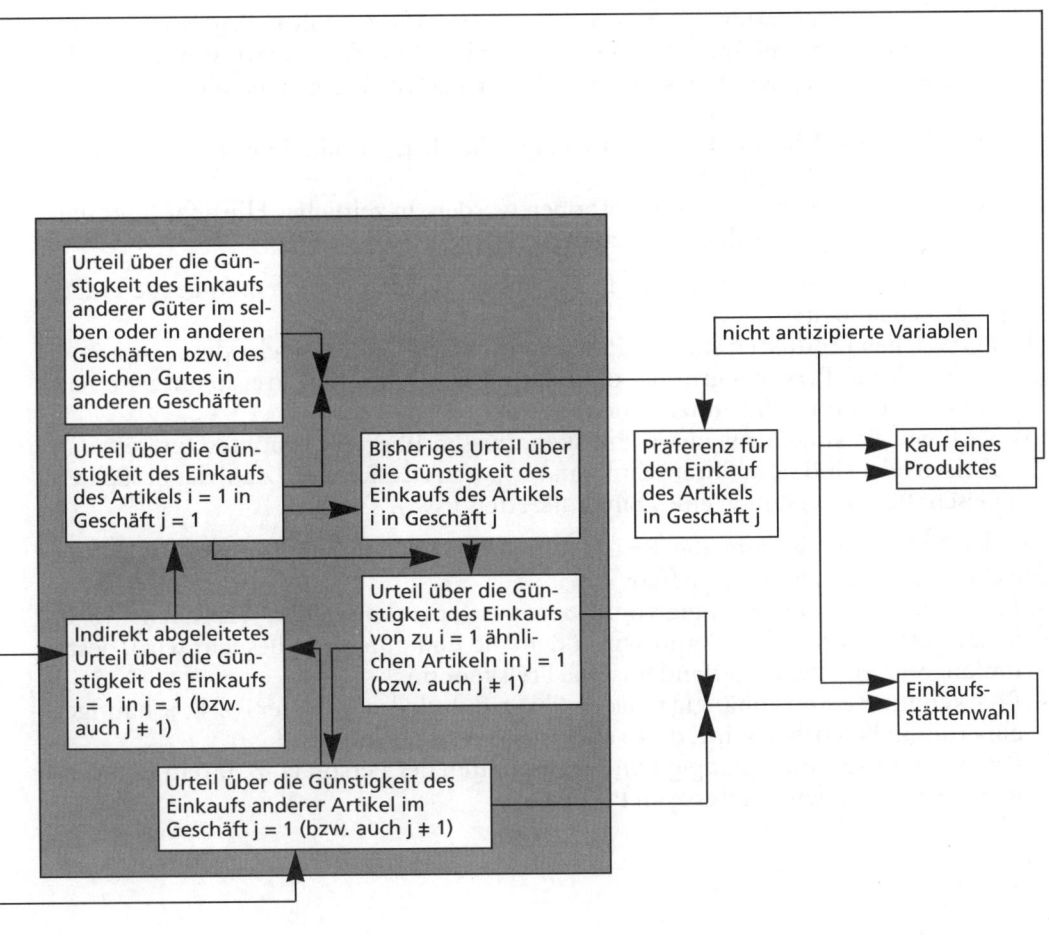

– der Sicherheit, mit der der Preis erinnert wird,
– des erinnerten Zeitpunktes, zu dem die Preisinformation erworben wurde,
– der Häufigkeit, mit der einzelne Preise beobachtet worden sind.

Um eine schwächere Form der Ermittlung von Preiskenntnissen handelt es sich, wenn nicht mehr von Preisverteilungsfunktionen ausgegangen wird, sondern von Merkmalen, die diese Verteilungen kennzeichnen (z. B. die Angabe eines durchschnittlich geforderten Preises oder eines Preisbereiches).

Untersuchungen zu (korrekten) Preiskenntnissen müssen sich nicht ausschließlich auf einzelne Artikel beziehen, sondern können auch das Preisniveau ganzer Geschäfte zum Gegenstand haben.[9] Hauptproblem ist die Konstruktion eines geeigneten Warenkorbes, d. h. wieviel und welche Güter in den Warenkorb eingehen sollen (ausführlich behandelt *Schenk* die mit Preisvergleichen verbundenen Probleme)[10]. Im einzelnen handelt es sich um folgende Probleme:

(1) Werden die ausgewählten Artikel in allen Geschäften geführt? Wie ist zu verfahren, wenn der betreffende Artikel überhaupt nicht geführt wird, wenn ähnliche Artikel angeboten werden oder wenn der Artikel vorübergehend nicht verfügbar ist?

(2) Sind die Artikel für die Befragten von gleicher Bedeutung? In welchem Ausmaß belasten sie ihr Haushaltsbudget?

(3) Ist die Periode, in der die Preise erhoben werden, in zeitlicher Hinsicht repräsentativ für die Preispolitik des Geschäftes?

In empirischen Untersuchungen zur Preiskenntnis werden vor allem folgende Fragestellungen behandelt:

(1) Bei welchen Produkten sind die Preiskenntnisse besonders hoch oder niedrig?

(2) Läßt sich die Personengruppe, die relativ gute (schlechte) Preiskenntnisse hat, soziodemographisch kennzeichnen?

(3) Verfügen Personen mit guten Preiskenntnissen über ein erhöhtes Interesse an Preisen oder sind sie an ihrem Einkaufsverhalten zu erkennen (Zahl der besuchten Geschäfte, Verwendung eines Einkaufszettels usw.).

Bei der Erklärung, warum die Preiskenntnisse hoch bzw. niedrig sind, wird auf folgende Variablen zurückgegriffen:

– Preiskenntnisse sind abhängig vom Konsumentenverhalten der Verbraucher (z. B. je häufiger ein Produkt gekauft wird oder eine Einkaufsstätte besucht wird, desto umfangreicher bzw. zutreffender ist die Preiskenntnis),

– Preiskenntnisse sind abhängig von der Absatzpolitik des Anbieters (z. B. je häufiger ein Produkt beworben wird, desto eher ist sein Preis bekannt),

– Preiskenntnisse sind abhängig von Eigenschaften der Person (z. B. ihrem Einkommen, dem Alter, dem Interesse an Preisen).[11]

---

[9] Brown, F. E.: Price Image Versus Price Reality, in: Journal of Marketing Research, Vol. 6 (1969), S. 185–191.
[10] Vgl. Schenk, H.-O.: Der Preisvergleich, Stuttgart 1981.
[11] Vgl. auch die ausführlichen Angaben bei Müller-Hagedorn, L., 1993 b, S. 216–223.

### Zum Urteil über die Preisgünstigkeit

In dem Modell nach Abbildung 8.49 wird postuliert, daß Verbraucher sich Urteile über Preisgünstigkeit bilden. Nach dem zu beurteilenden Objekt werden unterschieden:
- ein Urteil über die Preisgünstigkeit einzelner Artikel,
- ein Urteil über die Preisgünstigkeit von Artikelgesamtheiten (Artikelgruppen, Warengruppen, Abteilungen, Geschäften, Betriebsformen).

Es handelt sich um subjektive Urteile, inwieweit Preise, gleichgültig, ob sie bewußt wahrgenommen werden oder nicht, als günstig oder ungünstig eingestuft werden. Das Urteil bezieht sich nicht auf das Verhältnis von zu zahlendem Preis zur Qualität der Ware oder zu den Mühen, das Gut zu kaufen, sondern ausschließlich auf die Beurteilung des nach Meinung des Verbrauchers zu zahlenden Preises. Es handelt sich um eine zeitpunktbezogene Größe, wobei sich der Verbraucher der einzelnen Werte mehr oder weniger sicher ist.

Wovon ist es abhängig, ob der Einkauf eines Artikels in einer Einkaufsstätte als günstig angesehen wird? Nach dem o. g. Modell gibt es zwei Fälle:
- Das Urteil über die Preisgünstigkeit hängt von aktuellen Wahrnehmungen ab, insbesondere von dem Vergleich des wahrgenommenen Preises mit den Preiskenntnissen,
- das Urteil über die Preisgünstigkeit eines Artikels wird durch Übertragung von Urteilen über die Preisgünstigkeit anderer Artikel oder Artikelgesamtheiten gewonnen.

Tendenziell wird ein Preis um so günstiger beurteilt werden, je niedriger er ist. Bei sehr niedrigem Preis könnte es sein, daß Qualitätsmängel befürchtet werden, ein empirisch mehrfach beobachteter Sachverhalt.

Ob solche Preisgünstigkeitsfunktionen tatsächlich existieren, ist empirisch nicht leicht nachzuweisen. Anhaltspunkte für ihre Existenz liefert *Lenzen*.[12] Auf die Frage: »Ich gebe Ihnen jetzt eine Liste, auf der Artikel mit einem Preis angegeben sind. Wie beurteilen Sie die Preise?« antworteten die Personen anhand einer Ratingskala wie in Abb. 8.50 beispielhaft für ein Produkt angegeben. Dabei wurden vier Personengruppen unterschiedliche Preise vorgegeben.

1. In Übertragung von *Helsons* Theorie des Adaptionsniveaus wurde behauptet, der Verbraucher vergleiche den wahrgenommenen Preis mit einem Referenzpreis.[13] In dem Referenzpreis spiegelten sich in der Vergangenheit beobachtete Preise und der Einfluß sonstiger Eindrücke, die für die Beurteilung eines Preises maßgebend sind.[14]
2. Von besonderer Bedeutung für die Beurteilung eines vorgefundenen Preises könnten aber auch die dem Verbraucher bekannten extremen Preise sein.
3. Als wichtig hat sich der zuletzt gezahlte Preis erwiesen.[15]

Ein Vergleich der Erklärungskraft dieser verschiedenen Bezugspreise ist derzeit noch kaum möglich.[16]

---

[12] Lenzen, W.: Preisgünstigkeit als hypothetisches Konstrukt. Ergebnisse einer empirischen Untersuchung, in: ZfbF, 36. Jg. (1983), S. 952–962.

[13] Vgl. Helson, H.: Adaption Level Theory, New York 1964.

[14] Vgl. Emery, F.: Some Psychological Aspects of Price, in: Taylor, B./Will, G. (Hrsg.): Pricing Strategy, London 1970, S. 98–111.

[15] Bettman, J. R.: Perceived Price and Product Perceptual Variables, in: Journal of Marketing Research, Vol. 10 (1973), S. 100–102.

[16] Vgl. auch die Ausführungen bei Rosenstiel, L. v./Ewald, G.: Marktpsychologie, Band 2, Stuttgart u. a. 1979, S. 82–86.

Das Urteil über die Preisgünstigkeit eines Artikels kann verschiedene Konsequenzen auslösen,

(1) die Korrektur des bisherigen Urteils über die Preisgünstigkeit des Artikels,

(2) das Übertragen des Urteils über die Preisgünstigkeit eines Artikels auf andere Artikel, Sortimentsteile oder Sortimente,

(3) das Schließen vom Preis auf die Qualität des Artikels.

Abbildung 8.50: Empirisch ermittelte Punkte der Preisgünstigkeitsfunktion (Golden Toast)

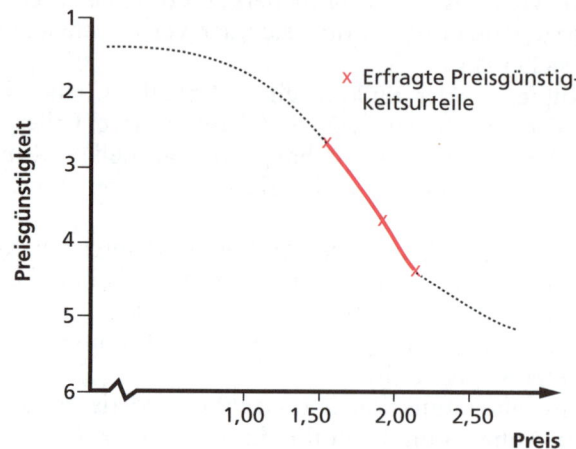

**Zu (1):** Die Korrektur des bisherigen Urteils über die Preisgünstigkeit eines Artikels durch das aktuelle Urteil über die Preisgünstigkeit.

Bei einer Reihe von Artikeln wird der Käufer schon vor der Wahrnehmung des aktuellen Preises die Meinung vertreten, daß der betreffende Artikel in diesem Geschäft mehr oder weniger preisgünstig eingekauft werden kann. Aktuelle Preisbeobachtungen können nun zu einem Urteil führen, das von dem bisherigen abweicht. Bei Abweichungen zwischen diesen beiden Größen wird er sein Urteil revidieren.

**Zu (2):** Das Übertragen des Urteils über die Preisgünstigkeit eines Artikels auf andere Artikel, Sortimentsteile oder Sortimente.

In vielen Fällen wird der Käufer über keine Preiskenntnisse verfügen. Wie bildet er sich dann sein Urteil über die Preisgünstigkeit eines Artikels? Ersatzweise wird er auf andere Informationen zurückgreifen: Zunächst auf sein Urteil über die Preisgünstigkeit anderer Artikel oder Artikelgruppen, ferner auf die Art der Preisdarstellung und schließlich vielleicht auf Informationen nichtpreislicher Art, wie etwa die Art der Ladenausstattung, die Lage des Geschäftes usw. Hier interessiert vor allem der Fall, daß ein Preisgünstigkeitsurteil auch auf einen anderen Artikel übertragen werden kann.

Mit Reizgeneralisation wird in der Lerntheorie der Fall bezeichnet, daß gleiche Reaktionen nicht nur dann zu beobachten sind, wenn der gleiche Reiz wiederholt wird, sondern sich auch bei ähnlichen Reizen einstellen. Im Idealfall hat sich gezeigt, daß die konditionierte Reaktion immer schwächer wird, je mehr die Signale vom ursprünglich konditionierten Signal abweichen. Auf die Beurteilung von Preisen übertragen, könnte der Sachverhalt mit Hilfe folgender Hypothese formuliert werden: »Je ähnlicher einzelne Artikel vom Verbraucher angesehen werden, desto eher überträgt er ein Preisgünstigkeitsurteil von einem Artikel auf einen anderen Artikel«. So werden Urteile über die Preisgünstigkeit durch Übertragung gewonnen und es kommt zu Urteilen über die Preisgünstigkeit von Artikelgruppen, Warengruppen, ganzen Geschäften, allgemein über Artikelgesamtheiten. Es könnte auch vom Preisimage einzelner Warengruppen, Abteilungen, Geschäfte gesprochen werden. Die Generalisation ist nicht nur beschränkt auf die Übertragung eines Urteils über die Günstigkeit eines Preises, bei dem Preiskenntnisse vorliegen, auf Artikel (-gesamtheiten) ohne Preiskenntnisse, sondern ist auch von Artikelgesamtheiten auf einzelne Artikel möglich.

### Zu (3): Das Schließen vom Preis auf die Qualität des Artikels.

Es gibt eine ganze Reihe von Studien, die überprüft haben, inwieweit Verbraucher vom Preis auf die Qualität des Produktes schließen. Der Preis wird vom Käufer nicht nur als Kostenbestandteil angesehen, sondern unter Umständen auch als Indikator für die Qualität eines Gutes. Dies ist dann wahrscheinlich, wenn der Verbraucher unsicher ist, wie er die Qualität eines Gutes zu beurteilen hat oder wenn ein hoher Preis aus sozialen Gründen positiv beurteilt wird (Snob-Effekt). Nach der Methodik dieser Untersuchungen lassen sich zwei Typen von Studien unterscheiden:

a) Single-Cue-Studies: Der befragten Person werden nur die Preisunterschiede zwischen einzelnen Marken bekanntgegeben. Es wird ermittelt, für welches Produkt sich die Befragten entscheiden. In zahlreichen Studien wurde erwartungsgemäß ein positiver Zusammenhang zwischen Preis und Qualität festgestellt.[17] Hochpreisige Produkte werden bevorzugt, wenn der Preis die einzig verfügbare Information darstellt, wenn die Preisunterschiede zwischen den Alternativen groß sind und wenn die Vorstellung herrscht, die Qualität der verfügbaren Marken unterscheide sich deutlich.

b) Multi-Cue-Studies: An den Single-Cue-Studies wird kritisiert, daß Verbraucher natürlich Preis und Qualität miteinander verknüpfen, wenn ihnen lediglich Angaben zum Preis vorliegen. So wurden in weiteren Experimenten außer dem Preis weitere Angaben verändert. Als wichtige Größen, die den Zusammenhang von Preis und Qualität bestimmen, erwiesen sich das Markenimage, die Preishöhe, die Häufigkeit des Einkaufs und die Erfahrung im Umgang mit dem Produkt.[18]

---

[17] Vgl. z. B. Lambert, Z. V.: Price and Choice Behavior, in: Journal of Marketing Research, Vol. 9 (1972), S. 35–40; Shapiro, B.: Price as a Communicator of Quality. An Experiment, Diss. (unveröffentlicht) Harvard University 1970.

[18] Vgl. Gardner, D.: An Experimental Investigation of Price-Quality-Relationship, in: Journal of Retailing, Vol. 46 (1970), S. 25–41; Gardner, D.: Is There a Generalized Price-Quality-Relationship?, in: Journal of Marketing Research, Vol. 8 (1971), S. 241–243; Monroe, K. B.: The Influence of Price Differences and Brand Preferences, in: Journal of Consumer Research, Vol. 3 (1976), S. 42–49.

### Das Urteil über die Günstigkeit des Einkaufs (Preiswürdigkeit)

Im Regelfall wird ein Einkauf nicht nur unter preislichen, sondern auch unter qualitativen Gesichtspunkten beurteilt werden. Diese lassen sich unterscheiden in
– solche, die mit dem Produkt, und
– solche, die mit den Umständen des Einkaufs in einer bestimmten Verkaufsstelle verbunden sind.

Letztere sind zu einem großen Teil durch die Absatzpolitik des Handelsbetriebes bestimmt, z. B. durch seine Standortwahl, durch das Zurverfügungstellen von Parkplätzen, durch das Bedienungssystem, durch die Auswahl usw. Die Umstände des Einkaufs werden aber auch durch Faktoren bestimmt, die einzelne Geschäfte nicht kontrollieren können.

In Abbildung 8.49 wird durch zwei Größen zum Ausdruck gebracht, daß sich das Urteil über die Qualität ebenfalls auf unterschiedliche Objekte beziehen kann, indem einmal auf das »Urteil über die qualitative Komponente des Einkaufs von Artikel i« und zum andern auf das »Urteil über die qualitative Komponente des Einkaufs in Geschäft j« hingewiesen wird. Es kann hier auf die Diskussion um die Brauchbarkeit von Einstellungsmodellen im Marketing für die Messung von wahrgenommenen Qualitäten verwiesen werden.

Fügt man die Urteile über die preisliche und die qualitative Komponente des Einkaufs eines Artikels i in der Einkaufsstätte j zusammen, so ergibt sich das Urteil über die Günstigkeit des Einkaufs dieses Artikels in der betreffenden Einkaufsstätte, was auch als Preiswürdigkeitsurteil oder Preis-Leistungs-Verhältnis bezeichnet werden kann.

Befragungen haben gezeigt, daß die relative Bedeutung des Preises im Vergleich zur Qualität sogar bei einzelnen Warenklassen unterschiedlich sein kann.[19] So wurde, wie auch Abbildung 8.51 zeigt, die Markenbindung in einzelnen Warenklassen gemessen. Immer wenn die Befragten einem der folgenden beiden Statements zustimmten, wurden sie als Verbraucher mit starker Bindung zu der betreffenden Marke eingestuft:

> *»Bei diesem Produkt wäre ich sehr enttäuscht, wenn es meine Lieblingsmarke einmal nicht mehr gäbe oder ich diese nicht bekommen könnte.«*

> *»Bei diesem Produkt bevorzuge ich meist eine ganz bestimmte Marke, die ich fast immer nehme.«*

Stimmten sie dagegen zwei anderen Statements zu, so wurde der Preis als vorrangiges Entscheidungskriterium gesehen.

Es ist hier auch auf die Arbeit von *Emery* hinzuweisen, der zeigt, wie ein Verbraucher preisliche und qualitative Gesichtspunkte zusammenführt. *Emery* hat dabei einen Weg eingeschlagen, der auch von *Gutenberg* benutzt worden war.[20] *Emery* geht davon aus, daß ein Verbraucher sowohl den Preis als auch die Qualität eines Produktes bestimmten Kategorien zuweist und dann beurteilt, ob der Preis der Qualität entspricht (vgl. Abbildung 8.52).

---

[19]  Vgl. Stern, H.: Marke oder Preis. Entscheidungskriterium der Verbraucher? in: Markenartikel, 43. Jg. (1981), H. 3, S. 138–150.
[20]  Emery, F., 1970, S. 98–111.

Abbildung 8.51 Marken-Preisbewußtsein im weitesten Sinne bei Verbrauchern zwischen 14 und 69 Jahren nach Warenklassen von Gütern des täglichen Bedarfs im Bundesgebiet mit Berlin (West) in Prozent

| Warenklassen | Entscheidungskriterium | |
|---|---|---|
| | Marke | Preis |
| Genußmittel | 73 | 27 |
| Körperpflegemittel | 61 | 39 |
| Lebensmittel | 54 | 46 |
| Alkoholische Getränke | 54 | 46 |
| Wasch-, Putz-, Reinigungsmittel | 51 | 49 |
| Alkoholfreie Getränke | 50 | 50 |
| Süßwaren, Gebäck | 40 | 60 |

Quelle: Hörzu/Funk Uhr (Hrsg.): Eva '79

Abbildung 8.52: Vergleich von Preis- und Qualitätseinstufung nach Emery _____

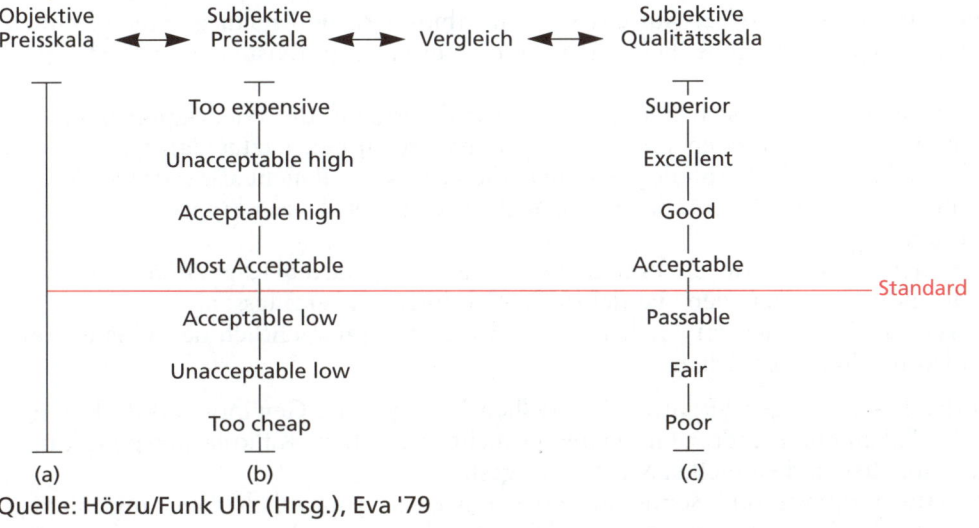

Quelle: Hörzu/Funk Uhr (Hrsg.), Eva '79

Hat die Linie, die (b) und (c) verbindet, eine negative Steigung, dann wird das Gut als teuer eingestuft (ein hoher Preis für die wahrgenommene Qualität), bei positiver Steigung hält der Verbraucher das Gut für preiswert.

Wie bei der Größe Preisgünstigkeit sind auch hier Generalisierungen denkbar. Ein Konsument, der der Ansicht ist, ein bestimmtes Gut in der Einkaufsstätte j günstig einkaufen zu können, kann diesen Eindruck auf andere Güter übertragen. Er bildet sich so ein Urteil über die Günstigkeit des Einkaufs von ganzen Warenkörben in einem bestimmten Geschäft. Von diesem Urteil macht er Gebrauch bei der Einkaufs- stättenwahl, aber auch bei der Beurteilung einzelner Artikel, zu denen ihm keine spezifischen Informationen zur Verfügung stehen.

Durch den Vergleich mehrerer Produkt- und/oder Geschäftsalternativen ergibt sich eine Rangfolge für die Günstigkeit des Einkaufs der Artikel. Dies wird mit Präferenz bezeichnet. Mit der Präferenz kann unter Berücksichtigung der nicht antizipierten Faktoren (z. B. unerwartete Zeitknappheit) der Kauf eines Produktes vorhergesagt werden.

## 8.4.3 Diskussion ausgewählter preispolitischer Maßnahmen

Im folgenden werden drei preispolitische Maßnahmen angesprochen, denen beson- dere Relevanz zukommt. Sie können zwar nicht ausführlich diskutiert werden, aber es soll zumindest auf ihre Existenz aufmerksam gemacht werden.

### 8.4.3.1 Dauerniedrigpreise oder Sonderangebote?

Es ist nicht angebracht, davon auszugehen, daß Niedrigpreise nur ein konjunkturelles Phänomen darstellen. Bei steigenden Kosten und verhaltener Nachfrage sind die Preise und damit die Handelsspannen starkem Druck ausgesetzt. Diesen Druck wird auch ein konjunktureller Aufschwung nur abmildern und nicht abbauen können, denn strukturelle Gegebenheiten stützen die permanente Existenz von Niedrigprei- sen:

- Im Handel haben sich Betriebsformen etabliert, die die Niedrigpreispolitik zu ihrem konstituierenden Element erklärt haben. In den letzten Jahren haben sie beträchtliche Marktanteile gewonnen, die sie so schnell nicht abgeben werden.
- Im Handel gibt es Überkapazitäten. Nicht ausgelastete Kapazitäten drücken auf die Preise.
- Auch in der Industrie gibt es stellenweise nicht ausgelastete Kapazitäten. Dies wird die Industrie reizen, den Handel zu Großaktionen zu veranlassen.
- Neue Technologien im Medienbereich werden voraussichtlich den Einstieg über niedrige Preise versuchen.

In dieser schwierigen Situation, schließlich betragen die Gewinn-Umsatz-Raten in vielen Fällen nur 1–3 Prozent, genügt es nicht, Preis- bzw. Kalkulationspolitik nach traditionellen und einfachen Mustern zu gestalten.

Dauerniedrigpreise und Sonderangebote müssen sich natürlich nicht ausschließen. Andererseits dienen Sonderangebote nicht nur dem verstärkten Abverkauf einzelner Artikel, sondern sollen vor allem, und hierin ähneln sie den Dauerniedrigpreisen, ein positives Bild von der Preisgünstigkeit des Geschäftes schaffen. Es ist interessant zu beobachten, daß sich die Zahl der beworbenen Sonderangebotsartikel bei einzelnen Handelsorganisationen deutlich unterscheidet. Dies führt zu der Frage, ob die Zahl der Sonderangebote das Preisgünstigkeitsurteil der Verbraucher beeinflußt oder ein Ge- schäft c.p. auch dann als preisgünstig angesehen wird, wenn die Prospekte und Anzei- gen weniger umfangreich sind. *Lenzen* hat beobachtet, daß ein Geschäft um so eher als zu günstig (im Vergleich zu seinem tatsächlichen Preisniveau) beurteilt wird, je größer die Zahl der in Anzeigen herausgestellten Sonderangebote ist.[21] Auch *Stefanowsky* hat die Wirkung von Sonderangeboten auf das Preiswürdigkeitsurteil (im Vergleich zu Gattungsmarken und Dauer-Niedrig-Preis-Angaben) bestätigen können.[22]

### 8.4.3.2 Gebrochene Preise

Mancher wird sich fragen, ob es wirklich eine Rolle spielt, ob der Verkaufspreis auf 9 Pfennig endet oder ob statt dessen die Preise nicht um einen oder zwei Pfennig aufgerundet werden können.

*Diller* und *Brielmeier*[23] haben am Beispiel eines Drogeriemarktunternehmens folgende Rechnung aufgemacht: Durchschnittlich kauft ein Kunde fünf Artikel bei einem Einkauf, durchschnittlich hat ein Markt 2.500 Kunden in der Woche, das Jahr hat 52 Wochen, das Unternehmen hat 170 Outlets. Wenn das Unternehmen den Mut hätte, von den derzeitig üblichen gebrochenen Preisen (meistens mit der Endziffer 9) auf runde Preise überzugehen (also z. B. von 0,59 DM auf 0,60 DM oder von 3,79 DM auf 3,80 DM), dann stiege der Gewinn um rund 1,2 Mio DM. Das Rechenbeispiel zeigt die Verlockung, die Gefahr steht vor Augen: Wird der Kunde nicht doch die Preisgünstigkeit in Frage stellen, vielleicht nicht am ersten Tag, aber später? *Diller* und *Brielmaier* raten zu Experimenten. In ihrer eigenen empirischen Untersuchung haben sie die Werte zu folgenden Größen aus Experimentiermärkten und Kontrollmärkten miteinander verglichen:

– Erinnerung an den Wechsel zu runden Preisen, um so die Auffälligkeit runder Preise festzustellen,
– die Preisbeachtung während des Kaufentscheidungsprozesses,
– die Preisbeurteilung des gekauften bzw. eines intensiv betrachteten Produktes,
– den Kauf und den Umsatz,
– die Genauigkeit der Preiserinnerung,
– das Preisimage des Geschäftes.

Die Ergebnisse zeigen, daß die positive Wirkung gebrochener Preise wesentlich geringer ist als vom Handel häufig angenommen wird. Nach der Studie bevorzugen Konsumenten generell runde Preise.

Die empirischen Befunde zu gebrochenen Preisen sind jedoch keineswegs eindeutig. Verschiedene Autoren fanden in empirischen Untersuchungen Ergebnisse, die für die Verwendung gebrochener Preise sprechen.[24] Im Preissetzungsverhalten der Handelsbetriebe spielen sie zumindest eine wichtige Rolle.[25]

---

[21] Vgl. Lenzen, W.,1983, S. 952–962.

[22] Vgl. Stefanowsky, A.: Niedrig-Preis-Strategien als Profilierungs-Instrument des Handels. Eine vergleichende empirische Analyse von Preisstrategien aus Konsumentensicht, Arbeitspapiere des Instituts für Marketing an der European Business School Nr. 3, Oestrich – Winkel 1985.

[23] Diller, H./Brielmaier, A.: Die Wirkungen gebrochener und runder Preise. Ergebnisse eines Feldexperimentes im Drogeriewarensektor, in: ZfbF, 48. Jg. (1996), S. 695–710.

[24] Vgl. z. B. Kaas, K. P./Hay, C.: Preisschwellen bei Konsumgütern. Eine theoretische und empirische Analyse, in: ZfbF, 36. Jg. (1984), S. 333–346; Müller, S./Brücken, M./Heuer-Potthast, I.: Die Wirkung gebrochener Preise bei Entscheidungen mit geringem und hohem Risiko, in: Jahrbuch der Absatz- und Verbrauchsforschung, 28. Jg. (1982), S. 360–385; Schindler, R. M./ Kibarian T. M.: Increased Consumer Sales Response Through Use of 99-Ending Prices, in: Journal of Retailing, Vol. 72 (1996), No. 2, S. 187–199.

[25] Vgl. z. B. die Häufigkeitsverteilung der Preise im Lebensmittel-Einzelhandel bei Müller-Hagedorn, L./Zielke, S.: Die Preisoptik im Einzelhandel nach der Währungsumstellung auf den

### 8.4.3.3 Preisbündelung als Beispiel für intelligente Preissetzung

Preisbündelung bedeutet, daß die Preise nicht mehr nur für einzelne Artikel festgelegt werden, sondern daß mehrere selbständige Absatzleistungen zu einem neuen Angebot mit einem eigenen Preis zusammengeschnürt werden (vgl. das Beispiel in Abbildung 8.53).

Abbildung 8.53: Preisbündelung am Beispiel von Kenwood-Geräten

## KENWOOD/Magnat® HIFI-Paket

**Kenwood Verstärker KA 2060 R:**
dynamische Ausgangsleistung 2 x 70 Watt
(2 Ohm), 5 Eingänge, System-Fernbedienung.     **390,–\*\***

**Kenwood Tuner KT 2060 L:**
UKW/MW/LW, RDS, Radiotext, 39 Sendespeicher.     **399,–\*\***

**Kenwood Cassettendeck KX 3060:**
Auto-Bias, Dolby HX-Pro, MPX-Filter, Dolby B und C.     **399,–\*\***

**Kenwood CD-Player DP 3060:**
mit hochpräzisem Hauptaktgeber und optischem
Digital-Ausgang.     **499,–\*\***

**Magnat HIFI-Standlautsprecher Mirage S:**
120/220 Watt, 3 Wege-Baßreflex-System.     Paar **1198,–\*\***

Summe der unverbindlichen Preisempfehlungen
der Hersteller     **2894,–**

\*\* = Unverbindliche Preisempfehlung des Herstellers

Sie sparen gegenüber den
unverbindlichen Preisempfehlungen     **900,–**
der Hersteller

## Komplettpreis 1994,–

Das Beispiel zeigt, welche Preise der Hersteller für die fünf Teile empfiehlt, wobei sich die Einzelpreise für alle Teile auf 2 894 DM addieren. Tatsächlich verlangt die Handelsunternehmung für das gesamte Paket nur 1 994 DM. Dem Kunden wird gesagt, er spare 900 DM. Mit diesem Beispiel soll nicht verdeutlicht werden, daß ein Händler unter den vom Hersteller empfohlenen Preisen bleiben kann, sondern daß für ein

___

Euro, in: Mitteilungen des Instituts für Handelsforschung an der Universität zu Köln, 49. Jg. (1997), S. 191 f.

Leistungspaket ein Preis festgelegt wird, der unter der Summe der Einzelpreise bleibt. Es handelt sich bei der Preisbündelung auch nicht nur um einen Rabatt für größere Einkaufsbeträge, sondern um eine Preisstellungsmöglichkeit für bestimmte Situationen. Die Wirkung besteht darin, daß Kunden, denen ein einzelnes Teil vielleicht zu teuer wäre (im Beispiel vielleicht der CD-Player für 499 DM) diesen dennoch kaufen, weil ihnen der Paketpreis hinreichend attraktiv erscheint. Insofern können mit Preisbündelungsmaßnahmen Zusatzkäufe ausgelöst werden. Dabei müssen jedoch bestimmte Bedingungen gegeben sein.[26] So darf nicht generell erwartet werden, daß Umsatz und Gewinn eines Unternehmens steigen, wenn es Artikel bündelt und den Preis unterhalb der Summe der Einzelpreise festlegt. Vielmehr muß gelten, daß die Preise für einzelne Artikel über dem Betrag liegen, den ein Verbraucher zu verausgaben bereit ist, während sie für andere Artikel unter diesem Betrag liegen. Nicht ausgenutzte Preiszahlungsbereitschaften können dann von einem Artikel auf einen anderen übertragen werden. Preispolitisch ergeben sich mehrere Verfahrensweisen:
- Es gibt nur die Einzelpreisauszeichnung,
- es gibt sowohl Preise für einzelne Artikel als auch für Artikelbündel (gemischte Preisbündelung),
- bestimmte Artikel werden ausschließlich im Bündel verkauft.

Wie *Simon*[27] gezeigt hat, ist es im Einzelfall nicht leicht zu entscheiden, welches Preissetzungsverfahren optimal ist. Die Anwendung setzt Kenntnisse der kundenspezifischen Maximalpreise voraus, erfordert die Anwendung eines Optimierungsverfahrens und kann wettbewerbsrechtliche Probleme aufwerfen. Preisbündelung ist inzwischen in vielen Bereichen zu beobachten, bei Dienstleistungen (Flug plus Hotel), in Restaurants (Menüpreis), bei der Belegung von Anzeigen in mehreren Zeitschriften, im Handel (z. B. Preise für komplette Computeranlagen, Preise für Wagen mit einem Sonderausstattungspaket). Wahrscheinlich wird sie in weitere Bereiche Eingang finden.

Ein alter Traum des Fachhandels ist es, Preise zu entbündeln, d. h. die Beratung als Dienstleistung von dem Warengeschäft abzukoppeln. Dies wird immer dann gewünscht, wenn der Verbraucher sich im Fachhandel beraten läßt und sich dann die Ware an anderer Stelle ohne Beratung billiger besorgt. Dies ist bisher nur stellenweise gelungen, z. B. dort, wo Kosmetik- oder Farb-(Typ-)beratung isoliert werden und dem Kunden ein eigener Paß mit den Beratungsergebnissen ausgestellt wird oder in jenen Möbelgeschäften, die die Transportleistung vom Warengeschäft getrennt haben.

Preisbündelung und Entkopplung stellen also gleichermaßen intelligente Formen der Preisstellung dar. Überhaupt ist dies eine preispolitische Herausforderung: Wie können Preissysteme intelligent gestaltet werden? Neben den Maßnahmen zur Preisbündelung und zur Preisentbündelung sollte auch an die sog. nichtlineare Preissetzung gedacht werden (z. B. Bonussysteme).

---

[26] Vgl. Hermann, A./Bauer, H. H.: Ein Ansatz zur Preisbündelung auf der Basis der »Prospect«-Theorie, in ZfbF, 48. Jg. (1996), S. 675–694.
[27] Vgl. Simon, H.: Preisbündelung, in: ZfB, 62. Jg. (1992 b), S. 1213–1235.

# 8.5 Die Absatzwerbung

Während früher von der Reklame des Kaufmanns gesprochen wurde, dominierte in den Jahren nach 1950 zunächst der Begriff der Werbung bzw. der Absatzwerbung. Etwa ab 1980 wurde auch der Begriff der Kommunikationspolitik üblich, allerdings mit einer gegenüber der Absatzwerbung erweiterten Bedeutung, aber auch Begriffe wie Public Relations, Sponsoring und Corporate Identity wurden bedeutsam. Mit dem Begriff »Kommunikationspolitik« können alle Formen der Beeinflussung gegenüber den verschiedenen Gruppen, mit denen eine Unternehmung interagiert, erfaßt werden; das können also neben den aktuellen und potentiellen Abnehmern der angebotenen Leistungen auch Lieferanten, Kapitalgeber, die Öffentlichkeit und schließlich auch die eigenen Mitarbeiter sein. »Werbung« meint dagegen meistens nur jene Maßnahmen kommunikativer Art, die auf die Abnehmer gerichtet sind und für deren Einsatz die Unternehmung ein Entgelt bezahlen muß. Diese Einengung kommt allerdings in der Definition des Katalog E nicht zum Ausdruck, wo in allgemeiner Form von der Zielgruppe gesprochen wird:[1]

> *» Werbung – im Sinne von Absatzwerbung als dem bedeutendsten Teil der Werbung – soll durch den Einsatz spezieller Kommunikationsinstrumente, der Werbemittel, die Zielgruppe (Werbegemeinte, Werbeadressaten) über den Werber (den Werbungtreibenden) und sein Angebot informieren und insbesondere die Umworbenen veranlassen, sich im Sinne der Ziele des Werbers zu verhalten.«*

Im folgenden sollen unter Werbung nur jene betrieblichen Maßnahmen verstanden werden, die die aktuellen und potentiellen Nachfrager veranlassen, die Leistungen der Handelsunternehmung zu erwerben.

Die Beeinflussung der Zielgruppe kann in unterschiedlicher Form erfolgen. So können von der Gebäudegestaltung Wirkungen ausgehen, das Erscheinungsbild und das Auftreten der Mitarbeiter der Handelsunternehmung, insbesondere im Verkaufsbereich, können das Verhalten der Kunden beeinflussen, und schließlich ist an die Werbemaßnahmen i. e. S. zu denken. Auch hier verwendet der Katalog E eine relativ weite Abgrenzung, wenn er Werbemittel definiert:[2]

> *» Werbemittel sind für die Werbung geschaffene persönliche und sachliche Gestaltungsformen von Werbebotschaften. Beispiele sind die Anzeige, das Plakat, der Werbefernsehspot.«*

> *» Werbeträger sind Medien, die der Verbreitung (Streuung) der Werbemittel dienen. Sie werden auch als Streumedien bezeichnet. Durch sie werden die Werbemittel an die Werbeadressaten herangetragen. Beispiel für Werbeträger sind die Zeitung, die Plakatsäule und das Fernsehen . . . «*

In diese Definition werden persönliche und sachliche Werbebotschaften eingeschlossen. Das Verkaufsgespräch zählt dabei ebenso zu den Werbebotschaften wie die Geschäftsraumgestaltung. Im folgenden soll dagegen die personale Kommunikation ausgeschlossen bleiben, weil sie wegen ihres oft interaktiven Charakters eine eigenständige Betrachtung benötigt; auch die Gebäudegestaltung und die Verkaufsraumgestaltung einschl. der Schaufenstergestaltung sollen außer acht bleiben.

---

[1] Ausschuß für Begriffsdefinitionen aus der Handels- und Absatzwirtschaft (Hrsg.), 1995, S. 111.
[2] Ausschuß für Begriffsdefinitionen aus der Handels- und Absatzwirtschaft (Hrsg.), 1995, S. 111.

Die in der Literatur vorzufindenden Definitionen von Werbung stellen in fast vollständiger Übereinstimmung darauf ab, daß es sich um auf bestimmte Ziele ausgerichtete und bewußt eingesetzte Maßnahmen handelt; der Werbung kommt also Instrumentalcharakter zu, der zielgerichtet genutzt wird.

Zusammenfassend sei Werbung als der Einsatz von nicht-personalen Maßnahmen der Unternehmung unter Verwendung bestimmter Werbemittel und -träger definiert, um die aktuellen und potentiellen Kunden zur Erfüllung der Werbeziele zu veranlassen.

Eine genaue Abgrenzung der Werbung ist nicht nur wichtig, um das zu behandelnde Arbeitsfeld abzustecken, sondern auch um einen Eindruck zu gewinnen, welchen Stellenwert die Werbung im Handel einnimmt. Über die Höhe der Werbeausgaben der Handelsunternehmen in den einzelnen Bereichen unterrichten am besten die verschiedenen Betriebsvergleiche. Sie zeigen, daß die Werbeausgaben im Einzelhandel oft zwischen 1 % und 4 % vom Umsatz liegen, wobei die Streuung zwischen einzelnen Branchen, Betriebsformen und Betrieben jedoch beträchtlich ist.[3] Informationen über die Ausgestaltung der Werbung können auch Verbandsberichten oder speziellen Untersuchungen entnommen werden.[4] Beispielhaft seien die Werbeanstrengungen der REWE Dortmund angeführt (vgl. Abbildung 8.54).

Abbildung 8.54: Entwicklung und Struktur der Werbeausgaben bei der REWE Dortmund Großhandel e. G. (in Mio. DM)

| | 1993 | 1994 | 1995 | 1996 | 1997 |
|---|---|---|---|---|---|
| 8-seitige Handzettel (Anzahl) | 23,4 | 26,0 | 28,6 | 33,8 | 36 % |
| 4-seitige Handzettel | 6,5 | 11,7 | 13,0 | 16,9 | |
| Anzeigen in Tageszeitungen | | | | | 56 % |
| Radio, Großflächen, Verkehrsmittel, Sponsoring | | | | | 8 % |

Quelle: Geschäftsbericht der Rewe Dortmund Großhandel e. G. für das Jahr 1996

---

[3] Vgl. z. B. Kaapke, A.: Bericht über die Ergebnisse des Betriebsvergleichs der Einzelhandelsfachgeschäfte aus den alten und den neuen Bundesländern im Jahre 1995, in: Mitteilungen des Instituts für Handelsforschung, 48. Jg. (1996), S. 153–189.

[4] Über aktuelle Entwicklungen, z. B. die Umsätze einzelner Werbeträger, die werblichen Aktivitäten einzelner Branchen, rechtliche Bestimmungen usw. unterrichtet jährlich eine sehr instruktive Broschüre des Zentralverbandes der deutschen Werbewirtschaft: Zentralverband der deutschen Werbewirtschaft, 1997; des weiteren: Klein-Blenkers, F.: Die Werbung des Facheinzelhandels. Bericht über eine Untersuchung des Umfangs der Werbung und der Bedeutung der verschiedenen Werbemittelarten für den Facheinzelhandel, Köln – Opladen 1970; Klein-Blenkers, F./Hillesheim, J.: Die Werbekosten in der Bundesrepublik Deutschland 1984, Sonderheft 32 der Mitteilungen des Instituts für Handelsforschung an der Universität zu Köln, Köln 1984; Barth, K./Theis, H.-H.: Werbung des Facheinzelhandels, Wiesbaden 1991.

Abbildung 8.54 zeigt zum einen, daß REWE trotz eines stagnierenden Branchenumsatzes die Handzettelwerbung kräftig ausgedehnt hat (Auflage p. a.) und daß in diesem Unternehmen Anzeigen- und Handzettelwerbung den größten Teil der Werbeausgaben auf sich ziehen; immerhin wird aber auch berichtet, daß seit 1994 Rundfunkwerbung geschaltet wird, wobei im Jahr 1996 die Spots von 13 regionalen Sendern ausgestrahlt wurden.[5] So macht das Beispiel darauf aufmerksam, daß die Höhe der Werbeausgaben und die Entscheidung über die Art der verwendeten Werbemittel und -träger zu den wichtigen Entscheidungstatbeständen der betrieblichen Werbepolitik zählen.

## 8.5.1 Aktionsparameter, Ziele und Umweltparameter der Werbepolitik

Gemäß dem entscheidungstheoretischen Ansatz sind auch bei der Werbeplanung drei Elemente von zentraler Bedeutung,
– die im Rahmen der Werbeplanung festzulegenden Tatbestände (Aktionsparameter),
– die anzustrebenden Ziele (Werbeziele) und
– die zu beachtenden Ausgangsbedingungen (Umweltvariablen).

### Die Aktionsparameter der Werbeplanung

Entscheidungen über die Werbeaktivitäten haben sich auf die folgenden vier Bereiche zu erstrecken:

(1) Wie hoch sollte das Werbebudget einer Unternehmung bzw. eines einzelnen Betriebes sein?
Der hierfür vorgesehene Betrag geht nicht nur als absoluter Betrag in die Finanzplanung der Unternehmung ein, sondern wird häufig auch in Prozent des erwarteten Umsatzes fixiert.

(2) Wie sollte das Werbebudget auf die einzelnen Werbemittel und Werbeträger aufgeteilt werden?
Es stehen zahlreiche Werbemittel zur Verfügung, so insbesondere Anzeigen, Prospekte, Kataloge, Werbebriefe, Funkdurchsagen, Werbefilme und Schauwerbeveranstaltungen. Die Werbeträger reichen über die verschiedenen Printmedien, wie Tageszeitungen, Anzeigenblätter, Kundenzeitschriften und Adreßbücher, über die Medien von Film, Funk und Fernsehen, über die Medien der Außenwerbung, die Medien der Direktwerbung (Verteilerorganisationen) bis zu innerbetrieblichen Medien (Ladenfunk, Ladenfernsehen, elektronische Präsentationssysteme aus dem Multi-Media-Bereich).

---

[5] Vgl. REWE Dortmund Großhandel e. G. (Hrsg.): Jahres- und Geschäftsbericht 1996, S. 28 f.; die Angaben erfassen nicht die gesamten Werbeanstrengungen in dem zur Rewe gehörenden Verkaufsstellennetz.

**(3) Wie sollte die Werbebotschaft gestaltet sein?**

Hier steht je nach Werbemittel eine große Zahl von Gestaltungsparametern zur Verfügung. Von genereller Bedeutung ist jedoch die Frage, ob einzelne Produkte oder Leistungen beworben werden sollten oder ob die Werbemaßnahmen ohne Warenbezug als reine Firmenwerbung gestaltet werden sollten. Für jedes einzelne Werbemittel sind Kriterien erfolgreicher Werbung entwickelt worden, die jedoch nicht als Faustregeln, sondern als Elemente verstanden werden sollen, mit denen in einer bestimmten Situation (insbesondere bei der jeweiligen Zielgruppe und einer bestimmten Konkurrenzsituation) die Zielerreichung besonders gefördert wird. Ein Werbemittel sollte also immer nur in bezug auf bestimmte Werbeziele beurteilt werden. Insgesamt hat sich gezeigt, daß eine bildhafte Werbung einer textlichen Darstellung als überlegen angesehen wird.

**(4) Wann sollten die Werbemaßnahmen durchgeführt werden?**

Bekanntlich gelten für die meisten Handelsbetriebe beträchtliche Nachfrageschwankungen, z. B. saisonaler Art. Dies wirft die Frage auf, inwieweit die Handelsunternehmung diesen Schwankungen folgen bzw. ihnen vorauseilen sollte.

### Die Ziele der Werbeplanung

Die Festlegung der Werbeziele gehört zu den zentralen Aufgaben der Werbeplanung. Bekanntlich sind aus den Unternehmenszielen spezifische Werbeziele abzuleiten. Sie bilden den Bezugspunkt für die Beurteilung aller Werbemaßnahmen. Da durch Werbemaßnahmen das Verhalten der Nachfrager beeinflußt werden soll, ist jeweils zu prüfen, inwieweit eine solche Zielerreichung wahrscheinlich erscheint. Dies kann durch folgende Fragen erschlossen werden:

**(1) Wie groß ist die Wahrscheinlichkeit, daß es zu einem Kontakt zwischen dem Werbeträger und den Mitgliedern der Zielgruppe kommt?**

So setzt die Wirksamkeit von Plakatwerbung voraus, daß die umworbenen Personen in eine solche Nähe zu der Plakatanschlagstelle kommen, daß sie die Chance haben, das Plakat wahrzunehmen. Bei Zeitungsanzeigen stellt sich die Frage, wieviele Personen die jeweilige Ausgabe in die Hand nehmen, bei Rundfunkwerbung, wieviele sich im Umkreis eines eingeschalteten Gerätes befinden usw. Die Kontaktwahrscheinlichkeiten werden über ein differenziertes System von Kontaktgrößen erschlossen. Dazu zählen:

- die Reichweite als Zahl der mit einem Werbeträger oder mit einer Kombination von Werbeträgern mindestens einmal erreichten Personen,
- die Kontakthäufigkeit als Angabe, wie häufig die Mitglieder der Zielgruppe bei einer mehrmaligen Belegung von Werbeträgern erreicht werden, und
- die Kontaktsumme als Gesamtsumme der mit einem Mediaplan erreichten Kontakte.[6]

Die Kontaktmaße bilden die zentrale Grundlage für die zielgerichtete Auswahl der Werbeträger, wobei es einmal um einen Intermediavergleich geht (z. B. Anzahl der Kontakte bei Plakatanschlag im Vergleich zu der Anzahl der Kontakte bei Anzeigen-

---

[6] Nähere Angaben finden sich bei Müller-Hagedorn, L., 1996, S. 205–209.

werbung), zum anderen um einen Intramediavergleich, bei dem einzelne Organe (z. B. einzelne Zeitungen) innerhalb einer Gruppe von Werbeträgern verglichen werden.

### (2) Wie groß ist die Wahrscheinlichkeit, daß es zu einem Kontakt mit dem Werbemittel kommt?

Ein Werbeträgerkontakt garantiert noch keinen Werbemittelkontakt. So wird eine Person, die eine Tageszeitung durchblättert, nicht zwangsläufig eine dort abgedruckte Anzeige wahrnehmen oder auf den beigelegten Prospekt stoßen. Das Werbemittel muß die Aufmerksamkeit auf sich ziehen. Teilweise wird die einem Werbemittel zukommende Aufmerksamkeit durch Umstände bedingt, die dem Werbeträger eigen sind (so wird beispielsweise die abgedunkelte Atmosphäre dazu führen, daß Kinowerbung von einem größeren Teil der Anwesenden beachtet wird als Anzeigenwerbung in Zeitungen, die während des Frühstücks durchgeblättert werden), teilweise kann die Aufmerksamkeit aber auch durch die Gestaltung der Werbemittel beeinflußt werden. Bei der Vielzahl der Werbereize, der fast jede Person ausgesetzt ist, kommt diesen die Aufmerksamkeit auslösenden Faktoren eine große Bedeutung bei der Gestaltung von Werbemitteln zu.[7]

### (3) Welche Wirkungen werden von dem Werbemittel im Insystem der umworbenen Personen ausgelöst?

Die Beschäftigung mit dem Werbemittel führt zu internen Reaktionen, die sich in der Dauer der Auseinandersetzung, in ersten Eindrücken, in einstellungsrelevanten Aspekten und in Gedächtniswirkungen äußern. Aufgabe der Werbeplanung ist es, die gewünschten Reaktionen anzugeben (z. B. die Vorstellung auszulösen, daß es sich um eine preisgünstige Einkaufsstätte handelt) und jene Mittel auszuwählen, die das Hervorrufen der gewünschten Wirkung unterstützen (vgl. auch Abbildung 8.55).

**Abbildung 8.55:** Beispielhafte Zuordnung von internen Reaktionen der Umworbenen und Gestaltungselementen bei der Prospektwerbung

| Gewünschte Wirkung | Gestaltungselemente |
|---|---|
| Beurteilung als preisgünstige Einkaufsstätte | • Preissterne<br>• Verwendung der Farben rot und gelb<br>• Zusätze, wie »Preishit«, »Preishammer«, … |
| Erleichterung von Wiedererkennung und Identifikation der Unternehmung | • Plazierung des Firmennamens im rechten unteren Eck (bei Prospekten)<br>• Verwendung eines Firmenlogos<br>• Verwendung einer der Unternehmung zugeordneten Figur<br>• Eigenständiges Format |

---

[7] Vgl. hierzu insbesondere Kroeber-Riel, W.: Strategie und Technik der Werbung, 4. Auflage, Stuttgart 1993.

Zum Teil handelt es sich um Erfahrungen, zum Teil stehen psychologische Theorien zur Wirkung einzelner Elemente zur Verfügung.[8]

**(4) Inwieweit werden durch die Werbemaßnahmen sichtbare Verhaltensweisen, z. B. Aufsuchen einer Einkaufsstätte, Anfordern von Prospekten, Käufe, ausgelöst?**
Hierbei handelt es sich um die eigentlich interessierenden Zielgrößen, manchmal auch als ökonomische Werbeziele bezeichnet.
Je nach Problemstellung (z. B. Wahl des Werbemittels, Wahl des Werbeträgers, Wahl einer Gestaltungsalternative) stehen andere Werbeziele im Vordergrund. Auf jeden Fall ist es von großer Bedeutung für die Werbeplanung, ein System von Teilzielen zu entwerfen, das in sich stimmig ist und das mit den sonstigen Zielen der Unternehmung in Harmonie steht.

### Die situativen Gegebenheiten

Das strategische Konzept einer Unternehmung stellt die wichtigste Bedingung dar, die beim Entwurf von Werbemaßnahmen zu beachten ist. Ein strategisches Konzept macht Aussagen über die Zielgruppe der Unternehmung, ihr zentrales Leistungsversprechen und ihre Abgrenzung zur Konkurrenz. Diese Festlegungen müssen auch Richtschnur für die Ausgestaltung der Werbeplanung sein. Insofern sind alle Werbemaßnahmen daraufhin zu prüfen,
– ob sie der Zielgruppe entsprechen,
– ob sie das zur Konkurrenz gewünschte Verhältnis unterstützen,
– ob sie mit dem übrigen Auftritt der Unternehmung (z. B. ihrer Preispolitik) harmonieren.
Diese Einflußgrößen können im Zeitablauf Veränderungen unterworfen sein. So ist insbesondere zu beachten, daß die Konsumneigung der Verbraucher Schwankungen unterworfen ist.

## 8.5.2 Optimierende Allokation eines Werbebudgets

Handelsunternehmungen haben darüber zu entscheiden, wie sie ein bestimmtes Werbebudget verwenden sollen. So bieten sich zahlreiche Verwendungsmöglichkeiten an, wie die folgenden Fragen andeuten:
– Welcher Anteil des Werbebudgets soll einzelnen Verkaufsstellen zur Verfügung gestellt werden, damit diese in einem festgelegten Gebiet Werbung betreiben können?
– In welchem Ausmaß sollen einzelne Warenbereiche in die Werbung einbezogen werden?
– Wie weit soll das Einzugsgebiet abgesteckt werden, innerhalb dessen Werbeaktivitäten erfolgen sollen?
– Wie soll das Werbebudget auf einzelne Werbemittel oder Werbeträger aufgeteilt werden?
– Mit welcher Intensität sollen einzelne Kundengruppen umworben werden?

---

[8] Vgl. hierzu Behrens, G.: Werbung, München 1996, S. 271–313 (Psychologische Werbewirkungsuntersuchungen, psychologische Werbewirkungsmodelle).

Bei allen Fragestellungen handelt es sich um Spielarten des in der Ökonomie sehr häufig anzutreffenden Allokationsproblems, das allgemein dadurch gekennzeichnet ist, daß eine knappe Ressource auf verschiedene Verwendungsmöglichkeiten, allgemein als Allokationseinheiten bezeichnet, aufzuteilen ist. Während in der Theorie die Regel vorherrscht, daß ein knappes Budget so auf die einzelnen Einheiten aufzuteilen ist, daß sich die Grenzerträge in den einzelnen Verwendungseinheiten entsprechen, werden in der Praxis Kennzahlen verwendet, wie z. B. diejenige, nach der das Budget entsprechend dem bisher erzielten Umsatz aufgeteilt wird. Auf beide Verfahren wird im folgenden eingegangen.

## Mikroökonomische Optimierungsverfahren

Mikroökonomische Optimierungsverfahren gehen von der Vorstellung aus, daß erhöhte Werbeaufwendungen zu einem Ansteigen des Umsatzes führen, wobei der Grenzumsatz ab einer gewissen Größenordnung abnehmen wird. So wird im Regelfall ein höherer Umsatz erzielt werden, wenn Prospekte nicht nur alle sechs Wochen, sondern alle vier Wochen oder sogar alle 14 Tage verteilt werden; der Umsatz wird auch steigen, wenn die Prospekte nicht nur in den unmittelbar um die Verkaufsstelle gelegenen Quartieren, sondern auch in weiter entfernten verteilt werden. Es wird also von der Existenz einer Marktrekationsfunktion ausgegangen, die die Abhängigkeit des Umsatzes in der Allokationseinheit i von den auf diese Einheiten bezogenen Werbeanstrengungen angibt. Es wird unterstellt, daß die einzelnen Allokationseinheiten voneinander unabhängig sind. Sollten sich die Handelsspannen in einzelnen Verkaufsstellen unterscheiden (z. B. aufgrund unterschiedlicher Sortimente oder unterschiedlicher Kalkulationssätze), wäre nicht der Umsatz, sondern der Bruttoertrag zu maximieren. Beispielhaft sei im folgenden betrachtet, wie ein vorgegebenes Werbebudget auf einzelne Verkaufsstellen aufgeteilt werden soll, um dort Werbemaßnahmen in Form von Prospekten oder Anzeigen zu ermöglichen. Die optimale Aufteilung eines vorgegebenen Werbebudgets ergibt sich dann aus dem folgenden Optimierungsmodell, wobei den Symbolen folgende Bedeutung zukommt:

$B$ = Bruttoertrag aller Verkaufsstellen

$s_i$ = erzielte Spanne (in Prozent des Umsatzes) in der Verkaufsstelle i (i = 1, ..., n)

$X_i$ = der Verkaufsstelle i für Werbezwecke zur Verfügung gestellter Geldbetrag

$U_i(X_i)$ = Marktreaktionsfunktion: Abhängigkeit des Umsatzes der Verkaufsstelle i vom Werbeaufwand der Verkaufsstelle

$R$ = Gesamtes Werbebudget

Der Bruttoertrag des Unternehmens ist unter der Annahme, daß das vorgegebene Werbebudget nicht überschritten wird, zu maximieren.

(14) $\quad B = \sum_{i \in I} s_i U_i(x_i) \rightarrow$ max!

(15) $\quad \sum_{i \in I} x_i = R$

(16) $\quad x_i \geq 0 \quad (i \in I)$

Unterstellt man stetige Reaktionsfunktionen, die durch den Ursprung gehen, so daß (16) automatisch erfüllt ist, erhält man eine Lösung dieses Problems durch Aufstellen einer Lagrange-Funktion. Im Regelfall wird jedoch eine Verkaufsstelle auch dann einen gewissen Umsatz erzielen, wenn sie auf den Einsatz von Werbemitteln verzichtet, was bedeutet, daß nicht erwartet werden kann, daß die Umsatzfunktion durch den Ursprung geht. Diese formale Bedingung kann jedoch durch geeignete Formulierung der Reaktionsfunktion erfüllt werden, indem z. B. in die Reaktionsfunktion nur jene Umsätze einbezogen werden, die sich als Mehrumsatz gegenüber einem gedachten Werbeeinsatz von Null ergeben. Die Lagrange-Funktion lautet dann:

$$(17) \qquad L = \sum_{i \in I} s_i U_i(x_i) - \lambda \cdot \left( \sum_{i \in I} x_i - R \right) \rightarrow \text{max!}$$

Differenziert man diese Funktion partiell nach den Budgets der einzelnen Allokationseinheiten und setzt man die Ableitungen gleich Null, so erhält man folgende Optimalitätsbedingungen:

$$(18) \qquad \frac{\partial L}{\partial x_i} = s_i \cdot \frac{\partial U_i}{\partial x_i} - \lambda \overset{!}{=} 0 \qquad (i \in I)$$

bzw.

$$(19) \qquad s_i \cdot \frac{\partial U_i}{\partial x_i} = \lambda$$

Daraus erkennt man, daß bei einer optimalen Allokation des Werbebudgets die Grenz-Bruttoerträge aller Verkaufsstellen gleich sein müssen. Nur bei vergleichsweise einfachen Reaktionsfunktionen, wie z. B. der semilogarithmischen Funktion, kann man eine analytische Lösung erhalten.[9] In anderen Fällen müssen Algorithmen entwickelt werden, mit denen das Problem numerisch gelöst werden kann.[10]
Die Problemstrukur läßt sich erweitern, wenn die Berechnung für alternative Werbebudgets wiederholt wird und durch einen entsprechenden Vergleich der Differenz von Bruttoertrag und Werbekosten das optimale Werbebudget ermittelt wird.
Kritisiert wird an diesem Verfahren, daß es den Unternehmen kaum möglich ist, die benötigten Reaktionsfunktionen anzugeben, zumal Beobachtungen nur zu einem kleinen Ausschnitt des Funktionsverlaufs vorliegen, für den viele Funktionstypen fast gleich hohe Anteile der erklärten Varianz liefern.[11] Aus unterschiedlichen Funktionstypen folgen unterschiedliche Allokationsempfehlungen, was dazu geführt hat, daß kennzahlengestützte Verfahren weiterhin eine große Bedeutung in der Praxis haben.

### Kennzahlengestützte Verfahren zur Allokation

Eine Kennzahl, die sich aufdrängt, um ein Budget auf die einzelnen Verkaufsstellen aufzuteilen, scheint der bisherige Umsatz der Verkaufsstellen zu sein. Danach hätte

---

[9] Doyle, P./Saunders, J.: Multiproduct Advertising Budgeting, in: Marketing Science, Vol. 9 (1990), No. 2, S. 97–113.

[10] Vgl. z. B. Mantrala, M. K./Sinha, P./Zoltners, A. A.: Impact of Resource Allocation Rules on Marketing Investment-Level Decisions and Profitability, in: Journal of Marketing Research, Vol. 29 (1992), S. 162–175.

[11] Saunders, J.: The Specification of Aggregate Market Models, in: European Journal of Marketing, Vol. 21 (1987), No. 2, S. 5–47.

eine Verkaufsstelle, die einen doppelt so hohen Umsatz wie eine andere erzielt hat, auch ein doppelt so hohes Werbebudget zu erhalten; Werbeaufwand und Umsatz der Verkaufsstellen hätten also in einem festen und gleichen Verhältnis zueinander zu stehen (z. B. 4 % vom Umsatz). Dieses Verfahren berücksichtigt gegenüber einer Gleichverteilung der Mittel, daß Verkaufsstellen mit einem vergleichsweise hohen Umsatz auch eine größere Zahl von zu bewerbenden Kunden aufweisen. Mit einer umsatzproportionalen Zuweisung will man zum einen das bisher erreichte Umsatzniveau halten, zum anderen glaubt man, daß sich bei einem schon bisher hohen Umsatzniveau mit bestimmten Werbeaufwendungen ein absolut höherer Umsatzzuwachs erzielen läßt als in einer umsatzschwächeren Verkaufsstelle. Der wichtigste Nachteil dieses Verfahrens ist darin zu sehen, daß keine expliziten Vorstellungen über den Einfluß alternativer Werbebudgets auf den Umsatz vorliegen. Vereinfachend wird unterstellt, daß die Umsatzwirkung jeweils in gleichem proportionalem Verhältnis zum Werbeeinsatz erfolgt. Des weiteren wird eingewendet, daß die Orientierung an den bisher erzielten Umsätzen eine rückwärtsgerichtete Betrachtung sei; aufgrund vielfältiger Faktoren (z. B. Eintritt neuer Konkurrenten) könnten für die Planperiode andere Umsatzerwartungen gelten als für die Vergangenheit. Da für die Erzielung der Planumsätze ein bestimmter Werbeaufwand notwendig sei, habe sich die Aufteilung des Werbebudgets an den aktuellen Planwerten zu orientieren. Umsatzplanwerte haben gegenüber den realisierten Umsatzwerten den Vorteil, daß sie zukünftige Gegebenheiten berücksichtigen. Aber auch hier wird – in wahrscheinlich unzulässiger Weise – eine lineare Beziehung zwischen Umsatz und Budget unterstellt. Kennzahlengestützte Verfahren werden, da sie von keinen expliziten, realistisch erscheinenden Wirkungsfunktionen ausgehen, nicht zu einer optimalen Allokation der Werbemittel führen. Auf der anderen Seite haben aber auch die mikroökonomischen Optimierungsmodelle ihre Nachteile, da nicht davon ausgegangen werden kann, daß hinreichend zuverlässige Informationen über die geltende Marktwirkungsfunktionen vorliegen. In Anbetracht dieser Sachlage hat *Albers* vorgeschlagen, eine heuristische Allokationsregel zu verwenden, die sich an der Optimalitätsbedingung des Optimierungsmodelles orientiert. Hierauf wird im folgenden eingegangen.

### Heuristische Allokationsregel nach Albers

Wegen der einfachen Handhabbarkeit von Kennzahlen ist *Albers* der Frage nachgegangen, ob sich nicht eine Kennzahl ableiten läßt, die bei wiederholter Anwendung dem optimalen Punkt der mikroökonomischen Optimierungstheorie nahe kommt.[12] Ausgangspunkt ist die in (19) angegebene Optimalitätsbedingung, die um einen Term aus optimalem Umsatz und optimalem Budget erweitert wird. Es ergibt sich somit:

$$(20) \qquad s_i \cdot \frac{\partial U_i}{\partial x_i} \cdot \frac{x_i^{opt}}{U_i^{opt}} \cdot \frac{U_i^{opt}}{x_i^{opt}} = \lambda \qquad (i \in I)$$

Verwendet man $\varepsilon_i$ als Ausdruck für die Umsatzelastizität, so kann (20) nach einer Substitution auch in der Form von (21) geschrieben werden.

---

[12] Vgl. zu dem folgenden: Albers, S.: Regeln für die Allokation eines Marketing-Budgets auf Produkte oder Marktsegmente, in: ZfbF, 50. Jg (1998), S. 211–235.

(21) $\quad s_i \cdot \varepsilon_i^{opt} \cdot \dfrac{U_i^{opt}}{x_i^{opt}} = \lambda \qquad\qquad$ mit $\qquad\qquad \varepsilon_i^{opt} = \dfrac{\partial U_i}{\partial x_i} \cdot \dfrac{x_i^{opt}}{U_i^{opt}} \qquad (i \in I)$

Löst man (21) nach dem optimalen Budget auf, erkennt man, daß dieses im Optimum dem Produkt aus Bruttoertrag und Elastizität geteilt durch den Lagrange-Multiplikator entspricht.

(22) $\quad x_i^{opt} = \dfrac{1}{\lambda} \cdot s_i \cdot U_i^{opt} \cdot \varepsilon_i^{opt} \qquad (i \in I)$

Summiert man die optimalen Beträge für die einzelnen Verkaufsstellen, so erhält man gemäß der Nebenbedingung das Gesamtbudget gemäß (23)

(23) $\quad R = \sum_{i \in I} x_i^{opt} = \dfrac{1}{\lambda} \cdot \sum_{i \in I} s_i \cdot U_i^{opt} \cdot \varepsilon_i^{opt}$

Setzt man das Budget für eine individuelle Verkaufsstelle zum Gesamtbudget in Beziehung, gilt (24).

(24) $\quad \dfrac{x_i}{R} = \dfrac{\dfrac{1}{\lambda} \cdot s_i \cdot U_i^{opt} \cdot \varepsilon_i^{opt}}{\dfrac{1}{\lambda} \cdot \sum_{j \in I} s_j \cdot U_j^{opt} \cdot \varepsilon_j^{opt}} \qquad (i \in I)$

Aus (24) läßt sich durch Umformen die Optimalitätsbedingung (25) für das Budget einer einzelnen Verkaufsstelle ableiten.

(25) $\quad x_i = \dfrac{s_i \cdot U_i^{opt} \cdot \varepsilon_i^{opt}}{\sum_{j \in I} s_j \cdot U_j^{opt} \cdot \varepsilon_j^{opt}} \cdot R \qquad (i \in I)$

Die Optimalitätsbedingung läßt erkennen, daß eine Bemessung der Werbeausgaben entsprechend dem Umsatz oder dem Bruttoertrag nicht zum Optimum führt. Vielmehr muß zusätzlich auch berücksichtigt werden, inwieweit der Bruttoertrag durch Budgetänderungen beeinflußt werden kann, was sich in der Elastizität ausdrückt. Da nun die Elastizität im optimalen Punkt nicht bekannt ist, schlägt *Albers* vor, hilfsweise statt des optimalen Umsatzes den Umsatz der Vorperiode zu verwenden und statt der im Optimum geltenden Elastizität die Elastizität einzusetzen, die sich aus den jüngsten Werten der Werbeausgaben und des zugehörigen Umsatzes entsprechend ermitteln läßt (26):[13]

(26) $\quad \varepsilon_{i,t-1} = \dfrac{\dfrac{U_{i,nachher}}{U_{i,vorher}} - 1}{\dfrac{x_{i,nachher}}{x_{i,vorher}} - 1} = \dfrac{\ln\left(\dfrac{U_{i,nachher}}{U_{i,vorher}}\right)}{\ln\left(\dfrac{x_{i,nachher}}{x_{i,vorher}}\right)}$

Die Allokationsregel lautet dann, wie in (27) angegeben.

---

[13] (26) ergibt sich als Approximation aus der Preiselastizität.

(27)  $\quad x_{i,t} = \dfrac{s_i \cdot U_{i,t-1} \cdot \varepsilon_{i,t-1}}{\displaystyle\sum_{j \in J} s_j \cdot U_{j,t-1} \cdot \varepsilon_{j,t-1}} \cdot R$

Da diese Allokationsregel nur eine Heuristik darstellt, hat *Albers* in Simulationsstudien untersucht, ob sie bei wiederholter Anwendung zu der optimalen Lösung konvergiert und wie stark ihr Grad an Suboptimalität ist. Dabei hat er die Simulationsläufe variiert, indem er unterschiedliche Marktwirkungsfunktionen unterstellt hat, indem er die Marktwirkungsfunktionen für die einzelnen Allokationseinheiten in mehr oder minder großem Ausmaß unterschiedliche Werte annehmen ließ und indem er unterschiedlich suboptimale Werte als Ausgangslösungen wählte. Insgesamt stellt er fest:

> »*Folglich stellt die Allokationsregel »Deckungsbeitrag · Elastizität« für reale Probleme mit beliebig konkaven Reaktionsfunktionen eine hervorragende Regel dar, die bereits bei einmaliger Anwendung, selbst bei stark suboptimalen Ausgangslösungen, zu einer drastischen Lösungsverbesserung führt und zudem bei mehrmaliger Anwendung zum wahren Optimum konvergiert.*«

Die Simulationsergebnisse ermutigen also dazu, aus der Mikroökonomie übernommene Lösungsmuster für die Allokation von Werbebudgets fortzuentwickeln, wiewohl unterstellt werden muß, daß die verwendeten Schätzgrößen für die Elastizitäten die tatsächliche Reaktion des Marktes auf Veränderungen des Werbebudgets angeben. Dies ist insbesondere deswegen problematisch, weil die zur Berechnung der Elastizität herangezogenen Umsatzzahlen auch durch weitere Faktoren beeinflußt sind (z. B. Änderungen im Sortiment).

## 8.5.3 Ökonometrische Wirkungsmessung

Da ein Werbebudget in vielfältigster Weise auf einzelne Allokationseinheiten (Verkaufsstellen, Werbemittel, Werbeträger) aufgeteilt werden kann, kommt der Frage besondere Bedeutung zu, inwieweit sich die Werbewirkung der Verwendungsarten unterscheidet. Dies ist das Feld der ökonometrischen Werbewirkungsmessung, bei der der Versuch gemacht wird, Erfolgsgrößen zu Einflußgrößen in Beziehung zu setzen. Kurz soll über eine Studie auf dem Computermarkt berichtet werden, die sich durch außergewöhnlich gute Resultate auszeichnete.[14]
Die Verfasser untersuchten den Werbeerfolg in einer Unternehmung, die ihr Budget in die Kommunikationsmittel investieren konnte, in Seminare, in Messen und in Printmediawerbung. Gestützt auf die hierfür in den vergangenen Perioden getätigten Ausgaben und die in diesen Perioden erzielten Umsätze testeten sie vier Modelle:

---

[14]  Barzen, D./Richter, M.: Ökonometrische Werbewirkungsmessung für das Kommunikations-Mix. Dargestellt am Beispiel des Computermarktes, in: Marketing ZFP, 11. Jg. (1989), H. 2, S. 103–109.

## 1. Ein statisch, additiv-lineares Modell:

(28)     $U_t = a_0 + a_1 \, sem_t + a_2 \, mes_t + a_3 \, print_t$

mit:

$U_t$      = Umsatz in der Periode t (t = 1, . . . k)
$a_0, a_i$   = Regressionsparameter (i = 1, . . . n)
$sem_t$   = Kosten für Seminare in der Periode t (t = 1, . . ., k)
$mes_t$   = Kosten für Messen in der Periode t (t = 1, . . ., k)
$print$    = Kosten für Printwerbung

Der Umsatz einer Periode wird durch die Ausgaben in der jeweiligen Periode beeinflußt. Es werden lineare Beziehungen unterstellt.

## 2. Ein statisches, nicht-lineares Modell:

(29)     $\log U_t = \log a_0 + a_1 \log sem_t + a_2 \log mes_t + a_3 \log print_t$

Die Logarithmierung der Ausgangsdaten erlaubt, Verfahren der linearen Regression anzuwenden, um dennoch nicht-lineare Beziehungen zwischen den Ausgangsvariablen zu ermitteln. Auch in diesem Modell werden nur die Daten der jeweiligen Perioden gegenübergestellt.

## 3. Ein dynamisches, additiv-lineares Modell:

(30)     $U_t = d_0 + d_1 \, sem_t + d_2 \, mes_t + d_3 \, print_t$

mit:

$d_0, d_i$  = Regressionsparameter (i = 1, . . . n)

Die Regressionskoeffizienten $d_i$ erfassen also nicht nur die Wirkung von Werbemaßnahmen der Periode, in der der Umsatz erzielt worden ist, sondern auch von Maßnahmen in den vorhergehenden Perioden. Dies wird in der Form berücksichtigt, daß für jede Periode ein Ausgabenbetrag für Seminare, Messen und Printwerbung ermittelt wird, der sich aus den tatsächlichen Ausgaben der jeweiligen Periode und den früheren Ausgaben ergibt, wobei diese in der beschriebenen Art gewichtet werden.
In diesem Modell wird berücksichtigt, daß der Umsatz einer Periode nicht nur durch kommunikative Maßnahmen in der jeweiligen Periode, sondern auch durch Maßnahmen in der Vorperiode beeinflußt sein kann. Es wird unterstellt, daß die Wirkung um so stärker abnimmt, je weiter die Maßnahme zeitlich zurückliegt (z. B. 0,5 für die vorhergehende Periode, 0,25 für t−2 und 0,125 für t−3).

**Abbildung 8.56:** Ergebnisse mit verschiedenen Modellen _____

| | $R^2$ | Signifikanz bei 0,05 (F) |
|---|---|---|
| 1. statisch, additiv-linear | 0,17 | – |
| 2. statisch, logarithmiert | 0,42 | signifikant |
| 3. dynamisch, additiv-linear | 0,56 | signifikant |
| 4. dynamisch, logarithmiert | 0,76 | signifikant |

4. Ein dynamisches, nicht-lineares Modell:

(31) $\quad \log U_t = \log d_0 + d_1 \log \text{sem} + d_2 \log \text{mes} + d_3 \log \text{print}$

Die Ergebnisse zeigen, daß komplexere Modelle bessere und durchaus zufriedenstellende Ergebnisse erzielen.

# 8.6 Die Verkaufsraumgestaltung

Zu den absatzpolitischen Entscheidungen des Einzelhandels, die aufgrund des Zwangs, Personalkosten einzusparen, immer bedeutender werden, zählt die Ausgestaltung der Verkaufsfläche. *Kotler* hat die Ladenatmosphäre 1973 als eigenständiges Konzept in die Marketingliteratur eingeführt.[1] Durch sie kann das Einkaufsverhalten der Verbraucher in bedeutender Weise beeinflußt werden. Dabei lassen sich neben den architektonischen Gestaltungsmöglichkeiten, auf die hier nicht eingegangen wird, die folgenden Planungsbereiche der internen Standortpolitik benennen.[2]

1. Die Bildung von Warenbereichen: Nach welchen Kriterien sollen einzelne Artikel zu Warenbereichen zusammengefaßt werden?
2. Die Aufteilung der Verkaufsfläche: Wie soll die vorhandene Verkaufsfläche auf die in der Sortimentsplanung festgelegten Warenbereiche verteilt werden? Die Vergabe von Verkaufsfläche an die Warenbereiche ist in quantitativer und qualitativer Sicht (wo sollten einzelne Warenbereiche plaziert werden?) zu sehen.
3. Die Aufteilung der Regalkapazität: Welche Anteile sollen einzelne Artikel an der vorhandenen Regalkapazität erhalten, und wo sollen sie innerhalb der Warenträger plaziert werden?

Bei der Festlegung dieser Parameter ist eine Vielzahl von Einflußgrößen zu beachten, die wie folgt systematisiert werden können (vgl. den linken Teil der Abbildung 8.57):
– Innerbetriebliche Bestimmungsfaktoren,
– Ziele des Handels (sofern sie für die innerbetriebliche Standortpolitik des Handelsbetriebes ein Datum darstellen),
– sonstige innerbetriebliche Restriktionen (Raum, Personal, Liquidität und Ware),
– das Verhalten der Lieferanten,
– das Verhalten der Konsumenten,
– das Verhalten der Konkurrenten,
– gesetzliche Regelungen.

---

[1] Kotler, P.: Atmospherics as a Marketing Tool, in: Journal of Retailing, Vol. 49 (1973), No. 4, S. 48–64.
[2] Vgl. auch den Überblick bei *Gröppel*, die als Elemente des In-Store-Marketing das Ladenlayout, die quantitative und qualitative Raumzuteilung, das Interior Design und die Gestaltung des Raumumfeldes unterscheidet, Gröppel, A.: In-Store-Marketing, in: Tietz, B./Köhler, R./Zentes, J. (Hrsg.): HWM, 2. Auflage, Stuttgart 1990 b, Sp. 1020–1030.

Abbildung 8.57: Umweltgrößen, Planungsbereiche und Ergebnisse der internen Standortpolitik im Einzelhandel

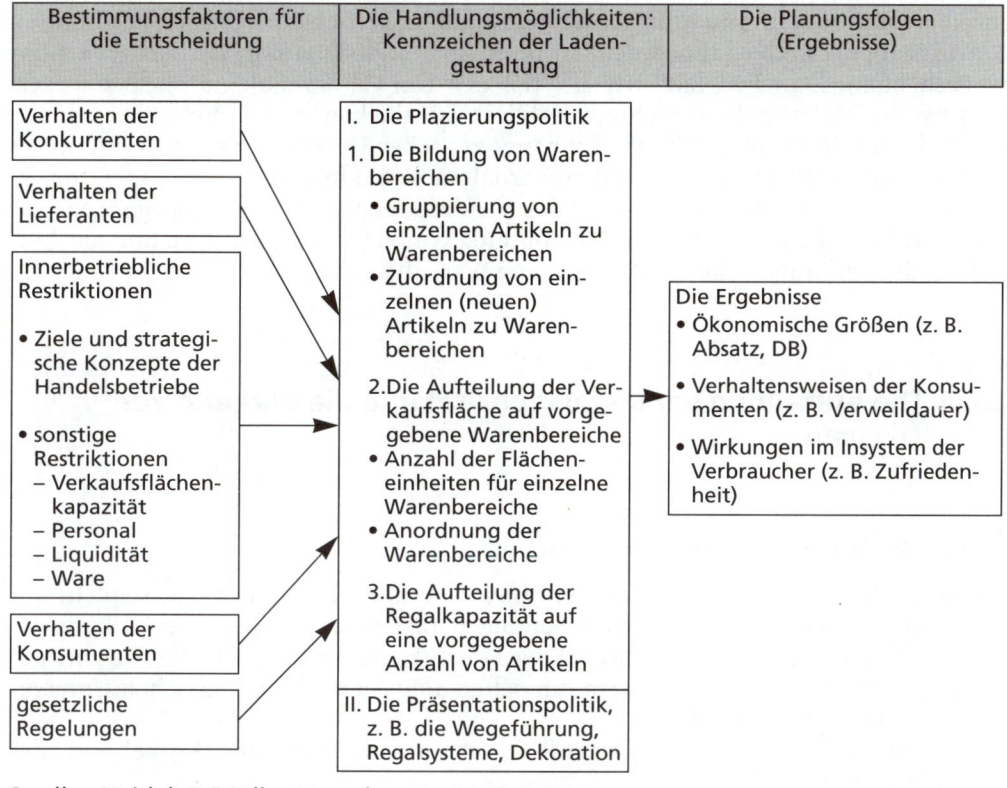

| Bestimmungsfaktoren für die Entscheidung | Die Handlungsmöglichkeiten: Kennzeichen der Ladengestaltung | Die Planungsfolgen (Ergebnisse) |
|---|---|---|

Verhalten der Konkurrenten

Verhalten der Lieferanten

Innerbetriebliche Restriktionen

• Ziele und strategische Konzepte der Handelsbetriebe

• sonstige Restriktionen
  – Verkaufsflächenkapazität
  – Personal
  – Liquidität
  – Ware

Verhalten der Konsumenten

gesetzliche Regelungen

I. Die Plazierungspolitik

1. Die Bildung von Warenbereichen
• Gruppierung von einzelnen Artikeln zu Warenbereichen
• Zuordnung von einzelnen (neuen) Artikeln zu Warenbereichen

2. Die Aufteilung der Verkaufsfläche auf vorgegebene Warenbereiche
• Anzahl der Flächeneinheiten für einzelne Warenbereiche
• Anordnung der Warenbereiche

3. Die Aufteilung der Regalkapazität auf eine vorgegebene Anzahl von Artikeln

II. Die Präsentationspolitik, z. B. die Wegeführung, Regalsysteme, Dekoration

Die Ergebnisse
• Ökonomische Größen (z. B. Absatz, DB)
• Verhaltensweisen der Konsumenten (z. B. Verweildauer)
• Wirkungen im Insystem der Verbraucher (z. B. Zufriedenheit)

Quelle: Heidel, B./Müller-Hagedorn, L., 1989, S. 20

Maßnahmen zur internen Standortpolitik zeigen unterschiedliche Wirkungen, einmal solche, die sich im betrieblichen Rechnungswesen dokumentieren (z. B. Umsatz insgesamt, Umsatz in einzelnen Warenbereichen oder bei einzelnen Artikeln, Deckungsbeiträge usw.), zum anderen solche, die das Verhalten der Konsumenten widerspiegeln, ohne daß dabei einzelne Umsatzakte betrachtet werden (z. B. die Verweildauer der Konsumenten in einer Verkaufsstelle, die Häufigkeit, mit der sie eine Verkaufsstelle aufsuchen usw.) und schließlich in Größen, die das Insystem der Verbraucher charakterisieren, z. B. die Zufriedenheit der Verbraucher mit der Ausgestaltung einer Verkaufsstelle (vgl. den rechten Teil der Abbildung 8.57).
Eine zielgerichtete Verkaufsraumgestaltung erfordert Kenntnisse über das Verhalten der Verbraucher. So ist beispielsweise zu fragen, ob Verbraucher tatsächlich dazu neigen, bestimmte Regalzonen zu bevorzugen, ob sich die Anordnung der Waren im Verkaufsraum auf das Verhalten der Kunden auswirkt, ob eine Plazierungsanordnung von verwendungsverbundenen Artikeln den Absatz der Produktgruppe beeinflußt usw. Überhaupt sind die Verhaltensweisen und Bestimmungsfaktoren des Verhaltens von Verbrauchern in der Einkaufsstätte näher zu analysieren. Im Sinn der

Marketingkonzeption ist zu fragen, welche Anforderungen ein Verbraucher an die Ausgestaltung einer Verkaufsstelle stellt. Die vorliegenden Untersuchungen gründen allerdings weitgehend auf dem SR-Konzept und begnügen sich damit festzustellen, ob in einer bestimmten Situation (einer bestimmten Betriebsform, einer bestimmten Warengruppe) durch Maßnahmen der internen Standortplanung der Absatz erhöht werden kann. Daneben hat sich als Teil der Umweltpsychologie auch eine verhaltenswissenschaftliche Forschung etabliert, auf die hier jedoch nicht eingegangen wird.[3] Dort geht es um die Zusammenhänge zwischen Ladengestaltung, emotionalen und kognitiven Wirkungen sowie dem Verhalten beim Einkauf.

Im folgenden wird auf drei Bereiche der Verkaufsraumgestaltung eingegangen, auf die Aufteilung der Regalkapazität, die Bildung von Plazierungsgruppen und die Aufteilung der Verkaufsfläche auf vorgegebene Warenbereiche.

## 8.6.1 Die Aufteilung der Regalkapazität und die Wirkung von Displays

### Empirische Studien zur Regalgestaltung

Regalgestaltungsmaßnahmen können erlös- und/oder kostenwirksam sein. In der Literatur finden sich vor allem Untersuchungen über die akquisitorische Wirkung der internen Standortpolitik (in der Regel wird der Absatz untersucht). Die Auswirkungen auf die Kosten werden dagegen nur selten analysiert. Die empirischen Untersuchungen konzentrieren sich

(1) auf die Wirkung von Displays auf den Absatz der plazierten Artikel bzw. der Substitutionsartikel,

(2) auf die Wirkung des Regalstandortes und

(3) auf die Wirkung der Frontlänge (Anzahl der Frontstücke) oder des Regalraumes auf den Absatz bzw. auf den Marktanteil.

Lediglich in der Untersuchung von *Kennedy* wird ein Kostenaspekt (die Kosten durch Diebstahl) mit untersucht.[4]

Die empirischen Ergebnisse zur Wirkung von Displays bestätigen, daß der Absatz über Displays weitgehend zusätzlichen Umsatz darstellt. Bei den Studien über die Wirkung von Standorten innerhalb eines Regals und der Anzahl der Frontstücke, die einzelnen Artikeln zur Verfügung gestellt werden, sind die Ergebnisse heterogen. Dies veranlaßte *Nieschlag/Dichtl/Hörschgen* zu der Feststellung »Spärlichkeit und Widersprüchlichkeit einschlägiger Befunde lassen es ... also nicht geraten erscheinen, die positive Regalflächenelastiztät als Element gesicherten Marketingwissens zu in-

---

[3] Vgl. hierzu Bost, E.: Ladenatmosphäre und Konsumentenverhalten, Heidelberg 1987; Donovan, R. J./Rossiter, J. R./Marcoolyn, G. et al: Store Atmosphere and Purchasing Behavior, in: Journal of Retailing, Vol. 70 (1994), S. 283–294; Gröppel, A.: Erlebnisstrategien im Einzelhandel, Heidelberg 1991, S. 112–137.

[4] Vgl. Kennedy, J. R.: The Effect of Display Location on the Sales and Pilferage of Cigarettes, in: Journal of Marketing Research, Vol. 7 (1970), No. 2, S. 210–215.

ventarisieren.«[5] Im Gegensatz dazu steht allerdings die Aussage von *R. P. Leone* und *R. L. Schultz* »Nonetheless, the empirical research in this area is in general agreement that there is a positive relationship between shelf space and unit sales.«[6]

Abbildung 8.58: Empirische Untersuchungen über die Wirkung von Maßnahmen zur Regalgestaltung

| Untersuchungs-bereich | Autoren | Ergebnisse |
|---|---|---|
| **1. Die Wirkung von Displays auf den Absatz** | | |
| a) Absatz = f (Displayort) | Curhan (1974)<br><br>Dyer (1980) | Der Ort eines Displays wirkt sich auf den Absatz der displayplazierten Artikel aus (untersucht werden Artikel aus dem Obst- und Gemüsesortiment). Displayplazierte Dosensuppen, Tee und Glühbirnen werden mit den höchsten Steigerungen gegenüber der Normalplazierung im Eingangsbereich verkauft. |
| b) Absatz = f (Display) | Chevalier (1975)<br><br><br><br><br><br>A. C. Nielsen Company (1983)<br>Milde (1986) | Bei 16 untersuchten Artikeln wird festgestellt, daß Display-Plazierung den Absatz zwischen 312 % und 1 197 % gegenüber der Normalplazierung erhöht, wobei sich Displays bei neuen Produkten und bei Produkten, die mit anderen stark im Wettbewerb stehen, signifikant auswirken.<br>In 11 von 12 Warengruppen werden mit Display-Plazierungen Absatzsteigerungen zwischen durchschnittlich 8 und 82% erzielt.<br>Am Beispiel einer Schokoladenmarke wird gezeigt, daß sich durch die Display-Plazierung der Absatz c. p. um 63 % steigern läßt; bei 30 % Preisreduktion, gleichzeitiger Anzeige in der Tageszeitung und Handzettelwerbung beträgt die Steigerung rechnerisch 3.080 %. |
| c) Wirkung von Displays auf Substitutionsartikel | Chevalier (1975/1976)<br><br>Wilkinson, Paksoy und Mason (1981)<br><br>Gagnon und Osterhaus (1985) | Bei 16 displayplazierten Artikeln kann keine Substitutionswirkung auf andere Artikel aus derselben Warengruppe festgestellt werden.<br>Bei allen vier untersuchten Artikeln aus dem Lebensmittelbereich erbringt die Displayplazierung den höchsten Absatz. Die Substitutionswirkung ist gering.<br>2 Artikel aus dem Drogerie-/Apothekenbereich erbringen bei Displayplazierung signifikant höheren Absatz; keine Auswirkung auf den Absatz derselben Artikel im Regal. |
| d) Auswirkung von Displays auf den Absatz und Diebstahl | Kennedy (1970) | Der höchste Absatz (Zigaretten) wird im Gang in der Nähe der Kassenzone erzielt. Die höchste Diebstahlgefahr wird im hinteren Teil des Ladens ermittelt. |

---

[5] Nieschlag, R./Dichtl, E./Hörschgen, H.: Marketing, 17. Auflage, Berlin 1994, S. 445.
[6] Leone, R. P./Schultz, R. L.: A Study of Marketing Generalizations, in: Journal of Marketing, Vol. 44 (1980), No. 1, S. 14.

| | | |
|---|---|---|
| **2. Wirkung des Regalortes auf den Absatz** | | |
| a) Absatz = f (Regalort) | Colonial-Studie (o. J.) | Bei allen zwölf untersuchten Artikeln, die von einem tieferen Regalbrett auf ein höheres umplaziert wurden, ergeben sich Absatzsteigerungen und umgekehrt. |
| | Frank und Massy (1970) | Veränderungen des Regalortes haben, wenn überhaupt, einen geringen Einfluß auf den Absatz (untersucht wurden sieben Artikel aus dem Warenbereich Lebensmittel). |
| b) Absatz pro 1 000 Kunden = f (Regalort) | Müller-Hagedorn und Heidel (1986) | Bei insgesamt 16 Artikeln (drei Mayonnaisen, drei Ketchup-Sorten, zwei Dressing- und sieben Specialsaucen) kann keine Wirkung des Regalortes auf den Absatz festgestellt werden. |
| **3. Die Wirkung der Frontlänge auf den Absatz und den Marktanteil** | | |
| a) Absatz = f (Frontlänge) | Harris (1958) | Bei zwei Waschmitteln ergibt sich kein signifikanter Zusammenhang zwischen Absatz und Frontstückzahl. |
| | Cox (1964) | Nur bei einem der drei untersuchten Impulsartikel zeigt sich ein signifikanter Zusammenhang; kein Zusammenhang bei Artikeln des Grundbedarfs (Suchkaufartikel). |
| | Kotzan und Evanston (1969) | Bei drei Artikeln aus dem Grundbedarfssortiment (Nonfood-Bereich) ergibt sich ein signifikanter Zusammenhang. Für den 4. Artikel, einen Impulsartikel, ergibt sich kein Zusammenhang. |
| | Cox (1970) | Signifikanter Zusammenhang bei Impulsartikeln mit hohem Bekanntheitsgrad; vgl. dazu auch die Kritik von Peterson und Cagley 1973. |
| | Bates (1971) | Unterscheidung von Artikeln, die eine hohe (Impulsartikel), eine niedrige und keine Response aufweisen. Es werden 28 Artikel untersucht. Impulsartikel reagieren stärker als Suchkaufartikel, kleine Artikel stärker als große auf Veränderung der Frontstückzahl. |
| | Curhan (1972) | Der Einfluß von Flächenveränderungen auf den Absatz ist sehr gering ($R^2_{korr.} = 0,012$; die Elastizitäten liegen zwischen 0,115 und 0,294). |
| | Curhan (1974) | Bei allen 16 untersuchten Artikeln aus dem Obst- und Gemüsebereich ergeben sich bei Verdopplung der Frontlänge geschätzte (Regression) Absatzsteigerungen von 28–59 %. |
| b) Absatz pro 1 000 Kunden = f (Frontlänge) | Frank und Massy (1970) | In größeren Verkaufsstellen ergaben sich bei sieben Lebensmittelprodukten Absatzsteigerungen von ca. 60 %, in kleineren dagegen nur von 3 %. |
| | Müller-Hagedorn und Heidel 1986) | Bei neun Artikelgruppen aus den Warenbereichen Ketchup, Saucen und Mayonnaisen ergibt sich keine Wirkung unterschiedlicher Frontstückzahlen auf den Absatz pro 1 000 Kunden. |

| c) Marktanteil = f (Flächen- anteil) | Anderson (1979) | Bei den 7 untersuchten Artikeln ergeben sich Elasti- zitäten zwischen 0 und 1. |
|---|---|---|

Quelle: Heidel, B., 1990, S. 213 f.

Im nächsten Satz schränken sie allerdings ihre Aussage wieder ein: »The evidence does point out, however, that this relationship is not uniform among products, nor across stores«[7]. Die Studien gründen auf dem SR-Konzept, ohne daß grundlegende Erkenntnisse über Verhaltensweisen der Verbraucher angestrebt würden. Trotzdem haben sie deutlich gemacht, daß Sonderplazierungen und Regalplatzzuweisungen mächtige Einflußfaktoren auf den Absatz darstellen.

### Verfahren zur Planung der Verkaufs- und Regalfläche

Die Verfahren zur Vergabe des Verkaufsraumes gehen alle davon aus, daß zwischen der in Anspruch genommenen Verkaufsfläche und dem Absatz eine Beziehung be- steht. Wie bei den empirischen Untersuchungen werden auch bei den Verfahren zur Planung der Verkaufsfläche Kostenaspekte erst in zweiter Linie berücksichtigt, was eine starke Vereinfachung darstellt, da niedrige Platzzuweisungen niedrige Lagerbe- stände ermöglichen und damit häufige Nachfüllprozesse auslösen.
Die Verfahren lassen sich wie folgt untergliedern:[8]
(1) Verfahren, bei denen die Verkaufsfläche mit Hilfe von Kennzahlen festgelegt wird,
(2) marginalanalytische Verfahren,
(3) Verfahren der Mathematischen Programmierung und
(4) Verfahren, die auf allgemeinen Regeln basieren.

### Kennzahlenorientierte Verfahren

Kennzahlenorientierte Modelle basieren darauf, daß die Verkaufs- oder Regalfläche aufgrund einer einfachen Kennzahl (z. B. Umsatz- oder Absatzanteil) oder einer Kombination von Kennzahlen (z. B. Anteil des Deckungsbeitrages, Lagerumschlag, ROI) vergeben wird. Bei einigen Verfahren werden mehrere Kennzahlen multiplika- tiv miteinander verknüpft.[9] Die Verwendung von Kennzahlen zur Vergabe von Regal- oder Verkaufsfläche bringt die folgenden Probleme mit sich:[10]
– Bei Kennzahlenverfahren bleiben dynamische Aspekte unberücksichtigt.
– Bei Kennzahlenverfahren wird die Multivalenz (unterschiedliche Wertigkeit ein- zelner Regalzonen) der Regale außer acht gelassen, wobei allerdings nicht sicher ist, ob solche Multivalenzen tatsächlich in allen Fällen bestehen.
– Kostenaspekte wie Nachfüll- und Fehlmengenkosten bleiben unberücksichtigt, es

---

[7] Leone, R. P./Schultz, R. L., 1980, S. 14.
[8] Vgl. zu den folgenden Ausführungen auch Heidel, B., 1990, S. 243–251.
[9] Vgl. zu Kennzahlenverfahren die Übersichten bei Müller, H.: Die Warenplazierung als absatz- politisches Instrument im Selbstbedienungseinzelhandel, Göttingen 1982, S. 198–203; Dal- rymple, D. J./Thompson, D. L.: Retailing. An Economic View, New York 1969, S. 276–279.
[10] Vgl. Müller, H., 1982, S. 203.

sei denn, sie werden geschlüsselt, eine Vorgehensweise, die aber zu ungenauen Ergebnissen führt.
- Verbundeffekte zwischen Artikeln bzw. zwischen Warenbereichen bleiben ausgeblendet.
- Regionale und lokale Unterschiede in den Verkaufsstellen erschweren die Übertragbarkeit von Kennzahlen.

Kennzahlenverfahren wurden in den 50er Jahren in den USA entwickelt (vgl. z. B. die Foodtown-Studie 1955, die Super Valu-Studie 1957, die *Dillon*-Studie 1959 und die Studie von *McKinsey* 1963).[11] Kennzahlenverfahren erfreuen sich aber nach wie vor großer Beliebtheit und haben Eingang in Planungssysteme gefunden. Die Platzzuteilung erfolgt in einem Modell der *Fa. Kraft* aufgrund folgender Kennzahlen:[12]
- Umsatzanteil einer Artikelgruppe innerhalb einer Verkaufsstelle,
- Umsatzanteil einer Artikelgruppe für das gesamte Bundesgebiet (entsprechend den Angaben von Marktforschungsinstituten, wie z. B. *Nielsen*),
- Ertragsanteil der Artikelgruppe in der Verkaufsstelle,
- Anzahl der Artikel in einer Artikelgruppe und
- Lieferrhythmus für die Produkte einer Artikelgruppe.

Das Verfahren läuft in drei Schritten ab. In einem ersten Schritt wird mit Hilfe dieser Kennzahlen für jede Artikelgruppe der Platzanteil berechnet. Es geht zwar aus der Quelle nicht hervor, wie die Kennzahlen verknüpft werden, aber es ist anzunehmen, daß eine multiplikative Verknüpfung erfolgt, was eine Kompensation der einzelnen Kennzahlen impliziert. In einem zweiten Schritt, der allerdings in dem Beitrag nicht dokumentiert ist, wird der Ort, an dem die Artikelgruppe innerhalb des Regals plaziert wird, festgelegt. Dabei bleibt offen, nach welchen Regeln dies erfolgt. Es könnten allerdings dieselben Regeln herangezogen werden, wie sie im dritten Schritt bei der Feinplanung zur Platzvergabe für die einzelnen Artikel vorgestellt werden. Dort werden für die Artikel, die innerhalb einer Artikelgruppe angeboten werden sollen, Prioritätsziffern entsprechend ihrem Marktanteil und ihrer Ertragskraft (das entspricht dem Deckungsbeitrag pro Stück innerhalb einer Periode) errechnet. Den Artikeln wird Regalfläche (Frontstücke) entsprechend ihrem Anteil am Periodendeckungsbeitrag der Artikelgruppe zugewiesen. Bei der Vergabe des Ortes innerhalb einer Artikelgruppe wird nach Prioritätsregeln entschieden (z. B. sehr wichtige Artikel in die Greif- und Sichtzone, weniger gute in die Reck- oder Bückzone). Es handelt sich, soweit man dies den Unterlagen entnehmen kann, um eine Variation der *Dillon*-Studie von 1959. Bei der Anwendung des Verfahrens wird angenommen, daß sich Flächenveränderungen bei allen Produkten konstant auswirken. Weiterhin wird unterstellt, daß der Absatz (und damit bei konstanten Kosten der Deckungsbeitrag) durch den Plazierungsort innerhalb des Regals beeinflußt wird.

Das Verfahren wurde am Beispiel eines Kühlregales in einer Reihe von Verkaufsstellen erprobt und brachte Ertragssteigerungen von 11,12 %, wobei allerdings im Re-

---

[11] Vgl. Mc Kinsey (Hrsg.): General Foods-Study. The Economics of Food Distributors, New York 1963; Institut für Selbstbedienung (ISB) (Hrsg.): Dillon-Studie. Umsätze und Spannen amerikanischer Supermärkte, Köln o. J.; Institut für Selbstbedienung (ISB) (Hrsg.): Super Valu-Studie. Eine Untersuchung der Umsätze und Spannen amerikanischer Supermarkets, Köln o. J.

[12] o. V.: Mehr Erträge im Kühlregal. Ein Programm zur besseren Verkaufsflächennutzung, in: Lebensmittel Praxis, 37. Jg (1984), H. 18, S. 77–84. Die Fa. Kraft ist ein Unternehmen der Lebensmittelindustrie.

chenbeispiel gleichzeitig unterstellt wird, daß der Wareneinstandspreis für die Produkte des Kühlregals sinkt. Die Umsatzsteigerung, die der Anwendung des Verfahrens zugeschrieben wird, beträgt lediglich 2,79 %. Die Umsatzsteigerung kann auch dadurch erzielt worden sein, daß während der Untersuchung dem Kühlregal mehr Aufmerksamkeit zugewendet wurde und dadurch weniger Fehlverkäufe vorkamen oder daß die Kosten für Verderb reduziert wurden, weil öfter nachsortiert wurde.

Das Verfahren zeichnet sich dadurch aus, daß ortsspezifische Eigenheiten des Marktes bei der Plazierung berücksichtigt werden. Bei der Anwendung dieses Verfahrens treten zusätzlich zu den bereits genannten allgemeinen Problemen von Kennzahlenverfahren die folgenden Punkte:

– Es wird von vorgegebenen Artikelgruppen ausgegangen.
– Das Verfahren ist nur anwendbar, wenn Informationen aus der Marktforschung über die Umsätze der Artikelgruppen vorliegen.
– Das Verfahren beinhaltet keine Feinplanung für die Vergabe des Plazierungsortes für einzelne Artikelgruppen; man könnte allerdings Prioritätsregeln wie beispielsweise »Artikelgruppen mit einem hohem Impulsanteil in die Sicht- oder Greifzone« für die Vergabe des Standortes innerhalb eines Regals anwenden.
– Es bleibt unklar, was »sehr wichtige Artikel« sind und nach welchen Kriterien sie festgelegt werden. Das Verfahren gibt nicht an, wieviel Fläche für Impulszonen berücksichtigt werden soll, wo diese eingerichtet und welche Artikel dort plaziert werden sollen. Außerdem fehlt ein Kriterienkatalog, mit dessen Hilfe man Impulsprodukte auswählen kann.

In jüngerer Zeit haben Kennzahlverfahren Eingang in sog. Spacemanagementsysteme gefunden, welche auf Basis von Scannerdaten die Plazierungsplanung automatisieren. Weit verbreitet sind in Deutschland die Programme *Spaceman* und *Apollo*.[13] Diese Systeme arbeiten nach dem in der EDV gebräuchlichen E-V-A-Prinzip, indem sie

– Eingabedaten in Form von Verkaufsdaten (Scannerdaten) und Präsentationsdaten (Artikel- und Regalabmessungen)
– nach Optimierungskriterien (DPR-Vorgaben) und -regeln (klassische Plazierungsregeln) verarbeiten
– und Plazierungsvorschläge als Ergebnis ausgeben.[14]

Zusammenfassend kann man sagen, daß Kennzahlenverfahren sich zwar auf der einen Seite durch ihre relativ leichte Handhabbarkeit auszeichnen, aber auf der anderen Seite aufgrund ihrer pragmatischen Heuristik nur eine sehr geringe Validität aufweisen können.

## Marginalanalytische Verfahren

Ausgehend von der Überlegung, daß mit einer Zunahme der Verkaufsfläche der Absatz unterproportional zunimmt, also daß beispielsweise gilt:

---

[13] Vgl. Günther, T./Mattmüller, R.. Möglichkeiten und Grenzen der Regaloptimierung im Handel, in: Marketing ZFP, 15. Jg. (1993), H. 2, S. 77–86.

[14] Vgl. Möhlenbruch, D./Meier, C.: Leistungsfähigkeit und Grenzen von Spacemanagementsystemen, in: Trommsdorff, V. (Hrsg): Handelsforschung 1993/94. Systeme im Handel, Wiesbaden 1993, S. 184.

$$A_i = ar_i^b$$

mit:
(32)

- $A_i$: Absatz
- $r_i$: Fläche (z. B. Anzahl der Frontstücke bzw. Verkaufsfläche)
- a: Konstante
- b: Elastizitätskoeffizient, wobei $\quad a > 0 \quad$ und $\quad 0 < b < 1$

kann die Fläche einer optimalen Nutzung zugeführt werden, wenn für jeden Artikel bzw. jede Warengruppe eine Funktion vom Typ 1 bestimmt werden kann und Restriktion (33) beachtet wird:

(33) $\quad \sum_i r_i < R,$

wobei
- $r_i$: Fläche je Artikel i (bzw. Warengruppe für i = 1, 2, ..., I)
- R: Gesamtregalfläche.

*Lee* schlägt aufbauend auf dieser Überlegung ein Verfahren zur Maximierung des Deckungsbeitrages vor, bei dem darüber hinaus Fehlmengenwahrscheinlichkeiten und die Möglichkeit, daß Konsumenten Substitutionsprodukte kaufen, berücksichtigt werden.[15]

### Methoden der mathematischen Programmierung

*Anderson* und *Amato* unterteilen die erwartete Nachfrage in[16]
- markentreue Nachfrage,
- Nachfrage aufgrund von Markenwechsel und
- Nachfrage, die sich aufgrund der Präsentation eines Produktes ergibt.

Ziel des Verfahrens ist es, den Deckungsbeitrag eines Regals unter Berücksichtigung der vorhandenen Regalkapazität zu maximieren. Mathematisch gesehen handelt es sich um einen Spezialfall des sog. KnapsackProblems,[17] bei dem in Anlehnung an das zweite Gossensche Gesetz der Grenznutzen einzelner Regaleinheiten abnimmt, wenn weitere Einheiten desselben Artikels plaziert werden. Der Regalplatz ist dann optimal aufgeteilt, wenn der Grenznutzen der Regaleinheiten für alle Artikel gleich ist. Die Verfasser treffen die folgenden Annahmen:[18]

1. Das Regal besitzt keine unterschiedlichen Platzwertigkeiten.
2. Für jedes plazierte Produkt wird ein ausreichendes Lager unterhalten, so daß die Nachfrage nach jedem plazierten Artikel befriedigt werden kann.
3. Handlingkosten, Verkaufspreise und Handelsspannen sind konstant.
4. Die plazierten Artikel sind von derselben Größe und weisen dieselbe Frontlänge auf.

---

[15] Vgl. Lee, W.: Space Management in Retail Stores and Implications to Agriculture, in: Dolva, W. K. (Hrsg.): Marketing. Key to Profits in the 1960's, Chicago, Ill. 1960, S. 523–533, zitiert nach Dalrymple, D. J./Thompson, D. L., 1969, S. 283–286 und Barth, K.: Die Warenpräsentation in Einzelhandelsunternehmungen, in: Mitteilungen des Instituts für Handelsforschung, 27. Jg. (1975), S. 96.

[16] Vgl. Anderson, E. E./Amato, H. N.: A Mathematical Model for Simultaneously Determining the Optimal Brand-Collection and Display-Area Allocation, in: Operations Research, Vol. 22 (1973), No. 1, S. 13–21.

[17] Vgl. z. B. Müller-Merbach, H.: Operations Research, 3. Auflage, München 1992, S. 144–147.

[18] Vgl. Anderson, E. E./Amato, H. N., 1973, S. 15.

5. Die gesamte Frontstückzahl ist ein Vielfaches der einzelnen Frontstücke pro Artikel, wobei der Faktor ganzzahlig ist.

Die Lösung erfolgt iterativ, wobei neben der Frontstückzuordnung simultan auch die Sortimentsplanung erfolgt.
Das Verfahren weist die folgenden Probleme auf:
- Die Unterteilung in markentreue Nachfrage, Nachfrage aufgrund von Markenwechsel und Nachfrage, die sich aufgrund der Zahl der Frontstücke ergibt, ist nur sehr schwer mit Daten zu belegen.
- Die vereinfachende Annahme, daß alle Artikel dieselbe Größe besitzen und daß Regale univalent sind, erscheint unrealistisch.
- Die Autoren weisen selbst darauf hin, daß das Verfahren nur für Artikelgruppen mit einer geringen Zahl von Artikeln anwendbar ist, da sonst der Rechenaufwand zu groß wird.

Weitere Verfahren, die sich der mathematischen Programmierung bedienen, finden sich bei:
- *Anderson,*
- *Corstjens und Doyle,*
- *Hansen und Heinsbroek,*
- *Wieland.*[19]

Die angeführten Verfahren arbeiten mit Hilfe von mathematischen Heuristiken. Den Verfahren ist gemeinsam, daß keine Konsumentenbefragungen zur Ermittlung der Reaktionsfunktionen durchgeführt werden müssen. Die Modelldaten müssen entweder aufgrund von Erfahrungen oder aufgrund von Experimenten geschätzt werden. Während die bisher vorgestellten Verfahren zum Ziel hatten, den Deckungsbeitrag zu maximieren, gehen *H. Müller*[20] und *Höller*[21] einen anderen Weg. Sie stellen einen Ausgleich der Kontakte mit einem Regal bzw. mit der dort plazierten Ware in den Mittelpunkt ihrer Überlegungen.

## Regeln zur Vergabe von Regalorten und Regalflächen

Neben den formalisierten Verfahren gibt es eine Reihe von Faustregeln, so[22]
- allgemeine Regeln der Warenplazierung (z. B. die Ware muß erlebnisgerecht aufgebaut sein),

---

[19] Vgl. Anderson, E. E.: An Analysis of Retail Display Space. Theory and Methods, in: Journal of Business, Vol. 52 (1979), No. 1, S. 103–118; Corstjens, M./Doyle, P.: A Model for Optimizing Retail Space Allocations, in: Management Science, Vol. 27 (1981), No. 7, S. 822–833; Corstjens, M./Doyle, P.: The Application of Geometric Programming to Marketing Problems, in: Journal of Marketing, Vol. 49 (1985), No. 1, S. 137–144; Hansen, P./Heinsbroek, H.: Product Selection and Space Allocation in Supermarkets, in: European Journal of Operational Research, Vol. 3 (1979), S. 474–484; Wieland, H.-J.: Computergestützte Regalplanung. Aspekte und Möglichkeiten durch elektronische Kassensysteme, in: Elektronische Rechenanlagen, 21. Jg. (1979), S. 147–151; Wieland, H.-J.: Regalplazierung mit dem IBM-PC. Beschreibung und Anwendung, Arbeitspapier IBM, Hamburg 1985; Wieland, H.-J.: Wenn Datenkassen Artikel plazieren, in: Rationeller Handel, 20. Jg. (1977), H. 3, S. 59–61.
[20] Vgl. Müller, H., 1982, S. 308–344.
[21] Vgl. Höller, W.: Warenpräsentationsplanung mit dem Microcomputer, Firmenunterlage ERGO-Marktforschung, Essen 1985.
[22] Vgl. dazu Engel, R.: Ihre Lücke: Spezialwissen über verkaufswirksame Warenplazierung. Mit 79 Regeln über verkaufswirksame Warenpräsentation bei Selbstbedienung, Köln 1975.

- für die Warenanordnung im Laden (z. B. verkaufsstarke Ladenzonen sollen für Impulsartikel genutzt werden),
- für die Anordnung von Artikelgruppen (Artikel einer Artikelgruppe sollen vertikal untereinander plaziert werden),
- für die horizontale und vertikale Warenanordnung (z. B. Magnet- und Mußartikel werden in den Randzonen plaziert),
- für die Planung von Sonderangeboten und Displays und außerdem
- wie man Widersprüche zwischen Regeln löst (durch Setzen von Prioritäten).[23]

Diese Regeln sind relativ weich formuliert, so daß man sie in der Praxis nur begrenzt nutzen kann. Sie stellen aber eine Ergänzung zur quantitativen Planung dar, da eine Reihe von Produktcharakteristika nur sehr schwer quantitativ erfaßbar ist (z. B. die Farbe, die Form, die Qualität von Artikeln).

## 8.6.2 Die Bildung von Plazierungsgruppen

Einzelne Artikel können nach verschiedenen Kriterien zu Warenbereichen zusammengefaßt und plaziert werden. Die Zuordnung wird durch das Verhalten und die Erwartungen der Konsumenten, der Hersteller, der Konkurrenz, durch gesetzliche Maßnahmen und innerbetriebliche Gründe beeinflußt. Die wichtigsten Kriterien zur Warenbereichsbildung (bzw. -zuordnung) werden im folgenden vorgestellt.

### Die Bildung von Plazierungsgruppen nach äußeren Merkmalen der Produkte

Eine Möglichkeit, Warenbereiche zu bilden, stellt die Zusammenstellung von Artikeln mit gleichen Produktmerkmalen dar,[24] wobei die Merkmale einzeln oder in Kombination verwendet werden können, und zwar entsprechend

- dem Verwendungszweck,
- dem Verkaufspreis,
- der Größe der Produkte,
- der Zusammensetzung der Produkte,
- der technischen Behandlung der Produkte,
- der Bekanntheit der Produkte,
- der Werbung und
- der Herstellerbezeichnung.

Die dabei auftretende Problematik besteht in der großen Zahl der Zuordnungsmerkmale und ihrer Ausprägungen. Bei der Bildung von Warenbereichen muß geklärt werden, welche und wieviele Merkmale unter Berücksichtigung der jeweiligen Zielsetzung des Entscheiders herangezogen werden sollen. Am weitesten verbreitet ist die Orientierung am Hersteller und an der Zusammensetzung der Artikel. Bei der Herstellerorientierung erfolgt die Zuordnung der Artikel eines Herstellers in sog. Herstellerblöcke. In einzelnen Branchen werden shops-in-the-shop eingerichtet. Bei der Zuordnung nach der technischen Zusammensetzung werden Artikel zu einem Warenbereich zusammengefaßt, die eine ähnliche oder gleiche physische Beschaffenheit aufweisen.

---

[23] Vgl. dazu auch Barth, K., 1975, S. 97.
[24] Vgl. Knoblich, H.: Betriebswirtschaftliche Warentypologie. Grundlagen und Anwendungen, Köln – Opladen 1969, S. 48 f.

### Die Bildung von Plazierungsgruppen aufgrund subjektiver Einschätzungen durch Konsumenten

Warenbereiche können auch nach subjektiven Einschätzungen der Konsumenten gebildet werden. Hierfür bieten sich die drei folgenden Merkmale an:
a) Die Einteilung der Produkte in Impuls- und Gewohnheitsprodukte,
b) die Einteilung der Produkte nach ihrer Zugehörigkeit zu den convenience, shopping oder specialty goods[25] und
c) die Einteilung der Produkte nach der Art ihres Verbundes.

**Zu a):** Bei Impulsprodukten handelt es sich um solche Artikel, die ungeplant gekauft werden und bei denen der Kaufwunsch erst durch einen Reiz, der von der Ware ausgeht, ausgelöst wird.[26] In der Literatur wird der Begriff »Impulskauf« unterschiedlich abgegrenzt. So unterscheidet beispielsweise *Weinberg* (1981) vier Typen:[27] Den reinen, den geplanten, den suggestiven und den Erinnerungsimpulskauf. Zur Messung der Impulsrate eines Produktes kann man die Merkmale »geringer Zeitbedarf zur Kaufentscheidung«, »kein Vergleich zwischen Alternativen« und »latenter Bedarf« heranziehen.[28] Bei Gewohnheitsprodukten wird die Kaufentscheidung routinemäßig getroffen. Die Gewohnheitsrate läßt sich mit Hilfe der Variablen »Kaufhäufigkeit«, »Kaufmuster« und dem »Bekanntheitsgrad« von Artikeln bestimmen.

**Zu b):** In einem engen Zusammenhang zu der Zweiteilung von Produkten unter a) steht die Aufteilung nach convenience, shopping und specialty goods. Unter convenience goods werden Güterarten verstanden, die Konsumenten relativ häufig, gewohnheitsmäßig und mit möglichst geringem Aufwand einkaufen. Die Konsumenten kennen innerhalb einer solchen Produktgruppe alle Substitutionsprodukte und können diese entsprechend beurteilen. Bei den Artikeln des »periodischen Bedarfs«, den sog. shopping goods, besitzen die Konsumenten keine genauen Vorstellungen über die Eigenschaften. Sie vergleichen verschiedene Produkte desselben Warenbereiches vor dem Kaufakt. Bei den specialty goods handelt es sich um Güter, bei denen sich die Konsumenten bereits vor dem eigentlichen Kauf intensiv über die Eigenschaften vergleichbarer Produkte informiert haben. Daher besitzen diese Artikel keinen oder nur einen sehr geringen impulsiven Charakter.

**Zu c):** Unter Verbund wird allgemein das Beziehungsgeflecht, das zwischen Artikeln eines Sortimentes besteht, verstanden. Diese Beziehungen können symmetrisch oder asymmetrisch sein. Sie lassen sich nach verschiedenen Kriterien gliedern:
– Verbundbeziehungen vor dem Kaufakt (der Bedarfsverbund): Unter Bedarfsverbund zwischen Artikeln versteht man das Beziehungsgeflecht, das entsteht, wenn ein Konsument unter Berücksichtigung seiner finanziellen Verhältnisse (Budgetrestriktion) wünscht, bestimmte Güter zu kaufen.
– Verbundbeziehungen durch realisierte Kaufakte (der Sortiments-, Nachfrage- oder

---

[25] Vgl. Copeland, M. T.: Relation of Consumers-Buying Habits to Marketing Methods, in: Harvard Business Review, Vol. 1 (1923), No. 3, S. 282–289.

[26] Vgl. Müller, H., 1982, S.225; Kroeber-Riel, W./Weinberg, P.: Konsumentenverhalten, 6. Auflage, München 1996, S. 398 f.

[27] Vgl. Weinberg, P.: Das Entscheidungsverhalten der Konsumenten, Paderborn 1981.

[28] Vgl. Kuhlmann, E.: Impulsives Kaufverhalten, Heft 26 der Arbeitspapiere des Instituts für Konsum- und Verbrauchsforschung der Universität des Saarlandes, Saarbrücken 1974, S. 9.

Kaufverbund): Dieser Verbund konkretisiert sich im Geschäft, wobei hierunter das Beziehungsgeflecht zwischen Artikeln, die gleichzeitig in einem Kaufakt erstanden werden, verstanden wird.
- Verbundbeziehungen nach dem Kauf (der Verwendungsverbund): Artikel sind dann verwendungsverbunden, wenn Konsumenten sie simultan oder sukzessiv benutzen.[29]

Bedarfs- und Verwendungsverbund lassen sich nur mit Hilfe einer Konsumenten-befragung messen, wohingegen der Kaufverbund innerhalb einer Verkaufsstelle durch die Auswertung der Warenkörbe einzelner Konsumenten gemessen werden kann. Das Beziehungsgeflecht zwischen Artikeln kann wie folgt beschaffen sein:
1. Substitutive Beziehungen, hier wird durch die vermehrte Nachfrage nach Produkt A eine verminderte Nachfrage nach Produkt B ausgelöst.
2. Komplementäre Beziehungen, hier erhöht eine vermehrte Nachfrage nach Produkt A die Nachfrage nach Produkt B.
3. Zwischen Produkt A und B bestehen keine Beziehungen.

### Die Bildung von Plazierungsgruppen nach mehreren Merkmalen

In der Praxis erfolgt die Warenbereichsbildung meist durch Kombination mehrerer Merkmale. So läßt sich beispielsweise ein Warenbereich nach den Kriterien »gleiche Produktzusammensetzung« und »derselbe Hersteller« bilden und plazieren. Artikel aus dem Bereich Brot können dann nach ihrem äußeren Merkmal »Zusammenset-zung« zugeordnet werden. Innerhalb dieses Warenbereiches wird dann das Zuord-nungsmerkmal »Hersteller« angewendet. Innerhalb des Herstellerblocks ist eine weitere Ordnung nach Verbund oder nach Impulsrate der Artikel möglich. Es zeigt sich, daß durch die Kombination der verschiedenen Zuordnungsmerkmale eine Reihe von Alternativen zu beurteilen sind. So ergeben sich beispielsweise bei vier Zuord-nungsmöglichkeiten mit jeweils drei Ausprägungen bereits 64 Möglichkeiten zur Bildung von Warenbereichen.
Schließlich ergeben sich Zuordnungsalternativen, wenn der Zeitablauf betrachtet wird: die einzelnen Artikel können einem Warenbereich permanent oder zeitweise angehören. Sie können dabei immer an derselben Stelle innerhalb des Warenträgers oder im Zeitablauf an wechselnden Stellen plaziert werden.

## 8.6.3 Die Aufteilung der Verkaufsfläche auf vorgegebene Warenbereiche

Handelsbetriebe haben bei der Plazierung von Warenbereichen und Verkaufs-aggregaten u. a. die folgenden sechs Handlungsmöglichkeiten. Bei der Vorstellung der Alternativen werden die Einflußfaktoren (Umweltzustände) jeweils mit vorgestellt.

### (1) Die Häufigkeit, mit der Warenbereiche plaziert werden

Durch Mehrfachplazierungen steigt die Verkaufschance der Ware, da sich die Wahr-

---

[29] Vgl. Heidel, B./Müller-Hagedorn, L.: Plazierungspolitik nach dem Verbundkonzept im statio-nären Einzelhandel. Eine Wirkungsanalyse, in: Marketing ZFP, 11. Jg. (1989), H. 1, S. 19–26.

scheinlichkeit einer Kontaktrealisierung zwischen der Ware und den Nachfragern erhöht. So bietet sich die mehrfache Plazierung solcher Warenbereiche an, die einen hohen Bruttoertrag bzw. Deckungsbeitrag erwirtschaften.[30] Gleichzeitig muß aber beachtet werden, daß die Nutzung des Instrumentes »Mehrfachplazierung« aus Kundensicht zu einer unübersichtlichen Gliederung des Sortimentes führen kann.

## (2) Der Platzanteil einzelner Warenbereiche innerhalb der Verkaufsfläche

Die Überlegung, wie oft Warenbereiche plaziert werden, ist eng verbunden mit der Frage, welche Verkaufsflächenanteile bestimmte Warenbereiche erhalten sollen, um »optimal« akquisitorisch zu wirken. Dabei kann die Vergabe als Raum- oder Flächenanteil erfolgen.

## (3) Die Festlegung des Ortes innerhalb des Verkaufsraumes für einzelne Warenbereiche

Bei diesem Aktionsparameter stellt sich zum einen die Frage, wo ein Warenbereich innerhalb der Verkaufsfläche, zum anderen in welcher Nachbarschaft einzelne Warenbereiche zu den anderen Warenbereichen plaziert werden sollen. Falls sich der Ort, an dem Warenbereiche plaziert werden, auf den ökonomischen Erfolg auswirkt, kann man die Warenbereiche so anordnen, daß ein gewinnmaximales Ergebnis erzielt wird. Die Verfahren zur Berechnung einer gewinnoptimalen Plazierung haben sich aber in der Praxis wegen der großen Zahl von Nebenbedingungen als weitgehend untauglich erwiesen.

Kundenlaufstudien zeigen auf, wie sich Kunden in Verkaufsstellen verhalten.[31] Ein Beispiel für die Umsetzung der Ergebnisse von Kundenlaufstudien findet sich bei *Bufe,* der aufzeigt, wie sich die Kundenströme innerhalb eines Verkaufslokales verteilen.[32] Schwache Zonen liegen links vom Kundenverkehr, rechts vom Eingang und in den Ecken.

Mußartikel und Waren aus den Magnetgruppen werden häufig in verkaufsschwachen Zonen angeboten, während Impulsgruppen in verkaufsstarken, werbewirksamen Raumzonen plaziert werden.

Bei der Plazierung von Warenbereichen ist zu beachten, daß bestehende Verwandtschaften (Verbundbeziehungen) berücksichtigt werden. Auf diese Weise lassen sich u. a. Orientierungsfreundlichkeit und Mental Convenience der Einkaufsstätte verbessern.[33] Beispiele für Verbundplazierungen sind
– die benachbarte Plazierung von Warenbereichen, die sich aus Kundensicht ergänzen (Brot und Kaffee, die Fettgruppe und Wurstwaren oder Gemüse und Dressingsaucen),
– die benachbarte Plazierung von Warenbereichen, die sich für bestimmte Anlässe substituieren lassen (Reis, Teigwaren oder Kartoffelfertigprodukte als Beilagen),

[30] Vgl. Diller, H.: Preispolitik, 2. Auflage, Stuttgart u. a. 1991, S. 32.
[31] Vgl. Kummer, H.: Das Einkaufsverhalten der Kunden in SB-Läden, in: Selbstbedienung und Supermarkt, 10. Jg. (1966), H. 1, S. 19 f.; Eggert, H.: Kundenlauf-Studien, in: Selbstbedienung, 5. Jg. (1961), H. 7, S. 6–8.
[32] Vgl. Bufe, R.: Güterbeschaffung des täglichen Bedarfs. Ein Beitrag zur Ressourcenallokation privater Haushalte unter dem Einfluß der Einkaufsstättengestaltung, Berlin 1981.
[33] Vgl. Esch, F.-R./Billen, P.: Förderung der Mental Convenience beim Einkauf durch Cognitive Maps und kundenorientierte Produktgruppierungen, in: Trommsdorff, V. (Hrsg): Handelsforschung 1996/97. Positionierung des Handels, Wiesbaden 1996, S. 317–337.

- die benachbarte Plazierung von Warenbereichen mit gleichen Nachfrageintensitäten (Obst, Gemüse, Wurst, Fettgruppe, Brotgruppe und Getränke),
- die benachbarte Plazierung von Warenbereichen nach der Beratungsbedürftigkeit der einzelnen Artikel (Spirituosen und Wein),
- die benachbarte Plazierung von Warenbereichen mit einer ähnlichen Diebstahlgefährdung (Tabakwaren und Kosmetika)
- die benachbarte Plazierung von Warenbereichen, die technologisch ähnlich behandelt werden müssen, z. B. alle Fleischwaren, Obst und Gemüse oder sonstige Lebensmittel jeweils als ein Plazierungsblock.

**Abbildung 8.59:** Die Plazierungsnachbarschaften einiger ausgewählter Warengruppen

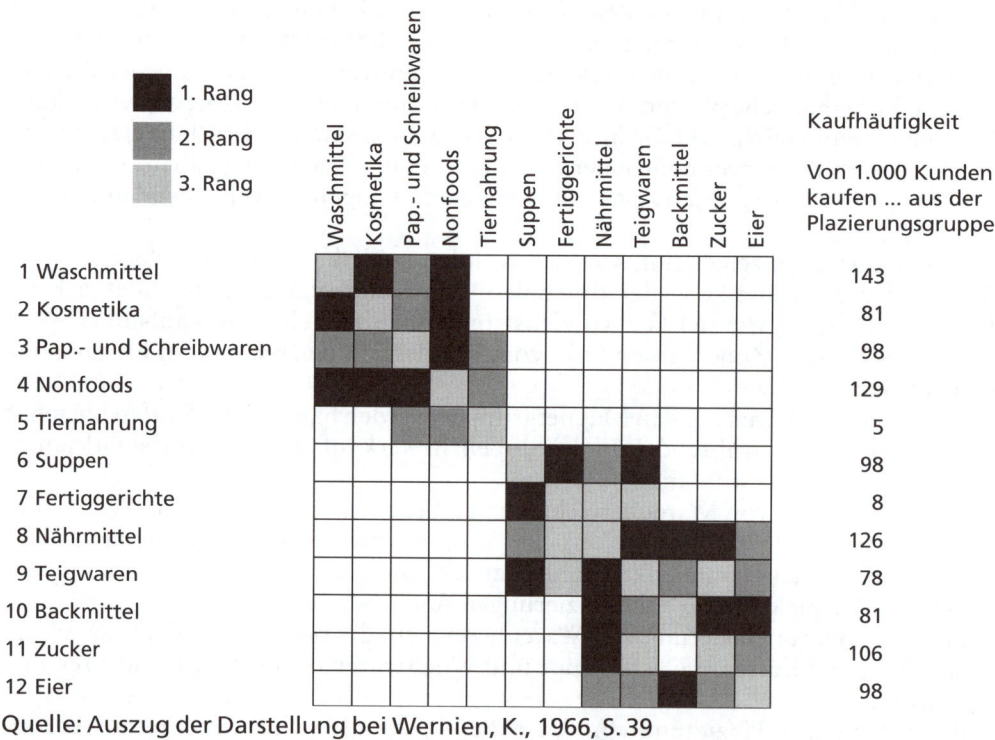

Quelle: Auszug der Darstellung bei Wernien, K., 1966, S. 39

Abbilung 8.59 zeigt mögliche Anordnungen von Warenbereichen unter Berücksichtigung substitutiver und komplementärer Beziehungen. Hier wird der Versuch unternommen, einige Warengruppen in einer dreistufigen Rangordnung zueinander zu plazieren. Wenn beispielsweise die komplementäre Plazierungsnachbarschaft von Waschmittel zu Kosmetika bzw. die Plazierungsnachbarschaft zum Warenbereich Nonfood nicht realisiert werden kann, sollte diese Warengruppe zu dem Nonfoodbereich »Papier und Schreibwaren« plaziert werden. Diese Erkenntnisse basieren auf

Erfahrungswerten der Praxis, die aber in dem Beitrag von *Wernien* nicht näher erläutert werden.[34]

### (4) Die Wahl der Regalanordnung und der Wegeführung innerhalb der Verkaufsfläche

Das Ziel der Regalanordnung besteht darin, eine optimale »Kundenspirale« durch eine gezielte Lenkung und Führung der Kunden innerhalb des Verkaufsraumes zu erreichen und somit die Frequenz an bestimmten Orten innerhalb der Verkaufsstelle zu erhöhen. Die Warenbereiche müssen dabei so angeordnet werden, daß die Kunden, ohne Zwang zu empfinden, einen möglichst langen Einkaufsweg wählen und damit die Aufenthaltsdauer im Geschäft verlängern. Dies kann sich positiv auf den Absatz auswirken.

### (5) Die Gangbreite zwischen den Verkaufsaggregaten

Da mit einer steigenden Anzahl von Regalen die Zwischengänge schmaler werden, kann es bei hoher Kundenfrequenz zu Verkehrsstauungen bzw. Bewegungsschwierigkeiten kommen. Zu breite Gänge führen hingegen zu dem sog. »Rennbahn-Effekt«, das heißt, die Kunden laufen u. U. zu schnell durch den Verkaufsraum.

### (6) Die Gestaltung der Einkaufsatmosphäre

Die Gestaltung der Atmosphäre des Verkaufsraumes beinhaltet u. a. die Faktoren Licht[35], Musikuntermalung[36] und Farbe.[37] Auf diese Faktoren soll hier nicht näher eingegangen werden.

Es wird deutlich, daß der Übergang von der Aufteilung der Verkaufsfläche zur Präsentationspolitik [(4)–(6)] fließend ist.

### Literaturhinweise zu Kapitel 8

Da der Marketingpolitik eines Handelsbetriebes generell eine große Bedeutung zugemessen wird, sind hierzu zahlreiche Einzelschriften vorgelegt worden. Neben

*Müller-Hagedorn, L: Handelsmarketing, 2. Auflage, Stuttgart 1993.*

sollen erwähnt werden:
*Berekoven, L.: Erfolgreiches Einzelhandelsmarketing, München 1990*

> *Berekoven behandelt auf etwa 450 Seiten alle absatzpolitischen Instrumente. Ergänzend finden sich Hinweise zur strategischen Planung, zur Marktforschung im Einzelhandel, zu Institutionen des Handels und zu handelsrelevanten Wettbewerbsgesetzen.*

Als Standardwerk ist anzusehen:

---

[34]  Vgl. Wernien, K.: Plazierungsplanung ohne sterile Gleichförmigkeit, in: Selbstbedienung und Supermarkt, 10. Jg. (1966), H. 1, S. 32–40.

[35]  Vgl. z. B. Roth, B.: Licht in Verkaufsräumen, in: dynamik im Handel, 29. Jg. (1985), H. 4, S. 76–78.

[36]  Vgl. z. B. Rarrek, M.: Musik als Mittel der Verkaufsförderung am Point of Sale, in: Werbeforschung & Praxis, 34. Jg. (1989), H. 1, S. 10–16.

[37]  Vgl. z. B. Bellizzi, J. A./Crowley, A. E./Hasty, R. W.: The Effects of Color in Store Design, in: Journal of Retailing, Vol. 59 (1983), No. 1, S. 21–45; Crowley, A. E.: The Two-Dimensional Impact of Color on Shopping, in: Marketing Letters, Vol. 4 (1993), No. 4, S. 59–69; Menninger, S.: Verkaufsaktive Ladengestaltung von a bis z, Bad Wörrishofen 1964, S. 431–479.

*Hansen, U.: Absatz- und Beschaffungsmarketing des Einzelhandels, 2. Auflage, Göttingen 1990.*

> *Wie der Titel des Buches (ca. 660 Seiten) anzeigt, geht Hansen sowohl auf Beschaffungs- als auch auf Absatzprobleme des Einzelhandels ein. Daneben finden sich Ausführungen zur Verbraucherpolitik und zu »Grundlagen«, wobei insbesondere auf Marktbeziehungen der Einzelhandelsunternehmungen zu Produzenten und Verwendern eingegangen wird. Im Rahmen der absatzwirtschaftlichen Aktionsanalyse behandelt Hansen die einzelnen absatzpolitischen Instrumente, die sie wie folgt unterteilt: Standortpolitik, Sortimentspolitik, Produkt-, insbesondere Eigenmarkenpolitik, Verkaufsgestaltung (Warenpräsentation und Verkaufspersonal), Preispolitik, Absatzfinanzierung, Absatzwerbung, Kundenservice, Beschwerdepolitik.*

In besonders intensiver Weise will Oehme praktische Erfahrungen und Gesichtspunkte einbringen:

*Oehme, W.: Handels-Marketing, 2. Auflage, München 1992.*

In einer knapp gehaltenen Schrift (ca. 180 Seiten) widmet Küthe in einem konsumentenverhaltenstheoretischen Teil besonders den Ansprüchen der Verbraucher Aufmerksamkeit:

*Küthe, E.: Einzelhandelsmarketing, Stuttgart 1980.*

Darüber hinaus sind zu nennen:
*Akehurst, G./Alexander, N.: Retail Marketing, London 1995.*
*McGoldrick, P. J.: Retail Marketing, Maidenhead u. a. 1990.*
*Haller, S.: Handelsmarketing, Ludwigshafen 1997.*
*Pepels, W.: Handels-Marketing und Distributionspolitik, Stuttgart 1995.*
*Kalka, R.: Marketingerfolgsfaktoren im Facheinzelhandel, Wiesbaden 1996.*

Speziellen Problemen des Handelsmarketing wenden sich verschiedene Quellen zu. Mit der Standortpolitik beschäftigt sich:
*Bienert, M. L.: Standortmanagement, Berlin 1995.*

Eine Darstellung der Sortimentspolitik im Handel findet sich in:
*Möhlenbruch, D.: Sortimentspolitik im Einzelhandel. Planung und Steuerung, Wiesbaden 1994.*
*Rusche, T.: Strategisches Sortimentsmanagement im Handel, Münster u. a. 1990.*

Der Kommunikationspolitik widmen sich:
*Barth, K./Theis, H.-J.: Werbung des Facheinzelhandels.*
*Happel, H.: Werbung für den Einzelhandel, 2. Auflage, Frankfurt am Main 1994.*
*Kall, D.: Werbeetat- und Werbemittel-Planung im Handel, Wiesbaden 1996.*
*Pflaum, D./Eisenmann, H.: Einführung in die Handelswerbung, Stuttgart u. a. 1988.*

# 9 Beschaffung und Logistik

*»Sagt er 12, meint er 10, will er haben 8,*
*wird es wert sein 6, möcht' ich geben 4,*
*werd' ich sagen 2.«*

*(aus dem Tagebuch des Rich. J. Cain über*
*seine Verhandlungen mit P. A. Abel jr.)*

Die zentrale Aufgabe eines Handelsbetriebes besteht darin, von anderen produzierte Sachgüter in Kombination mit Dienstleistungen an Abnehmer abzusetzen. Dies setzt voraus, daß die Waren (und eventuell die Dienstleistungen) beschafft werden und mit Hilfe der Logistik physisch verfügbar gemacht werden. Damit ist auch angesprochen, in welchem Sinn hier von Beschaffung und Logistik gesprochen wird. Der Begriff »Beschaffung« kann sich nämlich auf unterschiedliche wirtschaftliche Güter beziehen. Während manchmal auch die Beschaffung von Personal, finanziellen Mitteln, Informationen und Anlagegütern miteingeschlossen wird, soll die Betrachtung im vorliegenden Zusammenhang auf solche Güter beschränkt werden, die dem Verkauf wieder zugeführt werden. Des weiteren werden dem Begriff »Beschaffung« manchmal alle Funktionen von der Suche nach Lieferanten bis zum Wareneingang subsumiert, stellenweise wird aber zwischen akquisitorischen Aspekten und den logistischen Prozessen unterschieden. Dem letzteren Sprachgebrauch wird auch hier gefolgt, indem mit Beschaffung nur jene Prozesse gemeint sind, die zu einer Vereinbarung mit Lieferanten führen, während für den Abruf der Waren und die Überführung in den Verfügungsbereich der Unternehmung der Begriff Logistik verwendet wird.

Die Beschaffungsaktivitäten der Handelsunternehmungen haben in bestimmten Teilbereichen zu dem Vorwurf geführt, daß sich ihnen eine Nachfragemacht des Handels gegenüber der Industrie entfalte. Auf die mit der Definition der Nachfragemacht verbundenen Probleme, die Schwierigkeiten, sie empirisch festzustellen, und die Konsequenzen, die sich hieraus für Handel und Industrie ergeben, soll im folgenden jedoch nicht eingegangen werden. Die Betrachtung sei vielmehr auf betriebswirtschaftliche Probleme i. e. S. eingegrenzt. Die Ausführungen können relativ knapp gehalten werden, da die Verhältnisse im Handel in weiten Gebieten durch Ausführungen zur Beschaffungspolitik im Rahmen der Allgemeinen Betriebswirtschaftslehre abgedeckt werden.[1]

---

[1] Vgl. insbesondere Koppelmann, U.: Beschaffungsmarketing, 2. Auflage, Berlin – Heidelberg – New York u. a. 1995. Auf Verhältnisse im Handel geht im Rahmen einer qualitativen Analyse verschiedener Entscheidungstatbestände auch ausführlich *Hansen* ein: Hansen, U.: Absatz- und Beschaffungsmarketing des Einzelhandels, 2. Auflage, Göttingen 1990, S. 464–546. Gerade die letzte Arbeit gibt einen guten Einblick in die Vielfalt der zu regelnden Sachverhalte und die hierbei zu berücksichtigenden Faktoren.

# 9.1 Die Beschaffung

Die Beschaffung von Waren (oder Dienstleistungen) erfordert die Suche von Lieferanten, die Kontaktaufnahme, Verhandlungen und schließlich den Abschluß von
Verträgen sowie deren Abwicklung. In manchen Fällen werden über diese Einzelfall-
transaktionen hinaus dauerhafte Geschäftsbeziehungen zu den Lieferanten entwickelt; am deutlichsten wird dies in dem Fall, in dem eine Handelsunternehmung
von einem externen Produzenten Handelsmarken herstellen läßt. Im Gegensatz zu
dieser Sichtweise, die sich an Phasen der Zusammenarbeit mit dem Lieferanten
orientiert, werden die beschaffungspolitischen Probleme häufig nach beschaffungspolitischen Instrumenten systematisiert (vgl. Abbildung 9.1)

**Abbildung 9.1:** Beschaffungspolitische Instrumente

| Beschaffungspoliti-sche Instrumente | Aktionsparameter |
| --- | --- |
| Beschaffungsseitige Sortiments- und Pro-duktpolitik | • Auswahl der Produkte/Produktgruppen (Hier ist die Interdependenz zur absatzseitigen Sortimentspoli-tik so stark, daß ausschließlich beschaffungsseitig ausgerichtete Aktionsparameter kaum zu isolieren sind.) |
| Einkaufsgestaltung | • Auswahl der Lieferanten<br>• Kontaktanbahnung mit dem Lieferanten<br>• Vertragliche Gestaltung des Beschaffungsweges<br>• Auswahl personeller Einkaufsorgane:<br>  – Selbsterfüllung<br>  – Delegation an Beschaffungshelfer<br>• Ggf. Auswahl von Kooperationspartnern |
| Preis- und Be-stellmengenpolitik | Preisbezogene AP<br>• Einflußnahme auf Preisforderungen/Verhandlungsstrategien<br>• Wahl zwischen verschiedenen Preisen (starke Interdependenz zu Lieferantenwahl und Sortimentsplanung)<br>• Rabattvereinbarungen<br>Bestellmengenbezogene AP<br>• Bestellhäufigkeit<br>• Bestelltermine<br>• Sicherheitsbestand |
| Beschaffungsseitige Finanzierungs-politik | • Kredithöhe<br>• Kassa-/Kreditfristen<br>• Rückzahlungsmodalitäten<br>• Kreditentgelte<br>• Besicherung |
| Beschaffungs-werbung | • Auswahl der Werbeobjekte und -subjekte<br>• Gestaltung der Werbeaussage<br>• Einsatz von Werbemitteln und -trägern |
| Lieferantenservice | • Angebot von Nebenleistungen, z. B. Wartung von Produkten<br>• Versorgung der Lieferanten mit Informationen über die Marktentwicklung |

Quelle: zusammengestellt nach Hansen, U., 1990, S. 464–546

*Hansen* geht dabei von einer Sichtweise von Beschaffung aus, die auch logistische Aspekte miteinbezieht. Sie unterscheidet insgesamt sieben beschaffungspolitische Instrumente (in Abbildung 9.1 sind Sortiments- und Produktpolitik zusammengefaßt), wobei die Analogie zu den absatzpolitischen Instrumenten augenfällig ist, was nicht weiter verwundert, da es zwischen Anbieter und Nachfrager zu einer Transaktion kommt, an deren Ausgestaltung beide beteiligt sind.

Als ein beschaffungspolitisches Instrument wird dabei auch die Produktpolitik genannt. Traditionell gehört die Produktpolitik in den Gestaltungsbereich der Industrie. Aber dennoch hat der Handel auch hier seine Gestaltungsmöglichkeiten. Dies gilt nicht nur für eigenerstellte Produkte (Eigenmarken, Handelsmarken), sondern auch für kooperative Maßnahmen zwischen Industrie und Handel, die sich auf Qualitätseigenschaften der Produkte und der Verpackung erstrecken können. Gerade in jüngster Zeit haben solche Abstimmungen unter dem Stichwort »Efficient Consumer Response (ECR)« besondere Aktualität erlangt.[2] Es geht dabei nicht nur darum, Informationen über das Einkaufsverhalten der Kunden im Einzelhandel möglichst schnell über vorgelagerte Stufen bis zur Industrie zu leiten, sondern die Überlegungen erstrecken sich auch auf gemeinsame Aktivitäten bei der Entwicklung von Produkten, verkaufsfördernden Maßnahmen, Werbeaktionen und die Gestaltung logistischer Prozesse. Die Einhaltung von Qualitätsnormen kann entweder unter der alleinigen Verantwortung des Liefernden stehen oder kann ebenfalls arbeitsteilig geregelt werden.

Von besonderer Bedeutung ist die Frage, ob die Ware direkt beim Hersteller beschafft werden sollte oder ob man sich eines zwischengeschalteten Organs bedienen sollte. In Verbundgruppen beteiligen sich die Zentralen in unterschiedlicher Form an der Beschaffung, entweder nur vermittelnd oder im Eigengeschäft. Die Bezugsquote gibt an, welchen Anteil ihrer Beschaffung die Mitglieder der Verbundgruppe über ihre Zentrale beziehen. Es handelt sich um das Problem der Lieferantenauswahl. Der Kauf einzelner Waren wird oft eingebettet in ein System von dauerhaft angelegten Geschäftsbeziehungen.[3] Es entstehen Bindungen zwischen Lieferanten und einkaufendem Handelsbetrieb.

Für den Einkauf, ein Begriff, der auch verwendet wird, wenn die Beschaffung von Waren gemeint ist, wird ein finanzieller Rahmen festgelegt, der als Limit bezeichnet wird. Der Limitplan enthält Angaben, in welchem Volumen innerhalb der einzelnen Dispositionszeiträume (z. B. Monate oder Haupt- und Nebensaison) eines meist unterjährigen Planungszeitraumes (z. B. Saison) Waren in einzelnen Sortimentsgruppen eingekauft werden können. Der Limitplan erweist sich so als wichtiges Koordinationsinstrument zur Steuerung der Liquidität und des Warenflusses der Unternehmung. Wichtigste Bestimmungsfaktoren für die Limitplanung sind die Umsatz-

---

[2]  Siehe insbesondere Kurt Salmon Associates (Hrsg.): Efficient Consumer Response. Enhancing Consumer Value in the Grocery Industry. The Research Department Food Marketing Institute, Washington 1993; Coca-Cola Retailing Research Group (Europe)/GEA Consulenti Associata di gestione aziendale (Hrsg.): Supplier-Retailer Collaboration in Supply Chain Management, o. O. 1994.

[3]  Auf die vielfältigen Formen vertikaler Marketingsysteme soll hier nicht eingegangen werden. Vgl. hierzu die Ausführungen im ersten Kapitel und die Monographien von Ahlert, D.: Vertragliche Vertriebssysteme zwischen Industrie und Handel, Wiesbaden 1981; Specht, G.: Distributionsmanagement, 2. Auflage, Stuttgart – Berlin – Köln 1992; Schenk, H.-O./Wölk, A.: Vertriebssysteme zwischen Industrie und Handel, Berlin 1971.

prognose und Vorstellungen über das Ausmaß an Warenverfügbarkeit im Verkaufs-raum.[4]

Über die inhaltliche Ausgestaltung der Transaktionsbeziehung zu den Lieferanten hinaus ist auch die Frage von Bedeutung, wer in einer Handelsunternehmung für die Einkaufsaktivitäten verantwortlich sein sollte. Dies betrifft zum einen die Frage, ob Einkaufsentscheidungen zentral oder dezentral getroffen werden sollten,[5] zum anderen die Frage, wie die Entscheidungen innerhalb der Organisation abgestimmt werden. Insbesondere bei der Entscheidung über die Aufnahme neuer Produkte werden häufig Einkaufsgremien eingeschaltet.[6]

Im Zentrum der Verhandlungen der Handelsunternehmungen mit den Lieferanten stehen die Konditionen. Sie erstrecken sich nicht nur auf die Preise für die Waren, sondern sind häufig mit Hilfe zahlreicher Rabatte (z. B. Mengenrabatt, Frühdispositionsrabatt, Treuerabatt, Einführungsrabatt) differenziert; darüber hinaus werden in den Verträgen zahlreiche Lieferungsbedingungen geregelt (z. B. zum Gefahrenübergang, zu den Zahlungsbedingungen, zu den Bedingungen der Anlieferung, zu Vertragsstrafen, zu Maßnahmen, die den Abverkauf der Ware unterstützen). Dabei gilt es, das Konditionensystem so auszugestalten, daß die jeweiligen Intentionen erreicht werden.[7] In sog. Jahresgesprächen werden Vereinbarungen getroffen, die den Rahmen für die innerhalb eines Jahres stattfindenden Transaktionen abstecken. Die Höhe der vereinbarten Konditionen wird durch eine Vielzahl von Bestimmungsfaktoren beeinflußt, vor allem durch die objektiven Marktverhältnisse, durch singuläre Bedingungen in verkaufender oder kaufender Unternehmung (z. B. Liquiditätslage), unter Umständen aber auch durch subjektive Faktoren (Sympathie, die die Verhandelnden einander entgegenbringen, Verhandlungsgeschick).

## 9.2 Die Logistik

Bevor in diesem Kapitel auf die Optimierung der Lagerhausstrukur und des Bestandsmanagements eingegangen wird, sollen einige Kennzeichen logistischer Probleme und die logistischen Probleme des Handels allgemein und an einem Beispiel vorgestellt werden (Abschnitt 9.2.1). Hinweise auf weitere logistische Aufgabenstellungen schließen das Kapitel ab.

---

[4] Zu einer ausführlichen Darstellung der Limitplanung vgl. Ebert, K.: Warenwirtschaftssysteme und Warenwirtschafts-Controlling, Frankfurt am Main – Bern – New York 1986, S. 222–231.

[5] Vgl. hierzu die Ausführungen in Kapitel 10.2 (Organisation).

[6] Zur Entscheidungsfindung in Einkaufsgremien vgl. die verhaltenswissenschaftlichen Darlegungen von Bauer, H. H: Die Entscheidung des Handels über die Aufnahme neuer Produkte, Berlin 1980, insbes. S. 341–394.

[7] Zur Gestaltung von Konditionensystemen vgl. Steffenhagen, H.: Konditionengestaltung zwischen Industrie und Handel. Leistungsbezogen, systematisch, professionell, Wien 1995.

## 9.2.1 Überblick über logistische Fragestellungen

Obwohl der Bereich Logistik auch in der Theorie starke Beachtung gefunden hat, kann immer noch nicht von einer abgeschlossenen Diskussion zum Begriffsverständnis gesprochen werden.[1] Im folgenden sollen einige Dimensionen zur Sprache gebracht werden.

### 9.2.1.1 Merkmale der Logistik

Wichtige Aspekte der Logistik werden im folgenden erschlossen, indem auf Schlüsselbegriffe eingegangen wird.

#### Art der Güter

Frühe Definitionen kreisten vor allem um die Art der Güter, über die im Rahmen der Logistik disponiert wird, wobei das Augenmerk – von der Situation des Industriebetriebes her bestimmt – vor allem auf Material, Bauteile und Fertigprodukte gerichtet war. Bezogen auf den Handel könnte davon gesprochen werden, daß sich die Logistik damit beschäftigt, den Fluß der Waren vom Lieferanten zum gewünschten Verwendungspunkt zu gestalten. Andere Faktoren, wie Betriebsmittel, Energie, Personen, Dekorationsmittel, finanzielle Mittel, werden damit zunächst aus dem Betrachtungsfeld ausgeklammert, wiewohl Transport und Lagerung von Waren auch Dispositionen über Betriebsmittel erfordern können. Dabei sollte berücksichtigt werden, daß im Handel auch der Rück- bzw. Abtransport der mit dem Transport der Waren verbundenen Transporthilfsmittel und des Verpackungsmaterials eine entsprechende Planung und Organisation erfordern kann. Das unmittelbare Objekt der Logistik im Handel kann also mit »Waren und den für ihren Transport benötigten Verpackungsmitteln und Transporthilfsmitteln« angegeben werden.

#### Art der Aktivitäten

Zur Logistik werden nicht alle Dispositionen gezählt, die in bezug auf die Waren getroffen werden. Bekanntlich wird die Entscheidung, welche Waren im Sortiment geführt und von welchen Lieferanten sie bezogen werden sollen, außerhalb der Logistik, also entweder im Rahmen der Sortimentsplanung oder des Einkaufs, getroffen. Für die Logistik stellen diese Entscheidungen exogene Größen dar. Die Dispositionen beziehen sich dagegen auf die folgenden Entscheidungsparameter:[2]

---

[1] Vgl. die Beiträge, die zur Klärung des Selbstverständnisses beitragen wollen: Weber, J.: Thesen zum Verständnis und Selbstverständnis der Logistik, in: ZfbF, 42. Jg. (1990), S. 976–986; Meyer, M.: Logistik-Management. Eine Aufgabe der integrierten Gestaltung von Güter- und Informationsflußsystemen, in: DBW, Jg. 53 (1993), S. 253–270; Lochthowe, R.: Logistik-Controlling. Entwicklung flexibilitätsorientierter Strukturen und Methoden zur ganzheitlichen Planung, Steuerung und Kontrolle der Unternehmenslogistik, Frankfurt am Main 1990, S. 10–20; Bowersox, D. J./Closs, D. J./Helferich, O. K.: Logistical Management. A Systems Integration of Physical Distribution, Manufacturing Support, and Materials Procurement, 3. Auflage, New York – London 1986, S. 15–33.

[2] Vgl. Toporowski, W.: Logistik im Handel. Optimale Lagerstruktur und Bestellpolitik einer Filialunternehmung, in: Mitteilungen des Instituts für Handelsforschung, 48. Jg. (1996b), S. 117. Vgl. auch die Unterscheidung in die fünf Grundfunktionen: Transport, Lagerhaltung, Lagerhaus, Auftragsabwicklung und Verpackung bei *Pfohl:* Pfohl, H.-C.: Logistiksysteme. Betriebswirtschaftliche Grundlagen, 5. Auflage, Berlin u. a. 1996, S. 10. In der amerikanischen

– Im Rahmen des Bestandsmanagements: auf Bestellmenge sowie Bestell- und Lieferzeitpunkt,
– im Rahmen des Lagerhausmanagements: auf das Lagerhaussystem (Zahl der Lagerstufen, Zahl und Standorte der Läger auf jeder Stufe, Zuordnung zu den Liefer- und Empfangspunkten) und die Größe und Ausstattung der Läger,
– im Rahmen des Transportmanagements: auf die Transportmittel und die Ausgestaltung des Transportprozesses,
– im Rahmen der Auftragsabwicklung: auf die Erfassung und Übermittlung von warenbegleitenden Informationen, auf die Erstellung von Bestellaufträgen, von Kommissionieraufträgen und von Versandpapieren,
– sonstige Sachverhalte, wie die Warenauszeichnung, das Anbringen von Diebstahlsicherungen, die Verpackung, die Art der Kommissionierung.

Diese konkreten Tatbestände werden manchmal durch allgemeine Hinweise ersetzt, nach denen es im Rahmen der Logistik darum ginge, Güter- und die sie begleitenden Informationsflüsse zu gestalten, wobei die Flüsse Transformationen hinsichtlich des Ortes, der Menge, der Zeit und der Handhabungseigenschaften des Materials bzw. der Ware umfaßten. Dies sind zwar zutreffende Umschreibungen der logistischen Aufgabe, die wegen ihrer Abstraktheit jedoch noch nicht deutlich machen, über welche alternativen Aktionsparameter bzw. Strategien zu befinden ist.

Die oben genannten Aktionsparameter der Logistik sind nicht nur zu planen, sondern zu den Aufgaben der Logistik gehört auch, die geplanten Maßnahmen zu realisieren und ihre Durchführung und den Erfolg zu kontrollieren. Insofern kann von der Logistik als der Planung, Realisation und Kontrolle der logistischen Aktionsparameter gesprochen werden.

### Gütekriterien (Ziele)

Teilweise werden in die Definitionen auch die Ziele mitaufgenommen, auf die hin die logistischen Aktivitäten ausgerichtet sein sollen. So heißt es beispielsweise: »... logistics is the science of ensuring that the right things or people – are in the right places at the right times and in the right quantities.« Definitionen dieser Art haben dazu geführt, daß immer mehr r's als Gütekriterien für die Logistik herausgestellt wurden, so insbesondere in der Forderung,
– die richtigen Güter,
– am richtigen Ort,
– in der richtigen Menge und
– in der richtigen Beschaffenheit
bereitzustellen.

Gütekriterien dieser Art helfen nur wenig, da sie offen lassen, wann beispielsweise die Güter in den richtigen Mengen bereitgestellt sind oder welches der richtige Ort ist. Um die richtige Menge (Bestellmenge) zu ermitteln, müssen aus dem übergeordneten Zielsystem der Unternehmung geeignete Subziele abgeleitet werden, wie z. B. die Höhe der Kosten für gebundenes Kapital, die Höhe der Bestellkosten oder ein be-

---

Literatur werden häufig umfangreiche Kataloge von Aktivitäten genannt; vgl. z. B. Ballou, R. H.: Business Logistics Management, 3. Auflage, Englewood Cliffs, N. J. 1992, S. 7–8. *Bowersox, Closs* und *Helferich* beschränken sich dagegen auf fünf Komponenten und differenzieren zwischen facility structure, forecasting and order management, transportation, inventory sowie warehousing and packaging; vgl. Bowersox, D. J./Closs, D. J./Helferich, O. K., 1986.

stimmter Servicegrad. Auch ist es nicht in allen Fällen unmittelbar ersichtlich, welches der richtige Ort ist, an den eine Ware geliefert werden soll oder an dem sie gelagert werden soll. Natürlich ist es nicht sinnvoll, eine nach Hamburg bestellte Ware nach Stuttgart zu liefern, aber ob Waren zentral oder dezentral gelagert werden sollen, kann ebenfalls nur entschieden werden, indem die ökonomischen Konsequenzen dieser alternativen Lagerstrukturen detailliert und explizit abgeleitet werden. Die Bedeutung, die einzelnen Teilzielen dabei zukommt, bestimmt sich auch aus dem strategischen Konzept, das die Unternehmung verfolgt.[3] Die Formulierung von geeigneten Subzielen für die Planung und Kontrolle der Logistik stellt eine wichtige Aufgabe des Managements dar, die jedoch nicht in Definitionen von Logistik einbezogen werden müssen, abgesehen von einem allgemeinen Hinweis, daß auch die hier zu treffenden Entscheidungen wie in allen anderen Bereichen der Unternehmenspolitik auf das Zielsystem der Unternehmung ausgerichtet sein müssen.

### Grenzen der logistischen Flüsse

Der im Rahmen logistischer Überlegungen zu betrachtende Fluß der Güter kann zwischen verschiedenen Quell-(Liefer-) und Ziel-(Empfangs-)punkten betrachtet werden. Vereinfachend kann von innerbetrieblichen, von zwischenbetrieblichen und von überbetrieblichen Güterströmen gesprochen werden. Entsprechende Angaben finden sich auch in der sehr verbreiteten Definition des *Council for Logistics Management (CLM)*, in der es heißt:[4]

> *»Logistics is the process of planning, implementing and controlling the efficient, cost-effective flow and storage of raw materials, inprocess inventory, finished goods and related information from point of origin to point of consumption for the purpose of conforming to customer requirements.«*

In dieser Definition wird mit dem »point of origin« und dem »point of consumption« eine überbetriebliche Sichtweise eingenommen, denn beide Punkte können möglicherweise außerhalb des Einflußbereiches der planenden Unternehmung liegen. So wird ein Textileinzelhändler nicht den Transport der Wolle aus Australien zum Spinner oder von dort zum Hersteller von Textilien analysieren wollen, sondern wird seine Überlegungen auf den Strom der Ware vom Bekleidungshersteller zu seinem Unternehmen beschränken. Unter bestimmten Umständen kann es jedoch auch unter einzelbetrieblicher Perspektive sinnvoll sein, eine überbetriebliche Perspektive einzunehmen, wenn nämlich durch eine Änderung der institutionellen Gegebenheiten (vertikale Diversifikation) oder durch kooperative Maßnahmen Verbesserungen in der Logistik erreicht werden können. Normalerweise wird das Untersuchungsfeld jedoch durch die Übergabepunkte der Ware begrenzt. Bei Gütern, die vom Verbraucher in der Verkaufsstelle abgeholt werden, endet also der logistische Strom des Einzelhändlers in der Verkaufsstelle und nicht am Ort des Konsums, da ja der Verbraucher den Transport der Ware von der Verkaufsstelle zu seinem Verbrauchsort übernimmt.

Gestützt auf die angesprochenen Merkmale kann Logistik für die vorliegende Arbeit wie folgt abgegrenzt werden: Die Logistik eines Handelsbetriebes erstreckt sich auf die Planung, Realisation und Kontrolle von Maßnahmen, mit denen der Fluß der

---

[3]  Vgl. hierzu beispielsweise Pfohl, H.-C.: Logistikmanagement. Funktionen und Instrumente, Berlin u. a. 1994, S. 86–199.

[4]  Council of Logistics Management (CLM): What's all about, Oak Brook, Ill. 1985.

Waren, der Transporthilfsmittel und des Verpackungsmaterials vom Herkunfts- zum Zielort gesteuert wird; die dabei zu gestaltenden Maßnahmen erstrecken sich auf das Lagerhausmanagement, das Bestandsmanagement, den Transport und die Auftragsabwicklung.

Im folgenden wird auf Probleme des Lagerhausmanagements[5] nicht eingegangen, die Ausführungen werden auf das Bestandsmanagement und die damit verbundene Auftragsabwicklung beschränkt.

### Zur Strukturierung logistischer Probleme

Dem entscheidungstheoretischen Ansatz folgend können auch bei logistischen Problemstellungen neben den bereits genannten Aktionsparametern Zielgrößen und Umweltgrößen (Einflußgrößen, die im vorliegenden Zusammenhang als vorgegeben angesehen werden) unterschieden werden.

Logistische Maßnahmen haben nicht nur Einfluß auf die verschiedenen Kosten, sondern beeinflussen auch den Leistungsbereich. Sobald diese Leistungen für den Kunden wahrnehmbar werden, ist es berechtigt, von der Logistik als einem absatzpolitischen Instrument zu sprechen. Zu Recht sind im Rahmen des Controlling für die einzelnen Elemente der Logistikleistung, wie die Lieferzeit, die Lieferzuverlässigkeit (Einhaltung von Zusagen), die Lieferflexibilität (Anpassung an spezifische Erwartungen einzelner Kunden oder Kundengruppen) und die Lieferbeschaffenheit, zahlreiche Kennzahlen entwickelt worden.[6]

Logistische Entscheidungen müssen unter einem Kranz von Bedingungen getroffen werden, die in der Entscheidungstheorie als Umweltgrößen bezeichnet werden und die im Gegensatz zu den Aktionsparametern bei der zu beurteilenden Entscheidung nicht als zu disponierende Größe angesehen werden. Dabei kann es sich auch um innerbetriebliche Sachverhalte handeln, die in einem anderen Kontext durchaus zur Disposition stehen. So wird z. B. unter Umständen von einer bestehenden Filialstruktur oder einem feststehenden Lieferantennetz ausgegangen, wenn ein Standort für ein neues Zentrallager zu wählen ist, oder bei der Lagerbestandsoptimierung wird von vorgegebenen Lagerkapazitäten ausgegangen.

Es gehört zu den zentralen Aufgaben eines Analytikers, jeweils zu erkennen, durch welche Aktionsparameter, Zielgrößen und Umweltvariablen bestimmte Problemstrukturen gekennzeichnet sind.

Die Logistik stellt einige Herausforderungen an das Management, die sich aus der Struktur ihrer Aufgabenstellung ergeben:

### Die Querschnittsorientierung

Logistische Maßnahmen stellen das Bindeglied zwischen Einkauf, Disposition und Verkauf dar. Die Erfolge im Bereich Verkauf sind oft in entscheidender Weise davon abhängig, ob die Ware verfügbar ist. Gleichzeitig kann die Höhe der Logistikkosten zu einem wettbewerbsentscheidenden Faktor werden. Insbesondere die Lagerressourcen entscheiden darüber, in welchen Mengen Ware von den Lieferanten abgerufen werden kann, und bestimmen damit in entscheidender Weise das Dispositionsverhalten. Durch die Festlegung der Zahl und der Art der Lieferanten wird das logistische Entscheidungsfeld in bedeutender Weise geprägt. So wie der Handel ins-

---

[5] Siehe hierzu z. B. Pfohl, H.-C., 1996, S. 117–140. Schulte, C.: Logistik. Wege zur Optimierung des Material- und Informationsflusses, 2. Auflage, München 1995, S. 89–111.

[6] Siehe z. B. Weber, J. (Hrsg.): Kennzahlen für die Logistik, Stuttgart 1995 a.

gesamt die Aufgabe hat, zwischen Hersteller und Verwender zu vermitteln und diese Abstimmung zu harmonisieren, kommt innerbetrieblich der Logistik die Aufgabe zu, Einkauf und Verkauf in sinnvoller Weise zu verknüpfen. Die Querschnittsfunktion der Logistik erfordert eine geeignete organisatorische Einbindung.

### Der Systemcharakter

Auf der Grundlage des Systemansatzes lassen sich Systemabgrenzungen, Strukturierungen des logistischen Systems in Teilsysteme und Steuerungs- und Verhaltensregeln formulieren.[7] Dabei sind in besonderer Weise auch Systemeinheiten außerhalb der Unternehmung zu beachten, wie die logistischen Systeme der Lieferanten und die der sog. Distributionshelfer (Spediteure mit erweitertem Aufgabenprogramm). Die am Arbeitsprozeß beteiligten Institutionen und Individuen bilden Knoten eines Netzwerkes, dessen Kanten alle Arten von Leistungsflüssen darstellen.[8] Unterschiedliche Systemeinheiten führen zu Schnittstellen, die technischer oder organisatorischer Art sein können. An organisatorischen Schnittstellen können Konflikte aufgrund unterschiedlicher Zielsetzungen für die einzelnen Bereiche das Zusammenwirken erschweren.

### Die Prozeßorientierung

Mit Prozeßorientierung ist gemeint, daß ein Vorgang in eine Abfolge von Entscheidungen und einzelnen Aktivitäten zerlegt wird. Zwar favorisiert die Entscheidungstheorie simultane Entscheidungen, diese können aber häufig nicht ermöglicht werden, so daß trotz des Vorliegens von Interdependenzen eine sukzessive Vorgehensweise realisiert wird. Für jede einzelne Aktivität gilt, daß bei ihrer Ausführung Ressourcen eingesetzt und verbraucht werden und daß ein bestimmtes Ergebnis als Output erzeugt wird. Gerade für das Logistikmanagement im Handelsbetrieb erweist es sich als notwendig, die Vielfalt der Einzelaktivitäten und ihre Verknüpfungen zu erkennen, Input und Output zu ermitteln und zu prüfen, ob auf einzelne Aktivitäten verzichtet werden kann, sie durch andere Prozesse ersetzt werden können oder diese auf andere Systemeinheiten übertragen werden können. Dies sei an der in Abbildung 9.2 dargestellten Prozeßkette verdeutlicht:

**Abbildung 9.2:** Beispiel für eine grob strukturierte Prozeßkette _____

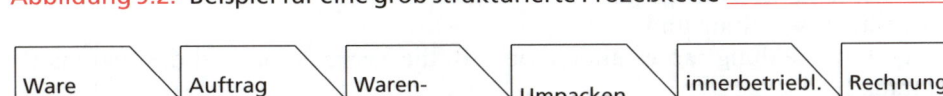

Ware disponieren → Auftrag erstellen → Warenannahme → Umpacken → innerbetriebl. Transport → Rechnungsregulierung

---

[7] Vgl. zur Einführung des Systemdenkens in die Betriebswirtschaftslehre Ulrich, H.: Die Unternehmung als produktives soziales System. Grundlagen einer allgemeinen Unternehmungslehre, 2. Auflage, Bern – Stuttgart 1970.

[8] Delfmann, W.: Das Netzwerkprinzip als Grundlage integrierter Unternehmensführung, in: Delfmann, W. (Hrsg.): Der Integrationsgedanke in der Betriebswirtschaftslehre. Festschrift zum 70. Geburtstag von Helmut Koch, Wiesbaden u. a. 1989, S. 87–113.

So ist es denkbar, daß eine Unternehmung die Tätigkeit »Ware disponieren« bislang manuell (durch Disponenten) hat durchführen lassen, für die Zukunft jedoch daran denkt, automatisch disponieren zu lassen. Eine solche Umstellung hat nicht nur Einfluß auf die verbrauchten Ressourcen, sondern wirkt sich auch auf die benötigte Zeit und wahrscheinlich das Dispositionsergebnis aus. Auch bei der Übermittlung des Auftrages sind Varianten denkbar. So könnte ein Auftrag nach traditioneller Methode per Brief oder Fax übermittelt werden, oder die Unternehmung könnte sich hierbei der elektronischen Datenübermittlung per EDI (Electronic Data Interchange) bedienen.

### Die Kundenorientierung

In vielen Fällen wird das Ergebnis der logistischen Aktivitäten einer Unternehmung dem Kunden bekannt werden. Dies gilt teilweise für den Einzelhandel, in besonderer Weise jedoch für den Großhandel. Verfügbarkeit der Ware, Schnelligkeit der Belieferung, Anpassung an Sonderwünsche der Kunden können zur Basis von Kundenbeziehungen werden. Die Kraft der Logistik als absatzpolitisches Instrument ist im konkreten Fall jedoch nicht einzuschätzen, zumal ein Trade-off zur Preissituation bestehen kann (Verbesserungen des Lieferservices erhöhen Kosten und Preise).

### 9.2.1.2 Logistische Probleme im Handel

Nach dem Grundmodell der Entscheidungstheorie ist zu fragen, über welche Entscheidungsparameter im Rahmen der Handelslogistik zu entscheiden ist, welche Zielgrößen anzusteuern sind und von welchen Umweltgrößen die Zielerreichung abhängt. Auf diese Bausteine logistischer Probleme wird zunächst in diesem Abschnitt eingegangen, bevor einige dieser Probleme in den Abschnitten 9.2.2 und 9.2.3 vertieft werden.

### Entscheidungsparameter der Handelslogistik

In Anlehnung an allgemeine Überlegungen von *Pfohl* zu Entscheidungsfeldern der Logistik lassen sich im Handel mehrere Problembereiche der Logistik unterscheiden,[1]
- Investitionen in Lagerhäuser (Lagerhaussystem),
- das Bestandsmanagement (Lagerbestände in den Lägern i. e. S. und in den Verkaufsstellen),
- die Abwicklung der Transporte,
- die Auftragsabwicklung und
- sonstige Entscheidungstatbestände (wie z. B. die Verpackung und die Warenauszeichnung).[2]

Entscheidungen über das Lagerhausmanagement beziehen sich zunächst auf die Zahl der unterschiedlichen Lagerstufen (Lagerhaussystem). So wird in Filialunternehmen zeitweilig ein dreistufiges System, bestehend aus einem Zentrallager, mehreren Regionallägern und sog. Filialverbundlägern, praktiziert. Aber auch zwei- und einstufige Systeme sind vorzufinden. Für jedes System sind die Standorte auszusuchen, ein Aufgabenbereich ist festzulegen (z. B. Lagern oder nur Umverteilen, Preisaus-

---

[1] Pfohl unterscheidet als Subsysteme die Auftragsabwicklung, die Lagerhaltung, das Lagerhaus, die Verpackung, den Transport. Pfohl, H.-C., 1996.
[2] Vgl. Toporowski, W., 1996 b, S. 113–120.

zeichnungen vornehmen, Aufarbeiten von Ware), Regalsysteme sind auszuwählen, innerbetriebliche Fördermittel (z. B. Gabelstapler, Bänder, fahrerlose Transportfahrzeuge) sind einzuplanen, die Gesamtfläche des Lagers ist in Funktionszonen einzuteilen (insbesondere für die Warenannahme, die Lagerung, die Kommissionierung und den Warenausgang), und der vorhandene Lagerplatz ist einzelnen Gütern zuzuweisen (z. B. Platz für Schnelldreher). Entscheidungen über die Stufigkeit des Lagersystems und die konkreten Standorte zählen zu den intensiv in der Ökonomie behandelten Problemen,[3] Fragen der Lagerhausarchitektur, der Lagerhilfs- und Transportmittel werden dagegen vorwiegend in den Ingenieurwissenschaften behandelt.[4] In Abschnitt 9.2.2 finden sich Hinweise auf Ansätze zur Optimierung der Lagerhausstruktur aus ökonomischer Sicht.

Im Zentrum der Überlegungen zur Optimierung der Warenwirtschaft, die alle laufenden Operationen in bezug auf die Ware umfaßt, stehen Überlegungen zum Bestandsmanagement. Seitdem auch im Verkauf die artikelgenaue Erfassung möglich ist, können geschlossene Warenwirtschaftssysteme realisiert werden. In ihnen wird der Durchfluß der Ware von der Bestellung bis zum Abverkauf lückenlos erfaßt, wobei die Warenwirtschaft mit dem Controlling und der Finanzwirtschaft verknüpft wird.[5] Da einerseits in den Warenbeständen oft erhebliche Kapitalbeträge gebunden sind, das Vorhalten von Lagerraum mit Kosten verbunden ist, die Disposition über die Bestände personelle Ressourcen bindet und auch die Transportkosten nicht unberücksichtigt bleiben dürfen, andererseits eine bestimmte Verfügbarkeit der Ware gewährleistet werden soll, ist es verständlich, daß Modelle zur Optimierung der Lagerbestände bzw. der Bestellmengen entwickelt wurden. Auf Ansätze zur Optimierung der Bestellmenge bzw. der Bestände wird in Abschnitt 9.2.3 eingegangen.

Entscheidungen zum Transport können als Teil des Lagerhausmanagements gesehen werden, soweit sie die Transporte innerhalb des Lagers betreffen, stellen außerhalb des Lagers jedoch einen eigenständigen Entscheidungsbereich dar. Dies betrifft sowohl die Transporte zwischen den Lieferanten und einem Handelslager als auch die Transporte zwischen einem Handelslager und den Verkaufsstellen bzw. den nachgeschalteten Lägern. Zunächst ist darüber zu befinden, ob die Transporte zwischen den Lieferanten und dem Lager in eigener Regie durchgeführt werden sollen (also Übernahme der Ware ab dem Lager des Herstellers) oder ob der Hersteller dem Händler die Ware an dessen Lager zustellen soll. Bei letzterem wären die Transportkosten im Warenpreis eingeschlossen, bei ersterem würden Warenpreis und Transportkosten getrennt. Da sich für Hersteller und Händler unterschiedliche Möglichkeiten ergeben können, einzelne Transporte zu bündeln (der Hersteller beliefert mehrere Händler, ein Händler sammelt die Waren bei mehreren Herstellern ein), können sich unterschiedlich hohe Transportkosten ergeben. Darüber hinaus ist darüber zu befinden, welche Transportmittel (Bahn, Schiff, LKW) eingesetzt werden und auf welche Transporthilfsmittel (z. B. Paletten, Gitterboxen, Mehrwegbehältnisse) zurückgegriffen wird.

[3] Vgl. z. B. Tempelmeier, H.: Quantitative Marketing-Logistik, Berlin u. a. 1983, insbesondere S. 29–113; Domschke, A./Drexl, W.: Logistik. Standorte, München – Wien 1984.

[4] Bei *Jünemann* findet sich eine ausführliche Darstellung einzelner Techniken, so der Verpackungstechniken (Packmittel, Packhilfsmittel, Ladehilfsmittel), der Lagertechniken, der Fördertechniken, der Verkehrstechniken, der Handhabungstechniken, der Kommissioniertechniken. Siehe Jünemann, R.: Materialfluß und Logistik, Berlin u. a. 1989.

[5] Vgl. Zentes, J.: Moderne Warenwirtschaftssysteme im Handel, Berlin u. a. 1985.

Schließlich können eigene Transportmittel eingesetzt oder Spediteure eingeschaltet werden.

Abbildung 9.3: Entscheidungsparameter, Einflußfaktoren und Zielgrößen bei der Gestaltung eines Logistiksystems

| Einflußfaktoren | Entscheidungsparameter | | | | |
|---|---|---|---|---|---|
| | Lagerhaus-management | Bestands-manage-ment | Transport | Aufarbeiten der Ware | Sonstige |
| extern:<br><br>– Beschaffungsmarkt<br><br>– Absatzmarkt<br><br>– andere Handels-unternehmungen<br><br>– technologische Rah-menbedingungen<br><br>– politisch-rechtliche Rahmenbedingun-gen<br><br>– gesamtwirtschaft-lische Rahmenbedin-gungen<br><br><br><br>intern:<br><br>– Beschaffungspolitik<br><br>– Absatzpolitik | Lagerstruktur:<br><br>– Zahl der Lagerstufen<br><br>– Zahl und Stan-dorte der Läger auf jeder Stufe<br><br>– Zuordnung zu den Liefer- und Empfangs-punkten<br><br>Größe und Aus-stattung der Läger:<br><br>– Fördermittel<br><br>– Zonenbildung<br><br>– Zuweisung von Lager-plätzen | Bestell-menge<br><br>Bestell-/Lieferzeit-punkt | Transport-mittel<br><br>Transport-prozeß | Erfassung und Übermittlung von warenbe-gleitenden Informationen<br><br>Erstellung von Bestellaufträ-gen<br><br>Erstellung von Kommissionier-aufträgen<br><br>Erstellung von Versand-papieren | Kommis-sionierung<br><br>Ver-packung<br><br>Warenaus-zeichnung |

| Zielgrößen | |
|---|---|
| Logistikkosten | Logistikleistungen |
| Steuerungskosten<br>Warenbestandskosten<br>Lagerhauskosten<br>Transportkosten<br>Handlingkosten | Lieferzeit<br>Lieferzuverlässigkeit<br>Lieferflexibilität<br>Lieferbeschaffenheit |

Quelle: In Anlehnung an Toporowski, W., 1996 a, S. 45

Die Auftragsabwicklung erstreckt sich zunächst auf den notwendigen Informationsfluß. Die von den Verkaufsstellen im Lager eingegangenen Aufträge müssen in Kommissionieraufträge umgesetzt werden. Dabei handelt es sich um Listen, aus denen das Lagerpersonal ersehen kann, welche Waren von einzelnen Verkaufsstellen bestellt worden sind, wobei diese Listen so aufbereitet sind, daß sie dem Lagerpersonal das

Zusammenstellen der Aufträge (das Kommissionieren) erleichtern, indem die Positionen entsprechend ihrem Lagerplatz aufgelistet sind. Gleichzeitig werden für die Transportplanung die Volumina und das Gewicht ermittelt. Für den Transport werden Lieferscheine benötigt. Im Rahmen der Auftragsabwicklung sind aber nicht nur die ablaufenden Vorgänge zu dokumentieren, sondern es sind auch betriebswirtschaftliche Überlegungen zur Struktur und zum Ablauf der Auftragsabwicklung anzustellen. Sie betreffen zunächst die Geschwindigkeit, mit der eingehende Aufträge zur Auslieferung kommen sollen. Dies hängt aufs Engste mit den Kapazitäten in der Warenannahme, im Kommissionierbereich und in der Auslieferung zusammen. Die Garantie einer schnellen Auslieferung geht aber mit der Gefahr einher, daß die Kapazitäten über weite Strecken nicht ausgelastet werden.

Die Lagerwirtschaft birgt darüber hinaus einige weitere Probleme. In einigen Branchen müssen die eingetroffenen Waren aufgearbeitet werden. So müssen im Textilbereich die Waren nach Farben und Größen sortiert werden, es kann sein, daß sie mit Namens-, Preisetiketten und Sicherungssystemen ausgestattet werden müssen. Durch die Verpackungsordnung bedingt, haben auch die Verpackungsmittel verstärkt Aufmerksamkeit gefunden. Für zahlreiche Branchen sind Mehrwegtransportbehälter entwickelt worden, es sind Methoden zum Recycling von Verpackungsmaterial eingeführt worden.

Wie *Toporowski* eingehend dargestellt hat, sind die einzelnen Entscheidungsbereiche nicht unabhängig voneinander.[6] So hängen z. B. der optimale Lagerbestand ebenso wie die in einem Lager einzusetzenden technischen Hilfsmittel auch von der Stufigkeit des Lagerhaussystems ab.

## Zielgrößen der Logistik

Die logistischen Tätigkeiten sollen einen möglichst effizienten Güterfluß von einem Lieferpunkt zu einem Empfangspunkt ermöglichen. Diese allgemeine Umschreibung bedarf der Konkretisierung. Die Gefahr ist groß, daß einzelne ausgewählte Kennziffern in einen Rang erhoben werden, der die Maximierung der Unternehmensziele behindert. Als isolierte Kennzahlen zur Beurteilung der Leistung eines Lagers werden häufig genannt:

- Die bearbeiteten Kommissionierzeilen,
- die Kommissionierzeilen pro Mitarbeiter,
- der Lagerumschlag,
- die durchschnittliche Tagesleistung (Stück).

Zielführender ist es, an die Stelle einzelner Kennzahlen Zielgrößen zu stellen, die aus dem Zielsystem des Unternehmens abgeleitet sind. Hier spielen Kosten und Erlöse eine herausragende Rolle. Mithin sind auch Logistikentscheidungen zunächst an ihren Auswirkungen auf die Kosten und gegebenenfalls an ihrer Erlöswirkung zu beurteilen.

Alle Maßnahmen im Logistikbereich sind im Hinblick auf ihre relevanten Kosten zu beurteilen. Es sind in Abhängigkeit von der jeweiligen Problemstellung unterschiedliche Kostenarten betroffen. Von besonderer Bedeutung sind aber Zinskosten (für das in den Warenbeständen gebundene Kapital), Abschreibungen auf Ware (wegen des Veralterungsrisikos), Raum- (Gebäude- und Regalsysteme) und Betriebsmittelko-

---

[6] Toporowski, W.: Logistik im Handel. Optimale Lagerstruktur und Bestellpolitik einer Filialunternehmung, Heidelberg 1996 a, insbesondere S. 19–29.

sten, Transportkosten und schließlich Personalkosten (in der Disposition, im Wareneingang, im Kommissionierbereich und in der Expedition).

Nie können jedoch Kosten allein einen Beurteilungsmaßstab über ein Logistiksystem abgeben. Da es sich bei der Logistik um eine Dienstleistung für andere Unternehmensbereiche handelt, muß der von ihr erbrachte Service in seinen relevanten Dimensionen erfaßt werden. Dazu zählen[7]

- die Lieferzeit; sie bezieht sich zum einen auf die Zeit zwischen Bestelleingang und Verfügbarkeit der Ware am Ort des Auftraggebenden, zum anderen auf den Zeitpunkt der Anlieferung,
- die Lieferbeschaffenheit bezieht sich auf die Genauigkeit, mit der die bestellte Menge ausgeliefert wird, und auf die Qualität der Ware (Unversehrtheit),
- die Lieferflexibilität; das ist der Grad, mit der sich der Liefernde an spezielle Wünsche des Auftraggebenden anpaßt (in bezug auf die Liefermenge, den Zeitpunkt der Anlieferung, die Lieferzeit, die Art des Transportmittels, die Avisierung, die begleitenden Dienstleistungen),
- die Lieferzuverlässigkeit; das ist der Grad, mit dem Zusagen bezüglich der Liefermodalitäten eingehalten werden.

Für alle Servicekomponenten sind Kennzahlen entwickelt worden, auf die hier jedoch nicht näher eingegangen werden soll.[8]

## Rahmenbedingungen bei der Optimierung der Handelslogistik

Die Optimierung logistischer Prozesse erfolgt in jedem Unternehmen unter bestimmten Rahmenbedingungen, die teilweise unternehmensextern sind, teilweise aber auch durch die anderen Funktionsbereiche (z. B. eine bestimmte Sortimentspolitik) vorgegeben sind. Obwohl eine simultane Planung aller betrieblichen Prozesse nicht ausgeschlossen ist (z. B. die gemeinsame Planung des Vekaufsstellennetzes und der Logistik, die gemeinsame Planung von Sortimentspolitik und Logistik), werden die Probleme häufig separiert. Bei der Planung der Logistik wird davon ausgegangen, daß nicht nur solche Größen als Umweltgrößen angesehen werden, die außerhalb des Entscheidungsbereiches der Handelsunternehmung liegen, wie z. B. die Standorte der Lieferanten oder die Zinssätze für Kapital, sondern auch unternehmensinterne Größen.

Zu den unternehmensexternen Umweltgrößen zählen zunächst die Lieferanten. Es ist von großer Bedeutung, mit wieviel Lieferanten eine Unternehmung zusammenarbeitet, welche Mengen sie von ihnen bezieht, wo diese ihre Läger betreiben und wie diese ihre Auslieferungspolitik angelegt haben (z. B. Mindestbestellmengen, Lieferzeiten). Aber auch die Transportsätze der Speditionen spielen eine wichtige Rolle. Die Konkurrenzbetriebe sind insofern wichtig, weil sie mit ihrer Politik Maßstäbe im Lieferservice setzen können; es ist zu entscheiden, inwieweit der Wettbewerb auch auf dem Felde der Logistik ausgetragen werden soll.

Zu den unternehmensinternen Größen zählen insbesondere die Verkaufsstellen. Welche Standorte nehmen sie ein, wie sind sie mit einzelnen Verkehrsmitteln zu erreichen, welchen Bedarf haben sie an einzelnen Waren? Aber auch die Geschäfts-

---

[7] Vgl. auch Schulte, C., 1995, S. 7.

[8] Vgl. hierzu Reichmann, T.: Kostenrechnung und Kennzahlensystem für das Logistik-Controlling, in: Männel, W. (Hrsg.): Logistik-Controlling. Konzepte, Instrumente, Wirtschaftlichkeit, Wiesbaden 1993, S. 87–108.

führung setzt im Rahmen ihrer strategischen Planung wichtige Eckpunkte für die Logistik.

Die Umwelt, unter der sich eine logistische Planung vollzieht, ist also durch die Struktur und das Verhalten verschiedener Institutionen geprägt. Auf diese wirken Veränderungen in der technologischen und der politisch-rechtlichen Welt ein. In bedeutendem Maß ist die logistische Planung durch die Fortentwicklung der EDV und einzelner Technologien in der Lagerbewirtschaftung beeinflußt worden. Aber auch Regelungen zur Steuerung des Verkehrs oder zur Tarifpolitik wirken sich aus.

### 9.2.1.3 Ein Beispiel für ein Logistikkonzept

Mit den folgenden Ausführungen sollen die im vorhergehenden Abschnitt abstrakt aufgezeigten logistischen Probleme durch ein praktisches Beispiel veranschaulicht werden. Es handelt sich um das Logistiksystem der *Karstadt AG*.[9]

Anfang der achtziger Jahre entschied sich die *Karstadt* AG, ihre bis dahin 80 dezentral verteilten Regionalläger in ein neues System zu überführen. Es entstanden ein Warenverteilzentrum mit einigen wenigen Satellitenlägern für kontinuierlich nachgefragte Artikel, sog. »Stapel-Ware«, fünf Regionalzentren für modische Ware sowie besondere logistische Konzepte für spezielle Sortimentsbereiche wie Medien, Augenoptik oder Lebensmittel. Dieses System versorgt inzwischen sämtliche *Karstadt*- und *Hertie*-Warenhäuser sowie verschiedene Anschlußkunden im Bundesgebiet. Daneben gibt es für die Belieferung der Warenhäuser noch den Logistikweg »Transit«, der Direkteinkäufe einzelner Warenhäuser unterstützt, indem diese direkt Ware bei einem Lieferanten bestellen können. Eine dezentrale Lagerstruktur wurde mithin in eine stärker zentralisierte überführt.

Seit dem Baubeginn Anfang der achtziger Jahre wurden etwa 500 Mio. DM investiert. Diese umfängliche Investition wird damit gerechtfertigt, daß die früher weit verbreitete direkte Belieferung von den Lieferanten an die Warenhäuser bzw. die ihnen zugeordneten Läger ungünstiger sei, denn sie bedeutete erheblich mehr Fahrten bei gleichzeitig kleineren Sendungen. Vor der Zentralisierung mußten monatlich 240 000 Transporte von 3 000 Lieferanten an 80 Empfänger abgewickelt werden. Nach der Zentralisierung sei aufgrund der Bündelung die Zahl der monatlich bei den Warenhäusern eintreffenden Transporte auf 10 180 gesunken (Waren von 3 000 Lieferanten, die zweimal monatlich an das Zentrallager liefern, plus Lieferungen an 190 Empfangsstellen an 22 Tagen/Monat ergeben insgesamt 10 180 Transporte/Monat).

Als Standort für das Warenverteilzentrum wurde Unna gewählt. Von dem Standort wird gesagt, daß er sich als verkehrstechnisch optimaler Standort erwiesen habe. Die Regionalläger liegen in Hamburg, Essen, Brieselang bei Berlin, München und Muggensturm bei Karlsruhe. Sie dienen der Verteilung der modischen Ware im textilen Bereich.

Die logistischen Konzepte sind nach Waren differenziert:
– Kontinuierlich nachgefragte Artikel, sog. Stapel-Ware, werden nur noch in dem

---

[9] Die Darstellung orientiert sich an einer firmeninternen Broschüre: Karstadt AG (Hrsg.): Karstadt Logistik. Das Konzept, Essen o. J. (wahrscheinlich 1996). Vgl. auch Eierhoff, K.: Das Logistik-Konzept der Karstadt AG, in: Schuh, G./Weber, H./Kajüter, P. (Hrsg.): Logistikmanagement. Strategische Wettbewerbsvorteile durch Logistik, Stuttgart 1996, S. 349–364; Lendzion, H.-P.: Das Logistik-Konzept der Karstadt AG für die 90er Jahre, in: Zentes J. (Hrsg.): Moderne Distributionskonzepte in der Konsumgüterwirtschaft, Stuttgart 1991, S. 35–50.

Warenverteilzentrum in Unna mit einigen Satelliten bevorratet (ungefähr 160 000 Artikel).

– Modische Ware, die saisonabhängig ist, wird über die Regionalläger an die Warenhäuser verteilt.

– Für große Warenmengen, wie sie in der Weihnachtszeit oder bei Aktionen anfallen, betreibt *Karstadt* ein spezielles Aktionslager in Ibbenbüren. Pro Jahr werden hier für 300 Aktionen etwa 250 000 Paletten abgewickelt.

– Für spezielle Sortimentsbereiche, wie etwa Medien, Augenoptik, Lebensmittel oder Fahrräder, gibt es spezielle Lösungen.

Im Warenverteilzentrum werden beim Wareneingang die Lieferungen entladen, die Verpackung wird entsorgt, es erfolgt eine Stichprobenkontrolle nach Menge und Qualität, und die Ware wird für den Lagerbereich vorbereitet. 90 % der Lieferanten haben für *Karstadt* bereits die Auszeichnung vorgenommen und die Artikel sortenrein und meist auch lagergerecht verpackt. Die Frachtbriefe werden EDV-gesteuert erfaßt, jedes Warenpaket bekommt einen Packstückaufkleber. Für alle Lagereinheiten wird ein Lagereinheitenbeleg erstellt, der von den Scannern der Fördertechnik und den Staplerfahrern gelesen werden kann. Alle Transporteinheiten werden von Flurförderfahrzeugen auf ein Stetigförderband gestellt und automatisch durch Fahrerlose-Transport-Systeme (FTS) zur Zielstation im Kommissonierlager oder im Hochregallager (32,5 m hoch) gebracht. Dort übernehmen von Personen gesteuerte Verteilstapler die in den Lagerhilfsmitteln abgestellte Ware und lagern sie ein.

Die von den Filialen eingehenden Bestellungen werden gesammelt und über Nacht zu Kommissionierlisten aufbereitet. Mitarbeiter aus dem Lager erhalten diese Listen und sammeln die Waren aus den Kommissionierregalen ein. Dort hat jeder Artikel einen festen Platz. Fehlt ein Artikel im Regal, wird er aus dem Reservelager (dem Hochregallager) angefordert. Im Laufe eines Kommissionierweges füllt sich so ein Transportturm (Turm aus Mehrwegbehältern, in denen die Ware abgelegt wird). Die kommissionierte Ware wird EDV-technisch erfaßt.

60 % der Ware werden über die Schiene vom Warenverteilzentrum an die Verkaufshäuser ausgeliefert, wozu speziell entwickelte Container eingesetzt werden.

Bei den Verbundlägern handelt es sich um außerhalb der Filialen befindliche Lagerflächen, die für mehrere Verkaufsfilialen Dienstleistungen erbringen. An zehn Standorten werden Zukäufe vom Wareneingang bis zur Lieferung abgewickelt, Filial-Rücksendungen bearbeitet, Saisonüberhänge von Textilwaren eingelagert und Dekorationsmaterial und Haustechnik aufbewahrt. Außerdem werden dort Aktionsware und großvolumige Sendungen gepuffert. Die Produkte gelangen verkaufsfertig in die Filialen.

Nur ergänzend sei auf die fünf für die Verteilung von Mode vorgesehenen Regionalzentren verwiesen. Normalerweise sollen sie die Ware nicht bevorraten. Bereits 36 Stunden nach Lagereingang erreicht die Ware verkaufsfertig präpariert die Filiale. Einige Standardartikel werden im Regionalzentrum Essen-Vogelheim dezentral bevorratet. Bei den Regionalzentren für Mode handelt es sich also um Durchgangsstationen auf dem Weg der Ware vom Lieferanten zur Verkaufsstelle. Dabei muß die gepreßt transportierte Ware oft aufgearbeitet werden. Die Ware wird in speziell für Hänge- und Liegeware konzipierten LKW vom Regionalzentrum an die umliegenden Verkaufshäuser transportiert.

Tonträger, Computersoftware und Bücher werden von vier Regionallägern aus verteilt. Damit soll gewährleistet werden, daß die Verkaufshäuser innerhalb von 24

Stunden Nachschub erhalten können. In Mühlheim wurde eine Bearbeitungsstraße installiert, die in der Stunde 20 000 Tonträger bewältigen kann. In der Zukunft soll diese Sortiertechnik auch für Bücher und Computersoftware anwendbar gemacht werden.

## 9.2.2 Optimierung der Lagerhausstruktur

Filialbetriebe und Verbundgruppen, die gleichermaßen einer Vielzahl von Verkaufsstellen Ware zuzuführen haben, stehen vor der Frage, ob sie veranlassen sollen, daß die Ware direkt von den Lieferanten den Verkaufsstellen zugeleitet werden soll, ob sie über ein Zentrallager bzw. Warenverteilzentrum laufen oder ob sich die Handelsorganisation eines mehrstufigen Lagersystems von Zentrallager und Regionallägern bedienen soll. Die Strukturentscheidung geht jeweils mit Standortentscheidungen einher.

### Der optimale Standort für ein Zentrallager

Geht man von der Annahme aus, daß die Lieferanten die Ware an dem Zentrallager anliefern, besteht die Aufgabe darin, jenen Standort für das Zentrallager ausfindig zu machen, bei dem die Summe der Kosten minimiert wird. Dabei wird unterstellt, daß ein bestimmter Servicegrad in jedem Fall eingehalten wird. Die Kosten bestimmen sich aus den Kosten für das Errichten und Betreiben des Lagers, die wegen der unterschiedlichen Grundstückskosten, unterschiedlich hoher Personalkosten, unterschiedlicher Abgaben und Steuern von Standort zu Standort variieren können, und den Transportkosten. Letztere können als von der Entfernung zu den Verkaufsstellen und den zu transportierenden Mengen abhängig angesehen werden. Die Höhe der Kosten kann für diskrete vorgegebene Standorte ermittelt werden, kann aber auch durch Optimierung von Koordinaten gefunden werden.[10] Im Regelfall wird dabei von folgenden Annahmen ausgegangen:
- Die Nachfrage der einzelnen Verkaufsstellen wird als bekannt vorausgesetzt.
- Die Modelle betrachten keine Veränderungen in der Verkaufsstellenstruktur, es wird also von konstanten Nachfragebedingungen ausgegangen.
- Die Transportkostensätze werden proportional zur Entfernung und zum Gewicht modelliert.
- Als Zielkriterium werden ausschließlich die Kosten für das Errichten und Betreiben des Lagers sowie die Transportkosten betrachtet.

Jede dieser Annahmen muß auf ihre Realitätsnähe geprüft werden. Viele Handelsorganisationen sehen sich einem ständigen Wechsel im Bereich der Verkaufsstellen gegenüber. Dabei muß nicht nur an die Wiedervereinigung und die ihr folgende Ausdehnung des Absatzgebietes vieler Organisationen gedacht werden, sondern auch Fusionen von Gesellschaften, Neueröffnungen und die Schließung unrentabler Verkaufsstellen führen zu Änderungen im Verkaufsstellennetz. Auch die zunächst sehr plausibel erscheinende Annahme, daß die Transportkosten mengen- und entfernungsabhängig seien, muß dann nicht zutreffen, wenn die Einzellieferung von einer

---

[10] Vgl. den Überblick bei Tempelmeier, H., 1983, S. 29–113.

Tourenlieferung abgelöst wird. Schließlich können neben Kostengesichtspunkten andere Größen, wie insbesondere die Lieferschnelligkeit, ausschlaggebend sein.

Hat die Handelsorganisation auch die Transportkosten vom Hersteller zum Zentrallager zu tragen, sind diese in die Überlegungen zum Standort für das Zentrallager einzubeziehen. In die zu minimierende Zielfunktion gehen also die Transportkosten von den Lieferanten zum Zentrallager, die Transportkosten vom Zentrallager zu den Verkaufsstellen und die ortsabhängigen Kosten für das Errichten und Betreiben des Zentrallagers ein.

### Zentral- und/oder Regionalläger

Wird das Zentrallager durch weitere Regionalläger ergänzt oder durch ein System von Regionallägern ersetzt, verkürzen sich die zu überbrückenden Entfernungen zu den Verkaufsstellen. Bei einer größeren Anzahl von Lägern in einem Handelssystem sinken die Transportkosten der Lieferung aus dem jeweiligen Lager an die Verkaufsstellen, es steigen aber die Kosten der Bewirtschaftung der Läger, die Lagerbestände und eventuell auch die vom Handel mitzutragenden Kosten der Belieferung der Regionalläger (vgl. Abbildung 9.4).

Die Frage, inwieweit in einer Filial- oder Verbundorganisation die Lagerhaltung zentralisiert werden soll, wird durch eine Vielzahl von Gesichtspunkten bestimmt (vgl. auch Abbildung 9.5).[11] Zunächst steigen mit einer wachsenden Anzahl von Lägern die Errichtungskosten für diese Läger. Wahrscheinlich sind die Kosten für das Betreiben größerer Läger niedriger, weil entwickeltere Technologien eingebaut werden können. Außerdem sind in einem System dezentraler Läger – will man die gleiche Lieferbereitschaft gewährleisten wie in einem Zentrallager – größere Sicherheitsbestände notwendig.[12]

### Logistik unter der Regie der Hersteller, des Handels oder von Logistikdienstleistern?

Logistische Fragestellungen beziehen sich nicht nur auf die Anzahl und die Standorte von vorzusehenden Lägern, sondern auch auf die Frage, wer die Lager- und die Transportfunktion wahrnehmen soll. Dies betrifft die Arbeitsteilung im Distributionskanal. Für die Aufgaben kommen im Prinzip drei Institutionen in Frage, der Hersteller, der Handel, ein Distributionshelfer (Logistikunternehmen). Die theoretische Diskussion um eine wirtsschaftstufenübergreifende Optimierung der Logistik befindet sich erst in den Anfängen. *Müller-Hagedorn* und *Toporowski* haben für einige Modellsituationen untersucht, wer vorteilhafterweise die Distributionsfunktion ausführt.[13]

In einem ersten Modell unterstellen sie, daß ein Hersteller eine größere Zahl von Händlern mit je einer Verkaufsstelle in einem relativ engen Gebiet zu beliefern hat. Es wird geprüft, ob die Belieferung direkt vom Zentrallager des Herstellers erfolgen soll

---

[11]  Vgl. auch Liebmann, H.-P.: Struktur und Funktionsweise moderner Warenverteilzentren, in: Zentes J. (Hrsg.): Moderne Distributionskonzepte in der Konsumgüterwirtschaft, Stuttgart 1991, S. 17–34.

[12]  Müller-Hagedorn, L./Toporowski, W.: Wirtschaftsstufenübergreifende Optimierung der Logistik. Ein Ansatz zur theoretischen Strukturierung, in: Trommsdorff, V. (Hrsg.): Handelsforschung 1993/94. Systeme im Handel, Wiesbaden 1993, S.128.

[13]  Müller-Hagedorn, L./Toporowski, W., 1993, S. 123–142.

oder ob weitere Auslieferungsläger hinzugenommen werden sollen. Außerdem wird geprüft, ob der Hersteller oder ein Distributionshelfer bzw. Händler Lagerhaltung und Transport übernehmen sollten. Bezüglich der Anzahl der Läger gelten die oben ausgeführten Argumente, nach denen wahrscheinlich ein Zentrallager günstiger ist als ein System mit zusätzlichen Regionallägern. Ein solches Zentrallager wird am vorteilhaftesten vom Hersteller selbst bewirtschaftet, es sei denn, es gelten folgende Sachverhalte:

**Abbildung 9.4:** Die Wirkung einer alternativen Zahl von Auslieferungslägern auf die Höhe der Logistikkosten

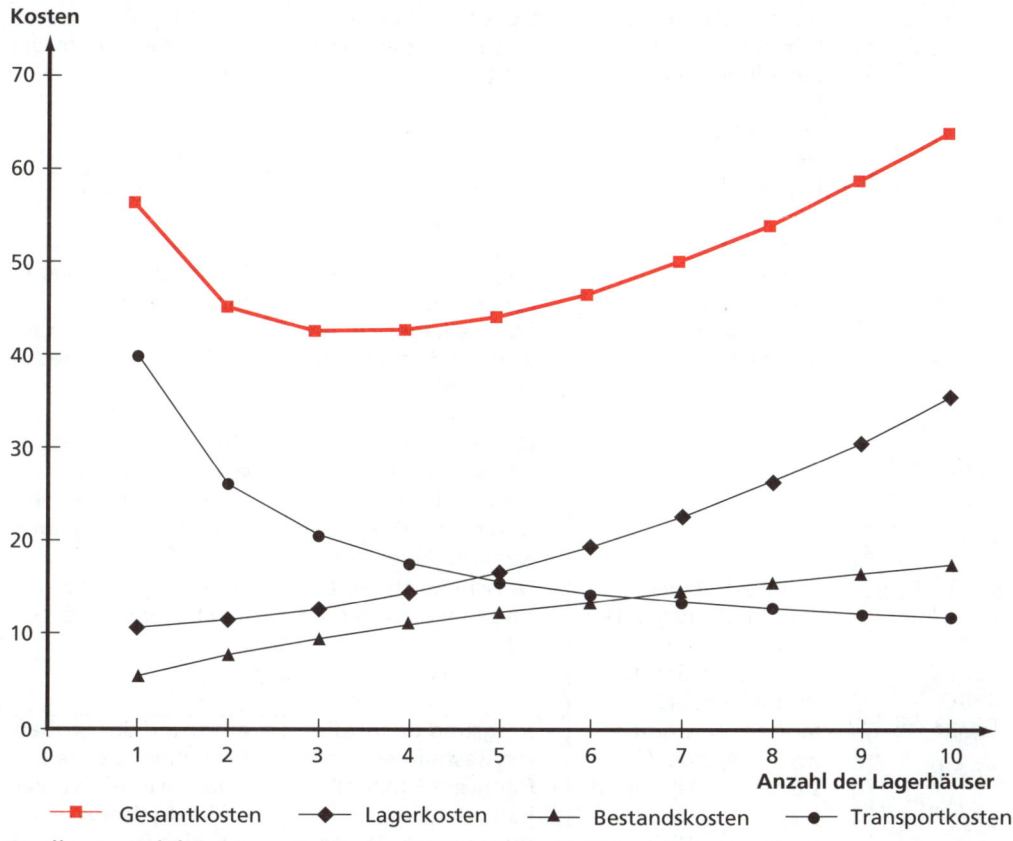

Quelle: In Anlehnung an Toporowski, W., 1996 a, S. 104

– Ein selbständiger Logistiker verwaltet auch die Lagerbestände anderer Hersteller und kann wegen der umfangreicheren Lagerhaltung kostengünstigere Technologien einsetzen.
– Die Nachfrage nach den Produkten eines einzelnen Herstellers unterliegt bedeutenden Schwankungen im Zeitablauf. Führt dies zu einer ungleichmäßigen Ausla-

**Abbildung 9.5:** Vergleich von zentralen und dezentralen Lösungen der Lagerhaltung

| | Filialläger | Regionalläger | Zentrallager |
|---|---|---|---|
| Lager-kosten | – Filiallager notwendig (hohe Mieten im Stadtzentrum) (–)<br>– keine weiteren Lagerstufen (+)<br>– kein ausgebildetes Lagerpersonal (–)<br>– einfache Lagertechnik (–) | – kein Filiallager erforderlich (+)<br>– geringerer Flächenbedarf (+)<br>– Bündelung von Lagertätigkeiten in größeren Einheiten möglich (+)<br>– besser ausgebildetes Personal, bessere Lagertechnik (+) | – kein Filiallager erforderlich (+)<br>– minimaler Flächenbedarf<br>– Bündelung von Lagertätigkeiten im Zentrallager (+)<br>– besser ausgebildetes Personal, bessere Lagertechnik (+)<br>– ein einziger Lagerort (+) |
| Bestands-kosten | – hohe Bestände bei Mindestbestellmengen (–)<br>– Sicherheitsbestände an verschiedenen Orten (–) | – Sicherheitsbestände an verschiedenen Orten (–) | – gesamter Sicherheitsbestand an einem Ort (+) |
| Transport-kosten | – kürzere Transportstrecken zwischen Lieferant und Filiale (Direkttransport) (+)<br>– große Zahl von kleineren Transportmengen (–) | – Bündelung von Transportströmen möglich (Strecke Lieferant-Lager: Ware für mehrere Filialen; Strecke Lager-Filiale: Waren verschiedener Lieferanten für eine Filiale) (+)<br>– längere Transportstrecken zwischen Lieferant und Filiale (indirekter Weg über Regionallager) (–) | – Bündelung von Transportströmen möglich (Strecke Lieferant-ZLager: Ware für alle Filialen; Strecke ZLager-Filiale: Waren verschiedener Lieferanten für eine Filiale) (+)<br>– längere Transportstrecken zwischen Lieferant und Filiale (indirekter Weg über Zentrallager) (–) |
| Handling-kosten | – keine zusätzlichen Umschlagtätigkeiten (Ein- und Auslagern, Kommissionieren, Verpacken) (+) | – Umschlagtätigkeiten im Lager erforderlich (–) | – Umschlagtätigkeiten im ZLager erforderlich (–) |
| Zeit | – längere Zeiträume zwischen zwei (festen) Lieferterminen (–)<br>– geringe zeitliche Flexibilität (–) | – aufgrund der größeren Bestellmengen (mehrere Filialen) kann der Lieferrhythmus im RL verkürzt werden (+)<br>– größere zeitliche Flexibilität (+) | – aufgrund der großen Bestellmengen (alle Filialen) ist ein kurzer Lieferrhythmus im ZL möglich (+)<br>– größere zeitliche Flexibilität (+) |
| Quantität | – geringer Spielraum für Zwischendispositionen (–) | – größerer Spielraum für Zwischendispositionen (+) | – größter Spielraum für Zwischendispositionen (+) |

| Qualität | – keine Zwischenstufen, auf denen Warenmanipulationen erforderlich sind (+) <br> – hohe Belastung mit logistischen Tätigkeiten in den Filialen (–) | – Warenmanipulation im Regionallager erforderlich (–) <br> – Entlastung der Filiale von logistischen Tätigkeiten (+) | – Warenmanipulation im Zentrallager erforderlich (–) <br> – Entlastung der Filiale von logistischen Tätigkeiten (+) <br> – Filialgerechte Warenmanipulaton an einem zentralen Ort (+) |
|---|---|---|---|

stung der Kapazitäten des Lagers, kann durch die Bündelung der von mehreren Herstellern zu lagernden Mengen eine gleichmäßigere Auslastung erreicht werden.
– Es ist einem Logistiker möglich, die Lagerprozesse kostengünstiger abzuwickeln, entweder weil er über besseres Know-how verfügt oder weil für seine Beschäftigten niedrigere Tarife gelten.

Entsprechendes gilt für die Übernahme der Transportaufgaben. Hier hat zunächst ein Hersteller die Möglichkeit, mehrere Händler in einer Tour oder in Einzellieferung zu beliefern. Wenn die Transportkapazität nicht gerade durch die bei einer Einzellieferung zu transportierende Menge ausgelastet ist, wird die Tourenbelieferung, also die gleichzeitige Belieferung mehrerer Händler auf einer Tour günstiger sein. Würde jeder Händler umgekehrt seine Ware bei diesem Hersteller abholen, ohne dies mit dem Transport von Waren anderer Hersteller bündeln zu können, würde eine solche Einzellieferung zu keinen Vorteilen gegenüber der Belieferung durch den Hersteller führen. Erst wenn (entgegen den Annahmen des ersten Modells) die Möglichkeit bestünde, die Waren mehrerer Hersteller, die an naheliegenden Standorten tätig sind, zu bündeln, könnten sich Transportkostenvorteile ergeben (in Abhängigkeit von der zu transportierenden Menge und der Kapazität der Fahrzeuge). Diese Konstellation oder die Möglichkeit, die Waren für mehrere Händler bündeln zu können, schaffen die Voraussetzung für die Einschaltung eines Logistikers. Mehrere Hersteller an einem Standort und die daraus sich ergebende Möglichkeit, die Transportkapazitäten auslasten zu können, schaffen die Voraussetzungen dafür, daß der Transport aus der Regie des Herstellers auf den Handel oder auf einen Logistiker übergeht.

In weiteren Modellen werden die Annahmen gelockert. Dabei wird davon ausgegangen, daß ein Händler Lieferbeziehungen zu mehreren Herstellern unterhält, daß umgekehrt auch die Hersteller mehrerer Händler beliefern, die Hersteller in der Nähe der Verkaufsstellen des Handels angesiedelt sind oder ihnen fern liegen und die Lieferungen stetig oder mit Schwankungen erfolgen.

## 9.2.3 Optimierung der Bestellmenge – Bestandsmanagement

Eines der zentralen Probleme der Warenwirtschaft ist in der Optimierung der Bestellmenge zu sehen. Diese Aufgabe kommt in der Praxis sog. Disponenten zu, die die

Aufgabe haben, im Rahmen des festgelegten Sortiments und im Rahmen der ge-
listeten Lieferanten Waren abzurufen, indem sie entsprechende Bestellungen aufgeben. Während in der Theorie meist von der Optimierung der Bestellmenge gesprochen
wird, entspricht es der Denkweise der Praxis mehr, den Zeitraum festzulegen, für den
der erwartete Bedarf gedeckt werden soll (Eindeckzeit). Dem Disponenten liegen zu
jedem Zeitpunkt Informationen vor, welche Lagerbestände derzeit verfügbar sind
und wie hoch der sog. Bestellbestand (bestellte Ware, die jedoch noch nicht im Lager
eingegangen ist) ist. Aus den Prognosewerten und dem Lager- und Bestellbestand
wird ermittelt, über wie viele Perioden die künftige Nachfrage aus dem Bestand
befriedigt werden kann.

Es ist sinnvoll, einen Mindestzeitraum (Sollreichweite) festzulegen, der stets durch
den Lager- und Bestellbestand abgedeckt sein soll. Er muß so gewählt werden, daß bei
Unterschreitung der Sollreichweite genügend Zeit bleibt, die Ware wiederzu-
beschaffen. Die Sollreichweite übernimmt somit die Funktion eines zeitlichen Si-
cherheitspuffers, mit dem das Vorkommen von Fehlmengen nach Möglichkeit ausgeschlossen wird. Wird die Sollreichweite unterschritten, so ist zu entscheiden, wie
groß die Bestellmenge bzw. der Zeitraum, für den der Bedarf durch die Bestellmenge
gedeckt wird (Bestellgrenze), sein soll (vgl. Abbildung 9.6).

Bestellmenge und Bestellgrenze stehen in einem gegenseitigen Zusammenhang: Je
größer die Bestellmenge, desto weitreichender der abgedeckte Zeitraum, je länger die
Bestellgrenze sein soll, desto größer muß die Bestellmenge sein.

Zum einen geht es beim Bestandsmanagement um die optimale Bestellmenge (bzw.
Bestellgrenze), zum anderen um die Optimierung der Sollreichweite, also des Zeitraumes, für den der prognostizierte Bedarf durch den Lager- und den Bestellbestand
gedeckt sein soll.

Der Optimierung hat eine Analyse der derzeitigen Situation vorauszugehen, die
deutlich machen soll, wie gut die Bestände in der Vergangenheit gemanagt worden
sind. Hierzu ist es zweckmäßig, die Lagerbestandsentwicklung artikelgenau (für jede
einzelne Bestellposition) graphisch darzustellen. Die in Abbildung 9.7 dargestellte
Bestandsentwicklung deckt auf, daß wahrscheinlich beide Fehler, die bei einem Bestandsmanagement vorkommen können, gleichzeitig eingetroffen sind. Zum einen
zeigt die Darstellung (mit ihrem typisch sägezahnförmigen Verlauf), daß während
einiger Perioden überhaupt keine Bestände vorgelegen haben (Fehlbestände), daß in
anderen Perioden augenscheinlich zu hohe Lagerbestände gehalten worden sind. So
sind beispielsweise in den Perioden 59 und 70 Warenzugänge erfolgt, obwohl der
Bestand zu diesen Zeitpunkten den Bedarf von mehreren Wochen abgedeckt hat.

Bei einer eingehenderen Analyse – unter Hinzuziehung des Bedarfs in den einzelnen
Perioden – lassen sich mehrere Kennzahlen zur Charakterisierung des Bestandsmanagements ausweisen:

– Die Lagerreichweite: Auf Artikelbasis gibt sie an, für wieviel Perioden der Bestand
  in einer Periode bei einem bestimmten prognostizierten Bedarf ausreicht. Die Lagerreichweite eines Artikels wird ihren Wert von Periode zu Periode verändern und
  vorwiegend innerhalb eines bestimmten Wertebereiches, z. B. vier bis neun Wochen
  schwanken. Beträgt ihr Wert für eine bestimmte Periode Null, liegen bei vorhan-
  denem Bedarf Fehlmengen vor. Betrachtet man die Lagerreichweite für eine Artikelgruppe (Abteilung), so läßt sich angeben, wieviel Prozent der Artikel eine
  durchschnittliche Lagerreichweite von x Perioden oder weniger haben. Spiegel-
  bildlich dazu kann ausgewiesen werden, bei wieviel Prozent der Artikel die Lagerreichweite länger als x Perioden ist. Die Kennzahl Lagerreichweite erinnert daran,

Abbildung 9.6: Graphische Darstellung der historischen sowie der künftigen Nachfrage und ihre Abdeckung durch Lager- und Bestellbestand

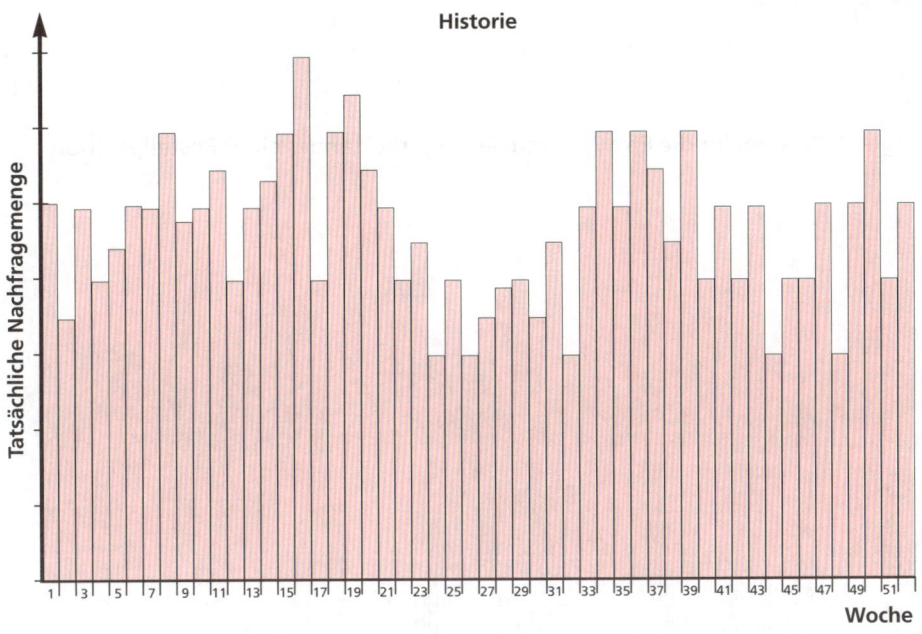

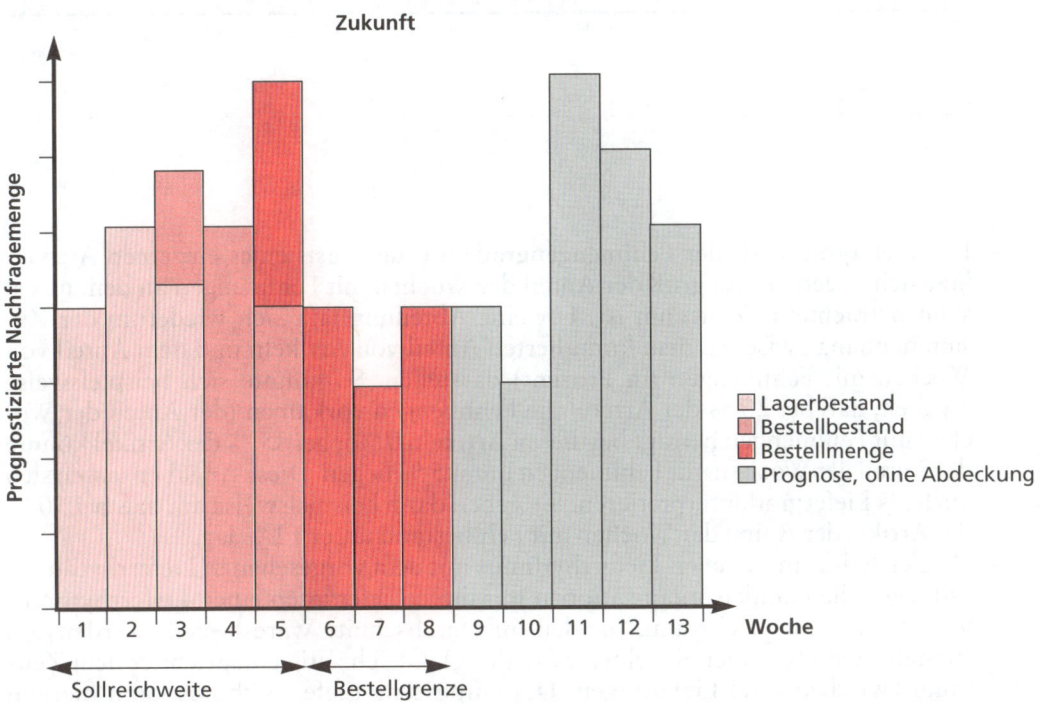

daß Bestände zu umfangreich sein können (die Lagerreichweite ist zu groß), daß sie aber auch zu klein sein kann und dann häufige Bestellungen auslöst oder sogar zu Fehlmengen führt.

**Abbildung 9.7:** Beispiel für die Entwicklung des Lagerbestandes einer Bestellposition ___

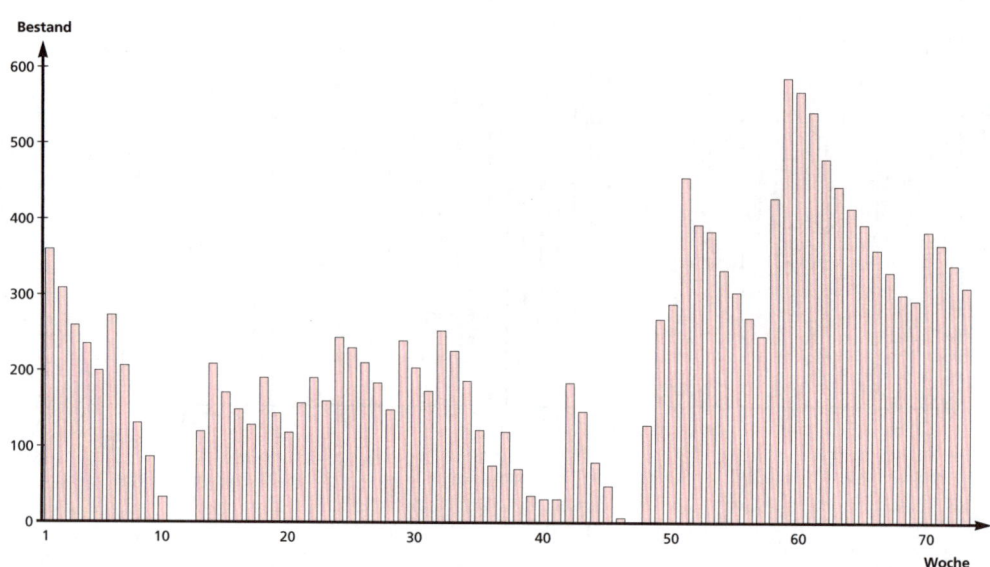

– Der Liefergrad bzw. der Fehlmengengrad: Auf der Basis eines einzelnen Artikels läßt sich angeben, wie groß der Anteil der Wochen mit Fehlmengen an dem insgesamt betrachteten Zeitraum ist. Für eine Abteilung läßt sich wiederum der Zusammenhang zwischen dem kumulierten Anteil von Artikeln und dem Anteil von Wochen mit Fehlmengen (in Prozent) darstellen. So könnte sich beispielsweise ergeben, daß bei 20 % der Artikel nie Fehlmengen vorkamen (der Anteil der Wochen mit Fehlmengen beträgt bei diesen Artikeln 0 %); bei 35 % der Artikel könnte der Anteil der Wochen mit Fehlmengen unter 5 % liegen. Diese Angaben lassen sich auch als Liefergrad interpretieren. Sie geben dann beispielsweise an, daß bei 90 % der Artikel der Anteil der Wochen mit Fehlbestand unter 12 % lag.

– Vergleich des empirischen Lieferrhythmus mit dem vorgesehenen Lieferrhythmus. Oft legen die Handelsorganisationen mit ihren Lieferanten einen Lieferrhythmus fest; das ist jener Zeitraum, für den im Durchschnitt Ware bestellt werden soll (Bestellgrenze bei einer einzelnen Bestellung). Gleichzeitig entspricht er dem Zeitraum zwischen zwei Lieferungen. Der empirische Lieferrhythmus kann hiervon abweichen. Ist der empirische Lieferrhythmus länger als der vorgesehene, dann bedeutet dies, daß Ware für längere Zeiträume bestellt wurde als ursprünglich geplant. Dafür können gute Gründe sprechen, es kann aber auch ein Indikator für Überbestände sein.

Eine Optimierung der Sollreichweite und der Bestellmenge bzw. des Lieferrhythmus erfordert eine Reihe von Informationen, so insbesondere über
– die Zeiten zwischen Bestellaufgabe und Verfügbarkeit der Ware im Lager (Wiederbeschaffungszeit),
– die Höhe der Transportkosten,
– die Höhe der Kosten für die Einlagerung und die Höhe der Lagerkosten,
– die Kosten für die Aufgabe einer Bestellung.

Von besonderer Bedeutung ist aber die Höhe des zukünftigen Bedarfs. Es ist daher unabdingbar, zunächst zu prüfen, mit welchem Prognoseverfahren dieser vorhergesagt werden kann. Auf das Prognoseproblem wird deshalb zunächst in Abschnitt 9.2.3.1 eingegangen, bevor Verfahren zur Optimierung der Bestellmenge vorgestellt werden.

### 9.2.3.1 Verfahren zur Prognose des Bedarfs

Einzelne Waren können einen sehr unterschiedlichen Nachfrageverlauf haben. Die Ursachen hierfür sind vielfältig und liegen insbesondere in dem im Zeitablauf schwankenden Bedarf der Verbraucher, in Unstetigkeiten des Einkaufsverhaltens der Nachfrager, in der eigenen Geschäftspolitik oder in der von Konkurrenzbetrieben (z. B. Sonderangebote) begründet. Es sind unterschiedliche Nachfrageverläufe, bzw. aus der Sicht einer anbietenden Unternehmung gesehen, unterschiedliche Absatzraten (abgesetzte Mengeneinheiten pro Zeiteinheit) zu erkennen. Eine Typologie der Nachfrageverläufe setzt an Eigenschaften der Zeitreihe an, so an den Fragen,
– ob der Absatz stetig ist oder ob es im Zeitablauf zu Phasen kommt, in denen der Absatz bei Null liegt,
– ob wiederkehrende saisonale Schwankungen zu beobachten sind,
– von welcher Art der langfristige Trend ist.

In der Praxis wird häufig die Art der Güter als Einteilungskriterium verwendet, für die dann eigene Prognose- und darüber hinaus eigene Warenwirtschaftssysteme entwickelt werden. So verwendet die *Karstadt* AG zehn Warenwirtschaftssysteme, von denen neun in Abbildung 9.8 näher gekennzeichnet sind.[1]

Vorliegende Zeitreihen sind zunächst auf ihre Verlaufsstruktur hin zu überprüfen. Als Hilfsmittel hierzu kann der Variationskoeffizient verwendet werden, der die Standardabweichung der Nachfrage zum Mittelwert der Nachfrage in Beziehung setzt. Je kleiner der Variationskoeffizient ist, um so stabiler stellt sich der Bedarf im Zeitablauf dar. Einzelne Werte gehen in die Berechnung des Variationskoeffizienten jedoch mit einem relativ geringen Gewicht ein, so daß nicht deutlich wird, inwieweit einzelne Ausreißer aufgetreten sind. Als weitere Kennzahl kann deswegen zur Charakterisierung eines Bedarfsverlaufs die »Ausreißertendenz« herangezogen werden, die als Verhältnis von maximaler Nachfrage zu der durchschnittlichen Nachfrage definiert ist.

---

[1] Eierhoff, K., 1996, S. 349–364.

**Abbildung 9.8:** Differenzierung von Warenwirtschaftssystemen nach der Art der Güter bei der *Karstadt* AG

| Sortiment | Warenwirtschaftssystem | Logistik |
|---|---|---|
| Hartwaren/Textilien<br>– Kontinuierlich geführte Artikel<br>– Ständig wieder-beschaffbar | Stapel | Zentral (6 Waren-verteilzentren, 1 Aktions-lager) |
| Mode<br>– Ständig wechselnde Artikel<br>– Einmalige Produktion | NWW (Neue Waren-wirtschaft) | Regional (5 Regional-zentren) |
| Lebensmittel<br>– Große Mengen und Gewichte<br>– Kürzeste Wieder-beschaffungszeiten<br>– Frischwaren | LEBIS (Lebensmittel-Informations-System) | Zentral (1 Zentrallager)<br>Spar-Logistik |
| Großstücke<br>– Typenvielfalt<br>– Großes Volumen<br>– Kundendienstleistung | VIM (Verkaufs- und In-formations-System Möbel) | Regional (4 Regionalläger) |
| Tonträger<br>– Große Titelzahl<br>– Häufiger Sortiments-wechsel | KIM (*Karstadt*-Informa-tionssystem Medien) | Regional (4 Regionalläger) |
| Unterhaltungselektronik | KIM 059 | Direktbelieferung / ein Zen-trallager |
| Stoffe<br>– Manipulationsaufwand<br>– Sicherung der modischen Aktualität | VISS (Verkaufs- und Infor-mationssystem Stoffe) | Zentraler Manipulations-betrieb |
| Augenoptik<br>– Spezielle Kundenferti-gung | KAOS (*Karstadt*-Augenop-tik-System) | Zentralbetrieb |
| Gastronomie<br>– Rezeptverwaltung | ISG (Informations-System-Gastronomie) | Regional Center-Organisa-tion |

Quelle: Eierhoff, K., 1996, S. 357

Um die Güte der Prognose zu beurteilen, bietet es sich vor allem an,
– den mittleren absoluten Prognosefehler (MAD),
– den mittleren Prognosefehler und
– seine Standardabweichung
zu bestimmen.[2]

---

[2] Zu diesen und weiteren Maßen zur Beurteilung der Prognosequalität vgl. Scheer, A.-W.: Absatzprognosen, Berlin u. a. 1983, S. 20–24.

(1)      Mittlerer absoluter Prognosefehler $MAD = \dfrac{1}{n} \sum_{t=1}^{n} |p_t - b_t|$

(2)      Mittlerer Prognosefehler $\bar{e} = \dfrac{1}{n} \sum_{t=1}^{n} (p_t - b_t)$

(3)      Standardabweichung
des mittleren Prognosefehlers $s = \sqrt{\dfrac{1}{n} \sum_{t=1}^{n} ((p_t - b_t) - \bar{e})^2}$

mit      $p_t$ = Prognose des Bedarfs für die Periode t,
         $b_t$ = tatsächlicher Bedarf in der Periode t.

Eine gute Prognose sollte einen mittleren Prognosefehler nahe Null aufweisen. In diesem Fall gleichen sich positive und negative Abweichungen der Prognose von dem tatsächlichen Bedarf im Zeitablauf aus. Ist der Prognosefehler positiv, so wird der Bedarf systematisch überschätzt, ist er negativ, so wird er unterschätzt.
Abbildung 9.9 zeigt einen typischen Verlauf des Mittelwertes und der Standardabweichung des Prognosefehlers sowie des Mittelwertes der Nachfrage im Zeitverlauf.

**Abbildung 9.9:** Entwicklung des Mittelwertes und der Standardabweichung des Prognosefehlers sowie des mittleren Bedarfs (Beispiel)

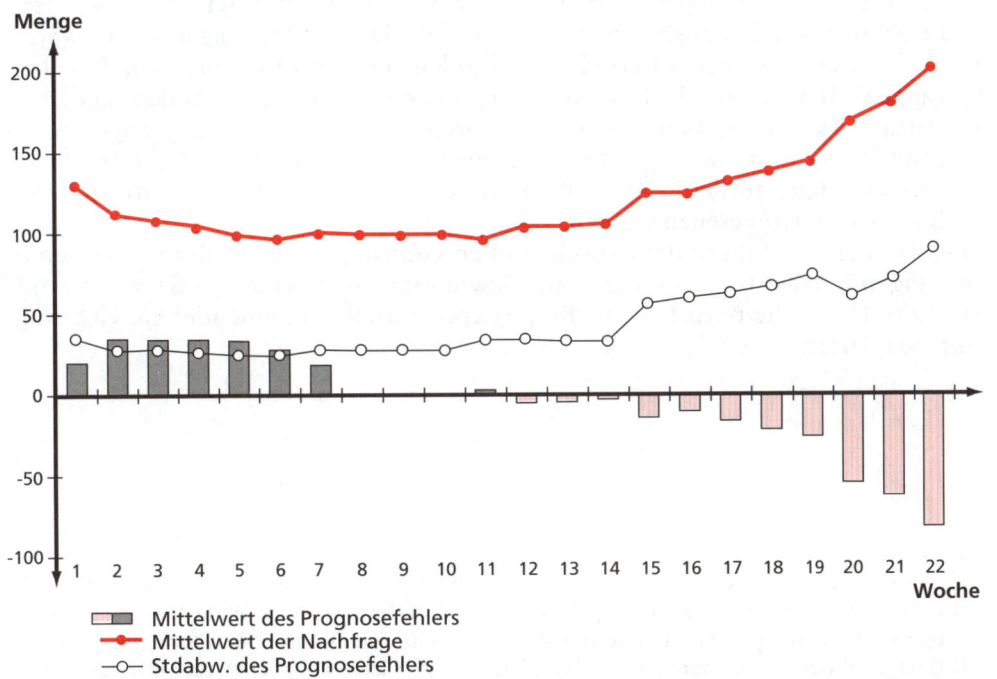

Die gewünschte Eigenschaft des mittleren Prognosefehlers, Werte nahe Null anzunehmen, ist nur eingeschränkt gegeben. Der Annäherung an den gewünschten Wert
von Null folgen nach einigen Perioden zunehmend negative Abweichungen.

Prognoseverfahren sind Gegenstand einer eingehenden wissenschaftlichen Diskussion gewesen.[3] Inzwischen liegt ein breites Spektrum an Prognoseverfahren vor, bei
dem man zunächst nach dem Prognosezeitraum kurz- bis mittelfristige und mittel- bis
langfristige Prognosezeiträume unterscheiden kann. Für die Warenwirtschaft ist insbesondere die erste Gruppe von Interesse, wobei sich noch einmal die Gruppe jener
Verfahren, die Absatzdaten der Vergangenheit als Datenbasis verwenden, von jener
abgrenzen läßt, die zusätzlich weitere erklärende Reihen heranzieht. Abbildung 9.10
vermittelt einen Überblick über die für die Warenwirtschaft wichtigen Prognoseverfahren auf der Basis einer Absatzreihe.[4]

Am häufigsten werden im Handel Absatzwerte einer geeignet erscheinenden Vorperiode auf den Prognosezeitraum übertragen, eventuell korrigiert, um aktuelle Entwicklungen aufzunehmen. Bei der verwendeten Vorperiode kann es sich um den
entsprechenden Vorjahreszeitraum oder Vormonatswert handeln. Dabei gilt es, den
Einfluß einzelner Bestimmungsfaktoren, wie insbesondere von Feiertagen, Ferien und
Zahltagen zu berücksichtigen. Diese Vorgehensweise stützt sich darauf, daß für viele
Warengruppen saisonale Einflüsse beobachtet werden konnten.

Die in Abbildung 9.10 aufgeführten Zeitreihenverfahren lassen sich auch danach
unterscheiden, ob sie sich auf die Bildung von Durchschnitten zurückführen lassen
oder ob die Regressionsanalyse benutzt wird. In Warenwirtschaftssystemen überwiegt die erste Gruppe, d. h. die Verfahren auf der Grundlage von Durchschnitten. Sie
sind von besonders einfacher Natur, ziehen sie doch lediglich Vergangenheitswerte
heran, aus denen ein Durchschnittswert errechnet wird, der als Prognosewert verwendet wird. Die Vergangenheitswerte können dabei ungewichtet oder gewichtet in
die Berechnung des Durchschnittswertes eingehen. Die Gewichtungsfaktoren werden
dabei als externe Größen vorgegeben und sollen zum Ausdruck bringen, daß einige
Vergangenheitswerte für die Prognose von größerer Bedeutung als andere sind. Auch
die Anzahl der für die Berechnung des Durchschnittswertes herangezogenen Vergangenheitswerte ist vorwiegend nach sachlichen Gesichtspunkten festzulegen, also
danach, ob länger zurückliegende Werte für die Prognose eines zukünftigen Wertes
noch als relevant angesehen werden.

Auch bei dem Verfahren der exponentiellen Glättung erster Ordnung werden die
Vergangenheitswerte gewichtet. Zur Gewichtung wird eine Größe $\alpha$ verwendet
($0 \leq \alpha \leq 1$), die die Basis für eine Reihe exponentiell abnehmender Gewichtungsfaktoren liefert.

[3] Vgl. z. B.: Brockhoff, K.: Prognoseverfahren für die Unternehmensplanung, Wiesbaden 1977;
Bruckmann, G. (Hrsg.): Langfristige Prognosen, Würzburg – Wien 1978; Lewandowski, R.:
Prognose- und Informationssysteme und ihre Anwendungen, Berlin – New York 1974; Mertens,
P. (Hrsg.): Prognoserechnung, 4. Auflage, Würzburg-Wien 1981; Schwarze, J. (Hrsg.): Ange-
wandte Prognoseverfahren, Berlin 1980; Scheer, A.-W., 1983.
[4] Scheer, A.-W., 1983, beigelegte Falttafel.

Abbildung 9.10: Überblick über Prognoseverfahren auf der Basis einer Absatzreihe ____

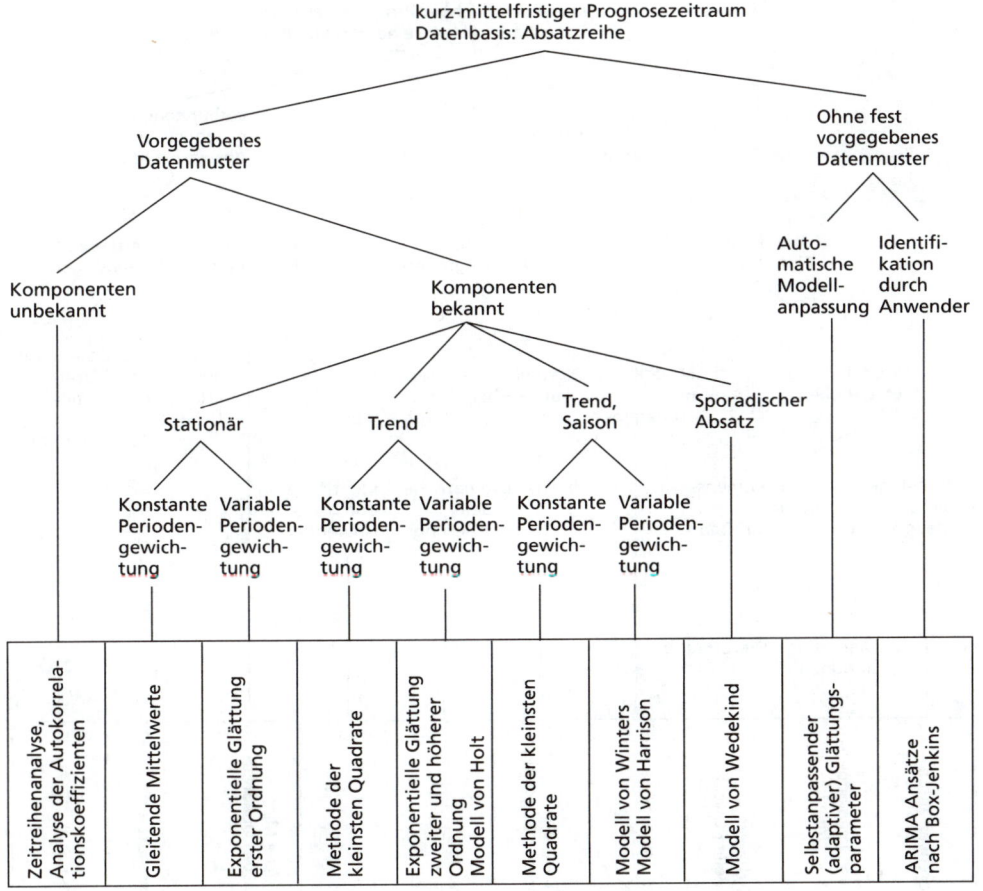

(Abbildung 9.10, Fortsetzung)

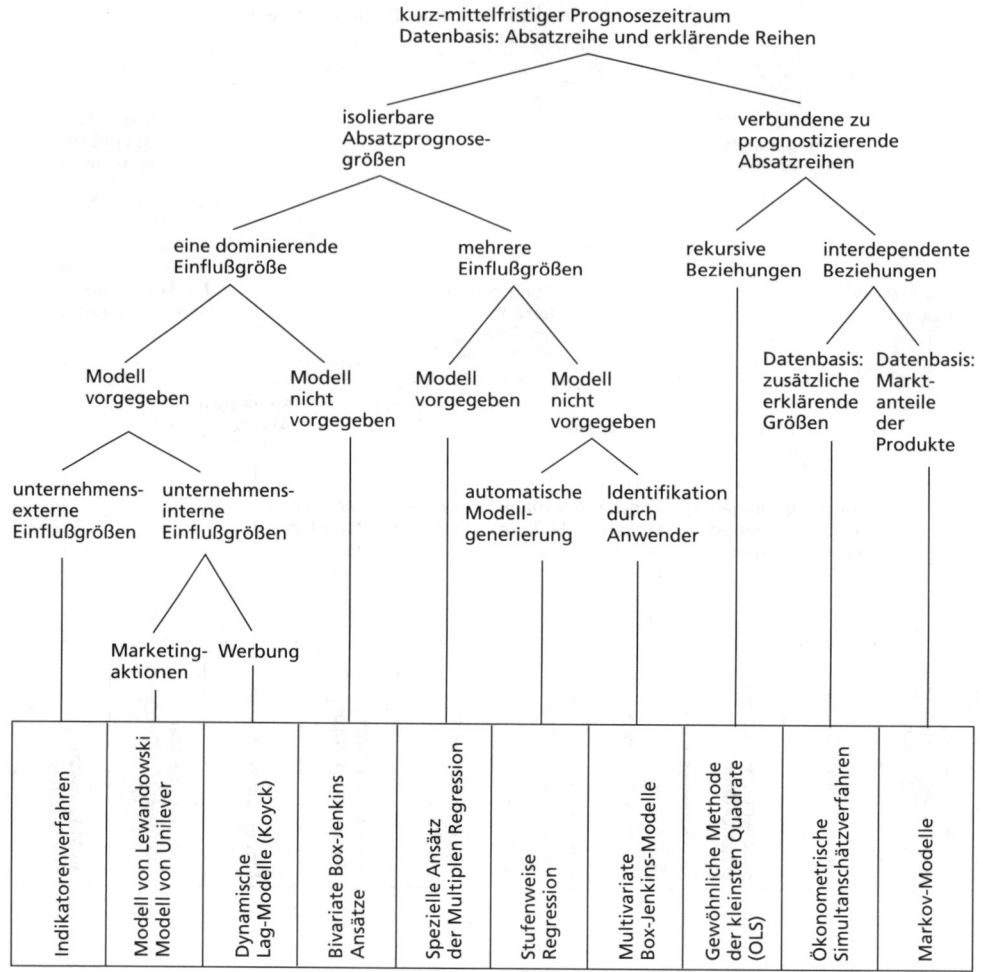

(Abbildung 9.10, Fortsetzung)

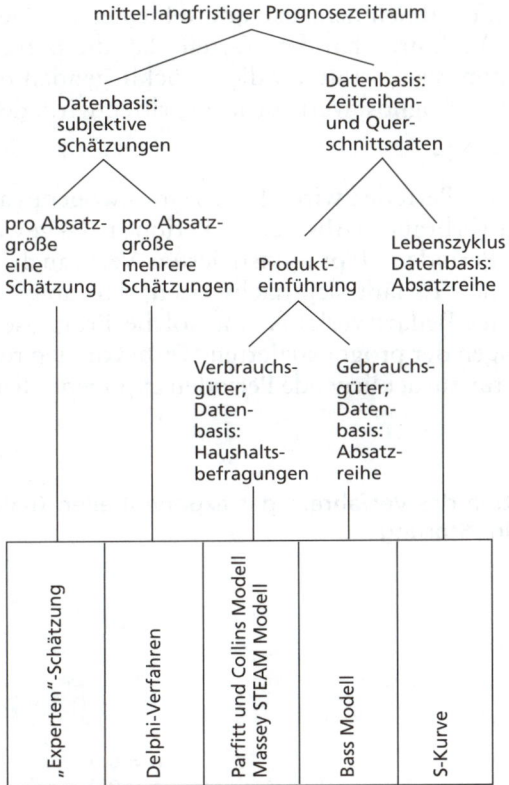

Quelle: Scheer, A.-W., 1983, beigelegte Falttafel

**Abbildung 9.11:** Gewichtungsfaktoren der exponentiellen Glättung _____

| Periode | Gewichtungsfaktor | für $\alpha = 0,1$ | für $\alpha = 0,3$ |
|---|---|---|---|
| t (Periode, für die prognostiziert wird) | | | |
| t–1 (letzter realisierter Wert) | $\alpha(1-\alpha)^0 = \alpha$ | 0,1 | 0,3 |
| t–2 | $\alpha(1-\alpha)^1$ | 0,09 | 0,21 |
| t–3 | $\alpha(1-\alpha)^2$ | 0,009 | 0,147 |
| ... t–n | $\alpha(1-\alpha)^{n-1}$ | $0,1 \cdot 0,9^{n-1}$ | $0,3 \cdot 0,7^{n-1}$ |

Der Prognosewert für die Periode t wird also errechnet, indem die realisierten Vergangenheitswerte mit den Gewichtungsfaktoren multipliziert werden, also

(4) $\qquad S_t = \alpha(1-\alpha)^0 X_{t-1} + \alpha(1-\alpha)^1 X_{t-2} + \ldots \alpha(1-\alpha)^{n-1} X_{t-n}$

Da $\alpha$, von den Grenzfällen $\alpha = 0$ und $\alpha = 1$ abgesehen, ein echter Bruch und mithin $(1-\alpha)$ ebenfalls ein echter Bruch ist, werden die Beobachtungswerte mit Gewichten versehen, die exponentiell abnehmen, also um so kleiner sind, je länger die Beobachtung zurückliegt. Das Verfahren hat den Vorteil, daß die Berechnung der Prognose vereinfacht werden kann, wenn statt auf die zurückliegenden realisierten Werte auf den äquivalenten letzten Prognosewert zurückgegriffen wird, denn es gilt auch

(5)         $S_t = \alpha x_{t-1} + (1-\alpha)S_{t-1}$

Der Prognosewert für die Periode t wird also als ein gewogenes arithmetisches Mittel aus dem tatsächlichen Verbrauch (Absatz) der Periode t–1 – gewogen mit dem Faktor $\alpha$ – und dem für die Periode t–1 prognostizierten Verbrauch – gewogen mit dem Faktor $(1-\alpha)$ – errechnet. Es läßt sich nachweisen, daß unter der Bedingung eines konstanten Niveaus des Bedarfsverlaufs eine solche Prognose die Summe der gewichteten Abweichungen der prognostizierten Werte von den realisierten minimiert, wenn diese Gewichte für zurückliegende Perioden exponentiell abnehmen.[5]

**Abbildung 9.12:** Reaktion des Verfahrens der exponentiellen Glättung erster Ordnung auf eine Störung

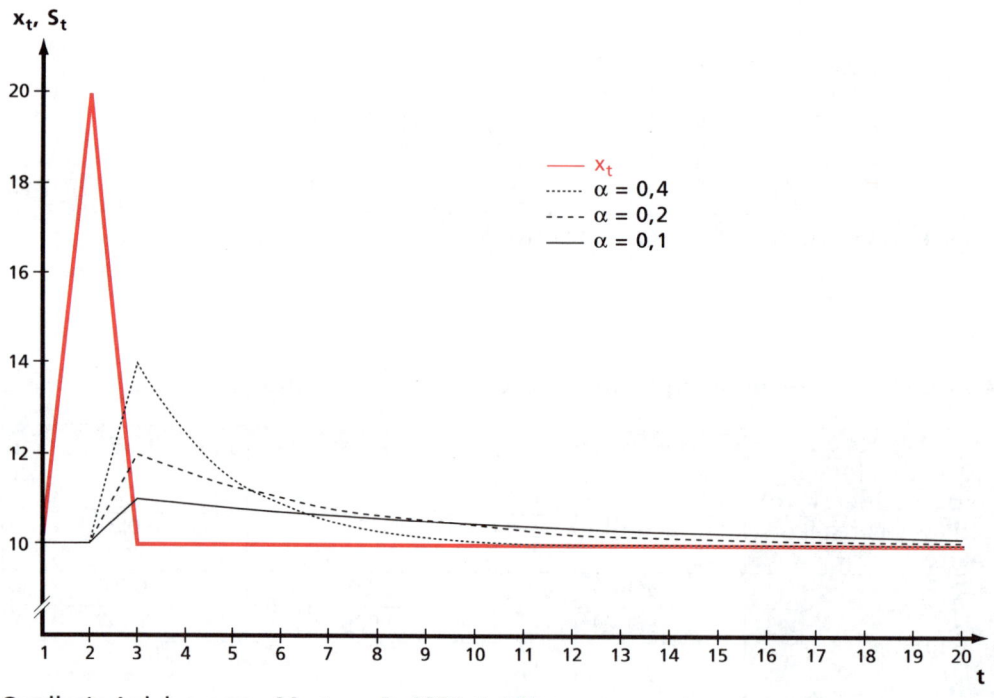

Quelle: In Anlehnung an Mertens, P., 1983, S. 473

---

[5] Tempelmeier, H.: Material-Logistik, 3. Auflage, Berlin u. a. 1995, S. 47–53.

Eine wichtige Frage bezieht sich auf die Größenordnung von α. Es gilt, daß die jüngere Vergangenheit um so stärker den Prognosewert beeinflußt, je größer α gewählt wird. Im Extremfall von α = 1 würde sich die Prognose sogar ausschließlich an dem letzten Verbrauchswert orientieren, die weiter zurückliegende Vergangenheit bliebe unberücksichtigt. Der Einfluß unterschiedlicher Werte für α wird auch an den Abbildungen 9.12 und 9.13 verdeutlicht.[6]

Bei einer plötzlich auftretenden starken Abweichung eines realisierten Wertes von den früheren Werten (Störung, Impuls) reagiert die Prognose bei großen Werten für α heftiger und braucht länger, bis sie sich wieder an das normale Niveau angepaßt hat. Ein kleineres α hätte in diesem Fall die Störung weitgehend überspielt. Umgekehrt erweist sich im zweiten Fall ein großer Wert von α schneller in der Lage, das neue Niveau für den zu prognostizierenden Prozeß anzusteuern.

Formale Darstellungen der einzelnen Prognoseverfahren gehören zum Standardrepertoire der einschlägigen Monographien.[7] Leider ist wenig über Erfahrungen mit ihnen bei ihrem Einsatz im Handelsbetrieb bekannt.

**Abbildung 9.13:** Reaktion des Verfahrens der exponentiellen Glättung erster Ordnung auf eine Niveauänderung

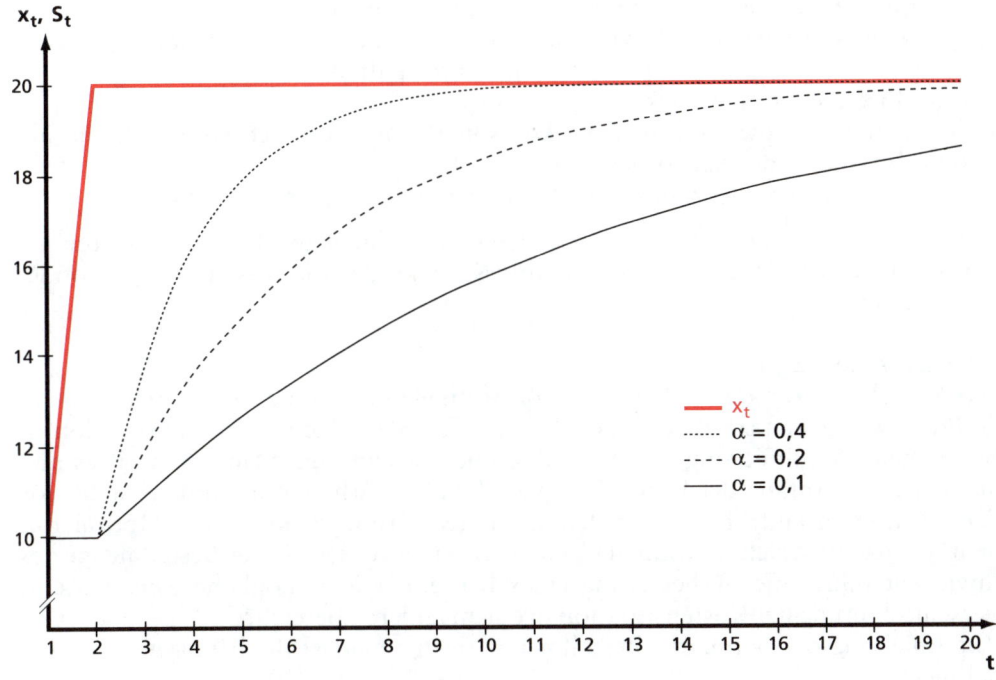

Quelle: In Anlehnung an Mertens, P., 1983, S. 473

---

[6] Mertens, P.: Prognoserechnung. Ein Überblick, in: BfuP, 35. Jg. (1983), S. 469–483.
[7] Vgl. insbesondere Tempelmeier, H., 1995, S. 34–105.

### 9.2.3.2 Optimierung der Bestellpolitik

Im Rahmen einer optimierenden Bestellpolitik ist festzulegen,
– welche Mengen von einem Artikel bestellt werden sollen und
– wann die Bestellung erfolgen soll.

Die jeweiligen Optimierungsmodelle gelten jeweils nur für einen genau bestimmten Prämissenrahmen, der insbesondere durch Annahmen zur Art des Bedarfs gekennzeichnet ist. Hier lassen sich die folgenden Fälle unterscheiden:
– Der Bedarf ist (deterministisch) bekannt und verteilt sich konstant über die Perioden.
– Der Bedarf ist (deterministisch) bekannt und entwickelt sich schwankend im Zeitablauf.
– Der Bedarf ist stochastisch.

Die Einteilung ist für die weitere Darstellung maßgebend.

### Bestellmengenmodelle mit konstanter deterministischer Nachfrage

Für die im folgenden behandelten Bestellmengenmodelle gilt, daß sie von einer bekannten Nachfrage ausgehen. Es wird also unterstellt, daß der in der Zukunft zu deckende Bedarf bekannt ist. Zum zweiten wird unterstellt, daß der Bedarf innerhalb des Planungszeitraumes gleichmäßig anfällt, also von einer konstanten Bedarfsrate ausgegangen werden kann. Die zu behandelnden Modelle weisen darüber hinaus eine Reihe von weiteren Annahmen aus. So wird unterstellt, daß
– keine Lieferzeiten zu berücksichtigen sind,
– die Planung für die einzelnen Artikel isoliert vorgenommen werden kann, also keine Interdependenzen vorliegen und
– keine finanziellen oder räumlichen Einschränkungen zu beachten sind.

Zunächst wird unterstellt, daß mit höheren Bestellmengen kein günstigerer Einkaufspreis realisiert werden kann, anschließend werden die Auswirkungen von Rabatten untersucht.

### Die Klassische Losgrößenformel

Das Modell, das zur klassischen Losgrößenformel hinführt, ist zwar durch einengende Prämissen gekennzeichnet, aber dennoch ist es für die gesamte Diskussion der Bestellmengenoptimierung von grundlegender Bedeutung, nicht nur weil es auch historisch am Anfang der Entwicklung zahlreicher verfeinerter Modelle steht, sondern weil es in einfacher Form den wichtigen Grundgedanken der Optimierung deutlich macht: Welche Wirkungen gehen von einer Änderung der Bestellmenge aus? Inwieweit führt eine Verbesserung eines Kostenbereichs möglicherweise zu einer Verschlechterung der Kostensituation in einem anderen Bereich?
Zur Ableitung der optimalen Bestellmenge seien zunächst die benötigten Symbole definiert.

$K_G$ = Gesamtkosten der Warenwirtschaft im Planungszeitraum [GE]
$K_L$ = Lagerhaltungskosten im Planungszeitraum [GE]
$K_B$ = Beschaffungskosten im Planungszeitraum [GE]
$K_W$ = Warenkosten im Planungszeitraum [GE]
$p$ = Stückpreis [GE]
$L$ = Lagerkostensatz in % des gebundenen Kapitals pro Jahr [%/Jahr]
$A$ = Kosten im Zusammenhang mit der Bearbeitung des Bestellvorganges [GE]

B   = Bedarf im Planungszeitraum [ME]
x   = Bestellmenge [ME]
T   = Planungszeitraum [in Jahren]
B/x = Anzahl der Bestellungen im Planungszeitraum [ohne Dimension]

Das Modell soll dazu dienen, die optimale Bestellmenge zu bestimmen. Da ein bestimmter Planungszeitraum zugrunde gelegt wird (z. B. ein Jahr), wird mit der Höhe der Bestellmenge gleichzeitig über die Anzahl der Bestellungen im Planungszeitraum entschieden. Schließlich ließe sich bei bekannter Länge des Planungszeitraumes angeben, in welchen zeitlichen Abständen (Lieferrhythmus) Bestellungen ausgelöst werden. Der Aktionsparameter des Modells tritt also in unterschiedlicher Gestalt auf. Als Zielgröße wird die Minimierung der hier als relevant erachteten Kosten unterstellt. Das Modell prüft die Auswirkungen auf die Lagerhaltungskosten, die Kosten für die Beschaffung (Bestellkosten) und die Kosten für die Waren. Da letztere aber unabhängig von der Bestellmenge sind (auf größere Bestellmengen werden keine Rabatte gewährt), sind sie nicht relevant und entfallen.
Die Umweltgrößen stellen sich im Modell in Form des als bekannt unterstellten Bedarfs, der Bedarfsrate (benötigte Menge pro Zeiteinheit) und verschiedener Kostenkoeffizienten dar.
Die drei Kostengrößen der Zielfunktion, auf die hin die Wirkung unterschiedlicher Bestellgrößen geprüft werden soll, sind wie folgt definiert:

(6)     Lagerkosten: $K_L = \dfrac{x\,p}{2}\dfrac{L\,T}{100}$

(7)     Bestellkosten: $K_B = \dfrac{B}{x}A$

(8)     Warenkosten: $K_W = B\,p$

Die Zielfunktion ergibt sich dann als Summe der Lager-, Bestell- und Warenkosten. Zu minimieren sind die Gesamtkosten:

(9)     $K_G = K_L + K_B + K_W = \dfrac{x\,p}{2}\dfrac{L\,T}{100} + \dfrac{B}{x}A + B\,p$

Die Zielfunktion zeigt auch, in welcher Form die Bestellmenge x auf die einzelnen Kostenblöcke einwirkt. Dies ist auch in Abbildung 9.14 dargestellt, die veranschaulicht, daß die Lagerkosten linear mit der Bestellmenge ansteigen, während die Bestellkosten mit steigender Bestellmenge hyperbolisch sinken. Die Warenkosten, die von der Bestellmenge unabhängig sind, wurden nicht in die Abbildung eingetragen.
Die Abbildung 9.14 veranschaulicht den Verlauf der Lagerhaltungs-, der Bestell- und der Gesamtkosten (ohne Warenkosten) in Abhängigkeit von der Bestellmenge.
Um die optimale Bestellmenge zu erhalten, ist die Zielfunktion nach dem Aktionsparameter x zu differenzieren. Man erhält:

(10)     $\dfrac{dK_G(x)}{dx} = \dfrac{p\,L\,T}{200} - \dfrac{B\,A}{x^2}$

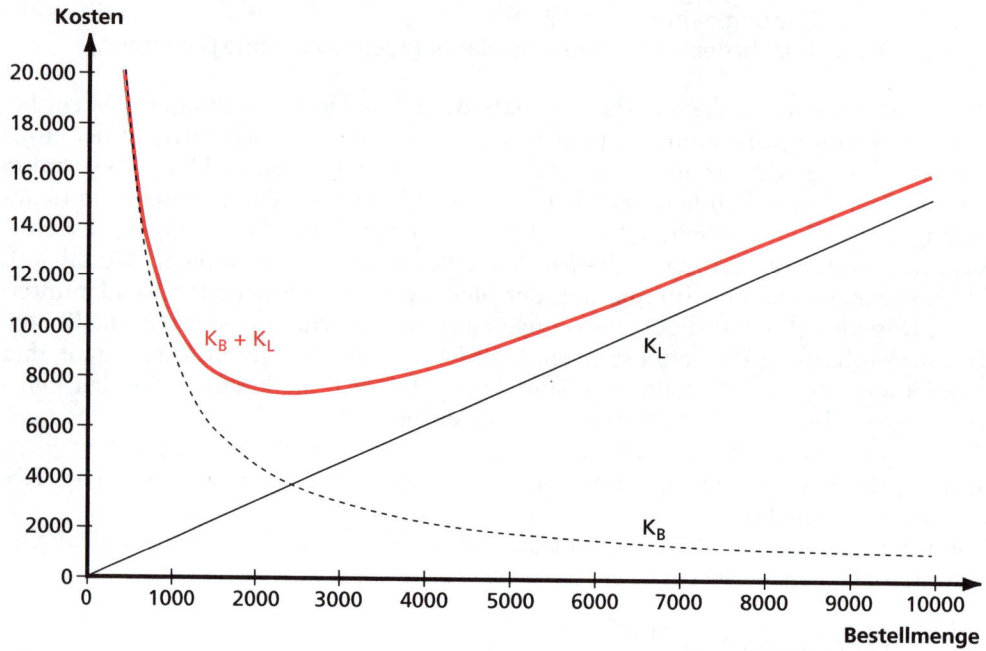

Setzt man die Ableitung der Gesamtkostenfunktion gleich Null, so folgt daraus:

(11)     $\dfrac{p\,LT}{200} = \dfrac{B\,A}{x^2_{opt}}$

(12)     $x^2_{opt} = \dfrac{200\,B\,A}{p\,LT}$

(13)     $x_{opt} = \sqrt{\dfrac{200\,B\,A}{p\,LT}}$

Weicht die Bestellmenge x von der optimalen Bestellmenge $x_{opt}$ ab, so führt die Abweichung zu dem in (14) angegebenen relativen Kostenanstieg:

(14)     $\dfrac{K_G(x) - K_G(x_{opt})}{K_G(x_{opt})} = \dfrac{\dfrac{x_{opt}}{x} + \dfrac{x}{x_{opt}} - 2}{\dfrac{200}{LT}\dfrac{B}{x_{opt}} + 2}$

In vielen Fällen steigen die Kosten in zunächst nur unerheblicher Höhe an, wenn die optimale Bestellmenge verfehlt wird.

**Abbildung 9.15:** Kostenänderungen bei Abweichungen von der optimalen Bestellmenge

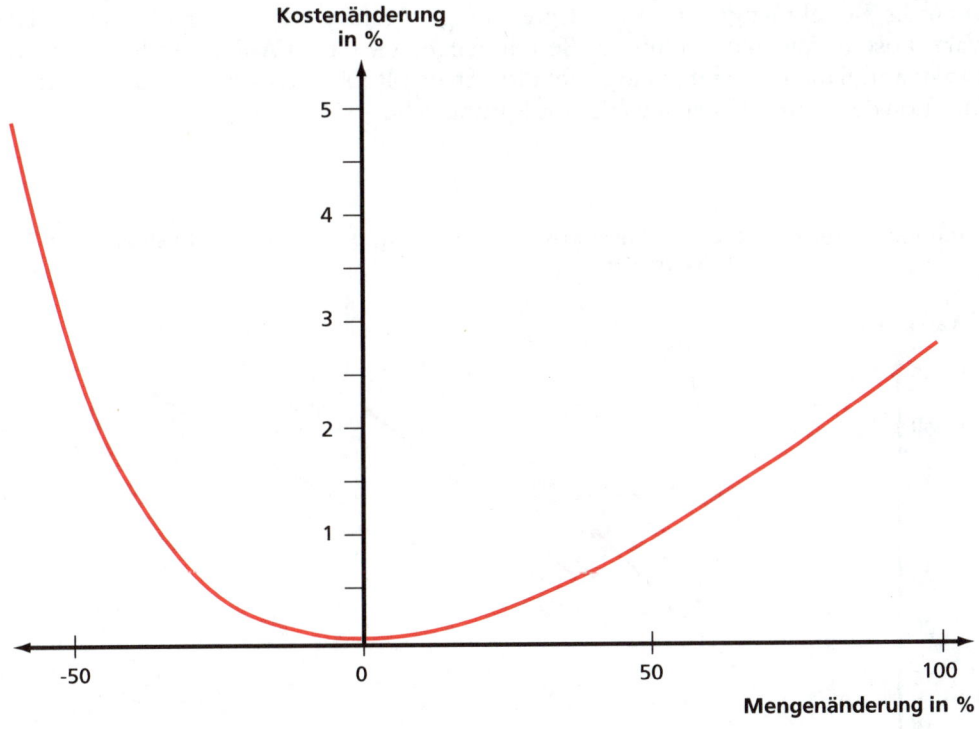

## Optimierung bei Rabatten

Im Grundmodell zur Bestimmung einer optimalen Bestellmenge wurde unterstellt, daß höhere Bestellmengen nicht zu einer Reduzierung des Beschaffungspreises führen. Diese Annahme soll nun gelockert werden. Es sind zwei Rabattarten zu unterscheiden:

– Der Rabatt wird auf alle gelieferten Mengeneinheiten gewährt, wenn eine bestimmte Abnahmemenge überschritten wird; auf diesen Fall wird im folgenden eingegangen.[1]

– Nur die bestimmte Abnahmemenge überschreitenden Mengen werden rabattiert.[2]

Weist die Rabattstaffel nur zwei Stufen auf, so verhalten sich die nun variablen Warenkosten pro Mengeneinheit wie folgt:

$$(15) \qquad p = \begin{cases} p_0 & \text{für } 0 \leq x < x_b \\ p_0(1-r) & \text{für } x_b \leq x \end{cases}$$

---

[1] Vgl. hierzu: Silver, E. A./Peterson, R.: Decision Systems for Inventory Management and Production Planing, 2. Auflage, New York u. a. 1985, S. 186–191.

[2] Hadley, G./Whitin, T.: Analysis of Inventory Systems, Eaglewood Cliffs, N. J. 1963, S. 66–68.

Dabei gibt $p_0$ den Grundpreis ohne Rabatt an, r den Rabattsatz, der gewährt wird, wenn die Bestellmenge eine festgelegte Menge erreicht oder sogar übersteigt. Die Warenkosten steigen dann mit der Bestellmenge, wie das in Abbildung 9.16 für eine Rabattstaffel mit drei Stufen dargestellt ist. An den Rabattgrenzen $x_{b1}$ und $x_{b2}$ hat die Funktion der Warenkosten jeweils eine Sprungstelle.

**Abbildung 9.16:** Anstieg der Warenkosten in Abhängigkeit von der Bestellmenge bei einer Rabattstaffel

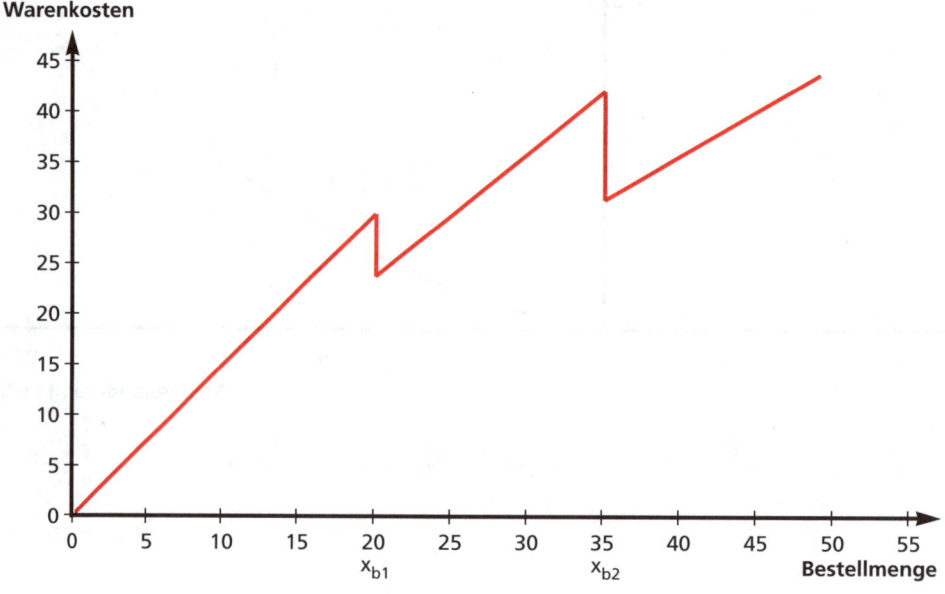

Während es bei der Bestimmung der optimalen Bestellmenge im Grundmodell entbehrlich gewesen wäre, die Warenkosten in die Zielfunktion einzubeziehen, müssen sie in der vorliegenden Situation berücksichtigt werden. Dabei müssen die Gesamtkosten bis zur Rabattgrenze ($x < x_b$) und ab der Rabattgrenze berechnet werden. Bis zur Rabattgrenze:

$$(16) \qquad K_G = K_L + K_B + K_W = \frac{x\,p}{2}\frac{LT}{100} + \frac{B}{x}A + B\,p$$

Ab der Rabattgrenze:

$$(17) \qquad K_G = K_L + K_B + K_W = \frac{x\,p\,(1-r)}{2}\frac{LT}{100} + \frac{B}{x}A + B\,p\,(1-r)$$

Zwar gelten die beiden Kostenfunktionen für sich nicht überlappende Bereiche von x, dennoch ist es zweckmäßig, die beiden Kostenfunktionen Term für Term miteinander zu vergleichen. Ein solcher Vergleich offenbart, daß die Gesamtkosten nach der Zielfunktion mit Rabatt (17) für alle Werte von x niedriger sind. Wenn der niedrigste Punkt auf dieser Funktion zulässig ist, d. h. die für den Rabatt notwendige Mindestmenge übersteigt, liegt hier das Optimum. Dieser Fall ist in Bildteil c) von Abbildung 9.17 dargestellt.

Es ist aber auch denkbar, daß sich eine optimale Bestellmenge ergibt, die links von der für den Rabatt notwendigen Mindestmenge liegt. In diesem Fall lockt der entgangene Rabatt: Würde die nach der ersten Kostenfunktion errechnete optimale Bestellmenge (OBM) erhöht, könnte zwar bei Erreichen der Rabattgrenze der Rabatt in Anspruch genommen werden, die Zahl der Bestellungen könnte verringert werden, aber die Lagerhaltungskosten würden in die Höhe schnellen. Dieser Trade-off zwischen den Kostenblöcken könnte durchaus wünschenswert sein, wie Bildteil a) zeigt. Dort liegt das Minimum beider Kostenfunktionen links von der für den Rabatt notwendigen Mindestbestellmenge. Es lohnt sich jedoch, die nach der ersten Kostenfunktion ermittelte optimale Bestellmenge auf $x_b$ zu erhöhen. Steigen dagegen die Lagerhaltungskosten bei einer Erhöhung der Bestellmenge stark an, können die niedrigeren Warenkosten und die sinkenden Bestellkosten dies, wie Bildteil b) verdeutlicht, nicht ausgleichen. Die Bestellmenge sollte der OBM nach der ersten Kostenfunktion entsprechen.

Aus dem Umstand, daß die Kostenfunktion mit Rabatt (17) für jede Bestellmenge niedrigere Kosten ausweist als Kostenfunktion (16) leiten Silver und Peterson den folgenden Algorithmus zur Bestimmung eines besten Wertes für die Bestellmenge ab:

**Schritt 1:** Bestimme die optimale Bestellmenge nach der zweiten Kostenfunktion (mit Rabatt). Sie ergibt sich als

$$(18) \qquad \text{OBM (mit Rabatt)} = \sqrt{\frac{200\,\text{AB}}{p(1-r)\text{LT}}}$$

**Schritt 2:** Vergleiche die errechnete Bestellmenge mit der für den Rabatt zu erreichenden Mindestbestellmenge. Ist sie größer, handelt es sich bei dieser Menge um die optimale Bestellmenge (Fall, der in Bildteil c) von Abbildung 9.17 dargestellt ist). Im anderen Fall ist zu Schritt 3 überzugehen.

**Schritt 3:** Vergleiche die Kosten der nach der ersten Kostenfunktionen als optimal ausgewiesenen Bestellmenge (einschließlich der Warenkosten) mit den Kosten, die anfallen, wenn der Rabatt in Anspruch genommen wird und $x_b$ bestellt wird. Sind sie kleiner, wird die optimale Bestellmenge (OBM) nach der ersten Kostenfunktion bestellt (Bildteil b) in Abbildung 9.17). Sind sie größer, wird die Menge $x_b$ bestellt. (Bildteil a) in Abbildung 9.17).

Das vorgestellte Verfahren kann leicht auf den Fall ausgedehnt werden, daß die Rabattstaffel mehrere Stufen umfaßt. Die vorteilhafteste Bestellmenge liegt entweder an einer Rabattstufe oder entspricht dem Wert einer zulässigen optimalen Bestellmenge.

Abbildung 9.17: Die gesamten Kosten in Abhängigkeit von der Bestellmenge im Rabatt-
fall

Bildteil a

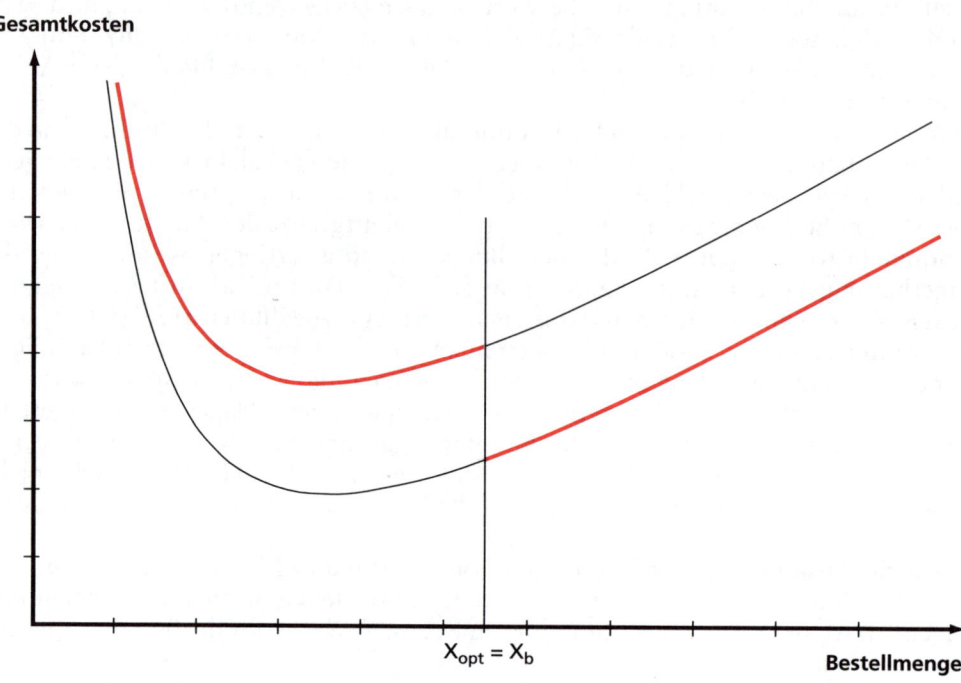

Bildteil b

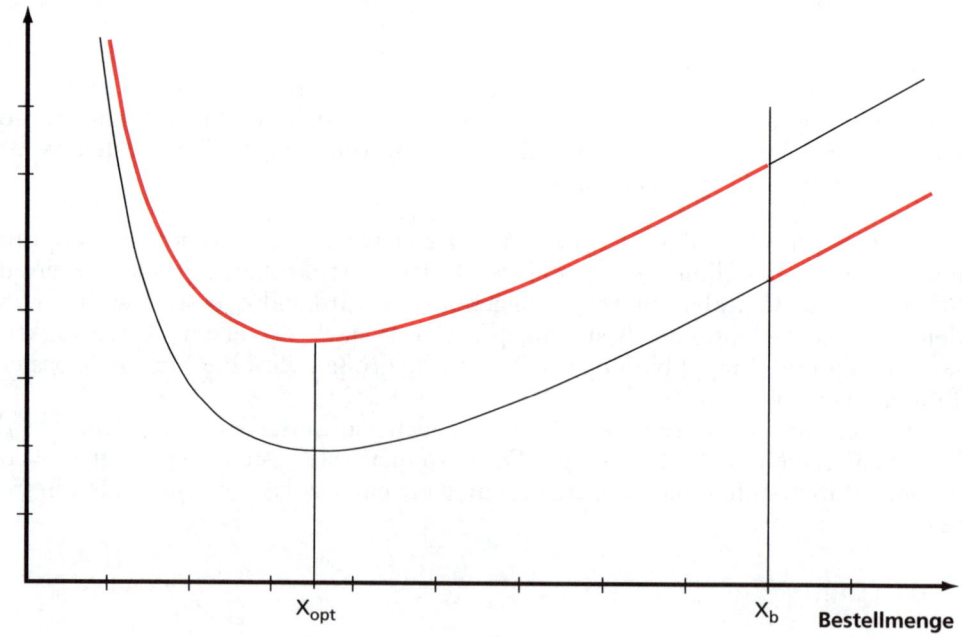

Bildteil c

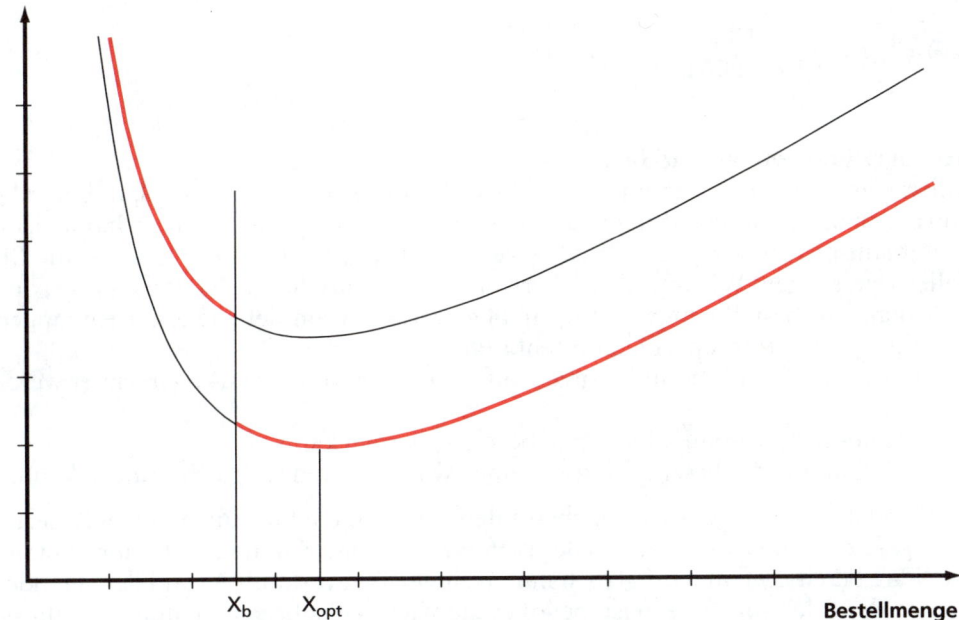

Quelle: In Anlehnung an Silver, E. A./Peterson, R., 1985, S. 188

## Mindestrabatt

Es kann auch aufschlußreich sein, jenen Mindestrabatt zu ermitteln, bei dem man bereit wäre, die Bestellmenge gegenüber jener Bestellmenge, die ohne Rabatt ermittelt worden ist, zu erhöhen. Um den Mindestrabatt zu ermitteln, müssen die Gesamtkosten $K_G (x_{opt}, p)$ bei Vorliegen der optimalen Bestellmenge $x_{opt}$ und des Preises p mit den Gesamtkosten $K_G (x_r, p_r)$ bei Vorliegen der Mindestbestellmenge $x_r$ und des Rabattpreises $p_r$ verglichen werden.

(19)    $K_G (x_r, p_r) = K_G (x_{opt}, p)$, wobei $p_r = p (1-r)$.

Diese Kosten nehmen die folgenden Beträge an:

(20)    $\dfrac{x_r\, p(1-r)}{2} \dfrac{LT}{100} + \dfrac{B}{x_r} A + Bp(1-r) = \dfrac{x_{opt}\, p}{2} \dfrac{LT}{100} + \dfrac{B}{x_{opt}} A + Bp$

Nach einigen Umformungen ergibt sich der gesuchte Mindestrabattsatz:

(21)    $AB \left( \dfrac{1}{x_r} - \dfrac{1}{x_{opt}} \right) + \dfrac{pLT}{200} (x_r - x_{opt}) = \dfrac{x_r\, pLT}{200} r + Bpr$

(22)    $\dfrac{pLT}{200} x_{opt} \left( \dfrac{x_{opt}}{x_r} + \dfrac{x_r}{x_{opt}} - 2 \right) = \dfrac{rp}{200} (LT x_r + 200\, B)$

(23)     $r = \dfrac{LT x_{opt}}{LT x_r + 200\,B} \left( \dfrac{x_{opt}}{x_r} + \dfrac{x_r}{x_{opt}} - 2 \right)$

(24)     $r = \dfrac{LT}{(LT x_r + 200\,B)\, x_r} (x_{opt} - x_r)^2$   [3]

**Überblick über weitere Modelle**

Selbst wenn die Basisannahme dieser Modellgruppe beibehalten wird, daß nämlich von einem bekannten Bedarf im Planungszeitraum ausgegangen werden kann, der im Zeitablauf gleichmäßig verteilt ist, ergeben sich zahlreiche Ansatzpunkte für Modellerweiterungen. Wichtige Modellerweiterungen beziehen sich auf die Frage, ob
– sich andere Bestellmengen als optimal erweisen, wenn der Lieferant ein längeres Zahlungsziel einräumt (Lieferantenkredit),
– im Zeitablauf mit Preisänderungen auf dem Beschaffungsmarkt gerechnet werden muß,
– Ware nur in bestimmten Einheiten bezogen werden kann,
– ein Verbund in der Beschaffung einzelner Waren Vorteile mit sich bringen kann.

Im Handel kann gelegentlich – insbesondere bei Artikeln mit einem hohen Lagerumschlag – beobachtet werden, daß der Lieferant so lange Zahlungsziele einräumt, daß die Ware bereits, wenn häufig auch nur zu einem Teil, verkauft ist und dem Handelsbetrieb der Erlös zugeflossen ist, bevor er die Ware selbst bezahlen muß. Es stellt sich die Frage, ob dieser Sachverhalt, der die finanzielle Ebene betrifft, bei der Festlegung von Bestellmengen berücksichtigt werden muß.

Im Grundmodell der optimalen Bestellmenge werden Kosten für die Lagerung der beschafften Güter in Ansatz gebracht, die insbesondere erfassen, welche Kapitalbindung für die gelagerten Güter in Rechnung gestellt werden muß (Kosten für in Warenbeständen gebundenes Kapital). Die Lagerkosten werden auf den Preis für die beschaffte Ware bezogen. Implizit geht das Grundmodell von der Annahme aus, daß die Waren beim Lagerzugang bezahlt werden, die Kosten der Lagerung also proportional zum physischen Warenbestand anfallen. Gilt dagegen, daß die Waren erst später bezahlt werden müssen, löst sich also die Kapitalbeanspruchung von der Warenbewegung, sinken die Kosten für die gelagerten Waren. Bei niedrigeren Lagerkosten gewinnen die Bestellkosten ein höheres Gewicht bei der Ableitung der Bestellmenge. Je mehr also die Lagerkosten sinken, desto größer wird c. p. die Bestellmenge. Verlängerte Zahlungsziele führen also zu größeren Bestellmengen.

Die Zusammenhänge lasen sich auch quantitativ darstellen. Die Valutierung des Rechnungsbetrages auf einen zukünftigen Zeitpunkt kann im Vergleich zu der sofortigen Fälligkeit für den beschaffenden Handelsbetrieb als eine Ersparnis angesehen werden. Die Ersparnis ergibt sich aus

Rechnungsbetrag · Zinssatz · Zeitraum

Verwendet man die folgenden Symbole

x = Bestellmenge
p = Stückpreis

---

[3] *Barth* vernachlässigt den Term $LT x_r$ im Nenner; siehe Barth, K.: Betriebswirtschaftslehre des Handels, 3. Auflage, Wiesbaden 1996, S. 301.

z = Zinssatz
t = Anzahl an Tagen,

so ergibt sich als Kostenersparnis gegenüber dem Fall, daß bei Warenzugang bezahlt wird:

$$(25) \qquad K_E = \frac{p \times z \times t}{360}$$

Die Zielfunktion zur Ermittlung der optimalen Bestellmenge lautet jetzt:

$$(26) \qquad K_G = K_L + K_B + K_W - K_E = \frac{x \, p}{2} \frac{LT}{100} + \frac{B}{x} A + B \, p - \frac{p \times z \times t}{360}$$

Auch diese Funktion ist nach x zu differenzieren und die erste Ableitung gleich Null zu setzen:

$$(27) \qquad \frac{dK_G(x)}{dx} = \frac{p \, LT}{200} - \frac{B \, A}{x^2} - \frac{p \, z \, t}{360} = 0$$

Als optimale Bestellmenge ergibt sich jetzt:

$$(28) \qquad x = \sqrt{\frac{B \, A}{p \left( \frac{LT}{200} - \frac{z \, t}{360} \right)}}$$

Aufgrund des eingeräumten Lieferantenkredites verringert sich der bisher zum Ansatz gebrachte Lagerkostensatz, der Wert im Nenner wird insgesamt kleiner, was zu einer größeren Bestellmenge führt.[4]

Nachdem nachgewiesen ist, daß die Zahlungskonditionen über die Kosten für in Warenbeständen gebundenes Kapital einen Einfluß auf die Bestellpolitik haben, stellt sich allgemein die Frage nach dem Zusammenhang zwischen Finanzierung und Warenwirtschaft. Bei der obigen Ableitung wurde mit einem Zinssatz z gearbeitet, ohne daß näher ausgeführt worden wäre, welcher Zinssatz hierfür gewählt werden sollte. Grundsätzlich kommen hierfür kalkulatorisch festgelegte Zinssätze, aktuelle Fremdkapitalzinssätze oder Anlagezinssätze in Frage. Die Wahl eines geeigneten Zinssatzes hängt auch von der individuellen Situation ab, in der sich ein Unternehmen befindet. Ein Unternehmen, das weitere Kredite aufnehmen müßte, um c. p. eine größere Bestellmenge zu finanzieren, wird den für diesen Kredit zu entrichtenden Zinssatz verwenden. Ein Unternehmen dagegen, das über hohe liquide Bestände verfügt, aus denen es einen erhöhten Warenbezug finanzieren könnte, wird jenen Zinssatz verwenden, zu dem es seine liquiden Mittel angelegt hat. Eine solche Verfei-

---

[4] Demgegenüber führt *Barth* an, daß durch die Inanspruchnahme von Zahlungszielen die optimale Bestellmenge nicht beeinflußt würde. Er kommt zu diesem rechnerisch nachgewiesenen Ergebnis jedoch nur aufgrund eines nicht sinnvoll konstruierten Modells, in dem er die Stückkosten einer Bestellung minimiert (und nicht die Gesamtkosten im Planungszeitraum). Indem er auf die Kosten einer Bestellung abstellt, berücksichtigt er nicht, daß niedrigere Lagerkosten eine höhere Bestellmenge und damit geringere Bestellkosten nahelegen. Da die Anzahl der Bestellungen in der von ihm formulierten Zielfunktion nicht enthalten sind, kann er diesen Effekt nicht erfassen. Barth, K., 1996, S. 301–303.

nerung könnte allerdings dazu führen, daß eine Unternehmung je nach aktueller Finanzierungssituation fortlaufend andere Zinssätze zu verwenden hätte. Die Kapitalkosten für in Warenbeständen gebundenes Kapital ergeben sich nicht nur aus dem Zinssatz, sondern auch aus der Höhe des gebundenen Kapitals und der Zeitdauer, für die es gebunden ist. Im Regelfall werden die Modelle so formuliert, daß der Kapitalbedarf proportional zum physischen Warenbestand gesehen wird. Da die Ware aber im Regelfall teurer verkauft wird, als sie eingekauft wurde, ist auch vorgeschlagen worden, die jeweiligen Zahlungsströme zur Basis der Kapitalbindung zu machen. Das kann dazu führen, daß für eine Ware kein Kapitalbedarf mehr anfällt, obwohl noch Ware auf Lager liegt.[5]

### Bestellmengenmodelle mit veränderlicher deterministischer Nachfrage

Für eine Reihe von Waren mag es zutreffend sein, daß sie innerhalb eines Planungszeitraumes mit gleicher Rate abgesetzt werden. Für andere Güter dagegen kann sich der Bedarf von Periode zu Periode ändern. In diesem Fall liegen Bedarfsangaben für die diskreten Teilperioden des Planungszeitraumes vor, wie dies beispielhaft mit den folgenden Prognosewerten verdeutlicht wird.

**Abbildung 9.18:** Prognosewerte für eine veränderliche Nachfrage (Beispiel) _____

| Woche | 1 | 2 | 3 | 4 | 5 | 6 | 7 | 8 | 9 | 10 |
|---|---|---|---|---|---|---|---|---|---|---|
| Bedarf in ME | 240 | 110 | 190 | 120 | 200 | 110 | 250 | 100 | 180 | 200 |

Für diese Situation sind mehrere Algorithmen entwickelt worden, unter denen dem *Wagner-Whitin*-Algorithmus eine besondere Bedeutung zukommt.[6]

### Das Wagner-Whitin-Verfahren

Selbst bei einer begrenzten Anzahl von künftigen Perioden stehen schnell zahlreiche Möglichkeiten, den Bedarf für diese Perioden zu decken, zur Verfügung. Bei vier Perioden sind das schon insgesamt acht verschiedene Bestellpolitiken:
1. In der ersten Periode wird der Bedarf für alle vier Perioden gedeckt.
2. In der ersten Periode wird der Bedarf der ersten drei Perioden gedeckt, der für die vierte Periode zu Beginn der vierten Periode.
3. In der ersten Periode wird der Bedarf der ersten zwei Perioden gedeckt,
   a) der Bedarf für die Perioden 3 und 4 wird zu Beginn der dritten Periode eingekauft,

---

[5] Vgl. zu Bestellmengenmodellen auf finanzwirtschaftlicher Basis: Müller-Hagedorn, L./Biethahn, J.: Bestellpolitik in Handelsbetrieben unter expliziter Berücksichtigung der Kosten für gebundenes Kapital, in: Zeitschrift für Operations Research, 19. Jg. (1975), H. 6, S. B155–B175.

[6] Wagner, H./Whitin, T.: Dynamic Version of the Economic Lot Size Model, in: Management Science, Vol. 5 (1958), No. 1, S. 89–96.

b) der Bedarf für die dritte Periode wird am Anfang der dritten, der für die vierte zu Beginn der vierten eingekauft.
4. In der ersten Periode wird nur der Bedarf für die erste Periode eingekauft,
   a) in der zweiten wird für diese und alle folgenden gekauft,
   b) in der zweiten wird für die zweite und dritte gekauft, der Bedarf für die vierte wird in der vierten gedeckt,
   c) in der zweiten wird nur für die zweite, in der dritten für alle restlichen Perioden eingekauft,
   d) in der zweiten wird nur für die zweite, in der dritten nur für die dritte und in der vierten für die vierte Periode eingekauft.

Diese Handlungsmöglichkeiten werden auch durch Abbildung 9.19 veranschaulicht.

**Abbildung 9.19:** Handlungsmöglichkeiten für die Bestellpolitik im 4-Perioden-Fall _____

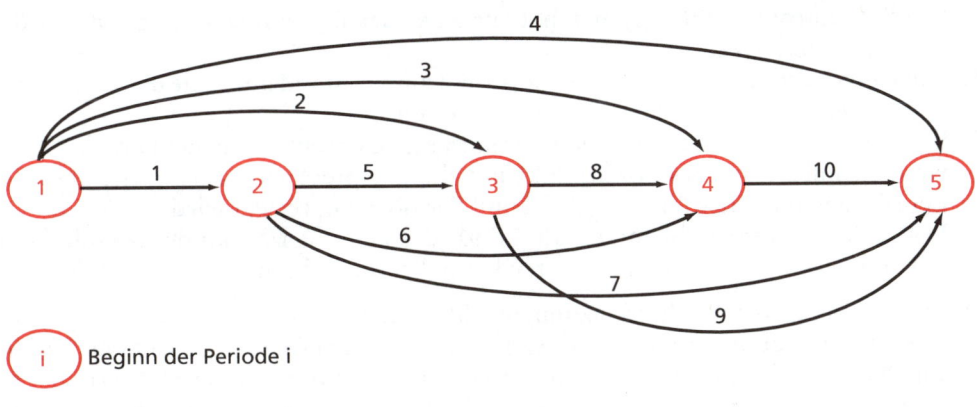

So veranschaulicht der Pfeil 4 die Bestellung in Periode 1 für alle vier Perioden, der Pfeil 2 die Bestellung des Bedarfs der Perioden 1 und 2 in Periode 1. Die Kombination der Pfeile 2 und 9 stellt die Bestellpolitik für den Gesamtzeitraum von vier Perioden dar, bei der in Periode 1 für die Perioden 1 und 2 und in der Periode 3 für Perioden 3 und 4 bestellt wird.
Für vier Perioden gibt es also bereits acht mögliche Bestellpolitiken, deren Kosten miteinander verglichen werden müßten, um bei einer Vollenumeration das Optimum zu finden. Bei größeren Planungszeiträumen ist eine solche Vorgehensweise nicht effizient. Der *Wagner-Whitin*-Algorithmus reduziert die Anzahl der zu überprüfenden Alternativen mittels einer Rekursion. Für jede Periode wird die bis zu dieser Periode optimale Bestellpolitik bestimmt. Nimmt man an, daß bis zur Periode t−1 alle optimalen Bestellpolitiken ermittelt worden sind, so kann sich die Suche nach der optimalen Bestellpolitik bis zur Periode t darauf beschränken, Strategien zu vergleichen, die aus einer Kombination der optimalen Bestellpolitik bis zur Periode i−1, i = 1,

..., t und einer Bestellung in i für die Perioden i bis t bestehen. Die Rekursionsgleichung hat die folgende Form:

$$(29) \qquad F_t = \min_{1 \le i \le t} (F_{i-1} + k_F + k_L \sum_{j=i}^{t} (j-i)b_j)$$

mit 　 $F_i$ = Kosten einer optimalen Bestellpolitik bis zur Periode i, i = 1, ..., t
　　　 $k_F$ = fixe Bestellkosten
　　　 $k_L$ = Lagerkostensatz
　　　 $b_j$ = Bedarf der Periode j

Die Zielfunktion läßt erkennen, daß wie im Grundmodell (siehe Formel (9)) die Summe aus Bestellkosten und Lagerkosten minimiert wird. Da für die Warenkosten unterstellt wird, daß sie in allen Perioden zu den gleichen Preisen beschafft werden können und keine Fehlmengen zugelassen sind, sind sie nicht entscheidungsrelevant. Das Modell geht von folgenden Annahmen aus:
1. Die Höhe des Bedarfs ist für alle Perioden des Planungszeitraumes bekannt.
2. Die Ware geht jeweils zu Beginn einer Periode zu und ab.
3. Die Bestellkosten sind proportional zur Zahl der Bestellungen; es kann in jeder Periode bestellt werden.
4. Die Lagerhaltungskosten sind proportional zum Bestand am Ende der Periode t.
5. Es gibt keine finanziellen und räumlichen Grenzen.
6. Die Lieferzeit beträgt null Perioden; sollte sie größer sein, kann dies berücksichtigt werden, indem der Bestellzeitpunkt um die entsprechende Frist gegenüber der Berechnung mit einer Lieferfrist von null Perioden vorverlegt wird.
7. Der Lagerbestand zu Beginn und am Ende des Planungszeitraumes belaufen sich auf Null; bei anderslautenden Werten kann dies leicht berücksichtigt werden.

Das Rechenverfahren macht sich zunutze, daß es nicht vorteilhaft sein kann, in einer Periode eine Bestellung auszulösen, wenn noch ein Lagerbestand vorhanden ist. In einem solchen Fall hätte man nämlich zweckmäßigerweise in der Vorperiode vermieden, den Lagerbestand aufzubauen und hätte die betreffende Menge durch eine Bestellung in der Periode t gedeckt; es wären Lagerkosten eingespart worden. Daraus ergibt sich auch, daß immer genau der Bedarf künftiger Perioden bestellt wird.[7]
Der Algorithmus bedient sich einer sog. »Vorwärtsrekursion«, mit der die minimalen Kosten $F_i$, i = 1, ..., T (T = Planungshorizont) sowie die Bestellzeitpunkte, die zu diesen Kosten führen, bestimmt werden. Als Ergebnis erhält man eine Folge von Bestell-/Lieferzeitpunkten (z. B. 1., 4., 7., ... ,51. Woche), eine Folge von dazugehörigen Bestellmengen (z. B. 20, 30, 25, ..., 30 Mengeneinheiten) und die Gesamtkosten der Bestellpolitik im Planungszeitraum T. Das Verfahren wird zweckmäßigerweise an einem Beispiel erläutert:
Zur Ermittlung einer kostengünstigen Beschaffungspolitik wird eine Tabelle angelegt, bei der die Spalte j angibt, in welcher Periode eine Bestellung ausgelöst werden kann, und die Zeile i, bis zu welcher Periode der Bedarf durch eine Bestellung gedeckt werden soll. Das Element in der Spalte j und der Zeile i gibt die gesamten Bestell- und

---

[7] Vgl. zur Darstellung des *Wagner-Whitin*-Algorithmus auch Berens, W./Delfmann, W.: Quantitative Planung. Konzeption, Methoden und Anwendungen, 2. Auflage, Stuttgart 1995, S. 376–382.

Lagerkosten an, wenn in Periode j der Bedarf bis zur Periode i bestellt wird und die bis zu der Periode j – 1 minimalen Kosten berücksichtigt werden.

**Abbildung 9.20:** Ausgangssituation in einem Beispiel zum *Wagner-Whitin*-Verfahren ____

Planungszeitraum: zehn Wochen    fixe Bestellkosten: 50 GE/Bestellung
Beschaffungspreis: 30 GE/ME    Lagerkosten 0,2 % pro Woche (= 10,4 % pro Jahr)

| Woche | 1 | 2 | 3 | 4 | 5 | 6 | 7 | 8 | 9 | 10 |
|---|---|---|---|---|---|---|---|---|---|---|
| Bedarf in ME | 240 | 110 | 190 | 120 | 200 | 110 | 250 | 100 | 180 | 200 |

**Abbildung 9.21:** Tabelle zur Berechnung der optimalen Bestellpolitik nach dem *Wagner-Whitin*-Algorithmus

| i↓  j→ | 1 | 2 | 3 | 4 | 5 | 6 | 7 | 8 | 9 | 10 |
|---|---|---|---|---|---|---|---|---|---|---|
| 10 | 508,4 | 470,8 | 396,4 | 349,6 | 308,8 | 295,2 | 268,2 | 272,4 | 267,6 | 282,2 |
| 9 | 400,4 | 374,8 | 312,4 | 277,6 | 248,8 | 247,2 | **232,2** | 248,4 | 255,6 | |
| 8 | 314,0 | 299,2 | 247,6 | 223,6 | 205,6 | 214,8 | 210,6 | 237,6 | | |
| 7 | 272,0 | 263,2 | 217,6 | 199,6 | **187,6** | 202,8 | 204,6 | | | |
| 6 | 182,0 | 188,2 | 157,6 | **154,6** | 157,6 | 187,8 | | | | |
| 5 | 149,0 | 161,8 | **137,8** | 141,4 | 151,0 | | | | | |
| 4 | 101,0 | 125,8 | 113,8 | 129,4 | | | | | | |
| 3 | **79,4** | 111,4 | 106,6 | | | | | | | |
| 2 | **56,6** | 100,0 | | | | | | | | |
| 1 | **50,0** | | | | | | | | | |

Die Kosten werden zunächst für eine Politik berechnet, nach der in der ersten Periode nur der Bedarf dieser Periode gedeckt werden soll. Die Kosten belaufen sich in diesem Fall auf 50 GE, da nur Bestellkosten, aber keine Lagekosten anfallen. Dieser Wert ist in die Zelle (1;1) eingetragen. In der zweiten Zelle von unten sind die Kosten eingetragen, die anfielen, wenn in der ersten Periode auch der Bedarf der zweiten Periode gedeckt würde; die Kosten belaufen sich auf Bestellkosten von 50 GE und Lagerkosten für 110 ME von 6,60 GE, insgesamt also 56,60 GE. Würde dagegen für jede der beiden Perioden getrennt bestellt, fielen zweimal die Bestellkosten von 50 GE, also insgesamt Kosten von 100 GE an. Die zweimalige Bestellung ist folglich der einmaligen in Periode 1 unterlegen; dies wird festgehalten, indem der Wert von 56,6 GE fett gesetzt wird.

Entsprechend wird berechnet, wie hoch die Kosten wären, wenn in der ersten Periode für drei Perioden bestellt würde (Kosten von 79,4 GE), in der zweiten Periode für die

Periode 2 und 3 (was zu Kosten von zweimal 50 GE und den Lagerkosten für die Ware der dritten Periode, also insgesamt von 111,4 GE, führen würde) oder wenn der Bedarf unter Rückgriff auf die für die ersten beiden Perioden vorteilhafte Politik nur für die dritte Periode gedeckt würde, wofür sich Kosten von 56,6 GE plus Bestellkosten von 50 GE, also 106,6 GE, ergäben. Von allen drei Möglichkeiten weist die erste die niedrigsten Kosten aus. Es ist also vorteilhaft, den Bedarf der ersten drei Perioden durch eine Bestellung in der ersten Periode zu decken; der Wert von 79,4 GE wird deshalb als Zeilenminimum fett gesetzt. In Zeile 5 zeigt sich erstmalig, daß es nicht mehr vorteilhaft ist, den Bedarf bis zur fünften Periode durch eine Bestellung in der ersten Periode zu decken. Kostengünstiger ist eine Politik, nach der in der dritten Periode eine zweite Bestellung ausgelöst wird, mit der der Bedarf der dritten bis fünften Periode gedeckt wird.

Findet man ein Minimum in der Spalte j und Zeile i, so ist es nicht mehr erforderlich, die Kosten von Bestellpolitiken, die bereits in einer früheren Periode als j den Bedarf der Perioden i' > i decken, zu bestimmen. Es kann nämlich nicht optimal sein, den Bedarf dieser Perioden früher als in j zu decken. Das bedeutet, daß die in grauer Schrift gesetzten Elemente in der Abbildung 9.21 nicht berechnet werden müssen.

Die insgesamt optimale Strategie orientiert sich an den Zeilenminima. Die minimalen Gesamtkosten für den zehnperiodigen Planungszeitraum ergeben sich entsprechend Zeile 10 (die oberste Zeile in dem Tableau) bei einer Politik, nach der der Bedarf für die neunte und zehnte Periode in der neunten Periode gedeckt wird. Die optimale Bestellpolitik bis zur Periode 8 (siehe Zeile 8) ergibt sich, wenn in der Periode 5 eine Bestellung aufgegeben wird, die den Bedarf der fünften bis zur achten Periode sicherstellt. Der Bedarf der ersten vier Perioden wird durch einen Einkauf in Periode 1 gedeckt. Die Tableauelemente der optimalen Strategie sind entsprechend rot gekennzeichnet. Die Ergebnisse sind auch in der Abbildung 9.22 zusammengefaßt.

**Abbildung 9.22:** Die optimale Bestellpolitik im Beispiel _____

| Woche | 1 | 5 | 9 |
|---|---|---|---|
| Bestellmenge in ME | 660 (Bedarf der Wochen 1–4) | 660 (Bedarf der Wochen 5–8) | 380 (Bedarf der Wochen 9–10) |

Die Gesamtkosten dieser Bestellpolitik betragen 267,60 GE.
Der *Wagner-Whitin*-Algorithmus ist inzwischen in vielfältiger Form implementiert worden.[8]

_____

[8]  Baker, K. R.: Lot-Sizing Procedures and a Standard Data set. A Reconciliation of the Literature, in: Journal of Manufacturing and Operations Management, Vol. 2 (1989), No. 2, S. 199–221; Evans, J. R.: An Efficient Implementation of the Wagner-Whitin Algorithm for Dynamic Lot-Sizing, in: Journal of Operations Management, Vol. 5 (1985), No. 2, S. 229–235; Heady, R. B./Zhiwei, Z.: An Improved Implementation of the Wagner-Whitin Algorithm, in: Production and Operations Management, Vol. 3 (1994), No. 1, S. 55–63; Höter, J.: Effiziente Algorithmen zur Bestimmung optimaler Losgrößen, in: Dyckhoff, H. u. a. (Hrsg.): Operations Research Pro-

**Weitere Verfahren**

Da an dem *Wagner-Whitin*-Algorithmus die hohen Rechenzeiten kritisiert worden sind, wurden in den Jahren von 1968 bis heute Näherungslösungen (sog. Heuristiken) entwickelt.[9] Zu ihnen zählen

- das Part Period-Verfahren (Stückperiodenausgleichsverfahren),[10]
- das Verfahren der gleitenden wirtschaftlichen Losgröße (Least Unit Cost-Regel),[11]
- das *Groff*-Verfahren und seine Modifikationen,[12]
- das Verfahren nach der *Silver-Meal*-Regel,[13]
- das Verfahren nach der Incremental Order Quantity[14].

## Bestellmengenmodelle mit stochastischer Nachfrage

Bei deterministischen Modellen ist der nächste Lieferzeitpunkt durch die Reichweite der vorhergegangenen Liefermenge bereits festgelegt. Die Lieferung erfolgt genau zu dem Zeitpunkt, zu dem der Lagerbestand auf Null gesunken ist. Bei stochastischen Modellen dagegen muß kontinuierlich oder in bestimmten Zeitabständen geprüft werden, ob der aktuelle Bestand es erlaubt, die nächste Bestellung aufzuschieben. Dabei werden dem aktuellen Bestand die prognostizierten Bedarfsmengen gegenübergestellt. Da Prognosen das Risiko bergen, daß der tatsächliche Bedarf höher ausfällt als der prognostizierte, werden Sicherheitsbestände gehalten, die das Risiko einer Fehlmenge reduzieren.

In der Handelspraxis führen häufig Saison- und Modeeinflüsse sowie der zeitlich variierende Einsatz absatzpolitischer Instrumente dazu, daß sich der mittlere Bedarf, meist auch die Stärke der Bedarfsschwankungen, im Zeitablauf ändern. Man spricht

---

ceedings 1993, Berlin u. a. 1994, S. 28–34; Saydam, C./McKnew, M.: A Fast Microcomputer Program for Ordering Using the Wagner-Whitin Algorithm, in: Production and Inventory Management Journal, Vol. 28 (1987), No. 4, S. 15–19; Gupta, Y. P./Keung, Y.: A Review of Multi-Stage Lot-Sizing Models, in: International Journal of Operations & Production Management, Vol. 10 (1990), No. 9, S. 57–73.

[9] Zum Überblick vgl. Tempelmeier, H., 1995, S. 164–179; Leinz, J.: Traditionelle dynamische Losgrößenverfahren. Von einem Einsatz ist dringend abzuraten, in: Beschaffung aktuell, 24. Jg. (1996), H. 8, S. 38–40; Zoller, K./Robrade, A.: Dynamische Bestellmengen- und Losgrößenplanung. Verfahrensübersicht und Vergleich, in: Operations Research-Spektrum, 9. Jg. (1987), H. 4, S. 219–233.

[10] DeMatteis, J. J.: An Economic Lot-Sizing Technique I. The Part-Period Algorithm, in: IBM Systems Journal, Vol. 7 (1968), S. 30–38; Mendoza, A. G.: An Economic Lot-Sizing Technique II. Mathematical Analysis of the Part-Period Algorithm, in: IBM Systems Journal, Vol. 7 (1968), S. 39–46.

[11] Love, S.: Inventory Control, New York 1979.

[12] Groff, G. K.: A Lot Sizing Rule for Time-Phase-Component Demand, in: Production and Inventory Management, Vol. 20 (1979), No. 1, S. 47–53; Leinz, J./Bussert, B./Habenicht, W.: Entwicklung eines Verfahrens zur dynamischen einstufigen Einprodukt-Bestellmengenplanung, Arbeitspapier 14/95, Lehrstuhl für Industriebetriebslehre, Universität Hohenheim, Stuttgart 1995.

[13] Silver, E. A./Meal, H. C.: A Simple Modification of the EOQ for the Case of a Varying Demand Rate, in: Production and Inventory Management, Vol. 10 (1969), No. 4, S. 51–55; Silver, E. A./ Meal, H. C.: A Heuristic for Selecting Lot Size Quantities for the Case of a Deterministic Varying Demand Rate and Discrete Opportunities for Replenishment, in: Production and Inventory Management, Vol. 14 (1973), No. 2, S. 64–74.

[14] Boe, W./Yilmaz, C.: The Incremental Order Quantity, in: Production and Inventory Management Journal, Vol. 24 (1983), No. 2, S. 94–100.

von instationären Bedarfsverläufen. Bestellmengenmodelle unterstellen dagegen meist einen stationären Bedarf, d. h. Mittelwert und Varianz des Bedarfs bleiben im Zeitablauf konstant. Diese Annahme gilt auch für die Modelle, die im folgenden diskutiert werden. Überlegungen, die ihnen zugrunde gelegt werden, lassen sich aber auf instationäre Bedarfsverläufe übertragen. Während bei stationären Bedarfsverläufen der Bedarf als Zufallsvariable interpretiert wird, deren Schwankungen durch Sicherheitsbestände abgesichert werden müssen, gilt bei instationären Bedarfsverläufen diese Interpretation dem Prognosefehler.

### Bedarf in stochastischen Modellen

In stochastischen Modellen wird angenommen, daß die Bedarfsmengen in bestimmten Zeiträumen Zufallsvariablen mit bekannten Wahrscheinlichkeitsverteilungen sind. Häufig wird unterstellt, daß es sich dabei um die Normalverteilung handelt, die durch die beiden Parameter, den Mittelwert $\mu$ und die Standardabweichung $\sigma$, eindeutig charakterisiert wird. Es ist aber ebenso möglich, den Bedarf mit Hilfe anderer theoretischer Wahrscheinlichkeitsverteilungen (z. B. Gammaverteilung) zu modellieren oder aus vorhandenen Daten die empirische Verteilungsfunktion zu bestimmen.

Von größter Bedeutung für die Optimierung der Bestellpolitik ist der Bedarf in der Wiederbeschaffungszeit, d. h. zwischen dem Bestellzeitpunkt und dem Zeitpunkt, zu dem die Ware verfügbar ist. Die Bestellentscheidung hängt nämlich häufig davon ab, wie groß die Sicherheit ist, daß der gegenwärtige Bestand den Bedarf in dem Zeitraum bis zur frühstmöglichen Nachschublieferung, d. h. in der Wiederbeschaffungszeit, decken kann.

Die Länge der Wiederbeschaffungszeit wird meist in Tagen oder Wochen angegeben, d. h. sie ist das Vielfache einer bestimmten Grundperiode. Um den Bedarf in der Wiederbeschaffungszeit zu bestimmen, wird deshalb häufig der Bedarf in der Grundperiode modelliert. Sei D der Bedarf in der Grundperiode, und es gelte:

$$D \sim N(\mu_D, \sigma_D).$$

Sind die Bedarfsmengen in verschiedenen Grundperioden unabhängig voneinander, so gilt für den Bedarf in der Wiederbeschaffungszeit:

$$Y \sim N(\mu_Y, \sigma_Y),$$

wobei    Y = Bedarf in der Wiederbeschaffungszeit

mit

(30)    $\mu_Y = w\mu_D,$

(31)    $\sigma_Y = \sqrt{w}\sigma_D$

und    w = Länge der Wiederbeschaffungszeit (in Grundperioden).[15]

Für den Bedarf X in einem Bestellzyklus der Länge r gilt entsprechend

$$X \sim N(\mu_X, \sigma_X),$$

wobei    X = Bedarf in einem Bestellzyklus

mit

---

[15] Die Länge der Wiederbeschaffungszeit kann auch als Zufallsvariable definiert werden; siehe hierzu beispielsweise Silver, E. A./Peterson, R., 1985, S. 296–298.

(32)  $\mu_X = r\mu_D,$

(33)  $\sigma_X = \sqrt{r}\sigma_D$

und  r = Länge des Bestellzyklus (in Grundperioden).

Für die Parameter zweier normalverteilter Zufallsvariablen Y ~ N ($\mu_Y$, $\sigma_Y$) und X ~ N ($\mu_X$, $\sigma_X$), die den Bedarf in den Zeiträumen der Länge w und r beschreiben, ergibt sich folglich aus (32) und (30) bzw. (33) und (31):

(34)  $\sigma_X = \sqrt{\dfrac{r}{w}}\,\sigma_Y,$

(35)  $\mu_X = \dfrac{r}{w}\,\mu_Y.$

Das bedeutet, daß in einem doppelt bzw. dreifach so langen Zeitraum der Bedarf im Mittel auf das Doppelte bzw. das Dreifache ansteigt. Die Standardabweichung des Bedarfs wächst dagegen im Verhältnis $\sqrt{2}$ bzw. $\sqrt{3}$, d. h. unterproportional an.

## Servicegrade

In Anknüpfung an das Auftreten einer Fehlmengensituation bzw. die Höhe der Fehlmenge wird in der Literatur zwischen einem $\alpha$- und einem $\beta$-Servicegrad differenziert.[16]

Der $\alpha$-Servicegrad gibt die Wahrscheinlichkeit dafür an, daß der Bedarf vollständig aus dem Lagerbestand befriedigt werden kann, d. h. zwischen zwei Lieferungen (in einem Bestellzyklus) keine Fehlmengensituation auftreten wird. Der $\alpha$-Servicegrad wird als ereignisorientierte Kennziffer bezeichnet. Er stellt nur auf das Vorkommen einer Fehlmengensituation ab. Die Höhe der Fehlmenge und die Dauer der Lieferunfähigkeit bleiben unberücksichtigt.

Die Zahl der Bestellzyklen in einem Planungszeitraum ergibt sich als Quotient aus dem Gesamtbedarf im Planungszeitraum und der Bestellmenge. Multipliziert mit dem $\alpha$-Servicegrad liefert er die mittlere Zahl von Bestellzyklen im Planungszeitraum, in denen der Bedarf vollständig befriedigt wird. So ist beispielsweise bei einer wöchentlichen Bestellung und einem $\alpha$-Servicegrad von 90 % im Durchschnitt in 5,2 Wochen im Jahr eine Fehlmengensituation zu erwarten. Bei einer monatlichen Bestellung und dem gleichen $\alpha$-Servicegrad von 90 % ist im Durchschnitt einmal (genauer 1,2mal) im Jahr mit einer Fehlmengensituation zu rechnen.

Der $\beta$-Servicegrad stellt eine mengenorientierte Kennziffer dar. Nicht nur die Wahrscheinlichkeit für das Auftreten einer Fehlmenge, sondern auch ihre Höhe gehen in die Definition des $\beta$-Servicegrads ein. Er wird wie folgt definiert:

$$\beta = 1 - \frac{E(\text{Fehlmenge})}{E(\text{Bedarf})},$$

wobei E den Erwartungswert bezeichnet. $\beta$ kann auch als die Wahrscheinlichkeit dafür interpretiert werden, daß eine beliebige Mengeneinheit des Bedarfs aus dem Lagerbestand befriedigt werden kann.

---

[16] Siehe z. B. Silver, E. A./Peterson, R., 1985, S. 264–265; Robrade, A. D.: Dynamische Einprodukt-Lagerhaltungsmodelle bei periodischer Bestandsüberwachung, Heidelberg 1991, S. 84–91.

Beträgt der Bedarf pro Jahr 520 Stück und wird wöchentlich bestellt (d. h. zehn Stück pro Bestellung), dann beträgt bei einem $\beta$-Servicegrad von 90 % die erwartete Fehlmenge pro Bestellzyklus ein Stück.

### Ausgewählte stochastische Bestellmengenmodelle

Im folgenden sollen ausgewählte stochastische Bestellmengenmodelle[17] dargestellt werden. Im Rahmen dieser Modelle ist zum einen über den Zeitpunkt der Bestellung (»Wann soll bestellt werden?«) und zum anderen über die Bestellmenge (»Wieviel soll bestellt werden?«) zu entscheiden. Hierzu bedient man sich üblicherweise der folgenden Entscheidungsparameter:

s = Bestellpunkt (Bestand, bei dessen Unterschreiten eine Bestellung ausgelöst wird),
r = Bestellzyklus,
Q = Bestellmenge und
S = Bestellniveau (Menge, auf die der Lagerbestand aufgefüllt wird).

Kombiniert man diese Parameter, so kann man zwischen den in Abbildung 9.23 angegebenen Politiken unterscheiden.

**Abbildung 9.23:** Alternativen in der Bestellpolitik _____

| Bestellzeit-<br>punktentscheidung \ Mengen-<br>entscheidung | Q | S |
|---|---|---|
| s | (s, Q) | (s, S) |
| r | (r, Q) | (r, S) |

Während bei der (s, Q)- und (s, S)-Politik eine Bestellung dann ausgelöst wird, wenn der disponierte Bestand (physischer Bestand + Auftragsbestand) den Bestellpunkt s unterschritten hat, wird bei der (r, Q)- und (r, S)-Politik unabhängig vom Lagerbestand in zeitlichen Abständen von r Perioden Ware bestellt.

Die (s, Q)- und (r, Q)- bzw. die (s, S)- und (r, S)-Politiken weisen Gemeinsamkeiten bezüglich der Bestellmenge auf. Während bei den ersten beiden Politiken stets eine konstante Menge Q bestellt wird, hängt bei den letzten beiden die Bestellmenge von dem aktuellen Lagerbestand ab. Die Bestellmenge wird so gewählt, daß der disponierte Lagerbestand auf das Bestellniveau S aufgestockt wird.

Zusätzlich zu diesen vier Bestellpolitiken wird in der Literatur zuweilen eine fünfte diskutiert, die aus einer Kombination der (s, S)- und (r, S)-Politik entsteht und als (r, s, S)-Politik bezeichnet wird. Bei Anwendung dieser Politik wird in einem Abstand von r

---

[17] Zu einem Überblick über weitergehende Modelle siehe Toporowski, W.: Bestellmengenpolitiken bei stochastischer, stationärer Nachfrage, WISU, 27. Jg. (1998), Seitenzahl stand zu Redaktionsschluß noch nicht fest.

Perioden der Bestand überprüft. Eine Bestellung wird nur dann ausgelöst, wenn der Bestand den Bestellpunkt s erreicht oder unterschritten hat. Der Bestand wird dann auf das Bestellniveau S aufgestockt.

Die Wahl der Modellparameter beeinflußt zum einen die Kosten der Lagerhaltung, zum anderen den Servicegrad. In der Literatur gibt es zahlreiche Modelle, in denen die Kostenfunktion, die nur Bestell- und Lagerkosten berücksichtigt, um sog. Fehlmengenkosten ergänzt wird.[18] Hierbei kann man zwischen Fehlmengenkosten differenzieren,

– die unabhängig von der Höhe und Dauer der Fehlmengen, d. h. pro Fehlmengenfall fix sind,
– die proportional zum Wert der Fehlmenge sind.

Aufgrund der Schwierigkeit, Fehlmengenkosten zu quantifizieren, wird in der Praxis auf ihre Modellierung häufig verzichtet. Es ist statt dessen üblich, den gewünschten Servicegrad vorzugeben und unter dieser Nebenbedingung die Summe der Bestell- und Lagerkosten zu minimieren. Die folgende Darstellung folgt diesem Ansatz. Sie beschränkt sich dabei auf das Einhalten des $\beta$-Servicegrades.

### (s, Q)-Politik

Die (s, Q)-Politik beruht auf einer kontinuierlichen Bestandsüberwachung. Erreicht der Bestand den Bestellpunkt s, wird die Menge Q bestellt. Sie trifft am Ende der Wiederbeschaffungszeit ein. Abbildung 9.24 verdeutlicht die Bestandsentwicklung bei Anwendung der (s, Q)-Politik.

**Abbildung 9.24:** Bestandsentwicklung bei Anwendung der (s, Q)-Politik _____

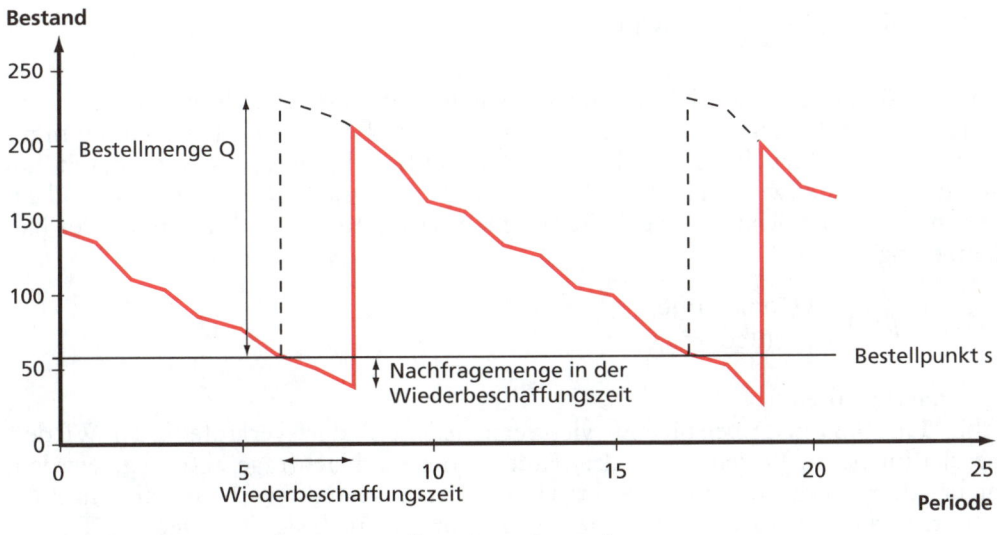

[18] Siehe z. B. Silver, E. A./Peterson, R., 1985.

Die Abbildung zeigt, daß der Bestellpunkt s so hoch angesetzt wird, daß mit hoher Wahrscheinlichkeit der Bestand nicht auf Null absinkt. Das hat allerdings Konsequenzen für die Höhe des durchschnittlichen Lagerbestandes und die sich daraus ergebenden Lagerkosten.

Unmittelbar vor dem Eintreffen einer Lieferung beträgt der Bestand

(36)      $E \text{ (Bestand vor dem Eintreffen der Lieferung)} = s - E(Y) = s - \mu_Y$

mit      $Y = \text{Nachfrage in der Wiederbeschaffungszeit, } Y \sim N(\mu_Y, \sigma_Y)$.

Unmittelbar nach dem Eintreffen der Lieferung beträgt der Bestand

(37)      $E \text{ (Bestand nach dem Eintreffen der Lieferung) } s - E(Y) + Q = s - \mu_Y + Q$.

Bei einem kontinuierlichen Warenabgang bedeutet das, daß der durchschnittliche Bestand die folgende Höhe aufweist:

(38)      $E(\text{Bestand}) = s - \mu_Y + \dfrac{1}{2} Q$

Dabei wird unterstellt, daß der Erwartungswert des Bestandes vor und nach der Lieferung nicht negativ ist. Gegenüber der Kostenfunktion, die der klassischen Bestellmengenformel zugrunde liegt, sind die Lagerkosten wie folgt zu modifizieren (siehe Formel (6)):

(39)      $K_L = \left( \dfrac{Q}{2} + s - \mu_Y \right) pL$.

Für die Gesamtkosten folgt daraus

(40)      $K_G = \dfrac{B}{Q} A + \left( \dfrac{Q}{2} + s - \mu_Y \right) pL$.

Die in (40) angegebene Zielfunktion soll wie im deterministischen Fall sichern, daß durch die Wahl einer Bestellmenge, die Summe von Bestell- und Lagerkosten minimiert wird. Zusätzlich zur Bestellmenge Q ist der Bestellpunkt s festzulegen; mit ihm soll gewährleistet werden, daß ein bestimmter Servicegrad eingehalten wird. Soll ein bestimmter $\beta$-Servicegrad eingehalten wird, muß die Kostenfunktion unter der Nebenbedingung

(41)      $\beta = 1 - \dfrac{E(\text{Fehlmenge})}{E(\text{Bedarf})}$

minimiert werden.

Abbildung 9.25 zeigt beispielhaft vier verschiedene Bedarfsverläufe in der Wiederbeschaffungszeit. In den ersten drei Fällen kann die Nachfrage befriedigt werden, nicht jedoch im vierten Fall. Im rechten Bildteil ist dargestellt, wie häufig die einzelnen Bedarfsverläufe erwartet werden bzw. wie wahrscheinlich sie sind. Der rote Teil der Dichtefunktion entspricht der Wahrscheinlichkeit, mit der die den Bestellpunkt s entsprechende Menge nicht ausreicht, die Nachfrage in der Wiederbeschaffungszeit zu befriedigen. Wird der Bestellpunkt höher angesetzt, verkleinert sich diese Fläche.

Nimmt man an, daß die Nachfrage in der Wiederbeschaffungszeit normalverteilt ist, d. h. $Y \sim N(\mu_Y, \sigma_Y)$, so gilt bei der Wahl des Bestellpunktes s:

Abbildung 9.25: Mögliche Bedarfsverläufe in der Wiederbeschaffungszeit und ihre Wahrscheinlichkeit

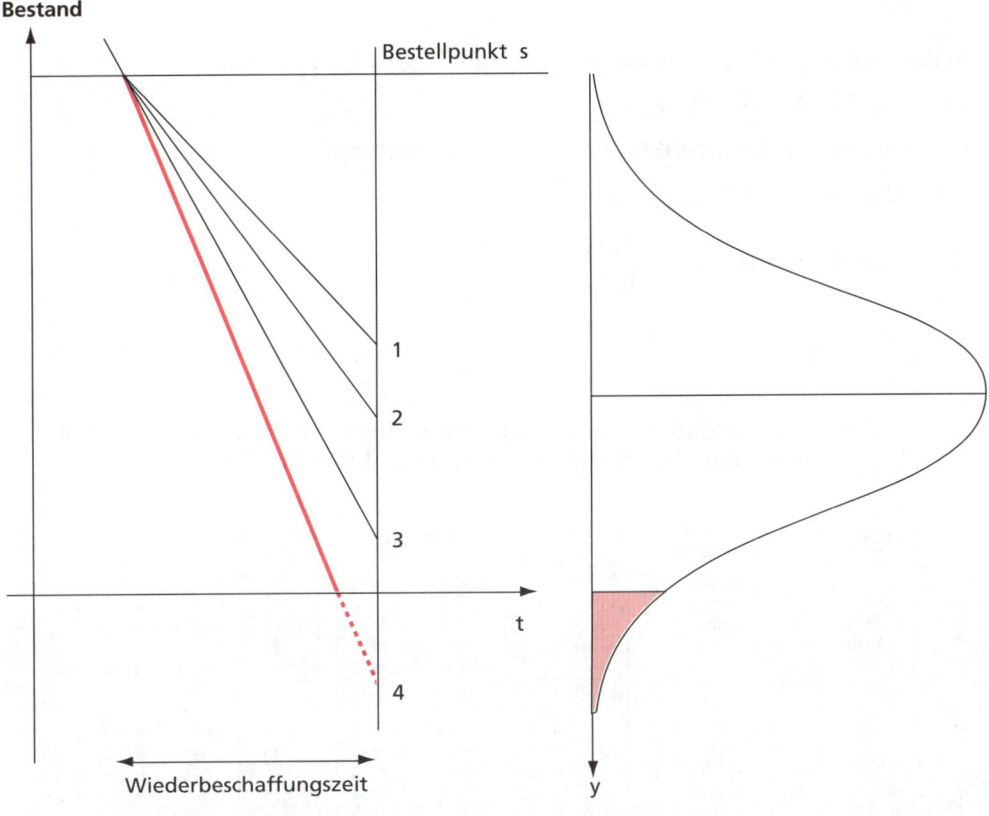

(42)     $\displaystyle E(\text{Fehlmenge}) = \int_{s}^{\infty} (y - s) f_Y \, dy$

mit      $f_Y$ = Wahrscheinlichkeitsdichte der N $(\mu_Y,\,\sigma_Y)$-Verteilung.

Der Ausdruck läßt sich wie folgt umformen

(43)     $\displaystyle E(\text{Fehlmenge}) = \sigma_Y \int_{\frac{s-\mu_Y}{\sigma_Y}}^{\infty} \left( z - \frac{s - \mu_Y}{\sigma_Y} \right) f_z \, dz$

mit      $z$  = Abszissenwert der N $(0,\,1)$-Verteilung,
         $f_z$ = Wahrscheinlichkeitsdichte der N $(0,1)$-Verteilung.

Definiert man die Funktion

(44)     $G_z(k) := \int\limits_{k}^{\infty} (z-k)f_z dz,$

von der man zeigen kann, daß sie die folgende Eigenschaft besitzt:

(45)     $G_z(k) = f_z(k) - k\,[1 - F_z(k)]$

mit     $F_z$ = Verteilungsfunktion der N (0, 1)-Verteilung,

so folgt daraus für die Fehlmenge

(46)     $E(\text{Fehlmenge}) = \sigma_Y G_z\left(\dfrac{s - \mu_Y}{\sigma_Y}\right).$

**Abbildung 9.26:** Standardnormalverteilung: Wahrscheinlichkeitsdichte , Verteilungsfunktion , Funktion $F_z(k)$, Funktion $G_z(k) = f_z(k) - k\,[1 - F_z(k)]$

| k | $f_z(k)$ | $F_z(k)$ | $G_z(k)$ | k | $f_z(k)$ | $F_z(k)$ | $G_z(k)$ | k | $f_z(k)$ | $F_z(k)$ | $G_z(k)$ |
|---|---|---|---|---|---|---|---|---|---|---|---|
| 0,00 | 0,3989 | 0,5000 | 0,3989 | 0,85 | 0,2780 | 0,8023 | 0,1100 | 1,70 | 0,0940 | 0,9554 | 0,0183 |
| 0,05 | 0,3984 | 0,5199 | 0,3744 | 0,90 | 0,2661 | 0,8159 | 0,1004 | 1,75 | 0,0863 | 0,9599 | 0,0162 |
| 0,10 | 0,3970 | 0,5398 | 0,3509 | 0,95 | 0,2541 | 0,8289 | 0,0916 | 1,80 | 0,0790 | 0,9641 | 0,0143 |
| 0,15 | 0,3945 | 0,5596 | 0,3284 | 1,00 | 0,2420 | 0,8413 | 0,0833 | 1,85 | 0,0721 | 0,9678 | 0,0126 |
| 0,20 | 0,3910 | 0,5793 | 0,3069 | 1,05 | 0,2299 | 0,8531 | 0,0757 | 1,90 | 0,0656 | 0,9713 | 0,0111 |
| 0,25 | 0,3867 | 0,5987 | 0,2863 | 1,10 | 0,2179 | 0,8643 | 0,0686 | 1,95 | 0,0596 | 0,9744 | 0,0097 |
| 0,30 | 0,3814 | 0,6179 | 0,2668 | 1,15 | 0,2059 | 0,8749 | 0,0621 | 2,00 | 0,0540 | 0,9772 | 0,0085 |
| 0,35 | 0,3752 | 0,6368 | 0,2481 | 1,20 | 0,1942 | 0,8849 | 0,0561 | 2,05 | 0,0488 | 0,9798 | 0,0074 |
| 0,40 | 0,3683 | 0,6554 | 0,2304 | 1,25 | 0,1826 | 0,8944 | 0,0506 | 2,10 | 0,0440 | 0,9821 | 0,0065 |
| 0,45 | 0,3605 | 0,6736 | 0,2137 | 1,30 | 0,1714 | 0,9032 | 0,0455 | 2,15 | 0,0396 | 0,9842 | 0,0056 |
| 0,50 | 0,3521 | 0,6915 | 0,1978 | 1,35 | 0,1604 | 0,9115 | 0,0409 | 2,20 | 0,0355 | 0,9861 | 0,0049 |
| 0,55 | 0,3429 | 0,7088 | 0,1828 | 1,40 | 0,1497 | 0,9192 | 0,0367 | 2,25 | 0,0317 | 0,9878 | 0,0042 |
| 0,60 | 0,3332 | 0,7257 | 0,1687 | 1,45 | 0,1394 | 0,9265 | 0,0328 | 2,30 | 0,0283 | 0,9893 | 0,0037 |
| 0,65 | 0,3230 | 0,7422 | 0,1554 | 1,50 | 0,1295 | 0,9332 | 0,0293 | 2,35 | 0,0252 | 0,9906 | 0,0032 |
| 0,70 | 0,3123 | 0,7580 | 0,1429 | 1,55 | 0,1200 | 0,9394 | 0,0261 | 2,40 | 0,0224 | 0,9918 | 0,0027 |
| 0,75 | 0,3011 | 0,7734 | 0,1312 | 1,60 | 0,1109 | 0,9452 | 0,0232 | 2,45 | 0,0198 | 0,9929 | 0,0023 |
| 0,80 | 0,2897 | 0,7881 | 0,1202 | 1,65 | 0,1023 | 0,9505 | 0,0206 | 2,50 | 0,0175 | 0,9938 | 0,0020 |

Die Abbildung 9.27 zeigt den Verlauf der Funktion $G_z(k)$
Der Erwartungswert der Gesamtnachfrage in einem Bestellzyklus ist gleich der Bestellmenge Q. Die Nebenbedingung, unter der die Kostenfunktion minimiert werden muß, erhält damit die Form

(47)     $\beta = 1 - \dfrac{\sigma_Y G_z\left(\dfrac{s - \mu_Y}{\sigma_Y}\right)}{Q}$ .

Das Minimum erhält man, wenn Q und s simultan bestimmt werden. Darauf wird (in der Praxis) häufig verzichtet. Statt dessen wählt man eine sukzessive Vorgehensweise, bei der zuerst, z. B. mit Hilfe der klassischen Bestellmengenformel (siehe (13)), die optimale Bestellmenge Q ermittelt wird. Anschließend bestimmt man für diese Bestellmenge aus der Gleichung (47) den Bestellpunkt s, der den Servicegrad $\beta$ erfüllt. Dies geschieht mit dem Hinweis, daß der Kostenanstieg gegenüber einer simultanen Lösung sehr gering sei. Das folgende Beispiel soll die Vorgehensweise verdeutlichen

**Daten eines Beispiels zur Ermittlung von Bestellmenge und Bestellpunkt**

Bedarf (B) = 3 600 ME pro Jahr
Bestellkosten (A) = 18 GE
Beschaffungspreis (p) = 24 GE
Lagerkostensatz (L) = 24 %
$\mu_Y$ = 50 ME durchschnittlich erwarteter Bedarf in der Wiederbeschaffungszeit
$\sigma_Y$ = 30 ME Standardabweichung des Bedarfs in der Wiederbeschaffungszeit
$\beta$ = 95 % Servicegrad

Abbildung 9.27: Funktion $G_z(k) = f_z(k) - k\,[1 - F_z(k)]$ _____

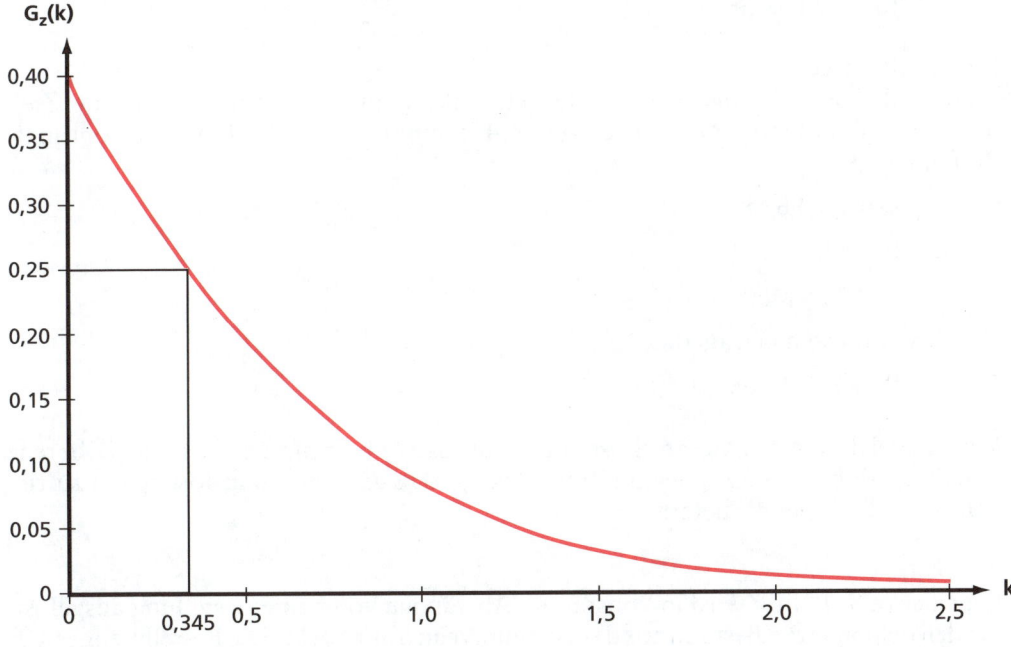

**Die sukzessive Lösung**
Die klassische Bestellmengenformel liefert als optimale Bestellmenge

$$Q = \sqrt{\frac{2 \cdot 3\,600 \cdot 18}{24 \cdot 0{,}24}} = 150 \text{ ME.}$$

Wird ein $\beta$-Servicegrad von 95 % gefordert, so muß der Bestellpunkt s die Gleichung (47) erfüllen, d. h.:

$$0{,}95 = 1 - \frac{30 \cdot G_z\left(\dfrac{s-50}{30}\right)}{150}.$$

Formt man die Gleichung um, so erhält man

$$0{,}25 = G_z\left(\frac{s-50}{30}\right).$$

Aus der Abbildung 9.27 bzw. der Tabelle in Abbildung 9.26 folgt, daß die Funktion $G_z$ (k) für k = 0,345 den Wert 0,25 annimmt. Für den Bestellpunkt s folgt daraus

s = 50 + 0,345 · 30 = 60,35 ME.

Die Gesamtkosten im Planungszeitraum betragen nach (40)

$K_G$ = 923,62 GE

### Die simultane Lösung

Werden die Bestellmenge und der Bestellpunkt simultan bestimmt, d. h. die Zielfunktion (40) unter der Nebenbedingung (47) minimiert, so erhält man die optimale Bestellmenge

Q = 172,98 ME

und den Bestellpunkt

s = 57,35 ME.

Die Gesamtkosten betragen:

$K_G$ = 915,15 GE.

Ein Vergleich mit den Gesamtkosten der sukzessive bestimmten Lösung (Differenz von 8,47 GE bzw. ein Anstieg um 0,9 %) zeigt, daß die Näherungslösung ein zufriedenstellendes Ergebnis liefert.

### (r, S)-Politik

Bei einer (r, S)-Politik wird in konstanten Abständen von r eine Bestellung ausgelöst, die den disponierten Bestand auf das Bestellniveau S aufstockt. Die Bestellmenge trifft nach Ablauf der Wiederbeschaffungszeit ein. Der Bestandsverlauf bei Anwendung einer (r, S)-Politik wird in der folgenden Abbildung verdeutlicht.
Unmittelbar nach dem Eintreffen der Lieferung beträgt der Bestand

(48)      E (Bestand nach dem Eintreffen der Lieferung) = S − E (Y) = S − $\mu_Y$.

Bis zum Eintreffen der nächsten Lieferung, d. h. nach dem Bestellzyklus r, verringert sich der Bestand um den Erwartungswert der Nachfrage in diesem Zeitraum. Ist r ein Vielfaches einer Grundperiode (z. B. einer Woche) und P die Länge des Planungszeitraums in Grundperioden (z. B. 52 Wochen), so gibt r' = r/P den Anteil des Bestellzyklus am Planungszeitraum an. Bei einer gleichmäßigen Nachfrage reduziert sich der Bestand im Bestellzyklus um r'B. Daraus folgt:

**Abbildung 9.28:** Bestandsentwicklung bei Anwendung der (r, S)-Politik _____

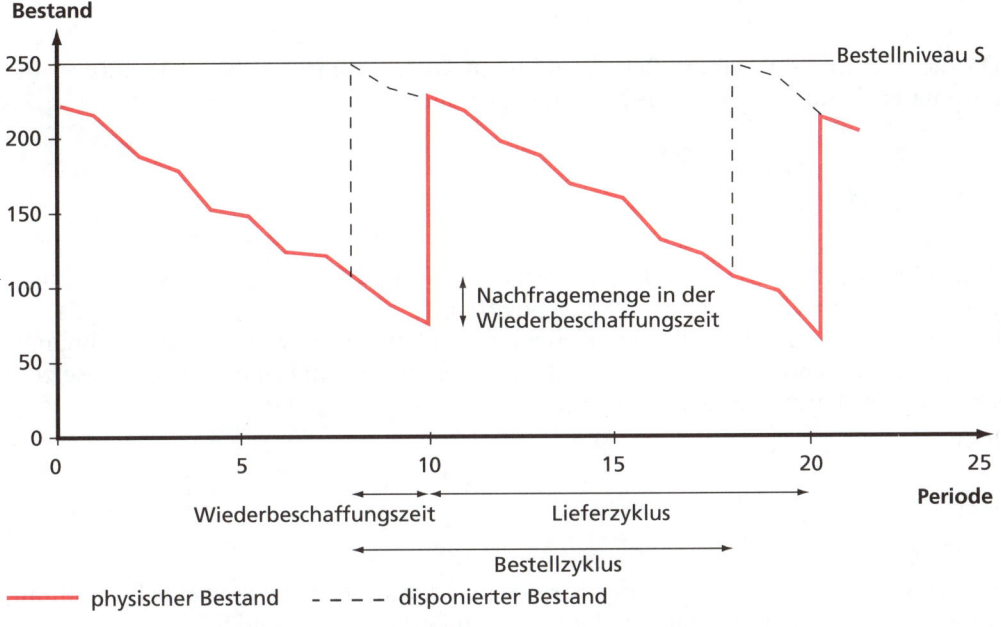

(49)      E (Bestand vor dem Eintreffen der Lieferung) $= S - \mu_Y - r'B$

Für den durchschnittlichen Bestand bedeutet das

(50)      $E(\text{Bestand}) = S - \mu_Y - r'B + \dfrac{1}{2}[S - \mu_Y - (S - \mu_Y - r'B)] = S - \mu_Y - \dfrac{r'B}{2}.$

Für die Gesamtkosten erhält man damit

(51)      $K_G = \dfrac{B}{r'B}\,A + \left(S - \mu_Y - \dfrac{r'B}{2}\right)pL.$

Wie bei der (s, Q)-Politik wird in der Regel gefordert, daß ein vorgegebener $\beta$-Servicegrad eingehalten wird. Nach der Auslösung einer Bestellung beträgt der disponierte Bestand genau S. Er muß sowohl die Nachfrage in der Wiederbeschaffungszeit als auch in dem anschließenden Bestellzyklus decken. Nimmt man an, daß die Nachfrage X in diesem Zeitraum normalverteilt ist, d. h. $X \sim N(\mu_X, \sigma_X)$, so gilt für die Fehlmenge

$$(52) \qquad E(\text{Fehlmenge}) = \int_S^\infty (x - S) f_X dx$$

mit $\qquad f_x$ = Wahrscheinlichkeitsdichte der $N(\mu_X, \sigma_X)$-Verteilung.

Wie bei der (s, Q)-Politik läßt sich dieser Ausdruck vereinfachen, so daß gilt

$$(53) \qquad E(\text{Fehlmenge}) = \sigma_X G_z\left(\frac{S - \mu_X}{\sigma_X}\right).$$

Da die Nachfrage in einem Bestellzyklus im Durchschnitt r'B beträgt, müssen die Parameter r' und S die folgende Bedingung erfüllen:

$$(54) \qquad \beta = 1 - \frac{\sigma_X G_z\left(\dfrac{S - \mu_X}{\sigma_X}\right)}{r'B}.$$

Sowohl für die Nachfrage in der Wiederbeschaffungszeit als auch im Bestellzyklus r wird die Normalverteilungsannahme getroffen.

Unterstellt man, daß sich die Nachfragen in den beiden Zeiträumen aus unabhängigen identischen normalverteilten Nachfragen einer Grundperiode zusammensetzen, so gilt für die Parameter der Nachrage x[19]

$$(55) \qquad \mu_X = \mu_Y + r'B;$$

$$(56) \qquad \sigma_x = \sqrt{1 + \frac{r'B}{\mu_Y}}\, \sigma_Y.$$

Eingesetzt in die Gleichung, die den Servicegrad definiert, erhält man eine Darstellung mit einer unmittelbaren Abhängigkeit von den Parametern r' und S.

Das Minimum der Kostenfunktion (51) unter der Nebenbedingung (54) erhält man, wenn beide Parameter simultan bestimmt werden.

Für die Zahlen des obigen Beispiels erhält man als optimale Parameter

      r' = 0,043 des Planungszeitraums (d. h. 23,3 Bestellungen im Jahr),
      S = 250,72 ME.

Die Kosten im Planungszeitraum betragen

      $K_G$ = 1 132,47 GE.

Alternativ zu einer simultanen Lösung können die Parameter sukzessive bestimmt werden, indem zuerst mit der klassischen Bestellmengenformel die optimale Bestellmenge Q und daraus dann der Bestellzyklus r' = $\frac{Q}{B}$ ermittelt werden. Für ein gegebenes r' wird anschließend das optimale S bestimmt.

Für die Zahlen aus dem Beispiel gilt

---

[19] Siehe Formel (34) und (35)

$$r' = 0{,}042 \text{ des Planungszeitraums,}$$
$$S = 246{,}67 \text{ ME.}$$

Die Kosten nehmen einen Wert von

$$K_G = 1\,132{,}78 \text{ GE}$$

an.

### Charakterisierung weiterer Modelle

Es gibt in der Literatur eine nahezu unübersehbare Zahl von Modellen und Verfahren zur Bestellmengenoptimierung.[20] Versucht man sie zu systematisieren, so kann man sich vor allem der Hauptmerkmale Stufigkeit, Nachfrageverlauf und Zahl der Produkte bedienen, innerhalb derer allerdings eine weitere Differenzierung möglich ist. Darüber hinaus kann man die Konstanz der Modellparameter sowie die Berücksichtigung von Ressourcenrestriktionen als weitere Merkmale heranziehen, um die Modelle zu charakterisieren. Die Abbildung 9.29 gibt einen Überblick über ausgewählte Merkmale und Merkmalsausprägungen.

**Abbildung 9.29:** Ausgewählte Merkmale zur Charakterisierung von Bestellmengenmodellen

| einstufige Struktur | mehrstufige Struktur | | | |
|---|---|---|---|---|
| | ein Lieferpunkt/ ein Empfangspunkt | ein Lieferpunkt/ mehrere Empfangspunkte | | |
| | | homogene Empfangspunkte | heterogene Empfangspunkte | |
| konstante Nachfrage | schwankende Nachfrage | | | |
| | deterministische Nachfrage | stochastische Nachfrage | | |
| | | stationäre Nachfrage | nicht stationäre Nachfrage | |
| | | ohne Fehlmenge | mit Fehlmenge | ohne Fehlmenge | mit Fehlmenge |
| ein Produkt | mehrere Produkte | | | |
| konstante Kostenparameter | variable Kostenparameter | | | |
| keine Ressourcenrestriktionen | Ressourcenrestriktionen | | | |

Quelle: Toporowski, W., 1996 a, S. 113

---

[20] Zu einer ausführlichen Diskussion von Lagerhaltungsmodellen siehe neben der bereits genannten Literatur Naddor, E.: Lagerhaltungssysteme, Frankfurt am Main – Zürich 1971; Klemm, H./Mikut, M.: Lagerhaltungsmodelle. Theorie und Anwendung, Berlin 1972; Schneeweiß, C.: Modellierung industrieller Lagerhaltungssysteme. Einführung und Fallstudien, Berlin – Heidelberg – New York 1981.

## 9.2.4 Weitere logistische Aufgabenstellungen

Neben den ausführlich dargestellten Problemkreisen der Lagerstruktur und der Bestandpolitik werden der Logistik auch Fragen des Transports, der Auftragsbearbeitung und des Handling, insbesondere der Verpackung, zugerechnet. Sie betreffen in einem starken Maße wirtschaftsstufenübergreifende Probleme der Logistik, d. h. das Verhältnis zu den Herstellern, Logistikdienstleistern und Finanzinstituten. Sie sollen deshalb an dieser Stelle nur im Überblick behandelt werden.

Der Transport läßt sich in einen außerbetrieblichen und einen innerbetrieblichen Transport unterteilen. Zu den zentralen Entscheidungen, die den außerbetrieblichen Transport betreffen, gehört die Frage, ob der Hersteller oder der Handel die Verantwortung für die Transportaufgabe übernimmt. Davon zu trennen ist die Frage, ob der Transport vom unternehmenseigenen Fuhrpark oder von einem beauftragten Spediteur bzw. Transportunternehmen durchgeführt wird. Die Frage nach der Verantwortlichkeit wird zuweilen mit einem Führerschaftsanspruch im Logistikkanal in Verbindung gebracht. Unbestritten ist die Tatsache, daß diese Entscheidung den Spielraum der Handels- und der Herstellerunternehmung bei der Ausgestaltung der Logistik in hohem Maße beeinflußt. In diesem Zusammenhang muß geklärt werden, ob eine Bündelung der Distributionsströme des Herstellers oder der Beschaffungsströme der Handelsunternehmung effizienter ist. Da sowohl ein Hersteller als auch eine Handelsunternehmung in der Regel eine Vielzahl von Geschäftspartnern besitzen, wirkt sich die Entscheidung zwischen zwei Partner auf die Effizienz des gesamten Transportsystems des Hersteller bzw. der Handelsunternehmung aus. Diese Entscheidung birgt deshalb Konfliktpotential in sich. In der Praxis ist eine Tendenz zur Übernahme der Transpotverantwortlichkeit durch den Handel zu beobachten.
Wird die Ware beim Hersteller abgeholt, so ist zu entscheiden, ob man dafür einen eigenen Fuhrpark oder eine externe Transportunternehmung einsetzt. Diese Entscheidung hängt von einer Reihe von Einflußfaktoren ab, zu denen vor allem das Transportvolumen sowie die zeitliche und räumliche Verteilung des Bedarfs gehören. Die Entscheidung für eine Fremderstellung der Transportleistung nimmt in der Praxis häufig die Form eines Gebietsspediteur-Systems an, in dem der Transport von Lieferungen aus einem abgegrenzten Gebiet einem einzigen Spediteur übertragen wird.[1]
Die Ausgestaltung des innerbetrieblichen Transports betrifft vor allem das Lager sowie in geringem Umfang die Verkaufsstellen. Im Mittelpunkt stehen hierbei technische Lösungsmöglichkeiten und ihre ökonomische Vorteilhaftigkeit.

Die Auftragsbearbeitung umfaßt sowohl unternehmensinterne als auch unternehmensübergreifende Informationsflüsse. Werden die Verkaufsstellen einer Handelsunternehmung von einem handelseigenen Lager beliefert, so gehören Bestellaufträge der Verkaufsstellen dem unternehmensinternen Informationsfluß an, während die Bestellaufträge des Lagers über die Unternehmensgrenzen hinausgehen. Eng verknüpft mit der Auftragsbearbeitung ist der Begriff des Warenwirtschaftssystems, den man als »Summe aller auf die Ware gerichteten Informations- und Entscheidungsprozesse im Handelsbetrieb«[2] definieren kann. Die unternehmensinterne Auftragsbearbeitung ist folglich als Teilbestand des Warenwirtschaftssystems zu sehen. Die

---

[1] Schulte, C., 1995, S. 71–75.
[2] Ebert, K., 1986, S. 58.

wachsenden Sortimente, die höher werdenden Anforderungen an den Lieferservice der Hersteller, aber auch an die Warenpräsenz in den Verkaufsstellen fördern die Bemühungen um eine Automatisierung der Auftragsbearbeitung. Zu den Grundvoraussetzungen für einen effizienten Informationsfluß zwischen den beteiligten Marktpartnern gehören
– eine geeignete technische Ausstattung sowie
– eine Standardisierung der Daten und des Datenaustauschs.

**Die technologische Entwicklung** stellt dem Handel zunehmend Instrumente zur Verfügung mit denen Informationserhebung, -verarbeitung und -austausch erleichtert werden. Scannerkassen, mobile Datenerfassungsgeräte, electronic cash, Computersysteme tragen entscheidend dazu bei, daß die Auftragsbearbeitung rationalisiert wird.[3] Der Umfang, die Genauigkeit und die Aktualität der Informationen bilden die Basis für neue Konzepte, die in eine weitgehende Automatisierung des Warennachschubs münden können.[4] Eine einzelne Handelsunternehmung hat die Aufgabe zu prüfen, unter welchen Bedingungen der Einsatz derartiger Systeme technisch realisierbar und ökonomisch sinnvoll ist.

**Die Standardisierungaktivitäten** der Industrie und des Handels werden maßgeblich durch die *Centrale für Coorganisation* gefördert und koordiniert. So sind in der Vergangenheit Nummern- und Codiersysteme, wie z. B. EAN und ILN entwickelt worden. Für Artikelstammdaten ist ein Datenpool (SINFOS) eingerichtet worden, der den Austausch der Stammdaten erleichtert. Der elektronische Datenaustausch (**E**lectronic **D**ata **I**nterchange) wird durch die Definition von Datensätzen für eine Reihe von Nachrichtentypen wie z. B. Anfrage, Angebot, Bestellung oder Rechnung vereinfacht. Diese Entwicklungen sind als Basis für eine wirtschaftsstufenübergreifende Optimierung der Logistik zu werten, die unter Begriffen wie Efficient Consumer **R**esponse, Value Chain Analysis oder Continuous Replenishment in Theorie und Praxis diskutiert wird. Die Standardisierung der Daten und des Datenaustausches erfordert entsprechende Investitionen bei den beteiligten Unternehmungen. Das Engagement hängt folglich entscheidend davon ab, in welchem Maße einzelne Unternehmungen von einer Standardisierung profitieren können. Hierbei zählen vor allem die Zahl der Kommunikationspartner, ihre technische Ausstattung sowie die Häufigkeit von Transaktionen zu den relevanten Einflußfaktoren.

Ein anderes wichtiges Feld für eine unternehmensübergreifende Abstimmung ist in der Verpackung zu sehen. Der Gesetzgeber hat mit der Einführung der Verpackungsverordnung[5] 1991 den Druck auf Industrie und Handel erhöht, Verpackungen zu

---

[3] Toporowski, W.: Die Bedeutung neuer Informationstechnologien für die Entwicklung im Handel, in: Müller-Hagedorn, L. (Hrsg.): Trends im Handel. Analysen und Fakten zur aktuellen Situation im Handel, Frankfurt am Main 1997 a, S. 167–202.

[4] Siehe z. B. Gerling, M.: Automatische Disposition jetzt flächendeckend, in: dynamik im Handel, 40. Jg. (1996), H. 7, S. 19–21; Atzberger, M./Gerling, M.: Kollege Computer disponiert, in: dynamik im Handel, 41. Jg. (1997), H. 10, S. 4–6; Toporowski, W.: Kosten und Leistungen einer automatischen Disposition, in: EHI (EuroHandelsinstitut e. v.) (Hrsg.): Enzyklopädie des Handels. Automatische Disposition. Bestandsaufnahme und Perspektiven, Köln 1997 b, S. 59–65.

[5] o. V.: Rahmenbedingungen für Einweg-Verpackungen aufgrund von Gesetzen und Verordnungen, in: EHI (EuroHandelsinstitut e. v.) (Hrsg.): Enzyklopädie des Handels. Einwegverpackungen und ihre Entsorgung, Köln 1994, S. 6–11.

reduzieren, Einweg- durch Mehrwegsysteme[6] zu ersetzen und nicht wiederverwend-
bare Verpackungen einer Verwertung zuzuführen. Insbesondere bei den Mehrweg-
Transportverpackungen (MTV) sind Fortschritte bezüglich einer Abstimmung erzielt
worden, die sich in der Gründung eines Logistikverbundes für Mehrweg-Transportverpackungen[7] niederschlagen, dem MTV-Anbieter und Dienstleister angehören.
Auch bei Einwegverpackungen ist eine Abstimmung zwischen Industrie, Handel und
Herstellern von Einwegverpackungen erforderlich. Dabei sind sowohl ökologische
als auch logistische Anforderungen der beteiligten Partner zu berücksichtigen.[8]

### Literaturhinweise zu Kapitel 9

Fragen der Beschaffung, insbesondere des Beschaffungsmarketing, werden behandelt
in
*Koppelmann, U.: Beschaffungsmarketing, 2. Auflage, Berlin u. a. 1995.*
*Hansen, U.: Absatz- und Beschaffungsmarketing des Einzelhandels, 2. Auflage,
Göttingen 1990.*

Einen umfassenden Einblick in die breite Palette logistischer Fragestellungen geben
*Pfohl, H.-C.: Logistiksysteme. Betriebswirtschaftliche Grundlagen, 5. Auflage, Ber-
lin u. a. 1996.*
*Schulte, C.: Logistik. Wege zur Optimierung des Material- und Informationsflusses,
2. Auflage, München 1995.*
*Ballou, R. H.: Business Logistics Management, 3. Auflage, Englewood Cliffs, N. J.
1992.*
*Bowersox, D. J./Closs, D. J./Helferich, O. K.: Logistical Management. A Systems
Integration of Physical Distribution, Manufacturing Support, and Materials Pro-
curement, 3. Auflage, New York – London 1986.*

Auf strategische Fragestellungen gehen vor allem ein
*Pfohl, H.-C.: Logistikmanagement. Funktionen und Instrumente, Berlin u. a. 1994.*
*Lambert, D. M./ Stock, J. R.: Strategic Logistics Management, 3. Auflage, Home-
wood – Boston 1993.*

Zu Beiträgen, die sich ausführlich mit logistischen Problemen im Handel beschäfti-
gen, zählen
*Prümper, W.: Logistiksysteme im Handel. Die Organisation der Warenprozesse in
Großbetrieben des Einzelhandels, Thun – Frankfurt am Main 1979.*
*Köckeritz, W.: EDV-gestützte Warenwirtschaft in Großbetrieben des Einzelhandels.
Organisatorische Betrachtungsansätze einer ganzheitlichen Querschnittsfunk-
tion, Bern – Stuttgart 1991.*
*Toporowski, W.: Logistik im Handel. Optimale Lagerstruktur und Bestellpolitik
einer Filialunternehmung, Heidelberg 1996.*

---

[6] Zu der Typenvielfalt von Mehrwegverpackungen siehe: Tröster, N.: Mehrwegverpackungen in
Europa. Typenvielfalt in Deutschland am stärksten ausgeprägt, in: dynamik im Handel, 37. Jg.
(1993), H. 11, S. 12–17.

[7] o. V.: Logistikverbund für Mehrweg-Transportverpackungen, in: Centrale für Coorganisation
GmbH (Hrsg.): Arbeitsbericht 1996. Ausblick 1997, Köln 1997, S. 30–31.

[8] o. V.: Anforderungen an Einwegverpackungen aus Sicht des Handels, in EHI (EuroHandelsinstitut e. v.) (Hrsg.): Enzyklopädie des Handels. Einwegverpackungen und ihre Entsorgung,
Köln 1994, S. 12–18.

*Kotzab, H.: Neue Konzepte der Distributionslogistik von Handelsunternehmen, Wiesbaden 1997.*

Eine knappe Darstellung logistischer Probleme im Handel findet sich in

*Lilienstern, H. R. v.: Logistik der Handelsstufen, in: Baumgarten, H. et al. (Hrsg.): RKW – Handbuch Logistik, Band 3, Berlin 1981, 2. Lfg.VII/81, Kennziffer 8050.*

*Henning, D. P.: Spezifische Aspekte der Logistik im Handel, in: Baumgarten, H. et al. (Hrsg.): RKW – Handbuch Logistik, Band 3, Berlin 1981, 2. Lfg.VII/81, Kennziffer 8015.*

*Krämer, P.: Logistische Aspekte im Handel am Beispiel ausgewählter Sortimentsbereiche, in: Baumgarten, H. et al. (Hrsg.): RKW – Handbuch Logistik, Band 3, Berlin 1981, 13. Lfg.II/88, Kennziffer 8020.*

*Duerler, B. M.: Logistik im Handel, in: Krulis-Randa, J. S./Ergenzinger, R. (Hrsg.): Entwicklung zum strategischen Denken im Handel. Theoretische Überlegungen und praktische Beispiele, Bern – Stuttgart 1990, S. 205–223.*

*Liebmann, H.-P.: Struktur und Funktionsweise moderner Warenverteilzentren, in: Zentes, J. (Hrsg.): Moderne Distributionskonzepte in der Konsumgüterwirtschaft, Stuttgart 1991, S. 17–32.*

*Pfohl, H.-C.: Handelslogistik. Zwischen Hersteller und Handel, in: Bonny, C. (Hrsg.): Jahrbuch der Logistik 1992, Düsseldorf 1992, S. 16–21.*

*Zentes, J.: Euro-Logistik des Handels, in: BFuP, 44. Jg. (1992), H. 3, S. 215–226.*

Eine detaillierte Übersicht über Modelle zur Bestellmengenplanung geben

*Silver, E. A./Peterson, R.: Decision Systems for Inventory Management and Production Planing, 2. Auflage, New York u. a. 1985.*

*Tempelmeier, H.: Material-Logistik, 3. Auflage, Berlin u. a. 1995.*

Handelslogistische Lösungskonzepte in der Praxis werden beschrieben in

*Ahlbrand, K.: Vom Großhandel zum Full-Service-Systemdistributeur für Kühl- und Tiefkühlprodukte. Das Beispiel alli Frischdienst-Zentrale Nord GmbH & Co., in: Zentes, J. (Hrsg.): Moderne Distributionskonzepte in der Konsumgüterwirtschaft, Stuttgart 1991, S.145–159.*

*Niederhausen, P. S.: Sortimentspolitische Dispositionen auf der Basis computergestützter Warenwirtschaftssysteme. Dargestellt am Beispiel des modischen Textilhandels der KARSTADT AG, in: Ahlert, D./Olbrich, R. (Hrsg.): Integrierte Warenwirtschaftssysteme und Handelscontrolling. Konzeptionelle Grundlagen und Umsetzung in der Handelspraxis, Stuttgart 1994, S.385–401.*

*Eierhoff, K.: Das Logistik-Konzept der Karstadt AG, in: Schuh, G./Weber, H./Kajüter, P. (Hrsg.): Logistikmanagement. Strategische Wettbewerbsvorteile durch Logistik, Stuttgart 1996, S. 349–364.*

# 10 Personalpolitik und Organisation

> »Das ganze Erfolgsgeheimnis lautet: Du mußt eine
> gute Personalpolitik machen. Du mußt das Glück und
> das Auge haben, im richtigen Moment die richtigen
> Leute zu verpflichten und die Leute abzugeben, die dir
> nicht mehr behilflich sind.«
>
> (Rudi Völler)

Obwohl zwischen der Organisationspolitik und der Personalpolitik engste Zusammenhänge bestehen, werden sie in der Theorie getrennt behandelt. Die Organisationstheorie abstrahiert von individuellen Verhaltensweisen einzelner Personen und sieht das Unternehmen als ein Geflecht von Stellen, deren Verhältnis zueinander festzulegen ist. Aufgabe der Personalpolitik ist, Vorsorge zu tragen, daß die in der Unternehmung vorgesehenen Stellen aufgabengerecht besetzt werden und die Personen entsprechend der Aufgabenstellung zusammenwirken. Es kann im folgenden nicht darum gehen, alle Fragen der Personalpolitik und der Organisationstheorie aufzugreifen. Dies ist auch nicht notwendig, weil viele Aussagen dieser Theoriebereiche branchenunabhängig formuliert sind. Das Augenmerk wird vielmehr auf jene Aspekte ausgerichtet, die handelsspezifisch sind.

## 10.1 Personalwirtschaftliche Fragestellungen

Nach einem kurzen Überblick über personalwirtschaftliche Aktionsparameter wird zu einer Darstellung ausgewählter Problemstellungen übergegangen.

### 10.1.1 Überblick über personalwirtschaftliche Aktionsparameter

Wie auch in anderen Bereichen können die Felder der Personalpolitik dargestellt werden, indem auf die personalpolitischen Aktionsparameter zurückgegangen wird. Abbildung 10.1 hebt zunächst drei Instrumentalbereiche hervor, die für den Handelsbetrieb von besonderer Bedeutung sind, die Beschäftigungspolitik, die Entgeltpolitik und die Ausbildungspolitik. In jedem Bereich kann ein quantitativer, ein qualitativer und ein zeitlicher Aspekt unterschieden werden. Einige der durch Abbildung 10.1 angesprochenen Aufgabenbereiche seien näher betrachtet.
Neben den Wareneinstandskosten gehören die Personalkosten eines Betriebes zu den betragsmäßig herausragenden Kostenpositionen. Je nach Wirtschaftszweig und Branche liegen sie zwischen 10 und 25 % vom Umsatz.[1] Es gehört mithin zu den wichtigen handelsbetrieblichen Entscheidungen, den Umfang des Personaleinsatzes

zu planen. Auf Möglichkeiten, die Höhe des Personalbestandes zu planen, wird in Abschnitt 10.1.2 eingegangen. Dabei geht es jedoch weniger um Planungstechniken, mit denen im Rahmen der kurzfristigen Planung der Personaleinsatz an den prognostizierten Umsatz angepaßt werden soll,[2] sondern um grundlegende Entscheidungen zur dauerhaften Höhe des Personalbestandes.

**Abbildung 10.1:** Aktionsparameter der Personalpolitik _____

| | Personalpolitische Instrumente | | | |
|---|---|---|---|---|
| | Instrumente, deren Einsatz in besonderer Weise durch die handelspezifische Aufgabenstruktur bestimmt ist | | | Allgemeine personalpolitische Instrumente |
| | Beschäftigungspolitik | Entgeltpolitik | Ausbildungspolitik | |
| A K T I O N S P A R A M E T E R | quantitative Aspekte (enger Bezug zur Wahl der Betriebsform bzw. des Bediensystems) • Personalbeschaffung • Personalfreisetzung qualitative Aspekte Anforderungen an die physischen, geistigen und sozialen Eigenschaften des Personals zeitliche Aspekte • Zeitpunkt des Arbeitsbeginns • Zahl der Überstunden • Pausenregelung | • Lohnhöhe  • Lohnbestandteile • Prämien | • Ausbildungsbudget  • Ausbildungsinhalte • Ausbildungsmethoden  • Ausbildungszeiten | • Führungskonzept • Führungsstil • Sozialleistungspolitik • Politik der Aufgabenverteilung |

Überlegungen zur Qualität des zu beschäftigenden Personals beziehen sich auf alle Einsatzbereiche. Von besonderer Bedeutung ist die Frage, welche Fähigkeiten die im

---

[1] Vgl. die Veröffentlichungen der Ergebnisse des Betriebsvergleichs des Instituts für Handelsforschung in den Mitteilungen des Instituts für Handelsforschung (Müller-Hagedorn, L. (Hrsg.): Mitteilungen des Instituts für Handelsforschung, Novemberheft des auf das jeweilige Berichtsjahr folgenden Jahrgangs).

[2] Vgl. hierzu Müller-Hagedorn, L.: Handelsmarketing, 2. Auflage, Stuttgart – Berlin – Köln 1993 b, Kapitel 8.

Verkaufsbereich eingesetzten Personen aufweisen sollten. Aus den veränderten Rahmenbedingungen folgen aber auch für Personen in anderen Bereichen bedeutsame Anforderungen: Die Internationalisierung des Handels erfordert, daß Personen mit entsprechenden Sprachkenntnissen und der Fähigkeit, sich in fremde Kulturen einzufinden, zur Verfügung stehen. Das gesteigerte Geschäftsvolumen und die damit einhergehenden Investitionen, neue Planungs- und Kontrolltools sowie neue Technologien setzen neuartige Kenntnisse voraus. Der Trend zur Teamarbeit erfordert, daß der Einzelne fähig ist, seine Leistung in eine Gruppe einzubringen.

Schließlich hat die Beschäftigungspolitik auch zeitliche Aspekte: In welchem Ausmaß sollen Vollzeit- und Teilzeitbeschäftigte eingestellt werden, und wie soll der individuelle Einsatzplan aussehen? Da die Ladenöffnungszeiten weit über den tariflichen Wochenarbeitszeiten liegen und der Arbeitsanfall oft großen Schwankungen unterliegt, gehört die Personaleinsatzplanung zu den wichtigen Planungsaufgaben.

Die Entgeltpolitik entzieht sich zwar weitgehend der Einflußnahme eines einzelnen Betriebes, weil sie durch Tarifverträge zwischen Arbeitgeberverbänden und Gewerkschaften festgelegt ist, aber dennoch ergibt sich auch hier ein gewisser betriebsindividueller Spielraum. In den Tarifverträgen wird von Gruppen ausgegangen, in die die einzelnen Arbeitsplätze eingeordnet werden. Abbildung 10.2 zeigt an einigen Beispielen, wie für die Vielzahl der einzelnen Tätigkeiten und Einsatzfelder ein Rahmen geschaffen werden soll.

Abbildung 10.2 deutet die Vielfalt der einzelnen Stellen und der dort vorliegenden Anforderungen an; neue Entwicklungen können zu ständigen Änderungen in zahl-

**Abbildung 10.2:** Tätigkeitsgruppen

| | G1 | G2 | G3 | G4 | G5 | G6 | G7 |
|---|---|---|---|---|---|---|---|
| Waren-haus, Fach-einzel-handel | Hilfskraft im Lager | Aus-zeichner, Pförtner | Verkäu-fer, De-korateur | Verkäu-fer mit fach-be-ratender Tätigkeit | Erstver-käufer, Personal-sachbe-arbeiter | Haupt-kassie-rerin | Abtei-lungslei-ter |
| Discoun-ter | Reini-gungs-kräfte | Auffüller | Verkäu-fer | Kassierer | Erst-kräfte | Substitut | Filiallei-ter |
| Verbrau-cher-markt | Wagen-schieber | Papier-presser | Waren-an-nahme | Verkäu-fer in Be-dienungs-abteilung | Mitarbei-ter in der Verwal-tung | stellvertr. Abtei-lungslei-ter | Leiter Haus-technik |
| Haupt-verwal-tung, EDV | Bote | Küchen-hilfe | Telefo-nist | Buchhal-ter | Media-Planer | System-steuerer | Control-ler, Be-reichslei-ter EDV |

Quelle: Vorschlag der DAG für eine Arbeitsbewertung im Handel im Rahmen eines Rahmen-Entgelt-Tarifvertrages, Hamburg. o. J. (wahrscheinlich 1995)

reichen Arbeitsfeldern führen (z. B. Automatisierung des Bestellwesens, elektronische Unterstützung der Verkaufsberatung). Zwar hat man mit analytischen und summarischen Methoden der Arbeitsbewertung versucht, die Vielfalt der Tätigkeiten und Anforderungen objektiv vergleichend in Tätigkeitsgruppen einzuordnen, aber es ist kaum möglich, generell akzeptierte Gewichtungsfaktoren für die einzelnen Anforderungsarten (z. B. Fachkenntnisse, Belastung durch Kälte) festzulegen. Da sich die Struktur der Stellen in einzelnen Betriebsformen unterscheidet, wird die Personalpolitik in weiten Teilen zu einer Folgeentscheidung der Betriebsformenpolitik oder anders gesagt: Betriebsformenpolitik ist auch Personalpolitik.

Möglichkeiten über die Vereinbarungen im Tarifvertrag hinaus, eine individuelle Entgeltpolitik zu gestalten, finden sich insbesondere im Bereich der Prämien und Erfolgsbeteiligungen.

In der Ausbildungspolitik geht es zunächst darum, das Budget festzulegen, das für Fortbildungsmaßnahmen eingesetzt werden soll. Aber auch die Ausbildungsinhalte, die einzusetzenden Ausbildungstechniken (z. B. Unterricht in der Gruppe, Unterricht über ein unternehmenseigenes Business-TV, programmierter Unterricht) und die Ausbildungszeiten bedürfen der Planung.

Im übrigen stehen im Handelsbetrieb die gleichen personalpolitischen Probleme an wie in Betrieben aus anderen Wirtschaftszweigen, also insbesondere die Entwicklung eines Führungkonzeptes und Führungsstiles, eine Sozialleistungspolitik und die Politik der Aufgabenverteilung.[3]

## 10.1.2 Maßnahmen zur Reduktion von Personalkosten

In vielen Handelsbetrieben stehen Umsatz und Kosten in einem ungünstigen Verhältnis. Natürlich sind die Personalkosten nicht der einzige Grund für eine unbefriedigende Differenz zwischen Umsatz und Kosten, aber wegen ihrer Höhe ist leicht zu verstehen, daß ihnen besondere Aufmerksamkeit gelten muß.

Kaum ein Handelsbetrieb stimmt in seinem Erfolg und in seiner Kostenstruktur mit einem anderen Handelsbetrieb überein. Dies hat seine Ursachen vor allem in den unterschiedlichen Größenordnungen, in der Zugehörigkeit zu einzelnen Branchen, in den unterschiedlichen Betriebsformen und in den unterschiedlichen Standortlagen. Generell müssen aus dem erzielten Umsatz die Ansprüche von vier Gruppen befriedigt werden:

1. Dem Finanzamt: Beispielhaft sei die Umsatzsteuerlast, gerechnet in Prozenten des Umsatzes, in dem in Abbildung 10.3 dargestellten Beispiel mit 11,2 % angegeben.[4]

---

[3] Als Lehrbücher zum Personalwesen seien genannt: Drumm, H. J.: Personalwirtschaftslehre, 3. Auflage, Berlin u. a. 1995; Berthel, J.: Personal-Management, 4. Auflage, Stuttgart 1995; Scholz, C.: Personalmanagement, 4. Auflage, München 1994; Bühner, R.: Personalmanagement, 2. Auflage, Landsberg am Lech 1997.

[4] Bei einem Mehrwertsteuersatz von 15 % beträgt der zugehörige Im-Hundert-Satz rund 13 %. Werden auch Waren mit einem niedrigeren Umsatzsteuersatz verkauft, ergeben sich niedrigere Sätze als 13 %.

2. Zum zweiten müssen die Ansprüche der Warenlieferanten befriedigt werden. In dem Beispiel aus Abbildung 10.3 müssen für sie 57,4 % des Umsatzes (einschl. der Mehrwertsteuer) bzw. 46,2 % des Umsatzes (ohne Mehrwertsteuer) abgezweigt werden.
3. Für das Betreiben des Handelsgeschäftes sind die sog. Handlungskosten auf 41,2 % angesetzt, wobei diese Position auch Personalkosten in Höhe von 16,5 % enthält.
4. Schließlich ist erkennbar, daß für die Befriedigung der Ansprüche des Unternehmers, d. h. für den Gewinn, 1,4 % vom Umsatz übrig bleiben, denn bei einer Betriebshandelsspanne von 53,8 % (die Umsatzsteuer ist dabei mit eingeschlossen) können sowohl die Handlungskosten wie auch die Umsatzsteuer abgedeckt werden. Wegen der Verrechnung von kalkulatorischen Kosten stellt sich das steuerliche Ergebnis etwas besser dar.

An diesem Beispielbetrieb soll die Frage aufgeworfen werden, wie sich sein Ergebnis entwickelt, wenn die Personalkosten steigen.
– Zunächst soll rein theoretisch überprüft werden, wie sich die Situation bei steigenden Personalkosten verändert.
– Sodann soll die in Deutschland tatsächlich stattgefundene Personalkostenentwicklung vor Augen geführt werden.
– Schließlich soll gefragt werden, welche Konsequenzen ein Handelsbetrieb aus dieser Analyse ziehen kann.

### 10.1.2.1 Die Wirkung steigender Personalkosten

Bevor auf die Entwicklung der Personalkosten eingegangen wird, soll zunächst an einem Beispiel untersucht werden, wie sich erhöhte Personalkosten auf das Betriebsergebnis des Handelsbetriebes auswirken.

### Der Einfluß der Personalkosten im Modell

Wenn in dem oben erwähnten Beispiel die Personalkosten bei ansonsten gleichbleibenden Bedingungen um jährlich 5 % stiegen, dann läßt sich gedanklich durchspielen, wie lange ein solcher Betrieb sein positives Betriebsergebnis halten kann. Konstante Bedingungen heißt, daß der Umsatz unverändert bleibt, daß die Mehrwertsteuer nicht erhöht wird und daß im Einkauf die gleichen Konditionen wie in den Vorjahren erzielt werden können. Bei einem jährlichen Wachstum von 5 % der Personalkosten entwickeln sich diese bei sonst unveränderten Daten wie folgt: Sie wachsen von 16,5 % auf 17,33 %, auf 18,19 %, auf 19,1 % und schließlich auf 21,06 % im fünften Jahr, in fünf Jahren erhöht sich der Personalkostenanteil also um 4,56 Prozentpunkte. Diese Steigerung führt im Unternehmen c. p. zu einem Verlust von 3,16 % vom Umsatz. Das Rechenbeispiel demonstriert, daß steigende Kosten einen permanenten Druck auf die Unternehmensführung ausüben, ausgleichende Maßnahmen einzuleiten, da ansonsten schon in kurzer Zeit die Rentabilität des Betriebes gefährdet ist. Dabei ist der Anpassungsdruck um so höher, je höher das Personalkostenniveau des Betriebes ist. Bei einem Betrieb mit einem Ausgangsniveau der Personalkosten von 20 % steigen diese in fünf Jahren bereits um 5,53 %.

**Abbildung 10.3:** Die Wirkung einer realen Personalkostensteigerung über fünf Jahre ____

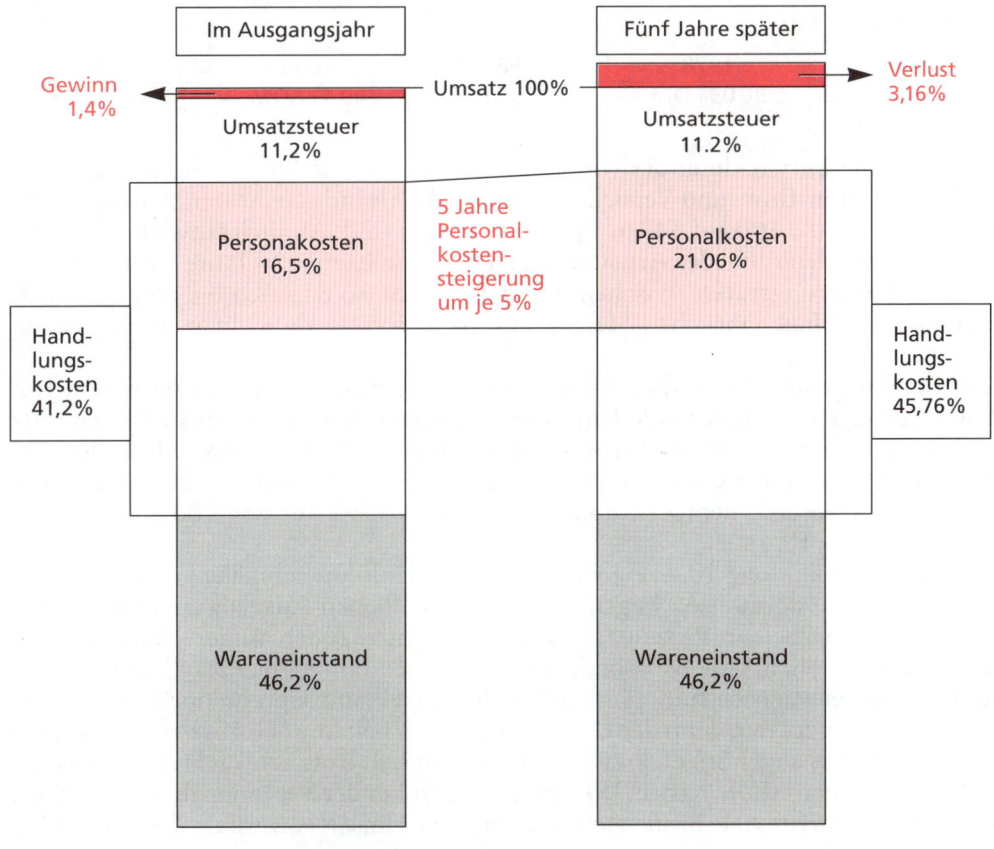

## Wie haben sich die Personalkosten im Handel tatsächlich verändert?

Gegen die bisherige Argumentation könnte man einwenden, daß an ihr die sog. ceteris paribus Bedingung stört. Im Handel erhöhten sich nicht nur die Personalkosten und alles andere sei konstant geblieben. Von Zeit zu Zeit würden die Mehrwertsteuersätze erhöht, im Warenbezug gebe es teilweise Preissenkungen, aber auch Preiserhöhungen und schließlich gebe es auch in Deutschland eine gewisse Inflation. Dies sei im folgenden berücksichtigt. Zunächst seien die Arbeitskosten betrachtet.

Das *Statistische Bundesamt* zählt zu den Arbeitskosten nicht nur das Entgelt für die geleistete Arbeit, sondern auch die Personalnebenkosten, wie die Vergütung arbeitsfreier Tage, die Arbeitgeberbeiträge zur Sozialversicherung, die betriebliche Altersversorgung und sonstige Personalnebenkosten.

Die Entwicklung dieser Kosten je vollbeschäftigtem Arbeitnehmer wird für den Groß- und Einzelhandel, die Kreditinstitute und das Versicherungsgewerbe gemeinsam ausgewiesen:[5]

| Jahr | 1978 | 1981 | 1984 | 1988 |
|---|---|---|---|---|
| Kosten je Vollbe-schäftigtem | 36 031 DM | 42 035 DM | 49 417 DM | 56 538 DM |

Stellt man die Entwicklung des Monatslohnes für Angestellte[6] in der Untergruppe Handel, Kreditinstitute und Versicherungsgewerbe als Indexreihe dar, stellt man fest, daß sie von 1970 = 100 auf 347 in 1992 angestiegen sind. Ähnlich entwickelt sich die Reihe der Stundenlöhne der Arbeiter. Blickt man die letzten 20 Jahre zurück, liegen jährliche Steigerungsraten zwischen 3 und 12 % vor, so daß sich die obige Modellrechnung mit einer jährlichen Steigerungsrate von 5 % als nicht ganz unpassend erweist.

Nun sind steigende Personalkosten vom Handel gut zu verkraften, wenn den Kostensteigerungen entsprechende Umsatzsteigerungen gegenüberstehen. Der Umsatz hat bekanntlich eine Preis- und eine Mengenkomponente. Die Entwicklung der Einzelhandelspreise läßt erkennen, daß diese in geringerem Ausmaß als die Personalkosten gestiegen sind, in dem Zeitraum von 1970 bis 1992 nur von 100 auf 207 (vgl. auch Abbildung 10.4).

Die Daten in Abbildung 10.4 zeigen, daß die Stundenlöhne schneller gewachsen sind als die Einzelhandelspreise. Wegen des unterschiedlichen Ausgangsniveaus der Beträge dürfen die beiden Prozentzahlen nicht gegeneinander aufgerechnet werden, aber es wird deutlich, daß insbesondere in den letzten Jahren die Einzelhandelspreise nur degressiv gewachsen sind. Nun stellen die Einzelhandelspreise nur eine Komponente des Umsatzes dar, denn der Umsatz ergibt sich bekanntlich aus den abgesetzten Mengen und den zugehörigen Preisen. So könnten sich trotz schwachen Anstiegs der Preise die Mengen erhöht haben. Dieser Rettungsanker der Vergangenheit hält jedoch nicht mehr, denn für viele Branchen stagnierten die Umsätze, weshalb die gleichzeitig eingetretenen Personalkostensteigerungen nicht mehr aufgefangen werden konnten. Die Zahlen aus dem Betriebsvergleich des *Instituts für Handelsforschung* zeigen seit etwa 25 Jahren einen ständigen Anstieg der Personalkosten in Prozent vom Umsatz (vgl. Abbildung 10.5):[7]

Bei der Interpretation der Personalkosten in Prozent vom Umsatz ist zu beachten, daß sich in solchen Zahlen nicht nur die Entwicklung der Personalkosten, sondern auch die Entwicklung des Umsatzes, die Entwicklung der Wareneinstandskosten und die Entwicklung der Steuersätze niederschlagen.

---

[5] Die Angaben für die Jahre 1978, 1981, 1984 und 1988 wurden entnommen: Statistisches Bundesamt (Hrsg.): Statistisches Jahrbuch 1992 für die Bundesrepublik Deutschland, Stuttgart 1992, S. 602.

[6] Zusammengesetzt aus Tariflohn und tariflichen und außertariflichen Leistungs-, Sozial- und sonstigen Zulagen und Zuschläge, ohne einmalige Zahlungen wie 13. Monatsgehalt.

[7] Die Daten sind den jährlichen Berichten über die Ergebnisse des Betriebsvergleichs der Einzelhandelsfachgeschäfte entnommen (vgl. Müller-Hagedorn, L. (Hrsg.): Mitteilungen des Instituts für Handelsforschung, Novemberheft des auf das jeweilige Berichtsjahr folgenden Jahrgangs).

**Abbildung 10.4:** Entwicklung der Einzelhandelspreise und der Löhne _____

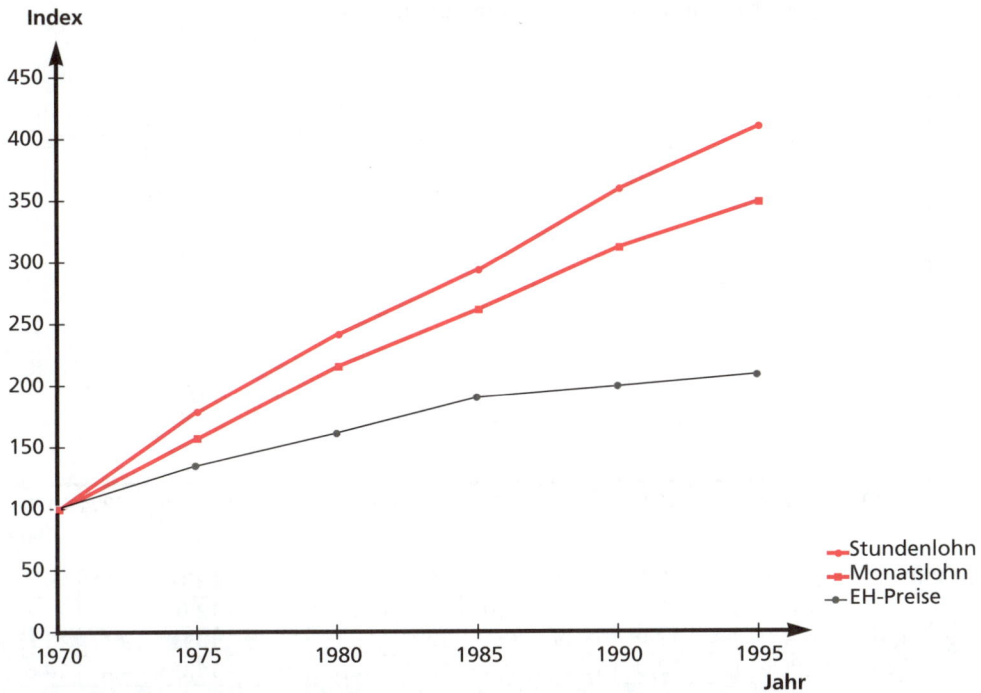

| | 1970 | 1975 | 1980 | 1985 | 1990 | 1992 |
|---|---|---|---|---|---|---|
| Stundenlohn | 100,00 | 177,40 | 241,57 | 294,72 | 359,26 | 409,66 |
| Monatslohn | 100,00 | 157,70 | 215,56 | 261,26 | 311,42 | 347,22 |
| EH-Preise | 100,00 | 133,90 | 160,93 | 189,09 | 197,41 | 207,62 |

**Stundenlohn:** Index der Tariflöhne der Angestellten in der gewerblichen Wirtschaft und bei Gebietskörperschaften, Untergruppe Handel (ohne Handelsvermittlung) -Reine Zeitlohnsätze ohne Zuschläge wie Akkord. Quelle: Statistisches Bundesamt (Hrsg.): Statistisches Jahrbuch für die Bundesrepublik Deutschland, 1977, S. 449; 1981, S. 474; 1986, S. 482; 1993, S. 628.

**Monatslohn:** Index der durchschnittlichen Bruttomonatsverdienste der Angestellten in Industrie und Handel, Kreditinstitute und Versicherungsgewerbe -Zusammengesetzt aus Tariflohn und tariflichen und außertariflichen Leistungs-, Sozial- und sonstigen Zulagen und Zuschlägen, ohne einmalige Zahlungen wie 13. Monatsgehalt. Quelle: Statistisches Bundesamt (Hrsg.): Statistisches Jahrbuch für die Bundesrepublik Deutschland, 1977, S. 443; 1981, S. 468; 1986 S. 474; 1993 S. 611.

**EH-Preise:** Index der Einzelhandelspreise, Einzelhandel insgesamt. Quelle: Statistisches Bundesamt (Hrsg.): Statistisches Jahrbuch für die Bundesrepublik Deutschland, 1977, S. 471; 1981, S. 502; 1986, S. 505; 1993, S. 655.

Abbildung 10.5: Entwicklung der Personalkosten (ohne kalk. Unternehmerlohn) bei den Betriebsvergleichsteilnehmern (Facheinzelhandel) des Instituts für Handelsforschung Köln in Prozent vom Umsatz

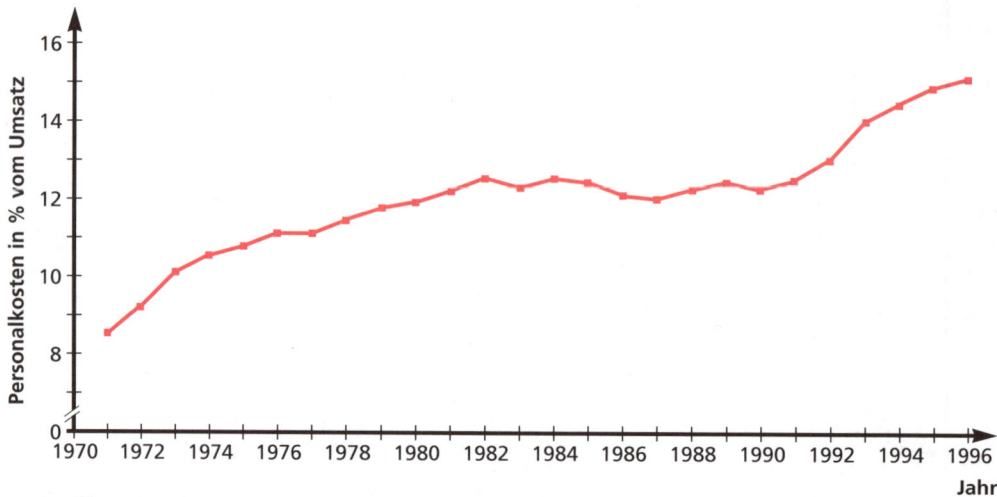

| 1971 | 1972 | 1973 | 1974 | 1975 | 1976 | 1977 | 1978 | 1979 | 1980 | 1981 | 1982 | 1983 |
|------|------|------|------|------|------|------|------|------|------|------|------|------|
| 8,7 | 9,3 | 10,1 | 10,5 | 10,7 | 11,0 | 11,0 | 11,3 | 11,6 | 11,7 | 12,0 | 12,3 | 12,1 |
| 1984 | 1985 | 1986 | 1987 | 1988 | 1989 | 1990 | 1991 | 1992 | 1993 | 1994 | 1995 | 1996 |
| 12,3 | 12,2 | 11,9 | 11,8 | 12,0 | 12,2 | 12,0 | 12,2 | 12,7 | 13,6 | 14,0 | 14,4 | 14,6 |

Steigende Personalkosten benötigen also ein ausgleichendes Äquivalent, wobei vor allem an eine Erhöhung des Umsatzes zu denken ist, sei es über Preissteigerungen (ohne daß dabei ein Absatzrückgang ausgelöst würde) oder sei es über eine verstärkte Nachfrage. Da sich in vielen Branchen die Frage stellt, ob die beiden Ausgleichseffekte in hinreichender Größenordnung eintreten werden, muß umso dringlicher bedacht werden, wie den Personalkostensteigerungen begegnet werden sollte.

### 10.1.2.2 Maßnahmen zur Steuerung der Personalkosten

Wenn es einem Unternehmen nicht möglich erscheint, den Umsatz in absehbarer Zeit steigern zu können, stehen mehrere Möglichkeiten zur Kostenreduktion zur Verfügung. Auf sie wird im folgenden eingegangen.

#### Senkung der Personalkosten

Da auch für die Personalkosten gilt, daß sie eine Mengen- und eine Preiskomponente aufweisen, ergeben sich zwei Ansatzpunkte für eine Personalkostenreduktion, erstens die Lohnsätze für Arbeit, zweitens die Menge des eingesetzten Personals.

– Um eine Reduktion der Kosten pro beschäftigte Person handelt es sich auch, wenn freiwillige Zahlungen gekürzt oder relativ teures Personal bei Ausscheiden durch billigeres Personal ersetzt wird.
– Als Maßnahmen, die sich auf die Zahl der eingesetzten Mitarbeiter beziehen, lassen sich insbesondere der Ersatz von Vollzeitkräften durch einen geschickteren Einsatz von Teilzeitkräften oder eine generelle Reduktion des Personalbestandes nennen. Dies ist das Feld für flexible Arbeitszeitmodelle.[8]

Überhaupt stellt bei den für den Handel typischen Schwankungen im Kundenandrang und im Absatz (vgl. hierzu auch die Ausführungen zu den monatlichen, wöchentlichen und auf die Tageszeit bezogenen Schwankungen in Kapitel 12) die Anpassung des Personaleinsatzes einen wichtigen Bereich der Planung dar. Eine solche Planung wird auch durch den Umstand erschwert, daß persönliche Arbeitszeit und Öffnungszeit inzwischen weit auseinanderklaffen. Mittlerweile sind Planungshilfen entwickelt worden, die die Stundenkapazität der Beschäftigten und ihre persönlichen Restriktionen, ihren Stundenlohn, den prognostizierten Arbeitsanfall und entsprechende Produktionskoeffizienten berücksichtigen.[9] Eine Hilfe wird insbesondere im Einsatz von flexiblen Teilzeitkräften gesehen. Sowohl für Vollzeit- als auch für Teilzeitkräfte sind zahlreiche Freizeitsysteme entwickelt worden, z. B.
– 6-er Rolliersystem: wöchentlich ein Tag frei, alle sechs Wochen ein langes Wochenende (zusätzlich freier Montag)
– 4-er Rolliersystem: wöchentlich ein Tag frei, zwei Tage werden jedoch ausgeklammert, alle vier Wochen langes Wochenende,
– 4-Tage Woche: wöchentlich zwei Tage frei, in dreiwöchigem Rhythmus arbeitsfreie Tage von Freitag bis Dienstag.

Für alle Maßnahmen sind Informationen notwendig. Ob das eigene Personal teuer ist oder nicht, kann in manchen Fällen aus unmittelbarer Beobachtung beurteilt werden, besser wird aber auf Angaben aus Betriebsvergleichen zurückgegriffen.[10] Sobald der Personaleinsatz reduziert wird, muß die Befürchtung aufkommen, daß Personalreduktionen auch den Umsatz beeinträchtigen könnten. Auch hier können Informationen aus dem Betriebsvergleich nützlich sein. Gibt es andere Betriebe in vergleichbarer Situation, die einen Umsatz in ähnlicher Höhe mit deutlich niedrigerem Personaleinsatz erreichen?

### Ersatz von Personal durch andere Faktoren

In der Industrie ist deutlich zu erkennen, daß Produktivitätsfortschritte erzielt wurden, indem Handarbeit durch Maschinenarbeit substituiert wurde. Eindrucksvoll ist etwa der Einsatz von Robotern bei der Herstellung von Personenkraftwagen. Auch der Handel kann ähnliche Beispiele aufweisen, wenn sie oft auch nicht so spektakuläre Entwicklungen wie diejenigen in der Industrie darstellen. Die Technisierung und Automatisierung ist insbesondere im Lagerbereich vorzufinden, so z. B. wenn in einem Zentrallager fahrerlose Transportsysteme nur von der EDV gesteuert zu be-

---

[8] Vgl. z. B. o. V.: Das Arbeitszeitmodell bei Beck, in: Der Einzelhandelsberater, Juni 1995, S. 505.
[9] Zu Einzelheiten vgl. auch Müller-Hagedorn, L., 1993 b, S. 284–306 und als konkrete Planungshilfe: Klessinger, W.: Personalplanung und Personaleinsatz im Textileinzelhandel, in: BTE-Bundesverband des Deutschen Textileinzelhandels e. V. (Hrsg.): Fachdokumentation Nr. 62, Köln 1996.
[10] Vgl. dazu die Ausführungen zum Betriebsvergleich in Kapitel 11.

stimmten Stationen fahren, dort ohne menschliche Handgriffe vier Paletten aufladen, anschließend ohne Fahrer durch die Halle fahren und die Paletten vor dem vorgesehenen Regal abladen. Fahrer wurden durch intelligente Transportsysteme ersetzt. Um zu prüfen, inwieweit im Handel generell die Möglichkeit besteht, Personal durch andere Einsatzfaktoren zu ersetzen, ist es zweckmäßig, den Prozeß der Erstellung der handelsbetrieblichen Leistung darzustellen und zu prüfen, welcher Personaleinsatz gebunden wird. In einer bewußt einfach gewählten Darstellung können die in Abbildung 10.6 aufgelisteten Prozesse unterschieden werden.

**Abbildung 10.6:** Zur Personalintensität einzelner Prozesse _____

| Allgemeine Verwaltung (z. B. Umsatzplanung, Personaleinsatzplanung, Limitplanung) | | | |
|---|---|---|---|
| Disposition und Einkauf | Lagerhaltung | Verkauf | Service |

Für jeden Prozeß ist erstens zu erkennen, wieviel Personal tätig ist, und zweitens, welche Leistungen von dem hier eingesetzten Personal erbracht werden.

Einige Beispiele sollen den Gedanken, daß in jedem Bereich Personal durch andere Faktoren substituiert werden kann, verdeutlichen:

– Bei einer Schuhverkäuferin entfällt oft ein Großteil ihres Einsatzes auf Gänge zum Lager, um festzustellen, ob ein ausgewähltes Paar in der gewünschten Größe noch vorrätig ist. Dieser Personaleinsatz ließe sich entweder reduzieren, indem Verkaufspunkt und Lagerpunkt näher zusammengerückt werden oder indem mit Hilfe der EDV schon am Verkaufspunkt die Verfügbarkeit der Ware im Lager angezeigt wird. Im ersten Fall sind Investitionen in Raum, im zweiten Fall in die EDV notwendig.

– Auch der Personaleinsatz für Bestandskontrollen und Nachbestellungen kann beträchtlich sein. Warenwirtschaftliche Systeme, die den aktuellen Warenbestand, den Bestellbestand und die aus einem Prognosesystem abgeleitete Nachfrage anzeigen, können Disposition und Einkauf beschleunigen, so daß die Produktivität der hier eingesetzten Mitarbeiter steigt.

– Erheblicher Personalbedarf resultiert in vielen Fällen auch aus der Frage des Kunden nach der Verfügbarkeit bestimmter Waren. Insofern sind entsprechende Techniken der Warenpräsentation hilfreich. Beachtenswert sind Anstrengungen, die Kunden auch elektronisch (computerunterstützt) über Angebote zu informieren.

## Japan: Einkaufen in Läden ohne Mitarbeiter

*Einzelhandelskette erprobt neue Vertriebswege*
*Video-Verleih arbeitet rund um die Uhr*

Odr. TOKIO, 18. März. In Japan testet der Einzelhandel derzeit in einigen Bereichen vollautomatisierte Läden, in denen keine Mitarbeiter anzutreffen sind. Zum einen handelt es sich um die Einzelhandelskette AM/PM Japan Co., ein in Tokio ansässiger Betreiber sogenannter Convenience Stores – also Läden, die ein ausgewähltes Warenangebot haben und rund um die Uhr arbeiten. Zum anderen hat Ende vergangenen Jahres in Tokio ein vollautomatisierter Video-Verleih eröffnet. In beiden Fällen wird auf Mitarbeiter völlig verzichtet. Auch kommt man mit einer vergleichsweise kleinen Ladenfläche aus. Nach Aussagen beider Betreiber sei dies bisher einzigartig auf der Welt. Die Einzelhandelskette AM/PM betreibt seit dem September vergangenen Jahres den sogenannten Automatic Super Delice-Laden im Tokioter Stadtteil Kojimachi im 24-Stunden-Betrieb. In diesem Laden werden rund 300 Produkte in insgesamt neun Automaten angeboten. Dabei handelt es sich sowohl um Lebensmittel als auch Soft Drinks und Video-Kassetten. Die Kunden wählen ihre Ware und geben die Informationen in einen Computer ein. Der Laden ist in vier Bereiche aufgeteilt. In einem Bereich wird die Ware ausgestellt, in einem zweiten bestellt, in einem dritten bezahlt und in einem vierten schließlich ausgeliefert.

Der neue Laden in Kojimachi war bisher ein Testprojekt für die AM/PM-Kette. Nach Angaben des Unternehmens kommen jeden Tag rund 300 bis 400 Kunden. [...] Der große Vorteil ist, daß derartige Läden mit einem Warenangebot von rund 300 Produkten auf nur rund 60 bis 70 Quadratmetern Ladenfläche betrieben werden können. Ein anderes derartiges Projekt ist vor einiger Zeit im Bereich des Video-Verleihs angelaufen. [...] Kernstück des neuartigen Videoverleihs ist eine vollautomatisierte Maschine, die wie ein Gabelstapler arbeitet, der Videos nach der Planquadratangabe auswählt.

[...] Für die Kunden kommt diese Art Videoverleih billiger und hat den Vorteil, daß die Videos zu jeder Uhrzeit ausgeliehen werden können. [...] Rainbow Island Club will künftig nicht nur in Japan neue Läden ohne Mitarbeiter aufmachen, sondern hofft auch, im Ausland expandieren zu können.

Quelle: Frankfurter Allgemeine Zeitung v. 19. 3. 1997, S. 26

### Beratung am richtigen Platz

Mit dem Stichwort »Beratung am richtigen Platz« seien die Chancen des Handelsbetriebes, sich mit einem guten Verkaufsgespräch zu profilieren, aber auch die Risiken angesprochen. Ein gutes und damit im Regelfall teures Verkaufsgespräch wird nicht in allen Fällen marktgerecht sein. In manchen Fällen bevorzugt der Kunde die Selbstbedienung, nicht alle Kunden suchen das Verkaufsgespräch. Folgende Fragen können dabei nützlich sein, um zu prüfen, ob ein exzellentes Verkaufsgespräch zur Basis eines Wettbewerbsvorteils werden kann:

- Empfindet der Kunde bei dem Kauf ein soziales Risiko? Fragt er sich also, ab das gekaufte Produkt ihm tatsächlich steht, fragt er sich, wie seine Umwelt reagieren wird?

- Geht der Kunde mit dem gekauften Produkt ein funktionales Risiko ein, daß also z. B. die gekaufte Maschine seinen Anforderungen nicht genügt?
- Sind die Kunden zu einem Verkaufsgespräch bereit?
- Sind die Kunden bereit, den aus der Kalkulation des Verkaufsgesprächs resultierenden höheren Preis zu akzeptieren?
- Ist zu verhindern, daß der Kunde sich beraten läßt und dann das ausgewählte Produkt an anderer Stelle kauft?

Je häufiger mit »ja« geantwortet werden kann, um so größer sind die Chancen, mit einem gut geführten Verkaufsgespräch zum Erfolg zu kommen.

### Unterstützung des Personals durch Kapitaleinsatz

Während die im vorangegangenen angesprochenen Maßnahmen jeweils das Ziel hatten, Tätigkeiten, die ursprünglich von Personal ausgeführt wurden, durch den Einsatz von Kapital zu ersetzen, sollen jetzt jene Maßnahmen angesprochen werden, die den Personaleinsatz nicht ersetzen, sondern ihn ergänzen. Die Produktivität des Personaleinsatzes wird hier nicht gesteigert, indem der Personaleinsatz bei gleichem Output verringert wird, sondern indem der Output des Personals qualitativ verbessert wird. Dies sei ebenfalls an einigen Beispielen verdeutlicht:
- Im Reifenhandel gibt es CD-ROM-Systeme, die es erlauben, den Wagentyp des Kunden im Bild mit unterschiedlichen Felgen und Reifen zu bestücken, damit sich der Kunde seinen umgerüsteten Wagen besser vorstellen kann.
- Im Möbelhandel werden Systeme entwickelt, die dem Kunden im Bild vorführen, wie seine Küche oder seine Wohnung aussähe, wenn sie mit bestimmten Möbelteilen bestückt würde.

Moderne Technologien können also Verkaufspersonal bei der Beratung unterstützen. Die mit solchen Technologien verbundenen Probleme liegen zum Teil in der Technik, z. B. in den Zugriffszeiten auf die Informationen, zum anderen aber vor allem in der Akzeptanz durch die Kunden.

### Personalkostenersparnis durch Leistungsselektion

Die bisherigen Ansatzpunkte für eine Personalkostenreduktion stellten ein bestehendes Geschäftskonzept nicht zur Disposition. Personalkostenmanagement heißt aber nicht nur, Bisheriges zu verbessern, sondern kann auch bedeuten, das Bisherige in Frage zu stellen. So kann z. B. gefragt werden, ob es Sortimentsteile gibt, die besonders personalintensiv sind, aber dennoch nur einen unbedeutenden Beitrag zum Geschäftserfolg insgesamt erbringen. Wieviel Personal wird durch den Verkauf einzelner Sortimentsteile oder die Bearbeitung bestimmter Kundengruppen gebunden? Lohnt sich dieser Einsatz? Bei einer solchen Analyse müssen natürlich auch Verbundeffekte berücksichtigt werden. Es kann durchaus lohnend sein, auf Aktivitäten mit hoher Personalbindung und geringem Erfolgsbeitrag zu verzichten.

### Auslagern einzelner Aktivitäten auf Dritte

Anstatt auf bestimmte Aktivitäten zu verzichten, können diese auch auf Dritte übertragen werden. Make or buy ist eine klassische Fragestellung der Betriebswirtschaftslehre.
- *Ikea* hat vor 20 Jahren das bis dahin generell geltende Prinzip, daß dem Kunden gekaufte Möbel zugestellt und aufgebaut werden, mit Erfolg durchbrochen. Überhaupt kann davon gesprochen werden, daß in vielen Bereichen Aktivitäten auf den

Kunden übertragen werden. Eine Vorreiterrolle in der Selbstbedienung hat der Lebensmittelhandel übernommen; dort entnimmt der Kunde ja nicht mehr nur die Ware aus dem Regal und befördert sie zur Kasse, sondern wiegt inzwischen auch Obst, Gemüse und Salate ab, gibt in einigen Geschäften das Leergut in Rücknahmeautomaten ein und führt vielleicht in Kürze den Scanning-Vorgang selbst aus, was als Self-Scanning bezeichnet wird.

- Ein Teil der traditionellen Aufgaben des Handels ist auf den Großhandel oder die Industrie übertragen worden. So werden beispielsweise die Preisetiketten in einigen Bereichen nicht mehr im Handel an den Produkten angebracht, sondern diese treffen bereits maschinell ausgezeichnet im Handel ein.

Diesen Beispielen ist gemeinsam, daß sie die Aufgabenteilung zwischen den Beteiligten, also dem Hersteller, dem Großhändler, dem Einzelhändler, dem Kunden, aber auch dem Spediteur, der Bank, dem Steuerberater, dem Unternehmensberater, dem Handelsinstitut thematisieren. Wer übernimmt einzelne Aufgaben am zweckmäßigsten? Wer kann bestimmte Leistungen am effizientesten ausführen? Nicht umsonst hat das Stichwort »Outsourcing« in den letzten Jahren in der betriebswirtschaftlichen Diskussion einen so hohen Stellenwert erhalten.

### Personalkostensenkung durch Aufgabe von Autonomie

Eine der radikalsten Methoden zur Senkung von Personalkosten ist der Verzicht auf bestimmte unternehmerische Funktionen, die in der Vergangenheit ausgeführt wurden. Sie werden auf externe Entscheidungsträger übertragen. Es handelt sich um Franchisekonzepte, bei denen der Händler auf weite Bereiche seiner Autonomie verzichtet, z. B. auf die eigenständige Sortimentsentscheidung. Nehmen wir den Textilhandel als Beispiel: Wieviel Aufmerksamkeit erfordert es, die Marktentwicklung zu beobachten, die Kollektionen einzelner Anbieter zu prüfen, mit ihnen zu kontrahieren, die Ordnungsmäßigkeit der geschäftlichen Transaktionen zu kontrollieren. Im Regelfall ist nicht ersichtlich, wieviel die autonomen Einkaufsentscheidungen kosten, weil teilweise die Geschäftsführung, teilweise die Einkäufer, teilweise die Abteilungsleiter, teilweise das Personal im Lager involviert sind. In dieser Situation ist es nicht erstaunlich, daß insbesondere in jenen Bereichen, in denen die Kollektionen sehr kurzfristig ausgetauscht werden, also in dem modischen Bereich, Angebote erfolgen, die Sortimente praktisch »schrankfertig« abzuliefern, um den Händler so von Auswahlentscheidungen zu befreien und ihm nur die Verkaufsaufgabe zu überlassen.

### 10.1.2.3 Zusammenfassung

Ausgangspunkt war die Feststellung gewesen, daß bei steigenden Lohnsätzen das Management zu Anpassungsmaßnahmen gezwungen ist. Dieser Zwang ist um so stärker, je schwächer das Umsatzwachstum ausfällt und je höher die Personalkosten im Vergleich zu anderen Anbietern im Markt sind. Die Anpasssungsmaßnahmen können unterschiedlich tiefgreifend sein. Sie reichen von einer verbesserten Anpassung des Personaleinsatzes an den Arbeitsanfall bis zur Aufgabe einzelner Aktivitäten. Einen Überblick über die Maßnahmen gibt noch einmal Abbildung 10.7.

Abbildung 10.7: Überblick über Möglichkeiten zur Personalkostenreduktion _____

| Anpassungsmaßnahmen | Beispiele |
| --- | --- |
| Senkung der Lohnkostensätze | – Streichung von Zusatzleistungen<br>– Billigeres Personal |
| Reduktion des Personaleinsatzes Beratung an der richtigen Stelle | – Bessere Anpassung an Arbeitsanfall<br>– Anpassung der Ladenöffnungszeiten<br>– Selektive Verbesserung der Beratungsqualität<br>– Beratungsfähigkeit des Sortiments prüfen |
| Ersatz von Personal durch Kapital | – Verbesserte Warenpräsentationstechniken<br>  – durch Verschmelzung von Lager und Verkauf<br>  – durch bessere Informationssysteme<br>–Vereinfachte Bestellsysteme auf der Grundlage von Warenwirtschaftssystemen |
| Steigerung der Personalproduktivität durch Kapitaleinsatz | – Verkaufsunterstützung durch Medien (CD-ROM) |
| Verzicht auf personalintensive Aktivitäten | – Sortiments- bzw. Preisbereinigung<br>– Einzelne Aktivitäten, soweit sie nicht wettbewerbsrelevant werden |
| Auslagerung einzelner Aktivitäten auf Dritte | – z. B. Fuhrpark, Self-Scanning |
| Verzicht auf Autonomie | – Anschluß an ein Franchisesystem |

Bei allen Maßnahmen muß natürlich beachtet werden, daß sie die Existenz der Marktstellung nicht gefährden. Der Katalog ist nicht erschöpfend, zeigt aber, daß dem Händler ein reichhaltiges Instrumentarium zur Beherrschung der Personalkosten zur Verfügung steht.

# 10.2 Die Organisation

Organisatorische Probleme ergeben sich als Folge der Arbeitsteilung. Erst beim Übergang von der Einpersonen-Unternehmung zur Mehrpersonen-Unternehmung werden Überlegungen zur Aufbauorganisation notwendig. Jetzt müssen Prinzipien festgelegt werden, nach denen die Gesamtheit der in der Unternehmung zu erbringenden Aufgaben auf einzelne Aufgabenträger (Stellen) aufzuteilen ist. Der Aufgabenteilung müssen Maßnahmen zur Koordination der Tätigkeiten folgen, um die sog. Schnittstellenproblematik zu bewältigen.[1] In Abschnitt 10.2.1 werden Möglichkei-

---

[1] Die wissenschaftliche Diskussion über die für Handelsbetriebe geeigneten Organisationsstrukturen hat in »Wellen« stattgefunden. Nachdem in den ersten Wellen um 1930 und 1960 die

ten zur Ausgestaltung der Aufbauorganisation aufgezeigt. Auf Probleme der Ablauforganisation wird nicht eingegangen.[2] In Übereinstimmung mit dem Grundmodell der Entscheidungstheorie werden die bei Planung einer Organisationsstruktur relevanten Zielgrößen und Umweltfaktoren in Abschnitt 10.2.2 behandelt.

## 10.2.1 Alternativen der Organisationsgestaltung

Ausgangspunkt für die Möglichkeiten zur Gestaltung der Aufbauorganisation einer Handelsunternehmung ist die Beobachtung, daß die Fülle der Aufgaben nicht mehr von einer Person allein bewältigt werden kann. Es muß Arbeitsteilung eingeführt werden. Diese kann nach zwei Prinzipien erfolgen. Zum einen kann eine Mengenteilung erfolgen, d. h. alle anfallenden Arbeiten werden in gleicher Weise auf die mitwirkenden Personen aufgeteilt, zum anderen kann eine Artenteilung, d. h. Spezialisierung, zur Anwendung kommen. Wegen der wachsenden Komplexität der Aufgaben (z. B. benötigtes Wissen über Lieferanten, EDV-Kenntnisse, Warenkenntnisse) bietet die Artenteilung und die mit ihr einhergehende Spezialisierung Vorteile. Die Artenteilung knüpft an einzelnen Eigenschaften der Aufgaben an. Jede Aufgabe, die in einer Unternehmung anfällt, läßt sich nämlich mehrdimensional charakterisieren: Mit ihr wird eine bestimmte Funktion erfüllt (z. B. Einkauf), sie kann sich auf eine bestimmte Warengruppe beziehen, sie ist entweder in der Zentrale, im Lager, in einer Verkaufsstelle oder an einem anderen Ort zu verrichten, sie hat entweder dispositiven oder ausführenden Charakter und kann schließlich die für einzelne Kundengruppen gedachten Leistungen betreffen.

### Ansatzpunkte zur Bildung von Stellen
Zwar läßt sich kein abschließender Katalog von Eigenschaften aufstellen, aber einige Eigenschaften haben im Hinblick auf die Gestaltung der Aufbauorganisation eine besondere Bedeutung erlangt. Dazu gehören vor allem
– der Funktionsbereich, zu dem die Aufgabe gehört,

---

Abstimmung innerhalb einer Unternehmung (unter besonderer Berücksichtigung des Filialbetriebes) im Vordergrund stand, wird die heutige Diskussion von der Frage beherrscht, wie die Unternehmung organisatorisch mit ihrer Umwelt (auf der Lieferanten- und Abnehmerseite) verklammert werden sollte. Vgl. Handloser, W.: Zur Organisation des Einzelhandels, Diss. Heidelberg 1928; Mazur, P. M./Neisser, F.: Moderne Warenhausorganisation, Berlin 1928; Bach, J.: Organisation des gemeinsamen Einkaufs in Warenhaus und Einzelhandel, Diss. München 1933, St. Georgsheim Birkeneck 1934; Spilles, E.: Organisation einer gemischten Handelsunternehmung, München 1936; Basten, R./Gaßmann, H. J./Güttinger, W. et al. (Hrsg.): Organisation und Automation im Handel, Bern 1962, S. 66–77; Hanhart, E. W.: Marktgerechte Koordination von Einkauf und Verkauf im Warenhaus, Diss. St. Gallen 1967; Nieschlag, R./Eckardstein, D. v. (Hrsg.): Der Filialbetrieb als System. Das Cornelius-Stüssgen-Modell, München 1972 (mit Beiträgen von Roland Berger, Paul W. Meyer und William Applebaum); Feld, C.: Category Management im Handel. Perspektiven und Grenzen, Arbeitspapier Nr. 8 des Seminars für Allgemeine Betriebswirtschaftslehre, Handel und Distribution an der Universität zu Köln, Köln 1996.

[2] Vgl. hierzu den kurzen Überblick bei Barth, K.: Handelsbetriebe, Organisation der, in: Grochla, E. (Hrsg.): Handwörterbuch der Organisation, 2. Auflage, Stuttgart 1980, Sp. 813–822, insbesondere Sp. 817–822.

- die Ware bzw. die Warengruppe, auf die sich die Aufgaben beziehen,
- der Ort, an dem die Tätigkeit auszuführen ist,
- der Umfang an zu treffenden Entscheidungen bzw. an ausführenden Tätigkeiten und
- die Kundengruppe, für die die Aufgabe erbracht wird.

Neben der Aufgabenspezialisierung kann die Verteilung der Weisungsbefugnisse (Einlinien- oder Mehrliniensystem) und die Verteilung der Entscheidungsaufgaben (Entscheidungszentralisation oder -dezentralisation) zur Charakterisierung von Aufbauorganisationen herangezogen werden. *Krüger,* der bei der Aufgabenspezialisierung nach Verrichtungsgliederung oder Objektgliederung unterscheidet, kommt so zunächst auf acht grundsätzliche Organisationsstrukturen, von denen er jedoch nur drei als relevant ansieht, und zwar
- die funktionale Organisation,
- die divisionale Organisation und
- die Matrixorganisation.[3]

## Die funktionale Organisation

Die in einer Unternehmung zu erbringenden Aufgaben lassen sich zunächst danach unterscheiden, welche Funktion mit ihnen unterstützt wird. Einkaufen, Transportieren und Lagern sowie das Verkaufen der Ware gehören zu den primären Aktivitäten eines Handelsbetriebes, die allerdings in immer stärkerem Maße durch sekundäre Aktivitäten unterstützt werden. Dazu zählen neben der Unternehmensleitung der Bereich Finanzen und Rechnungswesen, das Controlling (als Bereitstellung der für die Unternehmenssteuerung benötigten Informationen), ausgewählte Bereiche des Marketing (z. B. Werbung) sowie die Steuerung des Personalbestandes und der Sachanlagen (z. B. Häuser, Anlagen, Läger). Diese Aktivitäten bzw. Verrichtungen oder Funktionen werden zum stellenbildenden Kernprinzip einer funktionsorientierten Organisation.

Zwar wäre es denkbar, daß an die Stelle einer funktionsorientierten Gliederung der Aufgaben eine warenbezogene tritt, aber meistens werden sowohl waren- als auch funktionsbezogene Gesichtspunkte bei der Ausgestaltung einer Aufbauorganisation angewendet. Dies kann z. B. in der Form geschehen, daß die Funktionen Einkauf, Lagerhaltung und Verkauf nach Warenbereichen weiter untergliedert werden (z. B. Food und Non-Food, Hängeware und liegende Ware in der Logistik des Textilhauses). Ein Beispiel für einen so gestalteten Organisationsplan zeigt Abbildung 10.8.[4]

---

[3] Vgl. Krüger, W.: Organisation der Unternehmung, 3. Auflage, Stuttgart – Berlin – Köln 1994, S. 95–115.

[4] Vgl. auch die zahlreichen Organigramme bei Tietz, B.: Der Handelsbetrieb, 2. Auflage, München 1993a, S. 908–983, insbesondere S. 927–966. Weitere Beispiele für Organisationsstrukturen im Handel finden sich bei: Bruckhaus, M.: Die Organsation der Kaufhof AG, in: ZfO, 48. Jg. (1979), H. 3, S. 123–132; Hartmann, R.: Zur Organisation der Kaufhof AG, in: ZfO, 48. Jg. (1979), H. 3, S. 132–138; Bleicher, K.: Organisation, Formen und Modelle, Wiesbaden 1981 (Organisationsstruktur der Kaufhof AG).

**Abbildung 10.8:** Organisation bei sukzessiver Anwendung von Verrichtungs- und Warenprinzip

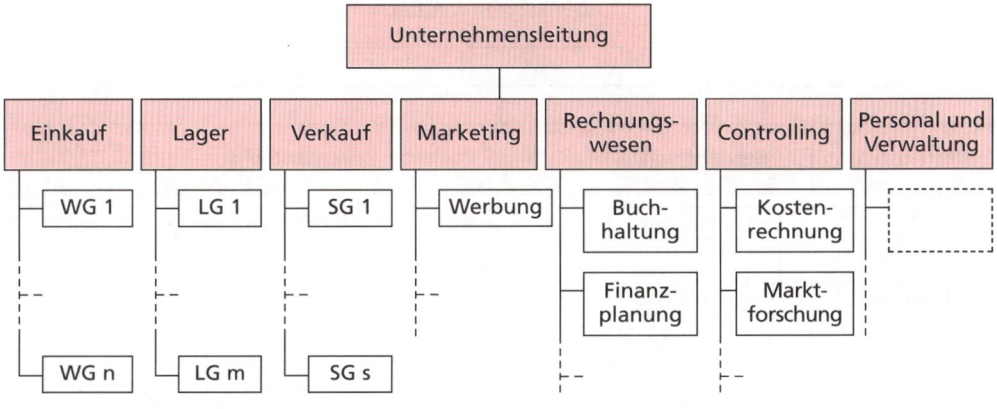

WG = Warengruppe
LG = Lagergruppe
SG = Sortimentsgruppe

Die Einteilung der Waren kann sich in den einzelnen Funktionsbereichen durchaus unterscheiden; es wird deshalb in Abbildung 10.8 von Warengruppen, von Lagergruppen und von Sortimentsgruppen gesprochen. Dies bedeutet, daß die Waren im Einkauf nach anderen Kriterien systematisiert werden als etwa im Lager- oder Verkaufsbereich. Wenn eine Organisationsstruktur, so wie auch in Abbildung 10.8 dargestellt, auf der zweiten Ebene durch Funktionen bestimmt ist, geht dies mit dem Prinzip der Einheit der Auftragserteilung einher, d. h. jeder Mitarbeiter erhält nur von einem Vorgesetzten Weisungen. Außerdem ist eine Tendenz zur Entscheidungszentralisation zu beobachten.

### Die divisionale Organisation

In Filialsystemen vollzieht sich der Verkauf an mehreren Orten. Bei den Verkaufsstellen kann es sich um relativ gleichartige Verkaufsstellen, aber auch um unterschiedliche Betriebsformen handeln. Insofern kann sich auch im Organisationsplan eine Unterteilung nach Betriebsformen und nach Regionen bzw. Orten wiederfinden. Allgemein spricht man von dem Objektprinzip, wobei unter Objekt nicht nur die Orientierung an Betriebsformen, sondern auch die an Sortimentsbereichen, an Regionen oder an Kundengruppen gemeint sein kann. Die objektbezogenen Einheiten (divisions) werden als Sparten oder Geschäftsbereiche bezeichnet. Ihnen werden Funktionen zugeordnet (z. B. Einkauf und Verkauf). Die Grobstruktur einer solchen Organisationsform, die sich an dem Objekt »Betriebsform« orientiert, ist in Abbildung 10.9 angegeben.

Abbildung 10.9: Divisionale Organisation _____

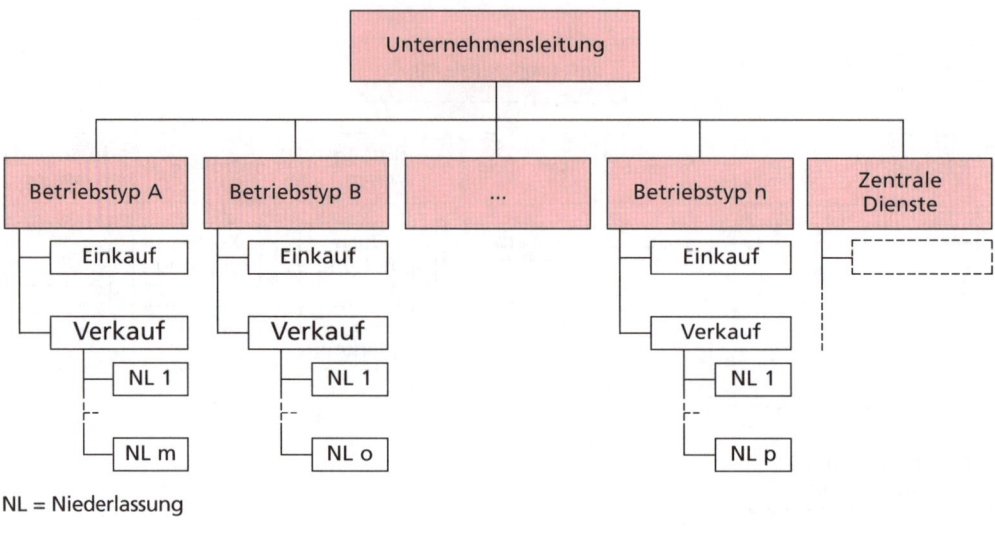

NL = Niederlassung

Bei der divisionalen Organisation ist die Frage, welche Entscheidungsbefugnisse für einzelne Stellen vorgesehen sind bzw. ob diesen nur ausführende Aufgaben obliegen, von besonderer Bedeutung. So ist es denkbar, daß in einem System möglichst viele Entscheidungen zentralisiert werden (z. B. der Einkauf), während in einem anderen System die Entscheidungen dezentral getroffen werden. Die Dezentralisierung kann sich im Verkaufsbereich darin äußern, daß die einzelnen Verkaufsstellen weitgehend autonom über ihre Sortimentsgestaltung, die Preispolitik, die Werbemaßnahmen und die Ladengestaltung entscheiden können, während in einem zentralisierten System viele dieser Entscheidungen auf eine zentrale Stelle übergehen. Entsprechendes gilt für die Einkaufspolitik: Dezentralisierung in der Einkaufspolitik bedeutet, daß die Verkaufsstellen über die zu beschaffenden Waren, die Lieferanten, die Mengen und die Zeitpunkte der Beschaffung befinden, während in zentralisierten Systemen wiederum diese Entscheidungen weitgehend von einer zentralen, häufig der Unternehmensleitung direkt unterstellten Einheit getroffen werden. Zentralisierung oder Dezentralisierung zählt weiterhin zu den großen Fragestellungen im Handel. Dabei geht es nicht um ein »Entweder – oder«, vielmehr kann die Entscheidung nach Warenbereichen und nach Funktionen beliebig differenziert werden.[5]

In der Industrie angewendete objektorientierte Einliniensysteme sind meistens an Produktgruppen (Sparten) orientiert, also z. B. bei einem Unternehmen aus der chemischen Industrie »Düngemittel« und »Pharmazeutische Produkte«. Grundsätzlich

_____

[5] Vgl. Herder, H. v.: Filialunternehmen. Alle Macht der Zentrale? in: Rationeller Handel, 22. Jg. (1979 a), H. 4, S. 2–8; Herder, H. v.: Filialorganisation. Optimierung mit Kompromissen, in: Rationeller Handel, 22. Jg. (1979 b), H. 5, S. 8–13; Herder, H. v.: Wie zentralistisch ist mein Betrieb? in: Rationeller Handel, 22. Jg. (1979 c), H. 6, S. 33–39; Herder, H. v.: Determinanten der (De-)Zentralisation, in: Rationeller Handel, 23. Jg. (1980), H. 1, S. 2–6.

ist es auch in einem Handelsunternehmen möglich, die Organisation auf der zweiten Ebene nach Sortimentsbereichen zu gestalten (also z. B. Food/Non-Food), aber dies ist selten zu beobachten.

In viele Aktivitäten, die in einem Handelsbetrieb erledigt werden, sind Externe, insbesondere Kunden und Lieferanten, einbezogen. Insofern lassen sich Aktivitäten auch danach unterscheiden, inwieweit sie einzelne externe Gruppen betreffen. Dies hat zu an Kundentypen orientierten Organisationsformen geführt. Während es im Bankenbereich schon lange üblich ist, nach Privat- und nach Firmenkunden zu unterscheiden, gewinnen solche Differenzierungen im Handel erst langsam an Bedeutung. So ist ein Textilkaufhaus jetzt dazu übergegangen, nachdem »die Trendigen« und »die Seriösen« als Zielgruppe definiert worden waren, auch Verkauf und Einkauf nach diesen beiden Gruppen zu differenzieren. Das Beispiel zeigt, wie eng die Strukturierung der Sortimente und die organisatorische Gestaltung verknüpft sind. Während traditionell die Sortimente nach warenbezogenen Kriterien gebildet wurden, gewinnt in dem Beispiel eine explizite kundenbezogene Differenzierung an Bedeutung. Da auch im Großhandel häufig sehr heterogene Kundengruppen vorliegen, die unterschiedliche Anforderungen an die Marktbearbeitung stellen, kommen auch hier kundenorientierte Organisationsstrukturen in Frage.

Die verschiedenen Gesichtspunkte können miteinander gemischt werden. So ist es denkbar, daß in einer Filialunternehmung sowohl nach regionalen Gesichtspunkten wie auch nach Kunden- und Warengruppen differenziert wird. Ein Beispiel für eine Organisationsstruktur, bei der mehrere Gliederungskriterien zur Anwendung gekommen sind, findet sich in Abbildung 10.10.

**Abbildung 10.10:** Organisationsstruktur, die mehrere Gliederungskriterien aufgreift _____

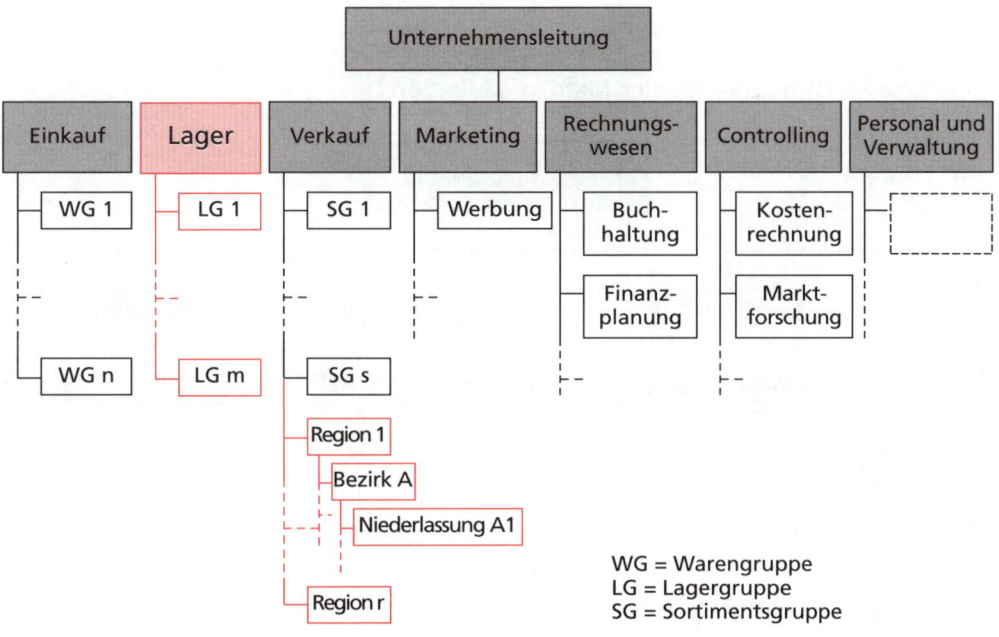

Durch die Kombination und die unterschiedliche Abfolge der einzelnen Stellen-bildungsprinzipien ergeben sich zahlreiche Möglichkeiten zur Ausgestaltung der Organisationsstruktur. So ist es beispielsweise denkbar, daß ein Unternehmensverbund zunächst divisional nach Betriebsformen (Vertriebsschienen) gegliedert wird, anschließend nach Funktionsbereichen, es ist aber auch denkbar, daß Einkauf und Logistik für einzelne Betriebsformen zusammengefaßt werden, also funktionsorientierte Gesichtspunkte dominieren.

### Die Matrixorganisation

Die genannten Gliederungsprinzipien (Funktion, Ware, Ort, Art, Kundengruppe betreffend) können auch gemeinsam (und nicht nur alternativ oder sukzessiv) zur Anwendung kommen. Bei einer Anwendung von zwei Prinzipien spricht man auch von einer Matrixorganisation. Charakteristisch für die Matrixorganisation ist, daß die Weisungsbefugnisse nicht mehr einer Einlinienorganisation folgen, sondern daß ein Mitarbeiter gleichberechtigte Weisungen vom zuständigen Funktions- wie vom Objektmanager erhält. Beim Objektmanager kann es sich um den für einzelne Betriebsformen (Vertriebsschienen) Zuständigen oder um einen Category Manager handeln. Dem Category Manager kommt die Aufgabe zu, alle im Hinblick auf die von ihm zu verantwortende Sortimentseinheit durchzuführenden Prozesse zu koordinieren.

In Abbildung 10.11 ist beispielhaft eine Organisationsstruktur dargestellt, die warenbezogene Gesichtspunkte mit verkaufsstellenbezognen Gesichtspunkten »kreuzt«.

Abbildung 10.11: Beispiel für eine Matrixorganisation

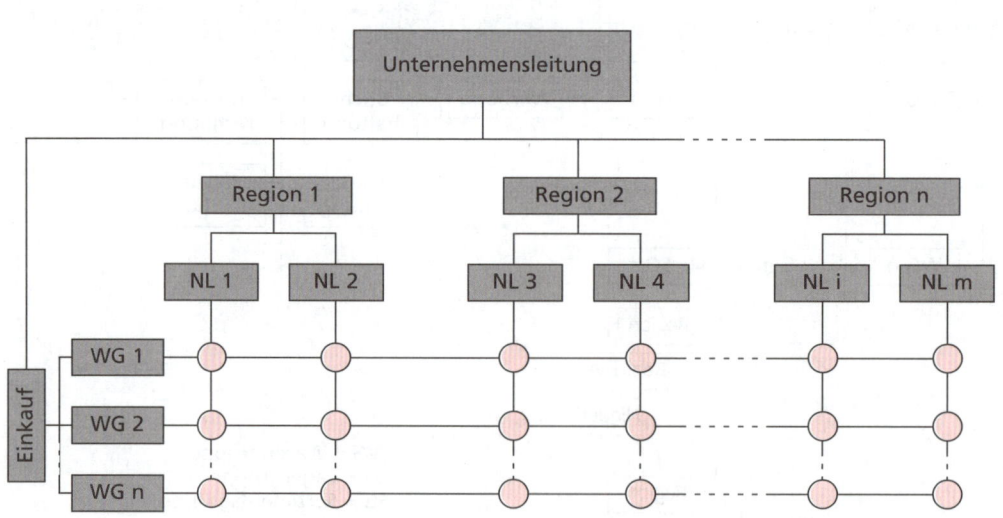

Der für den Warenbereich »Einkauf« Verantwortliche koordiniert seine Maßnahmen mit den Verantwortlichen für die einzelnen Niederlassungen. So sollen Gesichtspunkte aus dem Merchandising (die Ware betreffend) mit Gesichtspunkten aus dem Operating (die Gestaltung der Prozesse betreffend) integriert werden, um alle Marktchancen zu nutzen.

### Koordinationsprobleme (Schnittstellenprobleme)

Der in Abbildung 10.10 beispielhaft dargestellte Organisationsplan macht deutlich, daß in jedem Unternehmen mit mehreren Stellen vertikale und horizontale Koordinationsprobleme anfallen.

– In vertikaler Hinsicht muß beispielsweise abgestimmt werden, welche Anteile eines Einkaufsbudgets für die einzelnen Warengruppen bzw. für die einzelnen Einkäufer freigegeben werden; im Verkauf muß festgelegt werden, welche Anteile der in einem Haus zur Verfügung stehenden Verkaufsfläche den einzelnen Abteilungen zugeteilt werden, welche Warenbestände sie halten sollen und welche Abverkaufspolitik realisiert werden kann.

– Abstimmungsprobleme ergeben sich aber auch in horizontaler Hinsicht: Insbesondere kommt der Abstimmung von Einkauf und Verkauf in jedem Handelsunternehmen besondere Bedeutung zu. Einkaufsentscheidungen bestimmen die Verfügbarkeit von Waren im Lager und im Verkaufsbereich: Von der Steuerung der Lagerpolitik hängt es ab, wie es um die Verfügbarkeit der Ware steht, die Preispolitik im Verkaufsbereich beeinflußt die Abverkaufsmenge und in der Folge den Lagerdurchsatz und die einzukaufenden Mengen. Darüber hinaus belastet jede Einkaufsentscheidung das finanzielle Budget des Unternehmens, was zeigt, daß Dispositionen im Funktionsbereich »Einkauf« den Funktionsbereich »Finanzen« berühren. Die Handelsunternehmung stellt sich so als ein Beziehungsnetz dar, in dem die an einer Stelle getroffenen Entscheidungen Wirkungen in anderen Bereichen auslösen. Die Abhängigkeiten zwischen den einzelnen Unternehmensbereichen spiegeln sich zum einen in den oben erläuterten, auf internen Lieferungsbeziehungen beruhenden Verflechtungen der Einheiten wider, zum anderen in Ressourceninterdependenzen (Verwendung vorhandener Standorte, vorhandener Verkaufs- und Lagerflächen, Verwendung verfügbarer Kapitalbeträge) und in Marktinterdependenzen.[6]

### Koordinationsmechanismen

Zur Koordination des vielgliedrigen Systems sind verschiedene Koordinationsmechanismen entwickelt worden. In vertikaler Richtung dient dem vor allem die Hierarchie- und Instanzenbildung. Als Instanzen werden Stellen mit Leitungsbefugnis bezeichnet. Die Instanz ist berechtigt und verpflichtet, innerhalb ihres Zuständigkeitsbereichs Entscheidungen zu treffen. Sie ist außerdem verpflichtet, sich selbst initiativ zur Erfüllung der ihr zugewiesenen Aufgaben einzusetzen und den untergeordneten Stellen Anweisungen zu erteilen. Der Koordination dienen aber auch die Informationen, die in beide Richtungen auszutauschen sind. Manchmal wird in

---

[6]  Siehe zur interdependenzbezogenen Charakterisierung der Beziehungen zwischen organisatorischen Einheiten Frese, E.: Grundlagen der Organisation. Konzept, Prinzipien, Strukturen, 6. Auflage, Wiesbaden 1995, S. 53–63.

Stellenbeschreibungen festgehalten, inwieweit einer Stelle Entscheidungsbefugnisse zukommen, welche Aufgaben sie zu verrichten hat, welche Informationspflichten ihr obliegen und welche Informationsrechte sie hat.

Schwieriger ist es, eine horizontale Koordination herbeizuführen. Das radikalste Mittel ist die Verlagerung von Kompetenz von einer Stelle in eine andere. So kann beispielsweise das Recht, Sortimente zu gestalten oder Lieferanten auszuwählen, vom Verkauf auf den Einkauf übertragen werden. In diesem Fall können die Bestellungen einfacher auf eine geringere Zahl von Lieferanten konzentriert werden, und es fällt leichter, die Sortimente zu straffen. Dem Verkauf bleibt nur noch die Gestaltung der Absatzmodalitäten. Die Ware wird vom Einkauf gelistet, die Lieferanten werden von ihm ausgewählt. In diesem Fall werden zwar nicht alle Schnittstellenprobleme beseitigt, aber die Verlagerung von Kompetenzen von einem Bereich in einen anderen verringert die Abstimmungsprobleme. Das Problem eines solchen Konzeptes liegt in der Gefahr, daß der handelnden Stelle (z. B. dem Einkauf) weniger Informationen als der anderen Stelle (z. B. dem Verkauf) zur Verfügung stehen.

Zur Koordination können auch eigene Stellen vorgesehen werden, die die Aufgabe haben, die Abstimmung zwischen den ursprünglichen Bereichen sicherzustellen. So wurde als Bindeglied zwischen Ein- und Verkauf der Category Manager geschaffen, der für einen bestimmten Warenbereich sicherstellen soll, daß die Maßnahmen des Einkaufs und des Verkaufs aufeinander abgestimmt sind und so gleichzeitig den Anforderungen des Absatz- wie des Beschaffungsmarktes Rechnung getragen wird. Im Gegensatz zu der früher im Vordergrund stehenden warenorientierten Ausrichtung, bei der Gesichtspunkte des Materials oder der Warenherkunft dominierten, werden die Kategorien als vom Kunden gesehene Sortimentsgruppen definiert. Wird der Category Manager mit Weisungsbefugnis ausgestattet, wandelt sich das Einliniensystem zu einem Mehrliniensystem, in dem sich die Kompetenzen kreuzen und die Entscheidungen entsprechend der Abstimmung bedürfen.

Die Koordination läßt sich aber auch anstreben, ohne daß neue Stellen eingerichtet werden, indem ein institutionelles Zusammenwirken verschiedener Stellen oder Abteilungen vorgesehen wird. Häufig werden hierfür eigene Gremien geschaffen. Dies ist etwa der Fall, wenn Mitarbeiter aus dem Verkauf und dem Einkauf Mitglieder eines Einkaufsgremiums[7] oder einer Musterungskommission sind oder wenn Mitglieder des Verkaufs aus einem vom Einkauf zusammengestellten Sortimentsrahmen ihre individuellen Sortimente auszuwählen. Überhaupt stellt die Koordination durch Kollegien (Ausschüsse) ein wichtiges Mittel zur Abstimmung von interdependenten Problemen dar. Auch für einzelne Projekte, bei denen nur zeitlich begrenzte Aufgaben zu bearbeiten sind, werden Ausschüsse eingesetzt, insbesondere dann, wenn von dem zu bearbeitenden Gegenstand mehrere Unternehmensbereiche berührt werden.

Die erwähnte Koordinationsproblematik hat in der betriebswirtschaftlichen Literatur eingehende Beachtung gefunden. Die Koordinationsinstrumente wurden in verschiedener Weise systematisiert. So sprechen *Kieser* und *Kubicek*[8] von persönlichen Weisungen, der Selbstabstimmung, Programmen, Plänen und der nicht strukturellen Koordination; *Brockhoff* und *Hauschildt*[9], die sich ausschließlich mit nicht-hierar-

---

[7] Vgl. Bauer, H. H.: Die Entscheidung des Handels über die Aufnahme neuer Produkte, Berlin 1980; Pfeiffer, S.: Die Akzeptanz von Neuprodukten im Handel, Wiesbaden 1981.

[8] Vgl. Kieser, A./Kubicek, H.: Organisation, 2. Auflage, Berlin – New York 1992, S. 95–125.

[9] Vgl. Brockhoff, K./Hauschildt, J.: Schnittstellen-Management. Koordination ohne Hierarchie, in: ZfO, 62. Jg. (1993), H. 6, S. 396–403.

chischen Instrumenten beschäftigen, unterteilen in hierarchie-neutrale, hierarchie-ergänzende und in hierarchie-ersetzende.

## 10.2.2 Ziele und Bestimmungsfaktoren

Auch Organisationsstrukturen müssen sich auf ihre Güte hin überprüfen lassen, sie sind an den für sie formulierten Zielen zu messen. Da Handelsbetriebe aber in unterschiedlichen Umwelten und mit unterschiedlichen Konzepten arbeiten, wird sich nicht generell eine Organisationsstruktur als überlegen erweisen, sondern die Zielerreichung wird von den jeweils geltenden Rahmenbedingungen abhängen. Auf beide Größen wird im folgenden eingegangen.

### Ziele einer Organisationsplanung

Organisatorische Strukturen lösen zunächst personalpolitische Konsequenzen aus, die ihrerseits entsprechende Folgen für die Personalkosten haben. Wenn z. B. Abteilungsleitern im Rahmen einer dezentralisierten Sortimentspolitik Mitwirkungsmöglichkeiten eingeräumt werden, werden hierfür qualifiziertere Personen benötigt als in dem Fall, in dem diese nur den Abverkauf zu gestalten haben. Eine Zentralisierung von Entscheidungen wird also im Regelfall die Personalkosten senken, obwohl dem auch höhere Kosten in der Zentrale gegenüberstehen können.

Neben den Strukturkosten (Kosten für beschäftigtes Personal, Einrichtung der Arbeitsplätze) sind aber auch die jeweiligen Transaktionskosten zu bedenken, die ja auch als interne und externe Koordinationskosten bezeichnet werden. Zwar ist das Rechnungswesen der Unternehmen nicht darauf ausgerichtet, die Folgekosten einer Organisationsstruktur für Kommunikation und Abstimmung auszuweisen, aber dennoch dürfen die von einer Organisationsstruktur ausgelösten Transaktionskosten nicht übersehen werden. Die Erörterung der Schnittstellenprobleme im vorhergehenden Abschnitt hat deutlich gemacht, daß die in jeder Organisationsstruktur aufkommenden Schnittstellenprobleme eine Koordination notwendig werden lassen. Musterungskommissionen und Werbeausschüsse sind Beispiele für Koordinationsformen, die nicht kostenlos arbeiten. Aber auch die Abstimmung mit externen Partnern, wie insbesondere den Lieferanten, bedarf des Einsatzes von sachlichen und personellen Ressourcen, die sich je nach gewählter Organisationsstruktur unterscheiden können.[10]

Schließlich können durch eine Organisationsstruktur auch Wirkungen bei den Handlungskosten ausgelöst werden. Hierbei ist insbesondere an die Beschaffungskosten zu denken. Je dezentraler Sortimentsentscheidungen getroffen werden, desto mehr werden sich die Bezugsentscheidungen auf eine Vielzahl von Lieferanten aufsplitten und um so höher werden die Beschaffungskosten sein.

Von zentraler Bedeutung ist, wie gut die Schnittstellenprobleme durch eine spezielle Organisationsstruktur bewältigt werden können. Es gilt also die Frage zu beantwor-

---

[10] Die angesprochenen Sachverhalte sind nicht nur für einzelne Unternehmungen relevant, sondern auch für Verbundgruppen, wiewohl dort spezielle Gegebenheiten vorliegen. Vgl. dazu: Tietz, B.: Alternative Entscheidungskonzepte in Verbundgruppen, in: Der Verbund, 6. Jg. (1993 b), H. 3, S. 5–10 (Teil 1) und H. 4, S. 12–16 (Teil 2).

ten, inwieweit mit der gewählten oder ins Auge gefaßten Organisationsstruktur die für das Unternehmen festgelegten Ziele erreicht werden können. Das kann bekanntlich eine bestimmte Rentabilität, ein niedriges Kostenniveau, ein bestimmter Marktanteil, die Schnelligkeit, mit der ein Marktgebiet erschlossen wird oder mit der bestimmte Prozesse bewältigt werden können, ein hoher Grad an Flexibilität sowie eine gesicherte Liquiditätslage sein. Die Zweckdienlichkeit einer Organisationsstruktur für die Unternehmensziele setzt voraus, daß die Bereichsziele in einer das Oberziel fördernden Weise formuliert sind.

Im Handel kommt der Abstimmung zwischen Einkauf und Verkauf seit jeher eine besondere Bedeutung zu. Bei einer Trennung von Einkauf und Verkauf, wie sie oft gefordert wurde und auch häufig anzutreffen ist, besteht das Problem darin sicherzustellen, daß die Ware, die im Verkauf benötigt wird, in den richtigen Mengen zum richtigen Zeitpunkt bereitgestellt wird.[11] »Sicherstellung von marktfähigen Sortimenten« könnte kurz das Ziel lauten, auf das hin die verschiedenen Organisationsstrukturen zu prüfen sind. Diese allgemeine Umschreibung konkretisiert sich in einzelnen Handelsorganisationen in unterschiedlicher Form.[12] Bei der einen wird das marktfähige Sortiment beispielsweise aus exklusiver Ware bestehen, bei einer anderen aus preisgünstigen Artikeln. In entsprechender Weise sind aber auch beschaffungspolitische Ziele im Auge zu behalten, wie z. B. das Anbahnen und Aufrechterhalten von Geschäftsbeziehungen zu geeigneten Lieferanten oder das Erreichen von günstigen Konditionen und Lieferterminen. Organisationsstrukturen sind also daraufhin zu überprüfen, inwieweit sie es ermöglichen, die aufgabenbezogenen Zielsetzungen zu erreichen und die negativen Wirkungen der Arbeitsteilung (Abstimmungsprobleme, die sich in Pufferbildungen, Fehlmengen und verzögerten Prozessen äußern) zu vermeiden oder zumindest abzuschwächen.

Empirische Befunde verweisen auch auf die Bedeutung personalpolitischer Ziele, wenn hervorgehoben wird, daß Entscheidungsbefugnis und Motivation in einem positiven Verhältnis stünden.[13]

Problematisch ist es, für einzelne organisatorische Einheiten Ziele vorzugeben, wenn die Zielerreichung auch von den Aktivitäten anderer Abteilungen abhängt. Dies zeigen folgende Beispiele:

- Die Lagerbestände wachsen an, wenn der Abverkauf in den Niederlassungen stockt.
- Der Einkauf erzielt relativ schlechte Konditionen, wenn die Lagerleitung darauf besteht, daß nur in kleinen Partien geordert wird.
- Der Verkauf muß Einbußen hinnehmen, wenn abverkaufte Ware nicht hinreichend schnell vom Lager nachgefüllt wird.
- Die Lagerbestände sind hoch und der Lagerumschlag mithin niedrig, wenn die Einkaufsdisposition nur große Mengen ordert.

---

[11] Für eine Trennung von Einkauf und Verkauf traten ein: Robinson, J. G./Matthews, M. P.: Store Organization and Operation, New York 1957; Urwick, L. F.: The Department Store, London 1960.

[12] Vgl. die Diskussion um die Prozeßorientierung bei Barth, K./Helpup, A.: Die Relevanz des Lean-Management-Ansatzes für Handelsunternehmungen, in: Trommsdorff, Volker (Hrsg.): Handelsforschung 1994/95. Kooperationen im Handel, Wiesbaden 1995, S. 223–240.

[13] Vgl. z. B. die Studie von *Hackman/Lawler*: Hackman, J. R./Lawler III, E. E.: Employee Reactions to Job Characteristics, in: Journal of Applied Psychology Monograph, Vol. 51, 1971, S. 259–286 sowie den Überblick bei Frese, E., 1995, S. 133–137.

Sinnvolle Zielgrößen für einzelne organisatorische Einheiten lassen sich nur aus einem Gesamtplan heraus ableiten, setzen also eine simultane Planung voraus oder – falls dies nicht möglich ist – eine sukzessive Planung und die Abstimmung besonders koordinationsrelevanter Schnittstellen.

Ein Verzicht auf Abstimmung zwischen den Einheiten vermindert zwar die Kosten des Einsatzes von Ressourcen und Zeit, führt jedoch zu Autonomiekosten, die je nach zugrundeliegender horizontaler Beziehung durch markt-, ressourcen- oder lieferungsbedingte Interdependenzen verursacht werden oder darin begründet liegen, daß Ressourcen- oder Marktpotentiale organisatorisch getrennt wurden. Die Verteilung des Informations- und Problemlösungspotentials über mehrere Ebenen führt ebenfalls zu einer Form von Potentialtrennung, hier allerdings in vertikaler Sicht. *Frese* leitet auf der Grundlage dieser Überlegungen die in Abbildung 10.12 dargestellten organisatorischen Subziele ab, die als Kriterien der Markt-, Prozeß-, Ressourcen- und Delegationseffizienz zum Bewertungsmaßstab für strukturbezogene Alternativen werden.[14]

**Abbildung 10.12:** Kriterien organisatorischer Effizienz _____

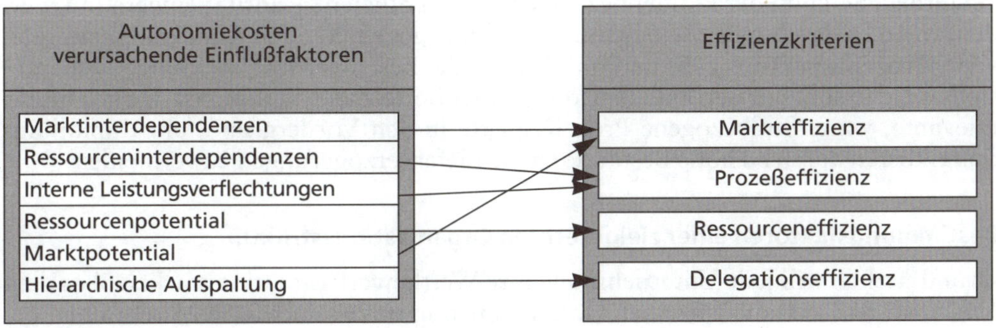

Quelle: Frese, E., 1995, S. 304

**Markteffiziente Organisationsstrukturen** unterstützen ein koordiniertes Auftreten gegenüber dem Kunden (Absatzmarkteffizienz) bzw. bündeln die Nachfrage zur Stärkung der Marktmacht (Beschaffungsmarkteffizienz). Die reine Funktionalorganisation sichert beispielsweise eine hohe Markteffizienz, da die Marktpotentiale nicht aufgeteilt werden und entsprechende Interdependenzen nicht auftreten. Die Konsequenzen mangelnder Markteffizienz äußern sich extern, und zwar in Form entgangener Absatzchancen bzw. schlechter Einkaufskonditionen.

**Prozeßeffiziente Strukturen** fördern das Ziel, den Leistungsprozeß über alle Stufen auf die Ziele der Gesamtunternehmung auszurichten. Je nachdem, ob sich die mangelnde organisatorische Berücksichtigung der Prozeßperspektive extern (im Hinblick auf die Kunden- oder Lieferantenbeziehungen) oder intern (im Hinblick auf den

---

[14] Vgl. Frese, E., 1995, S. 122–124, 298–307.

Warenfluß in der Unternehmung) äußert, kann von kunden- bzw. warenbezogener Prozeßorientierung gesprochen werden.

**Ressourceneffiziente Strukturen** gestatten, Ressourcen über die Bereichsgrenzen hinweg umfassend zu nutzen. Entschließt sich eine Handelsunternehmung beispielsweise, statt vieler Filialläger wenige Regionalläger zu halten (Ausgliederung der Lager- aus der Verkaufsfunktion), so bedeutet dies, daß Sach- und Humankapital gepoolt, Beschaffungsmarktvorteile gesichert und Leerkapazitäten verringert werden können.

**Delegationseffiziente Strukturen** liegen vor, wenn die Zentralisierungsvorteile der größeren Problemumsicht und des geringeren Maßes an Entscheidungsinterdependenzen die nachteiligen Wirkungen der Informationsverarbeitungs- und Kommunikationskosten ausgleichen. Die zentrale Entscheidung über Abschriften oder Warenverschiebungen zwischen Filialen bietet z. B. ein hohes Potential zur Optimierung der Lagerbestände, setzt aber auch detaillierte Absatzmarktinformationen voraus, deren Beschaffung umso schwieriger bzw. aufwendiger sein wird, je heterogener die Bedürfnisse sind und je rascher sich dieselben wandeln.

Die Bedeutung der einzelnen Kriterien variiert mit dem Ausmaß, in dem die jeweiligen, mit der Autonomie verbundenen Kosten die Zielerreichung der Unternehmung gefährden. So kann der kundenbezogenen Prozeßeffizienz Priorität eingeräumt werden, wenn eine reibungslose Leistungserstellung gegenüber den Kunden (extern relevante Prozeßaspekte) – z. B. im Hinblick auf die Beschwerdeabwicklung – sichergestellt werden soll. Für den Fall, daß kostenorientierte Ziele dominieren, rücken intern relevante, warenflußbezogene Prozeßaspekte in den Vordergrund, um Kapitalbindungskosten durch zu hohe Bestände sowie Lieferverzögerungen zu vermeiden.[15]

## Bestimmungsfaktoren einer zielgerechten Organisationsstruktur

Grundsätzlich will jede Unternehmung ihre Wettbewerbssituation stärken. Aus dem Umstand, daß sich die einzelnen Unternehmen in unterschiedlichen Situationen befinden und sich für unterschiedliche Strategien entschieden haben, folgt, daß sie individuell ein für ihre Situation angemessenes Organisationskonzept wählen müssen. Dennoch haben alle Organisationskonzepte gewissen gemeinsamen Anforderungen zu genügen, vor allen Dingen der Absatzmarktorientierung, einem leistungsfähigen Einkauf und einer günstigen Gestaltung der Prozesse.[16]
In einer wettbewerbsorientierten Wirtschaft ist in der Ausrichtung auf die Bedürfnisse des Absatzmarktes das zentrale Erfordernis zu sehen. Es muß sichergestellt werden,

---

[15] Vgl. den strategieorientierten Bewertungsansatz bei Frese, E., 1995, S. 313–332.

[16] *Zentes* gliedert die Bestimmungsfaktoren der Organisation von Handelsbetrieben wie folgt: 1. das Leistungsprogramm (die Betriebsgröße, der Grad der Diversifizierung und der Instrumentalisierung), 2. die Leistungstiefe (vorwärts und rückwärts), 3. den Kooperationsgrad und 4. die informations- und kommunikationstechnologische Entwicklung. Zentes, J.: Handelsbetriebe, Organisation der, in: Frese, E. (Hrsg.): Handwörterbuch der Organisation, 3. Auflage, Stuttgart 1992, Sp. 755–770. Zwar bestimmen die genannten Faktoren die Organisationsstruktur, jedoch wird durch das Leistungsprogramm und die Leistungstiefe das Aufgabenfeld der Unternehmung festgelegt, so daß sich die Frage anschließt, unter welcher Organisationsstruktur die genannten Aufgaben ausgeführt werden sollen. Welche Organisationsstruktur ist bei einem gegebenen Leistungsprogramm und bei einer gegebenen Leistungstiefe vorzuziehen?

daß der Zielgruppe ein attraktives Angebot unterbreitet wird. Die Beschaffenheit des Marktes wird damit zum zentralen Bestimmungsfaktor der Organisationsstruktur. Unter der Beschaffenheit des Marktes ist dabei sowohl die Berechenbarkeit der Nachfrage, d. h. ihre Regelmäßigkeit, ihre Homogenität, ihre Dauerhaftigkeit, als auch die Konkurrenzlage zu verstehen. Dabei wird gelten: Je heterogener die Bedürfnisse der Nachfrager sind und je mehr die Unternehmung versucht, sich über der Bedarfslage angepaßte Sortimente im Wettbewerb zu behaupten, desto mehr wird eine Dezentralisierung der Entscheidungen angezeigt sein. Umgekehrt: Homogene Bedürfnisse lassen es angeraten sein, zu zentralisieren und damit Kosten zu sparen. Aber auch bei heterogenen Bedürfnissen kann eine Zentralisierung angezeigt sein, und zwar dann, wenn sichergestellt werden kann, daß durch eine hinreichende Informationsübermittlung die lokalen Verhältnisse ausreichend erfaßt werden können. Die Verfolgung von örtlichen Abverkaufszahlen über artikelgenaue Warenwirtschaftssysteme und Möglichkeiten einer schnellen Nachlieferung stärken die Zentralisierung. Die Tendenz zu einer Zentralisierung von Entscheidungen wird durch die Beobachtung unterstützt, daß sich in vielen Bereichen eine Konvergenz der Bedürfnisse erkennen läßt, wiewohl weiterhin regionale Unterschiede nicht unbeachtet bleiben dürfen. Die Heterogenität der Bedürfnisse ist jedoch vom Lebensbereich abhängig.

Die Frage, ob der Verkauf selbst für den Einkauf verantwortlich sein soll oder ob diese Funktion einer anderen Stelle im Unternehmen übertragen werden soll, sei es nun die örtliche Einkaufsabteilung oder sei es die fernliegende zentralisierte Einkaufsabteilung, läßt sich auf die Frage zuspitzen, inwieweit durch die Dezentralisierung des Einkaufs die Kostenposition verschlechtert und das akquisitorische Potential verbessert wird. Es läßt sich die These formulieren, daß sich das Massengeschäft zentraler Organisationsstrukturen bedienen wird, während heterogene Nischen die dezentrale Entscheidung erfordern.

Eine Ausrichtung auf heterogene Bedürfnislagen erfordert den Wechsel von einer warenorientierten Schwerpunktsetzung zu einer Ausrichtung auf zielgruppendefinierte Bedürfnisfelder. Je heterogener die Bedürfnisse sind und je stärker der Wettbewerb ist, um so stärker muß sich eine Unternehmung im Verkauf und im Einkauf an diese Strukturen anpassen. Dies bedeutet, die Stellen im Verkauf und im Einkauf nach Zielgruppen zu trennen. Wiederum können dem allerdings auch Nachteile im Einkauf entgegenstehen, wenn trotz unterschiedlicher Zielgruppen Synergieeffekte im Einkauf aufgrund einer getrennten Einkaufspolitik verloren gehen.

Indirekt wurde bereits auf den zweiten Bestimmungsfaktor der Organisationsstruktur, die Verhältnisse auf dem Beschaffungsmarkt, hingewiesen. Die Struktur des Beschaffungsmarktes wird ebenso wie die Struktur des Absatzmarktes zu einem zentralen Bestimmungsfaktor der Organisation einer Handelsunternehmung. Zu den Kennzeichen der Struktur des Beschaffungsmarktes zählen insbesondere die Zahl der Anbieter, ihre Homogenität, ihr Standort und ihr Preissetzungsverhalten. Würden sich die einzelnen Handelsunternehmen jeweils an ihrem Standort homogenen Anbietern gegenübersehen, bestünde kein Anlaß, die Einkaufspolitik zu zentralisieren. Weder würden dadurch Transaktionskosten gespart (z. B. Reisekosten zum Lieferanten), noch würden dadurch bessere Konditionen (durch Mengenbündelung) erzielt, noch würden dadurch exklusive Waren erworben. Im Regelfall werden sich Handelsbetriebe jedoch einer anderen Anbieterstruktur gegenübersehen. Es können Preisunterschiede zwischen einzelnen Anbietern vorliegen, deren Existenz jedoch häufig nur in Erfahrung zu bringen sein wird, wenn die Beschaffungsmärkte aktiv erkundet werden. Der Einkauf im Ausland kann mit nicht unbeträchtlichen Transaktionskosten einhergehen. Die Bündelung des Einkaufs kann den Anbieter veranlassen, beträchtliche Mengenrabatte einzuräumen. So läßt sich der Einfluß der Struktur des Beschaffungsmarktes in folgende These übersetzen: Je heterogener die Struktur des Beschaffungsmarktes und je dynamischer er sich entwickelt, desto höher sind die Kostenvorteile, die ein zentralisierter Einkauf erzielen kann.

### Literaturhinweise

Es fehlt weitgehend an speziell auf den Personalbereich oder die Organisation von Handelsbetrieben ausgerichteten Monographien.

Für Lehrzwecke kann auf die erwähnten Bücher zur Personalwirtschaftslehre zurückgegriffen werden. Relativ ausführliche Kapitel zur Personalpolitik finden sich bei

*Tietz, B.: Der Handelsbetrieb, 2. Auflage, München 1993, S. 583–678.*
und bei
*Oehme, W.: Handelsmanagement, München 1993, S. 165–240.*

Einen Statusbericht liefert:
*Gaugler, E./Kadel, P./Schach, E.: Personal und Personalarbeit in Groß- und Außenhandelsbetrieben, Mannheim 1985.*

Spezielle personalpolitische Fragestellungen im Handel behandeln z. B.
*Schuckel, M.: Probleme der Personalbeschaffung im Handel, Arbeitspapier Nr. 6 des Seminars für Allgemeine Betriebswirtschaftslehre, Handel und Distribution an der Universität zu Köln, Köln 1993.*
*Barth, K./Stoffl, M.: Personalinformationssysteme im Handel, in: Trommsdorff, V.: Handelsforschung 1995/96. Informationsmanagement im Handel, Wiesbaden 1995, S. 137–171.*
*Tenbensel, B.: Arbeit, Qualifikation und Kontrolle im Einzelhandel. Neue Technologien, eine Chance zur Reprofessionalisierung des Verkaufsberufs, Berlin 1987.*

Für den Bereich Organisation gilt entsprechendes. Auch hier können die Lehrbücher von *Tietz* und *Oehme* herangezogen werden.

Als spezielle Literatur zur Organisation im Handelsbetrieb seien im folgenden einige – im vorhergehenden Text nicht angeführte – Beiträge genannt:
*Barthel, M./Meininger, B./Unger, H.: Organisationsdefizite in Handelspraxis und Handelstheorie. Eine kritische Wertung, in: ZfO, 60. Jg. (1991), H. 6, S. 394–401.*
*Brock, K.: Die Betriebsorganisation im Großhandel, Köln - Opladen 1964.*
*Engfer, U.: Rationalisierungsstrategien im Einzelhandel. Widersprüche der Organisation von Dienstleistungsarbeit, Frankfurt am Main 1984.*
*Hautle, W.: Organisationsstruktur und Arbeitsabläufe im Einzelhandel, in: Basten, R./Gaßmann, H. J./Güttinger, W. et. al. (Hrsg.): Organisation und Automation im Handel, Bern 1962, S. 35–41.*
*Kieser, A./Kubicek, H.: Organisation, 3. Auflage, Berlin - New York 1992.*
*Köhler, R.: Absatzorganisation, in: Frese, E. (Hrsg.): HWO, 3. Auflage, Stuttgart 1992, Sp. 34–56.*
*o. V.: Leitungsebenen und Informationslogistik in den marktbedeutenden Unternehmen des Lebensmittelhandels, Eine Studie der Lebensmittel Zeitung, Teil I Organisations- und Entscheidungsstrukturen, Frankfurt am Main 1994.*

*Pay, D. de/Plath, U.-U.:* Die Organisation des Lebensmitteleinzelhandels in den neuen Bundesländern, Freiberger Arbeitspapier 6, Freiberg 1996.

*Roth, V. J./Klein, S.:* A Theory of Retail Change, in: The International Review of Retail Distribution and Consumer Research, Vol. 3 (1993), S. 167–183.

*Rudolph, T.:* Zentralisierung oder Dezentralisierung für den Einzelhandel in Europa?, in: Thexis, 11. Jg. (1994), H. 4, S. 45–55.

*Schmidt, F. P.:* Leitung und Organisation im Einzelhandel, in: Der Handel, 31. Jg. (1981), H. 3, S. 13 ff.

*Siebenbrock, Heinz:* Abteilungen mit Unternehmersinn, (AmU) im Handel, Frankfurt am Main u. a. 1992.

*Siebenbrock, Heinz:* Organisationsdefizite im Handel – Folge der Vernachlässigung eines elementaren Strategiebausteins?, in: ZfO, 62. Jg. (1993), S. 40–44.

*Thürbach, R.-P.:* Zum Stand der Organisation in mittelständischen Betrieben. Eine empirische Analyse, Göttingen 1976.

*Weinhold, H.:* Organisation im Handel, in: Basten, R./Gaßmann, H. J./Güttinger, W. et. al. (Hrsg.): Organisation und Automation im Handel, Bern 1962, S. 7–34.

*Wulkan, Felix:* Mechanisierung und Automatisierung im Handel, in: Basten, R./Gaßmann, H. J./Güttinger, W. et. al. (Hrsg.): Organisation und Automation im Handel, Bern 1962, S. 58–65.

# 11 Kostenorientiertes Controlling

> *»Man muß immer daran denken, daß es die Aufgabe der Wirtschaft ist, mit kleinstem Mittel ein Höchstmaß von Leistung zu bewirken, und daß dies nicht möglich ist, wenn die Betriebe nicht exakt kalkulieren können.«*
>
> *(Eugen Schmalenbach, Pretiale Wirtschaftslenkung. Band I, Die optimale Geltungszahl, Bremen 1947, S. 12.)*

## 11.1 Aufgaben des Controlling

Controlling im Handelsbetrieb hat sich als unverzichtbares Steuerungsinstrument entwickelt. Dennoch muß bei den vielfältigen Vorstellungen von einem Begriffsdschungel gesprochen werden.[1] Die Aufgaben, die dem Controlling zugeschrieben werden, hängen aufs engste mit dem jeweiligen Begriffsverständnis zusammen. Es soll deshalb zunächst auf die verschiedenen begrifflichen Varianten hingewiesen werden.

In einer sehr engen Sicht wird Controlling als Kontrolle verstanden und bezieht sich damit nur auf Soll-Ist-Vergleiche als letzte Phase im Management-Zyklus.[2] So schreibt z. B. *Günther*:

> *»Faßt man die Teilergebnisse der funktionsorientierten Controlleruntersuchung zusammen, so ergibt sich, daß die Controlleraufgaben (fast) ausschließlich der ex post orientierten Kontrolle im Sinne der Führungsfunktion Kontrolle zuzuordnen sind und alle Teilphasen der Kontrolle umfassen. Es hat sich aber auch gezeigt, daß vom Controlling als Institution nur der Teil des Betriebsgeschehens kontrolliert wird, dessen Ergebnis im Ergebnisraum des Entscheidungsfeldes formalisierbar ist und nicht das Formalziel Liquidität betrifft. [...] Unter der Controllingfunktion wird demnach allgemein die Führungsfunktion Kontrolle verstanden.«*[3]

Aufgabe des Controlling wäre mithin der Vergleich von Ist-Werten (insbesondere Filialumsätze, Umsätze in einzelnen Warengruppen, einzelne Kostenpositionen, Lagerbestände, Diebstahlquoten, Servicegrade, Liquiditätsgrade, Deckungsbeiträge usw.) mit irgendwie gearteten Maßstäben. Die Maßstäbe ergeben sich entweder aus den im Planungsprozeß festgelegten Soll-Werten, aus Werten der Vorperiode oder aus Werten anderer Betriebe.

Zwar nimmt *Günther* dabei auf in der Realität vorgefundene Sichtweisen Bezug, aber dennoch könnte eine solche Sichtweise auch einer theoretischen Abgrenzung zugrunde gelegt werden. Sie entspricht einem Verständnis, das das englische Wort

---

[1] Vgl. den Überblick bei Horváth, P.: Controlling, 6. Auflage, München 1996, S. 25–72.

[2] Vgl. zu den Elementen des Managementzyklus Kapitel 3.

[3] Günther, J.: Handelscontrolling. Allgemeine Grundlagen des Controllingbegriffs und die Funktionen des Controlling im Steuerungssystem des stationären Einzelhandels, Frankfurt am Main – Bern – New York 1989, S. 137 f.

control mit Kontrolle übersetzt, obwohl im Englischen damit nicht nur auf Soll-Ist-Abweichungen abgestellt wird, sondern Steuern und Regeln verstanden werden. So wird von vielen Autoren betont, daß Controlling eben nicht mit Kontrolle übersetzt werden dürfe und die Aufgaben des Controllers weiter gefaßt werden müßten.

Im Regelfall wird das Aufgabenfeld eines Controllers weiter abgegrenzt, indem hervorgehoben wird, daß er Aufgaben im Managementzyklus zu übernehmen hat, die sich nicht nur auf die Kontrolle beschränken. So heißt es z. B. bei *Richter:*

> *»Controlling ist die am Unternehmensgesamtziel orientierte Unterstützung von Planungs-, Steuerungs- und Kontrollaufgaben, die durch die Entscheidungsinstanzen in der Führungshierarchie erfüllt werden.«*[4]

Damit wird die Sichtweise auf alle Phasen des Managementzyklus ausgedehnt, Controlling dient jetzt dazu, die Lenkung einer Organisation durch das Management zu unterstützen.[5] Offen bleibt in dieser Definition allerdings, ob mit Unterstützung nur die Versorgung mit Informationen gemeint ist oder ob sie darüber hinausgeht und z. B. auch die Bewertung einzelner Alternative oder Hinweise zur Durchsetzung der geplanten Maßnahmen umfaßt. Auch bleibt offen, ob es sich bei den Informationen nur um Daten aus dem betrieblichen Rechnungswesen oder auch um weitere Angaben, z. B. aus der Marktforschung, handeln soll. Insgesamt tritt die Gefahr auf, daß die Grenzen zwischen Controlling und Management undeutlich werden. Eine Begrenzung kann erfolgen, indem auf Teilfunktionen des Managements abgestellt wird (also z. B. Planen, Analysieren und Kontrollieren, die Entscheidung und die Durchsetzung also ausgeklammert bleiben) oder indem nur auf ausgewählte Informationen abgestellt wird. Eine Einengung auf die Daten aus dem Rechnungswesen findet sich so z. B. bei *Hahn:*

> *»Die generelle Aufgabe des Controlling besteht in der Sicherung bzw. Sicherstellung ergebnisorientierter Planung, Steuerung und Überwachung des Unternehmungsgeschehens auf der Basis des Zahlenwerks des Rechnungs- und Finanzwesens.«*[6]

Bei mehreren Autoren wird die Unterstützung durch das Controlling konkretisiert, indem auf die Koordinationsfunktion des Controllings hingewiesen wird. So definiert *Horváth:*

> *»Das Controlling hat als Instrument der Unternehmensführung die Aufgabe, die Koordination der betrieblichen Abläufe im Hinblick auf die Unternehmensziele zu gewährleisten. Zu diesem Zweck stellt das Controlling dem Management entsprechende Planungs- und Kontrollinstrumente bereit und koordiniert die Managementtätigkeiten.«*[7]

Die Koordination wird stellenweise geradezu zu dem konstituierenden Merkmal des Controlling.[8] So weist insbesondere *Küpper* daraufhin, daß in fast allen Unternehmen

---

[4] Richter, H.: Theoretische Grundlagen des Controlling. Strukturkriterien für die Entwicklung von Controlling-Konzeptionen, Frankfurt am Main u. a. 1987, S. 207.

[5] Vgl. auch die Ausführungen bei Reichmann, T.: Controlling mit Kennzahlen und Managementberichten. Grundlagen einer systemgestützten Controlling-Konzeption, 4. Auflage, München 1995, S. 1–18.

[6] Hahn, D.: Controlling. Stand und Entwicklungstendenzen unter besonderer Berücksichtigung des CIM-Konzeptes, in: Scheer, A.-W., 8. Saarbrücker Arbeitstagung (Hrsg.): Rechnungswesen und EDV, Heidelberg 1987, S. 3–39.

[7] Horváth, P.: Controllinginstrumente, in: Wittmann, W./Kern, W./Köhler, R. (Hrsg.): HWB, 5. Auflage, Band 1, Stuttgart 1993, Sp. 670.

[8] Vgl. auch Weber, J.: Einführung in das Controlling, 6. Auflage, Stuttgart 1995 b, S. 50 f.

die Aufgabenerfüllungsprozesse arbeitsteilig stattfinden müssen.[9] Die Handlungen der daran beteiligten Personen müßten durch die Führung auf gemeinsame Ziele ausgerichtet werden. Die Führung werde mit Hilfe eines Führungs- bzw. Managementsystems erreicht, das sich um so komplexer gestalte, je größer das soziale System und je verschiedenartiger die Aufgaben seien. Das Führungssystem müsse in Teilsysteme gegliedert werden, wozu das Planungssystem, das Kontrollsystem, das Personalführungssystem, die Organisation und das Informationssystem gehörten. Um der Gefahr zu entgehen, daß diese Führungsteilsysteme sich verselbständigen und somit zusammengehörige Sachverhalte getrennt würden, werde eine neue Funktion notwendig, für die es gerechtfertigt sei, den neuen Begriff Controlling in die Betriebswirtschaftslehre einzuführen. *Küpper* nennt eine Vielzahl von Instrumenten, um diese Koordination zu gewährleisten, so Organisationsinstrumente, Personalführungsinstrumente, Führungsgrundsätze, Planungsinstrumente, Kontrollinstrumente, Informationsinstrumente und übergreifende Koordinationsinstrumente, wie z.B. Kennzahlen- und Zielsysteme oder Verrechnungs- und Lenkungspreissysteme. Es ist deutlich, wie weitgreifend diese Sichtweise angelegt ist.

Teilweise wird auch diskutiert, wer die Aufgaben des Controlling übernehmen soll, ob dies einem eigenen organisatorischen Bereich vorbehalten sein sollte und in welchem Verhältnis dieser Bereich zu den Führungskräften des Unternehmens stehen sollte oder ob mit Controlling lediglich auf die ihm zugeordnete Querschnittsfunktion abgestellt werden sollte.

Die Auflistung einiger Definitionen macht deutlich, daß Controlling in verschiedenen begrifflichen Dimensionen verankert werden kann. Abbildung 11.1 vermittelt einen Überblick über solche Dimensionen und die in ihnen denkbaren Ausprägungen.

**Abbildung 11.1:** Dimensionen des Controllingbegriffes

| Dimension | Ausprägungen |
|---|---|
| Zu unterstützende Phase im Managementzyklus | Kontrolle, Planung und weitere Phasen, wie z. B. die Problemerkenntnis |
| Quelle der bereitzustellenden Informationen | Rechnungswesen-Daten<br>Daten aus dem zwischenbetrieblichen Betriebsvergleich<br>Marktforschungsdaten |
| Art der Unterstützung | Bereitstellung von Informationen<br>Bewertung von Alternativen<br>Durchsetzung von Maßnahmen, Kontrolle |
| (Ziel) | Informationen bereitstellen<br>Maßnahmen/Entscheidungen vorbereiten<br>Koordination |
| Institutionalisierung | als eigene Institution<br>als Funktion |

---

[9] Küpper, H.-U.: Controlling. Konzeption, Aufgaben und Instrumente, Stuttgart 1995.

Anhand der in Abbildung 11.1 aufgeführten Merkmale und ihrer Ausprägungen lassen sich enge und weite Definitionen konstruieren. Hier wird die folgende verwendet: Controlling unterstützt die Planung und Kontrolle im (Handels-)Betrieb, indem es alle zweckdienlichen Informationen, die dem Rechnungswesen, aber auch anderen Informationsquellen entstammen können, in zweckentsprechender Form aufbereitet den jeweiligen Entscheidungsträgern zur Verfügung stellt.

Diese Definition lenkt die Aufmerksamkeit zunächst auf die Frage, was im Handelsbetrieb geplant und kontrolliert werden soll. Zwar wird es nicht sinnvoll sein, einen abschließenden Katalog von Planungs- und Kontrollfeldern zu erstellen (hierzu können alle Felder der Unternehmenspolitik zählen), häufig kommt jedoch folgenden Bereichen eine besondere Bedeutung zu:
- Kontrolle des Erfolgs einzelner Verkaufsstellen,
- Kontrolle einzelner Sortimentsbereiche,
- Planung der Absatzpolitik,
- Planung und Kontrolle logistischer Prozesse,
- Kontrolle der Kundenzufriedenheit.

Um diese Aufgaben bewältigen zu können, müssen die notwendigen Informationen erkannt, erhoben und bereitgestellt werden. Über die traditionellen Verfahren der Kostenrechnung hinaus (vgl. hierzu Abschnitt 11.2) sind hierzu Wirkungsanalysen (beispielsweise zur Wirkung alternativer Sortimentstiefen) und Kundenzufriedenheitsanalysen entwickelt worden.

Dieser Definition folgen die Ausführungen in den Kapiteln 11 und 12. In Kapitel 11 wird das Augenmerk vorwiegend auf die Bereitstellung von Informationen über die Kosten gerichtet, in Kapitel 12 werden Verfahren vorgestellt, mit denen die Erlössituation einer Unternehmung bzw. allgemeiner ihr Verhältnis zu den Nachfragern erfaßt werden kann. Zwar erfordert die Beurteilung betrieblicher Maßnahmen im Regelfall, daß sowohl kosten- als auch erlöswirtschaftliche Auswirkungen erfaßt werden (es wird deswegen ja von Kosten- und Erlösrechnung gesprochen), die Komplexität der Verfahren erzwingt jedoch eine sukzessive Behandlung.

Die Diskussion um die Art und Weise, wie Kosteninformationen aufbereitet werden können, erfolgt in zwei Schritten. In Abschnitt 11.2 wird ausschließlich auf die Aufbereitung von innerbetrieblich anfallenden Kosten abgestellt. In Abschnitt 11.3 wird außerdem berücksichtigt, daß einem Handelsbetrieb auch Angaben aus einem Betriebsvergleich zur Verfügung stehen können. Daten aus einem Betriebsvergleich sind für den Handel von außerordentlicher Bedeutung. Während traditionell in einem Betriebsvergleich Daten verschiedener Unternehmen gegenübergestellt werden, können nun auch die verstärkt am Markt auftretenden Filialbetriebe die in der Diskussion um den Betriebsvergleich entwickelten Methoden nutzen. Dem Betriebsvergleich wird deshalb ein eigener Abschnitt gewidmet.

In wissenschaftlichen Beiträgen zum Controlling wird relativ selten die Situation des Handels explizit berücksichtigt.[10] Deswegen wird hierauf in den folgenden Ausführungen besonders geachtet.

---

[10] Vgl. Ebert, K.: Warenwirtschaftssysteme und Warenwirtschafts-Controlling, Frankfurt am Main – Bern – New York 1986; Günther, J., 1989; Witt, F.: Handelscontrolling, München 1992.

# 11.2 Die Kostenrechnung im Handelsbetrieb

Handelsbetriebe sind im Regelfall und im Vergleich zum Industriebetrieb kein Eldo-
rado für Kostenrechner.[1] Das ist u. a. auf die unterschiedlichen Gegebenheiten in
beiden Wirtschaftsbereichen zurückzuführen. Während z. B. ein Industriebetrieb seine fertigen oder halbfertigen Produkte für Zwecke der Bilanzierung zu bewerten hat
und dabei auf Unterstützung durch die Kostenrechnung angewiesen ist, können
Handelsbetriebe bei der Bewertung von Waren relativ leicht vom Anschaffungspreis
ausgehen. Trotzdem haben einzelne kostenrechnerische Verfahren, wie insbesondere
die Deckungsbeitragsrechnung, auch Eingang in den Handel gefunden. In letzter Zeit
steigt das Interesse an der Prozeßkostenanalyse bzw. der sog. Direkten Produkt-
Profitabilität, einer »handelsspezifischen Variante«, deren Vorgehensweise Parallelen zu der Prozeßkostenrechnung aufweist.[2] Auch die Einrichtung von Controlling-
Abteilungen hat das Interesse an kostenrechnerischen Verfahren zur Unterstützung
des Handelsmanagements bei Planung und Kontrolle belebt. Wie für den Industriebetrieb gilt auch für den Handelsbetrieb, daß die Verhältnisse komplexer geworden
sind. Dies äußert sich in größeren Sortimenten, häufigem Sortimentswechsel, wachsenden indirekten Leistungsbereichen, wie Marktforschung und Marketing, ausgedehnten internationalen Einkaufsaktivitäten mit entsprechender Vorbereitung durch
Marktforschung, Lieferantenverhandlungen und Qualitätskontrollen. Das geht mit
einem Anstieg der Gemeinkosten einher. Wie gezeigt werden wird, nimmt im Handelsbetrieb der Anteil der Wareneinstandskosten an den Gesamtkosten tendenziell
ab, die den Artikeln nicht unmittelbar zurechenbaren Kosten steigen. Das macht die
Steuerung der Handelsbetriebe schwieriger und verstärkt das Interesse an kostenrechnerischen Verfahren.

Zu den Besonderheiten eines Handelsbetriebes, die auch Einfluß auf die Gestaltung
seiner Kostenrechnung haben, zählen vor allem
- die häufig anzutreffende Filialisierung,
- die fehlende Fertigung,
- die große Bedeutung des Faktors Ware,
- das die Warenbestände betreffende Moderisiko,
- das Phänomen von Verbundkäufen,
- das stochastische Zusammenwirken von Input und Output (einzelne Verkaufsvor-
  gänge erfordern einen unterschiedlich hohen Einsatz an Produktionsfaktoren).

Die Rahmenbedingungen, unter denen in einzelnen Filialen Leistungen erbracht
werden, können sich von Filiale zu Filiale stark voneinander unterscheiden, so daß
gleiche Leistungen unterschiedliche Kosten verursachen können. Filialspezifische
Einflußfaktoren müssen folglich berücksichtigt und in die Kostenrechnung einbezogen werden. Darüber hinaus nehmen die Filialen die Leistungen zentraler Einrich-

---

[1] Die Zahl an Monographien zur Kostenrechnung im Handelsbetrieb ist relativ gering, z. B.
Möllers, P.: Betriebsabrechnung im Handel, Frankfurt am Main 1965; Schneider, J.: Die Kostenrechnung im Einzelhandel, Freiburg im Breisgau 1968; Jacob, H. (Hrsg.): Spezialgebiete der
Kostenrechnung. Kosten- und Leistungsrechnung im Handel, Wiesbaden 1978; Wesche, M.:
Entscheidungsorientierte Kosten- und Leistungsrechnung in Handelsbetrieben, Göttingen
1991; Witt, F.: Handelscontrolling, München 1992.
[2] Vgl. Günther, T.: Direkter Produkt-Profit, in: ZfbF 45. Jg. (1993), S. 460–482.

tungen in unterschiedlichem Ausmaß in Anspruch. Es stellt sowohl ein methodisches als auch ein praktisches Problem dar, diese Leistungen verursachungsgerecht den Filialen und den Produkten zuzurechnen. Ein Verzicht darauf kann dazu führen, daß ein für die Gesamtunternehmung suboptimales Verhalten gewählt wird. So ist beispielsweise in der Praxis die Tendenz zum Bestellen von Kleinstmengen seitens der Filialen zu beobachten, weil diese mit den daraus resultierenden höheren Handlingkosten im Lager und beim Transport nicht oder nur zum Teil belastet werden.

Aus den Nachfrageschwankungen im Zeitablauf folgt ein zweifaches Problem. Zum einen besteht sowohl die Gefahr von zu hohen Beständen als auch von stock-out-Situationen. Zum anderen werden die betrieblichen Kapazitäten unterschiedlich stark ausgelastet. Eine wichtige Aufgabe der Kostenrechnung im Handel besteht folglich darin, die kostenmäßigen Konsequenzen von Überbeständen und von Bestandslücken zu quantifizieren. Diese Informationen sind wichtig, weil die aus der Bestandshaltung resultierenden Kosten häufig in einer an Rabatten orientierten Einkaufspolitik zu wenig Beachtung finden. Die schwankende Kapazitätsauslastung wirft die Frage auf, wie die entstehenden Leerkosten bzw. evt. Kosten für Zusatzkapazitäten verrechnet werden sollen.

Während bei Artikeln, die über einen längeren Zeitraum im Sortiment bleiben und immer wieder nachbestellt werden, die Unsicherheit der Nachfrage lediglich ein Problem der zeitlichen Anpassung der Bestände an die Nachfrage darstellt, besteht vor allem bei Modeartikeln, aber auch bei sonstigen einmalig bestellten Waren, die Gefahr, die Waren nicht absetzen zu können. Ob und wie die Kostenrechnung in der Lage sein könnte, Informationen bereitzustellen, die diese Art von Beschaffungsentscheidungen unterstützen, ist noch ungeklärt.[3]

## 11.2.1 Das Grundmodell der Kostenrechnung im Handelsbetrieb

In der einfachsten Form werden den von einem Handelsbetrieb erzielten Betriebserträgen die gesamten Kosten gegenübergestellt, entweder in der Form des Umsatz- oder des Gesamtkostenverfahrens.

- Beim Umsatzkostenverfahren werden die insgesamt erzielten Erlöse (Betriebserträge) den Kosten der abgesetzten Leistungen – gegliedert nach Kostenarten – gegenübergestellt.
- Das Gesamtkostenverfahren stellt dagegen den erzielten Erlösen die Gesamtkosten einer Periode sowie die Bestandsveränderungen gegenüber.[4] Die Gesamtkosten seien hierbei als bewerteter Güter- und Leistungsverbrauch einer Periode, der zur Beschaffung und zum Absatz der betrieblichen Produkte und zur Aufrechterhaltung der hierfür notwendigen Kapazitäten erforderlich ist, definiert. In den folgenden Ausführungen soll der Unterschied systematisch herausgestellt werden.

---

[3] Die Ausführungen in Abschnitt 11.2 folgen in großen Teilen einer zusammen mit *Toporowski* verfaßten Ausarbeitung: Müller-Hagedorn, L./Toporowski, W.: Kostenrechnung in Handelsbetrieben, in: Freidank, C.-C./Götze, U./Huch, B./Weber, J. (Hrsg.): Kostenmanagement, Berlin –Heidelberg 1997, S. 445–477.
[4] Vgl. hierzu Hagen, K.: Methoden und Instrumente der Ergebnisplanung und Ergebnisanalyse, in: Männel, W. (Hrsg.): Handbuch Kostenrechnung, Wiesbaden 1992, S. 715–716.

Die Kosten einer Periode werden nach üblicher Sicht von dem Aufwand der betreffenden Periode aus den bekannten Gründen abgegrenzt. Zum einen wird der neutrale Aufwand eliminiert, der in keinem Zusammenhang zur Leistungserstellung der Periode steht und der sich aus dem betriebsfremden Aufwand (z. B. Spenden), dem außerordentlichen Aufwand (z. B. Feuer- oder Unfallschäden) sowie periodenfremdem Aufwand (z. B. Steuernachzahlungen) zusammensetzen kann. Zum anderen können Aufwand und Kosten voneinander abweichen, weil nur ein Teil des Zweckaufwandes als Grundkosten angesehen wird, während ein anderer Teil des Zweckaufwandes durch die Verrechnung von kalkulatorischen Kosten ersetzt wird, wobei es sich um Anders- oder um Zusatzkosten handeln kann.[5] Entsprechendes gilt für die Abgrenzung des Gesamtertrages der Buchhaltung von dem Gesamtbetriebsertrag der Kosten- und Leistungsrechnung. Abbildung 11.2 veranschaulicht eine solche Form der Kostenrechnung.

Charakteristisch für den Handelsbetrieb ist die Zweiteilung der Kosten in
– die Wareneinsatzkosten und
– die Handlungskosten.

Die Wareneinsatzkosten repräsentieren die Kosten, die für die im Umsatzprozeß abgesetzten Waren anzusetzen sind. Der Wareneinsatz (ohne Vorsteuer) ergibt sich aus der Summe der Einkaufsrechnungen (zuzüglich der Bezugskosten, abzüglich der Lieferantenskonti sowie sonstiger Preisnachlässe der Lieferanten) und der Lagerbestandsveränderungen.[6] Die Differenz des Nettoumsatzes (also nach Abzug der Mehrwertsteuer) und des Wareneinsatzes wird als (absolute) Betriebshandelsspanne (bzw. als Rohertrag) bezeichnet. Diese Betriebshandelsspanne soll einerseits dazu dienen, die Handlungskosten des Betriebes abzudecken, zum anderen soll sie für ein positives Betriebsergebnis sorgen. Die Grundstruktur des Zusammenhanges zwischen dem Umsatz, dem Wareneinsatz, den Handlungskosten und dem Betriebsergebnis wird auch durch Abbildung 11.3 verdeutlicht.

**Probleme**

Trotz ihrer einfachen Form wirft auch die Gesamtkostenrechnung theoretische Probleme auf:

### Zugrundegelegter Kostenbegriff

Zum ersten ist zu klären, welcher Kostenbegriff Verwendung finden soll. Generell werden Kosten als der bewertete sachzielbezogene Güterverbrauch einer Abrechnungsperiode definiert. Besondere Aufmerksamkeit hat bei der Diskussion der einzelnen Merkmale dieses Kostenbegriffes die Frage gefunden, wie der Güterverbrauch bewertet werden sollte.[7] Schon seit langem wird zwischen pagatorischen (realisierte Anschaffungspreise, gegenwärtige Tagesbeschaffungspreise, zukünftige Tagesbeschaffungspreise) und wertmäßigen Kostenbegriffen (Festpreise, Durchschnitts-

[5] Vgl. z. B. Eisele, W.: Technik des betrieblichen Rechnungswesens. Buchführung, Kostenrechnung, Sonderbilanzen, 5. Auflage, München 1993, S. 569–573.

[6] Abgrenzung entsprechend dem Katalog E. Ausschuß für Begriffsdefinitionen aus der Handels- und Absatzwirtschaft (Hrsg.): Katalog E. Begriffsdefinitionen aus der Handels- und Absatzwirtschaft, 4. Ausgabe, 1995, S. 87.

[7] So auch Schweitzer, M./Küpper, H.-U.: Systeme der Kosten- und Erlösrechnung, 6. Auflage, München 1995, S. 16 und S. 25.

**Abbildung 11.2:** Vom Umsatz zum Betriebsergebnis

| | |
|---|---|
| | Summe der Einkaufsrechnungen |
| + | Bezugskosten |
| - | Lieferantenskonti |
| - | sonstige Preisnachlässe |
| = | **Warenbeschaffung (ohne Vorsteuer)** |
| + | Lageranfangsbestand zu Bilanzwerten (ohne Vorsteuer) |
| - | Lagerendbestand zu Bilanzwerten (ohne Vorsteuer) |
| = | **Wareneinsatz (ohne Vorsteuer)** |

| | |
|---|---|
| | Brutto-Umsatz |
| - | MWSt |
| = | **Netto-Umsatz** |
| - | Wareneinsatz |
| = | **Betriebshandelsspanne** |
| - | Gesamte Handlungskosten (ohne Vorsteuer) |
| = | **Betriebswirtschaftliches Ergebnis** |

| | |
|---|---|
| | **Personalkosten insgesamt** |
| | Personalkosten ohne Unternehmerlohn |
| | Unternehmerlohn |
| + | **Raumkosten** |
| | Miete oder Mietwert |
| | Sachkosten für Geschäftsräume |
| + | **Kapitalkosten** |
| | Zinsen für Fremdkapital |
| | Zinsen für Eigenkapital |
| + | **sonstige Kosten** |
| | Kosten für Werbung |
| | Gewerbesteuer |
| | Abschreibung |
| | Kraftfahrzeugkosten |
| | alle übrigen Kosten |
| = | **Gesamte Handlungskosten** |

preise, Lenkungspreise, Grenzpreise, Schätzpreise) unterschieden. Nach traditioneller Auffassung geht die Kosten- und Erlösrechnung von dem Güterverbrauch sowie der Güterentstehung aus. Dies äußert sich beispielsweise in den kalkulatorischen Kosten für eingesetztes Eigenkapital oder für Personal. Nicht alle Kosten können also auf Zahlungen zurückgeführt werden, so wie dies für die bilanzielle Rechnung üblich ist. So wie der Aufwandsrechnung in der Kostenrechnung Positionen hinzugefügt werden (Zusatzkosten als kalkulatorische Kosten) oder sich durch eine andere Be-

Abbildung 11.3: Umsatz, Wareneinsatz, Handlungskosten und Betriebsergebnis im Handelsbetrieb

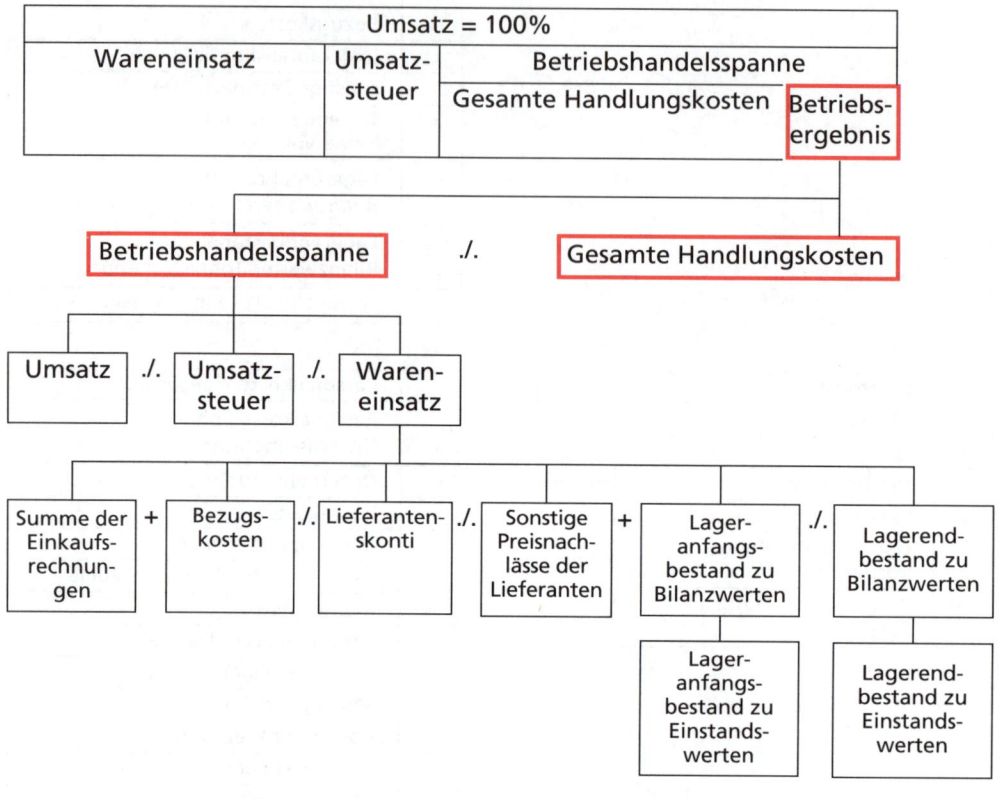

wertung von den entsprechenden Aufwandspositionen unterscheiden (Anderskosten), gehen auf der anderen Seite bestimmte Aufwendungen nicht in die Kostenrechnung ein, so

– der sachzielfremde Aufwand,
– der periodenfremde Aufwand,
– der außerordentliche Aufwand,
– der bewertungsbedingte neutrale Aufwand.

In neuerer Zeit hat sich die Diskussion um eine pagatorische oder kalkulatorische Erfolgsrechnung noch einmal neu entfaltet.[8]

---

[8] Ziegler, H.: Neuorientierung des internen Rechnungswesens für das Unternehmens-Controlling im Hause Siemens, in: ZfbF, 46. Jg. (1994), S. 175–188 und ein Sonderheft der ZfbF: Schildbach, T./Wagner, F.-W. (Hrsg.): Unternehmensrechnung als Instrument der internen Steuerung. Tagung des Ausschusses für Unternehmensrechnung im Verein für Socialpolitik am 31. 3. und 1. 4. 1995 in Halle a. d. Saale, ZfbF, Sonderheft 34 (1995).

## Gliederung der Kostenarten

Zum zweiten ist zu überlegen, wie die Kosten gegliedert werden sollen, d. h. welcher Kontenplan verwendet werden soll. Die Gliederung der Kostenarten orientiert sich an gesetzlichen Bestimmungen (Gliederung der Bilanz nach § 266 HGB, Gliederung der Gewinn- und Verlustrechnung nach § 275 HGB) und an den von den Verbänden empfohlenen Kontenrahmen.[9] Insbesondere bei zwischenbetrieblichen Kostenvergleichen ist die einheitliche Zuweisung einzelner Positionen zu bestimmten Kostenarten von zentraler Bedeutung (z. B. die Verbuchung von Pensionsrückstellungen, Abschreibungen auf Ladeneinbauten, Kreditkartengebühren als Erlösschmälerungen oder als Beiträge, Zinsen). Abbildung 11.4 zeigt beispielhaft den vom Hauptverband des Deutschen Einzelhandels empfohlenen Einzelhandels-Kontenrahmen EKR. In den Kontenklassen 0 bis 4 finden sich die den Bilanzpositionen entsprechenden Konten zum Anlagevermögen, zum Umlaufvermögen und zu den Passiva. Die Kontenklassen 5 bis 7 nehmen die der GuV entsprechenden Erträge und Aufwendungen auf. Die Kontenklasse 8 ist Ergebnisrechnungen vorbehalten.

## Die Berechnung von Zwischenergebnissen

Entsprechend § 275 HGB sind von den Umsatzerlösen ausgehend die einzelnen Positionen bis zum Jahresüberschuß/Jahresfehlbetrag aufzuführen. Da die außerordentlichen Erträge und Aufwendungen (und mithin das außerordentliche Ergebnis) sowie die Steuern vom Einkommen und vom Ertrag nicht in die Kostenrechnung eingehen, stellt das Ergebnis der gewöhnlichen Geschäftätigkeit (ordentliches Unternehmensergebnis) die vorläufige Zielgröße dar. Die Art und Weise, wie Zwischenergebnisse ausgewiesen werden, unterscheidet sich; lediglich der Ausweis des Rohertrags (Bruttoertrag) entspricht im Regelfall der folgenden Rechnung:

---

[9] 1937 hat der Reichs- und Preußische Wirtschaftsminister Kontenrahmen erlassen; für den Wirtschaftszweig Handel den Kontenrahmen für den Großhandel vom 9. 12. 1937, den Kontenrahmen für den Einzelhandel vom 15. 10. 1938, den Kontenrahmen für Einkaufsgenossenschaften (einschließlich Einkaufsvereinigungen) vom 13. 12. 1939 und den Kontenrahmen für das Vermittlergewerbe vom 15. 12. 1939. Vgl. hierzu Ziegler, F.: Grundsätze und Gemeinschafts-Richtlinien für das Rechnungswesen, 2. Auflage, Frankfurt am Main 1952. Nach Ende des zweiten Weltkrieges wurde zwar die Verbindlichkeit dieser Kontenrahmen aufgehoben, sie blieben aber noch lange in Gebrauch. Erst um 1970 setzte eine Diskussion ein, ob sie nicht neu gefaßt werden sollten. Vgl. dazu Endres, W.: Neuer Kontenrahmen auch für den Handel?, in: Bidlingmaier, J. (Hrsg.): Modernes Marketing. Moderner Handel, Wiesbaden 1972, S. 525–541. Die Vorschläge von *Endres* wurden in mehreren Beiträgen der Zeitschrift 'Rationeller Handel' von den Autoren *Ziegler, Endres* und *Möllers* diskutiert. Vgl. Ziegler, F.: Nochmals: Neuer Kontenrahmen für den Handel?, in: Rationeller Handel, 16. Jg. (1973), S. 37–39; Endres, W./Möllers, P.: Letztmals: Neuer Kontenrahmen für den Handel?, in: Rationeller Handel, 16. Jg. (1973), S. 22–26. Der Bundesverband des Deutschen Groß- und Außenhandels e. V. hat 1987 in der Form einer Empfehlung an die Unternehmen einen neuen Kontenrahmen verabschiedet; s. Bundesverband des Deutschen Groß- und Außenhandels e. V. (Hrsg.): Kontenrahmen für den Groß- und Außenhandel, Bonn 1988.

**Abbildung 11.4:** Hauptverband des deutschen Einzelhandels, Einzelhandels-Kontenrahmen EKR, Gekürzte Fassung für Ausbildung – Oktober 1990

### AKTIVA

**KONTENKLASSE 0 – Anlagevermögen**

**0 Immaterielle Vermögensgegenstände und Sachanlagen**

- 00 Frei
- 01 Frei
- **02 Konzessionen, gewerbliche Schutzrechte und Lizenzen**
- 020 Konzessionen, gewerbliche Schutzrechte und Lizenzen
- 03 Frei
- 04 Frei
- **05 Grundstücke und Bauten**
- 050 Unbebaute Grundstücke
- 051 Bebaute Grundstücke
- 053 Betriebsgebäude
- 054 Verwaltungsgebäude
- 055 Andere Bauten
- 056 Grundstückseinrichtungen
- 057 Gebäudeeinrichtungen
- 059 Wohngebäude
- 06 Frei
- 07 Frei
- **08 Andere Anlagen, Betriebs- u. Geschäftsausstattung**
- 080 Andere Anlagen
- 081 Ladenausstattung
- 082 Kassensysteme
- 083 Lagerausstattung
- 084 Fuhrpark
- 086 Büromaschinen, Organisationsmittel und Kommunikationsanlagen
- 087 Büromöbel
- 089 Geringwertige Wirtschaftsgüter
- 09 Frei

**KONTENKLASSE 1**

**1 Finanzanlagen**

- 10 Frei
- 11 Frei
- 12 Frei
- **13 Beteiligungen**
- 130 Beteiligungen
- 14 Frei
- **15 Wertpapiere des Anlagevermögens**
- 150 Wertpapiere des Anlagevermögens
- **16 Sonstige Finanzanlagen**
- 160 Ausleihungen
- 17 Frei
- 18 Frei
- 19 Frei

**KONTENKLASSE 2 – Umlaufvermögen**

**2 Umlaufvermögen und aktive Rechnungsabgrenzung**

- **20 Waren (Bestände)**
- 200 Waren (Gruppe 1)
- 201 Waren (Gruppe 2)
- **21 Betriebsstoffe (Bestände)**
- 210 Betriebsstoffe
- **22 Sonstiges Material (Bestände)**
- 220 Verpackungsmaterial
- 221 Leergut
- **23 Geleistete Anzahlungen auf Vorräte**
- 230 Geleistete Anzahlungen auf Vorräte
- **24 Forderungen aus Lieferungen und Leistungen**
- 240 Forderungen aus Lieferungen und Leistungen
- 245 Besitzwechsel
- 25 Frei
- **26 Sonstige Vermögensgegenstände**
- 260 Vorsteuer
- 263 Sonstige Forderungen an Finanzbehörden
- 265 Forderungen an Mitarbeiter
- 269 Übrige sonstige Forderungen
- **27 Wertpapiere des Umlaufvermögens**
- 270 Wertpapiere des Umlaufvermögens
- **28 Flüssige Mittel**
- 280 Kreditinstitute (Bank)
- 285 Postgiro
- 286 Schecks
- 288 Kasse
- 289 Nebenkassen
- **29 Aktive Rechnungsabgrenzung**
- 290 Aktive Rechnungsabgrenzung

### PASSIVA

**KONTENKLASSE 3**

**3 Eigenkapital und Rückstellungen**

- **30 Eigenkapital**
- **Bei Einzelkaufleuten:**
- 300 Eigenkapital
- 3001 Privatkonto
- Bei Personengesellschaften:
- 300 Gesellschafter A
- 3001 Privatkonto A
- 301 Kapital
- Gesellschafter B
- 3011 Privatkonto B
- 307 Kommanditkapital
- Gesellschafter C
- 308 Kommanditkapital
- Gesellschafter D
- Bei Kapitalgesellschaften:
- 300 Gezeichnetes Kapital (Grundkapital/-Stammkapital)
- 31 Kapitalrücklage
- 310 Kapitalrücklage
- 32 Gewinnrücklagen
- 321 Gesetzliche Rücklagen
- 324 Andere Gewinnrücklagen
- **33 Ergebnisverwendung**
- 331 Gewinn-/Verlustvortrag (aus Vorjahr)
- **34 Jahresüberschuß/Jahresfehlbetrag**
- 340 Jahresüberschuß/-Jahresfehlbetrag (des laufenden Geschäftsjahres)
- 35 Frei
- 36 Frei
- **37 Rückstellungen**
- 370 Rückstellungen
- 38 Frei
- 39 Frei

**KONTENKLASSE 4**

**4 Verbindlichkeiten und passive Rechnungsabgrenzung**

- 40 Frei
- 41 Anleihen
- 410 Anleihen
- 42 Verbindlichkeiten gegenüber Kreditinstituten
- 420 Kurzfristige Bankverbindlichkeiten
- 425 Langfristige Bankverbindlichkeiten
- **43 Erhaltene Anzahlungen auf Bestellungen**
- 430 Erhaltene Anzahlungen auf Bestellungen
- **44 Verbindlichkeiten aus Lieferungen und Leistungen**
- 440 Verbindlichkeiten aus Lieferungen und Leistungen
- **45 Wechselverbindlichkeiten**
- 450 Schuldwechsel
- 46 Frei
- 47 Frei
- **48 Sonstige Verbindlichkeiten**
- 480 Umsatzsteuer
- 483 Sonstige Verbindlichkeiten gegenüber Finanzbehörden
- 484 Verbindlichkeiten gegenüber Sozialversicherungsträgern
- 485 Verbindlichkeiten gegenüber Mitarbeitern
- 486 Verbindlichkeiten aus vermögenswirksamen Leistungen
- 489 Übrige sonstige Verbindlichkeiten
- 49 Passive Rechnungsabgrenzung
- 490 Passive Rechnungsabgrenzung

| KONTENKLASSE 5 | KONTENKLASSE 6 | KONTENKLASSE 7 | KONTENKLASSE 8 | KONTENKLASSE 9 |
|---|---|---|---|---|
| ERTRÄGE | AUFWENDUNGEN | | Ergebnisrechnungen | Kosten- u. Leistungsrechnung |
| 5 Erträge | 6 Betriebliche Aufwendungen | 7 Weitere Aufwendungen | 8 Ergebnisrechnungen | 9 Kosten- und Leistungsrechnung |
| **50 Umsatzerlöse**<br>500 Umsatzerlöse für Waren (Gruppe 1)<br>5001 Erlösberichtigungen<br>501 Umsatzerlöse für Waren (Gruppe 2)<br>5011 Erlösberichtigungen<br>**51 Sonstige Umsatzerlöse**<br>510 Sonstige Umsatzerlöse (aus Dienstleistungen)<br>5101 Erlösberichtigungen<br>52 Frei<br>53 Frei<br>**54 Sonstige betriebliche Erträge**<br>540 Nebenerlöse aus Vermietung und Verpachtung<br>541 Sonstige Erlöse<br>542 Eigenverbrauch<br>543 Andere sonstige betriebliche Erträge<br>548 Erträge aus der Herabsetzung von Rückstellungen<br>**55 Erträge aus Beteiligungen**<br>550 Erträge aus Beteiligungen<br>**56 Erträge aus Wertpapieren**<br>560 Erträge aus Wertpapieren<br>**57 Sonstige Zinsen und ähnliche Erträge**<br>571 Zinserträge<br>573 Diskonterträge<br>**58 Außerordentliche Erträge**<br>580 Außerordentliche Erträge<br>59 Frei | **60 Aufwendungen für Waren**<br>600 Aufwendungen für Waren (Gruppe 1)<br>6001 Bezugskosten<br>6002 Nachlässe<br>601 Aufwendungen für Waren (Gruppe 2)<br>6011 Bezugskosten<br>6012 Nachlässe<br>**61 Aufwendungen für Material und für bezogene Leistungen**<br>610 Aufwendungen für Material<br>6100 Aufwendungen für Betriebsstoffe<br>6101 Aufwendungen für Verpackungsmaterial<br>6102 Aufwendungen für Leergut<br>6103 Aufwendungen für Energie<br>6104 Aufwendungen für Reparaturmaterial<br>6105 Aufwendungen für Reinigungsmaterial<br>6106 Aufwendungen für sonstiges Material<br>611 Aufwendungen für bezogene Leistungen<br>6110 Frachten und Fremdlager<br>6111 Vertriebsprovisionen<br>6112 Fremdinstandhaltung<br>6113 Abfallentsorgung<br>6114 Reinigung<br>**62 Löhne**<br>620 Löhne für geleistete Arbeit<br>621 Sonstige Lohnaufwendungen<br>**63 Gehälter**<br>630 Gehälter<br>631 Sonstige Gehaltsaufwendungen<br><br>**64 Soziale Abgaben und Aufwendungen für Altersversorgung und Unterstützung**<br>640 Arbeitgeberanteil zur Sozialversicherung<br>642 Beiträge zur Berufsgenossenschaft<br>**65 Abschreibungen**<br>652 Abschreibungen auf Sachanlagen<br>654 Abschreibungen auf geringwertige Wirtschaftsgüter<br>**66 Sonstige Personalaufwendungen**<br>660 Sonstige Personalaufwendungen<br>**67 Aufwendungen für die Inanspruchnahme von Rechten und Diensten**<br>670 Mieten, Pachten<br>671 Leasing<br>673 Gebühren<br>675 Aufwendungen des Geldverkehrs<br>677 Rechts und Beratungsaufwendungen<br>**68 Aufwendungen für Kommunikation (Dokumentation, Information, Reisen, Werbung)**<br>680 Büromaterial<br>681 Zeitungen, Fachliteratur<br>682 Postgebühren<br>685 Reisekosten<br>686 Bewirtung und Präsentation<br>687 Werbung, Dekoration<br>688 Spenden<br>**69 Aufwendungen für Beiträge und Werkkorrekturen**<br>690 Versicherungsbeiträge<br>692 Beiträge zu Wirtschaftsverbänden und Berufsvertretungen<br>693 Andere sonstige betriebliche Aufwendungen<br>694 Verluste aus Schadensfällen<br>695 Abschreibungen auf Forderungen | **70 Betriebliche Steuern**<br>700 Gewerbekapitalsteuer<br>701 Vermögensteuer<br>702 Grundsteuer<br>703 Kraftfahrzeugsteuer<br>709 Sonstige betriebliche Steuern<br>71 Frei<br>72 Frei<br>73 Frei<br>**74 Abschreibungen auf Finanzanlagen und auf Wertpapiere des Umlaufvermögens**<br>742 Abschreibungen auf Wertpapiere des Umlaufvermögens<br>**75 Zinsen und ähnliche Aufwendungen**<br>751 Zinsaufwendungen<br>753 Diskontaufwendungen<br>**76 Außerordentliche Aufwendungen**<br>760 Außerordentliche Aufwendungen<br>**77 Steuern vom Einkommen und Ertrag**<br>770 Gewerbeertragssteuer<br>771 Körperschaftssteuer<br>772 Kapitalertragsteuer<br>78 Frei<br>79 Frei | **80 Eröffnung/Abschluß**<br>800 Eröffnungsbilanzkonto<br>801 Schlußbilanzkonto<br>802 Gewinn- und Verlustkonto | In der Praxis wird die Kosten- und Leistungsrechnung gewöhnlich tabellarisch durchgeführt. |

|  | Umsatzerlöse (brutto) |
|---|---|
| ./. | Umsatzsteuer |
| = | Umsatzerlöse (netto) |
| ./. | Wareneinsatz (Materialaufwand) |
| = | Rohertrag (Bruttoertrag) |

Aus dem Rohertrag wird ein Betriebsergebnis ermittelt, indem weitere betriebliche Erträge (z. B. aus der Vermietung von Verkaufsraum) und die Handlungskosten hinzugefügt werden. Separiert werden dabei aber ein Beteiligungsergebnis (z. B. aus Grundstücks-Fonds) und ein Zinsergebnis. Es ergibt sich so eine Staffel der folgenden Art:

|  | Rohertrag |
|---|---|
| + | Andere betriebliche Erträge |
| ./. | Personalaufwand |
| ./. | Planmäßige Abschreibungen |
| ./. | Betriebliche Steuern (ohne Ertragsteuern) |
| ./. | Instandhaltungsaufwendungen |
| ./. | Mietaufwendungen |
| ./. | Werbeaufwendungen |
| ./. | Verwaltungsaufwendungen |
| ./. | Übrige Betriebsaufwendungen |
| = | Betriebsergebnis |
| + | Beteiligungsergebnis |
| ./. | Zinsergebnis |
| = | Ordentliches Unternehmensergebnis (Gewinn vor Steuern) |
| ./. | Ertragssteuern (Gewerbeertragssteuern, Körperschaftsteuern) |
| = | Gewinn nach Steuern |

Das Beteiligungs- und das Zinsergebnis werden hier nicht in die Berechnung des Betriebsergebnisses einbezogen. Dahinter steht die Vorstellung, daß Erfolge im eigentlichen Geschäft von sonstigen Erfolgen getrennt werden sollen. Es geht um den Sachzielbezug, der nach dem Kosteneinwirkungsprinzip dann vorliegt, wenn der betrachtete Güterverbrauch auf die Ergebnisse des Produktionsprozesses real einwirkt, so daß die Ergebnisse ohne ihn nicht zustande gekommen wären.[1] Dies ist bei Zinsen gegeben, denn ohne den entsprechenden Kapitaleinsatz wäre auch das Warengeschäft nicht zu betreiben. Anders kann dies beim Beteiligungsergebnis sein. Hier kann es sich um betriebliche Aktivitäten handeln, die das eigentliche Warengeschäft nicht tangieren. Insofern kann in dem getrennten Ausweis der Versuch gesehen werden, den Erfolg einzelner Geschäftsbereiche zu separieren. Der Warenerfolg soll vom Finanzerfolg getrennt werden. Insbesondere in Filialunternehmen werden – auch um die Vergleichbarkeit zwischen den Filialen zu erhöhen – weitere »Bereinigungen« des ursprünglichen Betriebsergebnisses vorgenommen, indem standardisierte Mietsätze oder standardisierte Kapitalkosten verrechnet werden. Man entfernt sich so jedoch von der Realität.

### Verzicht auf eine Zuordnung der Kosten auf einzelne Umsatzträger

Ein Nachteil des Gesamtkostenverfahrens liegt darin, daß die einzelnen Kostenarten nicht den Umsatzträgern zugerechnet, sondern lediglich der Summe der Erlöse gegenübergestellt werden. Dagegen ist für die meisten Handelsbetriebe typisch, daß sich

---

[1] Schweitzer, M./Küpper, H.-U., 1995, S. 22.

der erzielte Umsatz aus vielen Quellen speist. Im Handel sind insbesondere zwei Typen von Umsatzträgern (und mithin von Kostenträgern) wichtig,
- einzelne Sortimentseinheiten (z. B. Warengruppen, Artikelgruppen, einzelne Artikel),
- Verkaufsregionen bzw. einzelne Verkaufsstellen.

Daneben können aber auch andere Umsatzträger von großer Relevanz sein. So ist es z. B. im Großhandel wichtig zu wissen, welchen Erfolgsbeitrag einzelne Kundengruppen bzw. einzelne Kunden beisteuern. Es kann von Interesse sein zu wissen, welcher Erfolg einzelnen Vertriebsschienen (Betriebsformen) zukommt, welche Umsätze und welche Kosten mit einzelnen Aktionen (z. B. Werbeaktionen, Preisaktionen) verbunden sind. Das Gesamtkostenverfahren liefert keine Hinweise für die Sortimentssteuerung oder die Kunden- bzw. Verkaufsregionenpolitik.

Dennoch können auch die Werte des Gesamtkostenverfahrens zu einer Betriebsanalyse herangezogen werden. Eine sinnvolle Nutzung setzt aber voraus, daß entweder die Entwicklung einzelner Kostenarten oder einzelner Leistungskoeffizienten im Zeitablauf betrachtet wird oder daß im Rahmen eines Betriebsvergleichs die Werte anderer Betriebe hinzugenommen werden. Dann kann deutlich werden,
- ob ein Betrieb bei vergleichbarem Output (Umsatz) günstigere Kostenpositionen erzielt und bei welchen Kostenarten dies der Fall ist,
- wie sich die Variation einzelner Parameter (z. B. des Werbebudgets, der Größe der Verkaufsfläche) auszahlt.[2]

Betriebsvergleiche, die für die einzelnen Bereiche des Handels insbesondere vom *Institut für Handelsforschung* an der Universität zu Köln erstellt werden, können somit helfen,
- auf Problemfelder aufmerksam zu werden und die Schwachstellen zu erkennen,
- die Wirkung ins Auge gefaßter Maßnahmen abzuschätzen,
- den Einfluß externer Faktoren (z. B. der Branche, der Standortlage) auf den Erfolg sichtbar zu machen.

Abbildung 11.5 informiert über die durchschnittliche Höhe einzelner Kostenarten im Einzelhandel und im Großhandel. Die Daten stammen vom *Institut für Handelsforschung* an der Universität zu Köln und repräsentieren im Einzelhandel die Situation des Fachhandels. Für andere Betriebsformen des Einzelhandels, wie z. B. die Warenhäuser, die Verbrauchermärkte und die Discounter, gelten andere Kostenrelationen.

Die Zusammenstellung macht deutlich, daß unter allen Handlungskosten die Personalkosten herausragen; im Jahr 1994 hat im Einzelhandel die Betriebshandelsspanne nicht ausgereicht, um alle anfallenden Kosten zu decken. Im Großhandel belaufen sich die gesamten Personalkosten[3] auf 57,8 % der gesamten Handlungskosten.

---

[2]  Zu näheren Ausführungen zur Leistungskraft von Betriebsvergleichen auf der Grundlage einzelbetrieblicher Daten (und nicht nur auf der Grundlage von Durchschnittswerten) vgl. Müller-Hagedorn, L.: Die Fortentwicklung des Betriebsvergleichs zum Controlling-Tool, in: Trommsdorff, V. (Hrsg.): Handelsforschung 95/96, Wiesbaden 1995 b, S. 333–347. Zur Wahl des oder der Vergleichsbetriebe vgl. Müller-Hagedorn, L.: Die Wahl von Vergleichsbetrieben. Teil I, in: Mitteilungen des Instituts für Handelsforschung an der Universität zu Köln, 46. Jg. (1994), S. 125–134, Teil II, 47. Jg. (1995c), S. 129–135.

[3]  Die Personalkosten werden dabei als Summe der Personalkosten ohne Unternehmerlohn, des Unternehmerlohns und der Provisionen definiert.

Analysiert man die Veränderung einzelner Kostenarten im Zeitablauf, zeigt sich ein interessantes Phänomen – das Phänomen der rückläufigen Wareneinsatzkosten. Wie später noch gezeigt werden wird, hat dies auch gewichtige Folgen für die Kalkulationspolitik.

Die Situation im Handelsbetrieb ähnelt zunächst derjenigen im Industriebetrieb, wo festgestellt wurde, daß die Fertigungseinzelkosten, auf die Gemeinkostenzuschläge verrechnet, prozentual immer kleiner geworden sind. Die Gemeinkostenzuschläge nehmen folglich immer größere Werte an. Ähnlich, wenn auch zahlenmäßig nicht ganz so dramatisch, ist die Situation im Handelsbetrieb, wo der Anteil der Wareneinstandskosten an den Gesamtkosten bzw. am Umsatz im Zeitablauf immer kleiner geworden ist. Diese im Fachhandel beobachtete Entwicklung wird in Abbildung 11.6 dargestellt.

**Abbildung 11.5:** Handlungskosten, Betriebshandelsspanne und Betriebsergebnis im Facheinzelhandel und im Großhandel nach Angaben des IfH für das Jahr 1994 (alte Bundesländer) in Prozenten des Umsatzes

| Kostenarten | Facheinzelhandel ohne LEH | Großhandel |
|---|---|---|
| Personalkosten ohne Unternehmerlohn | 17,1 | 14,3 |
| Unternehmerlohn | 3,8 | 0,8 |
| Miete oder Mietwert/Raumkosten | 4,4 | 2,7 |
| Sachkosten für Geschäftsräume | 1,3 | |
| Kosten für Werbung und Reisekosten | 2,2 | 0,9 |
| Gewerbesteuer | 0,4 | |
| Kraftfahrzeugkosten | 0,8 | 1,1 |
| Zinsen für Fremdkapital | 1,5 | 1,1 |
| Zinsen für Eigenkapital | 0,6 | 0,7 |
| Abschreibungen | 1,7 | 1,3 |
| Alle übrigen Kosten | 3,3 | 2,9 |
| Provisionen | | 0,4 |
| Transport und Verpackung | | 0,5 |
| Gesamte Handlungskosten | 37,1 | 26,8 |
| Betriebshandelsspanne | 35,6 | 27,1 |
| Betriebswirtschaftliches Betriebsergebnis | −1,5 | 0,3 |

Quelle: Erdmann, B., 1995 a, S. 195 und 203 sowie Erdmann, B., 1995b, S. 154 und 186

Ein relativer Rückgang der Wareneinstandskosten signalisiert den relativen Anstieg der Handlungskosten und mithin die Notwendigkeit erhöhter Handelsspannen. Bei höheren Handelsspannen werden die Konsequenzen der in einem einheitlichen Kalkulationssatz zum Ausdruck kommenden Annahme, daß alle Umsatzsegmente die gleichen Kosten verursachen, immer kritischer, falls diese Annahme nicht zutreffend sein sollte. Dies sei an einem Beispiel erläutert, in dem zum einen relativ hohe, zum anderen relativ niedrige Wareneinsatzkosten unterstellt werden.

Das Beispiel zeigt, daß bei einem relativ hohen Anteil der Warenkosten und einem mithin relativ geringen Anteil der Handlungskosten die Kalkulation mit einer durch-

schnittlichen Betriebshandelsspanne und eine Kalkulation auf der Basis der tatsächlichen Kosten (vorausgesetzt, diese seien ermittelbar) zu ähnlichen Ergebnissen führen. Bei der ersten Kalkulationsform beträgt der Preis für beide Warenbereiche
100,00, bei differenzierter Kalkulation mit einheitlichem Gewinnaufschlag 105,00
und 94,50.

Im Fall relativ geringer Warenkosten und relativ hoher Handlungskosten führen die
beiden Kalkulationsverfahren dagegen zu deutlicheren Unterschieden.

**Abbildung 11.6:** Die Entwicklung der Wareneinstandskosten im Fachhandel der Bundesrepublik Deutschland (nach Daten des Instituts für Handelsforschung)[4]

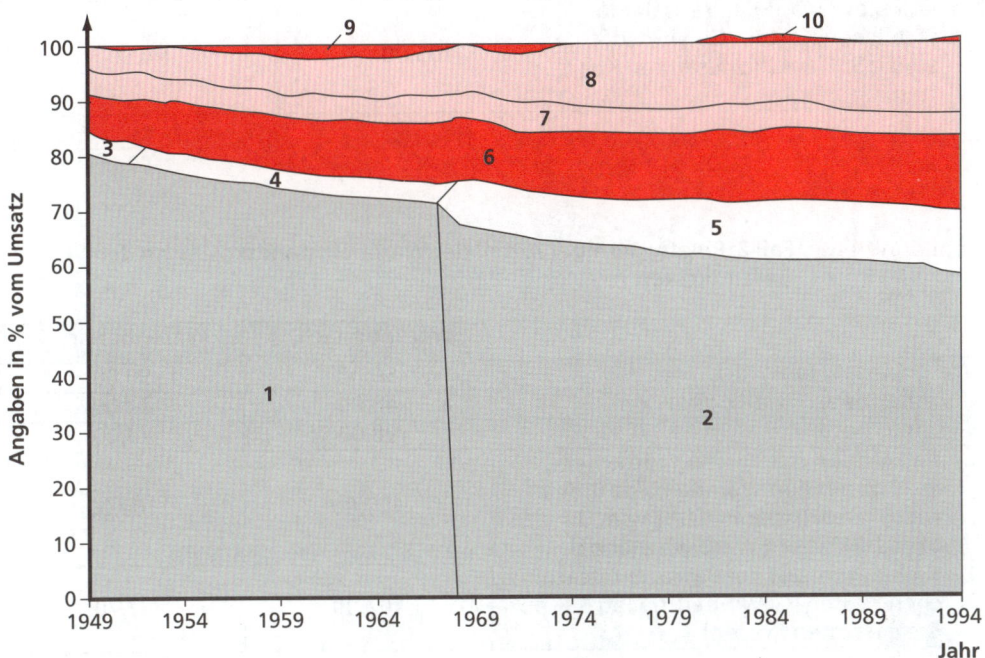

WARENKOSTEN:
1: Wareneinsatz bis 1967 (enthält Umsatzsteuer der Vorhandelsstufen)
2: Wareneinsatz ab 1968 (enthält keine
Vorsteuer)
UMSATZSTEUER:
3: Umsatzsteuer und Gewerbesteuer
bis 1951
4: Umsatzsteuer bis 1967
5: Umsatzsteuer ab 1968

* Nur alte Bundesländer

HANDLUNGSKOSTEN:
6: Personalkosten ohne Unternehmerlohn
7: Unternehmerlohn
8: Alle sonstigen Kosten (bis 1951) ohne
Gewerbesteuer)
BETRIEBSWIRTSCHAFTLICHES ERGEBNIS:
9: Positives betriebswirtschaftliches
Ergebnis
10: Negatives betriebswirtschaftliches
Ergebnis

---

[4] Wenzlitschke, M. R.: Der Anstieg der Personalkosten und seine Folgen für den Facheinzelhandel, in: Müller-Hagedorn, L. (Hrsg.): Trends im Handel. Analysen und Fakten zur aktuellen
Situation im Handel, Frankfurt am Main 1996.

Abbildung 11.7: Fall 1: Relativ hoher Anteil der Wareneinsatzkosten an den Gesamtkosten

| | Warenbereich 1 | Warenbereich 2 |
|---|---|---|
| Wareneinsatz (absolut) | 80,00 | 80,00 |
| Zurechenbare Handlungskosten | 20,00 | 10,00 |
| Gesamte Kosten | 100,00 | 90,00 |
| a) Kalkulation mit durchschnittlicher Spanne auf den Warenein- satz (Betriebshandelsspanne 20 % vom Umsatz bzw. 25 % vom Wareneinsatz) | 100,00 | 100,00 |
| b) Kalkulation auf der Basis der tat- sächlichen Kosten (Gewinnauf- schlag 5 % auf die gesamten Ko- sten) | 105,00 | 94,50 |

Abbildung 11.8: Fall 2: Relativ geringer Anteil der Wareneinstandskosten an den
Gesamtkosten

| | Warenbereich 1 | Warenbereich 2 |
|---|---|---|
| Wareneinsatz (absolut) | 50,00 | 50,00 |
| Zurechenbare Handlungskosten | 48,00 | 24,00 |
| Gesamte Kosten | 98,00 | 74,00 |
| a) Kalkulation mit durchschnittlicher Spanne auf den Wareneinsatz (Be- triebshandelsspanne 50 % vom Umsatz bzw. 100 % vom Wareneinstand) | 100,00 | 100,00 |
| b) Kalkulation auf der Basis der tatsächli- chen Kosten (Gewinnaufschlag 5 % auf die gesamten Kosten) | 102,90 | 77,70 |

Bei durchschnittlichen Kalkulationssätzen ergeben sich wiederum einheitliche Preise von je 100,00. Bei der an die Kostenverursachung angelehnten Kalkulation ergeben sich jedoch große Preisdifferenzen zwischen den zwei Warenbereichen, nämlich von 102,90 zu 77,70. Im ersten Fall beträgt die Preisdifferenz 10 % des höheren Preises, im zweiten Fall jedoch rund 25 %. Es ist einsichtig, daß eine 25prozentige Preisdiffe- renz im Markt stärkere Reaktionen nach sich ziehen kann als eine nur 10prozentige. Insofern geht von der Verschiebung der Relationen zwischen Warenkosten und Handlungskosten im Zeitablauf ein Zwang aus, unterschiedliche Kostenwirkungen einzelner Kalkulationsobjekte stärker zu beachten. Wenn einzelne Kalkulations- objekte (z. B. Warenbereiche) unterschiedliche Handlungskosten auslösen, kann die einheitliche Kalkulation zur Kalkulationsfalle werden, und zwar um so mehr, je geringer die Warenkosten an den Gesamtkosten sind. Bei großen Anteilen der Warenkosten ist es praktisch unbedeutend, ob undifferenzierte oder die unterschiedliche Höhe der Handlungskosten berücksichtigende Verfahren zum Einsatz kommen; bei wachsenden Anteilen der Handlungskosten wird es dagegen immer bedeutsamer zu prüfen, ob einzelne Kalkulationsobjekte für unterschiedlich hohe Handlungskosten verantwortlich sind. Solche Überlegungen stärken das Interesse an einem möglichst weitgehenden Ausweis der einem Umsatzträger zuordenbaren Kosten. Dieser Aufgabe stellen sich die verschiedenen Formen der Voll- und Teilkostenrechnung.

## 11.2.2 Varianten der differenzierten Ermittlung der Kosten einzelner Leistungseinheiten – die Deckungsbeitragsrechnung

Differenzierte Systeme der Kostenrechnung zielen darauf ab, einzelnen Umsatzträgern (Leistungseinheiten) ihre Kosten zuzuordnen.

### Die Vielfalt der Leistungseinheiten

Leistungseinheiten können
– Teile des Sortimentes (im Extremfall sogar einzelne Artikel),
– einzelne Verkaufsstellen oder Verkaufsregionen,
– Vertriebsschienen (Betriebsformen)
sein.

Unter den Leistungen, die ein Handelsbetrieb erstellt, kommt traditionell den im Absatzmarkt verwerteten Waren oder selbständigen Dienstleistungen eine besondere Bedeutung zu. Da ein Handelsbetrieb häufig viele verschiedenartige Waren anbietet, wurde die Warenvielfalt mit Hilfe von Sortimentspyramiden zusammengefaßt. Die kleinste disponierbare Einheit wird dabei als Artikel, manchmal auch als Sorte, bezeichnet. Einzelne Artikel können dann zu Artikelgruppen (z. B. emaillierte Geschirre, Aluminiumgeschirre), Artikelgruppen zu Warenbereichen (z. B. Haus- und Küchengeräte, Glas/Keramik/Porzellan, Bestecke und Schneidwaren), Warenbereiche zu Warenarten (z. B. Hausrat) zusammengefaßt werden.[5] In der Praxis werden zahlreiche Begriffe herangezogen, um die Warenvielfalt zu systematisieren. Wie auch immer dies geschieht, es zählt zu den klassischen Anliegen einer Kosten- und Leistungsrechnung im Handelsbetrieb, die Erfolgsbeiträge einzelner Elemente der Sortimentspyramide zu bestimmen. Dem Wunsch, den Erfolg des gesamten Handelsbetriebes zu ermitteln (Betriebserfolg), folgt der Wunsch, den Erfolgsbeitrag einzelner Warenarten, einzelner Warenbereiche, einzelner Artikelgruppen, im Einzelfall einzelner Artikel zu erfahren. Basisvoraussetzung für die Ermittlung derart detaillierter Erfolgsbeiträge ist die differenzierte Erfassung der Umsätze. Dafür sind im Handelsbetrieb nicht immer die Voraussetzungen gegeben. Inzwischen sind aber viele Handelsbetriebe auch bei umfangreichen Sortimenten und großem Mengenvolumen in der Lage, den Abverkauf differenziert zu erfassen (insbesondere aufgrund der Ausbreitung der Scannertechnologie). Stellenweise liegen aber auch heute noch die Abverkaufsdaten nur in aggregierter Form vor.

---

[5] Ausschuß für Begriffsdefinitionen aus der Handels- und Absatzwirtschaft (Hrsg.), 1995, S. 24 (Stichwort "Ware").

## Zurechnung der Kosten auf die Leistungseinheiten

Die Disaggregation des Umsatzes schafft die Voraussetzung für die Zurechnung der Kosten auf die gebildeten Leistungseinheiten (Sortimentseinheiten). Eine lang andauernde Diskussion beschäftigte sich mit der Frage, unter welchen Voraussetzungen eine Zurechnung von Kosten auf Leistungseinheiten (Kostenträger) sinnvoll ist. Die Zurechnung geschieht, indem einzelne Kostenarten den Kostenträgern direkt zugerechnet werden (Kostenträgereinzelkosten) oder indem die den Kostenträgern nicht unmittelbar zurechenbaren Kostenarten Kostenstellen zugewiesen werden, für die dann ermittelt wird, in welchem Ausmaß diese von den Kostenträgern in Anspruch genommen worden sind. Kennzeichnend hierfür ist also eine Dreiteilung der Kostenrechnung in eine Kostenarten-, Kostenstellen- und Kostenträgerrechnung. Zwar dienen alle Teile der Kostenrechnung vor allem der Ermittlung der Erfolgsbeiträge einzelner Kostenträger, aber dennoch werden mit jedem Teilsystem auch eigenständige Ziele verfolgt.
– Die Kostenartenrechnung dient der Planung und Kontrolle einzelner Kostenarten. So wird z. B. betrachtet, wie hoch die Personalkosten sind und wie sie sich entwickelt haben. Sollen die Werbekosten beispielsweise auf 3 %, 3,5 % oder 4 % vom Umsatz festgelegt werden? Bei solchen Fragestellungen kommt es zweckmäßigerweise zu einem Zusammenwirken von innerbetrieblicher Kostenrechnung und zwischenbetrieblichem Betriebsvergleich.
– Die Kostenstellenrechnung dient der Planung und Kontrolle der Kosten in einzelnen organisatorischen Bereichen der Unternehmung.
– Besondere Beachtung hat im Handelsbetrieb immer schon die Kostenträgerrechnung gefunden. So dient sie z. B. dazu, den Erfolgsbeitrag einzelner Teile des Sortimentes zu bestimmen.

Als unproblematisch wird die Zurechnung von sog. Kostenträgereinzelkosten angesehen. Ob es sich um Einzelkosten handelt, wird anhand der Frage geprüft, ob die betrachteten Kosten hinsichtlich der betrachteten Bezugsgröße (hier der Sortimentseinheit) in einer meßbaren Weise variabel sind. »Mögliche Einzelkosten sind diejenigen direkt meßbaren Kosten, die nicht entstehen würden, wenn die jeweils betrachtete Bezugsgrößenmenge wegfallen würde.«[6] Die übrigen Kosten werden in bezug auf die gewählte Bezugsgröße als Gemeinkosten bezeichnet. Teilweise wird empfohlen, alle Kosten den Kostenträgern zuzurechnen, was zur sog. Vollkostenrechnung führt. Teilkostenrechner dagegen verzichten hierauf, nicht nur, weil sie dies rechentechnisch für zu aufwendig halten, sondern weil sie die dann entstehenden Kosteninformationen nicht als für die betriebliche Steuerung geeignet ansehen. Die Teilkostenrechnung findet sich vor allem in Deckungsbeitragsrechnungen.

## Die Grundform der Deckungsbeitragsrechnung

Ein Beispiel für eine Deckungsbeitragsrechnung findet sich in Abbildung 11.9.
Im Einzelfall muß geklärt werden, ob einzelne Kostenbeträge als Einzelkosten oder als Gemeinkosten (jeweils in bezug auf die gewählte Bezugsgröße) anzusehen sind. So werden die Kosten für den Wareneinsatz in vielen Fällen als Einzelkosten einzustufen sein; das Beispiel der Gesamtumsatzrabatte macht aber deutlich, daß Rabatte und mithin Wareneinstandskosten nicht immer oder in Gänze als Einzelkosten angesehen

---

[6] Börner, D.: Einzelkosten und ihre Verrechnung, in: Kosiol, E. u. a. (Hrsg.): Handwörterbuch des Rechnungswesens, Stuttgart 1970, Sp. 439–444.

werden können. Wechselnde Einsatzbereiche von Personal, Werbemaßnahmen für einzelne Warenbereiche, die auch anderen Warenbereichen zugute kommen, die mangelnde Abtrennbarkeit von Raum lassen die Frage nach der Einstufung als Einzel- oder Gemeinkosten aufkommen.

**Abbildung 11.9:** Grundform einer Deckungsbeitragsrechnung (am Beispiel einer Sortimentserfolgsrechnung)

| | Warenbereiche | | | Σ |
|---|---|---|---|---|
| | 1 | 2 | 3 | |
| Umsatz (netto = ohne MwSt.) | 50 000 | 100 000 | 175 000 | 325 000 |
| ./. Wareneinsatz (soweit Einzelkosten) | 30 000 | 60 000 | 90 000 | 180 000 |
| = Bruttoertrag (Rohertrag) bzw. Deckungsbeitrag 0 | 20 000 | 40 000 | 85 000 | 145 000 |
| ./. weitere Einzelkosten der Warenbereiche | 10 000 | 25 000 | 50 000 | 85 000 |
| = Deckungsbeitrag I | 10 000 | 15 000 | 35 000 | 60 000 |
| ./. Gemeinkosten der Warenbereiche | | | | 55 000 |
| = Betriebsergebnis | | | | 5 000 |

**Verfeinerte Form einer Deckungsbeitragsrechnung**

Die in Abbildung 11.9 dargestellte Situation läßt sich in verfeinerter Form abbilden, wenn nicht nur gefragt wird, ob die Kosten im Hinblick auf die Bezugsgröße »Warenbereich« variabel sind und dann als Einzelkosten des Warenbereichs eingestuft werden können, sondern wenn zusätzlich gefragt wird, ob sich die betreffende Kostenposition mit einer Veränderung des Umsatzes in dem betreffenden Warenbereich verändert.[7] Der Umsatz stellt eine weitere Bezugsgröße für die Analyse der Kosten dar.

---

[7] Vgl. auch Gümbel, R./Brauer, K. M.: Neue Methoden der Erfolgskontrolle und Planung in Lebensmittelfilialunternehmungen. Deckungsbeitragsrechnung und Mathematische Hilfsmittel, in: Gümbel, R./Brauer, K. M./Müller-Hagedorn, L. et al. (Hrsg.): Unternehmensforschung im Handel, Rüschlikon – Zürich 1969, S. 23–52.

**Abbildung 11.10:** Form der Deckungsbeitragsrechnung, in der sowohl nach Einzel- und Gemeinkosten als auch nach fixen und variablen Kosten differenziert wird (am Beispiel der Sortimentserfolgsrechnung)

| | Warenbereiche | | | |
| --- | :---: | :---: | :---: | :---: |
| | 1 | 2 | 3 | $\Sigma$ |
| Umsatz (netto = ohne MwSt.) | 50 000 | 100 000 | 175 000 | 325 000 |
| ./. Wareneinsatz (soweit Einzelkosten) | 30 000 | 60 000 | 90 000 | 180 000 |
| = Bruttoertrag bzw. Deckungsbeitrag 0 | 20 000 | 40 000 | 85 000 | 145 000 |
| ./. weitere variable Einzelkosten der Warenbereiche | 4 000 | 15 000 | 20 000 | 39 000 |
| = Deckungsbeitrag I | 16 000 | 25 000 | 65 000 | 106 000 |
| ./. fixe Einzelkosten des Warenbereichs | 6 000 | 10 000 | 30 000 | 46 000 |
| = Deckungsbeitrag II | 10 000 | 15 000 | 35 000 | 60 000 |
| ./. variable Gemeinkosten aller Warenbereiche | | | | 20 000 |
| = Deckungsbeitrag III | | | | 40 000 |
| ./. fixe Gemeinkosten aller Warenbereiche | | | | 35 000 |
| = Betriebsergebnis | | | | 5 000 |

Die in Abbildung 11.10 dargestellte Form der Deckungsbeitragsrechnung ist differenzierter als diejenige in Abbildung 11.9. Zusätzlich zu der Einordnung eines Kostenbetrages als Einzelkosten oder Gemeinkosten in bezug auf den Warenbereich wird hier erfaßt, ob der Kostenbetrag mit einer Variation des Umsatzes fix bleibt oder ob er variiert.[8] Handelt es sich z. B. um den Warenbereich Tiefkühlkost, dann können die folgenden Verhältnisse realistisch sein: Bei dem Wareneinsatz handelt es sich um variable Einzelkosten, bei den Abschreibungen für die Truhe um fixe Einzelkosten, bei dem für das Aufstellen der Truhe benötigten Raum um fixe Gemeinkosten (weil sie nicht entfielen, wenn der Warenbereich TKK verkleinert würde und die freiwerdende Fläche einem anderen Warenbereich zur Verfügung gestellt würde).

Sowohl der Einteilung in Einzel- und Gemeinkosten einerseits und der Einteilung in fixe und variable Kosten andererseits liegt die gemeinsame Frage zugrunde, »ob die jeweils betrachteten Kosten hinsichtlich der jeweils betrachteten Bezugsgröße in einer meßbaren Weise variabel sind.«[9] Lediglich die Bezugsgrößen sind verschieden. Aus unterschiedlichen Bezugsgrößen und ihrer Kombination entstehen komplexere Systeme der Kostenrechnung. Insofern ist die Frage nach der geeigneten Bezugsgröße von besonderer Bedeutung. Wie oben schon ausgeführt worden ist, kommt im Handel

---

[8] Die Trennung in fixe (Bereitschaftskosten) und variable Kosten ist ein Kernanliegen des sog. Direct Costing gewesen. Vgl. zur Historie dieses Verfahrens: Bungenstock, C.: Entscheidungsorientierte Kostenrechnungssysteme. Eine entwicklungsgeschichtliche Analyse, Wiesbaden 1995, S. 260.

[9] Börner, D., 1970, Sp. 442.

einerseits der Unterteilung in Vertriebsschienen, Absatzregionen, Verkaufsstellen, andererseits entsprechend den Sortimentsebenen eine besondere Bedeutung zu. Ein sinnvoller Aufbau einer Kostenrechnung im Handel setzt also voraus, daß die Bezugsgrößen sinnvoll ausgewählt werden.

In der Praxis orientiert man sich stellenweise weniger an den vorgestellten Kostenkategorien (Einzel- und Gemeinkosten, fixe und variable Kosten), sondern zieht in mehreren Stufen einzelne Kostenarten vom Rohertrag ab und kommt so zu einer Abfolge von Roherträgen bzw. Deckungsbeiträgen (z. B. Deckungsbeitrag vor AfA, Steuern und Zinsen). Ein Beispiel hierfür ist aus Abbildung 11.11 zu ersehen.

**Abbildung 11.11:** Filialerfolgsrechnung _____

| WR-Zeile | | WR-Zeile | | WR-Zeile | |
|---|---|---|---|---|---|
| 10 | Filialumsatz netto | 30 | Personalkosten | 45 | Verwaltungskosten |
| 11 | Wareneinsatz | 31 | Werbeinserate | 46 | Raummiete/Pacht |
| 12 | Spanne | 32 | sonst. Werbekosten | 47 | Miete bew. Wirt- |
| | Preisänderungen | 33 | Packmaterial | | schaftsg. |
| | Spanne o. Preisände- | 34 | Zinsen a. Warenvorräte | 48 | AfA auf Bauten/Ein- |
| | rungen | 35 | variable Verkaufs- | | richtung |
| | Preisänderungen lt. | | kosten | 49 | Ladungsträger |
| | DSR | 36 | Post/Fernsprechgeb. | 50 | Instandhaltung |
| | Spanne lt. DSR | 37 | Büromaterial | 51 | GWG/KWG |
| 13 | Skonti/Boni/WKZ | 38 | Reise/Bewirtung | 52 | Energiekosten |
| 14 | sonstige Erträge | 39 | Steuern/Gebühren/Vers. | 53 | Zinsen auf Einrichtung |
| 15 | Rohertrag I | 40 | sonst. Verwaltungsko- | 55 | Miet-/Anlagekosten |
| 16 | verr. Lagerkosten | | sten | 56 | direkte Kosten |
| 17 | verr. Transportkosten | 41 | sonst. Betriebskosten | | DB vor sekundären Ko- |
| 20 | Rohertrag II | 42 | Reinigung/Abfallbe- | | sten |
| 21 | Warenverluste | | seitigung | | sekundäre Kosten |
| 22 | Manko/Inventur- | | | 57 | DB Filialen |
| | differenzen | | | | |
| 25 | Rohertrag III | | | | |

Wie das Beispiel zeigt, werden neben der Spanne (Zeile 12) die Roherträge I bis III (Zeile 15, 20, 25) ausgewiesen; von letzterem werden schließlich verschiedene Gruppen von Kostenarten abgesetzt, bei denen häufig offen bleibt, inwieweit es sich um Einzelkosten oder geschlüsselte Gemeinkosten handelt. In einigen Fällen ist es jedoch offensichtlich, daß Gemeinkosten geschlüsselt wurden, so z. B. bei den Kosten für Raummiete/Pacht.

**Probleme**

Vielzahl kostenbestimmender Einflußfaktoren

Durch die beiden dargestellten Varianten der Deckungsbeitragsrechnung ist schon angedeutet, daß die Höhe der Kosten von mehreren Bestimmungsfaktoren abhängen kann. In der ersten Variante lautete die Bezugsgröße »Zugehörigkeit des Warenbereichs zum Sortiment«, in der zweiten Variante kam die Bezugsgröße »Abhängigkeit von der Höhe des Umsatzes der jeweiligen Warengruppe« hinzu. Weitere Bestimmungsgrößen können hinzutreten, was insbesondere bei *Riebel* zu Bezugsgrößenhierarchien geführt hat.[10]

### Der mangelnde Ausweis der Inanspruchnahme zentraler Kapazitäten

Im Regelfall nimmt eine Sortimentseinheit über ihre variablen Kosten hinaus betriebliche Ressourcen in Anspruch, die nach dem Identitätsprinzip nicht als Einzelkosten der Sortimentseinheit angesehen werden können. So ergeben sich in vielen Fällen positive Deckungsbeiträge. Es ist nicht sinnvoll, jeweils die Sortimentseinheiten mit den niedrigsten Deckungsbeiträgen zu eliminieren, weil daraus allein noch keine Verbesserung der betrieblichen Erfolgssituation resultieren würde. Es gingen positive Deckungsbeiträge verloren. Die Kostenrechnung zeigt zwar die unterschiedliche Ertragskraft einzelner Sortimentseinheiten, Konsequenzen für die Sortimentspolitik deuten sich jedoch nicht unmittelbar an, denn bei einem relativ hohen Anteil von Kosten, die sich den Sortimentseinheiten nicht als Einzelkosten zurechnen lassen, sind die Deckungsbeiträge aller Sortimentseinheiten positiv. Eliminationsentscheidungen liegen somit nicht auf der Hand. An diesem Ergebnis ändert sich auch nichts, wenn die Deckungsbeiträge auf Engpaßeinheiten bezogen werden, wenn also beispielsweise der Deckungsbeitrag einer Sortimentseinheit durch die beanspruchte Verkaufsfläche geteilt wird und so sichtbar gemacht wird, welcher Deckungsbeitrag pro Ressourceneinheit (qm Verkaufsfläche) erzielt wird.

Auch bei positiven Deckungsbeiträgen ist zu fragen, ob die Ergebnissituation nicht durch bestimmte Maßnahmen verbessert werden kann. So könnte beispielsweise gefragt werden, wie sich die Kosten- und Erlössituation des Betriebes ändert, wenn die Flächenaufteilung geändert wird, wenn die Werbeausgaben erhöht oder gesenkt werden, wenn preispolitische Maßnahmen durchgeführt werden.

Wenn der Erfolgsbeitrag einzelner Umsatzsegmente ermittelt wird, ergeben sich im Regelfall unterschiedliche Sätze der Kostenbelastung (in bezug auf den Umsatz der Umsatzsegmente). Während die Betriebshandelsspanne der Kostenbelastung des gesamten Betriebes gegenübersteht, können sich für einzelne Umsatzsegmente durchaus davon abweichende Sätze ergeben. Der um den Wareneinsatz und die zugeordneten Kosten verminderte Umsatz einer Sortimentseinheit (absolut oder am Umsatz relativiert) kann sich von Sortimentseinheit zu Sortimentseinheit unterscheiden. Es ist zu fragen, welche Vorteile ein Betrieb aus der Kenntnis dieser differenzierten Kostenwirkung einzelner Umsatzsegmente ziehen kann. Der traditionellen Kostenrechnung sind zwei Sachverhalte eigen:

(1) Wie im Industriebetrieb gilt auch im Handelsbetrieb, daß die unmittelbar zurechenbaren Kosten, im Handelsbetrieb also die Wareneinstandskosten, einen immer kleineren Anteil an den Gesamtkosten ausmachen.

(2) Die Deckungsbeitragsrechnung weist zwar auch die Kosten zentraler Kapazitäten aus, läßt aber nicht erkennen, in welchem Ausmaß diese Kapazitäten von einzelnen Kostenträgern in Anspruch genommen werden.

---

[10] Vgl. Riebel, P.: Einzelkosten- und Deckungsbeitragsrechnung. Grundfragen einer markt- und entscheidungsorientierten Unternehmensrechnung, 6. Auflage, Wiesbaden 1990.

Wenn für Sortimentsteile der Erfolgsbeitrag als Differenz von Umsatz und zurechenbaren Kosten festgestellt wird, dann können sich Verlustbringer oder Sortimentseinheiten mit positiven Beiträgen ergeben. Bei negativen Beiträgen ist zu erwägen, ob Maßnahmen ergriffen werden sollen (z. B. im Rahmen der Preis-, der Werbe-, der Flächen- oder der Sortimentspolitik), um das Ergebnis wieder positiv zu gestalten, oder ob im extremen Fall die Sortimentseinheit eliminiert werden soll. Prognostisch ist die Elimination im Regelfall am einfachsten zu beurteilen, weil sich voraussagen läßt, welche Umsätze und Kosten entfallen werden. Schwierig dabei ist lediglich, in welchem Umfang sich Verbundwirkungen auf das restliche Sortiment ergeben werden. Die Kostenrechnung scheint also die Betriebsführung zu erleichtern.

### Von der Ist-Analyse zur entscheidungsunterstützenden Kostenrechnung

Betriebliche Planungsprobleme werden durch die Kostenrechnung erst unterstützt, wenn deutlich wird, wie sich die Kosten (und gegebenenfalls die Erlöse) bei Änderung einer Bezugsgröße ändern. Es geht um die quantitative Darstellung von Kostenfunktionen, die allgemein als

Höhe der Kosten = f (Parameter der Geschäftspolitik, Umweltgrößen)

definiert sind. Die Bestimmungsfaktoren der Höhe der Kosten stellen also zum Teil Parameter der Geschäftspolitik, zum Teil Umweltvariablen dar. Von besonderem Interesse ist der Einfluß der Parameter der Geschäftspolitik. Im Handelsbetrieb sind vor allem die folgenden Bereiche wichtig:
- Absatzpolitik (Marketingpolitik): Hier geht es um den Einsatz der einzelnen absatzpolitischen Instrumente in operativer wie in strategischer Sicht.[11]
- Beschaffungspolitik: Dabei geht es um Entscheidungen zur Auftragsabwicklung, zum Transport, zum Lagerhausmanagement, zum Bestandsmanagement und zur Kommissionierung, Verpackung und Warenauszeichnung.[12]

Natürlich können auch personalpolitische oder finanzierungspolitische Entscheidungen der Unterstützung durch Kosteninformationen bedürfen, jedoch ist dies seltener zu beobachten.

Während im Industriebetrieb interessiert, welche Kosten in Abhängigkeit von Erzeugnismengeneinheiten anfallen, geht es im Handelsbetrieb um die Frage, wie hoch die Kosten bei einzelnen geschäftspolitischen Maßnahmen sein werden, z. B. die Kosten in Abhängigkeit von der einzelnen Warenbereichen zugewiesenen Verkaufsfläche. Wenn es sich aber – wie das häufig der Fall ist – bei den Kosten für die Fläche (Mietwert) um fixe Gemeinkosten handelt, dann sind diese Kosten für die Entscheidung über die Flächenzuteilung irrelevant. Es ist dann nur zu prüfen, in welchem Ausmaß sich andere Kosten, wie insbesondere der Wareneinsatz, der Bedarf an Einrichtungsgegenständen, der Personaleinsatz, der Energieeinsatz, ändern. Die größere Schwierigkeit rührt allerdings aus der Prognose der aus einer alternativen Aufteilung

---

[11] Vgl. den Überblick über die absatzpolitischen Instrumente des Handelsbetriebes bei Müller-Hagedorn, L.: Handelsmarketing, 2. Auflage, Stuttgart – Berlin – Köln 1993 b, S. 48–51.
[12] Vgl. den Überblick bei Toporowski, W.: Logistik im Handel. Optimale Lagerstruktur und Bestellpolitik einer Filialunternehmung, Heidelberg 1996 a, S. 19–29.

der Verkaufsfläche resultierenden Veränderung des Umsatzes in der vergrößerten bzw. der verkleinerten Abteilung.

Der Umsatz, der in der Praxis häufig als Bezugsbasis für die Relativierung der Kosten herangezogen wird, stellt keine Bezugsgröße im Sinne einer entscheidungsorientierten Kostenrechnung dar. Während die Erzeugnismengeneinheiten in der Fertigung eines Industriebetriebes durchaus als Aktionsparameter der Unternehmung angesehen werden können, handelt es sich bei dem Umsatz, den ein Handelsbetrieb erzielt, um eine Ergebnisgröße. Auch im Sinne des Identitätsprinzips von *Riebel* gilt, daß eine betriebliche Disposition sowohl den Faktoreinsatz und in dessen Folge die Kosten als auch die Erlössituation berühren kann.

Abbildung 11.12:  Wirkung betrieblicher Dispositionen auf Kosten und Umsatz _____

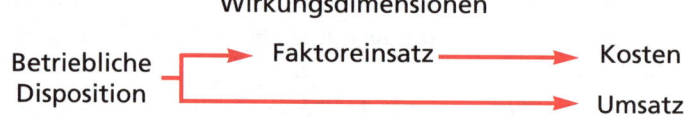

Der Umsatz im Handelsbetrieb darf also in einer entscheidungstheoretischen Analyse nicht mit den Produktionsmengen in der Industrie gleichgesetzt werden. Der Industriebetrieb kann festlegen, welche Mengen er von den einzelnen Erzeugnissen produzieren will, der Handelsbetrieb muß den Umsatz als Ergebnisgröße ansehen.

Wenn also der Kostenrechnung die Aufgabe zukommt, die infolge einer betrieblichen Disposition eingetretenen oder die infolge einer Disposition zu erwartenden Kosten zu ermitteln, dann muß sich dies in einem entsprechenden Aufbau der Kostenrechnung niederschlagen. Bezugsgröße für die Kosten ist mithin der relevante Aktionsparameter. Für alternative Flächenzuweisungen zu einer Sortimentseinheit ist die Situation in Abbildung 11. 13 dargestellt.

Abbildung 11.13 verdeutlicht, daß mit größer werdender Fläche einzelne Kostenarten wachsen. Einzelne Kostenarten sind fix (beispielsweise für die Kasseneinrichtung), andere steigen an, unter Umständen intervallfix. Der Gegenwert für die in Anspruch genommene Fläche bleibt außer acht, weil es sich um fixe Gemeinkosten handelt. Außerhalb der Kostenrechnung ist die Frage zu beantworten, wie die Kunden auf einzelne betriebspolitische Konzepte reagieren werden und welche Umsätze jeweils zu erwarten sind.

Zwar sind auch jetzt Kosten und Erlöse gegenüberzustellen, aber erstens wird der Eindruck vermieden, die Erlöse seien ein Bestimmungsfaktor der Kosten und zum anderen wird deutlich, daß es im Hinblick auf die Ausgestaltung der Geschäftspolitik auf Werte für alternative Ausprägungen der Geschäftspolitik ankommt.

**Abbildung 11.13:** Kosten und Erlöse in Abhängigkeit von der einer Sortimentseinheit zugewiesenen Fläche

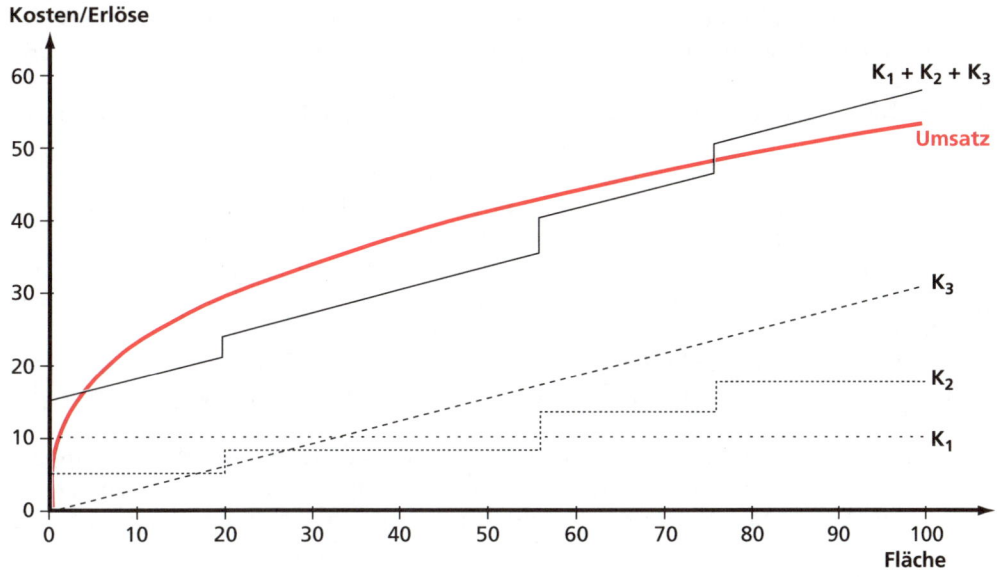

Die Anwendung der Kostenrechnung im Handel hat eine Reihe von Schwierigkeiten zu meistern:

(1) Das sog. Quantenproblem: Einzelne Güterarten können nicht in der Menge beschafft werden, wie sie für die Herstellung und den Vertrieb einer einzigen Erlösgütermengeneinheit benötigt werden (aus technologischen Ursachen, z. B. bei der Anschaffung einer Tiefkühltruhe, durch das Verhalten der Anbieter oder Nachfrager bedingt, wegen des Zwangs zu einer verbundenen Beschaffung). Unter Kostenrechnern wurde dieses Problem einerseits als das Fixkosten- und andererseits als das Gemeinkostenproblem bezeichnet. Die Deckungsbeitragsrechnung verzichtet zwar auf eine der Realität nicht entsprechende Aufteilung von fixen oder Gemeinkosten, aber sie erlaubt keine Aussage mehr über die Vorteilhaftigkeit von einzelnen Kostenträgern (Warengruppen), wenn diese mehrere der vorhandenen Kapazitäten in unterschiedlichem Maße in Anspruch nehmen. Bekannterweise kann sich die Inanspruchnahme der Verkaufsraum-, Lagerraum- oder Fuhrparkkapazität bei einzelnen Warengruppen stark unterscheiden, so daß einzelne Kennziffern, wie z. B. der Deckungsbeitrag pro qm Verkaufsfläche, nicht mehr genügen. Es kann die für den ausschließlich als Kostenrechner tätigen Analytiker schwierige Situation auftreten, daß unterschiedliche Warengruppen nach dem Umsatz, dem Deckungsbeitrag, dem Deckungsbeitrag pro qm, dem Deckungsbeitrag pro Personalstunde usw. jeweils am besten abschneiden. Die Theorie schlägt für diesen Fall vor, die Deckungsbeitragsrechnung durch eine Kapazitätsverteilungsrechnung zu ergänzen.

(2) Der Sortimentsverbund: Erlöse sind nicht unabhängig voneinander. Ein extremes Beispiel: Die Praxis bietet einzelne Artikel nur deswegen unter Einstandspreis an, weil sie hofft, daß der Verkauf anderer Artikel dies rechtfertigt. Für das Rechnungswesen ergibt sich daraus die Aufgabe, das Ausmaß des Verbundes zwischen einzelnen Erlösträgern sichtbar zu machen; ein ausgesprochen schwieriges Problem.

(3) Der Instrumentalverbund: Die Geschäftspolitik besteht aus einer Vielzahl von Einzelmaßnahmen, die jeweils den Einsatz eines Bündels von wirtschaftlichen Gütern erfordern. Das bedeutet, daß Informationen über die Struktur dieser Strategien in sachlicher Hinsicht und im Zeitablauf benötigt werden, sowohl was die Maßnahme als auch was ihr Ergebnis betrifft.

(4) Das Problem der verzögerten Marktwirkung: Wenn Erfolg und Einsatz einer Maßnahme gegenübergestellt werden sollen, ist bei einer sehr weiten Periodenabgrenzung nicht mehr gewährleistet, daß der Erfolg in einem Zusammenhang mit der Maßnahme steht, bei einer sehr engen Periodenabgrenzung tritt die Frage auf, über wieviele Perioden hinweg der Erfolg einer Maßnahme verfolgt werden muß.

(5) Das Problem der Unsicherheit: Ein hoher Deckungsbeitrag einer Warengruppe in einer Periode bedeutet nicht, daß sich dieser Erfolg auch in der nächsten Periode wiederholen muß. Man denke an Änderungen im Konsumentenverhalten und an das Auftreten von Konkurrenten. Aus dieser Erkenntnis entspringt der Wunsch an das Rechnungswesen, auch die Abhängigkeit der Zielerreichung von den sog. Umweltvariablen deutlich zu machen.

### Zusammenfassende Beurteilung des internen Rechnungswesens

Beurteilt man die Verfahren der Kosten- und Erlösrechnung darauf hin, inwieweit sie eine Marketingpolitik im Sinne von marktgerichteter Unternehmenspolitik erleichtern, so ist festzustellen, daß die Kostenrechnung sich zu einem entscheidungsorientierten Führungsinstrument entwickelt, sieht man einmal davon ab, daß in der Praxis noch wesentliche Elemente einer Vollkostenrechnung weiterhin praktiziert werden. Prüft man allerdings, für welche strategischen oder taktischen Entscheidungen Datenmaterial zur Verfügung gestellt wird, so wird deutlich, daß die Kosten- und Erlösrechnung zwar einige Hinweise für die Filialnetz- und Sortimentsplanung geben kann, daß insgesamt die Unterstützung für viele andere Entscheidungsbereiche jedoch gering ist (vgl. den Katalog der absatzpolitischen Instrumente eines Handelsbetriebes). So stellt sich die Kostenrechnung weiterhin vorwiegend als ein Instrument der Dokumentation dar.

Verglichen mit der Entscheidungssituation einer Unternehmung, so wie sie in dem sog. Grundmodell der Entscheidungstheorie dargestellt wird, muß weiterhin festgehalten werden, daß die Kosten- und Erfolgsrechnung die Auswirkungen auf die Elemente der Zielhierarchie der Unternehmungen nur unvollkommen abbilden kann. Es sind zwar Ansatzpunkte vorhanden, so wenn der Umsatz
– nach dem Ort (z. B. Filialstandort),
– nach dem Filialtyp,
– nach der Auftragsgröße etc.
differenziert wird, aber insgesamt eröffnet sich hier ein viel weiteres Feld.

Schließlich ist festzuhalten, daß die Umwelt, die ja die Zielerreichung neben den gewählten Maßnahmen mitbeeinflußt, nur rudimentär abgebildet ist.

### 11.2.3 Die Kostenrechnung im Dienst der Prozeßanalyse – die Prozeßkostenrechnung

Zu den traditionellen Aufgaben der Kostenrechnung ist eine neue Sichtweise hinzugetreten, für die sich der Name Prozeßkostenrechnung eingebürgert hat. Auch ihr Anliegen ist es, den Erfolgsbeitrag einzelner Kostenträger (z. B. Sortimentseinheiten) zu bestimmen, wobei wie in der traditionellen Vollkostenrechnung die Inanspruchnahme der einzelnen Kostenstellen näher betrachtet wird. Dabei wird jedoch betont, daß die Leistungserstellung die Abwicklung von Prozessen erfordert, die sich über mehrere Kostenstellen erstrecken; die Inanspruchnahme dieser Kostenstellen soll verursachungsgerecht verrechnet werden. Prozeßkostenrechnungen sollen nicht nur den Erfolgsbeitrag einzelner Sortimentsteile ausweisen, sondern sollen darüber hinaus Hinweise für die Gestaltung einzelner betrieblicher Prozesse liefern. Auf die Durchführung solcher Prozeßkostenrechnungen und die damit verbundenen Probleme wird in folgendem eingegangen.

Im Handel ist unter dem Namen Direkte Produkt Profitabilität (DPP) ein neuer Ansatz zu einer differenzierten Ermittlung und Zuordnung von Handlungskosten eines Artikels entwickelt worden. Werden von der Handelsspanne sog. Direkte Produktkosten (DPK) abgezogen, so verbleibt ein Betrag zur Abdeckung der nicht direkt zurechenbaren Kosten und zur Erzielung des Gewinns.[13] Dieser Betrag wird als Direkter Produktprofit bezeichnet. Im Mittelpunkt des Ansatzes steht die Ermittlung der Direkten Produktkosten. Ähnlich wie bei der Prozeßkostenrechnung ist zuerst zu untersuchen, welche »Tätigkeitsbereiche« Kosten verursachen. Ihnen werden möglichst verursachungsgerecht Kosten zugeordnet. Anschließend werden mit Hilfe von Kosteneinflußgrößen Kostenfaktoren ermittelt. Verknüpft man produktspezifische Daten, die die Inanspruchnahme der Kosteneinflußgrößen bestimmen, mit den Kostenfaktoren, so können einem einzelnen Produkt seine Handlungskosten zugerechnet werden.

Die Prozeßkostenrechnung soll nicht nur helfen, Strukturentscheidungen im Handelsbetrieb vorzubereiten, sondern soll auch Hinweise liefern, welche Ergebnisse mit den Prozessen erzielt werden (Überprüfung der Effizienz) bzw. welche Prozesse zum Aufgabenbündel eines Handelsbetriebes gehören sollen (Effektivität einzelner Prozesse). Damit öffnet sich für die Kostenrechnung eine zweite Dimension zur Differenzierung. Während zunächst die Überlegungen darauf gerichtet waren, vom Gesamtkostenverfahren zu einem detaillierterem Ausweis von Kosten für einzelne Sortimentsteile zu kommen, richtete sich anschließend das Interesse auf die einzelnen Prozesse, die zum Umsatz hinführen. In einfacher Untergliederung kann der Handelsbetrieb als eine Abfolge von beispielsweise folgenden Prozessen gesehen werden:

Sortimentsplanung → Lieferantenauswahl → Disposition → Transport → Warenannahme → Lagerung → Transport zur Verkaufsstelle → Verkauf.

---

[13] Vgl. Günther, T., 1993, S. 467–473.

Eine solche Aktivitätenabfolge kann stärker zusammengefaßt oder stärker detailliert werden.[14] Kostenrechnungsverfahren, die unter der Bezeichnung Prozeßkostenanalyse diskutiert werden, dienen vor allem zwei Zwecken:

– Zum ersten sollen sie die überwiegend wertabhängigen Bezugsgrößen, mit denen im Rahmen von traditionellen Vollkostenrechnungen den einzelnen Bestandteilen des Sortiments Kosten zugerechnet werden, durch Schlüssel ersetzen, die als verursachungsgerechter angesehen werden. Zu Recht wird nämlich kritisiert, daß die Einzelkosten einzelner Produkte eine immer schmalere Basis für immer größer werdende Gemeinkostenzuschläge abgeben, wobei Schlüssel verwendet werden, die in keinem erkennbaren Zusammenhang zur Inanspruchnahme der die Gemeinkosten verursachenden Bereiche stehen. Es sollte also deutlicher werden, welche Kosten die einzelnen Produkte tatsächlich auslösen, zumal klar ist, daß die Inanspruchnahme zentraler Leistungen durch einzelne Produkte aufgrund ihrer Komplexität, ihres Variantenreichtums oder ihrer Absatzmenge durchaus unterschiedlich ist.

– Zum zweiten soll die Analyse einzelner Prozesse auch dazu dienen, die Effizienz einzelner Leistungsbereiche zu durchleuchten.

### 11.2.3.1 Schritte der Prozeßkostenrechnung

Die Prozeßkostenrechnung liegt mittlerweile in mehreren Varianten vor,[15] von denen zwei erwähnt werden sollen:

– das Activity-Based Costing nach *Cooper, Johnson* und *Kaplan,*[16]
– der Ansatz von *Horváth* und *Mayer.*[17]

Die Prozeßkostenrechnung nach *Horváth* und *Mayer* vollzieht sich nach einem einfachen System, das durch folgende Stufen beschrieben werden kann.

### (1) Definition der Aufgabenstellung

*Horváth* und *Mayer* empfehlen, erste Untersuchungen in den Bereichen der Unternehmung anzulegen, in denen die Ergebnisse mit besonderer Neugier erwartet werden (z. B. bei der Frage, ob Kleinaufträge auch dann noch Überschüsse erbringen, wenn die Kosten für die Abwicklung miteinbezogen werden) oder die Maßgrößen besonders einfach zu erheben sind (z. B. im Logistikbereich). Als wichtig erweist sich auch hier eine Zielformulierung: Welche Prozesse sollen verbessert werden (z. B.

---

[14] Zu einer detaillierten Auflistung einzelner Aktivitäten bei Beschaffung und Lagerhaltung vgl. z. B.: Bichler, K./Beck M.: Beschaffung und Lagerhaltung im Handelsbetrieb. Teil 2, 2. Auflage, Wiesbaden 1987.

[15] Siehe z. B. die bei *Olshagen* und bei *Coenenberg/Fischer* genannten Begriffe und Literaturhinweise; Olshagen, C.: Prozeßkostenrechnung. Aufbau und Einsatz, Wiesbaden 1991; Coenenberg, A. G./Fischer, T. M.: Prozeßkostenrechnung. Strategische Neuorientierung in der Kostenrechnung, in: DBW, 51. Jg. (1991), S. 21–22; Coenenberg, A. G.: Kostenrechnung und Kostenanalyse, 3. Auflage, Landsberg am Lech 1997, S. 220–241.

[16] Cooper, R./Kaplan, R. S.: Measure Costs Right. Make the right Decisions, in: Harvard Business Review, Vol. 66 (1988), No. 5, S. 96–103.

[17] Horváth, P./Mayer, R.: Prozeßkostenrechnung – Der neue Weg zu mehr Kostentransparenz und wirkungsvolleren Unternehmensstrategien, in: Controlling, 1. Jg. (1989), H. 4, S. 214–219; Horváth, P./Mayer, R.: Prozeßkostenrechnung. Konzeption und Entwicklungen, in: Kostenrechnungspraxis (krp), Sonderheft 2 (1993), S. 15–27.

Bündelung von Transportströmen, bedarfsnahe Disposition)? Soll Transparenz in bestimmten Gemeinkostenbereichen geschaffen werden?

### (2) Definition von Prozessen und Aktivitätenanalyse

Der Betrieb wird – wie in der Produktionstheorie – als eine Abfolge von Prozessen gesehen. Diese Prozeßstrukturen sind im Hinblick auf die Ziele der Untersuchung zu entwickeln. Unter einem Prozeß ist dabei eine auf die Erbringung eines Leistungsoutputs gerichtete Kette von relativ homogenen und sich wiederholenden Aktivitäten zu verstehen. Durch einen solchen Prozeß werden Ressourcen in Anspruch genommen. So können z. B. in der Kostenstelle X Bestellungen für verschiedene Warenbereiche abgewickelt werden. Die Bestellungen für jeden Warenbereich können als eigene Aktivitäten definiert werden, für die zu ermitteln ist, welcher Anteil der Kosten in der Kostenstelle X für Bestellungen im Warenbereich Z anzusetzen ist. In einfachen Fällen wird in einer Kostenstelle nur ein Prozeß erbracht, in komplizierteren Fällen müssen die Aktivitäten der Kostenstelle entsprechend den verschiedenen Prozessen differenziert werden. Ergebnis dieses Schrittes stellen Outputeinheiten und Angaben des Ressourcenverbrauchs dar. Ebenso wäre beispielsweise in den Kostenstellen Warenannahme, innerbetrieblicher Transport, Lager, Kommissionierung und Warenausgang zu verfahren. Für einen bestimmten Warenbereich fallen also Aktivitäten in mehreren Kostenstellen an. Die Teilprozesse können zu einem Hauptprozeß zusammengefaßt werden (so kann z. B. der Hauptprozeß Ware beschaffen aus den Teilprozessen Ware einkaufen, Warenlieferung entgegennehmen, Eingangsprüfung durchführen und Ware lagern bestehen).[18]

### (3) Kostenarten- und Kostenstellenrechnung

Der Ressourcenverbrauch innerhalb der Kostenstellen muß bewertet werden. Ausgangspunkt hierfür ist wie in der traditionellen Kostenrechnung eine Kostenarten- und eine Kostenstellenrechnung. Den Kostenstellen werden alle Kosten zugerechnet, die nicht unmittelbar den Kostenträgern zugeordnet werden können.

### (4) Analyse der Kosteneinflußgrößen (cost drivers)

Wenn für einen Prozeß analysiert wird, von welchen Größen der Verzehr an Ressourcen abhängt, wenn also nach den Kosteneinflußgrößen gefragt wird, dann geht es der Prozeßkostenrechnung nicht um Vollständigkeit, sondern darum, wichtige und einfach zu ermittelnde (EDV-gerechte) Bestimmungsfaktoren zu verwenden. Stellenweise wird zwischen Maßgröße bzw. Bezugsgröße und cost driver unterschieden. So verwenden *Horváth* und *Mayer* den Begriff cost driver nur, um die Anzahl der Hauptprozeßdurchführungen zu bezeichnen, während sie mit der Maßgröße die Anzahl der Teilprozeßdurchführungen in den Kostenstellen messen. Bei der Kommissionierung könnten dies beispielsweise die Anzahl der bearbeiteten Auftragszeilen sein. Der cost driver und die Maßgröße sind sowohl Meßgröße für den Output als auch Meßgröße für die Kostenverursachung bzw. den Ressourcenverbrauch.

### (5) Ermittlung der Prozeßkosten

In einem ersten Schritt werden die in einer Kostenstelle einem Prozeß zugerechneten Kosten durch die Menge des als Bezugsgröße gewählten Outputs geteilt. Dies ergibt den Prozeßkostensatz, der angibt, wieviele Kosten durchschnittlich pro Outputein-

---

[18] Coenenberg, A. G./Fischer, T. M., 1991, S. 21–38.

heit anfallen. Kosten, die nicht von der Prozeßmenge abhängen (leistungsmengen-neutrale Kosten; lmn), können proportional zu den leistungsmengeninduzierten (lmi) Kosten zugeschlüsselt werden. Die Kosten für die Leitung einer Abteilung könnten beispielsweise als leistungsmengenneutrale Kosten eingestuft werden. Der Umlage-satz ergibt sich dann aus dem Verhältnis der leistungsmengenneutralen zu den lei-stungsmengeninduzierten Kosten. Es gibt aber auch Vorschläge, auf die Umlage der leistungsmengenneutralen Kosten zu verzichten, weil hier die Proportionalität von Kosten und Prozeßmenge in besonderer Weise in Frage gestellt sei und sich mithin falsche Folgerungen für betriebspolitische Entscheidungen ergeben könnten.[19]

Abbildung 11.14 zeigt am Beispiel der Kostenstelle Einkauf, welche Teilprozesse definiert worden sind, wie die Kosten der Kostenstelle auf die einzelnen Prozesse (Aktivitäten) aufgeteilt worden sind, welche Maßgrößen verwendet worden sind, um Prozeßkostensätze zu bilden, und für welche Hauptprozesse die einzelnen Prozeß-kostensätze verwendet werden sollen.

**Abbildung 11.14:** Beispiel für die Anwendung der Prozeßkostenrechnung in einer Ko-stenstelle

| Kostenstelle 5501 Einkauf | | | | | | | |
|---|---|---|---|---|---|---|---|
| Teilprozesse | | Maßgrößen | | Kosten-zurech-nung | Prozeßkosten (Prozeßkostensatz) | | | Zuord-nung |
| Nr. | Bezeichnung | Art | Menge | Basis MJ | lmi | lmn | gesamt | auf HP |
| 1 | Rahmenver-träge ab-schließen | Rah-men-verträ-ge | 70 | 0,70 | 70 000,00 (1 000) | 10 000,00 | 80 000,00 (1 142,86) | HP 7 |
| 2 | Abrufe über Rahmenver-träge | Abrufe | 5 000 | 1,50 | 150 000,00 (30) | 21 428,57 | 171 428,57 (34,29) | HP 7 |
| 3 | Bestellungen Serienmat. Einzel-bestellungen | Einzel-bestel-lungen | 2 000 | 2,00 | 200 000,00 (100) | 28 571,43 | 228 571,43 (114,29) | HP 8 |
| 4 | Bestellungen Gemein-kosten-material | Bestel-lungen | 3 000 | 1,80 | 180 000,00 (60) | 25 714,29 | 205 714,29 (68,57) | HP 9 |
| 5 | Kontakte mit Lieferanten halten | Liefe-ranten | 70 | 1,00 | 100 000,00 (1 428,5) | 14 285,71 | 114 285,71 (1 632,65) | HP 6 |
| 6 | Abteilungen leiten | | | 1,00 | | 10 000,00 | | |
| Σ | | | | 8,00 | | | 800 000,00 | |

Quelle: Horváth, P./Mayer, R., 1993, S. 22

---

[19] Coenenberg, A. G./Fischer, T. M., 1991, S. 30.

## (6) Zuordnung der Prozeßkosten zu den Kostenträgern

Unterschiede in der Inanspruchnahme der Ressourcen einer Unternehmung durch einzelne Kostenträger (Sortimentsbereiche, Kundengruppen, Regionen usw.) werden erfaßt, indem die Prozeßkosten über Prozeßkostensätze in die Kostenträgerrechnung überführt werden. Teile der Prozeßkosten können als nicht den Kostenträgern zugeordnete Kosten unmittelbar in die Ergebnisrechnung eingestellt werden.

Hauptkennzeichen der Prozeßkosten ist darin zu sehen, daß versucht wird, möglichst viele der sog. Kostenträgergemeinkosten über verursachungsgerechte Schlüssel den Kostenträgern zuzurechnen. Eine solche Schlüsselung wird vorgenommen

- bei der Zurechnung der Kosten einer Kostenstelle auf die dort erbrachten Aktivitäten,
- bei der Proportionalisierung der (fixen) Kosten auf die Outputmengeneinheiten des Prozesses,
- bei der Zuordnung der Prozeßkosten auf die Kostenträger.

Auf die Problematik der mit der Prozeßkostenrechnung verbundenen Schlüsselung wird im Abschnitt 11.2.3.3 zurückgekommen. Vorher wird im Abschnitt 11.2.3.2 die Prozeßkostenrechnung an einem Logistikproblem veranschaulicht.

### 11.2.3.2 Die Anwendung der Prozeßkostenrechnung am Beispiel eines Logistikproblems

Der Beitrag der Prozeßkostenrechnung zur Lösung logistischer Probleme einer Handelsunternehmung soll im folgenden anhand eines Beispiels diskutiert werden. Zu den zentralen Anliegen bei der Auseinandersetzung mit logistischen Fragestellungen gehört neben einer Verbesserung des Lieferservice die Bestandsoptimierung. Begriffe wie Just-in-time-Belieferung, continuous replenishment oder efficient consumer response prägen die Diskussion, in deren Mittelpunkt häufig die Senkung der Warenbestände steht.

Das Problem der Bestandsoptimierung ist nicht neu. Bei der klassischen Bestellmengenformel und der ihr zugrunde gelegten Zielfunktion geht es um das optimale Verhältnis zwischen Lager- und Bestellkosten. Eine Verringerung der Bestellmenge und damit des durchschnittlichen Bestandes führt zu einem Anstieg der Bestell- und Liefervorgänge und damit der Bestellkosten. Ein uneingeschränktes Plädoyer für eine Verringerung der Bestellmenge kann, abgesehen von den Konsequenzen für die Warenpräsenz und damit die Erlössituation, folglich nicht optimal sein.

Die klassische Bestellmengenformel basiert auf sehr restriktiven, zum Teil realitätsfremden Annahmen. In der Folgezeit ist eine unübersehbare Zahl von Beiträgen entstanden, in denen Modelle der Bestellmengenplanung diskutiert werden. Immer neue Varianten werden mit anderen Modellen verglichen; die Leistungsfähigkeit modifizierter Algorithmen wird unter den Kriterien Optimalität, Schnelligkeit usw. analysiert. Ein wichtiger Gesichtspunkt wird jedoch stark vernachlässigt, nämlich die Frage nach der Höhe der Kostensätze, auf die diese Modelle zurückgreifen.

Trotz ihrer Einfachheit macht nämlich die klassische Bestellmengenformel bereits eines deutlich. Will man die Bestellpolitik optimieren, benötigt man Informationen über die Konsequenzen der zur Wahl stehenden Handlungen. Sowohl in theoretischen Beiträgen als auch in der Praxis wird häufig ein »Erfahrungswert« benutzt, um die Höhe des Bestellkostensatzes zu quantifizieren. Dies geschieht weitgehend undifferenziert, so daß wichtige Einflußfaktoren auf die tatsächliche Höhe des Bestellkostensatzes unberücksichtigt bleiben. Daraus können sich Gefahren für die Optimalität der Bestellpolitik ergeben. Mögliche Lösungsbeiträge der Prozeßkostenrechnung sollen im folgenden mit Hilfe eines Beispiels untersucht werden. Hierzu werden die in Abbildung 11.15 charakterisierten Artikel A, B und C betrachtet.

**Abbildung 11.15:** Bedarf und Stückpreis der Artikel A, B und C

|  | A | B | C |
|---|---|---|---|
| **Bedarf pro Jahr** | 5 200 ME | 6 500 ME | 2 600 ME |
| **Stückpreis** | 2,50 GE | 4,50 GE | 11,25 GE |

Unterstellt man einen konstanten Bedarfsverlauf, keine Kapazitätsrestriktionen und keine Verbundwirkungen, so kann man für jeden Artikel die optimale Bestellmenge mit Hilfe der klassischen Bestellmengenformel ermitteln. Nimmt man an, daß ein einzelner Bestellvorgang 9,00 GE kostet und der Lagerkostensatz sich auf 10,4 % des durchschnittlich gebundenen Kapitals beläuft, so liefert die klassische Bestellmengenformel[20] als optimale Bestellmengen

$$x_A = \sqrt{\frac{5\,200 \cdot 9}{2 \cdot 2,50 \cdot 10,4\,\%}} = 300\ \text{ME},$$

$$x_B = \sqrt{\frac{6\,500 \cdot 9}{2 \cdot 4,50 \cdot 10,4\,\%}} = 250\ \text{ME},$$

$$x_C = \sqrt{\frac{2\,600 \cdot 9}{2 \cdot 11,25 \cdot 10,4\,\%}} = 100\ \text{ME}.$$

Der optimale Lieferrhythmus beträgt folglich für A drei und für B und C zwei Wochen.

Die Ergebnisse basieren auf der Annahme, daß die Höhe des Bestellkostensatzes für alle Artikel gleich ist. Bei dieser undifferenzierten Vorgehensweise wird zum einen übersehen, daß sich jeder Bestellvorgang aus mehreren Teilprozessen zusammensetzt, und zum anderen vernachlässigt, daß ein Bestellvorgang eine Reihe von Teilprozessen auslöst. Welche Teilprozesse es im einzelnen sind und welche Kosten diese verursachen, kann von Artikel zu Artikel differieren. Zudem können die Teilprozesse und ihre Kosten von bestellpolitischen Entscheidungen selbst abhängig sein. Hierzu einige Beispiele:

Bevor eine Bestellung vorgenommen wird, muß der Bestand kontrolliert, der Bedarf prognostiziert und die Bestellmenge festgelegt werden. In der Regel setzt sich ein Auftrag aus mehreren Bestellpositionen zusammen, so daß die Bestellmengen einzelner Artikel zu einem Auftrag zusammengefaßt und erst dann an einen Lieferanten übermittelt werden. Durch den Auftrag wird ein Transportvorgang ausgelöst, der seinerseits mehrere Aufträge, zumindest auf einem Teil der Transportstrecke, umfas-

---

[20] Siehe Formel (13) im Abschnitt 9.2.3.2.

sen kann. Werden die zu einem Auftrag zusammengefaßten Waren angeliefert, erfolgt die Warenannahme, Kontrolle und Einlagerung. Ihnen schließt sich der Vorgang der Rechnungsregulierung an.

Die Darstellung zeigt, wie komplex die durch eine Bestellung ausgelösten Vorgänge sind. Versucht man, die dabei entstehenden Kosten zu quantifizieren, ist es erforderlich, die Einflußgrößen (Maßgrößen), von denen die Kostenhöhe abhängig ist, zu bestimmen.

Hierzu kann die Analyse der in den einzelnen Kostenstellen stattfindenden Teilprozesse Informationen liefern. Die folgende Tabelle zeigt ein Beispiel.

**Abbildung 11.16:** Kosten einzelner Teilprozesse _____

| | Teilprozeß | Maßgröße | Teilprozeß-kostensatz |
|---|---|---|---|
| 1a | Ware disponieren (automatisch) | Anzahl automatischer Dispositionen | 0,5 GE |
| 1b | Ware disponieren (manuell) | Anzahl manueller Dispositionen | 2,0 GE |
| 2a | Auftrag erstellen und übermitteln (per EDI) | Anzahl Aufträge (per EDI) | 1,0 GE |
| 2b | Auftrag erstellen und übermitteln (per Brief) | Anzahl Aufträge (per Brief) | 2,0 GE |
| 3a | Warenannahme (automatische Datenerfassung) | Anzahl Wareneingänge (automatische Datenerfassung) | 1,0 GE |
| 3b | Warenannahme (manuelle Datenerfassung) | Anzahl Wareneingänge (manuelle Datenerfassung) | 3,0 GE |
| 4 | Umpacken | Anzahl Umpackvorgänge | 8,5 GE |
| 5a | innerbetrieblicher Transport (LHM 1) | Anzahl LHM 1 | 1,0 GE |
| 5b | innerbetrieblicher Transport (LHM 2) | Anzahl LHM 2 | 3,75 GE |
| 6a | Rechnungsregulierung (per EDI) | Anzahl Rechnungen (per EDI) | 0,5 GE |
| 6b | Rechnungsregulierung (per Brief) | Anzahl Rechnungen (per Brief) | 1,0 GE |
| 7 | Lagern | Lagerdauer · gebundenes Kapital | 10,4 % pro Jahr und GE |

Die Bildung der Teilprozesse und zugehörigen Maßgrößen hängt zum einen vom verfolgten Untersuchungsziel, zum anderen von einer Reihe von Annahmen bezüglich der analysierten Situationen ab. In den Ergebnissen spiegeln sich jeweils zahlreiche Annahmen wider.

Unterstellt man, daß die Bestände EDV-mäßig ermittelt werden, und die Bedarfsprognose, auf deren Basis ein Bestellmengenvorschlag ermittelt wird, ebenfalls automatisiert ist, so besteht die Aufgabe eines Disponenten darin, die Bestellmenge festzulegen. Die Kosten dieses Teilprozesses setzen sich folglich im wesentlichen aus Hard- und Software- sowie aus Personalkosten zusammen. Eine Unterteilung in leistungsmengeninduzierte und leistungsmengenneutrale Kosten ist nicht einfach. Denkbar ist eine Zurechnung der Hard- und Softwarekosten zu den lmn-Kosten und eine Aufteilung der Personalkosten für den Disponenten in einen lmn- und einen lmi-Anteil. Für Artikel, die voll automatisch, d. h. ohne Kontrolle des Disponenten, disponiert werden, entfallen die Personalkosten. Es werden deshalb zwei Varianten dieses Dispositionsteilprozesses unterschieden. Als Kostentreiber läßt sich jeweils die Anzahl der Dispositionen verwenden.

Im Rahmen der Auftragserstellung werden Dispositionen, die die Artikel eines Lieferanten betreffen, zu einem Auftrag zusammengefaßt und übermittelt. Hierbei fallen vor allem Personalkosten sowie Kosten der Auftragsübermittlung an (Portokosten oder Kosten, die eine elektronische Übermittlung verursachen). Während die Portokosten als lmi-Kosten mit dem Kostentreiber Anzahl der Aufträge angesehen werden können, kann man bei einem per EDI übermittelten Auftrag zwischen einem lmn- und einem lmi-Anteil differenzieren.

Auf der Grundlage des Auftrags wird ein Transportvorgang ausgelöst. Die von einem einzelnen Auftrag verursachten Transportkosten hängen von einer Reihe von Einflußfaktoren ab. Zum einen gibt es Faktoren, die sich mit der Größe und Zusammensetzung des Auftrags nicht verändern. Hierzu zählen die Standorte des Lieferanten und des Empfängers, die sowohl die Länge der Transportstrecke determinieren als auch die potentiellen Möglichkeiten für eine Bündelung von Warenströmen (z. B. Entfernung zu den Standorten anderer Lieferanten) charakterisieren. Zum anderen gibt es Einflußgrößen, die mit dem Auftragsvolumen variieren können. So kann der Transportkostensatz von der Größe eines Auftrags abhängig sein. Ob dies tatsächlich der Fall ist, hängt bei Einschaltung eines Transportunternehmens von den Konditionenvereinbarungen, bei einem eigenen Fuhrpark von der Auslastung des eingesetzten Fahrzeugs ab. Einerseits ist es denkbar, daß eine bedarfsnahe Bestellpolitik, die sich durch tendenziell kleine Bestellmengen auszeichnet, keine Auswirkungen auf die Transportkosten ausübt, weil sowohl bei der Zusammenfassung zu Aufträgen als auch bei der Aggregation zu Transporteinheiten eine ausreichende Bündelung mit anderen Warenströmen möglich ist, um die Transportkostensätze unverändert zu lassen. Andererseits ist nicht auszuschließen, daß es Fälle gibt, in denen die Reduktion der Bestellmenge zu höheren Transportkostensätzen führt, weil keine ausreichende Bündelung möglich ist, um ähnlich günstige Transportmittel einzusetzen, oder weil mengenabhängige Kostensätze mit einem Dienstleister vereinbart wurden. Die aufgezeigten Alternativen verdeutlichen die Schwierigkeit, die Auswirkungen der Bestellmengenentscheidung auf die Transportkosten zu quantifizieren, und damit das Problem, sie bei der Bestellmengenentscheidung zu berücksichtigen. Im betrachteten Beispiel wird unterstellt, daß die Transportkosten von der Bestellentscheidung nicht beeinflußt werden.

Die Annahme, Kontrolle und Einlagerung der gelieferten Ware verursachen Kosten, die ebenfalls von einer Reihe von Einflußfaktoren abhängen. Es gibt Rüstzeiten und damit Kosten, die mit jeder Anlieferung anfallen, unabhängig davon, aus welchen Aufträgen und Einzeldispositionen sich die Lieferung zusammensetzt. Darüber hinaus gibt es Kosten, die von der Zahl der Aufträge und der Zahl der Bestellpositionen pro Auftrag abhängig sind. Es gibt aber auch Kostenkomponenten, die von der Dispositionsmenge abhängig sein können. Die disponierte Menge wirkt sich nämlich in der Regel darauf aus, welches Transporthilfsmittel (THM) benutzt wird, ob es vollständig oder nur zum Teil gefüllt ist, ob es dem Lagerhilfsmittel (LHM) entspricht. Die Wahl des Transporthilfsmittels kann insbesondere die Kontroll- und Handlingkosten beeinflussen. In dem betrachteten Beispiel wird lediglich zwischen einer automatischen und einer manuellen Datenerfassung bei der Warenannahme sowie zwischen zwei Arten von Transporthilfsmitteln differenziert. Abhängig davon, ob das verwendete Tranporthilfsmittel dem Lagerhilfsmittel entspricht, ist ein Umpacken erforderlich. Dieser Teilprozeß fällt folglich nicht generell an.

Die Kosten der Rechnungsregulierung können sich aus einem fixen Betrag pro Rechnung und einem variablen, von der Zahl der Bestellpositionen abhängigen Anteil zusammensetzen. Während der fixe Anteil durch den Zahlungsmitteltransfer verursacht wird, können die variablen Kosten durch Kontrollvorgänge pro Bestellposition entstehen. Im betrachteten Beispiel wird, wie bei der Auftragsübermittlung, zwischen einer Rechnungsregulierung per EDI und per Brief differenziert.

Beim Lagern entstehen Kosten, die zum einen durch die Inanspruchnahme des Lagerraums und der Lagertechnik, zum anderen durch die Kapitalbindung verursacht werden. Beschränkt man sich auf den zweiten Einflußfaktor, so kann man das Produkt aus gebundenem Kapital und Lagerdauer als Maßgröße ansetzen.

Faßt man die Teilprozesse 1–6 zu einem Hauptprozeß »Warenbeschaffung« mit dem Kostentreiber »Anzahl Dispositionen« zusammen und betrachtet das Lagern als zweiten Hauptprozeß, so können diese beiden Hauptprozesse und ihre Kosten als Dateninput für das Bestellmengenmodell genutzt werden.

Unterstellt man, daß die Beschaffung der Artikel A, B und C aufgrund der Unterschiede bezüglich des Informationsaustausches und der Transporthilfsmittel verschiedene Teilprozesse auslöst, so könnte sich der Hauptprozeß bei den Artikeln wie folgt unterscheiden:

> Beschaffung von A = 1a + 2a + 3a + 5a + 6a
> Beschaffung von B = 1b + 2b + 3b + 5a + 6b
> Beschaffung von C = 1b + 2b + 3b + 4 + 5b + 6b

Während bei der Beschaffung von A auf moderne Technologien zurückgegriffen werden kann, erfolgt die Beschaffung von B und C mit Hilfe konventioneller Mittel. Im Gegensatz zu B erfolgt die Anlieferung von C in einem Transporthilfsmittel, das ein Umpacken und die Verwendung eines handlingintensiveren Lagerhilfsmittels (LHM) erforderlich macht. Bei allen Artikeln wird unterstellt, daß jede Disposition einen Auftrag und eine Rechnung zur Folge hat und daß der innerbetriebliche Transport jeweils ein Lagerhilfsmittel beansprucht.

Berücksichtigt man die genannten Unterschiede zwischen den Artikeln, die die Prozeßanalyse zutage gefördert hat, so erkennt man, daß der Hauptprozeß »Beschaffung« in unterschiedlichem Maße innerbetriebliche Ressourcen beansprucht, abhängig davon, ob der Artikel A, B oder C beschafft wird. Dies spiegelt sich in den unterschiedlichen Hauptprozeßkostensätzen wider. Nach der obigen Rechnung verursacht der Beschaffungsprozeß für A 4 GE, der für B 9 GE und der für C 20,25 GE. Legt man diese nach Artikeln differenzierten Kostensätze der Bestellmengenplanung zugrunde, so ändern sich die optimalen Bestellmengen wie folgt:

$$x_A = \sqrt{\frac{5\,200 \cdot 4}{2 \cdot 2,50 \cdot 10,4\,\%}} = 200 \text{ ME,}$$

$$x_B = \sqrt{\frac{6\,500 \cdot 9}{2 \cdot 4{,}50 \cdot 10{,}4\,\%}} = 250\ \text{ME},$$

$$x_C = \sqrt{\frac{2\,600 \cdot 20{,}25}{2 \cdot 11{,}25 \cdot 10{,}4\,\%}} = 150\ \text{ME}.$$

Der optimale Lieferrhythmus beträgt folglich für A und B zwei und für C drei Wochen.

Das Beispiel zeigt einerseits, daß die Analyse der Prozesse, die durch einen Bestellvorgang ausgelöst werden, Kosteninformationen liefern kann, die zu einer Verbesserung bestellpolitischer Entscheidungen führen. Andererseits wird deutlich, daß hierzu eine Reihe von Annahmen über die Zusammenhänge zwischen einzelnen Teilprozessen und den dazugehörigen Kosten getroffen werden muß. Über die Realitätsnähe solcher Annahmen kann nur im Einzelfall geurteilt werden. Es wird außerdem deutlich, daß die Kosten einzelner Teil- und damit auch ganzer Hauptprozesse von den Entscheidungsparametern der Bestellpolitik abhängig sein können. Das kann dazu führen, daß sich Kostensätze, auf deren Grundlage optimale Entscheidungen ermittelt wurden, durch diese Entscheidungen verändern. Dadurch ändert sich die Ausgangssituation, was eine erneute Überprüfung der Optimalität der getroffenen Entscheidung erforderlich macht.

### 11.2.3.3 Gefahren einer unzulässigen Schlüsselung und Möglichkeiten ihrer Vermeidung

Die Prozeßkostenrechnung unterstellt, daß mit Entscheidungen über den Kostenträger (z. B. die Ausgliederung einer Warengruppe, eines Auftrages, das Outsourcen einer Abteilung) die Kosten in der ausgewiesenen Höhe verändert werden können. Ob diese Anpassung tatsächlich erreicht werden kann, wird im Einzelfall zu prüfen sein. Als Vorteil der Prozeßkostenrechnung ist hervorzuheben, daß sie die sog. Gemeinkostenbereiche einer näheren Betrachtung unterzieht. Wenn dabei nach Input und Output gefragt wird und wenn die Frage nach den Kostenbestimmungsfaktoren aufgeworfen wird, sind darin Standardfragen einer Kostenanalyse zu sehen. Neben dem ausgewählten Kostentreiber können aber auch andere Bestimmungsfaktoren der Analyse wert sein. Werden fixe Kosten proportionalisiert, die sich auch bei geschicktestem und radikalstem Management nicht beseitigen lassen, führt die Prozeßkostenrechnung zu den falschen Maßnahmen. Werden Kosteninformationen dann für Kalkulations- oder Sortimentsentscheidungen verwendet, werden die Reaktionen des Marktes schnell die Fehlerhaftigkeit aufzeigen.

Die Ausführungen machen auch deutlich, daß es zwischen der Direkten Produktprofitabilität und der Prozeßkostenrechnung Parallelen gibt. Auch bei der DPP soll möglichst jede Inanspruchnahme betrieblicher Ressourcen als Kostenbeitrag dargestellt werden. Dies muß nicht vorteilhaft sein, zumal dann, wenn sich andere Wege zeigen, die Inanspruchnahme von betrieblichen Faktoren zu berücksichtigen. Es darf nämlich nicht unterstellt werden, daß (echte) Teilkostenrechner sich nur mit dem Ausweis von Deckungsbeiträgen zufrieden geben und die sog. Gemeinkosten aus ihrer Analyse ausgeblendet lassen. Sie berücksichtigen diese Inanspruchnahme vielmehr nicht wertmäßig, sondern mengenmäßig. Dies sei an einem Beispiel veranschaulicht. Dabei geht es um die Frage, wie berücksichtigt werden kann, daß zwei Sortimentsgruppen eine begrenzte Verkaufsfläche in unterschiedlichem Maß in Anspruch nehmen und wie das Raumaufteilungsproblem gelöst werden kann. Die Ausgangssituation ist in Abbildung 11.17 dargestellt.

**Abbildung 11.17:** Belastung zweier Sortimentsgruppen mit ihrer Rauminanspruchnahme

| | Sortimentsgruppe 1 | Sortimentsgruppe 2 |
|---|---|---|
| Umsatz in DM | 150 000 | 60 000 |
| Bruttoertrag in DM | 50 000 | 20 000 |
| Fläche in m$^2$ | 600 | 400 |
| Kosten der Fläche in DM | 30 000 | 20 000 |
| Deckungsbeitrag in DM | 20 000 | 0 |

Das Beispiel unterstellt den Fall, daß ein Handelsbetrieb über die Aufteilung einer Fläche von insgesamt 1 000 m$^2$ zu entscheiden hat, die er auf zwei Sortimentsgruppen aufteilen kann. Abbildung 11.17 verdeutlicht die Ausgangssituation, in der die Sortimentsgruppe 1 eine Fläche von 600 m$^2$, die Sortimentsgruppe 2 eine Fläche von 400 m$^2$ erhalten hat. Bei Raumkosten von insgesamt 50 000 DM würde ein Prozeßkostenrechner die in Anspruch genommene Fläche (oder den auf dieser Fläche erzielten Umsatz) als Kostentreiber ansehen und die Kosten den Sortimentsgruppen anlasten. Dies führt zu den in Abbildung 11.17 ausgewiesenen Belastungen und Deckungsbeiträgen. Das Ergebnis könnte zu der Schlußfolgerung verleiten, die Fläche für Sortimentsgruppe 2 zu verkleinern und den freiwerdenden Raum der ertragreicher erscheinenden Sortimentsgruppe 1 zuzuschlagen. Eine solche Entscheidung wäre aber falsch, wenn bei Abzug von 200 m$^2$ Fläche bei Sortimentsgruppe 2 der Umsatz und infolge davon der Bruttoertrag um 8 000 DM zurückginge, in Sortimentsgruppe 1 jedoch nur um 5 000 DM steigen würde. Die für den Betrieb sinnvolle Lösung wird erreicht, wenn das Problem darin gesehen wird, die knappe Fläche (wofür fixe Gemeinkosten anfallen) so aufzuteilen, daß der Bruttoertrag maximiert wird, ohne daß dabei Raumkosten angesetzt werden. Der Lösungsweg wird auch durch Abbildung 11.18 veranschaulicht.

Das Beispiel macht deutlich, daß bei einer begrenzten Fläche von 1 000 m$^2$ gedanklich die ersten 200 m$^2$ der Sortimentsgruppe 1 zugewiesen werden sollten, weil sie dort einen Rohertrag von 25 000 DM erwirtschaften, die zweiten 200 m$^2$ ebenfalls der ersten Sortimentsgruppe, denn der zusätzliche Rohertrag beläuft sich auf 15 000 DM; erst die dritten 200 m$^2$ Fläche sollten der zweiten Sortimentsgruppe zugute kommen, weil sie dort einen Rohertrag von 12 000 DM bringen, die vierten bzw. die fünften 200 m$^2$ sollten der Sortimentsgruppe 1 bzw. 2 zugeschlagen werden. Dies führt zu der in Abbildung 11.18 ausgewiesenen Situation. Keine andere Flächenaufteilung wäre bei den zugrundegelegten Daten sinnvoller. Eine Reduktion der Fläche für Sortimentsgruppe 2 und eine Erweiterung der Sortimentsgruppe 1 würde bei gleichen Flächenkosten die Situation des Betriebes verschlechtern. Proportionalisierte Raumkosten würden bei Sortimentsgruppe 2 bei 200 m$^2$ signalisieren, daß noch ein kleiner positiver Deckungsbeitrag erwirtschaftet würde, bei 400 m$^2$ würde jedoch angezeigt, daß jetzt der Deckungsbeitrag 0 sei. Dies ist jedoch, wie gezeigt worden ist, das falsche

Signal. Trotzdem kann auch aus einer Prozeßkostenanalyse eine sinnvolle Fragestellung abgeleitet werden: Ist es (entgegen den Annahmen) nicht doch möglich, den Raumeinsatz bei Sortimentsgruppe 2 zu verringern und die freiwerdende Fläche zurückzugeben? Wenn dies möglich wäre, stünde sich der Betrieb tatsächlich besser. Das Beispiel verdeutlicht, wie entscheidend es darauf ankommt, die Realitätsnähe der Proportionalisierung der Kosten, wie sie in der Prozeßkostenrechnung vorgenommen wird, zu prüfen.

**Abbildung 11.18:** Der Bruttoertrag von zwei Sortimentsteilen in Abhängigkeit von der zugewiesenen Fläche

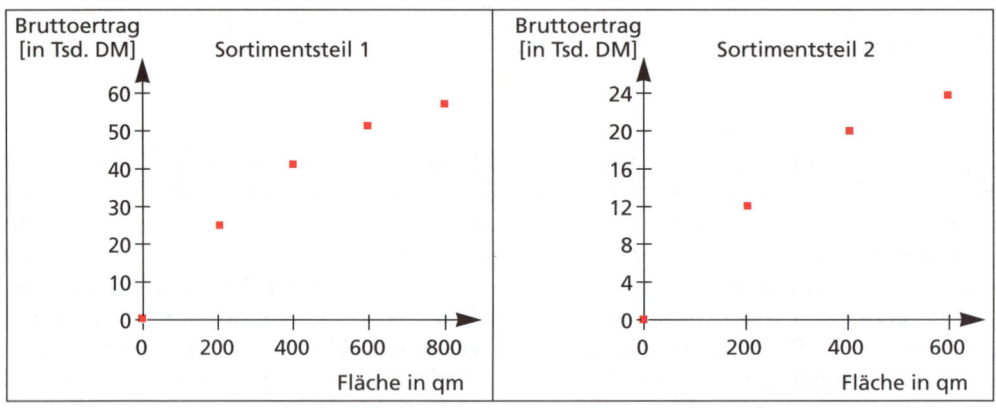

## 11.3  Der Betriebsvergleich als Controllinginstrument

Betriebsvergleiche und die dabei verwendeten Kennzahlen stellen traditionell ein zentrales Instrument zur Planung, Steuerung und Kontrolle betrieblicher Prozesse dar; dies gilt für die Wirtschaft insgesamt, insbesondere jedoch für den Handel.[1] Seit einiger Zeit werden Betriebsvergleiche als Element des Controlling-Systems einer Unternehmung gesehen.[2] Neuerdings ist auch der Begriff Benchmarking hierfür in Mode gekommen.

---

[1]  Vgl. Schnettler, A.: Betriebsvergleich, 3. Auflage, Stuttgart 1961; Klein-Blenkers, F.: Ausgewählte Aufsätze zur Betriebswirtschaftslehre, Göttingen 1991; Graurock, W.: Betriebswirtschaftliche Vergleiche als wissenschaftliches Erkenntnismittel, Berlin 1975; Vodrazka, K.: Betriebsvergleich, Stuttgart 1967; Kalussis, D.: Der Betriebsvergleich im Handel, Wien 1949.

[2]  Vgl. Reichmann, T., 1995; Küpper, H.-U.: Industrielles Controlling, in: Schweitzer, M. (Hrsg.): Industriebetriebslehre, München 1990, S. 781–891.

## 11.3.1 Definition und Typologie

Bei einem Betriebsvergleich handelt es sich um die systematisch vergleichende Betrachtung betrieblicher Daten. Diese generelle Definition kann in mehreren Ebenen konkretisiert werden:

**1. Welche Merkmale sind Gegenstand eines Vergleichs?**
Für einen Vergleich kommen in erster Linie die aus dem betrieblichen Rechnungswesen (Kosten- und Leistungsrechnung, Bilanz und Erfolgsrechnung) stammenden Zahlen in Frage. Darüber hinaus können alle für die Planung, Steuerung und Kontrolle hilfreichen Informationen in den Vergleich einbezogen werden (z. B. Anzahl der Kunden, Standortlage, genutzte Werbeträger, eingesetzte Produktionsfaktoren). In formaler Hinsicht kann es sich um Zeitpunktgrößen (z. B. Bestände an Produktionsfaktoren) oder um Zeitraumgrößen (z. B. Höhe der Personalkosten innerhalb eines Zeitabschnittes) handeln. Im Rahmen eines Benchmarking werden auch Prozesse miteinander verglichen, z. B. Dauer und Kosten des Einkaufs- oder Beschaffungsprozesses.

**2. Welche Merkmalsträger werden miteinander verglichen?**
Betriebsvergleiche können sich auf Unternehmungen als marktwirtschaftliche Form des Betriebes wie auf Produktionswirtschaften in planwirtschaftlich organisierten Systemen beziehen. Als Merkmalsträger kann der gesamte Betrieb oder eines seiner Teile (z. B. eine Arbeitsstätte, eine Kostenstelle, ein Funktionsbereich, eine strategische Geschäftseinheit) bestimmt werden; in den Betriebsvergleichen der Praxis beziehen sich die Angaben häufig auf eine räumlich selbständige Einheit (in der Industrie z. B. auf ein Werk oder eine Niederlassung, im Handel auf eine Verkaufsstelle, bei Banken auf eine Filiale).

**3. Welche Vergleiche sollen als Betriebsvergleich angesehen werden?**
Wie schon *Schnettler* hervorgehoben hat, handelt es sich bei jedem vernunftgemäßen Wirtschaften um ein dauerndes Vergleichen.[3] Mit dem Terminus »Betriebsvergleich« sollen nur jene Vergleiche belegt werden, die systematisch nach bestimmten Zwecksetzungen durchgeführt werden und sich so von dem auf eine einzelne Beobachtung gründenden Vergleich abheben.

**4. Mit welchem Bezugsobjekt wird das Vergleichsobjekt verglichen?**
Grundsätzlich ist es möglich, den ausgewählten Merkmalsträger in dem oder in den zum Vergleich anstehenden Merkmalen in verschiedenen Dimensionen zu vergleichen,[4]

- in zeitlicher Hinsicht mit Merkmalswerten für denselben Merkmalsträger aus der Vergangenheit (War-Ist-Vergleich) oder aus der Zukunft (Wird-Ist-Vergleich),
- in bezug auf den Realisierungsgrad der Merkmalswerte als Soll-Ist-Vergleich oder als Soll-Wird-Vergleich (z. B. bei der Material- oder Personalbedarfsplanung oder der Gap-Analyse in der strategischen Planung) und

---

[3] Vgl. Schnettler, A., 1961.
[4] Vgl. Corsten, H./Reiß, M.: Betriebswirtschaftliche Vergleichsformen, in: WISU, 18. Jg. (1989), S. 615–620.

– in bezug auf die verglichenen Merkmalsträger mit anderen Merkmalsträgern (Betrieben, Werken, Filialen, Verkaufsstellen, Produktgruppen, Abteilungen, Stellen usw.).

Häufig wird jedoch nur dann von einem Betriebsvergleich gesprochen, wenn es sich um einen zwischenbetrieblichen Vergleich handelt, d. h. um einen Vergleich von Betrieb zu Betrieb.[5] Diesem Sprachgebrauch soll auch hier gefolgt werden. Von einem Betriebsvergleich wird mithin nicht gesprochen, wenn die Merkmale eines Merkmalsträgers im Zeitablauf oder wenn für ihn realisierte, erwartete oder geplante Werte verglichen werden. Dagegen liegt ein Betriebsvergleich auch dann vor, wenn es sich bei den Betrieben um organisatorische Einheiten handelt, die zu einer Unternehmung gehören.

### 5. Wer führt den Betriebsvergleich durch?

Träger eines Betriebsvergleichs ist diejenige Stelle, die den Betriebsvergleich initiiert, Betriebsvergleichsteilnehmer akquiriert und den Betriebsvergleich durchführt bzw. einen Dritten mit der Durchführung beauftragt. Als Träger von Betriebsvergleichen sind von besonderer Bedeutung

– wissenschaftliche Institute,
– Verbände,
– Kooperationen bzw. Verbundsysteme (z. B. Freiwillige Ketten, Franchising-Organisationen, Erfa-Gruppen). Im Einzelhandel sind die Betriebsvergleiche der Verbundgruppen sehr wichtig.

Der Träger des Betriebsvergleiches kann die Vergleichsarbeiten selbst durchführen oder eine andere Stelle mit der Durchführung beauftragen. Von letzterer Möglichkeit wird insbesondere dann Gebrauch gemacht, wenn der Träger die Durchführung von Betriebsvergleichen nicht zu seinen wesentlichen Aufgaben zählt, nicht über die erforderliche personelle oder sachliche Ausstattung und/oder nicht über die erforderliche Kompetenz zur Durchführung der Vergleichsarbeiten verfügt. Es kommt hinzu, daß durch die Einschaltung einer neutralen Auswertungsstelle die Anonymität der Teilnehmer gegenüber dem Träger gewahrt bleibt und die Objektivität der Auswertung sichergestellt werden kann. Beispielhaft sei hier das *Institut für Handelsforschung* an der Universität zu Köln angeführt, das Betriebsvergleiche für den Groß- und Einzelhandel, die Handelsvermittlung und einige Branchen des Dienstleistungssektors durchführt.

### 6. In welcher Form sollten Daten aus dem Betriebsvergleich aufbereitet werden?

Die Güte eines Betriebsvergleichs wird vor allem auch dadurch bestimmt, inwieweit die Form, in der die Ergebnisse eines Betriebsvergleichs dargestellt werden, den Informationsbedürfnissen der Nutzer und ihren Informationsverarbeitungsfähigkeiten entspricht. Dabei werden sich im Regelfall sowohl die reine Auflistung von Einzelwerten wie auch der ausschließliche Ausweis von Durchschnittswerten als wenig zweckdienlich erweisen.

---

[5] Vgl. Seÿffert, R.: Wirtschaftslehre des Handels, 5. Auflage, Opladen 1972.

**7. Welche weiteren Spielarten eines Betriebsvergleichs sind denkbar?**

Betriebsvergleichssysteme lassen sich in weiteren Dimensionen kennzeichnen, wie u. a. nach der Ähnlichkeit der Merkmalsträger (monotypische Vergleiche versus polytypische Vergleiche), nach der Periodizität (z. B. einmalig, in loser Folge, Monats-, Quartals-, Tertials-, Halbjahres- und Jahresvergleiche) oder nach der therapeutischen Ausgestaltungsform in Betriebsvergleiche mit und ohne Entscheidungsvorschläge.[6]

Die Vielgestaltigkeit der möglichen Formen eines Betriebsvergleiches kommt zum Ausdruck, wenn zusammenfassend definiert wird: Bei einem Betriebsvergleich werden systematisch Daten aus dem betrieblichen Rechnungswesen oder weitere Informationen über Zielsysteme, Situationen und Maßnahmen von Merkmalsträgern, wozu z. B. Produktgruppen, Verkaufsstellen, Filialen, Verkaufsgebiete zählen können, verglichen; bei den Daten kann es sich um realisierte Werte (Ist-Werte), prognostizierte Werte oder Soll-Werte handeln; es ist üblich, nur den Vergleich der Daten eines Merkmalsträgers mit den Daten eines oder mehrerer anderer Merkmalsträger als Betriebsvergleich zu bezeichnen, um diesen so von dem Zeitvergleich und dem Soll-Ist-Vergleich abzugrenzen.

## 11.3.2 Einzelne Funktionen des Betriebsvergleichs

Als primäres oder originäres Ziel eines Betriebsvergleiches wird häufig die Leistungssteigerung bei den Teilnehmerbetrieben genannt. Durch die Teilnahme an einem Betriebsvergleich soll der Betrieb Informationen über seinen eigenen Leistungsstand im Vergleich zu anderen Betrieben erhalten, um so Stärken und Schwächen in der eigenen Unternehmung identifizieren zu können. Zudem soll der Betriebsvergleich Ansatzstellen für den Ausbau der identifizierten Stärken und die Behebung der Schwächen aufzeigen. Diese allgemeine Aufgabenstellung kann konkretisiert werden, indem Planung und Kontrolle als zentrale Führungsaufgaben in ihre Bestandteile aufgelöst werden.[7] Die Aufgaben des Betriebsvergleichs zur Verbesserung von Planung und Kontrolle sollen zunächst in allgemeiner Form, dann an einem Beispiel erläutert werden.

### 11.3.2.1 Überblick über Funktionen des Betriebsvergleichs

Vor dem Hintergrund des Management-Zyklus können Betriebsvergleiche in folgenden Bereichen nützlich sein:

**1. Hilfe beim Auffinden von Schwachstellen:**

In der Analysephase helfen sie, Probleme rechtzeitig zu erkennen, indem sie Hinweise auf vergleichsweise schlechte Zielerreichungsgrade im Betrieb insgesamt oder in einzelnen Bereichen (z. B. Personalkosten in Prozent vom Umsatz, durchschnittlicher Umsatz pro Kunde in DM) geben und so einen Handlungsbedarf signalisieren (Anstoßfunktion).

---

[6] Vgl. Tietz, B.: Betriebsvergleich im Handel, in: Tietz, B. (Hrsg.): HWA, Stuttgart 1974, S. 394–405.

[7] Vgl. dazu die Ausführungen zum Managementzyklus in Abschnitt 3.5.1.

Dies soll an zwei Beispielen verdeutlicht werden.
– Im ersten ist die Umsatzentwicklung mehrerer Handelsbetriebe über die Monate
  eines Jahres dargestellt. Die Betriebe unterscheiden sich in ihrer Größenordnung
  deutlich. Überraschenderweise stimmen sie in ihrer Umsatzenentwicklung trotzdem weitgehend überein. Nur bei zwei Betrieben ist erkennbar, daß sie im Gegensatz zu den anderen Betrieben von dem Weihnachtsgeschäft nicht profitieren
  konnten. Wäre die Umsatzentwicklung der Vergleichsbetriebe nicht bekannt, wäre
  nicht deutlich geworden, daß das Weihnachtsgeschäft bei allen anderen Betrieben
  deutlicher zu Buche geschlagen ist.

Abbildung 11.19: Umsatzentwicklung verschiedener Betriebe im Vergleich

**Umsatz**

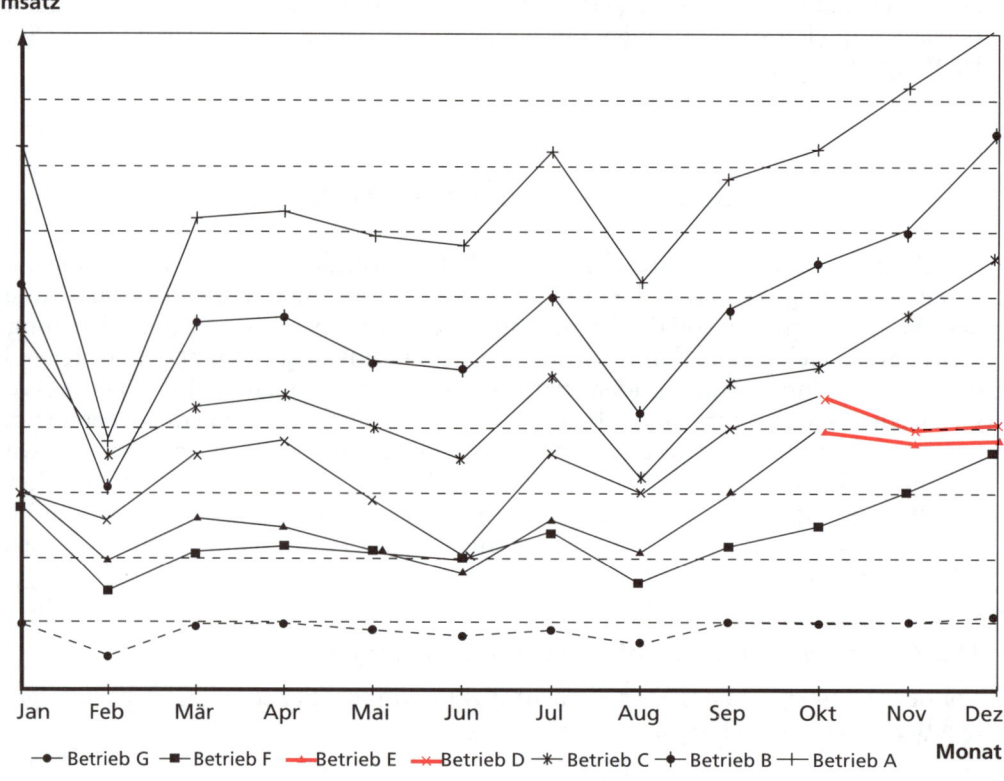

– Während im ersten Beispiel die Umsatzentwicklung Anlaß gab, die Situation des
  jeweiligen Betriebes näher zu analysieren, soll im zweiten Beispiel die Höhe des
  Betriebsergebnisses den Ausgangspunkt darstellen. Würde ein Betrieb ein negatives
  Betriebsergebnis erzielen, ist es offensichtlich, daß ein Problem vorliegt; aber auch
  bei Betrieben mit positivem Betriebsergebnis kann ein Blick auf die Gewinnent-

wicklung bei anderen Betrieben den Anstoß geben, nach den Ursachen für unterschiedliche Entwicklungen zu suchen.

### 2. Hilfe bei der Ursachenanalyse:

Wenn in einem Betrieb das Bewußtsein geweckt worden ist, daß einzelne Größen sich vergleichsweise schlecht entwickelt haben, hat eine Ursachenanalyse einzusetzen. Hierbei wird die Logik zu beachten sein, mit der einzelne betriebliche Größen verknüpft sind. Es empfiehlt sich dabei von dem Betriebsergebnis auszugehen. Als Beispiele seien angeführt:

| Betriebsergebnis | = Bruttoumsatz ./. Mehrwertsteuer ./. Wareneinsatz ./. Handlungskosten |

oder

| Betriebsergebnis | = Betriebshandelsspanne ./. Handlungskosten |
|---|---|
| Betriebshandelsspanne | = Netto-Umsatz ./. Wareneinsatz, |
| Handlungkosten | = Personalkosten + Mietkosten + Sachkosten für Geschäftsräume + Kapitalkosten + Abschreibungen + sonstige Kosten, |
| Personalkosten | = Zahl der beschäftigten Personen x durchschnittliche Kosten pro Person. |

So kann z. B. das Betriebsergebnis in seine verschiedenen Ertrags- und Aufwandsarten aufgespalten werden, um so die Ursachen für einen besonders guten oder besonders schlechten Gesamterfolg zu lokalisieren.[8] In dem weiter unten noch näher dargestellten Unternehmenskompaß werden die Daten entsprechend den hierarchisch angeordneten Definitionsgleichungen angeordnet. Außerdem wird das in Abschnitt 11.3.2.2 dargestellte Beispiel deutlich machen, wie mit Hilfe von Daten aus dem Betriebsvergleich Ursachen für schlechte Zielerreichungsgrade lokalisiert werden können.

### 3. Hilfe bei Wirkungsprognosen:

Wie auch in dem Diagramm zum Management-Zyklus vermerkt worden ist, muß im Rahmen der Planung die Wirkung einzelner Maßnahmen auf die interessierenden Zielgrößen prognostiziert werden. Dabei geht es insbesondere um die Wirkungen, die vom Einsatz der absatzpolitischen Instrumente ausgehen (z. B. Veränderungen des Personaleinsatzes, Veränderung der Größe des Verkaufsraumes, Umstrukturierung der Sortimente usw.). Solche Prognosen sind außerordentlich problematisch. Wie soll ein einzelner Betrieb abschätzen, wie sich seine Situation ändern würde, wenn er beispielsweise das Werbebudget ändern würde, das Bedienungssystem änderte usw.? Dagegen kann die Prognose erleichtert werden, wenn die Situation jener Betriebe studiert wird, die bereits die ins Auge gefaßte Maßnahme realisiert haben. Abbildung 11.20 verdeutlicht diesen Sachverhalt. In das Diagramm ist eingetragen, welchen Umsatz Betriebe mit unterschiedlich großer Verkaufsfläche erzielt haben. Diese Zusammenstellung erlaubt, Fragen der folgenden Art zu analysieren:

– Gibt es eine Mindestgröße, über die ein Schuhgeschäft verfügen muß, um Umsätze erzielen zu können?

---

[8] Vgl. Müller-Hagedorn, L./Bekker, T.: Der Betriebsvergleich als Controllinginstrument in Handelsbetrieben, in: WiSt, 23. Jg. (1994), S. 231–236.

– Gibt es einen Schwellenwert, ab dem der Umsatz deutlich ansteigt?
– Wächst der Umsatz mit der Größe der Verkaufsfläche überproportional?
– Um wieviel steigt bzw. fällt der Umsatz durchschnittlich, wenn die Verkaufsfläche ausgedehnt oder verkleinert wird?

**Abbildung 11.20:** Zum Zusammenhang von Umsatz und Verkaufsfläche

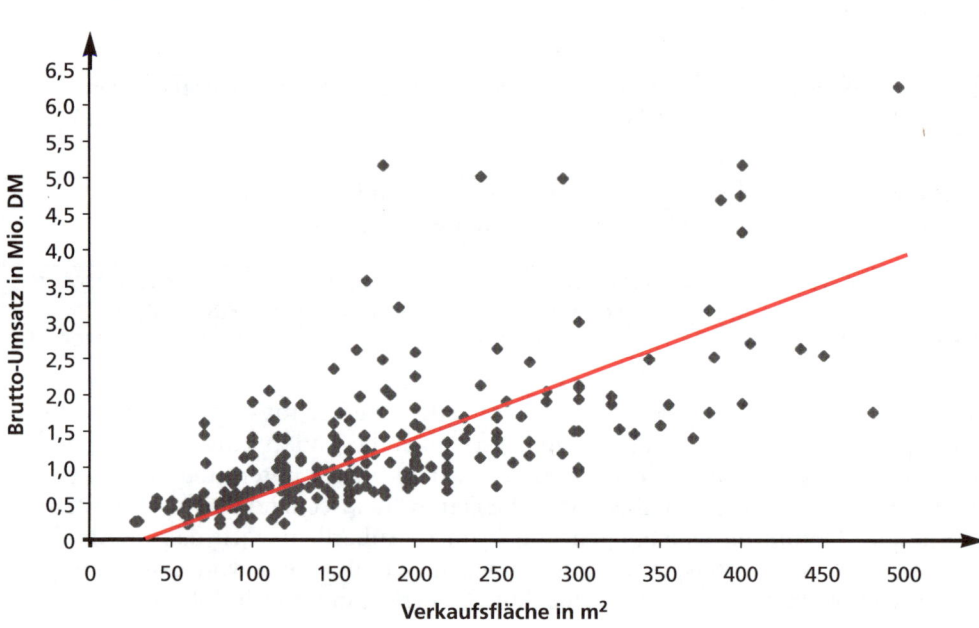

Aber auch Entwicklungsprognosen können unterstützt werden (z. B. wie entwickelte sich die Attraktivität einzelner Standortlagen?).

### 4. Hilfe bei der Formulierung von Zielvorgaben:
Im Rahmen der Unternehmensplanung müssen aus unterschiedlichen Gründen Ziele formuliert werden. Zum einen dienen sie der Abstimmung der einzelnen Teilbereiche der Unternehmensplanung, zum anderen stellen sie ein wichtiges Motivationsinstrumentarium dar. Zielvereinbarungen können sich auf das Betriebsergebnis insgesamt oder auf einzelne Komponenten (z. B. Umsatz, Umsatz pro beschäftigte Person, Personalkosten pro TDM Umsatz) beziehen. Solche Fixierungen müssen aber realistisch sein, was erleichtert wird, wenn Informationen über das Ausmaß, in dem andere Anbieter einzelne Ziele erreicht haben, genutzt werden.

### 5. Hilfe bei der Kontrolle:
Betriebsvergleiche unterstützen nicht nur die Planung, sondern dienen vor allem auch der Kontrolle. Kontrolle sei definiert als »ein systematischer Prozeß, in dem eine zu

prüfende Größe durch Vergleich mit einer Maßstabs- oder Normgröße beurteilt wird«.[9] Die hierfür benötigten Normgrößen können auch aus Betriebsvergleichen abgeleitet werden, z. B. Durchschnittswerte, die Werte der jeweils Besten in ihrer Klasse.

### 11.3.2.2 Die Funktionen des Betriebsvergleichs am Beispiel

Die im vorhergehenden Abschnitt vorgestellten Funktionen eines Betriebsvergleichs im Rahmen der Planung und Kontrolle in einer Unternehmung werden im folgenden an einem Beispiel illustriert. Abbildung 11.21 gibt die Situation eines realen Betriebes aus dem Schuheinzelhandel wieder. Schnell ist zu erkennen, daß dieser Betrieb zwar Umsatz und Betriebshandelsspanne im vergangenen Jahr erhöhen konnte, jedoch weist er ein negatives Betriebsergebnis von immerhin 2 % auf. Damit erscheint es offensichtlich, daß der Betrieb seine Situation eingehend analysieren muß. Trotzdem ist nicht ausgeschlossen, daß in entsprechenden Fällen der Handlungsbedarf bestritten wird, indem als Abwehrargument auf die insgesamt schlechte Konjunktur oder ähnliches verwiesen wird. Betriebsvergleiche können hier Aufschluß geben, inwieweit solche Einwände berechtigt sind.

Abbildung 11.21: Die betriebswirtschaftliche Situation des Beispielsbetriebes B

| | |
|---|---|
| Beschäftigte: | 7 |
| Geschäftsraum: | 326 m$^2$ |
| Verkaufsraum: | 200 m$^2$ |
| Umsatz: | 1 472 Mio DM |
| | + 29 000 DM gegenüber dem Vorjahr |
| Betriebshandelsspanne: | 38,4 % |
| | + 0,4 % gegenüber dem Vorjahr |
| Gesamte Handlungskosten: | 40,4 % |
| | + 1,6 % gegenüber dem Vorjahr |
| Umsatz je beschäftigte Person: | 210 240 DM |
| Umsatz je m$^2$ Verkaufsraum: | 7 358 DM |
| Betriebswirtschaftliches Ergebnis: | – 2,0 % |

Betriebsvergleiche erweisen sich insbesondere dann aber als hilfreich, wenn die Gründe für das schlechte Ergebnis aufgedeckt werden sollen. Im vorhinein ist alles denkbar, eine zu geringe Werbung, falsch zusammengestellte Sortimente, ein zu hohes Preisniveau, zu hohe Personalkosten usw. Der zweite Schritt muß also aus einer Ursachenanalyse bestehen.

Abbildung 11.22 folgt der Definition des Betriebsergebnisses als Differenz von Handelsspanne und Handlungskosten. Der Vergleich der Werte des Betriebes B mit den

---

[9] Küpper, H.-U., 1990, S. 869.

Werten anderer Betriebe macht deutlich, daß Betrieb B deutlich höhere Handlungskosten ausweist als die Vergleichsbetriebe.

Abbildung 11.22: Vergleich von Handelsspanne und Handlungskosten im ersten Analyseschritt

| Betriebsergebnis | | = | (Handelsspanne in % vom Umsatz) | ./. | (Handlungskosten in % vom Umsatz) |
|---|---|---|---|---|---|
| B | −2,0 | = | 38,4 (38,0 + 0,4)[1] | ./. | 40,4 (38,8 + 1,6)[1] |
| Gruppe | +0,6 | = | 38,3 | ./. | 37,7 |
| Differenz zur Gruppe | | | 0,1 | | 2,7 |

[1] (Vorjahr/Differenz)

Während in der Gruppe der Vergleichsbetriebe die Differenz von Handelsspanne und Handlungskosten positiv ist, sind beim Betrieb B die Handlungskosten im Vergleich zur Handelsspanne zu hoch. Die Ergebnissituation könnte verbessert werden, wenn es gelänge, bei gleichbleibender Handelsspanne die Handlungskosten zu senken. Es ist also mithin zu prüfen, ob sich das realisieren läßt.

Bekanntlich ergeben sich die Handlungskosten qua definitione aus der Summe der einzelnen Kostenarten. Wie Abbildung 11.23 zeigt, unterscheidet sich der Betrieb B in mehreren Kostenarten von anderen Betrieben. Besonders kraß sind die Abweichungen jedoch bei der Miete und den Personalkosten.

Abbildung 11.23: Die Analyse der Kostenstruktur im zweiten Analyseschritt

| a) Miete (Z.32) | B: Gruppe: | 8,3 4,7 |
|---|---|---|
| | | 3,6 |
| b) Personalkosten (Z.31) | B: Gruppe: | 23,9 21,3 |
| | | 2,6 |
| c) Werbung (Z.34) | B: Gruppe: | 1,4 1,8 |
| | | −0,4 |
| d) Zinsen für Fremdkapital (Z.37) | B: Gruppe: | 0,5 2,0 |
| | | −1,5 |

Beide Kostenarten lassen sich in eine Mengen- und in eine Wertkomponente zerlegen. Eine solche Aufspaltung macht deutlich, daß im Betrieb B durchschnittliche Personalkosten pro beschäftigte Person von 50 258 DM, in den Vergleichsbetrieben von nur 44 989 DM anfallen. Die Miete pro Quadratmeter liegt mit 31,23 DM deutlich über den Werten der Vergleichsbetriebe (17,10 DM).

In einer mehrstufigen Analyse wurden so die Höhe der Mietkosten und der Personalkosten als wichtigste Ursachen für das vergleichsweise schlechte Abschneiden des Betriebes B ausgemacht. Auf der Basis einer solchen Diagnose wird man sich auf die Suche nach Maßnahmen machen, die eine Verbesserung des Ergebnisses in Aussicht stellen. Unter anderem wird man prüfen, ob der bisherige Umsatz auch mit geringerem Personaleinsatz realisiert werden kann (beispielsweise durch ein besseres Anpassen des Personaleinsatzes an Nachfragespitzen) und ob es möglich sein könnte, den gleichen Umsatz auch auf verkleinerter Verkaufsfläche zu erzielen. Beide Fragen erfordern es, die Wirkung eines unterschiedlichen Faktoreinsatzes zu prognostizieren. Dabei können Funktionen, wie sie beispielhaft in Abbildung 11.20 vorgestellt worden sind, helfen. Zwei Probleme erscheinen dabei als besonders wichtig:

– Inwieweit ist es zulässig, die abhängige Größe (hier den Umsatz) nur einem Bestimmungsfaktor gegenüberzustellen (hier der Verkaufsfläche oder dem Personaleinsatz)?
– Inwieweit sind die Betriebe, deren Werte zur Darstellung des funktionalen Zusammenhanges verwendet wurden, als Vergleichsbetriebe geeignet?

Mit dem Beispiel sollte verdeutlicht werden, daß bei der Problemerkenntnis, der Ursachenforschung, der Prognose der Wirkung von ins Auge gefaßten Maßnahmen mit Vorteil auf Angaben aus dem Betriebsvergleich zurückgegriffen werden kann. Es scheint sogar richtig zu sein, daß eine Betriebsberatung ohne geeignete Vergleichszahlen überhaupt nicht durchzuführen ist.

Um die Nutzung von Betriebsvergleichsdaten zu erleichtern, hat das *Institut für Handelsforschung* an de Universität zu Köln den sog. Unternehmenskompaß entwickelt. Er wird im nächsten Abschnitt vorgestellt, wobei auch auf das im vorhergehenden behandelte Fallbeispiel Bezug genommen wird.

### 11.3.2.3 Der Unternehmenskompaß des Instituts für Handelsforschung (IfH Köln)

Bislang wurden im Rahmen von Betriebsvergleichen den Teilnehmerbetrieben im wesentlichen drei Auswertungsformen angeboten,
– synoptische Tabellen,
– Einzelauswertungen als Zahlenauswertung,
– Einzelauswertungen als textlich kommentierte Zahlenauswertung und Schaubilder.

In synoptischen Tabellen werden die Betriebsvergleichsergebnisse aller Teilnehmerbetriebe einer Branche ausgewiesen. Meistens entspricht in synoptischen Tabellen jede Zeile einem Teilnehmerbetrieb. In den Spalten werden die verschiedenen Auswertungspositionen (Merkmale) dargestellt. Die Betriebe werden nach bestimmten Kriterien sortiert und/oder in Klassen eingeteilt (z. B. Betriebsgrößenklassen). Der Ausweis der Betriebe erfolgt anonym unter einer Kennummer.

Die Interpretation der Betriebsvergleichsergebnisse anhand der synoptischen Tabellen wird jedoch von Betriebsvergleichsteilnehmern oft als mühsam empfunden, da die Tabellen bei einer größeren Teilnehmerzahl schnell unübersichtlich werden und ihre Auswertung spezieller Techniken bedarf.

Dem Ausweis aller Einzelwerte steht die Zusammenfassung diese Einzeldaten gegenüber. In den Betriebsvergleichen anderer Institute wird meist auf Einzeldaten verzichtet, und es werden die Daten des jeweiligen Teilnehmerbetriebes den Durchschnittsergebnissen (Größenklassendurchschnitt, Branchendurchschnitt) gegenübergestellt. Mit dem ausschließlichen Ausweis von Durchschnittswerten kann jedoch ein erheblicher Informationsverlust verbunden sein. Der Nutzen eines solchen Betriebsvergleichs ist in Frage gestellt, wenn sich – wie dies häufig zu beobachten ist – die Merkmalswerte einzelner Betriebe beträchtlich unterscheiden. Nicht nur der Umsatz, sondern auch das Betriebsergebnis, absolut oder in Prozenten des Umsatzes, der Lagerumschlag, der Umsatz pro beschäftigte Person streuen häufig in einem breiten Bereich. Wird eine solche Häufigkeitsverteilung auf ihren Durchschnittswert zurückgeführt, gehen Informationen verloren.

Wie schon aus den bisherigen Grafiken deutlich geworden ist, haben sowohl die synoptische Tabelle mit ihren Einzelwerten wie auch der Ausweis von Durchschnittszahlen im Hinblick auf Planung und Kontrolle im Betrieb ihre Nachteile. Das *Institut für Handelsforschung* Köln hat deswegen den sog. Unternehmenskompaß entwickelt, in dem die Einzeldaten im Hinblick auf bestimmte Fragestellungen aufbereitet werden. Die Analyse verbleibt also wie in der synoptischen Tabelle auf der Einzeldatenebene, unterstützt den Nutzer jedoch in der Analyse dieser Daten.

Im einzelnen ist der Unternehmenskompaß nach folgenden Richtlinien gestaltet:

1. Ausrichtung auf einzelne Planungsaufgaben (z. B. Steuerung des Personaleinsatzes),
2. zerlegende Anordnung der Informationen, d. h. beginnend mit Umsatz, Handelsspanne und Handlungskosten werden diese einzelne Komponenten zunehmend in ihre Bestandteile zerlegt,
3. die tabellarische Präsentation wird um eine graphische Darstellung ergänzt, um die Informationsverarbeitung zu vereinfachen,
4. die Vergleichsbetriebe werden nicht nur mit durchschnittlichen Werten dargestellt, sondern mit ihren individuellen Werten, um Wirkungsprognosen zu ermöglichen.

Um zu veranschaulichen, wie im Unternehmenskompaß Zahlen, textliche und grafische Elemente kombiniert werden, um die Informationsaufnahme und -verarbeitung zu erleichtern, ist in Abbildung 11.24 eine Seite wiedergegeben. Sie zeigt an dem aus Abschnitt 11.3.2.2 bekannten Beispielsbetrieb, wie schnell sich erkennen läßt, daß dieser Betrieb sowohl in den Personal- wie den Mietkosten deutlich über den Werten der Vergleichsbetriebe liegt.

**Abbildung 11.24:** Die Darstellung der Entwicklung wichtiger Kostenarten im Unteneh-
mens kompaß

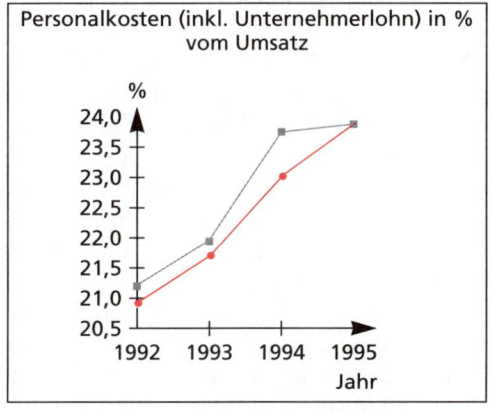

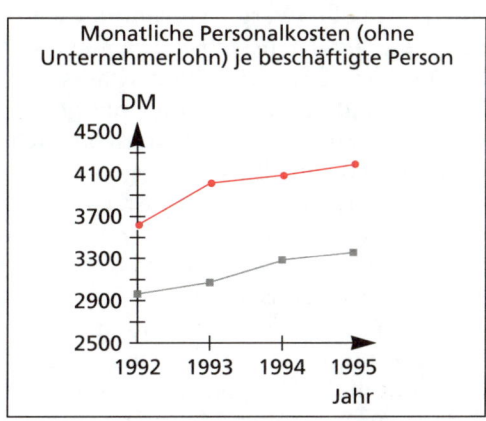

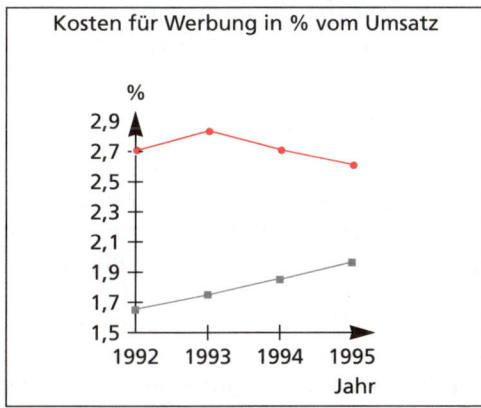

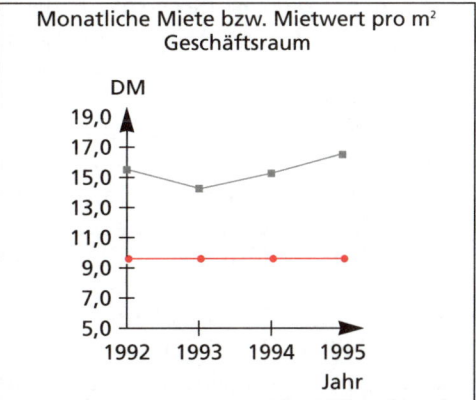

● ausgewählter Vergleichsbetrieb

■ Branchendurchschnitt

Quelle: Unternehmenskompaß des Instituts für Handelsforschung (IfH)

## 11.3.3 Voraussetzungen und Probleme

Obwohl der Betriebsvergleich seit langem zu den traditionellen Methoden der Unternehmensführung zählt, bedarf er einer weiteren theoretischen Aufarbeitung. So ist
insbesondere die Frage zu beantworten, welche anderen Betriebe für einen sinnvollen
Vergleich herangezogen werden können. Aber natürlich werfen auch die Ursachenforschung und die Wirkungsprognosen ernsthafte Probleme auf. Auf das ausgewählte Problem wird im folgenden eingegangen.

### 11.3.3.1 Auswahl der Vergleichsbetriebe

Bei der Auswahl von Vergleichsbetrieben ist einerseits zu fragen, wieviele Betriebe für einen sinnvollen Vergleich benötigt werden, andererseits welchen qualitativen Kriterien diese Vergleichsbetriebe genügen sollten.

Das Problem der Repräsentativität ist für die Nutzung der Betriebsvergleichsdaten für Planung und Kontrolle von untergeordneter Bedeutung. Trotzdem wird es immer wieder angeführt, weil Betriebsvergleichsdaten auch für sekundäre Zwecke genutzt werden, z. B. um Entwicklungen in einer Branche beurteilen zu können. Ob eine bestimmte Teilnehmerzahl ausreicht, um repräsentative Aussagen aus einem Betriebsvergleich ableiten zu können (z. B. über die Höhe der Personalkosten in Prozent des Umsatzes) hängt zunächst von der Definition der Grundgesamtheit ab (z. B. Betriebe einer bestimmten Branche oder einer bestimmten Betriebsform). Des weiteren ist zu prüfen, inwieweit die Stichprobe der teilnehmenden Betriebe (Totalerhebungen werden in den wenigsten Fällen zu gewährleisten sein) für die Grundgesamtheit repräsentativ ist. Da es in der Realität nicht möglich sein wird, Zufallsstichproben zu ziehen, muß anhand ausgewählter Merkmale (z. B. anhand des Umsatzes oder der Zahl der beschäftigten Personen) die Struktur der Stichprobe mit der Struktur der Gesamtheit verglichen werden. Im Rahmen von Betriebsvergleichen ist Repräsentativität vor allem bei der sekundären Nutzung der Ergebnisse von Relevanz.

Für einzelbetriebliche Zwecke muß der Betriebsvergleich nicht repräsentativ sein. Hier kommt es vielmehr darauf an, daß hinreichend viele Betriebe vorhanden sind, die als Bezugspunkt geeignet sind (materielle Vergleichbarkeit). Betriebe eignen sich immer nur im Hinblick auf ein bestimmtes Vergleichsziel.[10] Die materielle Vergleichbarkeit bezieht sich vor allem auf betriebliche Strukturmerkmale, wie z. B. den Wirtschaftsbereich (Industrie, Einzelhandel, Großhandel) und die Branchenzugehörigkeit.

Vergleichbarkeit bedeutet indes nie gänzliche Gleichheit der Teilnehmerbetriebe. Möchte ein Betriebsvergleichsteilnehmer beispielsweise wissen, ob es Betriebe seiner Branche gibt, die mit einer anderen Kundenstruktur bessere Ergebnisse erzielen als er, so ist Gleichheit hinsichtlich des Merkmals »Branche« und Verschiedenheit hinsichtlich des Merkmals »Kundenstruktur« erforderlich. Es wäre aber auch denkbar, daß der Betriebsvergleichsteilnehmer eine Unternehmung mit einer dem eigenen Betrieb ähnlichen Kundenstruktur aber besseren Ergebnissen sucht, um festzustellen, ob in seinem Betrieb bei gegebener Kundenstruktur ein Verbesserungspotential besteht.

In bestimmten Fällen eignen sich als Bezugspunkte Betriebe, die in einem oder mehreren Merkmalen mit dem Betrieb, der sich vergleichen will, übereinstimmen. Aus diesem Grund werden innerhalb eines Betriebsvergleichs Gruppen von Betrieben z. B. nach der Größe ihrer Verkaufsfläche, nach ihrer Standortlage oder nach der Zahl der beschäftigten Personen gebildet. In anderen Fällen kommt es darauf an, die Daten von Betrieben mit einer andersartigen Geschäftspolitik für den Vergleich verfügbar zu haben (z. B. mit einer anderen Standortlage, mit einer größeren oder kleineren Verkaufsfläche). Insofern ist es nicht richtig, für einen Betriebsvergleich generell Homogenität der teilnehmenden Betriebe zu fordern.[11] Abbildung 11.25 zeigt, welche Möglichkeiten generell bestehen, Vergleichsbetriebe auszuwählen.

---

[10] Vgl. Buddeberg, H.: Über die Vergleichbarkeit der Handelsbetriebe, Köln – Opladen 1955.
[11] Vgl. zu weiterführenden Ausführungen: Müller-Hagedorn, L., 1994, S. 125–134; Müller-Hagedorn, L., 1995c, S. 129–135.

Abbildung 11.25: **Das Ausmaß der Ähnlichkeit von Vergleichsbetrieben**

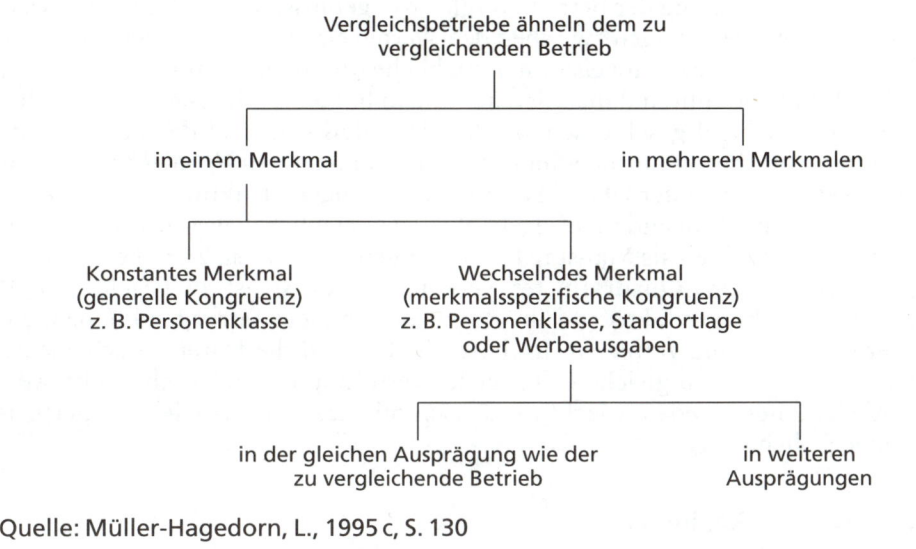

Quelle: Müller-Hagedorn, L., 1995 c, S. 130

Bei synoptischen Betriebsvergleichen wird eine möglichst hohe Teilnehmerzahl angestrebt, da mit zunehmender Teilnehmerzahl die Wahrscheinlichkeit steigt, daß jeder Teilnehmer für seine Vergleichsziele geeignete Vergleichsbetriebe findet.

### 11.3.3.2 Die formelle Vergleichbarkeit

Im Rahmen eines Vergleichssystems ist die formelle Vergleichbarkeit der Teilnehmerbetriebe sicherzustellen. Formelle Vergleichbarkeit bedeutet, daß die notwendigen rechnungsmäßigen, statistischen und sonstigen technischen Voraussetzungen gegeben sind, um einen Vergleich von Betrieben vornehmen zu können.[12] Formelle Vergleichbarkeit setzt eine Ermittlung der Betriebsdaten bei allen Teilnehmerbetrieben nach einheitlichen Kriterien und die einheitliche Auswertung des Datenmaterials voraus.

Betriebsvergleiche sind zumeist Kennzahlenvergleiche. Kennzahlen werden gebildet, um einen Zusammenhang zwischen zwei Merkmalen darzustellen und Vergleichbarkeit zwischen zwei Betrieben herzustellen.[13] Durch die Verwendung von Beziehungszahlen, z. B. Ausweis der Kosten in Prozent vom Umsatz, wird der Vergleich hinsichtlich des Umsatzes zwischen verschiedenen Betrieben möglich.

---

[12] Vgl. Buddeberg, H.: Über die Vergleichbarkeit der Handelsbetriebe, Köln – Opladen 1955.
[13] Vgl. Gritzmann, K.: Kennzahlensysteme als entscheidungsorientierte Informationsinstrumente der Unternehmensführung in Handelsunternehmen, Göttingen 1991.

### 11.3.3.3 Die Dispositionseignung der Ergebnisse

Mit der Dispositionseignung der Betriebsvergleichsergebnisse wird erfaßt, inwieweit aus festgestellten Abweichungen zwischen den Werten eines auswertenden Betriebes und denen anderer Betriebe Hinweise auf betriebliche Maßnahmen abgeleitet werden können. Die Probleme rühren daher, daß aus einem höheren (niedrigeren) Betriebsergebnis nicht vorschnell geschlossen werden darf, daß während des Berichtszeitraums bessere (schlechtere) Entscheidungen als in dem oder den Vergleichsbetrieben getroffen wurden.[14] Trotz der Übereinstimmung in einigen Strukturvariablen, können hierfür Unterschiede in anderen Gegebenheiten ursächlich gewesen sein. Werden einzelne Partialkennzahlen als Maßstab herangezogen (z. B. Umsatz pro beschäftigte Person oder Umsatz pro Quadratmeter Verkaufsfläche), so ist zu beachten, daß zwischen einzelnen Einsatzfaktoren substitutive Beziehungen vorliegen können, die eine isolierte Betrachtung verbieten. In diesen Fällen sind die Daten verschiedener Betriebe als Vektoren zu vergleichen. Da bei der Verwendung von Durchschnittswerten wesentliche Unterschiede verdeckt werden, empfiehlt sich bei Betriebsvergleichen der einzelbetriebliche Vergleich.

### Literaturhinweise zu Kapitel 11

Einen umfassenden Einblick in das Thema Controlling geben
*Küpper, H.-U.: Controlling. Konzeption, Aufgaben und Instrumente, Stuttgart 1995.*
*Weber, J.: Einführung in das Controlling, 6. Auflage, Stuttgart 1995.*
*Reichmann, T.: Controlling mit Kennzahlen und Managementberichten. Grundlagen einer systemgestützten Controlling-Konzeption, 4. Auflage, München 1995.*
*Horváth, P.: Controlling, 6. Auflage, München 1996.*
*Richter, H.: Theoretische Grundlagen des Controlling. Strukturkriterien für die Entwicklung von Controlling-Konzeptionen, Frankfurt am Main u. a. 1987.*
*Ossadnik, W.: Controlling, München – Wien 1996.*

Eine komprimierte Darstellung von Controllingkonzepten und einen Überblick über den Entwicklungstand des Controlling geben
*Hahn, D.: Controlling in Deutschland. State of the Art, in: Gleich, R./Seidenschwarz, W. (Hrsg.): Die Kunst des Controlling, München 1997, S. 13–46.*
*Reichmann, T.: Stand und Entwicklungslinien im Kosten- und Erfolgscontrolling, in: Gleich, R./Seidenschwarz, W. (Hrsg.): Die Kunst des Controlling, München 1997, S. 115–137.*
*Küpper, H.-U./Weber, J./Zünd, A.: Zum Verständnis und Selbstverständnis des Controlling, in: ZfB, 60. Jg. (1990), S. 281–293.*

Mit Fragen des Controlling im Handel befassen sich ausführlich
*Witt, F.: Handelscontrolling, München 1992.*
*Günther, J.: Handelscontrolling. Allgemeine Grundlagen des Controllingbegriffs und die Funktionen des Controlling im Steuerungssystem des stationären Einzelhandels, Frankfurt am Main – Bern – New York 1989.*
*Ebert, K.: Warenwirtschaftssysteme und Warenwirtschafts-Controlling, Frankfurt am Main – Bern – New York 1986.*

---

[14] Vgl. Dürr, K.: Der Betriebsvergleich im Einzelhandel als Mittel der Kontrolle betriebspolitischer Entscheidungen, Diss. Saarbrücken 1967.

Einen knappen Überblick über Controllingprobleme im Handel geben

*Schröder, H.: Neuere Entwicklungen der Kosten- und Leistungsrechnung im Handel und ihre Bedeutung für ein integriertes Warenwirtschafts-Controlling, in: Ahlert, D./Olbrich, R. (Hrsg.): Integrierte Warenwirtschaftssysteme und Handelscontrolling. Konzeptionelle Grundlagen und Umsetzung in der Handelspraxis, Stuttgart 1994, S. 301–337.*

*Ahlert, D./Günther, H.: Die Controllingfunktion im Steuerungssystem des stationären Einzelhandels, in: Trommsdorff, V. (Hrsg.): Handelsforschung 1986, Heidelberg 1986, S. 67–87.*

*Pausch, N.: Controlling im Einzelhandel, in: Jöstingmeier, B./Gnirke, K./Wehberg, G. et al. (Hrsg.): Controlling-Konzepte im Wandel, Göttingen 1994, S. 201–223.*

Gezielt auf Fragen des Distributions- und des Logistik-Controlling gehen ein

*Piontek, J.: Distributionscontrolling, München – Wien 1995.*

*Flatten, U./ Frenzel, R.: Logistik-Controlling im Handel. Konzeption und erste Entwicklungsschritte, in: Ahlert, D./Olbrich, R. (Hrsg.): Integrierte Warenwirtschaftssysteme und Handelscontrolling. Konzeptionelle Grundlagen und Umsetzung in der Handelspraxis, Stuttgart 1994, S. 425–443.*

*Männel, W. (Hrsg.): Logistik-Controlling: Konzepte, Instrumente, Wirtschaftlichkeit, Wiesbaden 1993.*

*Weber, J.: Logistik-Controlling. Leistungen – Prozeßkosten – Kennzahlen, 4. Auflage, Stuttgart 1995.*

*Lochthowe, R.: Logistik-Controlling: Entwicklung flexibilitätsorientierter Strukturen und Methoden zur ganzheitlichen Planung, Steuerung und Kontrolle der Unternehmenslogistik, Frankfurt am Main 1990.*

Schnell ist die Literatur zur Prozeßkostenrechnung und zur DPR (Direkte Produkt-Rentabilität) angewachsen. Über die im Text hinaus erwähnten Quellen seien genannt:

*Kloock, J.: Prozeßkostenrechnung als Rückschritt und Fortschritt der Kostenrechnung, in: krp, 36. Jg. (1992), S. 183–193 (Teil 1), S. 237–245 (Teil 2).*

*Behrens, C.: DPR. Neue Praxis der Direktkostenrechnung im Handel, in: Trommsdorff, V. (Hrsg.): Handelsforschung 1988, Wiesbaden 1988, S. 193–211.*

*Glaser, H.: Prozeßkostenrechnung – Darstellung und Kritik, in: ZfbF, 44. Jg. (1992), S. 275–288.*

*Jediss, H.: Ökonomisierung des Gesamtdistributionssystems durch DPR-Analysen, in: Zentes, J. (Hrsg.): Moderne Distributionskonzepte in der Konsumgüterwirtschaft, Stuttgart 1991, S. 243–274.*

*Reckenfelderbäumer, M.: Entwicklungsstand und Perspektiven der Prozeßkostenrechnung, Wiesbaden 1994.*

# 12 Erlösorientiertes Controlling

*»Und ist der Kunde noch so stumm, meist geht ihm was im Kopf herum.«*

*(Prof. Bänsch, Hamburg)*

Controlling hat die Aufgabe, die für die Steuerung des Betriebes notwendigen Informationen bereitzustellen. Entsprechend dem Grundmodell der Entscheidungstheorie (vgl. hierzu Kapitel 3) sind das vor allem Informationen über die Auswirkungen von Handlungsmöglichkeiten auf die Zielerreichung bei Vorliegen bestimmter Umweltzustände. Es ist Aufgabe des Informationssystems, den Manager über die Beziehungen zwischen diesen drei Gruppen von Größen zu unterrichten. Wie im folgenden gezeigt werden wird, geschieht das in sehr unterschiedlichem Ausmaß. Es gibt Berichterstattungen, die
- nur über die Zielerreichung informieren, ohne einen Zusammenhang mit bestimmten betrieblichen Maßnahmen herstellen zu wollen (z. B. Darstellung der Umsatzentwicklung);
- als Entscheidungsunterstützungssystem angesehen werden können, weil sie Maßnahmen und Zielerreichung explizit zueinander in Beziehung setzen.

Abbildung 12.1 verdeutlicht wichtige Zielkomplexe, ohne allzusehr in Einzelheiten zu gehen. Als solche Zielkomplexe sind aufgeführt
- liquiditätsorientierte Ziele,
- kostenorientierte Ziele,
- umsatzorientierte Ziele.

Während in dem vorhergehenden Kapitel das Augenmerk hauptsächlich auf die Kosten gerichtet war, geht es in diesem Kapitel vor allem um die Umsatzerzielung. Abbildung 12.1 macht deutlich, daß es dabei natürlich um Informationen über den erzielten Umsatz geht, aber auch um Informationen über die dem Kauf vorausgehenden Reaktionen der Kunden. Insbesondere die Zufriedenheitsforschung ist deswegen zu einem wichtigen Teil des Controlling geworden, weswegen sie auch in einem eigenem Abschnitt behandelt wird. So wird deutlich, daß das erlösorientierte Controlling zwei Fragen zu beantworten hat:
- In welchem Ausmaß sind die erlöswirtschaftlichen Ziele erreicht worden? Im linken Teil von Abbildung 12.1 ist gezeigt, daß der Umsatz einerseits nach mehreren Kriterien aufgespalten werden kann, daß andererseits Umsatzveränderungen betrachtet werden können, die ebenfalls in unterschiedlicher Weise aufgegliedert werden können.
- In welchem Ausmaß sind bei aktuellen und potentiellen Kunden günstige Prädispositionen geschaffen worden? Das ist im rechten Teil von Abbildung 12.1 angesprochen.

Abbildung 12.1:  Die Grundstruktur eines Zielsystems für Handelsbetriebe

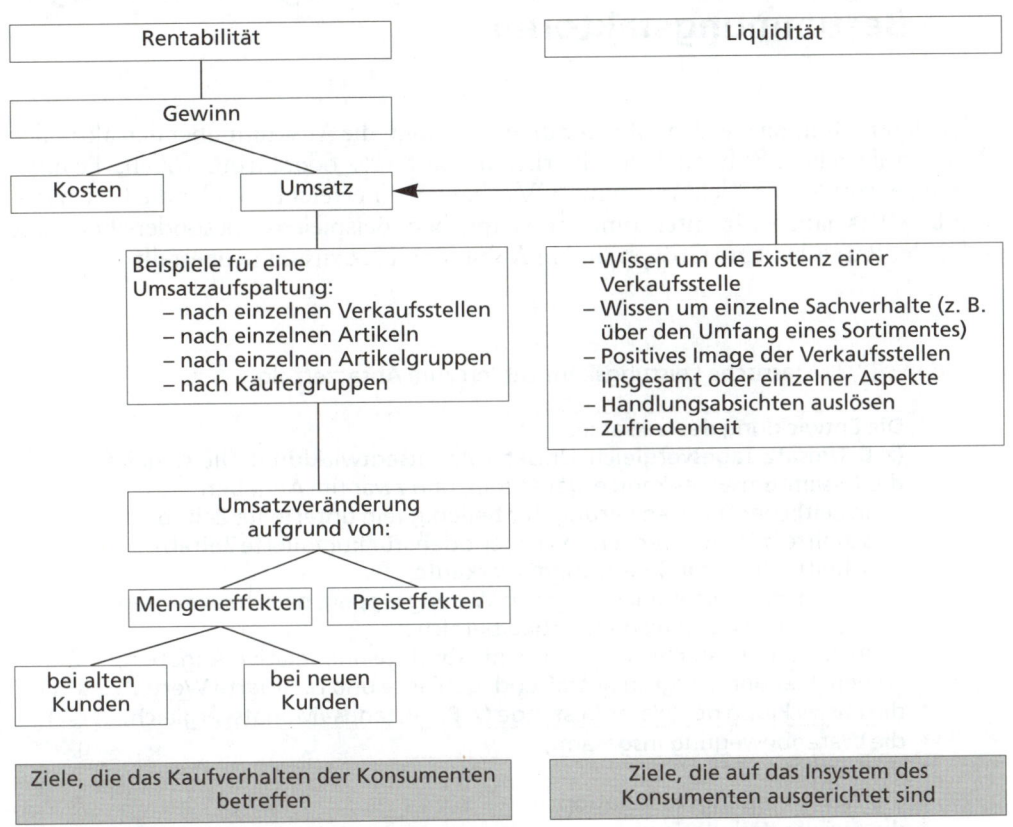

# 12.1 Kontrolle der Umsatzentwicklung und wichtiger Bestimmungsfaktoren

In der Unternehmung werden Informationen benötigt, die Auskunft über den aktuellen Absatzerfolg geben. Es handelt sich hierbei um Bestands- oder Stromgrößen, die überwiegend entweder die Zielerreichung (»Was haben wir erreicht?«) oder die Geschäftspolitik (»Was haben wir unternommen?«) angeben. Beispiele für besonders bekannte und in der Praxis beliebte Größen sind in Abbildung 12.2 zusammengestellt.[1]

Abbildung 12.2: Klassische Leistungskennzahlen zum Absatzerfolg _____

* Die Entwicklung des Umsatzes
  (z. B. Umsatz-Tagesvergleich, Umsatz-Monatsentwicklung). Die Angabe des Gesamtumsatzes kann ergänzt sein, und zwar um Angaben
  ⇨ in zeitlicher Differenzierung: für beliebig fein unterteilte Zeitabschnitte, für entsprechende Vorperioden, für kumulierte Zeitabschnitte, für Schluß- und Sonderverkäufe;
  ⇨ in sachlicher Differenzierung: für Warengruppen, nach bestimmten Merkmalen ausgewählter Artikelbereiche;
  ⇨ in darstellungstechnischer Hinsicht: absolute und relative Angaben;
  ⇨ den Realisierungsgrad betreffend: geplante und realisierte Werte,
* die Entwicklung der Warenbestände (z. B. Bestands-/Monatsvergleich),
* die Warenbewegung insgesamt,
* der Lagerumschlag,
* die Wareneingangskalkulation,
* die erzielte Kalkulation,
* Leistungskennzahlen (z. B. Umsatz pro Verkäufer, Umsatz pro Quadratmeter, soziale Aufwendungen im Verhältnis zu aufgewendeten Gehältern),
* der Warenverderb,
* die Zahl der Kunden.

Solche Berichtssysteme werden hier als »isoliert« bezeichnet, weil sie nicht zeigen, in welchem Zusammenhang die einzelnen Ergebnisgrößen zueinander stehen.

## 12.1.1 Die Umsatzentwicklung

Die Umsatzentwicklung stellt die zentrale Ausgangsgröße für Kontrolle und Planung dar. Im Sinne der Entscheidungstheorie handelt es sich um eine Ergebnisgröße. Selbst

---

[1] Vgl. Gissinger, L.: Welche Werte und Daten sind für eine optimale Unterrichtung der Unternehmensführung notwendig? in: BAG (Hrsg.): Bericht über die 16. Betriebswirtschaftliche Arbeitstagung in Baden-Baden, Mai 1969, S. 44–63.

wenn man sich auf die Darstellung des Umsatzes beschränkt, also – zumindest vorläufig – von einer Verknüpfung des Umsatzes mit den vom Betrieb durchgeführten Maßnahmen oder sonstigen Einflußgrößen absieht, ergeben sich zahlreiche Darstellungsmöglichkeiten.

Ausgehend von der Entwicklung des absoluten Umsatzes in einzelnen Zeitabschnitten (Monaten, Wochen, Wochentagen, Stunden) wird man nach Ablauf der betreffenden Periode auch die relativen Anteile der einzelnen Teilperioden bestimmen. So zeigt Abbildung 12.3, welcher Umsatzanteil auf einzelne Monate entfallen ist. Die Daten entstammen dem Textileinzelhandel und zeigen, daß es deutliche Unterschiede im Umsatz der einzelnen Monate gibt. An der Spitze stehen Dezember (12,2 %) und November (10 %), während Februar (6,3 %) und Juni (6,9 %) zu den umsatzschwachen Monaten gehören.

**Abbildung 12.3:** Umsatzanteile nach Monaten im Textileinzelhandel _____

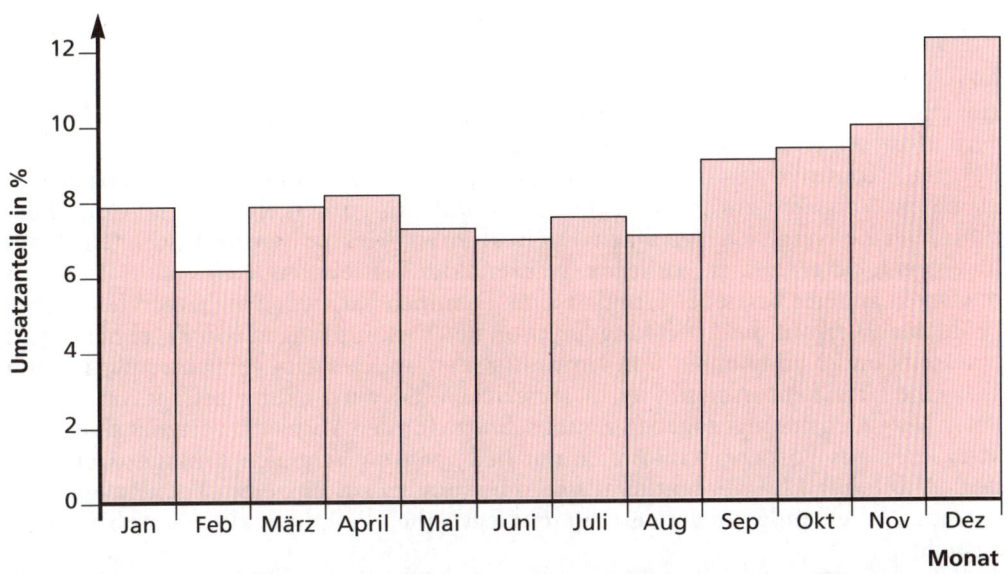

| | Jan. | Feb. | März | April | Mai | Juni | Juli | Aug. | Sept. | Okt. | Nov. | Dez. |
|---|---|---|---|---|---|---|---|---|---|---|---|---|
| Umsatzanteile | 7,9 | 6,3 | 7,9 | 8,1 | 7,2 | 6,9 | 7,6 | 7,1 | 9,3 | 9,5 | 10 | 12,2 |

Natürlich können die Werte einzelner Betriebe von den Branchen- oder Gruppenwerten abweichen; auch zwischen den einzelnen Jahren können sich Unterschiede ergeben. Aber dennoch stellen solche Muster eine unentbehrliche Grundlage für die Personaleinsatzplanung und vor allem für den Einkauf dar. Erwartete Umsatzentwicklung und Wareneingang müssen aufeinander abgestimmt sein. Hierauf wird in Abschnitt 12.1.2 zurückzukommen sein.

Die gesamte Umsatzentwicklung kann allerdings nur der Ausgangspunkt für eine weitere Differenzierung sein, die sich zum einen auf die Zeitabschnitte, zum anderen auf die Sortimentsteile bezieht.

– In zeitlicher Hinsicht kann es interessant sein zu verfolgen, wie sich die Bedeutung einzelner Zeitabschnitte (z. B. einzelner Wochentage) verändert hat.

– In bezug auf einzelne Sortimentsteile kann das Sortiment entsprechend den Ebenen der Sortimentsanalyse immer feiner unterteilt werden. Die Einteilungen sind oft unternehmensspezifisch. Im Textileinzelhandel findet sich beispielsweise eine Unterteilung in
  – Damenkonfektion (DOB 1,[2] DOB 2, Strickwaren, Junge Mode DOB),
  – Herrenkonfektion (HAKA 1, HAKA 2, Junge Mode HAKA),
  – Kinderbekleidung,
  – Sportbekleidung,
  – Strümpfe und Accessoires,
  – Wäsche,
  – Näh- /Handarbeiten,
  – Haus- /Heimtextilien.

Jede Warengruppe hat ihren spezifischen Umsatzverlauf. In Betrieben, bei denen einzelne Artikel wiederholt nachbestellt werden, kann es sinnvoll sein, den Umsatzverlauf auf der Artikelebene zu verfolgen.

Bei einer Kontrolle des Umsatzverlaufes wird im Regelfall neben dem Betriebsvergleich ein Vergleich zur entsprechenden Periode im vorhergehenden Jahr durchgeführt. Der Zeitvergleich ist einfach durchzuführen, weil die hierfür benötigten Daten im eigenen Unternehmen vorliegen, während der Betriebsvergleich voraussetzt, daß die Daten anderer Betriebe verfügbar sind. Dennoch hat auch der Zeitvergleich seine Probleme: Weil auf die Abbildung funktionaler Verknüpfungen von Ergebnisgrößen einerseits und Maßnahmen und Umweltgrößen andererseits verzichtet wird, kann sich eine Ursachenforschung leicht verstricken: So wird häufig gefragt, ob die für einen Vergleich herangezogenen Zeitabschnitte für den Vergleich geeignet sind. Umsatzzahlen aus Vorperioden können nur bedingt zum Vergleich herangezogen werden. Abbildung 12.4 verdeutlicht, wie schwierig es ist, einzelne Wochentage oder Perioden miteinander zu vergleichen und legt nahe, die Entwicklung graphisch darzustellen.[3]

Andererseits können solche Auswertungen auch Hinweise für Planung und Kontrolle geben. So kann es möglich sein, aus den Zeitreihen saisonale Schwankungen zu erkennen.

---

[2] Zu DOB 1 werden beispielsweise Mäntel, Jacken, Kostüme, Abendkleider gezählt, zu DOB 2 Kombinationen, Blusen, Röcke, Hosen.

[3] Graphische Formen der Darstellung haben für das Berichtswesen eine große Bedeutung, weil sie die schnellere Informationsaufnahme ermöglichen. Vgl. dazu Sponholz, U.: Die Effizienz von Grafiken und Tabellen bei der Darstellung komplexer betriebswirtschaftlicher Beurteilungsprobleme. Eine theoretische und empirische Analyse der Auswirkungen des Präsentationsformates auf das Informationsverhalten, Frankfurt am Main u. a. 1997.

| April | | | |
|---|---|---|---|
| Vorjahr | | lfd. Jahr | |
| 1. Mo | 63 500,– | | |
| 2. Di | 53 900,– | 1. Di | 56 600,– |
| 3. Mi | 68 700,– | 2. Mi | 51 900,– |
| 4. Do | 46 300,– | 3. Do | 39 500,– |
| 5. Fr | 98 100,– | 4. Fr | Karfreitag |
| 6. Sa | 188 400,– | 5. Sa | 127 000,– |
| 7. So | Sonntag | 6. So | Ostersonntag |
| 8. Mo | 53 400,– | 7. Mo | Ostermontag |
| 9. Di | 51 400,– | 8. Di | 40 000,– |
| 10. Mi | 43 000,– | 9. Mi | 47 000,– |
| 11. Do | 44 500,– | 10. Do | 43 000,– |
| 12. Fr | Karfreitag | 11. Fr | 34 000,– |
| 13. Sa | 59 800,– | 12. Sa | 69 300,– |
| 14. So | Ostersonntag | 13. So | Sonntag |
| 15. Mo | Ostermontag | 14. Mo | 49 200,– |
| 16. Di | 30 900,– | 15. Di | 26 400,– |
| 17. Mi | 39 700,– | 16. | |
| 18. Do | 35 800,– | | |
| 19. Fr | | | |

## 12.1.2  Die Entwicklung umsatzbeeinflussender Größen

Die Entwicklung des Umsatzes stellt für den Handelsbetrieb eine zentrale Größe dar, die einerseits bestimmend für weitere Planungsbereiche ist (z. B. die Warenwirtschaft und die Personalwirtschaft), andererseits aber auch Ergebnis zahlreicher Einflußfaktoren. Auf solche Größen wird im folgenden eingegangen, und zwar auf
– den Wareneingang
– die Kalkulation.

### 12.1.2.1  Der Wareneingang

Der Wareneingang muß auf den erwarteten Umsatzverlauf ausgerichtet sein. Es gilt daher zu kontrollieren, ob die Ware zu den jeweiligen Perioden verfügbar gewesen ist. Dabei wird auf der Basis der Umsatzprognose für den Planungszeitraum (z. B. ein Jahr) ein Einkaufsbudget (Limit) festgelegt, das auf die einzelnen Perioden des Planungszeitraumes aufzuteilen ist. Der Wareneingang soll rechtzeitig erfolgen. Abbildung 12.5 vermittelt einen Eindruck davon, wie sich der Wareneingang bei den hier zugrunde gelegten Betrieben (Textileinzelhandel) über die Monate verteilt hat.

**Abbildung 12.5:** Monatliche Umsatz- und Wareneingangsanteile in Prozent _____

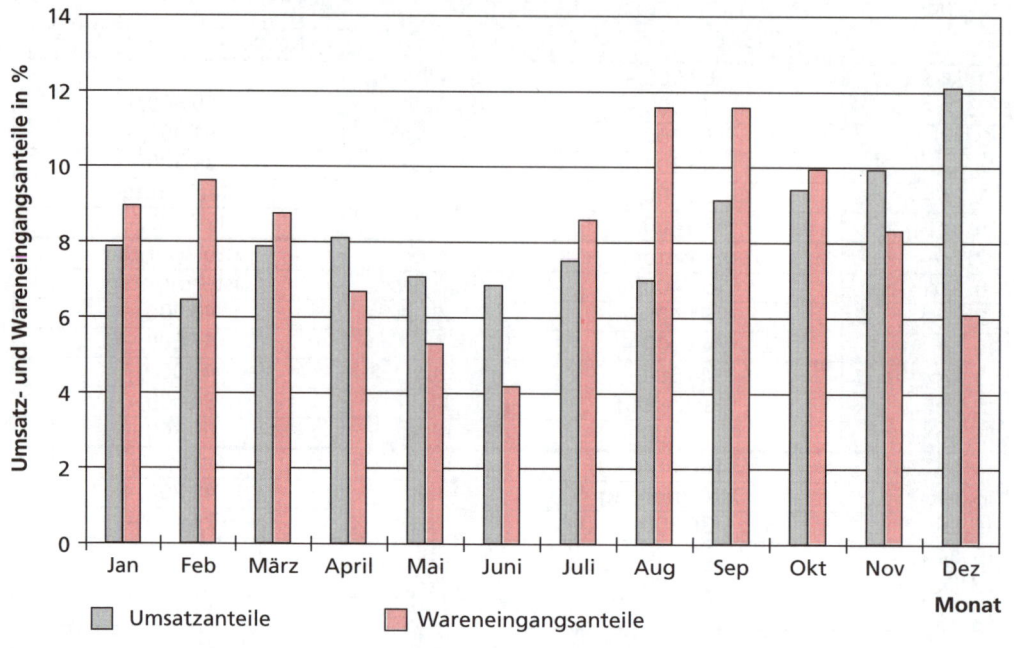

|  | Jan | Feb. | März | April | Mai | Juni | Juli | Aug. | Sept. | Okt. | Nov. | Dez. |
|---|---|---|---|---|---|---|---|---|---|---|---|---|
| Umsatzanteile | 7,9 | 6,3 | 7,9 | 8,1 | 7,2 | 6,9 | 7,6 | 7,1 | 9,3 | 9,5 | 10,0 | 12,2 |
| Warenein-gangsanteile | 9,0 | 9,8 | 8,7 | 6,7 | 5,3 | 4,2 | 8,7 | 11,6 | 11,6 | 10,0 | 8,3 | 6,1 |
| Lageraufbau/-abbau | + | + | + | – | – | – | + | + | + | + | – | – |

In dem in Abbildung 12.5 dargestellten Beispiel lösen sich Phasen des Lagerauf- und des Lagerabbaues ab. In den Monaten Januar bis März geht in bedeutendem Maße Ware ein, die zum großen Teil in den Folgemonaten abverkauft wird (Frühjahrs- und Sommerware). Ab Juli geht dann die Ware für die zweite Saison (Herbst–Winter) zu. Der Wareneingang ist wie der Umsatz in zeitlicher und sachlicher Hinsicht weiter zu differenzieren. Wenn der Wareneingang dem erwarteten Umsatz vorzulaufen hat, dann ist auch zu bedenken, daß Verbraucher bereits vor einem Kauf den Wunsch haben können, sich über das Angebot zu informieren. Wenn also z. B. der Kauf eines Mantels für den November geplant ist, kann es sein, daß bereits der Oktober für die Information vorgesehen ist.

Aus dem Warenzugang, der im Handel im Regelfall nicht auf Stückbasis, sondern wertmäßig verfolgt wird, und dem Warenabgang (Umsatz) läßt sich der Warenbestand ermitteln. Die Kontrolle der Höhe der Bestände in quantitativer und qualitativer Hinsicht gehört zu den zentralen Aufgaben in jedem Handelsbetrieb.

## Die Bestandskontrolle

Die Warenbewegung ergibt sich – auf Mengen- oder Wertbasis bezogen – als
Anfangsbestand + Zugänge – Abgänge = Endbestand.
Dabei muß jeweils die gleiche Wertbasis gewählt werden; Anfangsbestand und Zugänge müssen also zu Verkaufspreisen bewertet werden, damit durch Saldierung mit dem Umsatz der zu Verkaufspreisen bewertete Endbestand ermittelt werden kann. Obwohl es grundsätzlich auch möglich wäre, den Umsatz zu Einkaufspreisen zu bewerten, sei hiervon abgesehen.
Der jeweilige Endbestand zeigt, in welchem Ausmaß Ware in den einzelnen Perioden verfügbar war. Wegen der Umsatzschwankungen wird auch der Warenbestand nicht immer auf der gleichen Höhe bleiben. Abbildung 12.6 zeigt wiederum am Beispiel des Textileinzelhandels das Auf und Ab des Warenbestandes als Indexreihe.

Abbildung 12.6: Indexwerte für den Lagerbestand am Beispiel des Textileinzelhandels

| Jan. | Feb. | März | April | Mai | Juni | Juli | Aug. | Sept. | Okt. | Nov. | Dez. |
|------|------|------|-------|-----|------|------|------|-------|------|------|------|
| 92,2 | 100,8 | 104,3 | 101,8 | 97,6 | 90,3 | 90,0 | 102,5 | 109,5 | 113,7 | 109,9 | 95,8 |

Die Zahlen zeigen, daß die der Abbildung zugrunde gelegten Betriebe im Oktober einen relativ hohen Lagerbestand aufgebaut hatten, während im Juli und im Januar die Lagerbestände vergleichsweise stark abgebaut waren.
Über den weiter unten noch eingehender darzustellenden Lagerumschlag läßt sich das Verhältnis von Umsatz zu durchschnittlichem Lagerbestand in einer Periode ermitteln. Ein Lagerumschlag von zwei ergibt sich beispielsweise bei einem durchschnittlichen Lagerbestand im Wert von 100 Geldeinheiten und einem Umsatz von 200 Geldeinheiten. Da die Warenfülle auch als absatzpolitisches Instrument zu sehen ist, muß betriebspolitisch entschieden werden, wieviel Ware dem Kunden bei einem erwarteten Umsatz präsentiert werden soll. Grundsätzlich gilt: Je größer der Wunsch des Kunden nach Auswahl und je länger die Wiederbeschaffungsintervalle sind, umso größer muß der Warenbestand sein. Die Optimierung der Lagerbestände setzt Kenntnisse über den Zusammenhang von Umsatz und Warenbestand voraus. Über entsprechende Untersuchungen ist nichts bekannt. Das Problem wird vereinfacht, indem ein vorgegebener Umsatz als Plandatum angesehen wird, an den der Warenbestand so angepaßt wird, daß sich ein ebenfalls extern vorgegebener Lagerumschlag einstellt.
Die Bestandskontrolle muß sich aber auch auf qualitative Gesichtspunkte beziehen. Leicht kommt die Gefahr auf, daß die Warenbestände veralten. Wertmäßig liegen dann im Verhältnis zum Umsatz ansehnliche Warenbestände vor, deren Verkäuflichkeit jedoch aufgrund von Veralterung gefährdet sein kann. Um dies zu kontrollieren, empfiehlt es sich, die Warenbestände nach dem Zeitpunkt ihres Zugangs zu unterteilen, z. B.
– 60 % aus der laufende Saison,
– 20 % aus der Vorsaison,
– 15 % aus der vorletzten Saison usw.

Über die Betrachtung des jeweiligen Endbestandes hinaus kann überprüft werden, ob eine Abweichung von Soll- und Ist-Bestand auf eine Abweichung von Soll und Ist im Wareneingang oder beim Umsatz zurückzuführen ist (vgl. auch Abbildung 12.7).

Abbildung 12.7: Abweichungen vom geplanten Warenbestand und Analyse möglicher Ursachen

| Warengruppe | Anfangsbestand | Warenzugang Soll-Ist-Abweichung | Verkauf Soll-Ist-Abweichung | Endbestand Soll-Ist-Abweichung |
|---|---|---|---|---|
| 1 | | | | |
| 12 | | | | |
| 13 | | | | |
| 1... | | | | |

### Der Lagerumschlag

Der Lagerumschlag ist als Kennziffer in der Praxis sehr beliebt und kann auf einer mengen- oder wertmäßigen Basis ermittelt werden. Er ist wie folgt definiert:

$$\text{Lagerumschlag} = \frac{\text{Umsatz einer Periode}}{\text{durchschnittlicher Lagerbestand der Periode}}$$

Der durchschnittliche Lagerbestand kann entweder nur als Durchschnitt aus dem Warenbestand zum Anfang und zum Ende der betrachteten Periode oder in beliebiger Verfeinerung ermittelt werden. Werden allerdings nur der Anfangs- und der Endbestand eines Jahres herangezogen, kann eine solche Vereinfachung das Bild von dem tatsächlichen Lagerumschlag verfälschen, wenn diese Werte deutlich von den Beständen zu anderen Zeitpunkten abweichen. So zeigt Abbildung 12.6, daß im Textileinzelhandel die Lagerbestände sowohl im Januar als auch im Dezember vergleichsweise niedrig sind. Ein mit ihnen errechneter durchschnittlicher Lagerbestand ist niedriger als der tatsächliche Lagerbestand und führt mithin zu einem zu hohen Lagerumschlag. Auch bei der Ermittlung des Lagerumschlags müssen Umsatz und bewerteter Lagerbestand in vergleichbaren Rechnungseinheiten angesetzt werden. So können z. B. beide Größen zu Verkaufspreisen bewertet sein und die Mehrwertsteuer einschließen. Die in Abbildung 12.8 angegebenen Zahlen verdeutlichen, daß in diesem Beispiel der Lagerumschlag für das gesamte Jahr bei 2,3 liegt. Dies bedeutet, daß der in dem betrachteten Jahr vorhandene durchschnittliche Lagerbestand ungefähr zweimal umgesetzt worden ist. Wird der Lagerumschlag dagegen für eine Teilperiode berechnet, nimmt er nur einen Bruchteil des für die gesamte Periode berechneten Wertes an.

|  | Jan. | Feb. | März | April | Mai | Juni | Juli | Aug. | Sept. | Okt. | Nov. | Dez. |
|---|---|---|---|---|---|---|---|---|---|---|---|---|
| Monatswerte | 0,2 | 0,15 | 0,2 | 0,15 | 0,2 | 0,15 | 0,2 | 0,15 | 0,2 | 0,25 | 0,2 | 0,25 |
| kumuliert |  | 0,35 | 0,55 | 0,7 | 0,9 | 1,05 | 1,25 | 1,4 | 1,6 | 1,85 | 2,05 | 2,3 |

Der Lagerumschlag unterscheidet sich nicht nur für einzelne Warengruppen, sondern auch für einzelne Betriebe, einzelne Betriebsformen und natürlich für verschiedene Branchen. Die Unterschiedlichkeit der Betriebe spiegelt sich in ihren Lagerumschlagsziffern.

Es ist auch vorgeschlagen worden, den kumulierten Lagerumschlag nicht nur für Zeiträume mit festem Anfangszeitpunkt zu berechnen, sondern als gleitenden Wert.[4] Das letztere Verfahren hat den Vorteil, daß der errechneten Ziffer zwölf Monate mit realisierten Werten zugrunde liegen. Abbildung 12.9 zeigt, daß ab dem zweiten Quartal eine anhaltende Verbesserung des Lagerumschlags erreicht wurde, wobei zu beachten ist, daß jeder einzelne Wert jeweils zwölf Monatswerte, also ein ganzes Jahr, einschließt.

Abbildung 12.9: Der kumulierte Lagerumschlag gleitend über jeweils zwölf Monate ____

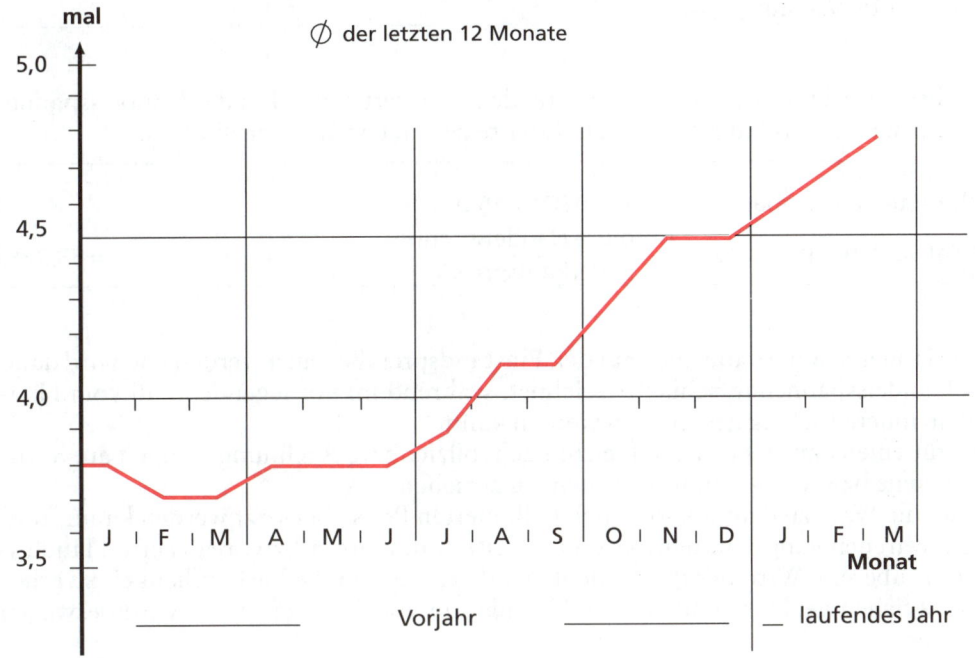

Quelle: Gissinger, L., 1969, S. 51

_____

[4] Vgl. Gissinger, L., 1969, S. 44–63.

## 12.1.2.2 Die Kalkulation

Mit Kalkulation wird im Handel das Verhältnis des Absatzpreises zum Einkaufspreis für die einzelnen Waren bezeichnet. Kalkulation meint dabei sowohl den Vorgang der Festsetzung der Verkaufspreise als auch – und dies steht im folgenden im Mittelpunkt – das Ergebnis. Mit der Kalkulation wird auch die Handelsspanne festgelegt, die ja ebenfalls als Differenz zwischen Einstandspreis und Verkaufspreis definiert ist. Wie in dem Abschnitt über die Preispolitik im Handelsbetrieb ausgeführt worden ist, wird der Begriff der Handelsspanne in vielfältigen Varianten verwendet, insbesondere
– in absoluter (Betragsspanne) und relativer Bedeutung (als Prozentsatz),
– in bezug auf einzelne Artikel, Artikelgruppen, Warengruppen, ..., den gesamten Betrieb und
– mit und ohne Mehrwertsteuer.

Bei relativen Handelsspannen wird in der Regel der Verkaufspreis (Umsatz) verwendet, wobei in vielen Fällen die Mehrwertsteuer in den Umsatz miteinbezogen wird. Im folgenden sollen Varianten vorgestellt werden, wobei mit dem Begriff Kalkulation sowohl die Berechnung selbst wie auch das Ergebnis gemeint ist.
Das Grundmuster der Kalkulation lautet so:

| Wareneingangskalkulation |
| --- |
| Einkaufspreis der Ware (ohne Mehrwertsteuer) |
| +  Warenbezugs- und Nebenkosten |
| =  Einstandspreis der Ware |
| +  Handelsspanne |
| =  geplanter Verkaufspreis. |

Bei dieser Rechnung ist die zu entrichtende Mehrwertsteuer Teil der Handelsspanne. Der Einstandspreis kann sich durch Rabatte des Lieferanten vermindern.

**Beispiel:**
Absolute Handelsspanne: 45 DM – 30 DM = 15 DM

$$\text{Relative Handelsspanne} = \frac{\text{Absolute Handelsspanne}}{\text{Verkaufspreis}} = 33,3\,\%.$$

Die Handelsspanne kann auch auf den Einstandspreis bezogen werden und wird dann als Handelsspannenaufschlag bezeichnet, während im vorliegenden Fall vom Handelsspannenabschlag gesprochen werden kann.
Die für einen einzelnen Artikel leicht nachvollziehbare Rechnung ist auch auf Sortimentsteile bzw. das gesamte Sortiment zu beziehen.
Wenn die Ware zu dem ursprünglich kalkulierten Preis abgesetzt werden kann, stimmen Wareneingangskalkulation und erzielte Kalkulation bzw. realisierte Handelsspanne überein. Wird der Preis jedoch herabgesetzt, um die Verkäuflichkeit zu erhöhen, weichen geplante und erzielte Kalkulation voneinander ab. Es wird deswegen von der
– Wareneingangskalkulation als Kalkulation 1 und von der
– Bruttoertragskalkulation als Kalkulation 2
gesprochen. Auf beide Größen wird im folgenden näher eingegangen, wobei auch berücksichtigt wird, daß es sich bei Handelsunternehmungen im Regelfall um Mehrproduktunternehmen handelt.

## Die Wareneingangskalkulation (Kalkulation 1)

Die Wareneingangskalkulation, stellenweise auch als Kalkulation 1 bezeichnet, bezieht die Summe der absoluten Handelsspannen, die durch den Verkauf von in einer Periode eingekauften Waren erzielt werden sollen (hier gerechnet als Umsatz einschl. der Mehrwertsteuer ./. Summe der Einstandspreise ohne Mehrwertsteuer), auf den erwarteten Bruttoumsatz (also einschließlich der Mehrwertsteuer). Der Betrag gibt an, wieviel Prozent des geplanten Umsatzes für die Begleichung der Mehrwertsteuer, zur Deckung der Handlungskosten und für einen Gewinn zur Verfügung stehen. Formal:

$$(1) \qquad s_{1t} = \frac{\sum_i (p_{it} - q_{it})\, x_{it}}{\sum_i p_{it} \cdot x_{it}}$$

$s_{1t}$ = relative Handelsspanne (Kalkulation 1) in der Periode t (hier: Monat)
$x_{it}$ = Anzahl der von Artikel i in der Periode t eingekauften Einheiten
$p_{it}$ = kalkulierter Verkaufspreis (VK) bzw. durchschnittlicher Verkaufspreis der in Periode t von Artikel i eingekauften Einheiten
$q_{it}$ = Einstandspreis bzw. durchschnittlicher Einstandspreis der in Periode t von Artikel i eingekauften Einheiten

Bei einer solchen Berechnung bleiben die Lieferantenboni, die Lieferantenskonti und die Inventurdifferenzen noch unberücksichtigt.

Abbildung 12.10 veranschaulicht am Beispiel des Textileinzelhandels die Wareneingangskalkulation für die zwölf Monate eines Jahres. Das Beispiel macht deutlich, daß in den einzelnen Monaten zwar unterschiedlich hoch kalkuliert wurde, daß im vorliegenden Beispiel aber fast nur mit einem Kalkulationssatz über das Jahr hinweg gearbeitet wird. Bei den ausgewiesenen Kalkulationssätzen handelt es sich um Durchschnittswerte, um die die Kalkulationssätze einzelner Artikel mehr oder weniger stark streuen können. In der Praxis ist jedoch häufig zu beobachten, daß auch Waren aus unterschiedlichen Warengruppen zu fast gleichen Sätzen kalkuliert werden, z. B. Herrenbekleidung zu 57,1 %, Haustextilien zu 55,5 %. Bei identischen Kalkulationssätzen in einzelnen Monaten ist es nicht erstaunlich, daß sich auch der kumulierte Kalkulationssatz im Zeitablauf in nur geringem Maß ändert. In dem Beispiel beträgt der kumulierte (aufgelaufene) Kalkulationssatz bis zum Februar 56,6 %, über das ganze Jahr gerechnet ebenfalls 56,6 %.

Abbildung 12.10: Beispiel zur Wareneingangskalkulation (Kalkulation 1) _____

| | Jan. | Feb. | März | April | Mai | Juni | Juli | Aug. | Sept. | Okt. | Nov. | Dez. |
|---|---|---|---|---|---|---|---|---|---|---|---|---|
| per Monat | 56,5 | 56,7 | 56,9 | 56,2 | 58,1 | 57,8 | 56,3 | 55,1 | 57,2 | 56,6 | 57,7 | 55,1 |
| aufgelaufen | | 56,6 | 56,7 | 56,6 | 56,8 | 56,9 | 56,8 | 56,5 | 56,6 | 56,6 | 56,7 | 56,6 |

Die aufgelaufenen Werte ergeben sich, indem die mit dem Wareneingangsanteil des jeweiligen Monats gewichteten Kalkulationssätze bis zum betrachteten Monat aufaddiert und mit dem kumulierten Anteil gemittelt werden (Wareneingangsanteile aus Abbildung 12.5). Der Februarwert berechnet sich also als $(9 \cdot 56{,}5 + 9{,}8 \cdot 56{,}7) : 18{,}8 = 56{,}6$. Die Gewichtung mit dem Wareneingangsanteil entspricht der Definition der Wareneingangskalkulation als Ziffer, die zum Ausdruck bringt, wie hoch die in einer Periode zugegangenen Waren kalkuliert worden sind. Gelegentlich werden aber stattdessen in der Praxis die monatlichen Kalkulationswerte mit den Umsatzanteilen der Monate gewichtet. Diese Variante läßt sich wie folgt darstellen:

$$
\begin{array}{cc}
\text{relative} & \\
\text{Handelsspanne} & \text{Umsatzanteil} \\
\text{der Periode t} & \text{der Periode t}
\end{array}
$$

$$
(2) \qquad s_{1t'} = \sum_{t=1}^{t'} \frac{\dfrac{\sum_i (p_{it} - q_{it}) \cdot x_{it}}{\sum_i p_{it} \cdot x_{it}} \cdot \dfrac{\sum_i p_{it} \cdot x_{it}}{\sum_{t=1}^{12} \sum_i p_{it} \cdot x_{it}}}{\displaystyle\sum_{t=1}^{t'} \dfrac{\sum_i p_{it} \cdot x_{it}}{\sum_{t=1}^{12} \sum_i p_{it} \cdot x_{it}}}
$$

$$
\begin{array}{c}
\text{kumulierter Umsatzanteil} \\
\text{bis zur Periode t'}
\end{array}
$$

$s_{1t'}$ = bis zur Periode t' aufgelaufene Wareneingangskalkulation (Kalkulation 1 für einen Zeitabschnitt)

$p_{it}$ = Verkaufspreis der in Periode t verkauften Ware i

$x_{it}$ = von der Ware i in Periode t verkaufte Menge

Der zweite Quotient auf der rechten Seite gibt an, welchen Anteil die in die kumulierte Rechnung einbezogenen Monate an dem bis dahin erzielten Umsatz (in Prozenten des – evtl. geschätzten – Jahresumsatzes) haben. So kann der Januar also beispielsweise einen Umsatzanteil von 7,9 % und der Februar einen Umsatzanteil von 6,3 % aufweisen (vgl. auch Abbildung 12.5). Mit diesen Werten werden die zugehörigen monatlichen Kalkulationssätze gewichtet. Die Summe dieser Produkte wird durch die Summe der monatlichen Umsatzanteile geteilt. Wird also gefragt, welche Kalkulation bis Ende Februar aufgelaufen ist, muß durch 14,2 geteilt werden, Ende Dezember durch 100. Im vorliegenden Beispiel ergibt sich für das ganze Jahr eine Kalkulation 1 von 56,6 %. Es handelt sich dabei aber nur dann um die realisierte Kalkulation, wenn die Ware auch tatsächlich zu den geplanten Verkaufspreisen abgesetzt werden konnte. In vielen Fällen, insbesondere natürlich in den Schlußverkäufen, wird der ursprünglich kalkulierte Verkaufspreis herabgesetzt. Man spricht von Preisabschriften, durch die die insgesamt tatsächlich realisierte Spanne gegenüber der ursprünglich geplanten gesenkt wird. Dies wird im folgenden näher dargestellt.

### Die Preisabschriften

Bei den Preisabschriften handelt es sich um Minderungen der ursprünglich geplanten Kalkulation 1 (Wareneingangskalkulation). Die Preisminderungen können auf den ursprünglich vorgesehenen oder den tatsächlich erzielten Verkaufspreis bezogen sein. Zwar wäre es denkbar, daß mit den Abschriften nur zum Ausdruck gebracht wird, in welchem Ausmaß früher festgelegte Preise herabgezeichnet worden sind (Variante 1), aber vorwiegend wird mit den Abschriften erfaßt, inwieweit bei den verkauften Waren die Preise herabgesetzt waren (Variante 2). Bei den Preisabschriften handelt es sich um den wichtigsten preispolitischen Parameter der Preispolitik des Handels im Zeitablauf, weil über ihn festgelegt wird, in welchem Ausmaß Preissenkungen durchgeführt werden. Abbildung 12.11 veranschaulicht, wie beträchtlich solche Preisminderungen in der Praxis sein können und zeigt außerdem, daß es zeitliche Schwerpunkte für solche Preisminderungen gibt. Im Beispiel ist zu erkennen, daß insbesondere in den Monaten Januar, Juni und Juli preisreduzierte Ware verkauft worden ist (entspechend Variante 2).

**Abbildung 12.11:** Preisabschriften im Jahresverlauf in %

| | Jan. | Feb. | März | April | Mai | Juni | Juli | Aug. | Sept. | Okt. | Nov. | Dez. | $\sum$ |
|---|---|---|---|---|---|---|---|---|---|---|---|---|---|
| monatliche Abschriften | 22,6 | 11,8 | 5,2 | 6,2 | 9,3 | 18,1 | 27,1 | 12,6 | 3,1 | 3,6 | 8,9 | 15,3 | – |
| aufgelaufen | | 17,8 | 13,3 | 11,4 | 11,0 | 12,1 | 14,3 | 14,1 | 12,6 | 11,5 | 11,2 | 11,7 | – |
| Anteil des Monats an den Abschriften | 15,3 | 6,3 | 3,5 | 4,3 | 5,7 | 10,7 | 17,6 | 7,7 | 2,5 | 2,9 | 7,6 | 16,0 | 100 |

Wie bei dem bei der Ermittlung der aufgelaufenen Wareneingangskalkulation vorgestellten Verfahren lassen sich auch die Preisabschriften eines Monats mit den Anteilen des Monatsumsatzes am Jahresumsatz gewichten. Es ergibt sich so ein bis zum Zeitpunkt der Rechnung aufgelaufener Satz für die Abschriften. Als Basis wird auch hierbei der bis zum Zeitpunkt der Berechnung aufgelaufene Anteil am Jahresumsatz verwendet (Umsatzanteile gemäß Abbildung 12.5). Im Beispiel waren bis Ende Februar die Preise so reduziert worden, daß die Wareneingangskalkulation von 56,6 % um 17,8 Prozentpunkte abgesenkt worden war. Dieser hohe Wert ergibt sich daraus, daß insbesondere im Januar in hohem Maße preisreduzierte Ware verkauft worden ist; der bis Februar aufgelaufene Wert der Preisabschriften von 17,8 ergibt sich aus: (22,6 · 7,9 + 11,8 · 6,3) : 14,2. Am Jahresende belaufen sich die auf das Jahr gerechneten Abschriften auf 11,7 Prozentpunkte.
Abbildung 12.11 enthält noch eine dritte Information. In Zeile 4 werden die monatlichen Preisabschriften mit dem Umsatzanteil des betreffenden Monats gewichtet und durch die Summe aller gewichteten Preisabschriften geteilt. Für den Monat Februar ergibt sich so der Wert von 6,3 als 11,8 · 6,3 · 100/1 170,14, für den Monat März als 5,2 · 7,9 · 100/1 170,14 = 3,5. Also: 6,3 % der insgesamt im Jahresverlauf vorgenommenen Abschriften entfallen auf den Februar. Das Beispiel zeigt, daß neben dem Juli der Januar und der Dezember Monate mit hohen Abschriften sind und gibt damit an, welche Preispolitik die Unternehmung im Zeitablauf betrieben hat.
Die Preisabschriften mindern die ursprünglich im Rahmen der Wareneingangskalkulation vorgesehene Handelsspanne. Das muß nicht heißen, daß damit auch der Gewinn verringert wird, denn aufgrund der abgesenkten Preise könnte der Umsatz insgesamt im Vergleich zu der ursprünglichen Kalkulation so angewachsen sein, daß sich der Gewinn des Unternehmens erhöht. Hohe Abschriften müssen also nicht bedeuten, daß der Betrieb ohne diese Abschriften günstiger abgeschnitten hätte. Die

Planung der Abschriften setzt also voraus, daß der Umsatzeffekt alternativer Abschriftensätze geprüft wird. Im vorliegenden Kontext soll dieser Aspekt allerdings nicht vertieft werden, da es sich dabei um ein preispolitisches Planungsproblem handelt; vielmehr wird dargestellt, welche Informationen ein Handelsbetrieb im Rahmen seines erlösorientierten Controlling zur Kalkulation aufbereiten soll. Abschriften senken die von einem Betrieb ursprünglich vorgesehene Kalkulation. Die um die Abschriften reduzierte Kalkulation 1 wird auch als Kalkulation 2 oder als Bruttoertragskalkulation bezeichnet.

### Die Bruttoertragskalkulation (Kalkulation 2)

Bei der Bruttoertragskalkulation handelt es sich um die abschriftenkorrigierte Wareneingangskalkulation. Sie gibt an, welche Handelsspanne ein Betrieb in einer bestimmten Zeitspanne erzielt hat, wenn die tatsächlich realisierten (im Gegensatz zu den geplanten) Verkaufserlöse (deshalb »Brutto...«) um den Wareneinsatz verringert werden und dieser Betrag zum erzielten Umsatz in Beziehung gesetzt wird. Die Bruttoertragskalkulation läßt sich auch ermitteln, indem von der ursprünglichen Wareneingangskalkulation ausgegangen wird. Diese ergab sich für eine einzelne Periode wie folgt:

$$(3) \qquad s_1 = \frac{U^P - WE}{U^P}$$

Dabei werden die Symbole in folgender Bedeutung verwendet:

$U^P$ = geplanter Umsatz (bei einer Kalkulation mit $s_1$) = $U(s_1)$
$s_1$ = Wareneingangskalkulation
$WE$ = Wareneinsatz (Einstandspreis der verkauften Ware)

Die Berechnung der Bruttoertragskalkulation als zu vermindernde Wareneingangskalkulation läßt sich in zwei Varianten vornehmen, indem einmal die Abschriften in Prozent des ursprünglich vorgesehenen Verkaufspreises definiert werden ($A_1$) und indem zum anderen die Abschriften am tatsächlich erzielten Verkaufspreis relativiert werden ($A_2$).

### a) Abschriften als Prozentsatz vom Ausgangspreis ($A_1$)

Abschriften führen bei gleicher Absatzmenge zu einer Verminderung der Handelsspanne und zu einem reduzierten Umsatz. Der tatsächlich erzielte Umsatz läßt sich auch als Differenz von dem Umsatz, der sich ergeben hätte, wenn die tatsächlich abgesetzte Ware zu der höheren Spanne abgesetzt worden wäre, und jenem Umsatz, der nach den Preisabschriften realisiert wird, darstellen; für die nach Vornahme der Abschriften realisierte Handelsspanne gilt dann:

$$(4) \qquad s_2 = \frac{U(s_1) - U(s_1) \cdot A_1 - WE}{U(s_1) - U(s_1) \cdot A_1} = \frac{U(s_1) \cdot (1 - A_1) - WE}{U(s_1) \cdot (1 - A_1)}$$

$$A_1 = \frac{U(s_1) - U(s_2)}{U(s_1)} = \text{Reduktion des nach der Wareneingangskalkulation geplanten Umsatzes (bzw. Verkaufspreises) in Prozent des geplanten Umsatzes (Verkaufspreises) – Abschriftensatz.}$$

$U(s_1)$ = Umsatz – bewertet mit der ursprünglich vorgesehenen Wareneingangskalkulation

$s_2$ = Bruttoertragskalkulation (bezogen auf den nach den Abschriften realisierten Umsatz)

Da gilt:

(5) $\qquad WE = U(s_1) - U(s_1) \cdot s_1 = U(s_1)(1 - s_1)$

ergibt sich für $s_2$

(6) $\qquad s_2 = \dfrac{U(s_1) \cdot (1 - A_1) - U(s_1) \cdot (1 - s_1)}{U(s_1) \cdot (1 - A_1)} = \dfrac{(1 - A_1) - (1 - s_1)}{(1 - A_1)} = \dfrac{(s_1 - A_1)}{(1 - A_1)}$

Diese Beziehungen sollen auch an einem Beispiel erläutert werden (vgl. auch die Angaben in dem Kasten). Ausgegangen wird von dem Fall, daß in einer Periode Ware für 6 000 Geldeinheiten eingekauft wird, die mit 56,28 % kalkuliert wird. Würde die Ware tatsächlich zu dem sich so ergebenden Verkaufspreis abgesetzt, ergäbe sich ein Umsatz von 13.723,70 GE. Diesem Umsatz stünde ein Wareneinsatz von 6 000 GE

---

## Beispiel zur Berechnung der Bruttoertragskalkulation mit $A_1$

• **Ausgangsdaten**
Wareneinkauf (WE): 6 000,– GE
Wareneingangskalkulation ($s_1$): 56,28 % vom Verkaufspreis

**1. Berechnung des erwarteten Umsatzes $U(^P)$ bzw. der absoluten Handelsspanne (Wareneingangskalkulation)**

$$U^P = \frac{WE}{1 - s_1} = \frac{6\,000\,GE}{0,4372} = 13\,723,70\,GE$$

Absolute Handelsspanne (geplant) = $U^P - WE$ = 13 723,70 GE – 6 000 GE = 7 723,70 GE

$$s_1 = \frac{U^P - WE}{U^P} = \frac{13\,723,70\,GE - 6\,000\,GE}{13\,723,70\,GE} = \frac{7\,23,70\,GE}{13\,723,70\,GE} = 56,28\,\%$$

**2. Korrektur der Wareneingangskalkulation nach der Vornahme von Abschriften: Berechnung von $s_2$**

Realisierter Umsatz (nach Abschriften): 12.355,45 GE

$$A_1 = \frac{13\,723,70 - 12\,355,45\,GE}{13\,723,70\,GE} = \frac{1\,368,25\,GE}{13\,723,70\,GE}$$

$\qquad$ = 9,97 % vom geplanten Umsatz
(entsprechend Wareneingangskalkulation)
Absolute Handelsspanne (realisiert):
6 355,45 GE (12 355,45 GE – 6 000 GE)
Relative Handelsspanne (in Prozent des realisierten Umsatzes):

$$\frac{6\,355,45\,GE}{12\,355,45\,GE} = 51,44\,\% \text{ bzw. } s_2 = \frac{s_1 - A_1}{1 - A_1} = \frac{0,5628 - 0,0997}{1 - 0,0997} = 51,44\,\%$$

gegenüber. Erweist es sich als notwendig, die ursprünglich geplanten (kalkulierten) Absatzpreise abzusenken, um den Verkauf zu ermöglichen, müssen Abschriften vorgenommen werden (im Beispiel wird mit $A_1 = 9{,}97\,\%$ gerechnet). Die weiteren Berechnungen zeigen, daß sich die erzielte Handelsspanne auf $51{,}44\,\%$ vermindert, also bei Abschriften von $9{,}97\,\%$ vom geplanten Umsatz um $4{,}84$ Prozentpunkte.

Die Bruttoertragskalkulation ist hier auf den tatsächlich realisierten Umsatz bezogen, während die Wareneingangskalkulation auf den geplanten Umsatz bezogen war. Aus diesem Grund kann die Wareneingangskalkulation $s_1$ nicht einfach um den Abschriftensatz $A_1$ vermindert werden. Gleichwohl läßt sich der Satz errechnen, um den die ursprüngliche Wareneingangskalkulation reduziert werden muß, um die erzielte Bruttoertragskalkulation $s_2$ zu erhalten.

(7)  $\quad vs_1 = s_1 - s_2$

$\quad vs_1 =$ Verminderung der Wareneingangskalkulation aufgrund vorgenommener Abschriften, wenn die Abschriften auf den ursprünglich vorgesehenen Verkaufspreis bezogen werden.

Aus den Gleichungen (6) und (7) folgt:

(8)  $\quad vs_1 = s_1 - \dfrac{(1-A_1)-(1-s_1)}{(1-A_1)} = s_1 - 1 + \dfrac{(1-s_1)}{(1-A_1)}$

Die Formel erlaubt auszurechnen, um wieviel sich die ursprüngliche Wareneingangskalkulation $s_1$ bei einem bestimmten Abschriftensatz (bezogen auf den Verkaufspreis) vermindert. Bei den schon früher zugrunde gelegten Daten von $s_1 = 56{,}28\,\%$ und $A_1 = 9{,}97\,\%$ ergibt sich für $vs_1$ ein Wert von $4{,}84$ Prozentpunkten; die realisierte Handelsspanne (Bruttoertragskalkulation) ergibt sich also aus $56{,}28 - 4{,}84 = 51{,}44$ (in Prozent des realisierten Umsatzes).

**b) Abschriften als Prozentsatz vom tatsächlich erzielten Umsatz ($A_2$)**

Die vorgenommene Absenkung des Verkaufspreises kann auch auf den beim Verkauf erzielten Preis (Umsatz) bezogen werden (im folgenden als $A_2$ bezeichnet). Auch in diesem Fall kann angegeben werden, um wieviel die ursprünglich kalkulierte Wareneingangskalkulation vermindert werden muß, um die Bruttoertragskalkulation zu erhalten. Die Verminderung der Wareneingangskalkulation errechnet sich wiederum als Differenz aus $s_1$ und $s_2$, allerdings auf der Grundlage von $A_2$. Aufgrund der Beziehungen aus Gleichungen (4), (5) und

(9)  $\quad U(s_1) = U(s_2) \cdot (1 + A_2)$

sowie

(10)  $\quad U(s_2) = U(s_1) \cdot (1 - A_1)$

läßt sich $s_2$ auch angeben als:

(11)  $\quad s_2 = \dfrac{U(s_2) \cdot (1 + A_2) - U(s_2) \cdot A_2 - U(s_2) \cdot (1 + A_2) \cdot (1 - s_1)}{U(s_2)}$

Nach Kürzen ergibt sich

(12)  $\quad s_2 = (1 + A_2) - A_2 - (1 + A_2) \cdot (1 - s_1) = s_1 - A_2 \cdot (1 - s_1)$

und es folgt

(13)     $vs_2 = s_1 - s_2 = s_1 - [s_1 - A_2 \cdot (1 - s_1)] = (1 - s_1) \cdot A_2$
         $vs_2 =$ Verminderung der Wareneingangskalkulation aufgrund vorgenommener Abschriften, wenn die Abschriften auf den tatsächlichen Verkaufspreis bezogen werden.

$$A_2 = \frac{U(s_1) - U(s_2)}{U(s_2)} = \begin{array}{l}\text{Reduktion des nach der Wareneingangskalkulation} \\ \text{geplanten Umsatzes (bzw. Verkaufspreises) in} \\ \text{Prozent des tatsächlich erzielten Umsatzes} \\ \text{(Verkaufspreises) – Abschriftensatz}\end{array}$$

Bei einer Wareneingangskalkulation von 56,28 % ergibt sich die Bruttoertragskalkulation wie folgt:

| Beispiel zur Berechnung der Bruttoertragskalkulation mit $A_2$ | |
| --- | ---: |
| Ursprüngliche Wareneingangskalkulation: | 56,28 % |
| Abzug wegen Abschriften: | |
| $A_2 = \dfrac{13\,723{,}70\,\text{GE} - 12\,355{,}45\,\text{GE}}{12\,355{,}45\,\text{GE}} =$ | 11,07 % |
| $(1 - s_1) \cdot A_2 = (1 - 0{,}5628) \cdot 0{,}1107 =$ | 4,84 % |
| Erzielte Bruttoertragskalkulation: | 51,44 % |

Auch für die Bruttoertragskalkulation lassen sich Monatswerte und aufgelaufene Werte ausweisen. Dies ist in Abbildung 12.12 gezeigt, die das in Abbildung 12.10 und Abbildung 12.11 eingeleitete Beispiel fortführt, indem sich die ursprüngliche Wareneingangskalkulation nach Vornahme der Abschriften auf die Bruttoertragskalkulation reduziert.

**Abbildung 12.12:** Bruttoertragskalkulation – nach Monaten und aufgelaufen _____

| | Jan. | Feb. | März | April | Mai | Juni | Juli | Aug. | Sept. | Okt. | Nov. | Dez. |
| --- | --- | --- | --- | --- | --- | --- | --- | --- | --- | --- | --- | --- |
| per Monat | 46,7 | 51,6 | 54,7 | 53,5 | 54,2 | 50,2 | 44,5 | 49,4 | 55,9 | 55,0 | 53,9 | 48,2 |
| aufgelaufen* | | 48,9 | 50,9 | 51,6 | 52,1 | 51,8 | 50,7 | 50,6 | 51,3 | 51,8 | 52,0 | 51,5 |

\* mit Umsatzanteil der Monate gewichtet

Im Beispiel hat das Unternehmen am Ende des Jahres eine Bruttoertragskalkulations (-spanne) von 51,5 % des Umsatzes erzielt. Aus diesem Überschuß muß die Mehrwertsteuer in Höhe von 13,04 % (15 % Mehrwertsteuer auf den Nettoverkaufspreis entsprechen 13,04 % auf den Verkaufspreis) bezahlt werden, die Handlungskosten müssen gedeckt und ein Beitrag zum Gewinn erbracht werden. Bei der aufgelaufenen Bruttoertragskalkulation werden wiederum die für die einzelnen Monate ausgewiesenen Kalkulationswerte mit dem Umsatzanteil des Monats gewichtet und kumuliert. Das vorgestellte Berechnungsverfahren entspricht dem in der Praxis üblichen. Die tatsächlich von einem Betrieb erzielte Spanne kann jedoch von der so errechneten

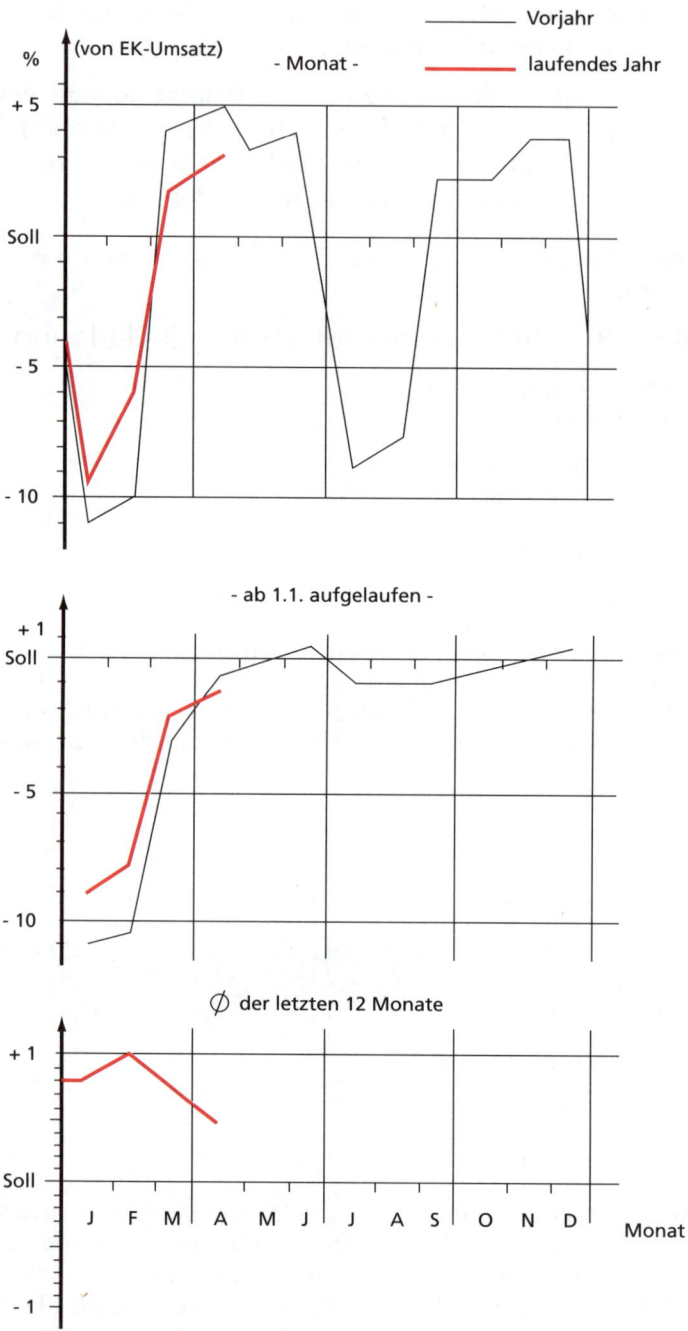

Abbildung 12.13: Erzielte Kalkulation (Bruttoertragskalkulation) im Zeitablauf

Quelle: Gissinger, L., 1969, S. 55

abweichen. Der Grund liegt darin, daß der in einer Periode erzielte Umsatz nicht nur aus dem Verkauf von Waren resultiert, die in der betreffenden Periode eingekauft worden waren, sondern auch mit Waren, die in früheren Perioden eingekauft worden sind und die mit anderen Sätzen kalkuliert worden waren. Das Problem entfällt, wenn von allen verkauften Artikeln neben dem Verkaufspreis der Einkaufspreis bekannt ist bzw. neben dem Abschriftenbetrag die zuvor festgelegte Wareneingangskalkulation.

Besonders gut wird auch ersichtlich, welchen Veränderungen die erzielte Spanne (Bruttoertragskalkulation) im Zeitablauf unterworfen ist, wenn die Werte graphisch dargestellt werden.[5] Dies ist in Abbildung 12.13 geschehen, wobei die dort dargestellten Werte nicht mit den vordem verwendeten übereinstimmen. Bei der »erzielten Kalkulation« erkennt man den Rhythmus einer Haupt- und Nachsaison (z. B. Sommerschlußverkauf mit Herabzeichnungen). Die aktuellen Daten können mit denen des Vorjahres verglichen werden, ein Soll-Ist-Vergleich ist möglich und schließlich kann ein gleitender Durchschnitt der letzten zwölf Monate ausgewiesen werden.

Beim Vergleich von Daten aus unterschiedlichen Quellen ist zu beachten, daß die Berechnungsmodalitäten den Vergleich unmöglich machen oder ihn beeinträchtigen können. Die Ursachen hierfür liegen vor allem darin, daß für die Berechnung unterschiedliche Basen gewählt werden. So wird nicht nur die Handelsspanne zum einen auf den Einkaufspreis, zum anderen auf den Verkaufspreis bezogen, sondern auch die Abschriften können auf den Einkaufspreis, den geplanten Verkaufspreis oder auf die Handelsspanne bezogen sein. Jede Analyse setzt also zumindest voraus, daß anhand der Definition der jeweiligen Größe ihr begrifflicher Inhalt erkannt wird.

### 12.1.2.3 Leistungskennzahlen

Hier hat die Praxis ein differenziertes System von Leistungskennzahlen entwickelt, z. B. verkaufte Stück pro anwesendem Verkäufer im Textilhandel oder Umsatz pro anwesendem Verkäufer. Ob eine Mengen- oder Wertbetrachtung anzustellen ist, hängt auch davon ab, wozu die Kennziffer verwendet werden soll. So könnte für die Personaleinsatzplanung eine mengenbezogene Betrachtung sinnvoller als eine wertmäßige sein.

## 12.1.3 Beurteilung der Kennzahlen

Es kann im vorliegenden Rahmen nicht darum gehen, die einzelnen Kennzahlen differenziert abzuhandeln. Statt dessen soll auf zwei Punkte aufmerksam gemacht werden. Es soll erstens gefragt werden, inwieweit die vorgestellten Kennzahlen einzelne Bereiche der Planung erleichtern; beispielhaft soll nur die Preiskalkulation herausgegriffen werden. Zweitens soll die Vollständigkeit des Berichtssystems, soweit es sich auf die angegebenen Kennzahlen stützt, geprüft werden.

Inwieweit unterstützen die oben genannten Informationen zur Preiskalkulation (vgl. die Positionen Nr. 3, 5 und Nr. 6 in Abbildung 12.14) Kontrolle und Planung im Handelsbetrieb tatsächlich? Zunächst ist festzustellen, daß die Gegenüberstellung

---

[5] Zur Wirkung einer graphischen Darstellung auf die Informationsverarbeitung vgl. Sponholz, U., 1997.

der Einstandspreise der in einem Zeitabschnitt eingegangenen Waren mit den für diese Waren vorgesehenen Verkaufspreisen (also die Wareneingangskalkulation in Prozent des voraussichtlichen Umsatzwertes der zugegangenen Waren) eine Kontrolle erlaubt, inwieweit sich die mit der Kalkulation beauftragten Personen an die vorgegebenen Kalkulationsrichtlinien gehalten haben (Einhalten der Bandbreite). Ein Hinweis, ob eine solche Preispolitik auch zielgerichtet ist, kann diesen Angaben jedoch nicht entnommen werden:

(1) Der vorgegebene Kalkulationssatz kann zu hoch oder zu niedrig sein. Es müßte eine Gegenüberstellung mit dem Absatz erfolgen. Wird der Warenein- und Warenausgang jedoch nicht artikelgenau erfaßt, ist diese Gegenüberstellung nur sehr eingeschränkt möglich. Der in der Periode des Wareneingangs realisierte Umsatz wird zumindest teilweise nicht mit den in dieser Periode kalkulierten Waren erzielt. Auch der mit einem (gleitenden) durchschnittlichen Kalkulationssatz, der aus den Einzelwerten der Kalkulationssätze in den letzten Perioden errechnet ist, multiplizierte Umsatz einer Periode ist keine geeignete Beurteilungsgröße für eine bestimmte Kalkulationspolitik. Die wichtige Gegenüberstellung von Maßnahme und Ergebnis ist also nur sehr eingeschränkt möglich.

(2) Der errechnete durchschnittliche Kalkulationssatz setzt sich aus einer Vielzahl von einzelnen Kalkulationssätzen zusammen, wovon der eine zu hoch, der andere zu niedrig sein kann. Die Durchschnittsbildung in sachlicher Hinsicht verhindert die für die Planung und Kontrolle so notwendige Gegenüberstellung von Maßnahme und Ergebnis.

**Abbildung 12.14:** Darstellung der Kennzahlen in einer Zielhierarchie und einem Maßnahmenkatalog

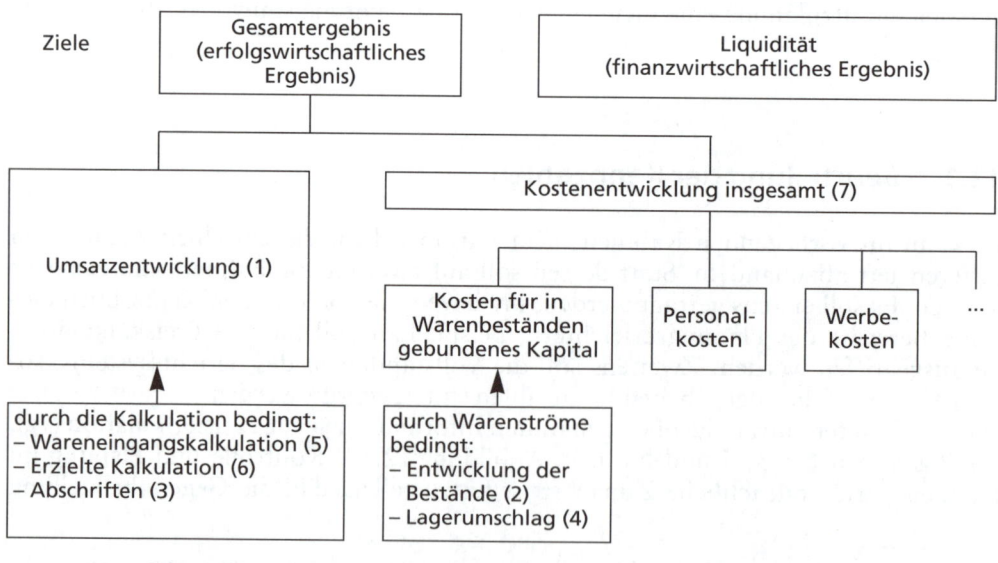

Am Beispiel der Preispolitik ist gut zu erkennen, daß die traditionellen Kennzahlensysteme kaum in der Lage sind, Hinweise zur optimalen Ausgestaltung der Politik zu geben. Zu den Informationen der ersten Stufe kann gesagt werden, daß sie der ersten Anforderung, die *Little* an ein Marketing-Unterstützungssystem gerichtet hat, nicht entsprechen. *Little* sagte: »Manager sind an Analysen, nicht an Abfragen (Retrievals) interessiert. Natürlich spielen Retrieval-Fragen eine wichtige Rolle, aber zur Lösung der wirklich wichtigen Probleme bedarf es im allgemeinen nichttrivialer Manipulationen der gespeicherten Daten.«[6] Insofern können wir die Entwicklung von Informationssystemen nicht als eine substantiell abgeschlossene Aufgabe ansehen, die nur den Informatikern zur Programmierung übergeben werden müßte. Das soll nicht heißen, daß es sich bei den erwähnten Kennzahlen nicht um wichtige Bausteine handeln würde. Natürlich ist es wichtig zu wissen, welcher Umsatz in einer vergangenen Periode erzielt oder wie hoch kalkuliert worden ist, aber für unternehmenspolitische Entscheidungen müssen funktionale Verknüpfungen vorliegen.

Konzepte, die für Planung und Kontrolle geeignet sein wollen, dürfen sich nicht damit begnügen, über einzelne Größen in isolierter Darstellung zu informieren. Es müssen vielmehr Ursachen bzw. Wirkungen aufgezeigt werden, wie es in dem in der ökonomischen Theorie üblichen Denken in Reaktionsfunktionen verankert ist. *Albers* hat für das Produktmarketing dargelegt, daß auch eine Aufspaltung von Erlösabweichungen in einen Mengen- und einen Preiseffekt nur auf Symptome und nicht auf die eigentlich interessierenden Ursachen abstellt.[7] Als Ursachen für eine Erlösabweichung ($\Delta U$) benennt er für den Einproduktfall zunächst vier Größen, das Marktvolumen (V), den Branchenpreis (B), den mengenmäßigen Marktanteil der planenden bzw. kalkulierenden Unternehmung (M) und den relativen Preis dieser Unternehmung (R). Die Differenz zwischen Soll- und Ist-Umsatz läßt sich also wie folgt schreiben (unter der Annahme, daß das Marktvolumen nicht von B abhängt):

(14)     $\Delta U = R_I \cdot M_I \cdot B_I \cdot V_I - R_s \cdot M_s \cdot B_s \cdot V_s$

Dieser Ausdruck läßt sich zu (15) erweitern, wobei die sich ergebenden Ausdrücke als wertmäßiger Marktanteilseffekt, Interaktionseffekt und wertmäßiger Marktvolumenseffekt bezeichnet werden können.

(15)     $\Delta U = \quad (R_I \cdot M_I - R_s \cdot M_s) \cdot B_I \cdot V_s$     wertmäßiger Marktanteilseffekt
$\qquad\qquad + (R_I \cdot M_I - R_s \cdot M_s) + (B_I \cdot V_I - B_s \cdot V_s)$     Interaktionseffekt
$\qquad\qquad + R_I \cdot M_s \cdot (B_I \cdot V_I - B \cdot V_s)$     wertmäßiger Marktvolumenseffekt

Eine Abweichung des wertmäßigen Marktanteilseffektes kann vorliegen, weil die Unternehmung die absatzpolitischen Instrumente nicht wie geplant eingesetzt hat oder weil die Instrumente eine andere Wirkung als erwartet entfaltet haben. Dies macht deutlich, daß eine Ursachenanalyse voraussetzt, daß Marktreaktionsfunktionen unterstellt werden. Das ist ein theoretisch sinnvoller Ansatz, der aber an die Verhältnisse im Handel noch angepaßt werden muß.

---

[6] Little, J. D. C.: Entscheidungsunterstützung für Marketingmanager, in: ZfB, 49. Jg. (1979), S. 985.

[7] Vgl. Albers, S.: Ein System zur Ist-Soll-Abweichungs-Ursachenanalyse von Erlösen, in: ZfB, 59. Jg. (1989), S. 637–654; Powelz, H. J. H.: Ein System zur Ist-Soll-Abweichungs-Ursachenanalyse von Erlösen. Anmerkungen, in: ZfB, 59. Jg. (1989), S. 1229–1233; Albers, S.: Ursachenanalyse von marketingbedingten Ist-Soll-Deckungsbeitragsanalysen, in: ZfB, 62. Jg. (1992), S. 199–223.

Grundsätzlich scheint die Situation im Handel ähnlich zu sein. Auch dort werden Umsatzveränderungen aufgespalten
- in einen Preis- und Mengeneffekt (bzw. durchschnittliche Artikelzahl und durchschnittlichen Artikelpreis),
- in die Entwicklung der Kundenzahl und in den durchschnittlichen Kaufbetrag.

Für alle Aufspaltungen gilt aber, daß die jeweils enthaltene Preiskomponente die andere Größe (also die Menge, die von einem Artikel gekauft wird, die Zahl der durchschnittlich gekauften Artikel, den durchschnittlichen Kaufbetrag) determiniert.

Es ist des weiteren informativ, sich über den Stellenwert der einzelnen Größen klar zu werden. Bei näherer Analyse zeigt sich, daß es sich bei den vorgestellten Kennzahlen überwiegend um Zielgrößen handelt (vgl. die Nummern 1 und 7 in Abbildung 12.14), die einzelne Elemente aus der in Abbildung 12.1 vorgestellten Zielhierarchie darstellen. Zum Teil handelt es sich um Ziffern, mit denen die Politik in einzelnen Bereichen gekennzeichnet wird (vgl. Nr. 5 und 6 in Abbildung 12.14). Abbildung 12.14 macht deutlich, wo sich Lücken ergeben. Im Zielbereich liegen sie vor allem bei einzelnen Kostenarten, wie insbesondere den Personal- und den Werbekosten. Bei den Faktoren, die als umsatzbeeinflussend aufgeführt sind, fällt auf, daß nur die Preispolitik ausgewiesen wird.

## 12.1.4 Die Kontrolle der Umwelt

Ob ein Betrieb seine erlöswirtschaftlichen Ziele (z. B. Umsatz, Rohertrag, erzielte Kalkulation, Marktanteil) erreicht, hängt zum einen von seiner Absatzpolitik ab, zum anderen aber auch von der Entwicklung der Umwelt. So ist jedes Ergebnis dahingehend zu prüfen, wie es sich zur Veränderung von externen Daten verhält. Hierfür gibt es mehrere Ansatzmöglichkeiten.
Im Rahmen eines Betriebsvergleichs läßt sich feststellen, wie sich der Umsatz anderer Betriebe insgesamt oder in einzelnen Warenbereichen entwickelt hat. Schon bei der Darstellung der Funktionen des Betriebsvergleichs in Abschnitt 11.3.2 ist deutlich gemacht worden, wie sehr die ergänzende Hinzunahme der Entwicklung anderer Betriebe die Interpretation der Umsatzentwicklung einzelner Betriebe erleichtert. Angaben über die Umsatzentwicklung sind darüberhinaus der Fachpresse und zum Teil auch spezialisierten Handelspanels zu entnehmen (vgl. z. B. das Textilpanel der *GfK*).
Neben den periodisch durchgeführten Untersuchungen können auch Erhebungen zur Marktstruktur Hinweise zur Interpretation der erlöswirtschaftlichen Ergebnisse eines einzelnen Betriebes liefern. So sind Marktstrukturuntersuchungen verfügbar, die Angaben über das Ausgabeverhalten in einzelnen Warenbereichen und bei einzelnen Käufergruppen liefern. Z. B. ist festzustellen, daß von den Frauen im Alter von 14–64 Jahren die Jüngeren kaum teure Kleider kaufen (vgl. Abbildung 12.15).
Marktforschungsstudien, wie z. B. *Outfit*, liefern über Daten zum Kaufverhalten hinaus eine Fülle von Angaben zum Interesse an verschiedenen Produktbereichen, zum Markenbewußtsein (Wichtigkeit), zur Markenkenntnis, zum Stellenwert einzelner Konsumbereiche und zum Besitz, so daß sich aufschlußreiche Vergleiche mit eigenen Absatzzahlen herstellen lassen.

Kaufverhalten in Abhängigkeit vom Alter _____

| Alter | Kauf eines Kleides über 300 DM |
|-------|-------------------------------|
| 14–17 | 2 % |
| 18–19 | 1 % |
| 20–29 | 11 % |
| 30–39 | 20 % |
| 40–49 | 24 % |
| 50–59 | 30 % |
| 60–64 | 13 % |
| Basis: 2,73 Mio. von 20, 15 Mio. Frauen insgesamt | |

Quelle: Spiegel-Verlag (Hrsg.), Outfit 3, 1994, S. 142

# 12.2 Kontrolle der Kundenzufriedenheit

Im Handelsbetrieb ist nicht nur zu kontrollieren, ob die Kosten der geplanten Höhe entsprechen, sondern die Kontrolle hat sich auch darauf zu beziehen, ob die geplanten Qualitätsnormen eingehalten worden sind. Es geht um die Beurteilung der Handelsleistung, die ja aus einer Kombination von Sach- und Dienstleistung besteht. Die Situation ist ähnlich wie in anderen Dienstleistungsbetrieben, wie z. B. im Hotelgewerbe, wo der Hotelgast die Gesamtleistung in zwei Dimensionen beurteilen kann,
– in der technischen Dimension, die erfaßt, welche Leistung der Kunde erhält (z. B. die Größe und Ausstattung des Zimmers) und
– in der funktionalen Dimension, mit der abgebildet wird, in welcher Art und Weise dem Kunden die technische Qualität vermittelt wird (z. B. Art der Kundenansprache, Kleidung der Mitarbeiter, Erreichbarkeit bzw. Zugänglichkeit).[8]

Im Handel entspricht dem die Zweiteilung in die »Ware« und die »Umstände des Einkaufs«. Für das Controlling lautet die Frage: Wie gut hat ein Handelsbetrieb diese Leistungen erbracht? In einer seit langem geführten Diskussion zum Qualitätsbegriff in der Ökonomie hat sich herausgestellt, daß von einem objektiven und einem subjektiven Qualitätsbegriff ausgegangen werden kann.[9]

_____

[8] Grönroos, C.: A Service Quality Model and its Marketing Implications, in: European Journal of Marketing, Vol. 18 (1984), No. 4, S. 38 f. Vgl. zur Diskussion des Qualitätsbegriffs im Zusammenhang mit der Leistungserstellung in Handelsbetrieben auch Wolf, S.: Kundenbindung durch Qualitätsmanagement in Einzelhandelsbetrieben, Göttingen 1997, S. 78–107.

[9] Vgl. Joswig, R.: Bedürfnis und Qualität. Ein Beitrag zur Interpretation des Qualitätsbegriffes, Diss. Köln 1970; Wimmer, F.: Das Qualitätsurteil des Konsumenten. Theoretische Grundlagen und empirische Ergebnisse, Diss. Frankfurt am Main 1975; Benkenstein, M.: Dienstleistungsqualität. Ansätze zur Messung und Implikationen für die Steuerung, in: ZfB, 63. Jg. (1993), S. 1095–1116.

**Objektiver und subjektiver Qualitätsbegriff**

Der objektive Qualitätsbegriff knüpft an intersubjektiv überprüfbaren Merkmalen eines Objektes an. Die objektive Qualität eines Objektes wird in der Summe seiner Eigenschaften gesehen. So könnte z. B. einem Auto mit einem Kofferraum von 700 l eine höhere Qualität bescheinigt werden als einem Auto mit einem Kofferraum von 400 l. Um einen Spezialfall der objektiven Qualität handelt es sich, wenn darauf abgestellt wird, ob ein Produkt die vorgegebenen Standards auch einhält (z. B. den angegebenen Benzinverbrauch bei einem Auto). Es wird auch vom »manufacturing-based Ansatz« gesprochen. Gegen eine Sicht, Qualität als objektives Phänomen zu sehen, wird eingewendet, daß sie die unter Umständen intersubjektiv verschiedenen Anforderungen der Verwender nicht berücksichtigt. Qualitätsurteile erfordern also einen Bezug auf ein Profil der Leistungsanforderungen. Dies kommt in Formulierungen der *Deutschen Gesellschaft für Qualität e. V. (DQG)* zum Ausdruck:

> *Qualität ist die Gesamtheit von Eigenschaften und Merkmalen eines Produktes oder einer Tätigkeit, die sich auf deren Eignung zur Erfüllung gegebener Erfordernisse bezieht.*[10]

Allerdings bleibt in dieser Definition offen, von wem die Erfordernisse festgelegt werden, ob von Experten, Sachverständigen oder von Nachfragern, wobei zu beachten ist, daß sich die Erfordernisse einzelner Nachfrager unterscheiden können. Insofern ist es einleuchtend, daß Qualität segmentspezifisch geplant werden muß.[11] Im subjektiven (kundenorientierten) Qualitätsbegriff wird explizit auf die individuellen Anforderungen der Abnehmer Bezug genommen.[12] *Stauss* formuliert so:

> *»Was Qualität ist, bestimmt nicht die betrieblich dokumentierte Übereinstimmung mit vorgegebenen Standards, sondern der Markt, der Kunde. Qualität heißt somit primär: die vom Kunden wahrgenommene Qualität.«*[13]

Eine solche Sicht führt dazu, daß die Leistung eines Betriebes nicht mehr im Betrieb, sondern außerhalb des Betriebes durch Befragung oder Beobachtung der Kunden vorgenommen werden muß. Im einzelnen bedeutet dies,
– die für die Zielgruppe relevanten Eigenschaften/Kriterien zu beurteilen,
– ihre empfundene Ausprägung zu ermitteln,
– die Bewertung der Ausprägung festzustellen und
– gegebenenfalls die einzelnen Beurteilungen zu einer Meßzahl für die subjektive Qualität zu aggregieren.[14]

Wird zusätzlich der Preis herangezogen, der für Erwerb oder Nutzung eines Produktes oder einer Leistung zu entrichten ist, und wird er zur Leistung in Bewertung gesetzt

---

[10]  Vgl. Deutsche Gesellschaft für Qualität e. v. (Hrsg.): Begriffe zum Qualitätsmanagement, 6. Auflage, Berlin 1995, S. 30 f.
[11]  O'Neal, C. R./La Fief, W. C.: Marketing's Lead Role in Total Quality, in: Industrial Marketing Management, Vol. 21 (1992), S. 133–143.
[12]  So auch: Bruhn, M.: Qualitätssicherung im Dienstleistungsmarketing. Eine Einführung in die theoretischen und praktischen Probleme, in: Bruhn, M./Stauss, B. (Hrsg.): Dienstleistungsqualität. Konzepte, Methoden, Erfahrungen, 2. Auflage, Wiesbaden 1995, S. 24.
[13]  Stauss, B.: Service-Qualität als strategischer Erfolgsfaktor, in: Stauss, B. (Hrsg.): Erfolg durch Service-Qualität, Tagungsbericht, gfmt-Gesellschaft für Management und Technologie, München 1991, S. 12.
[14]  Vgl. auch Trommsdorff, V.: Konsumentenverhalten, 2. Auflage, Stuttgart – Berlin – Köln 1993, S. 153.

(Preis-Leistungs-Verhältnis), liegt eine Qualitätsvorstellung nach dem wertorientierten Ansatz vor.

Es mag durchaus angebracht sein, die Qualität einzelner Prozesse an intern formulierten Standards zu messen, es darf aber darüber nicht vergessen werden, daß diese immer nur Derivate des subjektiven Qualitätsbegriffes sein dürfen. Insofern kann von folgender Qualitätsdefinition ausgegangen werden:

> »*Qualität ist die durch den Nachfrager anhand einzelner Leistungsattribute wahrgenommene und im Hinblick auf seine Nutzenerwartungen bewertete Beschaffenheit eines Produktes oder einer Leistung.*«[15]

Die Leistung des Handelsbetriebes hat dabei zwei Facetten: zum einen bezieht sie sich auf die dem Kunden übereignete Ware, zum anderen auf die Gestaltung der Umstände, unter denen der Transaktionsprozeß stattfindet. Ein solcher Qualitätsbegriff hat die folgenden Merkmale:

– Er ist subjektiv, d. h. ein Objekt, das von einem Nachfrager als gut bezeichnet wird, kann in den Augen eines anderen schlecht sein.
– Qualitätsurteile sind in einem Kontinuum von Qualitätsvorstellungen angesiedelt; es gibt nicht nur gute und schlechte Qualität.
– Qualitätsurteile bedürfen eines außerhalb des Gegenstandes liegenden Beurteilungsmaßstabes.
– Qualitätsfeststellungen bedürfen der empirischen Messung bei der jeweiligen Zielgruppe.

Der Sicherung der Qualität sollen Qualitätsmanagementsysteme dienen, die eine nachträgliche Qualitätskontrolle ergänzen, indem sie sicherstellen, daß alle Stufen des betrieblichen Leistungserstellungsprozesses definierten Standards entsprechen; dies hat dazu geführt, daß Regeln entwickelt wurden, nach denen sich Betriebe auf der Grundlage von Normen (insbesondere DIN ISO 9000 ff) ihre Qualität zertifizieren lassen können.[16]

## 12.2.1 Modelle zur Kundenzufriedenheit

Wenn die Qualität der Handelsleistung gemessen werden soll, dann müssen hierfür nicht nur die wesentlichen Kennzeichen des Qualitätsbegriffes geklärt werden, sondern es müssen auch die Unterschiede zu ähnlich erscheinenden Begriffen, wie insbesondere den Einstellungen und der Zufriedenheit klargestellt werden. Die jeweiligen Konstrukte sind in Modelle eingebettet, die erkennen lassen, welche Reaktionen der Verbraucher erfaßt werden, von welchen Bestimmungsfaktoren sie abhängen und auf welche Größen sie sich auswirken. Hierzu sind einige Modelle entwickelt worden, die für die Messung der jeweiligen Qualität von zentraler Bedeutung sind (vgl. auch

---

[15] So auch Deppisch, C. G.: Dienstleistungsqualität im Handel, Wiesbaden 1997, S. 30. Deppisch spricht zwar nicht von Nachfragern, sondern von Konsumenten, da die Ausführungen jedoch in gleicher Weise für den Großhandel wie für den Organisationen beliefernden Einzelhandel gelten, soll der allgemeinere Begriff verwendet werden.

[16] Vgl. Birkhofer, B.: Zertifizierung mittelständischer Handelsunternehmen nach DIN ISO 9000 ff. Grundlagen und Vorgehen bei der Einführung eines norm- und anforderungsgerechten Qualitätsmanagementsystems, Göttingen 1996.

Abbildung 12.16). Die Modelle entstammen teilweise der Diskussion um die Möglichkeiten der Messung der Dienstleistungsqualität,[17] teilweise der Zufriedenheitsforschung.[18]

**Abbildung 12.16:** Verfahren zur Messung von Dienstleistungsqualität bzw. Zufriedenheit

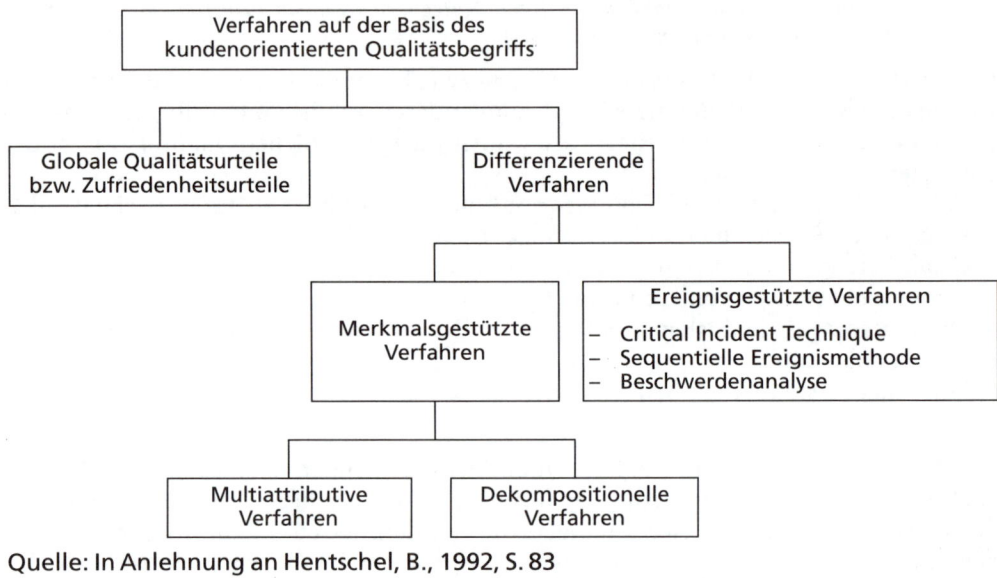

Quelle: In Anlehnung an Hentschel, B., 1992, S. 83

Die Übersicht orientiert sich an formalen Eigenschaften, ob also das Urteil global oder nach einzelnen Aspekten differenziert erhoben wird, ob die Merkmale im Rahmen der Befragung vorgegeben werden oder erst durch das Erhebungsverfahren ermittelt werden. Es ließe sich noch hinzufügen, nach welcher Berechnungsweise die Einzelurteile zu einem Gesamturteil zusammengefügt werden. Inhaltlich sind zwischenzeitlich eine Reihe von Modellen entwickelt worden, so zur Messung der Dienstleistungsqualität insbesondere
– das Modell von *Donabedian*,[19]
– das Modell von *Grönroos*,[20]

17  Vgl. hierzu den Überblick in: Haller, S.: Methoden der Beurteilung von Dienstleistungsqualität. Überblick zum State of the Art, in: ZfbF, 45. Jg. (1993), S. 19–40 sowie Meyer, A./Fend, L.: Servicequalität im Handel, in: Trommsdorff, V. (Hrsg.): Handelsforschung 1996/97. Positionierung des Handels, Wiesbaden 1996, S. 71–77.

18  Vgl. den knappen Überblick bei Rust, R. T./Zahorik, A. J.: Customer Satisfaction, Customer Retention and Market Share, in: Journal of Retailing, Vol. 69 (1993), S. 194 f.

19  Donabedian, A.: The Definition of Quality and Approaches to its Assessment, Ann Arbor 1980, S. 77–128.

20  Grönroos, C., 1984, S. 36–44.

- das Modell von *Meyer* und *Mattmüller*,[21]
- das Gap-Modell von *Parasuraman, Zeithaml* und *Berry*.[22]

Die Modelle lenken den Blick auf unterschiedliche inhaltliche Komponenten der Dienstleistung. *Donabedian* macht darauf aufmerksam, daß eine Dienstleistung geeignete Potentiale voraussetzt (Struktur), durch einen Prozeß gekennzeichnet ist und in ein Ergebnis einmündet. *Grönroos* unterscheidet die Gesamtleistung in eine technische Komponente und in eine funktionale, die die Umstände erfaßt, unter der die technische Basisleistung erbracht wird. Stellvertretend sei im folgenden neben den traditionellen multiattributiven Modellen zur Dienstleistungsqualität und zur Zufriedenheit nur das Gap-Modell näher dargestellt.

## Klassische multiattributive Modelle

Die multiattributiven Modelle wurden ursprünglich im Rahmen der Einstellungstheorie entwickelt, dann aber auch herangezogen, um die Dienstleistungsqualität und die Zufriedenheit zu messen.[23] Sie sind generell dadurch gekennzeichnet, daß ein globales Gesamturteil zu differenzierten Vorstellungen in Beziehung gesetzt wird, also

(16)     $U_i = f(V_{ij})$

wobei     $U_i$ = Gesamturteil über das Objekt i,
          $V_{ij}$ = Vorstellung der Art j über das Objekt i.

Modellvarianten unterscheiden sich zunächst in der Definition von V. Teilweise werden darunter nur Wahrnehmungen verstanden, teilweise aber auch Erwartungen, teilweise Idealwerte. Einige Autoren sehen sich veranlaßt, die Einzeleindrücke zu gewichten, um von ihnen auf das Gesamturteil zu schließen. Von erheblicher Bedeutung ist, in wievielen Dimensionen die Vorstellungen gemessen werden und wie diese Vorstellungsarten lauten. Schließlich unterscheiden sich die Modellvarianten in der Art und Weise, wie die Einzelvorstellungen untereinander verknüpft werden, wobei eine additive Verknüpfung auf den kompensatorischen Charakter hinweist, eine multiplikative auf den nur beschränkt kompensatorischen Charakter.
Mit dem abstrakten Begriff »Gesamturteil über das Objekt i« ist die Zufriedenheit eines Kunden mit einem von ihm erlebten Kontakt mit einem Handelsbetrieb gemeint. Die Zufriedenheit kann sich dabei auf die gekaufte Ware beziehen, aber auch auf die Modalitäten des Transaktionsprozesses. Basishypothese vieler Untersuchungen zur Zufriedenheit ist die Vorstellung, daß sich die Zufriedenheit als Ergebnis eines

---

[21] Meyer, A./Mattmüller, R.: Qualität von Dienstleistungen. Entwurf eines praxisorientierten Qualitätsmodelles, in: Marketing ZFP, 9. Jg. (1987), S. 187–195.

[22] Parasuraman, A./Zeithaml, V. A./Berry, L. L.: A Conceptual Model of Service Quality and its Implications for Future Research, in: Journal of Marketing, Vol. 49 (1985), S. 41–50. Zur Verhaltenswirkung von Zufriedenheit bzw. Unzufriedenheit auch Zeithaml, V. A./Berry, L. L./ Parasuraman, A: The Behavioral Consequences of Service Quality, in: Journal of Marketing, Vol. 60 (1996), No. 2, S. 43–45.

[23] Zur Zufriedenheitsforschung vgl. z. B. Kaas, K. P./Runow, H.: Wie befriedigend sind die Ergebnisse der Forschung zur Verbraucherzufriedenheit?, in: DBW, 44. Jg. (1984), S. 451–460; Bruhn, M.: Marketing und Konsumentenzufriedenheit, in: WISU, 14. Jg. (1985), S. 300–307; Hansen, U./Schoenheit, I. (Hrsg.): Verbraucherzufriedenheit und Beschwerdeverhalten. Frankfurt am Main – New York 1987.

Vergleichs eines Konsumerlebnisses mit diesbezüglich vorhandenen Erfahrungen einstellt.[24] Während Einstellungen auch vorliegen können, ohne daß persönliche Erfahrungen vorliegen, knüpfen Zufriedenheitsurteile gerade daran an. Sie sind an ein konkretes Erlebnis gebunden. Bei der Messung sind zwei Sachverhalte zu beachten: die Zeit zwischen dem Erlebnis und der Messung kann das Urteil beeinflussen, nachträgliche Angaben zu den ursprünglichen vor dem Erlebnis liegenden Erwartungen können das Ergebnis verfälschen.[25]

Formal ergeben sich mehrere Varianten, wie einzelne Modellelemente verknüpft werden können.

*J. A. Czepiel, L. J. Rosenberg* und *A. Akerele* gehen statt von der Bedürfnisbefriedigung im Sinne des Erreichens von bestimmten Zielen vom Vorhandensein bestimmter Eigenschaften bei einer Marke aus.[26] Sie vertreten also die Meinung, daß ein Verbraucher dann zufrieden sein wird, wenn er feststellt, daß eine Marke genau über die Eigenschaft verfügt, die er vor dem Kauf vermutet hatte. Bereits in Kapitel 7 ist gezeigt worden, daß Zielerreichungsgrade und das Vorhandensein von Eigenschaften bei einem Produkt nicht in jedem Fall gleichgesetzt werden dürfen. Der Ansatz von *Czepiel*, *Rosenberg* und *Akerele* läßt sich algebraisch wie folgt darstellen:

(17)     $S_j = \sum_i a_{ij} \cdot FS_{ij}$

mit:     $S_j$ = Overall-Zufriedenheit mit dem Objekt j
         $FS_{ij}$ = Ausmaß der Zufriedenheit mit der Eigenschaft i (Facetten)
         $a_{ij}$ = Gewichtungsfaktoren, mit denen die Bedeutung einzelner Eigenschaften zum Ausdruck gebracht wird

(18)     $FS_{ij} = E(EX_{ij}, O_{ij})$

mit:     $EX_{ij}$ = Erwartungen an das Objekt j bezüglich der Eigenschaft i
         $O_{ij}$ = Einschätzung der Eigenschaft i nach dem Konsum (der Verwendung) des Objektes j
         $E$ = Bewertung der Differenz von Erwartung und Einschätzung

Es ist aber auch denkbar, daß nicht die erwartete Eigenschaftsausprägung bei einem Produkt zum Bezugspunkt der Ermittlung der Zufriedenheit genommen wird, sondern die Idealvorstellung des Konsumenten. Diese Sicht kennzeichnet den Ansatz von *A. B. Pfaff*.[27]

(19)     $S_j = \sum_i a_{ij} (IP_{ij} - O_{ij})$

mit:     $IP_{ij}$ = ideal empfundene Ausprägung der Eigenschaft i bei Objekt j

[24] Oliver, R. L.: Measurement and Evolution of Satisfaction Processes in Retail Settings, in: Journal of Retailing, Vol. 57 (1981), No. 3, S. 27.

[25] Deppisch, C. G., 1997, S. 128.

[26] Czepiel, J. A./Rosenberg, L. J./Akerele, A.: Perspective on Consumer Satisfaction, Chicago, Ill. 1974.

[27] Pfaff, A. B.: An Index of Consumer Satisfaction, Paper Presented at the Annual Meeting of the American Economic Association Jointly With the Association for the Study of the Grants Economy New Orleans, December 27, 1971, S. 713 ff.

An die Stelle der Erwartungen des Konsumenten sind hier seine Idealvorstellungen getreten.

Es sind mithin drei unterschiedliche Sachverhalte, an denen die Beurteilung anknüpfen kann,

- an der Differenz von erwarteter und eingetretener Bedürfnisbefriedigung als Ausmaß, in dem einzelne Ziele erreicht werden,
- an der Differenz, die sich ergibt, wenn die erwartete Eigenschaftsausprägung einer Marke von der tatsächlich beobachteten abweicht,
- an der Differenz zwischen idealer und tatsächlich beobachteter Eigenschaftsausprägung.

Wie in der Einstellungstheorie kommt auch hier der Frage, welche Aspekte für das Gesamturteil wesentlich sind, Bedeutung zu. Zuletzt hat *Deppisch* in einer umfangreichen Meta-Analyse gegenübergestellt, nach welchen Kriterien Einzelhandelsgeschäfte aus Kundensicht beurteilt werden.[28] Aus den zahlreichen Studien soll jene von *Westbrook* herausgegriffen werden, der insgesamt 24 Items mit Hilfe der Faktorenanalyse zu acht Faktoren verdichtet, die dem Zufriedenheitsurteil von Kunden im Einzelhandel zugrunde liegen:[29]

1. Zufriedenheit mit den Verkaufskräften des Geschäfts,
2. Zufriedenheit mit der Ladeneinrichtung,
3. Zufriedenheit mit Sortiment und Warenpräsentation,
4. Zufriedenheit mit dem Servicegrad,
5. Zufriedenheit mit den Produkten und Dienstleistungen,
6. Zufriedenheit mit den anderen Kunden,
7. Zufriedenheit mit dem Preis-Leistungsverhältnis,
8. Zufriedenheit mit den Sonderangeboten.

Die Elemente dieses Katalogs mögen nicht überraschend erscheinen, aber dennoch ist zu beobachten, daß in fast allen Untersuchungen zur Zufriedenheit mit Einzelhandelsgeschäften andere Itembatterien verwendet werden. Zum Teil ist das darauf zurückzuführen, daß Untersuchungen, die sich auf unterschiedliche Branchen beziehen, unterschiedliche Dimensionen erzwingen. So spielt in einem Lebensmittelmarkt die Frische der Artikel eine Rolle, während dies in einem Haushaltswarengeschäft unbedeutend ist. Unterschiede ergeben sich aber auch daraus, daß die im Mittelpunkt stehenden absatzpolitischen Instrumente auf unterschiedlichem Detaillierungsgrad erfaßt werden. So kann sehr undifferenziert danach gefragt werden, ob der Nachfrager mit dem Sortiment zufrieden ist. Die das Sortiment betreffenden Sachverhalte können aber auch in differenzierter Form erfragt werden, z. B. die Auswahl, das Vorhandensein bestimmter Marken, das Qualitätsniveau, die Sortimentsbreite betreffend usw. Dabei muß auch zwischen dem Urteil über das angebotene Sortiment und dem Urteil über die Qualität einer gekauften Ware unterschieden werden. Insgesamt dominiert in den älteren Untersuchungen eine Fragestellung, die vom Einsatz der einzelnen absatzpolitischen Instrumente ausgeht. Wie in der Einstellungsforschung wäre aber auch denkbar, daß hiervon losgelöste Beurteilungskriterien heran-

---

[28] Deppisch, C. G., 1997, S. 72–115; zuvor hatte *Henseler* vergleichende Übersichten erstellt: Henseler, R.: Image und Imagepolitik im Facheinzelhandel, Frankfurt am Main – Zürich 1977, S. 123–125.

[29] Westbrook, R. A.: Sources of Consumer Satisfaction With Retail Outlets, in: Journal of Retailing, Vol. 57 (1981), No. 3, S. 68–85.

gezogen werden, die aus der Motivstruktur der Verbraucher abgeleitet sind (z. B. angenehmer Aufenthalt, Gelegenheit zu sozialen Kontakten, Zuverlässigkeit). Es bleibt aber das Problem, daß es schwierig ist, die Bedarfe der Kunden zu erkennen. Nicht immer sind Kunden in der Lage, ihre Bedarfssituation darzustellen; es kommt hinzu, daß sich die Bedarfsanforderungen im Zeitablauf ändern können.[30]

Neben den Merkmalen wirken sich auch die verwendeten Skalen und Extrempunktbeschreibungen auf das Ergebnis aus. So werden folgende Varianten empfohlen.

**Abbildung 12.17:** Skalen in der Zufriedenheitsforschung _____

| Autoren | Extrempunkte der Skala | |
|---|---|---|
| Buswell[31] | viel besser als erwartet | viel schlechter als erwartet |
| Kasper/Lemmink[32] | 1 = sehr schlecht | 10 = ausgezeichnet |
| Hedvall/Paltschik[33] | sollte verbessert werden | daran ist nichts auszusetzen |

Die subjektive Qualitätsbeurteilung wird, wenn nur auf die Zufriedenheit mit den einzelnen Aspekten abgestellt wird, auf der Grundlage eines impliziten Vergleichs der Erwartungen mit der aktuellen Wahrnehmung vorgenommen. Wird zusätzlich zu den einzelnen Items eine globale Gesamtbewertung erhoben, läßt sich auch aus den Ergebnissen der Regressionsanalyse auf die Bedeutung einzelner Aspekte schließen. Überwiegend werden unter den Eigenschaften (Attributen) nur solche zugrundegelegt, die zu dem sog. kundenorientierten Qualitätsansatz passen, also nur auf Teilaspekte abstellen, ohne diese Leistung zu dem notwendigen »Opfer« in Beziehung zu setzen (Preis-Leistungs-Verhältnis des sog. wertorientierten Ansatzes). Ansätze, die den Preis miteinbeziehen, werden als »Willingness-to-Pay-Ansätze« bezeichnet.[34] Der Preis läßt sich auf zwei Arten einbeziehen:

(1) indem das Gesamturteil über die Qualität in Beziehung zum zu zahlenden Preis gesetzt wird,

(2) indem der Preis als eigene Eigenschaft in die Attributlisten eingeht.

### Das Gap-Modell

Um festzustellen, warum die Qualitätserwartungen des Kunden häufig nicht mit der wahrgenommenen Qualität übereinstimmen, entwickelten *Zeithaml*, *Berry* und *Pa-*

---

[30] Vgl. hierzu auch Engelhardt, W. H./Freiling, J.: Marktorientierte Qualitätsplanung. Probleme des Quality Function Deployment aus Marketing-Sicht, in: DBW, 57. Jg. (1997), S. 7–19.

[31] Buswell, D.: The Development of a Quality Measurement System for a UK Bank, in: Moores, B. (Hrsg.): Are They Being Served?, Oxford 1986, S. 141–155.

[32] Kasper, H./Lemmink, J.: After Sales Service Quality. Views Between Industrial Customers and Service Managers, in: Industrial Marketing Management, Vol. 18 (1989), S. 199–208.

[33] Hedvall, M.-B./Paltschik, M.: Perceived Service Quality in Pharmacies. With Empirical Results From Sweden, in: Journal of Social and Administrative Pharmacy, Supplement, Vol. 5 (1988), No. 2, S. 72 ff.

[34] Vgl. auch Haller, S., 1993, S. 32–34.

*rasuraman* ein Modell, das verschiedene Quellen für Diskrepanzen darstellt, das Gap-Modell.[35] Ausgehend von Explorationsstudien (Interviews mit Führungskräften verschiedener Hierarchiestufen) werden mögliche Gründe für eine schlechte Dienstleistungsqualität des Verkaufspersonals aufgezeigt. Eine Dienstleistung gilt dabei als schlecht, wenn sie hinter den Erwartungen eines Kunden zurückbleibt. Ursachen hierfür können die folgenden Diskrepanzen, auch Gaps genannt, sein:

Gap 1: Diskrepanz zwischen den Kundenerwartungen und deren Wahrnehmung durch das Management;

Gap 2: Diskrepanz zwischen der Wahrnehmung der Kundenerwartungen durch das Management und ihrer Umsetzung in Vorgaben für die Dienstleistungsqualität;

Gap 3: Diskrepanz zwischen den Spezifikationen der Dienstleistungsqualität und der tatsächlich erstellten Leistung;

Gap 4: Diskrepanz zwischen erstellter Dienstleistung und der an die Kunden gerichteten Kommunikation über diese Dienstleistung;

Gap 5: Diskrepanz zwischen der vom Kunden wahrgenommenen und der vom Kunden erwarteten Dienstleistungsqualität.

Die vom Kunden wahrgenommene Qualität ist von den Gaps 1 bis 4 abhängig. Die Qualität, die ein Kunde erwartet, ergibt sich aus seinen individuellen Bedürfnissen, seinen vergangenen Erfahrungen, der Mund-zu-Mund-Kommunikation und den kommunikativen Maßnahmen des Anbieters. Auf einige Gaps sei näher eingegangen.

Mit Gap 1 wird darauf aufmerksam gemacht, daß die Erwartungen des Kunden an die Dienstleistungsqualität eines Unternehmens und die Wahrnehmung dieser Kundenerwartungen durch das Management differieren können. Das Management kennt nicht alle Kriterien, die den Qualitätsanspruch des Kunden ausmachen; das Management weiß nicht immer, mit welchen Merkmalen eine Dienstleistung ausgestattet sein muß, um vom Kunden als hochwertig beurteilt zu werden. Diese Diskrepanz hat drei Ursachen, und zwar das Ausmaß, in dem Ergebnisse der Marktforschung durch das Management berücksichtigt werden, die Art der Aufwärtskommunikation und die Zahl der Hierarchiestufen im Unternehmen.

– Marktforschung kann maßgeblich zur Erforschung von Kundenerwartungen und Wahrnehmungen beitragen. Wie zutreffend die Kundenerwartungen vom Management wahrgenommen werden, hängt auch vom Ausmaß des direkten Kontaktes des Managements mit seinen Kunden ab. Durch direkte Kommunikation mit dem Kunden kann sich das Management ein persönliches Bild über dessen Bedürfnisse machen. Einige Unternehmen nehmen dies so ernst, daß sie ihr Management verpflichten, einige Tage im Jahr selbst im Verkauf zu arbeiten.

– Kundenerwartungen können durch das Management auch deshalb verzerrt wahrgenommen werden, weil Mängel in der Kommunikation zwischen Management und Verkaufspersonal vorliegen. Die Qualität dieser vertikalen Kommunikation ist von ihrer Regelmäßigkeit und den eingesetzten Medien abhängig, ob die Kommunikation also mündlich oder schriftlich, visuell oder verbal abläuft. Hier kommt der mündlichen Kommunikation eine besondere Bedeutung zu, weil durch sie ein

---

[35] Parasuraman, A./Zeithaml, V. A./Berry, L. L.: SERVQUAL. A Multiple-Item Scale for Measuring Consumer Perceptions of Service Quality, in: Journal of Retailing, Vol. 64 (1988), S. 12–40; Hentschel, B.: Die Messung wahrgenommener Dienstleistungsqualität mit SERVQUAL. Eine kritische Auseinandersetzung, in: Marketing ZFP, 12. Jg. (1990), S. 230–240.

Dialog ermöglicht wird. Diskrepanzen sind weiterhin davon abhängig, inwieweit Anregungen des Verkaufspersonals ernst genommen und umgesetzt werden.

**Abbildung 12.18: Das Gap-Modell der Dienstleistungsqualität** _____

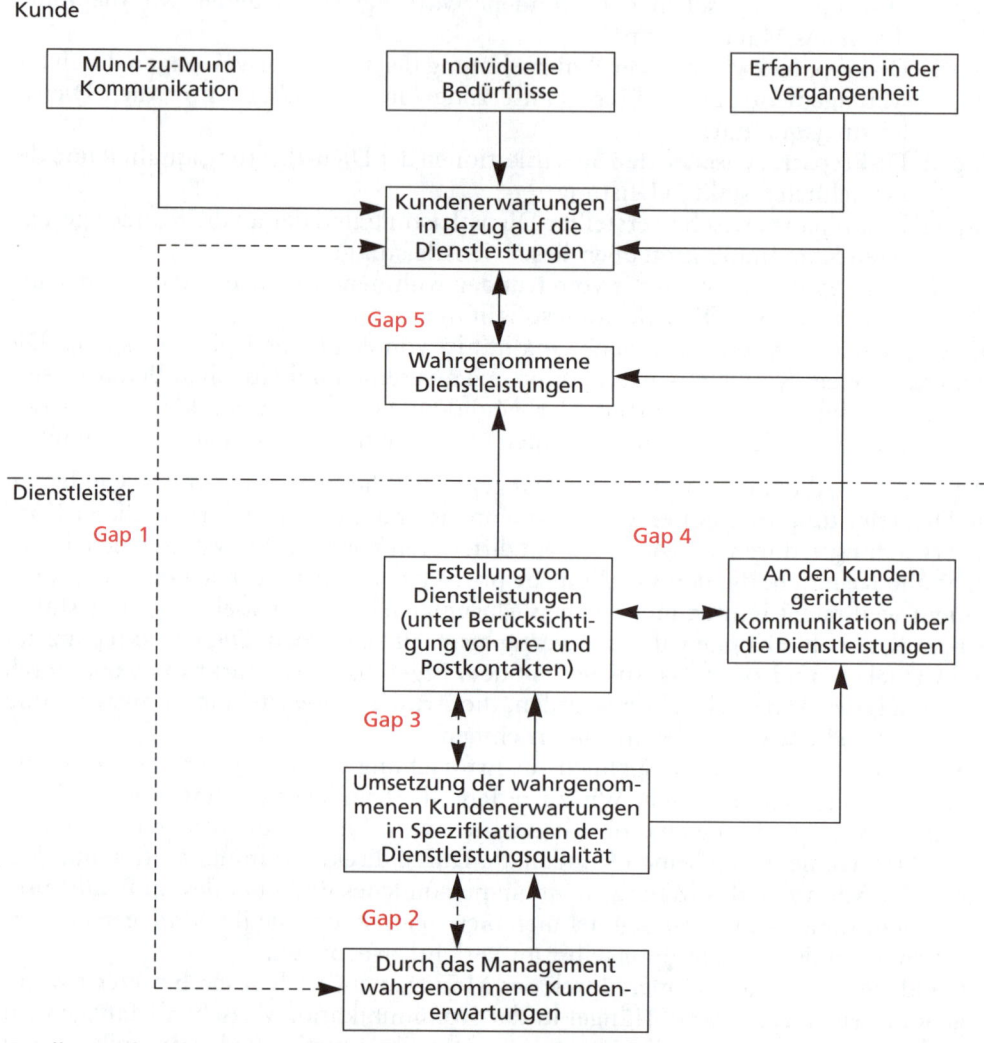

Quelle: Zeithaml, V. A./Berry, L. L./Parasuraman, A., 1995, S. 135

– Unmittelbare Auswirkungen auf die vertikale Kommunikation im Unternehmen hat die Anzahl der Hierarchiestufen. Je mehr Hierarchiestufen zwischen Top-Management und Verkaufspersonal bestehen, um so schwieriger ist eine Direktkommunikation. Jede Hierarchiestufe stellt eine Barriere für den Kommunikationsfluß dar.

Empirische Studien zeigen, daß das Management die Erwartungen des Kunden häufig falsch einschätzt.[36]

**Gap 2** macht darauf aufmerksam, daß durch das Management wahrgenommene Kundenbedürfnisse in geeignete Spezifikationen umgesetzt werden müssen. Wenn die Kunden beispielsweise Beratung wünschen, könnte dies bedeuten, daß das Verkaufspersonal angewiesen wird, Kunden unmittelbar nach Betreten des Geschäfts zu begrüßen und Unterstützung anzubieten.

**Gap 3** bezieht sich auf die Differenz zwischen den in der Geschäftspolitik vorgesehenen Richtlinien für die Gestaltung der Dienstleistungspolitik und der tatsächlichen Leistungserstellung des Verkaufspersonals. Eine schlechte Abwärtskommunikation, die zu selten erfolgt oder unklar ausgedrückt wird, führt dazu, daß die Anforderungen, die das Management an die Dienstleistungsqualität des Verkaufspersonals stellt, für dieses undeutlich bleiben. Neben der Verbesserung der vertikalen Kommunikationsstrukturen fördert betriebsinternes Training das Rollenverständnis des Verkaufspersonals und verbessert dessen Leistungen.

**Gap 4** beschreibt die Diskrepanz zwischen erstellter Dienstleistung und der an die Kunden gerichteten Kommunikation über diese Dienstleistung. Versprechungen, die nicht erfüllt werden, senken die Zufriedenheit. Aber auch Leistungen des Unternehmens, die für den Kunden nicht sichtbar sind, können sich, wenn sie verstärkt kommuniziert werden, positiv auswirken. Erreichen den Kunden nur Informationen über den persönlich erlebten Teil der Dienstleistung, erhält er nur einen verkürzten Eindruck über die erbrachte Leistung.

Das Modell verdeutlicht, daß einerseits Informationen über die Erwartungen und Wahrnehmungen der Kunden gewonnen werden müssen, daß zum anderen aber auch sichergestellt wird, daß das betriebspolitische Konzept intern kommuniziert und realisiert wird.

Aufbauend auf dem Gap-Modell haben die Verfasser das sog. SERVQUAL-Modell entwickelt, mit dem die wahrgenommene Qualität von Dienstleistungsbetrieben gemessen werden soll. Die hierbei verwendeten Dimensionen unterscheiden sich deutlich von den ansonsten im Rahmen der Marktforschung eingesetzten Dimensionen, so daß sie als nächstes betrachtet werden sollen. Abbildung 12.19 gibt einen Überblick über die 22 Items und die fünf Wahrnehmungsdimensionen des Modells.

Für jede Wahrnehmungsdimension wird ein wahrgenommener Wert (»so ist es«) und ein erwarteter Wert (»so sollte es sein«) ermittelt. Die empfundene Qualität der Dienstleistung ergibt sich dann aus der Differenz zwischen jeweils erwartetem und wahrgenommenem Wert. Stimmen beide Werte überein oder übertrifft die Wahrnehmung die Erwartung, so kann von zufriedenstellender bzw. guter Qualität gesprochen werden.

SERVQUAL ist zwar für den branchenübergreifenden Einsatz gedacht, aufgrund der vielfältigen Gegebenheiten in den einzelnen Branchen bestehen jedoch Zweifel, ob dieser Anspruch eingelöst werden kann. Außerdem besteht die Gefahr, daß bei der Frage nach den Erwartungen eine Anspruchsinflation einsetzt.[37] Dies führt dazu, daß

---

[36] Albrecht, K./Zemke, R.: Service-Strategien, Hamburg – New York 1987, S. 47–60; Lewis, R. C./Klein, D. M.: The Measurement of Gaps in Service Quality, in: Czepiel, J. A./Congram, C. A./Shanahan, J. (Hrsg.): The Service Challenge. Integrating for Competitive Advantage (Proceedings Series), American Marketing Association, Chicago, Ill. 1987, S. 33–38.

[37] Vgl. Hentschel, B., 1990, S. 230–240.

die Qualität generell nicht als zufriedenstellend ausgewiesen wird. Andererseits lassen sich auch so Abweichungen zwischen einzelnen Kundengruppen und zwischen einzelnen Anbietern durchaus erfassen.

Abbildung 12.19: SERVQUAL-Items und Wahrnehmungsdimensionen

| SERVQUAL-Dimension | Item Nr. | SERVQUAL-Item (Erwartung) |
|---|---|---|
| Tangibles Umfeld | 1 | Die technische Ausrüstung von . . . sollte dem neuesten Stand entsprechen. |
| | 2 | Die Geschäftsräume von . . . sollten ansprechend gestaltet sein. |
| | 3 | Die Angestellten sollten ordentlich angezogen sein und einen sympathischen Eindruck machen. |
| | 4 | Die Gestaltung der Geschäftsräume von . . . sollte der Art der Dienstleistung angemessen sein. |
| Zuverlässigkeit | 5 | Wenn . . . die Fertigstellung eines Auftrages bis zu einem bestimmten Zeitpunkt versprechen, sollten sie diesen auch einhalten. |
| | 6 | Kundenprobleme sollten ernst genommen und mitfühlend und beruhigend behandelt werden. |
| | 7 | Man sollte sich auf . . . verlassen können. |
| | 8 | Die Dienstleistung sollte zu dem Zeitpunkt ausgeführt sein/werden, zu dem sie versprochen wurde. |
| | 9 | . . . sollten eine ordentliche Auftragsbuchführung besitzen |
| Reagibilität | 10 | Man sollte von . . . nicht erwarten, daß sie den Kunden genau darüber Auskunft geben, wann die Leistung ausgeführt wird. (–) |
| | 11 | Es ist unrealistisch, als Kunde prompten Service von den Angestellten in . . . zu erwarten. |
| | 12 | Die Angestellten müssen nicht permanent gewillt sein, den Kunden zu helfen. (–) |
| | 13 | Es ist in Ordnung, wenn die Angestellten zu beschäftigt sind, um Kundenwünsche unmittelbar zu erfüllen. (–) |
| Leistungskompetenz | 14 | Kunden sollten den Angestellten von . . . vertrauen können |
| | 15 | Kunden sollten sich während des Kontakts zu den Angestellten sicher fühlen. |
| | 16 | Die Angestellten von . . . sollten höflich sein. |
| | 17 | Die Angestellten sollten angemessene Unterstützung im Unternehmen erhalten, um ihre Tätigkeit gut ausführen zu können. |
| | 18 | Von . . . sollte nicht erwartet werden, daß sie jedem Kunden individuelle Aufmerksamkeit widmen. (–) |
| | 19 | Von den Angestellten dieser Firmen kann nicht erwartet werden, daß sie sich persönlich um die Kunden kümmern. (–) |
| | 20 | Es ist unrealistisch, von den Angestellten zu erwarten, daß sie die Bedürfnisse ihrer Kunden kennen. (–) |
| | 21 | Es ist unrealistisch zu erwarten, daß . . . nur das Interesse ihrer Kunden im Auge haben. (–) |
| | 22 | Man sollte von . . . nicht erwarten, daß ihre Öffnungszeiten für alle Kunden angenehm sind. (–) |

Quelle: Hentschel, B., 1990, S. 231

## Modelle mit Penalty-Reward Faktoren

Der Penalty-Reward-Faktoren-Ansatz geht davon aus, daß von den möglicherweise zahlreichen Attributen eines Angebots einige Faktoren vorhanden sein müssen, ohne daß dem Kunden daraus eine besondere Zufriedenheit erwächst: Er erwartet diese

Leistungen. Erhebliche Unzufriedenheit stellt sich jedoch ein, wenn diese Faktoren nicht vorhanden sind (Penalty-Faktoren). Auf der anderen Seite gibt es auch Faktoren, die hinzugefügt werden, um einen zusätzlichen Wert beim Nachfrager zu erzeugen. Diese Reward-Faktoren bewirken beim Nachfrager eine höhere Qualitätswahrnehmung und somit eine höhere Zufriedenheit, ohne daß ihr Fehlen Unzufriedenheit hervorruft.[38] Mit den Reward-Faktoren können Bonuspunkte erreicht werden, während das Fehlen von Penalty-Faktoren zu drastischen Einbrüchen bei der Zufriedenheit führt.[39]

Der Ansatz läßt sich am Beispiel eines Transportunternehmens verdeutlichen. Hier hat *Brandt* insgesamt neun verschiedene Attribute ausgemacht, auf die die Kunden des Transportunternehmens ihr Zufriedenheitsurteil stützen.[40] Sechs dieser Faktoren werden den Penalty-Faktoren zugeordnet. Hierzu zählt beispielsweise der Faktor »Angebot konkurrenzfähiger Preise« oder »flexible Ladungsaufnahmezeiten«. Übertrifft hier die Leistung des Anbieters die Erwartungen der Kunden, so erhält er nur wenige oder keine Bonuspunkte. Andere Attribute zeichnen sich dagegen als Reward-Faktoren aus. Ihr Vorhandensein steigert die Zufriedenheit, ihr Fehlen wird dagegen nicht oder nur schwach bemängelt. Dies gilt im Beispiel etwa für das Attribut »Bereitschaft, sich in die Geschäftsproblematik des Kunden einzudenken«. Schließlich lassen sich Hybrid-Faktoren benennen, also solche, für die der Anbieter Strafpunkte bekommen kann, wenn sie fehlen, aber auch Bonuspunkte, wenn er sie gewährleistet. Im Beispiel trifft dies für das Attribut »Dringlichkeitsbewußtsein bei der Reaktion auf Probleme« zu.

Kennt eine Unternehmung die einzelnen Faktoren, kann sie zunächst durch die Betonung von Penalty-Faktoren die wichtigsten Quellen der Unzufriedenheit beseitigen, sodann kann der Schwerpunkt auf wertsteigernde Faktoren gelegt werden. Bei einer so vereinfachenden Betrachtung wird aber unterstellt, daß die Kosten für die Durchführung der einzelnen Maßnahmen unberücksichtigt bleiben können und daß der Abbau von Unzufriedenheit den größeren Beitrag zur Insgesamt-Zufriedenheit ergibt als der Aufbau von Zufriedenheit über Reward-Faktoren.

Im Kano-Modell werden drei Typen von Eigenschaften unterschieden:[41]

---

[38] Der Ansatz geht auf *Brandt* zurück: Brandt, D. R.: How Service Marketers can Identify Value-Enhancing Service Elements, in: The Journal of Services Marketing, Vol. 2 (1988a), No. 3, S. 35–41.

[39] Im Hinblick auf diese Faktoren ist zu berücksichtigen, daß sich Zufriedenheit und Unzufriedenheit unterschiedlich stark auswirken. So berichten *Swinyard* und *Whitlark,* daß der negative Effekt der Unzufriedenheit sich doppelt so stark auf die »Wiederbesuch-Absicht« auswirke wie dies für den positiven Effekt der Zufriedenheit zu beobachten sei. Vgl. Swinyard, W. R./ Whitlark, D. B.: The Effect of Customer Dissatisfaction on Store Repurchase Intentions. A Little Goes a Long Way, in: The International Review of Retail, Distribution and Consumer Research, Vol. 4 (1994), S. 329–344.

[40] Brandt, D. R.: A Procedure for Identifying Value-Enhancing Service Components Using Customer Satisfction Survey Data, in: Surprenant, C. (Hrsg.): Add Value to Your Service, Chicago 1988 b, S. 61–65.

[41] Siehe zum *Kano*-Modell Kano, N.: Attractive Quality and Must-be Quality, in: The Journal of the Japanese Society for Quality Control, April 1984, S. 39–48 sowie die methodischen Überlegungen zum Kano-Modell bei Bailom, F./Hinterhuber, H. H./Matzler, K. et al.: Das Kano-Modell der Kundenzufriedenheit, in: Marketing ZFP, 18. Jg. (1996), S. 117–126.

– Basisanforderungen,
– Leistungsanforderungen,
– Begeisterungsanforderungen.

Die Erfüllung von Basisanforderungen wird vom Kunden vorausgesetzt und als selbstverständlich angesehen. Sie stellen unbedingte Mußkriterien dar und werden vom Kunden auch nicht mehr explizit verlangt. Werden diese Anforderungen nicht erfüllt, so führt dies beim Kunden zu extremer Unzufriedenheit, wohingegen ihre Erfüllung keineswegs eine erhöhte Zufriedenheit auslöst. Die Erfüllung einer Basisanforderung kann somit lediglich für den Zustand der Nicht-Unzufriedenheit verantwortlich sein.

Leistungsanforderungen werden vom Kunden ausdrücklich verlangt, sie sind kundenspezifisch und für Kunde, Handel und Hersteller konkret greifbar, ihr Erfüllungsgrad kann gemessen werden. Bei Leistungsanforderungen verhält sich die Zufriedenheit des Kunden proportional zum Erfüllungsgrad: je höher der Erfüllungsgrad einer vom Kunden gestellten Leistungsanforderung, desto höher seine Zufriedenheit und umgekehrt. Aber auch die Beratung kann – insbesondere bei gut vorinformierten Kunden – den Rang einer Leistungsanforderung annehmen.

Ebenso wie Basisanforderungen werden auch Begeisterungsanforderungen vom Kunden nicht ausdrücklich formuliert, sie werden jedoch im Gegensatz zu diesen auch nicht erwartet. Begeisterungsanforderungen haben den höchsten Einfluß auf die Zufriedenheit mit einem Produkt oder einer Dienstleistung, ihre Erfüllung führt zu überproportionaler Kundenzufriedenheit. Werden diese Anforderungen hingegen nicht erfüllt, entsteht kein Gefühl der Unzufriedenheit.

## 12.2.2 Messung der Kundenzufriedenheit

Zur Messung der tatsächlichen Kundenzufriedenheit kann auf verschiedene Methoden zurückgegriffen werden,
– auf Meßverfahren, die auf multiattributiven Modellen gründen,
– auf Verfahren, die kritische Ereignisse im Interaktionsprozeß der Parteien aufdecken,
– auf Auswertungen von Beschwerdereaktionen der Kunden.

Die Verfahren führen nicht nur zu unterschiedlichen Kosten, sondern unterscheiden sich auch in ihrer Fähigkeit, die vom Kunden wahrgenommene Qualität einer Leistung valide, reliabel und vollständig zu erfassen.

Bei den Meßverfahren, die auf den multiattributiven Modellen gründen, wird der zu beurteilende Gegenstand (ein Unternehmen, ein einzelner Betrieb, eine Abteilung, eine Aktion) durch einzelne Attribute gekennzeichnet, und die Kunden werden jeweils nach Erfüllungsgrad, Zufriedenheit, Wichtigkeit etc. befragt. So können die Kunden eines Möbelgeschäftes beispielsweise angeben, wie zufrieden sie mit der Anlieferung der Ware, dem Aufbau, der Freundlichkeit des Personals usw. gewesen sind. Indem die Differenz zwischen erwarteter und tatsächlich erfahrener Leistung gemessen wird, ergeben sich Hinweise auf Richtung und Ausmaß einer vorhandenen Kluft; es wird deswegen stellenweise auch von dem Gap-Modell bzw. der Gap-Analyse (GA) gesprochen, wobei »gap« jedoch in einem völlig anderen Sinn als in dem im vorhergehenden Abschnitt behandelten Modell von *Parasuraman, Zeithaml* und *Berry* zu verstehen ist. Abbildung 12.20 veranschaulicht exemplarisch die Ergebnisse einer solchen Analyse.

**Abbildung 12.20:** Differenzen zwischen erwarteter und erlebter Leistung _____

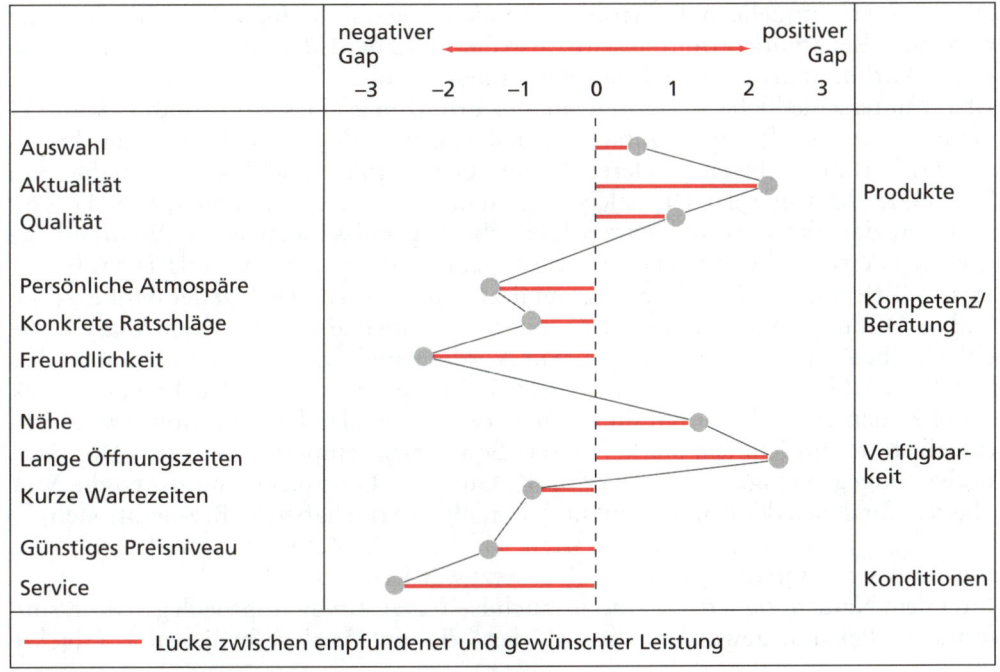

Die Darstellungsweise ist angelehnt an Müller, S./Lohmann, F., 1997, S. 980

Die Ergebnisse einer solchen Lückenanalyse können in verfeinerter Form dargestellt werden, wenn außer den durchschnittlichen Angaben auch Hinweise auf die Streuung der Urteile mitgeteilt werden.

Bei der Critical Incident Technique (CIT) richtet sich das Erkenntnisinteresse auf Kundenprobleme.[42] Man beschränkt sich jedoch nicht nur auf die Analyse von Beschwerden, weil dies zu reaktiv sein könnte, sondern es werden Stichproben von Kunden befragt. Im Gegensatz zu den attributorientierten Ansätzen basiert die Critical Incident Technique auf Kundenerlebnissen, die als besonders positiv oder negativ wahrgenommen werden. Diese Methode fußt auf der Vorstellung, daß das reguläre

---

[42] Zur Anwendung dieser Methode zur Messung von Dienstleistungsqualität vgl. Bitner, M. J./ Booms, B. H./Tetreault, M. S.: The Service Encounter. Diagnosing Favorable and Unfavorable Incidents, in: Journal of Marketing, Vol. 54 (1990), No. 1, S. 71–84; Bitner, M. J./Booms, B. H./ Mohr, L. A.: Critical Service Encounters. The Employee's Viewpoint, in: Journal of Marketing, Vol. 58 (1994), No. 4, S. 95–106;

Qualitätsniveau vom Nachfrager häufig gar nicht wahrgenommen wird, sondern daß er der Qualitätsbeurteilung nur dann verstärkte Aufmerksamkeit schenkt, wenn es um Probleme oder Ausnahmen geht.[43] Direkte offene Fragen nach außergewöhnlich positiven oder negativen Ereignissen führen zu Katalogen individueller Probleme. Sie zeigen, wie häufig die Befragten einzelne kritische Ereignisse genannt haben. Zusammenfassende Darstellungen erfordern, daß die individuellen Berichte der Befragten Antwortkategorien zugeordnet werden,[44] was die Gefahr heraufbeschwört, daß gleiche Erlebnisse unterschiedlichen Kategorien zugeordnet werden. Es empfiehlt sich, diese Fehlerquelle zu kontrollieren, indem sowohl die Intercoder- als auch die Intracoder-Reliabilität ermittelt wird, also der Grad der Übereinstimmung im Erfassen der Vorkommnisse durch die auswertenden Personen.[45]

Sobald unterschiedliche Verfahren für die Ermittlung eines Konstruktes (wahrgenommene Dienstleistungsqualität, Zufriedenheit) vorliegen, stellt sich die Frage, welches Verfahren die sinnvolleren Werte liefert. *Müller* und *Lohmann* haben am Beispiel der Messung der Dienstleistungsqualität von Banken gezeigt, daß die Verfahren in der Tat zum Teil unterschiedliche Ergebnisse ausweisen. Während die befragten Personen bei Anwendung der Critical Incident Technique relativ häufig auf negative Erlebnisse bei der Beratungsqualität und der Verfügbarkeit der Bankleistung (Nähe, Öffnungszeiten) hinwiesen, stand bei Anwendung der Gap-Analyse die schlechte Beurteilung der Konditionen im Vordergrund. Die Verfasser vermuten, daß die CIT sensibler ist, wenn es darum geht, Leistungsebenen zu beleuchten, die stark zwischenmenschlich bestimmt sind (z. B. Beratung), weil sich Interaktionen zwischen Mitarbeitern und Kunden stärker in das Bewußtsein einprägen würden. Die Gap-Analyse dagegen reagiert sensibler auf die Güte von Leistungen, mit denen die Mitarbeiter, mit denen der Kunde Kontakt hat, nichts zu tun haben (z. B. Konditionen).[46] Wenn sich diese Beobachtungen erhärten, sollten beide Methoden komplementär für eine umfassende Qualitätsmessung eingesetzt werden.

Unter dem Namen Vignette-Methode (auch Factorial Survey Approach genannt) sind Verfahren bekannt geworden, die sich der Conjoint-Analyse bedienen.[47] Objekte

---

[43] Levitt, T.: Die Macht des kreativen Marketing, Düsseldorf 1986, S. 128. *Richard* und *Adrian* wenden eine modifizierte Form der CIT an, um Konsumenten im Hinblick auf die (Un-)Zufriedenheit mit dem Prozeß der Beschwerdeabwicklung zu segmentieren. Vgl. Richard, M. D./ Adrian, M.: A Segmentation Model of Consumer Satisfaction/Dissatisfaction With the Complaint-Resolution Process, in: The International Review of Retail, Distribution and Consumer Research, Vol. 5 (1995), S. 79–98.

[44] In einer Untersuchung zur Servicequalität im Lebensmittelhandel fassen Bell/Gilbert/Lockwood die Antworten zu den Kategorien »Räumliche Gegebenheiten« (Physical Environment), »Warenbezogene Umstände« (Merchandise Related), »Nebenleistungen« (Non-Core Services), »Persönliche Beziehungen« (Interpersonal), »Prozeß« (Process) und »Preis« (Price) zusammen. Vgl. Bell, J./Gilbert, D./Lockwood, A.: Service Quality in Food Retailing Operations. A Critical Incident Analysis, in: The International Review of Retail, Distribution and Consumer Research, Vol. 7 (1997), S. 410–414.

[45] In der Literatur wird von hohen Reliabilitäten berichtet (über 75 %). Vgl. Müller, S./Lohmann, F.: Qualitative und quantitative Erfassung von Dienstleistungsqualität? Die Critical Incident Technique und die Gap-Analyse im Methodenvergleich, in: ZfbF, 49. Jg. (1997), S. 982.

[46] Müller, S./Lohmann, F., 1997, S. 986.

[47] Rossi, P. H./Anderson, A. B.: The Factorial Survey Approach. An Introduction, in: Rossi, P. H./ Nock, S. L. (Hrsg.): Measuring Social Judgements, Beverly Hills 1982, S. 15–68. Siehe zur Anwendung der Conjoint-Analyse auch Danaher, P. J.: Using Conjoint Analysis to Determine

werden bei Anwendung der Profil-Methode mit einzelnen Eigenschaftsausprägungen beschrieben und sind von dem Befragten zu beurteilen. So könnte ein Campingplatz etwa wie folgt gekennzeichnet werden:[48]
– intensive Überwachung,
– freundliche Behandlung an der Rezeption,
– freundlicher Kontakt zu den Angestellten,
– bescheidene Einrichtungen,
– beschränkte Privatsphäre.

Aus der Beurteilung verschiedener Campingplätze läßt sich der Nutzenbeitrag der einzelnen Eigenschaften errechnen.

Die Conjoint-Analyse hat sich inzwischen zu einem bedeutenden Werkzeug der Marktforschung entwickelt, was jedoch nicht dazu verleiten darf, die vielfachen methodischen Probleme zu übersehen, z. B. die Auswahl der Attribute (Qualitäts-items), die Zusammenstellung von Vignetten (reduzierte Designs), die Auswahl einer Conjoint-Methode (z. B. Profil-Technik versus Trade-off-Analyse).

### 12.2.3 Umsetzung von Ergebnissen aus der Zufriedenheitsmessung in betriebspolitische Maßnahmen

Die Modelle zur Kundenzufriedenheit zeigen, in welchen Dimensionen die Wahrnehmungen der Kunden gemessen werden können. Die traditionellen Modelle orientieren sich dabei mehr am Einsatz der einzelnen absatzpolitischen Instrumente (z. B. Zufriedenheit mit der Frische der Ware usw.), das Gap-Modell verwendet dagegen abstraktere Wahrnehmungsdimensionen. Erhebungen zur Kundenzufriedenheit zeigen, in welchen Dimensionen eine Unternehmung gut bzw. schlecht beurteilt wird. Diese Erkenntnisse sind nun für betriebspolitische Maßnahmen zu nutzen, wobei zwei Schritte unterschieden werden können:
(1) In die Zielhierarchie eines Unternehmens sind Qualitätsziele als Subziele einzufügen, die den Unternehmenszielen nachgeordnet sind und sich an diesen auszurichten haben.[49]
(2) Es sind jene Maßnahmen auszuwählen, mit denen die angestrebten Verbesserungen in der Qualität bzw. Zufriedenheit erreicht werden können. Bei der Umsetzung von Kundenanforderungen in betriebliche Maßnahmen kann das Quality Function Deployment (QFD) Hilfestellungen leisten. Es war ursprünglich entwickelt worden, um Kundenaufforderungen aus der Marketingsprache in Produkt-Merkmale der Ingenieursprache zu übersetzen, kann aber auch auf den

the Relative Importance of Service Attributes Measured in Customer Satisfaction Surveys, in: Journal of Retailing, Vol. 73 (1997), S. 235–260.

[48] Govers, C. P. M.: The Judgement of Service Quality, in: van der Wiede, T./Timmers, J. (Hrsg.): European Institute for Advanced Studies in Management. Workshop on Quality Management in Services, Brüssel 1991, S. 325–348.

[49] Bruhn, M.: Qualitätsmanagement für Dienstleistungen. Grundlagen, Konzepte, Methoden. Berlin – Heidelberg 1996, S. 94.

Dienstleistungssektor übertragen werden.[50] Hierauf wird im folgenden eingegangen.

QFD wird empfohlen, um bereits in der Phase der Produkt- bzw. Leistungsentwicklung Fehler zu vermeiden, Entwicklungskosten und -zeit zu senken und die Marktchancen eines Produktes zu verbessern. Dazu sollen die Kundenanforderungen bereits frühzeitig und umfassend in den Entwicklungsprozeß einfließen. Im Mittelpunkt stehen Überlegungen, um Gesichtspunkte aus dem Marketing (»Was«) mit Gesichtspunkten aus den Ingenieurwissenschaften (dem »Wie«) zu verklammern. Diese Gesichtspunkte sind aber von so allgemeiner Natur, daß sie auch für den Prozeß der Erstellung der Handelsleistung genutzt werden können. Im einzelnen werden die folgenden Schritte empfohlen:

1. Ermittlung der Kundenanforderungen: die Kundenanforderungen sind in der relevanten Zielgruppe zu ermitteln, wobei auch die relative Bedeutung, die einzelnen Anforderungen zukommt, anzugeben ist. Spricht ein Unternehmen mehrere Kundengruppen an, so sind die Angaben entsprechend zu differenzieren.
2. Schwächen-Report: Es sind jene Kundenanforderungen zu kennzeichnen, bei denen häufig Kundenbeschwerden zu verzeichnen waren.
3. Konkurrenzvergleich: Ein Vergleich mit konkurrierenden Angeboten zeigt, wie Kunden das zu analysierende Angebot hinsichtlich der einzelnen Anforderungen im Vergleich zu konkurrierenden Angeboten bewerten.

Bis zu diesem Schritt entsprechen die Angaben jenen, die aus der Zufriedenheits- bzw. Einstellungsforschung bekannt sind. Mit den folgenden Schritten wird die Brücke vom Kundenurteil zu den betrieblichen Maßnahmen geschlagen.

4. Festlegung von Designanforderungen: Es werden die Leistungsmerkmale (eines Produktes, einer Verkaufsstelle, eines Beratungsvorganges) zusammengestellt, durch die eine oder mehrere Kundenanforderung(en) erfüllt werden. Bei den Leistungsmerkmalen handelt es sich um die einzelnen betrieblichen Aktionsparameter, z. B. um den Personaleinsatz pro Verkaufsflächeneinheit, die Ausgaben für Prospektwerbung usw. Es läßt sich angeben, ob durch ein Minimieren, Maximieren oder Fixieren des betreffenden Leistungsmerkmales erwünschte Wirkungen erzielt werden.
5. Wechselbeziehungen zwischen den Qualitätsmerkmalen: Die einzelnen Qualitätsmerkmale können in Wechselbeziehungen zueinander stehen. So kann z. B. eine größere Warenfülle die Übersichtlichkeit der Plazierung beeinträchtigen.
6. Beziehungen zwischen den Kundenanforderungen und den Designanforderungen: In dieser Beziehungsmatrix wird dargestellt, inwieweit mit einzelnen Qualitätsmerkmalen ein Beitrag zur Erfüllung einer Kundenanforderung erbracht werden kann.
7. Schwierigkeiten der Umsetzung: Hier geht es darum, die zu erwartenden Schwierigkeiten bei der Erfüllung einzelner Kundenanforderungen zu erkennen und zu bewerten.
8. Festlegen objektiver Zielwerte: Die Überlegungen münden hier in die Formulie-

---

[50] Zoschke, M.: Quality Function Deployment (QFD), in: Hansen, W./Jansen, H. H./Kamiske, G. F. (Hrsg.): Qualitätsmanagement im Unternehmen. Grundlagen und Werkzeuge, Loseblattsammlung, 7. Auflage, Berlin – Heidelberg – New York 1996, Abschnitt 4. 6, S. 1; Bruhn, M., 1996, S. 119–123; Saatweber, J.: Quality Function Deployment (QFD), in: Masing, W. (Hrsg.): Handbuch Qualitätsmanagement, München – Wien 1994, S. 445.

rung meßbarer Zielwerte für die einzelnen Qualitätsmerkmale des Leistungsangebotes. Sie bilden die Qualitätsstandards, die es im Rahmen des Leistungserstellungsprozesses zu erreichen gilt.

9. Technischer Produktvergleich: Bei der Entwicklung von Produkten wird an dieser Stelle noch einmal ein Vergleich des eigenen Produktes mit konkurrierenden Produkten vorgenommen, um festzustellen, inwieweit sich die Produkte in ihren technischen Eigenschaften unterscheiden. Da es sich um einen Vergleich der technischen Eigenschaften handelt, sind hierfür die Urteile der Nachfrager nicht notwendig, der Vergleich kann durch Experten vorgenommen werden.

10. Ermittlung kritischer Designanforderungen: Die Überlegungen münden in eine Aussage über die Bedeutung eines einzelnen Qualitätsmerkmals. Ein einzelnes Qualitätsmerkmal ist um so wichtiger, je mehr es Einfluß auf einzelne Kundenanforderungen ausübt und je bedeutsamer diese Kundenanforderungen sind.

Die zehn Bearbeitungsschritte werden auch tabellarisch dargestellt, wobei vom sog. House of Quality gesprochen wird (vgl. auch Abbildung 12.21). Der Bau des Qualitätshauses hat jedoch viele Hindernisse zu überwinden.

So ist zu beachten, daß
– Kundenanforderungen nicht immer leicht zu ermitteln sind und sich die latenten Bedürfnisse oft einer Ermittlung entziehen,
– Kundenanforderungen von Gruppe zu Gruppe differieren können,
– sich Kundenanforderungen im Zeitablauf wandeln können,
– Leistungsmerkmale im Vergleich zur Konkurrenz gesehen werden müssen und
– die Kundenanforderungen nicht immer leicht in technische Spezifikationen umgesetzt werden können.[51]

*Deppisch* hat das Verfahren am Beispiel des Vergleichs eines Glas-Porzellan-Keramik-Fachgeschäftes mit einem Warenhaus veranschaulicht.[52] An diesem Beispiel zeigt er, daß unter den Qualitätsmerkmalen
– Personalschulungen im Verkaufsbereich und
– ein separater Raum für den Hochzeits- und Geschenklistenservice

zu den besonders wichtigen Maßnahmen gehören, während dagegen das Einrichten eines Packtisches an jeder Kasse als weniger bedeutsames Qualitätsmerkmal erschien.

## Literaturhinweise zu Kapitel 12

Aus der Fülle der in jüngerer Zeit stetig wachsenden Literatur zum Kundenservice, zur Kundenzufriedenheit und deren Messung sei an dieser Stelle neben der zitierten Literatur allein der umfassenden Sammelband von Simon erwähnt:
*Simon, H. (Hrsg.): Kundenzufriedenheit. Konzepte, Methoden, Erfahrungen, 2. Auflage, Wiesbaden 1997.*

---

[51] Vgl. Engelhardt, W. H./Freiling, J., 1997, S. 7–19.
[52] Deppisch, C. G. 1997, S. 241.

## House of Quality

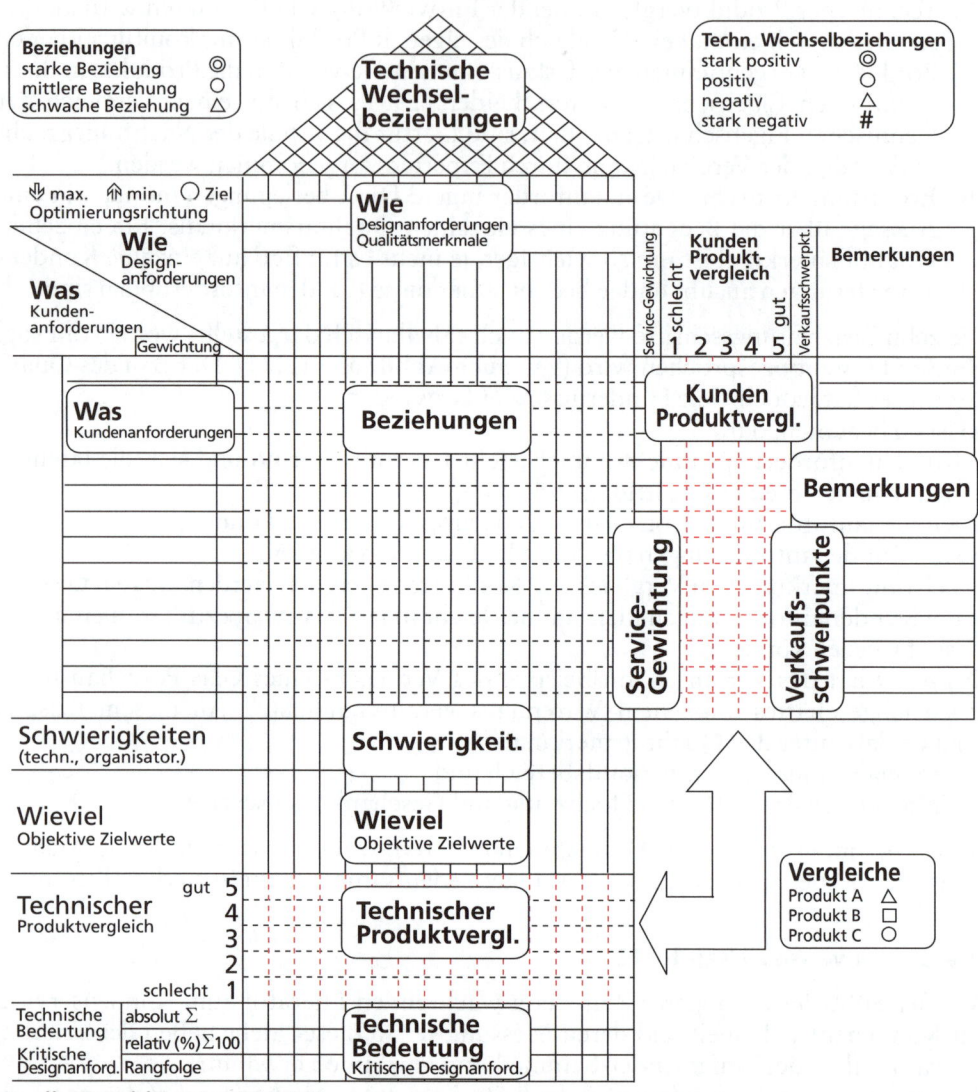

Quelle: Zoschke, M., 1996, S. 9

# Literaturverzeichnis

Abell, D..F.: Defining the Business. The Starting Point of Strategic Planning, Englewood Cliffs, N. J. 1980.

Abell, D. F./Hammond, J. S.: Strategic Market Planning, Englewood Cliffs, N. J. 1979.

Achenbach, C.: Die Nutzung von Kundenverkehrsuntersuchungen für die standortbezogene Unternehmenspolitik der Warenhäuser. Dargestellt am Beispiel der Kundenverkehrsuntersuchung, Göttingen 1989.

ADVISA Franchise-Consulting, zitiert in: Frankfurter Allgemeine Zeitung vom 7. April 1997, S. B2.

Ahlert, D./Kollenbach, S./Korte, C.: Strategisches Handelsmanagement. Erfolgskonzepte und Profilierungsstrategien am Beispiel des Automobilhandels, Stuttgart 1996.

Ahlert, D.: Der Großhandelsbegriff, in: Betriebsberater, 42. Jg. (1987), Beilage 15 zu H. 23.

Ahlert, D.: Vertragliche Vertriebssysteme zwischen Industrie und Handel, Wiesbaden 1981.

Ahlert, D./Schröder, H.: Rechtliche Grundlagen des Marketing, 2. Auflage, Stuttgart u. a. 1996.

Ajzen I./Fishbein M.: Attitudes and Normative Beliefs as Factors Influencing Behavioral Intentions, in: Journal of Personality and Social Psychology, Vol. 21 (1972), S. 1–9.

Albach, H.: Dienstleistungsunternehmen in Deutschland, in: ZfB, 59. Jg. (1989), S. 397–420.

Albach, H.: Strategische Unternehmensplanung bei erhöhter Unsicherheit, in: ZfB, 48. Jg. (1978), S. 702–715.

Albers, S.: Regeln für die Allokation eines Marketing-Budgets auf Produkte oder Marktsegmente, in: ZfbF, 50. Jg (1998), S. 211–235.

Albers, S.: Ursachenanalyse von marketingbedingten Ist-Soll-Deckungsbeitragsanalysen, in: ZfB, 62. Jg. (1992), S. 199–223.

Albers, S.: Ein System zur Ist-Soll-Abweichungs-Ursachenanalyse von Erlösen, in: ZfB, 59. Jg. (1989), S. 637–654.

Albrecht, K./Zemke, R.: Service-Strategien, Hamburg – New York 1987.

Algermissen, J.: Der Handelsbetrieb. Eine typologische Studie aus absatzwirtschaftlicher Sicht, Frankfurt am Main u. a. 1976.

Alpert, M. I.: Identification of Determinant Attributes. A Comparison of Methods, in: Journal of Marketing Research, Vol. 8 (1971), S. 184–191.

Anderer, M.: Internationalisierung im Einzelhandel. Strategien und Steuerungsmodelle, Frankfurt am Main 1997.

Anders, H.-J.: Euro-Verbraucher. Realität oder Fiktion?, in: Szallies, R./Wiswede, G. (Hrsg.): Wertewandel und Konsum. Fakten, Perspektiven und Szenarien für Markt und Marketing, 2. Auflage, Landsberg am Lech 1991, S. 233–256.

Anderson, E. E.: An Analysis of Retail Display Space. Theory and Methods, in: Journal of Business, Vol. 52 (1979), No. 1, S.103–118.

Anderson, E. E./Amato, H. N.: A Mathematical Model for Simultaneously Determining the Optimal Brand-Collection and Display-Area Allocation, in: Operations Research, Vol. 22 (1973), No. 1, S. 13–21.

Ando, A. K./Modigliani, F.: The »Life-Cycle« Hypothesis of Saving. A Correction, in: The American Economic Review, Vol. 54 (1964), S. 111–113.

Ando, A. K./Modigliani, F.: The »Life-Cycle« Hypothesis of Saving. Aggregate Implications and Tests, in: The American Economic Review, Vol. 53 (1963), S. 55–84.

Ansoff, H. I.: Management-Strategie, München 1966.

Ansoff, H. I.: Strategies for Diversification, in: Havard Business Review, 35. Jg. (1957), S. 113–124.

Antoni, M./Riekhoff, H.-C.: Strategieentwicklung mittels Portfolio-Analyse, in: Riekhof, H.-C. (Hrsg.): Strategieentwicklung. Konzepte und Erfahrungen, Stuttgart 1989, S. 171–190.

Applebaum, W.: Methods for Determining Store Trade Areas, Market Penetration and Potential Sales, in: Journal of Marketing Research, 3. Jg. (1966), No. 3, S. 127–141.

Arnold, V.: Die Vorteile der Verbundproduktion, in: WiSt, 14. Jg. (1985), S. 269–273.

Artschwager, B.: Das Reklamationswesen der Firma Eismann, in: Hansen, U./Schoenheit, I. (Hrsg.): Verbraucherzufriedenheit und Beschwerdeverhalten, Frankfurt am Main – New York 1987, S. 229–234.

Atzberger, M./Gerling, M.: Kollege Computer disponiert, in: Dynamik im Handel, 41. Jg. (1997), H. 10, S. 4–6.

Ausschuß für Begriffsdefinitionen aus der Handels- und Absatzwirtschaft (Hrsg.): Katalog E. Begriffsdefinitionen aus der Handels- und Absatzwirtschaft, 4. Ausgabe, Köln 1995.

Bach, J.: Organisation des gemeinsamen Einkaufs in Warenhaus und Einzelhandel, St. Georgsheim Birkeneck 1934.

Backhaus, K.: Entwicklungspfade im Investitionsgütermarketing, in: Backhaus, K./Günter, B./ Kleinaltenkamp, M. et al. (Hrsg.): Marktleistung und Wettbewerb, Wiesbaden 1997 a, S. 33–62.

Backhaus, K.: Industriegütermarketing, 5. Auflage, München 1997 b.

Backhaus, K./Diller, H. (Hrsg.): Dokumentation des 1. Workshops der Arbeitsgruppe »Beziehungsmanagement« der wissenschaftlichen Kommission Marketing im Verband der Hochschullehrer für Betriebswirtschftslehre, Münster u. a. 1994.

Backhaus, K./Erichson, B./Plinke, W. et al.: Multivariate Analysemethoden, 8. Auflage, Berlin u. a. 1996.

Backs, A.: Abhängigkeit des Umsatzes vom Privaten Verbrauch, in: BAG-Nachrichten, 26. Jg. (1986), H. 4, S. 10–14.

BAG (Hrsg.): Standort Innenstadt. Der Druck auf den Einzelhandel hält an. Daten, Fakten, Analysen. Ergebnisse der BAG-Untersuchung Kundenverkehr 1996, Köln 1997.

BAG (Hrsg.): Vademecum des Einzelhandels, Köln 1996.

Bailom, F./Hinterhuber, H. H./Matzler, K. et al.: Das Kano-Modell der Kundenzufriedenheit, in: Marketing ZFP, 18. Jg. (1996), S. 117–126.

Bain, J. S.: Industrial Organization, New York – London – Sydney 1968.

Bain, J. S.: Barriers to New Competition. Their Character and Consequences in Manufacturing Industries, Cambridge 1967.

Baker, K. R.: Lot Sizing Procedures and a Standard Data Set. A Reconciliation of the Literature, in: Journal of Manufacturing and Operations Management, Vol. 2 (1989), No. 2, S. 199–221.

Ball, R. J./Drake, P. S.: The Relationship Between Aggregate Consumption and Wealth, in: International Economic Review, Vol. 5 (1964), S. 63–81.

Ballou, R. H.: Business Logistics Management, 3. Auflage, Englewood Cliffs, N. J. 1992.

Bamberg, G./Coenenberg, A. G.: Betriebswirtschaftliche Entscheidungslehre, 9. Auflage, München 1996.

Bamberg, U./Heß, G.: Aspekte strukturellen Wandels im Einzelhandel, Marburg 1979.

Banning, T. E.: Lebensstilorientierte Marketing-Theorie, Heidelberg 1987.

Banse, K.: Beschaffung, in: Nicklisch, H. (Hrsg.): HWB, 1. Band, 2. Auflage, Stuttgart 1938, Sp. 731–740.

Barth, K.: Betriebswirtschaftslehre des Handels, 3. Auflage, Wiesbaden 1996.

Barth, K.: Die erkenntnnisfördernde Bedeutung der Handelsfunktionen. Plädoyer für einen verkannten Forschungsansatz, in: Mitteilungen des Instituts für Handelsforschung an der Universität zu Köln, 34. Jg. (1982), S. 106–111.

Barth, K.: Handelsbetriebe, Organisation der, in: Grochla, E. (Hrsg.): HWO, 2. Auflage, Stuttgart 1980, Sp. 813–822.

Barth, K.: Produktion im Handel, in: Kern, W./Schröder, H.-H./Weber, J. (Hrsg): HWProd, Stuttgart 1979, Sp. 697–704.

Barth, K.: Systematische Unternehmensführung in den Groß- und Mittelbetrieben des Einzelhandels, Göttingen 1976.

Barth, K.: Die Warenpräsentation in Einzelhandelsunternehmungen, in: Mitteilungen des Instituts für Handelsforschung, 27. Jg. (1975), H. 7, S. 93–97.

Barth, K./Theis, H.-H.: Werbung des Facheinzelhandels, Wiesbaden 1991.

Barth, K./Helpup, A.: Die Relevanz des Lean-Management-Ansatzes für Handelsunternehmungen, in: Trommsdorff, Volker (Hrsg.): Handelsforschung 1994/95. Kooperationen im Handel, Wiesbaden 1995, S. 223–240.

Barzen, D./Richter, M.: Ökonometrische Werbewirkungsmessung für das Kommunikations-Mix. Dargestellt am Beispiel des Computermarktes, in: Marketing ZFP, 11. Jg. (1989), H. 2, S. 103–109.

Basten, R: Die Verwirklichung der Automation in der Handelspraxis, in: Basten, R./Gaßmann, H. J./Güttinger, W. et al. (Hrsg.): Organisation und Automation im Handel, Bern 1962, S. 66–77.

Batzer, E.: Der Großhandel in der westdeutschen Wirtschaft, München 1962.

Batzer, E./Lachner, J./Meyerhöfer, W.: Der Handel in der Bundesrepublik Deutschland. Strukturelle Entwicklungstrends und Anpassungen an veränderte Markt- und Umweltbedingungen, München 1991.

Batzer, E./Lachner, J./Meyerhöfer, W.: Die handels- und wettbewerbspolitische Bedeutung der Kooperationen des Konsumgüterhandels. Studien zu Handels- und Dienstleistungsfragen 36/I, München 1989.

Batzer, E./Lachner, J./Täger, U. C.: Der Großhandel in den neuen Bundesländern. Ifo-Studien zu Handels- und Dienstleistungsfragen Nr. 41, München 1991.

Batzer, E./Greipl, E./Meyerhöfer, W. et al.: Marktstrukturen und Wettbewerbsverhältnisse im Großhandel in den Ländern der Europäischen Gemeinschaft, Berlin 1974.

Bauer, H. H.: Die Entscheidung des Handels über die Aufnahme neuer Produkte, Berlin 1980.

Baumbach, A./Hopt, K. J. (Hrsg.): HGB, 29. Auflage, München 1995.

Baumol, W./Panzar, J. C./Willig, R. D.: Contestable Markets and the Theory of Industry Structure, San Diego, Cal. u. a. 1988.

Baumol, W./Ide, E. A.: Variety in Retailing, in: Management Science, Vol. 3 (1956), H. 1, S. 93–101.

BBE-Unternehmensberatung GmbH (Hrsg.): Megatrends II in Vertrieb, Handel, Gesellschaft. Eine Trendanalyse und -prognose über die Jahrhundertwende, 2. Auflage, Köln 1996.

BBE-Unternehmensberatung GmbH (Hrsg.): Megatrends in Vertrieb, Handel, Gesellschaft. Eine Trendanalyse und -prognose über die Jahrhundertwende, Köln 1995.

BBE-Unternehmensberatung GmbH (Hrsg.): Der Handel. Strategie-Outlook '96, Köln o. J.

Bea, F. X./Haas, J.: Strategisches Management, Stuttgart – Jena 1995.

Becker, G. S.: A Theory of the Allocation of Time, in: The Economic Journal, Vol. 75 (1965), S. 493–527.

Becker, J.: Marketing-Konzeption. Grundlagen des strategischen Marketing-Managements, 5. Auflage, München 1993.

Behrens, G.: Werbung, München 1996.

Belk, R. W.: An Exploratory Assessment of Situational Effects in Buyer Behavior, in: Journal of Marketing Research, Vol. 11 (1974), S. 156–173.

Bell, J./Gilbert, D./Lockwood, A.: Service Quality in Food Retailing Operations. A Critical Incident Analysis, in: The International Review of Retail, Distribution and Consumer Research, Vol. 7 (1997), S. 405–423.

Bellizzi, J. A./Crowley, A. E./Hasty, R. W.: The Effects of Color in Store Design, in: Journal of Retailing, Vol. 59 (1983), S. 21–45.

Benkenstein, M.: Dienstleistungsqualität. Ansätze zur Messung und Implikationen für die Steuerung, in: ZfB, 63. Jg. (1993), S. 1095–1116.

Berekoven, L.: Geschichte des deutschen Einzelhandels, Frankfurt am Main 1986.

Berekoven, L.: Der Dienstleistungsmarkt in der Bundesrepublik Deutschland, Band 1, Göttingen 1983.

Berens, W./Delfmann, W.: Quantitative Planung. Konzeption, Methoden und Anwendungen, 2. Auflage, Stuttgart 1995.

Berger, S.: Ladenverschleiß (Store Erosion). Ein Beitrag zur Theorie des Lebenszyklus von Einzelhandelsgeschäften, Göttingen 1977.

Berndt, R.: Marketing 1. Käuferverhalten, Marktforschung und Marketing-Prognosen, 3. Auflage, Berlin u. a. 1996.

Berthel, J.: Personal-Management, 4. Auflage, Stuttgart 1995.

Betancourt, R./Gautschi, D.: The Evolution of Retailing. A Suggested Economic Interpretation, in: International Journal of Marketing Research, Vol. 3 (1986), S. 217–232.

Bettman, J. R.: An Information Processing Theory of Consumer Choice, Reading, Mass. 1979.

Bettman, J. R./Capon, N./Lutz, R. J.: Cognitive Algebra in Multi-Attribute-Attitude-Models, in: Journal of Marketing Research, Vol. 12 (1975), S. 151–164.

Bettman, J. R.: Perceived Price and Product Perceptual Variables, in: Journal of Marketing Research, Vol. 10 (1973), S. 100–102.

Bettman, J. R./Sujan, M.: Effects of Framing on Evaluation of Comparable and Noncomparable Alternatives by Expert and Novice Consumers, in: Journal of Consumer Research, Vol. 14 (1987), S. 141–154.

Bichler, K./Beck, M.: Beschaffung und Lagerhaltung im Handelsbetrieb, Teil 2, 2. Auflage, Wiesbaden 1987.

Bidlingmaier, J.: Betriebsformen des Einzelhandels, in: Tietz, B. (Hrsg.): HWA, Stuttgart 1974, Sp. 526–546.

Birkhofer, B.: Zertifizierung mittelständischer Handelsunternehmen nach DIN ISO 9000 ff. Grundlagen und Vorgehen bei der Einführung eines norm- und anforderungsgerechten Qualitätsmanagementsystems, Göttingen 1996.

Bitner, M. J./Booms, B. H./Mohr, L. A.: Critical Service Encounters The Employee's Viewpoint, in: Journal of Marketing, Vol. 58 (1994), No. 4, S. 95–106.

Bitner, M. J./Booms, B. H./Tetreault, M. S.: The Service Encounter. Diagnosing Favorable and Unfavorable Incidents, in: Journal of Marketing, Vol. 54 (1990), No. 1, S. 71–84.

Bleicher, K.: Organisation, Formen und Modelle, Wiesbaden 1981 (Organisationsstruktur der Kaufhof AG).

Bleymüller, J./Gehlert, G.: Konzentrationsmessung, in: WiSt, 18. Jg. (1989), S. 378–384.

Böcker, F.: Handelskonzentration: Ein partielles Phänomen? oder: Irreführende Handelsstatistiken, in: ZfB, 56. Jg. (1986), S. 654–660.

Boe, W./Yilmaz, C.: The Incremental Order Quantity, in: Production and Inventory Management Journal, Vol. 24 (1983), No. 2, S. 94–100.

Böhler, J.: Betriebsform, Wachstum und Wettbewerb, Wiesbaden 1993.

Bonoma, T. V.: Major Sales. Who Really Does the Buying?, in: Harvard Business Review, Vol. 60 (1982), No. 3, S. 111–119.

Bordemann, H. G.: Analyse der Verbundbeziehungen zwischen Sortimentsteilen im Einzelhandel, Diss. Duisburg 1985.

Börner, D.: Einzelkosten und ihre Verrechnung, in: Kosiol, E. et al. (Hrsg.): Handwörterbuch des Rechnungswesens, Stuttgart 1970, Sp. 439–444.

Bost, E.: Ladenatmosphäre und Konsumentenverhalten, Heidelberg 1987.

Bowersox, D. J./Closs, D. J./Helferich, O. K: Logistical Management. A Systems Integration of Physical Distribution, Manufacturing Support, and Materials Procurement, 3. Auflage, New York – London 1986.

Brand, E.: Der Lebenszyklus von Produkten und sein Einfluß auf die Preispolitik der Unternehmung, Hamburg 1974.

Brandt, D. R.: How Service Marketers Can Identify Value-Enhancing Service Elements, in: The Journal of Services Marketing, Vol. 2 (1988a), No. 3, S. 35–41.

Brandt, D. R.: A Procedure for Identifying Value-Enhancing Service Components Using Customer Satisfaction Survey Data, in: Surprenant, C. (Hrsg.): Add Value to Your Service, Chicago 1988b, S. 61–65.

Brockhoff, K./Hauschildt, J.: Schnittstellen-Management. Koordination ohne Hierarchie, in: ZfO, 62. Jg. (1993), H. 6, S. 396–403.

Brockhoff, K.: Prognoseverfahren für die Unternehmensplanung, Wiesbaden 1977.

Brown, F. E.: Price Image Versus Price Reality, in: Journal of Marketing Research, Vol. 6 (1969), S. 185–191.

Brown, S.: The Wheel of Retailing. Past and Future, in: Journal of Retailing, Vol. 66 (1990), S. 143–149.

Bruckhaus, M.: Die Organisation der Kaufhof AG, in: ZfO, 48. Jg. (1979), H. 3, S. 123–132.

Bruckmann, G. (Hrsg.): Langfristige Prognosen, Würzburg – Wien 1978.

Bruhn, M.: Bedeutung der Handelsmarke im Markenwettbewerb. Eine Einführung in den Sammelband, in: Bruhn, M. (Hrsg.): Handelsmarken. Entwicklungstendenzen und Zukunftsperspektiven der Handelsmarkenpolitik, 2. Auflage, Stuttgart 1997, S. 3–47.

Bruhn, M.: Qualitätsmanagement für Dienstleistungen. Grundlagen, Konzepte, Methoden. Berlin-Heidelberg 1996.

Bruhn, M.: Qualitätssicherung im Dienstleistungsmarketing. Eine Einführung in die theoretischen und praktischen Probleme, in: Bruhn, M./Stauss, B. (Hrsg.): Dienstleistungsqualität. Konzepte, Methoden, Erfahrungen, 2. Auflage, Wiesbaden 1995, S. 19–46.

Bruhn, M.: Marketing und Konsumentenzufriedenheit, in: WISU, 14. Jg. (1985), S. 300–307.

Buddeberg, H.: Betriebslehre des Binnenhandels, Wiesbaden 1959.

Buddeberg, H.: Über die Vergleichbarkeit der Handelsbetriebe, Köln – Opladen 1955.

Bufe, R.: Güterbeschaffung des täglichen Bedarfs. Ein Beitrag zur Ressourcenallokation privater Haushalte unter dem Einfluß der Einkaufsstättengestaltung, Berlin 1981.

Bühner, R.: Personalmanagement, 2. Auflage, Landsberg am Lech 1997.

Bundesarbeitsgericht (BAG) 3. 12. 1985, AP Nr. 5 zu 1 TVG Tarifverträge: Großhandel (Stellung eines Pressegrossisten).

Bundesarbeitsgericht (BAG) 16. 8. 1983, AP Nr. 131 zu 1 TVG, OLG Köln, Beschluß vom 3. 9. 1956 in WuW (E OLG 150).

Bundesverband des Deutschen Groß- und Außenhandels e. V. (Hrsg.): Kontenrahmen für den Groß- und Außenhandel, Bonn 1988.

Bungenstock, C.: Entscheidungsorientierte Kostenrechnungssysteme. Eine entwicklungsgeschichtliche Analyse, Wiesbaden 1995.

Burda-Verlag (Hrsg.): Typologie der Wünsche 1989 (TdW 89), Offenburg 1989 a.

Burda-Verlag (Hrsg.): Wohnwelten Deutschland 2. Denkanstöße für zielgruppenorientiertes Marketing im Einrichtungssektor, 2. Auflage, Offenbach 1989 b.

Burmann, C.: Fläche und Personalintensität als Erfolgsfaktoren im Einzelhandel, Wiesbaden 1995.

Büschken, J.: Multipersonale Kaufentscheidungen. Empirische Analyse zur Operationalisierung von Einflußbeziehungen im Buying Center, Wiesbaden 1994.

Buswell, D.: The Development of a Quality Measurement System for a UK Bank, in: Moores, B. (Hrsg.): Are They Being Served?, Oxford 1986, S. 141–155.

Büttner, H.: Die Segmentorientierte Marketingplanung im Einzelhandelsbetrieb, Göttingen 1986.

Buzzell, R. D./Gale, B. T.: Das PIMS-Programm. Strategien und Unternehmenserfolg, Wiesbaden 1989.

Cateora, P. R.: International Marketing, 8. Auflage, Homewood, Ill. – Boston, Mass. 1993.

Caves, R.: American Industry. Structure, Conduct, Performance, 2. Auflage, Englewood Cliffs, N. J. 1967.

Chmielewicz, K.: Forschungskonzeptionen der Wirtschaftswissenschaft, Stuttgart 1970.

Choffray, J. M./Lilien, G. L.: Assessing Response to Industrial Marketing Strategy, in: Journal of Marketing, Vol. 42 (1978), No. 2, S. 20–31.

Clark, C. G.: The Conditions of Economic Progress, 3. Auflage, London – New York 1957.

Coase, R. H.: The Nature of the Firm, in: Economica, Vol. 4 (1937), S. 386–405.

Coca-Cola Retailing Research Group (Europe)/GEA Consulenti Associata di gestione aziendale (Hrsg.): Supplier-Retailer Collaboration in Supply Chain Management, o. O. 1994.

Coenenberg, A. G.: Kostenrechnung und Kostenanalyse, 3. Auflage, Landsberg am Lech 1997.

Coenenberg, A. G./Fischer, T. M.: Prozeßkostenrechnung. Strategische Neuorientierung in der Kostenrechnung, in: DBW, 51. Jg. (1991), H. 1, S. 21–38.

Cohen, J. B./Fishbein, M./Ahtola, O. T.: The Nature and Uses of Expectancy-Value Models in Consumer Attitude Research, in: Journal of Marketing Research, Vol. 9 (1972), S. 456–460.

Converse, P. D.: New Laws of Retail Gravitation, in: Journal of Marketing, Vol. 14 (1949), No. 3, S. 379–390.

Converse, P. D.: A Study of Retail Trade Areas in Eastern Illinois, Urbana 1943.

Cooper, R./Kaplan, R. S.: Measure Costs Right. Make the right Decisions, in: Harvard Business Review, Vol. 66 (1988), No. 5, S. 96–103.

Copeland, M. T.: Principles of Merchandising, Chicago 1924.

Copeland, M. T.: Relation of Consumers' Buying Habits to Marketing Methods, in: Harvard Business Review, Vol. 1 (1923), No. 3, S. 282–289.

Corsten, H./ Reiß, M.: Betriebswirtschaftliche Vergleichsformen, in: WISU, 18. Jg. (1989), S. 615–620.

Corstjens, M./Doyle, P.: The Application of Geometric Programming to Marketing Problems, in: Journal of Marketing, Vol. 49 (1985), No. 1, S. 137–144.

Corstjens, M./Doyle, P.: A Model for Optimizing Retail Space Allocations, in: Management Science, Vol. 27 (1981), No. 7, S. 822–833.

Cottrell, J. L.: An Environmental Model for Performance Measurement in a Chain of Supermarkets, in: Journal of Retailing, Vol. 49 (1973), S. 51–63.

Council of Logistics Management (CLM): What's all about, Oak Brook, Ill. 1985.

Craig, C. S./Ghosh, A./McLafferty, S.: Models of the Retail Location Process. A Review, in: Journal of Retailing, Vol. 60 (1984), S. 5–36.

Crowley, A. E.: The Two-Dimensional Impact of Color on Shopping, in: Marketing Letters, (1993), No. 4, S. 59–69.

Czepiel, J. A./Rosenberg, L. J./Akerele, A.: Perspective on Consumer Satisfaction, Chicago, Ill. 1974.

Dahrenmöller, A.: Konzentration im Einzelhandel. Eine Fehlinterpretation, in: ZfB, 56. Jg. (1986), S. 661–673.

Dalrymple, D. J./Thompson, D. L.: Retailing. An Economic View, New York 1969.

Danaher, P. J.: Using Conjoint Analysis to Determine the Relative Importance of Service Attributes Measured in Customer Satisfaction Surveys, in: Journal of Retailing, Vol. 73 (1997), S. 235–260.

Day, R. L./Brabicke, K./Schaetzle, T. et al.: The Hidden Agenda of Consumer Complaining, in: Journal of Retailing, Vol. 57 (1981), S. 86–106.

Delfmann, W.: Planungs- und Kontrollprozesse, in: Wittmann, W./Kern, W./Köhler, R. (Hrsg.): HWB, 5. Auflage, Stuttgart 1993, Sp. 3232–3251.

Delfmann, W.: Das Netzwerkprinzip als Grundlage integrierter Unternehmensführung, in: Delfmann, W. (Hrsg.): Der Integrationsgedanke in der Betriebswirtschaftslehre. Festschrift zum 70. Geburtstag von Helmut Koch, Wiesbaden u. a. 1989, S. 87–113.

DeMatteis, J. J.: An Economic Lot-Sizing Technique I. The Part-Period Algorithm, in: IBM Systems Journal, Vol. 7 (1968), S. 30–38.

Deppisch, C. G.: Dienstleistungsqualität im Handel, Wiesbaden 1997.

Deutsche Gesellschaft für Qualität e. V. (Hrsg.): Begriffe zum Qualitätsmanagement, 6. Auflage, Berlin 1995.

Deutscher Bundestag (Hrsg.): Bericht des Bundeskartellamtes über seine Tätigkeit sowie über Lage und Entwicklung auf seinem Aufgabengebiet, Drucksache, fortlaufend.

Deutsches Handelsinstitut – DHI (Hrsg.): Handel aktuell '92, Köln 1992.

Deutsches Handelsinstitut – DHI (Hrsg.): Waren- und Versandhausreport 1991, Köln 1991.

Dichtl, E.: Grundzüge der Binnenhandelspolitik, Stuttgart – New York 1979.

Dichtl, E.: Grundidee, Varianten und Funktionen der Markierung von Waren und Dienstleistungen, in: Dichtl, E./Eggers, W. (Hrsg.): Marke und Markenartikel als Instrumente des Wettbewerbs, München 1992, S. 1–23.

Dichtl, E./Andritzky, K./Schobert, R.: Ein Verfahren zur Abgrenzung des »relevanten Marktes« auf der Basis von Produktperzeptionen und Präferenzurteilen, in: WiSt, 6. Jg. (1977), S. 290–301.

Dichtl, E./Brinkmann, K./Hardock, P. et al.: Der Deregulierungsbedarf bei für die Wirtschaft relevanten Rechtsnormen, in: Betriebs-Berater, Beilage 12 zu H. 35, Heidelberg 1995, S. 1–31.

Diller, H.: Preispolitik, 2. Auflage, Stuttgart u. a. 1991.

Diller, H.: Zielgruppen für den Erlebnishandel. Eine empirische Studie, in: Trommsdorff, V. (Hrsg.): Handelsforschung 1990. Internationalisierung im Handel, Wiesbaden 1990, S. 139–156.

Diller, H.: Die Wirkung von Hervorhebungen in der Preiswerbung des Lebensmitteleinzelhandels. Ergebnisse eines Feldexperiments, in: FfH Mitteilungen (neue Folge), 23. Jg. (1982), H. 4, S. 1–10.

Diller, H./Brielmaier, A.: Die Wirkungen gebrochener und runder Preise. Ergebnisse eines Feldexperimentes im Drogeriewarensektor, in: ZfbF, 48. Jg. (1996), S. 695–710.

Dobler, B./Jacobs, S.: Ziele, Formen und Erfolge einer Diversifikationsstrategie im Handel, Arbeitspapier Nr. 76 des Instituts für Marketing an der Universität Mannheim, Mannheim 1989.

Döhrn, R.: Zur strukturellen Entwicklung des Privaten Verbrauchs seit 1960, in: RWI-Mitteilungen, 39. Jg. (1988), H. 1, S. 55–87.

Döhrn, R.: Zeit zum Konsumieren oder Konsum für den Zeitvertreib? Zum Einfluß der Zeitallokation auf die Konsumnachfrage, in: RWI-Mitteilungen, 37./38. Jg. (1986/87), H. 2, S. 103–125.

Domschke, A./Drexl, W.: Logistik: Standorte, München – Wien 1984.

Donabedian, A.: The Definition of Quality and Approaches to its Assessment, Ann Arbor 1980.

Donovan, R. J./Rossiter, J. R./Marcoolyn, G. et al: Store Atmosphere and Purchasing Behavior, in: Journal of Retailing, Vol. 70 (1994), S. 283–294.

Doyle, P./Saunders, J.: Multiproduct Advertising Budgeting, in: Marketing Science, Vol. 9 (1990), No. 2, S. 97–113.

Drexel, G.: Strategische Unternehmensführung im Handel, Berlin – New York 1981.

Drukarczyk, J./Müller-Hagedorn, L.: Betriebswirtschaftslehre. Eine Einführung in die Theorie der Unternehmung, Band 1, Wiesbaden 1978.

Drumm, H. J.: Personalwirtschaftslehre, 3. Auflage, Berlin u. a. 1995.

Duesenberry, J. S.: Income, Saving and the Theory of Consumer Behavior, 5. Auflage, Cambridge, Mass., 1967.

Dürr, K.: Der Betriebsvergleich im Einzelhandel als Mittel der Kontrolle betriebspolitischer Entscheidungen, Diss. Saarbrücken 1967.

Dyckhoff, B.: Diversifikation von Handelsunternehmen in den Finanzdienstleistungsbereich, Frankfurt am Main 1993.

Ebert, K.: Warenwirtschaftssysteme und Warenwirtschafts-Controlling, Frankfurt am Main – Bern – New York 1986.

Eggert, H.: Kundenlauf-Studien, in: Selbstbedienung, 5. Jg. (1961), H. 7, S. 6–8.

Eickhoff, M.: Erfolgsforschung im Bekleidungseinzelhandel, Frankfurt am Main 1997.

Eierhoff, K.: Das Logistik-Konzept der Karstadt AG, in: Schuh, G./Weber, H./Kajüter, P. (Hrsg.): Logistikmanagement. Strategische Wettbewerbsvorteile durch Logistik, Stuttgart 1996, S. 349–364.

Eisele, W.: Technik des betrieblichen Rechnungswesens. Buchführung, Kostenrechnung, Sonderbilanzen, 5. Auflage, München 1993.

Eisenführ, F./Weber, M.: Rationales Entscheiden, 2. Auflage, Berlin – Tokyo 1994.

Eisenmann, H.: Auf dem Weg zur Dominanz der Handelsmarke?, in: Müller-Hagedorn, L. (Hrsg.): Trends im Handel, Frankfurt am Main 1996, S. 203–225.

Elschen, R.: Bietet eine verhaltenswissenschaftlich fundierte Marketingwissenschaft eine Lehre von der Absatzentscheidung der Unternehmung?, in: Marketing ZFP, 6. Jg. (1984), H. 1, S. 59–63.

Emans, H.: Die Schutzzäune einreißen. Planungskonzepte, in: Manager Magazin, 17. Jg. (1987), H. 11, S. 294–307.

Emery, F.: Some Psychological Aspects of Price, in: Taylor, B./Will, G. (Hrsg.): Pricing Strategy, London 1970, S. 98–111.

Endres, W./Möllers, P.: Letztmals: Neuer Kontenrahmen für den Handel?, in: Rationeller Handel, 16. Jg. (1973), S. 22–26.

Endres, W.: Neuer Kontenrahmen auch für den Handel?, in: Bidlingmaier, J. (Hrsg.): Modernes Marketing. Moderner Handel, Wiesbaden 1972, S. 525–541.

Engel, J. F./Blackwell, R. D./Miniard, P. W.: Consumer Behavior, 8. Auflage, Fort Worth u. a. 1995.

Engel, R.: Ihre Lücke: Spezialwissen über verkaufswirksame Warenplazierung. Mit 79 Regeln über verkaufswirksame Warenpräsentation bei Selbstbedienung, Köln 1975.

Engelhardt, W. H.: Erscheinungsformen und absatzpolitische Probleme von Angebots- und Nachfrageverbunden, in: ZfbF, 28. Jg. (1976), S. 77–90.

Engelhardt, W. H./Freiling, J.: Marktorientierte Qualitätsplanung. Probleme des Quality Function Deployment aus Marketing-Sicht, in: DBW, 57. Jg. (1997), S. 7–19.

Engelhardt, W. H./Freiling, J.: Die integrative Gestaltung von Leistungspotentialen, in: ZfbF, 47. Jg. (1995), S. 899–918.

Engelhardt, W. H./Kleinaltenkamp, M.: Marketing-Strategien des Produktionsverbindungshandels, Arbeitspapiere zum Marketing Nr. 23, Bochum 1988.

Erdmann, B.: Bericht über die Betriebsvergleichsergebnisse des Großhandels im Jahre 1994, in: Mitteilungen des Instituts für Handelsforschung an der Universität zu Köln, 47. Jg. (1995 a), S. 193–204.

Erdmann, B.: Bericht über die Ergebnisse des Betriebsvergleichs der Einzelhandelsfachgeschäfte aus den alten und den neuen Bundesländern im Jahre 1994, in: Mitteilungen des Instituts für Handelsforschung an der Universität zu Köln, 47. Jg. (1995 b), S. 153–191.

Erickson, G. M./Johansson, J. K.: The Role of Price in Multi-Attribute Product Evaluations, in: Journal of Consumer Research, Vol. 12 (1985), S. 195–199.

Ermisch, J.: An Economic Perspective on Household Modelling, in: Keilman, N./Kuitsten, A./Vossen, A. (Hrsg.): Modelling Household Formation and Dissolution, New York 1988, S. 23–40.

Esch, F.-R./Billen, P.: Förderung der Mental Convenience beim Einkauf durch Cognitive Maps und kundenorientierte Produktgruppierungen, in: Trommsdorff, V. (Hrsg.): Handelsforschung 1996/97. Positionierung des Handels, Wiesbaden 1996, S. 317–337.

Esser, W.: Die Wertkette als Instrument der strategischen Analyse, in: Riekhof, H.-C. (Hrsg.): Strategieentwicklung. Konzepte und Erfahrungen, Stuttgart 1989.

EuroHandelsinstitut e. V. (EHI): Handel aktuell '97, Köln 1997.

EuroHandelsinstitut e. V. (EHI): Handel aktuell '96, Köln 1996.

EuroHandelsinstitut e. V. (EHI): Handel aktuell '95, Köln 1995.

EuroHandelsinstitut e. V. (EHI): Handel aktuell '94, Köln 1994.

EuroHandelsinstitut e. V. (EHI): Handel aktuell '93, Köln 1993.

European Retail Round Table – ERRT (Hrsg.): Mehr Wohlstand für Europa. Der europäische Handel, o. O. 1996.

Evans, J. R.: An Efficient Implementation of the Wagner-Whitin Algorithm for Dynamic Lot-Sizing, in: Journal of Operations Management, Vol. 5 (1985), No. 2, S. 229–235.

EWG, Verordnung (EWG) Nr. 3037/90 des Rates vom 9. Oktober 1990 betreffend die statistische Systematik der Wirtschaftszweige in der Europäischen Gemeinschaft.

Fama, E. F.: Foundations of Finance, New York 1976.

Fantopié Altobelli, C.: Die Diffusion neuer Kommunikationstechniken in der Bundesrepublik Deutschland, Heidelberg 1991.

Feld, C.: Trends – Megatrends. Definition, Möglichkeiten der Ermittlung, Gütekriterien und Relevanz für die Unternehmensplanung, in: Müller-Hagedorn, L. (Hrsg.): Trends im Handel. Analysen und Fakten zur aktuellen Situation im Handel. Frankfurt am Main 1997, S. 9–25.

Feld, C.: Category Management im Handel. Perspektiven und Grenzen, Arbeitspapier Nr. 8 des Seminars für Allgemeine Betriebswirtschaftslehre, Handel und Distribution an der Universität zu Köln, Köln 1996.

Fend, L.: Wettbewerbsanalyse im Handel, unveröff. Diplomarbeit 1993, Anhang.

Fertsch-Röver, D.: Wettbewerbsprobleme des Handels aus Sicht der Monopolkommission, in: BAG-Nachrichten, 22. Jg. (1982), H. 12, S. 9–12.

Festinger, L.: A Theory of Cognitive Dissonance, Stanford, Cal. 1957.

Fickel, F. W.: Die ökonometrische Methode zur Marktgebietsabgrenzung von Einkaufszentren, in: Jahrbuch der Absatz- und Verbrauchsforschung, 25. Jg. (1979), H. 3, S. 204–225.

Fischer, K./Fischer, I.: Konsumklimaforschung. Zur Analyse der privaten Nachfrage, in: Jahrbuch der Absatz- und Verbrauchsforschung, 34. Jg. (1988), H. 4, S. 334–351.

Fishbein, M./Ajzen, I.: Belief, Attitude, Intention and Behavior. An Introduction to Theory and Research, Reading, Mass. u. a. 1975.

Fishbein, M.: A Behavior Theory Approach to the Relations Between Beliefs About an Object and the Attitude Toward the Object, in: Fishbein, M. (Hrsg.): Readings in Attitude Theory and Measurement, New York 1967, S. 389–400.

Fishbein, M.: An Investigation of the Relationships Between Beliefs About an Object and the Attitude Toward That Object, in: Human Relations, Vol. 16 (1963), S. 233–239.

Fleischmann, G.: Nationalökonomie und sozialwissenschaftliche Integration, Tübingen 1966.

Flosbach, H.-J.: Vertriebswege aufbauen, in: Bischoff, J. G./Büchler, T. (Hrsg.): Der Schritt in die Selbständigkeit. Wirtschaftsjunioren bei der IHK zu Köln, Köln 1992, S. 96–112.

Folkes, V. S.: Consumer Reactions to Product Failure. An Attributional Approach, in: Journal of Consumer Research, Vol. 10 (1984), S. 398–409.

Fourastié, J.: Die große Hoffnung des zwanzigsten Jahrhunderts, Köln 1954.

Frankfurter Allgemeine Zeitung v. 8. Juli 1997, S. B2.

Frankfurter Allgemeine Zeitung v. 7. April 1997, S. 23.

Franz, W.: Neues von der Konsumfunktion, in: WISU, 16. Jg. (1987), S. 577–582.

Frese, E.: Grundlagen der Organisation. Konzept, Prinzipien, Strukturen, 6. Auflage, Wiesbaden 1995.

Freter, H.: Interpretation und Aussagewert mehrdimensionaler Einstellungsmodelle im Marketing, in: Meffert, H./Steffenhagen, H./Freter, H. (Hrsg.) unter Mitarbeit von Bruhn, M.: Konsumentenverhalten und Informationen, Wiesbaden 1979, S. 165–167.

Friedman, M.: A Theory of the Consumption Function, Princeton 1957.

Gabler-Wirtschafts-Lexikon, 14. Auflage, Wiesbaden 1997.

Gardner, D.: Is There a Generalized Price-Quality-Relationship?, in: Journal of Marketing Research, Vol. 8 (1971), S. 241–243.

Gardner, D.: An Experimental Investigation of Price-Quality-Relationship, in: Journal of Retailing, Vol. 46 (1970), S. 25–41.

Gaugler, E./Kadel, P./Schach, E.: Personal und Personalarbeit in Groß- und Außenhandelsbetrieben, Mannheim 1985.

George, G.: Internationalisierung im Einzelhandel, Berlin 1997.

Gerichtshof der Europäischen Gemeinschaften (Hrsg.): Urteil des Gerichtshofes vom 28. Januar 1986 »Wettbewerb – Franchise – Verträge« in der Rechtssache 161/84, Luxemburg 1986.

Gerling, M.: Automatische Disposition jetzt flächendeckend, in: Dynamik im Handel, 40. Jg. (1996), H. 7, S. 19–21.

Gerpott, T. J.: Multimedia, in: WiSt, 25. Jg. (1996), Nr. 1, S.15–20.

Gerth, E.: Ziele und Zielkriterien des Handelsbetriebes in der neueren Entwicklung, in: Der Markt, 8. Jg. (1969), H. 12, S. 50 ff.

Geschäftsberichte der Rewe-Handelsgesellschaft Leibrand oHG, verschiedene Jahrgänge.

Gesetz zur Änderung des Handels- und Lohnstatistikgesetzes vom 2. März 1994.

Ghosh, A./McLafferty, S. L.: Location Strategies for Retail and Service Firms, Lexington 1987.

Gissinger, L.: Welche Werte und Daten sind für eine optimale Unterrichtung der Unternehmensführung notwendig?, in: BAG (Hrsg.): Bericht über die 16. Betriebswirtschaftliche Arbeitstagung in Baden-Baden, 1969, S. 44–63.

Gist R. R.: Retailing-Concepts and Decisions, New York – London – Sydney 1968.

Glöckner-Holme, I.: Betriebsformen-Marketing im Einzelhandel, Augsburg 1988.

Gomez, P./Ganz M.: Diversifikation mit Konzept. Den Unternehmenswert steigern, in: Harvard Manager, 14. Jg. (1992), H. 1, S. 44–54.

Govers, C. P. M.: The Judgement of Service Quality, in: van der Wiede, T./Timmers, J. (Hrsg.): European Institute for Advanced Studies in Management. Workshop on Quality Management in Services, Brüssel 1991, S. 325–348.

Graurock, W.: Betriebswirtschaftliche Vergleiche als wissenschaftliches Erkenntnismittel, Berlin 1975.

Greune, M.: Der Erfolg externer Diversifikation im Handel, Heidelberg 1997.

Grimm, U.: Analyse strategischer Faktoren. Ein Beitrag zur Theorie der strategischen Unternehmensplanung, Wiesbaden 1983.

Gritzmann, K.: Kennzahlensysteme als entscheidungsorientierte Informationsinstrumente der Unternehmensführung in Handelsunternehmen, Göttingen 1991.

Groff, G. K.: A Lot Sizing Rule for Time-Phase-Component Demand, in: Production and Inventory Management, Vol. 20 (1979), No. 1, S. 47–53.

Grönroos, C.: A Service Quality Model and Its Marketing Implications, in: European Journal of Marketing, Vol. 18 (1984), No. 4, S. 36–44.

Gröppel, A.: Erlebnisstrategien im Einzelhandel, Heidelberg 1991.

Gröppel, A.: Erlebnisbetontes Handelsmarketing, in: Trommsdorff, V.(Hrsg.): Handelsforschung 1990, Wiesbaden 1990 a, S. 121–137.

Gröppel, A.: In-Store-Marketing, in: Tietz, B./Köhler, R./Zentes, J. (Hrsg.): HWM, 2. Auflage, Stuttgart 1990 b, Sp. 1020–1030.

Gümbel, R.: Handel, Markt und Ökonomik, Wiesbaden 1985.

Gümbel, R.: Die Sortimentspolitik in Betrieben des Wareneinzelhandels, Köln – Opladen 1963.

Gümbel, R./Brauer, K. M.: Neue Methoden der Erfolgskontrolle und Planung in Lebensmittel-filialunternehmungen. Deckungsbeitragsrechnung und Mathematische Hilfsmittel, in: Gümbel, R./Brauer, K. M./Müller-Hagedorn, L. et al.:(Hrsg.): Unternehmensforschung im Handel, Rüschlikon – Zürich 1969, S. 23–52.

Günther, J.: Handelscontrolling. Allgemeine Grundlagen des Controllingbegriffs und die Funktionen des Controlling im Steuerungssystem des stationären Einzelhandels, Frankfurt am Main – Bern – New York 1989.

Günther, T.: Direkter Produkt-Profit, in: ZfbF, 45. Jg. (1993), S. 460–482.

Günther, T./Mattmüller, R.: Möglichkeiten und Grenzen der Regaloptimierung im Handel, in: Marketing ZFP, 15. Jg. (1993), H. 2, S. 77–86.

Gupta, Y. P./Keung, Y.: A Review of Multi-Stage Lot-Sizing Models, in: International Journal of Operations & Production Management, Vol. 10 (1990), No. 9, S. 57–73.

Gutenberg, E.: Grundlagen der Betriebswirtschaftslehre, 2. Band, 17. Auflage, Berlin u. a. 1984.

Haas, H.-L.: Was produziert ein Handelsbetrieb?, in: ZfB, 63. Jg. (1993), S. 1137–1155.

Hackman, J. R./Lawler III, E. E.: Employee Reactions to Job Characteristics, in: Journal of Applied Psychology Monograph, Vol. 51, (1971), S. 259–286.

Hadley, G./Whitin, T.: Analysis of Inventory Systems, Englewood Cliffs, N. J. 1963.

Haedrich, G. (Hrsg.): Der loyale Kunde. Ist Kundenbindung bezahlbar?, Ergebnisse CPC-Trend-Forum, Mainz 1997.

Hagen, K.: Methoden und Instrumente der Ergebnisplanung und Ergebnisanalyse, in: Männel, W. (Hrsg.): Handbuch Kostenrechnung, Wiesbaden 1992, S. 715–732.

Hahn, D.: Strategische Unternehmungsführung. Grundkonzept, in: Hahn, D./Taylor, B. (Hrsg.): Strategische Unternehmungsplanung, Strategische Unternehmungsführung. Stand und Entwicklungstendenzen, 7. Auflage, Heidelberg 1997, S. 28–50.

Hahn, D.: Controlling. Stand und Entwicklungstendenzen unter besonderer Berücksichtigung des CIM-Konzeptes, in: Scheer, A.-W., 8. Saarbrücker Arbeitstagung (Hrsg.): Rechnungswesen und EDV, Heidelberg 1987, S. 3–39.

Haller, S.: Methoden der Beurteilung von Dienstleistungsqualität. Überblick zum State of the Art, in: ZfbF, 45. Jg. (1993), S. 19–40.

Handloser, W.: Zur Organisation des Einzelhandels, Diss. Heidelberg 1928.

Hanhart, E. W.: Marktgerechte Koordination von Einkauf und Verkauf im Warenhaus, Diss. St. Gallen 1967.

Hansen, U.: Absatz- und Beschaffungsmarketing des Einzelhandels, 2. Auflage, Göttingen 1990.

Hansen, P./Heinsbroek, H.: Product Selection and Space Allocation in Supermarkets, in: European Journal of Operational Research, Vol. 3 (1979), S. 474–484.

Hansen, U./Schoenheit, I. (Hrsg.): Verbraucherzufriedenheit und Beschwerdeverhalten. Frankfurt am Main – New York 1987.

Hartmann, R.: Strategische Marketingplanung im Einzelhandel. Kritische Analyse spezifischer Planungsinstrumente, Wiesbaden 1992.

Hartmann, R.: Zur Organisation der Kaufhof AG, in: ZfO, 48. Jg. (1979), H. 3, S. 132–138.

Hartwig, R.: Absatzschwankungen als Betriebswirtschaftliches Problem des Facheinzelhandels, Göttingen 1991.

Hauzeneder, R.: Der Sortimentsverbund im Einzelhandel, Diss. München 1975.

Hax, A. C./Majluf, N. S.: Strategisches Management. Ein integratives Konzept aus dem MIT, Frankfurt am Main – New York 1991.

Hax, A. C./Majluf, N. S.: Strategic Management. An Integrative Perspective, Englewood Cliffs N. J. 1984.

HdlStatG (Handelsstatistikgesetz) § 1; Statistikanpassungsverordnung vom 26. März 1991, Artikel 4, § 1.

Heady, R. B./Zhiwei, Z.: An Improved Implementation of the Wagner-Whitin Algorithm, in: Production and Operations Management, Vol. 3 (1994), No. 1, S. 55–63.

Hedderich, R.: Die Grundlagen des Handelsbetriebes (2), in: ZfB, 56. Jg. (1986), S. 484–499.

Hedvall, M.-B./Paltschik, M.: Perceived Service Quality in Pharmacies. With Empirical Results From Sweden, in: Journal of Social and Administrative Pharmacy, Supplement, Vol. 5 (1988), No. 2, S. 72 ff.

Heenan, D. A./Perlmutter, H. V.: Multinational Organization Development, Reading, Mass. 1979.

Heide, J. B.: Interorganizational Governance in Marketing Channels, in: Journal of Marketing, Vol. 58 (1994), No. 1, S. 71–85.

Heidel, B.: Scannerdaten im Einzelhandelsmarketing, Wiesbaden 1990.

Heidel, B./Müller-Hagedorn, L.: Plazierungspolitik nach dem Verbundkonzept im stationären Einzelhandel. Eine Wirkungsanalyse, in: Marketing ZFP, 11. Jg. (1989), H. 1, S. 19–26.

Heider, F.: The Psychology of Interpersonal Relations, Wiley, N. Y. 1958.

Heider, F.: Attitudes and Cognitive Organizations, in: Journal of Psychology, Vol. 21 (1946), S. 107–112

Heinemann, G.: Betriebstypenprofilierung und Erlebnishandel, Wiesbaden 1989.

Helson, H.: Adaption Level Theory, New York 1964.

Henseler, R.: Image und Imagepolitik im Facheinzelhandel, Frankfurt am Main – Zürich 1977.

Hentschel, B.: Die Messung wahrgenommener Dienstleistungsqualität mit SERVQUAL. Eine kritische Auseinandersetzung, in: Marketing ZFP, 12. Jg. (1990), S. 230–240.

Hentze, J./Brose, P.: Unternehmensplanung, Bern – Stuttgart 1985.

Henzler, H.: Von der strategischen Planung zur strategischen Führung. Versuch einer Positionsbestimmung, in: ZfB, 58. Jg. (1988), S. 1286–1307.

Herder, H. v.: Determinanten der (De-)Zentralisation, in: Rationeller Handel, 23. Jg. (1980), H. 1, S. 2–6.

Herder, H. v.: Filialunternehmen. Alle Macht der Zentrale?, in: Rationeller Handel, 22. Jg. (1979 a), H. 4, S. 2–8.

Herder, H. v.: Filialorganisation. Optimierung mit Kompromissen, in: Rationeller Handel, 22. Jg. (1979 b), H. 5, S. 8–13.

Herder, H. v.: Wie zentralistisch ist mein Betrieb?, in: Rationeller Handel, 22. Jg. (1979c), H. 6, S. 33–39.

Hermann, A./Bauer, H. H.: Ein Ansatz zur Preisbündelung auf der Basis der »Prospect«-Theorie, in: ZfbF, 48. Jg. (1996), S. 675–694.

Hermann, R.: Gleicht sich der Nahrungsmittelverbrauch international an?, in: Jahrbuch der Absatz- und Verbrauchsforschung, 40. Jg. (1994), S. 371–390.

Hilke, W.: Grundprobleme und Entwicklungstendenzen des Dienstleistungs-Marketing, in: Hilke, W. (Hrsg.): Dienstleistungs-Marketing, Wiesbaden 1989, S. 5–44.

Hinterhuber, H. H.: Strategische Unternehmensführung, Bd. I: Strategisches Denken, 6. Auflage, Berlin – New York 1996.

Hirsch, J.: Der moderne Handel, seine Organisation und Formen und die staatliche Binnenhandelspolitik, Grundriß der Sozialökonomik, V. Abteilung, II. Teil, 2. Auflage, Tübingen 1925.

Hise, R. T./Gable, M./Kelly, J. P. et al.: Factors Affecting the Performance of Individual Chain Store Units. An Empirical Analysis, in: Journal of Retailing, Vol. 59 (1983), No. 2, S. 22–39.

Hofer, C. W./Schendel, D.: Strategy Formulation. Analytical Concepts, St. Paul u. a. 1978.

Hoffmann, K.: Die Konkurrenzuntersuchung als Determinante der langfristigen Marktplanung, Göttingen 1979.

Hollander, S. C.: Multinational Retailing, East Lansing, Mich. 1970.

Höller, W.: Warenpräsentationsplanung mit dem Microcomputer, Firmenunterlage ERGO-Marktforschung, Essen 1985.

Hörschgen, H./Kirsch, J./Käßer-Pawelka, G. et al.: Marketing-Strategien, 2. Auflage, Ludwigsburg – Berlin 1993.

Hörschgen, H.: Strategische Marketingplanung im Elektro-Großhandel, Referat vor dem Arbeitskreis Elektro-Installationstechnik, München 1983.

Horváth, P.: Controlling, 6. Auflage, München 1996.

Horváth, P.: Controllinginstrumente, in: Wittmann, W./Kern, W./Köhler, R. (Hrsg.): HWB, 5. Auflage, Band 1, Stuttgart 1993, Sp. 669–680.

Horváth, P./Mayer, R.: Prozeßkostenrechnung. Konzeption und Entwicklungen, in: Kostenrechnungspraxis (krp), Sonderheft 2 (1993), S. 15–27.

Horváth, P./Mayer, R.: Prozeßkostenrechnung. Der neue Weg zu mehr Kostentransparenz und wirkungsvolleren Unternehmensstrategien, in: Controlling, 1. Jg. (1989), H. 4, S. 214–219.

Hörzu/Funk Uhr (Hrsg.): Eva '79.

Höter, J.: Effiziente Algorithmen zur Bestimmung optimaler Losgrößen, in: Dyckhoff, H. et al. (Hrsg.): Operations Research Proceedings 1993, Berlin u. a. 1994, S. 28–34.

Howard, J. A./Sheth, J. N.: The Theory of Buyer Behavior, New York u. a. 1969.

Huber, W. R.: Markenpolitische Strategien des Konsumgüterherstellers, Frankfurt am Main u. a. 1988.

Huff, D. L.: Defining and Estimating a Trading Area, in: Journal of Marketing, Vol. 28 (1964), No. 3, S. 34–38.

Hüttner, M.: Markt- und Absatzprognosen, Stuttgart 1986.

Hymer, S. H.: The International Operations of National Firms. A Study of Direct Foreign Investment, Cambridge, Mass. – London 1976.

Ifo-Institut für Wirtschaftsforschung (Hrsg.): Ifo-Schnelldienst, 49. Jg. (1996), Nr. 29.

Ifo-Institut für Wirtschaftsforschung (Hrsg.): Ifo-Schnelldienst, 44. Jg. (1991), Nr. 14.

Industrie und Handelskammer Mittlerer Niederrhein, Krefeld-Mönchengladbach-Neuss (Hrsg.): Handelsatlas, Ausgabe Nr. 9, Stand September 1992.

Institut für Demoskopie Allensbach (Hrsg.): AWA '95, Berichtsband IIIa, Allensbach 1995, S. X.

Institut für Handelsforschung: Umsatzgrößenklassen. Ergebnisse der Einzelhandelsfachgeschäfte im Jahre 1995. Umsatz-, Kosten-, Spannen- und Gewinnzahlen des Betriebsvergleichs, in: Müller-Hagedorn, L. (Hrsg.): Beiträge des Instituts für Handelsforschung zur Dokumentation der betriebswirtschaftlichen Situation im Groß- und Einzelhandel, H. 117, Köln 1996.

Institut für Selbstbedienung (ISB) (Hrsg.): Dillon-Studie. Umsätze und Spannen amerikanischer Supermärkte, Köln o. J.

Institut für Selbstbedienung (ISB) (Hrsg.): Super Valu-Studie. Eine Untersuchung der Umsätze und Spannen amerikanischer Supermarkets, Köln o. J.

Jacob, H. (Hrsg.): Spezialgebiete der Kostenrechnung. Kosten- und Leistungsrechnung im Handel, Wiesbaden 1978.

Jacobs, S.: Strategische Erfolgsfaktoren der Diversifikation, Wiesbaden 1992.

Jacobs, S./Wiedmann, K.-P.: Polarisierung des Konsumentenverhaltens. Eine ernstzunehmende Herausforderung für das Konsumgütermarketing, in: Markenartikel, 51. Jg. (1989), S. 322–331.

Jahrmann, U.: Außenhandel, 7. Auflage, Ludwigshafen 1994.

Jekel, W.: Beschwerdebearbeitung und Zufriedenheitsmessung bei Quelle (TKD), in: Hansen, U./

Schoenheit, I. (Hrsg.): Verbraucherzufriedenheit und Beschwerdeverhalten, Frankfurt am Main – New York 1987, S. 235–248.

Johnson, M. D.: Consumer Choice Strategies for Comparing Noncomparable Alternatives, in: Journal of Consumer Research, Vol. 11 (1984), S. 741–753.

Joswig, R.: Bedürfnis und Qualität. Ein Beitrag zur Interpretation des Qualitätsbegriffes, Diss. Köln 1970.

Jünemann, R.: Materialfluß und Logistik, Berlin u. a. 1989.

Jung, M./Spreemann, K.: Transaktionsrisiken, in: ZfB, 59. Jg. (1989), S. 94–112.

Kaapke, A.: Bericht über die Ergebnisse des Betriebsvergleichs der Einzelhandelsfachgeschäfte aus den alten und den neuen Bundesländern im Jahre 1995, in: Mitteilungen des Instituts für Handelsforschung, 48. Jg. (1996), H. 11, S. 153–189.

Kaas, K. P.: Diffusion und Marketing. Das Konsumentenverhalten bei der Einführung neuer Produkte, Stuttgart 1973.

Kaas, K. P./Hay, C.: Preisschwellen bei Konsumgütern. Eine theoretische und empirische Analyse, in: ZfbF, 36. Jg. (1984), H. 5, S. 333–346.

Kaas, K. P./Runow, H.: Wie befriedigend sind die Ergebnisse der Forschung zur Verbraucherzufriedenheit?, in: DBW, 44. Jg. (1984), S. 451–460.

Kacker, M.: Transatlantic Trends in Retailing, Westport, Conn. – London 1985.

Kalussis, D.: Der Betriebsvergleich im Handel, Wien 1949.

Kano, N.: Attractive Quality and Must-be Quality, in: The Journal of the Japanese Society for Quality Control, April 1984, S. 39–48.

Karstadt AG (Hrsg.): Karstadt Logistik. Das Konzept, Essen o. J. (wahrscheinlich 1996).

Kasper, H./Lemmink, J.: After Sales Service Quality. Views Between Industrial Customers and Service Managers, in: Industrial Marketing Management, Vol. 18 (1989), S. 199–208.

Käufer, E.: Industrieökonomik. Eine Einführung in die Wettbewerbstheorie, München 1980.

Kennedy, J. R.: The Effect of Display Location on the Sales and Pilferage of Cigarettes, in: Journal of Marketing Research, Vol. 7 (1970), S. 210–215.

Keynes, J. M.: The General Theory of Employment, Interest and Money, London 1936.

Kieser, A./Kubicek, H.: Organisation, 3. Auflage, Berlin – New York 1992.

Kindleberger, C. P.: American Business Abroad. Six Lectures on Direct Investment, New Haven, Conn. – London 1969.

Kirsch, W./Kutschker, M.: Das Marketing von Investitionsgütern, Wiesbaden 1978.

Klein, R.: Dezentrale Grundversorgung im ländlichen Raum. Interaktionsmodelle zur Abschätzung von Nachfragepotenzialen im Einzelhandel, Osnabrück 1992.

Klein, R./Löffler, G.: Raumfunktionale Modellansätze zur Bestimmung von Standorten und Kaufkraftströmen im Lebensmitteleinzelhandel, in: Kurzberichte aus der Bauforschung, 30. Jg. (1989), S. 405–410.

Klein-Blenkers, F.: Ausgewählte Aufsätze zur Betriebswirtschaftslehre, Göttingen 1991.

Klein-Blenkers, F.: BAG-Untersuchung »Kundenverkehr1988«, in: Mitteilungen des Instituts für Handelsforschung an der Universität zu Köln, 41. Jg. (1989), S. 121–126.

Klein-Blenkers, F.: Die Werbung des Facheinzelhandels. Bericht über eine Untersuchung des Umfangs der Werbung und der Bedeutung der verschiedenen Werbemittelarten für den Facheinzelhandel, Köln – Opladen 1970.

Klein-Blenkers, F./Hillesheim, J.: Die Werbekosten in der Bundesrepublik Deutschland 1984, Sonderheft 32 der Mitteilungen des Instituts für Handelsforschung an der Universität zu Köln, Köln 1984.

Klemm, H./Mikut, M.: Lagerhaltungsmodelle. Theorie und Anwendung, Berlin 1972.

Klessinger, W.: Personalplanung und Personaleinsatz im Textileinzelhandel, in: BTE-Bundesverband des Deutschen Textileinzelhandels e. V. (Hrsg.): Fachdokumentation Nr. 62, Köln 1996.

Knee, D./Walters, D.: Strategy in Retailing. Theory and Application, Oxford 1985.

Knoblich, H.: Betriebswirtschaftliche Warentypologie. Grundlagen und Anwendungen, Köln – Opladen 1969.

Koch, F.-K.: Verhandlungen bei der Vermarktung von Investitionsgütern. Eine Plausibilitäts- und Explorationsanalyse, Mainz 1987.

Koch, H.: Betriebliche Planung. Grundlagen und Grundfragen der Unternehmungspolitik, Wiesbaden 1961.

Köhler, F. W.: Handelsstrategien im systematischen Überblick, in: Trommsdorff, V. (Hrsg.): Handelsforschung 1991. Erfolgsfaktoren und Strategien, Wiesbaden 1992, S. 117–134.

Köhler, F. W.: Die »Dynamik der Betriebsformen des Handels«, in: Marketing ZFP, 12. Jg. (1990), S. 59–64.

Köhler, R.: Beiträge zum Marketing-Management. Planung, Organisation, Controlling, 3. Auflage, Stuttgart 1993.

Köhler, R.: Theoretische Systeme der Betriebswirtschaftslehre im Lichte der neueren Wissenschaftslogik, Stuttgart 1966.

Kölzer, B.: Senioren als Zielgruppe. Kundenorientierung im Handel, Wiesbaden 1995.

Kölzer, B.: Der Jugendmarkt. Studie der BBE-Unternehmensberatung, Köln 1990.

König, H.: Konsumfunktionen, in: Albers, W. (Hrsg.): HdWW, Band 4, Stuttgart – New York 1977 a, S. 513–528.

König, H.: Permanentes Einkommen, dauerhafte Konsumgüter und die makroökonomische Konsumfunktion, in: Helmstädter, E. (Hrsg.): Quantitative Wirtschaftsforschung. Festschrift für Wilhelm Krelle, Tübingen 1977 b, S. 421–439.

Koppelmann, U.: Produktmarketing, 5. Auflage, Berlin – Heidelberg – New York u. a. 1997.

Koppelmann, U.: Beschaffungsmarketing, 2. Auflage, Berlin – Heidelberg – New York u. a. 1995.

Kornobis, K.-J.: Die Entwicklung von Handelsmarken. Untersuchungen und Zukunftsperspektiven im Verbrauchsgüterbereich, in: Bruhn, M. (Hrsg.): Handelsmarken. Entwicklungstendenzen und Zukunftsperspektiven der Handelsmarkenpolitik, 2. Auflage, Stuttgart 1997, S. 237–264.

Kotler, P./Bliemel, F.: Marketing-Management. Analyse, Planung, Umsetzung und Steuerung, 8. Auflage, Stuttgart 1995.

Kotler, P.: Atmospherics as a Marketing Tool, in: Journal of Retailing, Vol. 49 (1973), S. 48–64.

Kreikebaum, H.: Strategische Unternehmensplanung, 6. Auflage, Stuttgart – Berlin – Köln 1997.

Krockow, A.: Konzentration im Einzelhandel, in: Wirtschaft und Statistik, 68. Jg. (1988), H. 8, S. 524–530.

Kroeber-Riel, W.: Strategie und Technik der Werbung, 4. Auflage, Stuttgart 1993.

Kroeber-Riel, W./Weinberg, P.: Konsumentenverhalten, 6. Auflage, München 1996.

Krüger, W.: Organisation der Unternehmung, 3. Auflage, Stuttgart – Berlin – Köln 1994.

Kube, C.: Erfolgsfaktoren in Filialsystemen. Diagnose und Umsetzung im strategischen Controlling, Wiesbaden 1991.

Kuhlmann, E.: Impulsives Kaufverhalten, Heft 26 der Arbeitspapiere des Instituts für Konsum- und Verbrauchsforschung der Universität des Saarlandes, Saarbrücken 1974.

Kuhlmeier, A.: Die Betriebstypeninnovation als Bestandteil der Absatzpolitik im Einzelhandel, Göttingen 1980.

Kuhn, A.: Unternehmensführung, 2. Auflage, München 1990.

Kummer, H.: Das Einkaufsverhalten der Kunden in SB-Läden, in: Selbstbedienung und Supermarkt, 10. Jg. (1966), H. 1, S. 14–20.

Küpper, H.-U.: Controlling. Konzeption, Aufgaben und Instrumente, Stuttgart 1995.

Küpper, H.-U.: Industrielles Controlling, in: Schweitzer, M. (Hrsg.): Industriebetriebslehre, München 1990, S. 781–891.

Kurt Salmon Associates (Hrsg.): Efficient Consumer Response. Enhancing Consumer Value in the Grocery Industry, The Research Department Food Marketing Institute, Washington, 1993.

Kuß, A.: Käuferverhalten, Stuttgart 1991.

Lambert, Z. V.: Price and Choice Behavior, in: Journal of Marketing Research, Vol. 9 (1972), S. 35–40.

Lambert, Z. V.: Product Perception. An Important Variable in Price Strategy, in: Journal of Marketing, Vol. 34 (1970), S. 68–76.

Lambertz, J.: Auswirkungen der NACE Rev. 1 auf die Ergebnisdarstellung der Binnenhandelsstatistiken, in: Wirtschaft und Statistik, 1995, H. 1, S. 53–57.

Landesamt für Datenverarbeitung und Statistik NRW (Hrsg.): Erhebungsvordruck für Unternehmen des Einzelhandels (EU), Handels- und Gaststättenzählung 1993.

Lange, B.: Portfolio-Methoden in der strategischen Unternehmensplanung, Hannover 1981.

Lansing, J. B./Morgan, J. N.: Consumer Finances Over the Life Cycle, in: Clark, L. H. (Hrsg.): Consumer Behavior, 2. Auflage, New York 1955, S. 36–51.

Laux, H.: Entscheidungstheorie. Grundlagen, Berlin u. a. 1982.

Lavidge, R. J./Steiner, G. A.: A Model for Predictive Measurement of Advertising Effectiveness, in: Journal of Marketing, Vol. 25 (1961), S. 59–62.

Le Coutre, W.: Der Großhandel, in: Greifzu, J. (Hrsg.): Handbuch des Kaufmanns, Hamburg 1950, S. 753–760.

Lee, W.: Space Management in Retail Stores and Implications to Agriculture, in: Dolva, W. K. (Hrsg.): Marketing. Key to Profits in the 1960's, Chicago, Ill. 1960, S. 523–533.

Leinz, J.: Traditionelle dynamische Losgrößenverfahren. Von einem Einsatz ist dringend abzuraten, in: Beschaffung aktuell, 24. Jg. (1996), H. 8, S. 38–40.

Leinz, J./Bussert, B./Habenicht, W.: Entwicklung eines Verfahrens zur dynamischen einstufigen Einprodukt-Bestellmengenplanung, Arbeitspapier 14/95, Lehrstuhl für Industriebetriebslehre, Universität Hohenheim, Stuttgart 1995.

Lendzion, H.-P.: Das Logistik-Konzept der Karstadt AG für die 90er Jahre, in: Zentes J. (Hrsg.): Moderne Distributionskonzepte in der Konsumgüterwirtschaft, Stuttgart 1991, S. 35–50.

Lenz, R.: Die Entwicklung von Handelsmarken. Untersuchungen und Zukunftsperspektiven im Gebrauchsgüterbereich, in: Bruhn, M. (Hrsg.): Handelsmarken. Entwicklungstendenzen und Zukunftsperspektiven der Handelsmarkenpolitik, 2. Auflage, Stuttgart 1997, S. 265–285.

Lenzen, W.: Die Beurteilung von Preisen durch Konsumenten. Eine empirische Studie zur Verarbeitung von Preisinformationen des Lebensmitteleinzelhandels, Frankfurt am Main – Thun 1984.

Lenzen, W.: Preisgünstigkeit als hypothetisches Konstrukt. Ergebnisse einer empirischen Untersuchung, in: ZfbF, 36. Jg. (1983), S. 952–962.

Leone, R. P./Schultz, R. L.: A Study of Marketing Generalizations, in: Journal of Marketing, 44. Jg. (1980), No. 1, S. 10–18.

Lerchenmüller, M.: Handelsbetriebslehre, 2. Auflage, Ludwigshafen 1995.

Levitt, T.: Die Macht des kreativen Marketing, Düsseldorf 1986.

Levitt, T.: The Globalization of Markets, in: Harvard Business Review, Vol. 61 (1983), No. 3, S. 92–102.

Levy, M./Weitz, B. A.: Retailing Management, 2. Auflage, Chicago u. a. 1995.

Lewandowski, R.: Prognose- und Informationssysteme und ihre Anwendungen, Berlin – New York 1974.

Lewis, R. C./Klein, D. M.: The Measurement of Gaps in Service Quality, in: Czepiel, J. A./Congram, C. A./Shanahan, J. (Hrsg.): The Service Challenge. Integrating for Competitive Advantage (Proceedings Series), American Marketing Association, Chicago, Ill. 1987, S. 33–38.

Liebmann, H.-P.: Struktur und Funktionsweise moderner Warenverteilzentren, in: Zentes, J. (Hrsg.): Moderne Distributionskonzepte in der Konsumgüterwirtschaft, Stuttgart 1991, S.17–32.

Liebmann, H.-P./Jungwirth, G.: Mit neuer Unternehmenskultur erfolgreich zur Jahrtausendwende, in: GDI-Handels-Trendletter Nr. II, Rüschlikon – Zürich 1994, S. 1–37.

Liebmann, H.-P./Zentes, J. (Hrsg.): GDI-Trendbuch Handel, H. 1, Düsseldorf – München 1996.

Lilien, L. C./Kotler, P./Moorthy, K. S.: Marketing Models, Prentice-Hall 1992.

Lingenfelder, M.: Die Internationalisierung im europäischen Einzelhandel. Ursachen, Formen und Wirkungen im Lichte einer theoretischen Analyse und empirischen Bestandsaufnahme, Berlin 1996.

Lingenfelder, M.: Lebensstile, in: Tietz, B./Köhler, R./Zentes, J. (Hrsg.): HWM, 2. Auflage, Stuttgart 1995, Sp. 1377–1392.

Link, J.: Strategie und Organisation, in: Riekhof, H.-C. (Hrsg.): Strategieentwicklung. Konzepte und Erfahrungen, Stuttgart 1989, S. 395–408.

Little, J. D. C.: Entscheidungsunterstützung für Marketingmanager, in: ZfB, 49. Jg. (1979), S. 982–1007.

Lochthowe, R.: Logistik-Controlling. Entwicklung flexibilitätsorientierter Strukturen und Methoden zur ganzheitlichen Planung, Steuerung und Kontrolle der Unternehmenslogistik, Frankfurt am Main 1990.

Lord, J. D./Lynds, C. D.: The Use of Regression Models in Store Location Research. A Review and Case Study, in: Akron Business and Economic Review, Vol. 12 (1981), No. 2, S. 13–19.

Love, S.: Inventory Control, New York 1979.

Lovelock, C.: Service Marketing, 2. Auflage, Englewood Cliffs, N. J. 1991.

Mag, W.: Entscheidung und Information, München 1977.

Mahajan, V./Wind, Y.: Innovation Diffusion Models of New Product Acceptance, Cambridge 1986.

Maleri, R.: Grundlagen der Dienstleistungsproduktion, Berlin u. a. 1994.

Mantrala, M. K./Sinha, P./Zoltners, A. A.: Impact of Resource Allocation Rules on Marketing Investment-Level Decisions and Profitability, in: Journal of Marketing Research, Vol. 29 (1992), S. 162–175.

Marré, H.: Funktionen und Leistungen des Handelsbetriebes, Köln – Opladen 1960.

Marx, K.: Das Kapital, 1. Band: Der Produktionsprozeß des Kapitals (nach der vierten, von Friedrich Engels durchgesehenen und herausgegebenen Auflage, Hamburg 1890), Berlin 1973.

Marzen, W.: Die »Dynamik der Betriebsformen des Handels« – aus heutiger Sicht. Eine kritische Bestandsaufnahme, in: Marketing ZFP, 8. Jg. (1986), S. 279–285.

Maslow, A.: Motivation and Personality, New York u. a. 1954.

Mason, J. B./Mayer, M. L.: Modern Retailing. Theory and Practice, Homewood 1990.

Mattmüller, R.: Prognosen für den Handel, Augsburg 1990.

Mazanec, J.: Strukturmodelle des Konsumverhaltens. Empirische Zugänglichkeit und praktischer Einsatz zur Vorbereitung absatzwirtschaftlicher Positionierungs- und Segmentierungsentscheidungen, Wien 1978.

Mazur, P. M./Neisser, F.: Moderne Warenhausorganisation, Berlin 1928.

McGee, J.: Retailer Strategies in the U. K., in: Johnson, G. (Hrsg.): Business Strategies and Retailing, Chichester u. a. 1987, S. 89–107.

Mc Kinsey (Hrsg.): General Foods-Study. The Economics of Food Distributors, New York 1963.

Meffert, H.: Erfolgsfaktoren im Einzelhandelsmarketing, in: Meffert, H. (Hrsg.): Strategische Unternehmensführung und Marketing, Wiesbaden 1988, S. 201–228.

Meffert, H.: Erfolgsfaktoren im Einzelhandelsmarketing, in: Bruhn, M. (Hrsg.): Marketing-Erfolgsfaktoren, Frankfurt am Main – New York 1987.

Meffert, H.: Marketingstrategien der Warenhäuser. Wege aus der Krise?, in: Harvard Manager, 7. Jg. (1985), H. 2, S. 20–28.

Meffert, H./Bolz, J.: Internationales Marketing, 2. Auflage, Stuttgart 1994.

Meffert, H./Bruhn, M.: Markenstrategien im Wettbewerb. Empirische Untersuchungen zur Akzeptanz von Hersteller-, Handels- und Gattungsmarken (No Names), Wiesbaden 1984.

Meffert, H./Steffenhagen, H./Freter H. (Hrsg.) unter Mitarbeit von Bruhn, M.: Konsumentenverhalten und Information, Wiesbaden 1979.

Meissner, H. G.: Außenhandels-Marketing, Stuttgart 1981.

Mendoza, A. G.: An Economic Lot-Sizing Technique II. Mathematical Analysis of the Part-Period Algorithm, in: IBM Systems Journal, Vol. 7 (1968), S. 39–46.

Menninger, S.: Verkaufsaktive Ladengestaltung von a bis z, Bad Wörrishofen 1964.

Merkle, E.: Die Erfassung und Nutzung von Informationen über den Sortimentsverbund in Handelsbetrieben, Berlin 1981.

Mertens, P. (Hrsg.): Prognoserechnung, 4. Auflage, Würzburg-Wien 1981.

Mertens, P.: Prognoserechnung. Ein Überblick, in: BfuP, 35. Jg. (1983), S. 469–483.

Meyer, A.: Dienstleistungsmarketing. Erkenntnisse und praktische Beispiele, 4. Auflage, Augsburg 1990.

Meyer, A./Fend, L.: Servicequalität im Handel, in: Trommsdorff, V. (Hrsg.): Handelsforschung 1996/97. Positionierung des Handels, Wiesbaden 1996, S. 71–77.

Meyer, A./Mattmüller, R.: Qualität von Dienstleistungen. Entwurf eines praxisorientierten Qualitätsmodelles, in Marketing ZFP, 9. Jg. (1987), S. 187–195.

Meyer, C. W.: Der Zusammenhang von Funktionen und Betriebsformen des Warenhandels und seine Bedeutung für die Handelsbetriebsführung, in: Der österreichische Betriebswirt, 13. Jg. (1963), S. 118–136.

Meyer, M.: Logistik-Management. Eine Aufgabe der integrierten Gestaltung von Güter- und Informationsflußsystemen, in: DBW, Jg. 53 (1993), H. 2, S. 253–270.

Meyer-Ohle, H.: Dynamik im japanischen Einzelhandel, Wiesbaden 1995.

Möbel Franz (Hrsg.): Einrichten '92. Katalog.

Modigliani, F.: Fluctuations in the Saving-Income Ratio. A Problem in Economic Forecasting, in: Studies in Income and Wealth, Vol. 11 (1949), S. 369–443.

Möhlenbruch, D.: Sortimentspolitik im Einzelhandel, Wiesbaden 1994.

Möhlenbruch, D./Meier, C.: Leistungsfähigkeit und Grenzen von Spacemanagementsystemen, in: Trommsdorff, V. (Hrsg): Handelsforschung 1993/94. Systeme im Handel, Wiesbaden 1993, S. 183–198.

Möllers, P.: Betriebsabrechnung im Handel, Frankfurt am Main 1965.

Monopolkommission (Hrsg.): Marktstruktur und Wettbewerb im Handel. Sondergutachten 23, Baden-Baden 1994.

Monopolkommission (Hrsg.): Die Konzentration im Lebensmittelhandel. Sondergutachten 14, Baden-Baden 1985.

Monroe, K. B.: The Influence of Price Differences and Brand Preferences, in: Journal of Consumer Research, Vol. 3 (1976), S. 42–49.

Moser, D.: Neue Betriebsformen im Einzelhandel. Eine Untersuchung der Entstehungsursachen und Entwicklungsdeterminanten, Frankfurt am Main – Zürich 1974.

Mühlbacher, H.: Strategische Differenzierung im Industriegütermarketing, in: Backhaus, K./ Günter, B./Kleinaltenkamp, M./Plinke, W./Raffée, H. (Hrsg.): Marktleistung und Wettbewerb, Wiesbaden 1997, S. 197–212.

Müller, H.: Die Warenplazierung als absatzpolitisches Instrument im Selbstbedienungseinzelhandel, Göttingen 1982.

Müller, S.: Die Psyche des Managers als Determinante des Exporterfolgs, Stuttgart 1991.

Müller, S./Lohmann, F.: Qualitative und quantitative Erfassung von Dienstleistungsqualität? Die Critical Incident Technique und die Gap-Analyse im Methodenvergleich, in: ZfbF, 49. Jg. (1997), S. 973–989.

Müller, S./Brücken, M./Heuer-Potthast, I.: Die Wirkung gebrochener Preise bei Entscheidungen mit geringem und hohem Risiko, in: Jahrbuch der Absatz- und Verbrauchsforschung, 28. Jg. (1982), S. 360–385.

Müller-Hagedorn, L. (Hrsg.): Trends im Handel. Analysen und Fakten zur aktuellen Situation im Handel, Frankfurt am Main 1997.

Müller-Hagedorn, L.: Handelsmarke oder Herstellermarke? Überlegungen zur ökonomischen Effizienz, in: Bruhn, M. (Hrsg.): Handelsmarken. Entwicklungstendenzen und Zukunftsperspektiven der Handelsmarkenpolitik, 2. Auflage, Stuttgart 1997, S. 153–166.

Müller-Hagedorn, L.: Einführung in das Marketing, 2. Auflage, Darmstadt 1996.

Müller-Hagedorn, L.: Betriebstypen im Einzelhandel, in: Tietz, B./Köhler, R./Zentes, J. (Hrsg.): HWM, 2. Auflage, Stuttgart 1995 a, Sp. 238–255.

Müller-Hagedorn, L.: Die Fortentwicklung des Betriebsvergleichs zum Controlling-Tool, in: Trommsdorff, V. (Hrsg.): Handelsforschung 95/96. Informationsmanagement im Handel, Wiesbaden 1995 b, S. 333–347.

Müller-Hagedorn, L.: Die Wahl von Vergleichsbetrieben. Teil II, in: Mitteilungen des Instituts für Handelsforschung an der Universität zu Köln, 47. Jg. (1995 c), S. 129–135.

Müller-Hagedorn, L.: The Variety of Distribution Systems, in: JITE, Vol. 151 (1995 d), No. 1, S. 186–202.

Müller-Hagedorn, L.: Die Wahl von Vergleichsbetrieben. Teil I, in: Mitteilungen des Instituts für Handelsforschung an der Universität zu Köln, 46. Jg. (1994), S. 125–134.

Müller-Hagedorn, L.: Der Schuheinzelhandel. Eine Mehrjahresanalyse anhand von Daten aus dem Betriebsvergleich, in: Mitteilungen des IfH an der Universität zu Köln, 45. Jg (1993 a), Nr. 7, S. 89–100.

Müller-Hagedorn, L.: Handelsmarketing, 2. Auflage, Stuttgart – Berlin – Köln 1993 b.

Müller-Hagedorn, L.: Marketing des Handels. Aufgaben für die Marktforschung, in: Berufsverband der Deutschen Markt- und Sozialforscher e. V. (Hrsg.): Marktforschung im magischen Dreieck. Vorträge zur Markt- und Sozialforschung. Offenbach 1988, S. 449–468.

Müller-Hagedorn, L.: Handelskonzentration: Ein partielles Problem? oder: Irreführende Handelsstatistiken. Weitere Anmerkungen, in: ZfB, 57. Jg. (1987), S. 200–207.

Müller-Hagedorn, L.: Das Konsumentenverhalten, Wiesbaden 1986.

Müller-Hagedorn, L.: Die Dynamik der Betriebsformen. Zum 80. Geburtstag von Prof. Dr. Robert Nieschlag, in: Marketing ZFP, 7. Jg. (1985), S. 21–26.

Müller-Hagedorn, L.: Die Erklärung von Käuferverhalten mit Hilfe des Lebenszykluskonzeptes, in: WiSt, 13. Jg. (1984), S. 561–569.

Müller-Hagedorn, L.: Marketing ohne verhaltenswissenschaftliche Fundierung?, in: Marketing ZFP, 5. Jg. (1983), H. 3, S. 205–217.

Müller-Hagedorn, L.: Bevorzugte Betriebsformen des Einzelhandels und das Lebenszykluskonzept, in: ZfbF, 30. Jg. (1978 a), S. 106–124.

Müller-Hagedorn, L.: Das Problem des Nachfrageverbundes in erweiterter Sicht, in: ZfbF, 30. Jg. (1978 b), S. 181–193.

Müller-Hagedorn, L.: Zielgruppenanalyse im Handelsbetrieb, in: BAG-Nachrichten, 17. Jg. (1977), H. 9, S. 10–16.

Müller-Hagedorn, L. (Hrsg.): Mitteilungen des Instituts für Handelsforschung, fortlaufende Jahrgänge, erscheint monatlich.

Müller-Hagedorn, L./Bekker, T.: Der Betriebsvergleich als Controllinginstrument in Handelsbetrieben, in: WiSt, 23. Jg. (1994), S. 231–236.

Müller-Hagedorn, L./Biethahn, J.: Bestellpolitik in Handelsbetrieben unter expliziter Berücksichtigung der Kosten für gebundenes Kapital, in: Zeitschrift für Operations Research, 19. Jg. (1975), H. 6, S. B155–B175.

Müller-Hagedorn, L./Greune, M.: Erfolgsfaktorenforschung und Betriebsvergleich im Handel, in: Mitteilungen des Instituts für Handelsforschung an der Universität zu Köln, 44. Jg. (1992), H. 9, S. 121–131.

Müller-Hagedorn, L./Heidel, B.: Die Sortimentstiefe als absatzpolitisches Instrument, in: ZfbF, 38. Jg. (1986), S. 39–63.

Müller-Hagedorn, L./Lenzen, T.: Preis oder Qualität, in: Lebensmittel-Zeitung vom 16. 3. 1984, S. F 16.

Müller-Hagedorn, L./Leven, W.: Bevorzugte Betriebstypen des Einzelhandels, Arbeitspapier Nr. 3, Trier 1979.

Müller-Hagedorn, L./Schuckel, M.: Die Prognose des Umsatzes neuer Einkaufszentren mit Hilfe des Modelles von Huff. Theorie und Fallbeispiel (I), in: WISU, 24. Jg. (1995 a), S. 514–518.

Müller-Hagedorn, L./Schuckel, M.: Die Prognose des Umsatzes neuer Einkaufszentren mit Hilfe des Modelles von Huff. Theorie und Fallbeispiel (II), in: WISU, 24. Jg. (1995 b), S. 597–604.

Müller-Hagedorn, L./Toporowski, W.: Kostenrechnung in Handelsbetrieben, in: Freidank, C.-C./Götze, U./Huch, B./Weber, J. (Hrsg.): Kostenmanagement, Berlin – Heidelberg 1997, S. 445–477.

Müller-Hagedorn, L./Toporowski, W.: Wirtschaftsstufenübergreifende Optimierung der Logistik. Ein Ansatz zur theoretischen Strukturierung, in: Trommsdorff, V. (Hrsg.): Handelsforschung 1993/94. Systeme im Handel, Wiesbaden 1993, S. 123–142.

Müller-Hagedorn, L./Vornberger, E.: Die Eignung der Grid-Methode für die Suche nach einstellungsrelevanten Dimensionen, in: Meffert, H./Steffenhagen, H./Freter, H. (Hrsg.): Konsumentenverhalten und Information, Wiesbaden 1979, S. 185–207.

Müller-Hagedorn, L./Zielke, S.: Die Preisoptik im Einzelhandel nach der Währungsumstellung auf den Euro, in: Mitteilungen des Instituts für Handelsforschung an der Universität zu Köln, 49. Jg. (1997), S. 189–196.

Müller-Merbach, H.: Operations Research, 3. Auflage, München 1992.

Müller-Stewens, G.: Strategische Suchfeldanalyse. Die Identifikation neuer Geschäfte zur Überwindung struktureller Stagnation, 2. Auflage, Wiesbaden 1990.

Müller-Stewens, G.: Entwicklung von Strategien für den Eintritt in neue Geschäfte, in: Henzler,
H. A. (Hrsg.): Handbuch Strategische Führung, Wiesbaden 1988, S. 219–242.

Münnich, F.: Einführung in die empirische Makroökonomik, 3. Auflage, Berlin 1982.

NACE (Nomenclature Générale des activités économiques dans les Communautés Européennes)
Rev. 1, niedergelegt in der Verordnung (EWG) Nr. 3037/90 des Rates vom 9. Oktober, ABl. EG
Nr. L 293 vom 24. Oktober 1990, geändert durch die Verordnung (EWG) Nr. 761/93 der
Kommission vom 24. März 1993, ABl. EG Nr. L 83 vom 3. April 1993.

Naddor, E.: Lagerhaltungssysteme, Frankfurt am Main – Zürich 1971.

Nagel, P.: Konstitutive Entscheidungen in Einzelhandelsunternehmen, Gießen 1986.

Narayana, C. L./Markin, R. J.: Consumer Behavior and Product Performance. An Alternative
Conceptualization, in: Journal of Marketing, Vol. 39 (1975), No. 4, S. 1–6.

Nauer, E.: Standort und Standortpolitik im Einzelhandel, Bern – Stuttgart 1970.

Nielsen (Hrsg.): Universen, Frankfurt am Main, verschiedene Jahrgänge.

Nieschlag, R./Dichtl, E./Hörschgen, H.: Marketing, 17. Auflage, Berlin 1994.

Nieschlag, R./Eckardstein, D. v. (Hrsg.): Der Filialbetrieb als System. Das Cornelius-Stüssgen-
Modell, München 1972.

Nieschlag, R./Kuhn, G.: Binnenhandel und Binnenhandelspolitik, 3. Auflage, Berlin – München
1980.

o. V.: Logistikverbund für Mehrweg-Transportverpackungen, in: Centrale für Coorganisation
GmbH (Hrsg.): Arbeitsbericht 1996. Ausblick 1997, Köln 1997, S. 30–31.

o. V.: Das Arbeitszeitmodell bei Beck, in: Der Einzelhandelsberater, Juni 1995, S. 505.

o. V.: Anforderungen an Einwegverpackungen aus Sicht des Handels, in: EHI (EuroHandelsinstitut e. V.) (Hrsg.): Enzyklopädie des Handels. Einwegverpackungen und ihre Entsorgung,
Köln 1994, S. 12–18.

o. V.: Rahmenbedingungen für Einweg-Verpackungen aufgrund von Gesetzen und Verordnungen,
in: EHI (EuroHandelsinstitut e. V.) (Hrsg.): Enzyklopädie des Handels. Einwegverpackungen
und ihre Entsorgung, Köln 1994, S. 6–11.

o. V.: Retailing. Who Will Survive?, in: Business Week, Vol. 26 (1990), November, S. 135.

o. V.: ISB-Untersuchung. Kundenverhalten in einem SB-Warenhaus, in: Dynamik im Handel,
29. Jg. (1985), H. 11, S. 2–11.

o. V.: Mehr Erträge im Kühlregal. Ein Programm zur besseren Verkaufsflächennutzung, in: Lebensmittel Praxis, 37. Jg (1984), H. 18, S. 77–84.

O'Neal, C. R./La Fief, W. C.: Marketing's Lead Role in Total Quality, in: Industrial Marketing
Management, Vol. 21 (1992), S. 133–143.

Oberender, P. (Hrsg.): Marktökonomie, Marktstruktur und Wettbewerb in ausgewählten Branchen der Bundesrepublik Deutschland, München 1989.

Oberender, P. (Hrsg.): Marktstruktur und Wettbewerb in der Bundesrepublik Deutschland.
Branchenstudien zur deutschen Volkswirtschaft, München 1984.

Oberheitmann, A./Wenke, M.: Strukturveränderungen des westdeutschen Privaten Verbrauchs,
in: RWI-Mitteilungen, 45. Jg. (1994), H. 2, S. 103–126.

Oehme, W.: Handels-Marketing. Entstehung, Aufgabe, Instrumente, München 1983.

Olesch, G.: Kooperation, in: Tietz, B./Köhler, R./Zentes, J. (Hrsg.): HWM, 2. Auflage, Stuttgart
1995, Sp. 1274–1284.

Olesch, G.: Strategische Partnerschaften im deutschen und europäischen Kartellrecht, in: Zentes,
J. (Hrsg.): Strategische Partnerschaften im Handel, Stuttgart 1992, S. 285–303.

Olesch, G.: Das Kartellrecht der Einkaufszusammenschlüsse, Frankfurt am Main 1983.

Olesch, G.: Die Einkaufsverbände des Einzelhandels. Band 1: Typologie und Dokumentation,
Frankfurt am Main 1980.

Olesch, G./Tiedtke, H.: Die wirtschaftliche Bedeutung der Einkaufsverbände des Einzelhandels,
Frankfurt am Main 1981.

OLG Düsseldorf, Urteil vom 18. 3. 1969, Zeitungsgroßhandel I (WuW /E OLG 981).

Oliver, R. L.: Measurement and Evolution of Satisfaction Processes in Retail Settings, in: Journal of Retailing, Vol. 57 (1981), S. 25–48.

Oliver, R. L./DeSarbo, W. S.: Response Determinants in Satisfaction Judgements, in: Journal of Consumer Research, Vol. 14 (1988), S. 495–507.

Olshagen, C.: Prozeßkostenrechnung. Aufbau und Einsatz, Wiesbaden 1991.

Osgood, C. E./Tannenbaum, P. H.: The Principle of Congruity in the Prediction of Attitude Change, in: Psychological Review, Vol. 62 (1955), S. 42–55.

Oxenfeldt, A. R.: How Housewives Form Price Impression, in: Journal of Advertising Research, Vol. 8 (1968), No. 3, S. 9–17.

Parasuraman, A./Zeithaml, V. A./Berry, L. L.: SERVQUAL. A Multiple-Item Scale for Measuring Consumer Perceptions of Service Quality, in: Journal of Retailing, Vol. 64 (1988), S. 12–40.

Parasuraman, A./Zeithaml, V. A./Berry, L. L.: A Conceptual Model of Service Quality and Its Implications for Future Research, in: Journal of Marketing, Vol. 49 (1985), No. 4, S. 41–50.

Patt, P. J.: Strategische Erfolgsfaktoren im Einzelhandel. Eine empirische Untersuchung am Beispiel des Bekleidungsfachhandels, Frankfurt am Main u. a. 1988.

Penrose, E.: The Theory of the Growth of the Firm, Oxford 1959.

Perlitz, M.: Internationales Management, 2. Auflage, Stuttgart – Jena 1995.

Perlmutter, H. V.: The Tortous Evolution of the Multinational Corporation, in: Columbia Journal of World Business, 1969, S. 9–18.

Peters, T. J./Waterman, R. H.: Auf der Suche nach Spitzenleistungen. Was man von den bestgeführten US-Unternehmen lernen kann, 5. Auflage, München 1994.

Peters, T. J./Waterman, R. H.: In Search of Excellence, New York u. a. 1982.

Pfaff, A. B.: An Index of Consumer Satisfaction, Paper Presented at the Annual Meeting of the American Economic Association Jointly With the Association for the Study of the Grants Economy New Orleans, December 27, 1971.

Pfeiffer, S.: Die Akzeptanz von Neuprodukten im Handel, Wiesbaden 1981.

Pfohl, H.-C.: Logistiksysteme. Betriebswirtschaftliche Grundlagen, 5. Auflage, Berlin u. a. 1996.

Pfohl, H.-C.: Logistikmanagement. Funktionen und Instrumente, Berlin u. a. 1994.

Picot, A.: Ein neuer Ansatz zur Gestaltung der Leistungstiefe, in: ZfbF, 43. Jg. (1991), S. 336–357.

Picot, A.: Transaktionskosten im Handel, in: Der Betriebs-Berater, 41. Jg. (1986), Beilage 13 zu H. 27, S. 1–16.

Plinke, W.: Grundlagen des Geschäftsbeziehungsmanagements, in: Plinke, W./Kleinaltenkamp, M. (Hrsg.): Geschäftsbeziehungsmanagement, Berlin u. a. 1997, S. 1–62.

Porter, M. E.: Wettbewerbsstrategie. Methoden zur Analyse von Branchen und Konkurrenten, 6. Auflage, Frankfurt am Main 1990.

Porter, M. E.: Wettbewerb auf globalen Märkten, in: Porter, M. E. (Hrsg.): Globaler Wettbewerb, Wiesbaden 1989 a, S. 17–68.

Porter, M. E.: Wettbewerbsvorteile. Spitzenleistungen erreichen und behaupten, 3. Auflage, Frankfurt am Main 1989 b.

Potucek, V.: Die Dynamik der Betriebsformen des Handels – aus heutiger Sicht. Kritik einer Kritik, in: Marketing ZFP, 9. Jg. (1987), S. 289–292.

Powelz, H. J. H.: Ein System zur Ist-Soll-Abweichungs-Ursachenanalyse von Erlösen. Anmerkungen, in: ZfB, 59. Jg. (1989), S. 1229–1233.

Pretzel, J.: Die Entwicklung von Handelsmarken. Untersuchungen und Zukunftsperspektiven im Verbrauchsgüterbereich, in: Bruhn, M. (Hrsg.): Handelsmarken im Wettbewerb, Stuttgart – Frankfurt am Main 1996, S. 121–148.

Pümpin, C.: Strategische Erfolgspositionen. Methodik der dynamischen strategischen Unternehmensführung, Bern – Stuttgart 1992.

Pümpin, C.: Management strategischer Erfolgspositionen, 3. Auflage, Bern – Stuttgart 1986.

Raffée, H./Silberer, G. (Hrsg.): Informationsverhalten des Konsumenten. Ergebnisse empirischer Studien, Wiesbaden 1981.

Rarrek, M.: Musik als Mittel der Verkaufsförderung am Point of Sale, in: Werbeforschung & Praxis, 34. Jg. (1989), H. 1, S. 10–16.

Rasche, C./Wolfram, B.: Ressourcenorientierte Unternehmensführung, in: DBW, 54. Jg. (1994), S. 501–517.

Recht, P./Zeisel, S.: Unterstützung von verbundorientierten Sortimentsentscheidungen durch eine Sortimentserfolgsrechnung, in: ZfbF, 50. Jg. (1998), S. 462–478.

Rehm, N.: Die Ermittlung des Privaten Verbrauchs. Ein neuer Beitrag zur Fehlertheorie, Wiesbaden 1976.

Reichmann, T.: Controlling mit Kennzahlen und Managementberichten. Grundlagen einer systemgestützten Controlling-Konzeption, 4. Auflage, München 1995.

Reichmann, T.: Kostenrechnung und Kennzahlensystem für das Logistik-Controlling, in: Männel, W. (Hrsg.): Logistik-Controlling. Konzepte, Instrumente, Wirtschaftlichkeit, Wiesbaden 1993, S. 87–108.

Reilly, W. J.: The Law of Retail Gravitation, New York 1931.

Reilly, W. J.: Methods for the Study of Retail Relationships. Research Monograph, No. 4, Austin 1929.

REWE Dortmund Großhandel e. G. (Hrsg.): Jahres- und Geschäftsbericht 1996.

Richard, M. D./Adrian, M.: A Segmentation Model of Consumer Satisfaction/Dissatisfaction With the Complaint-Resolution Process, in: The International Review of Retail, Distribution and Consumer Research, Vol. 5 (1995), S. 79–98.

Richter, H.: Theoretische Grundlagen des Controlling. Strukturkriterien für die Entwicklung von Controlling-Konzeptionen, Frankfurt am Main u. a. 1987.

Ridder, C.-M.: Teleshopping. Elektronisches Versandhaus oder Fernsehprogramm?, in: Media Perspektiven, 1995, H. 9, S. 414–427.

Riebel, P.: Einzelkosten- und Deckungsbeitragsrechnung. Grundfragen einer markt- und entscheidungsorientierten Unternehmensrechnung, 6. Auflage, Wiesbaden 1990.

Robertson, T. S./Zielinski, J./Ward, S.: Consumer Behavior, Glenview, Ill. 1984.

Robinson, J. G./Matthews, M. P.: Store Organization and Operation, New York 1957.

Robinson, P. J./Faris, C. W./Wind, Y. J.: Industrial Buying and Creative Marketing, Boston 1967.

Robrade, A. D.: Dynamische Einprodukt-Lagerhaltungsmodelle bei periodischer Bestandsüberwachung, Heidelberg 1991.

Rogers, D.: A Review of Sales Forecasting Models Most Commonly Applied in Retail Site Evaluation, in: International Journal of Retail and Distribution Management, Vol. 20 (1992), No. 4, S. 3–11.

Rogers, D. S./Green, H. L.: A New Perspective on Forecasting Store Sales. Applying Statistical Models and Techniques in the Analog Approach, in: Geographical Review, Vol. 69 (1978), S. 449–458.

Rogers, E. M.: Diffusion of Innovations, New York 1962.

Rose, K./Sauernheimer, K.: Theorie der Außenwirtschaft, 12. Auflage, München 1995.

Rosenberg, M. J.: Cognitive Structure and Attitudial Affect, in: Journal of Abnormal and Social Psychology, Vol. 53 (1956), S. 367–372.

Rosenberg, M. J./Hovland, C. I.: Cognitive, Affective and Behavioral Components of Attitudes, in: Hovland, C. I./Rosenberg, M. J. (Hrsg.): Attitude Organization and Change, New Haven 1960, S. 1–14.

Rosenstiel, L. v./Ewald, G.: Marktpsychologie, Band 2, Stuttgart u. a. 1979.

Rossi, P. H./Anderson, A. B.: The Factorial Survey Approach. An Introduction, in: Rossi, P. H./Nock, S. L. (Hrsg.): Measuring Social Judgements, Beverly Hills 1982, S. 15–68.

Roth, B.: Licht in Verkaufsräumen, in: Dynamik im Handel, 29. Jg. (1985), H. 4, S. 76–78.

Ruberg, C.: Haushalt und Einzelhandel, Essen 1935.

Rubin, P. H.: The Theory of the Firm and the Structure of the Franchise Contract, in: Journal of Law and Economics, Vol. 21 (1978), S. 223–233.

Ruppe, H.: Handelspanele, in: Poth, L. (Hrsg.): Marketing, Loseblattsammlung, Neuwied 1989, S. 1–57.

Ruppe, H.: Sortimentsvielfalt sichert die Rendite. Unveröffentliches Arbeitspapier der Nielsen Company GmbH, o. J.

Russi, D. P.: Elemente einer strategischen Planung im Großhandel. Eine kritische Untersuchung strategischer Planungsansätze, Bergisch-Gladbach – Köln 1993.

Rust, R. T./Zahorik, A. J.: Customer Satisfaction, Customer Retention and Market Share, in: Journal of Retailing, Vol. 69 (1993), S. 193–215.

Saatweber, J.: Quality Function Deployment (QFD), in: Masing, W. (Hrsg.): Handbuch Qualitätsmanagement, München – Wien 1994, S. 445.

Sabel, H.: Produktpolitik in absatzwirtschaftlicher Sicht, Wiesbaden 1971.

Sabel, H./Weiser, C.: Dynamik im Marketing, Wiesbaden 1995.

Sachverständigenrat zur Begutachtung der gesamtwirtschaftlichen Entwicklung: Jahresgutachten 1996/97. Reformen voranbringen, Stuttgart 1996.

Saunders, J.: The Specification of Aggregate Market Models, in: European Journal of Marketing, Vol. 21 (1987), No. 2, S. 5–47.

Saydam, C./McKnew, M.: A Fast Microcomputer Program for Ordering Using the Wagner-Whitin Algorithm, in: Production and Inventory Management Journal, Vol. 28 (1987), No. 4, S. 15–19.

Schaefer, W.: »All Business is Local« – für Handel und Zeitung!, in: ZV + ZV, 72. Jg. (1975), H. 45, S. 1510–1511.

Schanz, G.: Methodologie für Betriebswirte, 2. Auflage, Stuttgart 1988.

Schanz, G.: Verhaltenstheoretische Betriebswirtschaftslehre und soziale Praxis, in: Ulrich, H. (Hrsg.): Zum Praxisbezug der Betriebswirtschaftslehre in wissenschaftstheoretischer Sicht, Bern 1976, S. 13–32.

Schär, J. F.: Handelsbetriebslehre, 5. Auflage, Leipzig 1923.

Scheer, A.-W.: Absatzprognosen, Berlin u. a. 1983.

Schenk, A./Wätjen, A.: Multimedia, München 1993.

Schenk, H.-O.: Marktwirtschaftslehre des Handels, Wiesbaden 1991.

Schenk, H.-O.: Der Preisvergleich, Stuttgart 1981.

Schenk, H.-O.: Geschichte und Ordnungstheorie der Handelsfunktionen. Entwicklungsgeschichtliche und ordnungstheoretische Untersuchungen zur Lehre von den Handelsfunktionen in Marktwirtschaft und Zentralverwaltungswirtschaft, Berlin 1970.

Schenk, H.-O./Wölk, A.: Vertriebssysteme zwischen Industrie und Handel, Berlin 1971.

Schenk, H.-O./Tenbrink, O./Zündorf, H.: Die Konzentration im Handel. Ursachen, Messung, Stand, Entwicklung und Auswirkungen der Konzentration im Handel und konzentrationspolitische Konsequenzen, Berlin 1984.

Schildbach, T./Wagner, F.-W. (Hrsg.): Unternehmensrechnung als Instrument der internen Steuerung. Tagung des Ausschusses für Unternehmensrechnung im Verein für Socialpolitik am 31. 3. und 1. 4. 1995 in Halle an der Saale, ZfbF, Sonderheft 34 (1995).

Schindler, R. M/Kibarian T. M: Increased Consumer Sales Response Through Use of 99-Ending Prices, in: Journal of Retailing, Vol. 72 (1996), No. 2, S. 187–199.

Schmalen, H.: Marketing-Mix für neuartige Gebrauchsgüter, Wiesbaden 1979.

Schmalen, H./Pechtl, H.: Die Absatzwirkung von Sonderangebotsaktionen im Lebensmitteleinzelhandel, in: ZfB, 65. Jg. (1995), S. 587–607.

Schmalen, H./Pechtl, H./Schweitzer, W.: Sonderangebotspolitik im Einzelhandel. Eine empirische Analyse der Wirkungseffekte von Sonderangeboten auf der Grundlage von Scannerdaten, Stuttgart 1996.

Schmidt, A./Freund, W.: Strukturwandel im mittelständischen Großhandel der Bundesrepublik Deutschland, Stuttgart 1995.

Schmitz, C. A./Kölzer, B.: Einkaufsverhalten im Handel. Ansätze zu einer kundenorientierten Handelsmarketingplanung, München 1996.

Schmitz, G.: Zwischenbetrieblicher Vergleich der Einzelhandelspreise sortengleicher Konsumwaren, Köln 1964.

Schneeweiß, C.: Modellierung industrieller Lagerhaltungssysteme. Einführung und Fallstudien, Berlin – Heidelberg – New York 1981.

Schneider, D.: Marketing als Wirtschaftswissenschaft oder Die Geburt der Marketingwissenschaft aus dem Geiste des Unternehmerversagens?, in: ZfbF, 35. Jg. (1983), S. 197–223.

Schneider, J.: Die Kostenrechnung im Einzelhandel, Freiburg im Breisgau 1968.

Schnell, R./Hill, P. B./Esser, E.: Methoden der empirischen Sozialforschung, 5. Auflage, München – Wien 1995.

Schnettler, A.: Betriebsvergleich, 3. Auflage, Stuttgart 1961.

Schoeffler, S.: The Failiures of Economics. A Diagnostic Study, Cambridge 1955.

Scholz, C.: Personalmanagement, 4. Auflage, München 1994.

Schröder, H.: Erfolgsfaktorenforschung im Handel. Stand der Forschung und kritische Würdigung der Ergebnisse, in: Marketing ZFP, 16. Jg. (1994), H. 2, S. 89–105.

Schröder, H.: Die DPR-Methode auf dem Prüfstand, in: asw, 33. Jg. (1990), H. 10, S. 110–121.

Schubert, W.: Servicestrategien im Handel, in: Otto Versand Personalentwicklung (Hrsg.): Management. Theorie und Praxis, o. O. März 1986, S. 15–18.

Schulte, C.: Logistik. Wege zur Optimierung des Material- und Informationsflusses, 2. Auflage, München 1995.

Schulz, P.: Die Portfolio-Analyse als Instrument der Strategischen Planung in industriellen Klein- und Mittelbetrieben. Möglichkeiten, Probleme und Lösungsansätze, Frankfurt am Main 1988.

Schuster, W.: Groß-, Ein- und Ausfuhrhandel, in: Nicklisch, H. (Hrsg.): HWB, 1. Band, 2. Auflage, Stuttgart 1938, Sp. 2149–2228.

Schwarze, J. (Hrsg.): Angewandte Prognoseverfahren, Berlin 1980.

Schweitzer, M./Küpper, H.-U.: Systeme der Kosten- und Erlösrechnung, 6. Auflage, München 1995.

Schwer, F. M.: Industrial Market Structure and Economic Performance, 2. Auflage, Chicago 1980.

Seÿffert, R.: Wirtschaftslehre des Handels, 5. Auflage, Opladen 1972.

Shapiro, B.: Price as a Communicator of Quality. An Experiment, Diss. (unveröffentlicht) Harvard University 1970.

Sheppard, B. H./Hartwick, J./Warshaw, P. R.: The Theory of Reasoned Action. A Meta-Analysis of Past Research with Recommendations for Modification and Future Research, in: Journal of Consumer Research, Vol. 14 (1988), S. 325–343.

Silberer, G.: Die Bedeutung und Messung von Kauferlebnissen im Handel, in: Trommsdorff, V. (Hrsg.): Handelsforschung 1989. Grundsatzfragen, Wiesbaden 1989, S. 59–76.

Silberer, G.: Einstellungen und Werthaltungen, in: Irle, M. (Hrsg.): Marktpsychologie als Sozialwissenschaft, Göttingen 1983, S. 533–625.

Silver, E. A./Meal, H. C.: A Heuristic for Selecting Lot Size Quantities for the Case of a Deterministic Varying Demand Rate and Discrete Opportunities for Replenishment, in: Production and Inventory Management, Vol. 14 (1973), No. 2, S. 64–74.

Silver, E. A./Meal, H. C.: A Simple Modification of the EOQ for the Case of a Varying Demand Rate, in: Production and Inventory Management, Vol. 10 (1969), No. 4, S. 51–55.

Silver, E. A./Peterson, R.: Decision Systems for Inventory Management and Production Planing, 2. Auflage, New York u. a. 1985.

Simkin, L. P.: SLAM. Store Location Assessment Model. Theory and Practice, in: OMEGA International Journal of Management Science, Vol. 17 (1989), No. 1, S. 53–58.

Simon, H. (Hrsg.): Kundenzufriedenheit. Konzepte, Methoden, Erfahrungen, 2. Auflage, Wiesbaden 1997.

Simon, H.: Preismanagement, 2. Auflage, Wiesbaden 1992a.

Simon, H.: Preisbündelung, in: ZfB, 62. Jg. (1992b), H. 11, S. 1213–1235.

Skaupy, W.: Franchising. Handbuch für die Betriebs- und Rechtspraxis, München 1987.

Specht, G.: Distributionsmanagement, 2. Auflage, Stuttgart – Berlin – Köln 1992.

Spengler, E.: Quantitative Methoden zur Messung der Zufriedenheit von Volkswagen/Audi-Kunden mit der Produktqualität und der Qualität des Kundendienstes, in: Hansen, U./Schoenheit, I. (Hrsg.): Verbraucherzufriedenheit und Beschwerdeverhalten, Frankfurt am Main – New York 1987, S. 215–227.

Spiegel-Verlag (Hrsg.): Spiegel-Dokumentation: OUTFIT 4, Hamburg 1997.

Spiegel-Verlag (Hrsg.): Spiegel-Dokumentation: OUTFIT 3, Hamburg 1994.

Spilles, E.: Organisation einer gemischten Handelsunternehmung, München 1936.

Sponholz, U.: Die Effizienz von Grafiken und Tabellen bei der Darstellung komplexer betriebswirtschaftlicher Beurteilungsprobleme. Eine theoretische und empirische Analyse der Auswirkungen des Präsentationsformates auf das Informationsverhalten, Frankfurt am Main u. a. 1997.

Stadt Oberhausen (Hrsg.): Oberhausen. Einzelhandel und Stadterneuerung auf dem Wege in das Jahr 2000. Markt- und Tragfähigkeitsuntersuchung der Stadt und ihrer Zentren, Düsseldorf 1992.

Stahl, P.: Verbundwirkungen im Sortiment, Münster 1977.

Stamm Verlag GmbH (Hrsg.): STAMM 1997 Presse- und Medienhandbuch. Leitfaden durch Presse und Werbung, Band 2, 50. Ausgabe, Essen 1997.

Statistikanpassungsverordnung (StatAV) vom 26. März 1991.

Statistisches Bundesamt (Hrsg): Handel, Gastgewerbe, Reiseverkehr. Handels- und Gaststättenzählung 1993, Fachserie 6, Zusammenfassende Übersichten, Stuttgart 1995.

Statistisches Bundesamt (Hrsg.): Handel, Gastgewerbe, Reiseverkehr. Warensortiment sowie Bezugswege im Einzelhandel 1991, Fachserie 6, Reihe 3.3, Einzelhandel, Stuttgart 1994.

Statistisches Bundesamt (Hrsg.): Handel, Gastgewerbe, Reiseverkehr. Fachserie 6, Reihe 1.2: Beschäftigung, Umsatz, Wareneingang, Lagerbestand und Investitionen im Großhandel, Wiesbaden 1992.

Statistisches Bundesamt (Hrsg.): Handel, Gastgewerbe, Reiseverkehr. Monatliche Repräsentativerhebung im Großhandel. Methode und Ergebnisse auf der Basis 1986, Fachserie 6, Reihe 1. S. 2, Großhandel, Stuttgart 1989.

Statistisches Bundesamt (Hrsg.): Handel, Gastgewerbe, Reiseverkehr. Handels- und Gaststättenzählung 1985, Fachserie 6, Einzelhandel, Heft 1: Unternehmen des Einzelhandels, Stuttgart u. a. 1986.

Statistisches Bundesamt (Hrsg.): Handel, Gastgewerbe, Reiseverkehr. Umstellung auf ein neues Berichtssystem mit Zusammenfassung der Monatsergebnisse für den Großhandel 1980 bis 1983, Fachserie 6, Reihe 1. S. 1, Großhandel, Stuttgart 1985.

Statistisches Bundesamt (Hrsg.): Handel, Gastgewerbe, Reiseverkehr. Handels- und Gaststättenzählung 1979, Fachserie 6, Reihe 3.3, Großhandel, Heft 1: Unternehmen des Großhandels, Stuttgart 1981.

Statistisches Bundesamt (Hrsg.): Finanzen und Steuern. Fachserie 14, Reihe 8, Umsatzsteuer, Stuttgart, verschiedene Jahrgänge.

Statistisches Bundesamt (Hrsg.): Wirtschaftsrechnungen, Fachserie 15, Reihe 1: Einnahmen und Ausgaben ausgewählter privater Haushalte 1996, Stuttgart 1997.

Statistisches Bundesamt (Hrsg.) in Zusammenarbeit mit dem Wissenschaftszentrum Berlin für Sozialforschung und dem Zentrum für Umfragen, Methoden und Analysen, Mannheim: Datenreport 1997. Zahlen und Fakten über die Bundesrepublik Deutschland, München – Landsberg am Lech 1997.

Statistisches Bundesamt (Hrsg.): Verzeichnis der Veröffentlichungen 1997, Stuttgart 1997.

Statistisches Bundesamt (Hrsg.): Wirtschaft und Statistik, H. 7, Stuttgart 1994.

Statistisches Bundesamt (Hrsg.): Klassifikation der Wirtschaftszweige mit Erläuterungen. Ausgabe 1993, Stuttgart 1994.

Statistisches Bundesamt (Hrsg.): Systematik der Wirtschaftszweige mit Erläuterungen, Ausgabe 1979, Stuttgart – Mainz 1980.

Statistisches Bundesamt (Hrsg.): Statistisches Jahrbuch für die Bundesrepublik Deutschland, Stuttgart (Mainz), verschiedene Jahrgänge.

Stauss, B.: Service-Qualität als strategischer Erfolgsfaktor, in: Stauss, B. (Hrsg.): Erfolg durch Service-Qualität. Tagungsbericht, gfmt-Gesellschaft für Management und Technologie, München 1991, S. 7–35.

Stefanowsky, A.: Niedrig-Preis-Strategien als Profilierungs-Instrument des Handels. Eine vergleichende empirische Analyse von Preisstrategien aus Konsumentensicht, Arbeitspapiere des Instituts für Marketing an der European Business School Nr. 3, Oestrich – Winkel 1985.

Steffenhagen, H.: Konditionengestaltung zwischen Industrie und Handel. Leistungsbezogen; systematisch; professionell, Wien 1995.

Stern, H.: Marke oder Preis. Entscheidungskriterium der Verbraucher?, in: Markenartikel, 43. Jg. (1981), H. 3, S. 138–150.

Stobbe, A.: Volkswirtschaftliches Rechnungswesen, 8. Auflage, Berlin u. a. 1994.

Sundhoff, E.: Handel, in: Beckerath, E. v./Bente, H./Brinkmann, C. et al. (Hrsg.): Handwörterbuch der Sozialwissenschaften, Band 4, Stuttgart 1965, S. 762–779.

Swinyard, W. R./Whitlark, D. B.: The Effect of Customer Dissatisfaction on Store Repurchase Intentions. A Little Goes a Long Way, in: The International Review of Retail, Distribution and Consumer Research, Vol. 4 (1994), S. 329–344.

TdW Intermedia (Hrsg.): Typologie der Wünsche, TdW Intermedia 95, Frankfurt am Main 1995.

Teece, D. J.: Economies of Scope and the Scope of the Enterprise, in: Journal of Economic Behavior and Organization, Vol. 1 (1980), S. 223–247.

Teece, D. J.: Towards an Economic Theory of the Multiproduct Firm, in: Journal of Economic Behavior and Organization, Vol. 3 (1982), S. 39–63.

Tempelmeier, H.: Material-Logistik, 3. Auflage, Berlin u. a. 1995.

Tempelmeier, H.: Quantitative Marketing-Logistik, Berlin u. a. 1983.

The Corporate Intelligence Group (Hrsg.): Cross-Border Retailing in Europe, London 1991.

Theis, H.-J.: Einkaufsstätten-Positionierung, Wiesbaden 1992.

Tiburtius, J.: Lage und Leistungen des deutschen Handels in ihrer Bedeutung für die Gegenwart, Berlin – München 1949.

Tietz, B.: Der Handelsbetrieb, 2. Auflage, München 1993 a.

Tietz, B.: Alternative Entscheidungskonzepte in Verbundgruppen, in: Der Verbund, 6. Jg. (1993 b), H. 3, S. 5–10 (Teil 1) und H. 4, S. 12–16 (Teil 2).

Tietz, B.: Großhandelsperspektiven für die Bundesrepublik Deutschland bis zum Jahr 2010, Frankfurt am Main 1993 c.

Tietz, B.: Einzelhandelsperspektiven für die Bundesrepublik Deutschland bis zum Jahr 2010, Frankfurt am Main 1992.

Tietz, B.: Strategien der Transnationalisierung und Globalisierung im Handel, in: Trommsdorff, V. (Hrsg.): Handelsforschung 1990. Internationalisierung im Handel, Wiesbaden 1990, S. 3–25.

Tietz, B.: Binnenhandelspolitik, München 1986.

Tietz, B.: Konsument und Einzelhandel. Strukturwandlungen in der Bundesrepublik Deutschland von 1970 bis 1995, 3. Auflage, Frankfurt am Main 1985.

Tietz, B.: Betriebsvergleich im Handel, in: Tietz, B. (Hrsg.): HWA, Stuttgart 1974, S. 394–405.

Tietz, B./Mathieu, G.: Das Franchising als Kooperationsmodell für den mittelständischen Groß- und Einzelhandel, in: FIW-Schriftenreihe, H. 85, Köln u. a. 1979.

Tietz, B./Rothhaar, P.: City Studie, Landsberg am Lech 1991.

Tietz, B./Schoof, H.: Handbuch für Grosshandelszentren und Industrieparks, Rüschlikon – Zürich 1970.

Toporowski, W.: Bestellmengenpolitiken bei stochastischer, stationärer Nachfrage, WISU, 27. Jg. (1998).

Toporowski, W.: Die Bedeutung neuer Informationstechnologien für die Entwicklung im Handel, in: Müller-Hagedorn, L. (Hrsg.): Trends im Handel. Analysen und Fakten zur aktuellen Situation im Handel, Frankfurt am Main 1997 a, S. 167–202.

Toporowski, W.: Kosten und Leistungen einer automatischen Disposition, in: EHI (EuroHandelsinstitut e. V.) (Hrsg.): Enzyklopädie des Handels. Automatische Disposition. Bestandsaufnahme und Perspektiven, Köln 1997 b, S. 59–65.

Toporowski, W.: Logistik im Handel. Optimale Lagerstruktur und Bestellpolitik einer Filialunternehmung, Heidelberg 1996 a.

Toporowski, W.: Logistik im Handel. Optimale Lagerstruktur und Bestellpolitik einer Filialunternehmung, in: Mitteilungen des Instituts für Handelsforschung, 48. Jg. (1996 b), H. 8, S. 113–120.

Trommsdorff, V.: Konsumentenverhalten, 2. Auflage, Stuttgart – Berlin – Köln 1993.

Trommsdorff, V.: Die Messung von Produktimages für das Marketing, Köln u. a. 1975.

Tröster, N.: Mehrwegverpackungen in Europa. Typenvielfalt in Deutschland am stärksten ausgeprägt, in: dynamik im Handel, 37. Jg. (1993), H. 11, S. 12–17.

Tse, D. K./Wilton, P. C.: Models of Consumer Satisfaction Formation. An Extension, in: Journal of Marketing Research, Vol. 25 (1988), S. 204–212.

Ulrich, H.: Die Unternehmung als produktives soziales System. Grundlagen einer allgemeinen Unternehmungslehre, 2. Auflage, Bern – Stuttgart 1970.

Uphoff, H.: Bestimmung des optimalen Standortes mit Hilfe der Profilmethode, Diss. Berlin 1978.

Urwick, L. F.: The Department Store, London 1960.

van der Borght, R.: Handel und Handelspolitik, 2. Auflage, Leipzig 1907.

Venkatesh, R./Kohli, A. K./Zaltman, G.: Influence Strategies in Buying Centers, in: Journal of Marketing, Vol. 59 (1995), No. 4, S. 71–82.

Vodrazka, K.: Betriebsvergleich, Stuttgart 1967.

Voigt, K.-I.: Strategische Planung und Unsicherheit, Wiesbaden 1992.

Voll, H.: Shoppers are a Dwindling Species, in: Business Week, Vol. 26 (1990), November, S. 144.

VTH (Verband der Technischen Händler e. V.) (Hrsg.): Der Betriebsvergleich des Technischen Handels 1994, in: Technischer Handel, 82. Jg. (1995), Nr. 12, S. 799–802.

VTH (Verband der Technischen Händler e. V.) (Hrsg.): Technischer Handel, Zentralblatt für den technischen Bedarf. 75 Jahre Verband der Technischen Händler, Jubiläumsheft, 66. Jg. (1979), September 1979.

Wagner, H./Whitin, T.: Dynamic Version of the Economic Lot Size Model, in: Management Science, Vol. 5 (1958), No. 1, S. 89–96.

Weber, B.: Eine statistische Analyse der Abhängigkeiten des Kundenaufkommens von Standorteinflüssen bei Einzelhandelsgeschäften. Dargestellt an ausgewählten Apotheken der Stadt Münster, Diss. Münster 1979.

Weber, H.-H.: Zur Diskussion um die Produktivität des Handels, in: ZfB, 46. Jg. (1976), S. 47–58.

Weber, H.-H.: Grundlagen einer quantitativen Theorie des Handels, Köln-Opladen 1966.

Weber, J. (Hrsg.): Kennzahlen für die Logistik, Stuttgart 1995 a.

Weber, J.: Einführung in das Controlling, 6. Auflage, Stuttgart 1995 b.

Weber, J.: Thesen zum Verständnis und Selbstverständnis der Logistik, in: ZfbF, 42. Jg. (1990), S. 976–986.

Weblus, B.: Zur langfristigen Absatzprognose gehobener Gebrauchsgüter, in: ZfB, 35. Jg. (1965), H. 9, S. 593–607.

Webster, F. E./Wind, Y. J.: A General Model for Understanding Organizational Buying, in: Journal of Marketing, Vol. 36 (1972), No. 2, S. 12–19.

Wehrle, F.: Strategische Marketingplanung in Warenhäusern. Anwendung der Portfolio-Methode, Frankfurt am Main – Bern 1984.

Weinberg, P.: Erlebnismarketing, München 1992.

Weinberg, P.: Das Entscheidungsverhalten der Konsumenten, Paderborn 1981.

Wells, W. D./Tigert, D. J.: Activities, Interests, Opinions, in: Journal of Advertising Research, Vol. 11 (1971), S. 27–35.

Welzel, H.: Die Verwendbarkeit von Konsumententypologien für Marketingentscheidungen, Weinheim 1980.

Wenzlitschke, M. R.: Der Anstieg der Personalkosten und seine Folgen für den Facheinzelhandel, in: Müller-Hagedorn, L. (Hrsg.): Trends im Handel. Analysen und Fakten zur aktuellen Situation im Handel, Frankfurt am Main 1996.

Wernien, K.: Plazierungsplanung ohne sterile Gleichförmigkeit, in: Selbstbedienung und Supermarkt, 10. Jg. (1966), H. 1, S. 32–40.

Wesche, M.: Entscheidungsorientierte Kosten- und Leistungsrechnung in Handelsbetrieben, Göttingen 1991.

Westbrook, R. A.: Sources of Consumer Satisfaction With Retail Outlets, in: Journal of Retailing, Vol. 57 (1981), S. 68–85.

Wieland, H.-J.: Regalplazierung mit dem IBM-PC. Beschreibung und Anwendung, Arbeitspapier IBM, Hamburg 1985.

Wieland, H.-J.: Computergestützte Regalplanung. Aspekte und Möglichkeiten durch elektronische Kassensysteme, in: Elektronische Rechenanlagen, 21. Jg. (1979), S. 147–151.

Wieland, H.-J.: Wenn Datenkassen Artikel plazieren, in: Rationeller Handel, 20. Jg. (1977), H. 3, S. 59–61.

Wienholt, H.: Außenhandelsbetriebslehre, München 1989.

Wild, J.: Grundlagen der Unternehmensplanung, Reinbek 1974.

Willers, H. G.: Planung in Handelsunternehmen. Grundlagen und Praxisbeispiel. 1. Teil, in: zfo, 57. Jg. (1988), H. 1, S. 38–42 und H. 2, S. 117–123 (2. Teil).

Williamson, O. E.: Die ökonomischen Institutionen des Kapitalismus. Unternehmen, Märkte, Kooperationen, Tübingen 1990.

Wimmer, F.: Das Qualitätsurteil des Konsumenten. Theoretische Grundlagen und empirische Ergebnisse, Frankfurt am Main 1975.

Winkler, A.: Lifestyle definiert Ansprache, in: Lebensmittel-Zeitung, 45. Jg. (1993), H. 38, S. 94.

Wiswede, G.: Die Psychologie des Markenartikels, in: Dichtl, E./Eggers, W. (Hrsg.): Marke und Markenartikel als Instrumente des Wettbewerbs, München 1992, S. 71–95.

Witt, F.: Handelscontrolling, München 1992.

Wolf, S.: Kundenbindung durch Qualitätsmanagement in Einzelhandelsbetrieben, Göttingen 1997.

Wolters, U.: Handelsmarken und Handelsmarkenpolitik. Erfahrungsberichte aus der Perspektive eines Handelsunternehmens, in: Bruhn, M. (Hrsg.): Handelsmarken. Entwicklungstendenzen und Zukunftsperspektiven der Handelsmarkenpolitik, 2. Auflage, Stuttgart 1997, S. 301–315.

Woratschek H.: Ein neues Positionierungsmodell für den Dienstleistungsbetrieb, in: Kleinaltenkamp, M. (Hrsg.): Dienstleistungs-Marketing, Wiesbaden 1995, S 33–62.

Woratschek, H.: Betriebsform, Markt und Strategie, Wiesbaden 1992.

Wotzka, P.: Standortwahl im Einzelhandel, Hamburg 1970.

Wren, B. M./Simpson, J. T.: A Dyadic Model of Relationships in Organizational Buying. A Synthesis of Research Results, in: Journal of Business and Industrial Marketing, Vol. 11 (1996), S. 63–79.

Zeithaml, V. A./Berry, L. L./Parasuraman, A.: The Behavioral Consequences of Service Quality, in: Journal of Marketing, Vol. 60 (1996), No. 2, S. 31–46.

Zeithaml, V. A./Berry, L. L./Parasuraman, A.: Kommunikations- und Kontrollprozesse bei der Erstellung von Dienstleistungsqualität, in: Bruhn, M./Stauss, B. (Hrsg.): Dienstleistungsqualität, 2. Auflage, Wiesbaden 1995, S. 131–160.

Zentes, J.: Handelsbetriebe, Organisation der, in: Frese, E. (Hrsg.): Handwörterbuch der Organisation, 3. Auflage, Stuttgart 1992, Sp. 755–770.

Zentes, J.: Moderne Warenwirtschaftssysteme im Handel, Berlin u. a. 1985.

Zentralverband der deutschen Werbewirtschaft (ZAW) (Hrsg.): Werbung in Deutschland 1997, Bonn 1997.

Ziegler, F.: Nochmals: Neuer Kontenrahmen für den Handel?, in: Rationeller Handel, 16. Jg. (1973), S. 37–39.

Ziegler, F.: Grundsätze und Gemeinschafts-Richtlinien für das Rechnungswesen, 2. Auflage, Frankfurt am Main 1952.

Ziegler, H.: Neuorientierung des internen Rechnungswesens für das Unternehmens-Controlling im Hause Siemens, in: ZfbF, 46. Jg. (1994), S. 175–188.

Zoller, K./Robrade, A.: Dynamische Bestellmengen- und Losgrößenplanung. Verfahrensübersicht und Vergleich, in: Operations Research-Spektrum, 9. Jg. (1987), H. 4, S. 219–233.

Zoschke, M.: Quality Function Deployment (QFD), in: Hansen, W./Jansen, H. H./Kamiske, G. F. (Hrsg.): Qualitätsmanagement im Unternehmen. Grundlagen und Werkzeuge, Loseblattsammlung, 7. Auflage, Berlin – Heidelberg – New York 1996.

# Stichwortverzeichnis

Mit den **"Schriften zur Handelsforschung"**, herausgegeben von Prof. Dr. Lothar Müller-Hagedorn, erhält der Leser Einsicht in die aktuelle Handels- und Distributionsforschung. Thematisiert werden richtungsweisende Erkenntnisse im Groß- und Einzelhandel sowie Entwicklungen der Distributionswege vom Hersteller zum Verbraucher.

Schriften zur Handelsforschung, Band 92
Nikola Ziehe

# Einzelhandel und Verkehrspolitik

*Eine empirische Analyse der Bedeutung von Erreichbarkeit und Attraktivität für die Zentrenwahl der Verbraucher*
XXII, 296 Seiten, 87 Abb. Kart. DM 89,-
ISBN 3-17-015587-3

Die Autorin untersucht zunächst theoretisch - unter besonderer Berücksichtigung der Innenstadt - den Zusammenhang von Verkehrspolitik und den Entwicklungschancen einzelner Einzel-handelsagglomerationen.

Anschließend ermittelt sie empirisch, welche Bedeutung ver-kehrslenkende Maßnahmen in der Innenstadt auf die Beurtei-lung und Wahl von Einzelhandelszentren durch die Verbraucher haben.

**Die Autorin:** Dr. Nikola Ziehe ist wissenschaftliche Mitarbei-terin am Seminar für Allgemeine Betriebswirtschaftslehre, Handel und Distribution an der Universität zu Köln.

# Kohlhammer

W. Kohlhammer GmbH · 70549 Stuttgart · Tel. 0711/78 63 - 280